Burgard

Stiftungsrecht

De Gruyter Kommentar

Burgard (Hrsg.)

Stiftungsrecht

Kommentierung der §§ 80–88 BGB

Kommentar

Bearbeiter
Ulrich Burgard sowie
Ansgar Hense: Anhang zu § 82 und § 88
Carsten Heimann: Vorb 1 bis 3 zu § 82b, § 82b, Anhang § 82b, §§ 82c, 82d, 84d, 85b, 86i und 87d
Ulrich Burgard und Carsten Heimann: Anhang 1 und 2 zu § 84a und §§ 86 bis 86f

Professor Dr. Ulrich Burgard, Otto-von-Guericke-Universität Magdeburg
Dr. Carsten Heimann, Otto-von-Guericke-Universität Magdeburg
Professor Dr. Ansgar Hense, Institut für Staatskirchenrecht, Bonn

DE GRUYTER

Zitiervorschläge: Burgard/*Autor*, Stiftungsrecht, § ... Rn. ...
Autor in Burgard, Stiftungsrecht, § ... Rn. ...
Sachregister: Ulrich Burgard, Carsten Heimann, Ansgar Hense
Stand: September 2022

ISBN 978-3-11-025151-7
e-ISBN (PDF) 978-3-11-025152-4
e-ISBN (E-PUB) 978-3-11-038511-3

Library of Congress Control Number: 2022935629

Bibliografische Information der Deutschen Nationalbibliothek
Die Deutsche Nationalbibliothek verzeichnet diese Publikation in der Deutschen Nationalbibliografie; detaillierte bibliografische Daten sind im Internet über http://dnb.dnb.de abrufbar.

Satz: Meta Systems Publishing & Printservices GmbH, Wustermark
Druck und Bindung: CPI books GmbH, Leck

www.degruyter.com

Inhaltsverzeichnis

Abkürzungen und abgekürzt zitierte Literatur — VII

Bürgerliches Gesetzbuch (BGB)

BUCH 1
Allgemeiner Teil

ABSCHNITT 1
Personen

TITEL 2
Juristische Personen

UNTERTITEL 2
Stiftungen

Kommentierung der §§ 80 bis 88 des Bürgerlichen Gesetzbuches
Vorbemerkung zu § 80 — 1
§ 80 Ausgestaltung und Entstehung der Stiftung — 47
§ 81 Stiftungsgeschäft — 73
§ 81a Widerruf des Stiftungsgeschäfts — 108
§ 82 Anerkennung der Stiftung — 112
Anhang zu § 82: Anerkennungsverfahren und Aufsichtsrecht der Länder — 124
§ 82a Übertragung und Übergang des gewidmeten Vermögens — 140
Vorbemerkung 1 zu § 82b — 142
Vorbemerkung 2 zu § 82b: Stiftungsverzeichnisse und Vertretungsbescheinigungen — 143
Vorbemerkung 3 zu § 82b: Stiftungsregister — 163
§ 82b Stiftungsregister und Anmeldung der Stiftung — 170
Anhang zu § 82b: Stiftungsregistergesetz — 173
§ 82c Namenszusatz der Stiftung — 200
§ 82d Vertrauensschutz durch das Stiftungsregister — 201
§ 83 Stiftungsverfassung und Stifterwille — 202
§ 83a Verwaltungssitz der Stiftung — 212
§ 83b Stiftungsvermögen — 220
§ 83c Verwaltung des Grundstockvermögens — 237
§ 84 Stiftungsorgane — 257
§ 84a Rechte und Pflichten der Organmitglieder — 291
Anhang 1 zu § 84a: Haftung von Organmitgliedern und leitenden Mitarbeitern — 336
Anhang 2 zu § 84a: Die Rechtsstellung des Stifters und von Destinatären — 365
§ 84b Beschlussfassung der Organe — 376
§ 84c Notmaßnahmen bei fehlenden Organmitgliedern — 409
§ 84d Anmeldung von Änderungen beim Vorstand oder bei besonderen Vertretern — 422
§ 85 Voraussetzungen für Satzungsänderungen — 423
§ 85a Verfahren bei Satzungsänderungen — 452
§ 85b Anmeldung von Satzungsänderungen — 461
Vorbemerkung zu den §§ 86 bis 86i — 462
§ 86 Voraussetzungen für die Zulegung — 466
§ 86a Voraussetzungen für die Zusammenlegung — 477
§ 86b Verfahren der Zulegung und der Zusammenlegung — 482
§ 86c Zulegungsvertrag und Zusammenlegungsvertrag — 494

§ 86d Form des Zulegungsvertrags und des Zusammenlegungsvertrags — 501
§ 86e Behördliche Zulegungsentscheidung und Zusammenlegungsentscheidung — 503
§ 86f Wirkungen der Zulegung und der Zusammenlegung — 508
§ 86g Bekanntmachung der Zulegung und der Zusammenlegung — 517
§ 86h Gläubigerschutz — 520
§ 86i Anmeldung von Zulegung und Zusammenlegung — 526
§ 87 Auflösung der Stiftung durch die Stiftungsorgane — 528
§ 87a Aufhebung der Stiftung — 535
§ 87b Auflösung der Stiftung bei Insolvenz — 540
§ 87c Vermögensanfall und Liquidation — 544
§ 87d Anmeldung von Auflösung, Aufhebung und Liquidation — 552
§ 88 Kirchliche Stiftungen — 554

Sachregister — 577

Abkürzungen und abgekürzt zitierte Literatur

a.A.	anderer Ansicht
a.E.	am Ende
a.F.	alte Fassung
abl.	ablehnend
Abs.	Absatz
AcP	Archiv für die civilistische Praxis
AG	Aktiengesellschaft
AktG	Aktiengesetz
allg.M.	allgemeine Meinung
Anh.	Anhang
Anm.	Anmerkung
AO	Abgabenordnung
Art.	Artikel
Aufl.	Auflage
ausdr.	ausdrücklich
ausf.	ausführlich
Az.	Aktenzeichen
BayObLG	Bayerisches Oberstes Landesgericht
BayStiftG	Bayerisches Stiftungsgesetz
BayVGH	Bayerischer Verwaltungsgerichtshof
BbgStiftG	Stiftungsgesetz für das Land Brandenburg
Bd.	Band
BeckOGK BGB	beck-online.Grosskommentar BGB, Stand 1.7.2022
BeckOK BGB	Beck'scher Online-Kommentar BGB, 63. Edition, Stand 1.5.2022
Begr.	Begründung
Begr. RegE.	Begründung Regierungsentwurf
Beschl.	Beschluss
BGB	Bürgerliches Gesetzbuch
BGBl.	Bundesgesetzblatt
BGH	Bundesgerichtshof
BGHZ	Entscheidungen des Bundesgerichtshofes in Zivilsachen
BlnStiftG	Berliner Stiftungsgesetz
BMJ	Bundesministerium der Justiz
BR-Ds.	Bundesratsdrucksache
BremStiftG	Bremisches Stiftungsgesetz
BSG	Bundessozialgericht
Bsp.	Beispiel
bspw.	beispielsweise
BT-Ds.	Bundestagsdrucksache
BT-Prot.	Bundestagsprotokoll
Burgard	Gestaltungsfreiheit im Stiftungsrecht, 2006
BVerfG	Bundesverfassungsgericht
BVerfGE	Entscheidungen des Bundesverfassungsgerichts
BVerwG	Bundesverwaltungsgericht
BVerwGE	Entscheidungen des Bundesverwaltungsgerichts
BWStiftG	Stiftungsgesetz für Baden-Württemberg
bzgl.	bezüglich
bzw.	beziehungsweise
CIC	Codex Iuris Canonici
DB	Der Betrieb
ders.	derselbe

https://doi.org/10.1515/9783110251524-201

d.h.	das heißt
DJT	Deutscher Juristentag
DNotZ	Deutsche Notar-Zeitschrift
DÖV	Die Öffentliche Verwaltung
DStR	Deutsches Steuerrecht
DVBl	Deutsches Verwaltungsblatt
DZWiR	Deutsche Zeitschrift für Wirtschaftsrecht
ebs.	ebenso
ebd.	ebenda
Entw.	Entwurf
ErbStG	Erbschaftsteuer- und Schenkungsteuergesetz
Erman	BGB, 16. Aufl. 2020
EuGH	Gerichtshof der Europäischen Union
e.V.	eingetragener Verein
EWiR	Entscheidungen zum Wirtschaftsrecht
f./ff.	folgend/folgende
FamFG	Gesetz über das Verfahren in Familiensachen und in den Angelegenheiten der freiwilligen Gerichtsbarkeit
FidKomAuflG	Gesetz zur Vereinheitlichung der Fideikommissauflösung
Fn.	Fußnote
FS	Festschrift
GbR	Gesellschaft bürgerlichen Rechts
gem.	gemäß
GenG	Genossenschaftsgesetz
GG	Grundgesetz
ggf.	gegebenenfalls
GmbH	Gesellschaft mit beschränkter Haftung
GmbHG	Gesetz betreffend die Gesellschaften mit beschränkter Haftung
GmbHR	GmbH-Rundschau
Gollan	Vorstandshaftung in der Stiftung, 2009
GS	Gedächtnisschrift; Großer Senat
GVBl	Gesetz- und Verordnungsblatt
GVM	Gesetze, Verordnungen, Mitteilungen (kirchliches Amtsblatt)
h.L.	herrschende Lehre
h.M.	herrschende Meinung
HamStiftG	Hamburgisches Stiftungsgesetz
HeStiftG	Hessisches Stiftungsgesetz
Hoffmann	Zusammenlegung und Zulegung rechtsfähiger Stiftungen des bürgerlichen Rechts, 2011
Hrsg.	Herausgeber
hrsg.	herausgegeben
Hs.	Halbsatz
HSKR	Handbuch des Staatskirchenrechts der Bundesrepublik Deutschland, 3. Aufl. 2020
Hüttemann	Gemeinnützigkeits- und Spendenrecht, 5. Aufl. 2021
Hüttemann/Richter/Weitemeyer (Hrsg.)	Landesstiftungsrecht, 2011
Hüttemann/Schön	Die Vermögensverwaltung und Vermögenserhaltung im Stiftungs- und Gemeinnützigkeitsrecht, 2010
i.d.F.	in der Fassung
i.d.R.	in der Regel

i.E.	im Ergebnis
i.S.	im Sinne
i.S.d.	im Sinne des/der
i.S.v.	im Sinne von
i.V.m.	in Verbindung mit
insbes.	insbesondere
InsO	Insolvenzordnung
jew.	jeweils
JZ	Juristenzeitung
KA	Kirchlicher Anzeiger
KABl.	Kirchliches Amtsblatt
Kap.	Kapitel
KG	Kammergericht; Kommanditgesellschaft
KGaA	Kommanditgesellschaft auf Aktien
KGJ	Jahrbuch für Entscheidungen des Kammergerichts
Koch	AktG, 16 Aufl. 2022
Krieger/Uwe H. Schneider (Hrsg.)	Handbuch Managerhaftung, 3. Aufl. 2017
krit.	kritisch
KuR	Kirche und Recht (Zeitschrift)
Küpperfahrenberg	Haftungsbeschränkungen für Verein und Vorstand, 2005
LG	Landgericht
lit.	Buchstabe (litera)
Ls.	Leitsatz
LT-Ds.	Landtagsdrucksache
m.a.W.	mit anderen Worten
m.abl. Anm.	mit ablehnender Anmerkung
m.Anm.	mit Anmerkung
m.E.	meines Erachtens
m.w.N.	mit weiteren Nachweisen
m.zust. Anm.	mit zustimmender Anmerkung
MüKoBGB	Münchener Kommentar zum Bürgerlichen Gesetzbuch, 9. Aufl. 2021
Münchener Handbuch des Gesellschaftsrechts	Band 5, Verein, Stiftung bürgerlichen Rechts, 5. Aufl. 2021
MVStiftG	Stiftungsgesetz des Landes Mecklenburg-Vorpommern
n.e.V.	nicht eingetragener Verein
n.F.	neue Fassung
NdsStiftG	Niedersächsisches Stiftungsgesetz
NJW	Neue Juristische Wochenschrift
NJW-RR	NJW-Rechtsprechungs-Report Zivilrecht
NPLYB	Non Profit Law Yearbook
npoR	Zeitschrift für das Recht der Non Profit Organisationen
Nr.	Nummer
NRW	Nordrhein-Westfalen
NRWStiftG	Stiftungsgesetz für das Land Nordrhein-Westfalen
NVwZ	Neue Zeitschrift für Verwaltungsrecht
NVwZ-RR	NVwZ-Rechtsprechungs-Report
NWVBl	Nordrhein-Westfälische Verwaltungsblätter
NZG	Neue Zeitschrift für Gesellschaftsrecht

o.	oben
OLG	Oberlandesgericht
Orth/Uhl	Stiftungsrechtsreform, 2021
Palandt	Bürgerliches Gesetzbuch, 80. Aufl. 2021
ProfE	Professorenentwurf
RefE	Referentenentwurf
RegE	Regierungsentwurf
Reichert	Handbuch Vereins- und Verbandsrecht, 14. Aufl. 2018
RG	Reichsgericht
Richter (Hrsg.)	Stiftungsrecht, 2019
Rn.	Randnummer
Rpfleger	Der Deutsche Rechtspfleger
RPStiftG	Stiftungsgesetz des Landes Rheinland-Pfalz
Rspr.	Rechtsprechung
Rz.	Randziffer
s.	siehe
S.	Satz; Seite
s.o./s.u.	siehe oben/siehe unten
SaarStiftG	Saarländisches Stiftungsgesetz
SächsStiftG	Sächsisches Stiftungsgesetz
SAStiftG	Stiftungsgesetz des Landes Sachsen-Anhalt
Schauhoff/ Mehren (Hrsg.)	Stiftungsrecht nach der Reform, 2022
Schauer	Die Zusammenführung rechtsfähiger Stiftungen, 2017
Schiffer/Pruns/ Schürmann	Die Reform des Stiftungsrechts, 2022
Scholz	GmbHG, 12. neu bearbeitete und erweiterte Aufl. 2018/2021
SHStiftG	Gesetz über rechtsfähige Stiftungen bürgerlichen Rechts Schleswig-Holstein
sog.	sogenannt
Sp.	Spalte
Staudinger	Kommentar zum BGB mit Einführungsgesetz und Nebengesetzen, Buch 1, Allgemeiner Teil, §§ 80–89, Neubearbeitung 2017
StGB	Strafgesetzbuch
StiftRG	Stiftungsregistergesetz
StiftRReformG	Stiftungsrechtsreformgesetz
StiftRspr.	Stiftungen in der Rechtsprechung
St.Rspr.	Ständige Rechtsprechung
ThStiftG	Thüringer Stiftungsgesetz
u.	unten
u.a.	unter anderem; und anderen
u.a.m.	und andere mehr
u.U.	unter Umständen
unstr.	unstreitig
Urt.	Urteil
usw.	und so weiter
v.	von
v. Campenhausen/ Richter (Hrsg.)	Stiftungsrechts-Handbuch, 4. Aufl. 2014
vgl.	vergleiche
Vorb.	Vorbemerkung

Werner/Saenger/ Fischer (Hrsg.)	Die Stiftung, 2. Aufl. 2019
WM	Zeitschrift für Wirtschafts- und Bankrecht; Wertpapiermitteilungen Teil IV
Z.	Ziffer
z.B.	zum Beispiel
ZErb	Zeitschrift für Steuer- und Erbrechtspraxis
ZEV	Zeitschrift für Erbrecht und Vermögensnachfolge
ZGR	Zeitschrift für Unternehmens- und Gesellschaftsrecht
ZHR	Zeitschrift für das gesamte Handels- und Wirtschaftsrecht
ZIP	Zeitschrift für Wirtschaftsrecht
zit.	zitiert
ZPO	Zivilprozessordnung
ZRP	Zeitschrift für Rechtspolitik
ZSt	Zeitschrift zum Stiftungswesen
ZStV	Zeitschrift für Stiftungs- und Vereinswesen
zutr.	zutreffend
ZZP	Zeitschrift für Zivilprozess

Bürgerliches Gesetzbuch (BGB)

BUCH 1 **Allgemeiner Teil**

ABSCHNITT 1 **Personen**

TITEL 2 **Juristische Personen**

UNTERTITEL 2 **Stiftungen**

Kommentierung der §§ 80 bis 88 des Bürgerlichen Gesetzbuches

Vorbemerkung zu § 80

Schrifttum
Zur Geschichte des Stiftungsrechts

Adam, Stiften im 19. und 20. Jahrhundert in der deutschen und amerikanischen Gesellschaft, in: Weitemeyer/Hüttemann/u.a. (Hrsg.), Non Profit Law Yearbook 2014/2015, 2015, S. 1; *Alexander*, Anstalten und Stiftungen – Verselbständigte Vermögensmassen im Römischen Recht, 2003; *Behrend*, Die Stiftung nach deutschem bürgerlichem Recht, 1904; *ders.*, Gibt es im geltenden Recht noch „milde Stiftungen"?, AöR 1924, S. 265; *Borgolte*, Von der Geschichte des Stiftungsrechts zur Geschichte der Stiftungen, in: Liermann, Geschichte des Stiftungsrechts, 2. Aufl. 2002, S. 14; *ders.*, Stiftungen – eine Geschichte von Zeit und Raum, in: Andrick/Hellmig/u.a. (Hrsg.), Die Stiftung – Jahreshefte zum Stiftungswesen 2009, S. 9; *ders.* (Hrsg.), Enzyklopädie des Stiftungswesens in mittelalterlichen Gesellschaften, Bd. 1: Grundlagen, 2014; Bd. 2: Das soziale System Stiftung, 2016; *Denecke*, Die Wiederbelebung von Alt-Stiftungen in den östlichen Ländern, 2005; *Drews*, Die Stiftung nach dem Recht der DDR, in: Arbeitsgemeinschaft Deutscher Stiftungen (Hrsg.), Bericht über die 46. Jahrestagung am 21./22.6.1990 in Mainz, 1990, S. 57; *Franz*, Das große Stiftungssterben in Mitteldeutschland, in: Franz/Liermann/u.a. (Hrsg.), Deutsches Stiftungswesen 1948-1966, 1968, S. 435; *Goerdeler*, Stiftungen in der Bundesrepublik aus heutiger Sicht, in: Kübler/Mertens/u.a. (Hrsg.), FS Heinsius, 1991, S. 169; *Hammer*, Studie zur Regelung der Stiftung in der DDR auf der Grundlage des Zivilgesetzbuches, 1988; *Hauger*, Die unselbständige Stiftung – Begriff, Geschichte und Wesen, 1929; *Kraus*, Jüdische Stiftungen in München im 19. und 20. Jahrhundert. Gründung und Entfal-tung, „Arisierung" und Rückerstattung, in: Oberbayerisches Archiv 134, 2010, S. 195; *Liermann*, Geschichte des Stiftungsrechts, 2. Aufl. 2002, Nachdruck der 1. Aufl. 1963, Handbuch des Stiftungsrechts Bd. 1; *Lingelbach*, Der Umgang mit Altstiftungen in den Jahren nach 1945 im Beitrittsgebiet – Erste Bestandsaufnahme für Thüringen, ZSt 2009, S. 99; *Mecking*, Wiederbelebung von Altstiftungen, ZSt 2003, S. 143; *Perl*, Zum Recht der Familienstiftungen in Preussen, in: Vahlen (Hrsg.), FG Wilke, 1900, S. 225; *Rawert/Ajzensztejn*, Stiftungsrecht im Nationalsozialismus, in: v. Campenhausen/Kronke/u.a. (Hrsg.), Stiftungen in Deutschland und Europa, 1998, S. 157; *Schulze*, Historischer Hintergrund des Stiftungsrechts, in: Hauer/Goerdeler/u.a. (Hrsg.), Deutsches Stiftungswesen 1977-1988, 1989, S. 29; *Schuster/Gunzert*, Die Lage der Stiftungen nach der Währungsreform, in: Franz/Liermann/u.a. (Hrsg.), Deutsches Stiftungswesen 1948-1966, 1968, S. 21; *Schwarz*, Das Stiftungswesen in der Sowjetischen Besatzungszone und in der Deutschen Demokratischen Republik zwischen 1945 und 1989, 2008; *Siefken*, Jüdische und paritätische Stiftungen im nationalsozialistischen Hamburg – Enteignung und Restitution, 2009; *v. Campenhausen*, Stiftungsschicksale, in: Hommage für Kurt Bötsch, 1988, S. 45; *ders.*, Alte Stiftungen in den neuen Ländern – Rekonstruktion gegen Widerstände, in: v. Campenhausen/Kronke/u.a. (Hrsg.), Stiftungen in Deutschland und Europa, 1998, S. 183; *ders.*, Geschichte des Stiftungswesens, in: Bertelsmann Stiftung (Hrsg.), Handbuch Stiftungen. Ziele – Projekte – Management – Rechtliche Gestaltung, 2003, S. 23; *O. Werner*, Altstiftungen in der DDR: Enteignung – Aufhebung – Fortbestand, in: O. Werner/Häberle/u.a. (Hrsg.), FS Leser, 1998, S. 117.

Zur Familienstiftung und zum Familienfideikommiss

Baßler/Stöffler/Blecher, Die unternehmensverbundene Familienstiftung nach dem Gesetz zur Vereinheitlichung des Stiftungsrechts, GmbHR 2021, S. 1125; *Baur*, Fideikommissähnliche Unternehmensbindungen, in: Böckli/Eichenberger/u.a. (Hrsg.), FS Vischer, 1983, S. 515; *Beck*, Die Familienstiftung, 2018; *Biachini-Hartmann/Richter*, Die Besteuerung von Familienstiftungen, in: Birk (Hrsg.), FS Pöllath + Partners, 2008, S. 337; *Binz/Sorg*, Erbschaftsteuerprobleme der Famili-

https://doi.org/10.1515/9783110251524-001

enstiftung, DB 1988, S. 1822; *Blusz*, Stiftungsgestaltungen im Lichte des neuen Erbschaftsteuerrechts, DStR 2017, S. 1016; *Bruschke*, Familienstiftung: Entstehung, Berechnung und Zahlung der Erbersatzsteuer unter Einbeziehung des § 224a AO, ErbStB 2013, S. 21; *Bisle*, Asset Protection durch den Einsatz inländischer Familienstiftungen, DStR 2012, S. 525; *Blumers*, Die Familienstiftung als Instrument der Nachfolgeregelung, DStR 2012, S. 1; *Brill*, Gestaltungsaspekte zur Unternehmensnachfolge bei Familienstiftungen, GWR 2012, S. 364; *Däubler*, Zur aktuellen Bedeutung des Fideikommissverbots, JZ 1969, S. 499; *Eckert*, Der Kampf um die Familienfideikommisse in Deutschland, 1992; *Feick*, Stiftung als Nachfolgeinstrument, 2014; *Feick/Thon*, Schutz des Vermögens von Familienstiftungen vor dem Zugriff von Gläubigern der Begünstigten, ZEV 2011, S. 404; *Flämig*, Die Familienstiftung unter dem Damoklesschwert der Erbersatzsteuer, DStZ 1986, S. 11; *Frieling*, Erbschaft- und Schenkungssteuerplanung im Rahmen von Vermögensübertragungen auf Familienstiftungen, DB 2017, S. 317; *Heuser/Frye*, Die deutsche Familienstiftung – steuerrechtliche Gestaltungsmöglichkeiten für Familienvermögen, BB 2011, S. 983; *Hübner/Currle/Schenk*, Die nichtrechtsfähige Stiftung als Familienstiftung, DStR 2013, S. 1966; *Hüttemann*, Gemeinnützige Stiftungen in der Nachfolgeplanung, in: v. Bar/Hellwege/u.a. (Hrsg.), GedSchr Schindhelm, 2009, S. 377; *ders.*, Stiftungen als Nachfolgeinstrument, in: Röthel/K. Schmidt (Hrsg.), Familienunternehmen im Wandel, 2015, S. 43; *ders.*, Unternehmensnachfolge mit Stiftungen, DB 2017, S. 591; *Ihle*, Stiftungen als Instrument der Unternehmens- und Vermögensnachfolge, RNotZ 2009, S. 557, 621; *Jansen*, Stiftungsformen zur Gestaltung der Vermögensnachfolge, 2013; *Jülicher*, Die Familienstiftung i.S.d. § 1 Abs 1 Nr 4 ErbStG, StuW 1995, S. 71; *ders.*, Brennpunkte der Besteuerung der inländischen Familienstiftung im ErbStG, StuW 1999, S. 363; *Kirchhain*, Die gemeinnützige Familienstiftung, 2006; *Koehler/Heinemann*, Das Erlöschen der Familienfideikommisse und sonstiger gebundener Vermögen – Gesetze und Verordnungen des Reichs auf fideikommißrechtlichem Gebiete nebst einem Überblick über das Fideikommißrecht und Erläuterungen der reichsrechtlichen Vorschriften, 1940; *König*, Die Stiftung als Instrument der Nachlassplanung, 2019; *Königer*, Nutzung der erbschaftsteuerlichen Begünstigungen der §§ 13a, 13b ErbStG durch Familienstiftungen, ZEV 2013, S. 433; *Kornau*, Die Stiftung als Unternehmensnachfolgerin, 2012; *Kronke*, Familien- und Unternehmensträgerstiftungen, in: Hopt/Reuter (Hrsg.), Stiftungsrecht in Europa, 2001, S. 159; *Lange*, Vermögenssicherung durch Stiftungen? – Kritische Anmerkungen zu einem Trend, in: Limmer (Hrsg.), Erbrecht und Vermögenssicherung, 2016, S. 81; *Laule/Heuer*, Familienstiftung als Objekt der Erbschaftsteuer, DStZ 1987, S. 495; *Naumann zu Grünberg*, Die Stiftung in der Unternehmensnachfolge mit Auslandsbezug: Einsatzmöglichkeiten und Stiftungsstatut, ZEV 2012, S. 569; *Oppel*, Die österreichische Privatstiftung und die deutsche Familienstiftung als Instrumente der Nachfolgeplanung, 2014; *Pauli*, Die Familienstiftung, FamRZ 2012, S. 344; *Perl*, Zum Recht der Familienstiftungen in Preussen, in: Vahlen (Hrsg.), FG Wilke, 1900, S. 225; *Piltz*, Erbschaftsteuerliche Neuorientierung bei Familienstiftungen? ZEV 2011, S. 236; *Rawert*, Die Stiftung als Familiengesellschaft (?), ZGR 2018, S. 835; *Reuter*, Wiederbelebung der Fideikommisse im Rechtskleid der privatnützigen Stiftung? in: Hoyer/Hattenhauer/u.a. (Hrsg.), GedSchr Eckert, 2008, S. 677; *Richter/Gollan*, Die Besteuerung der Kapitalerträge von Familienstiftungen, in: Martinek/Rawert/u.a. (Hrsg.), FS Reuter, 2010, S. 1155; *Schiffer*, Die Familienstiftung – eine für Familienunternehmen geeignete Rechtsform? in: Dauner-Lieb/Freudenberg/u.a. (Hrsg.), FS Binz, 2014, S. 596; *Schauhoff*, Gemeinnützige Stiftung und Versorgung des Stifters und seiner Nachkommen, DB 1996, S. 1693; *ders.*, Stiftungen in der Unternehmensnachfolge, Ubg 2008, S. 309; *ders.*, Unternehmensnachfolge mit Stiftungen, in: Wachter (Hrsg.), FS Spiegelberger, 2009, S. 1341; *Schiffer*, Stiftungen und Familie: Anmerkungen zu „Familienstiftungen", in: Wachter (Hrsg.), FS Spiegelberger, 2009, S. 1358; *K. Schmidt*, Brave New World: Deutschland und seine Unternehmenserben auf dem Weg in ein Stiftungs-Dorado?, ZHR xxx (2002), S. 145; *Schwarz*, Die Stiftung als Instrument für die mittelständische Unternehmensnachfolge, BB 2001, S. 2381; *Söffing/Henrich*, Die gemeinnützige Stiftung als Unternehmensnachfolger, BB 2016, S. 1943; *Sorg*, Die Familienstiftung, 1984; *Stolte*, Stiftungen in der Vermögensnachfolgeplanung, notar 2015, S. 311; *Studen*, Die Familienstiftung und der gesellschaftliche Wertekanon im Wandel der Zeiten, in: Jakob (Hrsg.), Stiftung und Familie, 2015, S. 89; *Theuffel-Werhahn*, Unterliegen unselbständige Familienstiftungen der Ersatzerbschaftsteuerpflicht? Zugleich eine Betrachtung des Begriffs „Stiftung" im Steuerrecht, ZEV 2014, S. 14; *ders.*, Familienstiftungen als Königsinstrument für die Nachfolgeplanung aufgrund der Erbschaftsteuerreform, ZEV 2017, S. 17; *Tielmann*, Die Familienverbrauchsstiftung, NJW 2013, S. 2934; *Trissler*, Familienstiftung und Family Trust, Rechtsvergleich Deutschland – England, 2013; *Uhlig*, Steuerliche Vorteilhaftigkeit einer Familienstiftung gegenüber einer Dauertestamentsvollstreckung, 2013; *v. Gerber*, Die Familienstiftung in der Function des Familienfideikommisses, JherJb 2 1858, S. 351; *v. Löwe*, Familienstiftung und Nachfolgegestaltung, 2. Aufl. 2016; *v. Oertzen/Hosser*, Asset Protection mit inländischen Familienstiftungen, ZEV 2010, S. 168; *v. Scheurl*, Familienstiftung, AcP 1891, S. 243; *v. Trott zu Solz*, Erbrechtlose Sondervermögen – Über die Möglichkeiten fideikommissähnlicher Vermögensbindungen, 1999; *Werder/Wystrcil*, Familienstiftungen in der Unternehmensnachfolge, BB 2016, S. 1558; *Werkmüller*, Die „Familienstiftung & Co. KG" als Instrument der „kontrollierten" Vermögensnachfolge, ZEV 2015, S. 522; *O. Werner*, Die Stiftung als Mittel der Perpetuierung von Unternehmen, in: Bayer/Koch (Hrsg.), Unternehmens- und Vermögensnachfolge, 2009, S. 103; *O. Werner*, Die idealistische Familienstiftung (Teil 1), ZStV 2018, S. 203, (Teil 2), ZStV 2019, S. 7; *R. Werner*, Stiftungen als Instrument des Vermögensschutzes, ZErb 2010, S. 104; *R. Wer-*

ner, Die Familienheimstiftung als Instrument der Asset Protection, ZEV 2014, S. 66; *Zensus/Schmitz*, Die Familienstiftung als Gestaltungsinstrument zur Vermögensübertragung und -sicherung, NJW 2012, S. 1323.

Zur Doppelstiftung

Kögel/Berg, Die Unternehmensverfassung des Hauses Bosch als Grundmodell der Doppelstiftung, FuS 2011, S. 13; *Pauli*, Die Doppelstiftung als Unternehmensträger einer KGaA, ZErb 2010, S. 66; *Reich*, Die unternehmensverbundene Doppelstiftung auf dem Prüfstand, DStR 2020, S. 265; *Schnitger*, Die Gestaltung der Doppelstiftung und ihre Probleme, ZEV 2001, S. 104; *Schuck*, Die Doppelstiftung – Instrument zur Gestaltung der Unternehmensnachfolge, 2009; *Theuffel-Werhahn*, Renaissance der Doppelstiftung durch die Erbschaftssteuerreform, ZStV 2015, S. 169; *R. Werner*, Die Doppelstiftung, ZEV 2012, S. 244.

Zur unternehmensverbundenen Stiftung

Block/Hosseini, Stiftungsunternehmen als hybride Organisationen: Auswirkungen auf die Unternehmensperformance, in: Weitemeyer/Hüttemann/u.a. (Hrsg.), Non Profit Law Yearbook 2016/2017, 2017, S. 13; *Brandmüller/Klinger*, Unternehmensverbundene Stiftungen, 4. Aufl. 2014; *Burgard*, Die Anerkennungsfähigkeit von Unternehmensstiftungen, in: Andrick/Hellmig/u.a. (Hrsg.), Die Stiftung – Jahreshefte zum Stiftungswesen 2009, S. 31-51; *ders.*, Verantwortungseigentum in Stiftungsform de lege lata und de lege ferenda, ZStV 2021, S. 1; *Dehesselles*, Stiftung, Unternehmen und Beschäftigungsförderung, DB 2005, S. 72; *Drüen*, Besteuerung von Unternehmensstiftungen, in: Andrick/Hellmig/u.a. (Hrsg.), Die Stiftung – Jahreshefte zum Stiftungswesen, 2009, S. 89; *ders.*, Unternehmensverbundene Stiftungen und ihre Besteuerung, 2011; *Engel*, Die unternehmensverbundene Stiftung, 2008; *Flämig*, Unternehmensnachfolge mittels stiftungshafter Gebilde, DB 1978, Beilage Nr. 22, S. 1; *Franke*, Sind stiftungsgetragene Unternehmen „besser"? in: Achleitner/Block/u.a. (Hrsg.), Stiftungsunternehmen: Theorie und Praxis, 2018, 69; *Fricke*, Unternehmensnachfolge mittels Stiftungen. Zivilrechtliche und steueroptimale Gestaltung, 2010; *Heinzelmann*, Die Stiftung im Konzern, 2003; *Hemmen*, Nonprofit-Organisationen als Verbraucher, Unternehmer und Kaufleute, 2016; *Hoffmann-Becking*, Unternehmensverbundene Stiftung zur Sicherung des Unternehmens, ZHR 178 (2014), S. 491; *Horvarth*, Stiftungen als Instrument der Unternehmensnachfolge, 2010; *Hüffer*, Stiftungen mit Holdingfunktion – Anerkennung und rechtliche Behandlung, in: Pielow (Hrsg.), GS Tettinger, 2007, S. 449; *Hushahn*, Unternehmensverbundene Stiftungen im deutschen und schwedischen Recht: Ein Rechtsvergleich zur Behandlung der Konstellation verdeckter Unternehmensselbstzweckstiftungen, 2009; *Hüttemann*, Non-Profit-Organisationen als Kaufleute, in: Ackermann/Köndgen (Hrsg.), FS Roth, 2015, S. 240; *Ihrig/Wandt*, Die Stiftung im Konzernverbund, in: Kindler/Koch/u.a. (Hrsg.), FS Hüffer, 2010, S. 387; *Kohl*, Brauchen wir ein Stiftungskonzernrecht?, NJW 1992, S. 1922; *Kronke*, Stiftungstypus und Unternehmensträgerstiftung, 1988; *ders.*, Familien- und Unternehmensträgerstiftungen, in: Hopt/Reuter (Hrsg.), Stiftungsrecht in Europa, 2001, S. 159; *Künnemann*, Die Stiftung im System des Unterordnungs-Konzerns, 1996; *Orth*, Umstrukturierung unternehmerisch tätiger Stiftungen, FR 2010, S. 637; *Pauli*, Die Doppelstiftung als Unternehmensträger einer KGaA, ZErb 2010, S. 66; *Pavel*, Eignet sich die Stiftung für den Betrieb erwerbswirtschaftlicher Unternehmen?, 1967; *Rawert*, Der Einsatz von Stiftungen zu stiftungsfremden Zwecken, ZEV 1999, 294; *ders.*, Kirchmann, Wittgenstein und die unternehmensverbundene Stiftung – Erwiderung auf Schiffer, ZEV 1999, S. 424, ZEV 1999, S. 426; *ders.*, Stiftungen und Unternehmen, in: Kötz/Rawert/u.a. (Hrsg.), Non Profit Law Yearbook 2003, 2004, S. 1; *Reich*, Die unternehmensverbundene Doppelstiftung auf dem Prüfstand, DStR 2020, S. 265; *Reuter*, Die Stiftungsabhängigkeit des Unternehmens – ein Mittel zur Lösung des Nachfolgeproblems?, GmbHR 1973, S. 241; *Riemer*, Rechtsprobleme der Unternehmensstiftung, ZBernJV 1980, S. 489; *Saenger/Arndt*, Reform des Stiftungsrechts: Auswirkungen auf unternehmensverbundene und privatnützige Stiftungen, ZRP 2000, S. 13; *Saenger/Veltmann*, Reichweite und Haftungsrisiken der Stiftungsaufsicht bei Vermögensumschichtungen von unternehmensgebundenen Stiftungen, ZSt 2005, S. 281; *Schauhoff*, Stiftungen als Unternehmensträger, in VGR (Hrsg.), Gesellschaftsrecht in der Diskussion, 2018, S. 83; *Schiffer*, Die unternehmensverbundene Stiftung ist im Gerede – Einige Anmerkungen und Klarstellungen zu Rawert, ZEV 1999, 294, ZEV 1999, 424; *ders.*, Fortsetzung der Diskussion zur unternehmensverbundenen Stiftung trotz des neuen Stiftungszivilrechts?, – Ein Ruf aus der Praxis, ZSt 2003, S. 252; *ders.*, Unternehmensnachfolge mit Stiftungen. Zugleich eine Rezension von Brandmüller/Klinger: Unternehmensverbundene Stiftungen, ZErb 2014, S. 337; *Schiffer/Pruns*, Die unternehmensverbundene Stiftung – ein Überblick zur vielfältigen Praxis, BB 2013, S. 2755; *Schlinkert*, Unternehmensstiftung und Konzernleitung, 1995; *O. Schmidt*, Die Errichtung von Unternehmensträgerstiftungen durch Verfügung von Todes wegen, 1997; *ders.*, Das Ausschlagungsrecht von Unternehmensträgerstiftungen bei letztwilligen Zuwendungen – Beseitigung der Geschäftsgrundlage der stiftungsrechtlichen Genehmigung?, ZEV 1999, S. 141; *ders.*, Die Anfechtung des Stiftungsgeschäfts von Todes wegen bei Errichtung einer Unternehmensträgerstiftung, ZEV 2000, S. 308; *ders.*, Die Errichtung von Unternehmensträgerstiftungen durch Verfügung von Todes wegen und Testamentsvollstreckung, ZEV 2000,

S. 438; *Schumacher*, Die konzernverbundene Stiftung – Eine rechtsvergleichende Untersuchung des niederländischen und deutschen Rechts, S. 1999; *Schwake*, Kapital und Zweckerfüllung bei Unternehmensstiftungen, 2008; *Schwarz*, Flexibilität und Vermögensbindung bei der Unternehmensstiftung, ZSt 2004, 64 und 101; *Schwintowski*, Die Stiftung als Konzernspitze?, NJW 1991, S. 2736; *Sieger/Bank*, Erhalt von Einflussmöglichkeiten des Stifters auf die Geschäftstätigkeit einer zivilrechtlichen Stiftung, NZG 2010, S. 641; *Trappe*, Unternehmensmitbestimmung und unternehmensverbundene Stiftungen, 2010; *Trops*, Wirtschaftliche Unternehmen innerhalb einer Stiftung – Eine Übersicht über die möglichen Stiftungsstrukturen, AG 1970, S. 367; *Verstl*, Das Rechtsinstitut „Stiftung“ – Allheilmittel für die Unternehmensnachfolgeregelung? DStR 1997, S. 674; *v. Lucius*, Familienunternehmen und Unternehmensstiftungen, in: Dauner-Lieb/Freudenberg/u.a. (Hrsg.), FS Binz, 2014, S. 418; *Wiederhold*, Stiftung und Unternehmen im Spannungsverhältnis, 1971.

Zur Stiftung & Co. KG

Gehrke, Die Stiftung & Co. KGaA im Gesellschafts- und Steuerrecht, 2007; *Oertel*, Die Zulässigkeit der Stiftung & Co. KG. Unter besonderer Berücksichtigung der Strukturmerkmale der Stiftung bürgerlichen Rechts, 2016; *Seibt*, Unternehmensmitbestimmungsrechtliche Konzernzurechnung bei Einschaltung von Stiftung & Co. KG und paritätischen Beteiligungsunternehmen. Zugleich Anmerkung zu LG Dortmund v. 25.3.2010 – 18 O 95/9 AktE (Edeka), ZIP 2011, S. 249; *Stengel*, Stiftung und Personengesellschaft – Die Beteiligung einer Stiftung an einer Personengesellschaft des Handelsrechts, 1993; *Theuffel-Werhahn*, Stiftungsrechtsreform zieht Stiftung & Co. KG in Zweifel: Das sind die Handlungsempfehlungen, Stiftungsbrief 2021, S. 189; *Werkmüller*, Die „Familienstiftung & Co. KG“ als Instrument der „kontrollierten“ Vermögensnachfolge, ZEV 2015, S. 522.

Zu Stiftungskörperschaften

Priester, Nonprofit-GmbH – Satzungsgestaltung und Satzungsvollzug, GmbHR 1999, S. 149; *Rawert*, Die Stiftungsersatzformen – GmbH, Verein, AG und unselbständige Stiftung, in: Andrick/Gantenbrink/u.a. (Hrsg.), Die Stiftung – Jahreshefte zum Stiftungswesen 2011, S. 27; *Riemer*, Körperschaften als Stiftungsorganisationen, 1993; *Römer*, Die Eignung der GmbH als Rechtsform für Stiftungszwecke – Eine Untersuchung anhand der unternehmensverbundenen gemeinnützigen Stiftungs-GmbH, 1990; *Saenger*, Stiftungskörperschaften – Anspruch und Wirklichkeit, in: Saenger/Bayer/u.a. (Hrsg.), FS O. Werner, 2009, S. 165; *Schlüter*, Stiftung und Körperschaft – Körperschaften als Ersatzform der rechtsfähigen Stiftung, in: Walz/Hüttemann/u.a. (Hrsg.), Non Profit Law Yearbook 2006, 2007, S. 75; *K. Schmidt*, „Ersatzformen“ der Stiftung – Unselbständige Stiftung, Treuhand und Stiftungskörperschaft –, in: Hopt/Reuter (Hrsg.), Stiftungsrecht in Europa, 2001, S. 175; *Strickrodt*, Der rechtsfähige Verein stiftungsartiger Struktur, NJW 1964, S. 2085; *Ullrich*, Gesellschaftsrecht und steuerliche Gemeinnützigkeit. Die gemeinnützige GmbH und andere Rechtsformen im Spannungsfeld von Gesellschafts- und Steuerrecht, 2011; *Wachter*, Die Stiftungs-GmbH – Hinweise zur Gestaltung der Satzung, GmbH-StB 2000, S. 191; *O. Werner*, Perpetuierung einer GmbH durch Stiftungsträgerschaft, GmbHR 2003, S. 331; *Wochner*, Der Stiftungs-Verein, Rpfleger 1999, S. 310; *ders.*, Die Stiftungs-GmbH, DStR 1998, S. 1835; *ders.*, Stiftungen und stiftungsähnliche Körperschaften als Instrumente dauerhafter Vermögensbindung, MittRhNotK 1994, S. 89.

Zur körperschaftlich strukturierten Stiftung, insb. Bürgerstiftung

Bargfrede/Eberhardt, Community Foundations in Deutschland: Ergebnisse einer empirischen Studie zu Gründung, Vermögen, Entwicklung und Projektarbeit von Bürgerstiftungen, ZSt 2007, S. 111; *Bertelsmann Stiftung (Hrsg.)*, Handbuch Bürgerstiftungen – Ziele, Gründe, Aufbau, Projekte, 2. Aufl. 2004; *Biedermann*, Stiftungen von Bürgern für Bürger, ZStV 2015, S. 234; *Biedermann/Polterauer*, Bürgerstiftungen in Deutschland: 387 Erfolgsgeschichten, ZStV 2016, S. 72; *dies.*, Woher das Geld der Bürgerstiftungen kommt, ZStV 2017, S. 72; *Böckel*, Unabhängige Bürgerstiftungen – Wesen, Entstehung und Wirken im kommunalen Umfeld, 2006; *Brömmling*, Entstehungsgeschichten deutscher Bürgerstiftungen, in: Turner (Hrsg.), Gemeinsam Gutes anstiften, 2009, S. 47; *Burgard*, Gestaltungsfreiheit im Stiftungsrecht – Zur Einführung korporativer Strukturen bei der Stiftung, 2006, zugl. Habilitationsschrift Darmstadt 2001; *ders.*, Mitgliedschaft und Stiftung – Die rechtsfähige Stiftung als Ersatzform des eingetragenen Vereins, in: Kötz/Rawert/u.a. (Hrsg.), Non Profit Law Yearbook 2005, 2006, S. 95; *ders.*, Verantwortungseigentum in Stiftungsform de lege lata und de lege ferenda, ZStV 2021, S. 1; *Graf Strachwitz*, Gründung, Aufbau und Organisation von Bürgerstiftungen, in Bertelsmann Stiftung (Hrsg.), Handbuch Bürgerstiftungen, 2004, S. 125; *Kaper*, Bürgerstiftungen: Die Stiftung bürgerlichen Rechts und die unselbständige Stiftung als Organisationsformen für Bürgerstiftungen, 2006; *Klein*, Bürgerstiftungen in Deutschland – Entwicklungen, Erfahrungen und Ausblicke, 2012; *Neuhoff*, Nikolaikirchen als frühe Bürgerstiftungen, 2017; *Rawert*, Bürgerstiftungen – Ausgewählte Rechts- und Gestaltungsfragen, in: Bertelsmann Stiftung (Hrsg.), Handbuch Bürgerstiftungen, 2004, S. 151; *ders.*, Rezension von „Ulrich Burgard, Gestaltungsfreiheit im Stiftungsrecht – Zur Einführung korporativer Strukturen bei der Stiftung, 2006", ZHR xxx (2007), S. 105; *ders.*, Die Stiftung als GmbH? Oder: Der willenlose Stifter, in: Hommelhoff/Rawert/u.a. (Hrsg.), FS Priester, 2007, S. 647; *ders.*, Öffnung der Stiftung für körperliche Strukturen? Der noch lebende Stifter und die Verfassung „seiner" Stiftung, in: Hüttemann/Rawert/u.a. (Hrsg.), Non Profit Law Yearbook 2012/2013, 2013, S. 51; *Reuter*, Stiftungsform, Stiftungsstruktur und Stiftungszweck – Zu neueren Thesen über die Gestaltungsfreiheit im Stiftungsrecht, AcP 2007, S. 1; *Schlüter*, Bürgerstiftungen – eine neue Form bürgerschaftlichen Engagements auf kommunaler Ebene, DVP 2001, S. 151; *Turner*, Merkmale einer Bürgerstiftung – Bedeutung und Auslegung, in: Turner (Hrsg.), Gemeinsam Gutes anstiften, 2009, S. 201; *Walkenhorst*, Innovation und Tradition: zur Entwicklung von Bürgerstiftungen in Deutschland, in: Bertelsmann Stiftung (Hrsg.), Handbuch Bürgerstiftungen, 2000, S. 61; *Weitemeyer*, Die Bürgerstiftung – Rechtsform und Reformbedarf? in: Hoyer/Hattenhauer/u.a. (Hrsg.), GedSchr Eckert, 2008, S. 967.

Zur unselbständigen Stiftung

Autenrieth, Die Vorstiftung im Rechtskleid der unselbständigen Stiftung, in: Dauner-Lieb/Freudenberg/u.a. (Hrsg.), FS Binz, 2014, S. 15; *Bächstädt*, Die unselbständige Stiftung des Privatrechts, 1966; *Bruns*, Fiduziarische Stiftung als Rechtsperson, JZ 2009, S. 840; *Danckwerth*, Das Recht der unselbständigen Stiftungen, 1908; *Elicker*, Zum Streit über die Verselbständigung der fiduziarischen Stiftung, ZStV 2012, 135; *Fischer*, Dogmatik des unselbständigen Stiftungsgeschäfts unter Lebenden und Steuerrecht, in: Martinek/Rawert/u.a. (Hrsg.), FS Reuter, 2010, S. 73; *Fritsche*, Grundfragen zur unselbstständigen Stiftung des Privatrechts, ZSt 2008, S. 3; *Geibel*, Treuhandrecht als Gesellschaftsrecht, 2008; *ders.*, Die Treuhandstiftung im Zivilrecht, in: Deutsches StiftungsZentrum (Hrsg.), Die Treuhandstiftung – ein Traditionsmodell mit Zukunft, 2012, S. 32; *ders.*, Dachstiftungen, Stiftungszentren und Treuhandstiftungen, in: Hüttemann/Rawert/u.a. (Hrsg.), Non Profit Law Yearbook 2011/2012, 2012, S. 29; *Gödeke/Joerdening*, Das Schicksal der fehlgeschlagenen unselbständigen Stiftung, ZStV 2016, S. 218; *Hauger*, Die unselbständige Stiftung – Begriff, Geschichte und Wesen, 1929; *Heiner*, Rezension von „Koos, Fiduziarische Person und Widmung", ZSt 2004, S. 216; *Herzog*, Die unselbständige Stiftung des bürgerlichen Rechts, 2005; *Heuel*, Die unselbständige Stiftung im Steuerrecht, in: Andrick/Gantenbrink/u.a. (Hrsg.), Die Stiftung – Jahreshefte zum Stiftungswesen, 2011, S. 127; *Hübner/Currle/Schenk*, Die nichtrechtsfähige Stiftung als Familienstiftung, DStR 2013, S. 1966; *Hüttemann*, Die Treuhandstiftung im Steuerrecht, in: Deutsches StiftungsZentrum (Hrsg.), Die Treuhandstiftung – ein Traditionsmodell mit Zukunft, 2012, S. 48; *Hüttemann/Herzog*, Steuerfragen bei gemeinnützigen nichtrechtsfähigen Stiftungen, DB 2004, S. 1584; *Kleinwächter*, Die Behandlung der unselbständigen Stiftungen in Sachsen-Anhalt, ZSt 2008, S. 91; *Koos*, Fiduziarische Person und Widmung: das stiftungsspezifische Rechtsgeschäft und die Personifikation treuhänderisch geprägter Stiftungen, 2004; *Küstermann*, Die Beendigung der vertraglichen Beziehungen zwischen Stifter und Treuhänder, ZSt 2008, S. 171; *ders.*, Praktische Überlegungen des Stifters zur Gründung einer Treuhandstiftung, ZStV 2012, S. 67; *Lange*, Die unselbständige Stiftung von Todes wegen, ZErb 2013, S. 324; *Liermann*, Die unselbständigen Stiftungen, in: Franz/Liermann/u.a. (Hrsg.), Deutsches Stiftungswesen 1948-1966, 1968, S. 229; *Meier*, Die unselbständige kommunale Stiftung, in: Andrick/Hellmig/u.a. (Hrsg.), Die Stiftung – Jahreshefte zum Stiftungswesen 2008, S. 123; *Möller*, Die Überführung von Treuhandstiftungen in rechtsfähige Stiftungen, ZEV 2007, S. 565; *Muscheler*, Die unselbständige Stiftung, in: Andrick/Hellmig/u.a. (Hrsg.), Die Stiftung – Jahreshefte zum Stiftungswesen 2007, S. 59; *ders.*, Der Übergang der unselbständigen Stiftung in die rechtsfähige Stiftung, ZEV 2018, S. 187; *Neuhoff*, Die nichtrechtsfähige Stiftung unter Lebenden als besonderes Rechtsproblem, ZSt 2008, S. 23; *Pecina*, Die unselbständige Stiftung. Grundlagen und Konstruktionen, 2017; *Plodeck*, „Unbewusste Gründung einer unselbstständigen Stiftung", Anmerkungen zum Urteil des OLG Oldenburg vom 18.11.2003, Az. 12 U 60/03 und dem Beschluss des BGH vom 26.1.2006, Az. III ZR 388/03, ZSt 2007, S. 38; *Reuter*, Die unselbständige Stiftung, in: v. Campenhausen/Kronke/u.a. (Hrsg.), Stiftungen in Deutschland und Europa, 1998, S. 203; *ders.*, Die Stiftung zwischen Verwaltungs- und Treuhandmodell, in: Häuser/Hammen/u.a. (Hrsg.), FS Hadding, 2004, S. 231; *Schauer*, Unselbständige Stiftung von Todes wegen. Sicherung der Kontrolle des Stiftungsträgers mit erbrechtlichen Gestaltungsmitteln, npoR 2013, S. 120; *Schiffer/Pruns*, Unselbständige Stiftungen: Vermögensverwaltung und Genehmigungspflicht nach dem KWG. Ein Blick auf die Grundlagen und ein gelöstes (Schein-)Problem!, npoR 2011, S. 78; *K. Schmidt*, „Ersatzformen" der Stiftung – Unselbständige Stiftung, Treuhand und Stiftungskörperschaft –, in: Hopt/Reuter (Hrsg.), Stiftungsrecht in Europa, 2001, S. 175; *ders.*, Vermögenszuwendung und Festlegung des Stiftungszwecks bei der Errichtung unselbständiger Stiftungen von Todes wegen, ZEV 2003, S. 316; *Seyfarth*, Der Schutz der unselbständigen Stiftung – Gefahrenlagen, Schutzmöglichkeiten, Schutzlücken, 2009; v. Campenhausen, Die Treuhandstiftung im Wandel der Zeit, in: Deutsches StiftungsZentrum (Hrsg.), Die Treuhandstiftung – ein Traditionsmodell mit Zukunft, 2012, S. 8; *Wallenhorst*, Die Erhöhung des Spendenvolumens, durch Zuwendungen in den Vermögensstock bei fiduziarischen Verbrauchsstiftungen, DStR 2002, S. 984; *A. Werner*, Die Struktur der unselbstständigen Stiftung –

1. Teil: Grundlegendes, ZSt 2008, S. 51; *dies.*, Satzungsänderungen bei der unselbständigen Stiftung, in: Andrick/Gantenbrink (Hrsg.), Die Stiftung – Jahreshefte zum Stiftungswesen 2013, S. 153; *O. Werner*, Die Struktur der unselbstständigen Stiftung – 2. Teil: Einzelprobleme, ZSt 2008, S. 58; *ders.*, Der Wechsel von unselbständigen in selbständige und von privatnützigen in gemeinnützige Stiftungen, in: Andrick/Gantenbrink/u.a. (Hrsg.), Die Stiftung – Jahreshefte zum Stiftungswesen, 2011, S. 55; *R. Werner*, Aktuelle Probleme der unselbstständigen Stiftung, ZErb 2012, S. 1; *Westebbe*, Die Stiftungstreuhand, 1993; *Wochner*, Die unselbständige Stiftung, ZEV 1999, S. 125.

Zu staatlich gegründeten Stiftungen

Alscher, Die Stiftung des öffentlichen Rechts, 2006; *Burgard*, Wem gehören die Sparkassen?, WM 2008, 1997; *Ebersbach*, Die Stiftung des öffentlichen Rechts, 1961; *Fehling*, Grenzverwischungen zwischen privatrechtlichen und öffentlich-rechtlichen Stiftungen mit Beteiligung der öffentlichen Hand, in: Hüttemann/Rawert/u.a. (Hrsg.), Non Profit Law Yearbook 2008, 2009, S. 129; *Fiedler*, Die staatliche Errichtung von Stiftungen als verfassungswidrige Formenwahl des Bundes, ZSt 2003, S. 191; *ders.*, Staatliches Engagement im Stiftungswesen zwischen Formenwahlfreiheit und Formenmissbrauch, 2004; *Gölz*, Der Staat als Stifter: Stiftungen als Organisationsform mittelbarer Bundesverwaltung und gesellschaftlicher Selbstverwaltung, 1999; *ders.*, Die vom Staat gegründete Stiftung – Der Staat als Stifter und Anstifter, in: Graf Strachwitz/Mercker (Hrsg.), Stiftungen in Theorie, Recht und Praxis. Handbuch für ein modernes Stiftungswesen, 2005; *Kilian*, Inhalt und Grenzen staatlicher Organisationshoheit in Bezug auf staatliche Stiftungen, ZSt 2003, S. 179; *Klappstein*, Anmerkungen zur Stiftung des öffentlichen Rechts, in: Jickeli/Kreutz/u.a. (Hrsg.), GedSchr Sonnenschein, 2003, S. 811; *Lorenz*, Die Stiftung als eine (mögliche) Rechtsform für (öffentliche) Kultureinrichtungen – Beispiel Eisenach, in: Andrick/Hellmig/u.a. (Hrsg.), Die Stiftung – Jahreshefte zum Stiftungswesen 2010, S. 101; *Muscheler*, Stiftungsautonomie und Stiftereinfluss in Stiftungen der öffentlichen Hand, ZSt 2003, S. 67; *Neumann*, Das Ausweichen der öffentlichen Hand durch Stiftungsgründung – Eine Rechtsform im Spannungsverhältnis zwischen öffentlichem und privatem Recht, 2005; *Ossenbühl*, Die Stiftungen des öffentlichen Rechts – sinnvolle Vielfalt oder Chaos?, in: Grote/Härtel/u.a. (Hrsg.), FS Starck, 2007, S. 351; *Peters*, Kriterien für die Gründung von Stiftungen der öffentlichen Hand, ZSt 2005, S. 231; *Redbrake/Theuffel-Werhahn*, Die öffentliche Hand als Stifter, ZStV 2010, S. 154; *Reuter*, Die öffentlich-rechtliche Stiftung, in: Schliesky/Ernst/u.a. (Hrsg.), FS Schmidt-Jortzig, 2011, S. 783; *Schröder*, Die staatlich errichtete Stiftung des öffentlichen Rechts – ein aussterbendes Rechtsphänomen? in: Mecking/Schulte (Hrsg.), Grenzen der Instrumentalisierung von Stiftungen, 2003, S. 117; *Schulte*, Grundfragen der Errichtung, Umwandlung und Auflösung von Stiftungen der öffentlichen Hand, in: Kohl/Kübler/u.a. (Hrsg.), GedSchr Walz, 2008, S. 689; *Schulte/Herbrich*, Stiftungen der öffentlichen Hand, insb. der Kommunen, in: Andrick/Gantenbrink/u.a. (Hrsg.), Die Stiftung – Jahreshefte zum Stiftungswesen 2012, S. 45; *Stettner*, Die Stiftung des öffentlichen Rechts. Rechtsnatur, Zweckbestimmung, Nutzbarkeit für den öffentlich-rechtlichen Bundes- und Landesrundfunk, 2012; *Strickrodt*, Die Erscheinungsformen der Stiftung des privaten und des öffentlichen Rechts, NJW 1962, S. 1480; *Twehues*, Rechtsfragen kommunaler Stiftungen, 1996; *ders.*, Örtliche Stiftungen in Nordrhein-Westfalen, 2. Aufl. 1997; *Weber*, Die Körperschaften, Anstalten und Stiftungen des öffentlichen Rechts. Eine Darstellung ihrer gegenwärtigen Ordnung, 2. Aufl. 1943; *O. Werner*, Der Einfluss des Stifters auf das Vermögen öffentlich-rechtlicher Stiftungen, ZSt 2007, S. 115.

Zu ausländischen Stiftungsrechten

Barrelet, Moderne Stiftungsformen – Die Funds und ihre Umsetzung ins deutsche Recht, 2008; *Bauer*, Vermögensverwaltung mittels Privatstiftungen und anderer Strukturen. Eine rechtsvergleichende steuer- und zivilrechtliche Analyse am Beispiel von Deutschland, Österreich, Luxemburg und Liechtenstein, 2013; *Erb*, Sammelvermögen und Stiftung – Ihre Verknüpfung nach englischem und deutschem Recht, 1971; *Grüninger*, Die Unternehmensstiftung in der Schweiz und ihr vergleichbare Erscheinungsformen im anglo-amerikanischen Rechtsraum, WuR 1985, S. 15; *Hopt/Reuter* (Hrsg.), Stiftungsrecht in Europa, 2001; *Hushahn*, Unternehmensverbundene Stiftungen im deutschen und schwedischen Recht: Ein Rechtsvergleich zur Behandlung der Konstellation verdeckter Unternehmensselbstzweckstiftungen, 2009; *Jakob*, Das neue Stiftungsrecht der Schweiz, RIW 2005, S. 669; *ders.*, Die liechtensteinische Stiftung – Eine strukturelle Darstellung nach der Totalrevision v. 26.6.2008, 2008; *ders.*, Das Stiftungsrecht der Schweiz zwischen Tradition und Funktionalismus, ZEV 2009, S. 165; *ders.* (Hrsg.), Perspektiven des Stiftungsrechts in der Schweiz und in Europa, 2010; *ders.*, Ein Stiftungsbegriff für die Schweiz, ZSR 2013, S. 185; *Kindler*, Die Auslandsstiftung mit inländischen Destinatären: Bestimmung und Geltungsbereich des anzuwendenden Rechts, NZG 2016, S. 1335; *Kötz*, Trust und Treuhand – Eine rechtsvergleichende Darstellung des anglo-amerikanischen trust und funktionsverwandter Institute des deutschen Rechts,1963; *Lange/Honzen*, Erbfälle unter Einschaltung ausländischer Stiftungen, ZEV 2010, S. 228; *Lennert/Blum*, Das neue liechtensteinische Stiftungsrecht: Zivil- und steuerrechtliche Einordnung nach der Stiftungsrechtsreform, ZEV 2009, S. 171; *Luxton*, The Law of Charities, 2001; *Naumann zu*

Grünberg, Die Stiftung in der Unternehmensnachfolge mit Auslandsbezug: Einsatzmöglichkeiten und Stiftungsstatut, ZEV 2012, S. 569; *Neuhoff/Pavel* (Hrsg.), Stiftungen in Europa – Eine rechtsvergleichende Übersicht, 1977; *Neumann*, Die reine Unterhaltsstiftung unter Berücksichtigung der Rechtslage in der Schweiz, Liechtenstein, Österreich, England sowie den USA, 2014; *Oppel*, Die österreichische Privatstiftung und die deutsche Familienstiftung als Instrumente der Nachfolgeplanung, 2014; *Richter*, Das US-amerikanische Stiftungsmodell, in: Kötz/Rawert/u.a. (Hrsg.), Non Profit Law Yearbook 2001, 2002, S. 223; *Riemer*, Stiftungen im schweizerischen Recht, in Hopt/Reuter (Hrsg.), Stiftungsrecht in Europa, 2001, S. 511; *Schlüter*, Stiftungsrecht zwischen Privatautonomie und Gemeinwohlbindung. Ein Rechtsvergleich Deutschland, Frankreich, Italien, England, USA, 2004; *Schöning*, Privatnützige Stiftungen im deutschen und spanischen Zivilrecht, 2004; *Schumacher*, Die konzernverbundene Stiftung – Eine rechtsvergleichende Untersuchung des niederländischen und deutschen Rechts, 1999; *Selbig*, Förderung und Finanzkontrolle gemeinnütziger Organisationen in Großbritannien, 2006; *Sprecher*, Die Dachstiftung – eine Skizze, in: Jakob (Hrsg.), Perspektiven des Stiftungsrechts in der Schweiz und in Europa, 2010, S. 51; *Sprecher/Egger/Janssen*, Swiss Foundation Code, 2009; *Trissler*, Familienstiftung und Family Trust, Rechtsvergleich Deutschland – England, 2013; *v. Campenhausen/Kronke/Werner* (Hrsg.), Stiftungen in Deutschland und Europa, 1998; *Walz/v. Auer/v. Hippel* (Hrsg.), Spenden- und Gemeinnützigkeitsrecht in Europa – rechtsvergleichende, rechtsdogmatische, ökonometrische soziologische Untersuchungen, 2007; *Weitemeyer*, Gemeinsame Wurzeln und Wiederannäherung des Stiftungsrechts. Rechtsvergleichender Generalbericht der Stiftungsrechtsordnungen Deutschlands, der Schweiz, der USA, Frankreichs und Chinas, in: Jung (Hrsg.), Stärkung des Stiftungswesens. Verhandlungen der Fachgruppe für vergleichendes Handels- und Wirtschaftsrecht anlässlich der 35. Tagung für Rechtsvergleichung vom 10.-12.9.2015 in Bayreuth, 2017, S. 107; *Wohlgenannt*, Verbot von Selbstzweckstiftungen in Österreich und Liechtenstein unter besonderer Berücksichtigung der Unternehmensträgerstiftung, 2015.

Zur europäischen Stiftung

Cranshaw, Fundatio Europaea – Europäische Stiftung. Förderung grenzüberschreitender gemeinnütziger Tätigkeit durch ein neues europäisches Rechtsinstrument, DZWIR 2013, S. 299; *Hopt/v. Hippel*, Die Europäische Stiftung – Zum Vorschlag der Europäischen Kommission für eine Verordnung über das Statut der Europäischen Stiftung (FE), ZEuP 2013, S. 235; Hopt/Walz/v. Hippel/Then (Eds.), The European Foundation. A New Legal Approach, 2006; *Hüttemann*, Die EU entdeckt die Zivilgesellschaft – zum Vorschlag der Kommission für eine Europäische Stiftung, EuZW 2012, S. 441; *Jakob/Studen*, Die European Foundation – Phantom oder Zukunft des europäischen Stiftungsrechts? ZHR 2010, S. 61; *Jung*, Die Europäische Stiftung als Innovationsfeld des Europäischen Gesellschaftsrechts?, BB 2012, S. 1743; *Melzer*, Die Europäische Stiftung (Fundation Europaea – „FE"), PSR 2012, S. 61; *Richter/Gollan*, Fundatio Europea – Der Kommissionsvorschlag für eine Europäische Stiftung (FE), ZGR 2013, S. 551; *Schlüter*, Die europäische Stiftung, in: Andrick/Gantenbrink/u.a. (Hrsg.), Die Stiftung – Jahreshefte zum Stiftungswesen 2013, S. 133; *Stöber*, Die geplante Europäische Stiftung, DStR 2012, S. 804; *Weitemeyer*, Probleme grenzüberschreitend tätiger Stiftungen und deren Lösung. Statement zur Konsultation der EU-Kommission zum European Foundation Statute, npoR 2009, S. 29; *dies.*, Entwicklungen im europäischen Stiftungs- und Gemeinnützigkeitsrecht (unter Einbeziehung der European Foundation), in: Jakobs (Hrsg.), Perspektiven des Stiftungsrechts in der Schweiz und Europa, 2010, S. 73; *dies.*, Der Kommissionsvorschlag zum Statut einer Europäischen Stiftung, NZG 2012, S. 1001.

Zum Stiftungssteuerrecht

Becker, Stiftungsrecht und Gemeinnützigkeitsrecht, 1996; *Biachini*-Hartmann/Richter, Die Besteuerung von Familienstiftungen, in: Birk (Hrsg.), FS Pöllath + Partner, 2008, S. 337; *Binz/Sorg*, Erbschaftsteuerprobleme der Familienstiftung, DB 1988, S. 1822; *Blusz*, Stiftungsgestaltungen im Lichte des neuen Erbschaftsteuerrechts, DStR 2017, S. 1016; *Bruschke*, Familienstiftung: Entstehung, Berechnung und Zahlung der Erbersatzsteuer unter Einbeziehung des § 224a AO, ErbStB 2013, S. 21; *Buchna/Leichinger/Seeger/Brox*, Gemeinnützigkeit im Steuerrecht, 12. Aufl. 2022; *Crezelius/Rawert*, Das Gesetz zur weiteren steuerlichen Förderung von Stiftungen – Anmerkungen zum ersten Schritt einer Reform des Stiftungsrechts, ZEV 2000, S. 421; *Drüen*, Besteuerung von Unternehmensstiftungen, in: Andrick/Hellmig/u.a. (Hrsg.), Die Stiftung – Jahreshefte zum Stiftungswesen, 2009, S. 89; *ders.*, Unternehmensverbundene Stiftungen und ihre Besteuerung, 2011; *Drüen/Liedtke*, Die Reform des Gemeinnützigkeits- und Spendenrecht und ihre europäische Flanke, FR 2008, S. 1; *Eicker*, Grenzüberschreitende gemeinnützige Tätigkeit, 2004; *Flämig*, Die Familienstiftung unter dem Damoklesschwert der Erbersatzsteuer, DStZ 1986, S. 11; *Heuser/Frye*, Die deutsche Familienstiftung – steuerrechtliche Gestaltungsmöglichkeiten für Familienvermögen, BB 2011, S. 983; *Fricke*, Unternehmensnachfolge mittels Stiftungen. Zivilrechtliche und steueroptimale Gestaltung, 2010; *Frieling*, Erbschaft- und Schenkungssteuerplanung im Rahmen von Vermögensübertragungen auf Familienstiftungen, DB 2017, S. 317; *Fritz*, Aufnahme, Strukturwandel und Beendigung wirtschaftlicher Tätigkeiten gemeinnütziger Körperschaften, 2003; Gebel, Erbschaftsteuer bei der Stiftung von Todes wegen, BB 2001, S. 2554; *Gehrke*, Die Stiftung & Co. KGaA im Gesellschafts- und Steuerrecht, 2007; *Heidler*, Besteuerung von juristischen Personen des öffentlichen Rechts und privaten gemeinnützigen Körperschaften – Eine Analyse am Beispiel der Hochschulen, 2007; *Helios*, Steuerliche Gemeinnützigkeit und EG-Beihilfenrecht, 2005; *Herfurth*, Zuwendungen von Todes wegen an eine gemeinnützige Körperschaft – Erbschaftsteuerbegünstigung versus Sonderausgabenabzug, in: Wachter (Hrsg.), FS Spiegelberger, 2009, S. 1285; *Heuel*, Die unselbständige Stiftung im Steuerrecht, in: Andrick/Gantenbrink/u.a. (Hrsg.), Die Stiftung – Jahreshefte zum Stiftungswesen 2011, S. 127; *Heuser/Frye*, Die deutsche Familienstiftung – steuerrechtliche Gestaltungsmöglichkeiten für Familienvermögen, BB 2011, S. 983; *Hüttemann*, Gemeinnützigkeit- und Spendenrecht, 5. Aufl. 2021; *ders.*, Das Gesetz zur weiteren steuerlichen Förderung von Stiftungen, DB 2000, S. 1584; *ders.*, Verfassungsrechtliche Grenzen der rechtsformbezogenen Privilegierung von Stiftungen im Spenden- und Gemeinnützigkeitsrecht, in: Kötz/Rawert/u.a. (Hrsg.), Non Profit Law Yearbook 2001, 2002, S. 145; *ders.*, Der neue Anwendungserlass zum Gemeinnützigkeitsrecht (§§ 51 bis 68 AO), FR 2002, S. 1337; *ders.*, Grundprinzipien des steuerlichen Gemeinnützigkeitsrechts, in: Jachmann (Hrsg.), DStJG Bd. 26, 2003, S. 49; *ders.*, Der Beginn der subjektiven Körperschaftsteuerpflicht, in: FS Wassermeyer, 2005, S. 27; *ders.*, Steuervergünstigungen wegen Gemeinnützigkeit und europäisches Beihilfenverbot, DB 2006, S. 914; *ders.*, Gesetz zur weiteren Stärkung des bürgerschaftlichen Engagements und seine Auswirkungen auf das Gemeinnützigkeits- und Spendenrecht, DB 2007, S. 2053; *ders.*, Grundfragen der partiellen Steuerpflicht, in: Kohl/Kübler/u.a. (Hrsg.), GedSchr Walz, 2008, S. 269; *ders.*, Die Vorstiftung – ein zivil- und steuerrechtlichen Phantom, in: Wachter (Hrsg.), FS Spiegelberger, 2009, S. 1292; *ders.*, Gemeinnützige Stiftungen in der Nachfolgeplanung, in: v. Bar/Hellwege/u.a. (Hrsg.), GedSchr Schindhelm, 2009, S. 377; *ders.*, Die Treuhandstiftung im Steuerrecht, in: Deutsches StiftungsZentrum (Hrsg.), Die Treuhandstiftung – ein Traditionsmodell mit Zukunft, 2012, S. 48; *ders.*, Bessere Rahmenbedingungen für den Dritten Sektor – Zum Entwurf eines Gesetzes zur Entbürokratisierung des Gemeinnützigkeitsrechts, DB 2012, S. 2592; *ders.*, Das Steuerrecht des Non Profit Sektors, KSzW 2014, S. 158; *ders.*, Gemeinnützigkeitsrecht als organisationsbezogener Förderungstatbestand – Funktion, Stand und Reformfragen, FR 2016, S. 969; *ders.*, Gemeinnützigkeitsrecht als Organisationsrecht des Dritten Sektors, in: Siekmann/Cahn/u.a. (Hrsg.), FS Baums, 2017; *ders.*, Gemeinnützigkeits- und Spendenrecht, 4. Aufl. 2018; *ders.*, Steuerrechtsfragen der internationalen Gemeinnützigkeit, in: Gosch/Schnitger/u.a. (Hrsg.), FS Lüdicke 2019, S. 337; *ders.*, Gemeinnützigkeitsrecht und Spendenrecht, 5. Auflage 2021; *Hüttemann/Herzog*, Steuerfragen bei gemeinnützigen nichtrechtsfähigen Stiftungen, DB 2004, S. 1584; *Hüttemann/Schauhoff*, Die „unmittelbare Gemeinnützigkeit" – eine unmittelbare Gefahr für gemeinnützige Körperschaften, FR 2007, S. 1133; *dies.*, Der BFH als Wettbewerbshüter – Neue Rechtsprechung zum steuerbegünstigten Zweckbetrieb, DB 2011, S. 319; *Hüttemann/Schauhoff/Kirchhain*, Fördertätigkeiten gemeinnütziger Körperschaften und Konzerne, DStR 2016, S. 633; *Jülicher*, Die Familienstiftung iSd § 1 Abs. 1 Nr. 4 ErbStG, StuW 1995, S. 71; *ders.*, Brennpunkte der Besteuerung der inländischen Familienstiftung im ErbStG, StuW 1999, S. 363; *Kirchhain*, Die gemeinnützige Familienstiftung, 2006; *ders.*, Stiftungsbezüge als Kapitaleinkünfte? BB 2006, S. 2387; *Königer*, Nutzung der erbschaftsteuerlichen Begünstigungen der §§ 13a, 13b ErbStG durch Familienstiftungen, ZEV 2013, S. 433; *Laule/Heuer*, Familienstiftung als Objekt der Erbschaftsteuer, DStZ 1987, S. 495; *Lennert/Blum*, Das neue liechtensteinische Stiftungsrecht: Zivil- und steuerrechtliche Einordnung nach der Stiftungsrechtsreform, ZEV 2009, S. 171; *Mecking*, Das Gesetz zur weiteren steuerlichen Förderung von Stiftungen, NJW 2001, S. 203 *Meincke*, Erbersatzsteuer und Gleichheitssatz, StuW 1982, S. 169; *Orth*, Stiftungen und Unternehmenssteuerreform, DStR 2001, S. 325; *Paqué*, Gemeinnützigkeitsrecht und Steuerbegünstigung: Neue ökonomische Gedanken zu einem alten rechtlichen Problem, in: Hüttemann/Rawert/u.a. (Hrsg.), Non Profit Law Yearbook 2007, 2008, S. 1; *Piltz*, Erbschaftsteuerliche Neuorientierung bei Familienstiftungen?, ZEV 2011, S. 236; *Pues/Scheerbarth*, Gemeinnützige Stiftungen im Zivil- und Steuerrecht, 3. Aufl. 2008; *Reimer/Ribbock*, Gemeinnützigkeit auch für ausländische Körperschaften? RIW 2005, S. 609; *Reiss*, Gemeinnützige Organisation, Leistungen im Gemeinwohlinteresse und harmonisierte Umsatzsteuer, in: Walz/Hüttemann/u.a. (Hrsg.), Non Profit Law Yearbook 2005, 2006, S. 47; *Richter/Gollan*, Die Besteuerung der Kapitalerträge von Familienstiftungen, in: Martinek/Rawert/u.a. (Hrsg.), FS Reuter, 2010, S. 1155; *Roth*, Unternehmenssteuerreform 2008: Widerspruch zum Spendenabzug des Gesetzes zur weiteren Stärkung des bürgerschaftlichen Engagements, FR 2008, S. 209; *Schäfers*, Die steuerliche Behandlung gemeinnütziger Stiftungen in grenzüberschreitenden Fällen, 2005; *Schauhoff*, Gemeinnützige Stiftung und Versorgung des Stifters und seiner Nachkommen, DB 1996, S. 1693; *ders.*, Neue Entwicklungen im Stiftungs- und Stiftungssteuerrecht, ZEV 1999, S. 121; *ders.*, Der zulässige Umfang der wirtschaftlichen Betätigung von Stiftungen, in: Andrick/Hellmig/u.a. (Hrsg.), Die Stiftung – Jahreshefte zum Stiftungswesen 2009, S. 121; *ders.*, Für ein europäisches Gemeinnützigkeits- und Stiftungsrecht als Basis für eine europäische Zivilgesellschaft, npoR 2013, S. 128; *Schauhoff/Kirchhain*, Das Gesetz zur weiteren Stärkung des bürgerschaftlichen Engagements, DStR 2007, S. 1985; dies., Steuer- und zivilrechtliche Neuerungen für gemeinnützige Körperschaften und deren Förderer. Zum Gesetz zur Stärkung des Ehrenamtes, FR 2013, S. 301; *Schienke-Ohletz/Selzer*, Abgeltungssteuer und einkommensteuerrechtlicher Spendenabzug, DStR 2008, S. 136; *Schimpfky*, Der steueroptimierte Einsatz gemeinnütziger Stiftungen im Rahmen der privaten Vermögensnachfolge, ZEV 2015, S. 456; *Seer*, Entnahme zum Buchwert bei unentgeltlicher Übertragung von Wirtschaftsgütern auf eine gemeinnützige GmbH oder Stiftung –

Zur Reichweite des sog Buchwertprivilegs des § 6 Abs. 1 Nr. 4 S 5 EStG, GmbHR 2008, S. 785; *ders.*, Gemeinwohlzwecke und steuerliche Entlastung, in: Jachmann (Hrsg.), DStJG Bd 26, 2003, S. 11; *Söffing/Henrich*, Die gemeinnützige Stiftung als Unternehmensnachfolger, BB 2016, S. 1943; *Theuffel-Werhahn*, Unterliegen unselbständige Familienstiftungen der Ersatzerbschaftsteuerpflicht? Zugleich eine Betrachtung des Begriffs „Stiftung" im Steuerrecht, ZEV 2014, S. 14; *ders.*, Renaissance der Doppelstiftung durch die Erbschaftssteuerreform ZStV 2015, S. 169; *ders*, Familienstiftungen als Königsinstrument für die Nachfolgeplanung aufgrund der Erbschaftsteuerreform, ZEV 2017, S. 17; *Uhlig*, Steuerliche Vorteilhaftigkeit einer Familienstiftung gegenüber einer Dauertestamentsvollstreckung, 2013; *Ullrich*, Gesellschaftsrecht und steuerliche Gemeinnützigkeit. Die gemeinnützige GmbH und andere Rechtsformen im Spannungsfeld von Gesellschafts- und Steuerrecht, 2011; *Wachter*, Unternehmensnachfolge 2017: Anwendungsfragen des neuen ErbStG, GmbHR 2017, S. 1; *Wallenhorst/Halaczinsky*, Die Besteuerung gemeinnütziger und öffentlich-rechtlicher Körperschaften, 7. Aufl. 2017; *Walz*, Stiftungsreform in Deutschland: Stiftungssteuerrecht, in: Hopt/Reuter (Hrsg.), Stiftungs-recht in Europa, 2001, S. 197; *ders*, Die Selbstlosigkeit gemeinnütziger Non-Profit-Organisationen im Dritten Sektor zwischen Staat und Macht, JZ 2002, S. 268; *ders.* Sinn und Zweck der partiellen Steuerpflicht für Erträge aus wirtschaftlichen Geschäftsbetrieben, in: Kötz/Rawert/u.a. (Hrsg.), Non Profit Law Yearbook 2001, 2002, S. 197; *Wassermeyer*, Anwendung des § 20 Abs. 1 Nr. 9 EStG auf Auskehrungen von Stiftungen, DStR 2006, S. 1733; *Wachter*, Stiftungen: Zivil- und Steuerrecht in der Praxis, 2001; *Walz/v. Auer/v. Hippel* (Hrsg.), Spenden- und Gemeinnützigkeitsrecht in Europa – rechtsvergleichende, rechtsdogmatische, ökonometrische soziologische Untersuchungen, 2007; *Weitemeyer*, Gemeinnützigkeits- und stiftungsrechte Aspekte an der Schnittstelle zwischen Stiftungen und Unternehmen, in Achleitner/Block/u.a. (Hrsg.), Stiftungsunternehmen: Theorie und Praxis, 2018, S. 49; *dies.*, Gemeinnützigkeitsrechtliche Fallstricke beim Social Franchising, in: Omlor (Hrsg.), FS Martinek, 2020, S. 847; *Weitemeyer/Mager*, Zum Stand der Diskussion um die Geprägetheorie im Gemeinnützigkeitsrecht, in: Hüttemann/Rawert/u.a. (Hrsg.), Non Profit Law Yearbook 2008, 2009, S. 69; *O. Werner*, Der Wechsel von unselbständigen in selbständige und von privatnützigen in gemeinnützige Stiftungen, in: Andrick/Gantenbrink/u.a. (Hrsg.), Die Stiftung – Jahreshefte zum Stiftungswesen 2011, S. 55; *Wystrcil*, Die Besteuerung von Destinatärleistungen privatnütziger Stiftungen, 2014.

Zu Reformen des Stiftungsrechts

Achilles, Die Novellierung des Stiftungsprivatrechts, ZevKR 2002, S. 682; *ders.*, Stiftungsrechtsreform und Gesetzgebungskompetenz des Bundes, ZRP 2002, S. 23; *Andrick*, Die Entwicklung zum modernisierten Stiftungsrecht, ZSt 2003, S. 3; *ders.*, Das modernisierte Stiftungsprivatrecht – eine Zwischenbilanz, ZSt 2005, S. 155; *ders.*, Aktuelle Entwicklungen im Bundes- und Landesstiftungsrecht, in: Andrick/Hellmig/u.a. (Hrsg.), Die Stiftung – Jahreshefte zum Stiftungswesen, 2007, S. 19; *Backert*, Fragen der Gesetzgebungskompetenz des Bundes für die neu gefassten §§ 80, 81 BGB, ZSt 2004, S. 51; *Backert/Carstensen*, Nochmals: Der Modellentwurf eines Landesstiftungsgesetzes – Kritische Anmerkungen zu Hüttemann/Rawert, ZIP 2002, S. 2019, ZIP 2003, S. 284; *Ballerstedt/Salzwedel*, Soll das Stiftungsrecht bundesgesetzlich vereinheitlicht und reformiert werden, gegebenenfalls mit welchen Grundzügen? Gutachten für den 44. DJT, in: Verhandlungen des 44. Deutschen Juristentages Hannover 1962, Bd. 1, 5. Teil, 1962; *Bischoff*, Auf dem Weg zu einer Reform des Stiftungsrechts, ZRP 1998, S. 391; *BMJ (Hrsg.)*, Bericht der Bund-Länder Arbeitsgruppe Stiftungsrecht vom 19.10.2001; *Burgard*, Das neue Stiftungsprivatrecht, NZG 2002, S. 697; *Crezelius/Rawert*, Stiftungsrecht – quo vadis? ZIP 1999, S. 337; *dies.*, Das Gesetz zur weiteren steuerlichen Förderung von Stiftungen – Anmerkungen zum ersten Schritt einer Reform des Stiftungsrechts, ZEV 2000, S. 421; *DJT*, Ständige Deputation, Verh. 44. DJT 1962, Bd. I: Gutachten, 1962, Bd. II: Sitzungsberichte, 1964; *ders.* – Studienkommission, Vorschläge zur Reform des Stiftungsrechts, 1968; *ders.*, Vorschläge zur Reform des Stiftungsrechts: Bericht der Studienkommission des DJT, 1968; *Drüen/Liedtke*, Die Reform des Gemeinnützigkeits- und Spendenrecht und ihre europäische Flanke, FR 2008, S. 1; *Duden*, Für ein Bundesstiftungsgesetz, JZ 1968, S. 1; *Härtl*, Ist das Stiftungsrecht reformbedürftig? 1990; *Hof*, Früchte und Defizite der Stiftungsrechtsreform 2002, in: Andrick/Gantenbrink/u.a. (Hrsg.), Die Stiftung – Jahreshefte zum Stiftungswesen 2013, S. 33; *Hoffmann-Steudner*, Warum wir dringend eine Reform des Stiftungsprivatrechts brauchen – Reformvorschläge des Bundesverbandes Deutscher Stiftungen, ZStV 2015, S. 192; *Hüttemann*, Das Gesetz zur weiteren steuerlichen Förderung von Stiftungen, DB 2000, S. 1584 *ders.*, Das Gesetz zur Modernisierung des Stiftungsrechts, ZHR 167 (2003), S. 35; *ders.*, Gesetz zur weiteren Stärkung des bürgerschaftlichen Engagements und seine Auswirkungen auf das Gemeinnützigkeits- und Spendenrecht, DB 2007, S. 2053; *ders.*, Bessere Rahmenbedingungen für den Dritten Sektor – Zum Entwurf eines Gesetzes zur Entbürokratisierung des Gemeinnützigkeitsrechts, DB 2012, S. 2592; *ders.*, Das Gesetz zur Stärkung des Ehrenamts, DB 2013, S. 774; *ders.*, Empfiehlt es sich, die rechtlichen Rahmenbedingungen für die Gründung und Tätigkeit von Non-Profit-Organisationen übergreifend zu regeln?, Gutachten Teil G zum 72. DJT, 2018; *Hüttemann/Rawert*, Der Modellentwurf eines Landesstiftungsgesetzes, ZIP 2002, S. 2019; *Interministerielle Arbeitsgruppe „Stiftungsrecht"*, Bericht der Interministeriellen Arbeitsgruppe Stiftungsrecht zu Fragen einer Neugestaltung des Stiftungsrechts, in: Deutsches Stiftungswesen 1966–1976, S. 361; *Jakob*, Modernes Stiftungsrecht für Deutschland in Europa – was sollte geregelt werden?, npoR 2016, S. 7; *Lex*, Das neue Stiftungsrecht: Reform, Modernisierung oder Kosmetik? ZEV 2002, S. 405; *Mecking*, Das Gesetz zur weiteren steuerlichen Förderung von Stiftungen, NJW 2001, S. 203; *Mestmäcker*, Soll das Stiftungsrecht bundesgesetzlich vereinheitlicht und reformiert werden, ggf. mit welchen Grundzügen? Referat, in DJT, Ständige Deputation (Hrsg.), Verh. 44. DJT 1962, Bd. II, 1964, Teil G; *Müller*, In Zukunft ein einheitliches Stiftungsregister? Neue Anstöße durch das „EHUG", ZSt 2007, S. 102; *Muscheler*, Vermögensanfall bei Verein und Stiftung und Grenzen für eine Reform der Landesstiftungsrechte, ZSt 2004, S. 3; *Muscheler/Schewe*, Die Reform des Stiftungsrechts und die Stiftungserrichtung von Todes wegen – Anmerkungen zu den von Bündnis 90/Die Grünen und F.D.P. vorgelegten Gesetzentwürfen zur Änderung des Stiftungsrechts, WM 1999, S. 1693; *Nissel*, Das neue Stiftungsrecht – Stiftungen des bürgerlichen Rechts, 2002; *Orth*, Stiftungen und Unternehmenssteuerreform, DStR 2001, S. 325; *Peiker*, Modellentwurf für ein Landesstiftungsgesetz, ZSt 2003, 47, S. 79; *Richter*, Rechtsfähige Stiftung und Charitable Corporation. Überlegungen zur Reform des deutschen Stiftungsrechts auf der Grundlage einer historisch-rechtsvergleichenden Untersuchung der Entstehung des modernen deutschen und amerikanischen Stiftungsmodells, 2001; *Risch*, Die Zukunft der Landesstiftungsgesetze, in: Mecking/Schulte (Hrsg.), Grenzen der Instrumentalisierung der Stiftung, 2003, S. 185; *ders.*, Deregulierung im Stiftungsrecht, ZSt 2006, S. 162; *Reuter*, Neue Impulse für das gemeinwohlorientierte Stiftungswesen? Zum Entwurf eines Gesetzes zur Modernisierung des Stiftungsrechts, in: Kötz/Rawert/u.a. (Hrsg.), Non Profit Law Yearbook 2001, 2002, S. 27; *ders.*, Änderungen des Vereins- und Stiftungsrechts durch das Ehrenamtsstärkungsgesetz, npoR 2013, S. 41; *Richter/Sturm*, Stiftungsrechtsreform und Novellierung der Landesstiftungsgesetze, NZG 2005, S. 655; *Schauhoff*, Neue Entwicklungen im Stiftungs- und Stiftungssteuerrecht, ZEV 1999, S. 121; *ders.*, Was im Stiftungsrecht reformiert werden sollte, npoR 2016, S. 2; *Schauhoff/Kirchhain*, Das Gesetz zur weiteren Stärkung des bürgerschaftlichen Engagements, DStR 2007, S. 1985; *dies.*, Steuer- und zivilrechtliche Neuerungen für gemeinnützige Körperschaften und deren Förderer. Zum Gesetz zur Stärkung des Ehrenamtes, FR 2013, S. 301; *Schiffer*, Das Stiftungszivilrecht bleibt liberal, BB 2002, Heft Nr. 42, I; *Schlüter*, Gesetz zur Stärkung des Ehrenamtes, WissR 2013, S. 151; *K. Schmidt*, Stiftungswesen – Stiftungsrecht – Stiftungspolitik, 1987; *O. Schmidt*, Das Gesetz zur weiteren Stärkung des bürgerschaftlichen Engagements, ZEV 2007, S. 569; *Schulte/Risch*, Quo vadis, Landesstiftungsrecht? Gedanken zur Reform der Stiftungsgesetze der Länder, ZSt 2004, S. 11; *Schütz/Runte*, Das Ehrenamtsstärkungsgesetz – neue Impulse für den Non-Profit-Bereich? DStR 2013, S. 1161; *Schwarz*, Zur Neuregelung des Stiftungsprivatrechts (Teil I) und (Teil II), DStR 2002, S. 1718, S. 1767; *Schwintek*, Stiftungsförderung durch Normativsystem? Anmerkungen zu gegenwärtigen Reformbestrebungen im Stiftungsrecht, ZRP 1999, S. 25; *Sontheimer*, Das neue Stiftungsrecht, 2002; *Stolte*, Reform des Stiftungszivilrechts, BB 2015, S. 2694; *Trops*, Stiftungsreform oder Unternehmensreform? Zwei Gesichter der Stiftung, ZRP 1971, S. 227; *Vogt*, Publizität der Stiftung – der Ruf nach dem Gesetzgeber, in: Hüttemann/Rawert/u.a. (Hrsg.), Non Profit Law Yearbook 2011/2012, 2012, S. 65; *Volland*, Auswirkungen des Ehrenamtsstärkungsgesetzes auf Stiftungen und (andere) gemeinnützige Organisationen, ZEV 2013, S. 320; *Walz*, Stiftungsreform in Deutschland: Stiftungssteuerrecht, in: Hopt/Reuter (Hrsg.), Stiftungsrecht in Europa, 2001, S. 197; *Weitemeyer*, Die Zukunft des Stiftungsrechts in Europa, in: Saenger/Bayer/u.a. (Hrsg.), FS O. Werner, 2009, S. 288; *dies.*, Die Reform des Bundesrechts und die nachfolgenden Reformen in den Ländern – Erreichtes und Agenda für die Zukunft, in: Hüttemann/Rawert/u.a. (Hrsg.), Non Profit Law Yearbook 2012/2013, 2013, S. 17; *dies.*, Reformbedarf im Stiftungsrecht aus rechtsvergleichender Perspektive, AcP 217 (2017), S. 431; *dies.*, Impulse der Stiftungsrechtsreform zur Governance und Transparenz von Stiftungen? ZGR 2019, S. 238; *Wochner*, Rechtsfähige Stiftungen – Grundlagen und aktuelle Reformbestrebungen, BB 1999, S. 1441; *Volkholz*, Geltung und Reichweite der Privatautonomie bei der Errichtung von Stiftungen – Die Weiterentwicklung des Stiftungsrechts nach Neufassung der §§ 80 bis 88 BGB durch das Gesetz zur Modernisierung des Stiftungsrechts zum 1. September 2002, 2008.

Zum neuen Stiftungsrecht

Achilles, Stiftungsrechtsreform und kirchliche Stiftungen (Teil 1), npoR 2021, S. 161; *ders.*, Stiftungsrechtsreform und kirchliche Stiftungen (Teil 2), npoR 2021, S. 242; *Arnold*, Vom Referentenentwurf zum Regierungsentwurf – eine kritische Übersicht, Teil 3, Die Rechtsstellung der Organe und das Stiftungsregister, npoR 2021, S. 84; *ders.*, Die Vorschläge der Bund-Länder-Arbeitsgruppe „Stiftungsrecht" für das Recht der Stiftungsorgane – eine kritische Würdigung, npoR 2017, S. 185; *ders.*, Die Sitzverlegung von Stiftungen, FS Schack, 2022, S. 3; *Arnold/Burgard/Droege/Hüttemann/Jakob/Leuschner/Rawert/Roth/ Schauhoff/Segna/Weitemeyer*, Professorenentwurf zur Stiftungsrechtsreform 2020, ZIP-Beil. 10/2020, S. 1; *Arnold/Burgard/Jakob/Roth/ Weitemeyer*, Hamburger Erklärung zur Stiftungsrechtsreform anlässlich der Hamburger Tage des Stiftungs- und Non-Profit-Rechts 2020, npoR 2021, S. 41; *dies.*, Stellungnahme zum Referentenentwurf eines Gesetztes zur Vereinheitlichung des Stiftungsrechts vom 28.9.2020, npoR 2020, S. 294; *Arnold/Burgard/Roth/Graf Strachwitz/Weitemeyer*, Offener Brief zur Reform des Stiftungsrechts an die Bundesministerin der Justiz und für Verbraucherschutz Christine Lambrecht, npoR 2021, S. 104; *Baßler/Stöffler/Blecher*, Die unternehmensverbundene Familienstiftung nach dem Gesetz zur Vereinheitlichung des Stiftungsrechts, GmbHR 2021, S. 1125; *Berndt/Skiadas*, Zur aktuellen Situation von Stiftungen, WPg 2017, S. 586; *Beyer*, Satzungsänderungen und Stifterwille – Eine Analyse des neuen Stiftungsrechts, ZStV 2021, S. 161; *Bieniek*, Transparenzregister: Wirtschaftlich Berechtigte an Transparenzregister melden – für Stiftungen immer noch aktuell, SB 2021, S. 12; *Bund-Länder-Arbeitsgruppe „Stiftungsrecht"*, Bericht an die Ständige Konferenz der Innenminister und –senatoren der Länder vom 9.9.2016: *dies.*, Zweiter Bericht vom 27.2.2018 mit Diskussionsentwurf für ein Gesetz zur Vereinheitlichung des Stiftungsrechts; *Bundesverband Deutscher Stiftungen e.V.*, Stellungnahme zum Bericht der Bund-Länder-Arbeitsgruppe Stiftungsrecht an die Ständige Konferenz der Innenminister und -senatoren der Länder, npoR 2017, S. 113; *Burgard*, Reform des Stiftungsrechts, ZStV 2016, S. 81; *ders.*, Grundfragen des Stiftungsrechts, npoR 2019, S. 106; *ders.*, Reform des Stiftungsrechts – kritische Anmerkungen, in: Weitemeyer/Hüttemann/u.a. (Hrsg.), Non Profit Law Yearbook 2019, 2020, S. 71; *ders.*, Verantwortungseigentum in Stiftungsform de lege lata und de lege ferenda, ZStV 2021, S. 1; *ders.*, Die Kritik an dem Referentenentwurf eines Gesetzes zur Vereinheitlichung des Stiftungsrechts im Überblick mit Fallstudien, npoR 2021, S. 1; *ders.*, Synoptische Darstellung des Referentenentwurfs zur Vereinheitlichung des Stiftungsrechts, des geltenden Rechts und des Professorenentwurfs, npoR 2021, S. 11; *ders.*, Vom Referentenentwurf zum Regierungsentwurf – eine kritische Übersicht, Teil 1: Anerkennungsvoraussetzungen und Grundlagenänderungen, npoR 2021, S. 78; *ders.*, Standpunkt: Besser keine Stiftungsrechtsreform als diese, NJW-aktuell 2021, S. 15; *ders.*, Der Stand der Stiftungsrechtsreform nach dem Regierungsentwurf – Soll und Haben, ZStV 2021, S. 45; *ders.*, Nach der Reform ist vor der Reform, GmbHR 2021, S. 244; *DAV*, DAV – Stellungnahme zur Reform des Stiftungsrechts, ErbR 2017, S. 324; *Dworschak*, Stiftungsrecht in der Zerreißprobe, Die Stiftung 2020, S. 26; *Feick/Schwalm*, Der identitätswahrende Zuzug von EU – und EWR-Stiftungen, NZG 2021, S. 334; *dies.*, Kurskorrektur bei der Stiftungsreform – Gibt es noch ein Happy-End? NZG 2021, S. 525; *Fein/Articus*, Der zweite Bericht der Bund-Länder-Arbeitsgruppe zum Stiftsrecht, Ein Überblick zum aktuellen Stand der Stiftungsrechtsreform, npoR 2019, S. 49; *Gallus*, Neue Entwicklungen im Gemeinnützigkeits- und Stiftungsrecht, ErbStB 2021, S. 285; *Gantenbrink/Plottek*, Zusammenlegung/Zulegung vs. Anfallberechtigter: Weiter konfliktreich: Kritisches zu den Regelungsvorschlägen der Bund-Länder-Arbeitsgruppe „Stiftungsrecht" zur Zusammenlegung und Zulegung, ZStV 2017, S. 211; *Gollan*, Große Koalition plant Stiftungsrechtsreform, ErbR 2018, S. 202; *dies.*, Stiftungsrechtsreform – ende gut, alles gut? – Bestandsaufnahme aus der Sicht der Praxis, npoR 2021, S. 277; *Gollan/Richter*, Der Referentenentwurf zur Stiftungsrechtsreform – So nicht, bitte!, npoR 2021, S. 29; *Graf Strachwitz*, Zur Reform „des Stiftungsrechts", ZStV 2017, S. 161; *ders.*, Der Professorenentwurf zur Reform des Stiftungsrechts – ein Kommentar, ZStV 2020, S. 161; *ders.*, Vereinheitlichung des Stiftungsrechts? Ein Kommentar zum aktuellen Referentenentwurf, ZStV 2020, S. 212; *Grob*, Erneute Reform des Bundesstiftungsrechts zur Anpassung des Stiftungsrechts an moderne Entwicklungen – Der Bericht der Bund-Länder-Arbeitsgruppe Stiftungsrecht, npoR 2017, S. 132; *Henssler/Hinz*, Keine generelle Einschränkung der Vertretungsmacht des Stiftungsvorstands durch Stiftungszweck, Kurzkommentar, EWiR 2021, S. 455; *Hepperle*, Kritik aus Wissenschaft und Verbänden zum Referentenentwurf eines Gesetzes zur Vereinheitlichung des Stiftungsrechts, npoR 2021, S. 42; *Heuel*, Zur anstehenden Reform des Stiftungsrechts. Auf halbem Wege stehen geblieben, Stiftung&Sponsoring 2018, S. 36; *Heuel/Kraftstoff/Stolte (Hrsg.)*, Die Stiftungsrechtsreform- Ein Überblick, Stiftung & Sponsoring, Rote Seiten 05.21; *Hoffmann-Steudner*, Grünes Licht für Stiftungsrechtsreform, StiftungsWelt 2018, S. 2; *dies.*, Warum wir dringend eine Reform des Stiftungsprivatrechts brauchen – Reformvorschläge des Bundesverbandes Deutscher Stiftungen, ZStV 2015, S. 192; *Holzer*, Das Registerverfahren nach dem Referentenentwurf eines Gesetzes zur Vereinheitlichung des Stiftungsrechts, ZNotP 2021, S. 55; *Hüttemann*, Gutachten Teil G zum 72. Deutschen Juristentag, 2018; *Hüttemann/ Rawert*, Das neue Bundesstiftungsrecht – Darstellung und Analyse sowie Vorschläge für notwendige Reformen der Landesstiftungsgesetze, Beilage zu ZIP 33/2021, S. 1; *dies.*, Ausdrücklicher und mutmaßlicher Stifterwille, AcP 222 (2022), S. 302; *Jakob*, Modernes Stiftungsrecht für Deutschland in Europa – was sollte geregelt werden?, npoR 2016, S. 7; *Janitzki*, Das neue Stiftungsgesetz – ein Anfang, ErbR 2022, S. 15; *Kämmerer/Rawert*, Fallstricke des Stiftungsföderalismus, Das geplante Stiftungsregistergesetz als Verfassungsproblem, npoR 2020, S. 273; *Kirchhain*, Im zweiten Anlauf durch die Hintertür: Umfassende Änderungen für gemeinnützige Organisationen und deren Förderer durch das JStG 2020, DStR 2021, S. 129; *Kowark*, Warum wir dringend eine Reform des Stiftungsprivatrechts brauchen – Reformvorschläge des Bundesverbandes Deutscher Stiftungen, ZStV 2014, S. 192; *Kroschke*, 20. Arbeitskreis Stiftungsprivatrecht, npoR 2019, S. 283; *Kuszlik*, Reform des Stiftungsrechts, Wichtige Ziele für die derzeit tagende Arbeitsgruppe des Bundes und der Länder, ZRP 2016, S. 47; *Lorenz/Mehren*, Das neue Stiftungsrecht ist da – Kernpunkte der gesetzlichen Neuregelungen und deren Bedeutung für bestehende und noch zu errichtende Stiftungen, DStR 2021, S. 1774; *Markworth*, Das Stiftungsrecht am Scheideweg – Der Entwurf eines Gesetzes zur Vereinheitlichung des Stiftungsrechts aus unternehmensrechtlicher Perspektive, NZG 2021, S. 100; *Mehren*, Die Reform des Stiftungsrechts nimmt Gestalt an, DStR 2018, S. 1773; *Mehren/Lorenz*, Der Referentenentwurf zur Vereinheitlichung des Stiftungsrechts – Eine eingehende Analyse unter Berücksichtigung des Steuerrechts und des Transparenzregisters, DStR 2020, S. 2547; *Muscheler*, Die geplante Reform des Stiftungsrechts, ZRP 2018, S. 217; *ders.*, Die geplante Reform des Stiftungsrechts – Ein Entwurf, ZEV 2019,

S. 1; *Neuhoff*, Umschichtungsgewinne und -verluste bei der Vermögensverwaltung von Stiftungen – wie damit umgehen?: Ein kritischer Kommentar zu den Reformvorschlägen der Bund-Länder-Arbeitsgruppe Stiftungsrecht vom 9.9.2016, ZStV 2017, S. 217; *ders.*, Stiftungsrechtliche Tagung, notar 2020, S. 80; *Nicolai/Kuszlik*, Reform des Stiftungsrechts, ZRP 2016, S. 47; *Orth*, Stiftungsrechtsreform: Bedeutung des Stiftungsregisters für das Transparenzregister, BB 2020, S. 2512; *ders.*, Zur Neuregelung der Zulegung und Zusammenlegung von Stiftungen, ZStV 2020, S. 81; *ders.*, Neuregelungen der Ausgestaltung und Entstehung einer Stiftung, ihres Vermögens und des Stiftungsregisters, MDR 2021, S. 1225; *ders.*, Stiftungsrechtsreform: Stiftungsregister als Justiz- oder Behördenregister? BB 2021, S. 268; *Orth/Uhl*, Die Stiftungsrechtsreform 2021, 2021; *Panz/Schenk/Weisheit*, Schwerpunktreihe Nachfolgeplanung, BWNotZ 2021, S. 191; *Papsthart*, Stiftungsrecht am Scheideweg: Festigung einer „starken Marke“ oder Eröffnung eines Experimentierfelds für Stifter?, npoR 2016, S. 105; *Ponath/Tolksdorf*, Was lange währt, wird nicht immer gut: Disskussionsfelder des neuen Stiftungsrechts, ZEV 2021, S. 605; *Pruns*, Der Regierungsentwurf für ein Gesetz zur Vereinheitlichung des Stiftungsrechts, ErbR 2021, S. 577; *ders.*, Ein Überblick über das neue Stiftungsrecht, ZErb 2021, S. 301; *Roth*, Vom Referentenentwurf zum Regierungsentwurf – eine kritische Übersicht, Teil 2, Das Stiftungsvermögen und seine Verwaltung, npoR 2021, S. 80; *Rust/Klein*, Änderungen im Bereich der Umsatzsteuerbefreiungen im sozialen Bereichdurch das Jahressteuergesetz 2020, npoR2021, S. 35; *Sachs*, Stiftungsrecht – Quo Vadis?: Ein Zwischenbericht zur BGB -Stiftungsrechtsreform, ZStV 2017, S. 198; *Sanders/Berisha*, Die Haftung des fehlerhaft bestellten Stiftungsvorstands, ZStV 2021, S. 50; *Schauer*, Zum Bericht der Bund-Länder-Arbeitsgruppe „Stiftungsrecht“ betreffend die Zulegung und Zusammenlegung von rechtsfähigen Stiftungen, in: Weitemeyer/Hüttemann/u.a. (Hrsg.), Non Profit Law Yearbook 2016/2017, 2017, S. 25; *ders.*, Stellungnahme zu den Regelungen des Referentenenwurfs zur Zu- und Zusammenlegung, npoR 2021, S. 35; *ders.*, Grundlagenänderungen nach der Reform des Stiftungsrechts, npoR 2022, 54; *Schauhoff*, Was im Stiftungsrecht reformiert werden sollte, npoR 2016, S. 2; *ders*, Zum Bericht der Bund-Länder-Arbeitsgruppe Stiftungsrecht betreffend die Zulegung und Zusammenlegung von rechtsfähigen Stiftungen, in: Weitemeyer/Hüttemann/u.a. (Hrsg.), Non Profit Law Yearbook 2016/2017, 2017, S. 25; *ders.*, Stellungnahme zu den Regelungen des Referentenentwurfs zur Zu- und Zusammenlegung, npoR 2021, S. 35; *ders*, Grundlagenänderungen nach der Reform des Stiftungsrecht, npoR 2022, S. 54; *Schauhoff/Mehren*, Stiftungsrecht nach der Reform, 2022; *dies.*, Die Reform des Stiftungsrechts NJW 2021, S. 2993; *Schienke-Ohletz*, Die Stiftungsrechtsreform – ein Erfolgsmodell wird neu aufgelegt, BB 2018, Heft 50, Umschlagteil I; *Schienke-Ohletz/Junius-Morawe*, Möglichkeiten zur Satzungsänderung bei rechtsfähigen Stiftungen nach der Stiftungsreform, BB 2021, S. 1886; *Schiffer/Schürmann*, Neues zum „Grundsatz der Erhaltung des Stiftungsvermögens“?, ZStV 2019, S. 1; *Schiffer/Pruns/Schürmann*, Die Reform des Stiftungsrechts, 2022; *Scholz*, Die Haftung der Stiftungsorgane nach neuem Recht, npoR 2022, S. 50; *Schuck/Medinger*, Stiftungsrechtsreform in der entscheidenden Phase: Die geplanten Neuregelungen im Überblick für die Praxis, ZEV 2021, S. 298; *dies.*, Stiftungsrechtsreform und Bestandsstifungen – Konkreter Handlungsbedarf vor dem 1.7.2023 zur Änderung der Satzung in Bezug auf Strukturmaßnahmen, npoR 2021, 284; *Schwalm*, Stiftungsrechtsreform ante portas? – Kernbotschaften für die Stiftungspraxis, ZEV 2021, S. 68; *Schweinsberg*, Stiftungen bürgerlichen Rechts: Aktuelle Handlungsspielräume und Positionen zur Reform des Stiftungsrechts, npoR 2017, S. 199; *Siebeck/Hesse*, Die gemeinnützige Stiftung im Zweckerfüllungsnotstand, npoR 2018, S. 253; *Stifterverband für die deutsche Wissenschaft e.V.*, Stellungsnahme zum Bericht der Bund-Länder-Arbeitsgruppe Stiftungsrecht an die Ständige Konferenz der Innenminister und -senatoren der Länder, npoR 2017, S. 145; *Stolte*, Stiftungen bürgerlichen Rechts: Aktuelle Handlungsspielräume und Positionen zur Reform des Stiftungsrechts, BB 2015, S. 2694; *ders.*, Reform des Stiftungsrechts, BB 2015, S. 2695; *ders.*, Reform des Stiftungsrechts aus steuerrechtlicher Sicht, StB 2016, S. 106; *ders.*, Reform des Stiftungsrechts – Neuregelung zur Vermögensbewirtschaftung und Einführung eines öffentlichen Stiftungsregisters, BB 2021, S. 1026; *Theuffel-Werhahn*, Stiftung & Gesetzgebung: Erste Empfehlungen der Bund-Länder-Arbeitsgruppe „Stiftungsrecht“ für die Reform, SB 2017, S. 29; *ders.*, Stiftungsreform: „Stiftung auf Zeit“: sinnvoll oder Eulen nach Athen tragen?, SB 2017, S. 90; *ders.*, Stiftungsreform: Bitte bessere Bedingungen für Kooperationen!, SB 2017, S. 164; *ders.*, Stiftungsreform: Kapitalerhaltungsgrundsatz: real oder nominal?, SB 2017, S. 155; *ders.*, Stiftungsreform: Kein „Aus“ für die Familienstiftung: Privatnützigkeit weiterhin anerkennungsfähig, SB 2017, S. 86; *ders.*, Stiftungsreform: Stiftungen benötigen (k)ein gesetzlich geregeltes Mindestvermögen, SB 2017, S. 151; *ders.*, Stiftungsreform: Verlustausgleich muss erleichtert werden, SB 2017, S. 159; *ders*, Stiftungsreform: Wird das Anerkennungsverfahren komplizierter?, SB 2017, S. 126; *ders.*, Stiftungsreform: „Drohen“ neue Regelungen zum Stiftungssitz?, SB 2018, S. 141; *ders.*, Stiftungsreform: Die Stiftungsreform nimmt Fahrt auf!, SB 2018, S. 203; *ders.*, Stiftungsreform: Bitte kein „Mut zur Lücke“: Ergänzung des unvollständigen Stiftungsgeschäfts, SB 2019, S. 18; *ders.*, Stiftungsreform: Sinn und Unsinn des „Gemeinwohlvorbehalts“, SB 2019, S. 38; *ders.*, Stiftungsreform: Stifterwille, Namenszusatz und Verwaltungssitz oder: Kennen Sie „SbR“ und „VsbR“?, SB 2019, S. 176; *ders.*, Stiftungsrechtsreform zieht Stiftung & Co. KG in Zweifel: Das sind die Handlungsempfehlungen, SB 2021, S. 189; *Uffmann*, Haftung des Stiftungsvorstands – auch nach der geplanten Stiftungsrechtsreform herausfordernd, ZIP 2021, S. 1251; *Uhl*, Stiftungsrechtsreform: Referentenentwurf über ein Gesetz zur Vereinheitlichung des Stiftungsrechts – ein Überblick, SB 2020,

S. 203; *ders.*, Die Reform des Stiftungsrechts steht – Überblick und Konsequenzen für die Praxis, StiftungsBrief 2021, S. 49; *ders.*, Stiftungsorganisation: Name und Namensänderung bei der rechtsfähigen Stiftung – das gilt es zu beachten, SB 2021, S. 118; *ders.*, Stiftungsrechtsreform: Eckpunkte des Regierungsentwurfs über ein Gesetz zur Vereinheitlichung des Stiftungsrechts, SB 2021, S. 49; *ders.*, Zur satzungsmäßigen Beschränkung der Vertretungsmacht des Stiftungsvorstands, EWiR 2021, S. 43; *Wachter*, Reform des Stiftungsrechts auf der Zielgeraden, GmbHR 2020, S. 356; *Weitemeyer*, Die Reform des Bundesrechts und die nachfolgenden Reformen in den Ländern – Erreichtes und Agenda für die Zukunft, in: Hüttemann/Rawert/u.a. (Hrsg.), Non Profit Law Yearbook 2012/2013, 2013, S. 17; *dies.*, Reformbedarf im Stiftungsrecht aus rechtsvergleichender Perspektive, AcP 2017, S. 431; *dies.*, Von der Stifterfreiheit zur Stiftungsautonomie – Weiterentwicklung oder Sackgasse?, in: Bumke/Röthel, Autonomie im Recht, Gegenwartsdebatten über einen rechtlichen Grundbegriff, 2017, S. 201; *dies.*, Reformbedarf für den Dritten Sektor?, NJW 2018, S. 2775; *dies.*, Impulse der Stiftungsrechtsreform zur Governance und Transparenz von Stiftungen?, ZGR 2019, S. 238; *dies.*, Notwendige Reformen – mit vereinter Kraft und in einem Rutsch, Stiftung&Sponsoring 2020, S. 6; *dies.*, Professorenentwurf zur Stiftungsrechtsreform 2020, NZG 2020, S. 569; *A. Werner*, Der Diskussionsentwurf der Bund-Länder-Arbeitsgruppe „Stiftungsrecht" 2018 und der Professorenentwurf zur Stiftungsreform 2020 aus Sicht der Praxis, npoR 2020, S. 106; *R. Werner*, Der Regierungsentwurf eines Gesetzes zur Vereinheitlichung des Stiftungsrechts, ErbR 2021, S. 482; *Winkler*, Die BGB-Stiftungsrechtsreform – eine Zwischenbilanz, ZStV 2017, S. 165; *ders.*, Endlich: Die Stiftungsrechtsreform kommt, ZStV 2021, S. 121; *Zimmermann*, Umfassender Überblick über Rechtsfragen zur Stiftung, notar 2019, S. 360.

Allgemeine und sonstige Literatur zum Stiftungsrecht

Anheier/Förster/Mangold/Striebing (Hrsg.), Stiftungen in Deutschland 1: Eine Verortung, Stiftungen in Deutschland 2: Wirkungsfelder, Stiftungen in Deutschland 3: Portraits und Themen, 2017; *Baderschneider*, Die Stiftung als Zielstruktur im Umwandlungsgesetz, 2017; *Brugger*, Die gemischte Stiftung, 2019; *Burgard*, Firmenrechtliche Fragen bei Verein und Stiftung, in: Saenger/Bayer/u.a. (Hrsg.), FS O. Werner, 2009, S. 190; *ders.*, Grundfragen des Stiftungsrechts, npoR 2019, S. 106; *Damrau*, Vor-Stiftung und Pflichtteilsanspruch sowie dessen Verjährung, ZEV 2010, S. 12; *David*, Die Stiftung Spezialfonds in Hamburg, NordÖR 2016, S. 140; *Dewald*, Die privatrechtliche Stiftung als Instrument zur Wahrnehmung öffentlicher Zwecke, 1990; *Döring*, Die Stiftung als Finanzierungsinstrument für Unternehmen, 2010; *Dutta*, Von der pia causa zur privatnützigen Vermögensbindung: Funktionen der Stiftung in den heutigen Privatrechtskodifikationen, RabelsZ 2013, S. 828; *dies.*, „Warum Erbrecht" – in a nutshell. Eine Selbstbuchvorstellung anlässlich der Verleihung des W. Rainer Walz-Preises 2013, in: Weitemeyer/Hüttemann/u.a. (Hrsg.), Non Profit Law Yearbook 2014/2015, 2015, S. 79; *Ebersbach*, Handbuch des deutschen Stiftungsrechts, 1972; *Fischer*, Stiftung und Arbeitsrecht, in: Fundare e.V./Andrick/u.a. Die Stiftung – Jahreshefte zum Stiftungswesen 2014, S. 27; *Frankenberger*, Der funktionale Stiftungsbegriff als Denkmodell eines rechtsformübergreifenden Stiftungsrechts, 2013; *Geisler*, Die selbständige Stiftung im Internationalen Privatrecht, 2008; *Graf Strachwitz*, Die Stiftung – ein Paradox? Zur Legitimität von Stiftungen in einer politischen Ordnung, 2010; *ders.*, Stiftungen sind populär – sind sie auch legitim?, ZStV 2011, S. 1; *ders.*, Foundations in medieval societies, Zeitschrift für Geschichtswissenschaft 2017, S. 256; *Grossfeld*, „Unsterblichkeit" und Jurisprudenz – Eine rechtsmethodische Betrachtung, in: Merz/Schluep (Hrsg.), FG Kummer, 1980, S. 3; *Hager* (Hrsg.), Entwicklungstendenzen im Stiftungsrecht: Verleihung des Helmut-Schippel-Preises 2006, Tagungsband, 2008; *Heister*, Temporäre Gestaltungsformen der Stiftung, 2013; *Hennerkes/Schiffer*, Stiftungsrecht, 3. Aufl. 2001; *Heuer*, Stiftungen, in: Kube/Morgenthaler/u.a. (Hrsg.), FS Kirchhof, 2013, S. 1287; *Hippeli*, Stiftungen und Trusts als Zurechnungsmittler von Stimmrechten, AG 2014, S. 147; *Hoppe*, Die abhängige Stiftung – Grenzen der Stiftungsautonomie, 2004; *Hopt/Reuter*, Stiftungsrecht in Europa: Eine Einführung, in Hopt/Reuter (Hrsg.), Stiftungsrecht in Europa, 2001, S. 1; *Hopt/v. Hippel/Walz* (Hrsg.), Nonprofit-Organisationen in Recht, Wirtschaft und Gesellschaft, 2005; *Hüttemann*, Rechtsfragen der sozialen Verantwortung von Vereinen und Stiftungen, DB 2016, S. 429; *ders.*, Die gemischte Stiftung, in Jakob (Hrsg.), Universum Stiftung, 2017, S. 29; *Hüttemann/Richter/Weitemeyer*, Landesstiftungsrecht, 2011; *Jakob*, Begrenzung und Ausschluss der stiftungsaufsichtlichen Kontrolle durch stiftungsautonome Bestimmungen, ZSt 2006, S. 63; *ders.*, Schutz der Stiftung, 2006; *ders.*, Der Deal mit dem „lieben Gott" – die Frommen Stiftungen. Psychosoziologische Überlegungen, in: Jakob/v. Orelli (Hrsg.), Der Stifterwille: Ein Phänomen zwischen Vergangenheit, Gegenwart und Ewigkeit, 2014, S. 229; *Jeß*, Das Verhältnis des lebenden Stifters zur Stiftung unter besonderer Berücksichtigung der Gestaltungsmöglichkeiten der Stiftungsverfassung und des Rechtsschutzes der Stiftung vor Übergriffen des Stifters, 1991; *Jung* (Hrsg.), Stärkung des Stiftungswesens, 2017; *Kaluza*, Die Stiftung privaten Rechts als öffentlich-rechtliches Organisationsmodell, 2010; *Kämmerer*, Kommunale Stiftungen zwischen Stifterwillen und Gemeinwohl, in: Walz/Kötz/u.a. (Hrsg.), Non Profit Law Yearbook 2004, 2005, S. 59; *Kämmerer/Weitemeyer*, Die Zeppelin-Stiftung: Ein staats- und stiftungsrechtliches Drama im Lichte der jüngeren deutschen Geschichte, in: Boele-Woelki/Faust/u.a. (Hrsg.), FS K. Schmidt, 2019, S. 595; *Kindler*, Die Europäische Privatgesellschaft als Stiftungsersatzform, 2015; *Kübler*, Generationengerechtigkeit und Stiftung, in: Kohl/Kübler/u.a. (Hrsg.), GedSchr Walz, 2008, S. 373; *Lange*, Die Bedeutung institutionenökonomischer Erkenntnisse für das Verständnis von Herrschaft und Kontrolle in der Stiftung, AcP 2014, S. 511; *Maier*, Gemeinnützige Stiftungen und Generationengerechtigkeit, 2012; *Mattheus*, Eckpfeiler einer stiftungsrechtlichen Publizität, DStR 2003, S. 254; *Meder*, Der Stifterwille im Spannungsfeld von privatautonomer Gestaltungsfreiheit und staatlicher Kontrolle. Hat Savigny eine obrigkeitliche Sicht des Stiftungsrechts?, in: Jakob/v. Orelli (Hrsg.), Der Stifterwille: Ein Phänomen zwischen Vergangenheit Gegenwart und Ewigkeit, 2014, S. 81; *Meinecke*, Stiftungen als Instrument zur Unternehmensnachfolge, 2019; *Mestmäcker/Reuter*, Länderbericht „Deutschland", in: Hopt/Reuter (Hrsg.), Stiftungen in Europa, 1971, S. 109; *Mühlhäuser*, Publizität bei Stiftungen, 1970; *Müller*, Die Bundesstiftung, 2009; *Muscheler*, Plädoyer für ein staatsfreies Stiftungsrecht, ZRP 2000, S. 390; *ders.*, Normativ- oder Konzessionssystem im Stiftungsrecht?, in: Mecking/Schulte (Hrsg.), Grenzen der Instrumentalisierung von Stiftungen, 2003, S. 139; *ders.*, Stiftungsrecht. Gesammelte Beiträge, 2005; *Neuhoff*, Die operative Stiftung und ihr Vermögen, in: Saenger/Bayer/u.a. (Hrsg.), FS O. Werner, 2009, S. 146; *Neuhoff*, Zur Praxis operativer Stiftungen, ZSt 2009, S. 16; *Nissel*, Stiftungsrechtliche Gesetzgebung – Spiegelbild des Stiftungswesens, in: Saenger/Bayer/u.a. (Hrsg.), FS O. Werner, 2009, S. 45; *Peters/Mercker/Mues*, Die Zuwendungsstiftung als aktuelle Entwicklungsform des Stiftungsrechts – untersucht am Beispiel der Kulturstiftung des Bundes, ZSt 2003, S. 158; *Pleimes*, Die Rechtsproblematik des Stiftungswesens, 1938; *ders.*, Weltliches Stiftungsrecht, 1938; *Rawert*, Der Einsatz der Stiftung zu stiftungsfremden Zwecken, ZEV 1999, S. 294; *ders.*, Entwicklungstendenzen im Stiftungsrecht – Laudatio zur Verleihung des Helmut-Schippel-Preises 2006 an Dominique Jakob, in: Hager (Hrsg.), Entwicklungstendenzen im Stiftungsrecht, 2008, S. 18; *ders.*, Von süffigen Parolen, einem dicken Sargnagel und der Philosophie des „Als Ob" – Karsten Schmidt und das Stiftungsrecht, in: Boele-Woelki/Faust/u.a. (Hrsg.), FS K. Schmidt, 2009, S. 1323; *ders.*, Die staatsfreie Stiftung, in: Grundmann/Haar/u.a. (Hrsg.), FS Hopt, 2010, S. 177; *Reuter*, Privatrechtliche Schranken der Perpetuierung von Unternehmen, 1973; *ders.*, Stiftungsrecht und Vereinsrecht, in: Hauer/Goerdeler/u.a. (Hrsg.), Deutsches Stiftungswesen 1977-1988, 1989, S. 95; *ders.*, Konzessions- oder Normativsystem für Stiftungen, in: Hönn/Konzen/u.a. (Hrsg.), FS Kraft, 1998, S. 493; *ders.*, Der Vorbehalt des Stiftungsgeschäfts, NZG 2004, S. 939; *ders.*, Die Zustiftung im Recht der selbständigen Stiftung, npoR 2009, S. 55; *Reuter*, Anatol Dutta, Rezensionsabhandlung zu „Warum Erbrecht? Das Vermögensrecht des Generationenwechsels in funktionaler Betrachtung", in: Weitemeyer/Hüttemann/u.a. (Hrsg.), Non Profit Law Yearbook 2015/2016, 2016, S. 15; *Riemer*, Das deutsche Stiftungsrecht aus der Sicht des schweizerischen, in: v. Campenhausen/Kronke/u.a. (Hrsg.), Stiftungen in Deutschland und Europa, 1998, S. 349; *Rose-Ackerman*, An Economic Analysis of Nonprofit Organisations, in: Hopt/Reuter (Hrsg.), Stiftungsrecht in Europa, 2001, S. 73; *Roth*, Ueber Stiftungen, JherJb 1857, S. 189; *Roth*, Die rechtsfähige Stiftung als Kapitalmarktteilnehmerin, in: Kohl/Kübler/u.a. (Hrsg.), GS Walz, 2008, S. 593; *Röthel*, Erbrechtliche Wirkungsgrenzen (§§ 2109, 2210 BGB) als Intentionalitätsgarantien, in: Martinek/Rawert/u.a. (Hrsg.), FS Reuter, 2010, S. 307; *Schiffer/Pruns*, Zum Lehrsatz vom Verbot der Selbstzweckstiftung, ZStV 2012, S. 1; *Schiller*, Stiftungen im gesellschaftlichen Prozeß, 1969; *Schlüter*, Die gemeinnützige GmbH (I) und (II) – Gründungsverfahren, Satzungsgestaltung und steuerliche Anerkennung, GmbHR 2002, S. 535, S. 578; *Schlüter/Stolte/Schmidt*, Stiftungsrecht, 3. Aufl. 2016; *K. Schmidt*, Wohin steuert die Stiftungspraxis – Eine rechtspolitische Skizze, DB 1987, S. 261; *Schmidt-Jortzig*, Verfassungsrechtlicher Bestandsschutz für Stiftungen? – Die niedersächsische Traditionsklausel: Konstitutionelle Strukturfestschreibung versus notwendige Veränderungsmöglichkeit, in: Martinek/Rawert/u.a. (Hrsg.), FS Reuter, 2010, S. 1339; *Schnurbein*, Motivationen zur Stiftungsgründung, in: Jakob/v. Orelli (Hrsg.), Der Stifterwille: Ein Phänomen zwischen Vergangenheit, Gegenwart und Ewigkeit, 2014, S. 19; *Scholz/Langer*, Stiftung und Verfassung. Strukturprobleme des Stiftungsrechts am Beispiel der „Stiftung Warentest", 1990; *Schulte*, Staat und Stiftung, 1989; *ders.*, Der Rechnungshof: Kontrolleur der Stiftung und Informant des Parlaments?, in: v. Campenhausen/Kronke/u.a. (Hrsg.), Stiftungen in Deutschland und Europa, 1998, S. 303; *ders.*, Die kommunalen Stiftungen in den (novellierten) Landesstiftungsgesetzen, ZSt 2005, S. 160; *Siegel*, Rechnungslegung und Transparenzdefizite bei Vereinen und Stiftungen, in: Walz/Hüttemann/u.a. (Hrsg.), Non Profit Law Yearbook 2006, 2007, S. 177; *Siegmund-Schultze*, Hospitalstiftungen zwischen Kirche und Stadt im nachkonstitutionellen Stiftungsrecht, in: Faller/Kirchhof (Hrsg.), FS Geiger, 1989, S. 671; *Silberer*, Reputation durch unternehmensnahe Stiftungen. Ein komplexes System guter Taten und ihrer Wirkungen, ZStV 2011, 138; *Stern*, Der Einfluss des Stifters auf die Verwaltung der Stiftung, in: v. Campenhausen/Kronke/u.a. (Hrsg.), Stiftungen in Deutschland und Europa, 1998, S. 261; *Strickrodt*, Rechtsfähige Stiftungen des privaten Rechts, JZ 1964, S. 576; *ders.*, Stiftungsrecht, 1977; *ders.*, Ordnungsaufgabe und Leistungsidee der Funktionsträgerstiftung, in: Hauer/Pilgram/u.a. (Hrsg.), Deutsches Stiftungswesen 1966-1976, 1977, S. 323; *Studen*, Dachstiftungsmodelle – Dogmatik, Möglichkeiten und Grenzen, in: Jakob (Hrsg.), Perspektiven des Stiftungsrechts in der Schweiz und in Europa, 2010, S. 37; *ders.*, Die Dachstiftung. Das Tragen und Verwalten von Unterstiftungen unter dem Dach einer selbständigen Stiftung, 2011; *Stumpf*, Schiedsgerichtsbarkeit in Stiftungen, SchiedsVZ 2009, S. 266; *Stumpf/Suerbaum/Schulte/Pauli*, Stiftungsrecht, 3. Aufl. 2018; *Thomsen*, Probleme „staatsnaher" Stiftungen unter besonderer Berücksichtigung ihrer Autonomie, Diss Hamburg 1991; *Turner* (Hrsg.), Gemeinsam Gutes anstiften, 2009; *Uhl*, Kooperation im Stiftungsrecht, 2016; v. Campenhausen/Kronke/O. Werner (Hrsg.), Stiftungen in Deutschland und Europa, 1998; *v. Hippel*, Grundprobleme von Nonprofit-Organisationen, 2007; *v. Oertzen*, Aktuelle Stiftungsstrukturen, BB 2019, S. 2647; *v. Pölnitz*, Vom Werden und Sinn des Stiftungswesens, in: Franz/Liermann/u.a. (Hrsg.), Deutsches Stiftungswesen 1948-1966, 1968, S. 1; *v. Vieregge*, Parteistiftungen, 1977; *Vogt*, Publizität im Stiftungsrecht, 2013; *v. Campenhausen/Hauer/v. Pölnitz-Egloffstein/Mecking* (Hrsg.), Deutsches Stiftungswesen 1988 – 1998; *v. Campenhausen/Kronke/Werner* (Hrsg.), Stiftungen in Deutschland und Europa, 1998; *Wachter*, Stiftungen: Zivil- und Steuerrecht in der Praxis, 2001; *Weitemeyer/Wrede*, Genderfragen in Non-Profit-Organisationen. Handlungsbedarf und Handlungsoptionen im Hinblick auf Art. 3 Abs. 2 und 3 GG, npoR 2018, S. 1; *Weitemeyer/Krimmer/Kleinpeter/Vogt/v. Schönfeld*, Transparenz im Dritten Sektor, 2014; *O. Werner/Saenger/Fischer* (Hrsg.), Die Stiftung, 2. Aufl. 2019; *Zimmermann*, Der grundrechtliche Schutzanspruch juristischer Personen des öffentlichen Rechts: Ein Beitrag zur Auslegung des Art. 19 Abs. 3 GG, 1993.

Siehe ferner die Literaturhinweise zu den einzelnen Vorschriften.

Weitere Literaturhinweise finden sich bei *Rawert/Schlosshahn*, Stiftungsrecht im 20. Jahrhundert – Auswahlbibliographie, 2004; ferner in den Auswahlbibliographien des Non Profit Law Yearbook der Jahre 2001 bis 2019 sowie laufend in den Zeitschriften npoR und ZStV.

Übersicht

A. Vorwort — 1

B. Entstehungsgeschichte des Gesetzes — 2

C. Inhalt und Zweck des Gesetzes, Anwendungsbereich — 9

D. Aufbau, Inkrafttreten, Übergangsvorschriften — 16

E. Verhältnis zum bisherigen Recht — 19

F. Synopse der §§ 80 bis 88 BGB alte und neue Fassung (ohne Überschriften) — 19a

G. Zur Bedeutung von Materialien für die Auslegung von Gesetzen — 20

H. Allgemeiner Teil der Begründung des Regierungsentwurfs — 27

I. Entstehung und wesentlicher Inhalt des Entwurfs — 31

II. Alternativen — 58

III. Gesetzgebungskompetenz — 59

IV. Vereinbarkeit mit dem Recht der Europäischen Union und völkerrechtlichen Verträgen — 60

V. Gesetzesfolgen

1. Rechts- und Verwaltungsvereinfachung — 61

I. Allgemeiner Teil der Begründung der Beschlussempfehlung des Rechtsausschusses — 63

J. Begründung des Regierungsentwurfs zu Art. 229 § 59 EGBGB — 69

K. Begründung des Regierungsentwurfs zu Art. 11 (Inkrafttreten) — 71

L. Begründung des Rechtsausschusses zum Hinausschieben des Inkrafttretens — 77

M. Bewertung — 78

A. Vorwort

Durch das Gesetz zur Vereinheitlichung des Stiftungsrechts[1] wurden die §§ 80 bis 88 BGB vollkommen umgestaltet. Etliche Regelungen, die es bisher gar nicht oder nur im Landesrecht gab, sind nunmehr Teil des BGB. Materiell hat sich zwar nichts Bahnbrechendes geändert. Trotzdem ist Vieles neu. Vor diesem Hintergrund will die erste Auflage dieses Kommentars eine **erste Orientierung** geben. Das bedeutet dreierlei: Erstens wird keine Gesamtdarstellung des Stiftungsrechts unternommen. Vielmehr liegt der Schwerpunkt auf der Kommentierung der §§ 80 bis 88 BGB. Zweitens werden die Vorschriften über das Stiftungsregister lediglich abgedruckt 1

1 „Gesetz zur Vereinheitlichung des Stiftungsrechts und zur Änderung des Infektionsschutzgesetzes", BGBl. I 2021, 2947.

und – abseits einiger einleitender Bemerkungen – nicht kommentiert; denn bis zu deren in Kraft treten vergehen noch vier Jahre, also die ganze laufende Legislaturperiode. Stattdessen werden die landesrechtlichen Vorschriften über die Stiftungsverzeichnisse aufgeführt und zusammenfassend besprochen. Und drittens wird eingangs jeder Vorschrift der Wortlaut der Begründung des Regierungsentwurfs[2] und ggf. weiterer Gesetzesmaterialien aus dem parlamentarischen Verfahren zitiert, damit sich jeder Leser selbst unkompliziert ein Bild über die Intentionen der Gesetzesverfasser machen kann (zu deren methodischer Bedeutung s. Rn. 20 ff.). Für Hinweise auf Unvollkommenheiten aller Art sind die Verfasser ausgesprochen dankbar.

B. Entstehungsgeschichte des Gesetzes

2 Im **Juni 2014** beschlossen die Innen- und Justizministerkonferenzen die Einsetzung einer neuen **Bund-Länder-Arbeitsgruppe** zur Reform des Stiftungsrechts unter Federführung des BMJV. Ihr Auftrag war es *„die stiftungsrechtlichen Vorschriften auf Möglichkeiten der Vereinheitlichung, Vereinfachung und Zusammenführung zu überprüfen"*[3] und insbesondere folgenden Fragen nachzugehen:

- *Die Rechte von Stifterinnen und Stiftern zu deren Lebzeiten,*
- *die Möglichkeit der Bündelung von Ressourcen nicht überlebensfähiger Stiftungen,*
- *eine Steigerung der Transparenz im Stiftungswesen,*
- *die Schaffung und Verbesserung bundeseinheitlicher rechtlicher Rahmenbedingungen,*
- *die Absicherung von Stiftungen in Zeiten niedriger Erträge".*[4]

3 Das war ein umfassender und sehr begrüßenswerter Arbeitsauftrag. Allein: Die Arbeitsgruppe war ausschließlich mit (z.T. wechselnden und z.T. im Stiftungsrecht unerfahrenen) Beamten aus Bund und Ländern besetzt. Vertreter von Wissenschaft, beratender Praxis und von Verbänden waren nicht geladen. Diese Zusammensetzung hatte schon bei dem „Reförmchen" von 2002[5] zu keinen besonders zukunftsweisenden Ergebnissen geführt. Diesmal sollte es schlimmer kommen.

4 Am 9.9.2016 legte die Arbeitsgruppe einen ersten Bericht vor.[6] Dieser war im April 2017 Grundlage einer Anhörung von Vertretern der Wissenschaft und Praxis, die aber keinen erkennbaren Einfluss auf den sodann im Februar 2018 veröffentlichten **Diskussionsentwurf (DiskE)** für ein *"Gesetz zur Vereinheitlichung des Stiftungsrechts"* hatten.[7] Dieser DiskE sollte laut Koalitionsvertrag vom März 2018 Grundlage einer Reform des Stiftungsrechts sein. Indessen erfuhr er harsche Kritik: *„Von einer Reform darf man nämlich „eine planmäßige Neuordnung, Umgestaltung, Verbesserung des Bestehenden" erwarten. Davon kann bei dem Diskussionsentwurf keine Rede sein. Zwar wird das Stiftungsrecht neu geordnet, aber nur im Sinne von neu sortiert. Echte Neuerungen enthält der Entwurf nur wenige. Er ist rückwärtsgewandt und von einem ganz und gar traditionellen Stiftungsverständnis geprägt. Er will das geltende Stiftungsrecht nicht umgestalten, sondern aufschreiben. Fast alle wichtigen Reformanliegen werden daher nicht oder nur unzurei-*

---

2 Entwurf eines Gesetzes zur Vereinheitlichung des Stiftungsrechts, BR-Ds. 143/21 vom 21.2.21 = BT-Ds. 19/28173; abrufbar unter https://www.bmjv.de/SharedDocs/Gesetzgebungsverfahren/DE/Stiftungsrecht.html.

3 Ständige Konferenz der Innenminister und -senatoren der Länder (Geschäftsstelle), Sammlung der zur Veröffentlichung freigegebenen Beschlüsse der 199. Sitzung der Ständigen Konferenz der Innenminister und -senatoren der Länder vom 11. bis 13. Juni 2014 in Bonn, 7.

4 Beschluss der 85. Konferenz der Justizministerinnen und Justizminister am 25. und 26. Juni 2014 im Ostseebad Binz auf Rügen TOP I.2 (JMK 245).

5 Gesetz zur Modernisierung des Stiftungsrechts vom 15. Juli 2002, BGBl. I, 2634; dazu etwa *Burgard*, NZG 2002, 697; *Hüttemann*, ZHR 167 (2003), 35.

6 Abrufbar unter https://www.innenministerkonferenz.de/IMK/DE/termine/to-beschluesse/2016-11-29_30/nummer%2026 %20reform%20stiftungsrecht.pdf?__blob=publicationFile&v=2.

7 Abrufbar unter https://www.innenministerkonferenz.de/IMK/DE/termine/to-beschluesse/2018-06-08_06/anlage-zu-top-46.pdf?__blob=publicationFile&v=2.

chend verwirklicht. Dementsprechend schmal sind die erzielten Verbesserungen, die zudem durch manche Verschlechterungen aufgewogen werden. Kurz: Es handelt sich einmal mehr nur um eine Reform, von der man sagen muss: Es tut sich was, aber ändern tut sich nichts.“[8]

Daraufhin erarbeiteten elf Professoren innerhalb von drei Monaten einen Alternativent- 5
wurf.[9] Dabei war klar, dass der große Wurf nicht mehr gelingen würde, weswegen sich der **Professorenentwurf (ProfE)** mit zwei wichtigen Ausnahmen darauf beschränkte, die Regelungen des DiskE technisch besser umzusetzen. Die beiden Ausnahmen waren die Einführung eines Stiftungsregisters bei den Amtsgerichten (§ 80a ProfE) und die Einführung einer „actio pro fundatione“ (§ 85 Abs. 3 ProfE).

Nun hatte zwar niemand ein Dankschreiben des BMJV erwartet. Dass die Vorschläge des 6
ProfE aber vollkommen ungehört verhallten und der im September 2020 erschienene **Referentenentwurf (RefE)**[10] noch weitaus schlechter als der DiskE war[11] – damit hatte keiner gerechnet. Dementsprechend allgemein[12] war das Entsetzen („*Der Berg kreißt und gebiert ein Monstrum*“).[13] Einzig positiv zu vermerken war, dass der RefE erstmals die Einführung eines Stiftungsregisters vorsah, das allerdings vom Bundesamt für Justiz geführt werden sollte, was verfassungswidrig ist.[14]

Die einhellige Kritik zeigte nun erstmals bescheidene Wirkung: Der von der Bundesregie- 7
rung am 3.2.2021 beschlossene **Regierungsentwurf (RegE)**[15] nahm die Verschlechterungen des RefE überwiegend[16] zurück.[17] (insb. Satzungsstrenge, Unbeachtlichkeit des mutmaßlichen Stifterwillens, Konkurrenz zwischen § 85 Abs. 1 und §§ 87 f. BGB). Nach 4,5 Jahren war der RegE damit allerdings im Großen und Ganzen nun wieder auf dem Stand des DiskE, dessen mangelnde Qualität Anstoß für den ProfE gewesen war. Dementsprechend verbreitet war die Kritik.[18] Allerdings: Während der Verfasser wegen der zahlreichen Mängel für eine Verschiebung der Reform plädierte,[19] wollte sie der Bundesverband Deutscher Stiftungen[20] namentlich in Gestalt von *Schauhoff*[21] trotzdem unbedingt verabschiedet wissen.

---

8 *Burgard*, NPLYB 2019, 71, 72 f.

9 *Arnold/Burgard/Droege/Hüttemann/Jakob/Leuschner/Rawert/Roth/Schauhoff/Segna/Weitemeyer*, Professorenentwurf zur Stiftungsrechtsreform 2020, ZIP 2020, Beilage zu Heft 10. Dazu *Weitemeyer*, NZG 2020, 569; *Strachwitz*, ZStV 2020, 161.

10 Abrufbar unter https://www.bmjv.de/SharedDocs/Gesetzgebungsverfahren/Dokumente/RefE_Stiftungsrecht.pdf;jsessionid=27721038808E2F64A53A06F0CE1136F6.2_cid297?__blob=publicationFile&v=2.

11 Für eine synoptische Darstellung des Referentenentwurfs, des geltenden Rechts und des Professorenentwurfs *Burgard*, npoR 2021, 11.

12 Zusammenfassung der Kritik von Wissenschaft, Praxis und Verbänden bei *Burgard*, npoR 2021, 1 ff.; siehe ferner *Arnold/Burgard/Jakob/Roth/Weitemeyer*, npoR 2020, 294; *Gollan/Richter*, npoR 2021, 29; *Schauer*, npoR 2021, 35; *Arnold/Burgard/Jakob/Roth/Graf Strachwitz/Weitemeyer*, npoR 2021, 104; Bundesverband Deutscher Stiftungen, Stellungnahme zum Referentenentwurf, Stiftungsposition 10/2020, abrufbar unter https://www.stiftungen.org/fileadmin/stiftungen_org/Verband/Wer_Wir_sind/Positionen/Stiftungsposition-10-2020-Stiftungsrechtsreform.pdf.

13 *Burgard*, Gastbeitrag in Börsen-Zeitung vom 18.12.2020, 10.

14 Insb. *Kämmerer/Rawert*, npoR 2020, 273 ff.; *Mayen* ZHR 184 (2020), 691 ff.

15 BR-Ds. 143/21 = BT-Ds. 19/28173.

16 Für eine synoptische Darstellung des Referenten- und des Regierungsentwurfs *Burgard*, ZStV 2021, 45, https://www.zstv.nomos.de/fileadmin/zstv/doc/Synopse.pdf.

17 Allerdings wurden diese Änderungen in der Begr. RegE nicht vollständig nachvollzogen, so dass viele Ausführungen der Begr. RegE noch auf dem Stand des RefE sind.

18 S. nur die Hamburger Erklärung zur Stiftungsrechtsreform, npoR 2021, 41; *Burgard*, npoR 2021, 78; *Roth*, npoR 2021, 80; *Arnold*, npoR 2021, 84.

19 *Burgard*, ZStV 2021, 45, 50.

20 S. dessen Stellungnahme vom 9.3.2021 abrufbar unter Stiftungsposition-03-2021-Stiftungsrechtsreform-Kurzfassung.pdf (stiftungen.org) und vom 22.4.2021 abrufbar unter Stiftungsposition-04-2021-Stiftungsrechtsreform.pdf (stiftungen.org).

21 Das verwunderte insofern, als er zu den Mitverfassern des ProfE zählte.

8 Aufgrund der **Empfehlungen des Rechtsausschusses**[22] wurden in der Schlussphase des achtjährigen Reformprozesses noch einige kleine, aber wichtige Verbesserungen vorgenommen, bevor das *„Gesetz zur Vereinheitlichung des Stiftungsrechts und zur Änderung des Infektionsschutzgesetzes“*[23] kurz vor Ende der Legislaturperiode verabschiedet und am 22.7.2021 im Bundesgesetzblatt[24] verkündet wurde. Die Reformdiskussion ist damit freilich keineswegs am Ende, s.u. Rn. 78 ff.

C. Inhalt und Zweck des Gesetzes, Anwendungsbereich

9 Die §§ 80 bis 88 BGB gelten **nur für rechtsfähige Stiftungen bürgerlichen Rechts**, also nicht für Stiftungen des öffentlichen Rechts[25] (wohl aber für Stiftungen des bürgerlichen Rechts mit einem öffentlichen Zweck, sog. öffentliche Stiftungen), nicht für Stiftungen des Kirchenrechts[26] (wohl aber für kirchliche Stiftungen, s. § 88) und auch nicht für unselbständige (= nicht rechtsfähige) Stiftungen (§ 80 Rn. 74), und zwar auch nicht analog.[27] Die Abgrenzung erfolgt grundsätzlich nach dem Errichtungsakt. Künftig wird sie dank des Rechtsformzusatzes nach § 82c BGB augenfällig sein.

10 Die rechtsfähige Stiftung bürgerlichen Rechts wird durch einen Doppelakt (§ 80 Rn. 3, 67 ff.), nämlich ein privatrechtliches Stiftungsgeschäft (§ 81 BGB, näher dort) und einen privatrechtsgestaltenden Verwaltungsakt (die sog. Anerkennung, § 82 BGB, näher dort) errichtet. Abseits des Versicherungsvereins auf Gegenseitigkeit (VVaG, § 171 VAG) und des wirtschaftlichen Vereins (§ 22 BGB) ist die rechtsfähige Stiftung bürgerlichen Rechts mithin die einzige Rechtsform in Deutschland, für die noch das überkommene **Konzessionssystem** gilt. Seit langem wird daher dessen Ablösung durch das System der Normativbedingung (Errichtung durch Rechtsgeschäft, das bestimmte Voraussetzungen erfüllt, plus Eintragung in ein Register) gefordert.[28]

11 Bis zum Inkrafttreten des Gesetzes zur Vereinheitlichung des Stiftungsrecht am 1.7.2023[29] hatten die §§ 80 bis 88 BGB die Stürme der Zeit seit 1900 weitgehend unverändert überstanden. Das Gesetz zur Modernisierung des Stiftungsrechts vom 15. Juli 2002[30] hatte im Wesentlichen lediglich den bereits seit Inkrafttreten des Grundgesetzes de iure bestehenden Genehmigungsanspruch[31] ausdrücklich und bundeseinheitlich normiert und als äußeres Zeichen dieses Umstandes das Wort Genehmigung durch Anerkennung ersetzt. Geblieben ist es dagegen insbesondere bei der Zweiteilung des Stiftungsrechts: Die §§ 80 bis 88 BGB enthielten nur wenige, geradezu rudimentäre Regeln, die durch die 16 Landesstiftungsgesetze ergänzt wurden, und zwar der Sache nach auch hinsichtlich genuin zivilrechtlicher Fragen (wie insb. die Voraussetzungen von Grundlagenänderungen). Das hatte in den letzten Jahren immer stärker die Frage

---

22 S. Beschlussempfehlung, BT-Ds. 19/30938, und Bericht, BT-Ds. 19/31118.

23 Diese zusammenhanglose Vermischung des Gesetzes mit aktuellen infektionsrechtlichen Fragen ist unverständlich und zu Recht auf Kritik gestoßen.

24 BGBl. I 2021, 2947.

25 Näher zur Abgrenzung MüKoBGB/*Weitemeyer*, § 80 Rn. 300 ff. m.w.N.; Staudinger/*Hüttemann*/*Rawert*, BGB, Vorbemerkungen zu §§ 80-88 Rn. 407 ff. m.w.N.

26 Näher zur Abgrenzung MüKoBGB/*Weitemeyer*, § 80 Rn. 156 ff.; Staudinger/Hüttemann/*Rawert*, BGB, Vorbemerkungen zu §§ 80-88 BGB Rn. 290 ff.

27 Grundlegend RGZ 105, 305, 306; h.M. Staudinger/*Hüttemann*/*Rawert*, BGB, Vorbemerkungen zu §§ 80-88 Rn. 324 m.w.N.; MüKoBGB/*Weitemeyer*, § 80 Rn. 260; BeckOGK BGB/*Geibel*, § 80 Rn. 677; kritisch Soergel/*Neuhoff*, BGB, § 80 Rn. 23.

28 Staudinger/*Hüttemann*/*Rawert*, BGB, Vorbemerkungen zu §§ 80-88 Rn. 80 ff.

29 Die Vorschriften zum Stiftungsregister treten sogar erst am 1.1.2026 in Kraft, Art. 11 des Gesetzes (Fn. 1).

30 BGBl. 2002 I, S. 2634.

31 Staudinger/*Hüttemann*/*Rawert*, BGB, Vorbemerkungen zu §§ 80-88 Rn. 25, 38 ff.; MüKoBGB/*Weitemeyer*, § 80 Rn. 39 u. Rn. 50 ff.

der Verfassungsmäßigkeit (Art. 31 GG) dieser landesrechtlichen Regeln aufkommen lassen,[32] vor allem aber zu einer uneinheitlichen Rechtslage und Rechtspraxis geführt. Dem soll das Gesetz zur Vereinheitlichung des Stiftungsrechts ein Ende bereiten. **Das Stiftungszivilrecht ist nun abschließend im BGB geregelt** (s.u. Rn. 34). Dementsprechend sind die Landesgesetzgeber aufgefordert, ihre jeweiligen Landesstiftungsgesetze (wenigstens) so zu ändern, dass sie nicht mehr mit den §§ 80 bis 88 BGB n.F. konfligieren.[33]

Allerdings ist streitig, ob und inwieweit der Bundesgesetzgeber seine **Gesetzgebungskompetenz** nunmehr überschritten hat. In der Begr. RegE wird dieses Problem mit wenigen Zeilen weggewischt (Rn. 59). Dabei richten sich ernstzunehmende Bedenken nicht nur gegen die Verortung des Stiftungsregisters beim Bundesamt für Justiz,[34] sondern auch gegen alle Vorschriften der §§ 80 ff. BGB, die eine Mitwirkung der nach Landesrecht zuständigen Behörde vorsehen (mit Ausnahme der Anerkennung und der Aufhebung, die seit jeher im BGB geregelt waren[35]).[36] So fragt sich zum Beispiel, ob der Bundesgesetzgeber die Voraussetzungen einer Genehmigung von Grundlagenänderungen abschließend regeln darf oder ob den Landesgesetzgebern noch Raum für besondere Vorschriften (etwa über eine Anhörung des Stifters, s. dazu § 85a Rn. 34) bleibt. Umgekehrt ist zweifelhaft, ob die landesrechtlichen Einschränkungen der Stiftungsaufsicht zugunsten von Familienstiftungen weiterhin bestehen bleiben können. Eine Klärung des seit vielen Jahren streitigen Verhältnisses von Bundes- und Landesrecht[37] wird nur eine höchstrichterliche Entscheidung bringen können. Anlass für eine entsprechende Streitigkeit könnte die Pflicht zur Eintragung in das Stiftungsregister oder die Verweigerung der Genehmigung einer Grundlagenänderung bieten. 12

Mit dem bisherigen Recht haben die §§ 80 bis 88 BGB nur noch manche Formulierungen gemeinsam. Ohne Grund und ohne Gewinn und noch dazu nicht konsequent wurde auch die bisher bestehende Verzahnung mit dem Vereinsrecht aufgegeben.[38] **Materiell** soll sich dagegen – abgesehen von dem Stiftungsregister und der Normierung der Zu- und Zusammenlegung – **nichts grundlegend geändert** haben, Rn. 35. Eine Modernisierung des Stiftungsrechts war nicht das Ziel der Reform. Vielmehr sollten eben nur die materiell zivilrechtlichen Vorschriften des Landesrechts in das Bundesrecht überführt werden (Rn. 33). Die Auslegung der §§ 80 bis 88 BGB muss daher nicht bei Null anfangen. Das Stiftungsrecht wurde nicht neu „erfunden". Vielmehr kann in vielen Fragen auf bisherige Erkenntnisse zurückgegriffen werden.[39] 13

Obwohl die §§ 80 bis 88 BGB das Stiftungszivilrecht nunmehr abschließend regeln, enthalten diese Vorschriften natürlich nicht Antworten auf alle zivilrechtlichen Fragen, die rund um die Errichtung, den Betrieb oder die Beendigung einer Stiftung entstehen können. In erster Linie ist auf die **Stiftungssatzung** zurückzugreifen (§ 83 Abs. 1 BGB, näher dort). Das gilt umso mehr, als die meisten Vorschriften der §§ 80 ff. BGB dispositiv sind (näher § 81 Rn. 51). Die Bedeutung einer sachgerechten Satzungsgestaltung kann daher nicht eindringlich genug betont werden, zumal gut gemachte Stiftungssatzungen tatsächlich relativ selten sind. Findet sich auch in der Stiftungssatzung keine Antwort, ist auf **allgemeine Rechtsgrundsätze** zurückzugreifen; denn auch wenn die Stiftung aufgrund ihrer Mitgliederlosigkeit eine Sonderstellung unter den Rechtsformen des Privatrechts einnimmt, hat sie doch Organe wie jede andere juristische Person, so 14

32 Staudinger/*Hüttemann/Rawert*, BGB, Vorbemerkungen zu §§ 80-88 Rn. 113; MüKoBGB/*Weitemeyer*, § 80 Rn. 39 f., beide m.w.N.
33 Für einen Vorschlag *Hüttemann/Rawert*, Beilage zu ZIP 33/2021, 1, 41 ff.
34 Insb. *Kämmerer/Rawert*, npoR 2020, 273 ff.; dem folgend z.B. *Arnold*, npoR 2021, 84, 88; *Markworth*, NZG 2021, 100, 108 f.; *Feick/Schwalm*, NZG 2021, 525, 531.
35 Vgl. BVerwG NJW 1998, 2544, 2545; NJW 1969, 339 f.
36 *Mayen*, ZHR 184 (2020), 691 ff.
37 Staudinger/*Hüttemann/Rawert*, BGB, Vorbemerkungen zu §§ 80-88 Rn. 113 ff.; MüKoBGB/*Weitemeyer*, § 80 Rn. 39 ff., beide m.w.N.
38 Zur Kritik *Gollan/Richter*, npoR 2021, 29 f.; *Arnold/Burgard/Jakob/Roth/Weitemeyer*, npoR 2020, 294; *Weitemeyer*, NZG 2020, 569, 575.
39 So auch *Hüttemann/Rawert*, Beilage zu ZIP 33/2021, 1 ff.

dass gerade hinsichtlich ihrer Organisationsverfassung auf Erkenntnisse des Gesellschaftsrechts zurückgegriffen werden kann und muss.[40]

15 Ca. 95 % der Stiftungen sind gemeinnützig, soll heißen: steuerbegünstigt i.S.d. §§ 51 bis 68 AO. Das **Gemeinnützigkeitsrecht** ist daher von eminenter praktischer Bedeutung für die Errichtung und die Verwaltung von Stiftungen. Gleichwohl können in dieser Auflage nur vereinzelt steuerliche Hinweise gegeben werden.

D. Aufbau, Inkrafttreten, Übergangsvorschriften

16 **Aufbau:** §§ 80 bis 82a BGB regeln die Entstehung einer rechtsfähigen Stiftung bürgerlichen Rechts. §§ 82b bis 82d, § 84d, § 85b, § 86i, § 87d BGB handeln i.V.m. dem StiftRG von dem Stiftungsregister, den Anmeldungen dazu und den Rechtsfolgen der Anmeldung. §§ 83 bis 84c BGB betreffen die Stiftungsorgane, das Stiftungsvermögen und die Verwaltung der Stiftung. Mit Ausnahme von § 88 BGB (kirchliche Stiftungen) normieren alle anderen Vorschriften Grundlagenänderungen, nämlich Satzungs- und Zweckänderungen (§ 85 f. BGB), Zu- und Zusammenlegung (ZuZ, §§ 86 bis 86h BGB) und die Auflösung bzw. Aufhebung der Stiftung (§§ 87 bis 87c BGB).

17 Das **Inkrafttreten** des Gesetzes ist in dessen Art. 11 geregelt. Nach Absatz 1 der Vorschrift treten die §§ 82b bis 82d, § 84d, § 85b, § 86i, § 87d BGB sowie das Stiftungsregistergesetz (StiftRG) mit Ausnahme von § 19 StiftRG erst am 1.1.2026 in Kraft (zur Begr. s. Rn. 71 ff.). Die übrigen Änderungen des BGB (also §§ 80 bis 82a, §§ 83 bis 84c, § 85, § 85a, §§ 86 bis 86h, §§ 87 bis 87c BGB) treten gemäß Abs. 2 dagegen schon zum 1.7.2023 in Kraft.

18 Zudem sieht Art. 229 § 59 EGBGB vor, dass die §§ 82a bis 88 BGB mit Ausnahme von § 87c Abs. 1 S. 1 bis S. 3 BGB (dazu Rn. 69) auch auf die vor dem 1.7.2023 bestehenden Stiftungen anzuwenden sind. Das kann zu Problemen führen, wenn die Satzung einer bestehenden Stiftung nicht mit dem neuen Recht kompatibel ist. Dann ist die Satzung nach § 85 Abs. 2 BGB anzupassen.[41] Die §§ 80 bis 82 BGB über die Entstehung einer rechtsfähigen Stiftung bürgerlichen Rechts sind von dieser Regel ausgenommen, weil sie auf die nach früherem Recht anerkannten oder genehmigten Stiftungen nicht mehr angewendet werden können, da diese bereits wirksam als juristische Personen entstanden sind. Das bedeutet zugleich, dass sich die Anerkennung von Stiftungen ab dem 1.7.2023 nach den §§ 80 bis 82 BGB richtet, und zwar auch dann, wenn der Anerkennungsantrag schon vor diesem Datum gestellt wurde.

E. Verhältnis zum bisherigen Recht

19 Mit Ablauf des 30.6.2023 treten die bisherigen §§ 80 bis 88 BGB a.F. außer Kraft. Zugleich sind alle Vorschriften der Landesstiftungsgesetze wegen **Art. 34 GG** nichtig, die gegen die §§ 80 bis 88 BGB n.F. verstoßen. Das betrifft insbesondere alle landesrechtlichen Vorschriften über die Organe, das Vermögen, die Verwaltung und über Grundlagenänderungen (Satzungsänderungen, Zweckänderungen, Zu- und Zusammenlegung, Auflösung und Aufhebung) von rechtsfähigen Stiftungen bürgerlichen Rechts mit Ausnahme von kirchlichen Stiftungen. Unberührt bleiben dagegen insbesondere alle aufsichtsrechtlichen Vorschriften der Landesstiftungsgesetze, also die Vorschriften über die Pflichten der Stiftung bzw. der Stiftungsorgane gegenüber der Stiftungsaufsicht sowie über die Befugnisse der Stiftungsaufsichtsbehörden. Zu erwarten ist, dass alle Bundesländer ihre Stiftungsgesetze alsbald anpassen und bereinigen.[42]

---

40 *Burgard*, Gestaltungsfreiheit im Stiftungsrecht, 2006, 217 ff., 261 ff., 332 ff.

41 *Hüttemann/Rawert*, ZIP Beilage zu 33/2021, 1, 40 f., sehen allerdings *„in der Regel"* keinen Bedarf für Satzungsänderungen.

42 Für einen Vorschlag *Hüttemann/Rawert*, Beilage zu ZIP 33/2021, 1, 41 ff.

F. Synopse der §§ 80 bis 88 BGB alte und neue Fassung (ohne Überschriften)[43]

19a

BGB n.F.	BGB a.F.
§ 80 Abs. 1 S. 1: Die Stiftung ist eine mit einem Vermögen zur dauernden und nachhaltigen Erfüllung eines vom Stifter vorgegebenen Zwecks ausgestattete, mitgliederlose juristische Person.	
§ 80 Abs. 1 S. 2: Die Stiftung wird in der Regel auf unbestimmte Zeit errichtet, sie kann aber auch auf bestimmte Zeit errichtet werden, innerhalb derer ihr gesamtes Vermögen zur Erfüllung ihres Zwecks zu verbrauchen ist (Verbrauchsstiftung).	**§ 80 Abs. 2 S. 2:** Bei einer Stiftung, die für eine bestimmte Zeit errichtet und deren Vermögen für die Zweckverfolgung verbraucht werden soll (Verbrauchsstiftung), erscheint die dauernde Erfüllung des Stiftungszwecks gesichert, wenn die Stiftung für einen im Stiftungsgeschäft festgelegten Zeitraum bestehen soll, der mindestens zehn Jahre umfasst.
§ 80 Abs. 2 S. 1: Zur Entstehung der Stiftung sind das Stiftungsgeschäft und die Anerkennung der Stiftung durch die zuständige Behörde des Landes erforderlich, in dem die Stiftung ihren Sitz haben soll.	**§ 80 Abs. 1:** Zur Entstehung einer rechtsfähigen Stiftung sind das Stiftungsgeschäft und die Anerkennung durch die zuständige Behörde des Landes erforderlich, in dem die Stiftung ihren Sitz haben soll.
§ 80 Abs. 2 S. 2: Wird die Stiftung erst nach dem Tode des Stifters anerkannt, so gilt sie für Zuwendungen des Stifters als schon vor dessen Tod entstanden.	**§ 84:** Wird die Stiftung erst nach dem Tode des Stifters als rechtsfähig anerkannt, so gilt sie für die Zuwendungen des Stifters als schon vor dessen Tod entstanden.
§ 81 Abs. 1 Nr. 2: Im Stiftungsgeschäft muss der Stifter der Stiftung eine Satzung geben, die mindestens Bestimmungen enthalten muss über a) den Zweck der Stiftung, b) den Namen der Stiftung, c) den Sitz der Stiftung und d) die Bildung des Vorstands der Stiftung sowie	**§ 81 Abs. 1 S. 2:** Durch das Stiftungsgeschäft muss die Stiftung eine Satzung erhalten mit Regelungen über 1. den Namen der Stiftung, 2. den Sitz der Stiftung, 3. den Zweck der Stiftung, 4. das Vermögen der Stiftung, 5. die Bildung des Vorstands der Stiftung.
§ 81 Abs. 1 Nr. 2: zur Erfüllung des von ihm vorgegebenen Stiftungszwecks ein Vermögen widmen (gewidmetes Vermögen), das der Stiftung zu deren eigener Verfügung zu überlassen ist.	**§ 81 Abs. 1 S. 2:** Es muss die verbindliche Erklärung des Stifters enthalten, ein Vermögen zur Erfüllung eines von ihm vorgegebenen Zweckes zu widmen, das auch zum Verbrauch bestimmt werden kann.
§ 81 Abs. 2: Die Satzung einer Verbrauchsstiftung muss zusätzlich enthalten: 1. die Festlegung der Zeit, für die die Stiftung errichtet wird, und 2. Bestimmungen zur Verwendung des Stiftungsvermögens, die die nachhaltige Erfüllung des Stiftungszwecks und den vollständigen Verbrauch des Stiftungsvermögens innerhalb der Zeit, für welche die Stiftung errichtet wird, gesichert erscheinen lassen.	
§ 81 Abs. 3: Das Stiftungsgeschäft bedarf der schriftlichen Form, wenn nicht in anderen Vorschriften ausdrücklich eine strengere Form als die schriftliche Form vorgeschrieben ist, oder es muss in einer Verfügung von Todes wegen enthalten sein.	**§ 81 Abs. 1 S. 1:** Das Stiftungsgeschäft unter Lebenden bedarf der schriftlichen Form.

43 S. auch *Schiffer/Pruns/Schürmann*, Anhang 1.

BGB n.F.	BGB a.F.
§ 81 Abs. 4: Wenn der Stifter verstorben ist und er im Stiftungsgeschäft zwar den Zweck der Stiftung festgelegt und ein Vermögen gewidmet hat, das Stiftungsgeschäft im Übrigen jedoch nicht den gesetzlichen Anforderungen des Absatzes 1 oder des Absatzes 2 genügt, hat die nach Landesrecht zuständige Behörde das Stiftungsgeschäft um die Satzung oder um fehlende Satzungsbestimmungen zu ergänzen. Bei der Ergänzung des Stiftungsgeschäfts soll die Behörde den wirklichen, hilfsweise den mutmaßlichen Willen des Stifters beachten. Wurde im Stiftungsgeschäft kein Sitz der Stiftung bestimmt, ist im Zweifel anzunehmen, dass der Sitz am letzten Wohnsitz des Stifters im Inland sein soll.	**§ 81 Abs. 1 S. 4:** Genügt das Stiftungsgeschäft den Erfordernissen des Satzes 3 nicht und ist der Stifter verstorben, findet § 83 Satz 2 bis 4 entsprechende Anwendung. **§ 83 S. 2 bis 4:** Genügt das Stiftungsgeschäft nicht den Erfordernissen des § 81 Abs. 1 Satz 3, wird der Stiftung durch die zuständige Behörde vor der Anerkennung eine Satzung gegeben oder eine unvollständige Satzung ergänzt; dabei soll der Wille des Stifters berücksichtigt werden. Als Sitz der Stiftung gilt, wenn nicht ein anderes bestimmt ist, der Ort, an welchem die Verwaltung geführt wird. Im Zweifel gilt der letzte Wohnsitz des Stifters im Inland als Sitz.
§ 356 Abs. 3 FamFG: Ist in einer Verfügung von Todes wegen ein Stiftungsgeschäft enthalten, hat das Nachlassgericht der zuständigen Behörde des Landes den sie betreffenden Inhalt der Verfügung von Todes wegen zur Anerkennung der Stiftung bekannt zu geben, es sei denn, dem Nachlassgericht ist bekannt, dass die Anerkennung der Stiftung schon von einem Erben oder Testamentsvollstrecker beantragt wurde.	**§ 83 S. 1:** Besteht das Stiftungsgeschäft in einer Verfügung von Todes wegen, so hat das Nachlassgericht dies der zuständigen Behörde zur Anerkennung mitzuteilen, sofern sie nicht von dem Erben oder dem Testamentsvollstrecker beantragt wird.
§ 81a: Bis zur Anerkennung der Stiftung ist der Stifter zum Widerruf des Stiftungsgeschäfts berechtigt. Ist die Anerkennung bei der zuständigen Behörde des Landes beantragt, so ist der Widerruf dieser gegenüber zu erklären. Der Erbe des Stifters ist zum Widerruf des Stiftungsgeschäfts nicht berechtigt, wenn der Stifter den Antrag auf Anerkennung der Stiftung bei der zuständigen Behörde des Landes gestellt oder im Falle der notariellen Beurkundung des Stiftungsgeschäfts den Notar mit der Antragstellung betraut hat.	**§ 81 Abs. 2:** Bis zur Anerkennung der Stiftung als rechtsfähig ist der Stifter zum Widerruf des Stiftungsgeschäfts berechtigt. Ist die Anerkennung bei der zuständigen Behörde beantragt, so kann der Widerruf nur dieser gegenüber erklärt werden. Der Erbe des Stifters ist zum Widerruf nicht berechtigt, wenn der Stifter den Antrag bei der zuständigen Behörde gestellt oder im Falle der notariellen Beurkundung des Stiftungsgeschäfts den Notar bei oder nach der Beurkundung mit der Antragstellung betraut hat.
§ 82: Die Stiftung ist anzuerkennen, wenn das Stiftungsgeschäft den Anforderungen des § 81 Absatz 1 bis 3 genügt und die dauernde und nachhaltige Erfüllung des Stiftungszwecks gesichert erscheint, es sei denn, die Stiftung würde das Gemeinwohl gefährden. Bei einer Verbrauchsstiftung erscheint die dauernde Erfüllung des Stiftungszwecks gesichert, wenn die in der Satzung für die Stiftung bestimmte Zeit mindestens zehn Jahre umfasst.	**§ 80 Abs. 2:** Die Stiftung ist als rechtsfähig anzuerkennen, wenn das Stiftungsgeschäft den Anforderungen des § 81 Abs. 1 genügt, die dauernde und nachhaltige Erfüllung des Stiftungszwecks gesichert erscheint und der Stiftungszweck das Gemeinwohl nicht gefährdet. Bei einer Stiftung, die für eine bestimmte Zeit errichtet und deren Vermögen für die Zweckverfolgung verbraucht werden soll (Verbrauchsstiftung), erscheint die dauernde Erfüllung des Stiftungszwecks gesichert, wenn die Stiftung für einen im Stiftungsgeschäft festgelegten Zeitraum bestehen soll, der mindestens zehn Jahre umfasst.
§ 82a: Ist die Stiftung anerkannt, so ist der Stifter verpflichtet, das gewidmete Vermögen auf die Stiftung zu übertragen. Rechte, zu deren Übertragung eine Abtretung genügt, gehen mit der Anerkennung auf die Stiftung über, sofern sich nicht aus dem Stiftungsgeschäft ein anderer Wille des Stifters ergibt.	**§ 82:** Wird die Stiftung als rechtsfähig anerkannt, so ist der Stifter verpflichtet, das in dem Stiftungsgeschäft zugesicherte Vermögen auf die Stiftung zu übertragen. Rechte, zu deren Übertragung der Abtretungsvertrag genügt, gehen mit der Anerkennung auf die Stiftung über, sofern nicht aus dem Stiftungsgeschäft sich ein anderer Wille des Stifters ergibt.

BGB n.F.	BGB a.F.
§ 82b: (1) Für die Stiftungen wird ein Stiftungsregister geführt. Das Nähere regelt das Stiftungsregistergesetz. (2) Nach der Anerkennung ist die Stiftung zur Eintragung in das Stiftungsregister anzumelden. In der Anmeldung sind die Vorstandsmitglieder, die besonderen Vertreter, die Vertretungsmacht der Vorstandsmitglieder und der besonderen Vertreter sowie etwaige Beschränkungen der Vertretungsmacht des Vorstands nach § 84 Absatz 3 anzugeben. Der Anmeldung sind beizufügen: 1. die Anerkennungsentscheidung der nach Landesrecht zuständigen Behörde und die Satzung und 2 die Dokumente über die Bestellung der Vorstandsmitglieder und der vertretungsberechtigten besonderen Vertreter.	
§ 82c: Nach Eintragung in das Stiftungsregister hat die Stiftung ihren Namen mit dem Zusatz „eingetragene Stiftung“ zu führen. Anstelle des Namenszusatzes kann dem Namen die Abkürzung „e. S.“ angefügt werden. Die Verbrauchsstiftung hat mit der Eintragung den Zusatz „eingetragene Verbrauchsstiftung“ oder die Abkürzung „e. VS.“ zu führen.	
§ 82d: (1) Eine in das Stiftungsregister einzutragende Tatsache kann die Stiftung einem Dritten im Geschäftsverkehr nur entgegensetzen, wenn diese Tatsache im Stiftungsregister eingetragen oder dem Dritten bekannt ist. (2) Wurde eine einzutragende Tatsache in das Stiftungsregister eingetragen, so muss ein Dritter im Geschäftsverkehr diese Tatsache gegenüber der Stiftung gegen sich gelten lassen, es sei denn, dass er die Tatsache weder kannte noch kennen musste.	
§ 83 Abs. 1: Die Verfassung der Stiftung wird, soweit sie nicht auf Bundes- oder Landesgesetz beruht, durch das Stiftungsgeschäft und insbesondere die Satzung bestimmt.	**§ 85:** Die Verfassung einer Stiftung wird, soweit sie nicht auf Bundes- oder Landesgesetz beruht, durch das Stiftungsgeschäft bestimmt.
§ 83 Abs. 2: Die Stiftungsorgane haben bei ihrer Tätigkeit für die Stiftung und die zuständigen Behörden haben bei der Aufsicht über die Stiftung den bei der Errichtung der Stiftung zum Ausdruck gekommenen Willen, hilfsweise den mutmaßlichen Willen des Stifters zu beachten.	
§ 83a: Die Verwaltung der Stiftung ist im Inland zu führen.	
§ 83b: Bei einer Stiftung, die auf unbestimmte Zeit errichtet wurde, besteht das Stiftungsvermögen aus dem Grundstockvermögen und ihrem sonstigen Vermögen. Bei einer Verbrauchsstiftung besteht das Stiftungsvermögen aufgrund der Satzung nur aus sonstigem Vermögen.	

BGB n.F.	BGB a.F.
(2) Zum Grundstockvermögen gehören 1. das gewidmete Vermögen, 2. das der Stiftung zugewendete Vermögen, das vom Zuwendenden dazu bestimmt wurde, Teil des Grundstockvermögens zu werden (Zustiftung), und 3. das Vermögen, das von der Stiftung zu Grundstockvermögen bestimmt wurde. (3) Der Stifter kann auch bei einer Stiftung, die auf unbestimmte Zeit errichtet wird, im Stiftungsgeschäft abweichend von Absatz 2 Nummer 1 einen Teil des gewidmeten Vermögens zu sonstigem Vermögen bestimmen. (4) Das Stiftungsvermögen ist getrennt von fremdem Vermögen zu verwalten. Mit dem Stiftungsvermögen darf nur der Stiftungszweck erfüllt werden.	
§ 83c: (1) Das Grundstockvermögen ist ungeschmälert zu erhalten. Der Stiftungszweck ist mit den Nutzungen des Grundstockvermögens zu erfüllen. Zuwächse aus der Umschichtung des Grundstockvermögens können für die Erfüllung des Stiftungszwecks verwendet werden, soweit dies durch die Satzung nicht ausgeschlossen wurde und die Erhaltung des Grundstockvermögens gewährleistet ist. (2) Durch die Satzung kann bestimmt werden, dass die Stiftung einen Teil des Grundstockvermögens verbrauchen darf. In einer solchen Satzungsbestimmung muss die Stiftung verpflichtet werden, das Grundstockvermögen in absehbarer Zeit wieder um den verbrauchten Teil aufzustocken.(3) Durch Landesrecht kann vorgesehen werden, dass die nach Landesrecht zuständigen Behörden auf Antrag einer Stiftung für einen bestimmten Teil des Grundstockvermögens eine zeitlich begrenzte Ausnahme von Absatz 1 Satz 1 zulassen können, wenn dadurch die dauernde und nachhaltige Erfüllung des Stiftungszwecks nicht beeinträchtigt wird.	
§ 84 Abs. 1: Die Stiftung muss einen Vorstand haben. Der Vorstand führt die Geschäfte der Stiftung.	**§ 86 S. 1 i.V.m. § 26 Abs. 1 S. 1:** Der Verein muss einen Vorstand haben.
§ 84 Abs. 2: Der Vorstand vertritt die Stiftung gerichtlich und außergerichtlich; er hat die Stellung eines gesetzlichen Vertreters. Besteht der Vorstand aus mehreren Personen, so wird die Stiftung durch die Mehrheit der Vorstandsmitglieder vertreten. Ist eine Willenserklärung gegenüber der Stiftung abzugeben, so genügt die Abgabe gegenüber einem Mitglied des Vorstands.	**§ 86 S. 1 i.V.m. § 26 Abs. 1 S. 2:** Der Vorstand vertritt den Verein gerichtlich und außergerichtlich; er hat die Stellung eines gesetzlichen Vertreters. **§ 86 S. 1 i.V.m. § 26 Abs. 2:** Besteht der Vorstand aus mehreren Personen, so wird der Verein durch die Mehrheit der Vorstandsmitglieder vertreten. Ist eine Willenserklärung gegenüber einem Verein abzugeben, so genügt die Abgabe gegenüber einem Mitglied des Vorstands.
§ 84 Abs. 3: Durch die Satzung kann von Absatz 1 Satz 2 und Absatz 2 Satz 2 abgewichen und der Umfang der Vertretungsmacht des Vorstands mit Wirkung gegen Dritte beschränkt werden.	**§ 86 S. 1 i.V.m. § 26 Abs. 1 S. 3:** Der Umfang der Vertretungsmacht kann durch die Satzung mit Wirkung gegen Dritte beschränkt werden.
§ 84 Abs. 4: In der Satzung können neben dem Vorstand weitere Organe vorgesehen werden. In der	

BGB n.F.	BGB a.F.
Satzung sollen für ein weiteres Organ auch die Bestimmungen über die Bildung, die Aufgaben und die Befugnisse enthalten sein.	
§ 84 Abs. 5: Die §§ 30, 31 und 42 Absatz 2[44] sind entsprechend anzuwenden.	**§ 86 S. 1 Hs. 1:** Die Vorschriften der §§ 26 und 27 Absatz 3 und der §§ 28 bis 31a und 42 finden auf Stiftungen entsprechende Anwendung, ...
§ 84a Abs. 1 S. 1: Auf die Tätigkeit eines Organmitglieds für die Stiftung sind die §§ 664 bis 670 entsprechend anzuwenden.	**§ 86 S. 1 i.V.m. § 27 Abs. 3 S. 1:** Auf die Geschäftsführung des Vorstands finden die für den Auftrag geltenden Vorschriften der §§ 664 bis 670 entsprechende Anwendung.
§ 84a Abs. 1 S. 2: Organmitglieder sind unentgeltlich tätig.	**§ 86 S. 1 i.V.m. § 27 Abs. 3 S. 2:** Die Mitglieder des Vorstands sind unentgeltlich tätig.
§ 84a Abs. 1 S. 3: Durch die Satzung kann von den Sätzen 1 und 2 abgewichen werden, insbesondere auch die Haftung für Pflichtverletzungen von Organmitgliedern beschränkt werden.	
§ 84a Abs. 2: Das Mitglied eines Organs hat bei der Führung der Geschäfte der Stiftung die Sorgfalt eines ordentlichen Geschäftsführers anzuwenden. Eine Pflichtverletzung liegt nicht vor, wenn das Mitglied des Organs bei der Geschäftsführung unter Beachtung der gesetzlichen und satzungsgemäßen Vorgaben vernünftigerweise annehmen durfte, auf der Grundlage angemessener Informationen zum Wohle der Stiftung zu handeln.	
§ 84a Abs. 3: § 31a ist entsprechend anzuwenden. Durch die Satzung kann die Anwendbarkeit des § 31a beschränkt oder ausgeschlossen werden.	**§ 86 S. 1 Hs. 1:** Die Vorschriften der §§ 26 und 27 Absatz 3 und der §§ 28 bis 31a und 42 finden auf Stiftungen entsprechende Anwendung, ...
§ 84b: Besteht ein Organ aus mehreren Mitgliedern, erfolgt die Beschlussfassung entsprechend § 32, wenn in der Satzung nichts Abweichendes geregelt ist. Ein Organmitglied ist nicht stimmberechtigt, wenn die Beschlussfassung die Vornahme eines Rechtsgeschäfts mit ihm oder die Einleitung oder Erledigung eines Rechtsstreits zwischen ihm und der Stiftung betrifft.	
§ 84c: (1) Wenn der Vorstand oder ein anderes Organ der Stiftung seine Aufgaben nicht wahrnehmen kann, weil Mitglieder des Organs fehlen, hat die nach Landesrecht zuständige Behörde in dringenden Fällen auf Antrag eines Beteiligten oder von Amts wegen notwendige Maßnahmen zu treffen, um die Handlungsfähigkeit des Organs zu gewährleisten. Die Behörde ist insbesondere befugt, Organmitglieder befristet zu bestellen oder von der satzungsmäßig vorgesehenen Zahl von Organmitgliedern befristet abzuweichen, insbesondere indem die Behörde einzelne Organmitglieder mit Befugnissen ausstattet,	**§ 86 S. 1 i.V.m. § 29:** Soweit die erforderlichen Mitglieder des Vorstands fehlen, sind sie in dringenden Fällen für die Zeit bis zur Behebung des Mangels auf Antrag eines Beteiligten von dem Amtsgericht zu bestellen, das für den Bezirk, in dem der Verein seinen Sitz hat, das Vereinsregister führt.

44 Auf einen Abdruck der Vorschriften wird verzichtet, weil insofern keine Unterschiede bestehen. § 86 S. 1 BGB a.F. i.V.m. § 42 Abs. 1 BGB findet sich in § 87b BGB n.F., s.u.

BGB n.F.	BGB a.F.
die ihnen nach der Satzung nur gemeinsam mit anderen Organmitgliedern zustehen. (2) Die Behörde kann einem von ihr bestellten Organmitglied bei oder nach der Bestellung eine angemessene Vergütung auf Kosten der Stiftung bewilligen, wenn das Vermögen der Stiftung sowie der Umfang und die Bedeutung der zu erledigenden Aufgabe dies rechtfertigen. Die Behörde kann die Bewilligung der Vergütung mit Wirkung für die Zukunft ändern oder aufheben.	
§ 84d: Jede Änderung hinsichtlich des Vorstands sowie der besonderen Vertreter, die zur Vertretung der Stiftung berechtigt sind, ist vom Vorstand zur Eintragung in das Stiftungsregister anzumelden. Der Anmeldung sind die Dokumente beizufügen, aus denen sich die Änderungen ergeben.	
§ 85: (1) Durch Satzungsänderung kann der Stiftung ein anderer Zweck gegeben oder der Zweck der Stiftung kann erheblich beschränkt werden, wenn 1. der Stiftungszweck nicht mehr dauernd und nachhaltig erfüllt werden kann oder 2. der Stiftungszweck das Gemeinwohl gefährdet. Die Voraussetzungen des Satzes 1 Nummer 1 liegen insbesondere vor, wenn eine Stiftung keine ausreichenden Mittel für die nachhaltige Erfüllung des Stiftungszwecks hat und solche Mittel in absehbarer Zeit auch nicht erwerben kann. Der Stiftungszweck kann nach Satz 1 nur geändert werden, wenn gesichert erscheint, dass die Stiftung den beabsichtigten neuen oder beschränkten Stiftungszweck dauernd und nachhaltig erfüllen kann. Liegen die Voraussetzungen nach Satz 1 Nummer 1 und Satz 3 vor, kann eine auf unbestimmte Zeit errichtete Stiftung auch abweichend von § 83c durch Satzungsänderung in eine Verbrauchsstiftung umgestaltet werden, indem die Satzung um Bestimmungen nach § 81 Absatz 2 ergänzt wird. (2) Durch Satzungsänderung kann der Stiftungszweck in anderer Weise als nach Absatz 1 Satz 1 oder es können andere prägende Bestimmungen der Stiftungsverfassung geändert werden, wenn sich die Verhältnisse nach Errichtung der Stiftung wesentlich verändert haben und eine solche Änderung erforderlich ist, um die Stiftung an die veränderten Verhältnisse anzupassen. Als prägend für eine Stiftung sind regelmäßig die Bestimmungen über den Namen, den Sitz, die Art und Weise der Zweckerfüllung und über die Verwaltung des Grundstockvermögens anzusehen. (3) Durch Satzungsänderung können Bestimmungen der Satzung, die nicht unter Absatz 1 oder Absatz 2 Satz 1 fallen, geändert werden, wenn dies der Erfüllung des Stiftungszwecks dient. (4) Im Stiftungsgeschäft kann der Stifter Satzungsänderungen nach den Absätzen 1 bis 3	

BGB n.F.	BGB a.F.
ausschließen oder beschränken. Satzungsänderungen durch Organe der Stiftung kann der Stifter im Stiftungsgeschäft auch abweichend von den Absätzen 1 bis 3 zulassen. Satzungsbestimmungen nach Satz 2 sind nur wirksam, wenn der Stifter Inhalt und Ausmaß der Änderungsermächtigung hinreichend bestimmt festlegt.	
§ 85a: (1) Die Satzung kann durch den Vorstand oder ein anderes durch die Satzung dazu bestimmtes Stiftungsorgan geändert werden. Die Satzungsänderung bedarf der Genehmigung der nach Landesrecht zuständigen Behörde.(2) Die Behörde kann die Satzung nach § 85 ändern, wenn die Satzungsänderung notwendig ist und das zuständige Stiftungsorgan sie nicht rechtzeitig beschließt. (3) Wenn durch die Satzungsänderung der Sitz der Stiftung in den Zuständigkeitsbereich einer anderen Behörde verlegt werden soll, bedarf die nach Absatz 1 Satz 2 erforderliche Genehmigung der Satzungsänderung der Zustimmung der Behörde, in deren Zuständigkeitsbereich der neue Sitz begründet werden soll.	**§ 87:** (1) Ist die Erfüllung des Stiftungszwecks unmöglich geworden oder gefährdet sie das Gemeinwohl, so kann die zuständige Behörde der Stiftung eine andere Zweckbestimmung geben oder sie aufheben. (2) Bei der Umwandlung des Zweckes soll der Wille des Stifters berücksichtigt werden, insbesondere soll dafür gesorgt werden, dass die Erträge des Stiftungsvermögens dem Personenkreis, dem sie zustatten kommen sollten, im Sinne des Stifters erhalten bleiben. [2]Die Behörde kann die Verfassung der Stiftung ändern, soweit die Umwandlung des Zweckes es erfordert. (3) Vor der Umwandlung des Zweckes und der Änderung der Verfassung soll der Vorstand der Stiftung gehört werden.
§ 85b: Eine Satzungsänderung ist vom Vorstand zur Eintragung in das Stiftungsregister anzumelden. Der Anmeldung sind beizufügen: 1. die Entscheidung der zuständigen Stiftungsorgane über die Satzungsänderung und die Genehmigung der zuständigen Behörde oder die Entscheidung der zuständigen Behörde über die Satzungsänderung und 2. ein vollständiger Wortlaut der geänderten Satzung.	
§ 86: Durch Übertragung ihres Stiftungsvermögens als Ganzes kann die übertragende Stiftung einer übernehmenden Stiftung zugelegt werden, wenn 1. sich die Verhältnisse nach Errichtung der übertragenden Stiftung wesentlich verändert haben und eine Satzungsänderung nach § 85 Absatz 2 bis 4 nicht ausreicht, um die übertragende Stiftung an die veränderten Verhältnisse anzupassen, oder wenn schon seit Errichtung der Stiftung die Voraussetzungen für eine Auflösung nach § 87 Absatz 1 Satz 1 vorlagen, 2. der Zweck der übertragenden Stiftung im Wesentlichen mit einem Zweck der übernehmenden Stiftung übereinstimmt, 3. gesichert erscheint, dass die übernehmende Stiftung ihren Zweck auch nach der Zulegung im Wesentlichen in gleicher Weise dauernd und nachhaltig erfüllen kann, und 4. die Rechte von Personen gewahrt werden, für die in der Satzung der übertragenden Stiftung Ansprüche auf Stiftungsleistungen begründet sind.	

BGB n.F.	BGB a.F.
§ 86a: Mindestens zwei übertragende Stiftungen können durch Errichtung einer neuen Stiftung und Übertragung ihres jeweiligen Stiftungsvermögens als Ganzes auf die neue übernehmende Stiftung zusammengelegt werden, wenn 1. sich die Verhältnisse nach Errichtung der übertragenden Stiftungen wesentlich verändert haben und eine Satzungsänderung nach § 85 Absatz 2 bis 4 nicht ausreicht, um die übertragenden Stiftungen an die veränderten Verhältnisse anzupassen, oder wenn schon seit Errichtung der Stiftung die Voraussetzungen für eine Auflösung nach § 87 Absatz 1 Satz 1 vorlagen, 2. gesichert erscheint, dass die neue übernehmende Stiftung die Zwecke der übertragenden Stiftungen im Wesentlichen in gleicher Weise dauernd und nachhaltig erfüllen kann, und 3. die Rechte von Personen gewahrt werden, für die in den Satzungen der übertragenden Stiftungen Ansprüche auf Stiftungsleistungen begründet sind.	
§ 86b: (1) Stiftungen können durch Vertrag zugelegt oder zusammengelegt werden. Der Zulegungsvertrag oder der Zusammenlegungsvertrag bedarf der Genehmigung durch die für die übernehmende Stiftung nach Landesrecht zuständige Behörde. (2) Die Behörde nach Absatz 1 Satz 2 kann Stiftungen zulegen oder zusammenlegen, wenn die Stiftungen die Zulegung oder Zusammenlegung nicht vereinbaren können. Die übernehmende Stiftung muss einer Zulegung durch die Behörde zustimmen. (3) Ist nach Landesrecht für eine übertragende Stiftung eine andere Behörde zuständig als die Behörde nach Absatz 1 Satz 2, bedürfen die Genehmigung eines Zulegungsvertrags oder eines Zusammenlegungsvertrags und die behördliche Zulegung oder Zusammenlegung der Zustimmung der für die übertragenden Stiftungen nach dem jeweiligen Landesrecht zuständigen Behörden.	
§ 86c: (1) Ein Zulegungsvertrag muss mindestens enthalten: 1. die Angabe des jeweiligen Namens und des jeweiligen Sitzes der beteiligten Stiftungen und 2. die Vereinbarung, dass das Stiftungsvermögen der übertragenden Stiftung als Ganzes auf die übernehmende Stiftung übertragen werden soll und mit der Vermögensübertragung das Grundstockvermögen der übertragenden Stiftung Teil des Grundstockvermögens der übernehmenden Stiftung wird. Wenn durch die Satzung der übertragenden Stiftung für Personen Ansprüche auf Stiftungsleistungen begründet sind, muss der Zulegungsvertrag Angaben zu den Auswirkungen der Zulegung auf diese Ansprüche und	

BGB n.F.	BGB a.F.
zu den Maßnahmen enthalten, die vorgesehen sind, um die Rechte dieser Personen zu wahren. (2) Ein Zusammenlegungsvertrag muss mindestens die Angaben nach Absatz 1 enthalten sowie das Stiftungsgeschäft zur Errichtung der neuen übernehmenden Stiftung. (3) Der Zulegungsvertrag oder der Zusammenlegungsvertrag ist Personen nach Absatz 1 Satz 2 spätestens einen Monat vor der Beantragung der Genehmigung nach § 86b Ab-satz 1 Satz 2 von derjenigen Stiftung zuzuleiten, in deren Satzung die Ansprüche begründet sind.	
§ 86d: Zulegungsverträge und Zusammenlegungsverträge bedürfen nur der schriftlichen Form, insbesondere § 311b Absatz 1 bis 3 ist nicht anzuwenden.	
§ 86e: (1) Auf den Inhalt der Entscheidungen über die Zulegung oder Zusammenlegung von Stiftungen durch die nach Landesrecht zuständige Behörde ist § 86c Absatz 1 und 2 entsprechend anzuwenden. (2) Die Behörde hat Personen nach § 86c Absatz 1 Satz 2 mindestens einen Monat vor der Entscheidung über die Zulegung oder Zusammenlegung anzuhören und auf die möglichen Folgen der Zulegung oder Zusammenlegung für deren Ansprüche gegen eine übertragende Stiftung hinzuweisen.	
§ 86f: (1) Mit der Unanfechtbarkeit der Genehmigung des Zulegungsvertrags oder der Unanfechtbarkeit der Entscheidung über die Zulegung durch die nach Landesrecht zuständige Behörde geht das Stiftungsvermögen der übertragenden Stiftung auf die übernehmende Stiftung über und erlischt die übertragende Stiftung. (2) Mit der Unanfechtbarkeit der Genehmigung des Zusammenlegungsvertrags oder der Unanfechtbarkeit der Entscheidung über die Zusammenlegung durch die Behörde entsteht die neue Stiftung, geht das Stiftungsvermögen der übertragenden Stiftungen auf die neue übernehmende Stiftung über und erlöschen die übertragenden Stiftungen. (3) Mängel des Zulegungsvertrags oder des Zusammenlegungsvertrags lassen die Wirkungen der behördlichen Genehmigung unberührt.	
§ 86g: Die übernehmende Stiftung hat die Zulegung oder die Zusammenlegung innerhalb eines Monats nach dem Zeitpunkt, zu dem die Wirkungen der Zulegung oder Zusammenlegung nach § 86f Absatz 1 oder Absatz 2 eingetreten sind, durch Veröffentlichung im Bundesanzeiger bekannt zu machen. In der Bekanntmachung sind die Gläubiger der an der Zulegung oder Zusammenlegung beteiligten Stiftungen auf ihr Recht nach § 86h hinzuweisen. Die Bekanntmachung gilt mit dem Ablauf des zweiten Tages	

BGB n.F.	BGB a.F.
nach der Veröffentlichung im Bundesanzeiger als bewirkt.	
§ 86h: Die übernehmende Stiftung hat einem Gläubiger nach § 86g Satz 2 für einen Anspruch, der vor dem Zeitpunkt entstanden ist, zu dem die Wirkungen der Zulegung oder Zusammenlegung nach § 86f Absatz 1 oder Absatz 2 eingetreten sind, und dessen Erfüllung noch nicht verlangt werden kann, Sicherheit zu leisten, wenn der Gläubiger 1. den Anspruch nach Grund und Höhe binnen sechs Monaten nach dem Tag, an dem die Zulegung oder Zusammenlegung bekanntgemacht wurde, bei der Stiftung schriftlich anmeldet und 2. mit der Anmeldung glaubhaft macht, dass die Erfüllung des Anspruchs aufgrund der Zulegung oder Zusammenlegung gefährdet ist.	
§ 86i: (1) Bei einer Zulegung ist das Erlöschen der übertragenden Stiftung nach § 86f Absatz 1 vom Vorstand der übernehmenden Stiftung zur Eintragung ins Stiftungsregister anzumelden, wenn die behördliche Genehmigung des Zulegungsvertrags nach § 86b Absatz 1 oder die behördliche Entscheidung über die Zulegung nach § 86b Absatz 2 unanfechtbar geworden ist. In der Anmeldung ist anzugeben, wann die behördliche Genehmigung oder die behördliche Entscheidung den beteiligten Stiftungen und sonstigen Verfahrensbeteiligten bekanntgegeben wurde. Der Anmeldung ist der Zulegungsvertrag und die behördliche Genehmigung oder die behördliche Entscheidung beizufügen. (2) Bei einer Zusammenlegung sind die neue übernehmende Stiftung und das Erlöschen der übertragenden Stiftungen vom Vorstand der neuen übernehmenden Stiftung gemeinsam zur Eintragung ins Stiftungsregister anzumelden, wenn die behördliche Genehmigung des Zusammenlegungsvertrags nach § 86b Absatz 1 oder die behördliche Entscheidung über die Zusammenlegung nach § 86b Absatz 2 unanfechtbar geworden ist. Für die Anmeldung gelten Absatz 1 Satz 2 und 3 und § 82b Absatz 2 entsprechend. An die Stelle der Anerkennungsentscheidung und der Satzung nach § 82b Absatz 2 Satz 3 Nummer 1 tritt bei der Anmeldung der neuen übernehmenden Stiftung der Zusammenlegungsertrag und die behördliche Genehmigung nach § 86b Absatz 1 oder die behördliche Zusammenlegungsentscheidung nach § 86b Absatz 2.	
§ 87 Abs. 1 S. 1: Der Vorstand soll die Stiftung auflösen, wenn die Stiftung ihren Zweck endgültig nicht mehr dauernd und nachhaltig erfüllen kann.	
§ 87 Abs. 1 S. 2: Die Voraussetzungen des Satzes 1 liegen nicht endgültig vor, wenn die Stiftung durch eine	

BGB n.F.	BGB a.F.
Satzungsänderung so umgestaltet werden kann, dass sie ihren Zweck wieder dauernd und nachhaltig erfüllen kann.	
§ 87 Abs. 1 S. 3: In der Satzung kann geregelt werden, dass ein anderes Organ über die Auflösung entscheidet.	
§ 87 Abs. 2: Eine Verbrauchsstiftung ist aufzulösen, wenn die Zeit, für die sie errichtet wurde, abgelaufen ist.	
§ 87 Abs. 3: Die Auflösung einer Stiftung bedarf der Genehmigung der nach Landesrecht zuständigen Behörde.	
§ 87a: (1) Die nach Landesrecht zuständige Behörde soll eine Stiftung aufheben, wenn die Voraussetzungen des § 87 Absatz 1 Satz 1 vorliegen und ein Tätigwerden der Behörde erforderlich ist, weil das zuständige Organ über die Auflösung nicht rechtzeitig entscheidet. (2) Die nach Landesrecht zuständige Behörde hat die Stiftung aufzuheben, wenn 1. die Voraussetzungen des § 87 Absatz 2 vorliegen und ein Tätigwerden der Behörde erforderlich ist, weil das zuständige Organ über die Auflösung nicht unverzüglich entscheidet, 2. die Stiftung das Gemeinwohl gefährdet und die Gefährdung des Gemeinwohls nicht auf andere Weise beseitigt werden kann oder 3. der Verwaltungssitz der Stiftung im Ausland begründet wurde und die Behörde die Verlegung des Verwaltungssitzes ins Inland nicht innerhalb angemessener Zeit erreichen kann.	**§ 87:** (1) Ist die Erfüllung des Stiftungszwecks unmöglich geworden oder gefährdet sie das Gemeinwohl, so kann die zuständige Behörde der Stiftung eine andere Zweckbestimmung geben oder sie aufheben.
§ 87b: Die Stiftung wird durch die Eröffnung des Insolvenzverfahrens und mit der Rechtskraft des Beschlusses, durch den die Eröffnung des Insolvenzverfahrens mangels Masse abgewiesen worden ist, aufgelöst	**§ 86 S. 1 i.V.m. § 42 Abs. 1:** Der Verein wird durch die Eröffnung des Insolvenzverfahrens und mit Rechtskraft des Beschlusses, durch den die Eröffnung des Insolvenzverfahrens mangels Masse abgewiesen worden ist, aufgelöst. Wird das Verfahren auf Antrag des Schuldners eingestellt oder nach der Bestätigung eines Insolvenzplans, der den Fortbestand des Vereins vorsieht, aufgehoben, so kann die Mitgliederversammlung die Fortsetzung des Vereins beschließen. Durch die Satzung kann bestimmt werden, dass der Verein im Falle der Eröffnung des Insolvenzverfahrens als nicht rechtsfähiger Verein fortbesteht; auch in diesem Falle kann unter den Voraussetzungen des Satzes 2 die Fortsetzung als rechtsfähiger Verein beschlossen werden.
§ 87c Abs. 1 S. 1 und 2: Mit der Auflösung oder Aufhebung der Stiftung fällt das Stiftungsvermögen an die in der Satzung bestimmten Anfallberechtigten. Durch die Satzung kann vorgesehen werden, dass die Anfallberechtigten durch ein Stiftungsorgan bestimmt werden.	**§ 88 S. 1:** Mit dem Erlöschen der Stiftung fällt das Vermögen an die in der Verfassung bestimmten Personen.

BGB n.F.	BGB a.F.
§ 87c Abs. 1 S. 3 und 4: Fehlt es an der Bestimmung der Anfallberechtigten durch oder aufgrund der Satzung, fällt das Stiftungsvermögen an den Fiskus des Landes, in dem die Stiftung ihren Sitz hatte. Durch landesrechtliche Vorschriften kann als Anfallberechtigte an Stelle des Fiskus eine andere juristische Person des öffentlichen Rechts bestimmt werden.	**§ 88 S. 2:** Fehlt es an einer Bestimmung der Anfallberechtigten, so fällt das Vermögen an den Fiskus des Landes, in dem die Stiftung ihren Sitz hatte, oder an einen anderen nach dem Recht dieses Landes bestimmten Anfallberechtigten.
§ 87c Abs. 2: Auf den Anfall des Stiftungsvermögens beim Fiskus des Landes oder des Bundes oder bei einer anderen juristischen Person des öffentlichen Rechts nach Absatz 1 Satz 4 ist § 46 entsprechend anzuwenden. Fällt das Stiftungsvermögen bei anderen Anfallberechtigten an, sind die §§ 47 bis 53 entsprechend anzuwenden.	**§ 88 S. 3:** Die Vorschriften der §§ 46 bis 53 finden entsprechende Anwendung.[45]
§ 87d: (1) Die Auflösung der Stiftung nach § 87 oder die Aufhebung der Stiftung nach § 87a und die Beendigung der Stiftung sind vom Vorstand zur Eintragung ins Stiftungsregister anzumelden, wenn keine Liquidation der Stiftung erforderlich ist. (2) Ist nach der Auflösung oder Aufhebung der Stiftung deren Liquidation erforderlich, haben die Liquidatoren die Auflösung oder Aufhebung anzumelden. Mit der Auflösung oder Aufhebung sind auch die Liquidatoren und ihre Vertretungsmacht sowie Beschränkungen der Vertretungsmacht der Liquidatoren nach § 87c Absatz 2 in Verbindung mit § 48 Absatz 2 und § 84 Absatz 3 anzumelden, wenn die Liquidation nicht durch den Vorstand erfolgt. (3) Der Anmeldung der Auflösung oder Aufhebung sind beizufügen: 1. die Auflösungsentscheidung des zuständigen Stiftungsorgans und die behördliche Genehmigung nach § 87 Absatz 3 oder die Aufhebungsentscheidung nach § 87a, 2. die Entscheidung nach § 87c Absatz 1 Satz 2, wenn die Anfallberechtigten durch Stiftungsorgane zu bestimmen sind, 3. die Dokumente über die Bestellung der Liquidatoren, wenn andere Personen als die Vorstandsmitglieder zu Liquidatoren bestellt wurden. (4) Nach Abschluss der Liquidation haben die Liquidatoren die Beendigung der Stiftung anzumelden.	
§ 88: Die Vorschriften der Landesgesetze über die kirchlichen Stiftungen bleiben unberührt, insbesondere die Vorschriften zur Beteiligung, Zuständigkeit und Anfallsberechtigung der Kirchen. Dasselbe gilt entsprechend für Stiftungen, die nach den Landesgesetzen kirchlichen Stiftungen gleichgestellt sind.	**§ 80 Abs. 3:** Vorschriften der Landesgesetze über kirchliche Stiftungen bleiben unberührt. Das gilt entsprechend für Stiftungen, die nach den Landesgesetzen kirchlichen Stiftungen gleichgestellt sind.

45 Auf einen Abdruck der §§ 46 bis 53 BGB wird verzichtet, weil insofern keine Unterschiede bestehen.

G. Zur Bedeutung von Materialien für die Auslegung von Gesetzen[46]

Die amtliche Begründung ist einerseits – das ist völlig unstreitig – eine **wichtige Erkenntnisquelle** für das Verständnis und die Auslegung eines Gesetzes. Das gilt umso mehr, je neuer das Gesetz ist. Vorliegend ist zudem zu bedenken, dass das Stiftungsprivatrecht nicht zuletzt von Behörden vollzogen wird, nämlich sowohl bei der Anerkennung, als auch bei der Eintragung und auch bei der Aufsicht und der Beendigung der Stiftung. Und gerade Behörden tendieren erfahrungsgemäß dazu, sich bei der Anwendung von Gesetzen stark an Gesetzesbegründungen zu orientieren, vor allem solange sich noch keine Verwaltungspraxis herausgebildet hat. Stifter und Stiftungen müssen daher auf längere Zeit damit rechnen, dass die zuständigen Behörden mit der Gesetzesbegründung argumentieren. Das ist der Grund, weswegen die Begründung hier im Wesentlichen vollständig abgedruckt wird (für die allgemeine Begründung s.u. Rn. 27 ff., für die Begründung der Einzelnormen s. dort). 20

Nun ist gegen eine Argumentation mit den Gesetzesmaterialen, wie gesagt, nichts einzuwenden. Das ist die sog. historische Auslegung, die nach dem „Willen des Gesetzgebers" fragt. Allerdings finden sich in Gesetzesmaterialien nicht ganz selten **Ausführungen, die einer rechtlichen Nachprüfung nicht standhalten**. So ist es auch hier. Damit stellt sich die Frage, ob und inwieweit Gesetzesmaterialien für die Auslegung maßgeblich sind. Die Frage ist in der Methodenlehre umstritten. Gegenüberstehen sich eine „subjektive"[47] und eine „objektive"[48] Theorie. Nach der subjektiven Theorie ist primär die subjektive Absicht des historischen Gesetzgebers zu ermitteln und zu verwirklichen. Nach der objektiven Theorie kommt es hingegen auf den objektiven Sinn des Gesetzes an, wie er sich aus dem Wortlaut, der Systematik und dem – objektiv zu ermittelnden – Zweck des Gesetzes ergibt. 21

In der Lehre sind heute vermittelnde Auffassungen auf Grundlage der objektiven Theorie vorherrschend.[49] Die Position der Rechtsprechung ist schwankend und nicht immer eindeutig.[50] Zwar betont das **Bundesverfassungsgericht** in ständiger Rechtsprechung: *„Maßgebend für die Auslegung einer Gesetzesvorschrift ist der in dieser zum Ausdruck kommende objektivierte Wille des Gesetzgebers, so wie er sich aus dem Wortlaut der Gesetzesbestimmung und dem Sinnzusammenhang ergibt, in den diese hineingestellt wird. Nicht entscheidend ist dagegen die subjektive Vorstellung der am Gesetzgebungsverfahren beteiligten Organe oder einzelner ihrer Mitglieder über die Bedeutung der Bestimmung."*[51] Gleichwohl werden die Gesetzesmaterialien häufig zum Dreh- und Angelpunkt der Auslegung gemacht.[52] Auch in der Literatur ist diese Vorgehensweise keineswegs selten. Schließlich wird in Rechtsprechung und Lehre teilweise auch danach unter- 22

46 Die folgenden Ausführungen sind eine aktualisierte Fassung von *Burgard*, FS Hadding, 325, 337 ff.

47 Grundlegend *v. Savigny*, System des heutigen römischen Rechts, Bd. I, Berlin 1840, 213; *Windscheid*, Lehrbuch des Pandektenrechts, Bd. I, 7. Aufl. 1891, 52.

48 Grundlegend *Binding*, Handbuch des Strafrechts, Bd. I 1885, 450 ff.; *Wach*, Handbuch des deutschen Civilprozessrechts, Bd. I 1885; *Kohler*, GrünhutsZ 13 (1886), 1 ff.

49 Mit Unterschieden *Zippelius*, Juristische Methodenlehre, 12. Aufl. 2021, 17 ff.; *Möllers*, Juristische Methodenlehre, 4. Aufl. 2021, 233 ff.; *Kramer*, Juristische Methodenlehre, 6. Aufl. 2019, 135 ff.; *Larenz*, Methodenlehre der Rechtswissenschaft, 6. Aufl. 1991, 316 ff.; *Bydlinski*, Juristische Methode und Rechtsbegriff, 2. Aufl. 1991, 428 ff.; kritisch *Rüthers/Fischer/Birk*, Rechtstheorie, 12. Aufl. 2022, Rn. 796 ff.; *Müller*, Juristische Methodik, Bd. I, 8. Aufl. 2002, Rn. 493; **a.A.** *Wank*, Die Auslegung von Gesetzen, 6. Aufl. 2015, 32 ff., 49, 67 ff.; *Pawlowski*, Methodenlehre für Juristen, 3. Aufl. 1999, Rn. 622.

50 Siehe nur BGHZ 46, 74, 79 ff. m.w.N.

51 St. Rspr. seit BVerfGE 1, 299, 312; etwa 8, 274, 307; 10, 234, 244; 11, 126, 130 f.; 62, 1, 45; 105, 135, 157; 119, 247 Rn. 131; BVerfG NVwZ 2016, 1313 Rn. 30.

52 Bspw. BVerfGE 2, 266, 275 ff.; 103, 111, 125 ff.; 149, 126 Rn. 78, 81; BVerfG NJW 2019, 351 Rn. 45, 48; BGHZ 124, 147, 149 f.; dazu auch *Rüthers/Fischer/Birk*, Rechtstheorie, Rn. 799 f. m.w.N.

schieden, ob es sich um Gesetze jüngeren oder um Gesetze älteren Datums handelt, bei denen sich der ursprüngliche Wille des Gesetzgebers möglicherweise überholt hat.[53]

23 Spricht man von dem Willen des Gesetzgebers, ist zunächst einmal fraglich, auf **wessen Willen** es ankommen soll. Von der Gesetzgebungskompetenz aus betrachtet müsste man auf den Willen der Parlamentarier, d.h. auf die Protokolle der Parlamentssitzungen und der Ausschusssitzungen abstellen. Das Problem dabei ist, dass diese Protokolle zumeist recht unergiebig sind, was schon daran liegt, dass den Abgeordneten regelmäßig der erforderliche Sachverstand und die erforderliche Detailkenntnis fehlen. Über den erforderlichen Sachverstand sollten vielmehr diejenigen Ministerialbeamten verfügen, die mit der Ausarbeitung der Gesetzentwürfe betraut wurden. Dabei entwerfen sie nicht nur den Gesetzestext selbst und die Regierungsbegründung dazu, sondern in der Praxis zuweilen auch die Stellungnahme des Bundesrates, die Gegenäußerung der Bundesregierung zu dieser Stellungnahme sowie den Bericht des mit dem Gesetz befassten Ausschusses. Der Grund für diese bemerkenswerte Praxis ist stets derselbe: Die betreffenden Ministerialbeamten sind in der „Gesetzgebungsmaschinerie" oft die einzigen, die über (mehr oder weniger) ausreichenden Sachverstand verfügen. Das, was uns als verwertbare Gesetzesmaterialien entgegentritt, stammt daher nicht selten überwiegend von ein oder zwei Ministerialbeamten, was zugleich bedeutet, dass solche Gesetze einschließlich der dazu gehörenden Materialien zum größten Teil die Rechtsauffassung dieser beamteten Verfasser wiedergeben.

24 Die Ministerialbeamten sind jedoch – ebenso wie einzelne Parlamentarier – nicht „der Gesetzgeber". Im Blick hierauf wird zum Teil die Ansicht vertreten, dass sich die Mitglieder der gesetzgebenden Körperschaft in der Regel denjenigen Sinn zu eigen machen würden, die die eigentlichen Gesetzesverfasser dem Gesetz gegeben hätten.[54] Das überzeugt jedoch aus zwei Gründen nicht. *Erstens* handelt es sich bei dieser Annahme um eine Fiktion; denn tatsächlich ist die ganz überwiegende Mehrzahl der Parlamentarier gar nicht in der Lage, sich über die Einzelheiten von Gesetzen und deren Begründung Gedanken zu machen. Von vorne bis hinten gelesen werden Gesetze und ihre Begründung allenfalls (!) von den Berichterstattern der Regierungsparteien, auf deren Urteil sich alle übrigen verlassen. Gebilligt wird meistenteils lediglich der Zweck des Gesetzes, dessen Ziele und Grundentscheidungen, nicht aber konkrete Vorstellungen der Gesetzesverfasser über die Bedeutung, Auslegung, Reichweite oder die Rechtsfolgen einzelner Normen und Normbestandteile.[55] Und das ist – *zweitens* – auch gar nicht die Aufgabe des Parlaments. **Abgestimmt wird nur über den Gesetzestext, nicht über seine Begründung.** Zu Recht hat das Bundesverfassungsgericht daher entschieden, dass solche konkreten, in den Gesetzesmaterialien zum Ausdruck kommenden Vorstellungen zwar zuweilen erhellend sein mögen, die Gerichte aber **keinesfalls binden.**[56] Eine gegenteilige Auffassung wäre zudem mit dem Grundsatz der Gewaltenteilung unvereinbar, da andernfalls Exekutivorgane vielfach die Auslegung von Gesetzen präjudizieren könnten. Völlig verfehlt sind daher die Ausführungen von *Schauhoff*: Mit der *„außergewöhnlich ausführlichen Gesetzesbegründung ... liegt gleichsam eine Kommentierung zum Inhalt der gesetzlichen Normen vor. Der Gesetzgeber macht damit deutlich, wie er die gesetzlichen Regelungen versteht."*[57]

25 Schließlich sind im Rahmen einer historischen Auslegung bekanntlich auch die allgemeinen und besonderen Umstände, unter denen ein Gesetz zustande kommt, zu berücksichti-

53 Vgl. etwa BVerfGE 54, 277, 297; 102, 99, 114 f.; BVerfG NJW-RR 2008, 26 Rn. 43; BGHZ 124, 147, 150; *Wank*, Auslegung, 32 ff.; *Schmalz*, Methodenlehre für das juristische Studium, 4. Aufl. 1998, Rn. 264.

54 *Engisch*, Einführung in das juristische Denken, 12. Aufl. 2018, 142; s. auch *Pawlowski*, Methodenlehre, Rn. 618 ff.

55 Zutr. *Larenz*, Methodenlehre, 328 ff.; **a.A.** *Wank*, Auslegung, 31, 69.

56 BVerfGE 54, 277, 297 f., im Anschluss an *Larenz*, Methodenlehre, 328 ff.; ebenso *Vogel*, Juristische Methodik, 1998, 129 f.; seither etwa BVerfGE 102, 99, 114 f.; BVerfG NJW-RR 2008, 26 Rn. 43.

57 *Schauhoff/Mehren*, Stiftungsrecht 2022, Kap. 1 Rn. 7; auch *Schienke-Ohletz*, ebd. Kap. 2 hält die Verfasser der Regierungsbegründung für den Gesetzgeber, exemplarisch Rn. 4.

gen.[58] Zu berücksichtigen ist daher auch, dass heutzutage eine zunehmend unüberschaubare Vielzahl von Gesetzen zumeist unter (oft unnötigem) Zeitdruck erarbeitet und verabschiedet werden. Die Folge ist eine nachlassende Qualität der Gesetzgebung. Dementsprechend können auch die Gesetzesmaterialien nur noch mit Vorsicht zu Rate gezogen werden. Sie geben lediglich einen ersten Anhaltspunkt für die Auslegung, sind aber keineswegs verbindlich. **Maßgeblich sind** vielmehr **in erster Linie der Wortlaut, der Zusammenhang und vor allem der Sinn des Gesetzes bzw. der Norm (grammatische, systematische und teleologische Auslegung).**

Auch vorliegend gibt die Begründung des Regierungsentwurfs daher lediglich die – **teil-** 26
weise rechtsirrigen – Vorstellungen der Gesetzesverfasser wieder. Zudem ist die Begründung des **Regierungsentwurfs überwiegend noch auf dem Stand des Referentenentwurfs**[59] und berücksichtigt daher oft die Änderungen nicht, die sich seither ergeben haben. Das zeigt sich auch daran, dass der Referentenentwurf in der Darstellung der Rn. 31 ff. bemerkenswerterweise keinerlei Erwähnung findet. Auf beides wird in den eklatantesten Fällen **in Klammerzusätzen hingewiesen**, um beim Leser von vornherein keine Fehlvorstellungen entstehen zu lassen.

H. Allgemeiner Teil der Begründung des Regierungsentwurfs

„Seit dem Inkrafttreten des Bürgerlichen Gesetzbuchs (BGB) ist das Stiftungszivilrechtrecht geprägt 27
durch ein Nebeneinander von Bundesrecht und Landesrecht. In den §§ 80 ff. BGB sind nur wenige grundlegende stiftungsrechtliche Vorschriften enthalten, die zudem wegen zahlreicher Verweisungen ins Vereinsrecht wenig übersichtlich sind. Diese bundesrechtlichen Vorschriften werden ergänzt durch die Stiftungsgesetze der Länder, die nicht nur die Stiftungsaufsicht regeln, sondern auch zahlreiche ergänzende zivilrechtliche Vorschriften für Stiftungen enthalten. Die zivilrechtlichen Regelungen in den Landesstiftungsgesetzen sind nicht einheitlich und auch vermeintlich gleichartige landesrechtliche Vorschriften unterscheiden sich oft im Detail oder werden verschieden ausgelegt, weil sich in jedem Land aufgrund des jeweiligen Landesrechts eine eigene Stiftungspraxis entwickelt hat. Im Ergebnis existiert die Rechtsform der rechtsfähigen Stiftung des bürgerlichen Rechts in verschiedenen landesrechtlichen Ausprägungen.

Immer wieder wird auch die Gültigkeit von zivilrechtlichen Vorschriften in den Landesstif- 28
tungsgesetzen unter Hinweis auf vermeintlich abschließende bundesrechtliche Vorschriften in den §§ 80 ff. BGB angezweifelt. Beispielhaft zu nennen sind die landesrechtlichen Vorschriften über die Zweckänderung und Auflösung der Stiftung durch Beschluss der Stiftungsorgane mit Genehmigung der Stiftungsbehörden. Seit Inkrafttreten des Bürgerlichen Gesetzbuchs ist das Verhältnis dieser Vorschriften zu § 87 BGB umstritten, insbesondere ob § 87 BGB eine abschließende bundesrechtliche Regelung zur Beendigung der Stiftung ist, die alle landesrechtlichen Regelungen sperrt, oder ob die Länder daneben noch die organschaftliche Auslösung der Stiftung vorsehen können.

Gerichtsentscheidungen zu stiftungsrechtlichen Fragen sind selten. Verwaltungsgerichtliche 29
Entscheidungen, die auf landesstiftungsrechtlichen Vorschriften beruhen, lassen sich auf andere Länder oft nicht übertragen, weil es dort die Vorschriften, auf die die Entscheidung gestützt wurde, nicht oder nicht mit demselben Inhalt gibt. Streitfragen im Stiftungsrecht werden deshalb kaum durch höchstrichterliche Entscheidungen geklärt.

Seit längerem wird diskutiert, ob es für Stiftungen ein Register geben sollte. Von den Ländern 30
werden Stiftungsverzeichnisse geführt. Die Regelungen für die Stiftungsverzeichnisse in den Landesstiftungsgesetzen sind aber unterschiedlich. Gemeinsam ist allen Stiftungsverzeichnissen nur, dass sie anders als das Vereinsregister keine Publizitätswirkung haben, so dass die Mitglieder des

58 Statt anderer *Vogel*, Methodik, 128; *Wank*, Auslegung, 74.

59 Referentenentwurf des BMJV (RefE): Entwurf eines Gesetzes zur Vereinheitlichung des Stiftungsrechts, abrufbar unter https://www.bmjv.de/SharedDocs/Gesetzgebungsverfahren/DE/Stiftungsrecht.html.

Vorstands und besondere Vertreter der Stiftung ihre Vertretungsmacht für die Stiftung nur durch Vertretungsbescheinigungen der zuständigen Behörden nachweisen können. Diese Vertretungsbescheinigungen müssen regelmäßig aktualisiert werden, damit sie im Rechtsverkehr verwendet werden können, zum Beispiel für Grundstücksgeschäfte.

I. Entstehung und wesentlicher Inhalt des Entwurfs

31 *Auf Bitten der Ständigen Konferenz der Innenminister und -senatoren der Länder (IMK) wurde Ende 2014 eine Bund-Länder-Arbeitsgruppe eingesetzt, um das geltende Stiftungsrecht auf weitere Möglichkeiten der Vereinheitlichung, Vereinfachung und Zusammenführung ergebnisoffen zu überprüfen. Die Bund-Länder-Arbeitsgruppe kam in ihrem Bericht vom 9. September 2016 an die IMK (www.innenministerkonferenz.de) zu dem Ergebnis, dass das Stiftungsrecht in größerem Umfang als bisher abschließend bundesrechtlich geregelt werden sollte, um es im Interesse von Stiftern, Stiftungen und anderen Rechtsanwendern stärker zu vereinheitlichen und Streitfragen zu klären. Die Bund-Länder-Arbeitsgruppe führte am 4. und 5. April 2017 eine Anhörung zu ihrem Bericht durch, an der sowohl Vertreter der Stiftungspraxis als auch Wissenschaftler teilnahmen.*

32 *Auf der Grundlage des Berichts und der Anhörung erarbeitete die Bund-Länder-Arbeitsgruppe einen Diskussionsentwurf. Dieser Diskussionsentwurf bildet die wesentliche Grundlage für den vorliegenden Entwurf. Die Regelungsvorschläge aus dem Diskussionsentwurf wurden weitgehend unverändert in den Gesetzentwurf übernommen. Dies entspricht den Vereinbarungen der Koalitionsparteien im Koalitionsvertrag von CDU, CSU und SPD für die 19. Legislaturperiode. Dort wurde vereinbart, dass das Stiftungsrecht auf der Grundlage der Vorschläge der Bund-Länder-Arbeitsgruppe „Stiftungsrecht" geändert werden soll.*[60]

33 *Der Entwurf sieht wie der Diskussionsentwurf der Bund-Länder-Arbeitsgruppe vor, das Stiftungszivilrecht abschließend im Bürgerlichen Gesetzbuch zu regeln. Er enthält Vorschläge zur Verbesserung und weiteren Vereinheitlichung des Stiftungsrechts. Damit wird auch an das Gesetz zur Modernisierung des Stiftungsrechts vom 15. Juli 2002 (BGBl. I S. 2634) angeknüpft, mit dem die Voraussetzungen für das Entstehen einer rechtsfähigen Stiftung im Bürgerlichen Gesetzbuch vereinheitlicht wurden. Ergänzt werden die Vorschriften aus dem Diskussionsentwurf der Bund-Länder-Arbeitsgruppe durch Regelungen zur Schaffung eines Stiftungsregisters mit Publizitätswirkung.*

34 *Das gesamte Stiftungszivilrecht soll künftig einheitlich und abschließend im Bürgerlichen Gesetzbuch geregelt werden. Zu diesem Zweck werden durch Artikel 1 des Entwurfs die §§ 80 ff. BGB neu gefasst. Das novellierte Stiftungsrecht enthält auch weiterhin sowohl zwingende als auch dispositive Vorschriften. Bei den einzelnen Vorschriften wird ausdrücklich geregelt, inwieweit davon durch die Satzung abgewichen werden kann* **[Anm.: Das ist keineswegs durchgängig der Fall. Vielmehr ist dieser Teil der Begründung ein Überbleibsel des RefE,**[61] **der in § 83 Abs. 2 noch den Grundsatz der Satzungsstrenge beinhaltete, welcher aufgrund einhelliger Kritik**[62] **zu Recht aufgegeben wurde.]** *Die Verweisungen zum Vereinsrecht werden teilweise durch eigenständige Regelungen ersetzt, damit die Vorschriften verständlicher werden.*

35 *Durch den Entwurf soll das Stiftungsrecht nicht grundlegend geändert werden, insbesondere die Rechtsform der Stiftung nicht umgestaltet werden. Dem Entwurf liegt dasselbe Verständnis von der Rechtsform der Stiftung zugrunde wie auch den bisherigen §§ 80 ff. BGB und den Landesstiftungsgesetzen. Dies kommt deutlich in § 80 Absatz 1 BGB-neu zum Ausdruck, der regelt, wie rechtsfähige Stiftungen des bürgerlichen Rechts ausgestaltet werden können. Stiftungen sollen auch wei-*

---

60 BT-Ds. 19/28173, 28.

61 S.o. Fn. 58.

62 *Arnold*, npoR 2021, 84, 85; *Arnold/Burgard/Jakob/Roth/Weitemeyer*, npoR 2020, 294; *Arnold/Burgard/Roth/Strachwitz/Weitemeyer*, npoR 2021, 104; *Burgard*, npoR 2021, 1, 2 a.E.; *BVDS*, Stiftungsposition 10/2020, 4; *DAV*, Stellungnahme 72/20, 8; *Feick/Schwalm*, NZG 2021, 525, 526; *Gollan/Richter*, npoR 2021, 29, 30; *Schwalm*, ZEV 2021, 68, 74; *Wachter*, GmbHR 2020, 358.

terhin zu jedem rechtmäßigen Zweck als eigenständige juristische Personen des Privatrechts errichtet werden können, die mit ihrer Errichtung vom Stifter unabhängig werden.

Die Stiftung „gehört" nicht dem Stifter, sondern ist eine vom Stifter unabhängige eigenständige juristische Person. Das auf die Stiftung übertragene Vermögen ist nicht mehr Teil des Vermögens des Stifters. Das zugewendete Vermögen ist dauerhaft zur Erfüllung des Stiftungszwecks zu verwenden. Der Stifter kann sich im Stiftungsgeschäft durch die Satzung zwar bestimmte Rechte in Bezug auf die Stiftung einräumen oder sich die Mitgliedschaft in Stiftungsorganen vorbehalten. Bei der Wahrnehmung solcher satzungsmäßiger Stifterrechte handelt der Stifter aber als Organ oder Mitglied eines Organs der Stiftung. Seine Organrechte muss der Stifter immer ausschließlich im Interesse der Stiftung ausüben. Der Stifter hat wie jedes andere Organ auch seinen bei der Errichtung der Stiftung zum Ausdruck gekommenen Willen zu berücksichtigen, der nicht mehr zu seiner Disposition steht. Die Maßgeblichkeit dieses Stifterwillens für alles Organhandeln und für das Verwaltungshandeln der Stiftungsbehörden wird in § 83 Absatz 2 BGB-neu ausdrücklich festgeschrieben. 36

Der Regeltypus der Stiftung ist die „Ewigkeitsstiftung", die auf unbestimmte Zeit errichtet wird. Stiftungen sollen vom Stifter auch weiterhin nur befristet werden können, wenn er das gesamte Vermögen der Stiftung in der Stiftungssatzung zum Verbrauch während der Dauer der Stiftung bestimmt. Stiftungen auf Zeit, bei denen der Stiftungszweck nur für einen bestimmten Zeitraum mit den Erträgen aus dem Stiftungsvermögen erfüllt werden soll, bis es wieder an den Stifter zurückfällt oder einem Dritten zufällt, sollen auch künftig nicht anerkennungsfähig sein. **[Anm.: Bisher waren Zeitstiftungen grundsätzlich anerkennungsfähig, mögen auch manche Behörden ihnen die Anerkennung rechtswidrig verweigert haben.]** *Bei diesen Stiftungen fehlt es an der für die Stiftung typischen dauerhaften Verbindung zwischen Zweck und Vermögen, die die Schaffung des selbständigen Rechtssubjekts Stiftung und die Kosten für die staatliche Aufsicht zum Schutz der Stiftung rechtfertigt. Diese Zweck-Vermögen-Bindung gewährleistet die dauernde und nachhaltige Zweckerfüllung und schützt die Stiftung vor Missbrauch.* 37

Der Entwurf schafft neue bundesrechtliche Vorschriften zum Verwaltungssitz und zum Vermögen der Stiftung, zur Änderung der Stiftungssatzung und zur Zulegung und Zusammenlegung von Stiftungen. Die bestehenden Vorschriften über die Organe der Stiftung sollen erweitert und die Pflichten der Organe teilweise stärker konkretisiert werden. Die Voraussetzungen für die Änderung des Stiftungszwecks sowie für die Auflösung oder Aufhebung von Stiftungen sollen geändert werden. 38

§ 83a BGB-neu stellt klar, dass Stiftungen im Inland verwaltet werden müssen. Nur so ist eine wirksame staatliche Stiftungsaufsicht gewährleistet **[Das ist nicht richtig, weswegen die Vorschrift verfassungskonform zu reduzieren ist, s. § 83a Rn. 17]**. 39

Mit den §§ 83b und 83c BGB-neu sollen einige grundlegende Bestimmungen über das Stiftungsvermögen und seine Verwaltung getroffen werden. Die neuen Vorschriften lehnen sich an die bestehenden landesrechtlichen Regelungen an. § 83b BGB umschreibt, was unter Stiftungsvermögen und Grundstockvermögen zu verstehen ist, und enthält einige grundlegende Regelungen zur Verwaltung, die für das gesamte Stiftungsvermögen gelten. § 83c BGB-neu enthält zusätzlich Regelungen zur Verwaltung des Grundstockvermögens, insbesondere den Grundsatz der Erhaltung des Grundstockvermögens, der derzeit schon in den meisten Landesstiftungsgesetzen geregelt ist.[63] 40

In den §§ 84 ff. BGB-neu soll die Organverfassung der Stiftung ausführlicher geregelt werden. Die Rechte und Pflichten der Organmitglieder werden konkretisiert. Dabei wird auch klargestellt, welcher Haftungsmaßstab für die Organmitglieder besteht, wenn sie Geschäftsführungsaufgaben wahrnehmen, und werden die Pflichten bei der Wahrnehmung von Geschäftsführungsaufgaben näher geregelt. Auch Organmitglieder von Stiftungen sollen sich, wenn sie Geschäftsführungsaufgaben wahrnehmen, auf die sogenannte Business-Judgement-Rule berufen können. Nach § 84a Absatz 2 Satz 2 BGB-neu handeln Mitglieder von Stiftungsorganen bei Geschäftsführungsentscheidungen, die Prognosecharakter haben, nicht pflichtwidrig, wenn sie unter Beachtung der gesetzlichen und satzungsmäßigen Vorgaben vernünftigerweise annehmen durften, auf der Grundlage angemessener In- 41

63 BT-Ds. 19/28173, 29.

formationen zum Wohle der Stiftung zu handeln. Dies gilt insbesondere auch für Entscheidungen über die Anlage des Stiftungsvermögens. Die Möglichkeiten für die Notbestellung von Organmitgliedern werden erweitert und die Zuständigkeit für die Notbestellung von den Amtsgerichten auf die zuständigen Stiftungsbehörden übertragen.

42 *Die organschaftliche und die behördliche Änderung der Stiftungssatzung, einschließlich der Änderung des Zwecks, sollen künftig abschließend in den §§ 85 und 85a BGB-neu geregelt werden, die sich weitgehend an den schon bestehenden Vorschriften zur Satzungsänderung in § 87 BGB und den Landesstiftungsgesetzen orientieren. Künftig sollen notwendige Satzungsänderungen primär durch die Stiftungsorgane mit Genehmigung der nach Landesrecht zuständigen Behörden vorgenommen werden. Den zuständigen Behörden soll ein subsidiäres Recht zur Satzungsänderung eingeräumt werden, soweit eine Satzungsänderung notwendig ist und wenn die zuständigen Organe nicht handlungsfähig sind oder pflichtwidrig nicht handeln.*

43 *§ 85 BGB-neu enthält gesetzliche Ermächtigungen, auf die organschaftliche und behördliche Satzungsänderungen gestützt werden können. Die Vorschrift unterscheidet zwischen drei Fallgruppen von Satzungsänderungen. Zweckänderungen, die die Identität der Stiftung verändern, sollen nach § 85 Absatz 1 Satz 1 und 2 BGB-neu nur zulässig sein, wenn die Stiftung ihren Zweck nicht mehr dauernd und nachhaltig erfüllen kann. Das entspricht im Wesentlichen den Voraussetzungen für die Auflösung und Aufhebung der Stiftung. Die Auflösung oder Aufhebung nach den §§ 87f. BGB ist allerdings nur zulässig, wenn die Stiftung endgültig ihren Zweck nicht mehr dauernd und nachhaltig erfüllen kann, das heißt sie insbesondere durch Satzungsänderung nicht mehr so umgestaltet werden kann, dass eine dauernde und nachhaltige Zweckerfüllung wieder möglich wird.*

44 *Die gleichen Regelungen wie für diese Zweckänderungen sollen nach § 85 Absatz 1 Satz 3 BGB-neu auch für Satzungsänderungen gelten, durch die eine auf unbestimmte Zeit errichtete Stiftung in eine Verbrauchsstiftung umgestaltet wird. Andere Zweckänderungen und sonstige Änderungen von Bestimmungen der Stiftungsverfassung, die für die Stiftung prägend sind, sollen möglich sein, wenn sich die Verhältnisse wesentlich verändert haben und eine Anpassung der Stiftung an die veränderten Verhältnisse erforderlich ist. Dies entspricht vielen schon heute geltenden landesrechtlichen Regelungen für Satzungsänderungen durch die Stiftungsorgane. Andere Satzungsänderungen sollen zulässig sein, wenn sie der Erfüllung des Stiftungszwecks dienlich sind.*

45 *Der Stifter kann in der Errichtungssatzung, die er der Stiftung im Stiftungsgeschäft geben muss, Satzungsänderungen abweichend von § 85 Absatz 1 bis 3 BGB-neu regeln. Wenn der Stifter die Stiftungsorgane in der Errichtungssatzung zu Satzungsänderungen ermächtigt, muss er Inhalt und Ausmaß der Ermächtigung hinreichend bestimmt festlegen. Der Stifter kann sich in solchen Satzungsbestimmungen auch selbst zum Stiftungsorgan bestimmen und zu Satzungsänderungen ermächtigen.*

46 *Die Vorschriften über Satzungsänderungen durch die zuständigen Organe sind so gestaltet, dass sie alle für die Stiftung erforderlichen Änderungen der Stiftungssatzung ermöglichen. Die Satzungsbestimmungen können geändert, ergänzt oder gestrichen werden, soweit nicht zwingende Vorschriften des Bundes- oder Landesstiftungsrechts entgegenstehen. Ein gesetzliches Recht des Stifters zur Änderung des Zwecks der Stiftung oder anderer Bestimmungen der Stiftungsverfassung, wie es von einigen Stiftungsverbänden gefordert wird, sieht der Entwurf nicht vor. Über ein solches Änderungsrecht des Stifters wurde in der Bund-Länder-Arbeitsgruppe lange und ausführlich diskutiert. Diese Diskussion hat gezeigt, dass ein solches Änderungsrecht des Stifters neben den vorgeschlagenen Regelungen zur Satzungsänderung nur dann einen eigenen Anwendungsbereich hätte, wenn es nicht an besondere inhaltliche Voraussetzungen geknüpft würde. Ein solches Änderungsrecht würde dem Stifter dann aber auch ermöglichen, die Stiftung allein deswegen grundlegend umzugestalten, weil sich sein Wille in Bezug auf die Stiftung geändert hat oder sich seine mit der Stiftung verbundenen Erwartungen nicht erfüllt haben. Dies bedeutete eine Abkehr von dem Grundsatz, dass die Stiftung nach ihrer Entstehung nicht nur in ihrem Bestand, sondern auch hinsichtlich ihrer inhaltlichen Ausrichtung nicht mehr zur Disposition des Stifters steht und dass für*[64]

64 BT-Ds. 19/28173, 30.

die Stiftungsorgane und die Stiftungsaufsicht der Wille des Stifters maßgeblich ist, der bei der Errichtung der Stiftung zum Ausdruck gekommen ist.

Der mögliche Nutzen eines solchen Rechts für die Stiftung wäre zudem fraglich, da der Stifter ein solches voraussetzungsloses Änderungsrecht, anders als ein organschaftliches Änderungsrecht, nicht nur im Interesse der Stiftung, sondern auch im eigenen Interesse ausüben könnte. Wenn ein solches Änderungsrecht nur für kurze Zeit gewährt würde, dürfte es für den Stifter und die Stiftung nur begrenzt wirksam werden, da sich oft erst nach einer längeren Anlaufphase zeigt, inwieweit die Satzung noch geändert oder ergänzt werden sollte. Würde dem Stifter das Änderungsrecht für eine lange Zeit gewährt (zum Beispiel zu seinen Lebzeiten) und könnte es mehrmals ausgeübt werden, wäre dies mit einer erheblichen Rechtsunsicherheit für die Stiftung, die Stiftungsorgane und die Stiftungsaufsicht verbunden. Die Stiftung und die Stiftungsorgane hätten keine Planungssicherheit, da der Stifter die inhaltliche Ausrichtung der Stiftung jederzeit ändern könnte. Die Stiftungsaufsicht müsste jeweils neu ausgerichtet werden, wenn der Stifter seinen Willen ändert. 47

Die Zulegung und die Zusammenlegung von Stiftungen, die bisher besondere Formen der Auflösung und Aufhebung der Stiftung sind, werden als eigenständige Verfahren zur Vermögensübertragung zwischen Stiftungen ausgestaltet. Die Auflösung beziehungsweise Aufhebung und Liquidation der Stiftung, deren Vermögen übertragen werden soll, und die Bestimmung der aufnehmenden Stiftung zur Anfallberechtigten, die den Liquidationserlös erhalten soll, sind nicht mehr erforderlich. Die neuen Vorschriften über die Zulegung und Zusammenlegung orientieren sich an den Vorschriften zu Verschmelzungen im Umwandlungsgesetz. Anders als Umwandlungen nach dem Umwandlungsgesetz sind Zulegungen oder Zusammenlegungen von Stiftungen aber nur möglich, wenn bei den beteiligten Stiftungen die in den §§ 86 und 86a BGB-neu geregelten inhaltlichen Voraussetzungen vorliegen. Eine Stiftung kann einer anderen Stiftung nur zugelegt werden, wenn sich die Verhältnisse für die Stiftung wesentlich verändert haben und sie durch Satzungsänderung nicht an die veränderten Verhältnisse angepasst werden kann. Dasselbe gilt für die Zusammenlegung von zwei oder mehreren Stiftungen zu einer neuen Stiftung. Die aufnehmende Stiftung muss im Wesentlichen die gleichen Zwecke wie die übertragenden Stiftungen haben. Dies gewährleistet, dass die vom Stifter einer übertragenden Stiftung geschaffene Zweck-Vermögen-Bindung mit dem Übergang des Vermögens der übertragenden Stiftung auf die übernehmende Stiftung im Wesentlichen erhalten bleibt. 48

Die organschaftliche Auflösung der Stiftung mit behördlicher Genehmigung und die behördliche Aufhebung der Stiftung sollen künftig abschließend **[Anm.: Abschließend sind diese Regelungen nur im Verhältnis zum Landesrecht. Die Auflösungsgründe sind dagegen satzungsdispositiv, s. § 87 Rn. 34, 35)]** *im Bürgerlichen Gesetzbuch geregelt werden. Bei der Neuregelung der Auflösung und Aufhebung wird nur teilweise an den bisherigen § 87 BGB angeknüpft. § 87 BGB ermöglicht derzeit eine Aufhebung der Stiftung durch die zuständigen Behörden nur, wenn die Erfüllung des Stiftungszwecks unmöglich geworden ist oder die Stiftung das Gemeinwohl gefährdet. Viele Landesstiftungsgesetze sehen daneben eine Auflösung der Stiftung durch die Stiftungsorgane mit Genehmigung der zuständigen Behörden bei wesentlicher Veränderung der Verhältnisse vor. Künftig sollen Stiftungen nach den §§ 87 und 87a BGB-neu aufgelöst oder aufgehoben werden, wenn sie ihren Zweck nicht mehr dauernd und nachhaltig erfüllen können und auch durch Satzungsänderung nicht mehr ermöglicht werden kann, dass der bestehende oder ein geänderter Zweck wieder dauernd und nachhaltig erfüllt werden kann.* 49

Eine Verbrauchsstiftung ist nach § 87 Absatz 2 und § 87a Absatz 2 Nummer 1 BGB-neu auch aufzulösen oder aufzuheben, wenn die Zeit, für die sie errichtet wurde, abgelaufen ist. Eine automatische Auflösung von Stiftungen durch Zeitablauf soll es nicht geben. Dasselbe gilt, wenn eine Stiftung ihren Verwaltungssitz ins Ausland verlegt. Auch dies soll nicht automatisch zur Auflösung der Stiftung führen. Die zuständige Stiftungsbehörde muss bei einer Sitzverlegung ins Ausland mit ihren aufsichtsrechtlichen Mitteln darauf hinwirken, dass der Sitz der Stiftung wieder im Inland begründet wird. Erst wenn sich dies als nicht möglich erweist, ist als letztes Mittel die Aufhebung der Stiftung geboten. Eine Stiftung ist von den zuständigen Behörden auch aufzuheben, wenn sie 50 *das Gemeinwohl gefährdet und diese Gemeinwohlgefährdung nicht auf andere Weise beseitigt werden kann, zum Beispiel durch Satzungsänderung oder Abberufung von Stiftungsorganen.*

51 *Für kirchliche Stiftungen wird durch § 88 Satz 1 BGB-neu ausdrücklich klargestellt, dass die bestehenden landesrechtlichen Vorschriften für kirchliche Stiftungen unberührt bleiben. Dasselbe gilt nach § 88 Satz 2 BGB-neu auch für die nach Landesrecht den kirchlichen Stiftungen gleichgestellten Stiftungen.*

52 *Mit Artikel 2 sollen im Einführungsgesetz zum Bürgerlichen Gesetzbuche (EGBGB) die notwendigen Überleitungsvorschriften zur Änderung des Stiftungsrecht im Bürgerlichen Gesetzbuch getroffen werden. Durch*[65] *Artikel 3 und 4 sollen Vorschriften für ein Stiftungsregister eingefügt werden, mit denen die gesetzlichen Voraussetzungen für die Errichtung und den Betrieb eines Stiftungsregisters mit Publizitätswirkung geschaffen werden. Errichtet werden soll ein zentrales Stiftungsregister, das vom Bundesamt für Justiz geführt wird. In das Register sollen alle bestehenden rechtsfähigen Stiftungen des bürgerlichen Rechts eingetragen werden. Die Eintragungen in das Stiftungsregister sollen nur deklaratorische Wirkung haben. Die Regelungen über das Stiftungsregister in Artikel 3 und 4 sollen ganz überwiegend später in Kraft treten als die übrigen Vorschriften des Gesetzes, um die technischen Voraussetzungen für den Betrieb des Stiftungsregisters schaffen zu können.*

53 *Da es derzeit nur ca. 23 300 rechtsfähige Stiftungen des bürgerlichen Rechts gibt, ist es sinnvoll, ein zentrales Bundesstiftungsregister zu errichten, das durch das Bundesamt für Justiz geführt wird. Damit wird vermieden, dass eine Vielzahl von Stiftungsregistern bei den zuständigen Stiftungsbehörden oder Registergerichten für jeweils wenige Stiftungen geschaffen werden müssen. Ein zentrales Stiftungsregister ermöglicht auch Dritten einen einfachen Zugang zum Stiftungsregister. Streitigkeiten über Eintragungen und Löschungen in dem vom Bundesamt für Justiz geführten Stiftungsregister können den Verwaltungsgerichten zugewiesen werden, da diese auch sonst überwiegend über stiftungsrechtliche Fragen zu entscheiden haben. Der Aufbau von gerichtlichen Stiftungsregistern wäre erheblich aufwendiger, da in jedem Land mindestens ein Stiftungsregister geschaffen und geführt werden müsste. Die Registergerichte und die Beschwerdegerichte müssten bei der Führung des Stiftungsregisters überwiegend über verwaltungsrechtliche Fragen entscheiden, da Grundlage für die Eintragungen in den meisten Fällen Entscheidungen der zuständigen Stiftungsbehörden sein werden. Auch der Aufbau und das Führen eines oder mehrerer Stiftungsregister durch die zuständigen Stiftungsbehörden der Länder würde einen erheblich größeren Aufwand erfordern, da entweder bei jeder Stiftungsbehörde ein eigenes Stiftungsregister errichtet werden müsste oder die Stiftungsbehörden mit einem zentralen Landesstiftungsregister vernetzt werden müssten.*

54 *In § 82b Absatz 1 BGB-neu wird geregelt, dass ein Stiftungsregister geführt werden soll. Die Einzelheiten zum Aufbau des Registers und der Registerführung sollen in dem Stiftungsregistergesetz geregelt werden, das durch Artikel 4 geschaffen wird. § 82b Absatz 2 BGB-neu bestimmt, dass Stiftungen nach ihrer Anerkennung vom Vorstand zur Eintragung ins Stiftungsregister anzumelden sind, und regelt die Anforderungen an die Anmeldung. Nicht nur die Eintragung der Stiftung, sondern auch alle anderen Eintragungen zu Stiftungen im Stiftungsregister sollen auf Anmeldungen der Stiftungen beruhen. Nur so kann gewährleistet werden, dass der Registerinhalt stets aktuell und richtig ist, insbesondere auch in Bezug auf die Angaben zu den Mitgliedern von Vertretungsorganen der Stiftungen, und dass Streit über den Inhalt von Registereintragungen zwischen der Registerbehörde und den Stiftungen vermieden wird.*

55 *Durch § 82c BGB-neu werden Stiftungen, die ins Stiftungsregister eingetragen sind, verpflichtet, ihren Namen mit dem Namenszusatz „eingetragene Stiftung“ zu führen, wenn sie auf unbestimmte Zeit errichtet wurden. Dieser Namenszusatz kann mit „e S.“ abgekürzt werden. Eingetragene Verbrauchsstiftungen haben den Namenszusatz „eingetragene Verbrauchsstiftung“ zu führen, der mit „e VS.“ abgekürzt werden kann.*

---

65 BT-Ds. 19/28173, 31.

§ 82d BGB-neu regelt die Publizitätswirkung des Stiftungsregisters. Die §§ 84d, 85b, 86i und § 87d BGB-neu regeln weitere Anmeldepflichten des Vorstands oder der Liquidatoren zu Änderungen beim Vorstands oder bei besonderen Vertretern, zu Satzungsänderungen, zu Zulegungen und Zusammenlegungen sowie bei der Auflösung oder Aufhebung von Stiftungen. 56

Durch Artikel 4 soll ein Stiftungsregistergesetz geschaffen werden, in dem der Aufbau und Führung des Registers sowie die Einsichtnahme ins Register näher geregelt werden. Der Aufbau des Registers soll sich an dem der anderen Register mit Publizitätswirkung orientieren. ... 57

II. Alternativen

Keine. 58

III. Gesetzgebungskompetenz

Die Gesetzgebungskompetenz ergibt sich aus Artikel 74 Absatz 1 Nummer 1 (bürgerliches Recht) des Grundgesetzes (GG). Die §§ 80 ff. BGB-neu novellieren das zivile Stiftungsrecht. Dieses ist mit seinen nach heutigem[66] *Verständnis öffentlich-rechtlichen Bestandteilen ein traditioneller Teil des bürgerlichen Rechts. Das Bürgerliche Gesetzbuch enthält seit seinem Inkrafttreten stiftungsrechtliche Regelungen, die auch behördliche Zuständigkeiten regeln, die im Zusammenhang mit dem Organisationsrecht der Stiftung stehen. Schon das geltende Recht sah behördliche Zuständigkeiten für Zweckänderungen und die Aufhebung der Stiftung vor. Für die Notbestellung von Vorstandsmitgliedern war eine gerichtliche Zuständigkeit geregelt. Die neu geschaffenen behördlichen Zuständigkeiten für alle Satzungsänderungen und die Zulegung und Zusammenlegung stehen in der Tradition der bisherigen Regelungen und sind darin begründet, dass die Stiftung als mitgliederlose juristische Person ausgestaltet ist. Dasselbe gilt für § 84c BGB-neu über Notmaßnahmen bei fehlenden Organmitgliedern, durch den die bisherige Regelung in § 86 Satz 1, § 29 BGB fortentwickelt wird. Auch die neuen öffentlich-rechtlichen Regelungen über das Stiftungsregister können als Annex zum zivilen Stiftungsrecht auf Artikel 74 Absatz 1 Nummer 1 GG gestützt werden.* **[Die Verortung des Stiftungsregisters bei Bundesamt für Justiz ist verfassungswidrig, s. Vorbemerkung 3 zu § 82b Rn. 8 ff.].** *Die Gesetzgebungszuständigkeit für die Folgeänderungen in Artikel 5, 6, 7 ergibt sich aus Artikel 74 Absatz 1 Nummer 1 GG (gerichtliches Verfahren) und für die Folgeänderung in Artikel 8 aus Artikel 105 Absatz 3 in Verbindung mit Artikel 106 Absatz 2 Nummer 2 GG.* 59

IV. Vereinbarkeit mit dem Recht der Europäischen Union und völkerrechtlichen Verträgen

Die in dem Entwurf vorgesehenen Regelungen sind mit dem Recht der Europäischen Union und mit den völkerrechtlichen Verträgen, die die Bundesrepublik Deutschland geschlossen hat, vereinbar. Dies gilt insbesondere auch für § 83a BGB-neu, der Stiftungen verpflichtet, ihre Verwaltung im Inland zu führen. Nach der Rechtsprechung des Europäischen Gerichtshofs sind Regelungen eines Mitgliedstaats, nach denen die Sitzverlegung einer nach dem Recht des Mitgliedstaats gegründeten Gesellschaft, worunter auch Stiftungen fallen können, in einen anderen Mitgliedstaat bewirkt, dass die Gesellschaft im Gründungsmitgliedstaat ihre Eigenschaft als Gesellschaft nach dem Recht des Gründungsstaates verliert, vereinbar mit der Niederlassungsfreiheit nach den Artikeln 49, 54 des Vertrags über die Arbeitsweise der Europäischen Union (AEUV) (EuGH Cartesio C-210/06, Rn. 110). **[Das ist allerdings nur die halbe Wahrheit, s. § 83a Rn. 5 f.]** 60

---

66 BT-Ds. 19/28173, 32.

V. Gesetzesfolgen

1. Rechts- und Verwaltungsvereinfachung

61 *Der Entwurf wird zur weiteren Vereinheitlichung des Stiftungsrechts und der Verwaltungspraxis der für die Stiftungsaufsicht zuständigen Behörden führen. Für Stifter und Stiftungen wird das Stiftungsrecht übersichtlicher und verständlicher geregelt. Zahlreiche Streitfragen sollen geklärt werden und so mehr Rechtssicherheit für Stifter, Stiftungen, Mitglieder von Stiftungsorgane, die zuständigen Behörden und andere Rechtsanwender geschaffen werden. Durch das Stiftungsregister wird die Transparenz über Stiftungen verbessert. Insbesondere wird den vertretungsberechtigten Organmitgliedern einer Stiftung der Nachweis ihrer organschaftlichen Vertretungsmacht erleichtert. Die Stiftungsbehörden müssen keine Vertretungsbescheinigungen für Stiftungen mehr ausstellen und auf das Führen der Stiftungsverzeichnisse kann verzichtet werden.*“[67]

62 Von einem weiteren Abdruck des allgemeinen Teils der Begründung des Regierungsentwurfs wurde abgesehen.

I. Allgemeiner Teil der Begründung der Beschlussempfehlung des Rechtsausschusses

63 *„Mit dem Gesetzentwurf soll das Stiftungszivilrecht auf der Grundlage des bestehenden Bundes- und Landesrechts vereinheitlicht werden und Streitfragen geklärt werden. Mit dem Gesetzentwurf ist keine grundlegende Änderung des bestehenden Stiftungsrechts, das sich bewährt hat, beabsichtigt. Das neue Stiftungszivilrecht soll übersichtlicher gestaltet werden und insbesondere auch für Stifter und Stiftungen einfacher zugänglich sein. Die neuen Regelungen sollen vor allem auch den Stiftern die Gestaltungsmöglichkeiten, die ihnen das Stiftungsrecht bietet, deutlicher vor Augen führen. Dies gilt insbesondere auch für die Möglichkeiten, die das Stiftungsgeschäft, insbesondere die Stiftungssatzung, bietet, um den Stifterwillen zukunftsoffen zu formulieren, so dass die Stiftung problemlos an sich verändernde Verhältnisse angepasst werden kann. In der Satzung kann der Stifter nach § 85 Absatz 4 BGB-neu bestimmen, unter welchen Voraussetzungen die Satzung geändert werden kann, und damit zum Ausdruck bringen, wie sich die Stiftung, wenn sich die Verhältnisse ändern, nach seinem Willen fortentwickeln soll.*

64 *Der Gesetzentwurf beschränkt sich auch auf grundlegende Regelungen zu Vermögen. Diese sollen um eine Regelung ergänzt werden, die die Verwendung von Umschichtungsgewinnen für die Erfüllung des Stiftungszwecks rechtsicherer regelt. Es wurde bewusst davon abgesehen, darüber hinaus die Vermögensverwaltung eingehender zu regeln, damit Stiftungen die Verwaltung ihres Stiftungsvermögens weitgehend nach ihren individuellen Bedürfnissen ausgestalten können. Die Vorschriften zur Verwaltung des Stiftungsvermögens enthalten deshalb insbesondere auch keine Regelungen dazu, zu welchem Zeitpunkt, die Stiftung ihre Mittel, die sie für die Zweckerfüllung verwenden kann, dafür verwenden soll. Es gibt im Stiftungsrecht keine Pflicht zur zeitnahen Mittelverwendung. Es muss nur allgemein gewährleistet sein, dass der Stiftungszweck dauernd und nachhaltig erfüllt wird und das Stiftungsvermögen nur zur Erfüllung des Stiftungszwecks eingesetzt wird. In diesem Rahmen kann die*[68] *Stiftung z.B. Nutzungen aus dem Stiftungsvermögen für größere Anschaffungen zurücklegen oder auch Nutzungen aus dem Stiftungsvermögen zu Grundstockvermögen bestimmen, um die Pflicht zur Erhaltung des Grundstockvermögens zu erfüllen.*

65 *Neu eingeführt werden soll mit dem Gesetzentwurf ein Stiftungsregister mit Publizitätswirkung, das von Stiftungen und ihren Verbänden schon seit vielen Jahren angemahnt wird, um den Stiftungen die Teilnahme am Rechtsverkehr zu erleichtern. Das Register wird im Wesentlichen wie die*

67 BT-Ds. 19/28173, 33.
68 BT-Ds. 19/31118, 7.

Justizregister ausgestaltet, soll aber auch den Besonderheiten bei Stiftungen ausreichend Rechnung tragen, insbesondere dem Umstand, dass Eintragungsunterlagen, insbesondere die Stiftungssatzung, vertrauliche Informationen über den Stifter, die Stiftung oder begünstigte Dritte enthalten können, da insbesondere Stifter bei Altstiftungen nicht mit einer Veröffentlichung dieser Dokumente rechnen konnten. Deshalb soll ermöglicht werden, dass eine Einsichtnahme in bestimmte Eintragungsunterlagen oder Teile von Eintragungsunterlagen unterbleibt, insbesondere durch unbürokratische Schwärzungen. Die Einsicht in Eintragungsunterlagen soll einfach und unbürokratisch bei der Anmeldung, mit der solche Unterlagen vorgelegt werden, die sensible Daten enthalten, beschränkt werden können. In der Verordnung nach § 19 StiftRG-neu sollen entsprechende Vorschriften geschaffen werden.

Stiftungen sollten Tatsachen, die zum Stiftungsregister angemeldet werden müssen und dort eingetragen werden, nicht noch zu anderen Registern anmelden müssen, insbesondere zum Transparenzregister oder zu Stiftungsverzeichnissen der Länder. Der Ausschuss begrüßt, dass der Finanzausschuss des Deutschen Bundestages die Bundesregierung in seiner Beschlussempfehlung zu dem Entwurf eines Transparenzregister- und Finanzinformationsgesetzes, aufgefordert hat, in der nächsten Legislaturperiode zu prüfen, wie Doppelanmeldungen zu den Justizregistern und dem Transparenzregister vermieden werden können (Drucksache 19/30446, S. 67 f.). Die Ergebnisse dieser Prüfung lassen sich auch auf das Stiftungsregister übertragen, wenn es 2026 seinen Betrieb aufnimmt, da für das Stiftungsregister dieselbe Registertechnik wie für die Justizregister genutzt werden soll. **66**

Bisher sieht der Gesetzentwurf nur die Evaluierung der Vorschriften zum Stiftungsregister vor. Das ist wichtig, auch um zu sehen, inwieweit man die Anmeldeplichten weiter entbürokratisieren kann. Daneben sollen aber auch die Vorschriften zur Vereinheitlichung des Stiftungszivilrecht zwei Jahre nach ihrem Inkrafttreten evaluiert werden. **67**

Der Deutsche Bundestag bittet die Bundesregierung darüber hinaus auch zu prüfen, welche Möglichkeiten bestehen, um Altstiftungen, die während der NS-Zeit und in der ehemaligen DDR zu Unrecht aufgehoben oder aufgelöst wurden, wiederzubeleben und zu entschädigen und dem Deutschen Bundestag über das Ergebnis dieser Prüfung bis zum 1. Juli 2022 zu berichten.“[69] **68**

J. Begründung des Regierungsentwurfs zu Art. 229 § 59 EGBGB

„Mit Artikel 2 soll in Artikel 229 des Einführungsgesetzes zum Bürgerlichen Gesetzbuche (EGBGB) eine Übergangsregelung für die neugefassten §§ 81 ff. BGB getroffen werden, die Artikel 163 EGBGB nachgebildet ist. Mit der Übergangsvorschrift soll klargestellt werden, dass die §§ 82a ff. BGB-neu auch auf alle rechtsfähigen Stiftungen des bürgerlichen Rechts anzuwenden sind, die vor dem Inkrafttreten dieser neuen Vorschriften entstanden sind. Bei den Regelungen über die Anfallberechtigung in § 87c Satz 1 bis 3 BGB-neu soll allerdings bei den Altstiftungen, nicht nur auf die Satzung, sondern weiterhin wie in der Vorgängervorschrift in § 88 BGB auf die Verfassung abgestellt werden. Bei den Altstiftungen sind solche Regelungen zu den Anfallberechtigten nicht nur in Stiftungssatzungen getroffen worden, sondern können auch in anderen Teilen des Stiftungsgeschäfts oder, wenn die Stiftungen vor dem 1. Januar 1900 errichtet wurden, in anderen Errichtungsakten enthalten sein.[70] **69**

Die neuen Vorschriften über die Anerkennung können auf die nach früherem Recht anerkannten oder genehmigten Stiftungen nicht mehr angewendet werden. Diese Stiftungen sind bereits wirksam als juristische Personen entstanden und die Änderungen der Vorschriften über die Anerkennung neuer Stiftungen wirken sich auf ihren Bestand nicht aus.“[71] **70**

69 BT-Ds. 19/31118, 8.
70 BT-Ds. 19/28173, 80.
71 BT-Ds. 19/28173, 81.

K. Begründung des Regierungsentwurfs zu Art. 11 (Inkrafttreten)

71 *„Artikel 9 Absatz 1 regelt das Inkrafttreten der Vorschriften zum Stiftungsregister im Bürgerlichen Gesetzbuch sowie in dem neuen Stiftungsregistergesetz, die in Artikel 3 und 4 enthalten sind, sowie die damit zusammenhängenden Folgeänderungen in Artikel 5 und 7. Sie sollen erst einige Jahre nach der Verkündung des Gesetzes in Kraft treten, damit ausreichend Zeit vorhanden ist, um die noch notwendigen rechtlichen und technischen Voraussetzungen für den Aufbau und den Betrieb des Stiftungsregisters zu schaffen. In Artikel 4 soll nur die Verordnungsermächtigung in § 19 StiftRG-neu schon am Tag nach der Verkündung des Gesetzes in Kraft treten. Derzeit wird das neue Fachverfahren AuRegis für die Registerführung entwickelt, das auch für das Stiftungsregister genutzt werden soll. Dieses wird voraussichtlich bis 2026 bereitstehen. Deshalb ist vorgesehen, dass die Regelungen zum Stiftungsregister zum 1. Januar 2026 in Kraft treten sollen.*

72 ***Zu Nummer 1:*** *Artikel 9 Absatz 1 Nummer 1 regelt das Inkrafttreten von Artikel 3, der die Registerpflichten der Stiftungen, des Stiftungsvorstands und der Liquidatoren einer Stiftung regelt.*

73 ***Zu Nummer 1:*** *Artikel 9 Absatz 1 Nummer 2 regelt das Inkrafttreten der in Artikel 4 enthaltenen Vorschriften des Stiftungsregistergesetzes mit Ausnahme der Verordnungsermächtigung in § 19 StiftRG-neu.*

74 ***Zu Nummer 3:*** *Artikel 9 Absatz 1 Nummer 3 regelt das Inkrafttreten der aufgrund der Schaffung des Stiftungsregisters notwendigen Folgeänderungen in der Insolvenzordnung (Artikel 5) und in § 106 GNotKG (Artikel 7 Nummer 3).*

75 ***Zu Absatz 2:*** *Artikel 9 Absatz 2 regelt das Inkrafttreten der in Artikel 1 vorgesehenen Änderungen im Bürgerlichen Gesetzbuch sowie der aufgrund dieser Änderungen notwendigen Folgeänderungen, die in Artikel 2, 6, 7 Nummer 1, 2 und 4, sowie in Artikel 8 vorgesehen sind. Diese Regelungen sollen zum 1. Juli 2022 in Kraft treten. Damit soll insbesondere den Stiftungen ausreichend Zeit gegeben werden, um ihre Stiftungssatzungen anzupassen und den Ländern, um ihre Stiftungsgesetze zu ändern.*

76 ***Zu Absatz 3:*** *Nach Artikel 9 Absatz 3 soll das Gesetz im Übrigen schon am Tag nach seiner Verkündung in Kraft treten. Damit soll die Verordnungsermächtigung in Artikel 4 § 19 so früh wie möglich in Kraft gesetzt werden.“*[72]

L. Begründung des Rechtsausschusses zum Hinausschieben des Inkrafttretens

77 *„Der bisherige Artikel 9 wird Artikel 11. Durch die Änderung des Artikels 11 Absatz 2 soll das Inkrafttreten des Artikels 1, der die Änderungen der §§ 80 ff. BGB enthält, und der Folgeänderungen in den Artikeln 2, 6, 7 und 8 hinausgeschoben werden, damit die Stiftungen ausreichend Zeit haben, um sich auf das neue Stiftungszivilrecht einzustellen.“*

M. Bewertung

78 Die Reform hat **zwei Verdienste**, nämlich zum einen die Vereinheitlichung des Stiftungszivilrechts und zum anderen die Einführung eines Stiftungsregisters. Für ersteres hätte man jedoch – wie der ProfE zeigt – nicht das ganze Stiftungsrecht umschreiben, umsortieren, übermäßig aufblähen und die Verzahnung mit dem Vereinsrecht (teilweise) aufgeben müssen. Und das Stiftungsregister wäre – auch abseits der Frage der Verfassungsmäßigkeit[73] – aus vielerlei Grün-

72 BT-Ds. 19/28173, 107.

73 Dazu insbesondere *Kämmerer/Rawert*, npoR 2020, 273 ff.; *Mayen*, ZHR 184 [2020], 694 ff.; *Arnold*, npoR 2021, 84, 87 f.

den besser, wie die anderen Register auch, bei den Amtsgerichten verortet worden.[74] Hinzukommt, dass den Eintragungen im Stiftungsregister in Anlehnung an das Vereinsregister generell nur negative, aber keine positive Publizität zukommt (ausführlich hierzu Vor 3 zu § 82b Rn. 5). Stiftungsvorstände können sich daher auch künftig hinsichtlich der Zugehörigkeit zum Vorstand und des Umfangs der Vertretungsmacht Dritten gegenüber nicht auf die Eintragungen im Stiftungsregister berufen, so dass sich die Praxis weiterhin mit der „Krücke" der Vertretungsbescheinigung wird behelfen müssen. Selbst die Freude über diese beiden Errungenschaften ist daher **erheblich getrübt.**

Überdies leidet die Reform an vielen kleinen und größeren, beabsichtigten und unbeabsichtigten **Mängeln.**[75] Manche von ihnen sind zwar auf dem Papier durch sachgerechte Auslegung zu beheben. Ob die Behördenpraxis dem folgt, bleibt jedoch abzuwarten. Und gerichtliche Entscheidungen wird es wie bisher (Rn. 29) nur selten geben; denn welcher Stifter möchte sein edles Vorhaben mit einem Rechtsstreit beginnen, und welche Stiftung möchte sich mit der für sie zuständigen Aufsichtsbehörde anlegen? Zudem wird es – leider – weiterhin so sein, dass die wenigen stiftungsrechtlichen Verfahren überwiegend im Verwaltungsrechtsweg geführt werden, obwohl sie genuin zivilrechtliche Fragen betreffen (etwa § 18 Abs. 1 StiftRG; auch deswegen wäre eine Verortung des Stiftungsregisters bei den Amtsgerichten vorzugswürdig gewesen). 79

Schließlich ist die Reform **nicht zukunftsweisend.** Mit den vorgenannten Ausnahmen wurde kein wichtiges Reformanliegen umgesetzt: Weder wurde Stifterinnen und Stiftern das seit zwanzig Jahren geforderte Änderungsrecht[76] eingeräumt (die dafür angeführten Gründe – Rn. 46 f. – überzeugen nicht), noch wurde die eher noch länger angemahnte „actio pro fundatione"[77] geschaffen. Und über die Ablösung des überkommenen Konzessionssystems haben die „gärtnernden Böcke" natürlich ebenso wenig nachgedacht wie über eine – wenigstens ansatzweise – Ersetzung der Staatsaufsicht durch privatrechtliche Kontrollinstrumente.[78] De lege ferenda wünschenswert wären schließlich Regeln zur Begrenzung des sog. Perpetuierungsproblems.[79] 80

Das ist umso bedauerlicher als im Jahre 2020 eine Initiative **„Verantwortungseigentum"** das Gespräch mit den zuständigen Beamten im BMJV gesucht hat. Dort wurde ihnen indes beschieden, dass die Stiftung nicht die richtige Rechtsform zur Umsetzung dieser Idee sei, was 81

74 *Schauhoff*, npoR 2016, 2, 4; *Jakob*, npoR 2016, 7, 9; Verhandlungen des 72. Deutschen Juristentages Leipzig 2018, Band II/1, Sitzungsberichte – Referate, P. 134, Beschluss Nr. 14.; *Arnold/Burgard/Droege/Hüttemann/Jakob/Leuschner/Rawert/Roth/Schauhoff/Segna/Weitemeyer*, Professorenentwurf zur Stiftungsrechtsreform 2020, ZIP 2020, Beilage zu Heft 10, 6 f.; Deutscher Notarverein (DNotV), Stellungnahme zum RefE vom 30.10.2020, VII.1., abrufbar unter https://www.dnotv.de/stellungnahmen/gesetz-zur-vereinheitlichung-des-stiftungsrechts/#more-3611; *Arnold/Burgard/Jakob/Roth/Weitemeyer*, npoR 2020, 294, 295; *Arnold*, npoR 2021, 84, 88.

75 Näher *Burgard*, ZStV 2021, 45; *ders.* GmbHR 2021, R244 ff.; s. auch die Stellungnahmen des DNotV vom 30.10.2020 (Fn. 73); des BVDS vom 16.9.2020, StiftungsPosition 10-2020 (Fn. 12) sowie des Stifterverbandes mit dem Deutschen Stiftungszentrum (DZS), Stellungnahme 11-2020; **a.A.** *Winkler*, ZStV 2021, 121 ff., der allerdings zu den maßgeblichen Mitverfassern des Diskussionsentwurfs gehörte, dem das Gesetz ja im Wesentlichen folgt.

76 So schon im Gesetzgebungsverfahren zum Gesetz zur Modernisierung des Stiftungsrechts vom 15.7.2002 die „Forderungen des Stifterverbandes zur Reform des Stiftungsrechts"; Protokollvermerk der Verbändeanhörung, Anlage 2 des Berichts der Bund-Länder-Arbeitsgruppe, 7; ferner Antrag der CDU/CSU-Fraktion „Ein modernes Stiftungsrecht für das 21. Jahrhundert", BT-Drs. 14/2029, 2; *Burgard*, NZG 2002, 697, 701 f.; ausführlich *Burgard*, Gestaltungsfreiheit, 335 ff.; seitdem *Weitemeyer*, NPLYB 2012/2013, 17, 25 f.; *Rawert*, NPLYB 2012/2013, 51, 56 ff.; *Hoffmann-Steudner*, ZStV 2015, 192, 193; *Schauhoff*, npoR 2016, 2, 4; *Jakob*, npoR 2016, 7, 9 ff.; *Rawert*, NPLYB 2012/2013, 51, 56 ff.; *Burgard*, ZStV 2016, 81, 87 ff.; *ders.*, npoR 2019, 106, 110 f.; *ders.*, NPLYB 2020, 71, 74 f.; *Nicolai/Kuszlik*, ZRP 2016, 47 f.; *Arnold/Burgard/Jakob/Roth/Weitemeyer*, npoR 2020, 294, 295.

77 Professorenentwurf, ZIP 2020, Beilage zu Heft 10, 8 (§ 85 Abs. 3); vgl. auch *Schauhoff* in Schauhoff/Mehren, Stiftungsrecht 2022, Kap. 1 Rn. 29.

78 *Arnold/Burgard/Jakob/Roth/Weitemeyer*, npoR 2020, 294, 295.

79 S. hierzu *Burgard*, npoR 2019, 1 ff., 11; in diese Richtung auch § 81 Abs. 2 des (von *Rawert* verfassten) Entwurfs eines Gesetzes zur Förderung des Stiftungswesens (StiftFördG) der Fraktion Bündnis 90/Die Grünen, BT-Drs. 13/9320 vom 1.12.1997; dafür auch MüKoBGB/*Weitemeyer*, § 80 Rn. 188.

objektiv falsch ist.[80] Daraufhin schlugen die Initiatoren die Schaffung einer neuen Rechtsformvariante (ursprünglich „GmbH im Verantwortungseigentum", jetzt „GmbH mit gebundenem Vermögen") vor,[81] womit sie nicht nur erhebliches Aufsehen erregten, sondern in der Politik und Öffentlichkeit auch breite Unterstützung erfuhren und weiterhin erfahren.[82] Inzwischen steht das Projekt sogar im Koalitionsvertrag.[83] Zwar gibt es auch viele kritische Stimmen.[84] Sollten die Initiatoren mit ihrer Idee aber durchdringen, steht zu befürchten, dass die neue Rechtsform die altehrwürdige Stiftung verdrängt, weil 25 Jahre lang versäumt wurde, sie den Bedürfnissen der Zeit anzupassen. So bleibt nur, auf eine neue Reform zu hoffen,[85] die – wie andere vergleichbare Reformen auch – nicht in die Hände eines „Beamtenkränzchens", sondern von Experten aus Wissenschaft und Praxis gelegt werden sollte. Anlass dafür könnte die Evaluierung sein, die zwei Jahre nach dem Inkrafttreten stattfinden soll (Rn. 67, § 44 Abs. 7 GGO).

---

80 *Burgard*, ZStV 2021, 1.
81 *Loritz/Weinmann*, DStR 2021, 2205 ff.
82 *Gehm*, Zeiss als Vorbild, Die Welt vom 30.11.2019, 16; *Brors*, Weitere GmbH-Variante: 600 Experten fordern neue Rechtsform für Unternehmen, Handelsblatt vom 1.10.2020; *Brors/Holzki*, Ruf nach neuer Rechtsform, Handelsblatt vom 2.10.2020, 3; *Holzki*, Verantwortungseigentum: Die neue Rechtsform für Unternehmen ist einen Versuch wert, Handelsblatt vom 6.10.2020; *Meyer*, Die bessere GmbH?, Die Welt vom 7.10.2020, 9; *Budras/Freytag/Preuß*, Startups für Rechtsform-Reform, FAZ vom 7.10.2020, 15; *Dittrich*, Verantwortungseigentum: Eine neue GmbH für eine neue Wirtschaft, vorwärts vom 7.10.2020; *Bruch/Fratzscher/Fuhrmann/Sanders*, Die großen Stärken des Verantwortungseigentums, FAZ vom 29.11.2020; *PWC*, Neue Rechtsform – gute Initiative, offene Fragen, abrufbar unter https://www.pwc.de/de/mittelstand/interview-neue-rechtsform-gute-initiative-offene-fragen.html (zuletzt abgerufen am 15.2.2022); *Brors*, Im Koalitionsvertrag findet sich die Rechtsform der Zukunft, Handelsblatt vom 25.11.2021; *Barzen*, Gebundenes Vermögen und die Angst vor dem Steuerschlupfloch, Handelsblatt vom 10.1.2022.
83 *Herzog/Gebhard*, GWR 2021, 445 m.w.N.
84 *Arnold/Burgard/Roth/Weitemeyer*, ZStV 2020, 201; *Hüttemann/Rawert/Weitemeyer*, npoR 2020, 296; *Grunewald/Hennrichs*, NZG 2020, 1201; *Arnold/Burgard/Roth/Weitemeyer*, NZG 2020, 1321; *Habersack*, GmbHR 2020, 992; *Weitemeyer*, FS Hopt 2020, 1419; *Burgard*, ZStV 2021, 1; *Plöger/Weitemeyer*, BB 2021 Heft 15, Die erste Seite; *BDI*, Die Idee einer „GmbH mit gebundenem Vermögen", abrufbar unter https://bdi.eu/artikel/news/die-idee-einer-gmbh-mit-gebundenem-vermoegen/ (zuletzt abgerufen am 15.2.2022); *Austmann/Seyfarth*, Die GmbH mit gebundenem Vermögen – eine überflüssige neue Rechtsform, abrufbar unter https://hengeler-news.com/de/articles/die-gmbh-mit-gebundenem-vermoegen (zuletzt abgerufen am 15.2.2022); *Loritz/Weinmann*, DStR 2021, 2205; *Vetter/Lauterbach*, FS Grunewald 2021, 1199; *Hüttemann/Schön*, DB 2021, 1356; *Weitemeyer/Weißenberger/Wiese*, GmbHR 2021, 1069; *Fleischer*, ZIP 2022, 345.
85 *„Nach der Reform ist vor der Reform."*, *Burgard*, GmbHR 2021, R244.

§ 80 Ausgestaltung und Entstehung der Stiftung

(1) [1]Die Stiftung ist eine mit einem Vermögen zur dauernden und nachhaltigen Erfüllung eines vom Stifter vorgegebenen Zwecks ausgestattete, mitgliederlose juristische Person. [2]Die Stiftung wird in der Regel auf unbestimmte Zeit errichtet, sie kann aber auch auf bestimmte Zeit errichtet werden, innerhalb derer ihr gesamtes Vermögen zur Erfüllung ihres Zwecks zu verbrauchen ist (Verbrauchsstiftung).

(2) [1]Zur Entstehung der Stiftung sind das Stiftungsgeschäft und die Anerkennung der Stiftung durch die zuständige Behörde des Landes erforderlich, in dem die Stiftung ihren Sitz haben soll. [2]Wird die Stiftung erst nach dem Tode des Stifters anerkannt, so gilt sie für Zuwendungen des Stifters als schon vor dessen Tod entstanden.

Schrifttum

Alders, Die Doppelstiftung als Instrument der Unternehmensnachfolge, Bucerius Law Journal 2011, S. 3; *Autenrieth*, Werdende Stiftung ist steuerlich wie eine unselbständige Stiftung zu behandeln, GmbHR 2016, S. 745; *Becker*, Der Städel-Paragraph (§ 84 BGB), in: Baumgärtel/Becker/u.a. (Hrsg.), FS Hübner, 1984, S. 21; *Berndt/Götz*, Stiftung und Unternehmen, 8. Aufl. 2009; *Burgard*, Mitgliedschaft und Stiftung – Die rechtsfähige Stiftung als Ersatzform des eingetragenen Vereins –, in: Walz/Hüttemann/u.a. (Hrsg.), Non Profit Law Yearbook 2005, 2006, S. 95; *Dylla*, Die Weisungsfunktion des Stiftungszwecks, 2015; *Eder*, Die „Vorstiftung", ZStV 2013, S. 52; *Erb*, Sammelvermögen und Stiftung, 1971; *Feick*, Die Verbrauchsstiftung in Zivil- und Steuerrecht, in: Andrick/Hellmig/u.a. (Hrsg.), Die Stiftung – Jahreshefte zum Stiftungswesen 2010, S. 121; *Fleisch*, Unternehmensverbundene Stiftungen, Stiftung und Sponsoring 2018, Beil. 4/2018; *Fleisch/Eulerich/Krimmer/Schlüter/Stolte*, Modell unternehmensverbundene Stiftung, 2018; *Fleishman*, Stiftungsführung und Unternehmenskontrolle in Deutschland und den Vereinigten Staaten: Die Bedeutung von Unabhängigkeit und Freiheit der Stiftungen für das Gemeinwohl, in: Bertelsmann-Stiftung (Hrsg.), Handbuch Stiftungen: Ziele, Projekte, Management, Rechtliche Gestaltung, 2003, S. 359; *Flume*, Die werdende Juristische Person, in: Ballerstedt/Hefermehl (Hrsg.), FS Gessler, 1971, S. 3; *Frieling/Jedicke/Schröder*, Die Versorgung durch Familienstiftungen – Versorgungskombinationen, Untersuchung der Vorteilhaftigkeit einer Kombination von Gehaltszahlungen und Leistungen zur Erfüllung des Stiftungszwecks, DStZ 2013, S. 557; *Frommhold*, Die Familienstiftung, AcP 1919, S. 87; *Grossfeld/Mark*, Die Stiftung als Träger von Unternehmen im deutschen Recht, WuR 1985, S. 65; *Gummert*, Die Stiftung als Mittel der Unternehmensnachfolge, in: Andrick/Gantenbrink/u.a. (Hrsg.), Die Stiftung – Jahreshefte zum Stiftungswesen 2012, S. 75; *Hof*, Die Unverfügbarkeit der selbstständigen Stiftung bürgerlichen Rechts – Kern der Stiftungsautonomie, in: Kohl/Kübler/u.a. (Hrsg.), GS Walz, 2008, S. 233; *Hommelhoff*, Stiftungsrechtsreform in Europa, in: Hopt/Reuter (Hrsg.), Stiftungsrecht in Europa, 2001, S. 227; *Huh*, Stiftungserrichtung mit kommunaler Beteiligung, Anmerkung zu einem Urteil des Oberverwaltungsgerichts Münster, in: Andrick/Gantenbrink/u.a. (Hrsg.), Die Stiftung – Jahreshefte zum Stiftungswesen 2013, S. 207; *ders.*, Die Vorstiftung – Ein juristisches Phantom oder doch eine reale Erscheinung? in: Fundare e.V./Andrick/u.a. (Hrsg.), Die Stiftung – Jahreshefte zum Stiftungswesen 2014, S. 139; *Hunnius*, Die Vorstiftung, Diss. 2000; *Hushahn*, Des Pudels Kern der Verbrauchsstiftung und die Gretchenfrage ihres Vermögensstocks – Zur zivil- und spendenrechtlichen Behandlung der Verbrauchsstiftung, npoR 2011, S. 73; *Hüttemann*, Der Beginn der subjektiven Körperschaftsteuerpflicht, in: Gocke/Gosch/u.a. (Hrsg.), FS Wassermeyer, 2005, S. 27; *ders.*, Die Vorstiftung – ein zivil- und steuerrechtliches Phänomen, in: Wachter (Hrsg.), FS Spiegelberger, 2009, S. 1292; *ders.*, Der Stiftungszweck nach dem BGB, in: Martinek/Rawert/u.a. (Hrsg.), FS Reuter, 2010, S. 121; *Hüttemann/Rawert*, Gründungsaufwand bei Stiftungen und Vereinen, ZIP 2020, S. 245; *Janitzki*, Unverfügbarkeit des Stiftungsvermögens oder Gestaltungsfreiheit? Zur aktuellen Diskussion um die Zulässigkeit der Verbrauchsstiftung, in: Andrick/Hellmig/u.a. (Hrsg.), Die Stiftung – Jahreshefte zum Stiftungswesen 2010, S. 111; *Kuchinke*, § 84 und die lebzeitige Stiftungserrichtung, in: Barfuß/Dutoit/u.a. (Hrsg.), FS Neumayer, 1985, S. 389; *Küstermann*, Die Verbrauchsstiftung und der neue § 80 Abs 2 S 2 BGB, in: Fundare e.V./Andrick/u.a. (Hrsg.), Die Stiftung – Jahreshefte zum Stiftungswesen 2014, S. 75; *Lange/Honzen*, Erbfälle unter Einschaltung ausländischer Stiftungen, ZEV 2010, S. 228; *Liermann*, Die Stiftung als Rechtspersönlichkeit, in: Franz/Liermann/u.a. (Hrsg.), Deutsches Stiftungswesen 1948-1966, 1968, S. 153; *Lutter*, Die Verbrauchsstiftung – Stiftung auf Zeit, in: Walz/Hüttemann/u.a. (Hrsg.), Non Profit Law Yearbook 2004, 2005, S. 43; *Matschke/Renner*, Einfluss des Stifterwillens auf das Stiftungsvermögen im Zeitraum zwischen Todestag des Stifters und Genehmigung der Stiftung, in: Hommelhoff/Zätzsch/u.a. (Hrsg.), FS W. Müller, 2001, S. 815; *Muscheler*, § 84 BGB und die lebzeitige Stiftungsgründung, DNotZ 2003, S. 661; *ders.*, Die Verbrauchsstiftung, in: Saenger/Bayer/u.a. (Hrsg.), FS O. Werner, 2009, S. 129; *Orth*, Stiftungsvermögen im Zeitraum zwischen Todestag des Stifters und Genehmigung der Stiftung, ZEV 1997, S. 327; *Pauli*, Die Verbrauchsstiftung, ZSt 2008, S. 97; *Rawert*, Der Stiftungsbegriff und seine Merkmale – Stiftungszweck, Stiftungsvermögen, Stiftungsorganisation, in: Hopt/Reuter (Hrsg.), Stiftungsrecht in Europa, 2001,

https://doi.org/10.1515/9783110251524-002

S. 109; *ders.*, Die Stiftung auf Zeit – insbesondere die Verbrauchsstiftung – in der zivilrechtlichen Gestaltungspraxis, npoR 2014, S. 1; *ders.*, Die Selbstzweckstiftung oder: vom Zwecklosen, in: Fischer/Geck/u.a. (Hrsg.), FS Crezelius, 2018, S. 87; *Reuter*, Die Verbrauchsstiftung, npoR 2010, S. 69; *ders.*, Der funktionale Stiftungsbegriff – ein Meilenstein in der stiftungsrechtlichen Diskussion?, in: Hüttemann/Rawert/u.a. (Hrsg.), Non Profit Law Yearbook 2010/2011, 2011, S. 65; *Schiffer/Pruns*, Höchstrichterlicher Abschied von der Vorstellung einer Vorstiftung, BB 2015, S. 1756; *dies.*, Vor ihrer staatlichen Anerkennung ist die rechtsfähige Stiftung ein Nichts!, GmbHR 2016, S. 742; *K. Schmidt*, Verbandszweck und Rechtsfähigkeit im Vereinsrecht, 1984; *O. Schmidt*, Die Stiftung von Todes wegen im Einrichtungsstadium: Gibt es die Vorstiftung?, ZEV 1998, S. 81; *Schwalm*, Die „werdende" Stiftung von Todes wegen als rechtspraktisches und rechtstheoretisches Problem, ZStV 2021, S. 10; *Schwinge*, Die Stiftung im Errichtungsstadium, BB 1978, S. 527; *Segna*, Die Verbrauchsstiftung – ein Fremdkörper im Stiftungsrecht?, JZ 2014, S. 126; *Steils*, Die Stiftung auf Zeit und die Verbrauchsstiftung, 2014; *Thole*, Die Stiftung in Gründung, 2009; *Wachter*, Steuerliche Behandlung von Stiftungen zwischen Errichtung und Anerkennung, ZEV 2003, S. 445; *ders.*, Kein Spendenabzug bei Zuwendungen an eine Vorstiftung, Zugleich Besprechung von FG Schleswig-Holstein, Urteil vom 4.6.2009, 1 K 156/04, DStR 2009, S. 2469; *R. Werner*, Die Vorstiftung – zivil- und steuerrechtliche Aspekte, ZErb 2011, S. 237.

Übersicht

A. Grundlagen

I. Norminhalt — 1

II. Verhältnis zum bisherigen Recht — 5

III. Normzweck — 6

IV. Begründung des Regierungsentwurfs — 8

V. Bewertung — 21

B. Definition der Stiftung, Abs. 1 S. 1 — 22

I. Vermögen — 24

II. Zur Erfüllung (Mittel-Zweck-Relation) — 25

III. Dauernd und nachhaltig — 31

IV. Zweck
1. Grundverständnis — 32
2. Folgerungen für den Stiftungszweck
   a) Allgemein — 42
   b) Selbstzweckstiftung — 45
   c) Unternehmensselbstzweckstiftungen — 47
   d) „Verdeckte Unternehmensselbstzweckstiftung" — 50
   e) Funktionsstiftungen (Stiftung & Co., Doppelstiftung) — 52
   f) Scheinzweckstiftungen — 53
   g) Weiterverweis — 54

V. Vom Stifter vorgegeben — 55

VI. Mitgliederlos — 56

VII. Juristische Person
1. Begriff — 63
2. Entstehung
   a) Vorgesellschaft — 67
   b) Keine Vorstiftung — 68
3. Beendigung — 75
4. Bedeutung des Tatbestandsmerkmals — 76

C. Dauer der Stiftung, Abs. 1 S. 2

I. Stiftungen auf unbestimmte Zeit, Hs. 1 — 77
1. Ewigkeitsstiftungen — 79
2. Zweckbedingte Stiftung — 80
3. Auflösend bedingte Stiftungen — 84
4. Hybridstiftung — 85

II. Stiftungen auf bestimmte Zeit, Hs. 2
1. Zeitstiftung — 86
2. Zweckbefristete Stiftung — 87
3. Verbrauchsstiftungen — 89
4. Auflösend befristete Stiftung — 92

III. Umgekehrte Hybridstiftung — 93

D. Entstehung der Stiftung, Abs. 2 S. 1 — 97

E. Anerkennung nach dem Tod des Stifters, Abs. 2 S. 2 — 99

I. Voraussetzungen, Anwendungsbereich — 100

II. Rechtsfolgen — 103

A. Grundlagen

I. Norminhalt

Absatz 1 Satz 1 ist nicht, wie man auf den ersten Blick meinen könnte, eine bloße Definitionsnorm, sondern soll, wie die Überschrift „Ausgestaltung" verrät, darüber hinaus Anerkennungsvoraussetzungen enthalten (vgl. Begr. RegE Vor § 80 Rn. 35 sowie u. Rn. 6).[1] Tatsächlich sind damit jedoch, wie zu zeigen sein wird, keine relevanten Einschränkungen der Gestaltungsfreiheit verbunden.[2] 1

Anders bei **Satz 2**, der die Definition des ersten Satzes um die Frage der Zeitdauer ergänzt. 2
Die Regel sind danach Stiftungen, die auf unbestimmte Zeit errichtet werden (sog. **„Ewigkeitsstiftungen"**), Halbsatz 1. Daneben kann eine Stiftung aber auch auf bestimmte Zeit errichtet werden, wenn zugleich bestimmt wird, dass ihr Vermögen in dieser Zeit zu verbrauchen ist, Halbsatz 2 (sog. **„Verbrauchsstiftung"**). Stiftungen auf Zeit, deren Vermögen nicht zum Verbrauch bestimmt sind, sind danach künftig unzulässig (Begr. RegE Rn. 9, 17).

Absatz 2 Satz 1 beschreibt sodann, wie eine Stiftung zur **Entstehung** gelangt, nämlich 3
durch ein privates Rechtsgeschäft, das Stiftungsgeschäft, und einen privatrechtsgestaltenden Verwaltungsakt, die sog. Anerkennung (Entstehung durch Doppelakt).

Absatz 2 Satz 2 schließlich ordnet die zeitliche **Rückwirkung des Stiftungsgeschäfts** auf 4
den Erbfall an und gehört systematisch nicht hierher.

II. Verhältnis zum bisherigen Recht

Die Vorschrift enthält **nicht viel Neues**. Zwar gab es bisher keine gesetzliche Definition der 5
rechtsfähigen Stiftung bürgerlichen Rechts. Absatz 1 Satz 1 soll aber nur die prägenden Merkmale der Rechtsform zusammenfassen, wie sie sich bisher schon aus einer Zusammenschau von Bundes- und Landesrecht ergeben (Begr. RegE Rn. 9). Absatz 1 Satz 2 entspricht mit negativen Abweichungen dem bisherigen § 80 Abs. 1 S. 2 Hs. 1 BGB. Absatz 2 Satz 1 ist mit dem bisherigen § 80 Abs. 1 BGB wortgleich sowie Satz 2 mit dem bisherigen § 84 BGB.

III. Normzweck

Die Vorschrift hat ganz unterschiedliche Zwecke. Die Definitionsnorm des Absatz 1 soll einer- 6
seits Stiftern und Rechtsanwendern das **Verständnis der Rechtsform erleichtern** (s.u. Begr. RegE Rn. 9), andererseits regeln, *„wie rechtsfähige Stiftungen des bürgerlichen Rechts ausgestaltet werden können"* (Begr. RegE Vor § 80 Rn. 35), also **versteckte Anerkennungsvoraussetzungen** enthalten, was den zuerst genannten Normzweck konterkariert. Ganz deutlich wird das bei Satz 2. Durch die Definition der Verbrauchsstiftung sollen **Stiftungen auf Zeit** verboten werden (Rn. 17).

Absatz 2 Satz 1 regelt die Voraussetzungen des Entstehens einer Stiftung (Doppelakt). Satz 2 7
bezweckt vor allem, dem Stifter die **Erbeinsetzung der Stiftung** zu ermöglichen.

---

1 Kritisch auch *Feick/Schwalm*, NZG 2021, 525, 532; widersprüchlich *Hüttemann/Rawert*, Beilage zu ZIP 33/2021, 1, 5.

2 Anders *Hüttemann/Rawert*, Beilage zu ZIP 33/2021, 1, 5.

IV. Begründung des Regierungsentwurfs

8 *„In § 80 BGB-neu werden die Rechtsform der rechtsfähigen Stiftung des bürgerlichen Rechts näher umschrieben und die Voraussetzungen für die Entstehung der Stiftung geregelt. Die Vorschrift gilt nicht für andere Stiftungsformen wie die rechtsfähige Stiftung des öffentlichen Rechts oder die unselbständigen Stiftungen. Dies folgt schon aus dem Standort der Vorschrift in dem Untertitel des Bürgerlichen Gesetzbuchs, in dem nur das Organisationsrecht für die rechtsfähige Stiftung des Privatrechts geregelt wird.*

9 ***Zu Absatz 1:*** *§ 80 Absatz 1 BGB-neu regelt die Merkmale, die eine Stiftung des bürgerlichen Rechts prägen. Diese können bisher nur aus der Zusammenschau der §§ 80 ff. BGB und der Vorschriften der Landesstiftungsgesetze erschlossen werden. Das erschwert es, den Stiftern und anderen Rechtsanwendern, die Rechtsform Stiftung zu verstehen und führt zu sehr unterschiedlichen Auffassungen über Stiftungen und ihr Organisationsrecht. Die Vorschrift stellt insbesondere klar, dass Stiftungen vom Stifter nur befristet werden können, wenn sie als Verbrauchsstiftungen ausgestaltet werden* **[Anm.: Letzteres ist keine Klarstellung, sondern eine Neuregelung].**

10 ***Zu Satz 1:*** *In § 80 Absatz 1 BGB-neu wird die Rechtsform der rechtsfähigen Stiftung des bürgerlichen Rechts umschrieben. Die Stiftung als juristische Person des Privatrechts unterscheidet sich von den anderen körperschaftlich organisierten juristischen Personen des Privatrechts wie rechtsfähigen Vereinen, Kapitalgesellschaften und Genossenschaften dadurch, dass sie keine Mitglieder hat. Charakteristisch für die Stiftung sind der Stiftungszweck und das Stiftungsvermögen sowie die für die Stiftung typische Verknüpfung von Zweck und Vermögen.*

11 *Der Zweck der Stiftung, den der Stifter im Stiftungsgeschäft festlegen muss, gibt der juristischen Person Stiftung ihren Inhalt. Der Stiftungszweck ist der Leitsatz der Stiftungstätigkeit, mit dem der Stiftung ein festes Ziel gegeben wird, an dem ihre Tätigkeit auszurichten ist. Er kann aus mehreren Teilzwecken bestehen, was zum Beispiel*[3] *bei Bürgerstiftungen regelmäßig der Fall ist, deren Tätigkeit zahlreiche Bereiche des kommunalen Lebens abdecken soll. Der Stiftungszweck kann nicht gegen den Willen des Stifters geändert werden.*

12 *Das Vermögen der Stiftung ist das Mittel zur Erfüllung des Stiftungszwecks. Das Vermögen, mit dem die Stiftung ausgestattet werden soll, muss die dauernde und nachhaltige Erfüllung des Stiftungszwecks bei Entstehung der Stiftung gesichert erscheinen lassen. Eine dauernde Zweckerfüllung setzt voraus, dass die Stiftung ihren Zweck mit dem Vermögen über einen längeren Zeitraum erfüllen kann.*

13 *Nachhaltig ist eine Zweckerfüllung nur, wenn sie auch wirksam ist, das heißt das Tätigwerden der Stiftung muss sich spürbar, also mit einer gewissen Intensität, auswirken. Zwischen den Merkmalen „dauerhaft“ und „nachhaltig“ bestehen Wechselwirkungen. Die Zweckerfüllung durch eine Stiftung, die über einen sehr langen Zeitraum bestehen soll, wird grundsätzlich wirksamer sein als die Zweckerfüllung durch eine Verbrauchsstiftung, die nur für eine kürzere Dauer besteht. In der Regel gilt, dass eine nachhaltige Zweckerfüllung desto mehr Anstrengungen erfordert, insbesondere auch Vermögenseinsatz, je kürzer der Zeitraum ist, für den eine Stiftung bestehen soll.* **[Anm.: Diese Ausführungen halten einer rechtlichen Nachprüfung nicht stand, s. § 82 Rn. 20].**

14 *Aus dieser für die Stiftung typischen Verknüpfung von Zweck und Vermögen folgt, dass als Stiftungszweck nur ein solcher Zweck in Betracht kommt, der sich durch Nutzung eines Vermögens erfüllen lässt. Der Zweck einer Stiftung kann sich nicht in der Erhaltung des eigenen Vermögens erschöpfen. Auch wenn für die Erfüllung eines Zwecks die Nutzung eines Vermögens nicht erforderlich ist, wie etwa für die Übernahme der Komplementärstellung in einer Personenhandelsgesellschaft („Stiftung und Co. KG“), kann dieser Zweck nicht in der Rechtsform der Stiftung verfolgt werden.* **[Anm.: Auch diese Ausführungen halten einer rechtlichen Nachprüfung nicht stand, s. Rn. 27].**

15 ***Zu Satz 2:*** *Eine Stiftung kann auf unbestimmte Zeit oder befristet als Verbrauchsstiftung errichtet werden. Der gesetzliche Regeltypus der Stiftung ist die auf unbestimmte Zeit errichtete Stif-*

3 BT-Ds. 19/28173, 45.

tung, die ihren Zweck durch die Nutzungen des Stiftungsvermögens erfüllt. Das ergibt sich insbesondere auch aus den nachfolgenden Vorschriften, insbesondere den Vorschriften zum Stiftungsvermögen. Bei ihr ist, wenn sie mit einem ausreichenden Vermögen ausgestattet wird, gesichert, dass der Zweck dauernd und nachhaltig erfüllt wird. Denn eine solche Stiftung kann nach den §§ 87 ff. BGB-neu nur aufgelöst oder aufgehoben werden, wenn die dauernde und nachhaltige Zweckerfüllung unmöglich geworden ist oder der Zweck das Gemeinwohl gefährdet oder durch die Insolvenz der Stiftung. Solange die Stiftung ihren rechtmäßigen Zweck mit den Nutzungen des Vermögens nachhaltig erfüllen kann, besteht sie fort.

Eine Verbrauchsstiftung ist nach der Legaldefinition in § 80 Absatz 1 Satz 2 BGB-neu eine Stif- 16
tung, die für eine bestimmte Zeit errichtet wird, innerhalb deren sie ihr gesamtes Vermögen zur Erfüllung ihrer Zwecke verbrauchen soll. Auch Verbrauchsstiftungen können nur anerkannt werden, wenn sie für eine längere Dauer errichtet werden. Nach § 82 Satz 2 BGB-neu, der inhaltlich im Wesentlichen dem § 80 Absatz 2 Satz 2 BGB entspricht, ist davon auszugehen, dass bei einer auf zehn Jahre befristeten Verbrauchsstiftung eine dauernde Zweckerfüllung gesichert erscheint. Die Ausstattung einer Verbrauchsstiftung, die nur für eine kurze Zeit besteht, muss gesichert erscheinen lassen, dass der Zweck innerhalb der Zeitdauer der Stiftung auch nachhaltig erfüllt werden kann. Das setzt während der kurzen Zeitdauer der Stiftung einen erheblich größeren Mitteleinsatz für die Zweckerfüllung voraus als während des gleichen Zeitraums bei einer auf unbestimmte Zeit errichteten Stiftung. Das ist aber bei einer Verbrauchsstiftung in der Regel auch möglich, weil bei der Verbrauchsstiftung kein Grundstockvermögen gebildet wird, das zu erhalten ist. Das gesamte Stiftungsvermögen der Verbrauchsstiftung soll innerhalb der Zeit, für die die Stiftung errichtet wurde, für die Zweckerfüllung verbraucht werden. Dies ermöglicht einen höheren Vermögenseinsatz für die Zweckerfüllung während des Bestehens der Stiftung als bei vergleichbar ausgestatteten Stiftungen, die auf unbestimmte Zeit errichtet wurden und das gewidmete Vermögen erhalten müssen.

Stiftungen auf Zeit, die ihr Vermögen erhalten sollen, sind auch weiterhin nicht anerkennungs- 17
fähig. Dies entspricht der geltenden **[Anm.: allerdings rechtswidrigen]** *Praxis der Landesstiftungsbehörden.*

Zu Absatz 2: *§ 80 Absatz 2 BGB-neu regelt die Voraussetzungen für die Entstehung der Stif-* 18
tung.[4]

Zu Satz 1: *§ 80 Absatz 2 Satz 1 BGB-neu entspricht inhaltlich dem bisherigen § 80 Absatz 1* 19
BGB. Das Entstehen der Stiftung als Rechtssubjekt setzt neben dem Stiftungsgeschäft die staatliche Anerkennung voraus. Zuständig für die Anerkennung einer Stiftung ist immer eine Landesbehörde. Die Mitwirkung der Kirchen bei der Errichtung und Anerkennung kirchlicher Stiftungen kann auch weiterhin durch Landesrecht geregelt werden. Die landesrechtlichen Regelungen, die bestimmen, dass kirchliche Stiftungen nur mit Zustimmung der Kirchen errichtet werden können, bleiben durch die Neuregelung des Stiftungsrechts im BGB unberührt. Das wird durch § 88 BGB klargestellt, der insoweit § 80 Absatz 3 BGB ersetzt.

Zu Satz 2: *§ 80 Absatz 2 Satz 2 BGB-neu entspricht dem bisherigen § 84 BGB.*"[5] 20

V. Bewertung

Absatz 1 Satz 1 ist unnötig und stiftet womöglich mehr Schaden als Nutzen (näher Rn. 26 u. 21
Rn. 31). Satz 2 ist missverständlich formuliert (näher Rn. 77). Und Absatz 2 Satz 2 ist systematisch fehl am Platz.

4 BT-Ds. 19/28173, 46.
5 BT-Ds. 19/28173, 47.

B. Definition der Stiftung, Abs. 1 S. 1

22 Nach dieser Vorschrift sind die **Merkmale** einer Stiftung rechtsfähigen Stiftung bürgerlichen Rechts:
- Vermögen,
- zur Erfüllung (Mittel-Zweck-Relation),
- dauernd und nachhaltig,
- Zweck,
- vom Stifter vorgegeben,
- mitgliederlos,
- juristische Person.

23 Diese Merkmale gilt es nunmehr näher zu untersuchen.

I. Vermögen

24 Der Vermögensbegriff muss je nach Rechtsgebiet bzw. Norm eigenständig ausgelegt werden. Das BGB verwendet den Begriff „Vermögen" unterschiedlich: Während in §§ 311b Abs. 2 und Abs. 3, 1085 BGB lediglich das Aktivvermögen gemeint ist,[6] ist der Vermögensbegriff des § 1922 BGB weiter. Die Norm betrifft das Vermögen *„als Ganzes"* und umfasst daher auch die Verbindlichkeiten, was § 1967 Abs. 1 BGB klarstellt (Prinzip der Universalsukzession). Unter Vermögen i.S.d. § 1922 BGB ist daher die *„Gesamtheit der vererbbaren Rechtsverhältnisse"* zu verstehen, und zwar unabhängig davon, ob sie Geldwert haben oder nicht.[7] Das Stiftungsrecht folgt diesem **erbrechtlichen Vermögensbegriff**, weil §§ 80 Abs. 2 S. 2, 81 Abs. 3, 4 BGB, § 356 Abs. 3 FamFG (bisher §§ 83, 84 BGB) ersichtlich davon ausgehen, dass eine Stiftung zum (Allein-)Erben eingesetzt werden kann.[8]

II. Zur Erfüllung (Mittel-Zweck-Relation)

25 Das Vermögen muss „zur Erfüllung" des Stiftungszwecks dienen. Aus dieser Mittel-Zweck-Relation zieht die Begr. RegE (Rn. 14) weitreichende Folgerungen: Erstens dürfe sich der Zweck einer Stiftung nicht in der Erhaltung ihres eigenen Vermögens erschöpfen (**Verbot sog. „Selbstzweckstiftung"**). Zweitens müsse die Nutzung eines Vermögens für die Zweckerfüllung erforderlich sein (**Verbot sog. „Funktionsstiftungen"** wie der Stiftung & Co KG). Und drittens darf *„das Grundstockvermögen* [nur] *aus Vermögensgegenständen zusammengesetzt sein ..., die entweder unmittelbar zur Erfüllung des Stiftungszwecks gebraucht werden können oder die Erträge bringen können, mit denen der Stiftungszweck erfüllt werden kann"* (**Verbot ertraglosen Vermögens**, so die Begr. RegE zu § 83c Abs. 1 S. 2, dort Rn. 14).

26 Dass sich der Zweck einer Stiftung nicht in der Erhaltung ihres eigenen Vermögens erschöpfen darf, ist in dieser Allgemeinheit **zumindest grob missverständlich**; nichts Anderes macht nämlich bspw. eine Museumsstiftung.[9] Das (zutreffende) Verbot der Selbstzweckstiftung ist keine Frage der Mittel-Zweck-Relation, sondern eine Frage des Zweckbegriffs, s. Rn. 46. Ebenso **schädlicher Unsinn** ist es, aus der Mittel-Zweck-Relation Grenzen für die Zusammensetzung des Stiftungsvermögens zu folgern. Andernfalls könnten einer Stiftung – entgegen dem stif-

---

6 MüKoBGB/*Ruhwinkel*, § 311b BGB Rn. 107; MüKoBGB/*Pohlmann*, § 1085 BGB Rn. 2.

7 MüKoBGB/*Leipold*, § 1922 Rn. 16 u. Rn. 21.

8 Zutreffend *Pruns*, AnwZert ErbR 24/2020 Anm. 2. Der Sache nach ist das wohl unbestritten; zum bisherigen Recht Staudinger/*Hüttemann*/*Rawert*, BGB, § 83 Rn. 8; MüKoBGB/*Weitemeyer*, § 83 Rn. 7; BeckOK BGB/*Backert*, § 83 Rn. 4.

9 Ebs. *Schiffer*/*Pruns*/*Schürmann*, § 2 Rn. 5 f.

tungsrechtlichen Vermögensbegriff (s. Rn. 24) – bei ihrer Errichtung weder Goldbarren noch zinslose Bundesanleihen zugewendet werden, näher u. § 83c BGB Rn. 43.

Schließlich hält auch das Verbot von **Funktionsstiftungen** einer rechtlichen Nachprüfung nicht stand;[10] denn zum einen ist die Mitgliedschaft in einer Personengesellschaft grundsätzlich vererblich[11] (§ 1922 Abs. 1 BGB) und fällt daher ebenfalls unter den stiftungsrechtlichen Vermögensbegriff.[12] Und zum anderen ist die KG bzw. die Mitgliedschaft in ihr regelmäßig die (einzige) Ertragsquelle der Stiftung. Sie bedarf ihrer daher, um ihre Zwecke zu erfüllen.[13] Deswegen ist es (aus Sicht der Stiftung) sogar vernünftig, die Geschäfte der KG zu führen. Vielmehr kann es doch keinen Unterschied machen, ob eine Stiftung Miteigentümerin eines Gebäudekomplexes ist und diesen verwaltet (was ohne Zweifel zulässig ist) oder ob dieser Komplex einer KG gehört, deren Komplementärin die Stiftung ist. S. ferner u. Rn. 52. 27

Zu Recht wurden Funktionsstiftungen daher **bisher vielfach genehmigt** (z.B. Lidl).[14] Daran vermag die Begr. RegE de iure auch für die Zukunft nichts zu ändern, da sich ein generelles Verbot weder aus dem Gesetzeswortlaut noch aus dem Sinn von Abs. 1 S. 1 ableiten lässt (s.o. Rn. 25 ff.). Im Gegenteil: Die Definition soll das Verständnis der Rechtsform erleichtern. Aus einer Definition derart spezielle und schwer nachvollziehbare Schlüsse zu ziehen, wie es der Begründung beliebt, widerspricht diesem Zweck diametral. 28

Richtigerweise wird auch hier verkannt, wo das Problem liegt, nämlich zum einen in der Frage, ob die Komplementärstiftung einen zulässigen Zweck hat (s. Rn. 52) sowie zum anderen in dem Risiko der persönlichen und unbeschränkten Haftung, durch das ihre Fähigkeit zur dauernden und nachhaltigen Zweckerfüllung in Zweifel gezogen werden könnte. Beides ist im Einzelfall zu prüfen. 29

Das Wort **„Erfüllung"** ist nicht i.S.d. §§ 362 ff. BGB, sondern als **„Verfolgung"** gemeint. Zwar hat das Gesetz das Wort „Erfüllung" schon bisher verwendet. Wenn man aber schon die §§ 80 ff. BGB weitgehend umformuliert, dann hätte ein Auswechseln der Begrifflichkeit an dieser Stelle viel näher gelegen als anderwärts. 30

III. Dauernd und nachhaltig

Dieses Merkmal hat in der Definitionsnorm nichts verloren. Vielmehr handelt es sich um eine **Anerkennungsvoraussetzung**, s. § 82 BGB. Das wird sogleich deutlich, wenn man sich überlegt, dass der Gesetzgeber bei einem wünschenswerten Übergang zum System der Normativbestimmung anstatt des Merkmals „dauernd und nachhaltig" ein Mindestkapital von z.B. 500.000 Euro vorsehen könnte. 31

---

10 *Schiffer/Pruns/Schürmann*, § 2 Rn. 9 ff.; *Theuffel-Werhahn*, Stiftung und Recht, 2021, 189, 190 f.; *Ponath/Tolksdorf*, ZEV 2021, 605, 606; **a.A.** *Hüttemann/Rawert*, Beilage zu ZIP 33/2021, 1, 5; *Fleisch* in Schauhoff/Mehren, Stiftungsrecht 2022, Kap. 2 Rn. 3.

11 BGHZ 22, 186, 191; 68, 225, 229; 98, 48, 50; 108, 187, 194 f.; 119, 346, 354; vgl. MüKoHGB/*K. Schmidt*, § 139 Rn. 12 m.w.N.; BeckOK HGB/*Lehmann-Richter*, § 139 Rn. 3 f.

12 Zutreffend *Pruns*, AnwZert ErbR 24/2020 Anm. 2; im Anschluss ebs. *Theuffel-Werhahn*, Stiftung und Recht, 2021, 189, 190 f.

13 Wie hier *Theuffel-Werhahn*, Stiftung und Recht, 2021, 189, 190 f.; *Schiffer/Pruns/Schürmann*, § 7 Rn. 25, die zutreffend darauf hinweisen, dass die Erträge der Mitgliedschaft in der KG Nutzungen (§ 100 BGB) i.S.d. § 83c Abs. 1 S. 2 sind; **anders die h.L.** etwa MüKoBGB/*Weitemeyer*, Rn. 202 m.w.N.

14 Weitere prominente Beispiele bei *Schiffer/Pruns/Schürmann*, § 2 Rn. 9.

IV. Zweck

1. Grundverständnis[15]

32 *„Der Stiftungszweck ist die ‚Seele' der Stiftung"* – so beginnen *Hüttemann/Rawert*, ein Wort von *Liermann* zitierend, ihre Ausführungen zum Stiftungszweck.[16] Das ist nicht falsch, vor allem aber auch nicht richtig und spiegelt eine verbreitete Auffassung wieder. Richtig ist: Der Zweck ist wichtigster Ausdruck des Stifterwillens genauso wie der Verbandszweck wichtigster Ausdruck des Mitgliederwillens ist. Dem **Stiftungszweck kommt keinerlei andere Bedeutung** oder andere Funktion **zu als dem Zweck im Gesellschaftsrecht.** Genauso wie im Gesellschaftsrecht (§ 33 Abs. 1 S. 2 BGB: Zustimmung aller Mitglieder!) ist der Stiftungszweck nur unter engen Voraussetzungen änderbar (§ 85 Abs. 1 BGB). Und auch sonst sind keine Unterschiede ersichtlich.[17] Für eine mystische Überhöhung besteht also kein Anlass.

33 Was hingegen sowohl im Stiftungs- als auch im Gesellschaftsrecht oft nicht hinreichend deutlich wird, ist die Antwort auf die Frage, was der Zweck eigentlich genau ist. Dazu gilt es sich zunächst vor Augen zu führen, dass **zwischen** dem Verbands- bzw. **Stiftungszweck** einerseits und dem **Gegenstand der Tätigkeit** der Stiftung bzw. des Verbandes andererseits **zu unterscheiden** ist. Diese Unterscheidung ist im Gesetz angelegt (z.B. §§ 1, 3 Abs. 1 Nr. 2 GmbHG: „Gegenstand des Unternehmens"; § 85 Abs. 1, Abs. 2 S. 2: „Art und Weise der Zweckerfüllung") und (heute) unstreitig, wird aber nach wie vor nicht immer streng durchgeführt.

34 Nach der **Rechtsprechung des Bundesgerichtshofs** ist der Verbandszweck der oberste Leitsatz der Verbandstätigkeit, mit dessen Änderung kein Mitglied rechnen muss und für dessen Änderung es daher der Zustimmung aller Mitglieder bedarf (§ 33 Abs. 1 S. 2 BGB).[18] Der **Verbandszweck** ist damit gleichsam die Geschäftsgrundlage des Personenzusammenschlusses.[19] Dementsprechend sind als Verbandszweck in erster Linie die **formalen Ziele der Verbandstätigkeit** hinsichtlich der Wertschöpfung und Wertverteilung anzusehen, die sich in Anlehnung an *Wiedemann*[20] wie folgt unterteilen lassen – wobei es selbstverständlich auch Mischformen gibt:

(1) Wertschöpfung (= erstrebter wirtschaftlich-ideeller Nutzen),
- (a) Gewinnerzielung (insbes. erwerbswirtschaftliche Unternehmen),
- (b) Kostendeckung (insbes. nonprofit Organisationen),
- (c) Bedarfsdeckung (z.B. gemeinnützige Unternehmen),
- (d) geistig-ideelle Werte (z.B. Idealvereine, Tendenzunternehmen),

(2) Wertverteilung (Begünstigte des erstrebten Nutzens),
- (a) Privatnützig (beschränkter Personenkreis),
  - (aa) Eigennützig (Mitglieder),
  - (bb) Fremdnützig (Dritte),
- (b) Gemeinnützig (Allgemeinheit).[21]

35 Demgegenüber wird als **Gegenstand der Verbandstätigkeit** die Art und Weise (so § 85 Abs. 2 S. 2) oder das Mittel der Zweckverfolgung oder auch der Tätigkeitsrahmen des Verbandes bezeichnet, innerhalb dessen der Zweck verwirklicht wird.[22] Gegenstand der Verbandstätigkeit in

---

15 S. zum Folgenden bereits *Burgard*, Gestaltungsfreiheit, 110 ff.

16 Staudinger/*Hüttemann/Rawert*, BGB, Vorbemerkungen zu §§ 80–88 Rn. 5.

17 Näher *Burgard*, Gestaltungsfreiheit, 116.

18 BGHZ 96, 245, 251.

19 Vgl. auch BayObLG NJW-RR 2001, 1260, 1261 m.w.N.; *K. Schmidt*, Gesellschaftsrecht, § 4 II.3, 65.

20 *Wiedemann*, Gesellschaftsrecht Band I, 326.

21 Ebenso *Arnold/Burgard/Roth/Weitemeyer*, NZG 2020, 1321, 1322 f.; ähnlich *Roth*, Verbandszweck und Gläubigerschutz, § 10 A. I.; ähnlich Habersack/Casper/Löbbe/*Ulmer/Löbbe*, GmbHG, § 1 Rn. 3 f., 12 ff.

22 Lutter/Hommelhoff/*Bayer*, GmbHG, 20. Aufl. 2020, § 1 Rn. 3; *K. Schmidt*, Gesellschaftsrecht, § 4 II.3.b), 65.

diesem Sinne sind bei erwerbswirtschaftlichen Verbänden etwa die in § 1 Abs. 2 HGB a.F. genannten Gewerbe. Dementsprechend ist der Gegenstand der Tätigkeit leichter zu ändern als der Zweck: Im Gesellschaftsrecht nach den allgemeinen, für Satzungsänderungen geltenden Regeln,[23] im Stiftungsrecht unter den Voraussetzungen des § 85 Abs. 2 BGB. Solange keine Änderung erfolgt, binden der Zweck und der Gegenstand die Organe bei ihrer Tätigkeit jedoch gleichermaßen, weswegen sich das Problem ihrer genauen Unterscheidung nicht oft zu stellen scheint.

Zudem stehen **Zweck und Gegenstand der Tätigkeit** nicht beziehungslos nebeneinander **36** und ihr **Verhältnis zueinander** ist auch **nicht immer das gleiche**, wie oft angenommen wird. Vielmehr kann das Verhältnis von Tätigkeit und Zweck ganz unterschiedlich ausgestaltet sein. **Folgende Modelle** kommen in Betracht – wobei es natürlich auch hier Mischformen gibt:

(1) Die Stiftungs- oder Verbandstätigkeit dient unmittelbar selbst der Zweckverwirklichung (Stiftungs- oder Verbandstätigkeit als Zweckverwirklichung).

(2) Die Stiftungs- oder Verbandstätigkeit ist bloßes Mittel zum Zwecke der Gewinnerzielung (Stiftungs- oder Verbandstätigkeit als Erwerbsquelle).

(3) Auch die Gewinnerzielung ist bloßes Mittel zur Verfolgung anderweitiger Zwecke (Erwerb als Dotationsquelle). In diesem Fall ist die Gewinnerzielung nicht selbst Zweck, sondern ein bloßes Hilfsgeschäft wie etwa die Beschäftigung von Arbeitnehmern.
Dabei findet sich das erste Modell vor allem bei Stiftungen und Verbänden, die sich der Bedarfsdeckung oder einer geistig ideellen Zielsetzung verschrieben haben, aber auch bei Genossenschaften. Das zweite Modell ist dasjenige von erwerbswirtschaftlichen Unternehmensträgern. Und das dritte Modell kommt vor allem bei Stiftungen vor.[24]

Dieses **unterschiedliche Verhältnis** von Zweck und Gegenstand der Tätigkeit **erklärt**, warum **37** das Gesetz in Satzungen von **Kapitalgesellschaften** nur die Angabe des Unternehmensgegenstandes (§§ 23 Abs. 3 Nr. 2 AktG, 3 Abs. 1 Nr. 2 GmbHG), bei Vereinen und Stiftungen hingegen die Angabe des Zwecks (§§ 57 Abs. 1, 81 Abs. 1 Nr. 1 lit. a BGB) verlangt. Gesetzestypischer Zweck von Kapitalgesellschaften ist nämlich Gewinnerzielung (Wertschöpfung) zugunsten der Mitglieder (Wertverteilung). Aus Sicht des Gesetzes bedarf das sozusagen keiner Erwähnung. Demgegenüber ist der Unternehmensgegenstand, mit dem dieser Zweck verfolgt werden soll, zwar regelmäßig sekundär, weil er eben bloßes Mittel zum Zweck der Gewinnerzielung ist. Angesichts der Weite des Zwecks „Gewinnerzielung“ begrenzt jedoch erst ein bestimmter Unternehmensgegenstand das Tätigkeitsfeld der Gesellschaft und deren Geschäftsführung hinreichend.

Ganz anders verhält es sich hingegen **bei Vereinen.** Der gesetzestypische Fall ist hier eine **38** ideale, nicht auf Gewinnerzielung gerichtete Zwecksetzung. Dabei ist die Verbandstätigkeit nicht bloßes Mittel zum Zweck, sondern dient typischerweise unmittelbar selbst der Zweckverwirklichung. Die ideale Zwecksetzung (z.B. Kegeln) und die Verbandstätigkeit fallen mithin zusammen oder sind zumindest teilidentisch. Deswegen muss in solchen Fällen die Art und Weise der Zweckerfüllung zivilrechtlich betrachtet nicht angegeben werden (Begr. RegE § 81 Rn. 56).

Während bei Kapitalgesellschaften daher ein Branchenwechsel etwa von Metallverarbei- **39** tung zu Telekommunikation regelmäßig nur eine einfache Satzungsänderung voraussetzt (Änderung des Unternehmensgegenstandes), wäre ein entsprechendes Vorhaben bei einem Verein (z.B. statt Kegeln nunmehr Literatur) Zweckänderung. Das bedeutet freilich weder, dass bei Vereinen nicht zwischen ihrem Zweck (z.B. Sport) und dem Gegenstand ihrer Tätigkeit (z.B. Leichtathletik und Ballsport) unterschieden werden könnte, noch, dass jede Änderung des in der Satzung angegebenen Vereinszwecks Zweckänderung i.S.d. § 33 Abs. 1 S. 2 BGB ist. Wohl aber bedeutet dies, dass der satzungsgemäßen Tätigkeit bei der Bestimmung des Verbandszwecks ein ganz unterschiedliches Gewicht beizumessen ist, je nachdem, ob die Verbandstä-

23 So ausdrücklich § 179 Abs. 2, S. 2 AktG; im Übrigen h.M., etwa *K. Schmidt*, Gesellschaftsrecht, § 4 II.3.b), 65; K. Schmidt/Lutter/*Seibt*, AktG, 4. Aufl. 2020, § 23 Rn. 34; Soergel/*Hadding*, BGB, § 33 Rn. 9; *Altmeppen*, GmbHG, 10. Aufl. 2021, § 1 Rn. 7; konsequent **a.A.** *Großmann*, Unternehmensziele, 25 ff.

24 *Burgard*, Gestaltungsfreiheit, 112.

tigkeit selbst unmittelbar der Zweckverfolgung dient oder bloßes Mittel zur Erreichung anderweitiger Zwecke ist. Das zeigt sich auch bei Genossenschaften oder beispielsweise einer GmbH, deren Unternehmensgegenstand „Handel mit Kunsthandwerk aus der Dritten Welt" ist: Während eine Ausdehnung auf den Handel mit anderen Produkten aus der Dritten Welt nur eine Änderung des Unternehmensgegenstandes verlangt, stellte ein Fortfall der Beschränkung auf Güter „aus der Dritten Welt" u.U. eine Zweckänderung dar, nämlich dann, wenn der Zweck der GmbH nicht (allein) auf Gewinnerzielung zugunsten der Mitglieder, sondern (auch) auf eine Förderung von Produzenten aus der Dritten Welt, also auch auf eine fremdnützige Wertverteilung gerichtet ist.[25]

40 Überdies verdeutlichen die Regelungen des **§ 85 Abs. 1 S. 1, Abs. 2 S. 1 BGB**, dass zwischen einer Auswechselung und einer erheblichen Beschränkung des Zwecks (was auch Folge einer erheblichen Zweckerweiterung sein kann, § 85 Rn. 81) einerseits und unerheblichen Zweckbeschränkungen und (sonstigen) Zweckerweiterungen andererseits zu unterscheiden ist (näher § 85 Rn. 78). Diese Unterscheidung ist **auch im Verbandsrecht sachgerecht**. Nur Zweckänderungen i.S.d. § 85 Abs. 1 S. 1 BGB sind daher Zweckänderungen i.S.d. § 33 Abs. 1 S. 2 BGB. Das erklärt, warum es bei einem Verein, dessen Zweck auf Schießen mit Bogen und Luftgewehr gerichtet ist, keiner Zweckänderung bedarf, wenn die Luftgewehrabteilung geschlossen werden soll, weil sie tatsächlich schon seit Jahren nicht mehr betrieben wird.[26] Und umgekehrt erklärt es, weswegen eine Zweckänderung erforderlich ist, wenn ein auf „Racketsport" spezialisierter Verein zu einem allgemeinen Sportverein umgestaltet werden soll.[27]

41 Schließlich ist darauf hinzuweisen, dass die Verwendung des Begriffs „Zweck" oft nicht hinreichend zwischen dem **Zweck im engeren Sinne** und der Art und Weise seiner Verwirklichung unterscheidet, sondern beides zugleich meint (**Zweck im weiteren Sinne**). Das gilt auch für die §§ 80 ff. BGB. Der Zweck i.e.S. ist in §§ 80 Abs. 1, 81 Abs. 1 Nr. 1 lit. a, Abs. 4, 85 Abs. 1, Abs. 2 S. 1, 86 Nr. 2, 87 Abs. 1 BGB angesprochen. Dagegen meinen §§ 82, 83b Abs. 4 S. 2, 83 Abs. 1 S. 2 und 3, 86 Nr. 3, 86a Nr. 2 BGB den Zweck i.w.S.

2. Folgerungen für den Stiftungszweck

42 **a) Allgemein.** Bei Stiftungen kommen vor allem **zwei Modelle** (s.o. Rn. 36) vor: Die Tätigkeit der Stiftung dient **unmittelbar selbst der Zweckverwirklichung** (insb. Anstaltsstiftungen wie etwa eine Krankenhausstiftung) oder die Tätigkeit der Stiftung ist zwar auf Erwerb gerichtet, dieser ist jedoch bloße **Dotationsquelle** zur Verfolgung des Stiftungszwecks (insb. Kapitalstiftungen). In beiden Fällen gilt das oben Gesagte (Rn. 36 f.). Ist der Zweck einer Stiftung Krankenfürsorge und betreibt sie ein Krankenhaus, dann setzt der Erwerb eines Altenheims eine Zweckerweiterung voraus. Ob sich diese Zweckerweiterung nach § 85 Abs. 1 oder 2 BGB richtet ist Tatfrage, s. § 85 Rn. 86 f. Dient das Krankenhaus der Regelversorgung und muss es sich aus wirtschaftlichen Gründen auf eine Grundversorgung (d.h. nur noch auf Innere Medizin und allgemeine Chirurgie) beschränken und daher etliche Abteilungen (z.B. HNO, Orthopädie und Gynäkologie) schließen, dann erfordert das lediglich eine Änderung der Art und Weise der Zweckerfüllung. Ist der Satzungszweck einer Kapitalstiftung die Förderung junger Bildhauer durch die Vergabe von Stipendien, dann ist es eine Zweckänderung, wenn Musiker statt Bildhauer gefördert werden sollen, dagegen eine bloße Erweiterung der Art und Weise der Zweckerfüllung, wenn mit den geförderten Bildhauer nun auch Ausstellungen veranstaltet werden sollen.

43 Die **Bedeutung einer sachgerechten Unterscheidung** von Stiftungszweck und Gegenstand der Stiftungstätigkeit (= Art und Weise der Zweckerfüllung) zeigt auch folgender vom

---

25 *Burgard*, Gestaltungsfreiheit, 112 f.

26 OLG Nürnberg – 12 W 2249/15, BeckRS 2015, 19357.

27 OLG Hamm – I-15 W 546/10, FGPrax 2012, 36.

Bundesgerichtshof[28] entschiedene Fall: „Zweck“ der klagenden Kapitalstiftung war laut Satzung, *„vorbeugende Maßnahmen zur Bekämpfung des Alkoholismus durchzuführen, insbesondere alkoholfreie Gaststätten einzurichten“*. Schon diese Fassung des Stiftungszwecks in der Satzung war ungenau und missverständlich. Zwar könnte auch die Einrichtung von alkoholfreien Gaststätten Stiftungszweck i.e.S. sein. Das hatte die Stifterin jedoch nicht beabsichtigt. Vielmehr ergibt sich aus dem Wortlaut ihres Testaments eindeutig, dass Zweck der Stiftung die Vorbeugung gegen Alkoholismus, die Einrichtung von alkoholfreien Gaststätten und Ausschankstellen dagegen lediglich ein vorzugswürdiges Mittel zur Verfolgung dieses Zwecks sein sollte. Dadurch aber, dass der Wortlaut der Stiftungssatzung nicht zwischen Zweck und Mittel trennte, wurden die Stiftungsorgane zu der Annahme verleitet, die Einrichtung von alkoholfreien Gaststätten selbst sei Zweck, und zwar noch dazu Hauptzweck der Stiftung – eine Interpretation, die durch das Wort „insbesondere“ nahe zu liegen schien. Als sich dann die Einrichtung von alkoholfreien Gaststätten als undurchführbar erwies, lag es in der Konsequenz dieser Fehlinterpretation, dass die Stiftungsorgane (und zunächst auch die Stiftungsaufsichtsbehörde) meinten, dass die Einrichtung von alkoholfreien Mittagstischen für Studenten und Gehbehinderte dem Stiftungszweck gerecht würde, anstatt auf andere Maßnahmen zur Vorbeugung gegen Alkoholismus zu sinnen.

Ohne das richtige Verständnis, was der Stiftungszweck genau ist, lassen sich die folgenden Streitfragen des Stiftungsrechts nicht sachgerecht entscheiden. **44**

b) Selbstzweckstiftung. Von einer Selbstzweckstiftung wird gesprochen, wenn sich die Tätigkeit der Stiftung in der Erhaltung und Vermehrung ihres eigenen Vermögens mit der Folge erschöpft, dass die Stiftungserträge ausschließlich dem Stiftungsvermögen zugutekommen, ohne dabei irgendwelche anderweitigen Zwecke zu verfolgen.[29] Eine Museumsstiftung ist daher keine Selbstzweckstiftung, weil ihre Wertschöpfung ideeller Natur ist (Förderung von Kunst und Kultur, § 52 Abs. 2 Nr. 5 AO) und die Wertverteilung insb. in Form von der Allgemeinheit zugänglichen Ausstellungen besteht. Dagegen liegt eine echte Selbstzweckstiftung vor, wenn sich die Tätigkeit der Stiftung auf die Mehrung ihres Barvermögens beschränken würde. Eine solche Selbstzweckstiftung ist unzulässig,[30] weil sie bei Lichte betrachtet gar keinen Zweck hat. Ihre Wertschöpfung ist zwar auf Gewinnerzielung gerichtet. Eine Wertverteilung findet aber nicht statt. **Echte Selbstzweckstiftungen kommen praktisch nicht** vor. Die sog. „GmbH mit gebundenem Vermögen“ wäre dagegen typischerweise eine Selbstzweckorganisation (s.u. Rn. 48).[31] **45**

Grenzwertig war allerdings die Barnes Foundation. Sie umfasst u.a. 181 Renoirs, 69 Cézannes, 60 Matisses, 46 Picassos und vieles mehr. Zu Lebzeiten ihres Gründers, Albert C. Barnes, war sie nur den Studenten einer von ihm gleichfalls ins Leben gerufenen kleinen Kunstschule zugänglich. Jedermann sonst musste einen Antrag auf Besichtigung stellen, der jedoch zumeist abschlägig beschieden wurde. Aus Enttäuschung wollte Barnes nichts mehr mit dem „Kunstbetrieb“ zu tun haben. Nach seinem Tod wurden Besucher nur an Wochenenden in den Ferien zugelassen. Reproduktionen und eine anderweitige Ausstellung der Bilder waren verboten. Eine Lockerung dieser rigiden Vorgaben wurde erst in den 1990er Jahren aufgrund von wirtschaftlichen Schwierigkeiten gerichtlich durchgesetzt.[32] Selbst die Barnes Foundation war freilich nie **46**

28 BGHZ 68, 142 = NJW 1977, 1148.

29 Staudinger/*Hüttemann*/*Rawert*, BGB, Vorbemerkungen zu §§ 80–88 Rn. 9; BeckOGK BGB/*Jakob*/*Uhl*, Rn. 116; BeckOK BGB/*Backert*, Rn. 7 m.w.N.

30 Staudinger/*Hüttemann*/*Rawert*, BGB, Vorbemerkungen zu §§ 80–88 Rn. 9; BeckOGK BGB/*Jakob*/*Uhl*, Rn. 116; MüKoBGB/*Weitemeyer*, BGB Rn. 127.

31 *Arnold*/*Burgard*/*G. Roth*/*Weitemeyer*, NZG 2020, 1321, 1323; *Burgard*, ZStV 2021, 1, 8. *Sanders*, NZG 2021, 1573, 1577 versteht dagegen das hiesige Konzept leider nicht.

32 Näher hierzu Barnes Foundation – Wikipedia.

eine bloße Selbstzweckstiftung, weil der Stifter mit ihr ein ganz bestimmtes – und sehr eigenes – pädagogisches Konzept verfolgte.

47 **c) Unternehmensselbstzweckstiftungen.** Eine Unternehmensselbstzweckstiftung ist eine Stiftung, die entweder selbst ein Unternehmen betreibt oder an einem Unternehmensträger als Gesellschafterin beteiligt ist und deren Zweck auf die Verwaltung und Erhaltung dieses Unternehmens gerichtet ist.[33] Das ist nach allgemeiner Ansicht **unproblematisch**, wenn das Unternehmen in einem Krankenhaus, Altenstift, Theater, Museum oder dergleichen besteht.[34] Das ist zutreffend, weil die Wertschöpfung in diesen Fällen **ideeller Natur ist und/oder in Bedarfsdeckung** besteht und die Wertverteilung an die Allgemeinheit erfolgt. Deswegen schadet es auch nicht, wenn die Stiftung eventuell entstehende Gewinne in das Unternehmen reinvestiert. Das Krankenhaus, das Theater etc. sind sog. **„Zweckverwirklichungsbetriebe"**. Diese Art von Stiftungen nennt man, wenn sie selbst Trägerinnen des Unternehmens sind, auch „Anstaltsstiftungen".

48 **Problematisch** ist es dagegen, wenn die Stiftung **keine ideelle Zwecksetzung** hat, sondern allein der Verwaltung und Erhaltung eines nicht gemeinnützigen Unternehmens dient. Ist das Unternehmen bzw. der Unternehmensträger lediglich auf Gewinnerzielung gerichtet, dann handelt es sich um eine verbotene Selbstzweckstiftung, weil bei dieser Gestaltung **keinerlei Wertverteilung** erfolgt, sondern die Stiftung im Ergebnis lediglich ihr eigenes (Unternehmens-)Vermögen mehrt. So läge es typischerweise bei der sog. GmbH mit gebundenem Vermögen. Dem lässt sich auch nicht die Erhaltung von Arbeitsplätzen entgegenhalten, sofern die Stiftung keinen arbeitnehmerbezogenen Hauptzweck hat (dazu sogleich); denn die Beschäftigung von Arbeitnehmern ist grundsätzlich ein bloßes Hilfsgeschäft genauso wie etwa die Anschaffung von Sachmitteln.

49 **Schwieriger** zu entscheiden ist der Fall, wenn das Unternehmen der **Bedarfsdeckung** dient, z.B. Bedarfsdeckung der Bevölkerung hinsichtlich preiswerter Notebooks. Bei dieser Zwecksetzung erfolgt nämlich eine **Wertverteilung an die Allgemeinheit**. Dieser würden auch reinvestierte Gewinne entweder in Form von niedrigeren Preisen und/oder besseren Notebooks zu denselben Preisen zugutekommen, wenn und solange sich die Stiftung an den Zweck Bedarfsdeckung hält. Das Problem dabei ist die **Gefahr**, dass die Stiftung im Laufe der Zeit von dem Pfad der Tugend abweicht und sich allmählich zu einer Selbstzweckstiftung entwickelt. Dabei hieße es, die Erwartungen an die Stiftungsaufsichtsbehörden zu überspannen, wenn man erwarten wollte, dass sie diesen Prozess erkennen und aufhalten können. Deswegen sind Stiftungen, die entweder selbst ein Unternehmen betreiben oder an einem Unternehmensträger als Gesellschafterin beteiligt sind, **nur anerkennungsfähig, wenn sie entweder gemeinnützig i.S.d. §§ 51 ff. AO sind oder einen anderen, nicht unternehmensbezogenen Hauptzweck** (z.B. Unterstützung von Familienmitgliedern oder Förderung von Arbeitnehmern) haben, an den die Wertschöpfung verteilt wird. Andernfalls ist eine dauernde Zweckerfüllung i.S.d. § 82 BGB nicht gewährleistet, sondern das Entstehen einer Selbstzweckstiftung zu befürchten.

50 **d) „Verdeckte Unternehmensselbstzweckstiftung".** Von einer „verdeckten Unternehmensselbstzweckstiftung" wird gesprochen, wenn die Stiftung, wie in Rn. 48 gefordert, zwar einen anderweitigen Hauptzweck hat, dieser aber gleichsam nur als Feigenblatt dient, unter dem sich der wahre Hauptzweck, nämlich der Unternehmenserhalt, verbirgt. In diesem Fall werden für den – in der Praxis regelmäßig gemeinnützigen – Stiftungszweck nur die Mittel zur Verfügung

---

33 Staudinger/*Hüttemann*/*Rawert*, BGB, Vorbemerkungen zu §§ 80–88 Rn. 225; BeckOGK BGB/*Jakob*/*Uhl*, Rn. 116 u. Rn. 477.

34 Staudinger/*Hüttemann*/*Rawert*, BGB, Vorbemerkungen zu §§ 80–88 Rn. 209 u. Rn. 224 f.; BeckOGK BGB/*Jakob*/*Uhl*, Rn. 482 ff.; MüKoBGB/*Weitemeyer*, Rn. 203 u. Rn. 205 f.

gestellt, die das Unternehmen nicht benötigt.[35] Letzteres ist freilich eine bare Selbstverständlichkeit: Aktiengesellschaften schütten regelmäßig nur den Teil ihres Gewinns an ihre Aktionäre aus, den sie nicht zur Innenfinanzierung benötigen (und US-Gesellschaften oft noch viel weniger oder gar keinen Gewinn). Trotzdem dürfen Stiftungen selbstverständlich ihr Vermögen in Aktien investieren. Ferner wird auf statutarische Vorkehrungen hingewiesen, die eine Veräußerung des Unternehmens rechtlich oder faktisch verhindern sollen.[36] Solche Bestimmungen setzen sich de iure aber nicht gegen den statutarischen Hauptzweck durch. Ist die dauernde und nachhaltige Erfüllung des Stiftungszwecks gefährdet, weil die Ertragskraft des Unternehmens nicht mehr ausreicht, dann haben die zuständigen Stiftungsorgane das Unternehmen zu veräußern (**Veräußerungsgebot**, s. § 83c Rn. 26). Sollte die Satzung dem entgegenstehen, dann ist diese zu ändern, §§ 85 Abs. 2, 85a Abs. 2 BGB. **De iure sind „verdeckte Unternehmensselbstzweckstiftungen" daher keine Selbstzweckstiftungen, sondern nach allgemeinen Regeln anerkennungsfähig.**[37]

Hüttemann/Rawert haben einen Indizienkatalog entwickelt, mit dessen Hilfe verdeckte Selbstzweckstiftungen angeblich enttarnt werden können sollen: (1) unbedingte Bindung der Stiftung an ihren einzig wesentlichen Vermögensgegenstand (insb. Unternehmen), (2) Destinatäre haben keinen Anspruch auf Stiftungsleistungen, (3) Stiftung hat über einen längeren Zeitraum keine oder nur geringfügige Ausschüttungen geleistet, (4) Ausschüttung von Leistungen ist an Bedingungen geknüpft, deren Eintritt unwahrscheinlich oder sogar faktisch ausgeschlossen ist, (5) Destinatäre sind in den Organen der Stiftung nicht vertreten und haben deshalb Informationsdefizite, (6) Gesellschaftsverträge von Unternehmen, an denen die Stiftung beteiligt ist, enthalten Thesaurierungsklauseln, die den Zugriff der Stiftung auf Erträge des Unternehmens jenseits des üblichen Selbstfinanzierungsbedarfes beschränken.[38] Zwar begründe keines dieser Indizien für sich genommen das Verdikt der Selbstzweckstiftung, wohl aber ihre wertende Zusammenschau anhand der Verhältnisse im Einzelfall. Dazu ist zu sagen: (1) und (6) Veräußerungsverbote und Thesaurierungsbestimmungen setzen sich nicht gegen das Zweckverfolgungsgebot durch, Rn. 50, (2) und (5) Destinatäre haben nur im Ausnahmefall klagbare Ansprüche und sind auch nur selten in Organen vertreten, bei (3) bzw. (4) handelt es sich ggf. um eine hier sog. Scheinzweckstiftung, Rn. 53. 51

e) Funktionsstiftungen (Stiftung & Co., Doppelstiftung). Nach den **gleichen Maßstäben** sind Funktionsstiftungen zu beurteilen. Eine Stiftung, deren einziger Zweck die Verwaltung und Erhaltung des von der KG getragenen nicht gemeinnützigen Unternehmens ist, ist als bloße Selbstzweckstiftung nicht anerkennungsfähig. Anders, wenn die Stiftung – wie in der Praxis regelmäßig[39]– einen anderen bzw. darüber hinausgehenden gemein- oder privatnützigen Zweck hat, so dass die Verwaltung der KG dem Erwerb zugunsten dieses Zwecks dient (s.o. Rn. 27).[40] 52

---

35 Etwa Staudinger/*Hüttemann/Rawert*, BGB, Vorbemerkungen zu §§ 80-88 Rn. 226 u. Rn. 228; MüKoBGB/*Weitemeyer*, Rn. 203, jew. m.w.N.

36 Vgl. etwa Staudinger/*Hüttemann/Rawert*, BGB, Vorbemerkungen zu §§ 80-88 Rn. 227 u. Rn. 230; MüKoBGB/*Weitemeyer*, Rn. 207 u. Rn. 210 f. m.w.N.

37 Ausführlich *Burgard*, Gestaltungsfreiheit, 147 ff.; *Muscheler*, Stiftungsrecht, 2005, Gesammelte Beiträge, 341 f.; *Schiffer*, ZEV 1999, 424; i.E. auch *Fleisch* in Schauhoff/Mehren, Stiftungsrecht 2022, Kap. 2 Rn. 38; **a.A.** Staudinger/*Hüttemann/Rawert*, BGB, Vorbemerkungen zu §§ 80–88 Rn. 226 ff., Rn. 236; MüKoBGB/*Weitemeyer*, Rn. 200 u. Rn. 203 ff.; *Hüttemann*, ZHR 167 (2003), 35, 61; *Rawert*, NPLYB 2003, 1, 6 ff.

38 Staudinger/*Hüttemann/Rawert*, BGB, Vorbemerkungen zu §§ 80-88 Rn. 274 f.

39 *Schiffer/Pruns/Schürmann*, § 2 Rn. 13 a.E.

40 Ebs. *Schienke-Ohletz* in Schauhoff/Mehren, Stiftungsrecht 2022, Kap. 4 Rn. 5.

53 **f) Scheinzweckstiftungen.** Als „Scheinzweckstiftungen“ werden hier Stiftungen bezeichnet, die anscheinend einen zulässigen Zweck haben, dessen Verfolgung auch nicht unmöglich ist, dessen Verfolgung aber im Verhältnis zu ihrem Vermögen nur derart wenig Mittel bindet, dass es sich de facto um Selbstzweckstiftungen handelt, weil sie **mangels Möglichkeit der Mittelverwendung laufend thesaurieren** müssen. So verhält es sich beispielsweise bei einer Familienstiftung, die Hauptgesellschafterin eines ertragreichen Unternehmens ist und der Unterstützung bedürftiger Angehöriger dient, wenn alle oder die allermeisten in Betracht kommenden Familienmitglieder selbst Multimillionäre sind. In einem solchen Fall besteht der Zweck der Stiftung nur zum Schein.[41]

54 **g) Weiterverweis.** Zu der Frage, welche Stiftungszwecke anerkennungsfähig sind, s. § 82 Rn. 39 ff.

V. Vom Stifter vorgegeben

55 Aufgrund dieses Merkmals könnte man meinen, das Stiftungsgeschäft sei höchstpersönlicher Natur. Das ist jedoch unstreitig nicht der Fall, Stellvertretung ist zulässig, s.u. § 81 Rn. 44. Vielmehr will das Merkmal besagen, dass der Stiftungszweck **nicht gegen den Stifterwillen geändert** werden kann (Begr. RegE Rn. 11). Das ist richtig. Selbst, wenn die Voraussetzungen des § 85 Abs. 1 BGB gegeben sind, darf der Stiftungszweck wegen § 83 Abs. 2 BGB nicht ausgewechselt werden, wenn der Stifter das in der Satzung ausgeschlossen hat (was selten vorkommt) oder sein mutmaßlicher Wille entgegensteht, § 83 Abs. 2 BGB; dann bleibt nur die Auflösung, hilfsweise Aufhebung. Einem Änderungsrecht des Stifters stünde dieser Wortlaut dagegen nicht entgegen.

VI. Mitgliederlos

56 Die Mitgliederlosigkeit ist der „Wesenskern“ der Stiftung. Allein die Mitgliederlosigkeit unterscheidet sie von anderen Rechtsformen. Allein ihre Mitgliederlosigkeit erlaubt die Willens- und Vermögensperpetuierung. Die Mitgliederlosigkeit ist daher das **zentrale Element** einer Stiftungsdefinition.[42]

57 Die eigentliche **Schwierigkeit** besteht darin zu definieren, **was ein Mitglied ist und was es von einem Organmitglied (Organwalter) unterscheidet**. Das ist nicht zuletzt deswegen keinesfalls trivial, weil das organschaftliche Rechtsverhältnis (also das Verhältnis von Organmitgliedern zum Rechtsträger) mittels Gestaltung einem mitgliedschaftlichen Rechtsverhältnis stark angeglichen werden kann,[43] s. § 84 Rn. 69. So heißt es z.B. in § 9 der Satzung der Bürgerstiftung Braunschweig[44]: *„Die Stifterversammlung besteht aus den Stifterinnen und Stiftern sowie aus den Zustiftern und Zustifterinnen gem. § 4 Abs. 3 dieser Satzung, d.h. aus Personen, die mindestens 1.000,00 € zum Stiftungsvermögen beigetragen haben ... Die Mitgliedschaft ist weder übertragbar noch vererblich. Die Mitglieder der Stifterversammlung können sich in dieser auf Grund schriftlicher Vollmacht von ihrem Ehegatten, einem Abkömmling oder einem anderen Mitglied der Stifterversammlung vertreten lassen.“* Denkbar wäre sodann eine weitere Bestim-

---

41 Man könnte diese Gestaltung natürlich auch als „verdeckte Selbstzweckstiftungen“ bezeichnen. Diese Bezeichnung meint jedoch andere Gestaltungen (s.o. Rn. 50). Vorschläge für Bezeichnungsalternativen sind aber willkommen.

42 **A.A.** offenbar *Muscheler*, ZRP 2018, 217.

43 Eingehend *Burgard*, Gestaltungsfreiheit, 391 ff. und 420 ff.

44 Abrufbar unter https://www.buergerstiftungbraunschweig.de/ueber-uns/buergerstiftung/satzung/.

mung, wonach die Stifterversammlung den Vorstand wählt und mit einer Mehrheit von Dreivierteln ihrer Mitglieder über Satzungsänderungen beschließt. Stiftung oder Verein – das ist hier die Frage!

Dogmatisch unterscheiden sich organschaftliches und mitgliedschaftliches Rechtsverhältnis in zwei Punkten. Da das mitgliedschaftliche Rechtsverhältnis – egal wie es im konkreten Fall begründet wurde – letztlich auf Vertrag beruht, handelt es sich grundsätzlich um ein mehrseitiges Rechtsverhältnis, nämlich zwischen den Mitgliedern untereinander einerseits und zwischen der Körperschaft bzw. Gesellschaft und den Mitgliedern andererseits.[45] Demgegenüber besteht das organschaftliche Rechtsverhältnis stets nur zwischen der juristischen Person und dem Organwalter, nicht zwischen diesen untereinander.[46] Im Blick auf Stifter gilt das selbst dann, wenn das Stiftungsgeschäft durch Vertrag vorgenommen wird, was nach ganz h.M. ohnehin nicht möglich ist (dazu § 81 Rn. 47), weil durch diesen Vertrag keine Rechte und Pflichten der Stifter untereinander begründet werden, die über die Errichtung der Stiftung hinausgehen.[47] Freilich führt diese Unterscheidung im Blick auf Einpersonengesellschaften nicht weiter und ist auch praktisch unbrauchbar, wie ein Blick auf vorstehendes (Rn. 57) Beispiel zeigt. 58

Ein weiterer Unterschied ist, dass **Organwalter grundsätzlich pflichtgebunden** sind, wohingegen Mitglieder grundsätzlich autonom entscheiden. Bei näherem Hinsehen ist jedoch auch das nicht sehr hilfreich, weil man auch bei den mitgliedschaftlichen Rechten zwischen fremdnützigen und eigennützigen Rechten unterscheiden muss.[48] Erstere betreffen z.B. alle Fragen rund um die Geschäftsführung, bei denen auch Mitglieder ihre Interessen hinter denjenigen des Verbandes hintanstellen müssen. Zweitere betreffen etwa Vermögensrechte, bei denen Organwalter, so ihnen solche Rechte eingeräumt sind, ebenfalls eigennützig handeln dürfen.[49] 59

Zwingendes Kennzeichen eines Verbandes ist, dass seine Mitglieder jederzeit zumindest einstimmig über seine Grundlagen (Satzung bzw. Gesellschaftsvertrag, Auflösung) autonom entscheiden können. Vorstehendem Beispiel (Rn. 57) ist jedoch nicht zu entnehmen, ob die Stifter in der Stifterversammlung bei einer Abstimmung über Satzungsänderungen autonom entscheiden dürfen oder pflichtgebunden sind. Dabei war der Verfasser nach altem Recht sogar der Auffassung, dass sich Stifter in der Satzung insofern autonome Entscheidungsbefugnisse vorbehalten durften.[50] 60

Was nun? Auf dogmatischem Weg oder durch Auslegung der Satzung ist das Problem nicht zu lösen. Man muss **umgekehrt** an das Problem herangehen: **Indem der Stifter den Willen bekundet, eine rechtsfähige Stiftung bürgerlichen Rechts errichten zu wollen, unterwirft er mit der Anerkennung der Stiftung** deren Organe, Organwalter und sonst in der Satzung mit Rechten und Pflichten ausgestattete Personen **den Regeln der §§ 80 ff. BGB** (sowie der Landesstiftungsgesetze, § 83 Abs. 1 BGB). Die Satzung ist daher stets im Lichte dieser Gesetze auszulegen. Im vorstehenden Beispiel sind die Stifter daher schon allein deswegen keine Mitglieder, weil sie Organwalter einer Stiftung sind. Und deswegen sind sie auch stets pflichtgebunden und dürfen nicht autonom entscheiden usw. 61

Im Ergebnis ist deswegen jede rechtsfähige Stiftung bürgerlichen Rechts mitgliederlos, weil sie als Stiftung bürgerlichen Rechts anerkannt wurde und daher den Regeln der §§ 80 ff. BGB unterliegt, und zwar ganz einerlei, was in der Satzung steht. Das ist keine Tautologie, weil die **Mitgliederlosigkeit richtigerweise nicht Voraussetzung, sondern Rechtsfolge des Gesetzes** 62

---

45 *K. Schmidt*, Gesellschaftsrecht, 552 f.; *Lutter*, AcP 180 (1980), 84, 97 f. u. 126 f.

46 Das gilt selbst dann, soweit Organmitglieder zur Rücksichtnahme aufeinander verpflichtet sind; denn diese Pflicht besteht nur gegenüber der juristischen Person, nicht aber gegenüber den anderen Organmitgliedern, *Burgard*, Gestaltungsfreiheit, 108 u. 392.

47 *Burgard*, Gestaltungsfreiheit, 96 ff.

48 *Burgard*, Gestaltungsfreiheit, 439 m.w.N.

49 *Burgard*, Gestaltungsfreiheit, 440 m.w.N.

50 *Burgard*, Gestaltungsfreiheit, 349 ff., 370 ff.; dagegen die ganz h.M.

ist und bedeutet zugleich, dass die zuständige Behörde einer Stiftung die Anerkennung niemals mit der Begründung verweigern darf, dass sie Mitglieder habe. Sie kann nur monieren, dass einzelne Satzungsbestimmungen nicht einer zwingenden Vorgabe der §§ 80 ff. BGB entsprechen. Hieße es beispielsweise, die Stifterversammlung könne die Satzung jederzeit mit Dreiviertelmehrheit frei ändern, so könnte die Anerkennungsbehörde die Änderung dieser Bestimmung nach den Vorgaben des § 85 Abs. 4 S. 3 BGB verlangen, mehr nicht. Würde die Behörde die Anerkennung ohnedies erteilen, wäre diese Bestimmung wegen Verstoßes gegen § 85 Abs. 4 S. 3 BGB unwirksam, mehr nicht. **Insbesondere führt eine Überschreitung von Gestaltungsgrenzen nicht zu einem Verstoß gegen den Numerus clausus der Rechtsformen**[51] mit irgendwelchen weiterreichenden Rechtsfolgen.

VII. Juristische Person

1. Begriff

63 Es gibt juristische Personen des öffentlichen Rechts (s. § 89 BGB) und juristische Personen des Zivilrechts. Die Stiftung bürgerlichen Rechts ist eine juristische Person des Zivilrechts. Nur hiervon ist im Folgenden zu handeln.

64 Juristische Personen sind rechtsfähige Organisationen die zu ihrer Entstehung einer staatlichen Mitwirkung bedürfen (u. Rn. 67) und hernach derart **rechtlich verselbständigt** sind, dass sie dauerhaft (Stiftung) oder zumindest kurzfristig ganz ohne Mitglieder existieren können (bloßer Auflösungsgrund).[52] Das unterscheidet sie von Gesamthandgesellschaften, die zu ihrer Entstehung keiner staatlichen Mitwirkung bedürfen und die zwar ebenfalls rechtsfähig sein können, deren Existenz aber ganz von ihrem Mitgliederbestand abhängt: Beim Ausscheiden des vorletzten Gesellschafters erlöschen Gesamthandgesellschaften liquidationslos, ihr Vermögen wächst dem Letzten an.[53] Dementsprechend ist bei juristischen Personen anders als bei Gesamthandgesellschaften[54] Fremdorganschaft grundsätzlich zulässig (was bei Stiftungen mangels Mitgliedern ja auch gar nicht anders möglich ist). Und für Verbindlichkeiten der juristischen Person haftet grundsätzlich nur die juristische Person selbst, also weder ihre Mitglieder noch ihre Organwalter.

65 Juristische Personen sind **umfassend rechtsfähig**, sind also fähig, Träger von Rechten und Pflichten aller Art zu sein und können daher grundsätzlich wie eine natürliche Person am Rechtsleben teilnehmen. Ausgenommen sind lediglich Rechte und Rechtsgeschäfte, die ihrer Natur nach natürlichen Personen vorbehalten sind (z.B. Staatsangehörigkeit, Eheschließung, Testamentserrichtung). Juristische Personen müssen daher auch über eine **Identitätsausstattung** verfügen, also vor allem über einen Namen und einen Sitz.

66 Anders als natürliche Personen sind juristische Personen **nicht im natürlichen Sinne handlungsfähig**. Vielmehr benötigen sie mit natürlichen Personen (Organwalter = Organmitglieder) besetzte **Organe**,[55] um handeln zu können (zum Organbegriff § 81 Rn. 65). Deren Han-

---

51 So aber Staudinger/*Hüttemann*/*Rawert*, BGB, § 85 Rn. 11; MüKoBGB/*Weitemeyer*, § 85 Rn. 4 f.; BeckOGK BGB/*Jakob*/*Picht*, § 85 Rn. 5 f.

52 MüKoGmbHG/*Fleischer*, 3. Aufl. 2018, § 1 Rn. 80 ff.; Scholz/*Cramer*, GmbHG, § 1 Rn. 50.

53 *K. Schmidt*, Gesellschaftsrecht, 46 f., 295 f., 308 f.

54 Allg. M., statt aller MüKoBGB/*Schäfer*, § 709 Rn. 5; BeckOK BGB/*Schöne*, § 709 Rn. 4; *K. Schmidt*, Gesellschaftsrecht, 409 f.; MüKoHGB/*Rawert*, § 114 HGB Rn. 24 f.; Ebenroth/Boujong/Joost/Strohn/*Born*, HGB, § 109 Rn. 15; BGH NJW-RR 1994, 98; BGH NJW 2001, 1056, 1061.

55 Das schließt nicht aus, dass auch juristische Personen Organmitglied sein können. In Organen müssen juristische Person jedoch von einer natürlichen Person vertreten werden.

deln wird ihr als eigenes zugerechnet.[56] Dadurch sind juristische Personen auch deliktsfähig, §§ 31, 89 BGB. So gesehen sind die Organe bzw. Organwalter nicht Vertreter der juristischen Person, die Vertretungsregeln finden aber entsprechende Anwendung (sog. organschaftliche Vertretungsmacht, s. § 84 Rn. 92).

2. Entstehung

a) Vorgesellschaft. Mitgliederhafte juristische Personen (Körperschaften) entstehen prozesshaft. Mit formgerechtem Abschluss des Gründungsgeschäfts (Abschluss des Gesellschaftsvertrags, Einigung über die Satzung) entsteht eine Vorgesellschaft (Vorverein).[57] Diese Vorgesellschaft ist bereits eine rechtsfähige, von ihren Mitgliedern verschiedene, körperschaftliche Organisation, die aber mangels staatlicher Mitwirkung (Eintragung) und mangels ausreichender Verselbständigung gegenüber ihren Mitgliedern (o. Rn. 64)[58] noch keine juristische Person ist.[59] Im Übrigen kommen aber alle Vorschriften der Zielrechtsform zur Anwendung, die nicht die Eintragung der Gesellschaft voraussetzen oder auf die besonderen Verhältnisse des Gründungsstadiums keine Rücksicht nehmen.[60] Deswegen ist die Vorgesellschaft mit der durch die Eintragung in ein Register entstehenden juristischen Person „wesensgleich".[61] Mit der Eintragung wandelt sich die Vorgesellschaft in die juristische Person (in die GmbH „als solche" wie es § 11 Abs. 1 GmbHG formuliert) und erlischt liquidationslos.[62] 67

b) Keine Vorstiftung.[63] Nach einer in der Literatur verbreiteten, auf *Schwinge* zurückgehenden Ansicht entsteht in dem Stadium zwischen der Vornahme des Stiftungsgeschäfts und der Anerkennung eine Vorstiftung, die entsprechend den Regeln über die Vorgesellschaft rechtsfähig sein soll. Begründet wird dies im Wesentlichen mit der Dauer der Anerkennungsverfahren und der sich hieraus ergebenden Notwendigkeit bereits in dem Errichtungsstadium – soll heißen: in der Zeit zwischen der Vornahme des Stiftungsgeschäfts und der Anerkennung der Stiftung – Aufbau- und Vorbereitungshandlungen für die Stiftungen tätigen zu können, also mit der Parallelität der Interessenlage im Vergleich zu den Vorgesellschaften.[64] 68

---

56 MüKoGmbHG/*Stephan*/*Tieves*, § 35 Rn. 91; *Altmeppen*, GmbHG, § 35 Rn. 7; MüKoBGB/*Leuschner*, § 31 Rn. 1; BeckOK BGB/*Schöpflin*, § 31 Rn. 1.

57 Scholz/*K. Schmidt*, GmbHG, § 11 Rn. 27 f.; MüKoGmbHG/*Merkt*, § 11 Rn. 4 ff.

58 Diese mangelnde Verselbständigung zeigt sich (u.a.), wenn die Eintragungsabsicht aufgegeben wird; dann wandelt sich die Vorgesellschaft nämlich ipso iure in eine GbR oder OHG.

59 MüKoGmbHG/*Merkt*, § 11 Rn. 9 u. Rn. 11; Baumbach/*Hueck*/*Fastrich*, GmbHG, § 11 Rn. 6; Scholz/*K. Schmidt*, GmbHG, § 11 Rn. 30; *Altmeppen*, GmbHG, § 11 Rn. 17; BGH NJW 1997, 1507 f.; BGH NJW 1992, 1824; BGH NJW 1983, 2822; BGH NJW 1956, 1453.

60 MüKoGmbHG/*Merkt*, § 11 Rn. 11; Baumbach/*Hueck*/*Fastrich*, GmbHG, § 11 Rn. 6; Scholz/*K. Schmidt*, GmbHG, § 11 Rn. 30; Lutter/Hommelhoff/*Bayer*, GmbHG, § 11 Rn. 7; BGHZ 143, 314, 319; BGHZ 134, 333, 336; BGHZ 80, 129, 132; BGHZ 21, 242, 246; BGHZ 45, 338, 347; BGHZ 51, 30, 32; BGHZ 72, 45, 48 f.

61 Staub/*Burgard*, HGB, § 17 Rn. 14; BeckOGK HGB/*Burmeister*/*Fedke*, § 17 Rn. 112.

62 Scholz/*K. Schmidt*, GmbHG, § 11 Rn. 151 ff.; MüKoGmbHG/*Merkt*, § 11 Rn. 42; Baumbach/*Hueck*/*Fastrich*, GmbHG, § 11 Rn. 30, u. Rn. 55.

63 Zum Folgendem bereits *Burgard*, Gestaltungsfreiheit, 87 ff.

64 *Schwinge*, BB 1978, 527; in Anschluss an ihn Palandt/*Ellenberger*, BGB, § 80 Rn. 2; *Hennerkes*/*Binz*/*Sorg*, DB 1986, 2269, 2270; *Delp*, Die Stiftung & Co. KG, 1991, 29 ff.; *Wachter*, ZEV 2003, 445, 446; *Werner*, ZErb 2011, 237; *Eder*, ZStV 2013, 52; *Huh*, Die Stiftung 2014, 139, 147 ff.; *Authenrieth*, GmbHR 2016, 745; LG Heidelberg NJW-RR 1991, 969 ff.

69 Nun mag zwar die Interessenlage übereinstimmen, die Rechtslage tut es nicht.[65] Die entscheidenden Gegenargumente hat bereits *Rittner* herausgearbeitet. Danach entsteht eine rechtsfähige Stiftung nach deutschem Recht im Gegensatz zu den Körperschaften **nicht durch Prozess, sondern durch Doppelakt.**[66] Dabei wird der Unterschied zwischen beiden, wie *Rittner* zu Recht betont, nicht deutlich, wenn man nur den Anfang und das Ende der Entstehung betrachtet, stehen doch hier wie dort am Anfang ein Rechtsgeschäft und am Ende ein staatlicher Akt (Anerkennung bzw. Eintragung). Der Unterschied ergibt sich vielmehr aus den gesetzlichen Regelungen der zwischen diesen beiden Punkten liegenden Periode:

70 Vorgesellschaften und -vereine können bzw. müssen bereits im Errichtungsstadium sowohl über Organe als auch über ein eigenes Vermögen verfügen. So müssen nach §§ 36 Abs. 2, 36a AktG, 7 Abs. 2, 3 GmbHG bereits vor der Eintragung die Einlagen geleistet und gemäß §§ 30, 31 AktG, 6 GmbHG Aufsichtsrat und Vorstand bzw. Geschäftsführer bestellt werden. Daraus folgt, dass **Vorverbände bereits vor ihrer Eintragung rechts- und handlungsfähig** sind.[67] Der wichtigste Unterschied zu dem Rechtszustand nach der Eintragung besteht somit in der Haftungsverfassung.[68]

71 Der Rechtszustand **bei der Stiftung** im Errichtungsstadium stellt sich demgegenüber **ganz anders** dar. Bis zu der Anerkennung der Stiftung ist der Stifter nicht an das Stiftungsgeschäft gebunden, § 81a BGB. Demgemäß erwirbt die Stiftung das ihr zugewendete Vermögen ebenfalls erst nach bzw. mit ihrer Anerkennung, § 82a BGB. Auch verfügt die Stiftung im Errichtungsstadium nach dem Gesetz noch über keine Organe. Vielmehr gibt erst die Anerkennung ***„der Stiftung mit einem Schlag das Dasein“***.[69] Davon, dass vor der Anerkennung noch keine rechtsfähige Vorstiftung entsteht, geht schließlich auch § 80 Abs. 2 S. 2 BGB (= § 84 BGB a.F.) aus, der andernfalls überflüssig wäre.

72 Diese Rechtslage ist freilich – und dies verdient festgehalten zu werden – weder eine notwendige Folge der fehlenden Verbandsstruktur der Stiftung[70] noch des Konzessionssystems. So entsteht eine Stiftung nach Schweizer Recht durch Prozess,[71] während der wirtschaftliche Verein gemäß § 22 BGB einer Genehmigung bedarf und doch ebenfalls durch Prozess entsteht. **Die Rechtslage bei der Stiftung bürgerlichen Rechts ist vielmehr Ausdruck des fortbestehenden Misstrauens gegenüber Stiftungen** und der hierauf beruhenden Ausgestaltung ihrer Entstehung. Dies verdeutlicht ein Vergleich mit § 22 BGB. Sinn und Zweck dieser Vorschrift ist nämlich nicht, das Entstehen wirtschaftlicher Vereine schlechthin zu unterbinden. Vielmehr soll ihnen nur die Anerkennung als juristische Person und die daraus folgende Haftungsbeschränkung versagt werden, um sie dadurch in die Rechtsformen der Handelsgesellschaften zu zwingen.[72] Dagegen soll das Anerkennungserfordernis es – zumindest historisch betrachtet[73] – er-

65 Im Ergebnis h.M., etwa BeckOGK BGB/*Roth*, Rn. 213; BeckOGK BGB/*Jakob*/*Uhl*, Rn. 466 f.; BeckOK BGB/*Backert*, Rn. 56; MüKoBGB/*Weitemeyer*, § 81 Rn. 62; Staudinger/*Hüttemann*/*Rawert*, BGB, Rn. 51 ff.; Erman/*Wiese*, BGB, Rn. 8; Soergel/*Neuhoff*, Rn. 16; *Kronke*, Stiftungstypus, 47; *K. Schmidt*, Verbandszweck, 15 f.; *K. Schmidt*, Gesellschaftsrecht, 171 f.; *Thole*, Die Stiftung in Gründung 2009, 37 ff.; *Schiffer*/*Pruns*, GmbHR 2016, 742; *Schiffer*/*Pruns*, BB 2015, 1756; *Andrick*, RNotZ 2002, 442; *O. Schmidt*, ZEV 1998, 81; BFH – X R 36711, ZEV 2015, 359 m.w.N. zur Instanzrechtsprechung.

66 *Rittner*, Die werdende juristische Person, 35 ff., 52 ff.

67 Rechtsformübergreifend *K. Schmidt*, Gesellschaftsrecht, 298 ff.

68 BFH – XR 36/11, ZEV 2015, 359 Rn. 64 f.; Staudinger/*Hüttemann*/*Rawert*, BGB, Rn. 51 f.; Lutter/Hommelhoff/*Bayer*, GmbHG, § 11 Rn. 7 ff.; Bork/Schäfer/*Schroeter*, GmbHG, § 11 Rn. 25 ff.; Noack/Servatius/Haas/*Servatius*, GmbHG, § 11 Rn. 21 ff.; MünchHdbGesR/*Hoffmann-Becking*, Bd. 4, § 3 Rn. 37 ff.; *Koch*, AktG, § 41 Rn. 5 ff.; *Burgard*, Gestaltungsfreiheit, 87 f.

69 *Rittner*, Die werdende juristische Person, 41.

70 In diesem Sinne aber *K. Schmidt*, Verbandszweck, 15 f.

71 Siehe *Rittner*, Die werdende juristische Person, 52 ff.

72 Vgl. RGZ 133, 170, 174 f.; BGHZ 22, 240, 244; 45, 395, 397; 85, 84, 89.

73 S. *Mugdan*, 658, 660 u. 961 f.

möglichen, eine rechtsfähige Stiftung gar nicht erst entstehen zu lassen. Dementsprechend soll auch keine Vorstiftung entstehen.

Über diese Rechtslage kann sich der Stifter dementsprechend auch **nicht mit rechtsgeschäftlichen Mitteln hinwegsetzen**. Treten der Stifter oder künftige Organe der Stiftung in deren Namen auf, so sind von ihnen eingegangene Rechtsgeschäfte bis zur Anerkennung der Stiftung schwebend unwirksam und müssen hernach von dem Stiftungsvorstand genehmigt werden.[74] Zudem kann der Stifter durch Vertrag zugunsten Dritter Rechte für die künftige Stiftung begründen[75] und sie testamentarisch zum Erben einsetzen, näher Rn. 74. Ferner ist es ihm unbenommen, eine rechtlich unselbständige Treuhandstiftung mit der Maßgabe zu errichten, dass sie das Vermögen, das der Stifter ihr (entgegen § 82a BGB) zuwendet, nach Anerkennung der Stiftung auf diese überträgt. Freilich kann der Stifter selbst nicht Treuhänder dieser Stiftung sein. Die Errichtung einer solchen Treuhandstiftung im Stadium zwischen Vornahme des Stiftungsgeschäfts und Anerkennung der Stiftung hat den Vorteil, dass mit der Übertragung des Vermögens an die Treuhandstiftung bereits der Sonderausgabenabzug nach § 10b Abs. 1a EStG geltend gemacht werden kann.[76] Steuerlich wirksame Zuwendungsbestätigungen darf die Stiftung allerdings erst mit Feststellung ihrer Gemeinnützigkeit nach § 60a AO ausstellen.[77] Schließlich kann der Stifter als Ersatz für die Vorstiftung einen **Verein** gründen, um das zur Stiftungserrichtung notwendige Vermögen zusammenzubringen und gegen den Widerruf einzelner Beteiligter zu sichern. Dieser Weg hat allerdings den Nachteil, dass er nicht nur eine (mglw. kostenträchtige) doppelte Vermögensübertragung erfordert, sondern den Mitgliedern des Stiftervereins den Zugang zu den rechtsformspezifischen Steuervorteilen der Stiftungsgründung (§ 10b Abs. 1a EStG) versperrt. **73**

Scheidet somit eine entsprechende Anwendung der Grundsätze über die Vorgesellschaft auf die werdende Stiftung aus, so kann gleichwohl nicht in Abrede gestellt werden, dass sie u.U. eines gewissen **Schutzes** bedarf, namentlich wenn der Stifter vor der Anerkennung stirbt und daher sein Stiftungsvorhaben selbst nicht mehr betreiben kann. § 81a S. 3 BGB regelt in dieser Situation nur, unter welchen Voraussetzungen der Erbe nicht mehr zum Widerruf des Stiftungsgeschäfts berechtigt ist. § 81 Abs. 4 BGB behandelt lediglich die u.U. erforderlichen Ergänzungen des Stiftungsgeschäfts. Und § 80 Abs. 2 S. 2 BGB ermöglicht bloß die Erbeinsetzung der Stiftung. Bedarf die entstehende Stiftung der Fürsorge, ohne dass diese von anderen Personen (z.B. Testamentsvollstrecker, s § 81 Rn. 117 f.) wahrgenommen werden kann, so ist ihr daher **entsprechend §§ 1923 Abs. 2, 1912 Abs. 1 BGB ein Pfleger** zu bestellen.[78] **74**

3. Beendigung

Die Beendigung von juristischen Personen erfolgt **grundsätzlich in drei Schritten** (vgl. § 87c Rn. 1). Am Beispiel der Stiftung: Erster Schritt ist die Auflösung (§§ 87, 87b BGB) oder Aufhebung **75**

74 MüKoBGB/*Weitemeyer*, § 81 Rn. 65; Staudinger/*Hüttemann*/*Rawert*, BGB, Rn. 54, allerdings mit der unbegründeten Einschränkung, dass die Rechtsgeschäfte nach dem Entstehen der Stiftung von ihr nur genehmigt werden könnten, wenn dies in der Satzung vorgesehen sei. Seifart/v. Campenhausen/*Hof*, Stiftungsrechts-Handbuch, § 7 Rn. 221 ist demgegenüber der Ansicht, es käme nur eine Verpflichtung des Stifters in Betracht; *Kronke*, Stiftungstypus, 48, schließlich will die Regeln über eine Geschäftsführung ohne Auftrag anwenden.

75 Vgl. RGZ 65, 277, 280; BGHZ 129, 297, 305; Palandt/*Grüneberg*, BGB, § 328 Rn. 2; MüKoBGB/*Gottwald*, § 328 Rn. 24; Staudinger/*Klumpp*, BGB, § 328 Rn. 49.

76 BFH – X R 36/11, BStBl. II 2015, 545 Rn. 51 = npoR 2015, 206 m. zust. Anm. *Hüttemann*; ebs. Schiffer/*Pruns*, GmbHR 2016, 742, 743; Schauhoff/*Schauhoff*, Handbuch der Gemeinnützigkeit, 3. Aufl. 2010, § 3 Rn. 44; vgl. vorher FG Köln EFG 1999, 834, 835; FG Kiel – 1 K 156/04, DStRE 2009, 1386; FG Baden-Württemberg – 4 K 4080/09, DStRE 2012, 537, 538.

77 Staudinger/*Hüttemann*/*Rawert*, BGB, Rn. 56; MüKoBGB/*Weitemeyer*, § 81 Rn. 66.

78 H.M. KG OLGE 24, 246; 41, 79; MüKoBGB/*Weitemeyer*, § 81 Rn. 65; Soergel/*Neuhoff*, BGB, Rn. 16, *ders.*, § 84 Rn. 1; Richter/*Stumpf*, Stiftungsrecht, § 4 Rn. 158 m.w.N.; **a.A.** *Flume*, Juristische Person, 147 f.; *ders.*, in: FS Geßler, 4 f.

(§ 87a BGB), zweiter Schritt ist grundsätzlich (Ausn. § 87c Abs. 2 S. 1 BGB) die Durchführung eines Liquidations- (§ 87c Abs. 2 S. 2 i.V.m. §§ 47 bis 53 BGB) bzw. Insolvenzverfahrens (§ 87b BGB) und dritter Schritt ist die Auskehrung des Liquidationserlöses an den Anfallberechtigten (§ 87c Abs. 1 BGB) bzw. im Insolvenzverfahren die Schlussverteilung (§ 196 InsO, wobei im Falle des § 199 S. 2 InsO wiederum der Anfallberechtigte Anspruchsinhaber wäre). Erst mit Vermögenslosigkeit tritt die Vollbeendigung der juristischen Person ein, § 87d Abs. 4 BGB. Da die Herstellung eben dieser Vermögenslosigkeit Ziel des Prozederes zur Beendigung der juristischen Person ist, kann die Durchführung eines Liquidationsverfahrens entfallen, wenn die Vermögenslosigkeit anderweitig feststeht (§ 87 c Rn. 1) oder Gesamtrechtsnachfolge angeordnet ist (insb. § 87c Abs. 2 S. 1 BGB).

4. Bedeutung des Tatbestandsmerkmals

76 Die Bedeutung des Tatbestandsmerkmals erschöpft sich in der Klarstellung, dass die Stiftung bürgerlichen Rechts eine juristische Person ist und die §§ 80 ff. BGB nicht für Treuhandstiftungen oder andere rechtlich unselbständige Stiftungen gelten.

C. Dauer der Stiftung, Abs. 1 S. 2

I. Stiftungen auf unbestimmte Zeit, Hs. 1

77 Halbsatz 1 behauptet: „*Die Stiftung wird in der Regel auf unbestimmte Zeit errichtet*“. Das mag als empirische Beobachtung richtig sein, hat aber rechtlich keine Bedeutung. Zugleich offenbart diese Behauptung allerdings den Geist der Gesetzesverfasser („Regeltypus“, Rn. 15), die allen anderen Stiftungsformen außer der sog. „Ewigkeitsstiftung“ skeptisch gegenüberstehen.[79] Grund dafür ist der maßgebliche Einfluss der Stiftungsbehörden auf die Reform, die bei anderen Stiftungsformen einen erhöhten Aufwand fürchten. Das ist freilich **kein zureichender Grund, die Grundrechtsausübung des Stifters**[80] einzuschränken.[81]

78 Es gibt vier Arten von Stiftungen, die auf unbestimmte Zeit errichtet werden: die sog. Ewigkeitsstiftung, die zweckbegrenzte, die auflösend bedingte Stiftung und die Hybridstiftung.

1. Ewigkeitsstiftungen

79 Bei der sog. „Ewigkeitsstiftung“ ist eine Begrenzung ihrer Dauer statutarisch in keiner Weise vorgesehen und auch tatsächlich nicht absehbar. Sie existiert, bis sie aufgelöst bzw. aufgehoben wird, weil die dauernde und nachhaltige Erfüllung ihres Zwecks endgültig unmöglich geworden ist, das heißt auch nicht mehr durch eine Satzungsänderung gerettet werden kann, § 87 Abs. 1, 87a Abs. 1 BGB (näher dort).

---

79 Zu diesen veralteten Vorbehalten MüKoBGB/*Weitemeyer*, Rn. 130 ff.

80 Dazu ausführlich Staudinger/*Hüttemann*/*Rawert*, BGB, Vorbemerkungen zu §§ 80–88 Rn. 26 ff.; MüKoBGB/*Weitemeyer*, Rn. 50 ff.; BeckOGK BGB/*Jakob*/*Uhl*, Rn. 77 ff.; Richter/*Stumpf*, Stiftungsrecht, § 2 Rn. 30 ff. m.w.N.

81 Zur teilweise immer noch bestehenden Verwaltungspraxis, ein Anerkennungsermessen für sich zu reklamieren, s. BeckOGK BGB/*Jakob*/*Uhl*, Rn. 77.1 f. u. Rn. 79; Staudinger/*Hüttemann*/*Rawert*, BGB, Vorbemerkungen zu §§ 80–88 Rn. 41 ff.; Richter/*Stumpf*, Stiftungsrecht, § 2 Rn. 39 ff.; *Reuter*, NPLYB 2012/2013, 37; *Rawert*, in: FS Reuter, 2010, 1323, 1324 ff.; *ders.*, in: FS Hopt, 2010, 177 ff.; *Peiker*, ZSt 2003, 47, 48.

2. Zweckbedingte Stiftung

Eine hier sog. „zweckbedingte Stiftung“ zeichnet sich dadurch aus, dass sie einen **Zweck** hat, der im Rechtssinne mit der Folge erfüllt werden kann, dass eine weitere Zweckverfolgung unmöglich wird. Zu denken ist beispielsweise an eine Stiftung zum Wiederaufbau eines denkmalgeschützten Gebäudes. Beschränkt sich der Stiftungszweck hierauf, ist er mit der Fertigstellung des Wiederaufbaus erfüllt und damit eine weitere Zweckverfolgung unmöglich. Da aber bei der Anerkennung der Stiftung nicht feststeht, ob und wann der Stiftungszweck tatsächlich im Rechtssinne erfüllt wird, ob und wann das Gebäude also tatsächlich wiederaufgebaut werden kann, erfolgt die Stiftungserrichtung auf unbestimmte Zeit. **80**

Auch solche zweckbedingten Stiftungen existieren, bis sie aufgelöst bzw. aufgehoben werden, weil die dauernde und nachhaltige Erfüllung ihres Zwecks endgültig unmöglich geworden ist, das heißt auch nicht mehr durch eine Satzungsänderung gerettet werden kann, § 87 Abs. 1, 87a Abs. 1 BGB (näher dort). Die Besonderheit gegenüber der Ewigkeitsstiftung besteht hier lediglich darin, dass der **Stiftungszweck durch Erfüllung im Rechtssinne unmöglich** werden kann und dass in diesem Falle besonders sorgfältig zu prüfen ist, ob eine Satzungsänderung, durch die eine weitere Zweckverfolgung ermöglicht würde (z.B. Zweckerweiterung: Unterhalt des wiedererrichteten Gebäudes) dem Stifterwillen entspricht. **81**

Mithin ist die Zweckbedingung grundsätzlich kein Anerkennungshindernis. Anders wäre dies nur, wenn der Zweck derart kurzfristig erfüllbar sein sollte, dass das Vorhaben keine rechtliche Verselbständigung erfordert und damit das Merkmal der Dauer nicht gegeben ist. Die Frist von **10 Jahren**, die für Verbrauchsstiftungen genannt wird (§ 82 S. 2), ist insofern eine **grobe Richtschnur.**[82] Dabei ist es in erster Linie Sache des Stifters die Dauer seines Vorhabens abzuschätzen. Eine abweichende Entscheidung der Behörde ist voll gerichtlich nachprüfbar (§ 82 Rn. 22 ff.). **82**

Ob der Stifter das Vermögen einer zweckbegrenzten Stiftung ganz oder teilweise (§ 83b Abs. 3) oder gar nicht **zum Verbrauch** bestimmt, ist in den Grenzen des Erfordernisses einer dauernden und nachhaltigen Zweckverfolgung (§ 82 S. 1) ihm überlassen, vgl. § 82 Rn. 22. **83**

3. Auflösend bedingte Stiftungen

Schließlich kann eine Stiftung auflösend bedingt errichtet werden.[83] Eine Bedingung ist ein zukünftiges Ereignis, dessen Eintritt ungewiss ist.[84] Mit Eintritt der Bedingung ist die Stiftung allerdings aus Gründen der Rechtssicherheit nicht ipso iure aufgelöst.[85] Vielmehr müssen die zuständigen Stiftungsorgane einen Auflösungsbeschluss fassen (§ 87), andernfalls die Stiftung aufzuheben ist (§ 87a). Die **Bedingung** ist also ein **Auflösungsgrund** (zur Zulässigkeit statutarischer Auflösungsgründe § 87 Rn. 35). Eine Stiftung, deren Zweck die Bekämpfung einer bestimmten Infektionskrankheit ist, könnte zum Beispiel mit der auflösenden Bedingung bzw. dem Auflösungsgrund versehen werden, dass das Robert-Koch-Institut eine Herdenimmunisierung von 90 % feststellt. Im Übrigen gilt das in Rn. 80 ff. Gesagte. **84**

82 MüKoBGB/*Weitemeyer*, Rn. 134.

83 Staudinger/*Hüttemann*/*Rawert*, BGB, § 81 Rn. 11, *ders.* § 87 Rn. 24; *Richter*/*Stumpf*, Stiftungsrecht, § 4 Rn. 25; *Burgard*, Gestaltungsfreiheit, 632 f., 635 f.

84 Statt aller BeckOK BGB/*Rövekamp*, § 158 Rn. 3; NomosKommentarBGB/*Dörner*, § 158 Rn. 1.

85 Staudinger/*Hüttemann*/*Rawert*, BGB, § 87 Rn. 25.

4. Hybridstiftung

85 Als Hybridstiftungen werden Stiftungen bezeichnet, deren Vermögen teilweise gemäß § 83c Abs. 1 S. 1 BGB ungeschmälert zu erhalten, teilweise zu verbrauchen ist.[86] Diese Gestaltung lässt **§ 83b Abs. 3 BGB** für Stiftungen auf unbestimmte Zeit ausdrücklich zu.

II. Stiftungen auf bestimmte Zeit, Hs. 2

1. Zeitstiftung

86 Von einer Zeitstiftung wird gesprochen, wenn die Stiftung nach Ablauf einer **kalendarisch** bestimmten Zeit aufgelöst, innerhalb dieser Zeit das **Grundstockvermögen erhalten**, der Stiftungszweck also nur mit den Erträgen verfolgt und am Ende das **Restvermögen an** den **Anfallberechtigten** ausgeschüttet werden soll.[87] Die Anerkennungsfähigkeit einer solchen Gestaltung war vor der Reform umstritten und nach herrschender Lehr zu bejahen.[88] Nunmehr sind Zeitstiftungen nach dem Wortlaut des Gesetzes (Hs. 2) und seiner Begründung (Rn. 17) **nicht mehr anerkennungsfähig.** Das ist nachvollziehbar, wenn die Stiftung zum Beispiel dazu missbraucht werden soll, Vermögen vor dem Zugriff von Gläubigern bis zum Überschreiten der Verjährungsgrenze zu schützen. Unerfindlich ist dagegen, warum ein Stifter nicht festlegen können soll, dass die von ihm errichtete gemeinnützige Kulturstiftung nach 25 Jahren aufgelöst und das dann noch vorhandene Vermögen an städtische Museen als Anfallberechtigte ausgekehrt wird.[89] Allerdings kann man auch diesem Stifterwillen durch eine hier sog. **„umgekehrte Hybridstiftung“** (Rn. 93 ff.) weitgehend Geltung verschaffen.

2. Zweckbefristete Stiftung

87 Eine zweckbefristete Stiftung unterscheidet sich dadurch von einer zweckbedingten Stiftung, dass die **Verfolgung ihres Zwecks unausweichlich irgendwann unmöglich** werden wird. Das Schulbeispiel von *Coing* ist eine Stiftung für die Verwundeten eines bestimmten Krieges;[90] denn, dass der letzte Krieger irgendwann sterben wird, steht fest, und dann ist die weitere Verfolgung des Stiftungszwecks im Rechtssinne (§ 275 BGB) wegen Zweckfortfalls unmöglich.

88 Solche zweckbefristeten Stiftungen sind nach der Begr. RegE grundsätzlich zulässig (vgl. § 81 Rn. 23), falls der zu erwartende Bestehenszeitraum der Stiftung nicht so kurz ist, dass das Vorhaben keiner rechtlichen Verselbständigung bedarf (o. Rn. 82). Fraglich ist allerdings, ob sie **nur als Verbrauchsstiftungen** zulässig sind oder auch ob sie, wie bisher,[91] auch ein Grundstockvermögen (i.S.d. §§ 83b, 83c) haben dürfen. Der Wortlaut und die Begründung des Gesetzes weisen auf Ersteres hin. Ein rechtfertigender Grund hierfür ist freilich nicht ersichtlich. Warum soll der Stifter in Coings Schulbeispiel nicht bestimmen dürfen, dass nach dem Tod des letzten Kriegers deren bedürftige Witwen anfallberechtigt sind? Freilich lässt sich dieser Wille auch durch eine **„umgekehrte Hybridstiftung“** (Rn. 93) verwirklichen.

---

86 Teils als hybride, teils als gemischte Stiftungen werden auch solche bezeichnet, die privat- und gemeinnützige Zwecke miteinander kombinieren, *Fleisch* in Schauhoff/Mehren, Stiftungsrecht 2022, Kap. 2 Rn. 34 ff.

87 BeckOGK BGB/*Roth*, Rn. 250; MüKoBGB/*Weitemeyer*, Rn. 127; *Rawert*, npoR 2014, 1, 2.

88 Ausführlich zur Diskussion MüKoBGB/*Weitemeyer*, Rn. 127 ff. m.w.N.; BeckOGK BGB/*Roth*, Rn. 245 u. Rn. 255 m.w.N.; *Rawert*, npoR 2014, 1 m.w.N.

89 Beispiel von *Hüttemann/Rawert*, ZIP Beilage zu 33/2021, 1, 6.

90 Staudinger/*Coing*, BGB, 12. Aufl., Rn. 7.

91 H.M., anstelle anderer MüKoBGB/*Weitemeyer*, Rn. 127 ff.

3. Verbrauchsstiftungen

Verbrauchsstiftungen spielen in der Praxis eine **immer größere Rolle**. Zum einen können in Zeiten dauerhaft niedriger Zinsen nur sehr große Stiftungen oder Verbrauchstiftungen ihre Zwecke wirksam verfolgen. All die mittleren und kleinen Ewigkeitsstiftungen haben es dagegen schwer. Und zum anderen denken junge Stifter weniger an die Ewigkeit, sondern wollen lieber im Hier und Jetzt möglichst viel Gutes tun. Auch diesen Zug der Zeit hat das Gesetz zur Vereinheitlichung des Stiftungsrechts jedoch verschlafen und behandelt Verbrauchsstiftungen geradezu diskriminierend (s. § 82c S. 2 BGB). Dahinter stehen Vorbehalte, die schlicht darauf beruhen, dass die Aufsichtsbehörden an einem möglichst einfachen Vollzug des Stiftungsrechts interessiert sind. 89

Verbrauchsstiftungen definiert Hs. 2 durch **zwei Merkmale**: 90
- Errichtung der Stiftung auf bestimmte Zeit und
- Verbrauch des gesamten Stiftungsvermögens zur Zweckerfüllung innerhalb dieser Zeit.

Hybridstiftungen (Rn. 93 ff.) sind daher keine Verbrauchsstiftungen.

Weiterverweise: Die Frage, wie die Zeit bestimmt sein muss und wie lange die Zeitdauer sein muss, damit eine Verbrauchsstiftung anerkennungsfähig ist, beantwortet § 82 S. 2 BGB, s. dort Rn. 30. Die Frage, welche Bestimmungen die Satzung hinsichtlich des Verbrauchs enthalten muss, beantwortet § 81 Abs. 2 BGB, s. dort Rn. 106 ff. Und die Frage der Auflösung bzw. Aufhebung beantworten § 87 BGB (dort Rn. 31 ff.) und § 87a BGB (dort Rn. 19 ff.). 91

4. Auflösend befristete Stiftung

Auflösend befristete Stiftungen sind in **zwei Varianten** denkbar. Entweder ist ein kalendermäßiger Endtermin bestimmt. Oder als Endtermin ist ein gewiss eintretendes Ereignis vorgesehen, bei dem lediglich ungewiss ist, wann es eintritt, wie z.B. der Tod eines bestimmten Menschen. Beide Varianten sind **grundsätzlich zulässig** (Begr. RegE § 81 Rn. 21). Die Auflösung tritt allerdings mit dem Zeitablauf nicht ipso iure ein. Vielmehr ist der Zeitablauf nur ein Auflösungsgrund, vgl. § 87 Abs. 2 BGB. Die auflösend befristete Stiftung unterscheidet sich von der zweckbefristeten Stiftung dadurch, dass bei letzterer die weitere Verfolgung des Stiftungszwecks unmöglich wird (Rn. 87), wohingegen bei einer auflösend befristeten Stiftung der Stiftungszweck weiterhin verfolgt werden könnte. Auflösend befristete Stiftungen sind wegen des Verbots von Zeitstiftungen **nur als Verbrauchsstiftungen** zulässig. 92

III. Umgekehrte Hybridstiftung

Hier sog. „umgekehrte Hybridstiftungen" sind in **zwei Varianten** zulässig, als Stiftungen auf unbestimmte und auf bestimmte Zeit. 93

Bei einer umgekehrten Hybridstiftung **auf unbestimmte Zeit** legt der Stifter gemäß § 85 Abs. 4 i.V.m. Abs. 1 S. 4 BGB Bedingungen, also ungewiss eintretende Ereignisse, fest, bei deren Eintritt die Stiftung auf unbestimmte Zeit (Phase 1) in eine Verbrauchsstiftung umzuwandeln ist (Phase 2), z.B. Absinken des Grundstockvermögens auf 100.000 Euro. 94

Bei einer umgekehrten Hybridstiftung **auf bestimmte Zeit** handelt es sich dagegen um eine Verbrauchsstiftung, bei der der Stifter bestimmt, dass der Stiftungszweck zunächst nur mit den Nutzungen des gewidmeten Vermögens, Umschichtungsgewinnen und Spenden verfolgt werden soll (Phase 1) und mit dem Verbrauch des Vermögens erst nach Ablauf einer bestimmten Zeit oder mit Eintritt eines gewiss eintretenden Ereignisses begonnen werden darf (Phase 2), z.B. mit dem Tod des letzten Kriegers in dem Beispiel von *Coing* (Rn. 87). 95

In beiden Fällen einer umgekehrten Hybridstiftung muss natürlich die dauernde und nachhaltige Erfüllung des Stiftungszwecks i.S.d. § 82 BGB während der gesamten Bestehenszeit der 96

Stiftung gesichert erscheinen. Die Bestehenszeit muss nach § 82 S. 2 BGB insgesamt nicht mehr als zehn Jahre betragen. Der Stifter kann auch bestimmen, dass der Stiftungszweck während der ersten Phase ein anderer sein soll als während der zweiten Phase. Die Voraussetzungen des Wechsels von Phase 1 zu Phase 2 müssen im Sinne des **§ 84 Abs. 4 S. 3 BGB** hinreichend bestimmt sein.

D. Entstehung der Stiftung, Abs. 2 S. 1

97 Die Vorschrift ist mit § 80 Abs. 1 BGB a.F. fast wortgleich. Sie bestimmt, dass es zur Entstehung einer rechtsfähigen Stiftung des bürgerlichen Rechts zum einen eines **privaten Rechtsgeschäfts**, des Stiftungsgeschäfts, und zum anderen eines privatrechtsgestaltenden Verwaltungsaktes, der Anerkennung der Stiftung, bedarf. Nach deutschem Recht entsteht die Stiftung also durch **Doppelakt** (Rn. 69).[92] Zuständig für die Anerkennung ist die zuständige Behörde des Landes, in dem die Stiftung ihren Satzungssitz haben soll (näher § 81 Rn. 64). Dabei sind die Anerkennungsvoraussetzungen seit 2002 abschließend und bundeseinheitlich geregelt.[93] Die Anerkennung ist ein gebundener Verwaltungsakt, auf den der Antragsteller bei Erfüllung der gesetzlichen Voraussetzungen einen Anspruch hat (§ 82). Daran hat sich durch die jüngste Reform nichts grundlegend geändert. Allerdings haben die zuständigen Landesbehörden bei der Anerkennung nun auch zu prüfen, ob die in Aussicht genommene Stiftung bzw. deren Satzung gegen zwingende Vorgaben der §§ 80 ff. BGB verstößt (näher § 82 Rn. 43). Hinsichtlich der Anerkennung obliegt es den Bundesländern im Übrigen nur noch, durch die Landesstiftungsgesetze festzulegen, welche Behörde zuständig ist. Lediglich für kirchliche Stiftungen enthält §§ 88 BGB einen Vorbehalt zugunsten landesrechtlicher Vorschriften (zu den Gründen und der Bedeutung s. dort).

98 Welche Anforderungen an das Stiftungsgeschäft gestellt werden und unter welchen Voraussetzungen ein Anspruch auf Anerkennung besteht, ist anderweitig, nämlich in den §§ 81 ff. BGB geregelt, s. dort.

E. Anerkennung nach dem Tod des Stifters, Abs. 2 S. 2

99 § 81 Abs. 3 BGB sowie § 356 Abs. 3 FamFG (= § 83 S. 1 BGB a.F., dazu § 81 Rn. 114) stellen klar, dass ein Stiftungsgeschäft auch in einer Verfügung von Todes wegen enthalten sein kann. Der Erbeinsetzung einer noch nicht anerkannten und daher noch nicht existierenden Stiftung (keine Vorstiftung, Rn. 69 ff.) würde allerdings § 1923 Abs. 1 BGB entgegenstehen, wenn man nicht § 1923 Abs. 2 BGB analog anwenden könnte (was man bei der Einsetzung eines Pflegers für die werdende Stiftung allerdings ohnehin tut, s.o. Rn. 74). Vor diesem Hintergrund stellt die Vorschrift klar, dass die fehlende Anerkennung der Stiftung kein Hindernis für ihre Erbeinsetzung ist.[94] Zu diesem Zweck fingiert sie allein für die Zuwendungen des Stifters im Rahmen eines Stiftungsgeschäfts den Entstehungszeitpunkt der Stiftung vor den Erbfall.[95] Sie fingiert also nicht eine generelle Rückwirkung des Entstehens der Stiftung, sondern gehört thematisch zu § 81a BGB. Systematisch ist sie daher hier völlig fehl am Platz. Inhaltlich hat sie mit Satz 1 nur durch das Wort „entstanden" eine gewisse Übereinstimmung.

---

92 *Rittner*, Die werdende juristische Person, 34 ff.; *Burgard*, Gestaltungsfreiheit, 157; MüKoBGB/*Weitemeyer*, Rn. 110; Staudinger/*Hüttemann*/*Rawert*, BGB, Rn. 1.

93 Staudinger/*Hüttemann*/*Rawert*, BGB, Rn. 1; MüKoBGB/*Weitemeyer*, Rn. 42; BeckOK BGB/*Backert*, Rn. 46.

94 Allg. M. zur Vorgängervorschrift des § 84 BGB a.F., Staudinger/*Hüttemann*/*Rawert*, BGB, § 84 Rn. 1; BeckOGK BGB/*Tolksdorf*, § 84 Rn. 2; BeckOK BGB/*Backert*, § 84 Rn. 1.

95 Staudinger/*Hüttemann*/*Rawert*, BGB, § 84 Rn. 1; BeckOGK BGB/*Tolksdorf*, § 84 Rn. 2; BeckOK BGB/*Backert*, § 84 Rn. 1.

I. Voraussetzungen, Anwendungsbereich

Die Vorschrift ist **mit § 84 BGB a.F. nahezu wortgleich** und hat einen recht schmalen Anwendungsbereich. Sie setzt unausgesprochen ein Stiftungsgeschäft voraus, auf dessen Grundlage eine Anerkennung der Stiftung erfolgt. Wer die Anerkennung beantragt hat (Stifter, Erbe, Beauftragter), ist ohne Belang.[96] Auf die Frage der Wirksamkeit dieses Stiftungsgeschäfts kommt es nur insofern an, als die Vorschrift nach einer rechtskräftigen Verweigerung der Anerkennung selbst dann nicht mehr anwendbar ist, wenn das Stiftungsgeschäft wirksam wäre. Zwar wird durch einen ablehnenden Bescheid ein wirksames Stiftungsgeschäft nicht unwirksam (§ 81 Rn. 45),[97] so dass ein erneuter Antrag auf Anerkennung auf dasselbe Stiftungsgeschäft[98] gestützt werden kann.[99] Im Interesse der Sicherheit der erbrechtlichen Verhältnisse ist § 80 Abs. 2 S. 2 BGB jedoch so auszulegen, dass die Fiktion nach einer rechtskräftigen Verweigerung der Anerkennung nicht mehr eingreift.[100] **100**

Die Vorschrift findet nicht nur auf Stiftungsgeschäfte Anwendung, die in einer Verfügung von Todes wegen enthalten sind, sondern auch auf Stiftungsgeschäfte unter Lebenden.[101] Das ergibt sich klar aus dem Wortlaut. **Analog** ist sie außerdem zugunsten einer ausländischen Stiftung anwendbar, die in einer dem deutschen Recht unterliegenden letztwilligen Verfügung begünstigt wird, aber erst nach dem Tod des Erblassers Rechtsfähigkeit erlangt.[102] **101**

Keine Rechtsgrundlage bietet die Vorschrift für Zuwendungen des Stifters unter Lebenden außerhalb des Stiftungsgeschäfts, da die Vorschrift – wie gesagt – den Entstehungszeitpunkt der Stiftung nur für Zuwendungen des Stifters im Rahmen eines Stiftungsgeschäfts und nicht generell vorverlegt (Rn. 99).[103] Ebenfalls kein Fall von Abs. 2 S. 2 ist es, wenn der Erblasser seinem Erben oder Vermächtnisnehmer die Errichtung einer Stiftung aus Nachlassmitteln zur Auflage gemacht hat. Denn in diesem Fall ist nicht der Erblasser, sondern der Erbe bzw. Vermächtnisnehmer Stifter.[104] Schließlich ist die Vorschrift auch nicht auf Zuwendungen Dritter anwendbar. Setzt ein Dritter die noch nicht als rechtsfähig anerkannte Stiftung als Erbin ein, so ist im Zweifel anzunehmen, dass die Stiftung (nach den gesetzlichen Erben als Vorerben) auf den Zeitpunkt ihrer Anerkennung zur Nacherbin berufen sein soll. Setzt er sie als Vermächtnisnehmerin ein, gelten die §§ 2178, 2179 BGB, so dass die Stiftung den Anspruch auf das Vermächtnis mit ihrer Anerkennung erwirbt. Bei Zwischenverfügungen haftet der Erbe nach §§ 2179, 160 Abs. 1 BGB.[105] **102**

II. Rechtsfolgen

Für die im Stiftungsgeschäft vorgesehenen Zuwendungen des Stifters gilt die Stiftung als schon vor seinem Tod entstanden. Rechtsfolge von Abs. 2 S. 2 ist also, dass die Stiftung so zu behandeln ist, als hätte sie beim Tod des Stifters bereits existiert. Das bedeutet: Im Fall der **Stiftung** **103**

---

96 MüKoBGB/*Weitemeyer*, § 84 Rn. 1; BeckOK BGB/*Backert*, § 84 Rn. 2.

97 Im vorliegenden Zusammenhang **a.A.** Staudinger/*Hüttemann/Rawert*, BGB, § 84 Rn. 12; vgl. MüKoBGB/*Weitemeyer*, § 84 Rn. 6.

98 Die Vornahme eines neuen Stiftungsgeschäfts ist wegen des Tods des Stifters nicht möglich.

99 Staudinger/*Hüttemann/Rawert*, BGB, § 81 Rn. 91.

100 Im Ergebnis ebenso Staudigner/*Hüttemann/Rawert*, BGB, § 84 Rn. 12.

101 Staudinger/*Hüttemann/Rawert*, BGB, § 84 Rn. 2; BeckOK BGB/*Backert*, § 84 Rn. 2; BayObLG NJW-RR 1991, 523, 524.

102 BayObLG NJW 1965, 1438; OLG München – 31 Wx 121/08, ZEV 2009, 512, m. Anm. *Lange/Honzen*, ZEV 2010, 228, 231 ff.; KG – 6 W 46/15, ErbR 2016, 331; Staudinger/*Hüttemann/Rawert*, BGB, § 84 Rn. 2; MüKoBGB/*Weitemeyer*, § 84 Rn. 2.

103 MüKoBGB/*Weitemeyer*, § 84 Rn. 1; Staudinger/*Hüttemann/Rawert*, BGB, § 84 Rn. 3.

104 MüKoBGB/*Weitemeyer*, § 84 Rn. 5; Staudinger/*Hüttemann/Rawert*, BGB, § 84 Rn. 3; BeckOK BGB/*Backert*, § 84 Rn. 2.

105 MüKoBGB/*Weitemeyer*, § 84 Rn. 5; Staudinger/*Hüttemann/Rawert*, BGB, § 84 Rn. 9.

unter Lebenden gilt der Anspruch aus § 82a S. 1 BGB als vor dem Tod des Stifters entstanden. Die Erben haften daher für die Erfüllung dieses Anspruchs bei Anerkennung der Stiftung (für die Frage des Widerrufs s. § 81 S. 3), als sei die Stiftung beim Erbfall bereits anerkannt gewesen.

104 Im Fall der **Stiftung von Todes** wegen wird die zur Erbin berufene Stiftung mit der Anerkennung rückwirkend zur Vollerbin (vgl. § 2101 Abs. 2 BGB). Wer bis dahin „als Erbe" den Nachlass übernommen und über Nachlassgegenstände verfügt hat, ist Erbschaftsbesitzer (§§ 2018 ff. BGB) gewesen. Ob er als bösgläubiger Erbschaftsbesitzer haftet (§§ 2023, 2024 BGB), hängt davon ab, ob er die Tatsachen kennt oder grob fahrlässig nicht kennt, die zum rückwirkenden Wegfall seiner Berechtigung nach § 84 BGB führen (§ 142 Abs. 2 BGB analog).[106]

105 Ist die Stiftung Vermächtnisnehmerin, so ist der Erbe zwar zu zwischenzeitlichen Verfügungen über das Vermächtnisgut befugt. Er haftet der Stiftung aber für dessen **schuldhafte Beeinträchtigungen** (§§ 2174, 276 BGB) und auf Herausgabe gezogener Früchte (§§ 2176, 2184 BGB).

106 Rechte i.S.d. § 82a S. 2 BGB gehen ipso iure mit der Anerkennung der Stiftung **ohne Zwischenerwerb** der Erben auf die Stiftung über. Haben die Erben bzw. Erbschaftsbesitzer zwischenzeitlich (also nach dem Erbfall und vor der Anerkennung der Stiftung) über Rechte i.S.d. § 82a S. 2 BGB verfügt, so taten sie dies als Nichtberechtigte. Umstritten ist, ob und in welchen Fällen Verfügungen von kraft Abs. 2 S. 2 Nichtberechtigten durch eine analoge Anwendung des § 184 Abs. 2 BGB als wirksam anerkannt werden können.[107]

106 Vgl. MüKoBGB/*Weitemeyer*, § 84 Rn. 6; Staudinger/*Hüttemann*/*Rawert*, BGB, § 84 Rn. 7; BeckOGK BGB/*Tolksdorf*, § 84 Rn. 15.

107 Eingehend MüKoBGB/*Weitemeyer*, § 84 Rn. 7 m.w.N.; Staudinger/*Hüttemann*/*Rawert*, BGB, § 84 Rn. 12, jew. m.w.N.

§ 81 Stiftungsgeschäft

(1) Im Stiftungsgeschäft muss der Stifter
1. der Stiftung eine Satzung geben, die mindestens Bestimmungen enthalten muss über
a) den Zweck der Stiftung,
b) den Namen der Stiftung,
c) den Sitz der Stiftung und
d) die Bildung des Vorstands der Stiftung sowie
2. zur Erfüllung des von ihm vorgegebenen Stiftungszwecks ein Vermögen widmen (gewidmetes Vermögen), das der Stiftung zu deren eigener Verfügung zu überlassen ist.

(2) Die Satzung einer Verbrauchsstiftung muss zusätzlich enthalten:
1. die Festlegung der Zeit, für die die Stiftung errichtet wird, und
2. Bestimmungen zur Verwendung des Stiftungsvermögens, die die nachhaltige Erfüllung des Stiftungszwecks und den vollständigen Verbrauch des Stiftungsvermögens innerhalb der Zeit, für welche die Stiftung errichtet wird, gesichert erscheinen lassen.

(3) Das Stiftungsgeschäft bedarf der schriftlichen Form, wenn nicht in anderen Vorschriften ausdrücklich eine strengere Form als die schriftliche Form vorgeschrieben ist, oder es muss in einer Verfügung von Todes wegen enthalten sein.

(4) [1]Wenn der Stifter verstorben ist und er im Stiftungsgeschäft zwar den Zweck der Stiftung festgelegt und ein Vermögen gewidmet hat, das Stiftungsgeschäft im Übrigen jedoch nicht den gesetzlichen Anforderungen des Absatzes 1 oder des Absatzes 2 genügt, hat die nach Landesrecht zuständige Behörde das Stiftungsgeschäft um die Satzung oder um fehlende Satzungsbestimmungen zu ergänzen. [2]Bei der Ergänzung des Stiftungsgeschäfts soll die Behörde den wirklichen, hilfsweise den mutmaßlichen Willen des Stifters beachten. Wurde im Stiftungsgeschäft kein Sitz der Stiftung bestimmt, ist im Zweifel anzunehmen, dass der Sitz am letzten Wohnsitz des Stifters im Inland sein soll.

Schrifttum

Achilles, Besetzungsrechte bei Stiftungen, in: Hüttemann/Rawert/u.a. (Hrsg.), Non Profit Law Yearbook 2010/2011, 2011, S. 49; *Arnold*, Die selbständige Stiftung und der Testamentsvollstrecker, 2010; *Büch*, Das sittenwidrige Stiftungsgeschäft, ZEV 2010, S. 440; *Burgard*, Firmenrechtliche Fragen bei Verein und Stiftung, in: Saenger/Bayer/u.a. (Hrsg.), FS O. Werner, 2009, S. 190; *Eichinger*, Die rechtliche Natur des Stiftungsgeschäfts, Diss. 1913; *Feick*, Die Verbrauchsstiftung in Zivil- und Steuerrecht, in: Andrick/Hellmig/u.a. (Hrsg.), Die Stiftung – Jahreshefte zum Stiftungswesen 2010, S. 121; *Fischer/Ihle*, Satzungsgestaltung bei gemeinnützigen Stiftungen, DStR 2008, S. 1692; *Fleischer*, Unternehmensspenden und Leitungsermessen des Vorstands im Aktienrecht, AG 2001, S. 171; *Fröhlich*, Die selbständige Stiftung im Erbrecht, 2004; *Gebel*, Erbschaftsteuer bei der Stiftung von Todes wegen, BB 2001, S. 2554; *Gölz*, Der Staat als Stifter, Diss. 1999; *Grziwotz*, Der betreute „Stifter" – Zur Zulässigkeit von Stiftungen entsprechend dem Willen des Betreuten, ZEV 2005, S. 338; *Hader*, Vermögensverzehr bei Verbrauchsstiftungen, npoR 2014, S. 312; *Hahn*, Die Stiftungssatzung, 2010; *Harrer*, Der Begriff „Verfügung von Todes wegen" im BGB in erbrechtlicher und sonstiger Beziehung, mit besonderer Berücksichtigung des Stiftungsgeschäfts von Todes wegen, ZBlFG 1919, S. 361; *Hinz*, Die Haftung der Stiftung für Verbindlichkeiten des Stifters, 1996; *Hüttemann*, Stiftungsgeschäft und Vermögensausstattung, in: Saenger/Bayer/u.a. (Hrsg.), FS O. Werner, 2009, S. 85; *Hüttemann/Rawert*, Pflichtteil und Gemeinwohl, in: Röthel (Hrsg), Reformfragen des Pflichtteilsrechts, 2007, S. 107; *Kilian*, Flucht des Staates in die Stiftung?, in: Mecking/Schulte (Hrsg), Grenzen der Instrumentalisierung von Stiftungen, 2003, S. 87; *Koos*, Fiduziarische Person und Widmung: das stiftungsspezifische Rechtsgeschäft und die Personifikation treuhänderisch geprägter Stiftungen, 2004; *Kuchinke*, Probleme bei letztwilligen Zuwendungen für Stiftungszwecke, in: Barfuß/Dutoit/u.a. (Hrsg.), FS Karl H. Neumayer, 1985, S. 389; *Küstermann*, Die Verbrauchsstiftung und der neue § 80 Abs 2 S 2 BGB, in: Fundare e.V./Andrick/u.a. (Hrsg.), Die Stiftung – Jahreshefte zum Stiftungswesen 2014, S. 75; *Lange*, Zur Pflichtteilsfestigkeit von Zuwendungen an Stiftungen, in: Wachter (Hrsg.), FS Spiegelberger, 2009, S. 1321; *ders.*,

https://doi.org/10.1515/9783110251524-003

Stiftungszweck als Rechtsgrund für unentgeltliche Zuwendungen?, ZErb 2010, S. 137; *ders.*, Stiftungserrichtung von Todes wegen und Testamentsvollstreckung, ZStV 2019, S. 85; *Lange/Honzen*, Erbfälle unter Einschaltung ausländischer Stiftungen, ZEV 2010, S. 228; *Lex*, Stiftungen als Stifter – Steuerliche Aspekte des Endowments, ZSt 2004, S. 243; *Lieder*, Zur Erbeinsetzung einer noch zu errichtenden Stiftung durch privatschriftliches Testament – Anmerkungen zum Beschluss des LG Berlin v. 26.5.2000, ZSt 2003, S. 260; *Liermann*, Persönlichkeitswert der Stiftung – Ihr Recht auf Name und Wesensart, in: Franz/Liermann/u.a. (Hrsg.), Deutsches Stiftungswesen 1948-1966, 1968, S. 173; *Lunk/Rawert*, Bestellung, Abberufung, Anstellung und Kündigung von Stiftungsvorständen, in: Kötz/Rawert/u.a. (Hrsg.), Non Profit Law Yearbook 2001, 2002, S. 91; *Lutter*, Die Verbrauchsstiftung – Stiftung auf Zeit, in: Walz/Hüttemann/u.a. (Hrsg.) Non Profit Law Yearbook 2004, 2005, S. 43; *Matschke*, Gemeinnützige Stiftung und Pflichtteilsergänzungsanspruch, in: Westermann/Mock (Hrsg.), FS Bezzenberger, 2000, S. 521; *ders.*, Pflichtteilsergänzungsanspruch und Gemeinnützige Stiftung, ZSt 2004, S. 263; *Mecking*, Der Sitz der Stiftung, ZSt 2004, S. 199; *Medicus*, Pflichtteilsergänzung wegen Zuwendung an Stiftungen?, in: Heldrich/Schlechtriem/u.a. (Hrsg.), FS Heinrichs, 1998, S. 381; *Mösl*, Der Namensschutz der Stiftung, in: Franz/Liermann/u.a. (Hrsg.), Deutsches Stiftungswesen 1948-1966, 1968, S. 191; *Muscheler*, Stiftung und Schenkung – Zum Kausalverhältnis in den Beziehungen zwischen Stifter, Stiftung, Destinatären, Anfallberechtigten, AcP 2003, S. 469; *ders.*, Zur Verbindlichkeit des Verbindlichen im Stiftungsrecht, JR 2003, S. 441; *ders.*, Das vertragliche Stiftungsgeschäft, ZEV 2003, S. 41; *ders.*, Die Verbrauchsstiftung, in: Saenger/Bayer/u.a. (Hrsg.), FS O. Werner, 2009, S. 129; *ders.*, Vermögenserwerb der Stiftung und Vermögenshaftung des Stifters, in: Fischer/Geck/u.a. (Hrsg.), FS Crezelius zum 70. Geburtstag, 2018, S. 71; *ders.*, Zur Verbindlichkeit des Verbindlichen im Stiftungsrecht, JR 2003, S. 441; *ders.*, Das vertragliche Stiftungsgeschäft, ZEV 2003, S. 41; *Neuhoff*, Testamentsvollstreckung bei Stiftungen als grundsätzliches Rechtsproblem, ZSt 2008, S. 77; *Otte*, Eine oktroyierte Stiftungssatzung – oder: Ist die Stiftungsaufsicht bei den Verwaltungsgerichten gut aufgehoben?, in: Saenger/Bayer/u.a. (Hrsg.), FS O. Werner, 2009, S. 75; *Pauli*, Die Verbrauchsstiftung, ZSt 2008, S. 97; *ders.*, Stiftung und Testamentsvollstreckung als Gestaltungsmittel zur Sicherung des Erblasserwillens, ZEV 2012, S. 461; *ders.*, Sonderfragen bei der Errichtung von Stiftungen, ZStV 2019, S. 41; *Paulus*, Unentgeltlichkeit, Schenkung und die Dresdner Frauenkirche – Grundsatzfragen zur Entscheidung BGHZ 157, 178, in: *Bachmann/Grundmann/u.a. (Hrsg.)*, FS Windbichler, 2020, S. 119; *Peiker*, Stiftungserrichtung durch Testamentsvollstreckung und Ablehnung der fortlaufenden Testamentsvollstreckung über das Stiftungsvermögen, ZStV 2012, S. 179; *Ponath/Fink*, Zur Zulässigkeit von Testamentsvollstreckung bei Stiftungen, KSzW 2014, S. 182; *Ponath/Jestaedt*, Dauertestamentsvollstreckung und Stiftung (unter besonderer Berücksichtigung der Stiftungserrichtung von Todes wegen), ZErb 2012, S. 253; *Rawert*, Die juristische Person des Privatrechts als Stiftungsvorstand, in: Saenger/Bayer/u.a. (Hrsg.), FS O. Werner, 2009, S. 119; *ders.*, Die Stiftung auf Zeit – insbesondere die Verbrauchsstiftung – in der zivilrechtlichen Gestaltungspraxis, npoR 2014, S. 1; *ders.*, Die Stiftung des Betreuten, in: Omlor (Hrsg.), FS Martinek 2020, S. 629; *Rawert/Katschinski*, Stiftungserrichtung und Pflichtteilsergänzung, ZEV 1996, S. 161; *Reuter*, Bestellung und Anstellung von Organmitgliedern im Körperschaftsrecht, in: Lieb/Noack/u.a. (Hrsg.), FS Zöllner, 1998, S. 487; *Roth*, Zum Firmenrecht der juristischen Person, in: Schneider/Hommelhoff (Hrsg.), FS Lutter, 2000, S. 651; *Röthel*, Pflichtteil und Stiftungen: Generationengerechtigkeit versus Gemeinwohl, ZEV 2006, S. 8; *ders.*, Vermögenswidmung durch Stiften oder Vererben: Konkurrenz oder Konkordanz?, in: Kohl/Kübler/u.a. (Hrsg.), GS Walz, 2008, S. 617; *ders.*, Was bringt die Pflichtteilsreform für Stiftungen?, ZEV 2008, S. 112; *Saenger*, Die Stiftung als Geldsammlerin für Pflichtteilsberechtigte, verarmte Schenker und Sozialkassen?, ZSt 2004, S. 183; *Sandberg*, Nachfolge im Stiftungsvorstand, S. 2013; *Schäller*, Namensbildung und Namensschutz der anerkannten Stiftung, 2013; *Schauer*, Pflichtteilsergänzungsansprüche bei Zuwendungen an Stiftungen, npoR 2018, S. 49; *Schewe*, Die Errichtung der selbständigen Stiftung von Todes wegen, 2004; *ders.*, Die Stiftungserrichtung von Todes wegen, ZSt 2004, 270 und ZSt 2004, S. 301; *ders.*, Stiftung und Dauertestamentsvollstreckung, ZEV 2012, S. 236; *Schiffer*, Die Dresdner Frauenkirche, die Stiftung und der Pflichtteil, NJW 2004, S. 1565; *Schiffers*, Anforderungen an die Errichtung einer Stiftung von Todes wegen, npoR 2018, S. 105; *C. Schmid*, Stiftungsrechtliche Zuwendungen im Erb- und Familienrecht, 2007; *K. Schmidt*, Unternehmen als Stifter und Spender – Überlegungen aus der Perspektive des Gesellschaftsrechts, in: Kötz/Rawert/u.a. (Hrsg.), Non Profit Law Yearbook 2001, 2002, S. 107; *O. Schmidt*, Die Errichtung von Unternehmensträgerstiftungen durch Verfügungen von Todes wegen, 1997; *ders.*, Die Auslegung des Stiftungsgeschäfts von Todes wegen, ZEV 2000, S. 219; *ders.*, Die Anfechtung des Stiftungsgeschäfts von Todes wegen bei Errichtung einer Unternehmensträgerstiftung, ZEV 2000, S. 308; *Schmidt*, Das Ausschlagungsrecht von Unternehmensträgerstiftungen bei letztwilligen Zuwendungen – Beseitigung der Geschäftsgrundlage der stiftungsrechtlichen Genehmigung?, ZEV 1999, S. 141; *Scholz/Langer*, Stiftung und Verfassung, Strukturprobleme des Stiftungsrechts am Beispiel der „Stiftung Warentest“, S. 1990; *Schreiber*, Die Unwirksamkeit des Stiftungsgeschäfts, 2015; *Schulte*, Der Staat als Stifter: Die Errichtung von Stiftungen durch die öffentliche Hand, in: Kötz/Rawert/u.a. (Hrsg.), Non Profit Law Yearbook 2001, 2002, S. 127; *Schultz*, Das Stiftungsgeschäft als Willenserklärung, Diss. 1914; *Schwalm/Thiele*, Die Form des Stiftungsgeschäfts unter Lebenden: Ausnahmsloser „Vorrang“ des § 81 Abs. 1 S. 1 BGB, ZEV 2020, S. 523; *Seyboth*, Die Haftung des Stifters und seines Erben bei Stiftungen unter Lebenden, Diss. 1936; Sprecher, Die Rolle des Beraters – oder: wie kommt der Stifterwille in das Stiftungsgeschäft?, in: Jakob/v. Orelli (Hrsg), Der Stifterwille: Ein Phänomen zwischen Vergangenheit, Gegenwart und Ewigkeit, 2014, S. 175; *Steffek*, Die Anforderungen an das Stiftungsgeschäft von Todes wegen, 1996; *Steils*, Die Stiftung auf Zeit und die Verbrauchsstiftung, 2013; *Stintzing*, Über das Stiftungsgeschäft nach dem BGB, AcP 1898, S. 392; *Storz*, Anmerkung zu LG Stuttgart, Beschluss v. 17.7.2009 – 1 T 61/2009: Keine Nachlasspflegschaft bei Vorhandensein eines Testamentsvollstreckers trotz noch nicht entstandener Stiftung, ZEV 2009, S. 397; *Theuffel-Werhahn*, Forum Shopping: Ein Mangel des Stiftungsgeschäfts, mit welchen Auswirkungen?, ZStV 2018, S. 132; *Tolksdorf*, Stiftungsgeschäftliche Vermögensausstattung und Schenkung, 2006; *v. Hoerner*, Die Formulierungsfreiheit des Stifters als Ausfluss seiner Privatautonomie, 2010; *Volkholz*, Geltung und Reichweite der Privatautonomie bei der Errichtung von Stiftungen, 2008; *Wachter*, Stiftung von Todes wegen – Praxisempfehlungen für eine wirksame Gestaltung, BB 2017, S. 2631; *Wanka*, Juristische Personen und ihre Organe als Vorstand der Stiftung, Modelle zur Anbindung einer Stiftung an ein Unternehmen, 2018; *ders.*, Juristische Personen als Vorstand der Stiftung – Die Anbindung einer Stiftung aus organisationsrechtlicher Sicht, npoR 2019, S. 117; *Weidlich/Dittmer*, Noch weitgehend unbekannt: Die Kombination von Stiftung und Behindertentestament, ZStV 2010, S. 68; *Weidmann*, Stiftung und Testamentsvollstreckung, 2009; *Weitemeyer*, Von der Stifterfreiheit zur Stiftungsautonomie, Weiterentwicklung oder Sackgasse?, in: Bumke/Röthel (Hrsg.), Autonomie im Recht, 2017, S. 201; *O. Werner*, Stiftungen und Pflichtteilsrecht – Rechtliche Überlegungen, ZSt 2005, S. 83; *ders.*, Der Verein als Stifter, in: Martinek/Rawert/u.a. (Hrsg.), FS Reuter, 2010, S. 431; *ders.*, Stiftung und Verein als Vermächtnisbeschwerte, ZStV 2014, S. 86; *Werner*, Festlegung des Stiftungszwecks in einer letztwilligen Verfügung, ZSt 2006, S. 10.

Übersicht

A. Grundlagen

I. Norminhalt — 1

II. Verhältnis zum alten Recht — 2

III. Normzweck — 3

IV. Begründung
1. Regierungsentwurf — 5
2. Stellungnahme des Bundesrates — 33a
3. Gegenäußerung der Bundesregierung — 33d
4. Rechtsausschuss — 34

V. Bewertung — 38

B. Stifter (Stifterfähigkeit) — 39

C. Stiftungsgeschäft unter Lebenden

I. Überblick — 43

II. Stiftungsgeschäft — 44

III. Stiftungsvertrag — 47

D. Satzung

I. Überblick — 49

II. Stifterfreiheit — 50

III. Mindestinhalt
1. Zweck — 54
2. Name — 61
3. Sitz — 63
4. Bildung des Vorstandes
   a) Vorbemerkung: Organ und Organmitglieder (Organwalter) — 65
   b) Vorstand — 68
   c) Erstbestellung — 71
   d) Zweitbestellung — 74
   e) Wiederbestellung — 81
   f) Beendigung — 82
   g) Abberufung (Widerruf der Bestellung) — 86
   h) Fehlerhafte Bestellung — 94
5. Bestimmungen zum Vermögen — 95

E. Vermögenswidmung; Abs. 1 Nr. 2 — 97

F. Zusätzlicher Inhalt bei Verbrauchsstiftungen, Abs. 2 — 106

I. Festlegung der Zeit, für die die Stiftung errichtet wird, Nr. 1 — 107

II. Bestimmungen über die Verwendung des Stiftungsvermögens, Nr. 2 — 109
1. Nachhaltige Erfüllung des Stiftungszwecks — 110
2. Vollständiger Verbrauch — 112

G. Form des Stiftungsgeschäfts, Abs. 3 — 113

H. Das Stiftungsgeschäft von Todes wegen

I. Überblick — 114

II. Exkurs: § 356 Abs. 3 FamFG — 117
1. Norminhalt, Verhältnis zum alten Recht, Bewertung — 117
2. Normzweck — 118
3. Begründung — 119
4. Kenntnis des Nachlassgerichts — 120

III. Anerkennungsverfahren, insb. Ergänzungsbefugnis der Behörde, Abs. 4 — 121

A. Grundlagen

I. Norminhalt

1 Die Vorschrift normiert in Absatz 1 die allgemeinen Anforderungen an ein Stiftungsgeschäft und in Absatz 2 zusätzliche Anforderungen an das Stiftungsgeschäft für eine Verbrauchstiftung. Absatz 3 regelt die Form und Absatz 4 die Befugnis der zuständigen Behörde, ein Stiftungsgeschäft unter bestimmten Voraussetzungen zu ergänzen.

II. Verhältnis zum alten Recht

2 Absatz 1 entspricht im Wesentlichen § 81 Abs. 1 S. 2 und 3 BGB a.F. Absatz 2 ist neu, inhaltlich aber nur teilweise. Absatz 3 entsprich § 81 Abs. 1 S. 1 BGB a.F. Und Absatz 4 entspricht § 81 Abs. 1 S. 4 i.V.m. § 83 Satz 2 bis 4 BGB a.F.

III. Normzweck

3 Zur Errichtung einer Stiftung ist nach § 81 Abs. 2 S. 1 BGB ein **Doppelakt** erforderlich, bestehend aus einem privatrechtlichen Rechtsgeschäft, dem Stiftungsgeschäft, und einem privatrechtsgestaltenden Verwaltungsakt, der sog. Anerkennung, § 82 BGB. Der Anerkennung kommt dabei die gleiche Funktion zu wie der Eintragung bei einer Körperschaft, nämlich die staatliche Bestätigung der Erfüllung der Normativbedingen, mit der die juristische Person entsteht. Nach dem Wortlaut von § 82 BGB gibt es dabei nur drei (bzw. bei Verbrauchstiftungen vier) Normativbedingungen, von denen die wichtigste ist, dass das Stiftungsgeschäft den Anforderungen des § 81 Absatz 1 bis 3 BGB genügt. **Absatz 1 bis 3 enthalten daher die zentralen Voraussetzungen für die Anerkennung** der Stiftung, die zu erfüllen die Behörde in Fällen des Absatz 4 helfen soll.

4 Dabei erkennt man schon auf den ersten Blick, dass die Anforderungen an das Stiftungsgeschäft denkbar gering sind, was auf ein **Höchstmaß an Gestaltungsfreiheit** hindeutet. Bestätigt wird dies durch den Umstand, dass die kurzzeitige Überlegung der Gesetzesverfasser, die Gestaltungsfreiheit einzuschränken (§ 82 Abs. 2 BGB-RefE:[1] Einführung des Grundsatzes der Satzungsstrenge),[2] nicht weiterverfolgt wurde. Bei der Satzungsgestaltung gilt also der **Grundsatz: Es ist alles erlaubt, was das Gesetz nicht ausdrücklich verbietet** (dazu § 82 Rn. 43).

1 Referentenentwurf des BMJV (RefE): Entwurf eines Gesetzes zur Vereinheitlichung des Stiftungsrechts, abrufbar unter https://www.bmjv.de/SharedDocs/Gesetzgebungsverfahren/DE/Stiftungsrecht.html.

2 Zur Kritik: *Arnold/Burgard/Jakob/Roth/Weitemeyer*, npoR 2020, 294; *Gollan/Richter*, npoR 2021, 29, 30.

IV. Begründung

1. Regierungsentwurf

„§ 81 BGB-neu entspricht im Wesentlichen dem bisherigen § 81 BGB. Die Vorschrift regelt die Anforderungen an den Inhalt und die Form des Stiftungsgeschäfts, das die grundlegende Voraussetzung für das Entstehen einer rechtsfähigen Stiftung ist. 5

***Zu Absatz 1:** In § 81 Absatz 1 BGB-neu entspricht im Wesentlichen dem bisherigen § 81 Absatz 1 Satz 2 und 3 BGB. Mit dem Stiftungsgeschäft muss der Stifter der Stiftung eine Satzung geben und ein Vermögen zur Erfüllung des von ihm in der Satzung festgelegten Zwecks widmen.* 6

***Zu Nummer 1:** In § 81 Absatz 1 Nummer 1 BGB-neu wird festgelegt, welchen Mindestinhalt jede Stiftungssatzung haben muss. Die Vorschrift entspricht im Wesentlichen dem bisherigen § 81 Absatz 1 Satz 3 BGB. Neu ist der Begriff der Errichtungssatzung, für die Satzung, die der Stifter der Stiftung im Stiftungsgeschäft gibt. Bestimmte stiftungsrechtliche Vorschriften sollen nur für den Stifter dispositiv sein. Nur der Stifter kann bei der Errichtung der Stiftung von diesen Vorschriften wirksame abweichende Bestimmungen in der Errichtungssatzung treffen.* **[Anm.: Das noch im Regierungsentwurf[3] enthaltene Konzept der Errichtungssatzung wurde vom Rechtsausschuss (s.u. Rn. 35) nach verbreiteter Kritik[4] aufgegeben.]** 7

Der Katalog in § 81 Absatz 1 Nummer 1 BGB-neu enthält die Satzungsbestimmungen, die für jede Stiftung individuell festgelegt werden müssen. In jeder Stiftungssatzung müssen der Zweck, der Name und der Sitz der Stiftung festgelegt sowie Bestimmungen über die Bildung des Vorstands getroffen werden. Diese Bestimmungen, die der Stiftung ihre Identität geben, können nicht für jede Stiftung generell-abstrakt durch gesetzliche Vorschriften vorgegeben werden. 8

Die Bestimmungen zum Vermögen wurden aus dem Katalog der zwingenden Satzungsbestimmungen gestrichen. Die Widmung eines Vermögens für den Stiftungszweck ist nach § 81 Absatz 1 Nummer 2 BGB-neu zwingender Bestandteil des Stiftungsgeschäfts. Zudem werden in den §§ 83b und 83c BGB-neu künftig für jede Stiftung ausreichende Regelungen zum Stiftungsvermögen und seiner Verwaltung getroffen, die nicht zwingend durch Satzungsbestimmungen ergänzt werden müssen. 9

Stifter können in der Satzung wesentlich mehr regeln. Ein Stifter kann am besten entscheiden, welche zusätzlichen Satzungsbestimmungen für seine Stiftung noch zweckmäßig sind, um der Stiftung eine Stiftungsverfassung in seinem Sinne zu geben. Das Gesetz räumt dem Stifter die dafür notwendige Satzungsautonomie ein. Viele Regelungen des Stiftungsrechts im Bürgerlichen Gesetzbuch sind dispositiv und können durch Satzungsbestimmungen ersetzt oder geändert werden. Bei jeder dispositiven Vorschrift wird ausdrücklich geregelt, inwieweit durch die Satzung von dieser Vorschrift abgewichen werden kann, so dass Stiftern deutlich vor Augen geführt wird, welche Regelungen sie durch die Satzung treffen können. **[Anm.: Tatsächlich ist das keineswegs durchgängig der Fall. Vielmehr ist dieser Teil der Begründung – wie schon oben Vor § 80 Rn. 7 – ein Überbleibsel des RefE[5] (S. 43), der in § 83 Abs. 2 noch den Grundsatz der Satzungsstrenge beinhaltete, welcher aufgrund einhelliger Kritik zu Recht aufgegeben wurde].** *Soweit ein Stifter die ihm eingeräumte Satzungsautonomie nicht nutzt, bestimmt sich die Verfassung der Stiftung nach den einschlägigen dispositiven Vorschriften des Bürgerlichen Gesetzbuchs oder des für die Stiftung geltenden Landesstiftungsgesetzes.* 10

***Zu Buchstabe a:** Nach § 81 Absatz 1 Nummer 1 Buchstabe a BGB-neu muss in der Satzung der Zweck der Stiftung festgelegt werden. Das entspricht dem bisherigen § 81 Absatz 1 Satz 3 Nummer 3 BGB. Der Stifter kann der Stiftung einen[6] weiten oder engen Zweck geben. Er kann sich auf* 11

3 §§ 81 Abs. 1 und 2, 82 S. 2, 82b Abs. 2 S. 2, 83b Abs. 3, 84a Abs. 1, 85 Abs. 4, 86i Abs. 2 S. 3 BGB-RegE.

4 Anstelle anderer *Burgard*, npoR 2021, 1, 2; *Gollan/Richter*, npoR 2021, 2930; *Uffmann*, ZIP 2021, 1251, 1259 f.

5 Referentenentwurf des BMJV (RefE): Entwurf eines Gesetzes zur Vereinheitlichung des Stiftungsrechts, abrufbar unter https://www.bmjv.de/SharedDocs/Gesetzgebungsverfahren/DE/Stiftungsrecht.html.

6 BT-Ds. 19/28173, 47.

die Angabe des bloßen Zwecks beschränken oder noch weitere Einzelheiten zum Zweck regeln, insbesondere die Art und Weise der Zweckerfüllung näher bestimmen.

12 *Eine Pflicht des Stifters, in der Satzung immer auch Bestimmungen zur Art und Weise der Zweckerfüllung zu treffen, wird nicht vorgesehen. Solche Regelungen sind nicht bei jedem Stiftungszweck geboten, da es auch Stiftungszwecke gibt, die regelmäßig nur auf eine bestimmte Art und Weise erfüllt werden können. Dies gilt zum Beispiel für eine Stiftung, die den Zweck hat, ein bestimmtes Bauwerk wiederherzustellen oder zu restaurieren und zu erhalten. Im Übrigen sollte es auch weiterhin möglich sein, dass ein Stifter einer Stiftung einen weiten Zweck geben kann, wie zum Beispiel die Förderung der Kunst oder der Freimaurerei, und nicht festlegen muss, auf welche Art und Weise die Stiftung diesen Zweck erfüllen muss.*

13 *Eine andere Beurteilung ist auch nicht deshalb geboten, weil Satzungsbestimmungen von steuerbegünstigten Stiftungen im Sinne der §§ 51 ff. der Abgabenordnung (AO), in denen der Zweck festgelegt wird, nach § 60 Absatz 1 Satz 2 AO in Verbindung mit § 1 der Mustersatzung in der Anlage 1 zur AO immer auch Angaben zur Art und Weise der Zweckerfüllung enthalten müssen. In solchen Zweckbestimmungen einer steuerbegünstigten Stiftung müssen auch immer alle steuerlichen Tatbestände nach § 52 Absatz 2, § 53 oder § 54 AO aufgeführt werden, denen der Stiftungszweck unterfällt. Nur wenn der Stiftungszweck unter einen dieser steuerrechtlichen Tatbestände subsumiert werden kann, ist der Zweck der Stiftung steuerrechtlich als gemeinnützig, mildtätig oder kirchlich anzusehen. Dabei handelt es sich aber um Besonderheiten für eine bestimmte Gruppe der steuerbegünstigten Stiftungen. Die Mehrzahl der Stiftungen ist zwar steuerbegünstigt und für sie gelten die ergänzenden steuerrechtlichen Regelungen für die Satzungsgestaltung. Es gibt eben aber auch nicht steuerbegünstigte Stiftungen, für die diese Regelungen nicht relevant sind.*

14 *Umfangreiche Zweckbestimmungen können auch dazu führen, dass sich der eigentliche Stiftungszweck nicht mehr einfach bestimmen lässt. Insbesondere auch die umfangreichen Zweckbestimmungen von steuerbegünstigten Stiftungen führen dazu, dass sich der eigentliche Stiftungszweck nicht mehr einfach aus der Zweckbestimmung herauslesen lässt. Bei Stiftungen, deren Zweckbestimmungen den Anforderungen des § 60 Absatz 1 Satz 2 AO in Verbindung mit § 1 der Mustersatzung in der Anlage 1 zur AO entsprechen, ist die Unterscheidung zwischen stiftungsrechtlichem Zweck, der Art und Weise der Zweckerfüllung und der Angabe des steuerrechtlichen Tatbestands nicht immer einfach. Nicht selten wird dann der in die Zweckbestimmung übernommene steuerliche Tatbestand irrtümlich mit dem Stiftungszweck gleichgestellt, obwohl die beiden regelmäßig nicht identisch sind.*

15 ***Zu Buchstabe b:*** *§ 81 Absatz 1 Nummer 1 Buchstabe b BGB-neu entspricht dem bisherigen § 81 Absatz 1 Satz 3 Nummer 1 BGB.*

16 ***Zu Buchstabe c:*** *§ 81 Absatz 1 Nummer 1 Buchstabe c BGB-neu entspricht dem bisherigen § 81 Absatz 1 Satz 3 Nummer 2 BGB.*

17 ***Zu Buchstabe d:*** *§ 81 Absatz 1 Nummer 1 Buchstabe d BGB-neu entspricht dem bisherigen § 81 Absatz 1 Satz 3 Nummer 5 BGB. Die Satzungsbestimmungen zur Bildung des Vorstands sind notwendige Ergänzungen zu den §§ 84 ff. BGB-neu. Durch die Satzung muss zumindest festgelegt werden, wie viele Mitglieder der Vorstand haben soll und wie die Mitglieder des Vorstands bestellt werden sollen.*

18 ***Zu Nummer 2:*** *§ 81 Absatz 1 Nummer 2 BGB-neu entspricht im Wesentlichen dem bisherigen § 81 Absatz 1 Satz 2 BGB. Der Stifter muss im Stiftungsgeschäft neben der Erstellung der Satzung ein Vermögen zur Erfüllung des von ihm in der Satzung festgelegten Zwecks widmen. In § 81 Absatz 1 Nummer 2 BGB-neu wird klargestellt, dass die Stiftung das gewidmete Vermögen zur eigenen Verfügung erhalten muss. Damit wird insbesondere auch die Streitfrage geklärt, ob ein Stifter, der eine noch zu errichtende Stiftung als Erbin einsetzt, Dauertestamentsvollstreckung hinsichtlich des Erbteils der Stiftung anordnen kann.*

19 *Wenn eine Stiftung das gewidmete Vermögen erbt, muss es mit dem Entstehen der Stiftung nach den Vorgaben der Stiftungsverfassung von der Stiftung selbst verwaltet beziehungsweise mitverwaltet werden können. Der Stifter kann deshalb zwar über den Erbteil der Stiftung eine Abwicklungstestamentsvollstreckung bis zum Entstehen der Stiftung, aber keine Dauertestamentsvollstre-*

ckung über den Erbteil der Stiftung anordnen. Die Stiftung muss[7] *nicht nur Inhaberin des Stiftungsvermögens sein, sondern auch uneingeschränkt über das eigene Vermögen verfügen können, das sie aufgrund des Erbfalls erlangt hat. Es ist Voraussetzung für eine wirksame Stiftungsaufsicht, dass die Stiftung nicht nur Inhaberin des gewidmeten Vermögens ist, sondern auch über das Vermögen verfügen kann, das die Grundlage für die Erfüllung des Stiftungszwecks ist. Die Stiftungsaufsicht hat zu prüfen, inwieweit die Stiftung ihr Stiftungsvermögen entsprechend den Vorgaben der Stiftungsverfassung verwaltet und für die Zweckerfüllung verwendet. Entspricht die Vermögensverwaltung nicht den Anforderungen der Stiftungsverfassung, muss die Stiftungsaufsicht die rechtmäßige Vermögensverwaltung durch die Stiftung gegebenenfalls mit aufsichtsrechtlichen Mitteln schnell und wirksam durchsetzen können. Wird das Stiftungsvermögen von einem Dauertestamentsvollstrecker verwaltet und wird dabei gegen die Stiftungsverfassung verstoßen, bestehen keine direkten Einwirkungsmöglichkeiten der Stiftungsaufsicht gegenüber dem Testamentsvollstrecker.*

Zu Absatz 2: *In § 81 Absatz 2 BGB-neu werden besondere zusätzliche Anforderungen für die Errichtungssatzungen* **[Anm.: überholt]** *von Verbrauchsstiftungen festgelegt. Die Errichtungssatzung einer Verbrauchsstiftung muss neben den notwendigen Satzungsbestimmungen nach § 81 Absatz 1 Nummer 1 BGB-neu als weitere zwingende Satzungsbestimmungen zusätzlich die Zeit bestimmen, für die die Stiftung errichtet werden soll, und Bestimmungen über den Verbrauch des Stiftungsvermögens während der Dauer der Stiftung enthalten.* 20

Zu Nummer 1: *Die Verbrauchsstiftung ist nach § 80 Absatz 1 Satz 2 BGB-neu eine Stiftung, die auf bestimmte Zeit errichtet wird. In der Stiftungssatzung kann ein Zeitraum festlegt werden, für den die Stiftung bestehen soll. Es reicht aber auch aus, das Ende der Stiftung an ein bestimmtes Ereignis zu knüpfen, das sicher eintritt, wie zum Beispiel den Tod einer Person. Bei solchen Zeitbestimmungen ist allerdings die Prognose nach § 82 Satz 1 BGB-neu, ob die Verbrauchsstiftung ihren Zweck dauernd und nachhaltig erfüllen kann, erheblich unsicherer als bei Festlegung eines festen Endzeitpunkts, zu dem die Stiftung ihre werbende Tätigkeit beenden soll. Wenn in der Errichtungssatzung ein Zeitraum für die Stiftung festgelegt wird, besteht eine bessere Grundlage für die Prognose nach § 82 Satz 1 BGB-neu, ob davon ausgegangen werden kann, dass die dauernde und nachhaltige Erfüllung des Stiftungszwecks gesichert ist. Die zuständigen Stiftungsorgane können auch besser den Verbrauch des Stiftungsvermögens planen. Wenn der für die Stiftung bestimmte Endzeitpunkt erreicht ist, muss die Stiftung aufgelöst oder aufgehoben werden, denn auch eine Verbrauchsstiftung endet nicht schon durch Zeitablauf. Das ergibt sich aus § 87 Absatz 2 und § 87a Absatz 2 Nummer 1 BGB-neu, die bestimmen, dass eine Verbrauchsstiftung aufzulösen oder aufzuheben ist, wenn die Zeit, für die die Stiftung errichtet wurde, abgelaufen ist.* 21

Zu Nummer 2: *Die Satzung jeder Verbrauchsstiftung muss nach § 81 Absatz 2 Nummer 2 BGB-neu auch Bestimmungen zur Verwendung des Stiftungsvermögens enthalten, die die nachhaltige Erfüllung des Stiftungszwecks und den vollständigen Verbrauch des Stiftungsvermögens während der Zeit, für die die Verbrauchsstiftung errichtet wird, als gesichert erscheinen lassen. Diese Satzungsbestimmungen müssen sicherstellen, dass bei Verbrauchsstiftungen das gewidmete Vermögen kein Grundstockvermögen wird und auch später kein Grundstockvermögen gebildet werden kann, da das gesamte Stiftungsvermögen für den Stiftungszweck zu verbrauchen ist. Sie bilden die satzungsmäßige Grundlage für die Bestimmung in § 83b Absatz 1 Satz 2 BGB-neu, nach der das gesamte Vermögen von Verbrauchsstiftungen sonstiges Vermögen ist.* 22

Diese zusätzlichen Satzungsbestimmungen nach § 81 Absatz 2 Nummer 2 BGB-neu sind auch erforderlich, um den zuständigen Anerkennungsbehörden die Prüfung der Anerkennungsvoraussetzungen nach § 82 Satz 1 BGB-neu zu ermöglichen. Nach § 82 Satz 2 BGB-neu, der inhaltlich dem bisherigen § 80 Absatz 2 Satz 2 BGB entspricht, ist bei einer Verbrauchsstiftung zwar von einer dauernden Zweckerfüllung auszugehen, wenn sie für einen Zeitraum von mindestens zehn Jahren errichtet wird. Deshalb sind die Festlegungen in der Satzung über den Verbrauch des Stiftungsvermögens vor allem bedeutsam für die Prüfung, ob auch die nachhaltige Erfüllung des Stiftungs- 23

7 BT-Ds. 19/28173, 48.

zwecks während des gesamten Zeitraums, für den die Stiftung erreichtet wird, gesichert erscheint. Das Stiftungsvermögen darf nicht so verbraucht werden, dass der Zweck schon nach kurzer Zeit des Bestehens der Stiftung nicht mehr wirksam verfolgt werden kann. Eine nachhaltige Zweckerfüllung erscheint aber regelmäßig auch dann nicht gesichert, wenn der Großteil des Stiftungsvermögens erst kurz vor Ablauf der für die Stiftung vorgesehenen Lebensdauer für die Zweckerfüllung verbraucht wird.[8]

24 ***Zu Absatz 3:*** *§ 81 Absatz 3 BGB-neu regelt die Form des Stiftungsgeschäfts. § 81 Absatz 3 Satz 1 BGB-neu entspricht inhaltlich dem bisherigen § 81 Absatz 1 Satz 1 BGB, soweit dort geregelt ist, dass das Stiftungsgeschäft, mit dem ein Stifter eine Stiftung zu seinen Lebzeiten errichten will, der schriftlichen Form nach § 126 BGB bedarf. Nach dem neuen Zusatz ist die schriftliche Form für das Stiftungsgeschäft unter Lebenden immer ausreichend und genügend, es sei denn, in anderen Vorschriften ist ausdrücklich eine strengere Form für das Stiftungsgeschäft vorgesehen. Damit wird insbesondere auch klargestellt, dass Formerfordernisse, die für Verträge gelten, wie insbesondere § 311b BGB oder § 15 Absatz 4 GmbHG nicht analog auf das Stiftungsgeschäft anzuwenden sind*

25 *Für eine analoge Anwendung dieser für Verträge geltenden Formerfordernisse auf das Stiftungsgeschäft waren auch schon bisher die Voraussetzungen nicht gegeben. Der historische Gesetzgeber hatte von einem Beurkundungserfordernis für das Stiftungsgeschäft bewusst abgesehen, weil er der Auffassung war, dass die Beurkundungsfunktionen schon durch das Genehmigungserfordernis gewährleistet seien (Mugdan, Die gesamten Materialien zum Bürgerlichen Gesetzbuch für das Deutsche Reich, Band 1, Seite 962). Da es gleichwohl Gerichtsentscheidungen gibt, die für Verträge geltende Formerfordernisse, zum Beispiel § 311b Absatz 1 BGB, analog auf das Stiftungsgeschäft anwenden (OLG Köln Beschluss vom 5. August 2019, DNotZ 2020, 630 ff.) soll nun gesetzlich klargestellt werden, dass es keine Grundlage für eine solche Analogie gibt.*

26 *Ergänzend wird in § 81 Absatz 3 BGB-neu zum besseren Verständnis geregelt, dass ein Stiftungsgeschäft auch in einer Verfügung von Todes wegen enthalten sein kann. Für ein Stiftungsgeschäft, das in einer Verfügung von Todes wegen enthalten ist, gilt das Schriftformerfordernis nicht, sondern es muss den in der Regel strengeren Formvorschriften für die Verfügung von Todes wegen genügen.*

27 ***Zu Absatz 4:*** *§ 81 Absatz 4 Satz 1 BGB-neu entspricht inhaltlich im Wesentlichen dem bisherigen § 81 Absatz 1 Satz 4 BGB und dem bisherigen § 83 Satz 2 bis 4 BGB.*

28 ***Zu Satz 1:*** *§ 81 Absatz 4 Satz 1 BGB-neu regelt die Pflicht der nach Landesrecht zuständigen Behörde zur Ergänzung einer fehlenden oder unvollständigen Errichtungssatzung, wenn ein Stifter nach der Errichtung des Stiftungsgeschäfts verstorben ist. Die Vorschrift ist sowohl für schriftliche Stiftungsgeschäfte anwendbar, die der Stifter noch zu seinen Lebzeiten getätigt hat, als auch für Stiftungsgeschäfte, die in einer Verfügung von Todes wegen enthalten sind. Die Hauptanwendungsfälle der Vorschrift werden dabei auch weiterhin die Stiftungsgeschäfte bilden, die in einer Verfügung von Todes wegen enthalten sind.*

29 *Die Pflicht zur Ergänzung einer fehlenden oder unvollständigen Errichtungssatzung besteht nur, wenn der Stifter im Stiftungsgeschäft zumindest den Zweck der Stiftung festgelegt hat und ein Vermögen gewidmet hat. Ein Stiftungsgeschäft, in dem der Stifter keinen Stiftungszweck festgelegt hat, ist unwirksam (RGZ 170, 22, 23 f.) und deshalb nicht ergänzungsfähig. Ein Stiftungsgeschäft, in dem der Stifter den Stiftungszweck festgelegt und ein Vermögen gewidmet hat, welches aber nicht sonstigen gesetzlichen Anforderungen entspricht, insbesondere keine oder nur eine unvollständige Errichtungssatzung enthält, ist von der Stiftungsbehörde unter Berücksichtigung des wirklichen oder mutmaßlichen Stifterwillens so zu ergänzen, dass die Stiftung anerkennungsfähig wird. Diese Pflicht zur Ergänzung des Stiftungsgeschäfts besteht aber nur, wenn die dauernde und nachhaltige Erfüllung des vom Stifter festgelegten Stiftungszwecks gesichert erscheint.*

30 *Enthält das Stiftungsgeschäft keine Errichtungssatzung, kann die zuständige Behörde die Satzung erstellen. Ist die im Stiftungsgeschäft enthaltene Errichtungssatzung unvollständig, kann die Stiftungsbehörde die unvollständige Satzung um die noch erforderlichen Regelungen ergänzen.*

---

8 BT-Ds. 19/28173, 49.

Wenn der Stifter den Zweck der Stiftung im Stiftungsgeschäft festgelegt hat, kann die zuständige Landesbehörde eine Satzung, die sie neu erstellt oder vervollständigt, auch um die notwendigen Regelungen zum Zweck ergänzen. Sie kann eine schon vorhandene Regelung zum Zweck in der Satzung auch umformulieren, um die satzungsmäßigen Voraussetzungen für Steuervergünstigungen nach § 60 AO zu schaffen. Die zuständige Landesbehörde kann das Stiftungsgeschäft auch um andere zwingende Satzungsbestimmungen nach § 81 Absatz 1 Nummer 1 Buchstabe b bis d BGB-neu oder um andere erforderliche Satzungsbestimmungen ergänzen, zum Beispiel um sonstige Regelungen, die notwendig sind, um die satzungsmäßigen Voraussetzungen für eine Steuerbefreiung nach § 60 AO zu schaffen.[9]

Satzungsbestimmungen nach § 81 Absatz 2 BGB-neu, durch die die Stiftung als Verbrauchsstiftung errichtet wird, können durch die zuständige Behörde eingefügt werden, wenn der Stifter bei der Errichtung der Stiftung den Willen geäußert hat, dass die Stiftung als Verbrauchsstiftung errichtet werden soll. **31**

***Zu Satz 2:** Bei der Ergänzung des Stiftungsgeschäfts soll der wirkliche, hilfsweise der mutmaßliche Wille des Stifters berücksichtigt werden. Als wirklicher Wille kann nur der Wille berücksichtigt werden, der ausdrücklich oder konkludent vom Stifter geäußert wurde. Wenn der wirkliche Wille des Stifters nicht feststellbar ist, hat die zuständige Behörde so zu handeln, wie es dem mutmaßlichen Willen des Stifters entspricht. Als der mutmaßliche Wille des Stifters ist der Wille anzusehen, der dem Interesse der Stiftung entspricht.* **32**

***Zu Satz 3:** Wenn der verstorbene Stifter im Stiftungsgeschäft keinen Sitz für die Stiftung bestimmt hat, ist im Zweifel anzunehmen, dass die Stiftung ihren Sitz an dem Ort haben soll, an dem der letzte Wohnsitz des Stifters im Inland im Sinne der §§ 7 ff. BGB bestand. Diese Auslegungsregel greift nur ein, wenn sich nicht unter Berücksichtigung des wirklichen oder mutmaßlichen Willens des Stifters ein anderer Sitz ermitteln lässt. Hatte der Stifter bis zu seinem Tode mehrere Wohnsitze im Inland, kann nach § 81 Absatz 4 Satz 3 BGB-neu die Zuständigkeit mehrerer Behörden begründet sein. Die Bestimmung der zuständigen Behörde richtet sich dann nach den Vorschriften des allgemeinen Verwaltungsverfahrensrechts der betroffenen Länder.“*[10] **33**

2. Stellungnahme des Bundesrates

§ 81 Absatz 3 BGB regelt die Form des Stiftungsgeschäfts. Danach genügt für das Stiftungsgeschäft unter Lebenden die schriftliche Form. Mit dem Zusatz „..., wenn nicht in anderen Vorschriften ausdrücklich eine strengere Form vorgeschrieben ist, ...“ soll gemäß der Begründung klargestellt werden, dass Formerfordernisse, die für Verträge gelten, wie insbesondere § 311b BGB oder § 15 Absatz 4 GmbHG, auf das Stiftungsgeschäft nicht analog anzuwenden sind. Damit wird die derzeit bestehende Streitfrage zur analogen Anwendung des § 311b BGB auf das Stiftungsgeschäft gesetzlich geklärt, da es Gerichtsentscheidugen gibt, die diese Formvorschriften analog auf das Stiftungsgeschäft anwenden. **33a**

Der derzeitige Wortlaut von § 81 Absatz 3 BGB ist jedoch missverständlich und kann vor dem Hintergrund des bestehenden Streits auch dahingehend verstanden werden, dass die Schriftform gerade dann nicht mehr genügt, wenn in anderen Vorschriften für das Verpflichtungsgeschäft zur Übertragung von Vermögen eine strengere Form vorgeschrieben ist. **33b**

Aus Gründen der Rechtsklarheit und Rechtssicherheit soll § 81 Absatz 3 BGB ergänzt werden. Durch die Ergänzung der Wörter „für das Stiftungsgeschäft“ in dem Zusatz soll nochmals deutlich hervorgehoben werden, dass sich die strengeren Formvorschriften in anderen Vorschriften ausdrücklich auf das Stiftungsgeschäft beziehen müssen. Dies ist in § 311b BGB und § 15 Absatz 4 GmbHG gerade nicht der Fall.[11] **33c**

9 BT-Ds. 19/28173, 50.
10 BT-Ds. 19/28173, 51.
11 BT-Ds. 19/28173, 113.

3. Gegenäußerung der Bundesregierung

33d *Die Bundesregierung stimmt dem Vorschlag des Bundesrates zu.*[12]

4. Rechtsausschuss

34 *„In § 81 BGB-neu werden überwiegend redaktionelle Änderungen vorgeschlagen. § 81 Absatz 1 BGB-neu enthält Regelungen, die im Wesentlichen aus dem geltenden BGB übernommen wurden.*

35 *Auf die Einführung des Begriffs der Errichtungssatzung soll verzichtet werden, da der Begriff keine Verbesserung gegenüber den eingeführten Begriffen „Stiftungsgeschäfts" und „Stiftungssatzung" bedeutet. Deshalb soll der Begriff in den Vorschriften, in denen er bisher verwendet wird, entweder durch den Begriff „Stiftungsgeschäft" oder „Satzung" ersetzt werden.*[13]

36 *In § 81 Absatz 2 BGB-neu soll der Begriff „Errichtungssatzung" durch den Begriff „Satzung" ersetzt werden. Im Übrigen soll § 81 Absatz 2 BGB-neu unverändert beibehalten werden, insbesondere auch § 81 Absatz 2 Nummer 2 BGB-neu, der die besonderen Satzungsbestimmungen für Verbrauchsstiftungen regelt. Bei Verbrauchsstiftungen sind die in § 81 Absatz 2 Nummer 2 BGB-neu geregelten Satzungsbestimmungen zum Vermögen erforderlich, weil das gewidmete Vermögen durch die Satzung zu Verbrauchsvermögen bestimmt werden muss. Zudem sind allgemeine Regelungen zum gesamten Verbrauch des Stiftungsvermögens erforderlich, damit die Anerkennungsvoraussetzungen geprüft werden können. Auch Verbrauchsstiftungen müssen ihren Zweck dauernd und nachhaltig erfüllen, das heißt, sie müssen das Vermögen so verbrauchen, dass der Zweck während des Bestehens der Stiftung immer auch nachhaltig, das heißt wirksam erfüllt wird. Die Satzung muss keinen Verbrauchsplan enthalten, es reichen allgemeine Regelungen zum Verbrauch des Stiftungsvermögens, anhand derer die Anerkennungsvoraussetzungen geprüft werden können.*

37 *Es soll wie bisher bei einem Schriftformerfordernis für das Stiftungsgeschäft bleiben. Das neu formulierte Schriftformerfordernis soll aber noch klarer gefasst werden. Damit wird ein Vorschlag aus der Stellungnahme des Bundesrats umgesetzt. Auch wenn sich der Stifter im Stiftungsgeschäft zur Übertragung von Grundstücken oder Anteilen an einer GmbH verpflichtet, wird eine Beurkundung des Stiftungsgeschäfts nicht als erforderlich angesehen. Dies gilt auch mit Blick auf die Bekämpfung von Geldwäsche und Terrorismusfinanzierung. Die Stiftungsbehörden gehören zwar nicht zum Kreis der Verpflichteten nach dem Geldwäschegesetz, sie können aber gleichwohl, wenn sie Anhaltspunkte für Geldwäsche und Terrorismusfinanzierung im Verfahren zur Anerkennung der Stiftung oder auch im Rahmen der laufenden Aufsicht haben, die zuständigen Behörden darüber informieren."*[14]

V. Bewertung

38 Der Gewinn der Gesetzesänderung erschließt sich nicht. Im Gegenteil sind einige der Neuformulierungen nicht gelungen. Dem Rechtsausschuss sei Dank wurde wenigstens das Konzept der Errichtungssatzung aufgegeben[15] und klargestellt, dass Verbrauchsstiftungen keinen Verbrauchsplan erstellen müssen (Rn. 36). Gleichwohl besteht im Blick auf die Voraussetzungen des Absatz 2 die nicht unerhebliche Gefahr von Fehlinterpretationen seitens der Anerken-

12 BT-Ds. 19/28173, 119.

13 BT-Ds. 19/31118, 7.

14 BT-Ds. 19/31118, 8.

15 Übrig geblieben sind davon nur die Bestimmungen des § 83b Abs. 3 BGB (dort Rn. 13) und § 85 Abs. 4 BGB (dort Rn. 26), wonach die dort genannten Regelungen nur im Stiftungsgeschäft getroffen werden können.

nungsbehörden, welche die Errichtung von Verbrauchsstiftungen künftig erheblich erschweren könnten.[16]

B. Stifter (Stifterfähigkeit)

Aus Sicht des Stiftungsrechts können Stifter natürliche Personen, juristische Personen des privaten und des öffentlichen Rechts sowie rechtsfähige Gesamthandgesellschaften sein. Das ist unproblematisch.[17] Allerdings kann das Stiftungsgeschäft von Todes wegen seiner Natur nach nur von natürlichen Personen vorgenommen werden. Natürliche Personen müssen geschäfts- (§§ 104 ff. BGB)[18] bzw. testierfähig (§ 2229 BGB)[19] sein. 39

Eine andere Frage ist, ob juristische Personen ein Stiftungsgeschäft vornehmen dürfen oder ob sich diesbezügliche **Beschränkungen aus ihrem Binnenrecht** ergeben. Bei **juristischen Personen des Privatrechts** sind Beschränkungen zu beachten, die sich aus ihrem Zweck, dem Gegenstand ihrer Tätigkeit und der Wahrung der Rechte ihrer Mitglieder ergeben können.[20] Stiftungen sind deswegen grundsätzlich nicht zur Gründung von (Tochter-)Stiftungen befugt (sog. endowment), wenn der Stifter hierzu keine Vorgaben in der Satzung gemacht hat.[21] Beschränkungen aus dem Innenverhältnis **begrenzen** allerdings **grundsätzlich nicht die organschaftliche Vertretungsmacht** der das Stiftungsgeschäft vornehmenden und die Anerkennung beantragenden Organe. Wenn diese Organe vertretungsbefugt sind, müssen Beschränkungen aus dem Innenverhältnis die Anerkennungsbehörde daher nicht kümmern, solange sich ihnen kein Missbrauch der Vertretungsmacht[22] aufdrängt. Bei Stiftungen müssen sie deswegen deren Satzung prüfen, weil Stiftungen, wie der Behörde bekannt sein muss, eben nur ausnahmsweise andere Stiftungen gründen dürfen.[23] 40

Bei **juristischen Personen des öffentlichen Rechts** ist die Frage, ob, unter welchen Voraussetzungen und zu welchen Zwecken sie öffentlich-rechtlich befugt sind, rechtsfähige Stiftungen des bürgerlichen Rechts zu errichten höchst streitig und noch immer nicht abschließend geklärt.[24] 41

Die **Erbengemeinschaft** ist nicht rechts-[25] und daher auch nicht stifterfähig.[26] Allerdings können Stiftungen auch von mehreren natürlichen und/oder juristischen Personen gemeinsam errichtet werden (dazu Rn. 43). 42

---

16 *Burgard*, npoR 2021, 1, 2, 8 (Fall 2); *ders.*, ZStV 2021, 45, 46; ebenfalls kritisch *Schiffer/Pruns/Schürmann*, § 2 Rn. 15.

17 Ganz h.M., MüKoBGB/*Weitemeyer*, Rn. 4 m.w.N.; Staudinger/*Hüttemann/Rawert*, BGB, Rn. 6 f.; Richter/*Stumpf*, Stiftungsrecht, § 4 Rn. 17 ff.; *O. Werner*, FS Reuter 2010, 431 ff.; VG Düsseldorf, NVwZ 1994, 811, 812; **a.A.** *Muscheler*, ZSt 2003, 67, 69.

18 MüKoBGB/*Weitemeyer*, Rn. 10; Richter/*Stumpf*, Stiftungsrecht, § 4 Rn. 21; Staudinger/*Hüttemann/Rawert*, BGB, Rn. 6.

19 Statt vieler: BeckOK BGB/*Backert*, § 80 Rn. 43; *Grziwotz*, ZEV 2005, 338, 339.

20 MüKoBGB/*Weitemeyer*, § 80 Rn. 238; *O. Werner*, FS Reuter 2010, 431, 436 ff.

21 MüKoBGB/*Weitemeyer*, BGB § 80 Rn. 237; Staudinger/*Hüttemann/Rawert*, BGB, Rn. 8; Richter/*Stumpf*, Stiftungsrecht, § 4 Rn. 19.

22 Palandt/*Ellenberger*, BGB, § 164 Rn. 13 f.; BeckOK BGB/*Schäfer*, § 167 Rn. 48 f.; Schulze/*Dörner*, BGB, § 167 Rn. 9; BGH NJW 1989, 26; BGH NJW 1999, 2883; BGH NJW-RR 2004, 248.

23 MüKoBGB/*Weitemeyer*, § 80 Rn. 237; Staudinger/*Hüttemann/Rawert*, BGB, Rn. 8; Richter/*Stumpf*, Stiftungsrecht, § 4 Rn. 19.

24 MüKoBGB/*Weitemeyer*, Rn. 240 ff.; Staudinger/*Hüttemann/Rawert*, BGB, Rn. 7 m.w.N.

25 Palandt/ *Weidlich*, BGB, § 2032 Rn. 1; BeckOK BGB/*Lohmann*, § 2032 Rn. 5; MüKoBGB/*Gergen*, § 2032 Rn. 19; BGH NJW 1989, 2133, 2134; BGH NJW 2002, 3389; BGH ZEV 2007, 30.

26 MüKoBGB/*Weitemeyer*, Rn. 7; BeckOK BGB/*Backert*, § 80 Rn. 42; Henssler/Strohn/*Schlüter*, GesR, Rn. 1.

C. Stiftungsgeschäft unter Lebenden

I. Überblick

43 Schon der Aufbau von Abs. 1 verdeutlicht, dass das Stiftungsgeschäft aus zwei Teilen besteht, nämlich einem **organisationsrechtlichen Teil** (Satzung, Nr. 1) und einem **vermögensrechtlichen Teil** (sog. „Ausstattungs- oder Zuwendungsversprechen“, Nr. 2). Ferner kann das Stiftungsgeschäft **unter Lebenden oder von Todes wegen** (dazu Rn. 114 ff.) sowie von **einer oder mehreren Personen** gemeinsam vorgenommen werden.

II. Stiftungsgeschäft

44 Das Stiftungsgeschäft unter Lebenden ist grundsätzlich ein einseitiges Rechtsgeschäft bestehend aus einer **einseitigen, nicht empfangsbedürftigen Willenserklärung.**[27] Als nicht empfangsbedürftige Willenserklärung wird das Stiftungsgeschäft nach allgemeinen Regeln bereits mit ihrer Äußerung, also schon dann wirksam, wenn das nach außen erkennbare Verhalten des Stifters den Schluss auf seinen Rechtsfolgewillen in der Weise zulässt, dass an der Endgültigkeit seines Willens kein Zweifel mehr ist.[28] Nachdem das Stiftungsgeschäft gemäß § 81 Abs. 3 BGB der Schriftform bedarf, ist dies mit der eigenhändigen Unterschrift des Stifters unter die Stiftungsurkunde (§ 126 Abs. 1 BGB) anzunehmen.[29] Dabei ist **Stellvertretung zulässig.**[30] Auch wenn das neue Recht die Bedeutung des Stifters besonders betont (vgl. § 80 Abs. 1 S. 1 „vom Stifter“, § 81 Abs. 1 „muss der Stifter“), ist das Stiftungsgeschäft nicht höchstpersönlicher Natur.[31]

45 Auch im Übrigen gelten hinsichtlich des Stiftungsgeschäfts die allgemeinen Regeln der §§ 104 ff. BGB.[32] Allerdings ist das Stiftungsgeschäft nicht nur bloße rechtsgeschäftliche Erklärung, sondern aufgrund ihrer Zielrichtung der Errichtung einer juristischen Person **auch Organisationsakt.**[33] Die Regel des § 139 BGB ist daher auf das Stiftungsgeschäft grundsätzlich (Ausn. Rn. 46 a.E.) nicht anzuwenden, da sie mit dem typischen Interesse des Stifters an der Entstehung und dem Bestand der Stiftung unvereinbar ist.[34] Die Nichtigkeit einzelner Bestimmungen des Stiftungsgeschäfts berührt daher dessen Wirksamkeit im Übrigen grundsätzlich[35] nicht. Nach allgemeinen Regeln ist das Stiftungsgeschäft auch anfechtbar.[36] Allerdings wirkt eine An-

---

27 Palandt/*Ellenberger*, BGB, § 80 Rn. 1; BeckOK BGB/*Backert*, § 80 Rn. 42; Richter/*Stumpf*, Stiftungsrecht, § 4 Rn. 10.

28 MüKoBGB/*Weitemeyer*, Rn. 9; MüKoBGB/*Einsele*, § 130 Rn. 5; BeckOK BGB/*Wendtland*, § 130 Rn. 1, 5.

29 BeckOK BGB/*Wendtland*, § 126 Rn. 6; Jauernig/*Mansel*, BGB, § 126 Rn. 4 f.; Erman/*Arnold*, BGB, § 126 Rn. 7; BGH NJW 1998, 58, 60; BGH NJW 1992, 830; BGHZ 113, 48, 54 = NJW 1991, 487. Die Schriftform kann durch die elektronische Form gemäß § 126a BGB ersetzt werden.

30 Allg. M., bspw. BayObLG NJW-RR 1991, 523; MüKoBGB/*Weitemeyer*, Rn. 9; BeckOK BGB/*Backert*, § 80 Rn. 42; Staudinger/*Hüttemann*/*Rawert*, BGB, Rn. 9; Richter/*Stumpf*, Stiftungsrecht, § 4 Rn. 22, jew. m.w.N.

31 Staudinger/*Hüttemann*/*Rawert*, BGB, Rn. 9.

32 Näher dazu etwa *Kronke*, Stiftungstypus, 14 ff.; MüKoBGB/*Weitemeyer*, Rn. 41.

33 MüKoBGB /*Weitemeyer*, Rn. 3; Staudinger/*Hüttemann*/*Rawert*, BGB, Rn. 18; BeckOK BGB/*Backert*, § 80 Rn. 41.

34 Vgl. BGHZ 49, 364, 365; *K. Schmidt*, Gesellschaftsrecht, § 6 I.1.b.,137.

35 Eine Ausnahme ist mit *Ebersbach*, Handbuch, 48, dann anzunehmen, wenn zentrale Teile des Stiftungsgeschäfts nichtig sind. Dazu gehört auch der Fall, dass die Sittenwidrigkeit einzelner Bestimmungen des Stiftungsgeschäfts auf das gesamte Stiftungsgeschäft ausstrahlt, etwa wenn ein verurteilter Kindesmörder eine Stiftung zugunsten jugendlicher Verbrechensopfer errichten und der Stiftung seinen Namen geben oder sich selbst zum Vorstand bestellen will, MüKoBGB/*Weitemeyer*, Rn. 2 u. Rn. 9 m.w.N.; Staudinger/*Hüttemann*/*Rawert*, BGB, Rn. 10 m.w.N.

36 H.M. Staudinger/*Hüttemann*/*Rawert*, BGB, § 80 Rn. 10; RGRK/*Steffen*, BGB, § 80 Rn. 1; *Ebersbach*, Handbuch des Deutschen Stiftungsrechts, 47; MüKoBGB/*Weitemeyer*, Rn. 9, wonach das Anfechtungsrecht auf das Zuwendungsversprechen begrenzt ist; ebenso Richter/*Stumpf*, Stiftungsrecht, § 4 Rn. 29.

fechtung des Stiftungsgeschäfts nach Anerkennung der Stiftung nur **ex nunc** und führt dazu, dass dem Stifter das zugewendete Vermögen gemäß § 812 Abs. 1 S. 1 Fall 1 BGB in den Grenzen des § 818 Abs. 3 BGB zurückzugewähren und die Stiftung unter den Voraussetzungen des § 87 Abs. 1 BGB aufzulösen ist.[37] Ferner kann das Stiftungsgeschäft als Organisationsakt nicht bedingt oder befristet werden.[38] Sollte das Stiftungsgeschäft Bedingungen oder Befristungen enthalten, sind sie in Auflösungsgründe umzudeuten (§ 140 BGB).[39]

Nehmen **mehrere Stifter gemeinsam** ein Stiftungsgeschäft vor, so handelt es sich nach herrschender Meinung um einen sog. **Gesamtakt.**[40] Dieser besteht in mehreren parallelen einseitigen nicht empfangsbedürftigen Willenserklärungen.[41] Jede dieser Erklärungen ist gemäß § 81a BGB widerruflich.[42] Ob der Widerruf einer Erklärung zur Unwirksamkeit des gesamten Stiftungsgeschäfts führt (§ 139 BGB), ist durch Auslegung zu ermitteln.[43] 46

III. Stiftungsvertrag

Zwar geht das Gesetz davon aus, dass das Stiftungsgeschäft eine einseitige, nicht empfangsbedürftige Willenserklärung ist. Deswegen ist das Stiftungsgeschäft bis zur Anerkennung der Stiftung frei widerruflich (§ 81a BGB) und deswegen bedarf es nur der Schriftform (§ 81 Abs. 3 BGB).[44] Aufgrund der Klarstellungen in den Gesetzesmaterialien zu § 81 Abs. 3 BGB verbleibt für eine analoge Anwendung des § 311b BGB bzw. des § 15 Abs. 3 GmbHG nun kein Raum mehr, so dass die teilweise in der Rechtsprechung und im Schrifttum vertretenen Gegenansichten endgültig obsolet ist.[45] Der **historische Gesetzgeber** war jedoch in der Frage, ob das Stiftungsgeschäft auch durch Vertrag vorgenommen werden kann, nicht entschieden.[46] Allerdings kann das Stiftungsgeschäft unstreitig durch **Erbvertrag** vorgenommen werden.[47] In diesem Fall ist das Stiftungsgeschäft natürlich nicht mehr durch eine Vertragspartei frei widerruflich. Dafür bedarf der Erbvertrag notarieller Form (§ 2276 BGB). Nun ist kein Grund ersichtlich, warum das Stiftungsgeschäft nur durch einen Erbvertrag und nicht auch durch einen sonstigen, hier sog. **Stiftungsvertrag** vorgenommen werden können sollte. Im Gegenteil! Untersucht man die Frage genauer, wird deutlich, dass alles für die Zulässigkeit eines Stiftungsvertrages spricht.[48] Rechtsfolge ist dann, dass der Widerruf nach § 81a BGB nur noch durch die Vertragsparteien gemeinsam erfolgen kann und dass der Vertrag **notarieller Beurkundung analog § 518 BGB**[49] bedarf. Für die Zulässigkeit eines solchen Stiftungsvertrages samt der mit einer notariellen Beurkundung einhergehenden Hinweis- und Warnfunktion besteht auch ein praktisches Bedürfnis.[50] 47

Davon zu unterscheiden ist wiederum die Gestaltung, dass sich der Stifter gegenüber einem Dritten oder beide gegenseitig **zur Errichtung einer Stiftung verpflichten**. Das ist unstreitig 48

37 Erman/*Wiese*, BGB, Rn. 3; MüKoBGB/*Weitemeyer*, Rn. 9.

38 **A.A.** Staudinger/Hüttemann/*Rawert*, BGB, Rn. 11; BGHZ 70, 313 = NJW 1978, 943; diff. MüKoBGB/*Weitemeyer*, Rn. 51; Richter/*Stumpf*, Stiftungsrecht, § 4 Rn. 23 ff., jew. m.w.N.

39 Siehe zum Meinungsstand: MüKoBGB/*Weitemeyer*, Rn. 51 m.w.N.; MHdb. GesR V/*Schwake*, § 79 Rn. 151 m.w.N.

40 BeckOK BGB/*Backert*, § 80 Rn. 42; Staudinger/*Hüttemann*/*Rawert*, BGB, Rn. 55; MüKoBGB/*Weitemeyer*, Rn. 7.

41 MüKoBGB/*Weitemeyer*, Rn. 7; BeckOK BGB/*Backert*, § 80 Rn. 42.

42 BeckOK BGB/*Backert*, Rn. 15; Staudinger/*Hüttemann*/*Rawert*, BGB, Rn. 86; Erman/*Wiese*, BGB, Rn. 25.

43 Staudinger/*Hüttemann*/*Rawert*, BGB, Rn. 86; zum Meinungsbild siehe: MüKoBGB/*Weitemeyer*, Rn. 54 m.w.N.

44 MüKoBGB/*Weitemeyer*, Rn. 8; BeckOK BGB/*Backert*, Rn. 2; Henssler/Strohn/*Schlüter*, GesR, Rn. 1.

45 So *Hüttemann*/*Rawert*, ZIP 2021, 3, 9 m.w.N.

46 *Mugdan*, Materialien I, 418; ausführlich: *Burgard*, Gestaltungsfreiheit, 94 ff.

47 BeckOK BGB/*Backert*, § 80 Rn. 43; BGH NJW 1978, 943, 944; *Muscheler*, ZEV 2003, 41 m.w.N.

48 *Burgard*, Gestaltungsfreiheit, 96 ff.; i.E. ebs. *Muscheler*, ZEV 2003, 41, 44 ff.; unklar *Jakob*, Schutz der Stiftung, 2006, 156 ff.; **a.A.** Staudinger/*Hüttemann*/*Rawert*, BGB, Rn. 3.

49 *Burgard*, Gestaltungsfreiheit, 101.

50 Das zeigt der Fall BGH NJW 1978, 943 und dazu *Burgard*, Gestaltungsfreiheit, 101 f.; *Muscheler*, ZEV 2003, 41, 45 mit weiteren Beispielen.

zulässig.[51] Die Wirksamkeit eines solchen schuldrechtlichen Vertrages setzt voraus, dass darin die **essentialia negotii des Stiftungsgeschäfts** (Abs. 4 S. 1 Hs. 1) enthalten sind und der Vertrag **notariell beurkundet** ist (§ 518 BGB analog).[52] Das gilt auch dann, wenn der Stifter bloßer Auftragnehmer ist und daher hinsichtlich seiner Zuwendung an die Stiftung einen Aufwendungsersatzanspruch (§ 670 BGB) gegenüber seinem Auftraggeber hat.[53] Denn bei einer regulären Schenkung ändert das auch nichts an deren Formbedürftigkeit,[54] und zwar zu Recht, weil die Betreibbarkeit des Aufwendungsersatzanspruchs ja regelmäßig ungewiss ist. Entgegen *Weitemeyer* bedarf auch das Zustandekommen einer **Vorgründungsgesellschaft**, die auf die Errichtung einer Stiftung gerichtet ist, der Form des § 518 BGB.[55]

D. Satzung

I. Überblick

49 Abs. 1 Nr. 1 benennen als Mindestinhalt der Satzung den Zweck, den Namen, den Sitz und die Bildung des Vorstands der Stiftung. Die Regelung entspricht § 81 Abs. 1 S. 3 BGB a.F., ohne aber wie dessen Nr. 4 auch Regelungen über das Vermögen der Stiftung zu verlangen. Diese Bestimmung wurde wegen Abs. 2 Nr. 2 sowie wegen der neuen §§ 83b, 83c BGB nicht aufgenommen (näher dazu u. Rn. 109). Ebenfalls in den Katalog nicht aufgenommen wurde eine Pflicht zur Regelung der Art und Weise der Zweckerfüllung (näher dazu u. Rn. 56). Als **ungeschriebenes Tatbestandsmerkmal**[56] kommt allerdings hinzu, dass sich aus dem Stiftungsgeschäft der **Wille des Stifters** ergeben muss, eine **rechtsfähige Stiftung** bürgerlichen Rechts errichten zu wollen.[57] Soll die Stiftung gemeinnützig i.S.d. §§ 51 bis 68 AO sein, reicht dieser Mindestinhalt allerdings nicht aus.[58] Und auch sonst sind darüber hinausgehende Regelungen dringend zu empfehlen.

II. Stifterfreiheit

50 Schon der schmale Mindestinhalt der Satzung weist darauf hin, dass der Stifter bei der Gestaltung der Stiftungssatzung größtmögliche Freiheit genießt, und zwar zu Recht. Das ist ein Gebot der **grundgesetzlich geschützten Privatautonomie** und – zumindest soweit das Stiftungsgeschäft in einer Verfügung von Todes wegen enthalten ist – **Testierfreiheit**. Insbesondere spielen

---

51 MüKoBGB/*Weitemeyer*, Rn. 12; Staudinger/*Hüttemann*/*Rawert*, BGB, Rn. 4; Richter/*Stumpf*, Stiftungsrecht, § 4, Rn. 30.

52 Näher *Burgard*, Gestaltungsfreiheit, 103 ff. Für den Fall, dass sich der Stifter verpflichtet, die Stiftung aus eigenen Mitteln zu gründen ebs. MüKoBGB/*Weitemeyer*, Rn. 12; BeckOK BGB/*Backert*, § 80 Rn. 41.

53 **A.A.** MüKoBGB/*Weitemeyer*, Rn. 12; Staudinger/*Hüttemann*/*Rawert*, BGB, Rn. 4.

54 MüKoBGB/*Weitemeyer*, Rn. 12; MüKoBGB/*Koch*, § 518 Rn. 2, 17; Staudinger/*Hüttemann*/*Rawert*, BGB, Rn. 4.

55 Ihr Gegenargument überzeugt nicht. Für die Formbedürftigkeit von Vorverträgen kommt es auf die Formbedürftigkeit des Hauptvertrages an. Eine Vorgründungsgesellschaft, die auf die Gründung eines Idealvereins gerichtet ist, bedarf daher keiner Form. Ist sie auf die Gründung einer GmbH gerichtet bedarf sie notarieller Form (§ 1 Abs. 1 GmbHG), und zwar auch dann, wenn die GmbH gemeinnützig sein soll. Und ein Stiftungsvertrag bedarf aus o.g. Gründen der Form des § 518 BGB analog.

56 Wenn man will, kann man dieses Tatbestandsmerkmal auch daraus folgern, dass der Stifter „der Stiftung" – und damit einer Stiftung i.S.d. § 80 Abs. 1 BGB – eine Satzung geben muss.

57 Staudinger/*Hüttemann*/*Rawert*, BGB, Rn. 12; vgl. BeckOK BGB/*Backert*, § 80 Rn. 42; Soergel/*Neuhoff*, BGB, § 80 Rn. 2 u. Vor § 80 Rn. 8 f.

58 Siehe hierzu Staudinger/*Hüttemann*/*Rawert*, BGB, Rn. 36 sowie Rn. 49; Vorbemerkungen zu §§ 80-88 Rn. 430 ff.; *Fischer*/*Ihle*, DStR 2008, 1692, 1696 ff.; zudem stet. Rspr., s. etwa BFH/NV 2018, 611 Rn. 25 = ZStV 2018, 216; BFHE 183, 371 = DStR 1997, 1679; BFHE 142, 386 = DB 1985, 422.

sämtliche Gründe, aus denen Regeln im Gesellschaftsrecht für gewöhnlich zwingend sind, nämlich der **Schutz von Gläubigern, Mitgliedern und des Kapitalmarkts, im Stiftungsrecht keine Rolle. Grenzen der Gestaltungsfreiheit** gibt es daher **nur sehr wenige.**[59]

Dieses Konzept der größtmöglichen Stifterfreiheit galt schon bisher und wurde von den §§ 80 bis 88 BGB n.F. nicht verändert.[60] Das ergibt sich mit Deutlichkeit daraus, dass der RefE von eben diesem Konzept abweichen wollte, indem er in § 83 Abs. 2 BGB-RefE vorsah, dass durch *„die Satzung ... von den Vorschriften dieses Untertitels nur abgewichen werden [kann], wenn dies ausdrücklich bestimmt ist“* (**Grundsatz der sog. Satzungsstrenge**). Im RegE wurde diese Bestimmung nach massiven Protesten **gestrichen.** Es soll nicht der Grundsatz der Satzungsstrenge, sondern wie bisher der Grundsatz der Stifterfreit gelten. In der Eile des Gesetzgebungsverfahrens wurde allerdings der **Grundsatz der Stifterfreiheit in der Begründung des Regierungsentwurfs nicht konsequent umgesetzt.** Daher finden sich noch einige Stellen, die diesem Konzept zu widersprechen scheinen, weil vergessen wurde, sie anzupassen (z.B. o. Rn. 10). Tatsächlich ist nicht bei *„jeder dispositiven Vorschrift ...ausdrücklich geregelt, inwieweit durch die Satzung von dieser Vorschrift abgewichen werden kann“*. Das liefe auf eben jenes Prinzip der Satzungsstrenge hinaus, das nur im RefE enthalten war und im RegE wieder aufgegeben wurde, wonach jede Abweichung von den §§ 80 BGB ff. verboten ist, die nicht ausdrücklich erlaubt ist. Richtig ist das Gegenteil: **Jede Abweichung von den §§ 80 bis 88 BGB ist erlaubt, die nicht ausdrücklich im Gesetz verboten ist.** Letzteres betrifft nur einige wenige Vorschriften, s. § 82 Rn. 43. 51

Sollten Landesbehörden eine andere Auffassung vertreten, können sie ferner darauf hingewiesen werden, dass § 82 BGB im Wesentlichen § 80 Abs. 2 BGB a.F. entspricht (Begr. RegE zu § 82 Rn. 5). Mit dieser Vorschrift wurde bekanntlich der Anspruch auf Anerkennung ausdrücklich gesetzlich normiert,[61] woran **§ 82** BGB – selbstverständlich – festhält. Dabei **zählt § 82 BGB** ebenso wie § 80 Abs. 2 BGB a.F. die **Anerkennungsvoraussetzungen abschließend** auf.[62] Damit wäre es nicht vereinbar, wenn jede Satzungsbestimmung, die dem Wortlaut der §§ 80 bis 88 BGB nicht entspricht, ein Anerkennungshindernis wäre. 52

Die Begründung des Regierungsentwurfs ist an vielen Stellen rechtsfehlerhaft. So heißt es dort (Rn. 10 a.E.) ferner: *„Soweit ein Stifter die ihm eingeräumte Satzungsautonomie nicht nutzt, bestimmt sich die Verfassung der Stiftung nach den einschlägigen dispositiven Vorschriften des Bürgerlichen Gesetzbuchs oder des für die Stiftung geltenden Landesstiftungsgesetzes.“* Wenn dem so wäre, würde das dem vordringlichen Sinn und Zweck des Gesetzes, das *„gesamte Stiftungszivilrecht ... einheitlich und abschließend im Bürgerlichen Gesetzbuch“* zu regeln (Begr. RegE Vor § 80 Rn. 34), zuwiderlaufen. Deswegen kann es vielmehr **keine wirksamen landesrechtlichen Regeln über die Verfassung der Stiftung** mehr geben (Art. 31 GG). Insofern ist auch **§ 83 Abs. 1 BGB überholt.** 53

III. Mindestinhalt

1. Zweck

Verweisungen: Zu den Fragen, was der Stiftungszweck ist und wie er von der Art und Weise der Zweckverwirklichung (= Gegenstand der Stiftungstätigkeit) unterschieden werden kann s. 54

---

59 Zu den Grenzen der Gestaltungsfreiheit ausf. *Burgard*, Gestaltungsfreiheit, 34 ff.

60 Ebenso *Hüttemann/Rawert*, Beilage zu ZIP 33/2001, 1, 7; **a.A.** offenbar Orth/Uhl/*Orth*, Stiftungsrechtsreform 2021, Rn. 12, 137.

61 Staudinger/*Hüttemann/Rawert*, BGB, § 80 Rn. 15; MüKoBGB/*Weitemeyer*, § 80 Rn. 107; Erman/*Wiese*, BGB, § 80 Rn. 9.

62 MüKoBGB/*Weitemeyer*, § 80 Rn. 42; Staudinger/*Hüttemann/Rawert*, BGB, § 80 Rn. 7; BeckOK BGB/*Backert*, § 80 Rn. 44.

§ 80 Rn. 32 ff. Zu den hieraus zu ziehenden Folgerungen, namentlich im Blick auf sog. Selbstzweckstiftungen, Unternehmensselbstzweckstiftungen, verdeckte Unternehmensselbstzweckstiftungen, Funktions- und Scheinzweckstiftungen s. § 80 Rn. 46 ff. Zu der Frage anerkennungsfähiger Stiftungszwecke s. § 82 Rn. 34 ff.

55 Als Zweck der Stiftung muss der Stifter **zweierlei (implizit) festlegen**, nämlich erstens, was der **erstrebte wirtschaftliche und/oder ideelle Nutzen** der Stiftung und zweitens, wer **Begünstigter des erstrebten Nutzens** sein soll (§ 80 Rn. 34). Dabei wird beides oft ineinanderfließen. Soll eine Stiftung bspw. der Förderung von Wissenschaft und Forschung i.S.d. § 52 Abs. 2 Nr. 1 AO dienen, so ist der erstrebte Nutzen eben die Wissenschaftsförderung und Begünstigter ist die Allgemeinheit. Die für die Förderung erforderliche Gewinnerzielung ist dagegen ein bloßes Hilfsgeschäft. Bei einer Familienstiftung, die Familienangehörigen eine „Apanage" gewähren soll, ist der erstrebte Nutzen dagegen Gewinnerzielung und Begünstigter sind die Familienangehören. Bei einer Anstaltsstiftung schließlich, die ein Krankenhaus betreibt, ist der erstrebte Nutzen Bedarfsdeckung hinsichtlich öffentlicher Gesundheitspflege i.S.v. § 52 Abs. 2 Nr. 3 AO und Begünstigter ist wiederum die Allgemeinheit.

56 Abs. 1 Nr. 1 verlangt vom Stifter **keine Festlegungen hinsichtlich der Art und Weise der Zweckverwirklichung** (= Gegenstand der Stiftungstätigkeit, § 80 Rn. 33). Das kann in der Tat überflüssig sein (Rn. 12 ff.), wird sich **aber** meistens nicht zuletzt wegen **§ 60 Abs. 1 AO**[63] empfehlen. Im Rahmen des Anerkennungsverfahrens kann die Behörde Angaben über die Art und Weise der Zweckverwirklichung nur dann verlangen, wenn andernfalls nicht beurteilt werden kann, ob die dauernde und nachhaltige Zweckerfüllung gesichert ist.[64] Das dürfte jedoch die seltene Ausnahme sein; denn grundsätzlich haben die Stiftungsorgane die Tätigkeit der Stiftung an deren Mittel anzupassen. In jedem Fall ausreichend und zu empfehlen ist eine Aufzählung unter **Klarstellung deren Beispielhaftigkeit** („insbesondere"), um den Stiftungsorganen genügend Flexibilität zu geben. Darüber hinaus kann daran gedacht werden zu statuieren, dass die Bestimmungen über die Art und Weise der Zweckerfüllung nicht prägend i.S.d. § 85 Abs. 2 BGB sind, so dass deren Änderung oder Ergänzung (soweit ggf. die Gemeinnützigkeit nicht berührt wird) bereits unter den Voraussetzungen des § 85 Abs. 3 BGB zulässig sind.

57 Der Stiftungszweck **darf nicht jede Kontur vermissen lassen.**[65] Das ergibt sich aus der begrenzenden und maßstabbildenden Funktion der Zwecksetzung.[66] Dementsprechend soll die *„Bestimmung des Stiftungszwecks ... den Stiftungsorganen einen eindeutigen und klar abgrenzbaren Auftrag geben, um Rechtsunsicherheit, Willkür der Stiftungsverwaltung und eine Verzettelung der Stiftungsleistungen zu verhüten"*.[67] Ein Stiftungsgeschäft mit einer Zwecksetzung „Förderung des öffentlichen Wohls" wäre daher ebenso unwirksam wie ein Stiftungsgeschäft ohne jede Zweckbestimmung.[68] Die **Anforderungen** an die thematische Eingrenzung des Stiftungszwecks dürfen freilich **nicht überspannt** werden.[69] Insbesondere ist es nicht zu beanstanden, sondern im Gegenteil zu empfehlen, wenn der Stiftungszweck nur thematisch gefasst wird (z.B. wie in § 52 Abs. 2 Nr. 2 AO: Förderung der Religion).[70]

---

63 *Hüttemann/Rawert*, Beilage zu ZIP 33/2021, 1, 7; Staudinger/*Hüttemann/Rawert*, BGB, Rn. 49 u. Rn. 51; Erman/*Wiese*, BGB, Rn. 15; MüKoBGB/*Weitemeyer*, Rn. 33; BeckOK BGB/*Backert*, Rn. 9.

64 *Hüttemann/Rawert*, Beilage zu ZIP 33/2021, 1, 7; MüKoBGB/*Weitemeyer*, Rn. 33.

65 *Ebersbach*, Handbuch des Deutschen Stiftungsrechts, 81; MüKoBGB/*Weitemeyer*, Rn. 35; Henssler/Strohn/*Schlüter*, GesR, Rn. 7; BeckOK BGB/*Backert*, Rn. 9; Staudinger/*Hüttemann/Rawert*, BGB, Rn. 47.

66 Eingehend *Tieves*, Unternehmensgegenstand, 68 ff.

67 BGHZ 68, 142, 148.

68 *Burgard*, Gestaltungsfreiheit, 80; MüKoBGB/*Weitemeyer*, Rn. 33; Soergel/*Neuhoff*, BGB, § 80 Rn. 5; Henssler/Strohn/*Schlüter*, GesR, Rn. 7.

69 *Schwarz*, DStR 2002, 1718, 1722; Staudinger/*Hüttemann/Rawert*, BGB, Rn. 47; BeckOK/*Backert*, BGB, Rn. 9; siehe auch Begr.RegE, BT-Ds. 14/8765, 10.

70 Unzutreffend ist die Ansicht *Weitemeyers* (MüKoBGB/*Weitemeyer*, Rn. 35), wonach der Stiftungszweck so eng gefasst sein müsse, dass die Stiftungsaufsichtsbehörde das Verhalten der Stiftungsorgane nicht nur wegen fehlender

Überdies kann eine Stiftung **mehrere Zwecke** haben. In solchen Fällen kann es sich empfehlen, zugleich deren Verhältnis untereinander festzulegen (etwa Haupt- und Nebenzweck oder: 90 % der Mittel zur Förderung der bildenden Künste und 10 % zur Unterstützung Not leidender Künstler). Notwendig ist das jedoch nicht.[71] Vielmehr kann der Stifter es auch dem pflichtgemäßen Ermessen der zuständigen Stiftungsorgane überlassen, ob sie alle Stiftungszwecke gleichmäßig oder welchen Zweck sie mal stärker und mal schwächer fördern.[72] Mangels anderweitiger Anordnungen des Stifters müssen in solchen Fällen allerdings alle Stiftungszwecke zumindest mittelfristig einigermaßen gleichmäßig verfolgt werden. Und das setzt entsprechend umfangreiche Mittel voraus; denn wenn der Stifter keine näheren Bestimmungen zum Verhältnis der Stiftungszwecke untereinander trifft, muss bei der Anerkennung der Stiftung geprüft werden, ob die Mittel der Stiftung ausreichen, um damit alle Stiftungszwecke dauerhaft und nachhaltig zu verfolgen. 58

Ferner kann der Stifter eine **zeitliche Reihenfolge** festlegen[73] (sog. Sukzessivstiftung, z.B. Sanierung eines denkmalgeschützten Gebäudes, hernach Unterhalt des Gebäudes zu Veranstaltungszwecken) oder in der Satzung Voraussetzungen formulieren, bei deren Erfüllung ein Stiftungszweck gegen einen anderen auszutauschen ist[74] (§ 85 Abs. 4 BGB, z.B. Förderung straffällig gewordener Jugendlicher bis zum Tod des Stifters, danach Förderung behinderter Jugendlicher). In solchen Fällen beurteilt sich die Frage der dauernden und nachhaltigen Zweckverfolgung grundsätzlich allein nach dem **ersten Zweck**.[75] Bei gemeinnützigen Stiftungen ist zudem gemäß § 64 Abs. 4 AO die Vorschaltung einer **Ansparphase** zulässig, sonst wegen des Verbots der Selbstzweckstiftung (§ 80 Rn. 45 f.) nicht; denn die Zweckverfolgung muss von Anfang an zulässig und möglich sein. 59

Rechtlich unmöglich sind Stiftungszwecke, deren Verfolgung gesetzlich verboten (§ 134 BGB, z.B. Förderung des Marihuana-Konsums, nicht aber Legalisierung des Marihuana-Konsums) oder sittenwidrig (§ 138 BGB, z.B. Wiedereinführung der Todesstrafe) sind.[76] In diesen Fällen ist bereits das Stiftungsgeschäft nichtig. Zur Gemeinwohlgefährdung § 82 Rn. 34 ff. Bei **tatsächlicher Unmöglichkeit** kommt es darauf an, ob die Verfolgung, nicht darauf, ob die Erreichung des Stiftungszwecks unmöglich ist. Auch – zumindest aus heutiger Sicht – utopische oder phantastische Stiftungszwecke wie etwa „Erforschung der Möglichkeiten einer Zeitreise" sind daher anzuerkennen; denn vor 100 Jahren hätte auch niemand geglaubt, dass eine „Reise zum Mond" möglich sein wird. Fälle anfänglicher Unmöglichkeit sind daher selten. 60

Gemeinnützigkeit beanstanden könne, andernfalls die Stiftungsaufsicht überflüssig sei, weil darüber bereits die Finanzverwaltung wache. Es ist indes nicht Aufgabe des Stifters, der Stiftungsaufsicht eine Daseinsberechtigung zu verschaffen. Rechtspolitisch ist im Gegenteil darauf hinzuarbeiten, dass die Stiftungsaufsicht gänzlich überflüssig wird.

71 Henssler/Strohn/*Schlüter*, GesR, Rn. 7; Staudinger/*Hüttemann*/*Rawert*, BGB, Rn. 48; MüKo/*Weitemeyer*, BGB Rn. 37, die jedoch nicht hinreichend berücksichtigt, dass die zuständigen Stiftungsorgane in ihrer Entscheidung nicht frei, sondern pflichtgebunden sind. Dass ihnen dabei ein Ermessen zusteht und sie in diesem Rahmen auswählen können, welche Aufgabe ihnen vordringlich erscheint und wie sie ihr am besten gerecht werden, ist nicht zu beanstanden, sondern im Gegenteil für ein lebendiges Stiftungswesen erforderlich. Der Stifter ist zwar befugt, aber keineswegs gezwungen die Stiftung in ein enges Korsett von Vorgaben zu zwängen.

72 Staudinger/*Hüttemann*/*Rawert*, BGB, Rn. 48.

73 MüKoBGB/*Weitemeyer*, Rn. 37; Henssler/Strohn/*Schlüter*, GesR, Rn. 7; Staudinger/*Hüttemann*/*Rawert*, BGB, Rn. 49.

74 MüKoBGB/*Weitemeyer*, Rn. 34.

75 MüKoBGB/*Weitemeyer*, Rn. 37.

76 Davon zu unterscheiden sind Fälle, in denen zwar nicht der Stiftungszweck, wohl aber das Stiftungsgeschäft als Ganzes sittenwidrig ist, dazu o. Fn. 32; MüKoBGB/*Weitemeyer*, BGB Rn. 9; Staudinger/*Hüttemann*/*Rawert*, BGB, Rn. 10; für ein Bsp. s. OVG Münster, DVBl. 2013, 449 Rn. 42 f.

2. Name

61 Der Name der Stiftung kann **grundsätzlich frei gewählt** werden. § 18 HGB gilt als allgemeiner Rechtsgedanke entsprechend (so ausdrücklich § 707b Nr. 1 BGB in der Fassung des MoPeG).[77,78] Der Name muss also erstens **zur Kennzeichnung geeignet**, d.h. insbesondere lesbar und artikulierbar sein.[79] Zweitens muss er **abstrakte Unterscheidungskraft** besitzen.[80] Bei Personennamen ist das stets der Fall, und zwar auch bei Allerweltsnamen wie Michael Schumacher. Problematisch können dagegen Gattungs-, Sach- oder Tätigkeitsbeschreibungen in Alleinstellung sein wie etwa „Krankenhaus", „Wohltätigkeit" oder „Begabtenförderung". Schließlich darf der Name **nicht ersichtlich irreführend** sein,[81] z.B. unberechtigterweise den Namen eines Prominenten führen oder einen falschen Eindruck über Zweck, Art und Größe der Stiftung erwecken. Entsprechende Anwendung von § 18 HGB bedeutet freilich, dass auf Namen von Stiftungen nicht unbesehen die gleichen Maßstäbe wie im Handelsrecht angewendet werden dürfen, es sei denn, die Stiftung ist nach §§ 1, 33 HGB Kaufmann.[82] Der Name der Stiftung wird durch **§ 12 BGB** geschützt,[83] u.U. auch durch §§ 5, 15 MarkG.[84] Zur Frage der Führung eines Namenszusatzes s. § 82c BGB.

62 Von der abstrakten Unterscheidungskraft zu unterscheiden ist die **konkrete Unterscheidbarkeit.** Im Firmenrecht ist sie in § 30 HGB, im Vereinsrecht in § 57 Abs. 2 BGB geregelt. Im Stiftungsrecht fehlt eine entsprechende Vorschrift. Das ist, wie aus der Begr. RegE zu § 2 Nr. 1 StiftRG hervorgeht (s. Anhang zu § 82b Rn. 13) eine **bewusste Lücke.** Die Registerbehörde hat daher nicht zu prüfen, ob sich der Name einer Stiftung von dem einer anderen Stiftung am selben Ort deutlich unterscheidet. Grund dafür soll sein, dass eine solche Prüfung mit dem deklaratorischen Charakter der Eintragung angeblich nicht vereinbar sei. Das ist Unsinn, ist doch die Eintragung einer OHG ebenfalls regelmäßig deklaratorischer Natur. Jedenfalls bleibt es dadurch der einzelnen Stiftung überlassen, sich gegen etwaige Verletzungen ihres Namensrechts zu wehren. Dergleichen dürfte selten sein. Allerdings mag es vorkommen, dass eine Stiftung versucht, sich an den guten Ruf einer anderen Stiftung oder eines sonstigen Dritten anzuhängen. Das zentrale Stiftungsregister wird es einerseits ermöglichen, unbeabsichtigte Namensverletzungen vorab zu vermeiden, und andererseits die Möglichkeit, Namensverletzungen aufzudecken, verbessern.

3. Sitz

63 Sitz i.S.v. Abs. 1 Nr. 1 lit. b ist (ebenso wie iSv §§ 80 Abs. 2 S. 1, 85 Abs. 2 Satz 2, 85a Abs. 3 BGB) der **Satzungssitz**, also der Sitz, der in der Satzung als Sitz angegeben ist.[85] Davon zu unterscheiden ist der **Verwaltungssitz** (§ 83a BGB), also der Ort, an dem die Stiftung tatsächlich von ihrem Vorstand verwaltet wird. Beide Sitze können grundsätzlich **frei gewählt** werden und auseinanderfallen,

---

77 Gesetz zur Modernisierung des Personengesellschaftsrechts, BGBl. I 2021, 3436.

78 Zu § 81 BGB a.F. statt aller MüKoBGB/*Weitemeyer*, Rn. 30.

79 Näher Staub/*Burgard*, HGB, § 17 Rn. 7 ff.; Richter/*Stumpf*, Stiftungsrecht, § 4 Rn. 92; Werner/Saenger/Fischer/*O. Werner*, Die Stiftung, § 11 Rn. 105 f.: einschränkend MüKoBGB/*Weitemeyer*, Rn. 28 (generell gilt nur das Gebot der Namenswahrheit, sonst nur, sofern die Stiftung Kaufmann ist); ebs. Erman/*Wiese*, BGB, Rn. 10.

80 Näher dazu Staub/*Burgard*, HGB, § 18 Rn. 16 ff.

81 Ausf. Staub/*Burgard*, HGB, § 18 Rn. 30 bis 112; Werner/Saenger/Fischer/*O. Werner*, Die Stiftung, § 11 Rn. 106; Richter/*Stumpf*, Stiftungsrecht, § 4 Rn. 93; Henssler/Strohn/*Schlüter*, GesR, Rn. 3.

82 Dazu *Burgard*, FS O. Werner, 190; Erman/*Wiese*, BGB, Rn. 10; Henssler/Strohn/*Schlüter*, GesR, Rn. 3; *Hüttemann*, FS Roth, 2015, 240 ff.

83 OLG Jena – 2 U 42/12, GRUR-Prax 2013, 225; MüKoBGB/*Säcker*, § 12 Rn. 20; BeckOK BGB/*Backert*, Rn. 6; Werner/Saenger/Fischer/*O. Werner*, Die Stiftung, § 11 Rn. 105. Näher zu § 12 BGB auch Staub/*Burgard*, HGB, Anh. I zu § 37 HGB.

84 Auch dazu näher Staub/*Burgard*, HGB, Anh. II zu § 37.

85 MüKoBGB/*Weitemeyer*, Rn. 30.

müssen aber im Inland liegen (§§ 80 Abs. 2 S. 1, 83a BGB). Nach herrschender Meinung muss der Satzungssitz irgendeinen Bezug zu der Stiftungstätigkeit haben,[86] der freilich etwa durch die Wahl des Verwaltungssitzes hergestellt werden kann. Dem ist zu widersprechen. Einzige Begründung dieser Ansicht ist ein freies „Forum Shopping" im Interesse der Stiftungsaufsicht zu unterbinden. Das ist freilich kein zureichender Grund, die grundgesetzlich geschützte Freiheit von Stiftern und Stiftungen einzuschränken und angesichts der Rechtsprechung des EuGH,[87] der auf Grundlage der Niederlassungsfreiheit der Sache nach innerhalb der Europäischen Union ein freies „Forum Shopping" zulässt, geradezu absurd. Das gilt angesichts moderner Kommunikationsmittel auch für das Argument räumlicher Nähe zwischen Stiftung und Stiftungsaufsicht.[88] Zudem kann der Verwaltungssitz in den Grenzen des § 83a BGB vom Stiftungsvorstand nach pflichtgemäßen Ermessen ohne Satzungsänderung verlegt werden, wenn der Stifterwille oder die Satzung nicht ausnahmsweise entgegenstehen.

Für die Frage des anwendbaren Landesstiftungsrechts und der Behördenzuständigkeit ist **64** der Satzungssitz maßgeblich (vgl. §§ 80 Abs. 2 S. 1, 85a Abs. 3 BGB). Da die Landesstiftungsgesetze und die Behördenpraxis auch künftig im Detail zum Teil erheblich differieren werden, ist Stiftern zu raten, den Satzungssitz der Stiftung dort anzusiedeln, wo das Stiftungsgesetz und die Praxis der Aufsichtsbehörde seinen Vorstellungen am ehesten entgegenkommen. Ein solches **„Forum Shopping" fördert den föderalen Wettbewerb** und ist daher entgegen der herrschenden Meinung zu begrüßen und entspricht geradezu dem Sinn des Föderalismus, der seine Stärke gegenüber dem Zentralstaat ja in der Unterschiedlichkeit der Länder sieht. Ob der Stifter der Stiftung mehrere Satzungssitze geben kann, ist streitig.[89] Nach dem Verwaltungssitz richtet sich die örtliche Zuständigkeit der Finanzbehörde, § 20 i.V.m. § 10 AO.

4. Bildung des Vorstandes

a) Vorbemerkung: Organ und Organmitglieder (Organwalter). Hinsichtlich der Frage, **65** **was ein Organ ist**, besteht vielfach keine hinreichende Klarheit. Dazu muss man sich zunächst vor Augen führen, dass es verschiedene Organbegriffe gibt, nämlich einen steuerrechtlichen,[90] einen haftungsrechtlichen (§ 84 Rn. 85, Rn. 99) und einen **organisationsrechtlichen**. Nur letzterer ist hier von Interesse. Er ist **institutionell-funktional** zu bestimmen. Funktional muss es sich um einen Entscheidungsträger (Gremium oder Einzelperson) handeln, der an dem Handeln und/oder der Willensbildung einer rechtsfähigen Organisation unmittelbar oder mittelbar (z.B. durch Bestellungs-, Kontroll- oder Beratungskompetenzen) mitzuwirken berufen ist. Institutionell muss die Zuweisung dieser Funktion an den Entscheidungsträger aufgrund des die rechtsfähige Organisation normierenden Gesetzes oder aufgrund des sie regelnden Rechtsgeschäfts (Vertrag, Satzung) erfolgen.[91]

Hinsichtlich der **Organmitglieder** kann man zwischen „geborenen" und „gekorenen" unterscheiden. Erstere verdanken ihre Organstellung ihrer Verbandsmitgliedschaft.[92] **Stiftungen** **66**

---

86 Palandt/*Ellenberger*, BGB, Rn. 6; *Hüttemann/Rawert*, Beilage zu ZIP 33/2001, 1, 13; BeckOK BGB/*Backert*, Rn. 7; Henssler/Strohn/*Schlüter*, GesR, Rn. 5; MüKoBGB/*Weitemeyer*, Rn. 30; Staudinger/*Hüttemann/Rawert*, BGB, Rn. 42; **a.A.** Erman/*Wiese*, BGB Rn. 11.

87 EuGH Slg. 1999, I-1459 = NZG 1999, 298 – Centros; EuGH Slg. 2002, I-9919 = NZG 2002, 1164 – Überseering; EuGH Slg. 2003, I-10155 = NZG 2003, 1064 – Inspire Art.

88 So aber *Hüttemann/Rawert*, Beilage zu ZIP 33/2021, 1, 13.

89 Dafür Staudinger/*Hüttemann/Rawert*, BGB, Rn. 43; Palandt/*Ellenberger*, BGB, Rn. 6; Henssler/Strohn/*Schlüter*, GesR, Rn. 5; dagegen MüKoBGB/*Weitemeyer*, Rn. 31; Erman/*Wiese*, BGB, Rn. 12; BeckOK BGB/*Backert*, Rn. 7; *Mecking*, ZSt 2004, 199, 202 jew. m.w.N.

90 Vgl. § 14 KStG sowie § 2 Abs. 2 UStG.

91 Zur Begründung näher *Burgard*, Gestaltungsfreiheit, 219 ff. m.w.N. Im Ergebnis wie hier MüKoBGB/*Leuschner*, § 31a Rn. 4 m.w.N.

92 *Burgard*, Gestaltungsfreiheit, 221 f. m.w.N.

haben daher **nur gekorene Organmitglieder.** Gekorene Organmitglieder erwerben ihre Organstellung stets durch einen organschaftlichen Akt, die sog. **Bestellung,** die ihrer Zustimmung bedarf. Die Bestellung erfolgt stets durch die rechtsfähige Organisation, die wiederum stets durch ein **Kreationsorgan** (dem freilich auch andere Befugnisse zugewiesen sein können) handelt. Durch die Bestellung entsteht ein **organschaftliches Rechtsverhältnis** zwischen dem gekorenen Organmitglied und der juristischen Person. Dabei sind gekorene Organmitglieder bei der Wahrnehmung ihres Amtes **stets pflichtgebunden,** müssen also im Interesse der rechtsfähigen Organisation handeln und entscheiden, weswegen man sie auch **Organwalter** nennt. Die Verfolgung von Eigeninteressen ist ihnen bei der Ausübung ihres Amtes grundsätzlich untersagt.

67 Allerdings gibt es Organe, deren gesetzlich oder statutarisch angeordnete Zusammensetzung darauf zielt, dass alle oder einzelne Organmitglieder im Rahmen ihrer pflichtgemäßen Ermessensausübung bestimmte **Partikularinteressen** vertreten (§ 84 Rn. 63). Das bedeutet beispielsweise bei der Wahrnehmung einer Kreationsbefugnis: Stehen mehrere Kandidaten zur Wahl, darf kein ungeeigneter, unter den geeigneten aber von den Vertretern eines bestimmten Partikularinteresses der Kandidat gewählt werden, der ihren Partikularinteressen am besten frommt (und zwar selbst dann, wenn ein anderer Kandidat objektiv noch besser geeignet wäre).

68 **b) Vorstand.** Die Stiftung muss einen Vorstand haben, § 84 Abs. 1 S. 1 BGB. Vorstand i.S.d. Gesetzes ist dasjenige Organ der Stiftung, das sie **nach außen vertreten** soll.[93] Es kann auch anders bezeichnet werden (z.B. „Direktorium"), in welchem Fall aber in der Satzung klargestellt werden sollte, dass es sich um den Vorstand i.S.d. Gesetzes handelt. Mitglieder des Vorstands können auch juristische Personen sein.[94] Natürliche Personen müssen geschäftsfähig sein.[95] Besteht das Gremium aus mehreren Personen, von denen aber nicht alle vertretungsberechtigt sind, dann bilden nur die Vertretungsberechtigten den Vorstand, näher § 84 Rn. 21. Zu anderen Organen § 84 Rn. 58 ff.

69 Mit *„Bestimmungen ... über ... die Bildung des Vorstands"* sind Regelungen über die **Erstbestellung und Größe** des Vorstands gemeint. Darüber hinaus sollte die Satzung Regelungen über die **Amtsdauer und** die **Zweitbestellung** enthalten. Schließlich können weitere Regelungen, insbesondere zur **Qualifikation** der Vorstandsmitglieder und zur **Abberufung** enthalten sein. Enthält das Stiftungsgeschäft bzw. die Stiftungssatzung keine Angaben zur Erstbestellung und zur Größe des Vorstandes, muss die Behörde den Stifter im Anerkennungsverfahren auffordern, entsprechende Regelungen nachzuholen. Unterlässt er dies, ist die Anerkennung zu versagen. Ist der Stifter zu diesbezüglichen Ergänzungen nicht mehr in der Lage, hat die Behörde sie gemäß Abs. 4 nachzuholen.

70 Der Vorstand muss wenigstens aus einer Person bestehen. Die Größe des Vorstands muss nicht genau bestimmt werden; die Angabe einer **Mindest- und Höchstzahl** (z.B. drei bis fünf Mitglieder) reicht aus.

71 **c) Erstbestellung.** Bestellt der Stifter sich und/oder Dritte im **Stiftungsgeschäft** zum Mitglied des Vorstands, dann wird diese Bestellung frühestens[96] mit der Anerkennung der Stiftung wirksam, da es keine Vorstiftung gibt (§ 80 Rn. 69 ff.). Genauer: Da die Stiftung erst mit ihrer Aner-

93 BeckOK BGB/*Backert*, Rn. 12; Henssler/Strohn/*Schlüter*, GesR, Rn. 11; MüKoBGB/*Weitemeyer*, Rn. 45; Staudinger/*Hüttemann*/*Rawert*, BGB, Rn. 73; Erman/*Wiese*, BGB, Rn. 20.

94 Erman/*Wiese*, BGB, Rn. 21; MüKoBGB/*Weitemeyer*, Rn. 46 a.E. Auch Gebietskörperschaften (z.B. Gemeinden) können daher Organmitglieder sein, s. § 84 Rn. 19e ff.

95 Statt vieler MüKoBGB/*Leuschner*, § 27 Rn. 6; BeckOK BGB/*Schöpflin*, § 27 Rn. 3; Soergel/*Hadding*, BGB, § 27 Rn. 4.

96 Erklärt der Dritte seine Zustimmung erst später, wird sie erst dann wirksam. Allerdings verlangen die Behörden regelmäßig die vorherige Vorlage der Zustimmungserklärung.

kennung ins Dasein tritt, kann sie zuvor niemanden bestellen, zumal sie zuvor auch kein Kreationsorgan hat, das den organschaftlichen Akt der Bestellung vornehmen könnte. Konstruktiv muss man daher annehmen, dass der Stifter kraft Gesetzes mit der Anerkennung der Stiftung zu deren Kreationsorgan wird und dadurch zugleich die im Stiftungsgeschäft (aufschiebend bedingt) erklärte Bestellung wirksam wird, die von den Bestellten – das verlangt die Behörde regelmäßig – schon zuvor angenommen wurde. Folgt man dieser Überlegung, so bedeutet dies, dass der Stifter bei der Bestellung von Organmitgliedern selbst dann nicht völlig frei entscheiden darf, wenn er sie im Stiftungsgeschäft vornimmt. Vielmehr muss er bereits zu diesem Zeitpunkt im Interesse der künftigen Stiftung handeln. **Einen ungeeigneten Kandidaten darf er daher nicht benennen**, und zwar auch nicht sich selbst, wenn er beispielsweise aufgrund Krankheit oder Alter voraussichtlich an der ordnungsgemäßen Amtsausübung gehindert sein wird. Allerdings ist er aus den in Rn. 67 genannten Gründen auch nicht zu einer strengen Bestenauswahl verpflichtet, sondern darf seine Interessen als Stifter zur Geltung bringen. Bei der Bestellung seiner selbst ist er nicht gemäß § 84b S. 2 BGB vom Stimmrecht ausgeschlossen (vgl. dort Rn. 118 ff.).

Aus alledem folgt: Wer aufgrund des Stiftungsgeschäfts oder der Stiftungssatzung zur Be- 72
stellung von Organwaltern berufen ist, wird dadurch (genauer durch die Anerkennung der Stiftung aufschiebend bedingt) zum Kreationsorgan und ist damit pflichtgebunden. Entgegen *Weitemeyer*[97] gibt es daher **kein „freies" Bestellungsrecht**. Allenfalls kann die Auslegung ergeben, dass der oder die Organwalter des Kreationsorgans bei der Entscheidung über die Bestellung Partikularinteressen berücksichtigen dürfen (Rn. 67).

Bei der **Erstbestellung** hat der Stifter also **zwei Möglichkeiten**: Entweder er bestellt im 73
Stiftungsgeschäft den Vorstand selbst aufschiebend bedingt (nämlich durch die Anerkennung der Stiftung) oder er bestellt aufschiebend bedingt die Mitglieder eines (von ihm selbst verschiedenen) Kreationsorgans, das sodann nach der Anerkennung der Stiftung die Vorstandsmitglieder auswählt und bestellt.

d) Zweitbestellung. Grundsätzlich sollte der Stifter auch die Zweitbestellung regeln. Das ist 74
nur **in zwei Fällen nicht erforderlich**, nämlich erstens, wenn eine juristische Person zum Organwalter mit unbegrenzter Amtszeit bestellt wurde; dann ist nämlich gar nicht absehbar, ob es überhaupt zu einer Zweitbestellung kommt. Und zweitens, wenn die Stiftung als einziges Organ einen Vorstand hat; dann ist mangels anderweitiger Regelungen von Kooptation auszugehen. Hat der Stifter dagegen ein Aufsichtsorgan statuiert, müsste mangels ausdrücklicher Regelung durch Auslegung unter Beachtung von § 83 Abs. 2 BGB ermittelt werden, ob das Organ auch zur Berufung und Abberufung der Vorstandsmitglieder zuständig ist, andernfalls es bei Kooptation bleibt, d.h. der Vorstand selbst die Zweitbestellung vornimmt.

Eine interessante Gestaltungsmöglichkeit ist die **Bestellung von Ersatzmitgliedern**, die 75
nachrücken, sobald ein Organmitglied ausscheidet.[98] Das hat **vier Vorteile**. Erstens werden Vakanzen (z.B. bei einem plötzlichen Tod) vermieden. Zweitens kann frühzeitig mit der Nachfolgesuche begonnen werden, wenn ein Ersatzmitglied nicht mehr kann oder will. Drittens können Ersatzmitglieder als Gäste zu Organsitzungen eingeladen werden, was nicht nur ihr besseres Kennenlernen, sondern auch ihre frühzeitige Einarbeitung ermöglicht. Und viertens kann bei Kooptation das ausscheidende Mitglied über das für ihn nachrückende Mitglied mitentscheiden.[99]

Eine weitere Möglichkeit besteht darin, zu bestimmen, der **jeweilige Inhaber eines be-** 76
stimmten Amtes (z.B. Bürgermeister, Regierungspräsident, Gerichtspräsident) solle Vorstands-

97 MüKoBGB/*Weitemeyer*, Rn. 47; wie hier: Staudinger/*Hüttemann*/*Rawert*, BGB, Rn. 77.
98 Näher *Burgard*, Gestaltungsfreiheit, 407 f.
99 Zur Möglichkeit der Bestellung von stellvertretenden Organmitgliedern siehe *Burgard*, Gestaltungsfreiheit, 409 ff.

mitglied werden. Das ist in der Regel so gemeint, dass der Amtsinhaber mit dem Ausscheiden aus seinem Amt auch aus dem Organ ausscheiden und sein Nachfolger im Amt ihm als Organmitglied folgen soll. Technisch handelt es sich in diesem Fall um die Kombination einer auflösend mit einer aufschiebend bedingten Bestellung. Das funktioniert freilich nur dann, solange der Amtsvorgänger seine Organmitgliedschaft nicht vorzeitig aufgibt und der Amtsnachfolger seine Bestellung annimmt. Das kann ohne statutarische Vorsorge zu längeren Vakanzen führen.

77 Letzteres ist problematisch, weil ein Stiftungsorgan **beschlussunfähig** ist, wenn es weniger als die statutarische Mindestzahl von Mitgliedern hat, vgl. § 84c Abs. 1 S. 1 BGB.[100] Um in solchen Fällen ein Eingreifen der Stiftungsaufsichtsbehörde nach § 84c BGB zu vermeiden, sollte in der Satzung vorgesehen werden, dass sich die Anzahl der Organmitglieder um die Anzahl der ausgeschiedenen Personen bis zu deren Ersetzung verringert.

78 Wie schon erwähnt dürfen nur geeignete Personen zu Organmitgliedern bestellt werden. Dabei bemisst sich die Geeignetheit, also insbesondere die Anforderungen an Kenntnisse und Fähigkeiten, nach dem konkret auszuübenden Amt. Dem Stifter steht es freilich frei, die Anforderungen zu konkretisieren, indem er z.B. Regeln für eine **Durchmischung** nach (Mindest-/Höchst-)Alter, beruflicher Qualifikation, Staatsangehörigkeit und/oder Geschlecht vorsieht. Auch Regelungen entsprechend §§ 76 Abs. 3, 100 AktG kann er statuieren.

79 Überdies können **persönliche Voraussetzungen** nicht nur derart gefasst sein, dass sie all diejenigen disqualifizieren, die diese Voraussetzungen nicht erfüllen. Vielmehr kann die Satzung auch vorsehen, dass derjenige, der bestimmte Voraussetzungen erfüllt, Mitglied eines bestimmten Organs wird.[101] Der Betreffende ist dann von dem Organ zu bestellen, es sei denn, der Bestellung stünden wichtige Gründe entgegen, die seine Abberufung rechtfertigen würden.

80 Möglich ist schließlich die Statuierung von **Benennungsrechten**. Sie sind zu unterscheiden von bloßen Vorschlagsrechten, denen keine Verbindlichkeit zukommt, und Vorschlagspflichten, die dem Bestellungsorgan die Personalauswahl erleichtern sollen. Im Falle von Benennungsrechten bleibt die Bestellungskompetenz des zuständigen Organs unberührt. Es kann daher die Bestellung einer benannten Person – je nach Gestaltung mit jedem sachlichen oder nur mit wichtigem Grund – ablehnen. Bestellen kann es jedoch nur solche Personen, die zuvor von dem Berechtigten benannt wurden.[102]

81 **e) Wiederbestellung.** Wiederbestellung ist zulässig, wenn sie nicht ausgeschlossen oder begrenzt ist.

82 **f) Beendigung. Beendigungsgründe** sind der Wegfall persönlicher Voraussetzungen, Zeitablauf, Amtsniederlegung, Abberufung und Tod.

83 Beim **Fortfall persönlicher Voraussetzung** sind drei Rechtsfolgen denkbar: Das organschaftliche Rechtsverhältnis bleibt durch den Wegfall unberührt. Der Wegfall berechtigt zu einer Abberufung aus wichtigem Grund. Das organschaftliche Rechtsverhältnis endet ohne weiteres.[103] Welche dieser Rechtsfolgen eingreift, ist einer (auch differenzierten) Regelung in der Sat-

---

100 Eingehend *Hüttemann/Rawert*, ZIP 2020, 2545; ebenso VG Schleswig – 6 B 48/20, npoR 2021, 198 m. Anm. *Stallmann*.

101 MüKoBGB/*Weitemeyer*, Rn. 46; Erman/*Wiese*, BGB, Rn. 22; OLG Hamm, Urt. v. 5.6.2012 – 10 U 109/11, BeckRS 2013, 4995; zu weiteren Möglichkeiten der Ausgestaltung der Besetzung s. *Sieger/Blank*, NZG 2010, 641; *Burgard*, Gestaltungsfreiheit, 392 ff.; *Lunk/Rawert*, NPLYB 2001, 91.

102 Vgl. Scholz/*K. Schmidt*, GmbHG, § 46 Rn. 83; Lutter/Hommelhoff/*Bayer*, GmbHG, § 46 Rn. 23, jew. m.w.N.

103 *Werner*, S&S 2000, Heft 3, 15, 16; Scholz/*U.H. Schneider/S.H. Schneider*, GmbHG, § 6 Rn. 73; Scholz/*U.H. Schneider/Seyfarth*, GmbHG, § 52 Rn. 234; KölnKomm/*Mertens/Cahn*, AktG, § 100 Rn. 54.

zung zugänglich. Andernfalls ist die Rechtsfolge durch Auslegung zu ermitteln. Dabei kommt es auch darauf an, welche Funktion das Organ hat, dem das betreffende Mitglied angehört.

Die Bestellung zum Organmitglied kann **befristet** (z.B. auf fünf Jahre) oder **unbefristet** 84
erfolgen. Die Satzung kann das eine oder das andere und/oder eine **Altersgrenze** (z.B. 70 Jahre) vorsehen. Andernfalls steht die Frage im Ermessen des Bestellungsorgans. Enthält auch der Bestellungsbeschluss weder explizit noch implizit eine Befristung, so ist die Bestellung unbefristet.[104] Von einer unbefristeten Bestellung **zu unterscheiden** ist eine Bestellung auf **Lebenszeit** bzw. bis zum **Erreichen einer Altersgrenze**. Der Unterschied besteht darin, dass in den zuletzt genannten Fällen im Zweifel nur eine Abberufung aus wichtigem Grund zulässig ist.[105] Bei befristeter Bestellung endet das organschaftliche Rechtsverhältnis mit dem Zeitablauf, ohne dass es hierfür einer besonderen Erklärung der Beteiligten bedürfte. Das Gleiche gilt bei Erreichen einer Altersgrenze. In jedem Fall endet das organschaftliche Rechtsverhältnis mit dem Tod. Der Erbe rückt nicht in das organschaftliche Rechtsverhältnis ein.[106]

Die **Amtsniederlegung** ist die einseitige empfangsbedürftige Erklärung des Organmitglieds 85
gegenüber der Stiftung,[107] das organschaftliche Rechtsverhältnis beenden zu wollen. Sie wird grundsätzlich mit Zugang wirksam.[108] Insbesondere bedarf es weder des Vorliegens noch auch nur der Behauptung eines wichtigen Grundes.[109] Allerdings dürfen Vorstandsmitglieder ihr Amt ohne wichtigen Grund nicht „zur Unzeit" und ohne Sorge für einen Nachfolger niederlegen (§ 671 Abs. 2 BGB analog),[110] andernfalls die Amtsniederlegung rechtsmissbräuchlich und deswegen unwirksam sein kann.[111] Überdies kann eine Amtsniederlegung zwar wirksam, gleichwohl aber pflichtwidrig sein. Dann können der Stiftung Schadensersatzansprüche[112] sowie ggf. ein Recht zur außerordentlichen Kündigung des Anstellungsvertrages zustehen; denn eine Amtsniederlegung beinhaltet weder, noch rechtfertigt sie notwendigerweise eine Kündigung des Anstellungsvertrages. Beide Fragen sind vielmehr auch in diesem Fall strikt zu trennen (§ 84a Rn. 45). Besteht ein wichtiger Grund für die Amtsniederlegung, können daher die Rechte aus dem Anstellungsvertrag fortbestehen.[113]

g) Abberufung (Widerruf der Bestellung). Die Abberufung ist der actus contrarius der Be- 86
stellung und wie diese daher ein organschaftlicher Akt. Sie bedarf eines entsprechenden Beschlusses des zuständigen Organs und wird mit dem **Zugang** der (formfreien einseitigen) Abberufungserklärung bei dem betreffenden Organwalter wirksam (s. aber u. Rn. 92). Dessen vorheriger Anhörung bedarf es nicht, kann aber statutarisch vorgeschrieben werden.

Zuständig ist im Zweifel das für die Bestellung zuständige Organ,[114] da es sich um deren 87
actus contrarius handelt. Aus der Satzung kann Abweichendes folgen. Ist die Bestellung im Stiftungsgeschäft oder sonst durch ein Organ vorgenommen worden, das ausschließlich für die

104 Vgl. *Lunk/Rawert*, NPLYB 2001, 91, 98.

105 Staudinger/*Hüttemann/Rawert*, BGB, Rn. 79; *Burgard*, Gestaltungsfreiheit, 400; *Lunk/Rawert*, NPLYB 2001, 91, 98.

106 Zu abweichenden Gestaltungsmöglichkeiten: *Burgard*, Gestaltungsfreiheit, 415, 418.

107 Daraus folgt: Hat die Stiftung nur einen Alleinvorstand, muss zur Entgegennahme der Amtsniederlegung ein Notvorstand gemäß § 84c BGB bestellt werden, MüKoBGB/*Weitemeyer*, BGB, § 86 Rn. 14; Staudinger/*Hüttemann/Rawert*, BGB, § 86 Rn. 10; *Lunk/Rawert*, NPLYB 2001, 91, 102 f.

108 Staudinger/*Hüttemann/Rawert*, BGB, § 86 Rn. 10; Palandt/*Ellenberger*, BGB, § 130 Rn. 2; vgl. für den GmbH-Geschäftsführer: BGH – II ZR 378/99, NZG 2002, 43, 44 m. Anm. *Schneider*.

109 MüKoBGB/*Weitemeyer*, BGB, § 86 Rn. 14; Richter/*Godron*, Stiftungsrecht, § 6 Rn. 69 f.

110 *Küpperfahrenberg*, Haftungsbeschränkungen, 200 f. m.w.N.

111 *Lunk/Rawert*, NPLYB 2001, 91, 102 m.w.N.

112 MüKoBGB/*Weitemeyer*, § 86 Rn. 14 a.E.; Richter/*Godron*, Stiftungsrecht, § 6 Rn. 70.

113 Staudinger/*Hüttemann/Rawert*, BGB, § 86 Rn. 16; Richter/*Godron*, Stiftungsrecht, § 6 Rn. 69.

114 MüKoBGB/*Weitemeyer*, § 86 Rn. 11; Staudinger/*Hüttemann/Rawert*, BGB, § 81 Rn. 79; Staudinger/*Hüttemann/Rawert*, BGB, § 86 Rn. 9; Werner/Saenger/Fischer/*O. Werner*, Die Stiftung, § 10 Rn. 84.

Erstbestellung zuständig ist, so ist im Zweifel das für die Zweitbestellung berufene Organ zuständig.

88 Fraglich ist, unter welchen **Voraussetzungen eine Abberufung** zulässig ist, insbesondere ob es hierfür eines rechtfertigenden Grundes bedarf und wie dieser beschaffen sein muss. Die Satzung kann hierzu Regelungen enthalten.[115] Eine Abberufung aus wichtigem Grund kann sie allerdings nicht ausschließen oder einschränken, sondern nur wichtige Gründe beispielhaft (nicht aber abschließend) nennen.[116] Abweichende Satzungsbestimmungen wären wegen § 82 S. 1 Fall 2 BGB nicht anerkennungsfähig.[117] Steht eine Abberufung aus wichtigem Grund in Frage, so ist das betreffende Organmitglied ggf. wegen des Verbots des Richtens in eigener Sache vom Stimmrecht ausgeschlossen.[118] Das gilt auch für seine Mitwirkung, wenn ihm ein statutarisches Zustimmungsrecht für Abberufungen zustehen sollte.[119]

89 Enthält die **Satzung keine Regelungen**, unter welchen Voraussetzungen eine Abberufung zulässig ist, so ist im Zweifel anzunehmen, dass es in **folgenden Fällen** eines **wichtigen Grundes** bedarf:
- Bestellung für eine in der Satzung vorgesehene Amtszeit.[120]
- Bestellung auf Lebenszeit bzw. bis zur Erreichung einer Altersgrenze,
- Auseinanderfallen der Bestellungs- und Abberufungskompetenz,
- Bestellung statutarisch bestimmter Amtsträger (Rn. 76) oder aufgrund statutarisch bestimmter persönlicher Voraussetzungen (Rn. 83).

90 **Andernfalls** steht die Abberufung im **pflichtgemäßen Ermessen** des zuständigen Organs.[121] Es bedarf daher vernünftiger, nachvollziehbarer Gründe. Unter diesen Voraussetzungen reicht allerdings bereits eine Störung des Vertrauensverhältnisses aus.[122] Hat die Stiftungsaufsichtsbehörde das Vertrauen in ein bestimmtes Organmitglied verloren, kann dies ebenfalls dessen Abberufung (durch das zuständige Stiftungsorgan, nicht etwa durch die Behörde selbst) rechtfertigen.[123] Ob derartige Störungen auch eine Abberufung aus wichtigem Grund rechtfertigen können, hängt von dem Einzelfall, insbesondere von der Schwere der Störung ab.[124]

91 Streitig ist, ob die Satzung dem zuständigen Stiftungsorgan ein freies, d.h. nicht pflichtgebundenes Abberufungsrecht einräumen kann.[125] Dafür spricht, dass es Sache des Stifters ist, die Machtverteilung innerhalb der Organe und das Maß ihrer Unabhängigkeit festzulegen. Entscheidend dagegen spricht jedoch, dass das Abberufungsrecht ebenso wie das Bestellungsrecht **zwingend** fremdnützig und daher **pflichtgebunden** ist.[126]

---

115 Staudinger/*Hüttemann*/*Rawert*, BGB, Rn. 79; vgl. BGH – ZR 136/74, StiftRspr. III, 5, 10; MüKoBGB/*Weitemeyer*, Rn. 48; Erman/*Wiese*, BGB, § 86 Rn. 2; Richter/*Godron*, Stiftungsrecht, § 6 Rn. 65; *Markworth*, ZGR 2020, 832, 857 f.

116 Staudinger/*Hüttemann*/*Rawert*, BGB, Rn. 79; Staudinger/*Hüttemann*/Rawert, BGB, § 86 Rn. 9; MüKoBGB/*Weitemeyer*, Rn. 48; Richter/*Godron*, Stiftungsrecht, § 6 Rn. 65: Es gilt dieselbe Rechtslage wie bei anderen Dauerschuld- und Organverhältnissen.

117 MüKoBGB/*Weitemeyer*, § 86 Rn. 11 f. m.w.N.; *Burgard*, Gestaltungsfreiheit, 402.

118 BGHZ 97, 28, 33; BayObLG NJW-RR 1986, 1499, 1500; MüKoBGB/*Leuschner*, § 34 Rn. 8; BeckOK BGB/*Schöpflin*, § 34 Rn. 8; Staudinger/*Schwennicke*, BGB, § 34 Rn. 1 m.w.N.

119 Vgl. *Burgard*, Gestaltungsfreiheit, 314 f., 402.

120 MüKoBGB/*Weitemeyer*, Rn. 48; Staudinger/*Hüttemann*/*Rawert*, BGB, § 81 Rn. 79 m.w.N.

121 MüKoBGB/*Weitemeyer*, § 86 Rn. 11 m.w.N.; vgl. OLG Hamm – 8 U 86/16, NZG 2017, 864.

122 MüKoBGB/*Weitemeyer*, § 86 Rn. 12; Staudinger/*Hüttemann*/*Rawert*, BGB, § 86 Rn. 9; Staudinger/*Hüttemann*/*Rawert*, BGB, Rn. 79; *Lunk*/*Rawert*, NPLYB 2001, 91, 98.

123 MüKoBGB/*Weitemeyer*, § 86 Rn. 12 m.w.N.; Staudinger/*Hüttemann*/*Rawert*, BGB, § 86 Rn. 9 m.w.N.

124 Dahingehend auch *Schauhoff*, Handbuch, § 3 Rn. 70.

125 Dies wird nach ganz herrschender Meinung verneint: MüKoBGB/*Weitemeyer*, § 86 Rn. 11 m.w.N.; Staudinger/*Hüttemann*/*Rawert*, BGB, Rn. 79; BeckOK BGB/*Backert*, § 86 Rn. 2; Richter/*Godron*, Stiftungsrecht, § 6 Rn. 65; *Schwintek*, Vorstandskontrolle, 365; OLG Hamm – 8 U 86/16, NZG 2017, 864; **a.A.** *Markworth*, ZGR 2020, 832, 858.

126 MüKoBGB/*Weitemeyer*, § 86 Rn. 11 m.w.N.; der Stiftungszweck bzw. der Stifterwille gibt dem Kreationsorgan den Abberufungsgrund vor; OLG Hamm – 8 U 86/16, NZG 2017, 864.

Die Abberufung wird wirksam, sobald die Abberufungserklärung dem betroffenen Organmitglied zugeht. Ist der Abberufungsbeschluss nichtig, ist jedoch auch die Abberufungserklärung ohne Bedeutung; denn sie ist bloße **Kundgabe des Abberufungsbeschlusses.**[127] Der Abberufungsbeschluss ist insbesondere dann nichtig, wenn kein (zureichender) Abberufungsgrund vorliegt. Die Nichtigkeit kann (auch) von dem betroffenen Organmitglied im Wege des § 256 ZPO geltend gemacht werden. Ist die Wirksamkeit der Abberufung streitig, so entsteht ein **Schwebezustand.** Solange dieser fortbesteht, darf der Beschluss nach allgemeinen Grundsätzen nicht durchgeführt werden. Anders als nach § 84 Abs. 3 Satz 4 AktG ist die Abberufung also nicht vorläufig wirksam.[128] Vielmehr bleibt das betreffende Organmitglied einstweilen im Amt. Die Satzung kann Abweichendes regeln. Zu empfehlen ist entweder eine § 84 Abs. 3 Satz 4 AktG entsprechende Regelung[129] oder die Statuierung einer Widerspruchsfrist, nach deren Ablauf die Abberufung als wirksam gilt.[130] 92

Schließlich ist darauf hinzuweisen, dass die **Stiftungsgesetze der Länder** der Stiftungsaufsichtsbehörde die Befugnis einräumen, Organmitglieder aus wichtigem Grund abzuberufen.[131] Aufgrund des Subsidiaritätsgrundsatzes hat die Behörde jedoch zuvor der Stiftung grundsätzlich[132] Gelegenheit zur eigenverantwortlichen Abhilfe zu geben.[133] Das verdeutlichen auch eine Reihe von Landesstiftungsgesetzen.[134] Überdies ist zu prüfen, ob eine einstweilige Untersagung der Aufgabenwahrnehmung[135] nicht als milderes Mittel einer Abberufung vorzuziehen ist. Beruft die Behörde ein Organmitglied ab oder untersagt sie ihm einstweilen die Wahrnehmung seiner Aufgaben, so ist neben der Stiftung auch das betreffende Organmitglied zur Anfechtung dieses Verwaltungsakts befugt.[136] 93

h) Fehlerhafte Bestellung. Wie jeder Rechtsakt kann auch eine Bestellung fehlerhaft sein. Die Gründe dafür sind formelle oder materielle Fehler des Bestellungsbeschlusses (zu Beschlussmängeln s. § 84b Rn. 77 ff.). Fehlerhafte Beschlüsse sind grundsätzlich ex tunc nichtig (näher § 84b Rn. 92). Eine Ausnahme gilt u.a. für **fehlerhafte Bestellungen**; sie **bleiben wirksam** bis zum Widerruf der Bestellung, Amtsniederlegung oder gerichtlichen Feststellung der Nichtigkeit der Bestellung (§ 84b Rn. 94). Bis dato ist das Organmitglied mit allen Rechten und Pflichten (auch hinsichtlich der Haftung) wie ein wirksam bestelltes Organmitglied zu behandeln.[137] 94

---

127 Vgl. Gehrlein/Born/Simon/*Buck-Heeb*, GmbHG, § 38 Rn. 12; MüKoGmbHG/*Stephan*/*Tieves*, § 38 Rn. 40; *Altmeppen*, GmbHG, § 38 Rn. 22; BeckOK GmbHG/*Heilmeier*, § 38 Rn. 69 f.

128 BGH – III ZR 136/74, StiftRspr. III, 5, 8; Staudinger/*Hüttemann*/*Rawert*, BGB § 86 Rn. 9 m.w.N.; *Schwintek*, Vorstandskontrolle, 366.

129 So *Schwintek*, Vorstandskontrolle, 366 f.

130 *Werner*, S&S 2000, Heft 3, 15, 19.

131 Art. 13 S. 1 BayStiftG, §§ 12 Abs. 1 BWStiftG, 9 Abs. 5 BlnStiftG, 9 Abs. 1 BbgStiftG, 13 Abs. 3 BremStiftG, 6 Abs. 3 HamStiftG, 15 Abs. 1 u. 2 HeStiftG, 7 Abs. 1 MVStiftG, 14 Abs. 1 NdsStiftG, 9 Abs. 1 NRWStiftG, 14 Abs. 1 SaarStiftG, 7 Abs. 4 SächsStiftG, 10 Abs. 7 SAStiftG, 12 Abs. 5 ThStiftG, OVG Hamburg – OVG Bf II 6/76, StiftRspr. III, 55, 56.

132 OVG Hamburg – OVG Bf II 6/76, StiftRspr. III, 55, 56; VG Sigmaringen – 6 K 1701/08, BeckRS 2009, 32590.

133 MüKoBGB/*Weitemeyer*, § 86 Rn. 12; Richter/*Godron*, Stiftungsrecht, § 6 Rn. 67; VG Düsseldorf – 1 L 3762/04, ZSt 2006, 139 Rn. 34; VG Ansbach – AN 10 K 12.00055, BeckRS 2012, 55668; VG Bayreuth – B 5 K 13.391, BeckRS 2015, 48514.

134 Art. 13 S. 1 BayStiftG, §§ 13 Abs. 4 BremStiftG, 14 Abs. 2 NdsStiftG, 9 Abs. 3 NRWStiftG, 19 Abs. 5 SächsStiftG, 10 Abs. 7 SAStiftG, 12 Abs. 4 und 4 ThStiftG.

135 Art. 13 S. 2 BayStiftG, 12 Abs. 2 BWStiftG, 9 Abs. 1 BbgStiftG, 13 Abs. 3 S. 1 BremStiftG, 6 Abs. 3 HamStiftG, 15 Abs. 2 HeStiftG, 7 Abs. 21, S. 1 MVStiftG, 14 Abs. 1 S. 2 NdsStiftG, 9 Abs. 1 S. 2 NRWStiftG, 9 Abs. 5 RPStiftG, 7 Abs. 4 SächsStiftG, 10 Abs. 7 S. 1 SAStiftG, 12 Abs. 5 ThStiftG; vgl. OVG Münster, NVwZ-RR 1995, 628, 629.

136 BayVGH – Nr. 7 V 50, StiftRspr. I, 7, 9; OVG Münster, a.a.O.; VGH München – 5 ZB 09.504, BeckRS 2010, 09882; VG Hannover – 1 A 2700/13, BeckRS 2010, 43176 = ZStV 2017, 27; Richter/*Godron*, Stiftungsrecht, § 6 Rn. 67.

137 Ausf. *Sanders*/*Berisha*, ZStV 2021, 50 ff.; BGH – III ZR 136/74 = MDR 1977, 205; Richter/*Godron*, Stiftungsrecht, § 6 Rn. 67; Staudinger/*Hüttemann*/*Rawert*, § 86 Rn. 9; *Schwintek*, Vorstandskontrolle, 365.

5. Bestimmungen zum Vermögen

95 Anders als nach bisherigem Recht (§ 81 Abs. 1 S. 3 Nr. 4 BGB) muss die Satzung keine Bestimmungen über das Vermögen der Stiftung enthalten, weil – so die Begr. RegE (Rn. 9) – entsprechende Angaben bereits Teil des Stiftungsgeschäfts seien (§ 81 Abs. 1 Nr. 2 BGB). **Konsequenz** dieser Änderung ist, dass stiftungsrechtliche „Kapitalerhöhungen" (z.B. durch Bestimmung von sonstigem Vermögen zum Grundstockvermögen nach § 83b Abs. 2 Nr. 3) oder stiftungsrechtliche „Kapitalherabsetzungen" (z.B. bei einer Satzungsermächtigung zur Bestimmung eines Teils des Grundstockvermögens zu sonstigem Vermögen, vgl. § 83b Abs. 3 BGB, näher dort Rn. 42) grundsätzlich keiner genehmigungsbedürftigen Satzungsänderung bedürfen.[138]

96 Wenn auch Bestimmungen über das Stiftungsvermögen kein notwendiger Bestandteil der Stiftungssatzung sind, sollte der Stifter doch eine Reihe von Regelungen vorsehen. Insbesondere empfiehlt sich die Klarstellung, dass die Stiftung Zustiftungen grundsätzlich annehmen darf oder besser noch: **um Spenden und Zustiftungen werben soll.** Will der Stifter nicht, dass die Stiftung um Spenden wirbt und/oder Zustiftungen annimmt, muss er das ausdrücklich ausschließen.[139] Außerdem sollte entweder die Stiftungssatzung oder eine Nebenordnung (dazu § 83 Rn. 13 ff.) **Anlagerichtlinien** (dazu näher § 83b Rn. 63) enthalten. Schließlich ist an Regelungen entsprechend §§ 83b Abs. 3, 83c Abs. 2 BGB zu denken.

E. Vermögenswidmung; Abs. 1 Nr. 2

97 Neben der Angabe des Zwecks ist die Vermögenswidmung **essentialia** des Stiftungsgeschäfts, wie auch aus Abs. 4 S. 1 hervorgeht. Dabei entspricht der stiftungsrechtliche Vermögensbegriff dem **erbrechtlichen Vermögensbegriff** (§ 80 Rn. 24) mit der Folge, dass das gewidmete Vermögen (§ 83b Abs. 2 Nr. 1 BGB) alle Arten von Vermögensgegenständen enthalten kann, die auch vererbt werden können. Die Ausführungen der Begr. RegE, wonach *„das Grundstockvermögen* [nur] *aus Vermögensgegenständen zusammengesetzt sein darf, die entweder unmittelbar zur Erfüllung des Stiftungszwecks gebraucht werden können oder die Erträge bringen können, mit denen der Stiftungszweck erfüllt werden kann"* (§ 83c Abs. 1 S. 2 BGB, dort Rn. 43) sind deshalb unzutreffend. Selbstverständlich können Gold und andere Rohstoffe sowie zinslose Anleihen und dergleichen Teil des gewidmeten Vermögens sein. Sie können auch durch Vermögensumschichtung Teil des Grundstockvermögens werden. Eben deshalb, weil Umschichtungen erlaubt sind (§ 83b Rn. 41, 42), hindern ertragslose Vermögensobjekte auch nicht die Anerkennung der Stiftung. Würde der Stifter der Stiftung ausschließlich einen „Haufen" Gold widmen, dann kann dessen Verkehrswert leicht ermittelt und zur Grundlage der Anerkennungsentscheidung gemacht werden.

98 Eine betragsmäßige **Mindestkapitalausstattung** entsprechend dem Recht der Kapitalgesellschaften sieht das Gesetz nicht vor und darf daher von der Anerkennungsbehörde auch nicht verlangt werden.[140] Voraussetzung der Anerkennung ist allerdings, dass eine dauernde und nachhaltige Erfüllung des Stiftungszwecks gesichert erscheint (§ 82 S. 1 Fall 2 BGB). Doch muss der Stifter die Mittel hierzu nicht selbst aufbringen.[141] Es genügt ein symbolischer Betrag (1,- €), wenn der Stifter ein überzeugendes **Mittelbeschaffungskonzept**[142] vorlegt, wonach *„weitere ausreichende Zustiftungen bzw. Zuwendungen mit einer gewissen Sicherheit zu erwarten sind"*.[143]

---

138 *Hüttemann/Rawert*, Beilage zu ZIP 33/2021, 1, 8 f.

139 MüKoBGB/*Weitemeyer*, Rn. 39; Richter/*Stumpf*, Stiftungsrecht, § 4 Rn. 111; BeckOK BGB/*Backert*, Rn. 11; Staudinger/*Hüttemann/Rawert*, BGB, § 81 Rn. 64.

140 MüKoBGB/*Weitemeyer*, Rn. 18.

141 Statt vieler: Staudinger/*Hüttemann/Rawert*, BGB, Rn. 20 m.w.N.

142 Staudinger/*Hüttemann/Rawert*, BGB, Rn. 21; BeckOK BGB/*Backert*, Rn. 11; *Hüttemann*, FS Werner, 2009, 85, 86.

143 BT-Ds. 14/8765, 8; Staudinger/*Hüttemann/Rawert*, BGB, Rn. 21.

Streitig ist insofern nur das Ausmaß der erforderlichen Sicherheit.[144] Dabei ist zu bedenken, dass die Behörde eine Prognoseentscheidung zu treffen hat (§ 82 Rn. 22). Ausreichend ist daher, dass objektiv vernünftigerweise mit dem Erwerb ausreichender Mittel zu rechnen ist (z.B. bei einem prominenten Stifter oder einem populären Stiftungszweck). Bei den zu erwartenden Mitteln kann es sich auch um Spenden handeln.

Grundsätzlich anerkennungsfähig ist daher auch die sog. **Einkommensstiftung**, bei der der Stifter oder Dritte der Stiftung laufende Zuwendungen versprechen.[145] Hat die Stiftung abseits der in Aussicht gestellten Zuwendungen keine ausreichenden Mittel, um den Stiftungszweck (zumindest auf niedrigem Niveau) dauernd und nachhaltig zu erfüllen, dann müssen die laufenden Zuwendungen rechtsverbindlich für die Dauer von mindestens 10 Jahren zugesagt sein.[146] Das gilt auch bei Finanzierungszusagen der öffentlichen Hand. **Vorratsstiftungen**, die erst in Zukunft à la volonté des Stifters mit ausreichenden Mittel ausgestattet werden sollen, sind dagegen wegen § 82 S. 1 Fall 2 BGB nicht anerkennungsfähig. **99**

Die **Rechtsnatur der Vermögenswidmung** (auch Zuwendungsversprechen oder Dotation genannt) ist umstritten.[147] Das ist angesichts des Gesetzeswortlauts verwunderlich. Danach handelt es sich weder um eine Schenkung noch um ein Rechtsgeschäft sui generis, sondern schlicht um den vermögensrechtlichen Teil des Gründungsgeschäfts der Stiftung, sprich des Stiftungsgeschäfts. Als solches ist das Zuwendungsversprechen ein **durch die Anerkennung aufschiebend bedingtes einseitiges Verpflichtungsgeschäft (§ 82a S. 1 BGB).**[148] Selbstverständlich haftet der Stifter daher für Sach- und Rechtsmängel genauso, wie wenn es sich um einen Beitrag oder eine Einlage[149] handeln würde.[150] Die Haftung des Stifters ist von dem Vorstand der Stiftung geltend zu machen. Dass der Stifter keine Gegenleistung erhält, ist insofern völlig unerheblich. Auch mit einer Mitgliedschaft müssen weder Vermögensrechte noch sonst irgendwelche geldwerten Vorteile verbunden sein. **100**

Die einzige Frage, die das Gesetz offenlässt, ist damit, ob bestimmte Vorschriften, die für unentgeltliche Leistungen zum Schutz von Gläubigern **(§ 4 AnfG, § 134 InsO)**[151] sowie für Schenkungen,[152] zum Schutz von pflichtteilsberechtigten[153] Erben **(§ 2287 BGB,**[154] **§§ 2325, 2329 BGB,**[155] **§ 2326 BGB)**[156] und zum Schutz des Stifters selbst **(§§ 519, 528 f. BGB)**[157] gelten, auf das Stiftungsgeschäft entsprechende Anwendung finden. Diese Fragen sind jedoch methodisch **101**

---

144 MüKoBGB/*Weitemeyer*, Rn. 15; Staudinger/*Hüttemann*/*Rawert*, BGB, Rn. 20 f.

145 *Schiffer*/*Schürmann*, SB 2015, 130; Richter/*Stumpf*, Stiftungsrecht, § 4 Rn. 64; MüKoBGB/*Weitemeyer*, Rn. 19.

146 Vgl. *Schiffer*/*Schürmann*, SB 2015, 130, 131.

147 S. hierzu zunächst RGZ 5, 138; für die mittlerweile wohl h.M. MüKoBGB/*Weitemeyer*, Rn. 21 ff; Staudinger/*Hüttemann*/*Rawert*, BGB, Rn. 26 ff.; BeckOGK BGB/*Tolksdorf*, § 82 Rn. 25 ff.; BeckOK BGB/*Backert*, Rn. 50; Soergel/*Neuhoff*, BGB, Rn. 9; *Hüttemann*, FS O. Werner 2009, 85, 93 ff.; *Röthel*, ZEV 2006, 8, 9; für die abweichenden Ansichten s. etwa *Hinz*, Die Haftung der Stiftung für Verbindlichkeiten des Stifters, 1996, 42 ff., 127 f.; Richter/*Stumpf*, Stiftungsrecht, § 4 Rn. 54 ff.; *Jakob*, Schutz der Stiftung, 2006, 178 ff.

148 Daran ändert auch § 82a S. 2 BGB nichts, der lediglich einen Rechtserwerb kraft Gesetzes vorsieht.

149 MüKoHGB/*K. Schmidt*, §§ 171, 172 Rn. 43 ff.; Ebenroth/Boujong/Joost/Strohn/*Strohn*, HGB, § 171 Rn. 54 f.

150 *Burgard*, Gestaltungsfreiheit, 578 ff.; MüKoBGB/*Weitemeyer*, Rn. 24; Staudinger/*Hüttemann*/*Rawert*, BGB, Rn. 30.

151 MüKoBGB/*Weitemeyer*, Rn. 22; Staudinger/*Hüttemann*/*Rawert*, BGB, Rn. 28.

152 Siehe BGH – IV ZR 249/02, NJW 2004, 1382, 1383, wo sowohl endgültige unentgeltliche Zuwendungen, als auch gebundene Spenden unter Auflage dem Schenkungsrecht unterworfen werden; siehe hierzu vertiefend die beiden Urteilsbesprechungen bei *Kollhosser*, ZEV 2004, 115, 118 sowie bei *Worm*, RNotZ 2004, 159, 163.

153 Staudinger/*Olshausen*, BGB, § 2326, Rn. 6; die §§ 2325 f. BGB setzen eine Enterbung nicht voraus.

154 *Fröhlich*, Die selbständige Stiftung im Erbrecht, 185 ff.; MüKoBGB/*Weitemeyer*, Rn. 23; BeckOK BGB/*Backert*, § 80 Rn. 51.

155 BGH – IV ZR 249/02, NJW 2004, 1382, 1383; RGZ 54, 399; LG Baden, ZEV 1999, 152 m. zust. Anm. *Rawert*.

156 BeckOK BGB/*Backert*, § 80 Rn. 51; Jauernig/*Stürner*, BGB, § 2326 Rn. 1; vgl. *Damrau*, ZEV 2010, 12, 16; *Hüttemann*/*Rawert*, ZEV 2007, 107; *Werner*, ZSt 2005, 83 ff.

157 MüKoBGB/*Weitemeyer*, § 81 Rn. 25; Staudinger/*Hüttemann*/*Rawert*, BGB, Rn. 29; Palandt/*Ellenberger*, BGB, § 82 Rn. 1; BeckOK BGB/*Backert*, § 80 Rn. 51.1; Richter/*Stumpf*, Stiftungsrecht, § 4 Rn. 59.

richtig allein nach den drei Prüfungspunkten Regelungslücke, Planwidrigkeit der Regelungslücke und Vergleichbarkeit der Interessenlage zu beantworten und deswegen in den genannten Fällen zu bejahen. Darüber hinaus haftet der Stifters analog § 160 BGB, wenn es zwischen dem Zugang des Anerkennungsantrags und der Anerkennung der Stiftung zu Leistungsstörungen hinsichtlich der Vermögenszusage kommt.[158] Vor dem Hintergrund der Bedeutung des Stiftungsvermögens für die Existenz einer Stiftung als solche ist zudem eine analoge Anwendung der schenkungsrechtlichen Haftungserleichterungen zu Gunsten des Stifters (§§ 521 ff. BGB) abzulehnen.[159] Die herrschende Meinung wendet hingegen die schenkungsrechtlichen Haftungserleichterungen analog an und verweist hierbei im Wesentlichen auf die Funktion der Anerkennungsbehörden, eine Stiftungserrichtung zu verhindern, wenn Sach- und Rechtsmängel deren Lebensfähigkeit von Anfang an bedrohten.[160]

102 Die Worte „des von ihm vorgegebenen Stiftungszwecks" sind angesichts von § 80 Abs. 1 S. 1, 81 Abs. 1 Nr. 1 lit. a BGB eine unnötige Wiederholung, wie sie für das Reformgesetz leider typisch ist.

103 Neu ist dagegen die Forderung, dass das Vermögen *„der Stiftung zu deren eigener Verfügung zu überlassen ist"*.[161] Damit wird eine **Dauertestamentsvollstreckung über den Erbteil der Stiftung ausgeschlossen** (Begr. RegE Rn. 18 f.), wie es schon bisher der wohl h.M.[162] entsprach. Wird gleichwohl Dauertestamentsvollstreckung angeordnet, ist die Bestimmung in die Anordnung einer Abwicklungstestamentsvollstreckung geltungserhaltend zu reduzieren;[163] denn eine **Abwicklungstestamentsvollstreckung** bis zum Entstehen der Stiftung ist weiterhin zulässig (Begr. RegE Rn. 19). Nach der Anerkennung der Stiftung hat der Testamentsvollstrecker die Verwaltungs- und Verfügungsbefugnis über das der Stiftung gewidmete Vermögen freizugeben.[164] Teilweise wird die Auffassung vertreten, dass eine Stiftung anerkennungsfähig sei, der ein für die Anerkennung ausreichendes Vermögen zur eigenen Verfügung überlassen wird und der darüber hinaus weitere Vermögensgegenstände (z.B. ein Geschäftsanteil) unter Dauertestamentsvollstreckung zugewendet werden.[165] Ob sich diese Ansicht durchsetzt, erscheint zweifelhaft. Will der Stifter Dauertestamentsvollstreckung anordnen, sollte er statt dessen der Person, die er sich als Dauertestamentsvollstrecker vorstellt, zu einem (Ein-Person-)Organ der Stiftung (auch mit Nachfolgeregelung) küren und dem Organ entsprechende Rechte und Pflichten hinsichtlich der Stiftungsverwaltung zuweisen.[166] Das Organ kann auch zeitlich befristet eingerichtet werden.

104 Absatz 1 Nr. 2 bezieht sich nur auf das gewidmete Vermögen. Hieraus wird gefolgert, dass **Zustiftungen** unter Dauertestamentsvollstreckung gestellt werden könnten,[167] was eine recht einfache Möglichkeit wäre, das Gesetz zu umgehen. Eine solche Zustiftung dürfte freilich wegen

---

158 MüKoBGB/*Weitemeyer*, § 82 Rn. 5 a.E.; Staudinger/*Hüttemann*/*Rawert*, § 82 Rn. 7 f.; BeckOK BGB/*Backert*, § 82 Rn. 3; *Burgard*, Gestaltungsfreiheit, 85.

159 MüKoBGB/*Weitemeyer*, § 81 Rn. 24; Richter/*Stumpf*, Stiftungsrecht, § 4 Rn. 58.

160 Staudinger/*Hüttemann*/*Rawert*, BGB, Rn. 30; *Muscheler*, AcP 203 (2003), 469, 508.

161 Entgegen *Schiffer*/*Pruns*/*Schürmann*, Reform des Stiftungsrechts, § 3 Rn. 15 gehört hierher nicht der Fall, dass einem Dritten Aufsichts- oder Zustimmungsbefugnisse hinsichtlich der Verwendung des Stiftungsvermögens statutarisch zugewiesen werden; denn dadurch wird der Dritte zum Organ der Stiftung, s.o. Rn. 65 sowie sogleich im Text.

162 OLG Frankfurt – 4U 134/10, ZEV 2011, 605; MüKoBGB/*Weitemeyer*, § 83 Rn. 17 m.w.N.

163 *Hüttemann*/*Rawert*, Beilage ZIP 33/2021, 1, 8; **a.A.** *Gollan*, npoR 2021, 277, 278.

164 OLG Frankfurt – 4U 134/10, ZEV 2011, 605, 608; *MüKoBGB*/*Weitemeyer*, § 83 Rn. 16; BeckOK BGB/*Backert*, § 83 Rn. 8 ff.; *Lange*, ZStV 2019, 85, 89.

165 *Gollan*, npoR 2021, 277, 278; *Schiffer*/*Pruns*/*Schürmann*, Reform des Stiftungsrechts, § 3 Rn. 16.

166 Vgl. zur Stiftung und Dauertestamentsvollstreckung etwa *Schewe*, ZEV 2012, 236 ff.; Richter/*Richter*, Stiftungsrecht, § 22 Rn. 15.

167 *Ponath*/*Tolksdorf*, ZEV 2021, 605, 608.

des mit ihr verbundenen faktischen Eingriffs in die Organisationsverfassung der Stiftung grundsätzlich nicht angenommen werden.[168]

Nicht unter diese Restriktion des Absatz 1 Nr. 2 fallen **Belastungen des gewidmeten Vermögens** mit Nießbrauchrechten oder Rentenschulden;[169] denn solche Belastungen hindern die Stiftung von Rechts wegen nicht, über die belasteten Vermögensgegenstände zu verfügen. 105

F. Zusätzlicher Inhalt bei Verbrauchsstiftungen, Abs. 2

Nach Absatz 2 muss die Satzung einer Verbrauchsstiftung **zwei weitere Bestimmungen** enthalten: 106

I. Festlegung der Zeit, für die die Stiftung errichtet wird, Nr. 1

Nach § 80 Abs. 1 S. 2 Hs. 2 BGB zeichnen sich Verbrauchsstiftungen erstens dadurch aus, dass 107 sie *„auf bestimmte Zeit errichtet werden“*. Wie diese „bestimmte“ Zeit festgelegt wird, ist dagegen unerheblich (Rn. 108): Es kann sich um ein **Datum oder** eine **Frist** handeln. Letztere kann wiederum kalendarisch oder durch ein gewiss eintretendes Ereignis (auflösend befristete Stiftung, zweckbefristete Stiftung, § 80 Rn. 87 f., 90) begrenzt werden. Auflösend bedingte (§ 80 Rn. 84) oder zweckbedingte (§ 80 Rn. 80 ff.) Stiftungen gehören dagegen nicht hierher, weil eine Bedingung ein zukünftiges Ereignis ist, dessen Eintritt ungewiss ist, also möglicherweise niemals eintritt.[170] Bei ihnen handelt es sich daher um Stiftungen auf unbestimmte Zeit.[171]

Zulässig sind die Statuierung einer bloßen **Mindestdauer** (z.B.: Die Stiftung soll mindes- 108 tens 10 Jahre bestehen.“), eines **Zeitraums** (z.B. „Die Stiftung soll mindestens 10, höchstens 20 Jahre bestehen.“) oder auch nur einer **Höchstdauer** (z.B.: „Die Stiftung soll höchstens 30 Jahre bestehen.“), wenn sich im letzten Fall aus den übrigen Bestimmungen der Satzung ergibt, dass die Bestehensdauer von 10 Jahren voraussichtlich nicht wesentlich unterschritten wird (s. § 82 Rn. 30). Das gilt auch für **Bestimmungen, die die Auflösung der Stiftung an den Verbrauch ihres Vermögens knüpfen** (Bsp.: Die Stiftung hat ein Vermögen i.H.v. 1 Mio. Euro, das nach dem Stifterwillen zu 100 % in ETFs angelegt ist. In diesem Fall weiß der Stifter natürlich nicht, wie sich der Wert der ETFs entwickeln wird. Deswegen kann er etwa bestimmen: „Die Stiftung hat jährlich 50.000 Euro für den Stiftungszweck zu verausgaben. Sie ist aufzulösen, sobald ihr Vermögen unter 50.000 Euro absinkt. Anfallberechtigt ist ...“.). Mit einer solchen Klausel wird zugleich den Anforderungen des Abs. 2 Nr. 2 genügt. Derartige Klauseln empfehlen sich stets, wenn die Höhe des zu verausgabenden Vermögens Schwankungen unterliegt, unsicher ist oder etwa mit Zuwächsen, insbesondere aus Spenden oder letztwilligen Verfügungen, zu rechnen ist. Die Zulässigkeit dieser Art von Klauseln ergibt sich auch aus § 87 BGB. Danach sind Verbrauchsstiftungen nämlich nicht nur aufzulösen, wenn die Zeit, für die sie errichtet wurden, abgelaufen ist (§ 87 Abs. 2 BGB), sondern nach § 87 Abs. 1 BGB auch dann, wenn ihr Vermögen verbraucht ist (Begr. RegE § 87 Rn. 17, 22).[172]

---

168 Staudinger/*Hüttemann/Rawert*, BGB, § 83 Rn. 20; i.E. ebs. KG OLGE 34, 298, 300; OLG Frankfurt ZEV 2011, 605 m. Anm. *Reimann*; MüKoBGB/*Weitemeyer*, § 83 Rn. 17; Soergel/*Neuhoff*, § 83 Rn. 10; Lange, ZStV 2019, 85, 90; **a.A.** etwa *Ponath/Tolksdorf*, ZEV 2021, 605, 608; *Schewe*, ZEV 2012, 236, 237 ff.; *Pauli*, ZEV 2012, 461, 465.

169 So aber *Feick/Schwalm*, NZG 2021, 525, 533; differenzierend *Mehren* in Schauhoff/Mehren, Stiftungsrecht 2022, Kap. 7 Rn. 10.

170 BeckOK BGB/*Rövekamp*, § 158 Rn. 3; Schulze/*Dörner*, BGB, § 158 Rn. 1; Jauernig/*Mansel*, BGB, § 158 Rn. 1; **a.A.** *Mehren/Lorenz*, DStR 2020, 2547, 2550.

171 *Hüttemann/Rawert*, Beilage zu ZIP 33/2021, 1, 8.

172 Viel zu restriktiv *Schienke-Ohletz* in Schauhoff/Mehren, Stiftungsrecht 2022, Kap. 3 Rn. 6 f.

II. Bestimmungen über die Verwendung des Stiftungsvermögens, Nr. 2

109 Nach § 80 Abs. 1 S. 2 Hs. 2 BGB zeichnen sich Verbrauchsstiftungen zweitens dadurch aus, dass sie *„ihr gesamtes Vermögen zur Erfüllung ihres Zwecks zu verbrauchen“* haben. Die Einhaltung dieses Verbrauchsgebot (das auch in § 83b S. 2 BGB zum Ausdruck kommt) soll Abs. 2 Nr. 2 statutarisch absichern, und zwar in einer Weise, *„die die nachhaltige Erfüllung des Stiftungszwecks und den vollständigen Verbrauch des Stiftungsvermögens innerhalb der Zeit, für welche die Stiftung errichtet wird, gesichert erscheinen lassen.“* Wie der Rechtsausschuss klargestellt hat, ist hierfür allerdings – entgegen einer bisher verbreiteten rechtswidrigen Verwaltungspraxis – **kein Verbrauchsplan erforderlich.** Vielmehr *„reichen allgemeine Regelungen zum Verbrauch des Stiftungsvermögens, anhand derer die Anerkennungsvoraussetzungen geprüft werden können“*, (Rn. 36) aus. Diese sind (bezogen auf Nr. 2) die nachhaltige Erfüllung des Stiftungszwecks und der vollständige Verbrauch des Stiftungsvermögens.

1. Nachhaltige Erfüllung des Stiftungszwecks

110 Eine nachhaltige Erfüllung des Stiftungszwecks verlangt – ebenso wie bei Stiftungen auf unbestimmte Zeit (§ 82 S. 1 BGB) – lediglich, dass der Stiftungszweck während der Dauer der **Stiftung beständig verfolgt** wird bzw. werden kann (näher § 82 Rn. 20). Dagegen ist ein **gleichmäßiger Verbrauch**, wie ihn der Begr. RegE (Rn. 22) vorzuschweben scheint, **nicht erforderlich.** Der Stifter kann daher beispielsweise bestimmen, dass der Stiftungszweck zu seinen Lebzeiten nur aus den Nutzungen des gewidmeten Vermögens, Umschichtungsgewinnen und Spenden zu verfolgen ist (sofern diese Mittel für eine Verfolgung des Stiftungszwecks ausreichen) und das Stiftungsvermögen erst nach seinem Tod verbraucht werden soll (hier sog. „umgekehrte Hybridstiftung“, § 80 Rn. 95). Für die Verbrauchsphase kann er ferner nicht nur einen (einigermaßen) gleichmäßigen Verbrauch vorsehen, sondern zum Beispiel auch Minimal- und Maximalbeträge festlegen. Er kann sogar bestimmen, dass der Verbrauch für eine gewisse Zeit (jedenfalls unproblematisch sind 2 Jahre, vgl. § 55 Nr. 5 AO)[173] ausgesetzt wird; denn im Stiftungsrecht gibt es **kein Gebot der zeitnahen Mittelverwendung.** Das kann sich zum Beispiel empfehlen, wenn das Vermögen der Stiftung überwiegend in Wertpapieren angelegt ist und auf diese Weise Phasen fallender Kurse ausgesessen werden sollen.

111 Die statutarischen Vorkehrungen des Stifters müssen in erster Linie geeignet sein zu verhindern, dass die Stiftungsorgane das Stiftungsvermögen bereits nach kurzer Zeit verbrauchen, so dass für die restliche Bestehenszeit der Stiftung kaum mehr Mittel übrigbleiben. Zu verhindern gilt ferner die umgekehrte Pflichtsäumnis: Erst tun die Stiftungsorgane lange Jahre nichts und geraten dann in ein „Stiftungsendfieber“ (Begr. RegE Rn. 23). Gleichwohl ist, wie schon betont (Rn. 109), die Erstellung eines Verbrauchsplans nicht erforderlich, und zwar weder in der Satzung seitens des Stifters als vermeintliche Anerkennungsvoraussetzung noch außerhalb der Satzung als Pflicht der Stiftungsorgane. Vielmehr gehört es zu den Vorzügen von Verbrauchsstiftungen, dass die Stiftungsorgane im Rahmen der statutarischen Vorgaben (Rn. 109) viel flexibler auf Anforderungen und Gelegenheiten zur Verfolgung des Stiftungszwecks reagieren können, als wenn sie, wie bei einer Ewigkeitsstiftung, grundsätzlich nur die Erträge des Grundstückvermögens für die Zweckverfolgung einsetzen dürfen. Zu beachten und durch laufende, d.h. vor jeder größeren Ausgabeentscheidung, zu aktualisierende Planzahlen sicherzustellen ist lediglich, dass der Stiftungszweck während der gesamten Dauer der Stiftung beständig verfolgt werden kann. Gewisse Unterbrechungen schließt das allerdings entsprechend § 55 Nr. 5 AO nicht aus, und zwar auch ohne statutarische Ermächtigung.

173 Zwar gilt das Gebot der zeitnahen Mittelverwendung für das gewidmete Vermögen nicht, Begr. RegE zu § 83b Rn. 14; *Hüttemann/Rawert*, Beilage zu ZIP 33/2021, 1, 14. Die Vorschrift zeigt aber, dass ein Aussetzen der Zweckverfolgung für den Zeitraum von zwei Jahren sogar gemeinnützigkeitsunschädlich ist.

2. Vollständiger Verbrauch

Das Stiftungsvermögen soll innerhalb der Zeit, für welche die Stiftung errichtet wird, vollständig verbraucht werden. Das schließt nicht aus, dass am Ende ein **Restvermögen** verbleibt, das nach der Liquidation an Anfallberechtigte auszuschütten ist. Vielmehr ist dies sogar zu empfehlen, damit am Ende des Liquidationsverfahren keinesfalls ein Fehlbetrag steht, für den die Vorstandsmitglieder womöglich aufkommen müssten (§ 823 Abs. 2 i.V.m. § 42 Abs. 2 bzw. i.V.m. §§ 53, 48 Abs. 1 S. 1, Abs. 2, 42 Abs. 2 BGB). Sollte nicht absehbar sein, ob das ganze Vermögen der Stiftung für ihren Zweck sinnvoll aufgewendet werden kann, empfiehlt sich die Statuierung eines Hilfs- oder Nebenzwecks. 112

G. Form des Stiftungsgeschäfts, Abs. 3

Die Formulierung der Vorschrift ist – trotz eines Verbesserungsversuchs des Rechtsausschusses[174] – misslungen. Funktional entspricht sie § 81 Abs. 1 S. 1 BGB a.F. Schon bisher war es im Stiftungsrecht zu Recht h.M., dass für das Stiftungsgeschäft die Schriftform (§ 126 BGB) ausreicht, und zwar auch dann, wenn darin die Übertragung eines Grundstücks (§ 311b BGB) oder eines GmbH-Geschäftsanteils (§ 15 Abs. 4 GmbHG) versprochen wird.[175] Das stellt Absatz 3 nunmehr klar. Aber Achtung: Die isolierte Beurkundung einer Auflassung ist gebührenrechtlich teurer als die Beurkundung eines Stiftungsgeschäfts.[176] Ein Stiftungsvertrag hingegen bedarf notarieller Beurkundung (§ 518 BGB analog), ebenso ein Vertrag, durch den sich ein Stifter verbindlich zur Errichtung einer Stiftung mit einem bestimmten Zweck und einer bestimmten Vermögenswidmung verpflichtet (Rn. 47 f.). 113

H. Das Stiftungsgeschäft von Todes wegen

I. Überblick

§ 83 BGB a.F. wurde gestrichen. § 83 S. 1 BGB a.F. wurde in § 356 Abs. 3 FamFG versetzt, § 83 S. 2 bis 4 BGB a.F. findet sich in § 81 Abs. 4 BGB wieder. Dabei ergibt sich bereits aus § 80 Abs. 2 S. 2 BGB sowie § 81 Abs. 3 BGB, dass ein Stiftungsgeschäft auch in einer Verfügung von Todes wegen enthalten sein kann. Dementsprechend muss ein Stiftungsgeschäft von Todes wegen grundsätzlich den gleichen Inhalt wie ein Stiftungsgeschäft unter Lebenden aufweisen. Absatz 4 erlaubt aber im Falle einer gewissen Unvollständigkeit Ergänzungen durch die Behörde[177] (Rn. 28). Vom Stiftungsgeschäft unter Lebenden unterscheidet sich das Stiftungsgeschäft von Todes wegen daher lediglich dadurch, dass es als letztwillige Verfügung in testamentarischer oder erbvertraglicher Form vorgenommen wird.[178] Insbesondere besteht auch das Stiftungsgeschäft von Todes wegen aus einem vermögensrechtlichen Teil und einem organisationsrechtli- 114

---

174 Besser wäre es gewesen, wenn der Gesetzgeber dem Vorschlag des Bundesrates gefolgt wäre und hinter den Worten, „eine strengere Form" die Worte „für das Stiftungsgeschäft" eingefügt hätte, s.o. Rn. 33c.

175 Statt vieler: Staudinger/*Hüttemann*/*Rawert*, BGB, Rn. 16; Richter/*Stumpf*, Stiftungsrecht, § 4 Rn. 14; BeckOK BGB/*Backert*, Rn. 2, jew. m.w.N.; **a.A.** OLG Köln – 2 Wx 220/19, – 2 Wx 227 – 229/19, ZEV 2019, 729, 730; Erman/*Wiese*, BGB, Rn. 5.

176 *Gollan*, npoR 2021, 277. Tatsächlich sind die Kosten für die Beurkundung eines Stiftungsgeschäfts sehr überschaubar, für Beispiele s. *Burgard*, ZStV 2021, 1, 4, Fn. 14.

177 Palandt/*Ellenberger*, BGB, § 83 Rn. 2; Staudinger/*Hüttemann*/*Rawert*, BGB, § 83 Rn. 29; BeckOK BGB/*Backert*, § 83 Rn. 14.

178 BGHZ 70, 313, 321 = NJW 1978, 943, 944; OLG Braunschweig ZEV 2020, 565, 568 m. Anm. *Schwalm*, ZStV 2021, 10; VG Ansbach – AN 10 K 19.766, BeckRS 2021, 9845; BeckOK BGB/*Backert*, § 83 Rn. 2; Schulze/*Dörner*, BGB, § 83 Rn. 1.

chen Teil.[179] Freilich müssen beide den erbrechtlichen Vorschriften gehorchen: Bei einem privatschriftlichen Testament muss daher auch die Stiftungssatzung eigenhändig geschrieben und eigenhändig unterschrieben sein. Und bei einem Erbvertrag sind deswegen beide Teile wechselbezüglich und unwiderruflich.[180]

115 **Kein Stiftungsgeschäft von Todes wegen**, sondern eines unter Lebenden liegt vor, wenn der Erbe aufgrund einer testamentarischen Auflage eine Stiftung errichtet. Möglich ist auch die Kombination eines Stiftungsgeschäfts von Todes wegen mit dem unter Lebenden. So hat der BGH die Errichtung einer Stiftung in einem Erbvertrag zwischen Eheleuten gedeutet, nach dem die Stiftung von beiden Teilen dotiert werden, jedoch schon nach dem Tod des Erstversterbenden entstehen sollte.[181] In einem solchen Fall nehmen beide Parteien sowohl ein Stiftungsgeschäft unter Lebenden als auch eines von Todes wegen vor, nämlich das Stiftungsgeschäft unter Lebenden unter der aufschiebenden Bedingung des Zuletztversterbens, das Stiftungsgeschäft von Todes unter der aufschiebenden Bedingung des Erstversterbens.

116 Das Stiftungsgeschäft von Todes wegen kann nur höchstpersönlich (§§ 2064 f., 2274 BGB) im Rahmen eines formgültig errichteten Testaments (§§ 2229 ff. BGB) oder Erbvertrags (§§ 2274 ff. BGB) vorgenommen werden.[182] Das Zuwendungsversprechen (Abs. 1 Nr. 2, Rn. 43) kann erstens durch Erbeinsetzung erfolgen. Eine Stiftung kann indes nicht durch eine Schenkung auf den Todesfall errichtet werden. Dies scheitert bereits am eindeutigen Wortlaut des § 2301 BGB, so dass allenfalls eine Umdeutung in ein Vermächtnis in Frage kommt.[183] Bei einer Stiftungserrichtung durch einen Vertrag zugunsten Dritter auf den Todesfall handelt es sich richtigerweise um eine Stiftungsgeschäft unter Lebenden.[184] Die Stiftung kann als ***Alleinerbin, Miterbin*** *sowie als* ***Nacherbin***[185] und als ***Ersatzerbin*** eingesetzt werden.[186] Sie ist dann u.U. Pflichtteilsansprüchen (§§ 2303 ff. BGB) ausgesetzt.[187] Eine Einsetzung als Vorerbin kommt hingegen nur ausnahmsweise in Betracht.[188] Zweitens kann die Stiftung mit einem Vermächtnis (§ 2174 BGB)[189] und drittens im Wege einer Auflage[190] bedacht werden. Dabei kann nur eine Abwicklungsvollstreckung,[191] keine Dauertestamentsvollstreckung angeordnet werden, o. Rn. 103. In allen Fällen ist es Aufgabe der Stiftungsaufsichtsbehörde zu beurteilen, ob die Voraussetzungen des § 82 S. 1 Fall 2 BGB

---

179 MüKoBGB/*Weitemeyer*, § 83 Rn. 2; Staudinger/*Hüttemann*/*Rawert*, BGB, § 83 Rn. 3.

180 BGHZ 70, 313, 321 = NJW 1978, 943, 944; Staudinger/*Hüttemann*/*Rawert*, BGB, § 83 Rn. 23; MüKoBGB/*Weitemeyer*, § 83 Rn. 3; ausführlich zur Bindungswirkung beim gemeinschaftlichen Testament *Tanck*, ZEV 2020, 15.

181 BGH, NJW 1978, 943, 944.

182 Staudinger/*Hüttemann*/*Rawert*, BGB, § 83 Rn. 2; MüKoBGB/*Weitemeyer*, § 83 Rn. 3; BeckOK BGB/*Backert*, § 83 Rn. 2.

183 Staudinger/*Hüttemann*/*Rawert*, BGB, § 83 Rn. 15; MüKoBGB/*Weitemeyer*, § 83 Rn. 13.

184 Staudinger/*Hüttemann*/*Rawert*, BGB, § 83 Rn. 16; MüKoBGB/*Weitemeyer*, § 83 Rn. 4; *Schewe*, ZSt 2004, 270, 275 f.; *Muscheler*, DNotZ 2003, 661, 675 ff.

185 KG – 6 W 46/15, ErbR 2016, 331; Staudinger/*Hüttemann*/*Rawert*, BGB, § 83 Rn. 9 ff.; MüKoBGB/*Weitemeyer*, § 83 Rn. 10; BeckOK BGB/*Backert*, § 83 Rn. 4.

186 MüKoBGB/*Weitemeyer*, § 83 Rn. 11; Staudinger/*Hüttemann*/*Rawert*, BGB, § 83 Rn. 12; BeckOK BGB/*Backert*, § 83 Rn. 4.

187 Palandt/*Ellenberger*, BGB, § 83 Rn. 1; MüKoBGB/*Weitemeyer* § 83 Rn. 21; zur Abwicklung von Pflichtteilsansprüchen *Horn*, NJW 2016, 1559; zu den pflichtteilsrechtlichen Auskunftsansprüchen *Sarres*, ZEV 2016, 306; zur Verjährung BGH NJW 2019, 234 und dazu *Zimmer*, NJW 2019, 186.

188 Staudinger/*Hüttemann*/*Rawert*, BGB, § 83 Rn. 10; MüKoBGB/*Weitemeyer*, § 83 Rn. 11; BeckOK BGB/*Backert*, § 83 Rn. 4.

189 OLG Zweibrücken – 3 W 112/99, NJW-RR 2000, 815, 817; Staudinger/*Hüttemann*/*Rawert*, BGB, § 83 Rn. 13; MüKoBGB/*Weitemeyer*, § 83 Rn. 12.

190 OLG München – 34 Wx 342/16, ZEV 2017, 325; OLG Celle – 6 W 36/17, MDR 2017, 709; OLG Zweibrücken – 3 W 112/99, NJW-RR 2000, 815, 817; Staudinger/*Hüttemann*/*Rawert*, BGB, § 83 Rn. 15.

191 Palandt/*Ellenberger*, BGB, § 83 Rn. 1 a.E.; Staudinger/*Hüttemann*/*Rawert*, BGB, § 83 Rn. 18; Werner/Saenger/Fischer/*O. Werner*, Die Stiftung, § 11 Rn. 98.

vorliegen.[192] Hinsichtlich des Zuwendungsversprechens[193] sind die **besonderen erbrechtlichen Auslegungsregeln** der §§ 2066 ff., 2096 ff., 2101 f., 2108 Abs. 2, 2148, 2165, 2167, 2169 Abs. 3, 2173 ff. BGB heranzuziehen. Hinsichtlich des organisationsrechtlichen Teils des Stiftungsgeschäfts gelten indes die allgemeinen Auslegungsregeln, wonach die Auslegung der Stiftungssatzung allein unter der Maßgabe stiftungsrechtlicher Grundsätze zu erfolgen hat.[194] Die letztwillige Verfügung kann angefochten werden, so dass die Stiftung gem. § 87 BGB aufzulösen ist.[195] Die Anfechtungserklärung bedarf bei einer Stiftungserrichtung im Wege des Erbvertrags der notariellen Beurkundung (§ 2282 Abs. 3 BGB). Die Anfechtungsgründe sind in den §§ 2078 ff. BGB geregelt. Für den Widerruf gelten die §§ 2253 ff., 2270 ff., 2290 ff. BGB und nicht § 81 Abs. 2 S. 1 BGB.[196] Die Stiftung hat nicht das Recht, die Erbschaft oder ein Vermächtnis auszuschlagen,[197] schon weil das Stiftungsgeschäft nicht zur Disposition der Stiftungsorgane steht. Wird hingegen die Stiftung von einem Dritten als Erbin eingesetzt, kommt eine Ausschlagung der Erbschaft durch den Stiftungsvorstand in Betracht, wobei dieser nach pflichtgemäßem Ermessen zu entscheiden hat.[198]

II. Exkurs: § 356 Abs. 3 FamFG

Ist in einer Verfügung von Todes wegen ein Stiftungsgeschäft enthalten, hat das Nachlassgericht der zuständigen Behörde des Landes den sie betreffenden Inhalt der Verfügung von Todes wegen zur Anerkennung der Stiftung bekannt zu geben, es sei denn, dem Nachlassgericht ist bekannt, dass die Anerkennung der Stiftung schon von einem Erben oder Testamentsvollstrecker beantragt wurde.

1. Norminhalt, Verhältnis zum alten Recht, Bewertung

Die Vorschrift ist mit § 83 S. 1 BGB a.F. inhaltsgleich und in § 356 FamFG besser verortet als bisher. Sie normiert die subsidiäre Pflicht des Nachlassgerichts, die zuständige Anerkennungsbehörde über das in einer Verfügung von Todes wegen enthaltene Stiftungsgeschäft und seinen Inhalt zu informieren. 117

2. Normzweck

Erben, Testamentsvollstrecker und Nachlasspfleger sind zwar verpflichtet, der Behörde das Stiftungsgeschäft anzuzeigen. Tun sie dies aber nicht, soll die Vorschrift verhindern, dass die Anerkennung der Stiftung wegen bloßer Unkenntnis der zuständigen Behörde unterbleibt. 118

---

192 Palandt/*Ellenberger*, BGB, § 83 Rn. 2; BeckOK BGB/*Backert*, § 80 Rn. 48; Richter/*Stumpf*, Stiftungsrecht, § 4 Rn. 144.
193 BVerwG – VII C 99.57, StiftRspr. II, 152, 154; OLG Hamburg – 13 U 33/93, ZIP 1994, 1950, 1951, m. Anm. *Rawert*; OLG Zweibrücken – 3 W 112/99, NJW-RR 2000, 815, 817; MüKoBGB/*Weitemeyer*, § 83 Rn. 2; Staudinger/*Hüttemann*/*Rawert*, BGB, § 83 Rn. 6.
194 Staudinger/*Hüttemann*/*Rawert*, BGB, § 83 Rn. 6; MüKoBGB/*Weitemeyer*, § 83 Rn. 19; BeckOK BGB/*Backert*, § 83 Rn. 12; *Weidmann*, Stiftung und Testamentsvollstreckung, 62 ff.
195 MüKoBGB/*Weitemeyer*, § 83 Rn. 19; Staudinger/*Hüttemann*/*Rawert*, BGB, § 83 Rn. 6; *Schmidt*, ZEV 2000, 308 f.
196 Staudinger/*Hüttemann*/*Rawert*, BGB, § 83 Rn. 24; Erman/*Werner*, BGB, § 83 Rn. 6; MüKoBGB/*Weitemeyer*, § 83 Rn. 20; Palandt/*Ellenberger*, BGB, § 81 Rn. 12.
197 MüKoBGB/*Weitemeyer*, § 83 Rn. 18 m.w.N.; Palandt/*Ellenberger*, BGB, § 83 Rn. 1; BeckOK BGB/*Backert*, § 83 Rn. 12; Erman/*Werner*, BGB, § 83 Rn. 6.
198 Staudinger/*Hüttemann*/*Rawert*, BGB, § 83 Rn. 17; MüKoBGB/*Weitemeyer*, § 83 Rn. 18; BeckOGK BGB/*Tolksdorf*, § 83 Rn. 51.

3. Begründung

119 *„Mit Artikel 6 [des Gesetzes] wird in § 356 Absatz 3 FamFG die bisher in § 83 Satz 1 BGB geregelte Mitteilungspflicht des Nachlassgerichts über Stiftungsgeschäfte in letztwilligen Verfügungen gegenüber den zuständigen Landesstiftungsbehörden, die für die Anerkennung von Stiftungen zuständig sind, eingestellt.“*[199]

4. Kenntnis des Nachlassgerichts

120 Das Nachlassgericht erhält infolge von § 2259 BGB Kenntnis von der Verfügung von Todes wegen. Außerdem sind Notare, soweit das Stiftungsgeschäft von Todes wegen zu notariellem Protokoll erklärt wurde, kraft gleichlautender Verfügungen der Justiz- und Innenminister der Länder verpflichtet, über die Benachrichtigung in Nachlasssachen das für den letzten Wohnsitz des Erblassers zuständige Amtsgericht zu informieren.

III. Anerkennungsverfahren, insb. Ergänzungsbefugnis der Behörde, Abs. 4

121 Sobald die zuständige Behörde von dem Stiftungsgeschäft von Todes wegen erfährt, muss sie **auch ohne Antrag** eines Beteiligten das Anerkennungsverfahren einleiten. Dabei kann es sein, dass sie feststellt, dass das Stiftungsgeschäft nicht allen Anforderungen von Abs. 1, 2 entspricht. Enthalten sein müssen allerdings die essentialia des Stiftungsgeschäfts, nämlich der Stiftungszweck[200] und das Zuwendungsversprechen (S. 1) sowie der Wille des Stifters, eine rechtsfähige Stiftung bürgerlichen Rechts errichten zu wollen (§ 80 Rn. 61). Dabei reicht es aus, wenn sich diese essentialia durch Auslegung ermitteln lassen, wenn also der Stifter z.B. bestimmt: „Mein Krankenhaus soll von einer Stiftung, die meinen Namen trägt, weitergeführt werden.“ Außerdem muss die dauernde und nachhaltige Erfüllung des Stiftungszwecks gesichert erscheinen, andernfalls keine Pflicht zur Ergänzung des Stiftungsgeschäfts besteht (Begr. RegE Rn. 29).

122 Bei einem Stiftungsgeschäft unter Lebendenden müsste die zuständige Behörde in einem vergleichbaren Fall den Stifter auffordern, zumindest diejenigen Ergänzungen des Stiftungsgeschäfts vorzunehmen, die erforderlich sind, um die Voraussetzungen der Absätze 1 und ggf. 2 zu erfüllen und ihn darüber hinaus beraten.[201] Das ist nach dem Tod des Stifters, also vor allem bei einem Stiftungsgeschäft von Todes wegen, nicht mehr möglich. Hier hilft Absatz 4. Die zuständige Behörde *„hat“ „das Stiftungsgeschäft um die Satzung oder um fehlende Satzungsbestimmungen zu ergänzen“*. Es handelt sich also um eine gebundene Entscheidung; **der Behörde ist kein Handlungsermessen eingeräumt.** Hat der Erblasser allerdings einen Testamentsvollstrecker eingesetzt (Rn. 103), so ist dieser vorrangig zur Ergänzung des Stiftungsgeschäfts befugt.

123 Im Blick auf das „Wie“ der Ergänzung heißt es in Satz 2 die Behörde *„soll“ „den wirklichen, hilfsweise den mutmaßlichen Willen des Stifters beachten“*. Diese Formulierung ist in zweierlei Hinsicht missglückt: Zum einen ist die Beachtung des Stifterwillens zwingend, wie sich auch aus § 83 Abs. 2 BGB ergibt.[202] Insofern besteht keinerlei, auch kein eingeschränktes Ermessen. Außerdem ist „beachten“ eigentlich ein zu schwaches Wort. Der Stifterwille ist zu verwirklichen (näher § 83 Rn. 23). Auch bei der Frage, wie der Stifterwille zu verwirklichen ist, besteht allenfalls ein gewisser Beurteilungsspielraum; denn: *„Als der mutmaßliche Wille des Stifters ist der*

199 BR-Ds. 143/21, 119.
200 RGZ 170, 22, 23 f.
201 Kritisch hierzu MüKoBGB/*Weitemeyer*, § 80 Rn. 70; Staudinger/*Hüttemann*/*Rawert*, BGB, Vorbemerkungen zu §§ 80-88, Rn. 126 f.; positiver Werner/Saenger/Fischer/*Winkler*, Die Stiftung, § 27 Rn. 41 f.; Hüttemann/Richter/Weitemeyer/*Schulte*, Landesstiftungsrecht, 782 f.; Richter/*Fischer*, Stiftungsrecht, § 10 Rn. 12, jew. m.w.N.
202 *Hüttemann*/*Rawert*, Beilage zu ZIP 33/2021, 1, 11.

Wille anzusehen, der dem Interesse der Stiftung entspricht" (Begr. RegE zu § 83 Rn. 6). Das ist freilich nicht so zu verstehen, dass die Stiftung ein von dem Stifterwillen unabhängiges objektiviertes Interesse hätte.[203] Vielmehr ist **zu fragen, welche Regelung der Stifter getroffen hätte und zwar – abseits gegenteiliger Anhaltspunkte – mit dem Ziel, die Stiftung in die Lage zu versetzen, den Stiftungszweck bestmöglich zu verfolgen.**[204] Dementsprechend betont die Begr. RegE zu Recht, dass die Behörde die Satzung ggf. entsprechend den gemeinnützigkeitsrechtlichen Anforderungen zu fassen hat und hierfür sogar den Stiftungszweck entsprechend (um)formulieren darf (Rn. 30). Die Behörde darf sich daher beispielsweise nicht damit begnügen, der Stiftung einen Alleinvorstand zu geben oder ihr irgendeine Mustersatzung mit dem Mindestinhalt von Abs. 1 und 2 zu verpassen. Vielmehr muss sie sich in die Lage des Stifters versetzen und sich überlegen, wie die Stiftung für das konkrete Stiftungsvorhaben am besten verfasst sein sollte. Dabei kann sie sich von Satzungen vergleichbarer Stiftungen, die sich in der Praxis bewährt haben, inspirieren lassen. Die Erfüllung dieser Aufgabe ist daher entsprechend erfahrenen und juristisch qualifizierten Mitarbeitern zu übertragen.

Soll die Stiftung eine Verbrauchsstiftung sein, ist die Satzung erforderlichenfalls auch um **124**
Bestimmungen i.S.d. § 81 Absatz 2 BGB zu ergänzen (Begr. RegE Rn. 23).

Satz 3 enthält eine **Zweifelsregel** hinsichtlich des Satzungssitzes (Rn. 63 f.). Wo der letzte **125**
Wohnsitz des Stifters im Inland war ist nach §§ 7 ff. BGB zu bestimmen (Begr. RegE Rn. 33). Allerdings ist davon auszugehen, dass sich der Satzungssitz für gewöhnlich nach dem Verwaltungssitz richtet, was der sachliche Grund für die Zweifelsregel ist. Sie greift daher nicht, wenn andere Anhaltspunkte oder sachliche Gründe wie z.B. die Belegenheit von Vermögensbestandteilen, die die Stiftung prägen (wie im Fall der Rn. 121 das Krankenhaus), bestehen.

203 *Hüttemann/Rawert*, Beilage zu ZIP 33/2021, 1, 11; kritisch auch Orth/Uhl/*Uhl*, Stiftungsrechtsreform 2021, Rn. 242.

204 Vgl. *Schiffer/Pruns/Schürmann*, Reform des Stiftungsrechts, § 6 Rn. 9.

§ 81a Widerruf des Stiftungsgeschäfts

[1]Bis zur Anerkennung der Stiftung ist der Stifter zum Widerruf des Stiftungsgeschäfts berechtigt. Ist die Anerkennung bei der zuständigen Behörde des Landes beantragt, so ist der Widerruf dieser gegenüber zu erklären. [2]Der Erbe des Stifters ist zum Widerruf des Stiftungsgeschäfts nicht berechtigt, wenn der Stifter den Antrag auf Anerkennung der Stiftung bei der zuständigen Behörde des Landes gestellt oder im Falle der notariellen Beurkundung des Stiftungsgeschäfts den Notar mit der Antragstellung betraut hat.

Schrifttum zum neuen Recht

Muscheler, Der Widerruf des Stiftungsgeschäfts, ZStV 2017, S. 172; *Schmidt/Gleichner*, Der Widerruf des Stiftungsgeschäfts unter Lebenden und von Todes wegen, ZSt 2003, S. 227.

Übersicht

A. Grundlagen

I. Norminhalt, Verhältnis zum alten Recht — 1

II. Normzweck, Anwendungsbereich — 2

III. Begründung des Regierungsentwurfs — 3

B. Widerruf vor der Stellung des Antrags auf Anerkennung, S. 1 — 4

C. Widerruf nach der Stellung des Antrags auf Anerkennung, S. 2 — 6

D. Widerruf nach dem Tod des Stifters, S. 3 — 9

E. Rechtsfolge des Widerrufs — 11

F. Kein Ausschluss des Widerrufsrechts — 12

A. Grundlagen

I. Norminhalt, Verhältnis zum alten Recht

1 Die Vorschrift ist wortgleich mit § 81 Abs. 2 BGB a.F. und regelt den Widerruf des Stiftungsgeschäfts durch den Stifter und seinen Erben.

II. Normzweck, Anwendungsbereich

2 Das Stiftungsgeschäft ist eine einseitige, nicht empfangsbedürftige Willenserklärung (§ 81 Rn. 44). Ihr Widerruf bedarf daher einer gesetzlichen Regelung. Andernfalls wäre die Rechtslage zweifelhaft, weil § 130 Abs. 1 S. 2 BGB nur den Widerruf empfangsbedürftiger Willenserklärungen regelt (vgl. auch § 658 BGB). Die Vorschrift gilt daher nicht für einen sog. Stiftungsvertrag (§ 81 Rn. 47). Sie gilt ferner nur für das Stiftungsgeschäft unter Lebenden, da für Verfügungen von Todes wegen die §§ 2253 ff., 2270 ff., 2290 ff. BGB Anwendung finden.[1]

1 MüKoBGB/*Weitemeyer*, § 83 Rn. 20; Staudinger/*Hüttemann*/*Rawert*, BGB, § 83 Rn. 24.

https://doi.org/10.1515/9783110251524-004

III. Begründung des Regierungsentwurfs

„§ 81a BGB-neu entspricht dem bisherigen § 81 Absatz 2 BGB. Geregelt wird auch weiterhin nur der Widerruf des Stiftungsgeschäfts, das der Stifter in schriftlicher Form errichtet hat. Stiftungsgeschäfte, die in letztwilligen Verfügungen enthalten sind, können nur vom Stifter nach den erbrechtlichen Vorschriften widerrufen werden.“[2] 3

B. Widerruf vor der Stellung des Antrags auf Anerkennung, S. 1

Das Stiftungsgeschäft ist frei widerruflich. Vor der Stellung des Antrags auf Anerkennung ist der Widerruf eine einseitige, formlose, nicht empfangsbedürftige Willenserklärung, die daher auch konkludent, also durch schlüssiges Verhalten (wie etwa durch Verfügungen über das der Stiftung versprochene Vermögen) möglich ist. Das gilt selbst im Falle der notariellen Beurkundung des Stiftungsgeschäfts unter Beauftragung des Notars mit der Stellung des Antrags auf Anerkennung, solange der Notar diesen Auftrag noch nicht ausgeführt hat.[3] 4

Wird das Stiftungsgeschäft von mehreren Stiftern gemeinsam als Gesamtakt vorgenommen (§ 81 Rn. 46), kann jeder für sich widerrufen. Ob der Widerruf einer Erklärung zur Unwirksamkeit des gesamten Stiftungsgeschäfts führt (§ 139 BGB), ist durch Auslegung zu ermitteln.[4] Ein Schadensersatzanspruch besteht nur, wenn sich die Stifter gegenseitig in der Form des § 518 BGB analog zur Stiftungserrichtung verpflichtet haben (§ 81 Rn. 48). Im Falle eines notariellen Stiftungsvertrages (§ 81 Rn. 47) sind nur alle Stifter gemeinsam zum Widerruf berechtigt, u. Rn. 13. Das Widerrufsrecht ist nicht verzichtbar.[5] 5

C. Widerruf nach der Stellung des Antrags auf Anerkennung, S. 2

Hat der Stifter den Antrag auf Anerkennung gestellt, so ist der Widerruf zwar nach wie vor eine einseitige, nicht formbedürftige Willenserklärung, aber nunmehr amtsempfangsbedürftig. Das gilt – entgegen dem überschießenden Wortlaut von S. 2 – auch dann, wenn der Antrag bei einer unzuständigen Behörde gestellt wurde,[6] es sei denn, die Unzuständigkeit wäre derart, dass sie nach § 44 VwVfG zur Nichtigkeit der Anerkennung führen würde (also bei sog. absoluter Unzuständigkeit[7] wie etwa Antragstellung bei der Gewerbeaufsicht). Dann bleibt es dabei, dass der Widerruf nicht empfangsbedürftig ist, weil es unerheblich ist, ob die Behörde von dem Widerruf erfährt. Andernfalls hat der Stifter die Wahl, ob er den Widerruf gegenüber der zuständigen Behörde oder gegenüber der von ihm adressierten unzuständigen Behörde erklärt. Obwohl der Widerruf nicht formbedürftig ist, sollte der Stifter den Widerruf so erklären, dass er ihn notfalls beweisen kann. 6

Soweit Verfügungen über das der Stiftung versprochene Vermögen als konkludenter (Teil-)Widerruf des Stiftungsgeschäfts anzusehen sind (Rn. 4), hat dies zur Folge, dass der Stifter diesen (Teil-)Widerruf der Stiftungsbehörde anzeigen muss, andernfalls er nicht wirksam wird. Wird die Stiftung hernach anerkannt, haftet der Stifter daher auf die vollständige Erfüllung des Zuwen- 7

2 BT-Ds. 19/28173, 51.

3 MüKoBGB/*Weitemeyer*, § 81 Rn. 53; Staudinger/*Hüttemann*/*Rawert*, BGB, § 81 Rn. 85; BeckOK BGB/*Backert*, § 81 Rn. 15; Richter/*Stumpf*, Stiftungsrecht, § 4 Rn. 134; *Muscheler*, ZStV 2017, 172, 175.

4 MüKoBGB/*Weitemeyer*, § 81 Rn. 54; BeckOGK/*Lange*, BGB, § 81 Rn. 20; BeckOK BGB/*Backert*, § 81 Rn. 15; Staudinger/*Hüttemann*/*Rawert*, BGB, § 81 Rn. 86; Richter/*Stumpf*, Stiftungsrecht, § 4 Rn. 134.

5 Näher *Burgard*, Gestaltungsfreiheit, S. 85 f. m.w.N.

6 MüKoBGB/*Weitemeyer*, § 81 Rn. 55; BeckOK/*Backert*, BGB, § 81 Rn. 15 a.E.; BeckOGK/*Lange*, BGB, § 81 Rn. 174; **a.A.** *Muscheler*, ZStV 2017, 172, 175.

7 BeckOK VwVfG/*Schemmer*, § 44 Rn. 21; Schoch/Schneider/*Goldhammer*, VwVfG, § 44 Rn. 51.

dungsversprechens (§ 81 Rn. 101, § 82a Rn. 10). Hat der Stifter ohne Anzeige an die Behörde über Rechte verfügt, über die er bereits im Stiftungsgeschäft durch die Anerkennung der Stiftung aufschiebend bedingt verfügt hat (§ 82a S. 2), ist die Verfügung analog § 161 BGB unwirksam.[8]

8 Vom Widerruf des Stiftungsgeschäfts zu unterscheiden ist der Widerruf (Rücknahme) des Antrags auf Anerkennung. In der Regel wird zwar beides miteinander verbunden sein. Der Stifter kann jedoch ein Interesse daran haben, an dem Stiftungsgeschäft festzuhalten und nur das Anerkennungsverfahren zu verzögern.[9] Näher zum Antrag auf Anerkennung und seiner Rücknahme § 82 Rn. 15 ff.

D. Widerruf nach dem Tod des Stifters, S. 3

9 Der Tod des Stifters lässt gemäß § 130 Abs. 2 BGB die Wirksamkeit des Stiftungsgeschäfts unberührt. Das Widerrufsrecht geht nach § 1922 BGB auf seinen Erben über. Mehrere Erben können das Widerrufsrecht nur gemeinsam ausüben, § 2040 BGB. Ist der Erbe minderjährig, kann er den Widerruf auch ohne Zustimmung seines gesetzlichen Vertreters wirksam erklären, da der Widerruf für ihn lediglich rechtlich vorteilhaft ist (§ 107 BGB).

10 Vor diesem Hintergrund bestimmt S. 3, dass der Erbe des Stifters zum Widerruf des Stiftungsgeschäfts nicht berechtigt ist, wenn der Stifter den Antrag auf Anerkennung der Stiftung bei der zuständigen Behörde gestellt oder im Falle der notariellen Beurkundung des Stiftungsgeschäfts den Notar mit der Antragstellung betraut hat. Auch in diesem Falle ist der Wortlaut überschießend: Das Widerrufsrecht des Erben ist zum Schutz des Stifterwillens auch dann ausgeschlossen, wenn der Stifter den Anerkennungsantrag bei einer unzuständigen Behörde gestellt hat, es sei denn die Behörde ist absolut unzuständig (Rn. 6). Dagegen ist das Widerrufsrecht des Erben nicht ausgeschlossen, wenn der Stifter jemand anderen als den Notar mit der Antragstellung beauftragt hat (es sei denn, der Beauftragte hat noch vor dem Tod des Stifters den Antrag gestellt).[10]

E. Rechtsfolge des Widerrufs

11 Der wirksame Widerruf negiert als negatives Gestaltungsrecht sodann das Stiftungsgeschäft, so dass es an einer notwendigen Voraussetzung für die Entstehen der Stiftung als juristischer Person gem. § 81 Abs. 1 BGB fehlt.[11] Dies hindert den Stifter freilich nicht an einer inhaltsgleichen Neuvornahme (vgl. § 141 Abs. 1 BGB).

F. Kein Ausschluss des Widerrufsrechts

12 Nach einem obiter dictum des BGH soll ein vertraglicher Ausschluss des Widerrufsrechts ohne weiteres zulässig sein.[12] Demgegenüber ist es nach herrschender Lehre zwar möglich, sich zur

---

8 Staudinger/*Hüttemann*/*Rawert*, BGB, § 82 Rn. 8; MüKoBGB/*Weitemeyer*, § 82 Rn. 5; BeckOK BGB/*Backert*, § 82 Rn. 3; Richter/*Godron*, Stiftungsrecht, § 7 Rn. 17; *Burgard*, Gestaltungsfreiheit, 85.

9 MüKoBGB/*Weitemeyer*, § 81 Rn. 56; BeckOK BGB/*Backert*, § 81 Rn. 17.

10 MüKoBGB/*Weitemeyer*, § 81 Rn. 59; Staudinger/*Hüttemann*/*Rawert*, BGB, § 81 Rn. 87; BeckOK BGB/*Backert*, § 81 Rn. 16; teilw. **a.A.** Soergel/*Neuhoff*, BGB, § 81 Rn. 5 (auch kein Widerrufsrecht des Erben, wenn der Beauftragte nach dem Tod des Stifters Anerkennung beantragt hat).

11 BeckOGK/*Lange*, BGB, § 81 Rn. 172; Richter/*Stumpf*, Stiftungsrecht, § 4 Rn. 134.

12 BGHZ 70, 313 = NJW 1978, 943, 944 unter Hinweis auf *Ebersbach*, Handbuch Stiftungsrecht, 51; zust. Richter/*Stumpf*, Stiftungsrecht, § 4 Rn. 133; Stumpf/Suerbaum/Schulte/Pauli/*Stumpf*, § 80 Rn. 19; **a.A.** etwa Staudinger/*Hüttemann*/*Rawert*, BGB, § 81 Rn. 86.

Errichtung einer Stiftung mit der Folge zu verpflichten, dass der Vertragspartner auf Vornahme des Stiftungsgeschäfts und Beantragung der Anerkennung klagen kann (näher § 81 Rn. 48).[13] § 81 Abs. 2 BGB sei jedoch nicht disponibel.[14] Eine neuere Ansicht will schließlich unterscheiden: Zulässig sei ein vertraglicher, nicht aber ein einseitiger Verzicht.[15]

Zwar kann der Stifter im Einzelfall ein Interesse daran haben, auf das Widerrufsrecht zu verzichten.[16] Gleichwohl muss ein Widerruf des Stiftungsgeschäfts bis zur Anerkennung der Stiftung allein schon deswegen möglich bleiben, um es im Blick auf die Anerkennungsfähigkeit ggf. noch ändern zu können.[17] Das gilt auch bei der Vornahme des Stiftungsgeschäfts durch notariellen Stiftungsvertrag (§ 81 Rn. 48). Zwar sind in diesem Fall die gegenseitigen Willenserklärungen der Stifter nach allgemeinen Regeln unwiderruflich; denn einseitig widerruflich ist das Stiftungsgeschäft nur, wenn und weil es einseitig vorgenommen wird. Jedoch können die Stifter den Stiftungsvertrag gemeinsam ändern und aufheben. Auf diesen „gemeinschaftlichen Widerruf" findet die Regelung des § 81 Abs. 2 BGB analoge Anwendung. 13

13 MüKoBGB/*Weitemeyer*, § 81 Rn. 11; Richter/*Stumpf*, Stiftungsrecht, § 4 Rn. 133; BeckOK BGB/*Backert*, § 81 Rn. 15; jurisPK-BGB/*Morsch*, § 81 Rn. 25; *Muscheler*, ZEV 2003, 41, 45.

14 Palandt/*Ellenberger*, *BGB*, § 81 Rn. 12 a.E.; MüKoBGB/*Weitemeyer*, § 81 Rn. 11; BeckOK BGB/*Backert*, § 81 Rn. 15; **a.A.** Richter/*Stumpf*, Stiftungsrecht, § 4 Rn. 133; *Muscheler*, ZEV 2003, 41, 46 f.

15 *Muscheler*, ZEV 2003, 41, 49; *O. Schmidt*, ZSt 2003, 227, 229.

16 *O. Schmidt*, ZSt 2003, 227, 229; *Wochner*, MittRhNotK 1994, 89, 98; *Hof*, DStR 1992, 1587, 1588.

17 Siehe die Untersuchung von *Fuchs*, AcP 196 (1996), 313 zur Disponibilität gesetzlicher Widerrufsrechte. Danach dienen Widerrufsrechte dem Schutz des Selbstbestimmungsrechts des Widerrufsberechtigten, namentlich u.a. der „*Wahrung rechtsgeschäftlicher Dispositionsfreiheit durch Vermeidung unnötiger, weil die Rechtssphäre anderer (noch) nicht tangierender Bindungen*" sowie der „*Verhinderung von rechtlichen Schwebezuständen ungewisser Dauer, die bei einer einseitigen Bindung lediglich des Widerrufsberechtigten eintreten können*". Beide Zwecke sind vorliegend einschlägig. Disponibel ist ein Widerrufsrecht nach *Fuchs* aber nur insoweit, als der Widerrufsberechtigte in bestimmten Fallkonstellationen keines Schutzes bedarf oder der Schutzzweck auf andere Weise erreicht wird.

§ 82 Anerkennung der Stiftung

[1]Die Stiftung ist anzuerkennen, wenn das Stiftungsgeschäft den Anforderungen des § 81 Absatz 1 bis 3 genügt und die dauernde und nachhaltige Erfüllung des Stiftungszwecks gesichert erscheint, es sei denn, die Stiftung würde das Gemeinwohl gefährden. [2]Bei einer Verbrauchsstiftung erscheint die dauernde Erfüllung des Stiftungszwecks gesichert, wenn die in der Satzung für die Stiftung bestimmte Zeit mindestens zehn Jahre umfasst.

Schrifttum zum neuen Recht

Andrick, Die staatliche Anerkennung der Stiftung, DVBl 2003, S. 1246; *ders.*, Rücknahme oder Aufhebung – Stiftungsbehördliche Reaktion bei erschlichener Stiftungsgenehmigung – Anmerkungen zum Urteil des BayVGH vom 12.10.2005, ZSt 2006, S. 41; *Andrick/Suerbaum*, Das Konzessionssystem – Hindernis oder Garant eines leistungsfähigen Stiftungswesens?, NWVBl 1999, S. 329; *Backert*, Anforderungen an die Vermögensausstattung rechtsfähiger Stiftungen bürgerlichen Rechts, ZSt 2003, S. 129; *Burgard*, Die Anerkennungsfähigkeit von Unternehmensstiftungen, in: Andrick/Hellmig/u.a. (Hrsg.), Die Stiftung – Jahreshefte zum Stiftungswesen 2009, S. 31; *Frowein*, Grundrecht auf Stiftung, 1976; *Gantenbrink*, Zum Mindestumfang anfänglicher Vermögensausstattung von Stiftungen und den Folgerungen für Vorrats-, Einkommens- und Sammelstiftungen, in: Andrick/Hellmig/u.a. (Hrsg.), Die Stiftung – Jahreshefte zum Stiftungswesen 2008, S. 59; *Hüttemann*, Stiftungsgeschäft und Vermögensausstattung, in: Saenger/Bayer/u.a. (Hrsg.), FS O. Werner, 2009, S. 85; *Hüttemann/Richter/Weitemeyer (Hrsg.)*, Landesstiftungsrecht, 2011; *Ipsen*, Staat und Stiftung – Überlegungen zum verfassungsrechtlichen Standort der Stiftung des privaten Rechts, in: Hauer/Goerdeler/u.a. (Hrsg.), Deutsches Stiftungswesen 1977-1988, 1989, S. 151; *Krause/Thiele*, Die Reichweite der Stifterfreiheit bei der Anerkennung von Stiftungen, in: Hüttemann/Rawert/u.a. (Hrsg.), Non Profit Law Yearbook 2007, 2008, S. 133; *Meder*, Der Stifterwille im Spannungsfeld von privatautonomer Gestaltungsfreiheit und staatlicher Kontrolle. Hat Savigny eine obrigkeitliche Sicht des Stiftungsrechts?, in: Jakob/vOrelli (Hrsg.), Der Stifterwille: Ein Phänomen zwischen Vergangenheit, Gegenwart und Ewigkeit, 2014, S. 81; *Mirbach*, Stiftungszweck und Gemeinwohlgefährdung, 2011; *Muscheler*, Stiftung und Gemeinwohlgefährdung, NJW 2003, S. 3161; *Neuhoff*, Die gemeinwohlkonforme Allzweckstiftung als Gegenstand des Stiftungsrechts des BGB, in: Hauer/Goerdeler/u.a. (Hrsg.), Deutsches Stiftungswesen 1977-1988, 1989, S. 61; *Omlor*, Das europäische Grundrecht auf Stiftung, EuR 2015, S. 91; *Rawert*, Die Genehmigungsfähigkeit der unternehmensverbundenen Stiftung, 1990; *ders.*, Grundrecht auf Stiftung?, in: Martinek/Rawert/u.a. (Hrsg.), FS Reuter, 2010, S. 1323; *Reuter*, Konzessions- oder Normativsystem für Stiftungen?, in: Hönn/Konzen/u.a. (Hrsg.), FS Kraft, 1998, S. 493; *ders.*, Stiftung und Staat, in Hopt/Reuter (Hrsg.), Stiftungsrecht in Europa, 2001, S. 139; *ders.*, Grenzen der privatrechtlichen Einkommensstiftung der öffentlichen Hand, in: Engel/Möschel (Hrsg.), FS Mestmäcker, 2006, S. 387; *ders.*, Die dauernde und nachhaltige Erfüllung des Stiftungszwecks, in: Hüttemann/Rawert/u.a. (Hrsg.), Non Profit Law Yearbook 2012/2013, 2013, S. 37; *Sachs*, Unselbständige Stiftung von Todes, in: Isensee/Lecheler (Hrsg.), FS Leisner, 1999, S. 955; *Schiffer/Schürmann*, Einkommensstiftungen: Gestaltungsmodell als Ausweg aus der Ertragskrise, Stiftungsbrief 2015, S. 130; *K. Schmidt*, Konzessionssystem und Stiftungsrecht, in: vCampenhausen/Kronke/u.a. (Hrsg.), Stiftungen in Deutschland und Europa, 1998, S. 229; *Schmidt-Jortzig*, Stifterfreiheit – Bedingungen eines Grundrechts auf Stiftung, in Graf Strachwitz/Mercker (Hrsg.), Stiftungen in Theorie und Praxis, 2005; *Scholz/Langer*, Stiftung und Verfassung, Strukturprobleme des Stiftungsrechts am Beispiel der „Stiftung Warentest", 1990; *Schulte*, Staat und Stiftung, 1989; *Schwake*, Zum Mindestkapital bei rechtsfähigen Stiftungen des bürgerlichen Rechts, NZG 2008, S. 248; *v. Hoerner*, Die Formulierungsfreiheit des Stifters als Ausfluss seiner Privatautonomie, 2010; *Veltmann*, Dürfen Mörder stiften?, ZSt 2006, S. 150; *Volkholz*, Geltung und Reichweite der Privatautonomie bei der Errichtung von Stiftungen, 2008; *Weitemeyer*, Von der Stifterfreiheit zur Stiftungsautonomie. Weiterentwicklung oder Sackgasse? in: Bumke/Röthel (Hrsg.), Autonomie im Recht, 2017, S. 201; *O. Werner*, Privatautonomie und Missbrauch der Stiftungsform, in: Mecking/Schulte (Hrsg), Grenzen der Instrumentalisierung von Stiftungen, 2003, S. 15; *O. Werner*, Die Formulierungsfreiheit des Stifters als Ausfluss der Privatautonomie, ZSt 2006, S. 126.

Übersicht

A. Grundlagen

I. Norminhalt, Verhältnis zum alten Recht —— 1

II. Normzweck —— 4

III. Begründung des Regierungsentwurfs —— 5

https://doi.org/10.1515/9783110251524-005

IV. Bewertung — 11

B. **Grundrecht auf Stiftung** — 12

C. **Anspruch auf Anerkennung** — 13

D. **Anerkennungsvoraussetzungen**

I. Überblick — 15

II. Lebensfähigkeitsprognose
1. Historisch-teleologische Auslegung — 17
2. Einzelfragen — 23
3. Dauer von 10 Jahren als Richtgröße — 30

III. Gemeinwohlgefährdung — 34

IV. Weitere Anerkennungsvoraussetzungen?
1. Zwecksetzung — 39
2. Zwingendes Recht — 43

A. Grundlagen

I. Norminhalt, Verhältnis zum alten Recht

Zur Entstehung einer Stiftung sind gemäß § 80 Abs. 2 S. 1 BGB das Stiftungsgeschäft (§ 81 BGB) 1
und die Anerkennung der Stiftung durch die zuständige Behörde des Landes erforderlich, in dem die Stiftung ihren (Satzungs-)Sitz (§ 81 Rn. 63) haben soll. Vor diesem Hintergrund normiert § 82 BGB die **Anerkennungsvoraussetzungen** bundeseinheitlich und abschließend:
- Erfüllung der Voraussetzungen des § 81 Abs. 1 bis 3 BGB (Mindestinhalt des Stiftungsgeschäfts, näher dort);
- dauernde und nachhaltige Erfüllung des Stiftungszwecks erscheint (bei Verbrauchsstiftungen auf ca. 10 Jahren) gesichert (sog. Lebensfähigkeitsprognose, Rn. 17);
- Stiftung gefährdet nicht das Gemeinwohl (Rn. 34).

Sind diese Voraussetzungen erfüllt, besteht grundsätzlich (s. aber Rn. 16, Rn. 43) ein **Anspruch** 2
auf Anerkennung („ist anzuerkennen“, näher Rn. 14). Von § 82 BGB nicht geregelt ist das Anerkennungsverfahren. Es richtet sich nach Landesrecht (dazu Anhang zu § 82).

§ 82 BGB entspricht im Wesentlichen § 80 Abs. 2 BGB a.F. 3

II. Normzweck

Mit dem Gesetz zur Modernisierung des Stiftungsrechts[1] wurde 2002 klargestellt, dass bei Erfül- 4
lung der gesetzlichen Voraussetzungen ein Anspruch auf Anerkennung besteht (Rn. 13). Zugleich wurden die Anerkennungsvoraussetzungen bundeseinheitlich geregelt. Beides schreibt § 82 BGB **unverändert** fort. Trotz Festhaltens an dem überkommenen Konzessionssystem soll damit eine Stiftung so einfach wie bei Geltung eines Registrierungsverfahrens (z.B. Verein) gegründet werden können.

III. Begründung des Regierungsentwurfs

„Die Vorschrift entspricht im Wesentlichen § 80 Absatz 2 BGB. Für die Frage der Gemeinwohlge- 5
fährdung soll künftig aber auf die Stiftung, nicht mehr nur auf den Stiftungszweck abgestellt werden. Damit wird der Gleichklang mit den Vorschriften über die Aufhebung der Stiftung wegen Gemeinwohlgefährdung erreicht. Die übrigen materiell-rechtlichen Voraussetzungen für die Erlangung der Rechtsfähigkeit bleiben unverändert.

1 Gesetz zur Modernisierung des Stiftungsrechts vom 15. Juli 2002, BGBl. I 2634; dazu etwa *Burgard*, NZG 2002, 697; *Hüttemann*, ZHR 167 (2003), 35.

6 ***Zu Satz 1:*** *§ 82 Satz 1 BGB-neu regelt die Voraussetzungen für die Anerkennung der Stiftung durch die zuständige Behörde des Landes, die nach § 80 Absatz 2 BGB-neu neben dem Stiftungsgeschäft für das Entstehen der Stiftung als Rechtssubjekt erforderlich ist. Die zuständige Behörde des Landes hat eine Stiftung anzuerkennen, wenn das Stiftungsgeschäft den Anforderungen des § 81 Absatz bis 3 BGB-neu genügt und die dauernde und nachhaltige Erfüllung des Stiftungszwecks gesichert erscheint, es sei denn, die Stiftung würde das Gemeinwohl gefährden. Die Regelung entspricht im Wesentlichen dem bisherigen § 80 Absatz 2 Satz 1 BGB. Insoweit kann grundsätzlich auf die Begründung zu dem Entwurf zur Modernisierung des Stiftungsrecht im Hinblick auf die Vermögensausstattung der Stiftung (Bundestagsdrucksache 14/8277, Seite 6[2] und Bundestagsdrucksache 14/8894, Seite 10) verwiesen werden, wobei die zwischenzeitlich geänderten gesamtwirtschaftlichen Rahmenbedingungen (z.B. Negativzins) bei der wirtschaftlichen Prognose zu berücksichtigen sind.*

7 *Unter Gemeinwohl in § 82 Satz 1 BGB-neu sind ebenso wie in § 396 des Aktiengesetzes (AktG), § 62 des Gesetzes betreffend die Gesellschaften mit beschränkter Haftung (GmbHG) und § 81 des Genossenschaftsgesetzes (GenG) die rechtlich geschützten Interessen der Allgemeinheit oder zumindest größerer Bevölkerungskreise zu verstehen. Eine Gefahr für das Gemeinwohl ist eine Lage, die bei ungehindertem Ablauf mit hinreichender Wahrscheinlichkeit zu einem Schaden oder einer Verletzung der rechtlich geschützten Interessen der Allgemeinheit oder größerer Bevölkerungskreise führt.*

8 *Eine Gemeinwohlgefährdung liegt insbesondere vor, wenn die Stiftung einen Zweck verfolgen will, der die Interessen der Allgemeinheit gefährdet. Sie ist aber auch gegeben, wenn im Anerkennungsverfahren absehbar ist, dass der Stifter oder Mitglieder der Stiftungsorgane die Stiftung nutzen wollen, um Recht zu verletzen, insbesondere rechtswidriges Verhalten zu verschleiern. Zu denken ist hier insbesondere an verfassungswidrige oder andere[3] kriminelle Aktivitäten. Auch in diesen Fällen muss es möglich sein, die Anerkennung der Stiftung abzulehnen. Anderenfalls wäre die zuständige Behörde des Landes gezwungen, Stiftungen anzuerkennen, die sie alsbald wieder aufheben müsste. In den Fällen, in denen die Stiftung ihren Zweck mit Mitteln verfolgt, die das Gemeinwohl gefährden, oder sie einen gemeinwohlgefährdenden Zweck verfolgt, ist die Stiftung nach § 87a Absatz 2 Nummer 2 BGB-neu aufzuheben, wenn die Gemeinwohlgefährdung nicht auf andere Weise beseitigt werden kann. Es ist im Interesse der bestehenden Stiftungen und des Rechtsverkehrs, dass solche Stiftungen gar nicht erst entstehen können.*

9 *Die Behörde muss die Tatsachen darlegen, aus denen geschlossen werden kann, dass von der Stiftung eine Gefahr für das Gemeinwohl ausgehen würde, und diese Tatsachen im Streitfall auch beweisen können. Ist aufgrund der bekannten Tatsachen zweifelhaft, ob die Stiftung das Gemeinwohl gefährdet, kann die Behörde die Anerkennung der Stiftung nicht ablehnen. Deshalb werden auch künftig Entscheidungen, durch die die Anerkennung einer Stiftung wegen Gefährdung des Gemeinwohls abgelehnt wird, seltene Ausnahmen bleiben.*

10 ***Zu Satz 2:*** *§ 82 Satz 2 BGB-neu entspricht im Wesentlichen dem bisherigen § 80 Absatz 2 Satz 2 BGB. Abgestellt wird nun aber auf die für die Stiftung bestimmte Zeit.“*[4]

IV. Bewertung

11 Das Festhalten am Konzessionssystem ist völlig unzeitgemäß.[5] Es sollte durch ein Registrierungsverfahren wie bei Vereinen ersetzt werden. Paradigmatisch für die Dringlichkeit dieser Forderung sind die verfassungswidrigen Ausführungen der Begr. RegE (Rn. 35) zu einer Gemein-

2 Das ist ein Fehlzitat. Die angegebene Drucksache beinhaltet den Gesetzentwurf der Fraktionen SPD und BÜNDNIS 90/DIE GRÜNEN zur Modernisierung des Stiftungsrechts, der gerade nicht Gesetz geworden ist. Richtig müsste es heißen: 14/8765 Seite 8 f.

3 BT-Ds. 19/28173, 51.

4 BT-Ds. 19/28173, 52.

5 BeckOK BGB/*Backert*, § 80 Rn. 45; Staudinger/*Hüttemann*/*Rawert*, BGB (2017) § 80 Rn. 2.

wohlgefährdung als Anerkennungshindernis (näher Rn. 34 ff.). Höchst bedenklich ist darüber hinaus, dass der Anspruch auf Anerkennung durch vielerlei zwingende, die Stifterfreiheit einschränkende Vorschriften aufgeweicht zu werden droht (dazu Rn. 14).

B. Grundrecht auf Stiftung

Unter dem Stichwort „Grundrecht auf Stiftung" wird Unterschiedliches diskutiert. Das BVerwG[6] 12
und manche Literaturstimmen[7] verstehen darunter die Frage, ob der Gesetzgeber verfassungsrechtlich verpflichtet ist, eine Rechtsform wie die rechtsfähige Stiftung bürgerlichen Rechts bereitzustellen. Die Frage stellen, heißt sie zu verneinen; denn eine solche Rechtsform ist nicht zur Verwirklichung irgendeines Grundrechts erforderlich. Vielmehr lassen sich Stiftungen funktional auch mit anderen Rechtsformen (z.B. Treuhandstiftung, gGmbH) verwirklichen.[8] Selbst aus Art. 9 GG lässt sich kein Anspruch auf Gewährung bestimmter Rechtsformen herleiten.[9] Richtigerweise kann es daher nur um die Frage gehen, ob der Stifter (soweit es sich nicht um eine juristische Person des öffentlichen Rechts, wie z.B. Sparkassen, handelt)[10] bei der Stiftungserrichtung **Grundrechtsschutz** genießt. Und diese Frage ist ebenso selbstverständlich zu bejahen, wenn der Gesetzgeber die Stiftungserrichtung von einer staatlichen Mitwirkung abhängig macht; denn der Staat ist gegenüber dem Bürger stets an die Grundrechte gebunden.[11] Dabei ist die Stiftungserrichtung als Akt der Privatautonomie von Art. 2 Abs. 1 GG geschützt.[12] Daraus folgt zweierlei. Zum einen hat der Stifter einen **Anspruch auf Anerkennung** der Stiftung, wenn die gesetzlichen Anerkennungsvoraussetzungen vorliegen. Diesen Anspruch hat der Gesetzgeber ausdrücklich anerkannt (Rn. 14). Zum anderen müssen sich die Anerkennungsvoraussetzungen an dem **Rechtsstaatsprinzip** (Art. 20 Abs. 3 GG) und damit an dem Vorbehalt des Gesetzes, dem Grundsatz der Verhältnismäßigkeit und dem Bestimmtheitsgrundsatz messen lassen.[13] Das bedeutet, dass sich der Gesetzgeber seiner Regelungsverantwortung nicht dadurch entziehen darf, dass er zwar ein Gesetz beschließt, dieses aber inhaltlich so vage gestaltet, dass die sachliche Entscheidung letztlich der Exekutive obliegt.[14] Dabei muss das Gesetz umso detaillierter sein, desto stärker es in Grundrechte eingreift.[15]

---

6 Zuletzt BVerwG – 6 C 4/20, NVwZ 2021, 607, 610; BVerwG NJW 1998, 2545, 2546.

7 In diesem Sinne v. Campenhausen/Richter/*Hof*, 4. Aufl. § 4 Rn. 8 ff., 35 ff., 47 ff.; *Frowein*, Grundrecht auf Stiftung, 12 ff.; **anders** MüKoBGB/*Weitemeyer*, § 80 Rn. 58; Staudinger/*Hüttemann*/*Rawert*, BGB, Vorbemerkungen zu §§ 80–88 Rn. 43; Richter/*Stumpf*, Stiftungsrecht, § 2 Rn. 36; *Rawert*, FS Reuter 2010, 1323, 1337 ff., jew. m.w.N.; ebs. bereits *Salzwedel*, Verhandlungen des 44. DJT, 67 ff.

8 Siehe nur MüKoGmbHG/*Fleischer*, § 1 Rn. 31; Staudinger/*Hüttemann*/*Rawert*, BGB, Vorbemerkungen zu §§ 80–88 Rn. 41.

9 Vgl. MüKoBGB/*Weitemeyer*, § 80 Rn. 55 m.w.N.; Grundlegend BVerfG NJW 1979, 699, 706; BVerfGE 80, 244, 253; siehe hinsichtlich der einzelnen Grundrechte etwa Staudinger/*Hüttemann*/*Rawert*, BGB, Vorbemerkungen zu §§ 80–88 Rn. 51 ff.; MüKoBGB/*Weitemeyer*, § 80 Rn. 55; Jarass/Pieroth/*Jarass* GG, Art. 9 Rn. 3; *Säcker*, Grundprobleme der kollektiven Koalitionsfreiheit, 1969, 69 ff.

10 MüKoBGB/*Weitemeyer*, § 80 Rn. 55.

11 Juristische Personen des öffentlichen Rechts genießen keinen Grundrechtsschutz; vgl. hierzu etwa BVerfGE 75, 192, 196; BVerfG GewArch 1993, 288, 289; BVerfGE 68, 193, 206, denn juristische Personen des öffentlichen Rechts sind aufgrund von Kompetenzen und nicht in Wahrnehmung von Freiheiten tätig; Dürig/Herzog/Scholz/*Grabenwarter*, GG, Art. 5 Rn. 548; Schmidt-Bleibtreu/Klein/Bethge/*Bethge*, BVerfGG, § 90 Rn. 145; *Jarass*, in: Jarass/Pieroth, GG, Art. 19 Rn. 24 m.w.N.; Staudinger/*Hüttemann*/*Rawert*, BGB, Vorbemerkungen §§ 80-88 Rn. 47.

12 *Burgard*, Gestaltungsfreiheit, 43 f.; Staudinger/*Hüttemann*/*Rawert*, BGB, Vorbemerkungen §§ 80-88 Rn. 52 m.w.N.

13 *Burgard*, Gestaltungsfreiheit, 45 f.; Staudinger/*Hüttemann*/*Rawert*, BGB, Vorbemerkungen §§ 80-88 Rn. 41 f. m.w.N.

14 Vgl. BeckOK GG/*Huster*/*Rux*, Art. 20 Rn. 179; Staudinger/*Hüttemann*/*Rawert*, BGB, Vorbemerkungen §§ 80-88 Rn. 41; MüKoBGB/*Weitemeyer*, § 80 Rn. 57; BeckOGK BGB/*Roth*, § 80 Rn. 204.

15 BVerfGE 8, 274, 325; Dürig/Herzog/Scholz/*Grzeszick* GG Art. 20 Rn. 111; BeckOK GG/*Huster*/*Rux*, Art. 20 Rn. 182.

C. Anspruch auf Anerkennung

13 Mit dem Gesetz zur Modernisierung des Stiftungsrechts wurde 2002 klargestellt, dass ein Anspruch auf Anerkennung (vormals Genehmigung) besteht. In der damaligen **Gesetzesbegründung** hieß es dazu: *„Der Gesetzentwurf zielt darauf ab, durch eine bundeseinheitliche Regelung die rechtlichen Anforderungen für die Errichtung einer Stiftung für potentielle Stifter transparenter und einfacher zu gestalten. Damit soll die Stifterfreiheit gestärkt und insoweit der Respektierung des Stifterwillens beim Vollzug stiftungsrechtlicher Vorschriften ein besonderes Gewicht beigemessen werden.“*[16] *„In* [§ 80] *Absatz 2 soll der Rechtsanspruch des Stifters, dass die Stiftung als rechtsfähig anerkannt wird, bundeseinheitlich verankert werden. Zwar wird nach herrschender Auffassung davon ausgegangen, dass nach geltendem Recht ein Anspruch auf Genehmigung unter den gesetzlichen Voraussetzungen besteht. Dieser Anspruch ergibt sich daraus, dass wegen des grundrechtlich gestützten Anspruchs auf Errichtung einer Stiftung bei Vorliegen der gesetzlichen Voraussetzungen kein Raum mehr für verwaltungsbehördliches Ermessen bei der Erteilung der Genehmigung besteht. Doch ist dies weder im Bürgerlichen Gesetzbuch noch in den meisten Landesstiftungsgesetzen ausdrücklich bestimmt. Zudem wird ein solcher Anspruch verschiedentlich in der Literatur in Frage gestellt, teilweise mit Verwaltungsregelungen und Verwaltungshandeln untersetzt, so dass es ein Gebot der Rechtsklarheit und Rechtssicherheit ist, einen Rechtsanspruch im Bürgerlichen Gesetzbuch eindeutig zu bestimmen. Die Aufnahme einer entsprechenden Norm mit Anspruchsqualität im Hinblick auf die Entstehung der juristischen Person „Stiftung“ verbürgt zu Gunsten des Stifters ein subjektiv-öffentliches Recht und macht dieses „Recht auf Stiftung“ für den Bürger sichtbar.“*[17]

14 Da § 82 n.F. § 80 Abs. 2 BGB a.F. im Wesentlichen übernimmt, gelten diese Erwägungen weiterhin uneingeschränkt (vgl. auch Begr. RegE Rn. 5). Der Stifter hat daher ein subjektiv-öffentliches Recht auf Stiftung, d.h. einen Anspruch auf Anerkennung der Stiftung, wenn die gesetzlichen Anerkennungsvoraussetzungen erfüllt sind. So steht es unzweideutig im Gesetz („*ist anzuerkennen*“). Es gibt daher – wie die zitierte Begründung gleichfalls klarstellt – keinerlei Raum für ein Ermessen der Behörde. Die Anerkennung ist also eine gebundene Entscheidung. Mehr noch: **Der Grundrechtsschutz des Stifters muss auch bei der Auslegung der Anerkennungsvoraussetzungen und der sonstigen gesetzlichen Bestimmungen berücksichtigt werden. Sie müssen daher auf eine Weise interpretiert werden, die die einfach gesetzlich und grundgesetzlich geschützte Privatautonomie des Stifters (Stifterfreiheit) voll zur Geltung bringt und keinesfalls unterhöhlt.**

D. Anerkennungsvoraussetzungen

I. Überblick

15 Die Anerkennung einer Stiftung setzt **dreierlei** voraus:
- die Erfüllung der Voraussetzungen des § 81 Abs. 1 bis 3 BGB (näher dort);
- die Gewährleistung einer dauernden und nachhaltigen Erfüllung des Stiftungszwecks erscheint gesichert (sog. Lebensfähigkeitsprognose, Rn. 17 ff.);
- keine Gefährdung des Gemeinwohls (Rn. 34 ff.).

16 Sind diese Voraussetzungen erfüllt, besteht ein Anspruch auf Anerkennung (Rn. 13). Allerdings stellt sich die Frage, welche Folgen es für diesen Anspruch hat, wenn die Stiftungssatzung von zwingenden Vorschriften des Gesetzes abweicht (Rn. 43).

16 Begr. RegE BT-Ds. 14/8765, 7.
17 Begr. RegE BT-Ds. 14/8765, 8.

II. Lebensfähigkeitsprognose

1. Historisch-teleologische Auslegung

Das Erfordernis, dass die dauernde und nachhaltige Erfüllung des Stiftungszwecks gesichert erscheinen sein muss (sog. Lebensfähigkeitsprognose), *„soll zum Schutz des Rechtsverkehrs die dauerhafte Existenz der mitgliederlosen juristischen Person ‚Stiftung' gewährleisten. ... Mit der Formulierung ‚gesichert erscheint' wird klargestellt, dass ... [im] Anerkennungsverfahren ... allein eine Prognoseentscheidung möglich [ist]. Für diese Entscheidung ist nur maßgeblich, dass die Dauer dadurch erzielt wird, dass das Stiftungsvermögen nicht einmalig oder schrittweise verbraucht, sondern nachhaltig, also auf längere Zeit anhaltend und wirkend eingesetzt wird und damit die Zweckverwirklichung sicherstellt. Eine ‚dauernde Erfüllung des Stiftungszwecks' bedeutet nicht im Sinne einer Zeitbestimmung zwingend eine ewige Dauer des Stiftungszwecks. Vielmehr geht es um eine anhaltende Zwecksetzung und die Beständigkeit während des Bestehens der Stiftung, die eine Bindung des Stiftungsvermögens an den Zweck erfordert.* ***Der Begriff „nachhaltig" ergänzt und verstärkt den der „dauernden" Erfüllung des Stiftungszwecks im vorgenannten Sinne und ist kein zusätzliches, eigenständiges Erfordernis für die Anerkennung der Rechtsfähigkeit. Für eine Zweckmäßigkeitserwägung der zuständigen Stiftungsbehörde besteht kein Raum dahingehend, ob das vom Stifter vorgesehene Gebilde so gestaltet ist, dass der Stiftungszweck „nachhaltig" – im Sinne von besonders intensiv oder wirkungsvoll – erfüllt werden kann. Dies stünde im Widerspruch zum Grundanliegen des Gesetzentwurfs, die Stifterfreiheit zu stärken.*** *"*[18] Aus diesen Ausführungen, denen sich die Begr. RegE anschließt (Rn. 6), folgt: 17

„Erfüllung" ist nicht i.S.d. § 362 BGB, sondern als Verwirklichung gemeint. 18

„Stiftungszweck" meint den Stiftungszweck im engeren Sinne, der nicht die Art und Weise der Zweckverwirklichung umfasst (§ 80 Rn. 41). 19

„Dauernd und nachhaltig" sind nicht zwei Tatbestandsmerkmale, sondern nur eines, das lediglich verlangt, dass der Stiftungszweck während der Dauer der Stiftung **beständig verfolgt** werden kann. Auf eine bestimmte Intensität oder irgendeinen **Wirkungsgrad kommt es nicht an;**[19] denn das würde in Zweckmäßigkeitserwägungen münden, die der Behörde versagt sind. Die Ausführungen der Begründung des Regierungsentwurfs zu § 80 Abs. 1 S. 1 BGB (§ 80 Rn. 13) sind insoweit widersprüchlich und rechtsfehlerhaft.[20] 20

Die Lebensfähigkeitsprognose erfordert **keinen** irgendwie gearteten **Geschäftsplan** (ebenso wenig wie einen Verbrauchsplan, Rechtsausschuss § 81 Rn. 109). Auch bei der Gründung von Vereinen und Gesellschaften wird nicht geprüft, ob die Verfolgung ihres Zwecks i.w.S. (§ 80 Rn. 34 ff.) ausreichend finanziert ist, obwohl dort die Gefahren, die von unterfinanzierten Gesellschaften für den Rechts- und Geschäftsverkehr ausgehen, viel größer sind. Im Blick hierauf ist die Lebensfähigkeitsprognose **bloß als Ausgleich für die der Stiftung fehlenden Mitglieder** anzusehen: Während Vereine und Gesellschaften Mitglieder haben, die ihren Zweck – wenngleich ohne Nachschusspflicht (§ 707 BGB) – zu fördern verpflichtet sind (§ 705 BGB), muss die Stiftung gleichsam aus sich selbst heraus lebensfähig sein. 21

„Gesichert erscheint" verlangt eine **Prognoseentscheidung**. Auf der Grundlage des Stiftungsgeschäfts genügt der Anschein, dass die Stiftung dauerhaft existieren und dabei ihren Zweck beständig verfolgen kann. Ist das nicht ohnehin offensichtlich, muss der Stifter dies auf Verlangen der Behörde darlegen. Ein Beurteilungsspielraum steht der Behörde nicht zu. Ihre 22

---

18 Beschlussempfehlung u. Bericht des Rechtsausschusses zu § 80 Abs. 2 BGB a.F., BT-Ds. 14/8894, 10 (Hervorhebungen vom Verfasser).

19 Staudinger/*Hüttemann*/*Rawert*, BGB, § 80 Rn. 19; MüKoBGB/*Weitemeyer*, § 80 Rn. 133; *Schiffer*/*Pruns*/*Schürmann*, § 2 Rn. 7.

20 Ebs. *Schiffer*/*Pruns*/*Schürmann*, § 2 Rn. 8.

Entscheidung ist **voll gerichtlich nachprüfbar.**[21] Dabei muss sie der Privatautonomie des Stifters Raum lassen. Nur wenn die Einschätzung des Stifters, dass die Stiftung dauerhaft existieren und dabei ihren Zweck beständig verfolgen kann, unvertretbar ist, darf die Behörde die Anerkennung versagen (**„Einschätzungsprärogative" des Stifters**).[22] Schlimmstenfalls ist, wenn das Lebensfähigkeitskonzept des Stifters nicht aufgeht, nach §§ 85 Abs. 1, 86 ff., 87 Abs. 1, 87a Abs. 1 BGB zu verfahren. Besondere Gefahren für den Rechtsverkehr gehen davon nicht aus. §§ 86 Nr. 1 Fall 2 und § 86a Nr. 1 Fall 2 BGB adressieren sogar ausdrücklich diesen Fall.

2. Einzelfragen

23 Die Lebensfähigkeitsprognose bezieht sich in erster Linie auf eine **zweckadäquate Vermögensausstattung.**[23] Es ist klar, dass eine Stiftung, die der Forschungsförderung dient, erheblich weniger Mittel braucht, als eine Stiftung, die selbst Forschung betreiben soll. Falls nicht aus steuerlichen Gründen erforderlich, muss die Art und Weise der Zweckverwirklichung gleichwohl nicht immer angegeben werden[24] (s. § 80 Rn. 32 ff., § 81 Rn. 110). Jedenfalls sollte sie so offen („insbesondere") und alternativreich formuliert werden, dass die Stiftungsorgane die Art und Weise der Zweckverwirklichung an die Einnahmen der Stiftung anpassen können.

24 Ein **Mindestkapital** ist gesetzlich nicht vorgesehen. Auch sehr kleine Stiftungen können viel Gutes bewirken und zudem durch Fundraising wachsen. In der Verwaltungspraxis galt daher bisher ein Grundstockvermögen zwischen 50.000 Euro und 100.000 Euro als ausreichend.[25] Das entspricht in etwa dem internationalen Vergleich.[26] In dem gegenwärtigen Niedrigzinsumfeld erscheint das allerdings sehr knapp bemessen. Nach *Hüttemann/Rawert „sollte Einigkeit darüber bestehen, dass eine rechtlich selbständige Stiftung auf Dauer nur lebensfähig ‚erscheint', wenn sie* [sofern sie keine anderen Einnahmequellen hat] *über ein Grundstockvermögen in mindestens siebenstelliger Höhe verfügt* [oder zumindest Aussicht darauf hat]."[27] Tatsächlich macht die Errichtung einer „Ewigkeitsstiftung" in der Regel nur Sinn, wenn ihre Ertragslage die Beschäftigung wenigstens eines „halben" hauptamtlichen Mitarbeiters erlaubt. Allerdings gibt es eben auch Ausnahmen von dieser Regel und es ist nicht Sache der Anerkennungsbehörde, über die Sinnhaftigkeit eines Stiftungsvorhabens zu urteilen. Sie hat nur zu prüfen, ob die voraussichtlichen Erträge der Stiftung ausreichen, um den Stiftungszweck beständig zu verfolgen. Eine Stiftung, die jährlich einen Literaturpreis für Jugendliche unter 18 Jahren vergibt, der mit 1.000 Euro dotiert ist, kann zum Beispiel mit einem Grundstockvermögen von 100.000 Euro auskommen. Für gewöhnlich sollte sich der Stifter aber bei so „kleinen" Beträgen überlegen, ob er nicht lieber eine Verbrauchsstiftung errichtet oder zumindest in der Satzung entsprechend § 85 Abs. 4 BGB vorsieht, dass die Stiftung unter bestimmten Voraussetzungen (z.B. 10 Jahre nach dem Tod des Stifters und seiner Ehefrau, wenn bis dahin nicht eine Verzehnfachung des Grundstockvermögens gelingt) in eine Verbrauchsstiftung umgewandelt wird.

25 Hier sog. **„umgekehrte Hybridstiftungen"** (§ 80 Rn. 93 ff.) können ein probates Mittel sein, die derzeitige Ertragsschwäche zu überwinden. Beispiel: Das gewidmete Vermögen beträgt 500.000 Euro. Der Stifter bestimmt, dass die Stiftung alljährlich 10.000 Euro zur Zweckverfol-

---

21 BeckOK BGB/*Backert*, § 80 Rn. 50; Erman/*Wiese*, BGB, § 80 Rn. 13; MüKoBGB/*Weitemeyer*, § 80 Rn. 131 m.w.N.

22 Staudinger/Hüttemann/Rawert, BGB, § 80 Rn. 26; MüKoBGB/*Weitemeyer*, § 80 Rn. 131; Richter/*Stumpf*, Stiftungsrecht, § 4 Rn. 80; **a.A.** BeckOK BGB/*Backert*, § 80 Rn. 50; Andrick/Suerbaum/Andrick, StiftG NRW 2016, § 2 Rn. 56.

23 MüKoBGB/*Weitemeyer*, § 80 Rn. 132; Erman/*Wiese*, BGB, § 80 Rn. 13; BeckOK BGB/*Backert*, § 80 Rn. 50.1; Richter/*Stumpf*, Stiftungsrecht, § 4 Rn. 79; Werner/Saenger/Fischer/*O. Werner*, Die Stiftung, § 11 Rn. 22.

24 MüKoBGB/*Weitemeyer*, § 80 Rn. 132; Staudinger/*Hüttemann/Rawert*, BGB, § 80 Rn. 25.

25 MüKoBGB/*Weitemeyer*, § 80 Rn. 134; BeckOK BGB/*Backert*, § 80 Rn. 51.

26 Vgl. MüKoBGB/*Weitemeyer*, § 80 Rn. 134 m.w.N.

27 Staudinger/*Hüttemann/Rawert*, BGB, § 80 Rn. 28; ähnlich *Schiffer/Pruns/Schürmann*, § 4 Rn. 6.

gung verausgaben soll. Darüber hinausgehende Erträge sollen, soweit steuerlich zulässig, in eine Kapitalerhaltungsrücklage fließen, die aufgebraucht werden muss, wenn die Erträge weniger als 10.000 Euro betragen. Ist die Rücklage aufgebraucht und sind die Erträge geringer als 10.000 Euro p.a., darf das gewidmete Vermögen bis zur Grenze von 100.000 Euro verbraucht werden. Werden also nur 4.000 Euro Erträge erzielt, werden 6.000 Euro dem sonstigen Vermögen (i.S.d. § 83b Abs. 1 BGB) entnommen. Ist das Gesamtvermögen der Stiftung auf 100.000 Euro abgeschmolzen, dann soll sie in eine Verbrauchsstiftung umgewandelt werden. Auf diese Weise existiert die Stiftung wenigstens 50 Jahre lang, theoretisch aber auch ewig. Zugleich ist gesichert, dass sie jährlich einen signifikanten Betrag für die Zweckverfolgung ausgeben kann. Sollte die Inflation die Kaufkraft der 10.000 Euro wesentlich entwerten, kann und muss dieser Betrag nach § 85 Abs. 2 BGB durch Satzungsänderung der Entwicklung angepasst werden. Gleichwohl empfiehlt sich, eine entsprechende Klausel (§ 85 Abs. 4 BGB) in die Satzung aufzunehmen. Zur Genehmigungsfähigkeit einer solchen umgekehrten Hybridstiftung § 83b Rn. 44 ff.

Spätere Vermögenszuflüsse sind bei der Prüfung der Lebensfähigkeitsprognose zu berücksichtigen, vgl. § 85 Abs. 1 S. 2 BGB. Reicht allerdings das gewidmete Vermögen für eine dauernde und nachhaltige Erfüllung des Stiftungszwecks nicht aus, dann müssen spätere Vermögenszuflüsse überwiegend wahrscheinlich sein. Zwar muss es sich nicht um unzweifelhaft bestehende, durchsetzbare Ansprüche handeln. Bloße Hoffnungen reichen aber nicht aus. Vielmehr muss es sich um konkrete Aussichten handeln, die auch in einem Fundraising-Konzept bestehen können, dessen Erfolg überwiegend wahrscheinlich ist. Zudem muss ein für die dauernde und nachhaltige Erfüllung des Stiftungszwecks ausreichender Vermögenszufluss alsbald nach Errichtung der Stiftung zu erwarten sein; denn sog. Vorratsstiftungen sind unzulässig. Bei der Bestimmung des Zeitraums, innerhalb dessen Vermögenszuflüsse eine ausreichende Leistungskraft der Stiftung herstellen, sollte man sich an § 62 Absatz 4 AO anlehnen. Ist das im Stiftungsgeschäft gewidmete Vermögen unzureichend, ist die bloße Zusage des Stifters, die Stiftung testamentarisch bedenken zu wollen, nicht ausreichend. 26

Bürgerstiftungen stehen nach ihrer Organisationsverfassung oft Vereinen nahe, insofern sie darauf angelegt sind, dass sich eine Vielzahl von Zustiftern laufend für die Stiftung engagieren. Stehen ihrer Lebensfähigkeit keine konkreten Bedenken entgegen (z.B. weil es schon zwei Bürgerstiftungen am Ort gibt oder der Ort einwohnerschwach ist) sind solche Vorhaben daher anzuerkennen (vgl. Rn. 12 f.). 27

Einkommensstiftungen sind unproblematisch zulässig, wenn ihr gewidmetes Vermögen für eine positive Lebensfähigkeitsprognose ausreicht. Ist das nicht der Fall, dann müssen auf die laufenden Zuwendungen zwar keine Ansprüche, aber konkrete Aussichten bestehen und die Leistungsfähigkeit und Leistungsbereitschaft des Zuwendenden in den nächsten zehn Jahren (vgl. § 82 S. 2 BGB) überwiegend wahrscheinlich sein. Hängen die Zuwendungen von dem wandelbaren Willen des Zuwendenden ab, stehen sie z.B. unter Haushaltsvorbehalt, dann ist die Einkommensstiftung grundsätzlich nicht anerkennungsfähig. 28

Ebenfalls nach diesen Grundsätzen zu beurteilen sind **Sachstiftungen**. Hat ein Stifter zwar eine schöne Kunstsammlung, aber keine Mittel, um sie auf Dauer zu unterhalten und auszustellen, dann ist die Stiftung nur anerkennungsfähig, wenn er zugleich ein hinreichendes Konzept zur Mittelbeschaffung vorlegt. 29

3. Dauer von 10 Jahren als Richtgröße

Hinsichtlich der Dauerhaftigkeit der Stiftung ist Satz 2 (§ 80 Abs. 2 S. 2 BGB a.F.) zu entnehmen, dass der zu erwartende Bestandszeitraum von zehn Jahren jedenfalls genügend ist. Sinn und Zweck dieses Tatbestandsmerkmals ist es, solchen Vorhaben die Anerkennung zu verweigern, deren Kurzfristigkeit eine rechtliche Verselbständigung nicht erfordert.[28] Dabei ist die Frist von 30

28 Anstelle aller Staudinger/*Hüttemann*/*Rawert*, BGB, § 80 Rn. 33 m.w.N.

10 Jahren nur eine Richtgröße.[29] Zu Recht betont die Begründung des Regierungsentwurfs den Zusammenhang zwischen der Größe des Mitteleinsatzes und Dauer der Stiftung (§ 80 Rn. 16); denn es liegt auf der Hand, dass ein Zweck mit mehr Mitteln schneller und effektiver verfolgt und ggf. erreicht werden kann, als mit wenigen Mitteln. Wenn der Stifter 10 Mio. für die Sanierung eines denkmalgeschützten Gebäudes geben will, dann ist es allein ihm überlassen, ob er dies in Form einer Ewigkeitsstiftung mit der Folge tut, dass die Sanierung nur vergleichsweise langsam voranschreitet oder ob er eine Verbrauchsstiftung gründet, die das in wenigen Jahren erledigt. Dementsprechend darf die Behörde die Anerkennung im zweiten Fall nicht mit der Begründung ablehnen, die Sanierung sei womöglich bereits in fünf Jahren abgeschlossen (zumal das niemand wissen kann).

31 Dass der Zeitraum von 10 Jahren nur eine Richtgröße ist, erhellt sich auch daraus, dass nach der Begr. RegE auch Stiftungen zulässig sind, deren Auflösung nicht an einen Endtermin, sondern an ein **gewiss eintretendes zukünftiges Ereignis** (z.B. Tod einer Person) geknüpft ist (§ 81 Rn. 107). Dieses Ereignis kann daher früher oder später als in zehn Jahren eintreten. Im Beispielsfall kann mit Hilfe von Sterbetabellen ermittelt werden, ob der Bestehenszeitraum voraussichtlich so kurz ist, dass das Vorhaben keine rechtliche Verselbständigung erfordert. Das gewiss eintretende Ereignis kann bei entsprechenden Vorgaben auch der Verbrauch des Stiftungsvermögens sein.

32 Aus alledem folgt ferner, dass sich aus dem Stiftungsgeschäft auch bei Verbrauchsstiftungen **kein fixer Endtermin** ergeben muss[30] und dass die Angabe eines Mindestzeitraums ausreichend ist,[31] der im Einzelfall auch geringer als 10 Jahre betragen kann[32] (näher § 81 Rn. 107 ff.).

33 Vorstehende Erwägungen gelten für zweckbedingte Stiftungen (§ 80 Rn. 80 ff.), auflösend bedingte Stiftungen (§ 80 Rn. 84), auflösend befristete Stiftungen (s. § 80 Rn. 92) und Hybridstiftungen (§ 80 Rn. 85) gleichermaßen.

III. Gemeinwohlgefährdung

34 Während § 80 Abs. 2 Satz 1 BGB a.F. noch darauf abstellte, dass *„der Stiftungszweck das Gemeinwohl nicht gefährdet"*, formuliert § 82 S. 1 BGB, *„es sei denn, die Stiftung würde das Gemeinwohl gefährden"*. Damit wird zum einen der Gemeinwohlvorbehalt in Übereinstimmung mit § 87 Abs. 1 BGB a.F. und § 87a Abs. 2 Nr. 2 BGB n.F. auf die Stiftungstätigkeit ausgedehnt und zum anderen die Darlegungs- und Beweislast für eine Gemeinwohlgefährdung der Behörde auferlegt (Rn. 9). Beides ist richtig, ändert aber an der Problematik des Gemeinwohlvorbehalts wenig.

35 Das **Problem des Gemeinwohlvorbehalts** wird sogleich deutlich, wenn man sich vorstellt, § 134 BGB würde lauten: „Ein Rechtsgeschäft, das das Gemeinwohl gefährdet, ist nichtig." Niemand würde bezweifeln, dass eine solche Gesetzesfassung gegen Art. 2 Abs. 1 GG und das Rechtsstaatsprinzip (Art. 20 Abs. 3 GG) verstieße. Warum das nach Ansicht des BVerwG im Stiftungsrecht anders sein soll,[33] ist nur vor dem Hintergrund zu verstehen, dass das Gericht den Gemeinwohlvorbehalt entsprechend §§ 396 AktG, 81 GenG, 62 GmbHG zutreffend (verfassungs-

---

29 MüKoBGB/*Weitemeyer*, § 80 Rn. 143, 145; vgl. Staudinger/*Hüttemann*/*Rawert*, BGB, § 80 Rn. 33; BeckOK BGB/*Backert*, § 80 Rn. 5; *Segna*, JZ 2014, 126, 130; *Rawert*, npoR 2014, 1, 3 f.; *Reuter*, npoR 2013, 41, 46; anders *Schauhoff* in Schauhoff/Mehren, Stiftungsrecht 2022, Kap. 1 Rn. 19 („Mindestdauer").

30 *Hüttemann*/*Rawert*, Beilage zu ZIP 33/2021, 1, 8; Staudinger/*Hüttemann*/*Rawert*, BGB, § 80 Rn. 33; MüKoBGB/*Weitemeyer*, § 80 Rn. 147; *Rawert*, npoR 2014, 1, 3; *Tielmann*, NJW 2013, 2934, 2935 f.

31 BeckOGK BGB/*Roth*, § 80 Rn. 245; Staudinger/*Hüttemann*/*Rawert*, BGB, § 80 Rn. 33; BeckOK BGB/*Backert*, § 80 Rn. 5; *Segna*, JZ 2014, 126, 130; *Rawert*, npoR 2014, 1, 3 f.; *Reuter*, npoR 2013, 41, 46.

32 MüKo BGB/*Weitemeyer*, § 80 Rn. 148; BeckOGK BGB/*Roth*, § 80 Rn. 245 a.E.; BeckOK BGB/*Backert*, § 80 Rn. 5.

33 Zuletzt BVerwG – 6 C 4/20, NVwZ-RR 2021, 607, 610; s. dazu Anm. *Schulte*, ZStV 2022, 22; jurisPR-BVerwG/*Steiner*, 15/2021 Anm. 2; BVerwGE 106, 177 = NJW 1998, 2545, 2546; s. dazu etwa *Andrick*/*Suerbaum*, NJW 2002, 2905, 2907 f.; *Winkler*, JA 1999, 279; *Sachs*, JuS 1999, 814.

konform) als Vorbehalt der Gesetzmäßigkeit des Stiftungszwecks und der Stiftungstätigkeit auslegt.[34] Das Erfordernis der Gemeinwohlgefährdung verlangt also, dass der Stiftungszweck und/ oder seine Erfüllung rechtswidrig (gesetz- oder sittenwidrig) sind und dadurch zugleich das Wohl der Allgemeinheit, also zumindest weiter Bevölkerungskreise, gefährdet wird.[35] Eine Gefährdung liegt in Übereinstimmung mit dem polizeilichen Gefahrenbegriff vor, wenn die Beeinträchtigung der genannten Schutzgüter durch die künftige Stiftung hinreichend wahrscheinlich, das heißt eine auf Tatsachen beruhende nicht bloß entfernt liegende Möglichkeit ist.[36]

Beispiel: Die Stiftung „Legalize It" hat den Zweck, auf die Legalisierung des Anbaus und des Handels mit Cannabis hinzuwirken. Beides ist derzeit nach dem Betäubungsmittelgesetz zum Schutz der Allgemeinheit vor den Gefahren des Drogenkonsums verboten. Die Stiftung verfolgt damit einen Zweck, der nach der gegenwärtigen Bewertung des Gesetzes *„die Interessen der Allgemeinheit gefährdet"* (Begr. RegE Rn. 8). Würde das ausreichen, um die Anerkennung der Stiftung zu versagen, würde dadurch nicht nur die Privatautonomie des Stifters (Stifterfreiheit), sondern auch die Meinungsfreiheit in rechtswidriger Weise beschränkt. Es liegt auf der Hand, dass das nicht das richtige Ergebnis sein kann. Und der Grund dafür ist einfach: Das Hinwirken auf eine Legalisierung des Cannabisanbaus und -handels ist nicht rechtswidrig. 36

Spinnen wir den Fall weiter: Würde sich im Anerkennungsverfahren herausstellen, dass die Stiftung der Legalisierung vorgreifen und schon mal mit dem Anbau und dem Handel von Cannabis beginnen will, dann wäre das noch immer kein Versagungsgrund, weil böse wie leider auch gute Absichten nicht immer verwirklicht werden und daher auch nicht verboten sind. Anders ist das erst, wenn mit einer rechtswidrigen Tathandlung begonnen wird. Und anders ist das natürlich auch, wenn die anzuerkennende Stiftung erwiesenermaßen Teil einer Drogenhandelsorganisation ist; denn dann ist, wie im Fall Gäfgen (§ 81 Fn. 7), bereits das Stiftungsgeschäft sittenwidrig und damit nichtig. 37

Ähnlich lag es in dem vom **BVerwG** jüngst entschiedenen Fall: *„Grundlage der revisionsgerichtlichen Prüfung sind daher die Feststellungen der Vorinstanz, dass die ‚... Stiftung' nach dem Willen der Stifter und unter dem beherrschenden Einfluss des Kl. zu 1 als erstem Vorsitzenden des Stiftungsrates nach ihrer Anerkennung den Zweck verfolgen soll, die weltweite Verbreitung islamisch-schiitischen Gedankenguts iranischer Prägung zu fördern und finanziell zu unterstützen. Dazu zählen die Abschaffung der Trennung zwischen Staat und Religion nach dem Vorbild der Verfassung der islamischen Republik Iran, die oligopolartige Machtkonzentration bei einem Wächterrat als höchster staatlicher Autorität, die fehlende Unabhängigkeit der Gerichte und eine mit den Menschenrechten nicht zu vereinbarende Strafpraxis."*[37] Angesichts dieser Feststellungen hätte es keines Rekurses auf den Gemeinwohlvorbehalt bedurft, da schon das Stiftungsgeschäft wegen Sittenwidrigkeit nichtig und die Stiftung daher schon aus diesem Grund nicht anerkennungsfähig war. 38

34 Zuletzt BVerwG – 6 C 4/20, NVwZ-RR 2021, 607, 610; BVerwG NJW 1998, 2545, 2546; Staudinger/*Hüttemann*/*Rawert*, BGB, § 80 Rn. 39; BeckOK BGB/*Backert*, § 80 Rn. 53; eingehend *Volkholz*, Geltung und Reichweite der Privatautonomie bei der Errichtung von Stiftungen, 2008, 184 ff.

35 *Hüttemann*/*Rawert*, Beilage zu ZIP 33/2021, 1, 8; Staudinger/*Hüttemann*/*Rawert*, BGB, § 80 Rn. 37 ff.; MüKoBGB/*Weitemeyer*, § 80 Rn. 120 f.; großzügiger BeckOK BGB/*Backert*, § 80 Rn. 53, wonach „Verstöße gegen einfaches Gesetzesrecht genügen". Ausführlich *Mirbach*, Stiftungszweck und Gemeinwohlgefährdung, 2011, 183 ff.

36 BVerwG – 6 C 4/20, NVwZ-RR 2021, 607, 610; ähnlich Begr RegE Rn. 7; vgl. etwa § 2 Nr. 3 lit. a) BremPolG; § 2 Nr. 1 lit. a) NdsPolG; § 3 Nr. 3 lit. a) SOG LSA.

37 BVerwG – 6 C 4/20, NVwZ-RR 2021, 607, 610.

IV. Weitere Anerkennungsvoraussetzungen?

1. Zwecksetzung

39 Wie soeben aufgezeigt wurde, geht das Gesetz von dem **Grundsatz der gemeinwohlkonformen Allzweckstiftung** aus. Stiftungen können also grundsätzlich zu allen legalen Zwecken gegründet werden. Nur sog. **Selbstzweckstiftungen** sind unzulässig, weil sie tatsächlich gar keinen Zweck haben (dazu § 80 Rn. 45 f., dort auch zu sog. Unternehmensselbstzweckstiftungen [Rn. 47 ff.], verdeckten Unternehmensselbstzweckstiftungen [Rn. 50 ff.], Scheinzweckstiftungen [Rn. 53] sowie sog. Funktionsstiftungen [Rn. 52]).

40 Die ganz herrschende Meinung hält zudem sog. **Stiftungen für den Stifter** für unzulässig, also Stiftungen deren einziger (oder wichtigster?) Begünstigter der Stifter ist. Aus dem Stiftungsbegriff folge, dass der Stiftungszweck fremdnützig sein müsse. Außerdem führe diese Gestaltung zu einer Gläubigergefährdung.[38]

41 Diese Argumente überzeugen auch durch ihre beständige Wiederholung nicht.[39] **Von der Fremdnützigkeit des Stiftungszwecks weiß § 80 Abs. 1 S. 1 BGB nichts.** Und die Gläubigergefährdung ist bei anderen Gestaltungen keinen Deut geringer. Ein über die Insolvenz- und Gläubigeranfechtung nach den §§ 129 ff. InsO, §§ 3 f. AnfG hinausgehender Schutz ist gesetzlich nicht vorgesehen. Und ein Schuldner, der länger als 10 Jahre das Balbieren seiner Gläubiger vorausplant, den kann auch ein Verbot der Stiftung für den Stifter nicht aufhalten. Sollte ausnahmsweise eine vorsätzliche Gläubigerbenachteiligung tatsächlich nachweisbar sein, stehen allerdings §§ 138 Abs. 1, 826, 812 BGB parat. Schließlich ist darauf hinzuweisen, dass es nach **§ 58 Nr. 6 AO** sogar der Gemeinnützigkeit einer Stiftung nicht schadet, wenn sie *„einen Teil, jedoch höchstens ein Drittel ihres Einkommens dazu verwendet, um in angemessener Weise den Stifter und seine nächsten Angehörigen zu unterhalten, ihre Gräber zu pflegen und ihr Andenken zu ehren.“* Angesichts dieser Wertentscheidung des Gesetzes stellt sich die weitere Frage, wann das angebliche Verbot einer Stiftung für den Stifter eingreifen soll: Wenn er 50 %, 75 %, 99 % oder nur, wenn er 100 % der Stiftungserträge bekommen soll (auf die seine Gläubiger übrigens selbstverständlich zugreifen können). Und muss man in diese Prozentsätze auch die Begünstigung der Ehefrau, Kinder, Enkel und Eltern einrechnen? Das verraten die Apologeten des Verbots bezeichnenderweise nicht. M.a.W.: Abgesehen davon, dass das Verbot einer Stiftung für den Stifter keine gesetzliche Grundlage hat, wäre es auch nur bei einer klaren gesetzlichen Regelung handhabbar.

42 Ebenfalls nicht verstummen wollen die Stimmen, die **Familienstiftungen** für unzulässig halten, sofern Familienmitglieder voraussetzungslos begünstigt werden.[40] Auch dafür gibt es keinen gesetzlichen Anhalt.[41] Einzuhalten sind lediglich die Grenzen des Verbots der Selbstzweckstiftung (§ 80 Rn. 45), der Scheinzweckstiftung (§ 80 Rn. 53) sowie der vorsätzlichen Gläubigerbenachteiligung (§§ 138 Abs. 1, 826, 812 BGB). Rechtspolitisch ist allerdings zu erwägen, Familienstiftungen nach 30 Jahren zur Disposition der berechtigten Familienmitglieder zu stellen.[42]

---

38 MüKoBGB/*Weitemeyer*, § 80 Rn. 126; Staudinger/*Hüttemann*/*Rawert*, BGB, Vorbemerkungen zu §§ 80-88 Rn. 8 f.; Richter/*Dutta*, Stiftungsrecht, § 5 Rn. 18; Soergel/*Neuhoff*, BGB, § 80 Rn. 8, 70; *Hüttemann*, ZHR 167 (2003), 35, 58; BeckOGK BGB/*Jakob*/*Uhl*, § 80 Rn. 115; BeckOK BGB/*Backert*, § 80 Rn. 6; *v. Oertzen*/*Hosser*, ZEV 2010, 168, 170; **a.A.** *Burgard*, Gestaltungsfreiheit, 132 ff.; *Kronke*, Stiftungstypus und Unternehmensträgerstiftung, 1988, 225.

39 *Burgard*, Gestaltungsfreiheit, 132 ff.

40 *Neuhoff*, Unterhaltsstiftung, 87 ff.; zuvor bereits Staudinger/*Rawert*, BGB, Bearbeitung 1995, Vorbemerkungen zu §§ 80-88 Rn. 132 ff. im Anschluss an *Däubler*, JZ 1969, 499 ff.; sowie MüKoBGB/*Reuter*, 5. Aufl., §§ 80, 81 Rn. 57 f.; **a.A.** nunmehr Staudinger/*Hüttemann*/*Rawert*, BGB, Vorbemerkungen zu §§ 80-88 Rn. 266 ff. m. zahlr. w.N.

41 Palandt/*Ellenberger*, BGB, § 80 Rn. 8; MüKoBGB/*Weitemeyer*, § 80 Rn. 128; BeckOK BGB/*Backert*, § 80 Rn. 16; Richter/*Dutta*, Stiftungsrecht, § 5 Rn. 21; *v. Oertzen*/*Hosser*, ZEV 2010, 168 ff.

42 *Burgard*, npoR 2019, 106, 111.

2. Zwingendes Recht

Nachdem der Regierungsentwurf den Grundsatz der Satzungsstrenge (§ 83 Abs. 2 RefE) gestrichen hat, gilt wie bisher der Grundsatz der Stifterfreiheit.[43] Deswegen ist **in der Satzung grundsätzlich jede Abweichung von den §§ 80 bis 88 BGB erlaubt, die nicht ausdrücklich im Gesetz verboten ist.** Letzteres betrifft: 43

- § 80 Abs. 2 S. 2 Hs. 2 BGB (Verbot der Zeitstiftung, s. § 80 Rn. 86, dort aber auch Rn. 93 ff.),
- § 83b Abs. 1 S. 2 BGB (Verbrauchsstiftung darf kein Grundstockvermögen haben, s. aber § 80 Rn. 88),
- § 83c Abs. 2 S. 2 BGB (dort Rn. 57 ff.);
- § 84 Abs. 1, Abs. 2 S. 1 BGB (näher § 84 Rn. 21, 57, 76);
- § 84b S. 2 BGB (dort Rn. 134 f.) und
- § 85 Abs. 4 S. 3 BGB (dort Rn. 107 ff.).

Die Ge- bzw. Verbote der §§ 83a, 83b Abs. 4, 83c Abs. 1 BGB richten sich dagegen in erster Linie an die Stiftungsorgane. Und andere zwingende Vorschriften wie etwa §§ 86c, 86d, 86f bis 86h und § 87b BGB schränken die Gestaltungsfreiheit des Stifters nicht ein. 44

Abseits dieser Vorschriften zählt § 82 BGB die Anerkennungsvoraussetzungen abschließend auf. Sind die Anerkennungsvoraussetzungen erfüllt und liegt kein Verstoß gegen die genannten Vorschriften vor, hat der Stifter einen Anspruch auf Anerkennung. 45

---

43 *Arnold*, npoR 2021, 84, 85; *Golan*, npoR 2021, 277, 283; im Ergebnis ebs. *Hüttemann/Rawert*, Beilage zu ZIP 33/2021, 1, 31, 33; *Schauhoff/Mehren*, NJW 2021, 2993, 2996, meinen nicht nur, dass es bei dem Grundsatz der Gestaltungsfreiheit bleibt; der Gesetzgeber habe die Freiheit der stifterischen Gestaltung sogar bekräftigt. *Feick/Schwalm*, NZG 2021, 525, 526 halten das neue Gesetz dagegen für eher restriktiver. Orth/*Uhl*, Stiftungsrechtsreform 2021, Rn. 12, 137 gehen dagegen davon aus, dass trotz der Aufgabe des Grundsatzes der Satzungsstrenge Abweichungen vom Gesetz weiterhin nur dort zulässig sind, wo das Gesetz eine „Öffnungsklausel" vorsieht. Das ist widersprüchlich.

Anhang zu § 82: Anerkennungsverfahren und Aufsichtsrecht der Länder

Verwaltungs- und stiftungsrechtliche Literatur

Wilhelm Albrecht Achilles, Stiftungsrechtsreform und Gesetzgebungskompetenz des Bundes, ZRP 2002, 23–29; *Bernd Andrick/Joachim Suerbaum*, Stiftung und Aufsicht, 2001; *Wolfram Backert*, Kap. 9 Anerkennungsbehörden, in: Hüttemann/Richter/Weitemeyer (Hrsg.), Landestiftungsrecht, 2011, S. 271–274 (= Rn. 9.1.–9.17); *ders.*, Kap. 10 Anerkennungsverfahren, ebda., S. 275–307 (= Rn. 10.1–10.79); *Katja Behr/Marvin Yuen*, Die Stiftung des öffentlichen Rechts zwischen Autonomie und Staatsaufsicht, DVBl. 2021, 1397–1402; *Ulrich Burgard*, Gestaltungsfreiheit im Stiftungsrecht, 2006; *Heinrich de Wall*, Die Anwendbarkeit privatrechtlicher Vorschriften im Verwaltungsrecht, 1999; *Mario Etscheid*, Dynamik in der Fachaufsicht, in: VerwArch 105 (2014), 351–387; *ders.*, Funktionen, Prozesse und Konzepte der Fachaufsicht, in: VerwArch 110 (2019), 181–217; *Kristian Fischer*, Die staatliche Aufsicht über die Stiftung, in: Richter (Hrsg.), Stiftungsrecht, 2019, § 8; *Thomas Groß*, Was bedeutet ‚Fachaufsicht'?, DVBl. 2002, 793–800; *Peter M. Huber*, Überwachung, in: Hoffmann-Riem/Schmidt-Aßmann/Voßkuhle, Grundlagen des Verwaltungsrechts, Bd. III (2. Aufl., 2013), § 45; *Wolfgang Kahl*, Die Staatsaufsicht. Entstehung, Wandel und Neubestimmung unter besonderer Berücksichtigung der Aufsicht über Gemeinden, 2000; *ders.*, Begriff, Funktionen und Konzepte von Kontrolle, in: Hoffmann-Riem/Schmidt-Aßmann/Voßkuhle, Grundlagen des Verwaltungsrechts, Bd. III (2. Aufl. 2013), § 47; *Thomas Mayen*, Öffentliches Recht als Bestandteil des Zivilrechts? Der Entwurf eines Gesetzes zur Vereinheitlichung des Stiftungsrechts des BMJV, in: ZHR 184 (2020), 691–696; *Janbernd Oebbecke*, Kommunalaufsicht – nur Rechtsaufsicht oder mehr?, DÖV 2001, 406–411; *ders.*, Die aufsichtsrechtliche Anzeigepflicht, NVwZ 2020, 1478–1482; *Stefan Ulrich Pieper*, Aufsicht. Verfassungs- und verwaltungsrechtliche Strukturanalyse, 2006; *Eberhard Schmidt Aßmann*, Der Verfahrensgedanke im deutschen und europäischen Verwaltungsrecht, in: Hoffmann-Riem/Schmidt-Aßmann/Voßkuhle (Hrsg.), Grundlagen des Verwaltungsrechts, Bd. II (2. Aufl., 2012), § 27; *Rainer Schröder*, Stiftungsaufsicht im Spannungsfeld von Privatautonomie und Staatskontrolle – ein Beitrag zum Verhältnis von Staat und Stiftung, DVBl. 2007, 207–216; *Martin Schulte*, Kap. 28 Funktion und Aufgabe der Stiftungsaufsicht, in: Hüttemann/Richter/Weitemeyer (Hrsg.), Landestiftungsrecht, 2011, S. 769–791 (= Rn. 28.1.–28.55), *ders.*, Kap. 29 Maßnahmen der Stiftungsaufsicht, ebda., S. 793–822 (= Rn. 29.1.–29.66); *ders./Ben Michael Risch*, Kompetenzen der Länder zur Rechtssetzung, in: Werner/Saenger/Fischer (Hrsg.), Die Stiftung, 2. Aufl. 2019, § 46; *Gunnar Folke Schuppert*, Staatsaufsicht im Wandel, DÖV 1998, 831–838; *Ulrich Stelkens*, Verwaltungsprivatrecht, 2005; *Christoph Stumpf*, Die Entstehung der Stiftung, in: Richter (Hrsg.), Stiftungsrecht, 2019, § 4; *Joachim Suerbaum*, Die Stiftungsaufsicht im Lichte der Stiftungsrechtsreform, in: Die Stiftung 14 (2020), 19–43; *Angelo Winkler*, Wie will sich die Stiftungsaufsicht in der Zukunft ändern?, in: Die Stiftung 10 (2016), 79–126; *ders.*, Stiftungsaufsicht, in: Werner/Saenger/Fischer (Hrsg.), Die Stiftung, 2. Aufl. 2019, § 27.

Übersicht

A. **Vorbemerkung** — 1

B. **Landesstiftungsgesetze** — 8

C. **Anerkennungsverfahren** — 9

I. Anerkennungsbehörden — 11

II. Anerkennungsverfahren — 12

III. Anerkennungsmaßstäbe in verfahrensrechtlicher Anwendung – Verwaltungsspielräume? — 22

D. **Stiftungsaufsicht** — 23

A. Vorbemerkung

1 Für das Stiftungsrecht charakteristisch ist das **„Nebeneinander von Bundesrecht und Landesrecht"**.[1] Die Stiftung nimmt gleichsam eine **„Zwitterstellung"** ein.[2] Damit ist dann auch das für das Stiftungsrecht charakteristische Nebeneinander von **Zivilrecht** und **Öffentlichem Recht**

1 Staudinger/*Hüttemann/Rawert*; Vorbem. zu §§ 80–88 Rn. 22.

2 So *Achilles*, ZRP 2002, 23, 24.

https://doi.org/10.1515/9783110251524-006

verbunden.[3] Ob dieses Nebeneinander rechtsgrundsätzlich dazu berechtigt, dieses Verhältnis und die darin liegenden (möglichen) Funktionen als „wechselseitige Auffangordnungen" zu qualifizieren[4] oder beide als „komplementäre, vollständige und geschlossene Teilrechtsordnungen" anzusehen,[5] mag an dieser Stelle offen bleiben. Zu konstatieren ist aber, dass sich das Stiftungswesen im Kraftfeld der traditionellen Gegenbegriffe Privatrecht und Öffentliches Recht bewegt, ohne dass damit apriorisch die Grenzverläufe zwischen beiden Polen schon festlägen.[6] Die Entstehung einer privatrechtlichen Stiftung ist de lege lata jedenfalls gestuft und erfolgt in zwei (Rechts-) Akten:[7] Dem **privatrechtlichen Stiftungsgeschäft** tritt ein **öffentlich-rechtlicher Konstitutivakt** – die Anerkennung (vgl. § 80 Abs. 2 Satz 1, § 82) an die Seite.[8] Der Vorgang **Anerkennung** der Stiftung als sog. **privatrechtsgestaltender Verwaltungsakt**[9] verkoppelt Privatrecht mit Öffentlichem Recht, zumal die Anerkennungsvoraussetzungen durch § 82 abschließend (näher oben Rn. 15ff.) vorgegeben sind. Das verwaltungsrechtliche Anerkennungsverfahren ist der Transmissionsriemen für die Umsetzung der materiell-rechtlichen Vorgaben des § 82; ihm kommt insofern eine Umsetzungsfunktion zu.[10] Für das „juristische Werden" der Stiftung als Rechtsperson ist die Anerkennung der „entscheidende Teil".[11] Mit der Anerkennung einer Stiftung durch den Staat enden die öffentlich-rechtlichen Zuständigkeiten und Befugnisse aber nicht. Nach der „doppelaktigen" Errichtung der Stiftung wird deren Handeln – weiterhin – durch eine staatliche Stiftungsaufsicht „hoheitlich" begleitet. Das privatautonome Agieren des Stifters und später der Stiftung erfolgt unter den (wachsamen) Augen eines Hoheitsträgers, der aber wegen des Vorbehalts des Gesetzes nur aufgrund hinreichend bestimmter Rechtsgrundlagen sowie speziell zugewiesener und genau umschriebener Befugnisse tätig werden darf.

Die **Schnittstellen** zwischen beiden **stiftungsbezogenen Teilrechtsordnungen** werden 2
vor allem durch die grundgesetzliche **Kompetenzverteilung** und den **Kompetenztitel** „Bürgerliches Recht" nach Art. 74 Abs. 1 Ziff. 1, 1. Var. GG dirigiert. Auf diesen verfassungsrechtlichen Abgrenzungsmaßstab rekurriert die sog. Gesetzgebungskompetenztheorie, wonach die traditionelle landesrechtliche Normierung die Öffentlichrechtlichkeit indiziert.[12] Eine andere Version des Kompetenzansatzes lässt sich aus der Qualifikation von BGB-Normen (wie z.B. § 85 a.F.) als „bloße Kompetenznormen" entnehmen (s. § 83 Rn. 10).[13]

Das **strukturelle Nebeneinander von Stiftungszivilrecht und Verwaltungsrecht** mani- 3
festiert sich darin, dass neben die Regelungen des BGB die öffentlich-rechtlichen Regelungen der Bundesländer zum Stiftungswesen treten.[14] Diese für die föderale Rechtsordnung typische Mehrebenen-Konstellation hat zur Konsequenz, dass den bundeseinheitlichen stiftungszivilrechtlichen Normen landesrechtliche Regelwerke an die Seite gestellt sind. Dies sind zum einen

---

3 *Backert*, in: Landesstiftungsrecht, Rz. 10.7. Vgl. auch *Mugdan*, Die gesammten Materialien zum Bürgerlichen Gesetzbuch, Bd. I (1899), S. 420.

4 Grundlegend die Beiträge in Hoffmann-Riem/Schmidt-Aßmann (Hrsg.), Öffentliches Recht und Privatrecht als wechselseitige Auffangordnungen, 1996.

5 Dazu *de Wall*, Die Anwendbarkeit privatrechtlicher Vorschriften im Verwaltungsrecht, 1999, S. 44 ff.

6 Zur traditionellen Gegenbegrifflichkeit unter kompetenzrechtlicher Perspektive siehe von Mangoldt/Klein/*Pestalozza*, GG-Kommentar, Bd. 8, 3. Aufl. 1996, Art. 74 Abs. 1 Nr. 1 Rn. 59.

7 Konzise *Achilles*, ZRP 2002, 23 (28): „Die Stiftungsentstehung ist auf diese Weise mit seinen aufeinander aufbauenden Errichtungsmerkmalen [...] zu einem in zwei unterschiedlichen Rechtsordnungen angesiedelten Doppeltatbestand geworden.".

8 Vgl. *Werner*, in: ders./Saenger/Richter § 11 Rn. 145.

9 Grundlegend zu dieser Rechtsfigur *Manssen*, Privatrechtsgestaltung durch Hoheitsakt, 1994. Speziell statt vieler *Burgard*, Gestaltungsfreiheit, S. 156.

10 In Anlehnung an Formulierungen von *Schnapp*, Der trialistische Behördenbegriff, in: Festschrift für Wolf-Rüdiger Schenke (2011), S. 1187, 1188.

11 So *Burgard*, Gestaltungsfreiheit, S. 157.

12 Eingehend *Stelkens*, Verwaltungsprivatrecht, S. 344 ff. und passim.

13 *Burgard*, npoR 2019, 106, 109.

14 Zur Rechtsquelle des Landesstiftungsrecht eingehend Stumpf/*Suerbaum*/Schulte/Pauli C Rn. 1 ff.

allgemein die **landesverwaltungsverfahrensrechtlichen Bestimmungen** (VwVfG der Länder) und zum anderen die **Landesstiftungsgesetze** im Besonderen. Die Landessstiftungsgesetze normieren das für „die Stiftungsaufsicht im engeren Sinne einschließlich ihres Befugnisarsenals und Verfahrens" erforderliche Sonderrecht des Staates.[15] Diese spezialgesetzlichen Rechtsgrundlagen befinden sich nicht in der Hand des Bundesgesetzgebers, weil sie sich nicht auf den Kompetenztitel des Art. 74 Abs. 1 Ziff. 1, 1. Var. GG stützen lassen. Dieser grundgesetzliche Kompetenztitel eröffnet nicht in die komplette „Mitregelung praktisch aller öffentlich-rechtlicher Aspekte des Stiftungsrechts".[16] Die Mitregelung einzelner öffentlich-rechtlicher Aspekte und einzelner Akte staatlicher Mitwirkung wird aber als noch kompetenzkonform angesehen.[17]

4 Die **prinzipielle Abschichtung** zwischen **Bundesstiftungszivilrecht** und dem **Stiftungsrecht der Bundesländer** wird seit jeher als schwierig angesehen.[18] Die Regelungsbefugnis des Bundes zur Festlegung der Erforderlichkeit eines privatrechtsgestaltenden Verwaltungsakts wurde schon hinsichtlich der §§ 80 Abs. 1 i.V.m. § 81 Abs. 1 a.F. angezweifelt;[19] für die Reform 2021 ist dies zT wiederholt und noch auf andere aufsichtsrechtliche Aspekte, die unitarisierend nunmehr neuen Bundesstiftungszivilrecht geregelt werden,[20] erstreckt worden.[21] Ungeachtet des Umstands, dass die Grenze zwischen Öffentlichem Recht und Privatrecht per se fluide ist, lässt sich die Problematik Kompetenzwidrigkeit nicht eindeutig für sämtliche Aspekte beantworten. Die **stiftungsrechtliche Unitarisierung** wird zwar für „rechtspolitisch nachvollziehbar" angesehen, aber gerade in den Fällen für problematisch gehalten, die die **landesrechtliche Pluralität** zu weitgehend planiert.[22] Auch diese Diskussion über die Novellierung des Stiftungszivilrechts wird (möglicherweise) weitergehen, zumal die kompetenzrechtlichen Fragen sich mitunter schachbrettartiger Klarheit entziehen.

5 Vermittelnd und tendenziell lässt sich vielleicht dies festhalten: Die Normierung der Erforderlichkeit eines Konstitutivaktes **„Anerkennung" als gebundenen Verwaltungsakt** angesichts der **„Doppelaktigkeit" der Stiftungserrichtung**, wird ihren – auch grundrechtlich fundierten – Ausgangspunkt immer in einem privatautonomen Willensakt haben, der lediglich formalrechtlich abgeschlossen wird durch den staatlichen Anerkennungsakt.[23] Die zivilrechtliche Regelung ist **nicht** die umfassende verfahrensrechtliche Regelung des staatlichen Anteils, sondern vielfach die Brücke zwischen materieller Rechtslage und formellem Verfahrensrecht. Der Zivilgesetzgeber disponiert rechtsmaßstäblich über das zivilrechtliche Rechtsinstitut Stiftung hinsichtlich seiner „Zulassungsvoraussetzungen" und programmiert damit die Richtigkeit- und Rechtmäßigkeitsmaßstäbe des stiftungsbehördlichen Tätigkeitskreises. Teilweise entscheidet das Bundesrecht aber auch über formale Aspekte. Das Bundesrecht vermittelt schließlich nicht immer einfach die für staatliche Maßnahmen erforderlichen Rechtsgrundlagen, so dass es landesgesetzlicher Konkretisierung bedarf. Nicht selten erfolgt auf diese Weise eine **strukturelle Kopplung** zwischen **Stiftungszivilrecht** und dem Sektor des **„öffentlichen Stiftungsrechts"**. Tendenziell lässt das neue bundesein-

---

15 So *Suerbaum*, in: Die Stiftung 14 (2020), 19, 26.

16 *Suerbaum*, ebda.

17 Statt vieler Stumpf/*Suerbaum*/Schulte/Pauli C Rn. 345.

18 Siehe etwa MüKoBGB/*Weitemeyer*, § 80 Rn. 39 f. Eingehende Darstellung des Streitstandes durch *Schulte*/*Risch*, in: Werner/Saenger/Fischer (Hrsg.), Die Stiftung, 2. Aufl. 2019, § 46 Rn. 1 ff. Grundlegend auch *Achilles*, ZRP 2002, 23 ff.

19 Konzise Darstellung des Meinungsstandes bei Staudinger/*Hüttemann*/*Rawert*; Vorbem. zu §§ 80–88 Rn. 23 f.

20 Zu denken ist hier an die Notmaßnahmen bei fehlenden Organmitgliedern (§ 84c); Voraussetzungen sowie Zuständigkeit und Verfahren für Satzungsänderungen (§§ 85, 85a); Verfahren der Zulegung oder Zusammenlegung (§ 86b) bzw. deren behördliche Anordnung (§ 86e), Auflösung einer Stiftung (§ 87) sowie deren Aufhebung (§ 87a).

21 Z.B. von *Thomas Mayen*, in: ZHR 184 (2020), 691 ff. Siehe auch *Suerbaum*, in: Die Stiftung 14 (2020), 19, 30 ff.

22 *Suerbaum*, in: Die Stiftung 14 (2020), 19, 41.

23 Grundlegend Staudinger/*Hüttemann*/*Rawert*, Vorbem. zu §§ 80–88 Rn. 24.

heitliche Stiftungsrecht die landesrechtlichen Regelungswerke **noch deutlicher als vor der Novellierung** zu einem genuinen **Stiftungsaufsichtsrecht** mutieren.[24]

Durch die 2023 in Kraft tretende Neuregelung aus dem Jahr 2021 ist die stark unitarisierende Regelungskompetenz des Bundes auf dem Feld des Stiftungszivilrechts noch einmal deutlicher profiliert worden.[25] Die in der Konzentration des Stiftungszivilrechts auf bundesrechtlicher Ebene liegende rechtliche Vereinheitlichung löst angesichts der rechtsstaatlich fundierten **Selbstbeobachtungs- und Nachbesserungspflicht** des Gesetzgebers[26] die Notwendigkeit aus, das **Landesstiftungsrecht** in der Zeit bis zum Inkrafttreten des neuen Bundesstiftungszivilrechts zum 1. Juli 2023 **ebenfalls** einer grundlegenden Überarbeitung zu unterziehen.[27] Hüttemann/Rawert haben zu diesem Zwecke – anknüpfend an ältere eigene Vorarbeiten[28] – bereits einen **Modellentwurf eines Landesstiftungsgesetzes** zur Diskussion gestellt.[29] Sollten diese Reformen nicht erfolgen, stellt sich ggf. unter dem Blickwinkel des Art. 31 GG die Frage, ob Landesstiftungsrecht formell verfassungswidrig ist, weil der Bund von seiner (konkurrierenden) Gesetzgebungskompetenz Gebrauch gemacht hat.[30] Ungeachtet des verfassungsrechtsdogmatischen Streits, ob inhaltsgleiches Landesrecht ebenfalls immer unwirksam ist,[31] ist ergänzendes oder entgegenstehendes Landesstiftungsrecht möglicherweise dem Verdikt des Art. 31 GG ausgesetzt.[32] Die Beseitigung überflüssiger oder widersprechender Regelungen auf Landesebene ist insofern ein Gebot der Rechtsstaatlichkeit. Es sollte nicht aus pietätsvoller Neigung einfachhin an den bestehenden Regelungen festgehalten werden, sondern diese sind vielmehr auf das rechtlich Erforderliche hin durchzumustern und vor dem Hintergrund des bundesrechtlich nunmehr Vorgegebenen systemisch stimmig neu zu konzipieren. Das Landesstiftungsrecht ist faustformelartig formuliert, prospektiv zu „publifizieren". **Publifikation** meint in diesem Zusammenhang, dass das Landesrecht von den **privatrechtlichen Regelungsgehalten** (weitgehend) zu **reinigen** ist. Hinsichtlich der kompetenzrechtlich (gerade noch) tolerablen bundeseinheitlichen Mitregelungen öffentlich-rechtlicher Aspekte bedarf es einer normativen Abstimmung und Präzisierung. Oder anders formuliert: das Landesrecht ist grundsätzlich auf die Regelungen zurückzuführen, die öffentlich-rechtlich sind. Das Landesstiftungsrecht ist Sonderrecht des Staates und an dessen Behörden adressiert. Es ist auf diesen Organisationskontext hin zu spezifizieren. **6**

Zwischen **Anerkennungsverfahren** und **Stiftungsaufsicht** ist prinzipiell zu differenzieren. **7**
Die rechtsmaßstäblichen, materiellen Anforderungen hinsichtlich der Anerkennungsentscheidungen galten schon vor der Stiftungsrechtsnovelle 2021 als bundesrechtlich abschließend normiert.[33] Dem Grunde nach kommt dem **Verwaltungsverfahren** im Sektor stiftungsrechtliche

24 Dazu, dass die Landesregelungen „reine Stiftungsaufsichtsgesetze" sind schon vorher Staudinger/*Hüttemann/Rawert*, Vorbem. zu §§ 80–88 Rn. 22 a.E.

25 Zu dieser schon seit der Stiftungsrechtsreform 2002 bestehenden Tendenz siehe nur Staudinger/*Hüttemann/Rawert*, Vorbem. zu §§ 80–88 Rn. 22.

26 Näher hierzu *Smeddinck*, in: Kluth/Krings (Hrsg.), Gesetzgebung, 2014, § 3 Rn. 36 ff.

27 Vgl. *Hüttemann/Rawert*, Beilage zu ZIP 33/2021, 1, insbes. 41 ff.

28 *Hüttemann/Rawert*, ZIP 2002, 2019–2028.

29 *Hüttemann/Rawert*, Beilage zu ZIP 33/2021, 1, 41–44.

30 Dazu etwa *Weitemeyer/Franzius*, in: Landestiftungsrecht, Rz. 1.23.

31 Näher *Gubelt/Hanschel*, in: von Münch/Kunig (Hrsg.), GG-Kommentar, Bd. 1, 7. Aufl. 2021, Art. 31 Rn. 46 ff.

32 Wo im Einzelnen diese Kollisionslagen zwischen Bundes- und Landesstiftungszivilrecht auftreten können, kann an dieser Stelle nicht en detail ermittelt werden; es wird auch Grenzfälle geben, die sich klarer Beantwortung entziehen. Dass die Tücke im Detail liegt, lässt sich etwa an folgendem Problem veranschaulichen: Landesrechtlich ist es durchaus üblich, Buchführungs- und Rechnungslegungsvorschriften vorzusehen. Resultiert daraus eine Kollisionslage mit dem den allgemeinen Pflichten zur ordnungsgemäßen Vermögensverwaltung nach §§ 83b, c? Würde es einen Unterschied machen, ob eine Rechnungslegungsvorschrift als eine aufsichtsrechtlich überprüfbare Pflicht konzipiert ist oder lediglich eine objektive Vorgabe zu ordnungsgemäßer Buchführung und Rechnungslegung normiert?.

33 Vgl. MüKoBGB/*Weitemeyer*, § 80 Rn. 39. Sowie *Hüttemann*, in: ZHR 167 (2003), 35, 45 f.

Anerkennung vor allem dienende Funktion zu.[34] Das Anerkennungsverfahren soll die materielle Richtigkeit der Entscheidung über die Errichtung einer Stiftung als Rechtsperson absichern. § 82 formuliert hierzu spezielle Anforderungen. Behördliches Agieren nach der Errichtungsphase tritt grosso modo aus der eher dienenden Funktion heraus und begleitet das Leben und Agieren der Stiftung aus einem anderen Regelungskontext. Der Funktion, dass die **Stiftungsaufsicht** regelmäßig als **„Garant des Stifterwillens"** qualifiziert wird,[35] wohnt die Aufgabenstellung inne, dass die staatliche Stiftungsaufsicht im öffentlichen Interesse eine **Beobachtung- und Gewährleistungsaufgabe** wahrnimmt, die die einmal anerkannte Stiftung – bei aller Freiheit ihres Agierens – zur „Wahrung des gesetzlich konkretisierten Gemeinwohls sowie der Verkehrstauglichkeit der Stiftung"[36] begleitend „auf Kurs hält" und sie gerade nicht völlig sich selbst überlässt. Dem Stiftungswesen ist und bleibt – ungeachtet aller Liberalisierungstendenzen – eine **gewisse „Staatsbedürftigkeit"** inhärent.[37]

B. Landesstiftungsgesetze

8 Sämtliche Bundesländer verfügen über eigene Landesstiftungsgesetze, die nicht zuletzt nach der Modernisierung des Stiftungsrechts 2002 modifiziert worden sind.[38] Angesichts der wohl anstehenden Überarbeitungen (s.o. Rn. 6) wird hier von einer Auflistung des gegenwärtigen Rechtsetzungsstands und einem Abdruck der Normen zum Anerkennungsverfahren und der Stiftungsaufsicht zum gegenwärtigen Zeitpunkt abgesehen.

C. Anerkennungsverfahren

9 Das nach § 82 erforderliche Verfahren zur konstitutiven Anerkennung der Rechtsfähigkeit der Stiftungen bürgerlichen Rechts führen die **Bundesländer als eigene Angelegenheit** durch. Die Bundesländer regeln nach Art. 84 Abs. 1 Satz 1 GG das Verwaltungsverfahren, das demnach die formellen Regelungen trifft, die zur Umsetzung des im BGB normierten materiellen Stiftungszivilrechts erforderlich sind. Dies umfasst die **Festlegung** der Anerkennungsbehörden sowie die **Ausgestaltung** des Anerkennungsverfahrens im Einzelnen.

10 Das stiftungsrechtliche Anerkennungsverfahren richtet sich nach dem Grundmodell des Verwaltungsverfahrens überhaupt. Dieses trifft Regelungen u.a. zu den Verfahrensbeteiligten, normiert Vorschriften über Einleitung, Fortgang und Abschluss von Verwaltungsverfahren einschließlich der Aspekte Verfahrensfehler und Fehlerfolgen.[39] Diese „prozeduralen Ordnungselemente"[40] richten sich weitgehend eher nach dem Verfahrensrecht der Bundesländer und sind weniger Gegenstand der speziellen Landesstiftungsgesetze.

---

34 Grundsätzlich zu diesem Aspekt *Heinrich Amadeus Wolff*, Die dienende Funktion der Verfahrensrechte – eine dogmatische Figur mit Aussagekraft und Entwicklungspotential, in: Festschrift für Rupert Scholz (2007), S. 977–991.

35 Vgl. auch zu den Problemen dieser Annahme etwa *Burgard*, Gestaltungsfreiheit, S. 204 f.

36 *Burgard*, Gestaltungsfreiheit, S. 213.

37 Zur Legitimationsproblematik staatlicher Stiftungsaufsicht eingehend Stumpf/*Suerbaum*/Schulte/Pauli C Rn. 165 ff.

38 Siehe die Auflistung bei Stumpf/*Suerbaum*/Schulte/Pauli C Rn. 17 ff. Instruktiv auch die Übersicht auf der Homepage des Lehrstuhls Weitemeyer an der Bucerius Law School in Hamburg: https://www.law-school.de/forschung-fakultaet/institute-und-zentren/institut-fuer-stiftungsrecht-und-das-recht-der-non-profit-organisationen/publikationen (24.1.2022).

39 *Pünder*, in: Ehlers/Pünder (Hrsg.), Allgemeines Verwaltungsrecht, 15. Aufl. 2016, § 14 Rn. 1.

40 *Schmidt-Aßmann*, in: GVwR II (^{2}2012), § 27 Rn. 96 ff.

I. Anerkennungsbehörden

Das maßgebliche Verfahrenssubjekt für das stiftungsrechtliche Anerkennungsverfahren ist die **verfahrensleitende Verwaltungsbehörde.** Die Zuständigkeit zur Anerkennung einer Stiftung des bürgerlichen Rechts liegt bei der **„zuständigen Behörde des Landes“**,[41] in dem die zukünftige Stiftung ihren satzungsmäßigen Sitz haben soll (§ 80 Abs. 2 Satz 1).[42] Die Bestimmung der **sachlichen** und **örtlichen Zuständigkeit** wird nicht durch das Bundesrecht, sondern durch das Landesrecht und hier insbesondere die Landesstiftungsgesetze vorgenommen. Die Festlegung der zuständigen Stiftungsanerkennungsbehörden weist eine **föderale Vielfältigkeit** auf und hängt auch von **länderspezifischen Verwaltungsstrukturen** ab.[43] Bundesländern, die die Aufgabe der Stiftungsanerkennungsbehörde in einem dreistufigen Verwaltungsaufbau sog. Landesmittelbehörden (Bezirksregierung, Regierungspräsidium o.ä.) zuweisen, stehen Bundesländer gegenüber, die die Zuständigkeit obersten Landesbehörden (Ministerien) übertragen; im letzten Fall ressortiert die Anerkennungszuständigkeit in der Regel beim Innenministerium (Ausnahme Berlin und Hamburg).[44] 11

II. Anerkennungsverfahren

Seit 2002 ist die Errichtung einer Stiftung des bürgerlichen Rechts **nicht mehr** an ein **Genehmigungs-, sondern** an ein **Anerkennungsverfahren** gebunden, ohne dass hiermit wesentliche inhaltliche Änderungen verbunden gewesen wären.[45] Das Anerkennungsverfahren ist ein Verwaltungsverfahren, für das weitestgehend die herkömmlichen Landesverwaltungsverfahrensgesetze gelten. Nur ausnahmsweise treffen die Landestiftungsgesetze stiftungsverfahrensrechtliche Sonderregelungen.[46] Beides tritt ergänzend zu den Regelungen in §§ 80 ff. 12

Wie andere Verwaltungsverfahren auch ist das stiftungsrechtliche Anerkennungsverfahren ein „phasengegliederter Ablauf“, beginnend mit der **Einleitungsphase** (Antragstellung), der Phase der **Entscheidungsvorbereitung**, der **Entscheidungsfindung** sowie der **„Entscheidungsformung“** und der **Entscheidungsbekanntgabe.**[47] 13

Die **Anerkennung** einer Stiftung des bürgerlichen Rechts **bedarf** prinzipiell des **Antrags** (vgl. § 81a Satz 2). Ohne Antrag gilt die Stiftungsanerkennung nach mittlerweile überwiegen- 14

41 Zu beachten ist, dass der stiftungsrechtliche Begriff des Behörde differieren kann, da etwa im Anerkennungsstadium es sich um die „zuständige Behörde des Landes“ (§ 80 Abs. 2 Satz 1) und damit unzweifelhaft um eine staatliche Behörde handelt, während die für eine Satzungsänderung erforderliche Genehmigung bei der „nach Landesrecht zuständigen Behörde“ (§ 85a Abs. 1 Satz 2) ressortiert; dies können etwa bei kirchlichen Stiftungen auch kircheneigene Aufsichtsstrukturen sein.

42 Der effektive Verwaltungssitz ist nach h.M. zwar formalrechtlich irrelevant (so etwa Staudinger/*Hüttemann*/*Rawert*, § 81 Rn. 43), kann aber doch verwaltungspraktische Folgen etwa im Hinblick auf Amtshilfeersuchen gegenüber der Stiftungsbehörde des tatsächlichen Verwaltungssitzes o.ä. haben. Vgl. *Stumpf*/Suerbaum/Schulte/Pauli, B § 80 Rn. 70.

43 Siehe etwa die Übersicht bei *Backert*, in: Landesstiftungsrecht, Rz. 9.1. ff. und bei *Fischer*, in: Richter (Hrsg.), Stiftungsrecht, § 8 Rn. 140.

44 Vgl. auch *Werner*, in: ders./Saenger/Richter § 11 Rn. 150.

45 Vgl. *Burgard*, Gestaltungsfreiheit, S. 156: „Die Umbenennung ist vielmehr allein kosmetischer Natur. Sie soll den Grundsatz der Stifterfreiheit auch sprachlich verdeutlichen und so positive Signalwirkung für potentielle Stifter entfalten.“.

46 *Winkler*, in: Werner/Saenger/Richter § 27 Rn. 27 mit Nachweisen in Fn. 101.

47 Im Anschluss an *Schmidt-Aßmann*, in: GVwR II (^{2}2012), § 27 Rn. 97.

der Auffassung nicht (mehr) als nichtig und damit unwirksam (§ 44 Abs. 1 VwVfG),[48] sondern lediglich als rechtswidrig.[49] Das Antragserfordernis wird insofern nicht als zwingend angesehen; aus verwaltungsrechtlicher Sicht ist dies nicht überzeugend.[50] Ob die versehentlich, nicht beantragte Stiftungsanerkennung wirklich ein (großes) Problem praktischer Relevanz ist mag dahinstehen. Der privatrechtsgestaltende Verwaltungsakt Stiftungsanerkennung basiert auf dem Begehren des bürgerlichen Stifters. Grundsätzlich darf in einem Antragsverfahren[51] die Behörde nach § 22 Satz 2 Ziff. 2 VwVfG nur auf Antrag hin tätig werden und hat dies zu unterlassen, wenn ein entsprechender Antrag nicht vorliegt.[52] Nach allgemeinen verwaltungsverfahrensrechtlichen Grundsätzen kann bspw. der Stifter den Anerkennungsantrag bis zur Bekanntgabe der Verwaltungsentscheidung (vgl. § 43 VwVfG) zurückziehen.[53] Die Rücknahme des Antrags hat lediglich die Einstellung des Anerkennungsverfahrens zur Folge und tangiert – erst einmal nicht – das Stiftungsgeschäft.[54] Dieses ist aber gleichermaßen frei widerruflich bis zur Entscheidung über die Anerkennung (§ 81a Satz 1). Sollte bereits ein Anerkennungsantrag gestellt worden sein, hat der Stifter den Widerruf des Stiftungsgeschäfts gegenüber der zuständigen Landesbehörde zu erklären (§ 81a Satz 2).[55]

15 Die **Antragsbefugnis** liegt **beim Stifter selbst** oder, sofern die Stiftung von mehreren Stiftern errichten werden soll, bei diesen gemeinsam. Der Stifter kann sich bei der Antragstellung vertreten lassen; es gelten insofern die allgemeinen Regeln. Mehrere Stifter können sich ggf. gegenseitig bevollmächtigen.[56] Ob Testamentsvollstrecker oder Nachlasspfleger antragbefugt sind, wird im Einzelnen unterschiedlich beantwortet.[57]

16 Im Gegensatz zum **Schriftformerfordernis des Stiftungsgeschäfts** (§ 81 Abs. 3) ist für den Antrag auf Anerkennung der Stiftung **kein** besonderes **Formerfordernis** normiert; er kann – mangels entgegenstehender Vorschriften im BGB, Landesverwaltungsverfahrensrecht (Grundsatz der Nichtförmlichkeit nach § 10 VwVfG) und Landestiftungsrecht – sowohl schriftlich als auch mündlich bei der zuständigen Landesbehörde gestellt werden.[58] Rechtspraktisch dürfte es aus Gründen der Rechtssicherheit in der Regel aber sinnvoll sein, den Antrag auf Stiftungsanerkennung schriftlich zu stellen,[59] zumal der Antragsteller das formbedürftige Stiftungsgeschäft sowie die Stiftungssatzung der zuständigen Behörde vorlegen muss, da diese Unterlagen unmittelbarer Gegenstand der behördlichen Prüfung sind.[60]

48 A.A. VGH Kassel, DÖV 1968, 809; differenzierend Staudinger/*Hüttemann/Rawert*, § 80 Rn. 11, die mit beachtlichen Gründen von einer offensichtlichen Fehlerhaftigkeit i.S. des § 44 VwVfG ausgehen, wenn eine Anerkennung einer Stiftung unter Lebenden ohne einen entsprechenden Antrag des Stifters erfolgt. Hüttemann/Rawert unterscheiden davon den Fall, dass der Antrag fehlerhaft bspw. wegen mangelnder Geschäftsfähigkeit o.ä. ist.

49 MüKoBGB/*Weitemeyer*, § 80 Rn. 111. Siehe *Backert*, in: Landesstiftungsrecht, Rz. 10.14 f., der lediglich von einer Anfechtbarkeit ausgeht. Ebenso *Burgard*, Gestaltungsfreiheit, S. 159, da „andernfalls das Fehlen eines wirksamen Antrags weitreichendere Folgen als das Fehlen eines wirksamen Stiftungsgeschäfts" hätte.

50 So auch i.E. Staudinger/*Hüttemann/Rawert*, § 80 Rn. 11. Zu den Grundlagen des Antrags näher *Hufen/Siegel*, Fehler im Verwaltungsverfahren, 6. Aufl. 2018, Rn. 185 ff.

51 Stiftungsrechtlich ergibt sich die Qualifikation als ausdrückliches Antragsverfahren durch Auslegung, etwa des § 81a BGB; ausdrücklich normiert ist es – leider – nicht.

52 Zu dem verwaltungsverfahrensrechtlichen Dispositionsprinzip in diesem Kontext näher *Pünder*, in: Ehlers/Pünder (Hrsg.), Allgemeines Verwaltungsrecht, 15. Aufl. 2016, § 14 Rn. 19.

53 *Pünder*, in: Ehlers/Pünder (Hrsg.), Allgemeines Verwaltungsrecht, 15. Aufl. 2016, § 14 Rn. 23.

54 *Burgard*, Gestaltungsfreiheit, S. 159.

55 Vgl. auch § 81 Abs. 2, dazu näher Staudinger/*Hüttemann/Rawert*, § 81 Rn. 84 ff.

56 *Backert*, in: Landesstiftungsrecht, Rz. 10.16.

57 Näher *Backert*, in: Landesstiftungsrecht, Rz. 10.17 ff.

58 *Backert*, in: Landesstiftungsrecht, Rz. 10.22 ff.; dort (Rz 10.23) auch die Erörterung eines Schrifterfordernisses „aus der Natur der Sache".

59 Zur elektronischen Antragstellung siehe etwa § 3a VwVfG.

60 So zu Recht *Backert*, in: Landesstiftungsrecht, Rz. 10.24 f.

Zu den **„geborenen" Beteiligten** des Anerkennungsverfahrens gehört nach § 13 Abs. 1 Ziff. 1 VwVfG in jedem Fall der **Antragsteller.** Dieser dürfte in den weit überwiegenden Fällen auch der Stifter sein, der zudem auch Adressat des Anerkennungsaktes ist (§ 13 Abs. 1 Ziff. 2 VwVfG). Dem Kreis der geborenen Verfahrensbeteiligten hinzuzurechnen sind darüber hinaus regelmäßig bei einer Stiftung von Todes wegen der Erbe und der Testamentsvollstrecker.[61] Nach § 13 Abs. 1 Ziff. 4 VwVfG hat die zuständige Anerkennungsbehörde schließlich die Option nach ihrem Ermessen weitere Beteiligte hinzuziehen (**„gekorene" Beteiligte**), deren Beteiligung für sachdienlich gehalten wird.[62] Eine besondere Verfahrenskonstellation ist wegen der Kirchlichkeit der Stiftung die zwingend erforderliche Beteiligung von Kirchen (oder sonstigen ihnen gleichgestellten Religionsgesellschaften des öffentlichen Rechts). Da die Anerkennung der Rechtsfähigkeit einer kirchlichen Stiftung immer auch mit deren Qualifikation als kirchlich im stiftungsrechtlichen Sinne (vgl. § 88 Rn. 24ff.) korrespondiert, sind die betroffenen Kirchen oder Religionsgesellschaften immer auch geborene Beteiligte des Anerkennungsverfahrens nach § 13 Abs. 1 Ziff. 2 VwVfG, da die Wirksamkeit des Anerkennungsakts auch sie betrifft (vgl. § 43 Abs. 1 VwVfG).[63] 17

In der Phase der Entscheidungsvorbereitung bedürfen sowohl die **Anhörung** der geborenen wie gekorenen Beteiligten als auch der **Umfang der behördlichen Ermittlungspflichten** sorgsamer Aufmerksamkeit.[64] Mit der Anhörung der Beteiligten nach § 28 VwVfG korrespondiert die von der Anhörung zu unterscheidende behördliche Aufgabe zur Beratung des Stifters als Antragsteller. Eine besondere **stiftungsrechtliche Beratungspflicht im Anerkennungsverfahren** wird **nur** im bayerischen Rechtskreis ausdrücklich vorgegeben (§ 1 Abs. 2 AVBayStiftG).[65] Für die anderen Bundesländer verbleibt es bei der allgemeinen verfahrensrechtlichen Regelung nach § 25 VwVfG.[66] **Im Übrigen** kommt der **Untersuchungsgrundsatz** nach § 24 VwVfG zum Tragen, wonach die Stiftungsanerkennungsbehörde den entscheidungserheblichen Sachverhalt von Amts wegen zu ermitteln hat und den Antragsteller dabei Mitwirkungsobliegenheiten treffen.[67] 18

Am Ende des Anerkennungsverfahrens steht eine aktive, bewusste Entscheidung der Stiftungsbehörde, die entweder die Anerkennung erteilt oder ablehnt. Eine **Anerkennungsfiktion** – entsprechend einer Genehmigungsfiktion i.S. des § 42a VwVfG – infolge Zeitablaufs ist stiftungsrechtlich **nicht** vorgesehen. Soweit das Bundesland Nordrhein-Westfalen und der Freistaat Thüringen der Behörde eine Entscheidungsfrist vorgeben, wird die Anerkennung nicht durch Fristablauf fingiert.[68] 19

Eine weitreichende **Nebenbestimmungsfeindlichkeit** der Anerkennung als privatrechtsgestaltender Verwaltungsakt ergibt sich entweder aus expliziten Regelungen des jeweiligen Lan- 20

61 Hierzu und zu der Konstellation, dass auch bei einem Stiftungsgeschäft unter Lebenden der Erbe geborener Beteiligter sein kann näher *Backert*, in: Landesstiftungsrecht, Rz. 10.30 f.

62 Ausführlich *Backert*, in: Landestiftungsrecht, Rz. 10.36 ff., der folgende Konstellationen behandelt: Ehegatte des Stifters, sofern es sich beim Stiftungsgeschäft um einen Fall des § 1365 handelt; Erben und Pflichtteilsberechtigte, Gläubiger des Stifters mit vollstreckbaren Schuldtiteln.

63 Vgl. *Backert*, in: Landestiftungsrecht, Rz. 10.32 ff.

64 Die unterlassene Anhörung macht die Stiftungsanerkennung zwar rechtswidrig, ist aber nach § 45 Abs. 1 Ziff. 3 VwVfG heilbar, indem die Anhörung nachgeholt wird. Ggf. rechtfertigt die unterlassene Anhörung auch nach § 46 VwVfG nicht die Aufhebung des Anerkennungsakts, wenn die fehlende Anhörung ohne Auswirkung auf das Entscheidungsergebnis ist. Allgemein zur Anhörung *Hufen/Siegel*, Fehler im Verwaltungsverfahren, 6. Aufl. 2018, Rn. 283 ff.

65 Die behördliche Beratungspflicht nach Art. 11 BayStiftG bezieht sich ausdrücklich auf aufsichtsrechtliche Verfahrenskonstellationen. Vgl. *Backert*, in: Landestiftungsrecht, Rz. 10.43 f.

66 Zur Beratung im Sinne dieser Vorschrift siehe allgemein *Hufen/Siegel*, Fehler im Verwaltungsverfahren, 6. Aufl. 2018, Rn. 324 ff., insbes. 351 ff.

67 Allgemein zu diesen Aspekten *Pünder*, in: Ehlers/Pünder (Hrsg.), Allgemeines Verwaltungsrecht, 15. Aufl. 2016, § 14 Rn. 27 ff.

68 Vgl. *Backert*, in: Landesstiftungsrecht, Rz. 10.65.

desstiftungsrecht (so § 5 Abs. 1 Satz SächsStiftG; § 7 Abs. 3 ThürStiftG) oder den strengen Voraussetzungen des § 36 Abs. 1 VwVfG.[69]

21 Die Landestiftungsgesetze treffen in unterschiedlichem Maße **Formvorschriften für die Anerkennung** und deren **Publizität** (Bekanntgabe der Anerkennung). In einigen Bundesländern wird ausdrücklich das Schriftformerfordernis der stiftungsrechtlichen Anerkennung im Landesstiftungsrecht vorgegeben, während es für die übrigen Bundesländer bei der allgemeinen Regelung des § 37 Abs. 2 Satz 1 VwVfG bleibt, wonach der Verwaltungsakt keineswegs zwingend nur schriftlich erlassen werden darf. Es sprechen gute Gründe dafür, dass der Rechtssicherheit und Rechtsklarheit wegen sowohl die Anerkennung als auch deren Ablehnung in Schriftform erfolgen sollten.[70] Die Versagung bedarf darüber hinaus der **Begründung** nach § 39 Abs. 1 VwVfG. Die positive oder negative Entscheidung im stiftungsrechtlichen Anerkennungsverfahren ist entsprechend den allgemeinen verfahrensrechtlichen Vorgaben dem Stifter als Antragssteller bekanntzugeben.[71] Sollten Antragsteller und Stifter auseinanderfallen, so ist sie beiden gegenüber bekanntzugeben. Entsprechendes gilt für sonstige Beteiligte des Anerkennungsverfahrens. Mitunter ist in den Landesstiftungsgesetzen (§ 6 Abs. 2 Satz 1 RPStiftG, § 7 Abs. 2 Satz 2 ThürStiftG) ein ausdrückliches **Zustellungserfordernis** normiert, wonach dann eine gewöhnliche Bekanntgabe in Form einer Briefsendung nicht ausreicht, sondern eine förmliche Verwaltungszustellung (mit Zustellungsurkunde, per Einschreiben oder ggf. auch in der Form elektronischer Zustellung gegen Empfangsbekenntnis) gefordert ist.[72] Darüber hinaus wird teilweise die öffentliche Bekanntmachung in einem staatlichen Amtsblatt angeordnet.[73]

III. Anerkennungsmaßstäbe in verfahrensrechtlicher Anwendung – Verwaltungsspielräume?

22 Die materiellen Voraussetzungen zur Anerkennung einer Stiftung des bürgerlichen Rechts sind bundesrechtlich abschließend geregelt und demnach vorgespurt (§ 82 Rn. 13ff.), so dass es hier zu keinen weiteren landesrechtsspezifischen Modifikationen kommt und auch aus Kompetenzgründen kommen darf. Bei dem Anerkennungsverfahren handelt es sich um ein sog. **gebundenes Verwaltungsverfahren**, an dessen Ende eine gebundene Verwaltungsentscheidung steht, da es einen Anspruch auf Anerkennung gibt. Die auf eine **„Lebensfähigkeitsprognose"** und **Gemeinwohlgefährdungsprüfung** hinauslaufenden Tatbestandsmerkmale des § 82 werden regelmäßig als gerichtlich voll nachprüfbar angesehen (vgl. § 82 Rn. 14),[74] so dass es sich um **keine** „administrative Letztentscheidungsermächtigung"[75] handelt, die einen behördlichen Beurteilungsspielraum ermöglicht,[76] selbst wenn die nicht im Ermessen der Behörde[77] stehende Anerkennungsentscheidung Elemente einer Prognoseentscheidung enthält (s. § 82 Rn. 22). Der stiftungsrechtliche Gemeinwohl-

69 Näher Stumpf/*Suerbaum*/Schulte/Pauli C Rn. 68 ff. Ferner MüKoBGB/*Weitemeyer*, § 80 Rn. 113, die Nebenbestimmungen allenfalls dann für zulässig hält, wenn sie – in sehr engen Grenzen – der Umsetzung stiftungsgesetzlichen Vorgaben zu dienen bestimmt sind. So auch Staudinger/*Hüttemann*/*Rawert*, § 80 Rn. 14. Eher „nebenbestimmungsfreundlich" aber *Stumpf,* in Richter (Hrsg.), Stiftungsrecht, § 4 Rn. 139.

70 Dezidiert *Backert*, in: Landesstiftungsrecht, Rz. 10.70 f., der aber mit der fragwürdigen Argumentationsfigur „Natur der Sache" operiert.

71 Dazu und zum Folgenden MüKoBGB/*Weitemeyer*, § 80 Rn. 114.

72 Diese richtet sich nach den Verwaltungszustellungsgesetzen der Länder.

73 Vgl. Stumpf/*Suerbaum*/Schulte/Pauli C Rn. 67.

74 Vgl. auch Erman/*Wiese*, BGB, 15. Aufl. 2017, § 89 Rn. 9: kein Beurteilungsspielraum.

75 Topos bei *Eberhard Schmidt-Aßmann*, in: Dürig/Herzog/Scholz, GG-Kommentar, Art. 19 Abs. 4 (92. Lfg. August 2020), Rn. 188 ff., zu den Prognoseermächtigungen Rn. 198 ff.

76 Zur Dogmatik *Maurer*/*Waldhoff*, Allgemeines Verwaltungsrecht 19. Aufl. 2017, § 7 Rn. 31 ff., 55 ff. Allgemein zu neueren Tendenzen *Münkler*, Der Beurteilungsspielraum als dogmatischer Knotenpunkt, DVBl. 2021, 615–623.

77 Zu den geringen behördlichen Spielräumen siehe nur MüKoBGB/*Weitemeyer* § 80 Rn. 106.

vorbehalt (s.a. § 80 Abs. 2 Satz 1 a.F.) umfasst nicht nur die Gesetzmäßigkeit des Stiftungszwecks, sondern erstreckt sich auch auf eine Prüfung der **Verfassungskompatibilität**.[78]

D. Stiftungsaufsicht

Die landesrechtlichen Regelungen zum Stiftungswesen sind bzw. werden zukünftig noch deutlicher Stiftungsaufsichtsgesetze werden müssen. Wie Inhalt und Reichweite staatlicher Aufsicht insgesamt sich (immer wieder mal) im Wandel befindet,[79] so wird auch über **Grund und Grenzen staatlicher Stiftungsaufsicht** räsoniert.[80] Ungeachtet des Umstands, dass das Thema Aufsicht[81] Gegenstand unendlicher rechtswissenschaftlicher Diskussion sein kann und soll,[82] um Erkenntnisfortschrift oder zumindest Reflexion überkommener Erkenntnisse zu generieren, ist nicht zuletzt die staatliche Stiftungsaufsicht durch gesetzgeberische Entscheidungen vorgespurt, die sich insbesondere aus dem Landesstiftungsrecht ergeben. Die Landesstiftungsgesetze sehen wohl hinreichend rechtssichere, rechtsstaatlichen Anforderungen genügende Rechtsgrundlagen vor, um die Zuständigkeiten und Befugnisse der staatlichen Stiftungsaufsichtsbehörden zu umschreiben. Ungeachtet der de lege lata bestehenden Grundlagen, ist gerade die gesetzesfolgenabschätzende Relecture des Landesstiftungsrechts nach der großen Novellierung des Stiftungszivilrechts 2021 angezeigt, wie sie etwa auch von Hüttemann/Rawert zu Recht propagiert wird.[83] **23**

Das **Landesstiftungsrecht** hat als **verwaltungsrechtliche Spezialmaterie** die rechtsstaatlich erforderlichen, grundrechtswesentlichen Entscheidungen zu treffen, indem der Landesgesetzgeber in dem verfassungsrechtlich vorgegebenen und zu beachtenden Rahmen die notwendigen Normkonkretisierungen vornimmt.[84] Eine implizite Grundentscheidung liegt schon einmal darin, dass der Stiftungssektor **nicht weitgehend aufsichtsfrei** erfolgt, sondern beaufsichtigender Begleitung durch staatliche Stiftungsbehörden bedarf. In der Herausforderung, **Über- und Untermaß** staatlicher Stiftungsaufsicht auszubalancieren, muss sich der Gesetzgeber über Zwecksetzungen und Funktion seiner Aufsichtsführung klar werden. Dem landesrechtlichen Gesetzgeber kommt dabei keine carte blanche zu, über die Art von Aufsicht, die er für den Stiftungssektor für erforderlich hält, zu disponierten. Angesichts des vorgespurten stiftungsrechtlichen Rahmens kann er nicht zwischen dem Modus Rechts- oder Fachaufsicht wählen, sondern wird – jedenfalls hinsichtlich der privatrechtlichen Stiftungen[85] – unstreitig auf **24**

---

78 Grundlegend BVerwG, Urt. v. 24.3.2021 – 6 C 4/20 –, NVwZ-RR 2021, 607 = ZStV 2022, 22 mit Anm. Martin Schulte (ebda., 28 ff.). Eine Gemeinwohlgefährdung wird etwa dann angenommen, „wenn es hinreichend wahrscheinlich, also eine nicht bloß entfernt liegende Möglichkeit ist, dass die Erlangung der Rechtsfähigkeit und die damit verbundene Verwirklichung des Stiftungszwecks durch die dann rechtsfähige Stiftung zu einer Beeinträchtigung von Verfassungsrechtsgütern führen würde." (BVerwG ebda., 609).

79 Programmatisch schon früh zum Funktionswandel *Schnapp*, DVBl. 1970, 480–484. Aus der Periode weitreichender staatlicher Deregulierung, Privatisierung u.a. aufschlussreich *Schuppert*, DÖV 1998, 831–838; *Pitschas*, DÖV 1998, 907–915. Konkretisierend auf den Stiftungssektor *Winkler*, in: Werner/Saenger/Fischer, § 27 Rn. 31 ff.

80 Exemplarisch etwa *Winkler*, in: Die Stiftung 10 (2016), 79–126.

81 Was unter Aufsicht – auch in Abgrenzung zu Topoi wie Steuerung, Leitung, Lenkung, Kontrolle und Überwachung – zu verstehen ist, wird kontrovers diskutiert und durchaus in unterschiedlicher Weise definiert. Der Begriff „Aufsicht" fungiert dabei mitunter als „terminologisches Dach" (Wolfgang Kahl).

82 Aus der kaum zu überblickenden (verwaltungsrechtlichen) Literatur zu diesem Thema sind insbesondere zu nennen: *Kahl*, Die Staatsaufsicht, 2000; *ders.*, Kontrolle, in: GVwR III (^{2}2013), § 47; *Huber*, Überwachung, GVwR III (^{2}2013), § 45. Ferner *Pieper*, Aufsicht. Verfassungs- und verwaltungsrechtliche Strukturanalyse, 2006 (dazu sehr kritisch *Gröschner*, in: AöR 133 [2008], 124–127).

83 *Hüttemann/Rawert*, Beilage zu ZIP 33/2021, 1 ff.

84 Grundlegende Verortung der materiellen Rahmenbedingungen wie Grundrecht auf Stiftung, grundrechtliche Berechtigung der Stiftung selbst u.a.m. bei *Schröder*, DVBl. 2007, 207 ff.

85 Näher zu Besonderheiten bei Stiftungen des Öffentlichen Rechts, die der staatlichen Sphäre eingegliedert sind, *Behr/Yuen*, DVBl. 2021, 1397 ff.

den **Modus der Rechtsaufsicht** festgelegt.[86] Darüber hinaus muss der Landesgesetzgeber vor diesem Hintergrund das erforderliche Aufsichtsinstrumentarium bereitstellen, damit sachangemessene Stiftungsaufsicht im Rahmen des rechtlich Vorgegebenen erfolgen kann und entsprechend normativ programmiert wird.

25 Das Stiftungswesen wie das staatliche Leben insgesamt wird nicht mehr geprägt durch das protomoderne ius supremae inspectionis als landesherrlicher Fürsorge, durch das das gesamte (öffentliche) Leben unter die Oberaufsicht des Staates gelangen konnte.[87] Mit dem **freiheitsorientierten und -basierten** Leben des modernen Staates ist dies nicht mehr vereinbar. Darüber hinaus war es auch eine Rechtsentwicklung des 19. Jahrhunderts, Selbstverwaltungseinheiten zu **„verselbständigen"**; schon mit diesem Prozess war ein Oberaufsichtsrecht alten Stils nicht mehr zu vereinbaren. **Konzeptionelles Vorbild** für die Stiftungsaufsicht ist das „Ob" und das „Wie" der **Kommunalaufsicht.**[88] Mit der relativen Unabhängigkeit der einzelnen (privatrechtlichen) Stiftungen korrespondiert dann die rechtlich lediglich **begrenzten Steuerungs- und Kontrollfunktionen**, die staatlichen Aufsichtsbehörden über den Stiftungssektor zukommen soll. Für den Stiftungssektor gilt, dass er nicht aufsichtsfrei bleiben soll; das Stiftungsrecht legt ein klares Bekenntnis zur Beaufsichtigung von Stiftungen ab.[89] Das „Ob" der Stiftungsaufsicht steht auch nicht in der Dispositionsbefugnis des Stifters.[90] Die Stiftungsaufsicht bewegt sich demzufolge immer in einem **Spannungsfeld** von Privatautonomie und Staatsaufsicht bzw. Staatskontrolle.[91] De lege ferenda sollte allerdings darüber nachgedacht werden, ob die Stiftungsaufsicht fakultativ durch privatrechtliche Instrumente ergänzt oder vielleicht sogar substituiert werden könnte, z.B. durch die Statuierung eines stiftungsinternen – zusätzlichen – Kontrollorgans, einer externen Prüfung des Jahresabschlusses und die Normierung einer actio pro fundatione, wie sie etwa in § 85 Abs. 3 des sog. Professorenentwurfs vorgeschlagen wird.[92]

26 Es gibt stiftungsaufsichtsrechtliche Sonderregime insbesondere im **kirchlichen** Stiftungswesen. Dies soll an dieser Stelle **ausgeklammert** werden, weil hier gravierende Besonderheiten bestehen (dazu → § 88).

27 Stiftungsaufsicht als Rechtstopos weist eine gewisse **Sinnvariabilität** auf und lässt sich **unterschiedlich weit** interpretieren.[93] Die maßgebliche Wegentscheidung liegt darin, dass Stiftungsaufsicht **nur als Rechtsaufsicht** zulässig ist und eine Konzeptionalisierung als Fachaufsicht ausgeschlossen ist.[94] In der Regel wird die Rechtsaufsicht explizit in den Landesstiftungsgesetzen festgeschrieben.[95] Damit ist festgelegt, dass sich die staatlichen Ingerenzen allein und ausschließlich auf die Kontrolle **nach rechtlichen Maßstäben** zu konzentrieren haben. Rechtsaufsicht gilt als „maßstabsakzessorisch",[96] weil sich die Maßstäbe allein aus Rechtsnormen er-

---

86 BVerwGE 40, 347. Vgl. Staudinger/*Hüttemann*/*Rawert*; Vorbem zu §§ 80–88 Rn. 130: „reine Rechtsaufsicht"; ausführlich *Fischer*, in: Richter (Hrsg.), Stiftungsrecht, § 8 Rn. 46 ff. Siehe ferner *Andrick*/*Suerbaum*, § 4 Rn. 12 f.

87 Zu den Entwicklungsstufen des landesherrlichen Oberaufsichtsrecht konzise *Bullinger*, in: VVDStRL 22 (1965), 264, 275 ff. Siehe auch *Huber*, in: GVwR III (^{2}2013), § 45 Rn. 11.

88 *Schulte*, in: Landesstiftungsrecht, Rz. 28.28. Siehe auch *Fischer*, in: Richter (Hrsg.), Stiftungsrecht, § 8 Rn. 52. Grundlegend zur Kommunalaufsicht *Kahl*, Die Staatsaufsicht, 2000, passim.

89 *Suerbaum*, in: Die Stiftung 14 (2020), 19, 28 f.

90 *Winkler*, in: Werner/Saenger/Fischer, § 27 Rn. 78.

91 Eingehend *Schröder*, DVBl. 2007, 207 und passim.

92 Dazu *Arnold*/*Burgard*/*Droege*/*Hüttemann*/*Jakob*/*Leuschner*/*Rawert*/*Roth*/*Schauhoff*/*Segna*/*Weitemeyer*, Beilage zu ZIP 10/2020, 1, 8 f.

93 Demzufolge wird nicht selten zwischen Stiftungsaufsicht im weiteren Sinne (die auch das Anerkennungsverfahren umfasst) und der Stiftungsaufsicht im engeren Sinne differenziert.

94 Zum begrifflichen Verständnis von Fachaufsicht näher *Groß*, DVBl. 2002, 793–800. Umfassend zu Funktionen, Prozessen und Konzepten von Fachaufsicht *Etscheid*, in: VerwArch 110 (2019), 181–217, sowie zur Dynamik von Fachaufsicht im Rahmen staatlicher Steuerung *ders.*, in: VerwArch 105 (2014), 351–387.

95 In den neueren Landesstiftungsgesetzen ist dies explizit beschrieben, ältere Stiftungsgesetze sind ggf. verfassungskonform reduzierend in diesem Sinn auszulegen. Vgl. *Burgard*, Gestaltungsfreiheit, S. 206 f.

96 Topos bei *Suerbaum*, in: Die Stiftung 14 (2020), 19, 28.

geben. Es darf demzufolge **keine fachaufsichtliche Kontrolle** nach **Zweckmäßigkeitsgesichtspunkten** erfolgen. Eine operative Zweckmäßigkeitskontrolle ist gerade ausgeschlossen. Der Stiftungsaufsichtsbehörde ist es nicht gestattet, einfach ihr Ermessen an die Stelle des Ermessens der Stiftungsorgane zu setzen.[97] Verstöße gegen Rechtsnormen bzw. das Hinwirken auf deren Einhaltung sind der Hauptgegenstand der Rechtsaufsicht. Das Aufsichtsobjekt Stiftung und dessen Handlungen sollen in Übereinstimmung gehalten werden zu dem rechtlich vorgegebenen Richtmaß. Die vermeintlich klar abgeschichtete Differenzierung nach Rechts- und Fachaufsicht kann aber bspw. ins Schlingern geraten, wenn Rechtsnormen **unbestimmte Rechtsbegriffe** verwenden, durch die Zweckmäßigkeitsaspekte in dem Focus von Rechtsaufsicht gelangen können, weil dies durch die Rechtsterminologie eröffnet wird.[98]

Die Rechtsaufsicht im Stiftungswesen, die gerade **nicht** als **umfassende Rechtskontrolle** 28 ausgestaltet ist,[99] lässt sich in die Sparten Verwaltungs-, Wirtschafts- und Finanzaufsicht auffächern.[100] Während die laufende Kontrolle der Stiftungsverwaltung zum Ziel hat, „darüber zu wachen, dass die Verwaltung der Stiftungen durch die dazu berufenen Organe dem Ziel dient, im Rahmen der Gesetze und der Satzung den Willen des Stifters so wirksam und nachhaltig wie möglich zu erfüllen",[101] dient die Wirtschafts- und Finanzaufsicht dazu, die Ordnungsgemäßheit der Wirtschafts-, Haushalts- und Kassenführung im Wege einer Plausibilitätskontrolle zu prüfen. Hierbei hat die staatliche Stiftungsaufsicht Neutralität walten zu lassen, mit der Folge, dass inhaltliche Bewertungen des stiftungsmäßigen Verwaltens zu unterbleiben haben.[102] Der **Stifterwillen** ist der **archimedische Punkt stiftungsaufsichtlichen Wirkens.** Insofern kommt dem vom Stifterwillen fundierten Stiftungszweck grundlegende (nahezu absolute) direktive Kraft zu. Dies setzt sich dann in einer Auslegungs- und Einschätzungsprärogative der Stiftungsorgane hinsichtlich des Stifterwillens fort (vgl. § 83 Rn. 18ff.; § 85a Rn. 15ff.).

Die Stiftungsaufsicht wird durch die Grund- und Rahmenbedingungen des Stiftungswesens 29 spezifiziert und ausgestaltet. Staatliche Stiftungsaufsicht basiert auf Voraussetzungen, die sie mitunter nicht selbst garantieren kann; sie setzt etwa qualifiziertes Personal voraus, welches neben der Sachkenntnis auch die Fähigkeit zu abwägender Urteilsbildung und zielorientiertem Verhandeln besitzen muss.

Martin Schulte unterscheidet grundsätzlich folgende sechs Funktionsdimensionen von Stif- 30 tungsaufsicht: Kontrollfunktion, Garantie- bzw. Schutzfunktion, Beratungsfunktion, Überwachungs- und Disziplinierungsfunktion:[103]

- Die **Kontrollfunktion** beschreibt die staatlichen Aufgabe, anhand der gesetzlichen Vorgaben die Stiftungen und das Handeln ihrer Organe zu überprüfen. Dies zeigt sich bereits im Anerkennungsverfahren, wenn eine Stiftung erst „im Werden" begriffen ist.[104] Danach manifestiert sich dies in der rechtlich vorgegebenen Genehmigungsbedürftigkeit von bestimmten, für die Stiftung wesentlichen Rechtsgeschäften, ohne dass bei all dem die Grenze zur Überprüfung der Zweckmäßigkeit von Entscheidungen der Stiftungsorgane überschritten werden darf, da dies die Stiftungsautonomie tangieren würde. Die Kontrolle durch Genehmigungsvorbehalte ist eine Entscheidungshilfe im Sinn der Rechtmäßigkeit.

---

97 *Burgard*, Gestaltungsfreiheit, S. 207.

98 Zur kommunalrechtlichen Problematik, inwieweit Kommunalaufsicht mehr als ggf. nur Rechtsaufsicht ist oder sein könnte, etwa *Oebbecke*, DÖV 2001, 406 ff.

99 Darauf verweist nachdrücklich *Schulte*, in: Landesstiftungsrecht, Rz. 28.30 a.E.

100 Dazu und zum Folgenden *Schulte*, in: Landesstiftungsrecht, Rz. 28.28 ff.

101 *Schulte*, in: Landesstiftungsrecht, Rz. 28.29.

102 Vgl. *Winkler*, in: Werner/Saenger/Fischer, § 27 Rn. 72.

103 *Schulte*, in: Landesstiftungsrecht, Rz. 28.31–28.38. Siehe auch Staudinger/*Hüttemann*/*Rawert*; Vorbem. zu §§ 80–88 Rn. 123 ff. (Schutz-, Kontroll-, Garantiefunktion). Ähnliche Typologie bei *Winkler*, in: Werner/Saenger/Fischer, § 27 Rn. 37 ff. (Kontroll-, Schutz- bzw. Garantiefunktion sowie Beratungsfunktion); so auch *Fischer*, in: Richter (Hrsg.), Stiftungsrecht, § 8 Rn. 8 ff.

104 Plastisch die Formulierung aus den Beratungen: *Mugdan*, Bd. I (1899), S. 961 f.

- Eine weitere Kernfunktion staatlicher Stiftungsaufsicht betrifft die stiftungsgesetzlich vorgegebene **Wahrung des Stifterwillens**; hier kommt dem Staat eine Garantie- und Gewährleistungsaufgabe zu, die er bei Wahrung der erforderlichen Rollendistanz zwischen aufsichtsführender Behörde und der privatrechtlichen Stiftung als Aufsichtsobjekt wahrzunehmen hat. Der in der Privatautonomie fundierte Stifterwillen wechselt in die Obhut staatlicher Behörden und dirigiert deren Aufgabenwahrnehmung. Die Schutzfunktion „staatlicher Stiftungsobhut" darf nicht zu einer „Stiftungsbevormundung" degenerieren.[105] Exemplarisch bringt diesen funktionalen Kontext, bei dem die spezifizierten Funktionen staatlicher Stiftungsaufsicht nahtlos ineinander übergehen, Art. 11 BayStiftG zum Ausdruck: „Die Stiftungsaufsichtsbehörden sollen die Stiftungen bei der Erfüllung ihrer Aufgaben verständnisvoll beraten, fördern und schützen sowie die Entschlusskraft und die Selbstverantwortung der Stiftungsorgane stärken."[106] Die staatliche Aufsicht hat demnach prinzipiell „stiftungsfreundlich" zu erfolgen.
- Der Garantie- bzw. Gewährleistungs- und Schutzfunktion staatlicher Schutzaufsicht korrespondieren dann eine **Beratungs- sowie eine Überwachungs- und Disziplinierungsfunktion**. Während die Beratungsfunktion eine positiv-unterstützende, informativ sowie dialogische Seite staatlicher Stiftungsaufsicht intendiert, also auch Ausdruck eines eher kooperativen Verwaltungshandelns ist, hat die Überwachungs- und Disziplinierungsfunktion eher die negativ-sanktionierende, d.h. repressive Seite im Blick, die durchaus hoheitlich-hierarchisch auf die Stiftungsverwaltung einzuwirken sucht. Selbst wenn die Stiftungsaufsicht noch nicht das scharfe Schwert hoheitlich eingreifender Maßnahmen gezückt hat, entfaltet dieses Damoklesschwert schon im Vorfeld disziplinierende Wirkung. Während die Beratung als eher informales Verwaltungshandeln der Stiftungsaufsichtsbehörde in Erscheinung tritt, ohne dass daraus dessen Rechtsunerheblichkeit bzw. eine völlige Lockerung der Rechtsbindung resultierte, ist die disziplinierende Wirkung hoheitlich disziplinierender Stiftungsaufsichtsmaßnahmen streng formgebunden (ausdrückliche Rechtsgrundlage u.a.). Die Beratungsinteraktion zwischen staatlicher Stiftungsbehörde und den Stiftungsorganen wird aber durchaus kritisch bewertet.[107]

31 Die normative Steuerung der stiftungsspezifischen Rechtsaufsicht erfolgt neben allgemeinen rechtsstaatlichen Determinanten wie dem **Übermaßverbot/Verhältnismäßigkeitsprinzip** durch den Numerus clausus der Aufsichtsmittel. Nur mit ausdrücklichen Rechtsgrundlagen und damit durch hinreichend bestimmte normative Steuerung des Aufsichtsgeschehens agiert die Stiftungsaufsicht selbst rechtskonform. Ob es darüber hinaus einer weiteren prinzipiellen Flankierung der Stiftungsaufsicht bspw. durch den **Subsidiaritätsgrundsatz** bedarf,[108] mag diskutabel sein. Ungeachtet der Problematik, dass „das" Subsidiaritätsprinzip auch eher sinnvariabel ist und vielleicht nur ein inhaltsoffenes Prinzip konstituiert, ergibt sich normativ das Problem, welche Steuerungswirkung dieser prinzipiellen Grundannahme innewohnen kann und ob diese dann nicht ausdrücklich durch den (Landes-) Gesetzgeber geregelt werden müsste. Schließlich könnte die Frage gestellt werden, ob der Subsidiaritätsgrundsatz nicht inhärenter (Teil-) Bestandteil der Prüfungsetappen der Verhältnismäßigkeit ist und in diesem Kontext seine regulative Kraft entfaltet.[109]

---

105 So *Schulte*, in: Landesstiftungsrecht, Rz. 28.33.

106 Diese bayerische Bestimmung findet ihre kommunalrechtliche Parallele in Art. 108 BayGO; allgemein zur „Gemeindefreundlichkeit" der Kommunalaufsicht *Lange*, Kommunalrecht, 2. Aufl. 2019, Kap. 17 Rn. 34 ff. und passim.

107 Vgl. Staudinger/*Hüttemann*/*Rawert*; Vorbem. zu §§ 80–88 Rn. 126 f., insbes. Rn. 127; ferner *Burgard*, Gestaltungsfreiheit, S. 204 f., der dezidiert die Beratungsaufgabe an Verbände, fachlich ausgewiesene Rechtsberater und andere delegiert wissen will.

108 Knapp *Schulte*, in: Landesstiftungsrecht, Rz. 28.13; ausführlich *Winkler*, in: Werner/Saenger/Fischer, § 27 Rn. 79 ff.; *ders.*, in: Die Stiftung 10 (2016), 79, 109 ff.

109 Dies räumt auch *Winkler*, in: Werner/Saenger/Fischer, § 27 Rn. 80, ein.

Die **Erforderlichkeit** der Stiftungsaufsicht durch Landesbehörden wird nicht einfach dadurch entfallen können, dass die jeweilige Stiftung ein eigenes **unabhängiges Kontrollorgan** installiert, welches die Ordnungsgemäßheit des Stiftungshandelns gewährleisten soll.[110] Auch in den Fällen bedarf es einer gewissen Aufsicht, wenngleich sie auf die Rechtsaufsicht beschränkt ist. Die Rechtsaufsicht könnte in einem solchen Fall dann noch etwas strikter aufgefasst werden. Der Stiftungsaufsichtsbehörde stehen bspw. Plausibilitätskontrollen zu und sie kann die im Ermessen der Stiftungsorgane stehenden Entscheidungen wegen deren Pflichtenbindung allenfalls auf Ermessensfehler hin kontrollieren (§ 83 Rn. 34; § 85a Rn. 18ff.). 32

Der **Numerus clausus** der landesstiftungsrechtlich vorgesehenen **Aufsichtsmaßnahmen** lässt sich entsprechend der damit verbundenen Zielrichtung – idealtypisch – um die Kategorien präventiv und repressiv gruppieren.[111] 33

Als **präventive Aufsichtsmittel** gelten all die Handlungen der Stiftungsbehörden, die im Vorfeld des Agierens der Stiftung verbleiben und darauf abzielen, rechtwidrige Beschlüsse der Stiftungsorgane oder deren rechtswidriges Verhalten zu verhindern. Im Präventionssektor treten neben formal-präventiven Aufsichtsmitteln (z.B. Genehmigungsvorbehalte) auch informale Aufsichtsinstrumente, also ein Instrumentarium zum Verwaltungshandeln, das insofern nicht-förmlich ist, weil es keine unmittelbaren Rechtsfolgen auslösen soll[112] und auch in der formellen Ordnung des Entscheidungsprozesses nicht vorgesehen ist.[113] Aus der Informalität sollten keine voreiligen Rückschlüsse auf die Irrelevanz geschlossen werden. Beratung setzt in jedem Fall Fachkompetenz voraus. Rechtsgesprächsweise Erörterung anstehender Stiftungsentscheidungen (Vorverhandlungen, Absprachen, Auskunftserteilung u.a.) oder die begleitende Beratung der Stiftungsaufsicht sind möglicherweise probate Mittel, um effektiv und effizient dem Stifterwillen und der Stiftungszwecksetzung in einer rechtskonformen Weise zur Wirksamkeit zu verhelfen.[114] Vorabsprachen sind aber uU auch ambivalent und gefahrenträchtig, bspw. dann, wenn sich die Behörde korrumpieren lässt und sich dadurch ihrer auf Objektivität abzielenden Außenperspektive („professionellen Neutralität“) begibt.[115] 34

Förmliche Mittel präventiver Stiftungsaufsicht sind: 35

- **Allgemeine Informationsrechte**, die in den Landesstiftungsgesetzen unter dem Titel regelmäßige Unterrichtung rubrizieren.[116] Neben einem Vor-Ort-Termin (Besichtigung) der konkreten Stiftung[117] umfasst dies insbesondere die Zurverfügungstellung von Geschäfts- und Kassenunterlagen (Anzeige- und Vorlagepflicht) sowie von Berichten über die Erfüllung des Stiftungszwecks.[118]
- Nicht jedes der Stiftungsaufsichtsbehörde anzuzeigendes Agieren der Stiftung ist auch genehmigungspflichtig. Neben der „Gefährdungslage“ setzt die **Genehmigungsbedürftigkeit** eine Grundlagenänderung („**Statusrelevanz**“) voraus. Genehmigungen von Grundlagenänderungen sind demnach der klassische Fall präventiver Aufsichtsmittel und der Prototyp der Stiftungsaufsicht. Zu den Grundlagenänderungen zählen Genehmigungen von Sat-

110 Vgl. zu diesem Aspekt landesrechtlichen Rückzugs aus der Stiftungsaufsicht Stumpf/*Suerbaum*/Schulte/Pauli C Rn. 191ff.

111 Vgl. *Schulte*, in: Landesstiftungsrecht, Rz. 29.1. und passim; siehe auch *Fischer*, in: Richter (Hrsg.), Stiftungsrecht, § 8 Rn. 59f. Sowie *Winkler*, in: Werner/Saenger/Fischer, § 27 Rn. 103, 110.

112 Vgl. *Storr/Schröder*, Allgemeines Verwaltungsrecht, 2. Aufl. 2020, Rn. 267ff.

113 So *Schulte*, in: Landesstiftungsrecht, Rz. 29.3.

114 Als sinnvoller und legitimer Ausdruck staatlicher Obhutspflicht charakterisiert bei *Schulte*, in: Landesstiftungsrecht, Rz. 29.5.

115 Weitere Probleme können sein: die Vertretung hoher Landesbeamter oder politischer und sonstiger Prominenter in Stiftungsgremien bzw. die „gute politische Vernetzung“ von Stiftungsakteuren.

116 § 9 BWStiftG; Art. 12 BayStiftG; § 9 BlnStiftG; § 7 BbgStiftG; § 12 BremStiftG; § 6 HmbStiftG; § 12 HessStiftG; § 5 MVStiftG; § 11 NdsStiftG; § 7 NWStiftG; § 9 RPStiftG; § 11 SaarlStiftG; § 7 SächsStiftG; § 8 SHStiftG.

117 Zum Problem Teilnahme an Sitzungen, Besprechungen von Stiftungsorgangen durch die Stiftungsaufsicht siehe *Schulte*, in: Landesstiftungsrecht, Rz. 29.10.

118 Umfassend *Fischer*, in: Richter (Hrsg.), Stiftungsrecht, § 8 Rn. 77ff.

zungsänderungen (vgl. § 85a Abs. 1 Satz 2),[119] die Auflösung (vgl. § 87 Abs. 3), Zulegung oder Zusammenlegung von Stiftungen (vgl. § 86b Abs. 1).[120] Genehmigungsvorbehalte können sich aber auch auf andere Vorgänge wie z.B. Rechtsgeschäfte von Organmitgliedern beziehen (vgl. § 13 Abs. 1 Nr. 4 BWStiftG; Art. 19 Nr. 3 BayStiftG).

36 **Repressive** allgemeine **Mittel** der Stiftungsaufsicht reichen von der nicht immens eingriffsintensiven **Beanstandung**[121] bis zu den „schneidigeren" Handlungsformen wie stiftungsaufsichtsrechtliche **Anordnung**[122] oder sogar **Ersatzvornahme**[123] und können sich schließlich noch auf die **Abberufung oder Neubestellung von Organmitgliedern** erstrecken.[124] Die angedeutete Skalierung möglicher repressiver Aufsichtsmaßnahmen indiziert, dass die Stiftungsaufsichtsbehörde nicht mit „Kanonen auf Spatzen schießen" darf,[125] sondern jeweils die **Verhältnismäßigkeit** ihrer Maßnahme im Auge behalten muss.[126] Die als Verwaltungsakt zu qualifizierende Beanstandung gibt der Stiftung die Möglichkeit zur Selbstkorrektur und wahrt insofern das Übermaßverbot.[127] Die in den Landesstiftungsgesetzen normierte stiftungsaufsichtsrechtliche Anordnung und Ersatzvornahme sind demgegenüber stark eingreifende Maßnahmen in die Stiftungsautonomie, die nicht mehr auf Selbstkorrektur abzielen, sondern auf von außen kommende Fremdkorrektur.[128] Während bei der an die Stiftung zu richtende Anordnung die konkrete Umsetzung noch den satzungsmäßigen Stiftungsorgan(en)n überlassen bleibt, erfolgt die Ersatzvornahme durch die staatliche Stiftungsaufsichtsbehörde selbst (oder ggf. einen Dritten) und auf Kosten der Stiftung.

37 Die ebenfalls in den Landesstiftungsgesetzen vorgesehene **Abberufung oder (Neu-) Bestellung von Organmitgliedern** unterscheidet sich von den anderen repressiven Aufsichtsmaßnahmen vor allem dadurch, dass Beanstandung, Anordnung und Ersatzvornahme an die Stiftung selbst zu adressieren sind, während es bei der Abberufung und Bestellung von Ersatzmitgliedern o.ä. um ein **eigenständiges** aufsichtsrechtliches Instrumentarium gegenüber konkreten Personen handelt, zumal es hier um die Beseitigung von Mängeln von einzelnen Personen geht, die in der Stiftung Aufgaben wahrnehmen und ihnen persönlich zuzurechnen sind.[129]

---

119 § 6 S. 1 BWStiftG; Art. 5 Abs. 4 S. 1 BayStiftG; § 5 Abs. 1 BlnStiftG; § 10 Abs. 1 S. 2 BbgStiftG; § 8 Abs. 2 BremStiftG; § 7 HmbStiftG; § 9 Abs. 1 S. 1 MVStiftG; § 7 Abs. 3 NdsStiftG; § 7 Abs. 3 SaarlStiftG; § 9 Abs. 1 SächsStiftG; § 9 Abs. 3 LSAStiftG; § 5 Abs. 2 S. 1 SHStiftG; § 9 Abs. 3 ThürStiftG. Zu den Besonderheiten in Hessen und Nordrhein-Westfalen siehe *Schulte*, in: Landesstiftungsrecht, Rz. 29.20 f.

120 Näher *Schulte*, in: Landesstiftungsrecht, Rz. 29.19 ff. Siehe auch *Fischer*, in: Richter (Hrsg.), Stiftungsrecht, § 8 Rn. 99.

121 § 10 BWStiftG; Art. 12 Abs. 4 BayStiftG; § 9 Abs. 3 BlnStiftG; § 8 Abs. 1 S. 1 BbgStiftG; § 13 Abs. 1 BremStiftG; § 6 HmbStiftG; § 6 Abs. 1 S. 1 MVStiftG; § 12 NdsStiftG; § 8 Abs. 1 S. 1 NWStiftG; § 9 Abs. 4 S. 1 RPStiftG; § 12 SaarlStiftG; § 7 Abs. 2 SächsStiftG; § 10 Abs. 4 LSAStiftG; § 11 SHStiftG; § 12 Abs. 4 S. 1 ThürStiftG.

122 § 11 Abs. 1 BWStiftG; Art. 12 Abs. 4 BayStiftG; § 9 Abs. 4 BlnStiftG; § 8 Abs. 2 BbgStiftG; § 13 Abs. 2 BremStiftG; § 6 Abs. 2 S. 1 und S. 5 HmbStiftG; § 13 Abs. 2 HessStiftG; § 6 Abs. 2 MVStiftG; § 13 Abs. 1 NdsStiftG; § 8 Abs. 2 NWStiftG; § 9 Abs. 4 S. 1 RPStiftG; § 13 Abs. 1 SaarlStiftG; § 7 Abs. 2 SächsStiftG; § 10 Abs. 5 LSAStiftG; § 12 SHStiftG; § 12 Abs. 4 S. 1 und S. 4 ThürStiftG.

123 § 11 Abs. 2 BWStiftG; Art. 18 BayStiftG i.V.m. Landesverwaltungsvollstreckungsrecht; § 8 Abs. 3 BbgStiftG; § 13 Abs. 4 BremStiftG; § 6 Abs. 2 S. 4 und S. 5 HmbStiftG; § 14 Abs. 1 HessStiftG; § 6 Abs. 3 MVStiftG; § 13 Abs. 2 NdsStiftG; § 8 Abs. 3 NWStiftG; § 9 Abs. 4 S. 3 und S. 4 RPStiftG; § 13 Abs. 2 SaarlStiftG; § 7 Abs. 3 SächsStiftG; § 10 Abs. 6 LSAStiftG i.V.m. Landesverwaltungsvollstreckungsrecht; § 12 Abs. 4 S. 3 und S. 4ThürStiftG. Anhand der Ersatzvornahme wird immer wieder das Verhältnis zwischen stiftungsaufsichtsrechtlichen Maßnahmen und den Instrumenten der Verwaltungsvollstreckung problematisiert. Siehe hierzu OVG Lüneburg – 8 LA 145/16 –, ZStV 2018, 106 ff. (mit Anm. *Christian Krumme*, ebda. 109 f.).

124 *Winkler*, in: Werner/Saenger/Fischer, § 27 Rn. 110. *Fischer*, in: Richter (Hrsg.), Stiftungsrecht, § 8 Rn. 105 ff.

125 So die plastische Formulierung bei *Fleiner*, Institutionen des Deutschen Verwaltungsrechts, 8. Aufl. 1928, S. 404.

126 Siehe dazu näher *Winkler*, in: Werner/Saenger/Fischer, § 27 Rn. 112.

127 Ausführlich zu diesem Aufsichtsmittel *Schulte*, in: Landesstiftungsrecht, Rz. 29.15 ff.

128 Dies wird zu Recht hervorgehoben von *Winkler*, in: Werner/Saenger/Fischer, § 27 Rn. 111.

129 Vgl. *Schulte*, in: Landesstiftungsrecht, Rz. 29.39. Siehe auch die Darstellung bei *Winkler*, in: Werner/Saenger/Fischer, § 27 Rn. 120 ff.

Derartige Abberufungen sind belastende Verwaltungsakte und ein schwerwiegender Eingriff in die Stiftungsautonomie, so dass sie regelmäßig nur **ultima ratio** sein können.

Stiftungsaufsichtsrechtliche Maßnahmen des Staates sind **gerichtlich überprüfbar.**[130] Der Rechtsschutz gegen die genannten verwaltungsrechtlichen Maßnahmen ist, da es sich i.d.R. um belastende Verwaltungsakte handelt, vor den Verwaltungsgerichten mit der **Anfechtungsklage** angreifbar.[131] Die Zulassungsvoraussetzung § 42 Abs. 2 VwGO schränkt aber den Kreis derjenigen ein, die klagebefugt sind.[132] Mit der Anerkennung der Stiftung entfällt für den Stifter die Klagbefugnis gegenüber aufsichtsrechtlichen Maßnahmen der Stiftungsbehörde, da nach „Vollendung" der Stiftungsentstehung ein eigenständiges Rechtssubjekt entstanden ist mit eigener Rechtspersönlichkeit sowie eigenen Rechten und Pflichten.[133] Ebenso sind **Stiftungsbegünstigte nicht** klagebefugt nach § 42 Abs. 2 VwGO.[134] 38

Fehlerhafte Stiftungsaufsicht staatlicher Behörden kann eine Amtspflichtverletzung darstellen und insofern einen **Amtshaftungsanspruch** nach § 839 BGB i.V.m. Art. 34 GG auslösen.[135] 39

Der Modellentwurf zur Reform des Landesstiftungsrechts von Hüttemann/Rawert postuliert nach der Stiftungsrechtsreform in 2021 eine **Anpassung des Landesstiftungsrechts**, die eine Stärkung von Rechtssicherheit und Transparenz im deutschen Stiftungswesen zum Gegenstand haben sollte.[136] Dies intendiert für beide, dass das Landesstiftungsrecht von **überflüssigen** Normen befreit werden sollte, eine **Reduktion von Normen auf ein Minimum** zu erfolgen habe, die für eine effektive Ausübung an Stiftungsaufsicht erforderlich sind.[137] Die Diskussion über Grund und Grenzen von Stiftungsaufsicht wird im Schatten der gesetzgeberischen Selbstbeobachtungs- und Nachbesserungsverpflichtung angesichts der Stiftungsrechtsnovelle 2021 auch rechtspolitisch fortzusetzen sein, zumal sich das Prinzipielle häufig im Detail zeigt. 40

130 Ausführlich zum Rechtsschutz gegen Maßnahmen der Stiftungsaufsicht *Fischer*, in: Richter (Hrsg.), Stiftungsrecht, § 8 Rn. 148 ff.; *Schulte*, in: Landesstiftungsrecht, Rz. 29.48 ff.

131 Rechtsbehelfe gegen die Abberufung von Organmitgliedern sind auf dem Zivilrechtsweg auszutragen. *Schulte*, in: Landesstiftungsrecht, Rz. 29.51.

132 Vgl. *Fischer*, in: Richter (Hrsg.), Stiftungsrecht, § 8 Rn. 158 ff.

133 *Schulte*, in: Landesstiftungsrecht, Rz. 29.53.

134 Vgl. *Fischer*, in: Richter (Hrsg.), Stiftungsrecht, § 8 Rn. 162.

135 Näher dazu *Fischer*, in: Richter (Hrsg.), Stiftungsrecht, § 8 Rn. 166 ff.; *Schulte*, in: Landesstiftungsrecht, Rz. 29.55 ff.

136 *Hüttemann/Rawert*, Beilage zu ZIP 33/2021, 1, 41.

137 *Hüttemann/Rawert*, ebda. Dieser Modellentwurf konzentriert sich demnach vor allem auf folgende Regelungsaspekte: Geltungsbereich, Stiftungsbehörden, Umschreibung von Rechtsaufsicht und von enumerativ vorgesehenen Aufsichtsmaßnahmen wie Unterrichtung und Prüfung, Beanstandung und Anordnung, Abberufung und Bestellung von Organmitgliedern.

§ 82a Übertragung und Übergang des gewidmeten Vermögens

[1]Ist die Stiftung anerkannt, so ist der Stifter verpflichtet, das gewidmete Vermögen auf die Stiftung zu übertragen. [2]Rechte, zu deren Übertragung eine Abtretung genügt, gehen mit der Anerkennung auf die Stiftung über, sofern sich nicht aus dem Stiftungsgeschäft ein anderer Wille des Stifters ergibt.

Schrifttum

Hüttemann, Haftung des Schenkers für anfängliches Unvermögen?, in: Lobinger (Hrsg.), FS Picker, 2010, S. 377; *Jacke*, Die Haftung des Stifters und seines Erben, Diss. 1905; *Jakob*, Die Haftung der Stiftung als Erbin oder „Beschenkte“, in: Hüttemann/Rawert/u.a. (Hrsg.), Non Profit Law Yearbook 2007, 2008, S. 113.

Übersicht

A. Grundlagen

I. Norminhalt und Verhältnis zum alten Recht —— 1

II. Normzweck —— 2

III. Begründung des Regierungsentwurfs —— 3

IV. Bewertung —— 4

B. Anspruch der Stiftung, Satz 1 —— 5

C. Erfüllung des Anspruchs, Satz 2 —— 6

A. Grundlagen

I. Norminhalt und Verhältnis zum alten Recht

1 § 82a BGB entspricht § 82 BGB a.F. (Rn. 3). Satz 1 stellt klar, dass die Stiftung mit ihrer Anerkennung einen schuldrechtlichen Anspruch gegen den Stifter auf Übertragung des gewidmeten Vermögens erwirbt. Satz 2 enthält einen speziellen dinglichen Erwerbstatbestand, den der Stifter aber im Stiftungsgeschäft ausschließen kann.

II. Normzweck

2 Satz 1 hat lediglich klarstellende Bedeutung. Der Sinn von Satz 2 ist dunkel. Die Motive sagen dazu nichts Erhellendes.[1] Und die Protokolle führen dazu lediglich aus, dass die Vorschrift regelmäßig dem Willen des Stifters entspräche.[2] Tatsächlich ist sie für die Stiftung durchaus vorteilhaft.

III. Begründung des Regierungsentwurfs

3 *„§ 82a BGB-neu entspricht inhaltlich dem bisherigen § 82 BGB. Der Begriff des zugesicherten Vermögens wird durch den Begriff des gewidmeten Vermögens nach § 81 Absatz 1 Nummer 2 BGB-neu ersetzt, um den Zusammenhang zwischen dem Stiftungsgeschäft und § 82a BGB-neu zu verdeutlichen.“*[3]

1 *Mugdan*, 418.
2 *Mugdan*, 662.
3 BT-Ds. 19/28173, 52.

https://doi.org/10.1515/9783110251524-007

IV. Bewertung

Satz 1 ist im Grunde überflüssig. Und Satz 2 ist ein unerklärlicher Systembruch mit Problempotential. Man hätte die Reform daher zum Anlass nehmen können, die Vorschrift ganz zu streichen. 4

B. Anspruch der Stiftung, Satz 1

Da es keine Vor-Stiftung gibt (§ 80 Rn. 68 ff.) wird die Stiftung erst mit ihrer Anerkennung rechtsfähig und kann daher erst zu diesem Zeitpunkt Forderungen erwerben. **Rechtsgrund** ihres Anspruchs auf Übertragung des gewidmeten Vermögens ist das **Zuwendungsversprechen** (§ 81 Rn. 100). Das Zuwendungsversprechen ist, wie sich aus S. 1 ergibt, ein durch die Anerkennung aufschiebend bedingtes einseitiges Verpflichtungsgeschäft. 5

C. Erfüllung des Anspruchs, Satz 2

Grundsätzlich hat der Stifter den Anspruch der Stiftung auf Übertragung des gewidmeten Vermögens nach den **allgemeinen Vorschriften** zu erfüllen (§§ 398 ff., 413, 873, 925, 929 ff. BGB). Eine Ausnahme gilt nur für Rechte, zu deren Übertragung eine Abtretung genügt (§§ 398 ff., 413 BGB), z.B. Forderungen, gewerbliche Schutzrechte oder Mitgliedschaftsrechte. Solche Rechte gehen **kraft Gesetzes** ohne Einhaltung von Formvorschriften auf die Stiftung über. Auch bei GmbH-Geschäftsanteilen muss der Stifter daher für deren Übertragung nichts weiter veranlassen. Das Erfordernis der Zustimmung bei einer Vinkulierung bleibt allerdings unberührt.[4] 6

Diesen gesetzlichen Erwerb kann der Stifter im Stiftungsgeschäft ausschließen. Hat er das getan, bleibt es bei der Übertragung nach allgemeinen Vorschriften und damit ggf. auch bei der Formbedürftigkeit.[5] 7

§ 82a BGB greift ebenfalls ein, wenn die Stiftung erst **nach dem Tod des Stifters** anerkannt wird. Dann ist allerdings auch § 80 Abs. 2 S. 2 BGB anzuwenden. Das bedeutet insbesondere, dass die Rechte i.S.d. § 82a S. 2 BGB rückwirkend als Rechte der Stiftung anzusehen sind. Zwischenverfügungen des Erben sind mithin Verfügungen eines Nichtberechtigten (§ 80 Rn. 102). Reicht eine Abtretung nicht aus, muss der Erbe gemäß § 1967 BGB den Anspruch aus S. 1 erfüllen.[6] § 1922 BGB ist nicht anwendbar. Gehört der Erbe zu den Pflichtteilsberechtigten, so kann er dem Anspruch aus § 82a S. 1 BGB ggf. einen *Pflichtteilsergänzungsanspruch* nach §§ 2325, 2326, 2329 BGB entgegenhalten (§ 81 Rn. 101).[7] 8

§ 82a BGB gilt nur für den Stifter, nicht für Dritte.[8] 9

Der **Stifter haftet** für die Erfüllung des Zuwendungsversprechens nach allgemeinen Regeln (§ 81 Rn. 100) ab Anerkennung der Stiftung. Für die Rechtslage vor und nach Stellung des Anerkennungsantrags s. § 81a BGB Rn. 4 und Rn. 6. 10

Gläubiger des Stifters sind über §§ 4 AnfG, 134 InsO geschützt (§ 81 Rn. 101).[9] 11

4 MüKoBGB/*Weitemeyer*, § 82 Rn. 2 m.w.N.; **a.A.** Erman/*Wiese*, BGB, § 82 Rn. 3.
5 MüKoBGB/*Weitemeyer*, § 82 Rn. 2; Staudinger/*Hüttemann*/*Rawert*, BGB, § 82 Rn. 3; Erman/*Wiese*, BGB, § 82 Rn. 3.
6 *Burgard*, Gestaltungsfreiheit, 587; MüKoBGB/*Weitemeyer*, § 82 Rn. 7 m.w.N.
7 MüKoBGB/*Weitemeyer*, § 82 Rn. 8 m.w.N.; **a.A.** *Medicus*, in: FS Heinrichs, 1998, 381, 390 f.
8 MüKoBGB/*Weitemeyer*, § 82 Rn. 2 m.w.N.
9 Näher *Burgard*, Gestaltungsfreiheit, 578 ff.

Vorbemerkung 1 zu § 82b

1 Gemäß Art. 11 Abs. 1 Nr. 1 und 2 des Gesetzes zur Vereinheitlichung des Stiftungsrechts und zur Änderung des Infektionsschutzgesetzes[1] treten die Vorschriften über das Stiftungsregister erst am 1.1.2026 in Kraft. Deswegen werden die diesbezüglichen Vorschriften samt Begründung nur wiedergegeben, aber abseits einiger Hinweise in Vorbemerkung 3 (noch) nicht kommentiert. Stattdessen werden in Vorbemerkung 2 die (zumindest) bis dahin maßgeblichen Vorschriften der Landesstiftungsgesetze über die Stiftungsverzeichnisse wiedergegeben und besprochen. Das ist auch insofern sinnvoll, als noch keineswegs entschieden ist, ob die Länder nicht womöglich an den Stiftungsverzeichnissen festhalten, da darin teilweise Angaben enthalten sind, die sich im Stiftungsregister nach derzeitigem Stand nicht finden werden, nämlich insbesondere der Stiftungszweck und der Verwaltungssitz.[2]

2 Im Anhang zu § 82b BGB ist das Stiftungsregistergesetz mit Begründung und einigen einleitenden Anmerkungen abgedruckt.

---

1 Gesetz zur Vereinheitlichung des Stiftungsrechts und zur Änderung des Infektionsschutzgesetzes, BGBl. I 2021, 2947.

2 *Hüttemann/Rawert*, Beilage zu ZIP 33/2021, 1, 41.

https://doi.org/10.1515/9783110251524-008

Vorbemerkung 2 zu § 82b: Stiftungsverzeichnisse und Vertretungsbescheinigungen

Schrifttum

v. Arps-Aubert, Stiftungsrechtliche Vertretungsbescheinigungen bei Streit oder Ungewissheit über den Funktionsstatus einer Person, ZStV 2014, 72; *Dörnbrack/Fiala*, Rechtswirkungen und Rechtsfolgen von Vertretungsbescheinigungen rechtsfähiger Stiftungen, DStR 2009, 2490; *Rawert*, Der Nachweis organschaftlicher Vertretung im Stiftungsrecht – Zu den Rechtswirkungen von Stiftungsverzeichnissen und aufsichtsbehördlichen Vertretungsbescheinigungen, in: Hönn/Oetker/u.a. (Hrsg.), FS Kreutz, 2010, S. 825; *Roth*, Vertretungsbescheinigungen für Stiftungsorgane und Verkehrsschutz, in: Hüttemann/Rawert/u.a. (Hrsg.), Non Profit Law Yearbook 2009, 2010, S. 65; *ders.*, Vertretungsbescheinigungen für Stiftungsorgane: Grundlage und Reichweite ihres Verkehrsschutzes, NotBZ 2011, S. 244.

Übersicht

A. **Landesrecht** — 1

B. **Stiftungsverzeichnisse**

I. Regelungsgegenstand — 2

II. Eintragung
1. Zuständige Behörde — 4
2. Erfasste Stiftungen — 5
3. Inhalt der Eintragungen — 9
   a) Name — 10
   b) Sitz — 12
   c) Zweck — 14
   d) Anschrift — 15
   e) Vertretungsberechtigung und Zusammensetzung der Organe — 18
   f) Zeitpunkt der Entstehung, Erlöschen — 26
   g) Rechtsstatus — 29
   h) Vermögensverhältnisse — 30
   i) Zuständige Aufsichtsbehörde — 31
4. Mitteilungspflichten der Stiftungen — 32
5. Wirkung der Eintragung — 33

III. Einsicht
1. Voraussetzungen — 34
2. Rechtsfolgen der Einsicht — 37

IV. Streichung aus dem Stiftungsverzeichnis — 41

V. Bewertung — 42

C. **Vertretungsbescheinigungen**

I. Regelungsgegenstand — 43

II. Zuständige Behörde — 44

III. Anspruch auf Erteilung — 45

IV. Inhalt der Bescheinigung — 47

V. Mitteilungspflichten der Stiftungen — 50

VI. Wirkung der Vertretungsbescheinigung
1. Keine Vermutung der Richtigkeit — 51
2. Behördliche Bescheinigungen als Vollmachtsurkunden — 53

VII. Bewertung — 56

A. Landesrecht

§ 4 BWStiftG
(1) Bei jedem Regierungspräsidium wird ein Verzeichnis der Stiftungen geführt, die ihren Sitz im Regierungsbezirk haben. 1
(2) In das Stiftungsverzeichnis sind einzutragen
1. **Name und Anschrift,**
2. **Sitz,**
3. **Zweck,**

https://doi.org/10.1515/9783110251524-009

4. Vertretungsberechtigung und Zusammensetzung der vertretungsberechtigten Organe der Stiftung und
5. Tag der Erlangung der Rechtsfähigkeit und anerkennende oder verleihende Behörde.

(3) Die Stiftungsbehörden sind verpflichtet, dem für die Führung des Stiftungsverzeichnisses zuständigen Regierungspräsidium die nach Absatz 2 erforderlichen Mitteilungen zu machen.
(4) Die Einsicht in das Stiftungsverzeichnis ist jedem gestattet. Die Eintragung im Stiftungsverzeichnis begründet nicht die Vermutung ihrer Richtigkeit.

Art. 4 BayStiftG
(1) Das Landesamt für Statistik führt ein allgemein zugängliches Verzeichnis der rechtsfähigen Stiftungen mit Sitz in Bayern mit Ausnahme der kirchlichen Stiftungen (Stiftungsverzeichnis).
(2) In das Stiftungsverzeichnis ist jede Stiftung mit folgenden Angaben einzustellen:
1. Name der Stiftung,
2. Rechtsstellung und Art,
3. Sitz,
4. Zweck,
5. Stiftungsorgane,
6. gesetzliche Vertretung,
7. Name des Stifters,
8. Zeitpunkt des Entstehens und des Erlöschens,
9. Anschrift der Stiftungsverwaltung.

Auf Antrag des Stifters ist auf die Angabe seines Namens zu verzichten. Änderungen zu Satz 1 Nr. 9 haben die Stiftungen der Genehmigungsbehörde unverzüglich mitzuteilen.

§ 11 BlnStiftG
(1) Die Aufsichtsbehörde führt ein Verzeichnis der Stiftungen. In dieses Verzeichnis ist jede Stiftung mit ihrem Namen, ihrem Zweck und ihrer Anschrift aufzunehmen. Die Aufsichtsbehörde veröffentlicht das Verzeichnis in geeigneter Form. Die Einsicht in das Verzeichnis ist jedem gestattet.
(2) Die Aufsichtsbehörde bescheinigt Stiftungen auf Antrag schriftlich unter Wiedergabe der einschlägigen Satzungsbestimmungen, welche Personen nach den gemäß § 8 Abs. 1 Nr. 1 gemachten Angaben dem Vertretungsorgan der Stiftung angehören (Vertretungsbescheinigung). Einem Dritten kann diese Bescheinigung erteilt werden, wenn er ein berechtigtes Interesse glaubhaft macht.

§ 14 BbgStiftG
(1) Die Stiftungsbehörde führt ein Verzeichnis der rechtsfähigen Stiftungen.
(2) In das Stiftungsverzeichnis sind einzutragen
1. Name, Sitz und Anschrift der Stiftung,
2. die Stiftungszwecke.

Die Eintragungen in das Stiftungsverzeichnis nach Satz 1 begründen keine Vermutung ihrer Richtigkeit.
(3) Der Stiftungsvorstand ist verpflichtet, der Stiftungsbehörde unverzüglich die nach Absatz 2 Satz 1 geforderten Angaben zu übermitteln sowie diesbezügliche Änderungen anzuzeigen.
(4) Die Einsicht in das Stiftungsverzeichnis sowie die Stiftungssatzung ist jedem zu Informationszwecken gestattet.
(5) Das Stiftungsverzeichnis kann auch in maschineller Form als automatisierte Datei geführt werden. Hierbei muss gewährleistet sein, dass
1. die Grundsätze einer ordnungsgemäßen Datenverarbeitung eingehalten, insbesondere Vorkehrungen gegen einen Datenverlust getroffen sowie die erforderlichen Kopien der Datenbestände mindestens tagesaktuell gehalten und die originären Datenbestände sowie deren Kopien sicher aufbewahrt werden,
2. die vorzunehmenden Eintragungen alsbald in einen Datenspeicher aufgenommen und auf Dauer inhaltlich unverändert in lesbarer Form wiedergegeben werden können,
3. die nach der Anlage zu § 126 Abs. 1 Satz 2 Nr. 3 der Grundbuchordnung gebotenen Maßnahmen getroffen werden.

§ 15 BremStiftG
(1) Die Stiftungsbehörde führt ein Verzeichnis der Stiftungen. Es enthält Angaben über Name, Zeitpunkt der Anerkennung oder Errichtungsjahr, Sitz, Zweck und Anschrift der Stiftung oder Name und Anschrift, unter denen das vertretungsberechtigte Organ zu erreichen ist, bei Familienstiftungen nur Name, Sitz und Zeitpunkt der Anerkennung oder Errichtungsjahr.
(2) Die Stiftungsbehörde veröffentlicht das Stiftungsverzeichnis in geeigneter Form mit Ausnahme der Familienstiftungen. Die Einsicht in das Stiftungsverzeichnis ist jedem gestattet.
(3) Die Eintragung im Stiftungsverzeichnis begründet nicht die Vermutung ihrer Richtigkeit.

§ 3 HamStiftG
(1) Die zuständige Behörde führt ein Verzeichnis der öffentlichen Stiftungen (Stiftungsverzeichnis). Eintragungen im Stiftungsverzeichnis begründen nicht die Vermutung ihrer Richtigkeit.
(2) In das Stiftungsverzeichnis sind einzutragen:
1. der Name der Stiftung,
2. der Zweck der Stiftung,
3. das Jahr der Anerkennung oder Genehmigung der Stiftung,
4. die Anschrift der Stiftung,
5. gegebenenfalls die Eigenschaft als kirchliche Stiftung.

(3) Die Stiftung hat der zuständigen Behörde die in Absatz 2 genannten Angaben sowie spätere Änderungen unverzüglich mitzuteilen.
(4) Die Einsicht in das Stiftungsverzeichnis ist jedermann gestattet. Das Stiftungsverzeichnis wird in das Internetangebot der zuständigen Behörde eingestellt. Soweit berechtigte Interessen Betroffener entgegenstehen, ist auf ihren Antrag von der Einstellung der Anschrift in das Internet abzusehen.

§ 17a HeStiftG
(1) Für Stiftungen im Sinne dieses Gesetzes führen die Aufsichtsbehörden sowie bei einer Übertragung der Aufsichtsbefugnisse nach § 28 die Stadt Frankfurt am Main ein Stiftungsverzeichnis.
(2) In das Stiftungsverzeichnis sind einzutragen:
1. der Name der Stiftung,
2. die Rechtsnatur der Stiftung,
3. der Sitz der Stiftung,
4. der Zweck der Stiftung,
5. die Anschrift der Stiftung,
6. die vertretungsberechtigten Organe und Personen sowie die Art ihrer Vertretungsberechtigung,
7. das Datum der Anerkennung,
8. die zuständige Aufsichtsbehörde.

Änderungen hat die Stiftung der Aufsichtsbehörde unverzüglich mitzuteilen.
(3) Das Stiftungsverzeichnis ist allgemein zugänglich. Es kann im Internet veröffentlicht werden. Eintragungen im Stiftungsverzeichnis begründen nicht die Vermutung der Richtigkeit.
(4) Das für das Stiftungsrecht zuständige Ministerium richtet für die Führung des Stiftungsverzeichnisses ein gemeinsames automatisiertes Verfahren ein. Die Aufsichtsbehörden sind zur Teilnahme an dem Verfahren verpflichtet. § 15 Abs. 1 Satz 2 bis 4 und Abs. 2 des Hessischen Datenschutzgesetzes in der Fassung vom 7. Januar 1999 (GVBl. I S. 98), geändert durch Gesetz vom 20. Mai 2011 (GVBl. I S. 208), gilt entsprechend.
(5) Die Aufsichtsbehörde stellt auf Antrag eine Bescheinigung darüber aus, wer nach Maßgabe der Satzung und der von der Stiftung mitgeteilten Angaben zur Vertretung der Stiftung berechtigt ist. Abs. 3 Satz 3 gilt entsprechend.

§ 3 MVStiftG
Das Justizministerium führt ein allgemein einsehbares Verzeichnis mit den Angaben der Stiftungsbehörden zum Namen, zum wesentlichen Zweck, zum Sitz, zur Anschrift und zum Datum der Anerkennung der Stiftungen. Die Eintragungen begründen nicht die Vermutung der Richtigkeit. Darüber hinaus unterliegen stiftungsbehördliche Unterlagen zu einzelnen Stiftungen nicht einem allgemeinen Informationszugang. Angaben zu kirchlichen Stiftungen werden auf Antrag der zuständigen Kirchenbehörde in das Verzeichnis aufgenommen.

§ 17a NdsStiftG
(1) Die Stiftungsbehörde führt ein Verzeichnis der rechtsfähigen Stiftungen des bürgerlichen Rechts in ihrem Bezirk mit Ausnahme der Stiftungen nach § 10 Abs. 2 (Stiftungsverzeichnis). Kirchliche Stiftungen werden auf Antrag der zuständigen Kirchenbehörde in das Stiftungsverzeichnis aufgenommen.
(2) In das Stiftungsverzeichnis sind der Name, der Sitz, der wesentliche Zweck und die Anschrift der Stiftung aufzunehmen. Eine Änderung der Anschrift hat die Stiftung der Stiftungsbehörde unverzüglich mitzuteilen. Die Eintragungen im Stiftungsverzeichnis begründen nicht die Vermutung der Richtigkeit.
(3) Das Stiftungsverzeichnis kann von jeder Person eingesehen werden.

§ 12 NRWStiftG
(1) Stiftungen im Sinne dieses Gesetzes werden in einem elektronischen Stiftungsverzeichnis erfasst, welches nur über das Internet zugänglich ist.
(2) In das Stiftungsverzeichnis sind einzutragen
1. der Name der Stiftung,
2. der Sitz der Stiftung,
3. die Zwecke der Stiftung,
4. die Anschrift der Geschäftsstelle der Stiftung,
5. die vertretungsberechtigten Organe und Personen sowie die Art ihrer Vertretungsberechtigung,
6. das Datum der Anerkennung als rechtsfähige Stiftung,
7. die zuständige Stiftungsaufsichtsbehörde.
Änderungen der Angaben zu den Nummern 1 bis 5 sind der zuständigen Stiftungsaufsichtsbehörde unverzüglich mitzuteilen.
(3) Eintragungen im Stiftungsverzeichnis begründen nicht die Vermutung ihrer Richtigkeit.
(4) Die Stiftungsbehörde stellt auf Antrag eine Bescheinigung darüber aus, wer nach Maßgabe der Satzung und der von der Stiftung mitgeteilten Angaben zur Vertretung der Stiftung berechtigt ist.
(5) Die behördlichen Unterlagen über die Anerkennung und Beaufsichtigung einzelner Stiftungen unterliegen nicht dem allgemeinen Informationszugang nach dem Informationsfreiheitsgesetz Nordrhein-Westfalen.

§ 5 RPStiftG
(1) Die Stiftungsbehörde führt ein Verzeichnis der rechtsfähigen öffentlichen Stiftungen, die ihren Sitz in Rheinland-Pfalz haben (Stiftungsverzeichnis). Auf Antrag der zuständigen Kirchenbehörde werden auch kirchliche Stiftungen in das Stiftungsverzeichnis aufgenommen.
(2) In das Stiftungsverzeichnis sind einzutragen:
1. der Name der Stiftung,
2. der Zweck der Stiftung,
3. das zur Vertretung berechtigte Organ der Stiftung,
4. das Jahr der Errichtung der Stiftung,
5. der Sitz der Stiftung sowie
6. die Anschrift der Stiftung.
(3) Die Stiftung hat die in Absatz 2 genannten Angaben und spätere Änderungen der Stiftungsbehörde unverzüglich mitzuteilen.
(4) Eintragungen im Stiftungsverzeichnis begründen nicht die Vermutung ihrer Richtigkeit.
(5) Die Einsicht in das Stiftungsverzeichnis ist jedermann gestattet. Um eine Einsichtnahme auch in elektronischer Form zu ermöglichen, ist das Stiftungsverzeichnis in das Internetangebot der Stiftungsbehörde einzustellen.

§ 18 SaarStiftG
(1) Die Stiftungsbehörde führt ein Verzeichnis der Stiftungen. Es enthält Angaben über Name, Sitz, Zweck und Anschrift der Stiftung.
(2) Die Einsicht in das Stiftungsverzeichnis ist jedem gestattet. Auf Verlangen wird über die Eintragungen im Stiftungsverzeichnis Auskunft erteilt. Die Eintragungen im Stiftungsverzeichnis begründen nicht die Vermutung der Richtigkeit.

§ 8 SächsStiftG

(1) Die Stiftungsbehörde führt ein Verzeichnis der in ihrem Zuständigkeitsbereich bestehenden Stiftungen. In das Stiftungsverzeichnis sind einzutragen:

1. **der Name und die Rechtsform der Stiftung,**
2. **der Sitz und die Anschrift der Stiftung,**
3. **der Stiftungszweck,**
4. **die Vertretungsberechtigung,**
5. **die Zusammensetzung der Organe der Stiftung und**
6. **der Tag der Anerkennung der Stiftung als rechtsfähig, bei einer öffentlich-rechtlichen Stiftung, die durch Gesetz errichtet wurde, der Tag der Entstehung.**

Der Tag der Genehmigung von Änderungen der Satzung, der Aufhebung der Stiftung sowie ihrer Zusammenlegung mit einer anderen Stiftung sind einzutragen.

(2) Der Stiftungsvorstand ist verpflichtet, der Stiftungsbehörde die nach Absatz 1 Satz 2 und 3 erforderlichen Angaben und deren Änderungen unverzüglich mitzuteilen.

(3) Eintragungen im Stiftungsverzeichnis begründen nicht die Vermutung ihrer Richtigkeit. Die Einsicht in das Stiftungsverzeichnis ist jedem gestattet. Für die Einsicht in die unter Absatz 1 Satz 2 Nummer 5 angeführten Daten gilt Artikel 6 Absatz 1 Buchstabe a der Verordnung (EU) 2016/679 des Europäischen Parlaments und des Rates vom 27. April 2016 zum Schutz natürlicher Personen bei der Verarbeitung personenbezogener Daten, zum freien Datenverkehr und zur Aufhebung der Richtlinie 95/46/EG (ABl. L 119 vom 4.5.2016, S. 1, L 314 vom 22.11.2016, S. 72), in der jeweils geltenden Fassung.

§ 5 SAStiftG

(1) Die Stiftungsbehörde nach § 4 Abs. 1 Satz 1 erfasst alle rechtsfähigen Stiftungen gemäß § 2 in einem elektronischen Stiftungsverzeichnis. Stiftungen gemäß § 3 Abs. 5 werden auf Antrag im Stiftungsverzeichnis aufgenommen. Das Verzeichnis kann von jedermann eingesehen werden und ist zum Abruf im Internet bereitzustellen.

(2) Das Stiftungsverzeichnis enthält folgende Angaben:

1. **den Namen und den Sitz der Stiftung,**
2. **die Anschrift der Geschäftsstelle der Stiftung,**
3. **das vertretungsberechtigte Organ,**
4. **den Zweck der Stiftung,**
5. **die Rechtsnatur der Stiftung und**
6. **den Zeitpunkt der Entstehung der Stiftung.**

(3) Die Stiftungen haben der Stiftungsbehörde nach § 4 Abs. 1 Satz 1 die Angaben nach Absatz 2 unverzüglich mitzuteilen.

(4) Eintragungen im Stiftungsverzeichnis begründen nicht die Vermutung ihrer Richtigkeit.

(5) Die jeweils zuständige Stiftungsbehörde stellt auf Antrag der Stiftung eine Bescheinigung über die angezeigte Vertretungsbefugnis aus. Einem Dritten kann diese Bescheinigung erstellt werden, wenn er ein berechtigtes Interesse glaubhaft macht.

(6) Die behördlichen Unterlagen über die Anerkennung der Rechtsfähigkeit und die Beaufsichtigung der Stiftungen des bürgerlichen Rechts unterliegen nicht dem Anspruch auf Zugang zu amtlichen Informationen nach dem Informationszugangsgesetz Sachsen-Anhalt.

§ 15 SHStiftG

(1) Im Amtsblatt für Schleswig-Holstein sind bekannt zu machen

1. **Anerkennungen unter Angabe des Stiftungszwecks nach § 80 und Maßnahmen nach § 87 BGB,**
2. **Genehmigungen nach § 5 Abs. 2 Satz 1 in Verbindung mit**
3. **Genehmigungen nach § 5 Abs. 3,**
4. **Maßnahmen nach § 6 Abs. 1 Satz 2.**

Zuständig ist die Behörde, die die Anerkennung ausgesprochen, die Genehmigung erteilt oder die Maßnahme getroffen hat. Die Stiftung hat die Kosten für die Bekanntmachung zu erstatten.

(2) Beim Ministerium für Inneres und Bundesangelegenheiten wird ein Verzeichnis aller Stiftungen geführt. In dieses werden eingetragen:

1. **der Name,**
2. **der Sitz,**
3. **der Zweck,**

4. das im Stiftungsgeschäft angegebene Stiftungsvermögen,
5. die Anschrift der Stiftung,
6. die Vertretungsberechtigung und die Zusammensetzung der vertretungsberechtigten Organe,
7. der Tag der Erteilung der Genehmigung oder Anerkennung,
8. der Tag des Erlöschens der Stiftung.

Die zuständige Behörde ist verpflichtet, dem Ministerium für Inneres und Bundesangelegenheiten die erforderlichen Angaben zu machen sowie Veränderungen mitzuteilen. Das Ministerium für Inneres und Bundesangelegenheiten ist berechtigt, das Stiftungsverzeichnis in geeigneter Weise, insbesondere auch auf elektronischem Wege, zu veröffentlichen.

(3) Eintragungen in das Stiftungsverzeichnis begründen nicht die Vermutung der Richtigkeit. Die Einsicht in das Stiftungsverzeichnis ist jeder Person gestattet.

§ 5 ThStiftG

(1) Die Stiftungsaufsichtsbehörde führt ein öffentlich einsehbares Verzeichnis aller Stiftungen (Stiftungsverzeichnis).

(2) In das Stiftungsverzeichnis sind einzutragen:
1. der Name und der Sitz der Stiftung sowie die Anschrift der Stiftungsverwaltung,
2. der Stiftungszweck,
3. die Vertretungsberechtigung und
4. die Zusammensetzung der Organe der Stiftung,
5. der Tag der Anerkennung, bei einer öffentlich-rechtlichen Stiftung der Tag der Entstehung,
6. der Tag des Erlöschens der Stiftung und
7. der Tag der Genehmigung von Satzungsänderungen.

(3) Der Vorstand der Stiftung hat der Stiftungsaufsichtsbehörde die in Absatz 2 genannten Angaben unverzüglich sowie spätere Änderungen innerhalb eines Monats nach Eintritt ihrer Wirksamkeit mitzuteilen. Soweit hiermit eine Satzungsänderung verbunden ist, ist diese der Mitteilung beizufügen.

(4) Die Einsicht in das Stiftungsverzeichnis ist jedermann gestattet, die Einsicht in die unter Absatz 2 Nr. 4 angeführten Daten nur insoweit, als die Mitglieder des Organs, deren personenbezogene Daten betroffen sind, zugestimmt und dies der Stiftungsbehörde mitgeteilt haben oder soweit ein berechtigtes Interesse an der Kenntnis dieser Daten besteht und der Betroffene kein schutzwürdiges Interesse am Ausschluss der Einsicht hat. Von den Eintragungen des Stiftungsverzeichnisses kann eine Abschrift gefordert werden. Diese ist auf Verlangen zu beglaubigen. Die Einsicht in die Stiftungssatzung ist jedem, der ein berechtigtes Interesse geltend macht, insoweit gestattet, wie dies zur Wahrnehmung dieses Interesses erforderlich ist.

(5) Die Stiftungsaufsichtsbehörde stellt auf Antrag eine Bescheinigung zur Vorlage gegenüber Dritten darüber aus, wer nach Maßgabe der Satzung und der von der Stiftung gemachten Angaben zur Vertretung der Stiftung berechtigt ist.

(6) Die Eintragungen in das Stiftungsverzeichnis begründen nicht die Vermutung ihrer Richtigkeit.

(7) Das für das Stiftungsrecht zuständige Ministerium kann durch Rechtsverordnung bestimmen, dass und in welchem Umfang das Stiftungsverzeichnis elektronisch geführt wird. Hierbei muss gewährleistet sein, dass
1. die Grundsätze einer ordnungsgemäßen Datenverarbeitung eingehalten, insbesondere Vorkehrungen gegen einen Datenverlust getroffen, sowie die erforderlichen Kopien der Datenbestände tagesaktuell gehalten und die originären Datenbestände sowie deren Kopien sicher aufbewahrt werden,
2. die vorzunehmenden Eintragungen alsbald in eine Datenbank aufgenommen und auf Dauer inhaltlich unverändert in lesbarer Form wiedergegeben werden können und
3. die nach der Anlage zur Grundbuchordnung gebotenen Maßnahmen getroffen werden. In der Rechtsverordnung können auch Einzelheiten zur öffentlichen Einstellung des Stiftungsverzeichnisses in das Internet geregelt werden.

B. Stiftungsverzeichnisse

I. Regelungsgegenstand

Die vorstehenden landesrechtlichen Bestimmungen regeln jeweils die Einrichtung **öffentlicher Stiftungsverzeichnisse**, die einzutragenden Angaben, die Einsichtnahme in das Verzeichnis sowie die Art und Weise ihrer Führung durch die nach Landesrecht zuständigen Behörden. Sie sollen über das für jedermann bestehende Einsichtsrecht der Öffentlichkeit Informationen über die bestehenden Stiftungen geben, was Transparenz schaffen, der Sicherheit im Rechtsverkehr dienen und den Stiftungsgedanken fördern soll.[1] 2

Die Einrichtung der Stiftungsverzeichnisse geht auf das Gesetz zur Modernisierung des Stiftungsrechts 2002 zurück. Nachdem sich im Gesetzgebungsverfahren die Forderung nach Einrichtung eines Stiftungsregisters mit Publizitätswirkung nicht durchsetzen konnte,[2] handelt es sich bei den stattdessen eingeführten Stiftungsverzeichnissen – mit allen bestehenden Defiziten[3] – um den kleinsten gemeinsamen Nenner.[4] 3

II. Eintragung

1. Zuständige Behörde

Die Stiftungsverzeichnisse werden von der nach Landesrecht jeweils zuständigen Behörde geführt. Das sind in der Regel die **Stiftungs- bzw. die Stiftungsaufsichtsbehörden des Landes**. In Baden-Württemberg, Hessen sowie Nordrhein-Westfalen liegt die Zuständigkeit bei den Regierungspräsidien bzw. Bezirksregierungen für ihren Bezirk,[5] in Niedersachsen bei den Ämtern für regionale Landesentwicklung für ihre Region,[6] in den übrigen Ländern ist die Stiftungsbehörde für das gesamte Bundesland zuständig. Im Einzelnen sind dies in Berlin, Bremen und Hamburg die Fachbereiche in den Senatsverwaltungen,[7] in Brandenburg, Mecklenburg-Vorpommern, dem Saarland und Schleswig-Holstein jeweils ein Landesministerium,[8] in Rheinland-Pfalz, Sachsen, Sachsen-Anhalt und Thüringen die jeweilige obere Landesbehörde[9] und in Bayern das Landesamt für Statistik.[10] 4

---

1 Hüttemann/Richter/Weitemeyer/*Rawert*, Rn. 11.1, 11.3; Richter/*Spiegel*, Stiftungsrecht, § 20 Rn. 48, 57, jew. m.w.N.

2 Näher Hüttemann/Richter/Weitemeyer/*Rawert*, Rn. 11.1; MüKoBGB/*Weitemeyer*, § 80 Rn. 82; Richter/*Spiegel*, Stiftungsrecht, § 20 Rn. 48 f.

3 Dazu etwa MüKoBGB/*Weitemeyer*, § 80 Rn. 83; Hüttemann/Richter/Weitemeyer/*Rawert*, Rn. 11.2.

4 Zu Informationsmöglichkeiten auf Grund weiterer Vorschriften Hüttemann/Richter/Weitemeyer/*Rawert*, Rn. 11.8 ff.

5 § 4 Abs. 1 BWStiftG; § 17a Abs. 1 HeStiftG; § 15 NRWStiftG. Zu Ausnahmen hiervon s. § 3 Abs. 2 BWStiftG; § 15 Abs. 3 NRWStiftG.

6 § 3 NdsStiftG.

7 § 11 BlnStiftG (Senatsverwaltung für Justiz); § 15 i.V.m. § 2 BremStiftG (Senator für Inneres und Sport). In der Freien und Hansestadt Hamburg folgt die Zuständigkeit der Behörde für Justiz und Verbraucherschutz aus der Ressortzuweisung innerhalb der Senatsverwaltung, § 4 Abs. 2 S. 2 des Gesetzes über Verwaltungsbehörden in der Fassung vom 30.7.1952, zuletzt geändert durch Art. 2 des Gesetzes vom 3.11.2020 (HmbGVBl. 2020, 559).

8 § 26 Abs. 1 BbgStiftG (Ministerium des Innern); § 3 MVStiftG (Innenministerium); § 18 SaarStiftG (Minister für Inneres und Sport); § 15 Abs. 2 S. 1 SHStiftG (Innenministerium).

9 § 4 Abs. 1 RPStiftG (Aufsichts- und Dienstleistungsdirektion); § 3 Abs. 1 S. 1 SächsStiftG (Landesdirektion); § 5 Abs. 1 iVm. § 4 Abs. 1 S. 1 SAStiftG (Landesverwaltungsamt); § 5 Abs. 1 i.V.m. § 4 Abs. 1 S. 2 ThStiftG (Landesverwaltungsamt).

10 Art. 4 Abs. 1 BayStiftG.

2. Erfasste Stiftungen

5 In die Stiftungsverzeichnisse werden in der Regel die **Stiftungen bürgerlichen Rechts** aufgenommen, in einigen Bundesländern zusätzlich auch die Stiftungen öffentlichen Rechts.[11]

6 In Niedersachsen und Hamburg sind Stiftungen mit privatnützigen Zwecken von der Eintragung **ausgenommen,**[12] in Bremen werden die Eintragungen zu den Familienstiftungen nicht veröffentlicht.[13] Generell nicht in die Stiftungsverzeichnisse eingetragen werden die unselbständigen oder nichtrechtsfähigen Stiftungen, da die Stiftungsgesetze der Bundesländer auf sie nicht anwendbar sind.[14]

7 **Besonderheiten** gelten zudem für kirchliche und kommunale Stiftungen. Zum einen ist es den Religionsgemeinschaften freigestellt, zu entscheiden, ob sie eigene Stiftungsverzeichnisse nur für kirchliche Stiftungen einrichten und führen.[15] In Baden-Württemberg sieht dies § 27 BWStiftG vor, nach welchem von der jeweiligen obersten Religionsbehörde ein gesondertes Verzeichnis kirchlicher Stiftungen geführt wird. Zum anderen können kirchliche Stiftungen in einigen Bundesländern auf Antrag in die staatlichen Stiftungsverzeichnisse aufgenommen werden.[16] Erforderlich ist dafür neben dem Antrag die Zustimmung der zuständigen Kirchenbehörde.[17]

8 In Mecklenburg-Vorpommern werden auf Antrag auch kommunale Stiftungen in das Stiftungsverzeichnis aufgenommen.[18]

3. Inhalt der Eintragungen

9 Die in die Stiftungsverzeichnisse aufzunehmenden **Angaben über die Stiftungen** variieren von Bundesland zu Bundesland erheblich.[19] In allen Bundesländern einzutragen sind Angaben zum Namen, Zweck und Anschrift der Stiftung sowie (mit Ausnahme von Bayern und Berlin) zu ihrem Sitz (s.u. Rn. 12). Dies entspricht nicht einmal den Mindestanforderungen an die Satzung der Stiftung nach geltendem Recht (§ 81 Abs. 1 S. 3 BGB), wobei im Hinblick auf den Zweck der Stiftungsregister insbesondere die in einigen Ländern fehlenden Angaben zur Bildung des Vorstands der Stiftung (§ 81 Abs. 1 S. 3 Nr. 5 BGB) zu kritisieren sind, handelt es sich doch um das einzige zwingende Organ der Stiftung und deren Vertretungsorgan.

10 **a) Name.** Der **Name der Stiftung** ist in allen Bundesländern in die Verzeichnisse einzutragen (ebs. § 2 Nr. 1 StiftRG). Er ist Teil der Identitätsausstattung der Stiftung und dient der Sicherheit im Rechtsverkehr.[20] Maßgeblich ist die Festlegung des Namens durch den Stifter in der Stiftungssatzung gem. § 81 Abs. 1 S. 3 Nr. 1 BGB (= § 81 Abs. 1 Nr. 1 lit. b BGB n.F.).[21]

---

11 §§ 4 Abs. 1, 1 BWStiftG; Art. 4 Abs. 1, 1 Abs. 2 BayStiftG; §§ 17a, 1 HeStiftG; §§ 5 Abs. 1, 3 Abs. 1 RPStiftG; §§ 8 Abs. 1, 1 SächsStiftG; §§ 2, 5 Abs. 1 SAStiftG; §§ 5 Abs. 1, 3 Abs. 3 ThStiftG.

12 § 17a Abs. 1 S. 1 NdsStiftG; § 3 Abs. 1 S. 1 i.V.m. § 2 Abs. 2 HamStiftG.

13 § 15 Abs. 2 S. 1 BremStiftG.

14 Hüttemann/Richter/Weitemeyer/*Rawert*, Rn. 11.13.

15 Hüttemann/Richter/Weitemeyer/*Rawert*, Rn. 11.14.

16 § 3 Abs. 2 Nr. 5 HamStiftG; § 3 S. 4 MVStiftG; § 17a Abs. 1 S. 2 NdsStiftG; § 14 Abs. 4 NRWStiftG; § 5 Abs. 1 RPStiftG.

17 Näher Hüttemann/Richter/Weitemeyer/*Rawert*, Rn. 11.14; Hüttemann/Richter/Weitemeyer/*Reuter*, Rn. 4.18 ff.

18 § 3 S. 4 MVStiftG.

19 Einen vollständigen Überblick gibt BeckOGK BGB/*Roth*, § 80 Rn. 449.1.

20 Statt aller Erman/*Wiese*, BGB, § 81 Rn. 10; Richter/*Stumpf*, Stiftungsrecht, § 4 Rn. 91.

21 Zur freien Wahl des Namens und den hierbei zu beachtenden Grundsätzen BeckOK BGB/*Backert*, § 81 Rn. 6; Erman/*Wiese*, BGB, § 81 Rn. 10.

Der **Name des Stifters** wird dagegen nur in Bayern eingetragen, Art. 4 Abs. 2 S. 1 Nr. 7 BayStiftG. Auf Antrag des Stifters ist auf die Angabe seines Namens allerdings zu verzichten, Art. 4 Abs. 2 S. 2 BayStiftG. 11

b) Sitz. Einzutragen ist der Sitz der Stiftung. Sitz meint den gem. § 81 Abs. 1 S. 3 Nr. 2 BGB in der Satzung bestimmten **Satzungssitz**. Der Verwaltungssitz kann von diesem verschieden sein (zur Unterscheidung s. § 83a Rn. 1 f.). Der Satzungssitz ist ausschlaggebend für die Bestimmung des anwendbaren Landesstiftungsgesetzes, die Zuständigkeit der Aufsichtsbehörde sowie den Gerichtsstand der Stiftung, § 17 ZPO.[22] 12

In Berlin und Hamburg wird der Sitz der Stiftung nicht eingetragen, der jeweilige Landesgesetzgeber begnügt sich mit der Eintragung der Anschrift, also des Verwaltungssitzes (s.u. Rn. 15 f.). Der Satzungssitz der Stiftung folgt in diesen Bundesländern wegen der Zuständigkeit der Behörden aus der Eintragung in das Verzeichnis.[23] 13

c) Zweck. Der in der Satzung gem. § 81 Abs. 1 S. 3 Nr. 3 BGB (= § 81 Abs. 1 Nr. 1 lit. a BGB n.F.) festzulegende **Zweck der Stiftung** ist in allen Bundesländern in die Verzeichnisse einzutragen. In Mecklenburg-Vorpommern[24] und in Niedersachsen[25] ist die Eintragung allerdings beschränkt auf den „wesentlichen Zweck". Im Hinblick auf die Gemeinnützigkeit von ca. 95 % aller Stiftungen des bürgerlichen Rechts ist diese Einschränkung zumindest bedenklich, verträgt sich die eingeschränkte Transparenz doch nicht mit der steuerlichen Privilegierung dieser Stiftungen. Der Stiftungszweck sollte deshalb vollständig aus der Satzung in das Stiftungsverzeichnis übernommen werden.[26] Das ist auch für Spender wichtig. Völlig unverständlich ist, dass das Stiftungsregister keinerlei Angaben zum Stiftungszweck enthalten wird, vgl. § 2 StiftRG. 14

d) Anschrift. Die Anschrift der Stiftung ist in allen Bundesländern in die Verzeichnisse einzutragen. Die **Anschrift** meint den Ort, an welchem die Verwaltung geführt wird, also den Verwaltungssitz.[27] Er wird häufig mit dem Satzungssitz der Stiftung identisch sein, muss dies aber nicht (s. dazu § 83a Rn. 2).[28] Zur Anschrift zählen wie bei natürlichen Personen die Angaben, die erforderlich sind, um mit der Stiftung Kontakt aufnehmen zu können. Erforderlich ist damit mindestens die Angabe von Postleitzahl, Ort, Straße und Hausnummer. Ein c/o- oder z. Hd.-Zusatz ist zulässig, ein Postfach hingegen nicht.[29] 15

In Bremen kann **alternativ zur Anschrift** der Stiftung Name und Anschrift, unter denen das vertretungsberechtigte Organ zu erreichen ist, eingetragen werden, § 15 Abs. 1 S. 2 BremStiftG. Wie eine stichprobenartige Einsichtnahme in das Verzeichnis zeigt, wird von dieser Möglichkeit auch rege Gebrauch gemacht.[30] 16

---

22 Zum Sitz statt aller BeckOK BGB/*Backert*, § 81 Rn. 7; Erman/*Wiese*, BGB, § 81 Rn. 11.

23 Hüttemann/Richter/Weitemeyer/*Rawert*, Rn. 11.37.

24 § 3 S. 1 MVStiftG.

25 § 17a Abs. 2 S. 1 NdsStiftG.

26 Hüttemann/Richter/Weitemeyer/*Rawert*, Rn. 11.18.

27 Dazu s. Staudinger/*Hüttemann*/*Rawert*, BGB, § 81 Rn. 42.

28 Richter/*Stumpf*, Stiftungsrecht, § 4 Rn. 98; Erman/*Wiese*, BGB, § 81 Rn. 11; BeckOK BGB/*Backert*, § 81 Rn. 7; für eine Vereinheitlichung von Satzungs- und Verwaltungssitz de lege ferenda MüKoBGB/*Weitemeyer*, § 81 Rn. 32.

29 MüKoGmbHG/*Herrler*, § 8 Rn. 78; Lutter/Hommelhoff/*Bayer*, GmbHG, § 8 Rn. 20; BeckOK ZPO/*Bacher*, § 253 Rn. 46.1, jew. m.w.N.

30 S. Verzeichnis der rechtsfähigen Stiftungen bürgerlichen Rechts mit Sitz im Land Bremen (Stand 20.4.2021), abrufbar unter https://www.inneres.bremen.de/sixcms/detail.php?gsid=bremen52.c.2121.de.

17 Im **Stiftungsregister** wird der Verwaltungssitz nicht anzugeben sein, nur der Wohnort der Vorstandsmitglieder, besonderen Vertreter und Liquidatoren, § 2 Nr. 5, 7, 19 StiftRG. Die Angabe des Wohnorts dient freilich nicht der Erreichbarkeit der Stiftung, sondern der Identifikation der genannten Organmitglieder. Dafür wäre die Angabe des Geburtsorts freilich besser geeignet wäre.

18 **e) Vertretungsberechtigung und Zusammensetzung der Organe.** Wesentlich uneinheitlicher regeln die Landesgesetze die Eintragungen zu den Vertretungsorganen.

19 In neun Bundesländern enthalten die Stiftungsverzeichnisse **Angaben zum Vertretungsorgan.**[31] Die Angaben erschöpfen sich aber in den meisten Ländern darin, dass lediglich abstrakt das vertretungsberechtigte Organ eingetragen wird. Das ist der Vorstand i.S.d. Gesetzes, der aber auch anders bezeichnet werden kann (z.B. Präsidium, Verwaltungsrat), s. § 84 Rn. 21.

20 In sechs Bundesländern sind Angaben zur **Zusammensetzung** des Stiftungsvorstandes einzutragen,[32] in vier zusätzlich zur Vertretungsberechtigung.[33]

21 Angaben zu den **Personen, die den Vorstand** bilden, finden sich nur in Hessen und in Nordrhein-Westfalen.[34] Zudem ist in beiden Ländern auch die Art der Vertretungsberechtigung einzutragen. Unter Letzterem kann ein Hinweis auf Allein-, Mehrheits- oder Gesamtvertretung und auf Beschränkungen der Vertretungsmacht verstanden werden. Der Leitfaden des Landes Hessen für das Stiftungsverzeichnis nennt beispielhaft „Zwei Vorstandsmitglieder gemeinsam".[35]

22 Bei einer **stichprobenartigen Einsichtnahme in** das vom Regierungspräsidium Kassel geführte **Stiftungsverzeichnis** fanden sich zum Punkt „Vertretungsregelung" sowohl die Aussage „Zwei Mitglieder gemeinsam", als auch die Formulierung „Der Vorstand vertritt die Stiftung gerichtlich und außergerichtlich. Er hat die Stellung eines gesetzlichen Vertreters", „Der Vorstand vertritt die Stiftung gerichtlich und außergerichtlich mit mindestens zwei seiner Mitglieder. Eines dieser Mitglieder muss der Vorsitzende oder der stellvertretende Vorsitzende des Vorstands sein. Für eine Transaktion über 20.000,- Euro muss der Vorstand die Zustimmung des Stiftungsrats einholen." oder „Je zwei Vorstandsmitglieder vertreten die Stiftung gemeinsam. Der Stiftungsvorstand kann durch Beschluss Vorstandsmitglieder von den Beschränkungen des § 181 BGB befreien und einem Vorstandsmitglied Einzelvertretungsmacht erteilen." Ähnliche Angaben finden sich im Stiftungsverzeichnis für Nordrhein-Westfalen, wo bei einem dreiköpfigen Vorstand z.B. neben den Namen der Personen eingetragen ist, wer 1. Vorsitzender, 2. Vorsitzender oder Beisitzer ist und das für alle „Gemeinschaftsberechtigung" gilt. Ein anderer Eintrag nennt bei einem zweiköpfigen Vorstand die Namen der Personen, welche den Vorstand bilden, und deren Befugnis, die Stiftung jeweils einzeln zu vertreten („Alleinbefugnis").

23 **Anders** ist dies in **Baden-Württemberg.** Die dortigen Stiftungsbehörden differenzieren zwischen der Eintragung und Einsichtnahme in das Stiftungsverzeichnis einerseits und der Veröffentlichung dieser Angaben im Internet andererseits. Darauf weist zumindest das Serviceportal Baden-Württemberg ausdrücklich hin.[36] Zugleich wird der interessierte Nutzer aber darauf

31 § 4 Abs. 2 Nr. 4 BWStiftG; 4 Abs. 2 S. 1 Nr. 6 BayStiftG; § 17a Abs. 2 Nr. 6 HeStiftG; § 12 Abs. 2 Nr. 5 NRWStiftG; § 5 Abs. 2 Nr. 3 RPStiftG; § 8 Abs. 1 S. 2 Nr. 4 SächsStiftG; § 5 Abs. 2 Nr. 3 SAStiftG; § 15 Abs. 2 Nr. 6 SHStiftG; § 5 Abs. 2 Nr. 3 ThStiftG.

32 § 4 Abs. 2 Nr. 4 BWStiftG; § 17a Abs. 2 Nr. 6 HeStiftG; § 12 Abs. 2 Nr. 5 NRWStiftG; § 8 Abs. 1 S. 2 Nr. 5 SächsStiftG; § 15 Abs. 2 Nr. 6 SHStiftG; § 5 Abs. 2 Nr. 4 ThStiftG.

33 § 4 Abs. 2 Nr. 4 BWStiftG; § 8 Abs. 1 Nr. 4 und 5 SächsStiftG; § 15 Abs. 2 Nr. 6 SHStiftG; § 5 Abs. 2 Nr. 3 und 4 ThStiftG.

34 § 17a Abs. 2 Nr. 6 HeStiftG; § 12 Abs. 2 Nr. 5 NRWStiftG.

35 Leitfaden des Landes Hessen für das Stiftungsverzeichnis, abrufbar unter https://rp-kassel.hessen.de/bürgerstaat/stiftungen/stiftungsverzeichnis.

36 S. https://www.service-bw.de/web/guest/leistung/-/sbw/Stiftungsverzeichnis++Einsicht+nehmen-1155-leistung-0 unter Verfahrensablauf.

verwiesen, dass er Informationen über Stiftungen am einfachsten im Internet erhält. Die im Internet abrufbaren Verzeichnisse enthalten aber nur „Grundinformationen", die nach § 4 Abs. 2 Nr. 4 BWStiftG einzutragenden Angaben zur Vertretungsberechtigung und Zusammensetzung der vertretungsberechtigten Organe der Stiftung erhält man auf diesem Weg nicht. Zudem findet sich die weitere Einschränkung, dass die jedermann im Internet zugänglichen Übersichten der einzelnen Regierungsbezirke „Grundinformationen zu den meisten [...] Stiftungen enthalten; nicht eingetragen sind nur die Stiftungen, die eine Veröffentlichung im Internet ausdrücklich nicht wünschen."[37]

Welche Angaben zur Vertretungsberechtigung konkret eingetragen werden, scheint damit eher von der **Verwaltungspraxis** und dem jeweiligen Inhalt der Stiftungssatzung abzuhängen als von den gesetzlichen Vorgaben. Im Interesse der Transparenz sind allein die gesetzlichen Regelungen und die Verwaltungspraxis in Hessen und Nordrhein-Westfalen zu begrüßen. Die in den meisten übrigen Ländern übliche Angabe des Stiftungsvorstandes als Vertretungsorgan (sofern überhaupt Angaben eingetragen werden) vermag den Informationsbedarf des Rechtsverkehrs nicht zu erfüllen, ebenso wenig die abstrakte Angabe der Anzahl der Mitglieder des Vorstands, enthalten sie doch keinen Mehrwert an Informationen. 24

Zu Recht sieht daher **§ 82b BGB n.F.** i.V.m. § 2 Nr. 5 bis 7 sowie Nr. 19 StiftRG **weitere Eintragungen** vor. Die Angabe von *„satzungsmäßigen Beschränkungen der Vertretungsmacht des Vorstands"* (§ 2 Nr. 6 StiftRG) bezieht sich allerdings ausweislich des Gesetzestextes nur auf Beschränkungen i.S.d. § 84 Abs. 3 Hs. 2 BGB n.F. (näher dazu § 84 Rn. 44). Die Eintragung von Vertretungsregelungen i.S.d. § 84 Abs. 2 S. 2 BGB n.F. (dazu § 84 Rn. 50 f.) ist dagegen in § 2 StiftRG nicht vorgesehen, obwohl § 82b Abs. 2 S. 2 BGB nicht nur die Anmeldung von Beschränkungen i.S.d. § 84 Abs. 3 BGB n.F., sondern auch die Anmeldung der *„Vertretungsmacht der Vorstandsmitglieder und der besonderen Vertreter"* verlangt. Ob dem Stiftungsregister zu entnehmen sein wird, dass bei einer Stiftung Mehrheitsvertretung, Gesamtvertretung aller oder einzelner Vorstandsmitglieder oder Alleinvertretung gilt, ist daher zweifelhaft und der größte Mangel von § 2 StiftRG. 25

f) Zeitpunkt der Entstehung, Erlöschen. Die meisten Bundesländer nehmen in ihre Verzeichnisse Angaben zur **Entstehung der Stiftungen** auf, entweder indem das konkrete Datum[38] (so auch § 2 Nr. 3 StiftRG) oder das Jahr der Anerkennung bzw. Entstehung[39] eingetragen wird. Lediglich in Berlin, Brandenburg, Niedersachsen und dem Saarland werden hierzu keine Angaben in das Stiftungsverzeichnis aufgenommen. 26

Baden-Württemberg sieht zusätzlich die Angabe der anerkennenden oder verleihenden Behörde vor.[40] 27

Neben der Entstehung wird (nur) in Bayern, Schleswig-Holstein und Thüringen auch das **Erlöschen der Stiftung** in die Verzeichnisse eingetragen[41] (näher Rn. 41), so nun auch § 2 Nr. 20 StiftRG. 28

37 S. die Startseite des „Stiftungsverzeichnisses" im Regierungsbezirk Stuttgart, abrufbar unter http://www.rp.landbw.de/stvz/apex/f?p=110:1::NO:::P1_RP:STU.

38 § 4 Abs. 2 Nr. 5 BWStiftG; Art. 4 Abs. 2 S. 1 Nr. 8 BayStiftG; § 15 Abs. 1 BremStiftG; § 17a Abs. 2 Nr. 7 HeStiftG; § 3 S. 1 MVStiftG; § 12 Abs. 2 Nr. 6 NRWStiftG; § 1 Abs. 1 S. 2 Nr. 6 SächsStiftG; § 5 Abs. 2 Nr. 6 SAStiftG; § 15 Abs. 2 Nr. 7 SHStiftG; § 5 Abs. 2 Nr. 5 ThStiftG.

39 § 15 Abs. 1 BremStiftG; § 3 Abs. 2 Nr. 3 HamStiftG; § 5 Abs. 2 Nr. 4 RPStiftG.

40 § 4 Abs. 2 Nr. 5 BWStiftG.

41 Art. 4 Abs. 2 Nr. 8 BayStiftG; § 15 Abs. 2 Nr. 8 SHStiftG; § 5 Abs. 2 Nr. 6 ThStiftG.

29 **g) Rechtsstatus.** Mehrere Bundesländer sehen Eintragungen zur **Rechtsstellung bzw. Rechtsnatur der Stiftungen** vor.[42] Damit ist anzugeben, ob es sich um eine bürgerlich-rechtliche, eine öffentlich-rechtliche oder eine kirchliche Stiftung handelt, sofern diese vom jeweiligen Landesstiftungsgesetz erfasst werden,[43] und ob die Stiftung privaten oder öffentlichen Zwecken dient.

30 **h) Vermögensverhältnisse.** Angaben zu den **Vermögensverhältnisse**n sieht lediglich das Stiftungsgesetz Schleswig-Holsteins vor. Nach § 15 Abs. 2 Nr. 4 SHStiftG ist das im Stiftungsgeschäft angegebene Stiftungsvermögen einzutragen. Alle anderen Landesstiftungsgesetze sehen dies nicht vor, obwohl das **Stiftungsvermögen** bisher zwingender Bestandteil des Stiftungsgeschäfts und der Stiftungssatzung ist (§ 81 Abs. 1 S. 3 Nr. 4 BGB). Als Grund hierfür wird angeführt, dass Stiftungen anders als Kapitalgesellschaften kein Mindestkapital aufzubringen haben, und dass das Stiftungsvermögen anders als das Grund- bzw. Stammkapital primär nicht dem Gläubigerschutz, sondern der Erfüllung des Stiftungszwecks dient.[44] §§ 82d BGB, 2 StiftRG sehen daher ebenfalls keine Angaben zu dem Vermögen der Stiftung vor. Kritisch dazu u. Rn. 42.

31 **i) Zuständige Aufsichtsbehörde.** In Hessen und Nordrhein-Westfalen wird zusätzlich die **zuständige Aufsichtsbehörde** in das Verzeichnis eingetragen.[45] Das ist, wiewohl sehr sinnvoll, nach neuem Recht ebenfalls nicht vorgesehen.

4. Mitteilungspflichten der Stiftungen

32 Die landesrechtlichen Bestimmungen sehen für die Stiftungen **Mitteilungspflichten** vor.[46] Der Umfang der mitzuteilenden Änderungen korrespondiert dabei mit den eingetragenen Angaben zu den Stiftungen. Auch wenn die Formulierungen in den Stiftungsgesetzen der Länder nicht einheitlich sind, einzelne Bestimmungen sprechen von „der Stiftung“, andere vom „Vertretungsorgan“ oder dem „Vorstand“, ist mitteilungspflichtig immer der Vorstand i.S.d. Gesetzes als gesetzlicher Vertreter der Stiftung,[47] so auch § 3 Abs. 1 StiftRG. Sofern das Stiftungsregister nicht von der Stiftungsbehörde geführt wird, sind auch die Stiftungsbehörden verpflichtet, der Register führenden Behörde entsprechende Mitteilung zu machen.[48]

5. Wirkung der Eintragung

33 Ziel der Einrichtung der Stiftungsverzeichnisse ist die Schaffung von Transparenz und Rechtssicherheit. Tatsächlich enthalten die Stiftungsverzeichnisse ähnliche Angaben wie das Handels- oder das Vereinsregister. Ihre Rechtswirkung ist mit diesen allerdings gar nicht vergleichbar.

---

42 Rechtsstellung und Art der Stiftung, Art. 4 Abs. 2 Nr. 2 BayStiftG; ggf. die Eigenschaft als kirchliche Stiftung, § 3 Abs. 2 Nr. 5 HamStiftG; Rechtsnatur der Stiftung, § 17a Abs. 2 Nr. 2 HeStiftG; Rechtsform der Stiftung, § 8 Abs. 1 Nr. 1 SächsStiftG; Rechtsnatur der Stiftung, § 5 Abs. 2 Nr. 5 SAStiftG.

43 S. bspw. § 3 Abs. 1 i.V.m. § 2 Abs. 2 und 3 HeStiftG.

44 Richter/*Godron*, Stiftungsrecht, § 7 Rn. 11; Hüttemann/Richter/Weitemeyer/*Rawert*, Rn. 11.25, beide m.w.N.

45 § 17a Abs. 2 Nr. 8 HeStiftG; § 12 Abs. 2 Nr. 7 NRWStiftG.

46 § 9 Abs. 2 BWStiftG; Art. 12 Abs. 2 BayStiftG; § 8 Abs. 1 Nr. 1 BlnStiftG; § 7 Abs. 1 BbgStiftG; § 12 Abs. 2 S. 1 Nr. 1 BremStiftG; § 5 Abs. 5 HamStiftG; § 17a Abs. 2 S. 2 HeStiftG; § 4 Abs. 2 Nr. 1 MVStiftG; § 11 Abs. 2 S. 1 NdsStiftG; § 12 Abs. 2 S. 2 NRWStiftG; § 5 Abs. 3 RPStiftG; § 11 Abs. 2 S. 1 Nr. 1 SaarStiftG; § 8 Abs. 2 SächsStiftG; § 5 Abs. 3 SAStiftG; § 8 Abs. 4 SHStiftG; § 5 Abs. 3 ThStiftG.

47 Hüttemann/Richter/Weitemeyer/*Rawert*, 11.26.

48 § 4 Abs. 3 BWStiftG; § 15 Abs. 2 S. 2 SHStiftG.

Stiftungsverzeichnisse enthalten **keine Vermutung der Richtigkeit und Vollständigkeit** der Eintragungen.[49] Sie begründen keinen öffentlichen Glauben und auch keine positive oder negative Publizität wie § 15 HGB, § 29 GenG, § 5 Abs. 2 PartGG, §§ 68 und 70 BGB sowie künftig § 82d BGB n.F. Dies wird in allen Landesstiftungsgesetzen mit Ausnahme von Bayern und Berlin ausdrücklich klargestellt.

III. Einsicht

1. Voraussetzungen

Nach den inhaltlich übereinstimmenden Regelungen der Länder sind die Stiftungsverzeichnisse ohne weitere Voraussetzungen **für jedermann öffentlich zugänglich.**[50] Insbesondere ist hierfür kein berechtigtes Interesse notwendig.[51] Alle Verzeichnisse sind über das Internet einsehbar,[52] in NRW ist das Stiftungsverzeichnis sogar nur über das Internet einsehbar.[53] Einige Länder erwähnen dies ausdrücklich in ihren Stiftungsgesetzen.[54] Allerdings sind nicht in allen Ländern die im Internet abrufbaren Informationen vollständig identisch mit den Eintragungen in den jeweiligen Verzeichnissen (s.o. Rn. 23). 34

In Hamburg und Thüringen sehen die Landesgesetze ausdrücklich **Einschränkungen** des allgemeinen Einsichtsrechts hinsichtlich der personenbezogenen Daten der Mitglieder der Organe, insbesondere ihrer Anschrift, vor. In Hamburg unterbleibt auf Antrag der Betroffenen die Einstellung der Anschrift in das Internet, soweit berechtigte Interessen der Betroffenen entgegenstehen, § 3 Abs. 4 S. 3 HamStiftG. In Thüringen nehmen die personenbezogenen Daten der Mitglieder der Organe an der Einsicht nur teil, soweit die Mitglieder des Organs der Einsicht zugestimmt und dies der Stiftungsbehörde mitgeteilt haben oder soweit ein berechtigtes Interesse an der Kenntnis dieser Daten besteht und der Betroffene kein schutzwürdiges Interesse am Ausschluss der Einsicht hat, § 5 Abs. 4 S. 1 ThStiftG. 35

Ebenfalls von der Einsichtnahme ausdrücklich ausgenommen sind in NRW und in Sachsen-Anhalt die behördlichen Unterlagen über die Anerkennung und Beaufsichtigung einzelner Stiftungen.[55] 36

2. Rechtsfolgen der Einsicht

Die Eintragungen in das Stiftungsverzeichnis begründen – anders als etwa im Vereins- oder Handelsregister – **keine Vermutung der Richtigkeit oder Vollständigkeit.** Die Stiftungsgesetze der Länder stellen dies mit Ausnahme von Bayern und Berlin, die keine ent- 37

49 Allg. M., MüKoBGB/*Weitemeyer*, § 80 Rn. 82; Staudinger/*Hüttemann*/*Rawert*, BGB, Vor §§ 80-88, Rn. 163; Richter/*Spiegel*, Stiftungsrecht, § 20 Rn. 56; *Burgard*, Gestaltungsfreiheit, 569; BeckOGK BGB/*Roth*, § 80 Rn. 450.

50 § 4 Abs. 4 S. 1 BWStiftG; Art. 4 Abs. 1 BayStiftG; § 11 Abs. 1 S. 4 BlnStiftG; § 14 Abs. 4 BgbStiftG; § 15 Abs. 2 S. 2 BremStiftG; § 3 Abs. 4 S. 1 HamStiftG; § 17a Abs. 3 S. 1 HeStiftG; § 3 S. 1 MVStiftG; § 17a Abs. 3 NdsStiftG; § 5 Abs. 5 S. 1 RPStiftG; § 18 Abs. 2 S. 1 SaarStiftG; § 8 Abs. 3 S. 2 SächsStiftG; § 5 Abs. 1 S. 3 SAStiftG; § 15 Abs. 3 S. 2 SHStiftG; § 5 Abs. 4 S. 1 ThStiftG.

51 Zur früheren Rechtslage s. *Burgard*, Gestaltungsfreiheit, S. 572 f.

52 Eine Übersicht der Internetadressen findet sich bei Richter/*Spiegel*, Stiftungsrecht, § 20 Rn. 53.

53 § 12 Abs. 1 NRWStiftG.

54 § 14 Abs. 5 BbgStiftG; § 3 Abs. 4 S. 2 HamStiftG; § 17a Abs. 3 S. 2 HeStiftG; § 12 Abs. 1 NRWStiftG; § 5 Abs. 5 S. 2 RPStiftG; § 5 Abs. 1 S. 3 SAStiftG; § 15 Abs. 2 S. 4 SHStiftG; § 5 Abs. 7 ThStiftG.

55 § 12 Abs. 5 NRWStiftG; § 5 Abs. 6 SAStiftG.

sprechende Regelung enthalten, ausdrücklich klar.[56] In den Ländern ohne entsprechende gesetzliche Regelung gilt dies mangels ausdrücklicher Anordnung der Publizitätswirkung ebenso.[57]

38 Die Eintragungen in das Stiftungsverzeichnis sollen nach herrschender, aber nicht unbestrittener Ansicht dennoch nicht ohne Rechtswirkung sein.[58] Ausgangspunkt dieser Ansicht ist, dass die Anzeige der Zusammensetzung der Vertretungsorgane, zu der die Stiftungen nach den meisten Landesstiftungsgesetzen verpflichtet sind,[59] und deren Eintragung in das Stiftungsverzeichnis den Tatbestand der **öffentlichen Bekanntmachung gem. § 171 Abs. 1 Fall 2 BGB** erfüllen. Dies soll zugleich auch tauglicher Anknüpfungspunkt für den Schutz des guten Glaubens an die Vertretungsmacht sein.[60]

39 Dem ist nicht zu folgen. Zum ersten ist fraglich, ob die Eintragung der Angaben in das Stiftungsverzeichnis die Voraussetzungen für eine Kundgabe durch öffentliche Bekanntmachung im Sinne von § 171 Abs. 1 Fall 2 BGB erfüllt. Öffentlich in diesem Sinne ist die Bekanntmachung, wenn sie an einen nicht begrenzten Personenkreis gerichtet ist.[61] Der Vollmachtgeber muss zudem mit Kundgabebewusstsein handeln.[62] Anmeldungen zu öffentlichen Registern werden danach teilweise als öffentliche Kundgabe in diesem Sinne angesehen. Die Anmeldung zum Handelsregister soll eine öffentliche Bekanntmachung in diesem Sinne sein,[63] die Anmeldung zum Gewerberegister dagegen aber nicht.[64] Die Frage braucht hier letztlich nicht entschieden zu werden, denn eine **Rechtsscheinvollmacht** kann nur entstehen, wenn ein zurechenbarer Rechtsschein gesetzt wurde, der Vertragspartner aufgrund der öffentlichen Bekanntmachung also auf das Bestehen einer (vermeintlichen) Vertretungsmacht vertrauen durfte.[65] Dies schließen die Landesstiftungsgesetze mit ihrer Feststellung der **fehlenden Richtigkeitsgewähr** der Eintragungen im Stiftungsverzeichnis aber gerade aus. Mit anderen Worten fehlt es an einem Anknüpfungspunkt für den guten Glauben, denn ein potentieller Vertragspartner muss bei einer Einsicht in das Stiftungsverzeichnis stets berücksichtigen, dass die Eintragung möglicher Weise fehlerhaft ist. Der Geschäftspartner der Stiftung ist damit **immer bösgläubig.**[66]

40 Folgt man der h.M., ist weiter erforderlich, dass der Vertragspartner vorab (!) konkret positive Kenntnis von der fehlerhaften Eintragung im Stiftungsregister haben muss.[67] Dafür sowie für die weiteren Voraussetzungen des § 171 BGB trägt er die Darlegungs- und Beweislast.[68] Aller-

56 § 4 Abs. 4 S. 2 BWStiftG; § 14 Abs. 1 S. 2 BbgStiftG; § 15 Abs. 3 BremStiftG; § 3 Abs. 1 S. 2 HamStiftG; § 17a Abs. 3 S. 2 HeStiftG; § 3 S. 2 MVStiftG; § 17a Abs. 2 S. 3 NdsStiftG; § 12 Abs. 3 NRWStiftG; § 18 Abs. 2 S. 3 SaarStiftG; § 8 Abs. 3 S. 1 SächsStiftG; § 5 Abs. 4 SAStiftG; § 15 Abs. 3 S. 1 SHStiftG; § 5 Abs. 6 ThStiftG.

57 Allg. M., *Burgard*, Gestaltungsfreiheit, 573; Richter/*Fischer*, Stiftungsrecht, § 8 Rn. 65; Werner/Saenger/*Schulte*/*Risch*, Rn. 1362; Staudinger/*Hüttemann*/*Rawert*, BGB, Vorbemerkungen vor §§ 80-88 Rn. 163; MüKoBGB/*Weitemeyer*, § 80 Rn. 46; *Mattheus*, DStR 2003, 254, 256.

58 Grdl. dazu *Rawert*, FS Kreuz, 2010, 825, 831 f.; dem folgend Staudinger/*Hüttemann*/*Rawert*, BGB, Vorbemerkungen zu §§ 80-88 Rn. 164; MüKoBGB/*Weitemeyer*, § 80 Rn. 84; *Vogt*, Publizität im Stiftungsrecht, 2013, 41; **a.A.** BeckOGK BGB/*Roth*, § 80 Rn. 451; *Roth*, NPLYB 2009, 65, 78 f.

59 § 4 Abs. 2 Nr. 4 BWStiftG; § 17a Abs. 2 Nr. 6 HeStiftG; § 12 Abs. 2 Nr. 5 NRWStiftG; § 8 Abs. 1 S. 2 Nr. 5 SächsStiftG; § 15 Abs. 2 Nr. 6 SHStiftG; § 5 Abs. 2 Nr. 4 ThStiftG.

60 *Rawert*, FS Kreutz, 2010, 825, 831.

61 BeckOK BGB/*Schäfer*, § 171 Rn. 8; Staudinger/*Schilken*, BGB, 2019, § 171 Rn. 8, beide m.w.N.

62 MüKoBGB/*Schubert*, § 171 Rn. 11; BeckOK BGB/*Schäfer*, § 171 Rn. 6.

63 Ohne nähere Begründung RGZ 133, 229; im Anschluss daran ebs. *Rawert*, FS Kreutz, 825, 831 f.; MüKoBGB/*Schubert*, § 171 Rn. 12, Staudinger/*Schilken*, BGB, 2019, § 171 Rn. 8.

64 OLG Hamm NJW 1985, 1846, 1847.

65 Ausführlich dazu *Roth*, NPLYB 2009, 65, 78 f.

66 BeckOGK BGB/*Roth*, § 80 Rn. 451.

67 BGH NJW 2008, 3355, 3356; BeckOK BGB/*Schäfer*, § 171 Rn. 5; MüKoBGB/*Schubert*, § 171 Rn. 12; BeckOGK BGB/*Roth*, § 80 Rn. 452.

68 Staudinger/*Hüttemann*/*Rawert*, BGB, Vorbemerkungen zu §§ 80-88 Rn. 165; BeckOGK BGB/*Roth*, § 80 Rn. 452, jew. m.w.N.

dings soll nach Eintragung der Angaben über die Vertretungsmacht im Stiftungsregister die Kenntnis darüber zu vermuten sein.[69]

IV. Streichung aus dem Stiftungsverzeichnis

Lediglich die Landesgesetze von Bayern, Schleswig-Holstein und Thüringen sehen vor, das **Erlöschen der Stiftung** einzutragen,[70] die übrigen enthalten hierzu keine Vorgaben. Ebenso fehlen Regelungen dazu, wie mit einer erloschenen Stiftung im Stiftungsverzeichnis zu verfahren ist. Da der Rechtsverkehr auch nach dem Erlöschen der Stiftung weiter ein Interesse an Angaben über die einst bestehende Stiftung haben kann, ist die Stiftung zumindest nicht vollständig aus dem Stiftungsverzeichnis zu tilgen. Das Erlöschen der Stiftung ist wie auch bei erloschenen Gesellschaften durch dessen Eintragung kenntlich zu machen,[71] die Daten im Übrigen aber weiter zur Einsicht vorzuhalten.[72] 41

V. Bewertung

Zwar war die Einführung der Stiftungsverzeichnisse als erstes „Schrittchen" auf dem Weg zu mehr Transparenz und Publizität der Stiftungen zu begrüßen. Die enthaltenen Angaben sind jedoch ungenügend und uneinheitlich. Und die fehlende Publizitätswirkung ist natürlich der schwerste Mangel. Es ist daher **sehr zu begrüßen**, dass der Gesetzgeber nun endlich der langjährigen Forderung, ein **Stiftungsregister mit Publizitätswirkung** einzuführen, nachgekommen ist. Allerdings werden manche Angaben darin schmerzlich fehlen, die sich (zum Teil) in den Stiftungsverzeichnissen finden: Zweck, Verwaltungssitz (Anschrift), Höhe des gewidmeten Vermögens und zuständige Aufsichtsbehörde. 42

C. Vertretungsbescheinigungen

I. Regelungsgegenstand

Vertretungsbescheinigungen dienen dem Nachweis der Zusammensetzung der Organe der Stiftungen und der Vertretungsbefugnis der Organmitglieder. Sie ergänzen damit die Angaben in den Stiftungsverzeichnissen, da diese nicht in allen Bundesländern Angaben zu den Mitgliedern der Organe und deren Vertretungsbefugnis enthalten (s.o. Rn. 18 ff.).[73] Einige Bundesländer haben die **Ausstellung von Vertretungsbescheinigungen** ausdrücklich geregelt,[74] andere Bundesländer nicht.[75] Das Fehlen einer Regelung steht aber weder der Befugnis der Behörde zur 43

---

69 Staudinger/*Hüttemann*/*Rawert*, BGB, Vorbemerkungen zu §§ 80-88 Rn. 165; Staudinger/*Schilken*, BGB, § 171 Rn. 13; MüKoBGB/*Schubert*, § 171 Rn. 13; BeckOK BGB/*Schäfer*, § 171 Rn. 5; BGHZ 225, 198 Rn. 69.

70 Art. 4 Abs. 2 Nr. 8 BayStiftG; § 15 Abs. 2 S. 2 Nr. 8 SHStiftG; § 5 Abs. 2 Nr. 6 ThStiftG.

71 S. etwa § 16 HRV.

72 Ebs. Hüttemann/Richter/Weitemeyer/*Rawert*, Rn. 11.32.

73 Hüttemann/Richter/Weitemeyer/*Rawert*, Rn. 12.1; BeckOGK BGB/*Roth*, § 80 Rn. 453.

74 § 3 Abs. 1 Baden-Württembergisches Ausführungsgesetz zum BGB (AGBGB) vom 26.11.1974 (GBl. 1974, 498), zuletzt geändert durch Art. 12 des Gesetzes vom 17.12.2020 (GBl. 2021, 1); § 11 Abs. 2 S. 1 BlnStiftG; § 1 Abs. 1 Bremer Gesetz über die Ausstellung von Vertretungsbescheinigungen vom 9.12.1986 (BremGBl. 1986, 283), zuletzt geändert durch Geschäftsverteilung des Senats vom 2.8.2016 (BremGBl. 2016, 434); § 5 Abs. 4 S. 1 HamStiftG; § 17a Abs. 5 HeStiftG; § 4 Abs. 3 MVStiftG; § 11 Abs. 2 S. 2 NdsStiftG; § 12 Abs. 4 NRWStiftG; § 9 Abs. 7 RPStiftG, § 5 Abs. 5 SA-StiftG; § 8 Abs. 3 S. 1 SHStiftG; § 5 Abs. 5 ThStiftG.

75 Keine Regelung besteht in Bayern, Brandenburg, Saarland und Sachsen.

Ausstellung noch dem Anspruch der Stiftung auf Erteilung einer Bescheinigung entgegen.[76] Auch in den Ländern, in denen die Erteilung nicht geregelt ist, werden sie von der Verwaltung in ständiger Praxis ausgestellt.[77]

II. Zuständige Behörde

44 Vertretungsbescheinigungen werden von der für die nach dem Satzungssitz der jeweiligen Stiftung zuständigen Stiftungsbehörde (s.o. Rn. 4) ausgestellt.[78]

III. Anspruch auf Erteilung

45 Die Erteilung der Vertretungsbescheinigung erfolgt auf **Antrag der Stiftung**. Dabei hat die *Stiftung Anspruch auf Erteilung der* Bescheinigung. Das folgt aus der von Art. 2 Abs. 1 GG garantierten allgemeinen (rechtlichen) Handlungsfreiheit der Stiftung.[79] Deswegen haben auch Stiftungen in Bundesländern ohne ausdrückliche Regelung einen Anspruch auf Erteilung einer Vertretungsbescheinigung.[80]

46 In Berlin, Bremen und Sachsen-Anhalt wird neben der Stiftung **auch Dritten** ein Anspruch auf Erteilung einer Vertretungsbescheinigung eingeräumt. Der Anspruch besteht anders als bei den Stiftungen nicht voraussetzungslos, sondern setzt je nach Formulierung voraus, dass der Dritte ein „berechtigtes"[81] oder ein „rechtliches Interesse"[82] glaubhaft macht. In allen anderen Ländern fehlen entsprechende Regelungen. Ob Dritte dennoch einen Anspruch auf Erteilung einer Vertretungsbescheinigung haben, ist nach dem Wortlaut der meisten Landesstiftungsgesetze zweifelhaft. Dritte sind dann auf die öffentlich-rechtlichen Informationsansprüche nach den Informationsfreiheits- bzw. Transparenzgesetzen der Länder oder (im Fall einer Verfahrensbeteiligung) auf Akteneinsicht nach § 29 der Landesverwaltungsverfahrensgesetze verwiesen.[83]

IV. Inhalt der Bescheinigung

47 Die landesrechtlichen Vorschriften enthalten mit Ausnahme von § 1 Abs. 2 S. 1 Nr. 1 und 2 des Bremer Gesetzes über die Ausstellung von Vertretungsbescheinigungen[84] keine Vorgaben zum **Inhalt der Vertretungsbescheinigungen.** Der Inhalt muss daher anhand des Zwecks der Bescheinigungen ermittelt werden, nämlich den Organmitgliedern der Stiftung den Nachweis ihrer

76 BeckOGK BGB/*Roth*, § 80 Rn. 453; Staudinger/*Hüttemann*/*Rawert*, BGB, Vorbemerkungen zu §§ 80-88 Rn. 166; MüKoBGB/*Weitemeyer*, § 80 Rn. 85.

77 Richter/*Godron*, Stiftungsrecht, § 6 Rn. 26 f.; Richter/*Fischer*, Stiftungsrecht, § 8 Rn. 69; Hüttemann/Richter/Weitemeyer/*Rawert*, Rn. 12.2.

78 § 3 Abs. 1 BWAGBGB (Fn. 74); § 11 Abs. 2 S. 1 BlnStiftG; § 1 Abs. 1 Bremer Gesetz über die Ausstellung von Vertretungsbescheinigungen (Fn. 74); § 17a Abs. 5 S. 1 HeStiftG; § 4 Abs. 3 MVStiftG; § 11 Abs. 2 S. 2 NdsStiftG; § 12 Abs. 4 NRWStiftG; § 9 Abs. 7 RPStiftG; § 5 Abs. 5 S. 1 SAStiftG; § 8 Abs. 3 SHStiftG; § 5 Abs. 5 ThStiftG.

79 Ausführlich dazu *Roth*, NPLYB 2009, 65, 73 f.; ebenso BeckOGK BGB/*Roth*, § 80 Rn. 453; MüKoBGB/*Weitemeyer*, § 80 Rn. 85; Richter/*Godron*, Stiftungsrecht, § 6 Rn. 26; Richter/*Fischer*, Stiftungsrecht, § 8 Rn. 69.

80 Richter/*Godron*, Stiftungsrecht, § 6 Rn. 26; Richter/*Fischer*, Stiftungsrecht, § 8 Rn. 69; MüKoBGB/*Weitemeyer*, § 80 Rn. 85.

81 § 11 Abs. 2 S. 2 BlnStiftG; § 5 Abs. 5 S. 2 SAStiftG.

82 § 1 Abs. 3 S. 3 Bremer Gesetz über die Ausstellung von Vertretungsbescheinigungen (Fn. 74).

83 Ausführlich dazu Richter/*Fischer*, Stiftungsrecht, § 8 Rn. 72 ff.; Hüttemann/Richter/Weitemeyer/*Rawert*, Rn. 11.8 ff.

84 Fn. 77.

Vertretungsmacht zu ermöglichen.[85] Die Vertretungsbescheinigungen müssen deshalb das zur Vertretung der Stiftung berechtigte Organ, die Personen, welche ihm angehören und den Umfang der Vertretungsmacht angeben. Um die Personen zweifelsfrei identifizieren zu können, sind Name, Vorname und Anschrift anzugeben. Darüber hinaus müssen die Art der Vertretungsberechtigung (Einzel-, Mehrheits- oder Gesamtvertretung) sowie Beschränkungen der Vertretungsmacht enthalten sein. Auch eine Befreiung von den Beschränkungen des § 181 BGB ist ggf. anzuführen. Sollte die Satzung dies vorsehen, können auch die Bezeichnungen der Stellung der Personen innerhalb des Vertretungsorgans (z.B. Vorsitzender, Erster Vorsitzender, Stellvertretender Vorsitzender)[86] enthalten sein.[87] Ferner empfiehlt es sich, die Amtsdauer des Vertreters anzugeben.[88]

Außer dem Vorstand können auch **besondere Vertreter** (§§ 86, 30 BGB) oder **Liquidatoren** (§§ 88, 48 BGB) in der Vertretungsbescheinigung angegeben werden.[89] Die besondere Art der Vertretungsberechtigung ist klar zu bezeichnen.[90] **48**

Die Bescheinigung ist nur auf **Grundlage** der **Satzung sowie** der **Angaben** zu erteilen, welche die Stiftung gegenüber der Aufsichtsbehörde **bei** der **Antragstellung oder später** (Jahresberichte, Wahlprotokolle) macht.[91] Die Angaben im Stiftungsverzeichnis, sofern das Landesrecht Angaben zur Vertretungsbefugnis überhaupt vorsieht, dürfen nicht herangezogen werden. In einigen Bundesländern ergibt sich dies unmittelbar aus dem jeweiligen Landesrecht.[92] Auch in den Bundesländern, in denen keine gesetzliche Regelung besteht, gilt nichts anderes. Dem Stiftungsverzeichnis würde anderenfalls doch eine Richtigkeitsvermutung beigemessen, was dem erklärten Willen des Gesetzgebers widerspräche.[93] **49**

V. Mitteilungspflichten der Stiftungen

Die Stiftungsgesetze der Bundesländer sehen vor, dass das Vertretungsorgan der Stiftung **Angaben** über die Zusammensetzung ihres vertretungsberechtigten Organs **und** diesbezügliche **Änderungen unverzüglich mitzuteilen** hat (s.o. Rn. 32). Die Stiftung hat dazu alle erforderlichen Unterlagen zu übersenden.[94] In einigen Ländern wird zudem ausdrücklich darauf hingewiesen, dass die Vertretungsbescheinigungen auf den mitgeteilten Angaben beruhen.[95] In den anderen Ländern[96] gilt dies trotz fehlender Regelung ebenso. Das führt zu dem Problem, dass die Vertretungsbescheinigungen falsch sein können, nämlich wenn die Stiftung ihrer Mitteilungspflicht nicht oder nicht richtig nachgekommen ist. Deswegen genießen Vertretungsbescheinigungen keinen öffentlichen Glauben. **50**

85 Richter/*Fischer*, Stiftungsrecht, § 8 Rn. 69.
86 S. § 1 Abs. 2 Bremer Gesetz über die Ausstellung von Vertretungsbescheinigungen (Fn. 74); § 17a Abs. 5 HeStiftG.
87 Hüttemann/Richter/Weitemeyer/*Rawert*, Rn. 12.7; *Roth*, NotBZ 2011, 244, 247; s. etwa § 5 Abs. 4 S. 2 HamStiftG.
88 Dies ist auch aus Sicht der ausstellenden Behörde zur Vermeidung etwaiger Amtshaftungsansprüche bedeutsam, s. dazu *Rawert*, FS Kreutz, 825, 834.
89 Hüttemann/Richter/Weitemeyer/*Rawert*, Rn. 12.7; *Roth*, NotBZ 2011, 244, 247. S. auch § 1 Abs. 2 Nr. 2 Bremer Gesetz über die Ausstellung von Vertretungsbescheinigungen (Fn. 74).
90 Hüttemann/Richter/Weitemeyer/*Rawert*, Rn. 12.7; *Roth*, NotBZ 2011, 244, 247.
91 BeckOGK BGB/*Roth*, § 80 Rn. 453.
92 S. § 11 Abs. 2 BlnStiftG; § 1 Abs. 2 Bremer Gesetz über die Ausstellung von Vertretungsbescheinigungen (Fn. 74); § 5 Abs. 4 S. 1 HamStiftG; § 17a Abs. 5 S. 1 HeStiftG; § 4 Abs. 3 MVStiftG; § 11 Abs. 2 S. 2 NdsStiftG durch Verweis auf S. 1 der Vorschrift; § 12 Abs. 4 NRWStiftG; § 9 Abs. 7 RPStiftG; § 8 Abs. 3 S. 1 und 2 SHStiftG; § 5 Abs. 5 ThStiftG.
93 BeckOGK BGB/*Roth*, § 80 Rn. 453.
94 Hüttemann/Richter/Weitemeyer/*Rawert*, Rn. 12.9.
95 S. etwa § 11 Abs. 2 S. 1 BlnStiftG; § 3 Abs. 2 S. 1 Bremer Gesetz über die Ausstellung von Vertretungsbescheinigungen (Fn. 74); § 5 Abs. 4 HamStiftG; § 17a Abs. 5 S. 1 HeStiftG; § 4 Abs. 3 MVStiftG; § 11 Abs. 2 S. 2 NdsStiftG; § 12 Abs. 4 NRWStiftG; § 5 Abs. 5 ThStiftG.
96 § 11 Abs. 5 SAStiftG; § 8 Abs. 3 SHStiftG.

VI. Wirkung der Vertretungsbescheinigung

1. Keine Vermutung der Richtigkeit

51 Vertretungsbescheinigungen vermitteln – ebenso wie die Stiftungsverzeichnisse – keine Gewähr für ihre Richtigkeit, ihnen kommt **kein öffentlicher Glaube** zu.[97] Dies wird im Stiftungsgesetz Hessens ausdrücklich klargestellt,[98] gilt aber ebenso für die in den anderen Bundesländern ausgestellten Bescheinigungen.[99]

52 Teilweise werden die Vertretungsbescheinigungen als feststellender Verwaltungsakt angesehen.[100] Dem ist nicht zu folgen. Selbst wenn man in der Erteilung der Vertretungsbescheinigung als behördlicher Wissensmitteilung[101] eine Feststellung im Sinne einer Maßnahme gem. § 35 VwVfG sähe, fehlt es der Vertretungsbescheinigung am Regelungscharakter, da sie die Vertretungsmacht weder begründet noch ändert oder aufhebt, also keine Änderung einer Rechtsposition einer Person des Zivilrechts herbeiführt.[102] Damit liegt **kein Verwaltungsakt** vor. Der Anspruch auf Ausstellung einer Vertretungs-bescheinigung wäre daher nicht durch Verpflichtungsklage, sondern durch die allgemeine Leistungsklage geltend zu machen.[103]

2. Behördliche Bescheinigungen als Vollmachtsurkunden

53 Die Ausstellung der Bescheinigung durch die Behörde ist ebenso wenig wie das Stiftungsverzeichnis (o. Rn. 39) eine öffentliche Bekanntgabe im Sinne von § 171 BGB.[104] Die Vertretungsbescheinigung ist nach allgemeiner Ansicht jedoch eine **Vertretungs- bzw. Vollmachtsurkunde** gemäß § 172 BGB analog. Nach § 172 BGB wird zu Gunsten eines gutgläubigen Dritten die Vertretungsmacht fingiert, wenn der Vollmachtgeber dem Vertreter eine Vollmachtsurkunde ausgehändigt hat und der Vertreter von der Urkunde Gebrauch macht, obwohl die Vertretungsmacht im Zeitpunkt der Vorlage nicht mehr besteht oder inhaltlich von dem dokumentierten Umfang abweicht.[105] Die Norm setzt zwar eine vom Vertretenen selbst, hier also der Stiftung, ausgestellte und unterzeichnete Urkunde voraus, was hier nicht der Fall ist.[106] Aussteller ist vielmehr die Stiftungsbehörde. Allerdings beruht die Bescheinigung auf Angaben der Stiftung, die diese gegenüber der Behörde in Erfüllung ihrer Mitteilungspflichten (s.o. Rn. 32) und in Kenntnis ihrer

---

97 Allg. M., statt aller Staudinger/*Hüttemann*/*Rawert*, BGB, Vorbemerkungen zu §§ 80-88 Rn. 167; MüKoBGB/*Weitemeyer*, § 80 Rn. 86; BeckOGK BGB/*Roth*, § 80 Rn. 454; Richter/*Fischer*, Stiftungsrecht, § 8 Rn. 71.

98 S. etwa § 17a Abs. 5 S. 2, Abs. 3 S. 3 HeStiftG.

99 Staudinger/*Hüttemann*/*Rawert*, BGB, Vorbemerkungen zu §§ 80-88 Rn. 167; Richter/*Godron*, Stiftungsrecht, § 6 Rn. 27; Richter/*Fischer*, Stiftungsrecht, § 8 Rn. 69; *v. Arps-Aubert*, ZStV 2014, 72, 73.

100 *Burgard*, Gestaltungsfreiheit, 249; *Fritsche*/*Kilian*, MVStiftG, § 4 Anm. 9; *Heuel*, NRWStiftG, § 12 Anm. 6; *Bruns*, BWStiftG, § 4 Anm. 3; *Stengel*, HeStiftG, § 7 Anm. 3; offen gelassen OLG Zweibrücken DNotZ 2011, 290; Staudinger/*Hüttemann*/*Rawert*, BGB, Vorbemerkungen zu §§ 80–88 Rn. 167; Richter/*Godron*, Stiftungsrecht, § 6 Rn. 27.

101 BeckOGK BGB/*Roth*, § 80 Rn. 454; ausführlich *Roth*, NPLYB 2009, 65, 74 f.; dem folgend MüKoBGB/*Weitemeyer*, § 80 Rn. 85.

102 Im Ergebnis ebs. Richter/*Fischer*, Stiftungsrecht, § 8 Rn. 69; BeckOGK BGB/*Roth*, § 80 Rn. 454; *Roth*, NotBZ 2011, 244, 248 f.; VG Gießen ZSt 2006, 187 f. sowie jetzt OVG Lüneburg, Beschl. v. 29.6.2021 – 8 ME 135/20, bespr. v. *Steffen*, npoR 2022, 20. Zum Begriff der Regelung ausführlich Stelkens/Bonk/Sachs/*Stelkens*, VwVfG, § 35 Rn. 142 ff.; Schoch/Schneider/*Knauff*, VwVfG, § 35 Rn. 140 ff.

103 Richter/*Fischer*, Stiftungsrecht, § 8 Rn. 69; BeckOGK BGB/*Roth*, § 80 Rn. 454; MüKoBGB/*Weitemeyer*, § 80 Rn. 85; *Roth*, NPLYB 2009, 65, 75 ff.

104 *Rawert*, FS Kreutz, 825, 832; *Roth*, NotBZ 2011, 244, 249; Staudinger/*Hüttemann*/*Rawert*, BGB, Vorbemerkungen zu §§ 80-88 Rn. 168.

105 Statt aller BeckOK BGB/*Schäfer*, § 172 Rn. 1; NomosKommentar BGB/*Dörner*, §§ 170-173 Rn. 4 f.

106 BeckOK BGB/*Schäfer*, § 172 Rn. 4; NomosKommentar BGB/*Dörner*, §§ 170-173 Rn. 4.

Bedeutung für die Vertretungsbescheinigung abgegeben hat.[107] Die Behörde bestätigt mit der Bescheinigung, dass sie die Angaben von der Stiftung erhalten und geprüft hat.[108] Zudem erstellt die Behörde die Vertretungsbescheinigung nicht aus eigener Initiative, sondern auf Antrag der Stiftung.[109] Nach Übersendung hat die Stiftung sodann die Möglichkeit, die Richtigkeit der Vertretungsbescheinigung selbst zu prüfen. Und schließlich ist es die Stiftung, die von ihr Dritten gegenüber Gebrauch macht. Auf diese Weise begründet so die Stiftung den Rechtsschein, der sich durch die Vorlage der Urkunde ergibt. Dies rechtfertigt die analoge Anwendung von § 172 BGB, so dass Vertretungsbescheinigung als Vollmachtsurkunden angesehen werden können.[110]

Diese Überlegungen sind dementsprechend **nicht** auf den Fall übertragbar, dass – wo dies 54
möglich ist (s.o. Rn. 46) – die Vertretungsbescheinigung auf **Antrag eines Dritten** ausgestellt wird; denn die Stiftung setzt den Ausstellungsprozess weder in Gang noch macht sie von der Bescheinigung Gebrauch. Sie verursacht damit keinen Rechtsschein. Die Vertretungsbescheinigung ist daher bloße Wissensmitteilung und keine Vollmachtsurkunde im Sinne des § 172 BGB analog.[111]

In **Hessen** ergibt sich aufgrund der Vorschrift des § 17a Abs. 5 S. 2 i.V.m. § 17a Abs. 3 S. 3 55
HeStiftG eine andere Rechtslage. Der Landesgesetzgeber hat darin die mangelnde Richtigkeitsgewähr für die Eintragungen in das Stiftungsverzeichnis auch auf Vertretungsbescheinigungen erstreckt, so dass kein Rechtsschein einer Bevollmächtigung entstehen kann.[112]

VII. Bewertung

Das Konzept der Vertretungsbescheinigung vermag nach allem **nicht zu überzeugen**. Positiv 56
ist zwar, dass sie – unabhängig von der Anwendbarkeit der §§ 171 f. BGB analog – als öffentliche Urkunden es den Stiftungsorganen ermöglichen, im Rechtsverkehr im Umgang bspw. mit Grundbuchämtern und Handelsregistern ihre Vertretungsmacht nachzuweisen, was den Stiftungen Handlungsfähigkeit verleiht.[113]

Allerdings genießen Vertretungsbescheinigungen keinen öffentlichen Glauben, es gibt kei- 57
ne Richtigkeitsgewähr (s.o. Rn. 51). Stellt die Behörde trotz zutreffender Mitteilungen der Stiftung eine inhaltlich unzutreffende Bescheinigung aus, greift auch § 172 BGB analog nicht ein, denn die Stiftung hat die Fehlerhaftigkeit der Ausstellung nicht veranlasst (s.o. Rn. 53).[114] Vermag der Handelnde seine Vertretungsmacht nicht nachzuweisen, haftet er als vollmachtloser Vertreter ggfs. selbst nach § 179 BGB. Ist er – wie zumeist – ehrenamtlich tätig, hat er dann gegenüber der Stiftung einen Befreiungsanspruch nach § 31a Abs. 2 BGB. Subsidiär kommen zudem Ansprüche aus Amtshaftung (§ 839 BGB) gegenüber der Behörde in Betracht.[115] All dies belastet die Stiftung, deren Organmitglieder und Geschäftspartner mit unerträglicher **Rechtsunsicherheit**.

107 *Rawert*, FS Kreutz, 825, 833; *Roth*, NotBZ 2011, 244, 251.
108 *Rawert*, FS Kreutz, 825, 833; *Roth*, NotBZ 2011, 244, 251.
109 BeckOGK BGB/*Roth*, § 80 Rn. 455; MüKoBGB/*Weitemeyer*, § 80 Rn. 86; *Roth*, NotBZ 2011, 244, 251.
110 Staudinger/*Hüttemann*/*Rawert*, BGB, Vorbemerkungen zu §§ 80-88 Rn. 168; BeckOGK BGB/Roth, § 80 Rn. 455; *Rawert*, FS Kreutz 825, 833; *Roth*, NotBZ 2011, 244, 251; MüKoBGB/*Weitemeyer*, § 80 Rn. 86.
111 MüKoBGB/*Weitemeyer*, § 80 Rn. 86; im Ergebnis ebs. BeckOGK BGB/*Roth*, § 80 Rn. 455; *Roth*, NotBZ 2011, 244, 251; *Roth*, NPLYB 2009, 65, 84, wenn auch nicht explizit auf diesen Fall eingehend.
112 Ebs. *Roth*, NotBZ 2011, 244, 251.
113 Staudinger/*Hüttemann*/*Rawert*, BGB, Vorbemerkungen zu §§ 80-88 Rn. 169; *Roth*, NotBZ 2011, 244, 246 f.; *Roth*, NPLYB 2009, 65, 80.
114 Staudinger/*Hüttemann*/*Rawert*, BGB, Vorbemerkungen zu §§ 80-88 Rn. 169.
115 Staudinger/*Hüttemann*/*Rawert*, BGB, Vorbemerkungen zu §§ 80-88 Rn. 169.

58 Ungeklärt ist, ob diese Probleme **künftig** aufgrund von § 82d BGB n.F. der Vergangenheit angehören werden;[116] denn gemäß § 2 Nr. 6 StiftRG sind nur die *„satzungsmäßigen Beschränkungen der Vertretungsmacht des Vorstands nach § 84 Abs. 3"* einzutragen, nicht aber die *„Vertretungsmacht der Vorstandsmitglieder und der besonderen Vertreter"* i.S.d. § 84 Abs. 2 S. 2 BGB n.F., wie von § 82b Abs. 2 S. 2 BGB n.F. verlangt. Es ist daher fraglich, ob dem Stiftungsregister künftig zu entnehmen sein wird, dass bei einer Stiftung Mehrheitsvertretung, Gesamtvertretung aller oder einzelner Vorstandsmitglieder oder Alleinvertretung gilt. Hinzu kommt, dass der Gesetzgeber den Eintragungen im Stiftungsregister generell nur negative, aber keine positive Publizität zukommen lässt (ausführlich hierzu Vor 3 zu § 82b Rn. 5). Stiftungsvorstände können sich mithin auch künftig hinsichtlich der Zusammensetzung des Vorstands und des Umfangs der Vertretungsmacht Dritten gegenüber nicht auf die Eintragungen im Stiftungsregister berufen. Die Praxis wird sich daher wohl auch künftig mit der „Krücke" der Vertretungsbescheinigung behelfen müssen.

116 Ebs. BeckOGK BGB/*Roth*, § 80 Rn. 455.

Vorbemerkung 3 zu § 82b: Stiftungsregister

Schrifttum

Feick/Schwalm, Kurskorrektur bei der Stiftungsreform – Gibt es noch ein Happy End?, NZG 2021, 525; *Holzer*, Das Registerverfahren nach dem Referentenentwurf eines Gesetzes zur Vereinheitlichung des Stiftungsrechts, ZNotP 2021, 55; *Hüttemann/Rawert*, Das neue Bundesstiftungsrecht – Darstellung und Analyse sowie Vorschläge für notwendige Reformen der Landesstiftungsgesetze, ZIP 2021, Beilage zu Heft 33; *Kämmerer/Rawert*, Fallstricke des Stiftungsföderalismus, npoR 2020, 273; *Mayen*, Öffentliches Recht als Bestandteil des Zivilrechts? Der Entwurf eines Gesetzes zur Vereinheitlichung des Stiftungsrechts des BMJV, ZHR 184 (2020), 691; *Orth*, Stiftungsrechtsreform: Stiftungsregister als Justiz- oder Behördenregister?, BB 2021, 268; *Stolte*, Reform des Stiftungsrechts – Neuregelung zur Vermögensbewirtschaftung und Einführung eines öffentlichen Stiftungsregisters, BB 2021, 1026.

Übersicht

A. Grundlagen

I. Zweck und Inhalt des Stiftungsregisters —— 1

II. Aufbau des Gesetzes —— 2

III. Begründung des Regierungsentwurfs —— 3

IV. Bewertung
1. Allgemein —— 5
2. Verfassungsrechtliche Bedenken —— 8
3. Desiderata —— 11

B. Aufbau des Kommentars —— 18

A. Grundlagen

I. Zweck und Inhalt des Stiftungsregisters

Mit der Einführung des Stiftungsregisters kommt der Gesetzgeber einer seit Langem geäußerten Forderung aus Wissenschaft und Praxis nach.[1] Durch die Publizitätswirkung der Registereintragung soll eine verlässliche Informationsquelle für den Rechtsverkehr geschaffen und die Situation der vertretungsberechtigten Organe hinsichtlich des Nachweises ihrer Vertretungsmacht im Vergleich zur gegenwärtigen Rechtslage verbessert werden (Begr. RegE Rn. 3 sowie § 82d Rn. 1).[2] 1

II. Aufbau des Gesetzes

In Artikel 3 des Gesetzes werden die **§§ 82b-82d, 84d, 85b, 86i und 87d BGB eingefügt**. Der Gesetzgeber regelt hierin die Führung des Registers (§ 82b Abs. 1 BGB) sowie die Pflicht der Organe der Stiftung zur Anmeldung der Stiftung unter Mitteilung der einzutragenden Angaben (§ 82b Abs. 2 BGB), die Eintragungspflicht von Tatsachen, welche die Stiftung betreffen (§ 82b Abs. 2, §§ 84d, 85b, 86i und 87d BGB), den Namenszusatz der Stiftung (§ 82c BGB) sowie die 2

---

1 Überblick bei *Hüttemann/Rawert*, Beilage zu ZIP 33/2021, 35; *Stolte*, BB 2021, 1026, 1027 f. Zuvor bereits Professorenentwurf, ZIP 2020, Beilage zu Heft 10, 6 f.; 72. Deutscher Juristentag, 2018, Bd. II/1, P. 134, Beschluss Nr. 14; *Burgard*, ZStV 2016, 81, 82; *Schauhoff*, npoR 2016, 2, 4; *Nicolai/Kuszlik*, ZRP 2016, 47, 49; *Jakob*, npoR 2016, 7, 9; Bundesverband Deutscher Stiftungen (BVDS), Stiftungsposition 3-2015, 4; Stifterverband für die Deutsche Wissenschaft (SDW), Handlungsbedarf zur Reform des Stiftungsrechts, 5; *Vogt*, NPLYB 2011/2012, 65, 82; zu älteren Bestrebungen zur Einführung eines mit Publizitätswirkung ausgestatteten Stiftungsregisters Staudinger/*Hüttemann/Rawert*, BGB, Vorbemerkungen zu §§ 80-88 BGB Rn. 77 ff.

2 *Schienke-Ohletz* in Schauhoff/Mehren, Stiftungsrecht 2022, Kap. 4 Rn. 1; *Stolte*, BB 2021, 1026, 1028; *Hüttemann/Rawert*, Beilage zu ZIP 33/2021, 35 f.; *Orth*, BB 2021, 268, 270 f.

https://doi.org/10.1515/9783110251524-010

Publizitätswirkung der Eintragungen in das Stiftungsregister (§ 82d BGB). Näheres zu Aufbau und Führung des Stiftungsregisters regelt das Stiftungsregistergesetz (s. Anh. zu § 82b BGB), § 82b Abs. 1 S. 2 BGB. In das Stiftungsregister einzutragen sind die in § 2 StiftRG (s. Anh. zu § 82b Rn. 12) genannten Angaben

III. Begründung des Regierungsentwurfs

3 *„Durch Artikel 3 sollen Vorschriften zu einem deklaratorischen Stiftungsregister ins Bürgerliche Gesetzbuch eingefügt werden, mit denen insbesondere die Registerplichten der Stiftungen und ihrer Organe sowie die Publizitätswirkung des Registers geregelt werden. Ergänzt werden sollen diese Vorschriften zum Stiftungsregister im Bürgerlichen Gesetzbuch durch ein Stiftungsregistergesetz, das durch Artikel 4 geschaffen werden soll und das die näheren Einzelheiten zum Inhalt des Registers, zur Registerführung und zur Einsichtnahme in das Register regeln soll.*

4 *Für das Stiftungsregister sollen Gebühren erhoben werden. Die näheren Einzelheiten zur Gebührenpflicht, insbesondere zu den gebührenpflichtigen Tatbeständen, den Gebührenschuldnern, den Gebührensätzen sowie zu etwaige Gebührenbefreiungen werden in einer gesonderten Gebührenverordnung auf der Grundlage des § 22 Absatz 4 des Bundesgebührengesetzes (BGebG) geregelt.“*[3]

IV. Bewertung

1. Allgemein

5 Die Einführung eines Stiftungsregisters war lange überfällig[4] und ist daher als solches zu begrüßen. Der Gesetzgeber schafft endlich die seit Jahrzehnten geforderte **Informationsquelle mit Publizitätswirkung. Allerdings** kommt – worauf *Roth* zu Recht hingewiesen hat – dem Stiftungsregister **nur negative, aber keine positive Publizität** zu. Der Gesetzgeber hat sich ersichtlich an der im Vereinsrecht geltenden Rechtslage orientiert (s. § 82d Rn. 1). Auch dort vermittelt § 68 BGB nur negative Publizität, d.h. **Dritte können (nur) darauf vertrauen, dass nicht eingetragene Rechtsänderungen auch nicht passiert sind.**[5] **Beispiele:** Schließt das ehemalige Mitglied eines Vereins- (und künftig auch eines Stiftungs-)vorstands, der Einzelvertretungsmacht hatte, dessen Ausscheiden aber nicht eingetragen worden ist, namens des Vereins (bzw. der Stiftung) einen Vertrag, kann dem Dritten das Ausscheiden des Vorstands von Seiten des Vereins nicht entgegengesetzt werden, da das Register dazu schweigt. Umgekehrt können sich die Vorstände dagegen nicht auf die Eintragung berufen, wenn sie ihre Zugehörigkeit zum Vorstand und den Umfang ihrer Vertretungsmacht nachweisen müssen;[6] denn §§ 68, 82d BGB sehen eben keine positive Publizität vor. Im Vereinsrecht besteht deswegen zur Erleichterung des Rechtsverkehrs mit Behörden die Vorschrift des § 69 BGB.[7] Dabei kann das vom Amtsgericht ausgestellte Zeugnis über die Eintragung im Vereinsregister auch im Rechtsverkehr

3 BT-Ds. 19/28173, 81.

4 Anstelle anderer aus jüngerer Zeit *Burgard*, ZStV 2016, 81 f.; *Schauhoff*, npoR 2016, 2, 4; *Arnold/Burgard/Droege/Hüttemann/Jakob/Leuschner/Rawert/Roth/Schauhoff/Segna/Weitemeyer*, Professorenentwurf, ZIP 2020, Beilage zu Heft 10, 7; *Stolte*, BB 2021, 1026, 1028.

5 Staudinger/*Schwennicke*, BGB, § 68 Rn. 2; MüKoBGB/*Leuschner*, § 68 Rn. 1; BeckOK BGB/*Schöpflin*, § 68 Rn. 1.

6 Staudinger/*Schwennicke*, BGB, § 69 Rn. 1; MüKoBGB/*Leuschner*, § 68 Rn. 1; BeckOK BGB/*Schöpflin*, § 68 Rn. 1; *Schienke-Ohletz* in Schauhoff/Mehren, Stiftungsrecht 2022, Kap. 4 Rn. 9. A.A. (Legitimationswirkung) *Windeknecht* in Schauhoff/Mehren, Stiftungsrecht 2022, Kap. 6 Rn. 15.

7 Staudinger/*Schwennicke*, BGB, § 69 Rn. 2; BeckOK BGB/*Schöpflin*, § 69 Rn. 2.

mit Privaten verwendet werden, wenn der Vertragspartner es akzeptiert.[8,9] Im Stiftungsrecht ist das nicht möglich. Ein stiftungsrechtliches Pendant zu § 69 BGB fehlt. § 82d BGB gewährt nur negative und nicht wie § 15 Abs. 3 HGB positive Publizität. Möchte der Vorstand im Namen der Stiftung für diese rechtsgeschäftlich tätig werden, und verlangt der (potentielle) Geschäftspartner einen Nachweis für die Zugehörigkeit zum Vorstand und/oder des Umfangs der Vertretungsmacht, steht der Vorstand der Stiftung daher genauso schlecht da wie vor der Reform. Auch künftig wird man daher auf die Ausstellung einer Vertretungsbescheinigung (dazu Vor 2 zu § 82b Rn. 43 ff.) angewiesen sein, obwohl gerade diese „Krücke" durch die gesetzliche Neuregelung des § 82d BGB überflüssig werden sollte (§ 82d Rn. 1). Oh sancta simplicitas! Die für die Stiftungen und ihre Organe angestrebte Erleichterung der täglichen Arbeit und die Schaffung von mehr Rechtssicherheit für den Rechtsverkehr (s. § 82d Rn. 1) wird damit nicht erreicht. Im Gegenteil! Es steht zu befürchten, dass Stiftungsaufsichtsbehörden unter Hinweis auf die fehlerhafte Gesetzesbegründung (§ 82d Rn. 1) oder auf die Aufhebung der landesgesetzlichen Grundlagen künftig keine Vertretungsbescheinigungen mehr ausstellen werden.[10]

Auch die Transparenz, an der die Öffentlichkeit bei steuerbegünstigten Stiftungen ein be- 6
rechtigtes Interesse hat, wird durch das Register nur unzureichend verbessert (s. bes. Rn. 15 f.). Bedenkt man zudem die verfassungsrechtlichen Bedenken (Rn. 8 ff.) und die weiteren Mängel (Rn. 11 ff.) der gesetzlichen Regelung, bleibt als Saldo kaum mehr als eine „schwarze Null" übrig.

Die lange Übergangsphase bis zum Inkrafttreten am 1.1.2026 soll dem Bundesamt für Justiz 7
die Einrichtung des Registers ermöglichen (Vor § 80 Rn. 71). Von da an haben bestehende Stiftungen bis zum 31.12.2026 Zeit, ihre Anmeldung gemäß § 82b Abs. 2 BGB n.F. zu betreiben, § 20 Abs. 1 StiftRG.

2. Verfassungsrechtliche Bedenken

Die Verortung des Stiftungsregisters bei Bundesamt für Justiz wirft verfassungsrechtliche Beden- 8
ken auf. Problematisch ist bereits, wie weit die Gesetzgebungskompetenz des Bundes für Regelungen reicht, die in das Stiftungsaufsichtsrecht hineinreichen, wie die bundeseinheitliche Normierung von Anerkennungs- und Genehmigungsvoraussetzungen (s. Vor § 80 Rn. 34, 38 ff.).[11] Diese Frage soll hier nicht weiter vertieft, sondern zumindest diese Kompetenz unterstellt werden. Erheblich zweifelhafter ist, ob die Einrichtung des Stiftungsregister beim Bundesamt für Justiz einer rechtlichen Nachprüfung standhält.[12] Die Gesetzesverfasser meinen dazu schlicht:

---

8 Staudinger/*Schwennicke*, BGB, § 69 Rn. 8; MüKoBGB/*Leuschner*, § 69 Rn. 3.

9 Ohnedies behilft sich die vereinsrechtliche Praxis teilweise mit der Vorlage einer sog. „Bestellungsurkunde", Staudinger/*Schwennicke*, BGB, § 69 Rn. 2; MüKoBGB/*Leuschner*, § 69 Rn. 3. Diese Urkunde (die keine Vollmachtsurkunde im Sinne des § 172 BGB ist, statt aller BeckOK BGB/Schäfer, § 172 Rn. 3) gibt entsprechend ihrer Bezeichnung Auskunft über den Bestellungsakt, d.h. hier über die Wahl zum Vorstandsmitglied und die Annahme dieser Wahl durch das neue Mitglied. Damit soll das Vorstandsmitglied in der Lage sein, seine Zugehörigkeit zum Vorstand nachzuweisen. In der Regel handelt es sich um eine Ausfertigung des Versammlungsprotokolls, die von dem Versammlungsleiter und dem Protokollführer unterzeichnet ist und deren Unterschriften notariell beglaubigt wurden, *Böhringer*, NotBZ 2021, 201, 203 f.; LG Regensburg, 1 T 256/89, Rpfleger 1990, 26. Obwohl eine solche Urkunde sogar den Anforderungen des § 29 GBO genüg soll (Nw. wie vor), erscheint diese Praxis höchst problematisch, da die Beglaubigung der Unterschriften ja keinerlei Aussage über die Richtigkeit des Inhalts der Urkunde trifft.

10 *Roth*, npoR 2022, erscheint demnächst.

11 Zum Diskussionsstand *Kämmerer/Rawert*, npoR 2020, 273, 275 f.; *Mayen*, ZHR 184 (2020), 691 ff.; Staudinger/*Hüttemann/Rawert*, BGB, Vorbemerkungen zu §§ 80-88 BGB Rn. 21 ff.; *Hüttemann*, ZHR 167 (2003), 35; *Achilles*, ZRP 2002, 23.

12 Dagegen erstmals *Kämmerer/Rawert*, npoR 2020, 273, 276 f.; ebs. *Mayen*, ZHR 184 (2020), 691, 694 ff.; im Anschluss *Arnold*, npoR 2021, 84, 87 f.; *Hüttemann/Rawert*, Beilage zu ZIP 33/2021, 36 f.; *Markworth*, NZG 2021, 100, 108 f.; *Feick/Schwalm*, NZG 2021, 525, 530 f.

„Auch die neuen öffentlich-rechtlichen Regelungen über das Stiftungsregister können als Annex zum zivilen Stiftungsrecht auf Artikel 74 Absatz 1 Nummer 1 GG gestützt werden“ (Vor § 80 Rn. 59). Das reicht über verfassungsrechtliches „Graswurzelniveau“ nicht hinaus. Ausgeblendet wird, dass es sich bei der Führung des Stiftungsregisters um eine Verwaltungsaufgabe handelt, für welche nach Art. 83, 84 Abs. 1 S. 1, 85 Abs. 1 S. 1 GG auch bei der Ausführung von Bundesgesetzen grundsätzlich die Länder zuständig sind.[13] Zwar kann der Bund gemäß Art. 87 Abs. 3 GG für Angelegenheiten, für die ihm die Gesetzgebung zusteht, selbständige Bundesoberbehörden durch Bundesgesetz errichten und diesen entsprechende Aufgaben zuweisen. Allerdings darf der Bund auf dieser Rechtsgrundlage Bundesoberbehörden nur für Aufgaben errichten oder bereits bestehenden Behörden neue Aufgaben zuweisen, die nach ihren typischen Merkmalen zentral zu erfüllen sind.[14] Dieses ungeschriebene Erfordernis der **Zentralität** dient dem Schutz der Länder und grenzt den Anwendungsbereich der Vorschrift ein.[15] Aspekte für die Beurteilung der Zentralität sind etwa das Erfordernis einer einheitlichen Entscheidungspraxis, ein räumlich ausgedehnter Bezug der Verwaltungstätigkeit sowie die Irrelevanz ortsbezogener Verhältnisse.[16] Die Aufgabe muss typischerweise für das gesamte Bundesgebiet nur von einer einzigen Behörde ohne Mittel- und Unterbau und – von reiner Amtshilfe abgesehen – ohne Inanspruchnahme von Verwaltungsbehörden der Länder wahrgenommen werden können.[17] Vor Ort erfüllbare Aufgaben sprechen gegen das Vorliegen von Zentralität.[18]

9 Die Vereinheitlichung des Stiftungszivilrechts lässt die **Aufsichtstätigkeit der Landesstiftungsbehörden** als solches unberührt. Ihnen obliegen die maßgeblichen konstitutiven Entscheidungen von der Anerkennung der Stiftung über Genehmigungen im laufenden Stiftungsbetrieb bis hin zu ihrer Auflösung bzw. Aufhebung. Die Anerkennungsbehörde hat dem Bundesamt für Justiz die Errichtung einer Stiftung samt dazugehörender Angaben mitzuteilen, § 10 Abs. 1 StiftRG. Zudem hat die Registerbehörde ihr Eintragungsverfahren auszusetzen, wenn dieses von einer Entscheidung der für die Stiftung zuständigen Behörde in einem anderen Verfahren abhängt, § 13 StiftRG. Das Bundesamt für Justiz ist somit bei der Führung des Stiftungsregisters nach der gesetzlichen Konzeption des StiftRG zwingend auf die Stiftungsbehörden der Länder angewiesen.[19] Das ist das Gegenteil von Zentralität.

10 Der Gesetzgeber geht damit sehenden Auges ein erhebliches rechtliches und wirtschaftliches Risiko ein:[20] *„Das böse Erwachen wird ... in sieben oder acht Jahren kommen, wenn die ersten Stiftungen erfolgreich gegen ihre Eintragung geklagt haben. Dann wird der Jammer – wie bei dem Maut-System – groß sein, weil das viele Geld zur Einrichtung des Stiftungsregisters bei einer zu dessen Betrieb verfassungsrechtlich nicht befugten Behörde schon ausgegeben ist“*.[21] Auch aus systematischen Gründen wäre es daher viel besser gewesen, die **Führung des Stiftungsregisters** ebenso wie das Vereins-, Handels-, Genossenschafts-, Partnerschafts- und (künftig) das Gesellschaftsregister **bei den Amtsgerichten** als Verfahren der Freiwilligen Gerichtsbarkeit zu führen.[22] Das zeigt auch § 18 StiftRG. Danach ist für Streitigkeiten in Angelegenheit des Stiftungsregisters der Verwaltungsrechtsweg gegeben, obwohl es um genuin zivilrechtliche Vor-

---

13 BeckOK GG/*Suerbaum*, Art. 83 Rn. 8, 10 f.; Jarass/Pieroth/*Kment*, GG, Art. 83 Rn. 12; BVerfGE 137, 108, 148 = NVwZ 2015, 136; BVerfG NVwZ-RR 2017, 169 Rn. 16.

14 Dürig/Herzog/Scholz/*Ibler*, Art. 87 GG Rn. 245 m. zahlr. w. Nachw.; BeckOK GG/*Suerbaum*, Art. 87 GG Rn. 28; *Durner*, DVBl. 2011, 853, 857 f.; *Burgi*, NVwZ 2005, 247, 251.

15 Dürig/Herzog/Scholz/*Ibler*, Art. 87 GG Rn. 245; *Kämmerer*/*Rawert*, npoR 2020, 273, 277; *Durner*, DVBl. 2011, 853, 857.

16 BeckOK GG/*Suerbaum*, Art. 87 GG Rn. 28.

17 BVerfGE 110, 33, 49; BVerfGE 14, 197, 211; Dürig/Herzog/Scholz/*Ibler*, Art. 87 GG Rn. 245.

18 BeckOK GG/*Suerbaum*, Art. 87 GG Rn. 28.1.

19 *Hüttemann*/*Rawert*, Beilage zu ZIP 33/2021, 33, 37; *Kämmerer*/*Rawert*, npoR 2020, 273, 277 f.

20 Statt aller *Hüttemann*/*Rawert*, Beilage zu ZIP 33/2021, 33, 37.

21 *Burgard*, GmbHR 2021, R 244, R 245.

22 *Hüttemann*/*Rawert*, Beilage zu ZIP 33/2021, 33, 36; *Kämmerer*/*Rawert*, npoR 2020, 273, 278; Professorenentwurf, ZIP 2020, Beilage zu Heft 10, 6; *Wachter*, GmbHR 2020, R356, R357; a.A. *Orth*, BB 2021, 268, 270 (Stiftungsbehörden).

gänge geht, weswegen ja die materiell zivilrechtlichen Vorschriften aus den Landesgesetzen in das BGB überführt wurden.[23] Ferner ist nicht einzusehen, weshalb der von den bestehenden Registergerichten zu erbringende Aufwand angeblich wesentlich höher sein soll als die Einrichtung eines noch nicht existenten Registers beim Bundesamt für Justiz.[24] Schließlich wäre die Verortung bei den Amtsgerichten auch regelungstechnisch die einfachste Lösung gewesen, wie der Professorenentwurf erweist.[25]

3. Desiderata

Abgesehen von der fehlerhaften Verortung lässt das Stiftungsregister noch Einiges mehr zu wünschen übrig. 11

An erster Stelle zu nennen ist der unverständliche Verzicht des Gesetzgebers auf die **Eintragung des Stiftungszwecks**. Zur Begründung führt der Regierungsentwurf aus, diese Eintragung des Zwecks sei nicht erforderlich, da sich der Zweck aus der Stiftungssatzung ergäbe, welche nach § 82b Abs. 2 S. 2 Nr. 1 BGB der Anmeldung zur Eintragung beizufügen ist.[26] Das ist zwar richtig, aber nicht nutzerfreundlich. Anstatt sich mit einem (online möglichen) Blick in das Stiftungsregister über den Zweck der Stiftung informieren zu können, ist umständlich Einsicht in die Satzung notwendig. Das ist nicht nur weniger praktikabel, sondern zuweilen gar nicht möglich, weil solche zusätzlichen Dokumente unter Umständen von der Einsicht ausgeschlossen sind, s. § 15 S. 2 StiftRG. Zudem fällt der Gesetzgeber in diesem Punkt de facto hinter die Stiftungsverzeichnisse zurück, ist doch die Eintragung des Zwecks eine der wenigen Tatsachen, die bislang bundesweit einheitlich in allen Ländern einzutragen ist (s. hierzu Vorbemerkung 2 zu § 82b Rn. 14).[27] Deswegen gibt es bereits Überlegungen, die Stiftungsverzeichnisse der Länder nach Inkrafttreten der Regelungen weiterzuführen.[28] Die damit einhergehende Heterogenität der Informationsquellen kann nicht im Sinne des Gesetzgebers sein. 12

Zweitens sollte auch der **Verwaltungssitz** eingetragen werden, wie dies ebenfalls in allen Ländern von den Stiftungsverzeichnissen vorgesehen ist (Vorbemerkung 2 zu § 82b Rn. 15). Mit gutem Grund; denn nur so ist es dem Interessierten möglich, ohne eigene Recherche mit der Stiftung in Kontakt zu treten. Deswegen wäre auch die Angabe der zuständigen Aufsichtsbehörde wünschenswert (Vorbemerkung 2 zu § 82b Rn. 31).[29] 13

Im Stiftungsregister ebenfalls zu vermissen sind – drittens – Angaben zu dem **Grundstockvermögen** (wenigstens von steuerbegünstigten Stiftungen, dazu schon Vorbemerkung 2 zu § 82b Rn. 30). Das zu erhaltende Grundstockvermögen gibt wichtige Anhaltspunkte für die Leistungskraft einer Stiftung. Angesichts seltener Stiftungsinsolvenzen mag das zwar aus Gläubigersicht eher verzichtbar sein, als bei Kapitalgesellschaften. Das gilt jedoch nicht für andere Stiftungsinteressierte. So ist die Höhe des Grundstockvermögens für Spender eine entscheidungserhebliche Tatsache; denn es liegt auf der Hand, dass eine Spende i.H.v. 1.000 Euro eine ganz andere Bedeutung hat, wenn sie einer Stiftung mit einem Grundstockvermögen mit 100.000 Euro oder mit 100.000.000 Euro zufließt.[30] Außerdem sollte **Transparenz** bei Stiftungen ebenso wie bei ande- 14

23 *Burgard*, npoR 2021, 1, 2.
24 Ebs. *Markworth*, NZG 2021, 100, 108.
25 Nach der im Professorenentwurf vorgeschlagenen Lösung wären neben der neu einzuführenden Vorschrift des § 80b BGB nur punktuelle Ergänzungen bestehender Vorschriften nötig gewesen, vgl. Art. 2 des Professorenentwurfs, ZIP 2020, Beilage zu Heft 10, 18 f. Zudem hätte dies zur Folge gehabt, dass Streitigkeiten der Zivilgerichtsbarkeit zugewiesen worden wären, was aufgrund der größeren Sachnähe vorzugswürdig erscheint, s. *Hüttemann/Rawert*, Beilage zu ZIP 33/2021, 33, 36.
26 Begr. RegE, BT-Drs. 19/28173, 119.
27 *Hüttemann/Rawert*, Beilage zu ZIP 33/2021, 38.
28 *Hüttemann/Rawert*, Beilage zu ZIP 33/2021, 38.
29 *Burgard*, ZStV 2016, 81, 82.
30 *Burgard*, ZStV 2016, 81, 82.

ren Rechtsformen eine bare Selbstverständlichkeit sein. Im Verborgenen kann nichts gut gedeihen. Und damit sind wir – viertens – bei § 15 S. 2 StiftRG angelangt:

15 Nach § 15 S. 1 StiftRG ist die **Einsichtnahme** in das Stiftungsregister jedermann gestattet. Das gilt nach Satz 2 dieser Vorschrift auch für die Einsicht in die zum Stiftungsregister eingereichten Dokumente, *„falls der Zugang zu den Dokumenten nicht aufgrund eines berechtigten Interesses der Stiftung oder Dritter beschränkt oder ausgeschlossen wurde.“* Der dem Regierungsentwurf vorgehende Referentenentwurf enthielt diese Einschränkung noch nicht. Dieses „uneingeschränkte Einsichtsrecht“ stieß auf Kritik.[31] Insbesondere bei privatnützigen Stiftungen sei nicht einzusehen, dass jeder diese Dokumente jederzeit einsehen könne.[32] Der Bundesrat sprach gar von einem „Paradigmenwechsel“ zur Öffentlichkeit der Satzungen.[33] Im Übrigen sei der Inhalt der Satzung für Dritte auch nicht relevant, weil sich für Dritte daraus keine Ansprüche gegen die Stiftung ableiten ließen.[34] Und der Regierungsentwurf führt zur Begründung lediglich aus, welche Daten betroffen sein können, nämlich *„personenbezogene Daten von Destinatären oder Stiftern oder Regelungen zur Vermögensverwaltung“* (Anh. zu § 82b Rn. 114).

16 All das überzeugt nicht. Personenbezogene Daten des Stifters gehen nur aus dem Stiftungsgeschäft, nicht aus der Stiftungssatzung hervor. Das Stiftungsgeschäft gehört jedoch nicht zu den zum Stiftungsregister einzureichenden Unterlagen (s. Begr. RegE § 82b Rn. 10). Ist die Stiftung – wie in 95 % der Fälle – gemeinnützig, hat die Öffentlichkeit ein berechtigtes Interesse zu erfahren, wer Begünstigter der Stiftung ist – falls es überhaupt namentlich benannte Destinatäre gibt, vgl. § 52 Abs. 1 S. 2 AO. Und warum der Einsicht in Regelungen zu Vermögensverwaltung – also z.B. in eine § 83c Abs. 2 BGB n.F. entsprechende Regelung oder in der Satzung enthaltene Anlagevorschriften – ein berechtigtes Interesse entgegenstehen können soll, erschließt sich den Verfassern nicht. Vielmehr handelt es sich um eine **ungerechtfertigte Privilegierung von Stiftungen**, die es bei keinem anderen Register gibt (vgl. §§ 79 BGB, 9 HGB), obwohl die darin einsehbaren Daten z.T. viel sensibler sind.[35] Bei einer Familienvermögensverwaltungs-GmbH etwa müssen nicht nur die Beteiligungsverhältnisse (Gesellschafterliste, § 40 GmbHG), sondern alljährlich auch die Vermögensverhältnisse im Rahmen der gesetzlichen Rechnungslegung zwingend offengelegt werden. Soll die Stiftung also eine Rechtsform für kriminelle Familien werden, die ihre Verhältnisse lieber nicht dem Licht der Öffentlichkeit aussetzen wollen? Die Unterscheidung zwischen privat- und gemeinnützigen Stiftungen überzeugt daher überhaupt nicht. Vielmehr sollte der Zug in die genau entgegengesetzte Richtung fahren, nämlich hin zu mehr Publizität und Transparenz. Das ist außerhalb „interessierter Kreise“ weithin anerkannt.[36]

17 Nach §§ 84d, 85b, 86i, 87d BGB sowie §§ 3 Abs. 1, 14 StiftRG haben grundsätzlich (Ausn. § 9 StiftRG) die Mitglieder des Vorstands (bzw. die Liquidatoren) die **Anmeldungen zum Stiftungsregister** vorzunehmen. Das ist nicht sachgerecht, weil es dadurch zu einer doppelten Prüfung und damit auch zu divergierenden Entscheidungen der Stiftungsaufsichtsbehörde und der Re-

---

31 *Stolte*, BB 2021, 1026, 1029; *Markworth*, NZG 2021, 100, 108; Bundesrat, BT-Drs. 19/28173, 173; Bundesverband Deutscher Stiftungen, Stiftungsposition 10-2020, 10 f.; Deutsches Stiftungszentrum, Stellungnahme zum Referentenentwurf eines Gesetzes zur Vereinheitlichung des Stiftungsrechts, Stellungnahme 11-2020, 6 f.; offen *Hüttemann/Rawert*, Beilage zu ZIP 33/2021, 39. Für einen Ausschluss des Einsichtsrechts nach wie vor *Schienke-Ohletz* in Schauhoff/Mehren, Stiftungsrecht 2022, Kap. 4 Rn. 22.

32 *Markworth*, NZG 2021, 100, 108.

33 Stellungnahme des Bundesrates, BT-Drs. 19/28173, 117 f.

34 Stellungnahme des Bundesrates, BT-Drs. 19/28173, 118.

35 *Arnold*, npoR 2021, 84, 89 f.; *Burgard*, ZStV 2021, 45, 48.

36 S. nur *Vogt*, Publizität im Stiftungsrecht, 2013, 76 ff.; *Hüttemann*, NPLYB 2012/2013, 81 ff.; *Krimmer/Weitemeyer/Kleinpeter/Vogt/von Schönfeld*, Transparenz im Dritten Sektor, Hamburg 2014; *Kußmaul/Meering/Richter*, DStR 2015, 1328; *Hüttemann*, Gutachten G zum 72. Deutschen Juristentag 2018, G 83 ff.; 72. Deutscher Juristentag 2018, Beschlüsse, Abteilung Zivil-, Wirtschafts- und Steuerrecht, III., Beschlüsse 16 und 17; *Heckmann*, Der einheitliche Jahresabschluss gemeinnütziger Organisationen, 2018. MüKoBGB/*Weitemeyer*, § 80 Rn. 102 ff. m.w.N.

gisterbehörde (vgl. § 11 StiftRG) kommen kann.[37] § 80a Abs. 2, 3 BGB-ProfE[38] wusste das zu vermeiden, indem er nach dem Vorbild des § 7 Abs. 2 VereinsG eine Eintragung auf Anzeige der der nach Landesrecht zuständigen Behörde vorsah.[39]

B. Aufbau des Kommentars

Die Vorschriften zum Stiftungsregister treten erst zum 1.1.2026 in Kraft. Auf eine Kommentierung **18**
der stiftungsregisterrechtlichen Vorschriften wird daher in dieser Auflage verzichtet. Es wird jeweils nur der Gesetzestext und die Begründung des Regierungsentwurfs abgedruckt. Das gilt auch für die Vorschriften des Stiftungsregistergesetzes, die im Anhang zu § 82b wiedergegeben werden.

---

37 *Burgard*, npoR 2021, 1, 5.

38 *Arnold/Burgard/Droege/Hüttemann/Jakob/Leuschner/Rawert/Roth/Schauhoff/Segna/Weitemeyer*, Professorenentwurf zur Stiftungsrechtsreform, Beilage zu ZIP 10/2020, 6 f.

39 So schon *Burgard*, ZStV 2016, 81, 83.

§ 82b Stiftungsregister und Anmeldung der Stiftung

(1) Für die Stiftungen wird ein Stiftungsregister geführt. Das Nähere regelt das Stiftungsregistergesetz.
(2) Nach der Anerkennung ist die Stiftung zur Eintragung in das Stiftungsregister anzumelden. In der Anmeldung sind die Vorstandsmitglieder, die besonderen Vertreter, die Vertretungsmacht der Vorstandsmitglieder und der besonderen Vertreter sowie etwaige Beschränkungen der Vertretungsmacht des Vorstands nach § 84 Absatz 3 anzugeben. Der Anmeldung sind beizufügen:
   1. die Anerkennungsentscheidung der nach Landesrecht zuständigen Behörde und die Satzung und
   2. die Dokumente über die Bestellung der Vorstandsmitglieder und der vertretungsberechtigten besonderen Vertreter.

Übersicht

Begründung
1. Regierungsentwurf —— 1
2. Stellungnahme des Bundesrates —— 12
3. Gegenäußerung der Bundesregierung —— 14
4. Rechtsausschuss —— 15

Begründung

1. Regierungsentwurf

1 *„§ 82b BGB-neu sieht Regelungen zu einem neu zu schaffenden Stiftungsregister vor, in das alle rechtsfähigen Stiftungen des bürgerlichen Rechts aufgrund der Anmeldung durch den Stiftungsvorstand einzutragen sind.*

2 ***Zu Absatz 1:*** *§ 82b Absatz 1 BGB-neu regelt die Einführung des Stiftungsregisters, das am 1. Januar 2026 seinen Betrieb aufnehmen soll. Die näheren Vorschriften zur Führung des Registers sollen in dem in Artikel 4 enthaltenen Stiftungsregistergesetz geregelt werden. Mit dem neuen Stiftungsregister soll die Transparenz über Stiftungen erhöht werden und Stiftungen insbesondere der Nachweis der Vertretungsberechtigung der Mitglieder ihres Vorstands, ihrer besonderen Vertreter und ihrer Liquidatoren erleichtert werden. Das Stiftungsregister soll das Anerkennungsverfahren und die Stiftungsaufsicht durch die zuständigen Stiftungsbehörden nicht ersetzen, sondern diese ergänzen. Vorgesehen ist ein deklaratorisches Bundesstiftungsregister, das vom Bundesamt für Justiz geführt wird. Derzeit gibt es ca. 23.300 rechtfähige Stiftungen des bürgerlichen Rechts. In den letzten zwanzig Jahren wurden jährlich zwischen ca. 250 und 1000 Stiftungen neu errichtet. Seit 2015 liegt die Zahl der jährlichen neu errichteten Stiftungen zwischen 517 und 548. Von den zwischen 1990 bis 2018 neu errichteten Stiftungen wurden nur ca. 10 Prozent in den neuen Ländern errichtet. Deshalb ist es zweckmäßig ein zentrales Bundesstiftungsregister zu führen und nicht in jedem Land ein oder mehrere Stiftungsregister bei den zuständigen Stiftungsbehörden oder Gerichten neu zu errichten und zu führen. Ein zentrales Stiftungsregister, das bei einer Bundesbehörde errichtet wird, kann mit einem erheblich geringeren Aufwand aufgebaut und geführt werden als mindestens 16 Stiftungsregister der Länder, die von den zuständigen Landesstiftungsbehörden oder den Registergerichten der Länder geführt werden müssten. Durch ein zentrales Register wird der Wechsel der Zuständigkeit zwischen Registern bei Sitzverlegungen von Stiftungen oder werden bei Zulegungen und Zusammenlegungen die Anmeldungen bei mehreren Registern vermieden. Für den Rechtsverkehr sind die Informationen zu den Stiftungen, wenn es nur ein Stiftungsregister gibt, einfacher zugänglich.*

https://doi.org/10.1515/9783110251524-011

Eintragungen ins Stiftungsregister sollen regelmäßig nur auf Veranlassung der Stiftung erfolgen. Deshalb werden Tatsachen grundsätzlich nur ins Stiftungsregister eingetragen, wenn ein Antrag der Stiftung auf Eintragung vorliegt, das heißt eine Anmeldung. Ausnahmen sind nur für die Eintragungen vorgesehen, die im Zusammenhang mit der Insolvenz einer Stiftung notwendig sind. Diese Eintragungen werden von Amts wegen vorgenommen, aufgrund von Mitteilungen des Insolvenzgerichts. 3

Zu Satz 1: *§ 82b Absatz 1 Satz 1 BGB-neu enthält die Verpflichtung zur Führung eines Stiftungsregisters, in das alle rechtsfähigen Stiftungen des bürgerlichen Rechts eingetragen werden sollen.*[1] 4

Zu Satz 2: *§ 82b Absatz 1 Satz 2 BGB-neu stellt klar, dass die näheren Regelungen zur Führung des Stiftungsregisters durch ein neu zu schaffendes Stiftungsregistergesetz (StiftRG) getroffen werden sollen. Das Stiftungsregistergesetz ist in Artikel 4 dieses Entwurfs enthalten. Im Stiftungsregistergesetz sollen insbesondere der Aufbau des Stiftungsregisters und das Verfahren zur Führung des Stiftungsregisters geregelt werden. Zu den näheren Einzelheiten wird auf die Begründung zu Artikel 4 verwiesen.* 5

Zu Absatz 2: *§ 82b Absatz 2 BGB-neu regelt die Pflicht, jede neu errichtete Stiftung zum Stiftungsregister anzumelden und bestimmt, welche Angaben die Anmeldung der Stiftung enthalten muss.* 6

Zu Satz 1: *Nach § 82b Absatz 2 Satz 1 BGB-neu ist die Stiftung nach ihrer Anerkennung durch die zuständige Behörde zur Eintragung in das Stiftungsregister anzumelden. Die Regelung ist § 59 Absatz 1 BGB für die Vereine nachgebildet. Wie in § 59 BGB für Vereine ist in § 3 Absatz 1 StiftRG-neu vorgesehen, dass der Vorstand als Vertretungsorgan der Stiftung gemäß § 84 Absatz 2 BGB-verpflichtet ist, die Stiftung unverzüglich zum Register anzumelden.* 7

Zu Satz 2: *Nach § 82b Absatz 2 Satz 2 BGB-neu sind in der Anmeldung der Stiftung Vorstandsmitglieder und etwaige besondere Vertreter, die die Stiftung vertreten können, ebenso anzugeben wie etwaige Beschränkungen der Vertretungsmacht des Vorstands nach § 84 Absatz 3 BGB-neu. Besteht der Vorstand der Stiftung aus mehreren Mitgliedern, ist auch die Vertretungsmacht der einzelnen Vorstandsmitglieder in der Anmeldung anzugeben. Dasselbe gilt für die Vertretungsmacht der von der Stiftung bestellten besonderen Vertreter. Dabei handelt es sich um eintragungspflichtige Tatsachen, die nach § 2 Nummer 5 bis 7 StiftRG-neu zu jeder Stiftung ins Stiftungsregister einzutragen sind.* 8

Zu Satz 3: *§ 82b Absatz 2 Satz 3 BGB-neu regelt, welche Unterlagen der Anmeldung nach § 82b Absatz 2 Satz 1 BGB-neu beizufügen sind, damit die Registerbehörde das Vorliegen der Eintragungsvoraussetzungen nach § 4 StiftRG-neu prüfen kann.* 9

Zu Nummer 1: *Mit der Anmeldung ist nach § 82b Absatz 2 Satz 3 Nummer 1 BGB-neu die Anerkennungsentscheidung der zuständigen Landesbehörde mit der Errichtungssatzung vorzulegen. Es reicht, wenn Kopien der Anerkennungsentscheidung und der Errichtungssatzung vorgelegt werden, die dann zu den Registerakten genommen werden. Das gesamte Stiftungsgeschäft muss nicht vorgelegt werden. Wenn Zweifel an der Vollständigkeit oder Echtheit der eingereichten Dokumente bestehen, kann die Registerbehörde nach § 3 Absatz 4 Satz 2 StiftRG-neu die Vorlage der Urschriften verlangen. Diese sind nach der Prüfung wieder an die Stiftung zurückzugeben.* 10

Zu Nummer 2: *Nach § 82b Absatz 2 Satz 3 Nummer 2 BGB-neu sind der Anmeldung zum Stiftungsregister auch die Dokumente über die Bestellung der Vorstandsmitglieder und etwaiger besonderer Vertreter, wenn sie zur Vertretung der Stiftung berechtigt sind, beizufügen. Aus den Dokumenten muss sich ergeben, dass die Vorstandsmitglieder entsprechend den in der Satzung vorgesehenen Bestimmungen über die Bildung des Vorstands nach § 81 Absatz 1 Nummer 1 Buchstabe d BGB-neu bestellt wurden und sich bereit erklärt haben, das Vorstandsamt zu übernehmen. Dasselbe gilt für besondere Vertreter, die zum Register angemeldet werden.“*[2] 11

1 BT-Ds. 19/28173, 81.
2 BT-Ds. 19/28173, 82.

2. Stellungnahme des Bundesrates

12 Der Bundesrat schlägt vor, in § 82b Abs. 2 S. 2, § 84d BGB sowie § 2 Nr. 2a, § 5 StiftRG den „Zweck der Stiftung" bzw. „Änderungen des Zwecks" als einzutragende Tatsachen aufzunehmen.

13 *Begründung: In den Ländern geführte, meist über das Internet für jedermann zugängliche Stiftungsverzeichnisse bieten interessierten Bürgern und Stiftungen derzeit die Möglichkeit, sich einfach und benutzerfreundlich Informationen über bestehende Stiftungen zu verschaffen. Um auf einen parallelen Fortbetrieb von Landesstiftungsverzeichnissen neben dem Stiftungsregister verzichten zu können, müsste künftig das Stiftungsregister auch diese Informationsfunktion erfüllen. Von besonderem Interesse für Personen, die sich über bestehende Stiftungen informieren möchten, sind dabei Angaben zu den von einer Stiftung verfolgten Zwecken. In das Stiftungsregister sind daher auch Angaben zum Stiftungszweck aufzunehmen. Hierzu ist es ferner erforderlich, dass die Stiftungen bei der erstmaligen Anmeldung zum Stiftungsregister Angaben zum Stiftungszweck machen sowie Änderungen des Stiftungszwecks beim Stiftungsregister anmelden.*[3]

3. Gegenäußerung der Bundesregierung

14 *Die Bundesregierung stimmt dem Vorschlag des Bundesrates nicht zu. Die Eintragung des Zwecks der Stiftung in das Stiftungsregister ist nicht erforderlich, da er sich aus der Satzung ergibt. Neben dem Register sollen auch die zum Register eingereichten Dokumente, darunter die Satzung der Stiftung für jedermann einsehbar sein. Die Satzung enthält immer auch eine Bestimmung zum Zweck der Stiftung.*[4]

4. Rechtsausschuss

15 *Mit den Änderungen* [von § 82b Abs. 2 S. 3 Nr. 1] *soll der Begriff „Errichtungssatzung" in den §§82b und 86i BGB-neu durch den Begriff „Satzung" ersetzt werden.*[5]

3 BT-Ds. 19/28173, 115.
4 BT-Ds. 19/28173, 119.
5 BT-Ds. 19/31118, 11.

Anhang zu § 82b: Stiftungsregistergesetz

Übersicht

A. Grundlagen

I. Zweck und Inhalt des Stiftungsregistergesetzes — 1

II. Aufbau des Gesetzes — 2

B. Begründung des Regierungsentwurfs — 3

C. Bewertung — 4

D. Gesetzestext mit Begründung — 5

A. Grundlagen

I. Zweck und Inhalt des Stiftungsregistergesetzes

1 Das Stiftungsregistergesetz regelt die näheren Einzelheiten zum **Inhalt und** zur **Führung des** gem. § 82b Abs. 1 S. 1 BGB neu zu schaffenden zentralen **Stiftungsregisters.**[1] In das Register sollen alle bestehenden und künftig entstehenden rechtsfähigen Stiftungen des bürgerlichen Rechts eingetragen werden. Das Stiftungsregistergesetz enthält im Einzelnen den Aufbau des Registers, die Führung durch das Bundesamt für Justiz, den Inhalt des Registers (§§ 1–2), die Voraussetzungen für Anmeldungen und Eintragungen (§§ 3–9), das zugehörige Verfahren (§§ 10–14), die Einsicht in das Register (§§ 15–17), die Verweisung auf den Verwaltungsrechtsweg und den Ausschluss des Widerspruchsverfahrens (§ 18), sowie Übergangsregelungen (§ 20). Zudem enthält § 19 eine Verordnungsermächtigung zu Gunsten des BMJV zum Erlass einer Rechtsverordnung. In dieser sind nähere Bestimmungen zu treffen zur Einrichtung, insbesondere zur technischen Ausgestaltung, und zur Führung des Stiftungsregisters, zu den Anmeldungen und zur Auskunft (§ 19).

II. Aufbau des Gesetzes

2 Mit Artikel 4 des Gesetzes wird das **Stiftungsregistergesetz** (StiftRG) erlassen. Das StiftRG besteht aus insgesamt 3 Abschnitten und 20 Paragraphen. Geregelt werden in Abschnitt 1 Aufbau und Führung des Stiftungsregisters (§§ 1–14), in Abschnitt 2 die Einsicht in das Register (§§ 15–17), sowie in Abschnitt 3 der Verwaltungsrechtsweg unter Ausschluss des Widerspruchsverfahrens (§ 18), eine Verordnungsermächtigung zu Gunsten des BMJV (§ 19) sowie Übergangsregelungen (§ 20).

B. Begründung des Regierungsentwurfs

3 *„Nach § 82b Absatz 1 Satz 1 BGB-neu soll ein zentrales Stiftungsregister mit Publizitätswirkung geschaffen werden, in das alle rechtsfähigen Stiftungen des bürgerlichen Rechts eingetragen werden sollen. Die näheren Einzelheiten zum Inhalt und der Führung des Registers sollen in einem neuen Stiftungsregistergesetz geregelt werden, dass in Artikel 4 enthalten ist.“*[2]

---

1 BT-Ds. 19/28173, 87.
2 BT-Ds. 19/28173, 87.

https://doi.org/10.1515/9783110251524-012

C. Bewertung

4 Zu Lob und Kritik der stiftungsregisterrechtlichen Vorschriften, s. Vorbemerkung 3 zu § 82b Rn. 5 ff.

D. Gesetzestext mit Begründung

ABSCHNITT 1 **Aufbau und Führung des Stiftungsregisters**

UNTERABSCHNITT 1 **Führung und Aufbau des Registers**

§ 1 Zuständige Registerbehörde und Aufbau des Registers

(1) Das Bundesamt für Justiz führt als Registerbehörde das Stiftungsregister nach § 82b Absatz 1 des Bürgerlichen Gesetzbuchs, in das die rechtsfähigen Stiftungen des bürgerlichen Rechts einzutragen sind.

(2) Das Stiftungsregister wird elektronisch geführt. Es besteht aus fortlaufend nummerierten Registerblättern. Für jede Stiftung ist ein eigenes Registerblatt anzulegen.

(3) Für jedes Registerblatt wird eine Registerakte geführt, in der die zum Register eingereichten Dokumente im Original oder in Kopie aufbewahrt werden.

Begründung des Regierungsentwurfs

5 *„§ 1 StiftRG-neu enthält einige grundlegende Bestimmungen zur Registerführung, zum Inhalt und dem Aufbau des Stiftungsregisters.*

6 ***Zu Absatz 1:*** *Nach § 1 Absatz 1 StiftRG-neu soll das Stiftungsregister als zentrales Bundesregister vom Bundesamt für Justiz geführt werden. In das Stiftungsregister sind alle Stiftungen des bürgerlichen Rechts einzutragen. Eintragungspflichtig sind alle Stiftungen, die nach der Einrichtung des Stiftungsregisters errichtet werden und auch alle schon bestehenden Stiftungen.*[3]

7 ***Zu Absatz 2:*** *§ 1 Absatz 2 StiftRG-neu enthält grundlegende Bestimmungen zum Aufbau des Registers.*

8 ***Zu Satz 1:*** *Das Stiftungsregister soll nach § 1 Absatz 2 Satz 1 StiftRG-neu elektronisch geführt werden, ebenso wie die meisten anderen staatlichen Register mit Publizitätswirkung. Ein zentrales elektronisches Register kann effizient und sicher geführt werden. Für den Aufbau und Betrieb kann auf die Erfahrungen bei der elektronischen Führung der Handels- und Vereinsregister zurückgegriffen werden, da für das Stiftungsregister dasselbe Fachverfahren genutzt werden soll wie für die Justizregister. Die Einzelheiten der Registerführung und der Registereinsicht oder des Abrufs von Registerdaten wird durch die Rechtsverordnung nach § 19 StiftRG-neu geregelt.*

9 ***Zu Satz 2:*** *Das Stiftungsregister soll wie das Vereinsregister aufgebaut werden. Es soll nach § 1 Absatz 2 Satz 2 StiftRG-neu aus fortlaufend nummerierten elektronischen Registerblättern bestehen. § 2 StiftRG-neu bestimmt, welchen Inhalt die Registerblätter haben können.*

10 ***Zu Satz 3:*** *§ 1 Absatz 2 Satz 3 StiftRG-neu bestimmt, dass für jede Stiftung ein eigenes Registerblatt anzulegen ist, in dem alle Eintragungen zur Stiftung vorgenommen werden. Die Registerblätter werden entsprechend dem Datum der Ersteintragung fortlaufend nummeriert und zu dem einheitlichen Stiftungsregister zusammengefasst.*

11 ***Zu Absatz 3:*** *Zu jedem Registerblatt wird eine Registerakte geführt, in der die zum Register eingereichten Dokumente im Original oder in Kopie aufbewahrt werden. Die Regelung entspricht im Wesentlichen der vereinsrechtlichen Regelung in § 66 Absatz 2 BGB. Die Stiftungsbehörde hat die zum Register eingereichten Dokumente, insbesondere diejenigen, die Eintragungen zugrunde*

---

3 BT-Ds. 19/28173, 87.

liegen, aufzubewahren. Nach § 15 StiftRG-neu ist die Einsichtnahme auch in diese Dokumente jedermann gestattet.“[4]

§ 2 Inhalt des Registers
Zu einer Stiftung sind im Stiftungsregister folgende Angaben einzutragen:
1. **der Name,**
2. **der Sitz,**
3. **das Datum der Anerkennung oder der Genehmigung der Stiftung oder der vergleichbaren behördlichen Entscheidung bei Stiftungen die vor dem 1. Januar 1900 errichtet wurden oder durch eine Zusammenlegung entstanden sind,**
4. **bei Verbrauchsstiftungen auch die Zeit, für die die Stiftung errichtet wurde,**
5. **der Vorname, der Name, das Geburtsdatum und der Wohnort der Mitglieder des Vorstands und deren Vertretungsmacht,**
6. **die satzungsmäßigen Beschränkungen der Vertretungsmacht des Vorstands nach § 84 Absatz 3 des Bürgerlichen Gesetzbuchs,**
7. **der Vorname, der Name, das Geburtsdatum und der Wohnort der besonderen Vertreter und deren Vertretungsmacht,**
8. **die nach der Eintragung der Stiftung erfolgten Satzungsänderungen durch die zuständigen Stiftungsorgane oder die nach Landesrecht zuständige Behörde,**
9. **das Erlöschen der übertragenden Stiftung durch Zulegung und Zusammenlegung,**
10. **die Auflösung der Stiftung nach § 87 des Bürgerlichen Gesetzbuchs,**
11. **die Aufhebung der Stiftung nach § 87a des Bürgerlichen Gesetzbuchs,**
12. **die Bestellung eines vorläufigen Insolvenzverwalters, wenn zusätzlich der Stiftung ein allgemeines Verfügungsverbot auferlegt wird oder angeordnet wird, dass Verfügungen der Stiftung nur mit Zustimmung des vorläufigen Insolvenzverwalters wirksam sind,**
13. **die Aufhebung von Maßnahmen nach Nummer 12,**
14. **die Auflösung der Stiftung nach § 87b des Bürgerlichen Gesetzbuchs**
    - **durch Eröffnung des Insolvenzverfahrens, einschließlich einer Anordnung der Eigenverwaltung durch die Stiftung und einer Anordnung der Zustimmungsbedürftigkeit bestimmter Rechtsgeschäfte, oder**
    - **durch Beschluss, mit dem die Eröffnung des Insolvenzverfahrens mangels Masse rechtskräftig abgewiesen worden ist,**
15. **die Aufhebung**
16. **die Einstellung des Insolvenzverfahrens,**
17. **die Aufhebung des Insolvenzverfahrens,**
18. **die Überwachung der Erfüllung eines Insolvenzplans und deren Aufhebung,**
19. **der Vorname, der Name, das Geburtsdatum und der Wohnort der Liquidatoren und deren Vertretungsmacht sowie satzungsmäßige Beschränkungen der Vertretungsmacht nach § 87c Absatz 2 Satz 2, § 48 Absatz 2 und § 84 Absatz 3 des Bürgerlichen Gesetzbuchs und**
20. **die Beendigung der Stiftung**

Begründung des Regierungsentwurfs

„§ 2 StiftRG-neu regelt, welche Tatsachen in das Stiftungsregister eingetragen werden, das heißt in das zu der Stiftung geführte Registerblatt. Die in § 2 StiftRG-neu aufgeführten Tatsachen, sind alles einzutragende Tatsachen im Sinne des § 82d BGB-neu, was insbesondere hinsichtlich der Angaben in § 2 Nummer 6, 7 und 12 StiftRG-neu relevant ist. 12

4 BT-Ds. 19/28173, 88.

13 *__Zu Nummer 1:__ Zu jeder Stiftung ist nach § 2 Nummer 1 StiftRG-neu der Name im Stiftungsregister einzutragen, der in der Satzung festgelegt ist. Der Name ist mit dem Rechtsformzusatz „eingetragene Stiftung" oder „eingetragene Verbrauchsstiftung bzw. mit den Abkürzungen „e. S." oder „e. VS." einzutragen. Anders als bei Vereinen hat die Registerbehörde nicht zu prüfen, ob sich der Name einer einzutragenden Stiftung deutlich von den Namen schon eingetragener Stiftungen unterscheidet. Eine § 57 Absatz 2 BGB vergleichbare Vorschrift wird für die Registerbehörde nicht getroffen. Die Pflicht, bei der Eintragung einer Stiftung auf die Unterscheidbarkeit des Namens von den Namen anderer schon eingetragener Stiftungen zu achten, wäre mit dem deklaratorischen Charakter der Eintragung nicht vereinbar. Es bleibt der einzelnen Stiftung überlassen, sich gegen etwaige Verletzungen ihres Namensrechts zu wehren. Allerdings ermöglicht das zentrale Stiftungsregister den Stiftern zu prüfen, ob sie mit der Wahl des Namens für ihre Stiftung gegebenenfalls das Namensrecht schon bestehender Stiftungen verletzen.*

14 *__Zu Nummer 2:__ Nach § 2 Nummer 2 StiftRG-neu ist zu jeder Stiftung auch der Sitz ins Stiftungsregister einzutragen. Einzutragen ist nur der in der Satzung bestimmte Sitz, auch wenn die Verwaltung der Stiftung an einem anderen Ort geführt wird.*[5]

15 *__Zu Nummer 3:__ Nach § 2 Nummer 3 StiftRG-neu ist für jede Stiftung das Datum der Anerkennung oder Genehmigung der Stiftung einzutragen. Dieses Datum kann der Anerkennungsentscheidung entnommen werden.*

16 *__Zu Nummer 4:__ Nach § 2 Nummer 4 StiftRG-neu ist bei Verbrauchsstiftungen der im Stiftungsgeschäft festgelegte Zeitpunkt, zu dem die die Stiftung enden soll, oder das Ereignis, bei dessen Eintritt die Stiftung endet, einzutragen. Für den Rechtsverkehr soll soweit als möglich aus dem Register ersichtlich sein, wie lange die Stiftung voraussichtlich noch als werbende Stiftung bestehen wird bzw. wann sie voraussichtlich aufzulösen oder aufzuheben ist.*

17 *__Zu Nummer 5:__ Nach § 2 Nummer 5 StiftRG-neu sind zu jeder Stiftung im Stiftungsregister auch die Vorstandsmitglieder einzutragen. Zu jedem Vorstandsmitglied sind der Vorname, der Name, das Geburtsdatum und der Wohnort anzugeben. Als Wohnort ist eine Gemeinde oder ein Gemeindeteil, nicht die vollständige Adresse anzugeben. Einzutragen ist auch die Vertretungsmacht des Vorstandsmitglieds, das heißt in welchem Umfang es zur aktiven Vertretung der Stiftung ermächtigt ist.*

18 *__Zu Nummer 6:__ Einzutragen im Stiftungsregister sind nach § 2 Nummer 6 StiftRG-neu auch die satzungsmäßigen Beschränkungen der Vertretungsmacht des Vorstands. Auf solche außenwirksamen Beschränkungen der Vertretungsmacht des Vorstands kann sich die Stiftung nach § 82d Absatz 2 BGB-neu im Geschäftsverkehr nur berufen, wenn sie im Stiftungsregister eingetragen oder dem jeweiligen Geschäftspartner bekannt sind.*

19 *__Zu Nummer 7:__ Hat die Stiftung besondere Vertreter bestellt, die die Stiftung im Rahmen ihres Aufgabenbereichs auch gegenüber Dritten vertreten können, müssen diese zum Stiftungsregister angemeldet werden. Zu den besonderen Vertretern werden dieselben Tatsachen eingetragen, wie zu den Vorstandsmitgliedern.*

20 *__Zu Nummer 8:__ Auch bei Stiftungen sollen nach § 2 Nummer 8 StiftRG-neu Satzungsänderungen im Register aufgrund von Anmeldungen des Vorstands der Stiftung nach § 85b BGB-neu eingetragen werden, obwohl die Registereintragung anders als bei Vereinen bei den Stiftungen keine Wirksamkeitsvoraussetzung für die Satzungsänderung ist. Im Stiftungsregister soll sich wie aus dem Vereinsregister ergeben, welche Teile der Satzung geändert wurden und was Gegenstand der Satzungsänderung war. Mit der Anmeldung jeder Satzungsänderung ist auch ein vollständiger Wortlaut der geänderten Satzung einzureichen. Dies gewährleistet, dass die Registerbehörde immer über den aktuellen Satzungswortlaut verfügt und auch der Rechtsverkehr diesen über die Registerakten einsehen kann.*

21 *__Zu Nummer 9:__ Bei Zulegungen und Zusammenlegungen ist nach § 2 Nummer 9 StiftRG-neu das Erlöschen der übertragenden Stiftungen aufgrund der Anmeldung durch den Vorstand der*

5 BT-Ds. 19/28173, 88.

übernehmenden Stiftung nach § 86i BGB-neu einzutragen. Nach der Eintragung des Erlöschens werden die Registerblätter für die übertragenden Stiftungen geschlossen.

Zu Nummer 10: *Nach § 2 Nummer 10 StiftRG-neu ist die Auflösung durch Entscheidung der zuständigen Stiftungsorgane aufgrund der Anmeldung nach § 87d BGB-neu einzutragen. Wenn die Stiftung nach ihrer Auflösung noch abgewickelt werden muss, sind mit der Auflösung auch die Liquidatoren und deren Vertretungsmacht nach § 2 Nummer 19 StiftRG-neu im Stiftungsregister einzutragen.* 22

Zu Nummer 11: *Nach § 2 Nummer 11 StiftRG-neu ist die Aufhebung der Stiftung nach § 87a BGB-neu aufgrund einer Anmeldung nach § 87d BGB-neu einzutragen. Wenn die Stiftung nach ihrer Aufhebung noch abgewickelt werden muss,[6] sind mit der Aufhebung auch die Liquidatoren und deren Vertretungsmacht nach § 2 Nummer 19 StiftRG-neu im Stiftungsregister einzutragen.* 23

Zu Nummer 12: *Nach § 2 Nummer 12 StiftRG-neu ist die Bestellung eines vorläufigen Insolvenzverwalters von Amts wegen einzutragen, wenn der Stiftung ein allgemeines Verfügungsverbot auferlegt wird oder angeordnet wird, dass Verfügungen der Stiftung nur mit Zustimmung des vorläufigen Insolvenzverwalters wirksam sind. Mit Einführung des Stiftungsregisters sind auch der Registerbehörde nach § 23 Absatz 2 der Insolvenzordnung (InsO) eine Ausfertigung des Beschlusses zu übermitteln, durch den ein vorläufiger Insolvenzverwalter bestellt und die Maßnahmen angeordnet werden, durch die die Verfügung der Stiftung über ihr Vermögen ausgeschlossen oder beschränkt wird. Dies ermöglicht der Registerbehörde diese Maßnahmen nach § 9 StiftRG-neu von Amts wegen in das Stiftungsregister einzutragen.* 24

Zu Nummer 13: *Nach § 2 Nummer 13 StifRG-neu sind auch die Aufhebung aller oder einzelner Maßnahmen nach § 2 Nummer 12 StiftRG-neu, durch die sich die Verfügungsberechtigung über das Vermögen der Stiftung ändert, von Amts wegen ins Stiftungsregister einzutragen.* 25

Zu Nummer 14: *Von Amts wegen in das Register einzutragen ist auch die Auflösung der Stiftung nach § 87b BGB-neu infolge der Eröffnung eines Insolvenzverfahrens oder der rechtskräftigen Abweisung eines Eröffnungsantrags mangels Masse durch das Insolvenzgericht.* 26

Zu Buchstabe a: *Nach § 2 Nummer 14 Buchstabe a StiftRG-neu ist auch die Auflösung der Stiftung infolge der Eröffnung des Insolvenzverfahrens von Amts wegen ins Stiftungsregister einzutragen. Wenn im Beschluss über die Eröffnung des Insolvenzverfahrens die Eigenverwaltung angeordnet wird, ist auch dies von Amts wegen einzutragen. Dasselbe gilt, wenn die Eigenverwaltung nachträglich noch angeordnet wird (§ 271 InsO). Auch ein Zustimmungsvorbehalt bei Eigenverwaltung nach § 277 InsO ist einzutragen.* 27

Zu Buchstabe b: *Nach § 2 Nummer 14 Buchstabe b StiftRG-neu ist die Auflösung mit der Rechtskraft des Beschlusses, durch den die Eröffnung des Insolvenzverfahrens mangels Masse abgewiesen wurde (§ 26 InsO), von Amts wegen einzutragen. Die Stiftungsbehörde soll nach § 31 Nummer 2 InsO vom Insolvenzgericht eine Ausfertigung des Beschlusses übermittelt werden. Bei der Auflösung der Stiftung infolge des Beschlusses, durch den die Eröffnung des Insolvenzverfahrens mangels Masse abgewiesen worden ist, wird die Stiftung nicht nach insolvenzrechtlichen Vorgaben abgewickelt, sondern muss nach den stiftungsrechtlichen Vorschriften (§ 87c BGB-neu) beendet werden.* 28

Zu Nummer 15: *Von Amts wegen in das Stiftungsregister einzutragen sind nach § 2 Nummer 15 StiftRG-neu die Aufhebung des Eröffnungsbeschlusses, die Aufhebung der Eigenverwaltung und die Aufhebung von Zustimmungsvorbehalten bei der Eigenverwaltung nach § 277 InsO.* 29

Zu Nummer 16: *Nach § 2 Nummer 16 StiftRG-neu ist auch die Einstellung des Insolvenzverfahrens nach den §§ 207, 211 bis 213 InsO von Amts wegen ins Register einzutragen. Der Beschluss, mit dem das Insolvenzverfahren eingestellt wird, ist der Registerbehörde nach § 215 Absatz 1 Satz 3 in Verbindung mit § 200 Absatz 2 Satz 2 und § 31 InsO zu übermitteln.*[7] 30

Zu Nummer 17: *Nach § 2 Nummer 17 StiftRG-neu ist die Aufhebung des Insolvenzverfahrens nach § 200 InsO von Amts wegen ins Stiftungsregister einzutragen. Mit der Eintragung der Aufhe-* 31

---

6 BT-Ds. 19/28173, 89.

7 BT-Ds. 19/28173, 90.

bung des Insolvenzverfahren wird das Registerblatt geschlossen, da die Stiftung im Insolvenzverfahren abgewickelt wurde.

32 ***Zu Nummer 18:*** *Einzutragen ist nach § 2 Nummer 19 StiftRG-neu von Amts wegen auch die Anordnung des Insolvenzgerichts nach § 260 InsO, die Erfüllung des Insolvenzplans durch die Stiftung zu überwachen sowie die Aufhebung einer solchen Anordnung.*

33 ***Zu Nummer 19:*** *Wenn die Stiftung nach ihrer Auflösung noch nach den § 87c Absatz 2 Satz 2 BGB-neu in Verbindung mit den §§ 47 bis 53 BGB abgewickelt werden muss, sind die von der Stiftung nach § 87d BGB-neu anzumeldenden Liquidatoren nach § 2 Nummer 19 StiftRG-neu ins Stiftungsregister einzutragen. Einzutragen sind wie bei den Vorstandsmitgliedern der Name, Vorname, Geburtsdatum und der Wohnort. Bestehen Beschränkungen der Vertretungsmacht der Liquidatoren nach § 87c Absatz 2 Satz 2 BGB-neu, § 48 Absatz 2 BGB und § 84 Absatz 3 BGB-neu, sind auch diese einzutragen.*

34 ***Zu Nummer 20:*** *Nach § 2 Nummer 20 StiftRG-neu ist auch die Beendigung der Stiftung einzutragen, wenn die Stiftung aufgelöst oder aufgehoben wurde und eine Liquidation nicht erforderlich ist oder die erforderliche Liquidation abgeschlossen wurde. Mit der Eintragung der Beendigung wird das für die Stiftung geführte Registerblatt geschlossen.“*[8]

UNTERABSCHNITT 2 **Voraussetzungen für Anmeldungen und Eintragungen**

§ 3 Anforderungen an die Anmeldung

(1) Die Anmeldungen zum Stiftungsregister sind von den Mitgliedern des Vorstands oder von den Liquidatoren, die berechtigt sind, die Stiftung gegenüber der Registerbehörde zu vertreten, unverzüglich vorzunehmen.

(2) Die Anmeldung ist öffentlich zu beglaubigen. Sie kann in Urschrift oder in öffentlich beglaubigter Abschrift bei der Registerbehörde eingereicht werden.

(3) Wurde die Anmeldung von einem Notar beglaubigt, gilt dieser als ermächtigt, die Anmeldung bei der Registerbehörde einzureichen.

(4) Die mit den Anmeldungen nach § 82b Absatz 2, den §§ 84d, 85b, 86i und 87d des Bürgerlichen Gesetzbuchs einzureichenden Dokumente sind in Abschrift beizufügen. Bestehen Zweifel hinsichtlich der Vollständigkeit oder Echtheit der Dokumente, kann die Registerbehörde die Vorlage der Urschrift verlangen.

Begründung des Regierungsentwurfs

35 *„§ 3 StiftRG-neu enthält Regelungen zur Anmeldeberechtigung, zur Form der Anmeldung, zur Einreichung der Anmeldung, und zu den der Anmeldung beizufügenden Eintragungsunterlagen, die die §§ 82b, 84d, 85b, 86i und 87d BGB-neu ergänzen.*

36 ***Zu Absatz 1:*** *§ 3 Absatz 1 StiftRG-neu enthält die ergänzenden Vorschriften zur Anmeldeberechtigung und Form der Anmeldungen. § 3 Absatz 1 StiftRG-neu regelt die Anmeldeberechtigung der einzelnen Vorstandsmitglieder und Liquidatoren, wenn der Vorstand aus mehreren Mitgliedern besteht oder die Stiftung von mehreren Liquidatoren abgewickelt wird. Eine Anmeldung zu Stiftungsregister kann von der Anzahl von Vorstandsmitgliedern abgegeben werden, die zur wirksamen Außenvertretung der Stiftung erforderlich sind. Hat ein Vorstandsmitglied Einzelvertretungsmacht, kann es allein die Anmeldungen gegenüber der Stiftungsbehörde abgeben. Ist entsprechend § 84 Absatz 2 Satz 2 BGB-neu eine Mehrheit der Vorstandsmitglieder zur Vertretung befugt, kann diese die Anmeldungen zum Stiftungsregister wirksam vornehmen. Nur wenn Gesamtvertretungsmacht angeordnet ist, müssen die Anmeldungen von allen Vorstandsmitgliedern erklärt werden. Dasselbe gilt für die Anmeldungen nach § 87d BGB-neu durch die Liquidatoren. Vorstandsmitglie-*

---

8 BT-Ds. 19/28173, 91.

der und Liquidatoren sind verpflichtet alle Anmeldungen unverzüglich vorzunehmen, das heißt die Anmeldepflichten sind ohne schuldhaftes Zögern zu erfüllen.

Zu Absatz 2: *§ 3 Absatz 2 StiftRG-neu regelt die Form der Registeranmeldungen.* 37

Zu Satz 1: *Nach § 3 Absatz 2 Satz 1 StiftRG-neu sind die Anmeldungen zum Stiftungsregister wie die Anmeldungen zu den anderen Registern mit Publizitätswirkung öffentlich zu beglaubigen. Das heißt sie müssen den Anforderungen des § 129 BGB entsprechen. Dies gewährleistet, dass die beglaubigende Stelle die Identität der Anmeldenden prüft, so dass sich die Registerbehörde darauf verlassen kann, dass die ihr übermittelten Anmeldungen von den Mitgliedern der Stiftungsvorstände oder den Liquidatoren der Stiftungen stammen.*[9] 38

Zu Satz 2: *Die Anmeldungen können nach § 3 Absatz 2 Satz 2 StiftRG-neu in Urschrift oder in öffentlich beglaubigter Abschrift nach § 39a des Beurkundungsgesetzes bei der Registerbehörde eingereicht werden. Dies ermöglicht wie beim Vereinsregister nach § 77 Satz 2 BGB sowohl Anmeldungen in Papierform als auch elektronische Anmeldungen. Eine Pflicht alle Anmeldungen nur elektronisch vorzunehmen soll mit Blick auf die vielen ehrenamtlich geführten kleinen Stiftungen für das Stiftungsregister nicht geregelt werden. Wie beim Vereinsregister sollen die Anmeldenden die Wahl haben, welchen Übermittlungsweg sie wählen wollen.* 39

Zu Absatz 3: *§ 3 Absatz 3 StiftRG-neu regelt wie § 378 Absatz 2 des Gesetzes über das Verfahren in Familiensachen und in den Angelegenheiten der freiwilligen Gerichtsbarkeit (FamFG), dass Notare ermächtigt sind, von ihnen beglaubigte Anmeldungen bei der Registerbehörde einzureichen. Dies ist vor allem bei elektronischen Anmeldungen zweckmäßig.* 40

Zu Absatz 4: *§ 3 Absatz 4 StiftRG-neu regelt, in welcher Art die Dokumente vorzulegen sind, die mit den Anmeldungen eingereicht werden müssen, damit die Registerbehörde die Eintragungsvoraussetzungen prüfen kann.* 41

Zu Satz 1: *Da auch elektronische Anmeldungen möglich sein sollen, ohne dass dies für die Stiftungen einen größeren Aufwand erfordert, als für Anmeldungen in Papierform, sieht § 3 Absatz 4 Satz 1 StiftRG-neu vor, dass die nach den §§ 82b, 84d, 85b, 86i und 87d BGB-neu vorzulegenden Dokumente nur in Abschrift vorgelegt werden müssen. Diese Abschriften können dann auch zu den Registerakten genommen werden.* 42

Zu Satz 2: *Wenn Zweifel an der Vollständigkeit oder Echtheit der nach § 3 Absatz 4 Satz 1 StiftRG-neu eingereichten Abschriften bestehen, kann die Registerbehörde nach § 3 Absatz 4 Satz 2 StiftRG-neu verlangen, dass die Originaldokumente vorzulegen sind. Die der Registerbehörde vorgelegten Originaldokumente sind, wenn über die Anmeldung entschieden wurde, wieder an die Stiftung zurückzugeben.“*[10] 43

§ 4 Eintragung von Stiftungen

Eine nach § 82b Absatz 2 des Bürgerlichen Gesetzbuchs angemeldete Stiftung ist in das Stiftungsregister einzutragen, wenn

1. **eine Anerkennungsentscheidung nach § 82 des Bürgerlichen Gesetzbuchs erlassen wurde und**
2. **die Mitglieder des Vorstands sowie die nach der Satzung zu bestellenden vertretungsberechtigten besonderen Vertreter ordnungsgemäß bestellt wurden.**

Bei einer durch Zusammenlegung errichteten Stiftung tritt an die Stelle der Anerkennungsentscheidung nach Satz 1 Nummer 1 die unanfechtbare Genehmigung des Zusammenlegungsvertrags oder die unanfechtbare behördliche Zusammenlegungsentscheidung.

---

9 BT-Ds. 19/28173, 91.
10 BT-Ds. 19/28173, 92.

Begründung des Regierungsentwurfs

44 *„§ 4 StiftRG-neu regelt die Voraussetzungen für die Ersteintragung einer Stiftung ins Stiftungsregister. Für die Eintragung von Altstiftungen werden soweit erforderlich ergänzend Regelungen in der Rechtsverordnung nach § 19 StiftRG-neu getroffen.*

45 ***Zu Satz 1:** § 4 Satz 1 StiftRG-neu regelt die Voraussetzungen für die Eintragung einer Stiftung die durch Stiftungsgeschäft nach Inkrafttreten der §§ 80 bis 88 BGB-neu errichtet wurde. Da die Eintragung der Stiftung in das Register nur deklaratorische Wirkung hat und der Eintragung das behördliche Anerkennungsverfahren vorausgeht, kann der Prüfung durch die Registerbehörde stark formalisiert werden. Die Registerbehörde soll nicht die Prüfungen der für die Anerkennung zuständigen Behörde wiederholen, sondern sich auf deren Prüfung verlassen können. Deshalb prüft sie nicht selbst die Voraussetzungen für die Entstehung der Stiftung und überprüft insbesondere nicht die Rechtmäßigkeit der Anerkennung der Stiftung. Die Stiftung ist einzutragen, wenn eine Anmeldung vorliegt, die den Voraussetzungen des § 82b Absatz 2 BGB-neu entspricht und die Voraussetzungen des § 4 Satz 1 Nummer 1 und 2 StiftRG-neu vorliegen.*

46 ***Zu Nummer 1:** § 4 Satz 1 Nummer 1 StiftRG-neu ist als Voraussetzung für die Eintragung geregelt, dass die zur Eintragung angemeldete Stiftung durch eine Entscheidung der Stiftungsbehörde anerkannt wurde. Dies kann die Registerbehörde einfach prüfen, da der Anmeldung nach § 2b Absatz 2 BGB-neu die Anerkennungsentscheidung in Abschrift beizufügen ist und auch die Vorlage der Urschrift verlangt werden kann, wenn Zweifel an der Echtheit oder Vollständigkeit der vorgelegten Dokumente bestehen.*[11]

47 ***Zu Nummer 2:** Da gemeinsam mit der Stiftung immer auch die Mitglieder des Vorstands der Stiftung und die zu bestellenden besonderen Vertreter einzutragen sind, ist bei der Anmeldung der Stiftung auch zu prüfen, ob alle Vorstandsmitglieder oder besonderen Vertreter, die aufgrund der Satzung nach § 81 Absatz 1 Nummer 1 Buchstabe d BGB-neu zu bestellen sind, ordnungsgemäß bestellt wurden. Dasselbe gilt für besondere Vertreter, die nach der Errichtungssatzung bestellt werden können und bestellt wurden. Dies ist anhand der Errichtungssatzung und der Dokumente über die Bestellung zu prüfen. Sie Errichtungssatzung ist nach § 82b Absatz 2 BGB-neu in Verbindung mit § 3 Absatz 3 Satz 1 StiftRG-neu der Anmeldung beizufügen. Anhand der Stiftungssatzung kann die Registerbehörde auch Angaben in der Anmeldung zur Vertretungsmacht der angemeldeten Vorstandsmitglieder und besonderen Vertreter überprüfen. Dasselbe gilt für Beschränkungen der Vertretungsmacht des Vorstandes nach § 84 Absatz 3 BGB-neu.*

48 ***Zu Satz 2:** Für die Anmeldung einer durch Zusammenlegung entstandenen Stiftung, die nach § 86i BGB-neu anzumelden ist, ist § 4 Satz 1 StiftRG-neu entsprechend anzuwenden. An die Stelle der Entscheidung über die Anerkennung tritt die unanfechtbare Genehmigung des Zusammenlegungsvertrags oder die unanfechtbare Zusammenlegungsentscheidung der Behörde."*[12]

§ 5 Eintragung von Änderungen beim Vorstand oder bei besonderen Vertretern
Eine nach § 84d des Bürgerlichen Gesetzbuchs angemeldete Änderung bei den Mitgliedern des Vorstands oder bei den besonderen Vertretern der Stiftung sowie eine Änderung bei deren Vertretungsberechtigung für die Stiftung nach § 84 Absatz 3 des Bürgerlichen Gesetzbuchs ist in das Stiftungsregister einzutragen, wenn die zur Eintragung angemeldeten Änderungen wirksam sind.

Begründung des Regierungsentwurfs

49 *„§ 5 StiftRG-neu regelt die Voraussetzungen für die Eintragung von Änderungen bei den Mitgliedern des Vorstands und bei den besonderen Vertretern der Stiftung. Einzutragende Änderungen sind die*

11 BT-Ds. 19/28173, 92.
12 BT-Ds. 19/28173, 93.

Beendigung des Amts eines eingetragenen Vorstandsmitglieds oder besonderen Vertreters sowie jede neue Bestellung eines Vorstandsmitglieds oder besonderen Vertreters. Einzutragen ist aber auch jede Änderung bei der Vertretungsmacht eines Vorstandsmitglieds oder besonderen Vertreters sowie die Einführung oder die Aufhebung von Beschränkungen der Vertretungsmacht des Vorstands nach § 84 Absatz 3 BGB-neu.

Die Eintragung dieser Änderung bei den Vorstandsmitgliedern und besonderen Vertretern setzt immer eine Anmeldung nach § 84d BGB-neu voraus. Bei Änderung der Vertretungsmacht eines Vorstandsmitglieds oder besonderen Vertreters sowie die Einführung oder Aufhebung von Beschränkungen der Vertretungsmacht des Vorstands, der immer eine Satzungsänderung zugrunde liegen muss, müssen zusätzlich auch die Voraussetzungen für eine Anmeldung nach § 85b BGB-neu vorliegen. 50

Bei der Anmeldung eines Wechsels bei den Vorstandsmitgliedern oder besonderen Vertretern prüft die Registerbehörde, ob das Vorstandsmitglied, das im Stiftungsregister eingetragen ist, sein Vorstandsamt durch Zeitablauf, Abberufung oder Niederlegung verloren hat. Für die Eintragung des neuen Vorstandsmitglieds ist zu prüfen, ob dieses wirksam bestellt wurde. Der Anmeldung müssen alle Unterlagen beigefügt werden, die für diese Prüfung erforderlich sind. 51

Bei der Anmeldung von Änderungen bei der Vertretungsmacht eines eingetragenen Vorstandsmitglieds oder eines besonderen Vertreters muss die Registerbehörde anhand der Stiftungssatzung prüfen können, ob sich die angemeldeten Änderungen aus dem aktuellen Satzungswortlaut, der sich bei Registerakten befindet, ergeben. Dasselbe gilt für Anmeldungen zu Beschränkungen der Vertretungsmacht des Vorstands nach § 84 Absatz 3 BGB-neu.“[13] 52

§ 6 Eintragung von Satzungsänderungen
Eine nach § 85b des Bürgerlichen Gesetzbuchs angemeldete Änderung der Satzung ist in das Stiftungsregister einzutragen, wenn eine Satzungsänderung durch die Stiftungsorgane von der zuständigen Behörde genehmigt oder eine behördliche Entscheidung zur Satzungsänderung erlassen wurde.

Begründung des Regierungsentwurfs

„§ 6 StiftRG-neu regelt die Voraussetzungen für die Eintragung von Satzungsänderungen. Die Eintragung einer Satzungsänderung setzt immer eine Anmeldung nach § 85b BGB-neu voraus. Bei Satzungsänderungen durch die zuständigen Stiftungsorgane sind die gesetzlichen oder satzungsmäßigen Voraussetzungen für die Satzungsänderungen immer von den zuständigen Stiftungsorganen und der zuständigen Stiftungsbehörde im Verfahren über die Genehmigung nach § 85a Absatz 1 Satz 2 BGB-neu zu prüfen. Deshalb prüft die Registerbehörde im Eintragungsverfahren nur, ob eine Entscheidung der Stiftungsbehörde vorliegt, durch die die angemeldete Satzungsänderung genehmigt wurde oder eine behördliche Entscheidung vorliegt, die diese Satzungsänderung vorsieht.“[14] 53

§ 7 Eintragungen bei Zulegungen und Zusammenlegungen
(1) Bei der Zulegung ist das nach § 86i Absatz 1 des Bürgerlichen Gesetzbuchs angemeldete Erlöschen der übertragenden Stiftung in das Stiftungsregister einzutragen, wenn die behördliche Genehmigung des Zulegungsvertrags nach § 86b Absatz 1 des Bürgerlichen Gesetzbuchs erteilt oder eine unanfechtbare behördliche Zulegungsentscheidung nach § 86b Absatz 2 des Bürgerlichen Gesetzbuchs erlassen wurde und die Genehmigung oder die Zulegungsentscheidung unanfechtbar ist.

---
13 BT-Ds. 19/28173, 93.
14 BT-Ds. 19/28173, 93.

(2) Bei der Zusammenlegung ist die nach § 86i Absatz 2 des Bürgerlichen Gesetzbuchs angemeldete neue übernehmende Stiftung in das Stiftungsregister entsprechend § 4 und das Erlöschen der übertragenden Stiftungen entsprechend Absatz 1 in das Stiftungsregister einzutragen.

Begründung des Regierungsentwurfs

54 *„§ 7 StiftRG-neu regelt die Voraussetzungen für die Eintragungen bei Zulegungen und Zusammenlegungen. Bei Zulegungen und Zusammenlegungen ist das Erlöschen der übertragenden Stiftungen nach § 2 Nummer 9 StiftRG-neu ins Stiftungsregister einzutragen. Bei Zusammenlegungen müssen auch die die neuen Stiftungen ins Stiftungsregister eingetragen werden. Zu der neuen Stiftung sind mindestens die Angaben nach § 2 Nummer 1, 2, 3 und 5 StiftRG-neu einzutragen. Die Eintragungen bei Zulegungen und Zusammenlegungen setzen Anmeldungen nach § 86i BGB-neu voraus.*

55 ***Zu Absatz 1:*** *§ 7 Absatz 1 StiftRG-neu regelt die Voraussetzungen für die Eintragungen bei Zulegungen. Bei Zulegungen ist das Erlöschen der übertragenden Stiftungen nach § 2 Nummer 9 StiftRG-neu in das Stiftungsregister einzutragen. Die Anmeldung muss den Anforderungen des § 86i Absatz 1 BGB-neu entsprechen. Liegt eine entsprechende Anmeldung vor, ist das Erlöschen der Stiftung einzutragen, wenn der Zulegungsvertrag genehmigt wurde und die Genehmigung unanfechtbar geworden ist oder eine unanfechbare Zulegungsentscheidung vorliegt. Auch bei der Zulegung beschränkt sich die Prüfung auf das bloße Vorliegen dieser Entscheidungen der Stiftungsbehörden. Diese sind nach § 86i Absatz 1 Satz 3 BGB-neu der Anmeldung beizufügen. Die Registerbehörde soll nicht noch einmal prüfen, ob die gesetzlichen Voraussetzungen für die Zulegung vorliegen, sondern sich insoweit auf die Prüfungen der Stiftungsbehörde verlassen können. Prüfen muss die Registerbehörde aber, ob die Genehmigung oder die Zulegungsentscheidung unanfechtbar ist, da das einzutragende Erlöschen der übertragenden Stiftung nach § 86f Absatz 2 BGB-neu erst mit der Unanfechtbarkeit dieser behördlichen Entscheidungen eintritt. Zu diesem Zweck ist nach § 86i Absatz 1 Satz 2 BGB-neu in der Anmeldung immer auch anzugeben, wann die behördliche Entscheidung den beteiligten Stiftungen und den übrigen Verfahrensbeteiligten bekanntgegeben wurde. Im Regelfall wird es aber neben den an der Zulegung beteiligten Stiftungen keine anderen Verfahrensbeteiligten geben. Bestehen Zweifel, ob die Genehmigung oder die behördliche Zulegungsentscheidung unanfechtbar sind, kann die Registerbehörde immer auch die zuständige Stiftungsbehörde nach § 10 Absatz 2 StiftRG-neu im Eintragungsverfahren anhören.*

56 ***Zu Absatz 2:*** *§ 7 Absatz 2 StiftRG regelt die Voraussetzungen für die Eintragungen bei Zusammenlegungen. Bei der Zusammenlegung sind die neue Stiftung und das Erlöschen der übertragenden Stiftungen einzutragen. Die Eintragung der neuen Stiftung und das Erlöschen der übertagenden Stiftungen werden nur vorgenommen, wenn eine Anmeldung nach § 86i Absatz 2 BGB-neu vorliegt.*

57 *Für die Eintragung einer durch eine Zusammenlegung entstandenen Stiftung gelten dieselben Eintragungsvoraussetzungen wie für die durch Stiftungsgeschäft und Anerkennung errichten Stiftungen. Die Eintragung der neuen Stiftung richtet sich nach § 4 StiftRG-neu. Die neue Stiftung entsteht bei der Zusammenlegung jedoch nicht durch Stiftungsgeschäft und Anerkennung, sondern durch den Zusammenlegungsvertrag und die unanfechtbare Genehmigung oder die unanfechtbare behördliche Zusammenlegungsentscheidung. Nach § 7 Absatz 2 StifRG-neu tritt deshalb im Rahmen des § 4 die unanfechtbare Genehmigung des Zusammenlegungsvertrags oder die unanfechtbare behördliche Zusammenlegungsentscheidung an die Stelle der Anerkennung. Auch bei der Eintragung einer neuen Stiftung, die aufgrund einer Zusammenlegung entstanden ist, prüft die Registerbehörde nur das Vorliegen der unanfechtbaren Genehmigung des Zusammenlegungsvertrags oder das Vorliegen der unanfechtbaren behördlichen Zusammenlegungsentscheidung. Eine inhaltliche Prüfung des Zusammenlegungsvertrags und der Genehmigung oder der behördlichen Zusammenlegungsentscheidung findet durch die Registerbehörde nicht statt.*

Mit der Eintragung der Stiftung müssen nach § 7 Absatz 2, § 4 StiftRG-neu auch die in der Anmeldung benannten Vorstandsmitglieder und besonderen Vertreter eingetragen werden unter Angabe ihrer Vertretungsmacht. Einzutragen sind auch etwaige Beschränkungen der Vertretungsmacht des Vorstands nach § 84 Absatz 3 BGB-neu.“[15] 58

§ 8 Eintragung von Auflösung, Aufhebung und Liquidation

(1) Die nach § 87d Absatz 1 oder 2 des Bürgerlichen Gesetzbuchs angemeldete Auflösung der Stiftung ist in das Stiftungsregister einzutragen, wenn eine Auflösungsentscheidung vorliegt und die behördliche Genehmigung für die Auflösung nach § 87 Absatz 3 des Bürgerlichen Gesetzbuchs erteilt wurde. Die nach § 87d Absatz 1 oder 2 angemeldete Aufhebung der Stiftung ist in das Stiftungsregister einzutragen, wenn eine behördliche Aufhebungsentscheidung erlassen wurde.

(2) Ist eine Liquidation der Stiftung nicht erforderlich, wird mit der Auflösung oder Aufhebung auch die Beendigung der Stiftung eingetragen.

(3) Ist die Liquidation der Stiftung erforderlich, sind mit der Auflösung oder Aufhebung der Stiftung die angemeldeten Liquidatoren einzutragen. Die nach § 87d Absatz 2 des Bürgerlichen Gesetzbuchs angemeldeten bestellten Liquidatoren sind in das Stiftungsregister einzutragen, wenn diese ordnungsgemäß bestellt wurden. Mit den Liquidatoren ist auch deren Vertretungsmacht sowie wirksame Beschränkungen ihrer Vertretungsmacht nach § 87c Absatz 2 in Verbindung mit § 48 Absatz 2 und § 84 Absatz 3 des Bürgerlichen Gesetzbuchs einzutragen.

(4) Eine nach § 87d Absatz 3 des Bürgerlichen Gesetzbuchs angemeldete Änderung bei den Liquidatoren oder deren Vertretungsmacht ist in das Stiftungsregister einzutragen, wenn die zur Eintragung angemeldeten Änderungen wirksam sind.

(5) Die Beendigung der Stiftung ist in das Stiftungsregister einzutragen, wenn sie nach § 87d Absatz 4 des Bürgerlichen Gesetzbuchs von den Liquidatoren angemeldet wurde.

Begründung des Regierungsentwurfs

„§ 8 StiftRG-neu regelt die Eintragungen ins Stiftungsregister bei der Auflösung der Stiftung durch die Stiftungsorgane nach § 87 BGB-neu oder der Aufhebung der Stiftung nach § 87a BGB-neu sowie bei der Liquidation der Stiftung nach § 87c Absatz 2 BGB-neu. Diese Eintragungen setzen immer Anmeldungen nach § 87d BGB-neu voraus.[16] 59

Zu Absatz 1: *§ 8 Absatz 1 StiftRG-neu regelt die Voraussetzungen für die Eintragung der Auflösung oder Aufhebung der Stiftung.* 60

Zu Satz 1: *Die Auflösung der Stiftung durch die zuständigen Stiftungsorgane ist nach § 8 Absatz 1 Satz 1 StiftRG-neu von der Registerbehörde im Stiftungsregister einzutragen, wenn eine Anmeldung durch den Vorstand oder durch die Liquidatoren der Stiftung vorliegt, die den Anforderungen nach § 87d Absatz 1 oder 2 BGB-neu entspricht. Nach § 87d Absatz 2 BGB-neu ist der Anmeldung der Auflösung stets die Auflösungsentscheidung des zuständigen Stiftungsorgans und die Genehmigungsentscheidung der zuständigen Stiftungsbehörde nach § 87 Absatz 3 BGB-neu beizufügen. Die Registerbehörde prüft nur, ob eine Auflösungsentscheidung vorliegt und die erforderliche Genehmigung für die Auflösung erteilt wurde. Die Registerbehörde prüft nicht, ob die Voraussetzungen für die Auflösung nach § 87 Absatz 1 oder 2 BGB-neu vorlagen. Diese Prüfung führt schon die zuständige Stiftungsbehörde im Genehmigungsverfahren oder Aufhebungsverfahren durch. Die Registerbehörde soll die Prüfung der Stiftungsorgane und der Stiftungsbehörde nicht wiederholen, sondern sich auf deren Entscheidung verlassen können.* 61

---

15 BT-Ds. 19/28173, 94.

16 BT-Ds. 19/28173, 94.

62 *Zu Satz 2: Die Aufhebung der Stiftung durch die zuständige Stiftungsbehörde ist nach § 8 Absatz 1 Satz 2 StiftRG-neu unter den wesentlich gleichen Voraussetzungen einzutragen, wie die Auflösung. Die Registerbehörde prüft nur, ob die Anmeldung den Anforderungen des § 87d Absatz 1 und 2 BGB-neu entspricht und eine behördliche Aufhebungsentscheidung betreffend die Stiftung vorliegt, deren Aufhebung eingetragen werden soll. Die Registerbehörde überprüft nicht, ob die Voraussetzungen für die Aufhebung der Stiftung nach § 87a BGB-neu vorliegen.*

63 ***Zu Absatz 2:** § 8 Absatz 2 StiftRG-neu regelt, dass in den Fällen, in denen eine Liquidation nach § 87c Absatz 2 Satz 1 BGB-neu in Verbindung mit § 46 BGB nicht erforderlich ist, mit der Auflösung und Aufhebung der Stiftung auch deren Beendigung einzutragen ist. Mit der Eintragung der Beendigung kann das für die Stiftung geführte Registerblatt geschlossen werden.*

64 ***Zu Absatz 3:** § 8 Absatz 3 StiftRG-neu regelt die erforderlichen zusätzlichen Eintragung, wenn nach der Auflösung oder Aufhebung der Stiftung noch eine Liquidation der Stiftung erforderlich ist.*

65 ***Zu Satz 1:** Nach § 8 Absatz 3 Satz 1 StiftRG-neu sind, wenn nach der Auflösung oder Aufhebung der Stiftung noch deren Liquidation erforderlich ist, auch die mit der Auflösung oder Aufhebung angemeldeten Liquidatoren in das Stiftungsregister einzutragen. Dies gilt, sowohl in den Fällen, in denen nach § 87c Absatz 2 BGB-neu in Verbindung mit § 48 Absatz 2 BGB Vorstandsmitglieder zu Liquidatoren durch Gesetz zu Liquidatoren bestimmt wurden als auch in den Fällen, in denen andere Personen zu Liquidatoren bestellt wurden. Werden die Vorstandsmitglieder als Liquidatoren angemeldet muss die ordnungsgemäße Bestellung zum Vorstandsmitglied nicht noch einmal überprüft werden.*

66 ***Zu Satz 2:** Die bestellten Liquidatoren sind in das Stiftungsregister nach § 8 Absatz 3 Satz 2 StiftRG-neu einzutragen, wenn sie ordnungsgemäß bestellt wurden.*

67 ***Zu Satz 3:** Ebenso wie bei den Vorstandsmitgliedern sind nach § 8 Absatz 3 Satz 3 StiftRG-neu bei den Liquidatoren die Vertretungsmacht und etwaige Beschränkungen der Vertretungsmacht der Liquidatoren nach § 87c Absatz[17] 2 BGB-neu in Verbindung mit § 48 Absatz 2 BGB und § 84 Absatz 3 BGB-neu ins Stiftungsregister einzutragen. Die Angaben dazu müssen nach § 87d Absatz 2 Satz 2 BGB-neu in der Anmeldung enthalten sein und von der Registerbehörde anhand der Stiftungssatzung überprüft werden.*

68 ***Zu Absatz 4:** § 8 Absatz 4 StiftRG-neu regelt die Eintragungen von Änderungen bei den Liquidatoren und deren Vertretungsmacht. Diese sind nach § 87d Absatz 4 BGB-neu in Verbindung mit § 84d BGB-neu zum Stiftungsregister anzumelden. Die Änderungen sind in das Stiftungsregister einzutragen, wenn sie wirksam sind.*

69 ***Zu Absatz 5:** § 8 Absatz 5 StiftRG-neu regelt die Voraussetzungen für die Eintragung der Beendigung der Stiftung in das Stiftungsregister, bei Stiftungen, bei denen nach der Auflösung nach § 87 BGB oder der Aufhebung noch eine Liquidation erforderlich ist. Bei diesen Stiftungen ist die Beendigung einzutragen, wenn sie angemeldet wird und die Liquidation frühestens abgeschlossen sein kann, das heißt nach Beendigung des Sperrjahres nach § 87c Absatz 2 Satz 2 BGB-neu in Verbindung mit § 51 BGB. Mit der Eintragung der Beendigung wird auch hier das Registerblatt für die Stiftung geschlossen."*[18]

§ 9 Eintragungen bei Insolvenz der Stiftung

Die Tatsachen nach § 2 Nummer 12 bis 18 sind von Amts wegen durch die Registerbehörde in das Stiftungsregister einzutragen.

Begründung des Regierungsentwurfs

70 *„§ 9 StiftRG-neu regelt die Eintragungen bei Insolvenz der Stiftung. Im Zusammenhang mit der Insolvenz einer Stiftung sind neben der Auflösung der Stiftung nach § 87b BGB-neu auch alle Maß-*

17 BT-Ds. 19/28173, 95.
18 BT-Ds. 19/28173, 96.

nahmen und Entscheidungen im Rahmen des Insolvenzverfahren einzutragen, die Auswirkungen auf die Handlungsfähigkeit der Stiftung und ihrer Organe haben. Wie bei eingetragenen Vereinen erfolgen die Eintragungen zu einem gegen die Stiftung eingeleiteten Insolvenzverfahrens aufgrund von Mitteilungen des Insolvenzgerichts von Amts wegen."[19]

UNTERABSCHNITT 3 Verfahren bei Eintragungen und Löschungen und Festsetzung von Zwangsgeld

§ 10 Beteiligung der für die Stiftung zuständigen Behörden im Registerverfahren

(1) Die für die Anerkennung zuständige Behörde hat der Registerbehörde die Errichtung einer Stiftung mitzuteilen und in der Mitteilung folgende Angaben zu machen:

1. den Namen und den Sitz der Stiftung,

2. die ladungsfähige Anschrift der Stiftung und

3. die Vornamen und Namen der Vorstandsmitglieder der Stiftung.

Auf Verlangen der Registerbehörde hat die Behörde nach Satz 1 auch die ihr bekannten ladungsfähigen Anschriften der Vorstandsmitglieder der Stiftung mitzuteilen.

(2) Die Registerbehörde kann im Eintragungs- oder Löschungsverfahren zur Vermeidung unrichtiger Entscheidungen die Behörden anhören, die nach Landesrecht für die Anerkennung der Stiftung oder für die Aufsicht über die Stiftung zuständig sind.

(3) Die Registerbehörde teilt der für die Anerkennung der Stiftung zuständigen Landesbehörde mit, wenn eine Stiftung ins Stiftungsregister eingetragen wurde und wenn das Erlöschen oder die Beendigung der Stiftung in das Stiftungsregister eingetragen wurde.

Begründung

1. Regierungsentwurf

„In § 10 StiftRG-neu regelt die Mitwirkung der zuständigen Stiftungsbehörden im Verfahren über die Eintragungen und Löschungen im Stiftungsregister. 71

***Zu Absatz 1:** § 10 Absatz 1 Satz 1 StiftRG-neu regelt Mitteilungspflichten der für die Anerkennung der Stiftung zuständigen Stiftungsbehörde gegenüber der Registerbehörde, durch die gewährleistet werden soll, dass die Registerbehörde Kenntnis von der Errichtung einer Stiftung erlangt. Hinsichtlich der schon bestehenden Stiftungen sieht § 20 Absatz 3 StiftRG-neu eine vergleichbare Mitteilungspflicht der für die Anerkennung der Stiftungen zuständigen Landesstiftungsbehörden vor, damit die Registerbehörde auch sicherstellen kann, dass auch die schon bestehenden Stiftungen zum Stiftungsregister angemeldet werden.* 72

Die für die Anerkennung einer Stiftung zuständige Stiftungsbehörde hat der Registerbehörde mitzuteilen, wenn eine Stiftung durch ihre Anerkennung errichtet wurde. Dies soll gewährleisten, dass die Registerbehörde, von der Errichtung einer Stiftung Kenntnis erlangt und die Einhaltung der Anmeldepflichten nach § 82b Absatz 2 BGB--neu gewährleisten kann. Zu diesem Zweck muss die Mitteilung über die Errichtung einer Stiftung auch die Angaben zur Stiftung und ihrer Vorstandsmitglieder nach § 10 Absatz 1 Satz 1 Nummer 1 bis 3 StiftRG-neu enthalten. 73

***Zu Nummer 1:** In der Mitteilung über die Errichtung einer Stiftung haben die für die Anerkennung der Stiftung zuständigen Landesstiftungsbehörden nach § 10 Absatz 1 Nummer 1 StiftRG-neu den Namen und den Sitz der Stiftung mitzuteilen.* 74

19 BT-Ds. 19/28173, 96.

75 *Zu* ***Nummer 2:*** *Anzugeben ist in der Mitteilung über die Errichtung der Stiftung nach § 10 Absatz 1 Nummer 2 StiftRG-neu, eine ladungsfähige Anschrift der Stiftung.*[20]

76 ***Zu Nummer 3:*** *Nach § 10 Absatz 1 Nummer 3 StiftRG-neu muss die Mitteilung auch den Namen und Vornamen der Vorstandsmitglieder der Stiftung enthalten, da diese verpflichtet sind die Stiftung nach § 82b Absatz 2 BGB–neu zum Stiftungsregister anzumelden.*

77 ***Zu Satz 2:*** *Nach § 10 Absatz 1 Satz 2 StiftRG-neu hat die für die Anerkennung der Stiftung zuständige Behörde der Registerbehörde auf Verlangen auch die ihr bekannten Geburtsdaten und ladungsfähigen Privatanschriften der Vorstandsmitglieder mitzuteilen. Diese zusätzlichen Angaben darf die Registerbehörde nur verlangen, wenn die Stiftung nicht rechtzeitig angemeldet wird und die Stiftungsbehörde die Vorstandsmitglieder nicht unter der Anschrift der Stiftung erreichen kann. Die Daten dienen der Durchführung von Maßnahmen nach § 14 StiftRG-neu.*

78 ***Zu Absatz 2:*** *§ 10 Absatz 2 StiftRG-neu regelt, dass die nach Landesrecht zuständige Stiftungsbehörde im Verfahren über Eintragungen oder Löschungen im Register angehört werden kann. Die zuständige Stiftungsbehörde bestimmt sich nach der Art der Eintragung. Angehört werden sollen staatliche, aber auch kirchliche Stiftungsbehörden.*

79 ***Zu Absatz 3:*** *§ 10 Absatz 3 StiftRG-neu regelt Mitteilungspflichten der Registerbehörde gegenüber den für die Anerkennung der Stiftung zuständigen Stiftungsbehörden der Länder. Diesen Behörden hat die Registerbehörde mitzuteilen, dass die Stiftung in das Stiftungsregister eingetragen wurde. Mitzuteilen ist auch, wenn das Erlöschen der Stiftung oder die Beendigung der Stiftung in das Register eingetragen werden und das Registerblatt für die Stiftung geschlossen wird. Auf diese Weise erfährt die für die Anerkennung der Stiftung zuständige Landesbehörde, dass die Stiftung im Register eingetragen ist und sie das Register durch Nutzung des Abrufverfahren einsehen können, das für die Stiftungsbehörden kostenlos sein soll.*“[21]

2. Stellungnahme des Bundesrates

79a Der Bundesrat schlägt vor, in § 10 Abs. 1 S. 2 sowie § 20 Abs. 3 S. 3 StiftRG die Verpflichtung der für die Anerkennung der Stiftung zuständigen Behörde aufzunehmen, der Registerbehörde auch die ihr bekannten Vornamen, Namen und ladungsfähigen Anschriften der Vorstandsmitglieder mizuteilen.

79b *Begründung: Die Vornamen und Namen der aktuellen Vorstandsmitglieder sind auch den Stiftungsaufsichtsbehörden häufig nicht bekannt, da eine Kommunikation mit den Stiftungen in der Regel über die Verwaltungsanschrift erfolgt. Bei nicht der staatlichen Aufsicht unterstehenden Stiftungen liegen hierzu bei den Stiftungsaufsichtsbehörden außerdem schon mangels Mitteilungspflichten der Stiftungen regelmäßig keine korrekten und aktuellen Daten vor. Aber auch der Aufsicht unterstehende Stiftungen legen Beschlüsse über Vorstandswahlen nicht immer zeitnah und von sich aus vor. Zur Übermittlung von Vornamen und Namen der Vorstandsmitglieder können die Stiftungsaufsichtsbehörden – wie bei den ladungsfähigen Anschriften der Vorstandsmitglieder – daher nur verpflichtet sein, wenn ihnen diese bekannt sind.*

79c *Wie bei den ladungsfähigen Anschriften der Vorstandsmitglieder ist es außerdem ausreichend, wenn Vornamen und Namen der Vorstandsmitglieder auf Verlangen der Registerbehörde zu übermitteln sind. Die Prüfung, ob eine Stiftung ihrer Anmeldepflicht nachkommt, ist der Registerbehörde auch ohne Kenntnis der Vornamen und Namen der Vorstandsmitglieder möglich. Unterbleibt eine Anmeldung, kann zunächst unter der Verwaltungsanschrift an die Stiftung als solche herangetreten werden. Erst wenn auch dies erfolglos bleibt, ist es erforderlich, eine Aufforderung zur Anmeldung der Stiftung umittelbar an die Vorstandsmitglieder zu adressieren.*[22]

20 BT-Ds. 19/28173, 96.
21 BT-Ds. 19/28173, 97.
22 BT-Ds. 19/28173, 117.

3. Gegenäußerung der Bundesregierung

Die Bundesregierung stimmt den Vorschlägen des Bundesrates zu.[23] 79d

§ 11 Entscheidungen im Eintragungsverfahren

(1) Die Registerbehörde gibt der Anmeldung durch die Eintragung in das Stiftungsregister statt. Die Eintragung wird mit ihrem Vollzug im Register wirksam. Die Eintragung ist der Stiftung mitzuteilen.

(2) Ist eine Anmeldung zur Eintragung in das Stiftungsregister unvollständig oder steht der Eintragung ein anderes durch die Stiftung behebbares Hindernis entgegen, hat die Registerbehörde der Stiftung eine angemessene Frist zur Beseitigung des Hindernisses zu setzen.

(3) Die Entscheidung der Registerbehörde, durch die eine Eintragung abgelehnt wird, ergeht schriftlich.

(4) Die mit der Anmeldung eingereichten Dokumente werden von der Registerbehörde aufbewahrt.

(5) Absatz 1 Satz 2 und 3 ist auch für Eintragungen von Amts wegen anzuwenden. Dokumente, auf denen die Eintragungen nach Satz 1 beruhen, sind von der Registerbehörde aufzubewahren.

Begründung des Regierungsentwurfs

„§ 11 StiftRG-neu regelt wichtige Grundzüge des Eintragungsverfahrens sowie Form und Inhalt der Entscheidungen über die Anmeldungen sowie die Aufbewahrung der Dokumente, die Grundlage für die Eintragung im Stiftungsregister sind. Die Vorschrift orientiert sich an § 382 FamFG. 80

***Zu Absatz 1:** § 11 Absatz 1 StiftRG-neu regelt die einer Anmeldung stattgebende Entscheidung der Registerbehörde.* 81

***Zu Satz 1:** Nach § 11 Absatz 1 Satz 1 StiftRG-neu gibt die Registerbehörde der Anmeldung durch die Eintragung in das Stiftungsregister statt. Es wird nicht erst gegenüber der Stiftung über die Anmeldung entscheiden und dann die Eintragung im Stiftungsregister vollzogen, sondern aufgrund einer ordnungsgemäßen Eintragung direkt eingetragen. Das entspricht dem Verfahren beim Vereins- und Handelsregister.* 82

***Zu Satz 2:** § 11 Absatz 1 Satz 2 StiftRG-neu stellt klar, dass die Eintragung mit dem Vollzug im Register wirksam wird. Das entspricht der Regelung für das Vereinsregister in § 382 Absatz 1 FamFG. Sobald die Eintragung im Register vollzogen ist, gilt für die eingetragenen Tatsachen § 82d BGB-neu.* 83

***Zu Satz 3:** Nach § 11 Absatz 1 Satz 3 StiftRG-neu ist die Eintragung der Stiftung mitzuteilen, damit sie erfährt, dass über ihre Anmeldung entschieden wurde und die Eintragung im Stiftungsregister erfolgt ist.* 84

***Zu Absatz 2:** § 11 Absatz 2 StiftRG-neu verpflichtet die Registerbehörde im Registerverfahren zu Zwischenverfügungen, um auf vollständige und richtige Anmeldungen hinzuwirken. Die Vorschrift orientiert sich an § 382 Absatz 4 Satz 1*[24] *FamFG. Die Zwischenverfügung dient auch hier dem Zweck, der Stiftung die durch die Zurückweisung einer Anmeldung entstehenden Kosten sowie eine neue Anmeldung zu ersparen. Nach § 11 Absatz 2 StiftRG hat die Registerbehörde, wenn eine Anmeldung zur Eintragung ins Stiftungsregister unvollständig ist oder ihr ein anderes durch die Stiftung behebbares Hindernis entgegensteht, der Stiftung eine angemessene Frist zur Beseitigung des Hindernisses setzen. Voraussetzung für eine Zwischenverfügung ist ein durch die Stiftung behebbares Hindernis. Es kann ein Hindernis sein, dass die Stiftung allein oder mit Hilfe Dritter* 85

23 BT-Ds. 19/28173, 120.
24 BT-Ds. 19/28173, 97.

beheben kann. Die unvollständige Anmeldung ist ein wichtiges Beispiel für ein behebbares Hindernis. Liegt ein behebbares Hindernis vor, ist der Stiftung eine Frist zu setzen, um dieses Hindernis zu beseitigen. Welche Frist angemessen ist, hängt vom jeweiligen Einzelfall ab, insbesondere auch davon, ob die Stiftung das Hindernis einfach selbst beseitigen kann oder ob dabei Dritte mitwirken müssen. In der Regel sollte eine angemessene Frist jedoch mindestens einen Monat betragen.

86 ***Zu Absatz 3:*** *Nach § 11 Absatz 3 StiftRG-neu ergeht eine Entscheidung, durch die eine angemeldete Eintragung abgelehnt wird, schriftlich. Da es sich bei dieser ablehnenden Entscheidung um einen Verwaltungsakt im Sinne des § 35 des Verwaltungsverfahrensgesetzes (VwVfG) handelt, muss dieser nach § 39 Absatz 1 Satz 1 VwVfG immer auch begründet werden. Die ablehnende Entscheidung wird nach § 43 Absatz 1 Satz 1 VwVfG wirksam mit der Bekanntgabe an die Stiftung.*

87 ***Zu Absatz 4:*** *Nach § 11 Absatz 4 StiftRG-neu sind die mit der Anmeldung eingereichten Dokumente von der Registerbehörde aufzubewahren. Diese Dokumente, die die Grundlagen der Eintragungen bilden, können ebenso wie das Register nach § 15 StiftRG eingesehen werden.*

88 ***Absatz 5:*** *§ 11 Absatz 5 StiftRG-neu regelt das Verfahren bei Eintragungen von Amts wegen und die Aufbewahrung der Dokumente, die solchen Eintragungen zugrunde liegen.*

89 ***Zu Satz 1:*** *Nach § 11 Absatz 5 Satz 1 StiftRG-neu ist § 11 Absatz 1 Satz 1 Satz 2 und 3 für Eintragungen von Amts wegen entsprechend anzuwenden. Auch diese Eintragungen werden mit Vollzug im Register wirksam. Sie sind der Stiftung mit Blick auf ihre Wirkung nach § 82d BGB-neu mitzuteilen, so dass diese die Eintragungen kennt und auf ihre Richtigkeit prüfen kann.*

90 ***Zu Satz 2:*** *Nach § 11 Absatz 5 Satz 2 StiftRG-neu sind auch die Dokumente, die die Grundlage für Eintragungen von Amts wegen bilden, von der Registerbehörde aufzubewahren. Bei den Eintragungen nach § 9 StiftRG-neu sind dies die Mitteilungen des Insolvenzgerichts.“*[25]

§ 12 Löschung unzulässiger Eintragungen

(1) Ist eine Eintragung im Stiftungsregister wegen des Mangels einer wesentlichen Voraussetzung unzulässig, hat die Registerbehörde die Eintragung auf Antrag der Stiftung zu löschen.

(2) Die Entscheidung der Registerbehörde, durch die ein Antrag auf Löschung abgelehnt wird, ergeht schriftlich.

(3) Eintragungen nach Absatz 1 kann die Registerbehörde auch von Amts wegen löschen. Wenn die Registerbehörde beabsichtigt, eine Eintragung von Amts wegen zu löschen, hat sie die betroffene Stiftung von der beabsichtigten Löschung zu unterrichten und der Stiftung zugleich eine angemessene Frist zur Erhebung eines Einspruchs gegen die Löschung zu setzen. Erhebt die Stiftung fristgerecht Einspruch gegen die Löschung, darf die Eintragung nur gelöscht werden, wenn durch eine schriftliche Entscheidung der Registerbehörde der Einspruch der Stiftung zurückgewiesen und die Löschung verfügt wurde und diese Entscheidung unanfechtbar geworden ist.

(4) Die Löschung geschieht durch Eintragung eines Vermerks im Register. Der Stiftung ist die Löschung mitzuteilen.

Begründung des Regierungsentwurfs

91 *„§ 12 StiftRG-neu regelt die Löschung von Eintragungen im Stiftungsregister. Löschungen sind auf Antrag der Stiftung und auch von Amts wegen durch die Registerbehörde möglich, wenn die Löschungsvoraussetzungen nach § 12 Absatz 1 Satz 1 StiftRG-neu vorliegen. Nach § 12 StiftRG-neu können sowohl Eintragungen, die auf einer Anmeldung beruhen als auch Eintragungen, die von Amts wegen erfolgt sind, gelöscht werden. Löschung im Stiftungsregister bedeutet wie bei den anderen Registern mit Publizitätswirkung nicht die Entfernung von Eintragungen aus dem Register. Durch die Löschung werden Eintragungen im Stiftungsregister als bedeutungslos gekennzeichnet.*

25 BT-Ds. 19/28173, 98.

Eine Löschung ist letztlich nur eine speziell geregelte Form der Eintragung, die ihrerseits auch wieder gelöscht werden kann.

Zu Absatz 1: *§ 12 Absatz 1 StiftRG-neu regelt die Löschung von Eintragungen im Stiftungsregister auf Antrag der Stiftung. Eine Eintragung im Stiftungsregister, die wegen Mangels einer wesentlichen Voraussetzung unzulässig ist, hat die Registerbehörde auf Antrag der Stiftung zu löschen. Die Regelung orientiert sich an § 395 FamFG. Sie erfasst sowohl Eintragungen, die schon im Zeitpunkt der Eintragung unzulässig waren, als auch Eintragungen, die erst*[26] *nach der Eintragung unzulässig wurden. Eine Eintragung ist unzulässig, wenn sie erfolgt, ohne gesetzliche Erlaubnis oder trotz eines gesetzlichen Verbots oder ohne dass die vom Gesetz geforderten Voraussetzungen erfüllt sind. Die Löschung ist nur zulässig, wenn eine Eintragung wegen des Mangels einer wesentlichen Voraussetzung unzulässig ist. Das können bei Eintragungen im Stiftungsregister nur wesentliche sachliche Mängel der Eintragung sein. Richtige deklaratorische Eintragungen im Stiftungsregister können nicht wegen eines wesentlichen Verfahrensmangels bei der Eintragung gelöscht werden.* **92**

Zu Absatz 2: *Nach § 12 Absatz 2 StiftRG-neu hat die Entscheidung, durch die ein Antrag auf Löschung einer Eintragung im Stiftungsregister abgelehnt wird, schriftlich zu ergehen. Das entspricht der Regelung für die Ablehnung von Eintragungen in § 11 Absatz 3 StiftRG-neu. Gegen die Entscheidung kann die Stiftung eine Verpflichtungsklage bei dem zuständigen Verwaltungsgericht erheben.* **93**

Zu Absatz 3: *§ 12 Absatz 3 StiftRG-neu regelt, dass Löschungen auch von Amts wegen möglich sind, und sieht hierfür ein besonderes Verfahren vor, das dem für Amtslöschungen in Registerverfahren nach den §§ 393 ff. FamFG nachgebildet ist.* **94**

Zu Satz 1: *Nach § 12 Absatz 3 Satz 1 StiftRG-neu können Eintragungen im Stiftungsregister, die wegen des Mangels einer wesentlichen Voraussetzung unzulässig sind, von der Registerbehörde auch von Amts wegen gelöscht werden. Die Registerbehörde ist berechtigt, aber nicht verpflichtet, solche unzulässigen Eintragungen von Amts wegen zu löschen. Eine Amtslöschung ist wie beim Vereinsregister regelmäßig nur veranlasst, wenn das Fortbestehen der Eintragung Schädigungen Berechtigter zur Folge haben würde oder dem öffentlichen Interesse widerspricht. Bei unzulässigen Eintragungen, die auf Anmeldungen beruhen, ist vor Einleitung eines Amtslöschungsverfahrens zunächst darauf hinzuwirken, dass die Stiftung ihre Anmeldepflichten erfüllt. Nur wenn ein Zwangsgeldverfahren zur Durchsetzung der Anmeldepflichten ergebnislos durchgeführt oder aussichtlos erscheint, kommt auch bei solchen Eintragungen die Einleitung eines Amtslöschungsverfahrens in Betracht.* **95**

Zu Satz 2: *Nach § 12 Absatz 3 Satz 2 StiftRG-neu muss die Registerbehörde, die beabsichtigt, eine unzulässige Eintragung von Amts wegen zu löschen, die betroffene Stiftung von der beabsichtigten Löschung unterrichten und ihr eine angemessene Frist setzen, innerhalb derer sie Einspruch gegen die beabsichtigte Löschung erheben kann. Aus dieser Löschungsankündigung muss sich klar ergeben, welche Eintragungen aus welchen Gründen gelöscht werden sollen und dass die beabsichtigte Löschung erfolgen wird, wenn kein Einspruch erhoben wird oder die Stiftung durch ihren Einspruch die Zulässigkeit der Eintragung nicht nachweist. Die in der Löschungsankündigung gesetzte Einspruchsfrist muss angemessen sein. Diese Frist soll wie bei § 395 FamFG nicht nur dazu dienen, der Stiftung Gelegenheit zu geben, die Unzulässigkeit der Eintragung zu bestreiten, sondern ihr auch ermöglichen, die Löschung durch Behebung des Mangels abzuwenden. Wird innerhalb der gesetzten Frist kein Einspruch erhoben, kann die Registerbehörde die angekündigte Löschung verfügen und im Register vollziehen.* **96**

Zu Satz 3: *§ 12 Absatz 3 Satz 3 StiftRG-neu regelt das weitere Verfahren, wenn von der Stiftung Einspruch gegen die Löschung erhoben wurde. Nach § 12 Absatz 3 Satz 3 StiftRG-neu darf die Registerbehörde die Eintragung nur löschen, wenn sie den Einspruch zurückgewiesen hat und ihre Entscheidung über die Zurückweisung des Einspruchs unanfechtbar geworden ist. Die Entscheidung, mit der der Einspruch zurückgewiesen wird, bedarf der Schriftform.* **97**

---

26 BT-Ds. 19/28173, 98.

98 *__Zu Absatz 4:__ § 12 Absatz 4 Satz 1 StiftRG-neu regelt, wie die Löschung im Stiftungsregister vollzogen wird und die Unterrichtung der betroffenen Stiftung über die Löschung.*[27]

99 *__Zu Satz 1:__ Nach § 12 Absatz 4 Satz 1 StiftRG-neu wird die zu löschende Eintragung nicht aus dem Register entfernt, sondern es wird ein Löschungsvermerk zu der Eintragung hinzugefügt. Die näheren Einzelheiten dazu werden in der Verordnung nach § 19 StiftRG-neu geregelt werden.*

100 *__Zu Satz 2:__ Da auch die Löschung eine besondere Form der Eintragung ist, sind die Stiftungen auch über jede sie betreffende Löschung im Register nach § 12 Absatz 4 Satz 2 StiftRG-neu zu unterrichten."*[28]

§ 13 Aussetzung des Verfahrens

Die Registerbehörde kann ein Verfahren über eine Eintragung oder eine Löschung im Stiftungsregister aus wichtigem Grund aussetzen, insbesondere wenn die Entscheidung ganz oder zum Teil von einer Entscheidung der für die Stiftung zuständigen Behörde abhängt, die den Gegenstand eines anderen anhängigen Verfahrens bildet.

Begründung des Regierungsentwurfs

101 *„§ 13 StiftRG-neu regelt die Möglichkeit der Aussetzung eines Eintragungs- oder Löschungsverfahrens aus wichtigem Grund. Ein wichtiger Grund liegt insbesondere vor, wenn die Entscheidung der Registerbehörde von einer Entscheidung der für die Stiftung zuständigen Behörde abhängt, die Gegenstand eines anderen anhängigen Verfahrens ist. Entscheidungen der zuständigen Stiftungsbehörden bilden die Voraussetzung für zahlreiche Eintragungen ins Stiftungsregister. Wenn solche für die Eintragung erhebliche Entscheidungen angefochten wurden, besteht die Gefahr, dass die Grundlagen für die Eintragungen entfallen. In diesen Fällen ist es zweckmäßig, wenn die Registerbehörde das Eintragungsverfahren aussetzen kann, bis das zuständige Gericht über die Entscheidung der Stiftungsbehörde entschieden hat."*[29]

§ 14 Zwangsgeld

(1) Die Registerbehörde kann die Mitglieder des Vorstands, die Pflichten zur Anmeldung oder zur Einreichung von Dokumenten zum Stiftungsregister nach § 82b Absatz 2, den §§ 84d, 85b, 86i oder 87d Absatz 1 und 3 des Bürgerlichen Gesetzbuchs nicht oder nur ungenügend erfüllen, durch Zwangsgeld zur Erfüllung ihrer Pflichten anhalten. In gleicher Weise können die Liquidatoren zur Erfüllung ihrer Pflichten nach § 87d Absatz 2 bis 4 des Bürgerlichen Gesetzbuchs angehalten werden.

(2) Vor der Festsetzung eines Zwangsgelds hat die Registerbehörde den Mitgliedern des Vorstands oder den Liquidatoren schriftlich unter Androhung des Zwangsgelds aufzugeben, innerhalb einer angemessenen Frist ihre Pflichten zu erfüllen. Werden die Pflichten innerhalb dieser Frist nicht erfüllt, so setzt die Registerbehörde das angedrohte Zwangsgeld fest.

(3) Die Androhung oder Festsetzung eines weiteren Zwangsgelds zur Durchsetzung derselben Pflichten ist erst dann zulässig, wenn das festgesetzte Zwangsgeld erfolglos war.

(4) Das einzelne Zwangsgeld darf den Betrag von eintausend Euro nicht übersteigen.

(5) Für die Androhung und die Festsetzung des Zwangsgeldes gilt im Übrigen das Verwaltungsvollstreckungsgesetz entsprechend.

---

27 BT-Ds. 19/28173, 99.

28 BT-Ds. 19/28173, 100.

29 BT-Ds. 19/28173, 100.

Begründung des Regierungsentwurfs

„Wenn Stiftungsvorstände oder Liquidatoren die jeweiligen Anmelde- und Vorlagepflichten nach den §§ 82b, 84d, 85c, 86i und 87d BGB-neu nicht oder nicht rechtzeitig erfüllen, soll ein Zwangsgeld angedroht und festgesetzt werden können, um die Vorstandsmitglieder und Liquidatoren zur Pflichterfüllung anzuhalten. § 14 StiftRG-neu regelt die Voraussetzungen für die Festsetzung des Zwangsgelds und das Zwangsgeldverfahren. 102

Zu Absatz 1: *§ 14 Absatz 1 StiftRG-neu regelt die inhaltlichen Voraussetzungen für die Androhung und Festsetzung von Zwangsgeld gegenüber den Vorstandsmitgliedern und Liquidatoren.* 103

Zu Satz 1: *Nach § 14 Absatz 1 Satz 1 StiftRG-neu kann die Registerbehörde Mitglieder des Vorstands, die einer Pflicht zur Anmeldung zum Stiftungsregister oder zur Einreichung von Dokumenten zum Stiftungsregister nach den §§ 82b, 84d, 85c, 86i und 87d BGB-neu nicht nachkommen, durch Festsetzung eines Zwangsgelds zur Erfüllung ihrer Pflichten anhalten. Die Regelung ist § 78 BGB nachgebildet, der auch zur Durchsetzung der Registerpflichten der Mitglieder von Vereinsvorständen die Festsetzung von Zwangsgeld vorsieht.* 104

Zu Satz 2: *Nach § 14 Absatz 1 Satz 2 StiftRG-neu können auch die Liquidatoren zur Erfüllung ihrer Pflichten nach § 87d BGB-neu durch die Festsetzung eines Zwangsgelds angehalten werden.* 105

Zu Absatz 2: *Nach § 14 Absatz 2 StiftRG-neu regelt verfahrensmäßige Voraussetzungen für die wirksame Zwangsgeldfestsetzung.* 106

Zu Satz 1: *Ein Zwangsgeld kann nach § 14 Absatz 2 Satz 1 StiftRG-neu nur festgesetzt werden, wenn zuvor den pflichtwidrig handelnden Vorstandsmitgliedern oder Liquidatoren unter Androhung des Zwangsgelds aufgegeben wurde, innerhalb einer angemessenen Frist ihren Pflichten nachzukommen. Aus der Zwangsgeldandrohung muss sich ergeben, welche Pflichten innerhalb der gesetzten angemessenen Frist zu erfüllen sind. Welche Frist angemessen ist, bestimmt sich nach den Umständen des Einzelfalls. Die Länge der Frist muss so bemessen werden, dass die verpflichteten Vorstandsmitglieder oder Liquidatoren die Registerpflichten, die Gegenstand des Zwangsgeldverfahren sind, zumutbar innerhalb der Frist erfüllen können.*[30] 107

Zu Satz 2: *Nach § 14 Absatz 2 Satz 2 StiftRG-neu ist das angedrohte Zwangsgeld festzusetzen, wenn die Pflichten innerhalb der nach § 14 Absatz 2 Satz 1 StiftRG-neu gesetzten Frist nicht erfüllt werden. Festgesetzt werden darf das Zwangsgeld nur in der Höhe, in der es angedroht wurde.* 108

Zu Absatz 3: *§ 14 Absatz 3 StiftRG-neu stellt klar, dass zur Erfüllung einer Registerpflicht auch mehrmals Zwangsgelder angedroht und festgesetzt werden können. Allerdings setzt die Androhung eines weiteren Zwangsgelds immer voraus, dass die Festsetzung des vorangegangenen Zwangsgelds erfolglos geblieben ist, das heißt. die Vorstandsmitglieder oder Liquidatoren durch das festgesetzte Zwangsgeld nicht dazu bewegt werden konnten, die Registerpflicht zu erfüllen.* 109

Zu Absatz 4: *§ 14 Absatz 4 StiftRG-neu regelt den Höchstbetrag für ein Zwangsgeld. Ein einzelnes Zwangsgeld darf den Betrag von 1 000 Euro nicht übersteigen. Die Obergrenze für das Zwangsgeld gilt bezogen auf eine Pflicht. Werden innerhalb eines Verfahrens mehrere Registerpflichten verletzt, kann für jede Verletzung einer Pflicht ein Zwangsgeld in Höhe von bis zu 1 000 Euro festgesetzt werden.* 110

Zu Absatz 5: *§ 14 Absatz 5 SiftRG-neu erklärt für die Androhung und die Festsetzung des Zwangsgeldes im Übrigen das Verwaltungsvollstreckungsgesetz für entsprechend anwendbar, welches in den §§ 13 ff. Regelungen zu Zwangsmitteln enthält.“*[31] 111

30 BT-Ds. 19/28173, 100.
31 BT-Ds. 19/28173, 101.

ABSCHNITT 2 **Einsicht in das Register**

§ 15 Einsichtnahme in das Register
Die Einsichtnahme in das Stiftungsregister ist jedermann gestattet. Dasselbe gilt für die Einsicht in die zum Stiftungsregister eingereichten Dokumente, falls der Zugang zu den Dokumenten nicht aufgrund eines berechtigten Interesses der Stiftung oder Dritter beschränkt oder ausgeschlossen wurde. Von den Eintragungen und den eingereichten Dokumenten kann, soweit sie zugänglich sind, ein Ausdruck verlangt werden; auf Verlangen ist ein amtlicher Ausdruck zu erstellen.

Begründung

1. Regierungsentwurf

112 *„§ 15 StiftRG-neu regelt den Zugang zum Register und den zum Register eingereichten Dokumenten. Die Vorschrift entspricht im Wesentlichen § 79 Absatz 1 BGB, der die Einsicht ins Vereinsregister regelt. Die näheren Einzelheiten zur Registereinsicht sollen durch die Rechtsverordnung in § 19 StiftRG-neu geregelt werden.*

113 ***Zu Satz 1:*** *Nach § 15 Satz 1 StiftRG-neu ist die Einsichtnahme in das Stiftungsregister jedermann gestattet, ohne dass es hierfür der Darlegung eines besonderen Interesses bedarf.*

114 ***Zu Satz 2:*** *Für die Einsichtnahme in die zum Stiftungsregister eingereichten Dokumente soll gemäß § 15 Satz 2 StiftRG-neu grundsätzlich dasselbe gelten wie für die Einsichtnahme in das Stiftungsregister. Die Einsichtnahme in zum Stiftungsregister eingereichte Dokumente kann aber soweit ausgeschlossen werden, als ein berechtigtes Interesse der Stiftung oder eines Dritten besteht, bestimmte Dokumente oder Inhalte von Dokumenten nicht offenzulegen, zum Beispiel personenbezogene Daten von Destinatären oder Stiftern oder Regelungen zur Vermögensverwaltung. Dann werden die Dokumente nicht oder nur so in den Registerordner eingestellt, dass bestimmte Inhalte unkenntlich gemacht sind.*

115 ***Satz 3:*** *§ 15 Satz 3 StiftRG-neu regelt, dass ein Ausdruck von Eintragungen im Stiftungsregister oder von den zum Stiftungsregister eingereichten Dokumenten verlangt werden kann, soweit sie zugänglich sind. Es können einfache Ausdrucke oder amtliche Ausdrucke erstellt werden. Auch hierzu werden die näheren Einzelheiten durch die Rechtsverordnung nach § 19 StiftRG-neu geregelt.“*[32]

2. Stellungnahme des Bundesrates

115a Der Bundesrat schlägt vor, § 15 Satz 2 StiftRG wie folgt zu fassen: *„Dasselbe gilt für die Einsicht in die zum Stiftungsregister eingereichten Dokumente, falls der Antragsteller ein berechtigtes Interesse geltend macht und das Interesse der Stiftung oder anderer betroffener Dritter an der Offenlegung der Dokumente nicht überwiegt.“*

115b *Begründung: § 15 enthält einen völligen Paradigmenwechsel zur Öffentlichkeit der Satzungen. Satzungen und deren Änderungen sind bisher in die Stiftungsverzeichnisse nicht einzutragen und utnerliegen nicht der öffentlichen*[33] *Einsichtnahme. Die Zulässigkeit der verpflichtenden Offenlegung erscheint datenschutzrechtlich fragwürdig, denn für den öffentlichen Glauben ist relevant, ob es die Stiftung gibt und wer sie nach außen verbindlich vertreten darf. Der Inhalt der Satzung im Einzelnen ist für Dritte zur Sicherheit im Rechtsverkehr nicht relevant, weil sich für Dritte daraus keine Ansprüche gegen die Stiftung ableiten lassen. Selbst wenn interne Abstimmungsprozesse*

---

32 BT-Ds. 19/28173, 101.
33 BT-Ds. 19/28173, 117.

nicht eingehalten wurden, kann dies einem Außenstehenden im Rechtsverkehr nicht entgegengehalten werden, wenn die Personen gehandelt haben, die dazu nach Registereintrag berechtigt waren.

Die Satzung und ihre Änderungen sollten nicht jedermann zugänglich gemacht werden. Ansonsten würden insbesondere mittelbar das Stiftungsgeschäft, weil die Satzungen oftmals entsprechende Passagen enthalten, und die Satzung öffentlich. **115c**

Hier muss sichergestellt werden, dass nur „Befugte" die Unterlagen erhalten, denn viele Stifter haben sich darauf verlassen, dass ihre Unterlagen der besonderen Geheimhaltung unterliegen. **115d**

Eine Veröffentlichung würde in die grundrechtlich geschützte Sphäre der Stiftung und Dritter eingreifen. Bei anderen Urkunden des öffentlichen Glaubens, (zum Beispiel Grundbüchern) muss ein berechtigtes Interesse glaubhaft gemacht werden. Insbesondere wegen der detaillierten Veröffentlichungen auch zum Stand von Insolvenzverfahren ist fraglich, ob dieses Maß an Öffentlichkeit interner Prozesse notwendig ist. Dies kann, insbesondere wenn es zu einer Rettung der Stiftung kommt oder die Reststiftung in einer anderen Stiftung aufgeht, zu einer längerfristig nachwirkenden Rufschädigung führen. **115e**

Wenn ein unbeschränktes Einsichtsrecht für die Allgemeinheit geschaffen werden soll, müsste der Inhalt des Registers überprüft oder eine Aufgliederung in einen öffentlichen und einen nur behördlich zugänglichen Teil in Betracht gezogen werden.[34] **115f**

3. Gegenäußerung des Bundesegierung

Die Bundesregierung stimmt dem Vorschlag des Bundesrates nicht zu. **115g**

Für Stiftungen soll grundsätzlich nichts Anderes gelten als für Gesellschaften und Vereine. Auch im Handelsregister und im Vereinsregister ist nicht nur der Registerinhalt, sondern sind auch die Dokumente, die die Grundlagen für die Eintragungen in den Registern bilden, für jedermann zugänglich. Stiftungen müssen bei ihrer Anmeldung in das Stiftungsregister nicht das Stiftungsgeschäft, sondern nur die Stiftungssatzung vorlegen. Besonderheiten bei Stiftungen wird dadurch Rechnung getragen, dass der Zugang zu einzelnen Dokumenten nach § 15 Satz 1 StiftRG-neu beschränkt oder ausgeschlossen werden kann, wenn ein berechtigtes Interesse der Stiftung oder Dritter besteht. Da ein automatisierter Datenabruf und keine Einzelfallprüfung vorgesehen ist, ist der Vorschlag technisch nur mit erheblichem Aufwand umetzbar.[35] **115h**

§ 16 Automatisierter Abruf von Daten aus dem Register

Die Einrichtung eines automatisierten Verfahrens, das die Übermittlung von Daten aus dem Stiftungsregister durch Abruf ermöglicht, ist zulässig, wenn sichergestellt ist, dass

1. **beim Abruf der Daten die zulässige Einsichtnahme nach § 15 nicht überschritten wird und**
2. **die Zulässigkeit der Abrufe auf der Grundlage von Protokollierungen überprüft werden kann.**

Begründung des Regierungsentwurfs

„Nach § 16 StiftRG-neu kann durch Rechtsverordnung nach § 19 StiftRG-neu ein Abrufverfahren vorgesehen werden, durch das die Einsicht ins Stiftungsregister gewährt wird und über das auch Ausdrucke aus dem Register angefordert oder übermittelt werden können."[36] **116**

34 BT.-Ds. 19/28173, 118.
35 BT.-Ds. 19/28173, 120.
36 BT-Ds. 19/28173, 101.

§ 17 Anwendung der Verordnung (EU) 2016/679

(1) Die Rechte nach Artikel 15 der Verordnung (EU) 2016/679 des Europäischen Parlaments und des Rates vom 27. April 2016 zum Schutz natürlicher Personen bei der Verarbeitung personenbezogener Daten, zum freien Datenverkehr und zur Aufhebung der Richtlinie 95/46/EG (Datenschutz-Grundverordnung) (ABl. L 119 vom 4.5.2016, S. 1; L 314 vom 22.11.2016, S. 72; L 127 vom 23.5.2018, S. 2) werden durch Einsicht in das Stiftungsregister nach den §§ 15 und 16 gewährt. Die Registerbehörde ist nicht verpflichtet, Personen, deren personenbezogene Daten im Stiftungsregister oder in den Registerakten gespeichert sind, über die Offenlegung dieser Daten gegenüber Dritten Auskunft zu erteilen.

(2) Das Recht auf Berichtigung nach Artikel 16 der Verordnung (EU) 2016/679 kann für personenbezogene Daten, die im Stiftungsregister oder in den Registerakten gespeichert sind, nur unter den Voraussetzungen und in dem Verfahren ausgeübt werden, die für eine Löschung oder Berichtigung nach diesem Gesetz sowie der Verordnung, die aufgrund des § 19 erlassen wurde, geregelt sind.

(3) Das Widerspruchsrecht nach Artikel 21 der Verordnung (EU) 2016/679 ist auf personenbezogene Daten, die im Stiftungsregister und in den Registerakten gespeichert sind, nicht anzuwenden.

Begründung des Regierungsentwurfs

117 *„§ 17 StiftRG-neu entspricht der Regelung für Vereine in § 79a BGB. Dieselben Beschränkungen, die für die Handels-, Genossenschafts-, Partnerschafts- und Vereinsregister getroffen wurden, sind auch für das neue Stiftungsregister zum Schutz sonstiger wichtiger Ziele des allgemeinen öffentlichen Interesses gemäß Artikel 23 Absatz 1 Buchstabe e der Datenschutz-Grundverordnung (DSGVO) erforderlich. Das Register soll der verlässlichen Information über rechtfähige Stiftungen des bürgerlichen Rechts und über die Personen dienen, die die Stiftungen im Rechtsverkehr organschaftlich vertreten können. Der Erwägungsgrund 73 DGSVO nennt im Zusammenhang mit möglichen Beschränkungen ausdrücklich das Führen öffentlicher Register als allgemeines öffentliches Interesse im Sinne des Artikels 23 Absatz 1 Buchstabe e DSGVO. Die vorgesehenen Beschränkungen achten den Wesensgehalt der Grundrechte und Grundfreiheiten und stellen eine in einer demokratischen Gesellschaft notwendige und verhältnismäßige Maßnahme im Sinne des Artikels 23 Absatz 1 DSGVO dar. Sie führen zu einem angemessenen Ausgleich zwischen dem Interesse der Allgemeinheit an einem sicheren und leichten Rechtsverkehr und dem Recht des Einzelnen auf Schutz seiner personenbezogenen Daten. Dabei ist zu berücksichtigen, dass bereits bei der Erhebung der Daten für das Stiftungsregister der Grundsatz der Datensparsamkeit beachtet werden soll. Personenbezogene Daten sollen nur über die Personen erhoben und im Stiftungsregister gespeichert werden, die aufgrund ihrer Organstellung zur Vertretung der Stiftung berechtigt sind. Erhoben werden nur der Vorname, Name, das Geburtsdatum und der Wohnort der vertretungsberechtigten Personen.*

118 ***Zu Absatz 1:*** *§ 17 Absatz 1 StiftRG-neu regelt, wie das Auskunftsrecht der betroffenen Person nach Artikel 15 DSGV beim Stiftungsregister gewährleistet werden soll.*

119 ***Zu Satz 1:*** *Nach § 17 Absatz 1 Satz 1 StiftRG-neu werden beim Stiftungsregister die Rechte nach Artikel 15 DSGVO durch die Einsicht in das Stiftungsregister und die dazu geführten Registerakten nach den §§ 15 und 16 StiftRG-neu gewährt. Eine andere Erfüllung des Auskunftsrechts nach Artikel 15 Absatz 1 DSGVO ist mit Blick auf den Aufbau und die Führung des Registers und die Kosten für den Aufbau des Registers mit vertretbarem Aufwand nicht möglich.*

120 *Den von den künftigen Eintragungen im Stiftungsregister betroffenen Personen, werden die Eintragungen bekannt sein, da sie regelmäßig selbst den Antrag zur Eintragung stellen oder an der Antragstellung mitwirken werden. Die betroffenen Personen werden dann auch wissen, wo im Stiftungsregister ihre Daten zu finden sind, so dass sie sich jederzeit einfach und schnell durch die Einsicht ins Stiftungsregister oder den Abruf der Registerdaten nach dem in § 16 StiftRG-neu*

vorgesehenen automatisierten Abrufverfahren über die zu ihnen gespeicherten personenbezogenen Daten informieren können.

Zu Satz 2: *Nach § 17 Absatz 1 Satz 2 StiftRG-neu, der inhaltlich den Vorschriften für das Vereins- und Handelsregister in § 79a Absatz 1 Satz 2 BGB und § 11a HGB entspricht, wird klargestellt, dass die Registerbehörde nicht verpflichtet ist, Personen, deren personenbezogene Daten im Register oder den Registerakten gespeichert sind, Auskunft darüber zu erteilen, wem die Daten offengelegt wurden. Das ist von den registerrechtlichen Einsichts- und Abrufrechten nicht umfasst, auf die das Recht aus Artikel 15 DSGVO beschränkt werden soll. Das Stiftungsregister und die Registerakten sollen nach den §§ 15 und 16 StiftRG-neu für jedermann einsehbar oder abrufbar sein, ohne dass in jedem Fall eine Registrierung der Nutzer stattfinden muss.* **121**

Zu Absatz 2: *Das Recht der betroffenen Person auf Berichtigung ihrer personenbezogenen Daten nach Artikel 16 DSGVO soll nach den Vorschriften des Stiftungsregistergesetzes oder der Rechtsverordnung nach § 19 StiftRG-neu gewährt werden. Die Berichtigung des Stiftungsregisters soll wie beim Vereins- und Handelsregister nur im registerrechtlichen Verfahren möglich sein, wenn die Voraussetzungen des § 12 StiftRG-neu für eine Löschung vorliegen. Die materiell-rechtliche Publizitätswirkung schließt ein Löschen im Sinne einer Unkenntlichmachung von Daten aus. Ein Recht auf Löschung nach Artikel 17 Absatz 1 DSGVO besteht nicht, da die Ausschlusstatbestände nach Artikel 17 Absatz 3 Buchstabe b und e DSGVO vorliegen. Das Stiftungsregister kann seinen Zweck nur erfüllen,*[37] *wenn dauerhaft daraus ersichtlich ist, über welchen Zeitraum welche Eintragungen im Register veröffentlicht waren, auf die der Rechtsverkehr vertrauen konnte, unabhängig davon, ob sie richtig oder unrichtig waren. Dasselbe gilt für die Registerakten, in denen die Dokumente enthalten sind, die die Grundlagen für die Eintragungen ins Stiftungsregister bilden.* **122**

Zu Absatz 3: *Für Eintragungen im Stiftungsregister soll der Grundsatz der Erhaltung der Eintragung gelten, der den Kern des materiell-rechtlichen Publizitätsprinzips bildet. Es würde dem Kern des Grundsatzes der Publizitätswirkung widersprechen, wenn Eintragungen über einen längeren Zeitraum nicht einsehbar sind. Deshalb soll durch § 17 Absatz 3 StiftRG-neu auf Grundlage des Artikels 23 Absatz 1 Buchstabe e DSGVO auch für das Stiftungsregister der Widerspruch gemäß Artikel 21 DSGVO ausgeschlossen werden, da dieser zu einer Einschränkung der Verarbeitung von Registerdaten führen könnte. Auch insoweit bleibt es bei den registerrechtlichen Vorschriften über die Löschung und Berichtigung.“*[38] **123**

ABSCHNITT 3 Verwaltungsrechtsweg, Ausschluss des Widerspruchsverfahrens, Verordnungsermächtigung und Übergangsregelungen

§ 18 Verwaltungsrechtsweg und Ausschluss des Widerspruchsverfahrens

(1) Für Streitigkeiten in Angelegenheiten des Stiftungsregisters ist der Verwaltungsrechtsweg gegeben.

(2) Gegen Entscheidungen der Registerbehörde findet ein Widerspruchsverfahren nicht statt.

Begründung des Regierungsentwurfs

„§ 18 Absatz 1 StiftRG-neu enthält eine ausdrückliche Klarstellung zum Verwaltungsrechtsweg gegen Entscheidungen der Registerbehörde und § 18 Absatz 2 StiftRG-neu bestimmt, dass gegen Entscheidungen der Registerbehörde kein Widerspruchsverfahren stattfindet. **124**

Zu Absatz 1: *§ 18 Absatz 1 StiftRG-neu stellt klar, dass für Streitigkeiten im Zusammenhang mit den Entscheidungen der Registerbehörde der Verwaltungsrechtsweg gegeben ist. Diese Rechts-* **125**

37 BT-Ds. 19/28173, 102.
38 BT-Ds. 19/28173, 103.

wegzuständigkeit ergibt sich bereits aus § 40 Absatz 1 Satz 1 Halbsatz 1 der Verwaltungsgerichtsordnung (VwGO). Entscheidungen der Registerbehörde im Rahmen der Stiftungsaufsicht sind öffentlich-rechtlicher Natur. Bei Streitigkeiten über Entscheidungen der Registerbehörde handelt es sich demnach um öffentlich-rechtliche Streitigkeiten nichtverfassungsrechtlicher Art, die dieser „verwaltungsprozessualen Generalklausel" unterfallen. Insbesondere ergibt sich eine Zuständigkeit der Gerichte der ordentlichen Gerichtsbarkeit nicht etwa aus der Regelung des § 23 Absatz 1 Satz 1 des Einführungsgesetzes zum Gerichtsverfassungsgesetz (EGGVG). Die Entscheidungen des Bundesamts für Justiz als Registerbehörde fallen nicht in den Anwendungsbereich des § 23 Absatz 1 Satz 1 EGGVG. § 23 EGGVG ist als Ausnahmevorschrift von § 40 Absatz 1 Satz 1 Halbsatz 1 VwGO eng auszulegen. Nur solche Maßnahmen sollen nach § 23 EGGVG durch die ordentlichen Gerichte überprüft werden, für deren Nachprüfung besondere zivilrechtliche Kenntnisse erforderlich sind. Dies ist bei der Überprüfung der Entscheidungen des Registergerichts nicht der Fall. Die örtliche Zuständigkeit des Verwaltungsgerichts richtet sich nach § 52 Nummer 2 Satz 1 und 2 VwGO.

126 ***Zu Absatz 2:*** *Nach § 18 Absatz 2 StiftRG-neu sollen gegen die Entscheidungen des Bundesamts für Justiz als Registerbehörde im Rahmen der Führung des Stiftungsregisters, insbesondere Entscheidungen im Rahmen von Eintragungs-, Löschungs- und Zwangsgeldverfahren keine Widerspruchsverfahren nach den §§ 68 ff. der Verwaltungsgerichtordnung stattfinden. In Registersachen soll schnell entschieden werden, um zu gewährleisten, dass der Inhalt des Stiftungsregisters richtig und aktuell ist. Deshalb soll auf ein Widerspruchsverfahren verzichtet werden."*[39]

§ 19 Verordnungsermächtigung

Das Bundesministerium der Justiz und für Verbraucherschutz kann durch Rechtsverordnung nähere Bestimmungen zur Einrichtung, insbesondere der technischen Ausgestaltung, und zur Führung des Stiftungsregisters, zu den Anmeldungen zum Stiftungsregister und zur Auskunft aus dem Stiftungsregister regeln, insbesondere über

1. **das Verfahren bei Anmeldungen und Eintragungen sowie der Berichtigung und Löschung von Eintragungen,**
2. **die Führung der Registerakten,**
3. **die Einzelheiten der Datenspeicherung und Datensicherheit,**
4. **das Verfahren zur Einsichtnahme in das Register und in die Registerakten, einschließlich Regelungen zur Beschränkung oder zum Ausschluss der Einsicht in die zum Stiftungsregister eingereichten Dokumente,**
5. **die Einzelheiten des Verfahrens zum automatisierten Abrufs von Registerdaten und**
6. **die Anforderungen für die Anmeldung von Stiftungen, die vor dem 1. Januar 1900 errichtet wurden, und die die Voraussetzungen nach § 4 Satz 1 Nummer 1 oder Nummer 2 nicht erfüllen können.**

Begründung des Regierungsentwurfs

127 *„§ 19 StiftRG-neu ermächtigt das Bundesministerium der Justiz und Verbraucherschutz durch Rechtsverordnung nähere Bestimmungen zur Errichtung und Führung des Stiftungsregisters und zur Auskunft aus dem Stiftungsregister zu regeln. Beispielhaft wird in dem nicht abschließenden Katalog in § 19 Nummer 1 bis 6 StiftRG-neu aufgeführt, was in der Rechtsverordnung noch ergänzend geregelt werden soll. Mit Blick auf die Verordnungsermächtigung in § 19 StiftRG kann das Stiftungsregistergesetz auf die grundlegenden Regelungen zum Register und seiner Führung sowie zur Einsichtnahme in das Register beschränkt werden. Auch beim Vereinsregister werden die gesetzlichen Regelungen zur Registerführung und Einsichtnahme in das Register in den §§ 55 ff. BGB und den §§ 378 ff. FamFG durch die Vereinsregisterverordnung ergänzt.*

39 BT-Ds. 19/28173, 103.

Die Verordnungsermächtigung sieht nicht vor, dass Gebühren für das Stiftungsregister erhoben werden können, da dies bereits auf der Grundlage des § 22 Absatz 4 BGebG möglich ist.[40] 128

***Zu Nummer 1:** § 19 Nummer 1 StiftRG-neu stellt klar, dass von der Verordnungsermächtigung auch nähere Regelungen zum Eintragungs- und Löschungsverfahren sowie zu Anmeldungen geregelt werden können. Dies erfasst unter anderem auch die Einführung eines Berichtigungsverfahrens oder bestimmte Anforderungen an die Dokumentenqualität bei elektronischen Anmeldungen.* 129

***Zu Nummer 2:** Durch die Rechtsverordnung können nach § 19 Nummer 2 StiftRG-neu auch die Führung der Registerakten geregelt werden.* 130

***Zu Nummer 3:** Nach § 19 Nummer 3 StiftRG-neu können in der Rechtsverordnung auch Regelungen zur Datenspeicherung und Datensicherheit hinsichtlich des Registers und der Registerakten getroffen werden. Dies schließt Löschfristen bezüglich der Daten ein, die nicht dauerhaft gespeichert werden müssen.* 131

***Zu Nummer 4:** Nach § 19 Nummer 4 StiftRG-neu kann durch Rechtsverordnung auch die Einsichtnahme in das Register und die Registerakten näher geregelt werden.* 132

***Zu Nummer 5:** Nach § 19 Nummer 5 können auch die Regelungen für ein Verfahren zum automatisierten Abruf von Registerdaten geregelt werden.* 133

***Zu Nummer 6:** Nach § 19 Nummer 6 StiftRG-neu können Eintragungsvoraussetzungen für die Altstiftungen, die vor dem 1. Januar 1900 errichtet wurden geregelt werden, und deren Verfassung noch nicht angepasst wurde, um insoweit eine einheitliche Eintragungspraxis zu gewährleisten.“*[41] 134

§ 20 Übergangsregelungen

(1) Bestehende Stiftungen, die vor dem 1. Januar 2026 entstanden sind, müssen spätestens bis zum 31. Dezember 2026 zur Eintragung in das Stiftungsregister entsprechend § 82b Absatz 2 des Bürgerlichen Gesetzbuchs angemeldet werden. Dies gilt nicht für bestehende Stiftungen, die bis zum 1. Januar 2026 aufgelöst oder aufgehoben wurden.

(2) Stiftungen nach Absatz 1 Satz 1 müssen Satzungsänderungen, die vor dem 1. Januar 2026 wirksam geworden sind, nicht nach § 85b zum Stiftungsregister anmelden. Solche Satzungsänderungen sind in der Anmeldung der Stiftung entsprechend § 82b Absatz 2 des Bürgerlichen Gesetzbuchs anzugeben und der Anmeldung ist ergänzend zu den Unterlagen nach § 82b Absatz 2 Satz 3 des Bürgerlichen Gesetzbuchs ein vollständiger Wortlaut der geänderten Satzung beizufügen.

(3) Die für die Anerkennung von Stiftungen nach Landesrecht zuständigen Behörden haben der Registerbehörde unverzüglich nach dem 31. Dezember 2026 eine Liste der bestehenden rechtsfähigen Stiftungen des bürgerlichen Rechts, die ihren Sitz im Zuständigkeitsbereich der Behörde haben und vor dem 1. Januar 2026 errichtet wurden und nicht unter Absatz 1 Satz 2 fallen, zu übermitteln. Die Liste muss zu jeder Stiftung folgende Angaben enthalten:

1. den Namen und den Sitz der Stiftung,

2. die ladungsfähige Anschrift der Stiftung und,

3. die Vornamen und Namen der Vorstandsmitglieder der Stiftung.

Auf Verlangen der Registerbehörde hat die Behörde nach Satz 1 auch die ihr bekannten ladungsfähigen Anschriften der Vorstandsmitglieder der Stiftung zu übermitteln.

Begründung des Regierungsentwurfs

„§ 20 StiftRG-neu enthält Sonderregelungen für die Anmeldung der bei der Errichtung des Stiftungsregisters schon bestehenden Stiftungen. Sie modifizieren die Anmeldepflicht nach § 82b Absatz 2 BGB-neu in Verbindung mit § 3 StiftRG-neu für die schon bestehenden Stiftungen und schaf- 135

40 BT-Ds. 19/28173, 103.

41 BT-Ds. 19/28173, 104.

fen eine zusätzliche Mitteilungspflicht der zuständigen Anerkennungsbehörden gegenüber dem Stiftungsregister.

136 ***Zu Absatz 1:*** *§ 20 Absatz 1 StiftRG-neu enthält eine Sonderregelung für die Eintragung der Stiftungen, die schon vor der Schaffung des Stiftungsregisters errichtet wurden. Für diese Stiftungen kann die Pflicht nach § 82b Absatz 2 BGB-neu in Verbindung mit § 3 Absatz 1 Satz 1 StiftRG-neu, die Stiftung unverzüglich nach der Anerkennung anzumelden, regelmäßig nicht mehr erfüllt werden. Auch werden möglicherweise nicht alle Altstiftungen, die vor dem 1. Januar 1900 errichtet wurden, die Anmeldevoraussetzungen nach § 82 Absatz 2 BGB-neu erfüllen können, da sie auf andere Weise errichtet wurden als die Stiftungen, die ab dem 1. Januar 1900 nach den Vorschriften des BGB errichtet wurden. Zudem muss geregelt werden, wie in Bezug auf das Stiftungsregister mit den bestehenden Stiftungen verfahren werden soll, die vor Ablauf der Anmeldepflicht zum Stiftungsregister aufgelöst oder aufgehoben werden.*

137 ***Zu Satz 1:*** *Nach § 20 Absatz 1 Satz 1 StiftRG-neu sind die vor Errichtung des Stiftungsregisters entstandenen und noch bestehenden Stiftungen innerhalb eines Jahres, nachdem das Stiftungsregister seinen Betrieb aufgenommen hat entsprechend § 82b Absatz 2 des Bürgerlichen Gesetzbuchs zur Eintragung ins Stiftungsregister anzumelden. Das gibt den Stiftungen ausreichend Zeit für die Anmeldung und soll dazu führen, dass die Anmeldungen der schon bestehenden Stiftungen nicht alle zu einem Stichtag, sondern über ein Jahr verteilt bei der Registerbehörde eingehen können. Es ist möglich, dass bei Altstiftungen nicht alle der in § 82b Absatz 2 Satz 2 BGB genannten*[42] *Voraussetzungen vorliegen, weil diese für die Errichtung der Stiftung nicht erforderlich waren und die Verfassung der Stiftung insoweit auch später nicht an die Vorschriften des Bürgerlichen Gesetzbuchs angepasst wurde. Deshalb soll für die Anmeldung der bestehenden Stiftungen nur entsprechend anwendbar sein. § 19 Nummer 6 StiftRG-neu sieht vor, dass besondere Anforderungen an die Anmeldung für solche Altstiftungen durch Rechtsverordnung geregelt werden können.*

138 ***Zu Satz 2:*** *Gemäß § 20 Absatz 1 Satz 2 StiftRG-neu sollen Stiftungen, die vor Beginn oder während der Anmeldefrist nach § 20 Absatz 1 Satz 1 StiftRG-neu aufgelöst oder aufgehoben werden und dann noch als Stiftungen in Liquidation fortbestehen, nicht mehr zum Stiftungsregister angemeldet werden müssen. Dies gilt auch für Stiftungen, die infolge von Entscheidungen des Insolvenzgerichts aufgelöst wurden.*

139 ***Zu Absatz 2:*** *§ 20 Absatz 2 StiftRG-neu enthält eine Übergangsregelung für die Anmeldung von Satzungsänderungen für die schon bestehenden Stiftungen.*

140 ***Zu Satz 1:*** *Nach § 20 Absatz 2 Satz 1 StifRG-neu haben die bestehenden Stiftungen, die vor der Errichtung des Stiftungsregisters entstanden sind, auch Änderungen der Errichtungssatzung anzumelden. Es sollen aber nicht die einzelnen Satzungsänderungen angemeldet und ins Stiftungsregister eingetragen werden.*

141 ***Zu Satz 2:*** *In der Anmeldung ist nach § 20 Absatz 2 Satz 2 StiftRG-neu ist anzugeben, welche Teile der Satzung geändert wurden, und zusätzlich zur Errichtungssatzung ist auch ein vollständiger Wortlaut der geänderten aktuellen Satzung der Anmeldung beizufügen. Falls die Registerbehörde Zweifel am Inhalt der aktuellen Satzung hat, kann sie vor der Eintragung die zuständige Stiftungsbehörde nach § 10 Absatz 2 StiftRG-neu anhören. Die Satzungsänderungen vor der Ersteintragung werden nicht im Stiftungsregister eingetragen.*

142 ***Zu Absatz 3:*** *§ 20 Absatz 3 StiftRG-neu regelt Mitteilungspflichten der für die Anerkennung der Stiftungen zuständigen Behörden der Länder zu den bei Errichtung des Stiftungsregisters schon bestehenden Stiftungen. Diese Mitteilungspflichten zu den bestehenden nach § 20 Absatz 3 StiftRG entspricht inhaltlich den Mitteilungspflichten in § 10 Absatz 1 StiftRG-neu zu den neu errichteten Stiftungen. Sie sollen der Registerbehörde ermöglichen zu prüfen, ob alle nach § 20 Absatz 1 StiftRG-neu anmeldepflichtigen Stiftungen ihren Anmeldepflichten rechtzeitig nachgekommen sind.*

143 ***Zu Satz 1:*** *Nach § 20 Absatz 2 StiftRG-neu haben die für die Anerkennung der Stiftungen zuständigen Landesbehörden unverzüglich nach Ablauf der Anmeldefrist nach § 20 Absatz 1 Satz 1 StiftRG der Registerbehörde eine Liste der bestehenden anmeldepflichtigen Stiftungen in ihrem*

42 BT-Ds. 19/28173, 104.

Zuständigkeitsbereich zu übermitteln. Nicht in die Liste aufzunehmen, sind die Stiftungen, die unter § 20 Absatz 1 Satz 2 StiftRG-neu fallen, d.h. die Stiftungen, die vor oder während der Anmeldefrist aufgelöst oder aufgehoben wurden.

Zu Satz 2: *§ 20 Absatz 3 regelt, welche Angaben die Liste zu den Stiftungen und ihren Organen enthalten muss.* **144**

Zu Nummer 1: *In der Liste muss nach § 20 Absatz 3 Satz 2 Nummer 1 StiftRG-neu der Name und der Sitz der Stiftung angegeben sein. Anzugeben ist der in der Satzung festgelegte Sitz.*[43] **145**

Zu Nummer 2: *Nach § 20 Absatz 3 Satz 2 Nummer 2 StiftRG-neu müssen auch eine ladungsfähige Anschrift der Stiftung angegeben werden, so dass gegebenenfalls die Registerbehörde die Vorstandsmitglieder unter dieser Anschrift nach § 14 StiftRG-neu zur Anmeldung der Stiftung auffordern kann.* **146**

Zu Nummer 3: *Nach § 20 Absatz 3 Satz 2 Nummer 3 StiftRG-neu sind auch die Vornamen und Namen der Vorstandsmitglieder der Stiftungen anzugeben.* **147**

Zu Satz 3: *Nach § 20 Absatz 3 Satz 3 StiftRG-neu hat die für die Anerkennung der Stiftung zuständige Behörde der Registerbehörde auf Verlangen auch die ihr bekannten Geburtsdaten und ladungsfähigen Privatanschriften der Vorstandsmitglieder mitzuteilen. Diese zusätzlichen Angaben darf die Registerbehörde nur verlangen, wenn die Stiftung nicht rechtzeitig angemeldet wird und die Stiftungsbehörde die Vorstandsmitglieder nicht unter der Anschrift der Stiftung erreichen kann. Die Daten dienen der Durchführung von Maßnahmen nach § 14 StiftRG-neu.*[44] **148**

43 BT-Ds. 19/28173, 105.
44 BT-Ds. 19/28173, 106.

§ 82c Namensszusatz der Stiftung

[1]Nach Eintragung in das Stiftungsregister hat die Stiftung ihren Namen mit dem Zusatz „eingetragene Stiftung“ zu führen. Anstelle des Namenszusatzes kann dem Namen die Abkürzung „e. S.“ angefügt werden. [2]Die Verbrauchsstiftung hat mit der Eintragung den Zusatz „eingetragene Verbrauchsstiftung“ oder die Abkürzung „e. VS.“ zu führen.

Begründung des Regierungsentwurfs

1 *Mit § 82c BGB-neu sollen Namenszusätze für rechtsfähige Stiftungen des bürgerlichen Rechts eingeführt werden, damit der Rechtsverkehr diese Stiftungen einfach von rechtsfähigen Stiftungen des öffentlichen Rechts und nichtrechtsfähigen[1] Stiftungen unterscheiden kann. Der Rechtsverkehr soll daneben auch die auf unbestimmte Zeit errichteten Stiftungen von den befristeten Verbrauchsstiftungen einfacher unterscheiden können. Zu diesem Zweck werden für Stiftungen, die auf unbestimmte Zeit errichtet werden, und für Verbrauchsstiftungen unterschiedliche Rechtsformzusätze geregelt.*

2 *§ 82c BGB-neu ist dem für eingetragene Vereine geltenden § 65 BGB nachgebildet. Die Stiftungen sind wie die Vereine nur verpflichtet, ihren Namen mit dem Namenszusatz zu führen. In der Stiftungssatzung muss der Name nicht mit dem Namenszusatz gebildet werden. Bei schon bestehenden Stiftungen werden keine Satzungsänderungen erforderlich, da sie ihren Namen unverändert beibehalten können. Sie müssen ihn künftig nur mit dem Namenszusatz verwenden, der ihre Rechtsform erkennen lässt.*

3 ***Zu Satz 1:** Nach der Eintragung in das Stiftungsregister erhält der Name einer Stiftung, die auf unbestimmte Zeit errichtet wurde, gemäß § 82c Satz 1 BGB-neu den Zusatz „eingetragene Stiftung“, der durch „e. S.“ abgekürzt werden kann. Die Stiftungen können entscheiden, wie sie den Namenszusatz ihrem Namen anfügen.*

4 ***Zu Satz 2:** Der Name von Verbrauchsstiftungen erhält nach der Eintragung der Stiftung ins Stiftungsregister den Zusatz „eingetragene Verbrauchsstiftung“, der durch „e. VS“ abgekürzt werden kann.[2]*

---

1 BT-Ds. 19/28173, 82.
2 BT-Ds. 19/28173, 83.

https://doi.org/10.1515/9783110251524-013

§ 82d Vertrauensschutz durch das Stiftungsregister

(1) Eine in das Stiftungsregister einzutragende Tatsache kann die Stiftung einem Dritten im Geschäftsverkehr nur entgegensetzen, wenn diese Tatsache im Stiftungsregister eingetragen oder dem Dritten bekannt ist.
(2) Wurde eine einzutragende Tatsache in das Stiftungsregister eingetragen, so muss ein Dritter im Geschäftsverkehr diese Tatsache gegenüber der Stiftung gegen sich gelten lassen, es sei denn, dass er die Tatsache weder kannte noch kennen musste.

Begründung des Regierungsentwurfs

„Damit die Stiftungen und der Rechtsverkehr vom Stiftungsregister profitieren können, soll das Stiftungsregister anders als die bestehenden Stiftungsverzeichnisse der Länder Publizitätswirkung haben, um Stiftungen die Teilnahme am Rechtsverkehr zu erleichtern. § 82d BGB-neu wurde den für das Handelsregister geltenden Regelungen in § 15 Absatz 1 und 2 des Handelsgesetzbuches (HGB) und den für das Vereinsregister geltenden Regelungen in § 68 BGB nachgebildet. Allerdings wird beim Stiftungsregister die Publizitätswirkung nur an die Eintragung im Register angeknüpft. Bekanntmachungen sind nicht vorgesehen. Sie sind auch nicht erforderlich. Über das vorgesehene automatisierte Abrufverfahren nach § 16 StiftRG-neu soll regelmäßig der aktuelle Registerinhalt von jedermann abgerufen werden können, so dass es stets möglich ist, vom aktuellen Registerinhalt Kenntnis zu nehmen. Das Stiftungsregister soll wie das Vereinsregister nur negative Publizitätswirkung haben. Die Publizitätswirkung des Stiftungsregisters soll nur in Bezug auf den Geschäftsverkehr gelten. Geschäftsverkehr ist wie in § 15 HGB weit zu verstehen. Umfasst werden alle Vorgänge des Zivilrechtsverkehrs, die im Zusammenhang mit rechtsgeschäftlichem Handeln von Stiftungen stehen. Keinen Vertrauensschutz soll das Stiftungsregister für öffentlich-rechtliche Rechtsverhältnisse entfalten. So können sich weder die Stiftungsbehörden im Zusammenhang mit ihrer Aufsichtstätigkeit noch die Steuerbehörden im Rahmen des Besteuerungsverfahrens auf § 82d BGB-neu berufen. Mit der Einführung des Stiftungsregisters werden die zuständigen Stiftungsbehörden entlastet, da sie zukünftig keine Stiftungsverzeichnisse führen und keine Vertretungsbescheinigungen mehr ausstellen müssen. Die Stiftungen können nach Einführung des Stiftungsregisters die Vertretungsmacht ihrer organschaftlichen Vertreter einfach durch einen Registerauszug nachweisen. Der Rechtsverkehr kann sich über das Stiftungsregister einfach über Stiftungen informieren und auf die Registereintragungen vertrauen. 1

***Zu Absatz 1:** Nach § 82d Absatz 1 BGB-neu kann im Geschäftsverkehr eine in das Stiftungsregister einzutragende Tatsache von der Stiftung einem Dritten nur entgegengesetzt werden, wenn sie im Stiftungsregister eingetragen wurde oder dem Dritten bekannt ist. Dritte können im Geschäftsverkehr insoweit auf das Schweigen des Stiftungsregisters vertrauen. Das entspricht § 15 Absatz 1 HGB.* 2

***Zu Absatz 2:** § 82d Absatz 2 BGB-neu regelt, dass im Geschäftsverkehr Dritte eine einzutragende Tatsache, die im Register eingetragen ist, gegen sich gelten lassen müssen. Dies entspricht dem § 15 Absatz 2 HGB und § 68 BGB Satz 2 BGB. Im Geschäftsverkehr kann sich die Stiftung gegenüber einem Dritten auf jede eintragungspflichtige Tatsache, die im Stiftungsregister eingetragen ist, berufen. Der Dritte muss diese Tatsache gegen sich gelten lassen, es[1] sei denn er kannte die Tatsache nicht und seine Unkenntnis beruhte nicht auf Fahrlässigkeit. Im Streitfall muss der Dritte diese Unkenntnis beweisen.“*[2] 3

1 BT-Ds. 19/28173, 83.
2 BT-Ds. 19/28173, 84.

https://doi.org/10.1515/9783110251524-014

§ 83 Stiftungsverfassung und Stifterwille

(1) Die Verfassung der Stiftung wird, soweit sie nicht auf Bundes- oder Landesgesetz beruht, durch das Stiftungsgeschäft und insbesondere die Satzung bestimmt.
(2) Die Stiftungsorgane haben bei ihrer Tätigkeit für die Stiftung und die zuständigen Behörden haben bei der Aufsicht über die Stiftung den bei der Errichtung der Stiftung zum Ausdruck gekommenen Willen, hilfsweise den mutmaßlichen Willen des Stifters zu beachten.

Schrifttum

Behrens, Erneuerung des Stiftungskollisionsrechts, in: Kohl/Kübler/u.a. (Hrsg.), GS Walz, 2008, S. 13; *Eichler*, Die Verfassung von Körperschaft und Stiftung, 1986; *Fritz*, Stifterwille und Stiftungsvermögen, 2009; *Gradenwitz*, Der Wille des Stifters, in: Universität Königsberg (Hrsg.), Zur Erinnerung an Immanuel Kant, Abhandlungen aus Anlaß der hundertsten Wiederkehr des Tages seines Todes, 1904, S. 179; *Hof*, Der Stifterwille: rechtliche Erfassung eines Verhaltensphänomens, in: Jakob/v. Orelli (Hrsg.), Ein Phänomen zwischen Vergangenheit, Gegenwart und Ewigkeit, 2014, S. 33; *Hüttemann/ Rawert*, Ausdrücklicher und mutmaßlicher Stifterwille, AcP 222 (2022), S. 302; *Meder*, Der Stifterwille im Spannungsfeld von privatautonomer Gestaltungsfreiheit und staatlicher Kontrolle. Hat Savigny eine obrigkeitliche Sicht des Stiftungsrechts?, in Jakob/v. Orelli (Hrsg.), Der Stifterwille: Ein Phänomen zwischen Vergangenheit Gegenwart und Ewigkeit, 2014, S. 81; *Muscheler*, Stiftung und Gemeinwohlgefährdung, NJW 2003, S. 3161; *ders.*, Vorrang des Bundesstiftungsrechts vor dem Landesstiftungsrecht, NJW 2004, S. 713; *Picht*, „Stifterwille" im angelsächsischen Recht – Eine vergleichende Betrachtung am Beispiel von family firm trust und unternehmensverbundener Stiftung, in: Jakob/v. Orelli (Hrsg), Der Stifterwille: Ein Phänomen zwischen Vergangenheit, Gegenwart und Ewigkeit, 2014, S. 199; *Rawert*, Stifterwille und Privatautonomie, in: Jakob/v. Orelli (Hrsg), Der Stifterwille: Ein Phänomen zwischen Vergangenheit, Gegenwart und Ewigkeit, 2014, S. 103; *O. Schmidt*, Die Auslegung des Stiftungsgeschäfts von Todes wegen, ZEV 2000, S. 19; *Sprecher*, Die Rolle des Beraters – oder: wie kommt der Stifterwille in das Stiftungsgeschäft?, in: Jakob/v. Orelli (Hrsg.), Der Stifterwille: Ein Phänomen zwischen Vergangenheit, Gegenwart und Ewigkeit, 2014, S. 175; *Stern*, Der Einfluss des Stifters auf die Verwaltung der Stiftung, in: v. Campenhausen/Kronke/u.a.(Hrsg.), Stiftungen in Deutschland und Europa, 1998, S. 261; *v. Orelli*, Zur Auslegung des Stifterwillens, in: Jakob/v. Orelli (Hrsg.), Der Stifterwille: Ein Phänomen zwischen Vergangenheit, Gegenwart und Ewigkeit, 2014, S. 125.

Übersicht

A. Grundlagen

I. Norminhalt, Verhältnis zum alten Recht — 1

II. Normzweck — 2

III. Begründung des Regierungsentwurfs — 4

IV. Bewertung — 7

B. Stiftungsverfassung, Absatz 1 — 8

C. Nebenordnungen — 13

D. Maßgeblichkeit des Stifterwillens, Absatz 2 — 19

E. Auslegung des Stiftungsgeschäfts und der Satzung — 25

F. Subsidiarität der Stiftungsaufsicht, Auslegungsprärogative der Stiftungsorgane, Ermessen bei der Verwirklichung des Stifterwillens — 30

A. Grundlagen

I. Norminhalt, Verhältnis zum alten Recht

1 Absatz 1 und 2 haben unterschiedliche Norminhalte. Absatz 1 entspricht weitgehend § 85 BGB a.F. und sucht den Inhalt der Stiftungsverfassung zu bestimmen. Absatz 2 normiert den Grund-

https://doi.org/10.1515/9783110251524-015

satz der Maßgeblichkeit des Stifterwillens, der sich ausdrücklich bisher nur in den Landesstiftungsgesetzen findet.

II. Normzweck

Absatz 1 ist die **Parallelnorm zu § 25 BGB**[1] und regelt wie diese[2] den **Grundsatz**, wonach die **Freiheit** von Stifter und Stiftung zur Gestaltung der Stiftungssatzung **nur durch** das **Gesetz begrenzt** wird. Zugleich ist damit ein **Gesetzes- und Satzungsvorbehalt** verbunden: Die Verfassung der Stiftung kann nur durch eine Änderung des Gesetzes oder der Satzung verändert werden. 2

Die Maßgeblichkeit des Stifterwillens ist der **zentrale Grundsatz des gesamten Stiftungsrechts.** Er besagt, dass der bei der Errichtung der Stiftung zum Ausdruck gekommene Wille des Stifters, hilfsweise sein mutmaßlicher Wille, zu verwirklichen ist, und zwar in allen „Lebenslagen" der Stiftung, von der Anerkennung (§ 81 Abs. 4 S. 2 BGB) über die Geschäftsführung und Grundlagenänderungen bis hin zur Beendigung der Stiftung. Der Grundsatz der Maßgeblichkeit des Stifterwillens bindet die Stiftungsorgane wie die Stiftungsaufsicht gleichermaßen. Er ist somit zusammenfassender Ausdruck des Schutzes der privatautonomen Entscheidung des Stifters auf zivilrechtlicher und auf öffentlich-rechtlicher Ebene. 3

III. Begründung des Regierungsentwurfs

„§ 83 BGB-neu regelt den Inhalt der Stiftungsverfassung und die Maßgeblichkeit des ursprünglichen **[Anm.: Nach § 83 Abs. 3 BGB-RefE sollte es tatsächlich nur auf *„den bei der Errichtung der Stiftung zum Ausdruck gekommenen Willen des Stifters"* ankommen.**[3] **Die hiesige Formulierung ist daher eines der vielen überholten Überbleibsel aus dem RefE.]** *Stifterwillens, den die Stiftungsorgane bei ihrer Tätigkeit für die Stiftung und die zuständigen Behörden bei der Aufsicht über die Stiftung beachten müssen.* 4

Zu Absatz 1: *Der Wortlaut des § 83 Absatz 1 BGB-neu entspricht weitgehend dem des bisherigen § 85 BGB. Die Stiftungsverfassung wird auch weiterhin durch Bundesrecht, Landesrecht und durch das Stiftungsgeschäft und insbesondere die Satzung bestimmt. Die Errichtungssatzung ist Teil des Stiftungsgeschäfts. Sie kann sich durch Satzungsänderung aber verändern. Durch die ausdrückliche Nennung der Satzung wird nicht nur die Bedeutung der Satzung für die Stiftungsverfassung hervorgehoben, sondern auch klargestellt, dass die Verfassung der Stiftung nicht durch die Errichtungssatzung, sondern die jeweils gültige Satzung bestimmt wird. Das maßgebliche Bundesrecht sind die §§ 80 bis 88 BGB-neu, das maßgebliche Landesrecht die Vorschriften der Landesstiftungsgesetze.* 5

Zu Absatz 2: *§ 83 Absatz 2 BGB-neu regelt, dass die Stiftungsorgane bei ihrer Tätigkeit für die Stiftung und die Stiftungsbehörden bei der Aufsicht über die Stiftung den bei der Errichtung der Stiftung zum Ausdruck gekommenen Willen, hilfsweise den mutmaßlichen Willen des Stifters zu beachten haben. Der Stifterwille ist insbesondere auch bei Satzungsänderungen zu berücksichtigen und bei Zulegungen oder Zusammenlegungen von Stiftungen. Der bei Errichtung der Stiftung zum Ausdruck gekommene Stifterwille ist regelmäßig der Stifterwille, der im Stiftungsgeschäft zum Ausdruck gekommen ist. Wenn sich aus dem Stiftungsgeschäft ein Stifterwille nicht eindeutig ergibt, können aber auch andere Dokumente, die im Zusammenhang mit der Errichtung der Stiftung erstellt wurden, zur Ermittlung des Stifterwillens herangezogen werden. Wenn der ausdrückliche Stifterwille nicht feststellbar ist, haben die Stiftungsorgane so zu handeln, wie es dem mutmaßlichen* 6

1 *Burgard*, npoR 2019, 106, 109.
2 MüKoBGB/*Leuschner*, § 25 Rn. 1.
3 BMJV, Referentenentwurf eines Gesetzes zur Vereinheitlichung des Stiftungsrechts, 5.

Willen des Stifters entspricht. Als der mutmaßliche Wille des Stifters ist der Wille anzusehen, der dem Interesse der Stiftung entspricht.“[4]

IV. Bewertung

7 Zu begrüßen ist die Ergänzung von Absatz 1 durch die Worte *„insbesondere die Stiftungssatzung“*. Das ist eine wichtige Klarstellung (Rn. 9). Dagegen hätten die Worte *„- oder Landes“* gestrichen werden müssen (Rn. 10). Angesichts seiner Bedeutung sehr zu begrüßen ist ferner die Aufnahme des Grundsatzes der Maßgeblichkeit des Stifterwillens in das BGB. Bisher war dieser Grundsatz ausdrücklich nur im Landesrecht geregelt. Im BGB folgte er lediglich aus § 86 S. 1 BGB i.V.m. § 27 Abs. 3 S. 1, 665 BGB (§ 84a Rn. 62 ff.). Statt des schwachen „zu beachten“ hätte es freilich besser „zu verwirklichen“ heißen sollen (Rn. 23).

B. Stiftungsverfassung, Absatz 1

8 Die **Stiftungsverfassung im materiellen Sinne** umfasst entsprechend einer Formulierung des Bundesgerichtshofs zum Vereinsrecht alle Regelungen, aus denen sich die „das Stiftungsleben bestimmenden Grundentscheidungen“ ergeben.[5] Hierzu zählen neben den Grundmerkmalen der Stiftung (Rechtsform, Name, Sitz, Zweck, gewidmetes Vermögen) die Grundzüge ihrer Organisations-, Finanz- und Haftungsverfassung, wie sie sich aus dem Bundesrecht (Rn. 9) sowie aus dem Stiftungsgeschäft und der Stiftungssatzung ergeben, für ein Beispiel § 84 Rn. 58. **Im formellen Sinne** sind darüber hinaus auch alle sonstigen Bestandteile des Stiftungsgeschäfts und der Stiftungssatzung Teil der Stiftungsverfassung. Maßnahmen der Geschäftsführung und sonstige Beschlüsse, die nicht auf die Stiftungsverfassung im vorgenannten Sinne einwirken, sind hingegen weder materiell noch formell Teil der Stiftungsverfassung.

9 Als **Rechtsquellen** der Stiftungsverfassung benennt Absatz 1: das Bundesrecht, das Landesrecht und das Stiftungsgeschäft, insbesondere die Stiftungssatzung. Letzteres ist neu. § 85 BGB a.F. stellte allein auf das Stiftungsgeschäft ab, woraus die h.M. den Schluss zog, dass alle identitätsbestimmenden Grundentscheidungen (abgesehen vom Bundes- und Landesrecht) vom Stifter selbst getroffen werden müssten.[6] Diese Ansicht war freilich schon immer falsch,[7] was nunmehr vom Gesetzgeber klargestellt wurde, indem er die Worte *„insbesondere die Stiftungssatzung“* hinzufügte (s. Begr. RegE Rn. 5). Dadurch wird zugleich verdeutlicht, dass die Vorschrift einfach nur die **Parallelnorm zu § 25** BGB ist,[8] was von manchen bislang ebenfalls bestritten wurde.[9] Außerdem wird *„klargestellt, dass die Verfassung der Stiftung nicht durch die Errichtungssatzung, sondern die jeweils gültige Satzung bestimmt wird“* (Begr. RegE Rn. 5), was nach bisherigem Recht auch nicht für alle eine Selbstverständlichkeit war.[10]

10 § 25 BGB und § 85 BGB a.F. sind bzw. waren vor allem **Kompetenznormen.** Das geht aus der Gesetzgebungsgeschichte klar hervor.[11] Als solche hat Absatz 1 jedoch keinen Anwendungs-

4 BT-Ds. 19/28173, 52.
5 BGH NJW 1968, 1268, 1270; OLG Köln – 1 U 50/17, AG 2019, 42, 44; MüKoBGB/*Weitemeyer*, § 85 Rn. 2 m.w.N.
6 *Zuletzt Rawert*, ZGR 2018, 835, 850; BeckOK BGB/*Backert*, § 85 Rn. 4, der vom „Primat des Stifterwillens“ spricht; Staudinger/*Hüttemann*/*Rawert*, BGB, § 85 Rn. 2.
7 Ausführlich *Burgard*, npoR 2019, 106, 109.
8 *Burgard*, Gestaltungsfreiheit, 358; *ders.*, npoR 2019, 106, 109; Erman/*Wiese*, BGB, § 85 Rn. 1.
9 MüKoBGB/*Weitemeyer*, § 85 Rn. 4 m.w.N.
10 Das immer wieder gegen autonome Änderungsbefugnisse des Stifters angeführte Argument, der Stiftungsaufsicht würde dadurch die Grundlage entzogen (zuletzt *Habersack*, Stiftungsunternehmen in Deutschland, 86 m.w.N.), ist damit jetzt von Gesetzes wegen vom Tisch, zum alten Recht schon *Burgard*, Gestaltungsfreiheit, 359 f.
11 *Burgard*, npoR 2019, 106, 109; vgl. MüKoBGB/*Weitemeyer*, § 85 Rn. 4.

bereich mehr, weil das „Gesetz zur Vereinheitlich des Stiftungsrechts" ja darauf zielt, das gesamte Stiftungszivilrecht abschließend im BGB zu regeln (Rn. 9). Für landesrechtliche Regelungen des Stiftungszivilrechts bleibt daneben kein Platz. Daher ist das Landesrecht nunmehr[12] auf das Stiftungsaufsichtsrecht begrenzt, das aber kein Teil der Stiftungsverfassung ist.[13] Richtigerweise hätten in Absatz 1 daher die Worte „*- oder Landes*" gestrichen werden müssen.[14]

Die Rechtsquellen der Stiftungsverfassung sind daher in der Reihenfolge der **Normenhierarchie**: 11
- das jeweils geltende zwingende Bundesrecht;
- das Stiftungsgeschäft, insbesondere die Stiftungssatzung in ihrer jeweiligen Fassung,
- das jeweils geltende dispositive Bundesrecht.

Die (fälschlicherweise, Rn. 9) bei § 85 BGB a.F. geführte Diskussion, inwieweit der Stifter die 12
Stiftungsorgane in der Stiftungssatzung zu Satzungsänderungen ermächtigen kann, hat sich durch § 85 Abs. 4 BGB n.F. ebenfalls erledigt.

C. Nebenordnungen

Nebenordnungen sind **abstrakt generelle Regelungen außerhalb der Satzung** wie z.B. eine 13
Geschäftsordnung des Vorstandes oder Anlage- oder Vergaberichtlinien. Solche Nebenordnungen können zum einen **im Stiftungsgeschäft** enthalten und damit Teil der formellen Stiftungsverfassung sein. In diesem Fall sind sie ein Mittel, um die Satzung von Detailregelungen zu entlasten und die Flexibilität und Autonomie der Stiftung zu stärken.[15] Sind Nebenordnungen Teil des Stiftungsgeschäfts, können sie von den zuständigen Stiftungsorganen grundsätzlich ohne Bindung an § 85 BGB unter den Voraussetzungen der §§ 83 Abs. 2, 84a Abs. 1 BGB i.V.m. § 665 BGB (dazu § 84a Rn. 67 ff.) geändert werden. § 85 BGB greift nur insoweit analog ein, als der Stifter in einer Nebenordnung eine Regelung getroffen hat, die Teil der materiellen Stiftungsverfassung ist (z.B. Normierung eines in der Satzung nicht vorgesehenen Weisungsrechts des Aufsichtsrats gegenüber dem Vorstand).

Soweit der Stifter weder in der Satzung noch in einer Nebenordnung Regelungen getroffen 14
hat, ist es den **Stiftungsorganen innerhalb ihres Zuständigkeitsbereichs** ohne weiteres gestattet, Nebenordnungen zu schaffen und jederzeit nach pflichtgemäßem Ermessen wieder zu ändern oder aufzuheben. Einer besonderen Satzungsermächtigung bedarf es hierfür nicht. Gleichwohl sollte der Stifter diese Befugnis in der Satzung klarstellen, da es offenbar Behörden gibt, die verfehlte Vorstellungen über die Zulässigkeit von Nebenordnungen haben, s. § 84 Rn. 19k. Das kann auch in der Weise geschehen, dass der Stifter vorgibt, welche Nebenordnungen die Stiftungsorgane schaffen und (mglw.) welche Regelungsgegenstände sie mindestens enthalten sollen. Allerdings dürfen die Stiftungsorgane in Nebenordnungen keine Regelungen treffen, die Teil der materiellen Stiftungsverfassung sind, s.o. Rn. 8. Andernfalls sind diese Regelungen wegen eines Verstoßes gegen Absatz 1 nichtig. Schließlich kann der Stifter die Verbindlichkeit von Nebenordnungen steigern, indem er für deren Erlass und/oder deren Änderung ein bestimmtes Quorum und/oder das Zusammenwirken zweier Organe vorsieht. Einer Genehmigung der Stiftungsaufsichtsbehörde bedarf es dagegen, wie gesagt, grundsätzlich nicht, was der Vorteil von Nebenordnungen ist.

---

12 *Hüttemann/Rawert*, Beilage zu ZIP 33/2021, 3, 10. Von der herrschenden Lehre wurde das schon zuvor vertreten; siehe hierzu Staudinger/*Hüttemann/Rawert*, BGB, Vorbemerkungen zu §§ 80–88 Rn. 22 m.w.N. Diese Ansicht war jedoch rechtsirrig, *Achilles*, ZRP 2002, 23 ff.; *Backert*, ZStV 2004, 51 ff.

13 *Burgard*, Gestaltungsfreiheit, 187.

14 Ebs. *Hüttemann/Rawert*, Beilage zu ZIP 33/2021, 3, 11 f.

15 Vgl. auch *Schauhoff* in Schauhoff/Mehren, Stiftungsrecht 2022, Kap. 1 Rn. 13; *Schienke-Ohletz*, ebd., Kap. 3 Rn. 25.

15 Aus vorstehenden Überlegungen ergibt sich die Notwendigkeit einer möglichst trennscharfen **Abgrenzung** der materiellen Stiftungsverfassung von anderen generellen Regelungen, die kein Teil der materiellen Stiftungsverfassung sind. Dazu gehören insbesondere:

- bloße Verfahrensfragen hinsichtlich der Arbeitsweise der Stiftungsorgane (z.B. Sitzungsmodalitäten, Informationswesen, Entscheidungs- und Abstimmungsverfahren, Ressortverteilung, Bildung von Ausschüssen), da jedes Organ – vorbehaltlich abweichender Anordnungen im Stiftungsgeschäft oder der Stiftungssatzung – seine Arbeitsweise selbst bestimmen kann,
- Regelungen über die Qualifikation, Berufung, Amtsdauer und Abberufung der Organmitglieder, da die Entscheidung dieser Fragen – abseits besonderer Satzungsbestimmungen – ohnehin in das pflichtgemäße Ermessen des hierfür zuständigen Organs gestellt ist.
- Regelungen über die Anlage des Stiftungsvermögens (Anlagerichtlinien), da die Entscheidung hierüber mangels Vorgaben der Satzung ebenfalls allein im pflichtgemäßen Ermessen der zuständigen Stiftungsorgane steht.
- Regelungen über die Vergabe von Stiftungsleistungen, da die Entscheidung hierüber mangels Vorgaben der Satzung gleichfalls allein im pflichtgemäßen Ermessen der zuständigen Stiftungsorgane steht.

16 Nebenordnungen dürfen selbstverständlich nicht gegen die Stiftungsverfassung verstoßen. So ist zwar nach dem zuvor Gesagten nichts dagegen einzuwenden, wenn der Vorstand eine Vergabeordnung erlässt. Die Vergabeordnung darf aber nicht den Stiftungszweck faktisch einschränken.[16]

17 Teil der materiellen Stiftungsverfassung ist auch das **dispositive Recht** (Rn. 11). Abweichungen müssen daher durch das Stiftungsgeschäft bzw. die Stiftungssatzung legitimiert sein. Ausreichend ist, dass das Stiftungsgeschäft bzw. die Stiftungssatzung einen Rahmen für die Abweichung vorgibt, dessen Ausfüllung sie dann den Stiftungsorganen überlässt, sei es durch Einzelfallbeschluss oder durch die Schaffung einer generellen Regel in einer Nebenordnung.

18 **Beispiel**: Nach der gesetzlichen Normalverfassung verfügt die Stiftung nur über eine einstufige Organisationsverfassung mit einem Alleinvorstand (§ 84 Abs. 1 S. 1 BGB). Dabei ist der Stiftungsvorstand weder in seiner Geschäftsführungsbefugnis noch in seiner Vertretungsmacht beschränkt (§ 84 Abs. 1 S. 2, Abs. 2 S. 1 BGB). Sowohl die Einrichtung einer zwei- oder mehrstufigen Organisationsverfassung, als auch die Festlegung der Organkompetenzen einschließlich etwaiger Einschränkungen der Vertretungsmacht des Vorstandes sind daher durch die Satzung zu regeln. Das stellt § 84 Abs. 3 und Abs. 4 BGB klar. Die nähere Bestimmung von Einzelheiten kann freilich den Stiftungsorganen überlassen werden. Statuiert die Satzung einen Aufsichtsrat, dem die Überwachung des Vorstands obliegt, kann der Aufsichtsrat auch ohne besondere Regelung in der Satzung Geschäftsführungsmaßnahmen des Vorstands ad hoc seiner Zustimmung unterwerfen, weil er ohnedies seiner Überwachungsaufgabe nicht effektiv nachkommen kann[17] (§ 84 Rn. 59). Deswegen kann er eine den Vorstand bindende und dessen Geschäftsführungsbefugnis beschränkende Ordnung zustimmungsbedürftiger Rechtsgeschäfte erlassen, die er jederzeit ändern oder ergänzen kann. Eine Grenze ist lediglich dort gezogen, wo der Aufsichtsrat das Macht- und Zuständigkeitsgefüge durch Zustimmungspflichten entgegen dem Stifterwillen verändert, indem er beispielsweise jede Entscheidung des Vorstands jenseits einer Bagatellgrenze seiner Zustimmung unterwirft. Auch ein Weisungs-, Bestellungs- oder Abberufungsrecht kann sich der Aufsichtsrat daher ohne entsprechende Satzungsgrundlage nicht zumessen. Regelungen hinsichtlich der Vertretungsmacht des Vorstandes müssen sich hingegen schon aus Gründen der Rechtssicherheit stets unmittelbar aus der Satzung ergeben, vgl. § 2 Nr. 5 bis 7 StiftRG (sowie u. § 84 Rn. 44).

---

16 Beispiel nach MüKoBGB/*Weitemeyer*, § 85 Rn. 16.

17 Anders als im öffentlichen Recht kann und muss im Zivilrecht von der Aufgabe auf die Befugnis geschlossen werden.

D. Maßgeblichkeit des Stifterwillens, Absatz 2

Die Maßgeblichkeit des Stifterwillens ist der **höchste stiftungsrechtliche Grundsatz**. Er beruht rechtshistorisch und dogmatisch auf der Ablösung der von Savigny begründeten Zwecktheorie[18] durch die von Otto von Gierke begründete Willenstheorie.[19] Danach ist die Stiftung nicht mehr eine Personifikation des Stiftungszwecks, sondern des Stifterwillens.[20] Dementsprechend wird das deutsche Stiftungsrecht von dem Primat des Stifterwillens und nicht von dem Primat des Stiftungszwecks beherrscht. Der Stiftungszweck ist lediglich vornehmster Ausdruck des Stifterwillens.[21] 19

Obgleich somit von dem Primat des Stifterwillens auszugehen und er bei der Stiftung von der „Wiege bis zur Bahre“ zu beachten (besser: zu verwirklichen, Rn. 23) ist, so besteht doch für eine geradezu **„mystische“ Überhöhung** seiner Bedeutung[22] **kein Anlass.** Vielmehr ist der Mitgliederwille bei Verbänden in der gleichen Weise maßgeblich. Allerdings kann der Mitgliederwille anders als der Stifterwille neu gebildet werden. Auch der Stifterwille passt sich jedoch der Veränderung von Verhältnissen an. Immer, wenn das Stiftungsgeschäft keine genauen Vorgaben enthält, müssen sich die Stiftungsorgane fragen: Wie würde der Stifter entscheiden? Dabei ändert sich die Antwort auf diese Frage natürlich mit den Verhältnissen. Und selbst wenn genaue Vorgaben des Stifters bestehen, müssen sich die Stiftungsorgane fragen, ob der Stifter sie angesichts einer geänderten Sachlage auch heute noch so getroffen hätte, vgl. §§ 85 Abs. 2, 84a Abs. 1 S. 1 i.V.m. § 665 BGB (§ 84a Rn. 67 ff.). Schließlich ist darauf hinzuweisen, dass Zweckänderungen im Stiftungsrecht faktisch einfacher möglich sind (§ 85 Abs. 1 S. 1 und 2 BGB) als bei Publikumsverbänden (§ 33 Abs. 1 S. 2 BGB). 20

Diese **Flexibilität des Stifterwillens** kommt gesetzlich darin zum Ausdruck, dass Absatz 2 nicht nur auf *„den bei der Errichtung der Stiftung* [im Stiftungsgeschäft oder in sonstigen Dokumenten[23] erkennbar] *zum Ausdruck gekommenen Willen“* des Stifters (sog. historischer oder ursprünglicher Stifterwille, Begr. RegE Rn. 6), sondern *„hilfsweise* [auf] *den mutmaßlichen Willen des Stifters“* abstellt. Der mutmaßliche Stifterwille ist insbesondere bei allen Fragen maßgeblich, die weder im Stiftungsgeschäft noch in der Stiftungssatzung geregelt sind sowie bei jeder (vom Stifter nicht antizipierten) Änderung der Verhältnisse. Da die Satzung der wichtigste Ausdruck des Stifterwillens ist, entwickelt sich dieser mit jeder Satzungsänderung – die ja jeweils dem (wirklichen oder mutmaßlichen) Stifterwillen entsprechen muss – fort.[24] Das korrespondiert mit Absatz 1, der auf die jeweils gültige Satzung abstellt (Rn. 9) und kann auch gar nicht anders sein, weil sich bei historischen Stiftungen der einstmalige Stifterwille vielfach gar nicht mehr feststellen lässt und/oder von vielfältigen Veränderungen völlig überholt wurde (s. auch u. Rn. 34). 21

Der mutmaßliche Stifterwille ist also aus dem Stiftungsgeschäft (sowie ggf. anderen Dokumenten, die im Zusammenhang mit der Errichtung der Stiftung erstellt wurden, Begr. RegE 22

---

18 So *v. Savigny*, System des heutigen römischen Rechts, Bd. II, 1840, 243 f.; zuvor schon Glück/*Mühlenbruch*, Ausführliche Erläuterung der Pandekten, Bd. 40, 1838, 47; zu v. Savigny *Meder*, in Jakob/v. Orelli (Hrsg.), Der Stifterwille: Ein Phänomen zwischen Vergangenheit Gegenwart und Ewigkeit, 2014, 81 ff.

19 Siehe *v. Gierke*, Deutsches Privatrecht, Bd. I, 1885, 648; ferner *Stobbe*, Handbuch des deutschen Privatrechts, Bd. I, 3. Aufl. 1893, 579; zuvor schon *Meurer*, Der Begriff und Eigenthümer der heiligen Sachen, Bd. 1, 1885, 75 ff.

20 Ausführlich *Pleimes*, Irrwege, 85 ff.; vgl. MHdb. GesR V/*Schwake*, § 79 Rn. 15.

21 *Burgard*, Gestaltungsfreiheit, 188 ff.; MüKoBGB/*Weitemeyer*, § 81 Rn. 34; **a.A.** *Reuter*, NZG 2005, 649, 652 ff.

22 Siehe die Zitate bei *Burgard*, Gestaltungsfreiheit, 90.

23 Z.B. Schriftverkehr mit der Anerkennungsbehörde, Protokolle von Beratungsgesprächen, Erläuterungen des Stifters zum Stiftungsgeschäft bzw. der Stiftungssatzung, Stifterbrief, *Kampermann* in Schauhoff/Mehren, Stiftungsrecht 2022, Kap. 5 Rn. 21.

24 Zutreffend *Hüttemann/Rawert*, Beilage zu ZIP 33/2021, 3, 11; *dies.*, AcP 222 (2022), 301, 335 ff. *Schauhoff* in Schauhoff/Mehren, Stiftungsrecht 2022, Kap. 1 Rn. 14, 16.

Rn. 6)[25] und der Stiftungssatzung in ihrer jeweiligen Fassung zu gewinnen. *„Als der mutmaßliche Wille des Stifters ist der Wille anzusehen, der dem Interesse der Stiftung entspricht“* (Begr. RegE Rn. 6). Das ist freilich nicht so zu verstehen, dass die Stiftung ein von dem Stifterwillen unabhängiges objektiviertes Interesse hätte.[26] Vielmehr ist vor dem Hintergrund der aktuellen Stiftungssatzung **zu fragen, was der Stifter tun würde, um den Stiftungszweck bestmöglich zu verfolgen.**[27] Dabei liegt die Betonung auf „der Stifter“. Bloß weil Stiftungsorgane bestimmte Anordnungen des Stifters für unvernünftig oder unzweckmäßig halten, dürfen sie sich über sie nicht unter Berufung auf eine angeblich geänderte Sachlage oder angeblich von dem Stifter nicht Bedachtes hinwegsetzen (s. auch § 84a Rn. 65).

23 Der Stifterwille ist richtigerweise nicht nur, wie es Absatz 1 formuliert, *„zu beachten“*, sondern **„zu verwirklichen“**, wie sich auch aus § 84a Abs. 1 BGB i.V.m. § 665 BGB ergibt. Der Unterschied wird am **Beispiel** deutlich: Zweck einer Ewigkeitsstiftung ist die Renovierung und Unterhaltung eines denkmalgeschützten Gebäudes. Angesichts sinkender Erträge geht die Renovierung zunehmend schleppend voran. Bei diesem Tempo kann man vorne wieder anfangen, wenn man hinten fertig ist. Vor diesem Hintergrund schlägt ein Vorstandsmitglied vor, die Renovierung zeitweise auszusetzen, um das Geld in den Aufbau eines professionellen Fundraisings zu investieren. Seine Kollegen meinen, von Fundraising sei in der Satzung keine Rede. Die Beachtung des Stifterwillens verlange vielmehr die Renovierung kontinuierlich fortzusetzen. Dagegen wendet der Ideengeber ein, der Stifterwille müsse nicht nur beachtet, sondern verwirklicht werden. Und ohne zusätzliche Mittel werde die Renovierung niemals fertiggestellt.

24 Der Grundsatz der Maßgeblichkeit des Stifterwillens bindet nicht nur die Stiftungsorgane, sondern auch die **Stiftungsaufsichtsbehörde**. Und hierin liegt wohl seine größte Bedeutung; denn dadurch wird nicht nur negativ eine Instrumentalisierung der Aufsicht zugunsten beliebiger öffentlicher Interessen ausgeschlossen. Vielmehr werden die Behörden positiv auf den Stifterwillen verpflichtet. Die Stiftungsaufsicht wird zum *„Garant des Stifterwillens“*,[28] s. aber unten Rn. 30.

E. Auslegung des Stiftungsgeschäfts und der Satzung

25 Bei der **Auslegung des Stiftungsgeschäfts** ist zu unterscheiden:

- Bei einer Einpersonen-Gründung sowie bei einer Mehrpersonen-Gründung durch Gesamtakt findet allein § 133 BGB (ggf. i.V.m. § 2084 BGB analog) Anwendung.[29]
- Wird das Stiftungsgeschäft durch Vertrag (§ 81 Rn. 47) vorgenommen, gelten §§ 133, 157, 242 BGB.[30]

---

25 *Hüttemann/Rawert*, AcP 222 (2022), 301, 308 f.

26 Ebenso *Hüttemann/Rawert*, ZIP 2021, 3, 11; *Uhl*, in: Orth/Uhl; Stiftungsrechtsreform 2021, Rn. 242; kritisch auch *Feick/Schwalm*, NZG 2021, 525, 526.

27 Ebs. *Schiffer/Pruns/Schürmann*, Die Reform des Stiftungsrechts, § 6 Rn. 9; ähnlich *Kampermann* in Schauhoff/Mehren, Stiftungsrecht 2022, Kap. 5 Rn. 27, der allerdings in Rn. 28 – viel zu weitgehend – belastbare Erkenntnisquellen für die Ermittlung des mutmaßlichen Stifterwillens fordert. Daran wird es vielfach fehlen, weswegen *Schienke-Ohletz*, ebd., Kap. 3 Rn. 8, meint, dann könne kein mutmaßlicher Stifterwille ermittelt werden. Beide verkennen, dass in derartigen Fällen der gewöhnliche Stifterwille als der mutmaßliche Stifterwillen gelten darf, vgl. etwa § 83b Rn. 31.

28 BVerwG – 6 C 4/20, NVwZ-RR 2021, 607, 610; näher zur Stiftungsaufsicht *Burgard*, Gestaltungsfreiheit, 203 ff.; MüKoBGB/*Weitemeyer*, § 80 Rn. 68 m.w.N.; Richter/*Fischer*, Stiftungsrecht, § 8 Rn. 11 ff.; Palandt/*Ellenberger*, BGB, Vorb § 80 Rn. 14 m.w.N.; MHdb. GesR V/*Mecking*, § 103 Rn. 13 ff.

29 *Burgard*, Gestaltungsfreiheit, 84; Staudinger/*Hüttemann/Rawert*, BGB, § 81 Rn. 12.

30 *Burgard*, Gestaltungsfreiheit, 106 f.

– Handelt es sich um eine Stiftung von Todes wegen, sind hinsichtlich des Zuwendungsversprechens überdies die besonderen erbrechtlichen Auslegungsregeln heranzuziehen, §§ 2066 ff., 2096 ff., 2101 f., 2108 Abs. 2, 2148, 2165, 2167, 2169 Abs. 3, 2173 ff. BGB.[31]

Fraglich ist nun, wie sich die Rechtslage nach der Anerkennung der Stiftung ändert.

Selbstverständlich ist, dass der Stifterwille auch bei der Auslegung zu berücksichtigen ist. Die Frage ist nur, wie dies zu geschehen hat. Ist der **Stifterwille** das **Ziel oder** bloßes **Mittel der Auslegung**? Kommt es auf den **subjektiven** (i.S.d. § 133 BGB),[32] den **individuell-objektiven** (i.S.d. §§ 133, 157, 242 BGB)[33] oder den **normativen**[34] Stifterwillen an? Anders und zugespitzt formuliert: Sind Stiftungsgeschäft und Stiftungssatzung wie ein Testament, ein Vertrag oder ein Gesetz auszulegen? 26

Nach herrschender **Rechtsprechung**[35] und Lehre[36] haben das Stiftungsgeschäft – abgesehen von individualrechtlichen Bestimmungen[37] – und die Stiftungssatzung **Normcharakter**. Es gelten die für die Satzung von Kapitalgesellschaften aufgestellten Grundsätze. Ihre Auslegung durch die Tatsachengerichte sei daher reversibel. Begründet wird dies damit, dass das Stiftungsgeschäft nicht nur Regelungen für den Einzelfall, sondern für die inneren und äußeren Rechtsbeziehungen der Stiftung in Gegenwart und Zukunft enthält. 27

Dazu will es freilich schlecht passen, dass nach eben dieser Meinung **wichtigster Maßstab** der normativen Auslegung der bei der Errichtung der Stiftung zum Ausdruck gekommene **Wille des Stifters** sein soll;[38] denn nach den anerkannten Grundsätzen normativer Auslegung ist der historische Wille des Normgebers nur ein Auslegungsmittel unter anderen.[39] Noch weiter gehen teilweise Rechtsprechung und Lehre im Gesellschaftsrecht. Danach darf eine Satzung lediglich aus ihrem Inhalt heraus ausgelegt werden. Willensäußerungen oder Interessen der Gründer oder sonstige Vorgänge aus der Entstehungsgeschichte dürfen nicht berücksichtigt werden.[40] 28

Begriffe man demgegenüber den Willen des Stifters als Auslegungsziel, dann handelte es sich in Wirklichkeit nicht um eine normative, sondern um eine subjektive oder individuell-objektive Auslegung. Letzteres Verständnis entspräche den von der Rechtsprechung im Stiftungsrecht angewandten Methoden und tatsächlich von ihr erzielten Ergebnissen.[41] Und das ist auch richtig: Wie an anderer Stelle eingehend begründet wurde, hat die Auslegung **individuell-ob-** 29

---

31 *Burgard*, Gestaltungsfreiheit, 91 m.w.N.; Staudinger/*Hüttemann*/*Rawert*, BGB, § 83 Rn. 6; MüKoBGB/*Weitemeyer*, § 83 Rn. 19 m.w.N.

32 So BVerwG, StiftRspr. II. 152, 154; BVerwG, StiftRspr. III. 178; OLG Hamm, ZIP 1994, 1950, 1951.

33 BGH MDR 1976, 1001; BGH MDR 1987, 1528; BGH NJW 1994, 184, 186.

34 So im Ergebnis BGH NJW 1957, 708 (dort auch zur abweichenden Rechtsprechung des Reichsgerichts); BGHZ 68, 142, 146 = NJW 1977, 1148; BGHZ 99, 344, 348 = MDR 1987, 740, 741; BGH NJW 1994, 184, 185; BAG NJW 1962, 555, 556; BVerwG – 6 C 4/20, NVwZ-RR 2021, 607, 611; BVerwG – 6 B 135/18, NVwZ-RR 2019, 610, 612; OLG Köln – 1 U 50/17, AG 2019, 42, 45 m.w.N.; Staudinger/*Hüttemann*/*Rawert*, BGB, § 81 Rn. 13; *dies.*, AcP 222 (2022), 301, 310 ff.; MüKoBGB/*Weitemeyer*, § 85 Rn. 19; BeckOK BGB/*Backert*, § 85 Rn. 2; Palandt/*Ellenberger*, BGB, § 85 Rn. 2.

35 BGHZ 99, 344, 347 = MDR 1987, 740, 741; BGH NJW 1994, 184, 186; BGH NZG 2017, 268, 270; OLG Frankfurt, NZG 2010, 1034, 1035; OLG Hamm NZG 2017, 864 Rn. 56; OLG Köln AG 2019, 42, 45.

36 BeckOGK BGB/*Lange*, § 81 Rn. 28; Staudinger/*Hüttemann*/*Rawert*, BGB, § 81 Rn. 13; *dies.*, AcP 222 (2022), 301, 31; BeckOK BGB/*Backert*, § 85 Rn. 2; MüKoBGB/*Weitemeyer*, § 85 Rn. 19; Palandt/*Ellenberger*, BGB, § 85 Rn. 2; Erman/*Wiese*, BGB, § 85 Rn. 1, 9; Richter/*Dutta*, Stiftungsrecht, § 5 Rn. 1; MüHdb GesR VII/*Roth*, § 106 Rn. 3; Schulze/*Dörner*, BGB, § 85 Rn. 2; *Hippeli*, jurisPR-HaGesR 4/2018 Anm. 3.

37 BGH NJW 1978, 943, 944.

38 Siehe MüKoBGB/*Weitemeyer*, § 85 Rn. 18; BeckOGK BGB/*Lange*, § 81 Rn. 28; Staudinger/*Hüttemann*/*Rawert*, BGB, § 81 Rn. 13; Richter/*Dutta*, Stiftungsrecht, § 5 Rn. 2.

39 Vgl. nur *Larenz*, Methodenlehre, 320 ff.

40 Ständige Rspr. BGH – II ZR 23/14, NZG 2015, 1282, 1284; BGHZ 47, 172, 180; BGHZ 106, 67, 71; BGH NJW 1992, 892, 894; BGH DStR 1999, 1198, 1200; BGH NJW-RR 1990, 99; OLG Köln – 1 U 50/17, AG 2019, 42, 44 m.w.N.; aus der Literatur: *K. Schmidt*, Gesellschaftsrecht, 93 f.; BeckOGK BGB/*Segna*, § 25 Rn. 36.1; MüKoBGB/*Leuschner*, § 25 Rn. 36; *Fleischer*, DB 2013, 1466 m.w.N.

41 Besonders klar BGH MDR 1976, 1001; BGH NJW 1987, 2364, 2367; BGH NJW 1994,184, 186.

jektiv zu erfolgen.[42] Der wirkliche bzw. mutmaßliche **Stifterwille** ist also das **Auslegungsziel.** Das lässt sich auch damit begründen, dass eben dieser **Stifterwille zu verwirklichen** ist, Rn. 23.

F. Subsidiarität der Stiftungsaufsicht, Auslegungsprärogative der Stiftungsorgane, Ermessen bei der Verwirklichung des Stifterwillens

30 Die Stiftungsorgane sind vom Stifter eingesetzt, seinen Willen zu verwirklichen. Die Stiftungsaufsicht hat als (bloße) Rechtsaufsicht (lediglich) darüber zu wachen, dass die Stiftungsorgane nicht gegen die Stiftungsverfassung verstoßen.[43] Insoweit und nur insoweit ist sie „Garant des Stifterwillens". Zweckmäßigkeitserwägungen sind ihr verwehrt.[44] Zum Eingreifen ist sie stets nur subsidiär befugt.[45] Alle Entscheidungen einer Stiftung sind – schon aus Gründen der Privatautonomie der Stiftung (Art. 2 Abs. 1, 19 Abs. 3 GG) – primär den Stiftungsorganen zugewiesen.

31 Was der wirkliche und insbesondere was der mutmaßliche Stifterwille erheischt, ist durch individuell-objektive Auslegung zu ermitteln (Rn. 29). Zu dieser Auslegung sind aus den soeben (Rn. 30) genannten Gründen in erster Linie die Stiftungsorgane berufen. Dafür haben sie insbesondere das Stiftungsgeschäft und die Stiftungssatzung heranzuziehen (Rn. 21). Ihre Auslegung des Stifterwillens darf von der Stiftungsaufsicht und von den Gerichten nur auf Rechtsfehler überprüft werden, ob also:
- alle für die Auslegung des Stifterwillens maßgeblichen Dokumente berücksichtigt wurden und ob
- die Auslegung gegen allgemein anerkannte Auslegungsgrundsätze, Denkgesetze oder Erfahrungssätze verstößt.

32 Weist die Auslegung des Stifterwillens seitens der Stiftungsorgane keine Rechtsfehler auf und ist das so gefundene Auslegungsergebnis daher vertretbar, haben die Behörde und die Gerichte diese Auslegung zu respektieren und dürfen sie nicht durch ihre eigene ersetzen (**Auslegungsprärogative der Stiftungsorgane**);[46] denn jede Auslegung beinhaltet auch subjektive Werturteile,[47] wohingegen Behörden und Gerichte auf eine bloße Rechtskontrolle beschränkt sind.

33 Diese Auslegungsprärogative bedeutet aber entgegen älterer Rechtsprechung[48] und traditioneller Lehre[49] nicht, dass die **Auslegungskompetenz** verbindlich auf ein Stiftungsorgan **übertragen** werden könnte;[50] denn dadurch würde die Stiftungsaufsicht unterlaufen. Allerdings ist es auch nicht möglich, die Auslegungskompetenz verbindlich auf die Behörde zu übertragen;

42 *Burgard*, Gestaltungsfreiheit, 194 ff. Im Ergebnis ebenso BGH, StiftRspr. IV., 58, 60: *„Mit der Genehmigung der Stiftung, durch die diese Rechtsfähigkeit erlangt, wird der Stifterwille verselbständigt und objektiviert"*; im Anschluss daran auch OVG Bremen, StiftRspr. IV.,127, 129; aus der Literatur *Werner*, Stiftungen in Deutschland und Europa, 243, 259.

43 Siehe bereits *Ebersbach*, Handbuch des Deutschen Stiftungsrecht, 127; Palandt/*Ellenberger*, BGB, Vorb v § 80 Rn. 14; Richter/*Fischer*, Stiftungsrecht, § 8 Rn. 7; MHdb. GesR V/*Mecking*, § 103 Rn. 16; MüKoBGB/*Weitemeyer*, § 80 Rn. 69.

44 MHdb. GesR V/*Mecking*, § 103 Rn. 27; Richter/*Fischer*, Stiftungsrecht, § 8 Rn. 7; MüKoBGB/*Weitemeyer*, § 80 Rn. 71; *Ebersbach*, Handbuch des Deutschen Stiftungsrechts, 131 a.E.

45 BGH NJW 1994, 184, 186; OLG Hamm NJW-RR 1995, 120, 121; aus der Literatur: MüKoBGB/*Weitemeyer*, § 80 Rn. 71; Richter/*Fischer*, Stiftungsrecht, § 8 Rn. 44.

46 Ebs. *Ponath*/*Tolksdorf*, ZEV 2021, 605, 609.

47 Grundlegend *Uhl*, in: GS Jellinek, 1955, 309; *ders.*, DVBl. 1973, 756.

48 RGZ 100, 230, 234.

49 *Ebersbach*, Handbuch des Deutschen Stiftungsrechts, 47; Soergel/*Neuhoff*, BGB, § 85 Rn. 6; Palandt/*Ellenberger*, BGB, § 85 Rn. 2; Erman/*Wiese*, BGB, § 85 Rn. 9.

50 Wie hier MüKoBGB/*Weitemeyer*, § 85 Rn. 18; Staudinger/*Hüttemann*/*Rawert*, BGB, § 85 Rn. 8; BeckOK BGB/*Backert*, § 85 Rn. 2; *Muscheler*, ZSt 2003, 99, 103 f.

denn das würde die Befugnisse der Behörde contra legem über eine bloße Rechtsaufsicht hinaus erweitern.

Ist der Stifterwille ermittelt, haben sich die Stiftungsorgane zu fragen, wie der Stifter 34
seinen Willen unter den gegebenen Umständen verwirklichen würde;[51] denn die Stiftungsorgane haben nach allgemeinem Auftragsrecht, auf das § 84a Abs. 1 S. 1 BGB verweist, wie das **„loyale alter ego"** des Stifters zu handeln (§ 84 Rn. 24). Sie müssen sich also gleichsam in seine Person hineinversetzen. Ist die Entscheidung der Stiftungsorgane nicht durch die Stiftungsverfassung (einschließlich des Stifterwillens) oder allgemeine Gesetze und Rechtsgrundsätze vorgeprägt, steht ihnen bei der Umsetzung des Stifterwillens grundsätzlich sowohl ein Handlungs- als auch ein Auswahlermessen zu. Die Ermessensausübung ist pflichtgebunden. Sie darf von der Behörde **nur auf Ermessensfehler überprüft** werden (Ermessensnichtgebrauch, Ermessensfehlgebrauch und Ermessensüberschreitung), da sie, wie gesagt, auf eine bloße Rechtsaufsicht beschränkt ist und in die Ermessensausübung auch Zweckmäßigkeitserwägungen einfließen.

51 Ebs. *Hüttemann/Rawert*, AcP 222 (2022), 301, 325.

§ 83a Verwaltungssitz der Stiftung

Die Verwaltung der Stiftung ist im Inland zu führen.

Schrifttum

Arnold, Die Sitzverlegung von Stiftungen, FS Schack, 2022, S. 3; *Flick/Schwalm*, Der identitätswahrende Zuzug von EU- und EWR-Stiftungen, NZG 2021, S. 334; *Geisler*, Das Recht der selbständigen Stiftung im Internationalen Privatrecht, 2008; *Kindler*, Die Auslandsstiftung mit inländischen Destinatären: Bestimmung und Geltung des anzuwendenden Rechts, NZG 2016, S. 1335; *Koehler*, Das Kollisionsrecht der Stiftungen aus Sicht des Internationalen Privat- und Verwaltungsrechts, 2011; *Kronke*, Die Stiftung im Internationalen Privat- und Zivilverfahrensrecht, in: vCampenhausen/Kronke/u.a. (Hrsg.), Stiftungen in Deutschland und Europa, 1998, S. 361; *Leible*, Die Stiftung im Internationalen Privatrecht, in: Saenger/Bayer/u.a. (Hrsg.), FS O. Werner, 2009, S. 256; *Mecking*, Der Sitz der Stiftung, ZSt 2004, S. 199; *Mogck*, Mobilität gemeinnütziger Stiftungen in Europa, 2017; *Omlor*, Europäische Stiftungsmobilität: Gründungstheorie im Internationalen Stiftungsrecht, DStR 2021, 2644; *Richter/Wachter* (Hrsg.), Handbuch des internationalen Stiftungsrechts, 2007; *Spickhoff*, Zum Internationalen Privatrecht der Stiftungen, in: Saenger/Bayer/u.a. (Hrsg.), FS O. Werner, 2009, S. 241; *Uhl*, Stiftungsrecht und Europarecht – Ein Beitrag zum Erwerbszweck der Stiftung bürgerlichen Rechts, ZSt 2007, S. 147; *ders.*, Das Internationale Privatrecht der Stiftung und das Aufsichtsrecht, in: Hüttemann/Rawert/u.a. (Hrsg.), Non Profit Law Yearbook 2012/13, 2013, S. 189; *Zimmer/Raab*, Inspire Art und Stiftung, in: Walz/Kötz/u.a. (Hrsg.), Non Profit Law Yearbook 2004, S. 105.

Übersicht

A. Vorbemerkung: Voraussetzungen und Rechtsfolgen einer Sitzverlegung ins Ausland — 1

I. Satzungssitz — 1

II. Verwaltungssitz — 2

III. Aufsicht über eine inländische Stiftung mit Verwaltungssitz im Ausland — 7

B. Grundlagen

I. Norminhalt und -zweck, Verhältnis zum alten Recht — 12

II. Begründung des Regierungsentwurfs — 13

III. Bewertung, verfassungskonforme Reduktion, rechtspolitische Forderungen — 17

C. Verwaltungssitz im Inland — 21

D. Rechtsfolgen einer Verlegung des Verwaltungssitzes ins Ausland — 23

A. Vorbemerkung: Voraussetzungen und Rechtsfolgen einer Sitzverlegung ins Ausland[1]

I. Satzungssitz

1 Der Satzungssitz ist derjenige Sitz der Stiftung, der gemäß § 81 Abs. 1 Nr. 1 lit. b BGB in der Stiftungssatzung angegeben ist und nach § 85 Abs. 2 BGB nur bei einer wesentlichen Veränderung der Verhältnisse durch eine genehmigungsbedürftige Satzungsänderung verlegt werden kann. Der Satzungssitz ist **Anknüpfungspunkt für das anwendbare Landesrecht**, die Zuständigkeit der Anerkennungsbehörde (§ 80 Abs. 2 S. 1 BGB), der Aufsichtsbehörde (vgl. § 85a Abs. 3 BGB) und des Gerichtsstands (§ 17 ZPO). Eine Verlegung des Satzungssitzes ins Ausland ist zwar

1 Der Zuzug von ausländischen Stiftungen ist zwar zweifellos ebenfalls ein interessantes Thema, aber nicht Gegenstand dieser Erstauflage.

https://doi.org/10.1515/9783110251524-016

theoretisch möglich, aber nur sehr schwer umsetzbar,[2] kaum jemals genehmigungsfähig und daher von **keinerlei praktischer Bedeutung.**[3]

II. Verwaltungssitz

Als Verwaltungssitz hat der BGH für Gesellschaften den Ort definiert, an dem *„die grundlegenden Entscheidungen der Unternehmensleitung effektiv in laufende Geschäftsführungsakte umgesetzt werden“*,[4] also der **Sitz der Hauptverwaltung.** Dabei kann der Verwaltungssitz von dem zuständigen Geschäftsführungsorgan grundsätzlich im Rahmen pflichtgemäßen Ermessens frei gewählt werden.[5] Dementsprechend ist der Verwaltungssitz im Stiftungsrecht *„der Ort, an dem schwerpunktmäßig die Geschäftsführungsorgane der Stiftung tätig sind“* (Begr. Rn. 13).[6] Abseits eines entgegenstehenden Stifterwillens[7] kann der Vorstand auch im Stiftungsrecht den Verwaltungssitz im Rahmen pflichtgemäßen Ermessens **frei wählen und ändern.** Das gilt erst Recht nach Aufhebung von § 83 Satz 3 BGB a.F. Insbesondere bedarf es hierfür keiner Satzungsänderung. Vielmehr kann bereits ein bloßer Umzug des Alleinvorstands zur Verlegung des Verwaltungssitzes führen.[8] Grund für diese Liberalität ist, dass eine **Verlegung des Verwaltungssitzes im Inland nur geringe rechtliche Bedeutung** hat.[9] Insbesondere berührt sie nicht die Zuständigkeit oder die Befugnisse der Stiftungsaufsicht, die sich ja nach dem Satzungssitz richten (s.o. Rn. 1).[10] 2

Nach der im deutschen Recht und vielen ausländischen Rechtsordnungen vorherrschenden Meinung soll dies bei einer **Verlegung des Verwaltungssitzes ins Ausland** anders sein. Der sog. **Sitztheorie** zur Folge richtet sich nämlich das Gesellschaftsstatut nach dem Verwaltungssitz.[11] Damit soll einem Forum shopping entgegengewirkt werden.[12] Folge ist, dass eine Gesellschaft, die ihren Verwaltungssitz ins Ausland verlegt, ihr heimisches „Rechtskleid“ (Bsp. Schweizer AG) verliert und nach der jeweiligen ausländischen Grund- oder Auffangrechtsform (im Beispielsfall in Deutschland: OHG) behandelt wird.[13] Das gilt nur dann nicht, wenn entwe- 3

---

2 Vgl. *Mogck*, Mobilität gemeinnütziger Stiftungen in Europa durch Wandlung, 2017, 118 ff.

3 So auch *Arnold*, FS Schack, 3, 12.

4 So BGHZ 97, 269, 272.

5 MüKoBGB/*Weitemeyer*, § 81 Rn. 30, Staudinger/*Hüttemann/Rawert*, BGB, § 81 Rn. 42; BeckOK BGB/ *Backert*, § 81 Rn. 7, Erman/*Werner*, BGB, § 81 Rn. 11 sagen nur etwas zur freien Wahl und zur Änderung des Rechtssitzes, hingegen nichts zum Verwaltungssitz. Letzterer soll in Abgrenzung zum Satzungssitz von den tatsächlichen Verhältnissen abhängen, so BeckOGK BGB/*Lange*, § 81, Rn. 90, was zwar für die Einstufung als Maßnahme der Geschäftsführung spricht, aber nicht ausdrücklich gesagt wird.

6 Ebenso BeckOK BGB/*Backert*, § 81 Rn. 7; Staudinger/*Hüttemann/Rawert*, BGB, § 81 Rn. 42; MüKoBGB/*Weitemeyer*, § 81 Rn. 30.

7 Entgegen *Hüttemann/Rawert*, Beilage zu ZIP 33/2021, 1, 12, sind Rechts- und Verwaltungssitz nicht im Zweifel identisch und ihr Auseinanderfallen bedarf regelmäßig keiner entsprechenden Vorgaben des Stifters. Vielmehr bestimmt der Stifter zumeist nur den Satzungssitz. Der Verwaltungssitz ist ihm dagegen für gewöhnlich (anders etwa bei sog. Anstaltsstiftungen) und zu Recht gleichgültig.

8 *Mogck*, Mobilität gemeinnütziger Stiftungen in Europa durch Wandlung, 2017, 56; ähnlich Werner/Saenger/*Werner*, Die Stiftung, Rn. 350.

9 Nach dem Verwaltungssitz bestimmt sich allerdings die örtliche Zuständigkeit der Finanzbehörden (§ 20 AO i.V.m. § 10 AO) und diesbezüglich gibt es bekanntlich ja selbst innerhalb eines Bundeslandes erhebliche praktische Unterschiede.

10 **A.A.** *Hüttemann/Rawert*, Beilage zu ZIP 33/2021, 1, 12, die im Interesse eines einfacheren Verwaltungsvollzugs meinen, der Rechtsgedanke des § 83a BGB lasse sich auch auf die Verlegung des Verwaltungssitzes im Inland übertragen. Angesichts moderner Kommunikationsmittel ist das jedoch absurd.

11 Siehe nur zu einer Schweizer AG BGH – II ZR 158/06, NJW 2009, 289, 290 m. Anm. *Kieninger*.

12 BT-Ds. 14/8765, 10; Staudinger/*Hüttemann/Rawert*, BGB, § 81 Rn. 42; MüKoBGB/*Weitemeyer*, § 81 Rn. 30 a.E.; **a.A.** BeckOGK BGB/*Lange*, § 81 Rn. 87; Erman/*Werner*, BGB, § 81 Rn. 11.

13 BGH – II ZR 158/06, NJW 2009, 289, 291 m. Anm. *Kieninger*.

der in dem Staat, in den der Verwaltungssitz verlegt wird, die sog. **Gründungstheorie** gilt (so insb. in der Schweiz, Großbritannien, Dänemark und in den Niederlanden)[14] oder mit diesem Staat ein Abkommen besteht, wonach dieser hiesige Rechtsformen anerkennt (so mit den USA).[15] In beiden Fällen behält die Gesellschaft trotz Verlegung des Verwaltungssitzes ins Ausland ihr „Rechtskleid", weil sich das Gesellschaftsstatut weiterhin nach dem Sitz des Gründungsstaates (also dem Satzungssitz) richtet.[16]

4 Vorstehendes gilt auch im Stiftungsrecht, allerdings mit der bedeutenden Weiterung, dass es **für Stiftungen keine Grund- oder Auffangrechtsform** gibt, weswegen die Verlegung des Verwaltungssitzes unter Anwendung der Sitztheorie zur Folge hat, dass die Stiftung **ipso iure** ihre Rechtsfähigkeit verliert und **aufgelöst** wird.[17] Diesem Automatismus soll nun § 87a Abs. 2 Nr. 3 BGB zwar begegnen (s. Begr. RegE § 87a Rn. 13). Ob das rechtlich möglich ist, bleibt allerdings zu prüfen, weil die Anwendung der Sitztheorie und deren Rechtsfolgen für wegziehende Stiftungen sich ja nach dem Recht des Zuzugsstaats richtet (s. § 87a Rn. 3). Die Vorschrift hat daher wohl nur Bedeutung, wenn nach dem Recht des Zuzugsstaats (oder nach europäischem Recht, s. Rn. 3) die Gründungstheorie gilt. Wie dem auch sei: Ist infolge der Verlegung des Verwaltungssitzes ins Ausland die Auflösung oder Aufhebung der Stiftung zu besorgen, ist die Sitzverlegung grob pflichtwidrig und rechtfertigt, um das Eintreten dieser Rechtsfolge zu verhindern, die Abberufung des Stiftungsvorstands.

5 Die Anwendung der Sitztheorie hat also für Gesellschaften erhebliche und für Stiftungen im Wortsinne vernichtende Nachteile. Es ist daher nicht verwunderlich, dass sie nach der Rechtsprechung des EuGH nicht mit der **Niederlassungsfreiheit** (Art. 49 AEUV) vereinbar ist.[18] Soweit die Niederlassungsfreiheit reicht, gilt daher (zumindest der Sache nach) die Gründungstheorie. Deswegen kann es europarechtlich bei der Sitztheorie nur beim Zuzug aus Drittstaaten[19] und bei juristischen Personen ohne „Erwerbszweck" bleiben.[20] Allerdings ist der Begriff des „Erwerbszwecks" sehr weit zu verstehen. Eine gewinnorientierte Vermögensverwaltung ist ausreichend,[21] so dass Stiftungen regelmäßig in den Genuss der Niederlassungsfreit kommen. Verlegt eine Stiftung mit Satzungssitz in Deutschland ihren Verwaltungssitz nach Österreich, verliert sie daher nicht ihre Rechtsfähigkeit.[22] Davon geht wohl auch das Gesetz aus (vgl. § 87a Abs. 2 Nr. 3 BGB), was man als

---

14 *Feick/Schwalm*, NZG 2021, 334, 335.

15 BGH NJW 2003, 1607, 1608 m.w.N., für die USA folgt dies aus dem Staatsvertrag zwischen der Bundesrepublik Deutschland und den USA in Form des Freundschafts-, Handels- und Schifffahrtsvertrages vom 29.10.1954 (BGBl. II 1956, 487).

16 BGH – II ZR 157/09, NJW 2011, 844, 846; BGH NJW 2003, 1607, 1608; BGH NZG 2000, 926.

17 MüKoBGB/*Weitemeyer*, § 80 Rn. 314; Richter/*Jakob*, Stiftungsrecht, § 30 Rn. 32; **a.A.** *Arnold*, FS Schack, 3, 11 jew. m.w.N.

18 EuGH NJW 1999, 2027 (Centros); EuGH NJW 2002, 3614 (Überseering); EuGH NJW 2003, 3331 (Inspire Art).

19 BGH – II ZR 158/06, NJW 2009, 289, 290; BGH NJW 2003, 1607; BayObLG DB 2003, 819; OLG Hamburg – 11 U 231/04, NZG 2007, 597.

20 Art. 54 Abs. 2 AEUV.

21 *Mogck*, Mobilität gemeinnütziger Stiftungen in Europa durch Wandlung, 2017, 267; v. der Groeben/Schwarze/Hatje/*Tiedje*, Europäisches Unionsrecht, Art. 49 AEUV Rn. 65; *Behrens*, in: GS Walz, 13, 20 f.; *Frotscher*, in: GS Walz, 199, 201; *Zimmer/Raab*, NPLYB 2004, 105, 113; *Feick/Schwalm*, NZG 2021, 334, 338 m.w.N.; siehe auch § 15 Abs. 2 Satz 3 EStG: „Ein Gewerbebetrieb liegt (...) auch dann vor, wenn die Gewinnerzielungsabsicht nur ein Nebenzweck ist."

22 Eine Anwendung der Sitztheorie ist übrigens auch aus anderen Gründen im Stiftungsrecht nicht vertretbar, siehe *Geisler*, Die selbständige Stiftung im internationalen Privatrecht, 2008, 174 (Sinn und Zweck der Sitztheorie nicht einschlägig); ähnlich *Koehler*, Das Kollisionsrecht der Stiftungen aus Sicht des Internationalen Privat- und Verwaltungsrechts, 2011, 271 (unverhältnismäßig); *Koehler*, ebd., 290, weist zudem nach, dass auch das Interlokale Privatrecht für die Gründungstheorie spricht. Auch der BGH geht in seiner sog. Trabrennbahn-Entscheidung davon aus, dass es nicht hinnehmbar wäre, wenn die Gesellschaft infolge der Sitzverlegung ihre Rechtsfähigkeit verliere, BGH – II ZR 158/06, NJW 2009, 289, 291. Genau dazu führt aber die Anwendung der Sitztheorie im Stiftungsrecht.

„schleichenden Übergang zur Gründungstheorie“ verstehen kann.[23] Allerdings erfasst die **Niederlassungsfreiheit nur den Zuzug, nicht den Wegzug** (s. Rn. 3).[24] Die Mitgliedsstaaten sind daher europarechtlich nicht gehindert, den Wegzug zu behindern,[25] wie dies §§ 83a, 87a Abs. 2 Nr. 3 BGB im Interesse des Verwaltungsvollzuges beabsichtigen.

Von diesem Grundsatz gibt es aber nach der **Vale-Entscheidung** des EuGH[26] eine Ausnahme.[27] Lässt das Recht des Zuzugsstaates einen identitätswahrenden Formwechsel für inländische Stiftungen zu, dann ist der Zuzugsstaat verpflichtet, auch einen grenzüberschreitenden Formwechsel unter der Wahrung der Rechtsfähigkeit der Stiftung zuzulassen. In diesem Fall darf zudem der Wegzugstaat – also z.B. Deutschland – die Stiftung nicht am „Hinausformwechseln“ hindern, indem sie ihre Auflösung bzw. Aufhebung und Liquidation verlangen. Allerdings ist ein Formwechsel in aller Regel pflichtwidrig, weil ein Formwechsel regelmäßig nicht dem Stifterwillen entspricht. Daran ändert auch die Vale-Entscheidung nichts. Würde sich ein Stiftungsvorstand auf die Vale-Entscheidung berufen, dürfte und müsste die Aufsichtsbehörde ihn erforderlichenfalls abberufen, um den Formwechsel zu verhindern.[28] 6

III. Aufsicht über eine inländische Stiftung mit Verwaltungssitz im Ausland

Allerdings wurde schon bisher die Ansicht vertreten, dass eine Verlegung des Verwaltungssitzes ins Ausland regelmäßig dem Stifterwillen widerspreche und daher unzulässig sei, weil die Stiftung aufgrund des Territorialitätsprinzips im Ausland nicht mehr von einer deutschen Stiftungsaufsichtsbehörde, sondern nur noch von einer ausländischen Behörde beaufsichtigt werden könnte, die dann deutsches Recht anwenden müsste.[29] **Das ist falsch.**[30] 7

Anknüpfungspunkt der Stiftungsaufsicht ist der Satzungssitz (s.o. Rn. 1). Von einer Verlegung des Verwaltungssitzes bleibt sie daher unberührt. Das ist schon deswegen evident richtig, weil Gegenstand der Aufsicht die Stiftung und nicht ihr Vorstand ist.[31] Alle aufsichtsrechtlichen Verwaltungsakte richten sich an die Stiftung und nicht an ihren Vorstand, der lediglich zu deren Empfang bevollmächtigt (vgl. § 84 Abs. 2 S. 3 BGB) und verpflichtet ist, den aufsichtsrechtlichen Pflichten der Stiftung nachzukommen.[32] Weil sich die aufsichtsrechtlichen Maßnahmen an die Stiftung richten, wirken sie auch über nationale Grenzen hinweg bis hin zu ihrem ausländischen Verwaltungssitz, ohne dass es internationaler Amts- oder Vollstreckungshilfe bedürfte.[33] Deswe- 8

---

23 So *Feick/Schwalm*, NZG 2021, 525, 533; s. auch *dies.* NZG 2021, 334, 335 ff., 344; **a.A.** *Arnold*, FS Schack, 3, 12.

24 EuGH NJW 1989, 2186, 2188 (Daily Mail and General Trust); EuGH NJW 2002, 3614, 3615 Rn. 70 (Überseering); EuGH NJW 2003, 3331, 3333 Rn. 103 (Inspire Art); EuGH DStR 2011, 2334, 2337 Rn. 27 (National Grid IndusBV) m. Anm. *Hruschka*; *Zimmer/Raab*, NPLYB 2004, 105, 109.

25 EuGH, Urt. v. 16.12.2008 – Rs. C-210/06, ZIP 2009, 24 m. Anm. *Knopf/Mock*, ZIP 2009, 30 – Cartesio; Besprechung bei *Teichmann*, ZIP 2009, 393; *Schulz/Schröder*, EWIR 2009, 141.

26 EuGH, Urt. vom 12.7.2012 – Rs. C-378/10, ZIP 2012, 1394 m. Anm. *Mörsdorf/Jopen*, ZIP 2012, 1398 – Vale; Besprechung bei *Bayer/Schmidt*, ZIP 2012, 1481; *Roth*, ZIP 2012, 1744; *Mutter/Kruchen*, EWiR 2012, 541.

27 Darauf machen *Hüttemann/Rawert*, Beilage zu ZIP 33/2021, 1, 12 aufmerksam; ebs. *Baßler/Stöffler/Blecher*, GmbHR 2021, 1125, 1130.

28 Das übersehen *Hüttemann/Rawert*, Beilage zu ZIP 33/2021, 1, 11.

29 MüKoBGB/*Weitemeyer*, § 80 Rn. 314 m.w.N.; Staudinger/*Hüttemann/Rawert*, BGB, Vorbemerkungen zu §§ 80–88 Rn. 421; zuletzt *dies.*, Beilage zu ZIP 33/2021, 1, 11 f.

30 Kritisch zu diesem Argument auch *Feick/Schwalm*, NZG 2021, 334, 335, 340 f.

31 *Behrens* in, GS Walz, 13, 17; *Mogck*, Mobilität gemeinnütziger Stiftungen in Europa durch Wandlung, 2017, 154.

32 *Mogck*, Mobilität gemeinnütziger Stiftungen in Europa durch Wandlung, 2017, 155; MüKoBGB/Weitemeyer, § 80 Rn. 81; Richter/*v. Campenhausen/Stumpf*, Stiftungsrecht, § 13 Rn. 81.

33 *Mogck*, Mobilität gemeinnütziger Stiftungen in Europa durch Wandlung, 2017, 155; vgl. Richter/*Stumpf*, Stiftungsrecht, § 4 Rn. 101; *Theuffel-Werhahn*, SB 2019, 176 ff.

gen ist die **territoriale Beschränkung deutschen Verwaltungshandelns vorliegend unerheblich.**[34]

9 Die Stiftungsaufsicht wird regelmäßig allein **auf der Grundlage von Dokumenten** ausgeübt, welche die zuständigen Stiftungsorgane zu erstellen und der zuständigen Behörde zuzusenden haben.[35] So gesehen ist es völlig unerheblich, wo sich der Vorstand befindet. Gerade heutzutage kann eine Fernkommunikation nicht nur über die Grenzen von Bundesländern, sondern ohne Weiteres auch über Staatsgrenzen hinweg erfolgen. Dabei sind die Stiftungsorgane zur Kooperation verpflichtet und müssen daher zumindest für ihre postalische Erreichbarkeit durch die Aufsichtsbehörde Sorge tragen, auch wenn einzelne Landesstiftungsgesetze das nicht ausdrücklich vorsehen.[36]

10 Ein **schriftlicher Verwaltungsakt** kann einfach per Post oder auf elektronischem Wege (§ 41 Abs. 1, 2a VwVfG) übermittelt werden. Eine förmliche Zustellung sehen die Landesstiftungsgesetze in der Regel nicht vor, kann aber – etwa für Widerspruchsbescheide (§ 73 Abs. 3 S. 1 VwGO) – auch im Ausland erfolgen, und zwar regelmäßig schlicht durch Einschreiben mit Rückschein oder elektronisch (§ 9 Abs. 1 Nr. 1, 4 VwZG). Auch die Begründung des Regierungsentwurfs geht davon aus, dass ein Verwaltungssitz im Ausland die Behörde nicht an aufsichtsrechtlichen Maßnahmen hindert (Begr. Rn. 16).

11 Kommt der Stiftungsvorstand **beispielsweise** seinen Vorlage- und Nachweispflichten nicht gebührend nach, kann die Aufsichtsbehörde die Stiftung nach entsprechender Androhung auf deren Kosten (etwa durch eine international tätige Rechtsanwalts- oder Wirtschaftsprüfergesellschaft) prüfen lassen.[37] Die Kosten hierfür müsste im Innenverhältnis der vorsätzlich pflichtwidrig handelnde Vorstand tragen. Kommen Stiftungsorgane Anordnungen der Aufsicht nicht nach, ist zudem eine Ersatzvornahme möglich.[38] Und in ganz hartnäckigen Fällen können Organmitglieder schließlich von der Aufsichtsbehörde abberufen werden,[39] wofür sie sich ebenfalls nicht im Inland aufhalten müssen. Vielmehr kann die Aufsichtsbehörde auf diese Weise, nämlich erforderlichenfalls durch die Ersetzung des gesamten Vorstands, eine Rückverlegung des Verwaltungssitzes ins Inland bewirken. Es ist daher nicht ersichtlich, warum ein ausländischer Verwaltungssitz die Stiftungsaufsicht angeblich derart erschwert (Rn. 17), dass dies die Gebote der §§ 83a, 87a Abs. 2 Nr. 3 BGB rechtfertigt. Deswegen sind diese Vorschriften als unverhältnismäßige Eingriffe in die Rechte der Stiftungen[40] und Stifter verfassungswidrig. Ihr Anwendungsbereich ist daher durch eine verfassungskonforme Auslegung geltungserhaltend zu reduzieren (Rn. 17).

---

34 *Mogck*, Mobilität gemeinnütziger Stiftungen in Europa durch Wandlung, 2017, 155 f.; Richter/*Stumpf*, Stiftungsrecht, § 4 Rn. 101; siehe zur Geltung von Verwaltungsmaßnahmen außerhalb des Zuständigkeitsbereichts Schoch/Schneider/*Schuler-Harms*, Verwaltungsrecht Vorbemerkung § 3 Rn. 61 ff.; BeckOK VWVfG/*M. Ronellenfitsch*, § 3 Rn. 1 ff., Rn. 10.

35 *Behrens*, in: GS Walz, 13, 17.

36 Auch *Arnold*, FS Schack, 3, 11, fragt sich: *„ob eine Kontrolle durch die Stiftungsaufsicht zumindest nicht auch dann möglich ist, wenn sich der Verwaltungssitz in der EU befindet.“*

37 § 9 Abs. 3 BWStiftG; Art. 12 Abs. 3 BayStiftG; § 8 Abs. 2 S. 2 BlnStiftG; § 7 Abs. 2 S. 3 BbgStiftG; § 12 Abs. 1 BremStiftG; § 6 Abs. 1 S. 1 HamStiftG; § 12 Abs. 1, 4 HeStiftG; § 5 MVStiftG; § 11 Abs. 4 S. 2 NdsStiftG; § 7 Abs. 3 NRWStiftG; § 9 Abs. 3 RPStiftG; § 11 Abs. 4 SaarStiftG; § 7 Abs. 1 SächsStiftG; § 10 Abs. 3 S. 1 SAStiftG; § 10 Abs. 1 S. 2 SHStiftG; § 12 Abs. 3 S. 2 ThStiftG.

38 § 11 Abs. 2 BWStiftG; Art. 18 BayStiftG; § 8 Abs. 3 S. 1 BbgStiftG; § 13 Abs. 4 BremStiftG; § 6 Abs. 4 HamStiftG; § 14 Abs. 1 HeStiftG; § 6 Abs. 3 MVStiftG; § 13 Abs. 2 NdsStiftG; § 8 Abs. 3 NRWStiftG; § 9 Abs. 4 S. 4 RPStiftG; § 13 Abs. 2 SaarStiftG; § 7 Abs. 3 SächsStiftG; § 10 Abs. 6 SAStiftG; § 12 Abs. 4 S. 4 ThStiftG.

39 § 12 Abs. 1 S. 1 BWStiftG; Art. 13 S. 1 BayStiftG; § 9 Abs. 5 BlnStiftG; § 9 Abs. 1 S. 1 BbgStiftG; § 13 Abs. 3 BremStiftG; § 6 Abs. 3 S. 1 HamStiftG; § 15 Abs. 1 HeStiftG; § 7 Abs. 1 S. 1 MVStiftG; § 14 Abs. 2 NdsStiftG; § 9 Abs. 1 NRWStiftG; § 9 Abs. 5 RPStiftG; § 14 Abs. 1 SaarStiftG; § 7 Abs. 4 S. 1 SächsStiftG; § 10 Abs. 7 S. 3 SAStiftG; § 13 SHStiftG; § 12 Abs. 5 S. 3 ThStiftG.

40 Ebenso mit Blick auf die Anwendung der Sitztheorie *Feick/Schwalm*, NZG 2021, 334, 342 m.w.N.

B. Grundlagen

I. Norminhalt und -zweck, Verhältnis zum alten Recht

Die Vorschrift soll die Verlegung des Verwaltungssitzes ins Ausland generell unterbinden. Eine entsprechende Vorschrift gab es bisher nicht. Zu den Rechtsfolgen einer Sitzverlegung ins Ausland s. Rn. 23 ff. 12

II. Begründung des Regierungsentwurfs

„Stiftungen unterliegen der Stiftungsaufsicht durch die nach Landesrecht zuständigen Behörden. Wirksame Stiftungsaufsicht kann die zuständige Behörde über eine Stiftung nur ausüben, wenn die Verwaltung der Stiftung im Inland geführt wird **[Anm.: das ist falsch, s.o. Rn. 7 ff., u. Rn. 16]**. *In § 83a BGB-neu soll deshalb künftig ausdrücklich geregelt werden, dass die Verwaltung*[41] *der Stiftung im Inland geführt werden muss. Der Ort der Verwaltung der Stiftung ist der Ort, an dem schwerpunktmäßig die Geschäftsführungsorgane der Stiftung tätig sind.* 13

Diese Regelung soll für alle Stiftungen gelten, auch für Stiftungen, die einen wirtschaftlichen Erwerbszweck verfolgen und Niederlassungsfreiheit nach den Artikeln 49, 54 AEUV genießen, weil sie als Gesellschaften im Sinne des Artikels 54 AEUV anzusehen sind. Nach der Rechtsprechung des Europäischen Gerichtshofs sind Regelungen eines Mitgliedstaats, nach denen die Sitzverlegung einer nach dem Recht des Mitgliedstaats gegründeten Gesellschaft in einen anderen Mitgliedstaat bewirkt, dass die Gesellschaft im Gründungsmitgliedstaat ihre Eigenschaft als Gesellschaft nach dem Recht des Gründungsstaates verliert, vereinbar mit der Niederlassungsfreiheit nach den Artikeln 49, 54 AEUV (EuGH Cartesio C-210/06, Rn. 110).[42] 14

Wenn die zuständigen Stiftungsorgane die Verwaltung der Stiftung ins Ausland verlegen, führt dies nicht zur automatischen Auflösung oder Aufhebung der Stiftung. Eine Stiftung soll nach den §§ 87 und 87a BGB-neu nur durch einen Beschluss der zuständigen Stiftungsorgane mit Genehmigung der nach Landesrecht zuständigen Behörde aufgelöst oder durch eine Entscheidung der nach Landesrecht zuständigen Behörde aufgehoben werden können. Die Stiftungsorgane sollen nicht durch Verlegung der Stiftungsverwaltung ins Ausland die automatische Auflösung der Stiftung herbeiführen können. 15

Die nach Landesrecht zuständigen Behörden haben bei einer Verlegung des Verwaltungssitzes einer Stiftung ins Ausland zunächst darauf hinzuwirken, dass der Verwaltungssitz im Inland begründet wird. Die Behörden haben dabei die ihnen zu Gebote stehenden aufsichtsrechtlichen Maßnahmen zu nutzen, um die Einhaltung des § 83a BGB-neu durchzusetzen. Nur wenn es der Behörde mit den zur Verfügung stehenden aufsichtsrechtlichen Maßnahmen nicht innerhalb angemessener Zeit gelingt, dass die Verwaltung der Stiftung im Inland geführt wird, ist die Stiftung nach § 87a Absatz 2 Nummer 3 BGB-neu aufzuheben."[43] 16

III. Bewertung, verfassungskonforme Reduktion, rechtspolitische Forderungen

Die Begründung der Vorschrift Rn. 13 ist schlicht falsch, s. Rn. 7 ff. u. Rn. 16. Die Verlegung des Verwaltungssitzes ins Ausland macht die Stiftungsaufsicht im Allgemeinen allenfalls unbequemer, was vielleicht höhere Gebühren, aber sicher nicht die Gebote der §§ 83a, 87a Abs. 2 Nr. 3 17

41 BT-Ds. 19/28173, 52.
42 Näher dazu MüKoBGB/*Weitemeyer*, § 80 Rn. 317 m.w.N.; Staudinger/*Hüttemann*/*Rawert*, BGB, Vorbemerkungen zu §§ 80–88 Rn. 422.
43 BT-Ds. 19/28173, 53.

BGB rechtfertigt (s. Rn. 11). Die Vorschrift ist daher im Wege verfassungskonformer Auslegung geltungserhaltend zu reduzieren.

18 Eine Verlegung des Verwaltungssitzes ins Ausland ist **nur unzulässig, wenn sie dem wirklichen oder mutmaßlichen Stifterwillen widerspricht.** Das ist – abseits ausdrücklicher Anordnungen des Stifters – insbesondere anzunehmen, wenn zu besorgen ist, dass:

- die Stiftung im Zuzugsstaat aufgrund der Anwendung der Sitztheorie ihre Rechtsfähigkeit verliert (s.o. Rn. 3),
- die Stiftung im Zuzugsstaat (zusätzlich) der dort geltenden Aufsicht unterworfen wird,
- der Wegzug darauf gerichtet ist, die Stiftungsaufsicht unverhältnismäßig zu erschweren (z.B. Wegzug nach Nigeria), um pflichtwidrigem Verhalten der Stiftungsorgane Vorschub zu leisten.

19 **Rechtspolitisch** ist darauf hinzuwirken, dass

- Weg- und Zuzug gleich zu behandeln sind (Streichung von § 83a BGB; Einfügung des Wortes „pflichtwidrig" vor dem Wort „begründet" in § 87a Abs. 2 Nr. 3 BGB),
- für Stiftungen stets die Gründungstheorie gilt,
- am Satzungssitz stets eine ladungsfähige Anschrift unterhalten wird,
- im Stiftungsregister sowohl die Anschrift des Satzungs- als auch des Verwaltungssitzes (selbst letzteres ist bisher im Unterschied zu manchen Stiftungsverzeichnissen [Vor 3 § 82b Rn. 13] nicht vorgesehen) enthalten ist.

20 Wird an den §§ 83a, 87a Abs. 2 Nr. 3 BGB unverändert festgehalten, sollte die anstehende Revision der Landesstiftungsgesetze dazu genutzt werden, allen Stiftungsaufsichtsbehörden gegenüber allen Stiftungen die Befugnis einzuräumen, Organmitglieder aus wichtigem Grund abzuberufen (vgl. u. Rn. 23 f.),[44] um zu verhindern, dass diese Vorschriften dazu genutzt werden können, Stiftungen entgegen allen stiftungsrechtlichen Prinzipien in die Aufhebung zu treiben.[45]

C. Verwaltungssitz im Inland

21 Der Verwaltungssitz *„ist der Ort, an dem schwerpunktmäßig die Geschäftsführungsorgane der Stiftung tätig sind"* (Begr. RegE Rn. 13).[46] Schon ein bloßer Umzug des Alleinvorstands kann daher zu einer Verlegung des Verwaltungssitzes führen.[47] Indizien für den Verwaltungssitz sind der Ort, an dem die Vorstandssitzungen regelmäßig abgehalten und der Ort, an dem die Unterlagen der Stiftung aufbewahrt werden.[48]

22 Das Inland wird durch den Geltungsbereich des Gesetzes definiert und umfasst daher das gesamte Hoheitsgebiet der Bundesrepublik Deutschland.

D. Rechtsfolgen einer Verlegung des Verwaltungssitzes ins Ausland

23 Ist die Verlegung des Verwaltungssitzes ins Ausland pflichtwidrig (Rn. 25), hat die zuständige Aufsichtsbehörde unverzüglich einzuschreiten, und zwar indem sie den betreffenden Vorstandsmitgliedern mit deren Abberufung droht, wenn sie den Verwaltungssitz nicht unverzüglich, spä-

44 Ebenso § 6 des Musterentwurfes von *Hüttemann/Rawert*, Beilage zu ZIP 33/2021, 42.

45 *Burgard*, npoR 2021, 1, 3 (Fall 5).

46 Gleichsinnig BeckOK BGB/*Backert*, § 81 Rn. 7; Staudinger/*Hüttemann/Rawert*, BGB, § 81 Rn. 42; MüKoBGB/*Weitemeyer*, § 81 Rn. 30.

47 *Mogck*, Mobilität gemeinnütziger Stiftungen in Europa durch Wandlung, 2017, 56; ähnlich Werner/Saenger/*Werner*, Die Stiftung, Rn. 350.

48 *Mogck*, Mobilität gemeinnütziger Stiftungen in Europa durch Wandlung, 2017, 54 f.; *Mecking*, ZSt 2004, 199, 201; Scholz/*Cziupka*, GmbHG § 4a Rn. 6.

testens innerhalb von zwei Wochen, zurückverlegen. Droht der Stiftung ein Schaden, ist eine sofortige Abberufung geboten.

Allerdings steht der Behörde die Befugnis zur Abberufung von Organmitgliedern nicht in allen Ländern gegenüber allen Stiftungen zu Gebote.[49] Nach sechs Landesstiftungsgesetzen[50] kann die Behörde eine Abberufung nur verlangen, aber nicht selbst aussprechen. Und nach sieben Landesstiftungsgesetzen[51] ist die Aufsicht gegenüber privatnützigen Stiftungen, insb. Familienstiftungen insgesamt stark eingeschränkt. In all diesen Fällen kann der Stiftungsvorstand durch eine Sitzverlegung ins Ausland vorsätzlich auf eine Auflösung der Stiftung hinwirken,[52] wenn der Stifter nicht durch eine Satzungsklausel vorgesorgt hat, nach der die Mitglieder des Vorstands ihr Amt mit der Verlegung des Verwaltungssitzes der Stiftung ins Ausland verlieren. **24**

Ist die Verlegung des Verwaltungssitzes ins Ausland pflichtwidrig (Rn. 4) und erreicht die Stiftungsbehörde keine Zurückverlegung des Verwaltungssitzes ins Inland, hat sie die Stiftung gemäß § 87a Abs. 2 Nr. 3 BGB aufzuheben. Ein Ermessen steht ihr insofern nicht zu. Allerdings kann die Vorschrift nur dann zum Zuge kommen, wenn die Stiftungsaufsichtsbehörde keine Befugnis zur Abberufung des Stiftungsvorstands hat (Rn. 24), andernfalls sie die im Ausland weilenden Vorstandsmitglieder abberufen (Rn. 23) und im Inland Ansässige bestellen bzw. nach § 84c BGB vorgehen kann. **25**

---

49 Ungenau *Hüttemann/Rawert*, Beilage zu ZIP 33/2021, 43.

50 Art. 13 S. 1 BayStiftG; § 13 Abs. 3 BremStiftG; § 14 Abs. 1 S. 1 NdsStiftG; § 9 Abs. 1 S. 1 NRWStiftG; § 9 Abs. 5 RPStiftG; § 13 SHStiftG.

51 § 10 Abs. 2 BlnStiftG; § 5 Abs. 1 S. 2 HamStiftG; § 21 Abs. 2 HeStitfG; § 6 Abs. 3 NRWStiftG; § 9 Abs. 1 S. 3 RPStiftG; § 10 Abs. 3 SaarStiftG; § 19 S. 2 SHStiftG.

52 *Burgard*, npoR 2021, 1, 3 (Fall 5).

§ 83b Stiftungsvermögen

(1) [1]Bei einer Stiftung, die auf unbestimmte Zeit errichtet wurde, besteht das Stiftungsvermögen aus dem Grundstockvermögen und ihrem sonstigen Vermögen. [2]Bei einer Verbrauchsstiftung besteht das Stiftungsvermögen aufgrund der Satzung nur aus sonstigem Vermögen.

(2) Zum Grundstockvermögen gehören

1. **das gewidmete Vermögen,**
2. **das der Stiftung zugewendete Vermögen, das vom Zuwendenden dazu bestimmt wurde, Teil des Grundstockvermögens zu werden (Zustiftung), und**
3. **das Vermögen, das von der Stiftung zu Grundstockvermögen bestimmt wurde.**

(3) Der Stifter kann auch bei einer Stiftung, die auf unbestimmte Zeit errichtet wird, im Stiftungsgeschäft abweichend von Absatz 2 Nummer 1 einen Teil des gewidmeten Vermögens zu sonstigem Vermögen bestimmen.

(4) Das Stiftungsvermögen ist getrennt von fremdem Vermögen zu verwalten. Mit dem Stiftungsvermögen darf nur der Stiftungszweck erfüllt werden.

Schrifttum

Arnold, Die zivil- und steuerrechtlichen Schranken der Rücklagenbildung bei Stiftungen, NZG 2007, S. 805; *Bühner/Wallmeier*, Rechtliche und ökonomische Grundlagen der Anlage von Stiftungskapital, ZgKW 2006, S. 81; *Carstensen*, Vermögensverwaltung, Vermögenserhaltung und Rechnungslegung gemeinnütziger Stiftungen, 2. Aufl. 1996; *Fischer*, Das EuGH-Urteil Persche zu Auslandsspenden – die Entstaatlichung des Steuerstaates geht weiter, FR 2009, S. 249, *Fleischer*, Unternehmensspenden und Leitungsermessen des Vorstands im Aktienrecht, AG 2001, S. 171; *Flues*, Die Zustiftung im Zivilrecht, im Steuerrecht und in der Rechnungslegung unter Berücksichtigung der Rechtslage in Österreich und der Schweiz, 2015; *Förster*, Immer Ärger mit Nachweisen – Verfahrensprobleme bei grenzüberschreitenden Spenden, DStR 2013, S. 1516; *Fritz*, Stifterwille und Stiftungsvermögen, 2009; *Fritz/Römer*, Auf der Suche nach Substanz: Stiftungen und Sachwerte, ZStV 2012, S. 86; *Geinoz*, Zustiften statt Stiften, in: Jakob (Hrsg.), Perspektiven des Stiftungsrechts in der Schweiz und in Europa, 2010, S. 61; *Helios/Strehlke*, Aktuelle europarechtliche Aspekte des grenzüberschreitenden Spendenabzugs – Unter besonderer Berücksichtigung von FG Düsseldorf, Urteil vom 14.1.2013, npoR 2013, S. 209; *Henss*, Die Krise als Chance – Empfehlungen zur Struktur des liquiden Stiftungsvermögens, ZSt 2004, S. 83; *Herfurth*, Zuwendungen von Todes wegen an eine gemeinnützige Körperschaft, in: Wachter (Hrsg.), FS Spiegelberger, 2009, S. 1285; *Hippeli*, Anlegergerechte Beratung von Stiftungen – Stand und Folgerungen aus den aktuellen Entwicklungen 2015, ZStV 2014, S. 121; *Holtwiesche*, Der Stiftungsvorstand bei der Vermögensverwaltung, 2017; *Hüttemann*, Das Buchwertprivileg bei Sachspenden nach § 6 Abs. 1 Nr. 4 S 5 EStG, DB 2008, S. 1590; *ders.*, Steuerliche Behandlung von Spenden in den Vermögensstock einer Stiftung, DB 2008, S. 2164; *ders.*, Grenzüberschreitender Spendenabzug, IStR 2010, S. 118; *ders.*, Stiftungs- und gemeinnützigkeitsrechtliche Rahmenbedingungen der Vermögensanlage von steuerbegünstigten Stiftungen, (Teil 1) WM 2016, S. 625 und (Teil 2) WM 2016, S. 673; *Hüttemann/Helios*, Zum grenzüberschreitenden Spendenabzug nach dem EuGH-Urteil Persche, DB 2009, S. 701; *Hüttemann/Schön*, Vermögensverwaltung und Vermögenserhaltung im Stiftungs- und Gemeinnützigkeitsrecht, 2007; *Jakob/Uhl*, Der Swiss Foundation Code und seine bisherige Rezeption im Stiftungswesen, AJP 2015, S. 270; *Kollhosser*, Pflichtteilsergänzungspflichtige Schenkung bei unentgeltlicher Zuwendung an Stiftung, Anmerkung zu BGH, Urteil vom 10.12.2003 – IV ZR 249/0, ZEV 2004, S. 117; *Lange*, Stiftungszweck als Rechtsgrund für unentgeltliche Zuwendungen?, ZErb 2010, S. 137; *Lehmann*, Spendenbilanzierung nach IDW-Standard RS HFA 21 – Zwischen Anspruch und Wirklichkeit, in: Hüttemann/Rawert/*K.* Schmidt/Weitemeyer (Hrsg.), Yearbook 2012/2013, 2013, S. 139; *Muscheler*, Das Wesen der Zustiftung, WM 2008, S. 1669; *Neidenbach*, Zustiftung aus rechtsgeschäftlicher Sicht, 2016; *Orth*, Verluste gemeinnütziger Stiftungen aus Vermögensverwaltung, DStR 2009, S. 1397; *ders.*, Zum Ausweis von Zuwendungen in das Vermögen einer gemeinnützigen Stiftung, npoR 2016, S. 189; *Orth*, Neuregelungen der Ausgestaltung und Entstehung einer Stiftung, ihres Vermögens und des Stiftungsregisters, MDR 2021, S. 1225; *Rawert*, Charitable Correctness – Das OLG Dresden zu Spenden und Pflichtteilsergänzung, NJW 2002, S. 3151; *ders.*, Zivilrechtsfragen des Spendens, in: Walz/Hüttemann/u.a. (Hrsg.), Non Profit Law Yearbook 2005, 2006, S. 165; *ders.*, Kapitalerhöhung zu guten Zwecken – Die Zustiftung in der Gestaltungspraxis, DNotZ 2008, S. 5; *ders.*, Die Zustiftung – Zugleich ein Beitrag zur Lehre vom funktionalen Stiftungsbegriff, in: Jakob (Hrsg.), Perspektiven des Stiftungsrechts in der Schweiz und Europa, 2010, S. 23; *Reuter*, Die Zustiftung im Recht der selbständigen Stiftung, npoR 2009, S. 55; *Richter/Eichler*, Änderungen des Spendenrechts aufgrund des Gesetzes zur weiteren Stärkung des bürgerschaftlichen Engagements, FR 2007, S. 1037; *Schau-*

https://doi.org/10.1515/9783110251524-017

hoff, Wertberichtigungen im Stiftungsvermögen, DStR 2004, S. 471; *Schwake*, Kapital und Zweckerfüllung bei Unternehmensstiftungen, 2008; *Schwarz*, Unveräußerlichkeitsklauseln in Stiftungssatzungen – Zu den Grenzen der Vermögensgegenstandsbindung bei der Unternehmensstiftung, ZSt 2004, S. 101; *Trappe*, Die Zweckverfolgung und unentgeltliche Zuwendung von Stiftungserträgen – Die Stiftungssatzung als causa, in: Andrick/Hellmig/u.a. (Hrsg.), Die Stiftung – Jahreshefte zum Stiftungswesen 2010, S. 69; *Trappe*, Die Zustiftung im Zivil- und Steuerrecht, in: Andrick/Hellmig/u.a. (Hrsg.), Die Stiftung – Jahreshefte zum Stiftungswesen, 2014, S. 63; *Wagner/Walz*, Zweckerfüllung gemeinnütziger Stiftungen durch zeitnahe Mittelverwendung und Vermögenserhaltung. Eine ökonomische und rechtliche Analyse, 1997; *Walz/H. Fischer*, Grund und Grenzen von Thesaurierungsverboten im Stiftungs- und Gemeinnützigkeitsrecht, in: Walz/Kötz/u.a. (Hrsg.), Non Profit Law Yearbook 2004, 2005, S. 159; *Weitemeyer*, Spenden als verdeckte Gewinnausschüttungen?, in: Martinek/Rawert/u.a. (Hrsg.), FS Reuter 2010, S. 1201; *dies./Wrede*, Zeitgemäße Verwaltung des Stiftungsvermögens im zinslosen Umfeld, npoR 2017, 91; *A. Werner*, Die Zustiftung – Eine rechtsdogmatische Untersuchung unter besonderer Berücksichtigung aufsichtsrechtlicher Genehmigungsvorbehalte und Anzeigepflichten, 2003.

S. ferner die Literaturhinweise zu § 83c.

Übersicht

A. Grundlagen

I. Norminhalt und -zweck — 1

II. Verhältnis zum alten Recht — 4

III. Begründung des Regierungsentwurfs — 5

IV. Bewertung — 21

B. Stiftungsvermögen — 22

C. Sonstiges Vermögen — 24

D. Grundstockvermögen — 28

E. Zustiftungen und Spenden (Zuwendungen) — 30

F. Umwidmung von Vermögensbestandteilen

I. Zulässigkeit (Admassierungsverbote) — 37

II. Umwidmung von sonstigem Vermögen in Grundstockvermögen — 41

III. Umwidmung von Grundstockvermögen in sonstiges Vermögen — 42

G. Hybridstiftungen (Teilverbrauchsstiftung) — 44

H. Allgemeine Grundsätze der Vermögensverwaltung — 49

I. Vorgaben des Stifters hinsichtlich der Vermögensanlage — 62

A. Grundlagen

I. Norminhalt und -zweck

Absatz 1 und 2 sind Definitionsnormen, die bestimmen, was unter den Begriffen: 1
- Stiftungsvermögen,
- Grundstockvermögen,
- Sonstiges Vermögen und
- Zustiftung

zu verstehen ist. Dabei wird der Begriff des Grundstockvermögens und seine Besonderheiten gegenüber dem sonstigen Vermögen allerdings erst durch § 83c Abs. 1 BGB so richtig deutlich.

Absatz 3 erlaubt die Errichtung von sog. **Hybridstiftungen**, d.h. von Mischformen zwischen Ewigkeits- und Verbrauchsstiftungen. 2

Absatz 4 enthält zwei **allgemeine Grundsätze** zur Verwaltung und Verwendung des Stiftungsvermögens, die für alle Arten von Stiftungen gelten. Dagegen bezieht sich § 83c BGB aus- 3 weislich seiner Überschrift ausschließlich auf die Verwaltung des Grundstockvermögens und findet daher auf Verbrauchsstiftungen keine Anwendung, s. Abs. 1 S. 2.

II. Verhältnis zum alten Recht

4 Die Vorschrift hat **kein Vorbild** im bisher geltenden Recht. Zwar ist die Unterscheidung zwischen dem zu erhaltenden Grundstockvermögen und dem sonstigen Vermögen ebenso wenig neu wie die Definition der Zustiftung revolutionär. Die Schwierigkeit besteht jedoch darin, dass das Gesetz bei dieser Grobeinteilung nicht stehen bleibt, sondern an **verschiedene Vermögensbestandteile ganz unterschiedliche Rechtsfolgen** knüpft, was zu deren unterschiedlicher Behandlung zwingt (näher Rn. 24 ff.). Das wird in der Praxis einigen Verdruss bereiten. Abseits davon bleibt jedoch der Grundsatz, dass alles erlaubt ist, was nicht verboten ist, unberührt. Das ist wichtig, weil die Vorschrift einerseits nicht abschließend ist, was sich schon daran zeigt, dass sie zum Beispiel weder Spenden noch Rückstellungen oder Rücklagen erwähnt. Andererseits ist etwa die Formulierung von Absatz 4 Satz 2 zu eng geraten: Selbstverständlich dürfen beispielsweise weiterhin Mittel des Stiftungsvermögens i.S.d. § 58 Nr. 6, 7, 10 AO verwendet werden.

III. Begründung des Regierungsentwurfs

5 *„§ 83b BGB-neu enthält grundlegende Regelungen zur Zusammensetzung des Stiftungsvermögens bei Stiftungen, die auf unbestimmte Zeit errichtet wurden, und für Verbrauchsstiftungen sowie zur Verwaltung des Stiftungsvermögens. Unter Stiftungsvermögen ist das gesamte Vermögen einer Stiftung zu verstehen, das sich aus verschiedenen Vermögensmassen zusammensetzen kann.*

6 ***Zu Absatz 1:*** *§ 83b Absatz 1 BGB-neu regelt die Zusammensetzung des Stiftungsvermögens bei Stiftungen, die auf unbestimmte Zeit errichtet wurden, und bei Verbrauchsstiftungen.*

7 ***Zu Satz 1:*** *§ 83b Absatz 1 Satz 1 BGB-neu bestimmt, dass das Stiftungsvermögen einer Stiftung, die auf unbestimmte Zeit errichtet wurde, aus Grundstockvermögen und ihrem sonstigen Vermögen besteht. § 83b Absatz 2 BGB-neu bestimmt, welche Vermögensgegenstände zum Grundstockvermögen gehören, und damit mittelbar auch welche Vermögensgegenstände als sonstiges Vermögen der Stiftung anzusehen sind. Sonstiges Vermögen der Stiftung sind alle Vermögensgegenstände, die nicht zum Grundstockvermögen gehören.*

8 ***Zu Satz 2:*** *§ 83b Absatz 1 Satz 2 regelt die Zusammensetzung des Stiftungsvermögens von Verbrauchsstiftungen. Verbrauchsstiftungen haben nur sonstiges Vermögen. Grundstockvermögen wird bei Verbrauchsstiftungen nicht gebildet. Bei Verbrauchsstiftungen wird durch die Satzung bestimmt, dass das gesamte Vermögen der Stiftung, einschließlich des gewidmeten Vermögens, sonstiges Vermögen ist, das zur Erfüllung des Stiftungszwecks zu verbrauchen ist.*

9 ***Zu Absatz 2:*** *§ 83b Absatz 2 BGB-neu enthält Regelungen über die Zusammensetzung des Grundstockvermögens, das nach § 83b Absatz 1 BGB-neu nur bei auf unbestimmte Zeit errichteten Stiftungen gebildet wird. Zum Grundstockvermögen einer auf unbestimmte Zeit errichteten Stiftung gehören nach § 83b Absatz 2 BGB-neu das gewidmete*[1] *Vermögen, Zustiftungen und Vermögen, das die Stiftung zu Grundstockvermögen bestimmt hat. Die Verwaltung des Grundstockvermögens richtet sich nach den gesetzlichen und satzungsmäßigen Vorgaben. Für Grundstockvermögen, das durch Zustiftung erworben oder von der Stiftung selbst gebildet wurde, gelten dieselben gesetzlichen Regelungen wie für das vom Stifter gewidmete Grundstockvermögen. Es unterliegt dem Erhaltungsgebot nach § 83c Absatz 1 Satz 1 BGB-neu. Die Stiftung kann auch das von ihr selbst geschaffene Grundstockvermögen nicht mehr für die Erfüllung des Stiftungszwecks verbrauchen. Durch die Satzung können ergänzende Regelungen zur Verwaltung des Grundstockvermögens oder von Teilen*

1 BT-Ds. 19/28173, 53.

des Grundstockvermögens getroffen werden. Diese müssen aber mit dem Grundsatz der Vermögenserhaltung vereinbar sein.

Zu Nummer 1: *Nach § 83b Absatz 2 Nummer 1 BGB-neu wird das gesamte vom Stifter im Stif-* 10 *tungsgeschäft gewidmete Vermögen (§ 81 Absatz 1 Nummer 2 BGB) zum Grundstockvermögen jeder auf unbestimmte Zeit errichteten Stiftung, soweit der Stifter in der Errichtungssatzung nicht bestimmt, dass das Teile des gewidmeten Vermögens auch für die Zweckerfüllung verbraucht werden können.*

Zu Nummer 2: *Zu Grundstockvermögen werden nach § 83b Absatz 2 Nummer 2 BGB-neu auch* 11 *alle Zustiftungen. Zustiftungen werden legaldefiniert als Vermögen, das der bestehenden Stiftung zugewendet wird und das vom Zuwendenden dazu bestimmt wurde, Teil des Grundstockvermögens der Stiftung zu werden. Zuwendender kann der Stifter oder ein Dritter sein. Eine Stiftung darf eine Zustiftung annehmen, wenn der Stifter in der Errichtungssatzung die Annahme von Zustiftungen nicht ausgeschlossen hat und die Zustiftung sich auch unter Berücksichtigung etwaiger mit ihr verbundener Auflagen im Rahmen einer Gesamtbetrachtung positiv auf die Erfüllung des Stiftungszwecks auswirkt.*

Zu Nummer 3: *Grundstockvermögen kann auch dadurch entstehen, dass die Stiftung sonsti-* 12 *ges Vermögen, insbesondere Erträge, die nicht zwingend für die Erfüllung des Stiftungszwecks verwendet werden müssen, zu Grundstockvermögen bestimmt. Dazu können die Stiftungsorgane durch die Satzung verpflichtet sein, wenn zum Beispiel der Stifter in der Satzung bestimmt hat, dass ein bestimmter Prozentsatz der Erträge zur Erhöhung des Grundstockvermögens verwendet werden soll. Enthält die Satzung keine Bestimmungen, haben die zuständigen Stiftungsorgane nach pflichtgemäßem Ermessen zu entscheiden, inwieweit sie sonstiges Vermögen zu Grundstockvermögen bestimmen. Sie haben dabei die nach § 83c Absatz 1 BGB-neu bestehende Vermögenserhaltungspflicht zu beachten, müssen aber auch darauf achten, dass die Stiftung ihren Zweck mit dem Stiftungsvermögen erfüllen soll.*

Zu Absatz 3: *Der Stifter kann nach § 83b Absatz 3 BGB-neu im Stiftungsgeschäft auch bei* 13 *Stiftungen, die auf unbestimmte Zeit errichtet werden, Teile des gewidmeten Vermögens in der Errichtungssatzung zu sonstigem Vermögen bestimmen. Stiftungen werden durch solche Satzungsbestimmungen nicht zu Verbrauchsstiftungen. Sie bleiben Stiftungen, die ihren Zweck auf unbestimmte Zeit dauernd und nachhaltig erfüllen sollen. Diese Stiftungen können ihren Zweck aber nicht nur mit den Nutzungen aus dem Teil des gewidmeten Vermögens erfüllen, das zu sonstigem Vermögen bestimmt wurde. Das gewidmete Vermögen, das zu sonstigem Vermögen bestimmt wurde, können sie grundsätzlich auch für die Zweckerfüllung verbrauchen.*

Der Stifter kann in der Satzung festlegen, wie das sonstige Vermögen zu verwenden ist, insbe- 14 *sondere unter welchen Voraussetzungen es verbraucht werden darf. Regelt die Satzung dazu nichts, steht die Verwendung des sonstigen Vermögens zur Erfüllung des Stiftungszwecks im pflichtgemäßen Ermessen der zuständigen Stiftungsorgane. Dies gilt auch für steuerbegünstigte Stiftungen. Anders als die Nutzungen aus dem Vermögen unterliegt das gewidmete Vermögen, das der Stifter zu sonstigem Vermögen bestimmt hat, nicht dem Gebot der zeitnahen Mittelverwendung nach § 55 Absatz 1 Nummer 5 AO, da es von der Ausnahmeregelung in § 62 Absatz 3 Nummer 2 AO erfasst wird. Das gewidmete Vermögen dient der Ausstattung der Stiftung mit Vermögen, unabhängig davon, ob das gewidmete Vermögen erhalten werden muss oder auch für den Zweck verbraucht werden darf.*

In welchem Umfang der Stifter das gewidmete Vermögen im Stiftungsgeschäft zu sonstigem 15 *Vermögen bestimmen kann, hängt von der Höhe des gewidmeten Vermögens und vom Stiftungszweck ab. Für die Prognose, ob*[2] *die dauernde und nachhaltige Erfüllung des Stiftungszwecks gesichert erscheint, kommt es nur auf das Grundstockvermögen der Stiftung an* **[Anm. d. Verf.: Das ist nicht richtig, s. Rn. 46 f.]**. *Das gewidmete Vermögen, das zu Grundstockvermögen wird, muss so hoch sein, dass es die dauernde und nachhaltige Erfüllung des Stiftungszwecks auch noch ge-*

2 BT-Ds. 19/28173, 54.

währleisten kann, wenn das sonstige Vermögen für die Erfüllung des Stiftungszwecks verbraucht wurde **[Anm. d. Verf.: Das ist falsch s. Rn. 46]**.

16 ***Zu Absatz 4:*** *§ 83b Absatz 4 BGB-neu enthält einige grundlegende und zwingende Regelungen* **[Anm. d. Verf.: Das gilt nur für Satz 1.]** *zur Verwaltung und Verwendung des Stiftungsvermögens. Diese Regelungen gelten sowohl für das Grundstockvermögen als auch für das sonstige Vermögen der Stiftung.*

17 ***Zu Satz 1:*** *Das Stiftungsvermögen ist nach § 83b Absatz 4 Satz 1 BGB-neu getrennt von fremdem Vermögen zu verwalten. Die für die Vermögensverwaltung zuständigen Organmitglieder der Stiftung oder Vermögensverwalter, die das Stiftungsvermögen im Auftrag der Stiftung verwalten, müssen das Stiftungsvermögen so verwalten, dass immer klar erkennbar ist, was das Stiftungsvermögen ist. Für die Stiftung müssen eigene Bankkonten geführt werden. Vermögensgegenstände der Stiftung dürfen nicht mit fremden Vermögensgegenständen untrennbar vermischt oder vermengt werden.*

18 *Für die Verwaltung des Vermögens der Stiftung gilt wie für andere Geschäftsführungsmaßnahmen der Sorgfaltsmaßstab des § 84a Absatz 2 Satz 1 BGB-neu. Auch bei der Anlage des Stiftungsvermögens müssen die zuständigen Organmitglieder die Sorgfalt eines ordentlichen Geschäftsführers anwenden. Für die Anlage von Stiftungsvermögen gibt es keine konkreten Anlageregelungen, wie zum Beispiel für Mündelvermögen. Es sind auch keine gesetzlichen Verbote für bestimmte Anlageformen vorgesehen. Inwieweit bestimmte Anlagen, wie zum Beispiel bestimmte Aktien oder Anteile an bestimmten Investmentfonds, für eine konkrete Stiftung geeignet sind, ist regelmäßig eine Einzelfallentscheidung. Bei der Verwaltung des Stiftungsvermögens ist zu beachten, dass der Teil des Stiftungsvermögens, der Grundstockvermögen ist, ungeschmälert zu erhalten ist und dass daraus Nutzungen gezogen werden müssen, um den Stiftungszweck erfüllen zu können. Aus der Satzung können sich weitere Anforderungen an die Verwaltung des Stiftungsvermögens oder einzelner Vermögensgegenstände ergeben.*

19 *Die zuständigen Stiftungsorgane haben, wenn sie nicht durch Satzungsbestimmungen oder bestehende Anlagerichtlinien anderer Stiftungsorgane gebunden sind, bei der Anlage von Stiftungsvermögens einen weiten Ermessensspielraum. Sie können sich bei Entscheidungen über die Anlage des Vermögens wie bei anderen Geschäftsführungsentscheidungen auf die sogenannte Business-Judgement-Rule berufen. Stiftungsorgane, die bei der Verwaltung des Stiftungsvermögens unter Beachtung der gesetzlichen und satzungsgemäßen Vorgaben gehandelt haben und vernünftigerweise annehmen durften, auf der Grundlage angemessener Informationen zum Wohle der Stiftung zu handeln, haften der Stiftung für eintretende Vermögensverluste nicht. Nach § 84a Absatz 2 Satz 2 BGB-neu liegt in solchen Fällen schon keine Verletzung von Pflichten aus dem Bestellungsverhältnis oder dem Anstellungsvertrag vor, die Voraussetzung für eine Haftung der Organmitglieder nach § 280 Absatz 1 BGB sind.*

20 ***Zu Satz 2:*** *§ 83b Absatz 4 Satz 2 BGB-neu stellt klar, dass das Stiftungsvermögen nur zur Erfüllung des Stiftungszwecks verwendet werden darf. Das ergibt sich bereits aus der nach § 80 Absatz 1 BGB-neu für Stiftungen typischen Verknüpfung von Zweck und Vermögen. Das Stiftungsvermögen ist das Mittel zur Erfüllung des Stiftungszwecks und darf nur der Zweckerfüllung dienen.“*[3]

IV. Bewertung

21 Die Vorschrift ist im Grunde **überflüssig.** Sie bietet keine Antworten, sondern wirft nur Fragen auf, die sich ohne sie nicht stellen würden. Zudem sind die §§ 83b f. BGB keineswegs abschließend,[4] was ihr Verständnis und ihre Handhabung weiter erschwert. Ein neues Dorado für Berater.

3 BT-Ds. 19/28173, 55.
4 So auch *Orth* in Orth/Uhl, Stiftungsrechtsreform 2021, Rn. 376.

B. Stiftungsvermögen

Unter dem Begriff „Stiftungsvermögen" versteht das Gesetz **das gesamte Vermögen** einer Stiftung. Nach Absatz 1 S. 1 besteht das Stiftungsvermögen einer auf unbestimmte Zeit errichteten Stiftung aus dem (nach § 83c Abs. 1 S. 1 BGB zu erhaltenden) Grundstockvermögen und dem (verbrauchbaren) sonstigen Vermögen. Nach S. 2 besteht dagegen das Stiftungsvermögen von Verbrauchsstiftungen *„aufgrund der Satzung"* nur aus sonstigem Vermögen. Mit den Worten *„aufgrund der Satzung"* soll wohl nur gesagt sein, dass sich die Eigenschaft der Stiftung, eine Verbrauchsstiftung zu sein, aus der Satzung ergeben muss. Das ist freilich nach § 81 Abs. 2 BGB ohnehin klar. Und dass Verbrauchsstiftungen (anders als die nach § 80 Abs. 1 S. 2 BGB verbotenen Zeitstiftungen, dort Rn. 86) kein zu erhaltendes Grundstockvermögen haben können, folgt schon aus ihrer Natur als Verbrauchsstiftung. Die Worte *„aufgrund der Satzung"* sind also überflüssig. 22

Wenngleich Verbrauchsstiftungen nach Absatz 1 Satz 2 kein Grundstockvermögen haben, kann in der Satzung bestimmt werden, dass der Stiftungszweck zunächst nur mit den Nutzungen des gewidmeten Vermögens, Umschichtungsgewinnen und Spenden verfolgt werden soll und mit dem Verbrauch des Vermögens erst nach Ablauf einer bestimmten Zeit oder mit Eintritt eines gewiss eintretenden Ereignisses begonnen werden darf (vgl. Begr. Rn. 8; hier sog. **umgekehrte Hybridstiftung auf bestimmte Zeit"**, näher § 80 Rn. 95). 23

C. Sonstiges Vermögen

Der Begriff „sonstiges Vermögen" ist neu. Er wurde bisher in Wissenschaft und Praxis nicht oder zumindest nicht in relevantem Umfang verwendet.[5] Zudem fehlt eine gesetzliche Definition des Begriffs „sonstiges Vermögen". In der Begründung des RegE heißt es dazu schlicht (Rn. 7): *„Sonstiges Vermögen der Stiftung sind alle Vermögensgegenstände, die nicht zum Grundstockvermögen gehören."* **Zum sonstigen Vermögen gehören** daher: 24

- (1.) das vom Stifter gewidmete Vermögen, das er zum Verbrauch bestimmt hat (Abs. 1 S. 2, Abs. 3),
- (2.) die Nutzungen (§ 100 BGB) des Stiftungsvermögens, und zwar sowohl die Nutzungen des Grundstockvermögens als auch des sonstigen Vermögens,
- (3.) Umschichtungsgewinne, und zwar ebenfalls sowohl die Umschichtungsgewinne des Grundstockvermögens als auch des sonstigen Vermögens,
- (4.) das von den Stiftungsorganen (insb.) nach § 83c Abs. 2 und 3 BGB zum Verbrauch bestimmte Grundstockvermögen,
- (5.) alles übrige Vermögen der Stiftung, das nicht zum Grundstockvermögen gehört (z.B. Rückstellungen und Rücklagen) sowie
- (6.) alle übrigen Zuflüsse (z.B. Eintrittsgelder, Verkaufserlöse) außer Surrogate des Grundstockvermögens und Zustiftungen.[6]

Innerhalb dieser verschiedenen Vermögensbestandteile sind allerdings **höchst unterschiedliche Restriktionen** zu beachten. So dürfen die Stiftungsorgane das zum Verbrauch bestimmte sonstige Vermögen (Absatz 1 Satz 2, Absatz 3) nicht in Grundstockvermögen umwandeln. Denn: Verbrauchsstiftungen dürfen kein Grundstockvermögen bilden und bei Hybridstiftungen bedeutet die Umwandlung von zum Verbrauch gewidmeten sonstigem Vermögen in Grundstockvermögen grundsätzlich einen Verstoß gegen den Stifterwillen (Rn. 27). Und weiter: Nutzungen des Grundstockvermögens sind nach § 83c Abs. 1 S. 2 BGB in erster Linie für die Verfolgung des Stiftungszwecks zu verwenden, was einer Umwandlung in Grundstockver- 25

5 *Schiffer/Pruns/Schürmann*, Die Reform des Stiftungsrecht, § 7 Rn. 12.
6 Ebs. *Mehren* in Schauhoff/Mehren, Stiftungsrecht 2022, Kap. 7 Rn. 19, die auch von der Stiftung treuhänderisch gehaltenes Vermögen (z.B. einer unselbstständigen Stiftung) hierher zählt.

mögen (Abs. 2 Nr. 3) Grenzen setzt, s. Rn. 39. Bei Nutzungen aus dem sonstigem Vermögen besteht diese Begrenzung nicht. Bei Umschichtungsgewinnen aus dem Grundstockvermögen ist § 83c S. 3 BGB einzuhalten, nicht dagegen bei Umschichtungsgewinnen aus dem sonstigen Vermögen. Umschichtungsverluste aus dem Grundstockvermögen sind nach Möglichkeit auszugleichen. Bei Umschichtungsverlusten aus dem sonstigen Vermögen besteht keine solche Rechtspflicht. Ähnlich ist das von den Stiftungsorganen nach § 83c Abs. 2 und 3 BGB zum Verbrauch bestimmte Grundstockvermögen wiederaufzufüllen. *Roth* weist zudem zu Recht darauf hin, dass man zwischen verbrauchs*pflichtigen* sonstigen Vermögen (= grds. Nutzungen des Grundstockvermögens, Spenden, Zuschüsse und Projektrücklagen) und verbrauch*baren* sonstigen Vermögen (das verbraucht werden darf, aber nicht muss) unterscheiden kann und muss (so auch Begr. RegE § 83c Rn. 5).[7] Gemeinnützigkeitsrechtlich ist zudem zu identifizieren, welche Bestandteile des sonstigen Vermögens dem Gebot der zeitnahen Mittelverwendung (§ 55 Abs. 1 Nr. 5 AO) und welche dessen Ausnahmen (§ 62 AO) unterliegen.[8]

26 Im Blick auf diese Unterschiede ist **zu dokumentieren, welche Vermögensgegenstände zu welchem Vermögensteil gehören.**[9] Insbesondere ist strikt zwischen dem Grundstockvermögen und dem sonstigen Vermögen zu trennen, weil sie nicht nur hinsichtlich ihres Erhalts, sondern auch hinsichtlich von Nutzungen und Umschichtungsgewinnen ganz anders zu behandeln sind. Dabei ist die erforderliche Trennung nicht nur summenmäßig (z.B. 300T Grundstockvermögen, 100T sonstiges Vermögen), sondern gegenständlich (z.B. Depot-Nr. 123 Grundstockvermögen, Depot-Nr. 456 sonstiges Vermögen) zu dokumentieren. Diese Trennung und Dokumentation müssen alle Stiftungen bis zum Inkrafttreten des Gesetzes vornehmen, was auch entsprechende Beschlüsse der zuständigen Organe erfordert. Lediglich Verbrauchsstiftungen sind davon nicht betroffen, weil ihr gesamtes Vermögen früher oder später zu verbrauchen ist.

27 Das Problem wird an **Beispielen** deutlich. Erzielt die Stiftung im vorigen Exempel aus dem Grundstockvermögen 3000 Euro Zinsen, aus dem sonstigen Vermögen dagegen 6000 Euro, weil sie das sonstige Vermögen erheblich risikoreicher anlegt, dann hat der Vorstand die 3000 Euro nach § 83c Abs. 1 S. 2 BGB für den Stiftungszweck zu verausgaben, wohingegen er die 6000 Euro auch in Grundstockvermögen umwandeln (Abs. 2 Nr. 3) darf. Oder: Sind 20T des Grundstockvermögens in Aktien angelegt, die ihren Wert vollständig verlieren, kann der Vorstand diesen Verlust nicht einfach dem sonstigen Vermögen zuschreiben; denn das bedeutet eine Umwandlung von sonstigem Vermögen in Grundstockvermögen. Dazu ist der Vorstand zwar nach Abs. 2 Nr. 3 grundsätzlich befugt, nicht aber etwa bei einer Hybridstiftung, bei der das vom Stifter gewidmete sonstige Vermögen grundsätzlich gerade nicht in Grundstockvermögen umgewandelt werden darf (u. Rn. 48).

D. Grundstockvermögen

28 Die Zusammensetzung des Grundstockvermögens definiert Absatz 2. Dazu gehört nach dem Gesetzeswortlaut:
- das vom Stifter gewidmete Vermögen (Nr. 1),
- Zustiftungen (Nr. 2) und
- das Vermögen, das von der Stiftung zu Grundstockvermögen bestimmt wurde (Nr. 3).

29 Diese Aufzählung ist allerdings **weder genau, noch abschließend.**[10] Das vom Stifter gewidmete Vermögen gehört nämlich nur insoweit zum Grundstockvermögen, als es nicht von ihm nach Absatz 3 zum Verbrauch bestimmt wurde. Außerdem gehören zum Grundstockvermögen Surro-

7 *Roth*, npoR 2021, 80, 84.
8 *Kraus* in Schauhoff/Mehren, Stiftungsrecht 2022, Kap. 6 Rn. 99 ff.; *Mehren*, ebd., Kap. 7 Rn. 20.
9 Dahingehend auch *Mehren* in Schauhoff/Mehren, Stiftungsrecht 2022, Kap. 7 Rn. 4.
10 **A.A.** *Hüttemann*/*Rawert*, Beilage zu ZIP 33/2021, 1, 13, die die Aufzählung für abschließend halten.

gate und Umschichtungsgewinne aus dem Grundstockvermögen, soweit sie nach § 83c Abs. 1 S. 3 BGB nicht für den Stiftungszweck verwendet werden dürfen.

E. Zustiftungen und Spenden (Zuwendungen)

Zustiftungen sind nach Abs. 2 Nr. 2 Vermögenszuwendungen, die vom Zuwendenden – das kann der Stifter oder ein Dritter sein – dazu bestimmt wurden, **Teil des Grundstockvermögens** der Stiftung zu werden. Verbrauchsstiftungen dürfen daher Zustiftungen in diesem Sinne[11] grundsätzlich nicht annehmen, weil sie kein Grundstockvermögen bilden dürfen. Selbstverständlich dürfen Verbrauchsstiftungen jedoch Zuwendungen (Spenden) für ihr sonstiges Vermögen annehmen. Sollten solche Zuwendungen als „Zustiftung" bezeichnet werden, gilt der Grundsatz falsa demonstratio non nocet, es sei denn, dass der Zustiftende tatsächlich ersichtlich eine Erhaltung der Zuwendung i.S.d. § 83c Abs. 1 S. 1 BGB wünscht. Das ist durch Auslegung zu ermitteln. Sollte tatsächlich eine Zustiftung im Rechtssinne beabsichtigt sein, ist diese abzulehnen, es sei denn, sie wäre derart großzügig bemessen, dass eine **Umwandlung der Verbrauchsstiftung in eine Hybridstiftung** nach § 85 Abs. 2 BGB in Betracht kommt, s. § 85 Rn. 89 a.E. 30

Stiftungen auf unbestimmte Zeit dürfen Zuwendungen immer annehmen, wenn nicht ausnahmsweise der wirkliche (insb. entgegenstehende Satzungsbestimmung) oder der mutmaßliche **Stifterwille entgegensteht** (s. auch u. Rn. 35).[12] Einer Satzungsermächtigung bedarf es hierfür nicht (Begr. RegE Rn. 11). Der mutmaßliche Stifterwille steht der Annahme von Zuwendungen nicht entgegen, wenn sich die Zuwendung auch unter Berücksichtigung etwaiger mit ihr verbundener besonderer Auflagen oder Belastungen nicht negativ auf die Stiftung, insbesondere auf ihr Vermögen oder die Erfüllung ihres Zwecks auswirkt (die umgekehrte Formulierung der Begr. RegE Rn. 11 ist zu eng).[13] So will beispielsweise die Annahme einer denkmalgeschützten Immobilie gut überlegt sein. Auch die Person des Zuwendenden kann der Annahme einer Zustiftung oder Spende entgegenstehen.[14] Eher theoretisch ist der Fall, dass eine Zuwendung derart überproportional groß ist, dass die Stiftung durch ihre Annahme ein anderes Gepräge bekäme.[15] Dann würde die Annahme der Zustiftung zusätzlich eine Satzungsänderung nach § 85 Abs. 2 BGB voraussetzen. 31

Nach verbreiteter Meinung soll die Annahme einer Zustiftung einerseits ein Grundlagengeschäft sein, weswegen die Annahme nicht ohne Weiteres (?) von der Geschäftsführungsbefugnis des Vorstandes gedeckt sei.[16] Andererseits wird aber weder eine Satzungsermächtigung noch – abseits besonderer Umstände – eine Satzungsänderung vorausgesetzt oder zumindest die Einhaltung des für Satzungsänderungen vorgesehenen Verfahrens (wenigstens intern wie – je nach Satzungsgestaltung – etwa ein erhöhtes Quorum oder Zustimmung eines anderen Stiftungsorgans) verlangt. Zwar führt die Annahme einer Zustiftung zu einer Erhöhung des Grundstockvermögens. Dessen Höhe ist jedoch (anders als das Stamm- oder Grundkapital im Kapitalgesellschaftsrecht) für gewöhnlich aufgrund seiner völlig anderen Bedeutung **weder formeller noch materieller Satzungsbestandteil** (vgl. § 81 Abs. 1 und dort Rn. 49 sowie § 85 Abs. 2 BGB). Die Annahme einer Zustimmung bedarf daher auch keiner Genehmigung seitens der Aufsichtsbe- 32

---

11 Wenn die bisher h.M. die Annahme von Zustiftungen an Verbrauchsstiftungen zu Recht für unproblematisch zulässig hielt, dann deswegen, weil die Zustiftung danach schlicht Teil der zu verbrauchenden Mittel der Stiftung wurde, Staudinger/*Hüttemann*/*Rawert*, BGB, Vorbemerkungen zu §§ 80–88 Rn. 366; m.a.W. hat sich materiell nichts verändert. Allein die gesetzliche Definition des Begriffs Zustiftung ist enger.

12 *Hüttemann*/*Rawert*, Beilage zu ZIP 33/2021, 1, 14.

13 So schon nach bisherigem Recht Staudinger/*Hüttemann*/*Rawert*, BGB, Vorbemerkungen zu §§ 80–88 Rn. 374.

14 *Schiffer*/*Pruns*/*Schürmann*, § 7 Rn. 9.

15 *Burgard*, Gestaltungsfreiheit, 501 f.; Staudinger/*Hüttemann*/*Rawert*, BGB, Vorbemerkungen zu §§ 80–88 Rn. 381.

16 Staudinger/*Hüttemann*/*Rawert*, BGB, Vorbemerkungen zu §§ 80–88 Rn. 373; MüKoBGB/*Weitemeyer*, § 80 Rn. 258.

hörde.[17] Allerdings gibt es Fälle, in denen die Annahme einer Zustiftung ausnahmsweise eine Satzungsänderung voraussetzt, s.o. Rn. 30 u. Rn. 31 jew. a.E. und u. Rn. 35.

33 **Vertragstypologisch** sind Zustiftungen[18] und Spenden[19] Schenkungen (§§ 516 ff. BGB). Bei dieser Qualifikation bleibt es bei Spenden, die ohne Bindung an den Stiftungszweck zugewendet werden und daher auch zur Deckung von Verwaltungskosten verwendet werden dürfen. Soll die Spende dagegen nur für den Stiftungszweck aufgewendet werden, ist zu unterscheiden. Bei Kleinspenden (unter 500 €) und anonymen Spenden ist regelmäßig davon auszugehen, dass der Spender die Spende nicht zurückfordern würde, wenn er wüsste, dass die Spende versehentlich nicht für den Stiftungszweck, sondern zur Deckung von Verwaltungskosten ausgegeben wurde. In diesem Fall handelt es sich um eine bloße „Wunschschenkung",[20] bei der die Nichtbeachtung des Wunsches keine Rechtsfolge auslöst.[21] Bei mittelgroßen Spenden (unter 5.000 €) handelt es sich dagegen regelmäßig wenigstens um Zweckschenkung, die nach § 812 Abs. 1 S. 2 Alt. 2 BGB zurückgefordert werden können, wenn sie zweckwidrig verausgabt werden.[22] Bei großen Spenden ist hingegen von einer Schenkung unter Auflage (§ 525 BGB) auszugehen, deren Einhaltung klageweise durchgesetzt werden kann. Auch Zustiftungen sind regelmäßig (Ausnahme: anonyme Zustiftungen und Kleinbeträge) Auflagenschenkungen. Bei Zustiftungen bezieht sich die Auflage auf die Zuführung der Zuwendung zu dem Grundstockvermögen. Erfolgt die Zuwendung letztwillig, handelt es sich um eine Erbeinsetzung oder ein Vermächtnis unter Auflage. Unter Lebenden unterliegen Zuwendungen der Formvorschrift des § 518 BGB, deren Nichteinhaltung jedoch regelmäßig nach § 518 Abs. 2 BGB geheilt wird.[23]

34 Mit der Annahme einer Zustiftung wird das zugestiftete Vermögen Teil des Grundstockvermögens, sonstige Zuwendungen (Spenden) werden Teil des sonstigen Vermögens. Allerdings können Zuwendungen (Zustiftungen und Spenden) mit besonderen **Auflagen** verbunden sein, insbesondere mit der Auflage, dass sie nur für einen von mehreren Stiftungszwecken verwendet werden dürfen.[24] Manche Autoren meinen, dass durch eine Zustiftung, die mit einer derartigen Auflage versehen ist, eine unselbständige Stiftung entstünde.[25] Das ist jedoch lebensfremd und nur dann anzunehmen, wenn weitere Anhaltspunkte (z.B. eigener Name)[26] deutlich für einen solchen Parteiwillen sprechen.[27] Ansonsten ist nicht einmal die Einrichtung eines besonderen Bankkontos erforderlich, sondern nur eine klare buchhalterische Trennung, so dass erforderlichenfalls eine auflagengerechte Verwendung der Mittel nachgewiesen werden kann. Das entspricht der gängigen Praxis im kirchlichen Raum.

---

17 *Hüttemann/Rawert*, Beilage zu ZIP 33/2021, 1, 14.

18 Richter/*Godron*, Stiftungsrecht, § 7 Rn. 2; Staudinger/*Hüttemann/Rawert*, BGB, Vorbemerkungen zu §§ 80–88 Rn. 366; MüKoBGB/*Weitemeyer*, § 80 Rn. 252; *Reuter*, npoR 2009, 55, 58 f.; *Rawert*, DNotZ 2008, 5, 7; **a.A.** *Muscheler*, WM 2008, 1669 (Mitstiftung).

19 RGZ 71, 140, BGH NJW 2004, 1382, 1383; ausführlich dazu *Rawert*, NPLYB 2005, 165 ff.

20 MüKoBGB/*Koch*, § 525 Rn. 8; Staudinger/*Chiusi*, BGB, § 525 Rn. 44 ff.

21 **A.A.** MüKoBGB/*Weitemeyer*, § 80 Rn. 254 (auch in diesem Fall liegt eine Zweckschenkung); ähnlich wie hier *Rawert*, NPLYB 2005, 165, 178 (konkludenter Verzicht auf den Anspruch auf Vollzug der Auflage). Dabei betont *Rawert*, ebd., zu Recht, dass der Spender gleichwohl nicht völlig wehrlos ist, sondern sich bei einer Spendenfehlverwendung an die zuständigen Ordnungsbehörden wenden kann (s. etwa § 9 Sammlungsgesetz für Rheinland-Pfalz).

22 Zur Einordnung als Schenkung ausführlich BGHZ 157, 178 = NJW 2004, 453; zur Rückforderung einer Zweckschenkung BGH – X ZR 80/11, NJW-RR 2013, 618, 619.

23 MüKoBGB/*Weitemeyer*, § 80 Rn. 252; BeckOGK BGB/*Geibel*, § 80 Rn. 649.

24 Nach MüKoBGB/*Weitemeyer*, § 80 Rn. 258 dürfen solche Zustiftungen grds. nicht angenommen werden, weil der Stifter regelmäßig eine gleichmäßige Förderung der Stiftungszwecke wünsche. Letzteres ist zwar richtig. Noch mehr wünscht sich der Stifter aber eine möglichst intensive Förderung der Stiftungszwecke.

25 Staudinger/*Hüttemann/Rawert*, BGB, Vorbemerkungen zu §§ 80–88 Rn. 376 ff.

26 MüKoBGB/*Weitemeyer* § 80 Rn. 256.

27 Soll unter dem Dach der Stiftung eine unselbständige Stiftung mit eigener Identitätsausstattung geführt werden, ist besonders sorgfältig zu prüfen, ob das dem mutmaßlichen Stifterwillen entspricht.

Ist mit einer Spende eine zweckfremde Auflage verbunden, darf sie nicht angenommen werden. Bei einer Zustiftung ist dagegen zu prüfen, ob eine Zweckerweiterung nach § 85 Abs. 2 BGB zulässig und mit dem mutmaßlichen Stifterwillen vereinbar wäre.[28] Beides setzt zumindest voraus, dass die Zustiftung derart bedeutend ist, dass in ihrer Annahme eine wesentliche Veränderung der Verhältnisse zu erblicken ist. Wäre danach eine Zweckerweiterung zulässig (was sich empfiehlt, mit der Aufsichtsbehörde abzuklären), steht die Annahme der Zustiftung im pflichtgemäßen Ermessen der zuständigen Stiftungsorgane, das allerdings auf Null reduziert sein kann, wenn anzunehmen ist, dass der Stifter die Zustiftung angenommen oder abgelehnt hätte.[29] 35

Zuständig für die Annahme von Zuwendungen ist der **Vorstand als Vertretungsorgan.** Ist die Annahme ausnahmsweise unzulässig, fehlt ihm dafür aber selbst dann nicht die Vertretungsmacht,[30] wenn das Annahmeverbot ausdrücklich in der Satzung geregelt ist, es sei denn, dass die Satzung das Annahmeverbot ausdrücklich als Beschränkung der Vertretungsmacht formuliert,[31] was so gut wie nie vorkommen dürfte 36

F. Umwidmung von Vermögensbestandteilen

I. Zulässigkeit (Admassierungsverbote)

Absatz 2 Nr. 3 enthält keine Aussagen zu der Zulässigkeit einer Umwidmung von sonstigem Vermögen in Grundstockvermögen. Dem setzt jedoch das stiftungsrechtliche und das steuerrechtliche Admassierungsverbot Grenzen. 37

Steuerrechtliches Admassierungsverbot: Nach § 55 Nr. 5 AO haben gemeinnützige Stiftungen ihre Mittel grundsätzlich (**Ausnahme:** jährliche Einnahmen von weniger als 45.000 Euro) zeitnah für ihre steuerbegünstigten Zwecke zu verwenden. Mittel in diesem Sinne sind bei Stiftungen ihr gesamtes Vermögen mit Ausnahme des vom Stifter gewidmeten Vermögens (selbst wenn es sich um sonstiges Vermögen handelt, Begr. RegE Rn. 14)[32] und von Umschichtungsgewinnen.[33] Insbesondere die Nutzungen des Stiftungsvermögens sind daher zeitnah zu verwenden. Eine zeitnahe Mittelverwendung verlangt, dass die Mittel spätestens in den auf den Zufluss folgenden zwei Kalender- bzw. Wirtschaftsjahren für die steuerbegünstigten satzungsmäßigen Zwecke verwendet werden. Dieses Gebot der zeitnahen Mittelverwendung wird für Rücklagen i.S.d. § 62 Abs. 1, 2 AO und für Zuwendungen i.S.d. § 62 Abs. 3 AO durchbrochen.[34] Bei steuerbegünstigten Stiftungen kommt daher eine Umwidmung von sonstigem Vermögen in Grundstockvermögen nur in den Grenzen des § 62 AO sowie hinsichtlich von Umschichtungsgewinnen in Betracht. 38

Stiftungsrechtliches Admassierungsverbot: Stiftungsrechtlich gibt es zwar kein Gebot der zeitnahen Mittelverwendung (Rn. 14). Es besteht aber ein **starkes Spannungsverhältnis** zwischen dem Gebot der ungeschmälerten Erhaltung des Grundstockvermögens (§ 83c Abs. 1 S. 1 BGB) und dem Gebot der Erfüllung des Stiftungszwecks mit dessen Nutzungen (§ 83c Abs. 1 39

---

28 **A.A.** auf Grundlage des alten Rechts MüKoBGB/*Weitemeyer*, § 80 Rn. 256; Staudinger/*Hüttemann*/*Rawert*, BGB, Vorbemerkungen zu §§ 80–88 Rn. 382.

29 Zu der Frage, wie damit umzugehen ist, wenn der Zustifter Einfluss auf die Mittelvergabe erlangen möchte oder gar Mitglied in einem Stiftungsorgan werden will: Staudinger/*Hüttemann*/*Rawert*, BGB, Vorbemerkungen zu §§ 80–88 Rn. 383 ff. (für eine ggf. notwendige Satzungsänderung wäre allerdings nunmehr § 85 Abs. 2 oder 3 BGB zu prüfen). Dort (Rn. 387 ff.) auch zu Gestaltungsvorschlägen für Stiftungen, die auf das Einwerben von Zustiftungen angelegt sind (Bsp. Bürgerstiftungen).

30 **A.A.** MüKoBGB/*Weitemeyer*, § 80 Rn. 260.

31 BGH NJW-RR 1996, 866; BGH, StiftRspr. III., 118; OLG Nürnberg – 12 W 882/15, MDR 2015, 961, 962.

32 *Hüttemann*/*Rawert*, Beilage zu ZIP 33/2021, 1, 14; *Hüttemann*, Gemeinnützigkeits- und Spendenrecht, Rz. 5.153 f.

33 *Hüttemann*, Gemeinnützigkeits- und Spendenrecht, Rz. 5.160.

34 *Hüttemann*, Gemeinnützigkeits- und Spendenrecht, Rz. 5.190.

S. 2 BGB);[35] denn insbesondere bei Kapitalstiftungen fehlt jeder Euro, der zum Erhalt des Grundstockvermögens gespart wird, bei der Verfolgung des Stiftungszwecks. Umschichtungsgewinne zählen allerdings nicht zu dem Begriff der Nutzungen i.S.d. § 83c S. 2 BGB i.V.m. § 100 BGB,[36] weswegen in erster Linie Umschichtungsgewinne zum Erhalt des Stiftungsvermögens zu verwenden (§ 83c Abs. 1 S. 3 BGB), d.h. gemäß Abs. 2 Nr. 3 umzuwidmen, sind (§ 83c Rn. 55).[37] Nutzungen dürfen dagegen nur zum Erhalt des Grundstockvermögens verwendet werden, soweit Zustiftungen und Umschichtungsgewinne nicht einmal zu dessen nomineller Erhaltung ausreichen, aber keinesfalls über den Betrag hinaus, der zu einer realen Kapitalerhaltung erforderlich ist (was ggf. durch eine Kapitalerhaltungsrechnung zu belegen ist). Eine darüberhinausgehende Erhöhung des Grundstockvermögens ist stiftungsrechtlich nur mit Zustiftungen und Umschichtungsgewinnen zulässig, soweit letztere nach pflichtgemäßen Ermessen nicht ebenfalls zu einer dauernden und nachhaltigen Zweckverfolgung einzusetzen sind. Außerdem ist eine Vollthesaurierung nur ausnahmsweise für höchstens drei Jahre (vgl. § 62 Abs. 4 AO)[38] zulässig. Reicht dies nicht aus, um das Grundstockvermögen (z.B. nach Verlusten) nominell wiederaufzufüllen, ist gleichwohl die Verfolgung des Stiftungszwecks wiederaufzunehmen.

40 Das steuerrechtliche Admassierungsverbot (Rn. 38) steht ohnehin nicht zur **Disposition des Stifters**, wenn die Stiftung gemeinnützig sein soll. Aber auch das stiftungsrechtliche Admassierungsverbot (Rn. 39) ist nur eingeschränkt disponibel. Zwar kann der Stifter die Stiftungsorgane in der Satzung verpflichten, einen bestimmten Prozentsatz der Erträge zur Erhöhung des Grundstockvermögens zu verwenden (§ 83c Rn. 34). Dadurch darf die Stiftung aber erstens nicht zu einer verkappten Selbstzweckstiftung werden.[39] Und zweitens ist eine solche Anordnung bei der Lebensfähigkeitsprognose (§ 82 Rn. 17 ff.) zu berücksichtigen. Letzteres gilt auch für eine Bestimmung, wonach Umschichtungsgewinne dem Grundstockvermögen zuzuführen sind. Allerdings: Ist eine statutarisch angeordnete Thesaurierung anfänglich zulässig, lässt sie aber infolge einer negativen Ertragsentwicklung später keine dauernde und nachhaltige Zweckverfolgung mehr zu, so ist die Thesaurierung auszusetzen, bis sie wieder zulässig wird. Einer Satzungsänderung bedarf es hierfür nicht. Vielmehr steht die entsprechende Satzungsbestimmung implizit unter dem Vorbehalt einer solchen geltungserhaltenden Reduktion.

II. Umwidmung von sonstigem Vermögen in Grundstockvermögen

41 Die Umwidmung von sonstigem Vermögen in Grundstockvermögen erfolgt gemäß § 83b Abs. 2 Nr. 3 BGB. Sie bewirkt, dass das (ehemals) sonstige Vermögen nunmehr dem **Erhaltungsgebot des § 83c Abs. 1 S. 1 BGB** unterliegt. Deswegen muss die Umwidmung dokumentiert werden, um die verschiedenen Vermögensmassen voneinander trennen zu können (o. Rn. 26). Einer Satzungsänderung bedarf es hierfür nicht, weil das Grundstockvermögen kein materieller Bestandteil der Stiftungsverfassung ist, vgl. §§ 81 Abs. 1 Nr. 1, 85 Abs. 2, S. 2 BGB.

---

35 Siehe zum Spannungsverhältnis beim Gebot der Vermögenserhaltung: BeckOK BGB/*Backert*, § 80 Rn. 8; vgl. MüKoBGB/*Weitemeyer*, § 81 Rn. 39; ausführlich BeckOGK BGB/*Jakob*/ *M. Uhl*, § 80 Rn. 134 f. m.w.N.; Staudinger/ *Hüttemann*/*Rawert*, BGB, § 86 Rn. 29.

36 Vgl. MüKoBGB/*Stresemann*, § 100 Rn. 6 f.

37 *Hüttemann*/*Rawert*, Beilage zu ZIP 33/2021, 1, 14.

38 Die Vorschrift ist natürlich nicht unmittelbar einschlägig. Ihr ist aber die gesetzliche Wertung zu entnehmen, dass eine Vollthesaurierung für den Zeitraum von drei Jahren noch nicht gegen das Verbot der Selbstzweckstiftung verstößt.

39 Ebenso *Hüttemann*/*Rawert*, Beilage zu ZIP 33/2021, 1, 14.

III. Umwidmung von Grundstockvermögen in sonstiges Vermögen

§ 83b Abs. 2 Nr. 3 BGB handelt nur von der Umwidmung von sonstigem Vermögen in Grundstockvermögen (also sozusagen einer Kapitalerhöhung aus Stiftungsmitteln). Die Möglichkeit einer Umwidmung von Grundstockvermögen in sonstiges Vermögen ist aufgrund des Gesetzes nur zeitlich beschränkt nach **§ 83c Abs. 2 und 3 BGB** möglich. Allerdings kann der Stifter in der **Stiftungssatzung** einer „Ewigkeitsstiftung" nicht nur sonstiges Vermögen widmen. Er kann auch gewiss oder ungewiss eintretende Ereignisse definieren, unter denen die zuständigen **Stiftungsorgane ermächtigt** werden, Grundstockvermögen in sonstiges Vermögen dauerhaft umzuwandeln. Die Stiftung wird dadurch zur Hybridstiftung. Da das Grundstockvermögen kein materieller Satzungsbestandteil ist, bedarf es hierfür, wie § 83b Abs. 2 Nr. 3 BGB zeigt, keiner Satzungsänderung. Eine solche Klausel ist allerdings bei der Lebensfähigkeitsprognose zu berücksichtigen (s. auch Rn. 40 und 46). **42**

Ferner kann der Stifter gemäß § 85 Abs. 4 S. 2 und S. 3 BGB in der Satzung Umstände definieren, unter denen eine „Ewigkeitsstiftung" in eine Verbrauchstiftung umzuwandeln ist, hier sog. **„umgekehrte Hybridstiftung"**, näher § 80 Rn. 95 ff., § 85 Rn. 89. **43**

G. Hybridstiftungen (Teilverbrauchsstiftung)

Absatz 3 stellt klar, dass – wie bisher[40] – auch Hybridstiftungen anerkennungsfähig sind. Hybridstiftungen werden zwar auf unbestimmte Zeit errichtet. Das ihnen gewidmete Vermögen besteht aber nicht nur aus Grundstockvermögen, sondern auch aus sonstigen Vermögen (weswegen sie auch als Teilverbrauchsstiftung bezeichnet werden). Eine solche Bestimmung soll nach Absatz 3 nur im Rahmen des Stiftungsgeschäfts möglich sein. Allerdings lässt § 85 Abs. 1 Satz 4 BGB unter den dort genannten Voraussetzungen auch die Umwandlung einer „Ewigkeitsstiftung" in eine Verbrauchsstiftung zu. Als Minus dazu ist nach dieser Vorschrift daher auch die Umwandlung in eine Hybridstiftung zulässig (näher § 85 Rn. 89). **44**

Hybridstiftungen sind eine gute Möglichkeit, die **Zweckförderung** in ertragsschwachen Jahren **zu verstetigen** und auf außergewöhnliche Situationen reagieren zu können, ohne dem Wiederaufstockungsgebot des § 83c Abs. 2 BGB zu unterliegen (dazu § 83c Rn. 52). **45**

Für die **Lebensfähigkeitsprognose** (§ 82 Rn. 17) soll es nach der Begründung des Regierungsentwurfs allerdings nur auf das Grundstockvermögen ankommen. Danach muss das Grundstockvermögen so hoch sein, dass eine dauernde und nachhaltige Erfüllung des Stiftungszwecks selbst dann noch gewährleistet erscheint, nachdem das sonstige Vermögen für die Erfüllung des Stiftungszwecks verbraucht wurde (vgl. Begr. Rn. 13).[41] Das ist falsch. Das Gesetz verlangt nicht, dass Stiftungen, die auf unbestimmte Zeit errichtet wurden, tatsächlich in der Lage sind, „ewig" zu existieren. Der Ausdruck „Ewigkeitsstiftung" ist insofern irreführend. Vielmehr verlangt § 82 Satz 1 BGB lediglich eine dauernde und nachhaltige Erfüllung des Stiftungszwecks, wobei § 82 Satz 2 BGB einen Zeitraum von 10 Jahren genügen lässt. Bei Hybridstiftungen ist daher eine Gesamtschau von Grundstockvermögen, sonstigem Vermögen und Anordnungen des Stifters anzustellen. **46**

Beispiel: Das gewidmete Vermögen beträgt 500.000 Euro. Der Stifter bestimmt, dass die Stiftung alljährlich 10.000 Euro zur Zweckverfolgung verausgaben soll. Darüber hinaus gehende Erträge (Nutzungen, Umschichtungsgewinne und -verluste) sollen, soweit steuerlich zulässig, in eine Kapitalerhaltungsrücklage fließen, die aufgebraucht werden muss, wenn die Erträge weniger als 10.000 Euro betragen. Ist die Rücklage aufgebraucht und sind die Erträge geringer als 10.000 Euro p.a., soll das gewidmete Vermögen bis zur Grenze von 100.000 Euro verbraucht **47**

---

40 MüKoBGB/*Weitemeyer*, § 81 Rn. 40; Staudinger/*Hüttemann*/*Rawert*, BGB, § 81 Rn. 65; BeckOGK BGB/*Roth*, § 80 Rn. 295.

41 Ebenso *Hüttemann*/*Rawert*, Beilage zu ZIP 33/2021, 1, 15.

werden. Werden also nur 4.000 Euro als Ertrag erzielt, werden 6.000 Euro dem sonstigen gewidmeten Vermögen entnommen. Ist das Gesamtvermögen der Stiftung auf das Grundstockvermögen i.H.v. 100.000 Euro abgeschmolzen, soll die Stiftung in eine Verbrauchsstiftung umgewandelt werden. Auf diese Weise existiert die Stiftung wenigstens 50 Jahre lang, theoretisch aber auch ewig (deswegen handelt es sich um eine Stiftung auf unbestimmte Zeit). Zugleich ist gesichert, dass sie jährlich einen signifikanten Betrag für die Zweckverfolgung ausgeben kann.

48 Wie das sonstige Vermögen zu verwenden ist und unter welchen Voraussetzungen es wie verbraucht werden soll oder darf, kann der Stifter frei festlegen. Tut er das nicht, entscheiden die zuständigen Stiftungsorgane nach pflichtgemäßen Ermessen (Begr. RegE Rn. 14). Allerdings dürfen sie **das gewidmete sonstige Vermögen grundsätzlich nicht in Grundstockvermögen** gemäß Abs. 2 Nr. 3 umwidmen, da dies dem Stifterwillen widersprechen würde. Dies ist nur unter den Voraussetzungen des § 85 Abs. 2 BGB zuzulassen, beispielsweise, weil das Grundstockvermögen hohe Verluste erlitten hat, die anders nicht ausgeglichen werden können. Erträge und Umschichtungsgewinne des gewidmeten sonstigen Vermögens können dagegen nach pflichtgemäßem Ermessen umgewidmet werden.

H. Allgemeine Grundsätze der Vermögensverwaltung[42]

49 Absatz 4 stellt zwei Selbstverständlichkeiten klar, die dementsprechend sowohl für das Grundstockvermögen als auch für das sonstige Vermögen der Stiftung gelten und die für die Stiftungsorgane zwingend sind (Begr. RegE Rn. 16). Nach Satz 1 gilt auch im Stiftungsrecht das **Trennungsgebot bzw.** umgekehrt das **Vermischungsverbot.** Das Stiftungsvermögen darf nicht untrennbar mit anderem Vermögen vermischt werden. Deswegen sind nicht nur getrennte Bankkonten zu führen (Begr. RegE Rn. 17). Vielmehr sind auch sog. „Waschkorblagen" zu vermeiden. Erforderlich ist eine ordnungsgemäße Buchführung,[43] so dass sich jeder beliebige Dritte jederzeit einen Überblick über die Vermögenslage der Stiftung verschaffen könnte. Wie der Stiftungsvorstand diesem Gebot genügt, steht dagegen in seinem pflichtgemäßen Ermessen, wenn die Stiftung kein Kaufmann i.S.d. § 1 HGB ist (dann gelten die §§ 238 ff. HGB) und weder die Stiftungssatzung noch die Landesgesetze besondere Bestimmungen enthalten.

50 Klar ist grundsätzlich auch, wie Satz 2 festhält, dass mit dem Stiftungsvermögen **nur der Stiftungszweck** erfüllt werden darf. Fraglich ist allerdings, was das im Einzelnen bedeutet. Folgendes wird man sagen können:

51 Selbstverständlich dürfen weiterhin Mittel des Stiftungsvermögens i.S.d. **§ 58 Nr. 6, 7 und 10 AO** verwendet sowie Rückstellungen und Rücklagen gebildet werden.

52 Selbstverständlich zulässig sind ferner **Verwaltungsausgaben**, soweit sie der Stiftungsvorstand nach pflichtgemäßem Ermessen für erforderlich halten darf.[44] Die Stiftung darf aber niemanden durch zweckfremde Ausgaben oder durch unverhältnismäßig hohe Vergütungen begünstigen. Das folgt für gemeinnützige Stiftungen schon aus § 55 Abs. 1 Nr. 3 AO.[45] Tätigkeitsvergütungen, zu denen auch Aufwandspauschalen für Zeiteinsatz gehören, müssen ausnahmslos in der Satzung verankert sein, § 84a Abs. 1 S. 3 BGB. Dazu zählen auch vermögenswerte Leistungen, wie das zur Verfügung stellen von Autos, Mobiltelefonen oder Laptops zum (auch) privaten Gebrauch (wofür bei allen mobilen Geräten eine tatsächliche Vermutung spricht). Unverhältnismäßige und unangemessene **Repräsentationsaufwendungen** sind ver-

---

42 S. hierzu auch *Stürner*, DStR 2015, 1628, 1629; vgl. ferner *Orth*, in: Orth/Uhl, Stiftungsrechtsreform 2021, Rn. 390.

43 Zur Rechnungslegung von Stiftungen: Staudinger/*Hüttemann*/*Rawert*, BGB, § 86 Rn. 49 ff.; MüKoBGB/*Weitemeyer*, § 86 Rn. 42; s. ausführlich Richter/*Spiegel*, Stiftungsrecht, § 19, Rn. 1 ff.; *Berndt*, ZStV 2013, 201; *Hüttemann*, DB 2013, 1561; *Hüttemann*, NPLYB 2012/2013, 81, 88; *Doll*/*Koss*, WPg 2013, 805.

44 MüKoBGB/*Weitemeyer*, § 86 Rn. 38; Richter/*Godron*, Stiftungsrecht, § 7 Rn. 29.

45 Näher BFH – VR 5/17, DStR 2020, 1837, insbes. 1841, Rn. 43, 46; *Arnold*, FS Smid, 2022, 3 ff.; auch *Windeknecht* in Schauhoff/Mehren, Stiftungsrecht 2022, Kap. 6 Rn. 37.

boten, angemessene hingegen erlaubt, soweit sie dem Ansehen der Stiftung dienen und nicht schaden.[46] Gemeinnützigen Stiftungen frommt insofern allerdings vor allem Sparsamkeit. Nur in diesem Rahmen – also zum Schutz des Ansehens der Stiftung – sind **Spenden** an andere gemeinnützige Organisationen außerhalb des Stiftungszwecks im Einzelfall (z.B. zur aktuellen Katastrophenhilfe) erlaubt (Stichwort: Corporate Social Responsibility, CSR), soweit der wirkliche oder mutmaßliche Stifterwille nicht entgegensteht.[47]

Die **Anlage des Stiftungsvermögens** muss zwar nicht dem Stiftungszweck entsprechen – 53
das wäre vielfach gar nicht möglich – darf sich aber nicht zu ihm in Widerspruch setzen. Eine Tierschutz-Stiftung darf daher ihr Geld nicht in Unternehmen anlegen, die Tierversuche durchführen, und eine Naturschutzstiftung nicht in Frackingunternehmen investieren.[48] Gemeinnützige Stiftungen sollten zudem nachhaltige Investments bevorzugen, zumal angesichts der „CSR-Bewegung" nicht nachhaltig arbeitende Unternehmen am Kapitalmarkt zusehends Nachteile erleiden und daher nachhaltige Anlagestrategien schon heute einen Renditevorteil erzielen. Generell zu meiden sind ferner Investments, die für die Stiftung zu Ansehensverlusten führen können.

Grundsätzlich unzulässig sind auch Investments, die insbesondere nicht dazu dienen: 54
- das Vermögen oder den Ertrag der Stiftung zu stärken,
- ihren Zweck zu verfolgen (sog. mission related investments)[49]
- Anlagerichtlinien oder sonstige Vorgaben des Stifters (dazu Rn. 63) zu befolgen oder
- in einem angemessenen und verhältnismäßigen Rahmen das Ansehen der Stiftung zu steigern (z.B. Vermietung von Wohnungen zu verbilligten Preisen an Bedürftige),
- sondern zweck- und/oder sachfremden Erwägungen folgen.

Zweckfremde und/oder sachfremde Erwägungen sind solche, die nicht ausschließlich von 55
den vorgenannten vier, sondern auch oder gar überwiegend von anderen Motiven getragen sind wie z.B. persönliche Vorlieben (z.B. Förderung der heimischen Wirtschaft) oder Abneigungen (z.B. keine Investitionen in Unternehmen, die Geschäftsbeziehung zu Donald Trump unterhalten), persönliche Beziehungen, namentlich Gefälligkeiten, oder irrationale Erwägungen wie etwa dem sog. Super Bowl-Indikator. Deswegen darf der Vorstand auch kein Investment vornehmen (auch nicht vornehmen lassen), dessen Risiko und dessen Chancen er selbst nicht derart gut versteht, dass er sie einem Dritten jederzeit zutreffend erklären könnte. Das alles folgt auch aus dem Gebot, auf der Grundlage angemessener Informationen zum Wohle der Stiftung zu handeln (vgl. § 84a Abs. 2 S. 2, dort Rn. 21, 25).

Ferner haben die zuständigen Stiftungsorgane bei der Anlage des Stiftungsvermögens die 56
Sorgfalt eines ordentlichen Geschäftsführers anzuwenden (§ 84a Abs. 2 S. 1, dort Begr. RegE Rn. 8). Abseits besonderer Vorgaben des Stifters (dazu Rn. 40) haben sie daher die **anerkannten Grundsätze ordnungsgemäßer Vermögensverwaltung** zu beachten. Sog. Klumpenrisiken sind deswegen grundsätzlich zu vermeiden.[50] Vielmehr ist die Anlage des Stiftungsvermögens sowohl zwischen als auch innerhalb der verschiedenen Anlageklassen ausreichend zu diversifizieren.[51] Die sog. **Portfoliotheorie** zeigt nämlich, dass eine sachgerechte Diversifizierung das Anlagerisiko unter das Durchschnittsrisiko der einzelnen Anlagen drückt, ohne die Renditechance im Vergleich mit der durchschnittlich erwartbaren Rendite der Einzeltitel zu verschlechtern. Die Portfoliotheorie gehört heutzutage zu den gesicherten Erkenntnissen und Erfahrungen,

---

46 MüKoBGB/*Weitemeyer*, § 86 Rn. 38; Krieger/Schneider/*Burgard*, Hdb Managerhaftung, § 6 Rn. 6.14; Richter/*Godron*, Stiftungsrecht, § 6 Rn. 158.

47 MüKoBGB/*Weitemeyer*, § 86 Rn. 41; *Hüttemann*, DB 2016, 429 ff.; *Kirchhain*, DStR 2013, 2141, 2145 f.

48 MüKoBGB/*Weitemeyer*, § 86 Rn. 37; BeckOGK BGB/*Jakob*/*M. Uhl*, § 80 Rn. 136.

49 Staudinger/*Hüttemann*/*Rawert*, BGB, § 86 Rn. 33; MüKoBGB/*Weitemeyer*, § 86 Rn. 37; BeckOGK BGB/*Jakob*/*M. Uhl*, § 80 Rn. 137.

50 MüKoBGB/*Weitemeyer*, § 86 Rn. 35; Staudinger/*Hüttemann*/*Rawert*, BGB, § 86 Rn. 31; **a.A.** *Kraus* in Schauhoff/Mehren, Stiftungsrecht 2022, Kap. 6 Rn. 116.

51 *Mehren* in Schauhoff/Mehren, Stiftungsrecht 2022, Kap. 7 Rn. 65.

ohne deren Beachtung man nicht annehmen darf, auf der Grundlage angemessener Informationen zum Wohle der Stiftung zu handeln (§ 84a Abs. 2 S. 2, dort Rn. 142). Dabei darf der Stiftungsvorstand im Rahmen einer derart ausgewogenen Anlagestrategie auch sehr risikoreiche Anlageformen beimischen.[52] Geradezu unerlässlich ist ein gewisser Aktienanteil, der allerdings – vorbehaltlich anderweitiger Anordnungen des Stifters – 50 % grundsätzlich nicht überschreiten sollte.[53] Eine gewisse Übergewichtung ist allerdings bei der Anlage in Wohnimmobilien im Grundstockvermögen zulässig, weil sie eine stabile Rendite versprechen und im besonderen Maße zur Erhaltung des Grundstockvermögens geeignet sind (s. § 83c Rn. 27).

57 Verfügt der Stiftungsvorstand nicht ausnahmsweise selbst über eine **professionelle Expertise** bei der Vermögensanlage,[54] hat er sich solcher zu bedienen.[55] Einen Prozess vor dem Amtsgericht würde er ja auch nicht selbst führen, ohne Volljurist zu sein, obwohl er dies könnte, und er würde sich auch nicht selber einen Zahn ziehen. Der Verzicht auf professionelle Beratung (execution only) ist daher regelmäßig pflichtwidrig (das gilt grundsätzlich auch bei einem Immobilienerwerb) und führt, wie Untersuchungen zeigen, im Schnitt zu einer Unterperformance. Im Durchschnitt am besten schneiden Stiftungen ab, die ihr Vermögen einer **professionellen Vermögensverwaltung** anvertrauen.[56] Das ist trotz der Business Judgement Rule (§ 84a Abs. 2 S. 2, s. dort Rn. 127) auch unter Haftungsgesichtspunkten empfehlenswert. Allerdings hat der Stiftungsvorstand selbstverständlich das Handeln des Vermögensverwalters laufend zu überwachen und den Verwalter bei Vertragsschluss auf die besonderen Herausforderungen bei der Anlage des Stiftungsvermögens in nachweisbarer Form hinzuweisen, die Anlageziele bzw. Anlagestrategie vorzugeben sowie regelmäßig zu überprüfen und ggf. anzupassen.[57] Die richtige Instruktion des Vermögensverwalters ist auch unter dem Gesichtspunkt seiner möglichen Haftung für das Eingehen unverhältnismäßiger Risiken[58] wichtig. Hat der Vermögensverwalter keine entsprechenden Anweisungen erhalten, ist es nicht seine Aufgabe zu prüfen, ob eine bestimmte Anlage mit den Anlagerichtlinien der Stiftung oder gar mit dem Grundsatz der Erhaltung des Grundstockvermögens (§ 83c Abs. 1 S. 1) vereinbar ist.[59]

58 Hat der Stiftungsvorstand keinen externen Vermögensverwalter beauftragt, sondern trifft die Anlageentscheidungen selbst, so hat er nicht nur viel Sorgfalt in deren Vorbereitung zu stecken, sondern diesen Aufwand auch zu **dokumentieren**:

- Welche Anlageklassen (z.B. Aktien, Schuldverschreibungen, Immobilen) wurden erwogen und warum? Welche Vor- und Nachteile wurden gesehen und was waren die wesentlichen Gründe für die Entscheidung?
- In welchen Markt (z.B. Deutschland, Europa, USA, weltweit) soll investiert werden und warum? Welche Vor- und Nachteile wurden gesehen und was waren die wesentlichen Gründe für die Entscheidung?

---

52 *Burgard,* Gestaltungsfreiheit, 535 f.; MüKoBGB/*Weitemeyer,* § 86 Rn. 34 m.w.N.; Staudinger/*Hüttemann*/*Rawert,* BGB, § 86 Rn. 32.

53 Zur Anlage in Aktien vgl. etwa MüKoBGB/*Weitemeyer,* § 86 Rn. 35; Richter/*Godron,* Stiftungsrecht, § 7 Rn. 33; *Hüttemann,* WM 2016, 625 f.; *ders.,* WM 2016, 673, 676; für eine Aktienquote von 20–40 % vgl. Hüttemann/Richter/Weitemeyer/*Richter,* Landesstiftungsrecht, Kapitel 15 Rn. 15.49; eine möglichst hohe Aktienquote befürworten etwa Richter/Wachter/*Panse*/*Bär,* Handbuch des internationalen Stiftungsrechts, § 6 Rn. 45 f.

54 Erschreckend: *Then*/*Münscher*/*Stahlschmidt*/*Eggersglüß*/*Knust,* Anlageverhalten der kapitalstärksten deutschen Stiftungen, 2012, 7, abrufbar unter: http://archiv.ub.uni-heidelberg.de/volltextserver/18735/1/CSI-Studie_Anlageverhalten_Stiftungen.pdf (zuletzt abgerufen am 16.2.2022).

55 MüKoBGB/*Weitemeyer,* § 86 Rn. 39 m.w.N.

56 Laut einer unveröffentlichten Umfrage des Verfassers aus dem Jahr 2015 erzielten Stiftungen mit Vermögensverwaltung im Median eine Rendite von 4,0 %, bei bloßer Anlageberatung dagegen von nur 3,3 % und bei Excecution-only lediglich von 2,75 %.

57 Staudinger/*Hüttemann*/*Rawert,* BGB, § 86 Rn. 44.

58 OLG Frankfurt – 1 U 32/13, BKR 2015, 292, 293.

59 Insoweit zutreffend: Staudinger/*Hüttemann*/*Rawert,* BGB, § 86 Rn. 45.

- Welche Anlageinstrumente (z.B. Direktanlage, Investmentfonds, Derivate) wurden erwogen und warum? Welche Vor- und Nachteile wurden gesehen und was waren die wesentlichen Gründe für die Entscheidung? Welche Renditeerwartungen sind mit der Anlageentscheidung verbunden? Was soll die Benchmark sein?
- Welche konkreten Anlageprodukte (z.B. ETF A, B und C) kamen in die engere Auswahl und warum? Wer hat sie empfohlen? Wie genau „funktionieren" diese Anlageprodukte? Welche Chancen, Risiken und Kosten sind mit ihnen verbunden und wovon hängen diese ab? Wie hat sich ihre Rendite in der Vergangenheit entwickelt? Für welchen Zeitraum bindet sich die Stiftung? Wie liquide ist der Markt? Passt das Produkt und sein Anbieter zu der Stiftung? Ist der Anbieter seriös? Welche Vor- und Nachteile wurden bei den einzelnen Produkten gesehen und was waren die wesentlichen Gründe für die Entscheidung?
- Wie wird das Chancen-Risiko-Verhältnis beurteilt und passt es zu den übrigen Anlagen (Anlage- und Risikostreuung!), der Anlagestrategie (den Anlagerichtlinien) und der Vermögenslage der Stiftung?
- Wie hoch wird das Risiko eines 50 %igen und eines 100 %igen Wertverlustes eingeschätzt? Welche Auswirkungen hätte ein solcher Verlust auf das Vermögen und die Tätigkeit der Stiftung? Wie lang ist der Anlagehorizont der Stiftung? Könnte ein Verlust „ausgesessen" oder müsste er realisiert und kompensiert werden? Ist ein „Stopp-loss" möglich und sinnvoll und bei welchem Kurs soll er gesetzt und bei welchem Gewinn ggf. nachgezogen werden? Ist ein Hedging sinnvoll und was wären dessen Chancen, Risiken und Kosten?
- Was sind die jeweiligen Informationsgrundlagen?

Die Liste ist natürlich nicht abschließend.[60] Und schon gar nicht enden damit die Pflichten des Vorstands, denn wie bei jeder Entscheidung gilt es anschließend zu überprüfen, ob sich die damit verbundenen Erwartungen erfüllen, ob sich die Sachlage ändert und ob die Entscheidung revidiert werden muss, und zwar fortlaufend hinsichtlich jeder Anlage.[61] Dieses sog. **Vermögenscontrolling** ist ebenfalls zu dokumentieren und wird idealerweise von einer (externen) Person durchgeführt, die nicht in die Anlageentscheidungen eingebunden ist, nicht an ihrem Erfolg partizipiert und auch sonst möglichst unabhängig ist.[62] Kann (insb. aus Kostengründen) kein Externer mit dieser Aufgabe betraut werden, kann innerhalb des Vorstands eine Geschäftsverteilung vorgesehen werden, bei der ein Vorstandsmitglied nur in die grundlegenden/strategischen (insb. Anlagerichtlinien), nicht aber in die konkreten Anlageentscheidungen eingebunden ist und „dafür" das Vermögenscontrolling übernimmt. **59**

Im Rahmen der Portfolio-Strategie dürfen zwar auch sehr risikoreiche Anlageformen beigemischt werden. Entgegen der Begründung des Regierungsentwurfs (Rn. 56) dürfen in diesem Rahmen auch Anlagen erworben werden, die keine Nutzungen versprechen (z.B. Rohstoffe wie Gold oder Nullzinsanleihen). Ganz generell dürfen jedoch **keine unprofessionellen Risiken** (z.B. Vergabe ungesicherter Darlehen),[63] **keine unbegrenzten Risiken** (z.B. unbeschränkte Nachschusspflicht)[64] und **keine unverhältnismäßigen Risiken** (die Höhe des Risikos steht außer Verhältnis zu den Ertragschancen[65] oder dem Vermögen der Stiftung)[66] eingegangen werden (näher § 84a Rn. 126). Das ist weniger ein Gebot der ungeschmälerten Erhaltung des Grundstock- **60**

60 S. auch *Theuffel-Werhahn*, ZStV 2013, 1, 6 f.

61 Ebs. *Kraus* in Schauhoff/Mehren, Stiftungsrecht 2022, Kap. 6 Rn. 118 ff.

62 *Theuffel-Werhahn*, ZStV 2013, 1, 8.

63 FG Münster – 3K 323/12, ErbStB 2015, 129, 130.

64 Das ist der entscheidende Aspekt der Entscheidung des OLG Frankfurt – 1 U 32/13, BKR 2015, 292, wenngleich das Gericht auf eine nicht anlegergerechte Beratung und auf verschwiegene Rückvergütungen (ebenso OLG Frankfurt – 17 U 160/16, BKR 2017, 380, 386) abstellt.

65 Die Unverhältnismäßigkeit kann auch nachträglich eintreten, also z.B. zwei Jahre nach Erwerb des Investments.

66 Es ist durchaus etwas Anderes, ob eine Stiftung mit einem Grundstockvermögen von 100.000 Euro oder ob eine Stiftung mit einem Grundstockvermögen von 100 Mio. Euro 10 % ihres Grundstockvermögens sich dem Risiko eines Totalverlustes aussetzt.

vermögens (so aber Begr. Rn. 18), als ein allgemeines Gebot der Verwaltung fremden Vermögens und gilt daher auch für das sonstige Vermögen. Außerdem können derartige Anlagen auch zu einem Konflikt mit dem steuerlichen Gemeinnützigkeitsrecht führen.[67]

61 Zu einem sachgerechten Umgang mit dem Stiftungsvermögen gehört schließlich, dass das Geschäftsführungsorgan für einen **risikoadäquaten Versicherungsschutz** Sorge zu tragen hat.[68] Das gilt nicht nur für den Abschluss gesetzlicher Pflichtversicherungen, sondern ist Ausfluss des allgemeinen Grundsatzes, dass Verwalter fremden Vermögens keine unverhältnismäßigen, durch geschäftsübliche Maßnahmen leicht abwendbare Risiken eingehen dürfen.

I. Vorgaben des Stifters hinsichtlich der Vermögensanlage

62 An vorstehende Grundsätze ist der Stifter **nicht gebunden.** Nur Absatz 4 Satz 1 ist zwingend (Begr. RegE Rn. 16). Satz 2 hingegen unterliegt (abseits steuerrechtlicher Vorgaben wie z.B. nach § 55 Abs. 1 Nr. 3 AO) seiner Definitionsmacht (das übersieht die Begr. RegE, falls sie überhaupt so gemeint sein sollte). Selbstverständlich kann bspw. der Stifter einer Familienstiftung vorsehen, dass der Stiftungsvorstand jährlich 30 % der Erträge der Stiftung für gemeinnützige Zwecke in der Sitzregion der Stiftung auszugeben hat.

63 Abgesehen davon kann der Stifter der Stiftung in der Stiftungssatzung oder in **Anlagerichtlinien** vorgeben, wie sie das Stiftungsvermögen anzulegen hat. Dabei braucht er weder auf den Grundsatz der ungeschmälerten Erhaltung des Grundstockvermögens (a.A. Begr. Rn. 18) noch auf die Grundsätze ordnungsgemäßer Vermögensverwaltung Rücksicht zu nehmen. Nur über steuerliche Vorgaben kann er sich nicht hinwegsetzen, wenn die Stiftung gemeinnützig sein soll. Ist die der Stiftung vorgegebene Anlagestrategie besonders risikoreich oder besonders risiko- und daher auch ertragsarm, ist das im Rahmen der **Lebensfähigkeitsprognose** zu berücksichtigen (§ 82 Rn. 23 ff.). Ob die Zusammensetzung des gewidmeten Vermögens als stifterseitige Vorgabe für die Vermögensverwaltung zu verstehen ist, ist durch Auslegung im Einzelfall zu ermitteln. Jedenfalls kann diese Zusammensetzung den Stifterwillen erkennen lassen.

64 Der Stifter kann die Stiftung auf bestimmte Vermögensanlagen festlegen und dabei auch zu einem **100 %igen Klumpenrisiko** veranlassen.[69] Bei Anstaltsstiftungen (z.B. Krankenhaus- oder Altenheimstiftung) ist das eine Selbstverständlichkeit, gilt aber auch dann, wenn das Stiftungsvermögen nicht unmittelbar selbst der Zweckverwirklichung dient. So kann das Stiftungsvermögen zu 100 % in der Beteiligung an einem Unternehmen bestehen, und zwar selbst als persönlich haftende Gesellschafterin. Darüber hinaus kann der Stifter sogar in den Grenzen des Verbots der Selbstzweckstiftung (s.o. § 80 Rn. 45) und des gemeinnützigkeitsrechtlichen Ausschließlichkeitsgrundsatzes (§ 56 AO) anordnen, dass diese Beteiligung unveräußerlich sein soll. Solche Bestimmungen setzen sich allerdings nicht gegen den statutarischen (Haupt-)Zweck der Stiftung durch (näher § 83c Rn. 24 f.). Kann die Stiftung z.B. ein Krankenhaus nicht mehr kostendeckend betreiben, dann ist es zu veräußern und der Zweck der Stiftung, nämlich Krankenfürsorge, anderweitig zu verfolgen.

---

67 Staudinger/*Hüttemann*/*Rawert*, BGB, § 86 Rn. 43; MüKoBGB/*Weitemeyer*, § 86 Rn. 39 m.w.N.
68 BGH NJW-RR 1986, 572, 574; *Koch*, ZGR 2006, 184 ff.
69 Ebs. *Mehren* in Schauhoff/Mehren, Stiftungsrecht 2022, Kap. 7 Rn. 66.

§ 83c Verwaltung des Grundstockvermögens

(1) [1]Das Grundstockvermögen ist ungeschmälert zu erhalten. Der Stiftungszweck ist mit den Nutzungen des Grundstockvermögens zu erfüllen. [2]Zuwächse aus der Umschichtung des Grundstockvermögens können für die Erfüllung des Stiftungszwecks verwendet werden, soweit dies durch die Satzung nicht ausgeschlossen wurde und die Erhaltung des Grundstockvermögens gewährleistet ist.

(2) [1]Durch die Satzung kann bestimmt werden, dass die Stiftung einen Teil des Grundstockvermögens verbrauchen darf. [2]In einer solchen Satzungsbestimmung muss die Stiftung verpflichtet werden, das Grundstockvermögen in absehbarer Zeit wieder um den verbrauchten Teil aufzustocken.

(3) Durch Landesrecht kann vorgesehen werden, dass die nach Landesrecht zuständigen Behörden auf Antrag einer Stiftung für einen bestimmten Teil des Grundstockvermögens eine zeitlich begrenzte Ausnahme von Absatz 1 Satz 1 zulassen können, wenn dadurch die dauernde und nachhaltige Erfüllung des Stiftungszwecks nicht beeinträchtigt wird.

Schrifttum

Brockhoff, Optimierung der Vermögensanlage einer Stiftung, Non Profit Law Yearbook 2002, 2003, S. 221; *Carstensen*, Die ungeschmälerte Erhaltung des Stiftungsvermögens, Wpg 1996, S. 781; *ders.*, Vermögensverwaltung, Vermögenserhaltung und Rechnungslegung gemeinnütziger Stiftungen, 2. Aufl. 1996; *ders.*, Vorgaben für die Vermögensverwaltung der Stiftung nach Gesetz, Satzung und Rechtsprechung, ZSt 2005, S. 90; *Friedrich*, Die Anlage des Stiftungsvermögens, 2012; *Hüttemann*, Der Grundsatz der Vermögenserhaltung im Stiftungsrecht, in: Jakobs/Picker/u.a. (Hrsg.), FG Flume, 1998, S. 59; *ders.*, Zeitnahe Mittelverwendung und Erhaltung des Stiftungsvermögens nach zivilem Stiftungsrecht und steuerlichem Gemeinnützigkeitsrecht, in: v. Campenhausen (Hrsg.), Deutsches Stiftungswesen 1988–1998, 2000, S. 191; *ders.*, Zehn Thesen zur Haftung des Stiftungsvorstandes für Anlageverluste des Stiftungsvermögens, npoR 2009, S. 27; *ders.*, Stiftungs- und gemeinnützigkeitsrechtliche Rahmenbedingungen der Vermögensanlage steuerbegünstigter Stiftungen, WM 2016, S. 625 (Teil 1), S. 673 (Teil 2); *Hüttemann/Schön*, Vermögensverwaltung und Vermögenserhaltung im Stiftungs- und Gemeinnützigkeitsrecht, 2007; *Orth*, Verluste gemeinnütziger Stiftungen aus Vermögensverwaltung, DStR 2009, S. 1397; *Reuter*, Stiftungsrechtliche Vorgaben für die Verwaltung des Stiftungsvermögens, NZG 2005, S. 649; *Rödel*, Rechtsfolgen einer verlustbringenden Anlage des Stiftungsvermögens in Aktien, NZG 2004, S. 754; *Rodloff/Drabe*, Die Verwaltung von Stiftungsvermögen durch Vorstand und Vermögensverwalter, ZIP 2003, S. 2284; *Roth*, Vom Referentenentwurf zum Regierungsentwurf – eine kritische Übersicht, Teil 2, Das Stiftungsvermögen und seine Verwaltung, npoR 2021, S. 80; *Schiffer/Schürmann*, Neues zum „Grundsatz der Erhaltung des Stiftungsvermögens"?, ZStV 2019, S. 1; *Schindler*, Vermögensanlage von Stiftungen im Zielkonflikt zwischen Rendite, Risiko und Erhaltung der Leistungskraft, DB 2003, S. 297; *Schwalme*, Grundsätze ordnungsgemäßer Vermögensverwaltung bei Stiftungen, 2010; *Schwintek*, Die Haftung von Organmitgliedern gegenüber der Stiftung für fehlerhafte Vermögensverwaltung und Ertragsverwendung, ZSt 2005, S. 108; *Schwintowski*, Grundsätze ordnungsgemäßer Anlage von Stiftungsvermögen, in: Häuser/Hammen/u.a. (Hrsg.), FS Hadding, 2004, S. 271; *Theuffel-Werhahn*, Zur Verwendung von Umschichtungsgewinnen, ZStV 2020, S. 41; *ders.*, Verwendung von Gewinnen aus der Umschichtung des Stiftungsvermögens, StiftungsBrief 2020, S. 53; *Walz/Fischer*, Grund und Grenzen von Thesaurierungsverboten im Stiftungs- und Gemeinnützigkeitsrecht, in: Walz/Kötz/u.a. (Hrsg.), Non Profit Law Yearbook 2004, 2005, S. 159; *Weidlich/Huh*, Zweckerfüllung und Vermögenserhaltung in Zeiten der Nullzinspolitik: Dauerstiftungen im Existenzkampf, ZStV 2020, S. 104; *Weitemeyer/Wrede*, Zeitgemäße Verwaltung des Stiftungsvermögens im zinslosen Umfeld, npoR 2017, S. 91.

S. ferner die Literaturhinweise zu § 83b.

Übersicht

A. Grundlagen

I. Norminhalt und -zweck —— 1

II. Verhältnis zum alten Recht —— 2

III. Begründung

https://doi.org/10.1515/9783110251524-018

1. Regierungsentwurf — 3
2. Rechtsausschuss — 21

IV. Bewertung — 23

B. Der Grundsatz der (ungeschmälerten) Erhaltung des Grundstockvermögens, Absatz 1 S. 1

I. Rahmen — 24

II. Zulässigkeit von Umschichtungen, Veräußerungsver- und -gebote — 25

III. Einfluss des Stifters auf das Erhaltungsgebot — 29

IV. Nicht Werterhaltung, sondern Erhaltung der Leistungskraft — 37

V. Vorrang des Erhaltungs- vor dem Zweckverfolgungsgebot — 40

VI. Ungeschmälert? — 41

C. Verfolgung des Stiftungszwecks mit den Nutzungen des Grundstockvermögens, Abs. 1 S. 2 — 42

D. Umschichtungsgewinne, Satz 3 — 46

I. Zuwächse — 47

II. Umschichtung des Grundstockvermögens — 48

III. Erfüllung des Stiftungszwecks — 50

IV. Vorrang des Stifterwillens — 51

V. Vorrang der Erhaltung des Grundstockvermögens — 52

VI. Umwidmung — 55

E. Vorübergehende Verbrauchsgestattung aufgrund der Satzung, Absatz 2 — 57

F. Vorübergehende Verbrauchsgestattung aufgrund landesrechtlicher Genehmigung, Absatz 3 — 66

A. Grundlagen

I. Norminhalt und -zweck

1 Absatz 1 Satz 1 enthält das bisher in den Landesstiftungsgesetzen verankerte Gebot der ungeschmälerten Erhaltung des Grundstockvermögens. Der Wortlaut von Satz 2 ist missglückt. Zur Erläuterung von Satz 1 soll die Vorschrift lediglich besagen, dass das Grundstockvermögen grundsätzlich nicht zur Verfolgung des Stiftungszwecks angegriffen werden darf. Satz 3 stellt auf Anregung des Rechtsausschusses die Behandlung von Gewinnen aus der Umschichtung von Bestandteilen des Grundstockvermögens entsprechend der bisherigen Rechtslage klar, was aufgrund des verfehlten § 83b Abs. 2 S. 2 BGBRefE und des misslungen § 83c Abs. 3 BGB- RegE notwendig geworden war. Absatz 2 und 3 enthalten zeitlich begrenzte Ausnahmen zu Absatz 1 Satz 1, wobei Absatz 3 derzeit keinen Anwendungsbereich hat und überdies dem Ziel des Gesetzes, nämlich einer Vereinheitlichung des Stiftungsrechts, widerspricht.

II. Verhältnis zum alten Recht

2 Absatz 1 Satz 1 entspricht einem hergebrachten stiftungsrechtlichen Grundsatz, der bisher allerdings nur – und zwar mit im Einzelnen unterschiedlichen Formulierungen – in den Landesstiftungsgesetzen verankert und auf das „Stiftungsvermögen" bezogen war. Diese Unterschiede spielten freilich schon bisher keine Rolle, weil die ganze Vermögensbewirtschaftung kraft Bundesrecht auf die dauernde und nachhaltige Verfolgung des Stiftungszwecks gerichtet sein muss. Auch Satz 2 ist inhaltlich nicht neu, ebenso wenig wie Satz 3. Eine Satzungsbestimmung, wie

sie Abs. 2 vorsieht, war bisher schon zulässig. Ob Absatz 3 Bedeutung erlangen wird, bleibt abzuwarten.

III. Begründung

1. Regierungsentwurf

„§ 83c BGB-neu enthält spezielle Regelungen für die Verwaltung und Verwendung des Grundstockvermögens. Für das Grundstockvermögen, das bei auf unbestimmte Zeit errichteten Stiftungen letztlich die dauernde und nachhaltige Erfüllung des Stiftungszwecks gewährleisten muss, gelten neben den allgemeinen Verwaltungsregelungen in § 83b Absatz 4 BGB-neu zusätzlich besondere Verwaltungsregelungen. Diese besonderen Regelungen haben keine Auswirkungen auf die Verwaltung des sonstigen Vermögens der Stiftung, das ergibt sich schon aus der Überschrift des § 83c BGB-neu. Sie haben auch keine Bedeutung für Verbrauchsstiftungen, da diese Stiftungen kein Grundstockvermögen haben.[1] 3

Zu Absatz 1: *§ 83c Absatz 1 BGB-neu regelt, dass das Grundstockvermögen ungeschmälert zu erhalten ist und der Stiftungszweck mit Nutzungen des Grundstockvermögens zu erfüllen ist.* 4

Zu Satz 1: *In § 83c Absatz 1 BGB-neu wird die Pflicht zum ungeschmälerten Erhalt des Grundstockvermögens erstmals bundesrechtlich geregelt. Durch diese Erhaltungspflicht unterscheidet sich das Grundstockvermögen vom sonstigen Vermögen der Stiftung, das für die Erfüllung des Stiftungszwecks verbraucht werden soll (zum Beispiel die laufenden Erträge aus dem Grundstockvermögen) oder verbraucht werden kann (zum Beispiel gewidmetes Vermögen, das der Stifter zu sonstigem Vermögen bestimmt hat).* 5

Die Pflicht zum Erhalt des Grundstockvermögens ist derzeit schon in fast allen Landesstiftungsgesetzen geregelt. Die meisten Landesstiftungsgesetze verlangen wie § 83c Absatz 1 Satz 1 BGB-neu den ungeschmälerten Erhalt des Grundstockvermögens. Die Erhaltungspflicht nach § 83c Absatz 1 Satz 1 BGB-neu bezieht sich grundsätzlich auf das Grundstockvermögen als Ganzes, nicht auf die einzelnen Vermögensgegenstände, die das Grundstockvermögen bilden. Verlangt wird nach § 83c Absatz 1 Satz 1 BGB-neu der Erhalt des Grundstockvermögens für die Stiftung als Mittel zur dauernden und nachhaltigen Erfüllung des Stiftungszwecks. 6

Die Zusammensetzung des Grundstockvermögens kann von den zuständigen Stiftungsorganen geändert werden. Sie können über einzelne Rechte des Stiftungsvermögens verfügen, um Verbindlichkeiten der Stiftung zu erfüllen. Auch an der Rückgabe von Kulturgut, das Teil des Grundstockvermögens ist, ist eine Stiftung nicht dadurch gehindert, dass es Teil des Grundstockvermögens ist, wenn gegen die Stiftung ein Herausgabeanspruch erhoben wird. Ist ein Herausgabeanspruch verjährt oder möchte die Stiftung das Kulturgut freiwillig herausgeben, sind bei der Entscheidung im jeweiligen Einzelfall insbesondere der Stifterwille hinsichtlich des betreffenden Objekts, der Wert des Besitzes oder des Eigentums an dem Kulturgut für die Stiftung sowie die Auswirkungen, die die Erhebung der Verjährungseinrede oder die Verweigerung der Herausgabe aus anderen Gründen erwarten lässt, sowie das wohlverstandene Interesse der Stiftung an einer Rückgabe, insbesondere auch hinsichtlich der Reputation der Stiftung, zu berücksichtigen. Das gilt auch für die Rückgabe von Kulturgütern, die Anspruchstellern in der SBZ/DDR entzogen worden sind. Im wohlverstandenen Interesse einer Stiftung liegt regelmäßig die Erfüllung gerechtfertigter Restitutionsansprüche in Umsetzung der Washingtoner Prinzipien und der hierzu ergangenen Gemeinsamen Erklärung der Bundesregierung, der Länder und der kommunalen Spitzenverbände. Die Restitution von NS-verfolgungsbedingt entzogenen Kulturgütern ist ein wesentliches Element der Aufarbeitung des nationalsozialistischen Unrechtregimes. Es ist der erklärte Wille der Bundesregierung, der Länder und der kommunalen Spitzenverbände, dass auch Privatpersonen und privatrechtlich organisierte Einrichtungen der Gemeinsamen Erklärung folgen, die ihrerseits die Washingtoner Erklärung um- 7

---

1 BT-Ds. 19/28173, 55.

setzt. Zudem liegt die Rückgabe von Kulturgut nicht nur dann im wohlverstandenen Interesse einer Stiftung, wenn ein Rückgabeanspruch nach dem Kulturgutschutzgesetz besteht, sondern regelmäßig auch in jedem Fall, in dem durch die Rückgabe unrechtmäßig verbrachtes Kulturgut anderer Staaten an diese zurückzugeben werden kann. Dasselbe gilt für die Rückgabe von Sammlungsgut aus kolonialen Kontexten dessen Aneignung in rechtlich und/oder ethisch heute nicht mehr vertretbarer Weise erfolgte.

8 *Die Zusammensetzung des Grundstockvermögens kann von den zuständigen Stiftungsorganen auch geändert werden, um durch Vermögensumschichtungen höhere Erträge für die Stiftung zu erwirtschaften. Werden Umschichtungsgewinne erzielt, können diese wie bisher zur Erfüllung des Stiftungszwecks verwendet werden. § 83c Absatz 3 BGB-neu stellt klar, dass § 83c Absatz 2 Satz 2 BGB-neu einer Satzungsbestimmung nicht entgegensteht, die ausdrücklich regelt, dass die Zuwächse aus Umschichtungen für die Erfüllung des Stiftungszwecks verwendet werden können. Eine Umschichtung darf aber nicht die dauernde und nachhaltige Erfüllung des Stiftungszwecks gefährden. Dies kann vor allem bei einer Veräußerung solcher vom Stifter auf die Stiftung übertragenen Vermögensgegenstände gegeben sein, die unmittelbar der Erfüllung des Stiftungszwecks dienen, wie zum Beispiel Grundstücke oder Einrichtungen, die nicht durch gleichwertige Vermögensgegenstände ersetzt werden können. Der Stifter kann in der Errichtungssatzung auch ausdrücklich bestimmen, dass einzelne Vermögensgegenstände nicht zu veräußern und in ihrem Wert zu erhalten sind. Dann sind die zuständigen Stiftungsorgane daran gebunden, solange die Satzungsbestimmung nicht geändert wird.*[2]

9 *Zentraler Inhalt der Pflicht zur Erhaltung des Grundstockvermögens nach § 83c Absatz 1 Satz 1 BGB-neu ist das Verbot, Grundstockvermögen für die Erfüllung des Stiftungszwecks zu verbrauchen. Nach § 83 Absatz 1 Satz 2 BGB-neu ist der Stiftungszweck mit den Nutzungen des Grundstockvermögens zu erfüllen, das heißt nach § 100 BGB entweder durch die Früchte, insbesondere Erträge, die aus den Vermögensgegenständen gezogen sind und die Gebrauchsvorteile, die die Vermögensgegenstände gewähren.*

10 *Der in § 83c Absatz 1 Satz 1 BGB-neu geregelte Vermögenserhaltungsgrundsatz, der auf den ungeschmälerten Erhalt des Grundstockvermögens gerichtet ist, beschränkt sich aber nicht auf das Verbot des Verbrauchs von Grundstockvermögen, sondern verlangt von den zuständigen Stiftungsorganen auch das Vermögen als Mittel zur Erfüllung des Stiftungszwecks so zu verwalten, dass die nachhaltige Erfüllung des Stiftungszwecks durch die Nutzungen aus dem Vermögen sowohl gegenwärtig als auch langfristig gewährleistet wird. Daraus können sich sehr unterschiedliche Anforderungen an die Vermögensverwaltung ergeben, die abhängig sind vom Zweck der Stiftung, von der Art und dem Umfang ihres Grundstockvermögens sowie von der konkreten Nutzung des Grundstockvermögens für den Stiftungszweck. Deshalb kann auch nicht einfach geregelt werden, dass das Grundstockvermögen zu seinem nominalen oder realen Wert zu erhalten ist. Hierbei ist schon fraglich was unter Wert gemeint ist.*

11 *Erfüllt die Stiftung ihren Zweck unmittelbar durch Gebrauch einzelner Vermögensgegenstände, wie zum Beispiel die Nutzung von stiftungseigenen Grundstücken und Gebäuden, so verpflichtet der Vermögenserhaltungsgrundsatz die Stiftung grundsätzlich, diese Vermögensgegenstände so zu verwalten, dass sich ihr Gebrauchswert für die Stiftung möglichst nicht schmälert. Bloße Schwankungen beim Marktwert solcher Vermögensgegenstände beeinflussen hingegen regelmäßig ihren Wert für die Stiftung nicht, solange diese Schwankungen beim Marktwert den Gebrauchswert für die Stiftung nicht beeinträchtigen.*

12 *Wenn die Stiftung ihren Zweck mit Erträgen aus dem Grundstockvermögen erfüllen soll, ist das Grundstockvermögen möglichst so zu verwalten, dass die Ertragskraft des Vermögens nicht geschmälert wird. Das Gebot, die Ertragskraft des Stiftungsvermögens möglichst gleichbleibend zu erhalten, und das Verbot, Grundstockvermögen zu verbrauchen, stehen dabei in einem Spannungsverhältnis. Eine Anlage von Grundstockvermögen, die hohe Wertzuwächse oder Erträge für die Stiftung verspricht, entspricht zwar dem Gebot, das Grundstockvermögen in seiner Ertragskraft zu*

---

2 BT-Ds. 19/28173, 56.

erhalten. Wenn eine solche Anlage aber mit einem erheblichen Verlustrisiko verbunden ist, kann eine solche Anlageentscheidung gegen das Verbot verstoßen, Grundstockvermögen zu verbrauchen.

Da Stiftungen sehr verschieden sind, sowohl hinsichtlich ihrer Zwecke als auch hinsichtlich der Zusammensetzung ihres Vermögens, und sie ihr Vermögen auch auf sehr unterschiedliche Weise für die Erfüllung ihrer Zwecke nutzen, lassen sich die Anforderungen an die Verwaltung des Grundstockvermögens gesetzlich nicht weiter konkretisieren. Welche Verwaltungsmaßnahmen erforderlich sind, kann regelmäßig nur mit Blick auf die konkrete Stiftung und die bestehenden Anlagemöglichkeiten für das Grundstockvermögen der Stiftung entschieden werden. Stifter können in der Satzung die Anforderungen an die Verwaltung des Grundstockvermögens und seinen Erhalt inhaltlich weiter konkretisieren, insbesondere auch ein Vermögenserhaltungskonzept für die Stiftung in der Satzung festschreiben. Anlagerichtlinien, die der Stifter oder die jeweils zuständigen Organe aufstellen, können eine wichtige Grundlage für transparente und nachvollziehbare Anlageentscheidungen der Stiftungsorgane und die ordnungsgemäße Führung der Geschäfte durch die zuständigen Stiftungsorgane nach § 84a Absatz 2 BGB-neu sein. 13

***Zu Satz 2:** Nach § 83c Absatz 1 Satz 2 BGB-neu ist der Stiftungszweck mit den Nutzungen aus dem Grundstockvermögen zu erfüllen. Durch die Regelung, dass der Stiftungszweck durch die Nutzungen des Grundstockvermögens zu erfüllen ist, wird nicht nur der Grundsatz der Erhaltung des Grundstockvermögens konkretisiert, sondern auch geregelt, wie das Grundstockvermögen der Zweckerfüllung dient. Aus der Regelung ergibt sich insbesondere, dass das Grundstockvermögen aus Vermögensgegenständen zusammengesetzt sein muss, die entweder unmittelbar zur Erfüllung des Stiftungszwecks gebraucht werden können oder die Erträge erbringen können, mit denen der Stiftungszweck erfüllt werden kann* **[Anm. des Verf.: Das ist zumindest grob missverständlich s. Rn. 43].** *Alle Nutzungen des Stiftungsvermögens müssen unmittelbar oder mittelbar zur Erfüllung des Stiftungszwecks verwendet werden. Damit die Stiftung ihren Stiftungszweck dauernd und nachhaltig erfüllen kann, sind die aus dem Grundstockvermögen gezogenen Nutzungen überwiegend unmittelbar zur Erfüllung des Stiftungszwecks verwenden. Die Stiftung kann und muss gegebenenfalls auch Erträge zu*[3] *Grundstockvermögen bestimmen, um den Gebrauchswert oder die Ertragskraft des Grundstockvermögens zu erhalten oder zu erhöhen.* 14

***Zu Absatz 2:** In § 83c Absatz 2 BGB-neu soll geregelt werden, inwieweit vom Grundsatz der Erhaltung des Grundstockvermögens durch die Stiftung abgewichen werden kann.* 15

***Zu Satz 1:** Nach § 83c Absatz 2 Satz 1 BGB-neu können durch die Satzung für einen Teil des Grundstockvermögens Ausnahmen vom Vermögenserhaltungsgrundsatz nach § 83c Absatz 1 Satz 1 BGB-neu bestimmt werden. Solche Satzungsbestimmungen kann vor allem der Stifter in der Errichtungssatzung* **[Anm. d. Verf.: Das Konzept der Errichtungssatzung ist überholt.]** *treffen und damit den Handlungsspielraum der Stiftungsorgane bei der Verwaltung des Grundstockvermögens erweitern. Sie können aber auch im Wege einer späteren Satzungsänderung getroffen werden.* 16

Die Möglichkeiten, vom Grundsatz der Vermögenserhaltung nach § 83c Absatz 1 Satz 1 BGB-neu abzuweichen, sind vielfältig. Zulässig sind nach § 83c Absatz 2 Satz 1 BGB-neu aber nur zeitlich beschränkte Ausnahmen von der Erhaltungspflicht nach § 83c Absatz 1 Satz 1 BGB-neu. Eine solche Ausnahme darf nicht dazu führen, dass die dauerhafte und nachhaltige Erfüllung des Stiftungszwecks nicht mehr gesichert erscheint. Es kann jeweils nur mit Blick auf die einzelne Stiftung bestimmt werden, wieviel Grundstockvermögen nach § 83c Absatz 2 Satz 1 BGB-neu zum Verbrauch bestimmt werden kann. 17

***Zu Satz 2:** Nach § 83c Absatz 2 Satz 2 BGB-neu kann durch die Satzung der Verbrauch von Teilen des Grundstockvermögens nur zugelassen werden, wenn die Stiftung durch die Satzungsbestimmung verpflichtet wird, das Grundstockvermögen in absehbarer Zeit wieder um den verbrauchten Teil aufzufüllen. Dies soll gewährleisten, dass mit Blick auf die Bedeutung des Grundstockver-* 18

3 BT-Ds. 19/28173, 57.

mögens für den Bestand der Stiftung regelmäßig nur zeitweise auf das Grundstockvermögen zurückgegriffen wird. Typisch hierfür sind Satzungsbestimmungen, die den Stiftungsorganen erlauben, zur Finanzierung größerer Projekte Grundstockvermögen zu verbrauchen, wenn es in den Folgejahren wieder aufgefüllt wird.

19 ***Zu Absatz 3:*** **[Anm. d. Verf.: Die Vorschrift ist entfallen.]**. *Durch § 83c Absatz 3 BGB-neu soll klargestellt werden, dass Satzungsbestimmungen, die bestimmen, dass die Zuwächse aus Umschichtungen des Grundstückvermögens für die Erfüllung des Stiftungszwecks verwendet können, wirksam sind. Es wird ausdrücklich klargestellt, dass § 83c Absatz 2 Satz 2 BGB-neu für solche Satzungsbestimmungen nicht gilt, auch wenn man die Auffassung vertritt, dass diese Satzungsbestimmungen unter § 83c Absatz 2 Satz 1 BGB-neu fallen.*

20 ***Zu Absatz 4:*** **[Anm. d. Verf.: jetzt Absatz 3]** *§ 83c Absatz 4 BGB-neu ermöglicht, dass die in einigen Landesstiftungsgesetzen vorgesehenen Vorschriften, die die zuständigen Behörden ermächtigen, zeitlich begrenzte Ausnahmen vom Gebot der Erhaltung des Grundstockvermögens zuzulassen, beibehalten werden können.“*[4]

2. Rechtsausschuss

21 *„Durch den neuen § 83c Absatz 1 Satz 2 BGB-neu* **[Anm. d. Verf.: Schreibfehler, richtig: Satz 3]** *soll geregelt werden, dass der Stiftungszweck grundsätzlich auch mit den Zuwächsen aus der Umschichtung des Grundstockvermögens, das heißt Umschichtungsgewinnen, erfüllt werden kann, ohne dass es dazu einer besonderen Satzungsbestimmung bedarf. Die Verwendung der Umschichtungsgewinne kann aber durch die Satzung beschränkt oder ausgeschlossen werden. Die Verwendung der Umschichtungsgewinne steht unter dem Vorbehalt, dass sie nicht für die Erhaltung des Grundstockvermögens nach § 83c Absatz 1 Satz 1 BGB-neu benötigt werden. Ist für die Erfüllung der Vermögenserhaltungspflicht erforderlich, dass mit den Umschichtungsgewinnen das Grundstockvermögen aufgestockt wird, dürfen diese nicht für die Erfüllung des Stiftungszwecks verwendet werden.*

22 *Aufgrund der Änderung in § 83c Absatz 1 BGB-neu kann auf § 83c Absatz 3 BGB-neu verzichtet werden.“*

IV. Bewertung

23 Die Vorschrift und ihre Begründung sind komplett misslungen. In Abs. 1 Satz 1 ist das Wort „ungeschmälert“ zumindest überflüssig, wenn nicht gar irreführend. Die Ausführungen der Begründung des Regierungsentwurfs zur Rückgabe von Kulturgütern (Rn. 6) sind hier fehl am Platze. Ihnen kommt keine Verbindlichkeit zu.[5] Die Frage bedürfte einer monographischen Aufbereitung und wird daher hier nicht kommentiert. Der Wortsinn von Satz 2 ist viel zu eng und besagt, was er nicht meint. Gemeint ist vielmehr, was nicht gesagt ist. Dementsprechend unsinnig ist die Begründung. Satz 3 stellt die bisherige Rechtslage klar, um ein Problem zu beseitigen, dass der RefE und der RegE geschaffen hatten. Absatz 2 hat ebenfalls nur klarstellende Funktion. Die Vorschrift verdankt ihre Existenz dem misslungenen RefE, der noch den Grundsatz der Satzungsstrenge enthielt. Sie ist nunmehr überflüssig. Und Absatz 3 schließlich hat zur Zeit keinen Anwendungsbereich (Rn. 1) und widerspricht dem Ziel des Gesetzes einer Vereinheitlich des Stiftungsrechts.[6] Kurz: § 83c BGB ist der tiefste **Tiefpunkt des gesetzgeberischen Mariannengrabens**. Versuchen wir etwas Licht in dieses düstere Dunkel zu bringen.

---

4 BT-Ds. 19/28173, 58.

5 *Hüttemann/Rawert*, Beilage zu ZIP 33/2021, 1, 19.

6 Ebs. *Roth*, npoR 2021, 80, 84.

B. Der Grundsatz der (ungeschmälerten) Erhaltung des Grundstockvermögens, Absatz 1 S. 1

I. Rahmen

Was das Vermögenserhaltungsgebot im Einzelnen bedeutet ist seit langem umstritten. Das neue Gesetz und seine Begründung bringen insofern ebenfalls keine abschließende Klärung.[7] Folgenden „Rahmen" kann man abstecken: 24

- Erstens ist das Gebot der Erhaltung des Grundstockvermögens nicht gegenständlich zu verstehen (Begr. RegE Rn. 6).[8] Soweit einzelne Vermögensgegenstände nicht veräußert werden dürfen bzw. sollen, ist das eine Frage des Stifterwillens bzw. des Stiftungszwecks, nicht der Vermögenserhaltung.[9]
- Deswegen sind zweitens Umschichtungen des Grundstockvermögens zulässig, wenn der Stifterwille bzw. der Stiftungszweck nicht ausnahmsweise entgegensteht (Begr. RegE Rn. 8).[10]
- Drittens darf das Grundstockvermögen anders als das sonstige Vermögen grundsätzlich (zu Ausnahmen s. Absatz 2 und 3) nicht zur Zweckverfolgung angegriffen werden (Begr. RegE Rn. 4).[11]
- Viertens: Weil das Grundstockvermögen und sonstiges Vermögen ganz unterschiedlichen Regeln folgen, sind beide Vermögensmassen voneinander zu trennen. Und diese Trennung muss nicht nur summenmäßig, sondern auch gegenständlich dokumentiert werden (§ 83b Rn. 26 sowie unten Rn. 49).
- Fünftens kann der Stifter das Gebot der Erhaltung des Grundstockvermögens zwar nicht vollständig abbedingen,[12] aber ausgestalten, und zwar nicht nur i.S.d. Absatz 2, sondern zum Beispiel auch, indem er Vorgaben zu der Anlage des Stiftungsvermögens (etwa in Form von Anlagerichtlinien) oder zur Thesaurierung von Erträgen (Vermögenserhaltungskonzept) macht (Begr. RegE Rn. 13).[13]
- Seine Gestaltungsmacht wird allerdings – sechstens – einerseits durch das stiftungsrechtliche und ggf. das steuerliche Admassierungsverbot (§ 83b Rn. 37 und unten Rn. 40) und andererseits durch den Lebensfähigkeitsvorbehalt (§ 82 S. 1) begrenzt.
- Siebtens ist Ziel aller Vermögensverwaltung die Erhaltung der Leistungskraft der Stiftung zur dauernden und nachhaltigen Verfolgung des Stiftungszwecks (Begr. RegE Rn. 10, 14).[14] Dieses Gebot setzt sich regelmäßig auch gegen explizite oder implizite Veräußerungsverbote des Stifters durch (Rn. 25 ff.).
- Achtens wird die Leistungskraft der Stiftung durch die beständige Geldentwertung, die fortschreitende Abnutzung und Alterung von Sachmitteln sowie die zunehmenden Ansprüche an Ausstattung und Technik bedroht.[15]
- Dadurch entsteht neuntens ein Zielkonflikt zwischen einer dauernden Zweckerfüllung, die bei Kapitalstiftungen eine Zuführung von Mitteln zum Grundstockvermögen (Thesaurie-

7 Ebenso *Ponath/Tolksdorf*, ZEV 2021, 605, 607 f.
8 *Schauhoff/Mehren*, NJW 2021, 2993, 2997; MüKoBGB/*Weitemeyer*, § 85 Rn. 23; *Roth*, npoR 2021, 80, 82.
9 MüKoBGB/*Weitemeyer*, § 81 Rn. 39; Staudinger/*Hüttemann/Rawert*, BGB, § 81 Rn. 68; siehe auch *Ponath/Tolksdorf*, ZEV 2021, 605, 608; *Hüttemann*, WM 2016, 625, 626; *ders.*, in: FG Flume, 59 ff.
10 Staudinger/*Hüttemann/Rawert*, BGB, § 81 Rn. 68; BeckOK BGB/*Backert*, § 81 Rn. 11; Richter/*Godron*, Stiftungsrecht, § 7 Rn. 41.
11 *Schauhoff/Mehren*, NJW 2021, 2993, 2996; Staudinger/*Hüttemann/Rawert*, BGB, § 81 Rn. 67.
12 Anders bei Verbrauchsstiftungen, die ja kein Grundstockvermögen haben, s. § 83b Abs. 1 BGB.
13 *Schauhoff/Mehren*, NJW 2021, 2993, 2997; *Ponath/Tolksdorf*, ZEV 2021, 605, 608; Staudinger/*Hüttemann/Rawert*, BGB, § 81 Rn. 68; MüKoBGB/*Weitemeyer*, § 81 Rn. 39; Palandt/*Ellenberger*, BGB, § 81 Rn. 8 m.w.N.
14 *Burgard*, Gestaltungsfreiheit, 481; MüKoBGB/*Weitemeyer*, § 85 Rn. 23.
15 Anstelle anderer *Burgard*, Gestaltungsfreiheit, 481.

rung) als Ausgleich für die Geldentwertung erfordert (reale Kapitalerhaltung), und einer nachhaltigen Zweckerfüllung, die – gerade in Zeiten niedriger Zinsen – eine solche Thesaurierung vielfach nicht erlaubt.[16]
- Diesen Zielkonflikt zu lösen, ist – zehntens – Aufgabe der zuständigen Stiftungsorgane und steht in ihrem pflichtgemäßen Ermessen.[17]
- Versucht man nun, diesen Rahmen näher auszufüllen, so ergibt sich Folgendes.

II. Zulässigkeit von Umschichtungen, Veräußerungsver- und -gebote

25 Da der Grundsatz der Vermögenserhaltung keine gegenständliche Erhaltung verlangt (Rn. 24), sind Umschichtungen des Grundstockvermögens zulässig, wenn der Stifterwille nicht entgegensteht. Letzteres betrifft vor allem zwei Fälle (**Veräußerungsverbot**):
- Vermögensgegenstände des gewidmeten Vermögens, die unmittelbar selbst der Zweckverwirklichung dienen (z.B. das Krankenhaus einer Krankenhausstiftung oder ein denkmalgeschütztes Gebäude, das die Stiftung sanieren und unterhalten soll, oder Bilder einer Museumsstiftung usw.).
- Vermögensgegenstände des gewidmeten Vermögens, die nicht zu veräußern der Stifter explizit oder implizit[18] angeordnet hat, wodurch – was durch Auslegung zu ermitteln ist – deren Erhaltung im Einzelfall – also nicht immer – zum Neben- oder gar zu dem „wahren" Hauptzweck der Stiftung werden kann. Letztere Gestaltung wird vielfach unter dem Stichwort „verdeckte Unternehmensselbstzweckstiftung" diskutiert,[19] dazu bereits o. § 80 BGB Rn. 51.

26 In diesen beiden Fällen besteht ein grundsätzliches Veräußerungsverbot, dass aber dann in ein **Veräußerungsgebot** umschlägt, wenn die dauernde und nachhaltige Verfolgung des Stiftungszwecks gefährdet ist oder unmöglich zu werden droht.[20] Das folgt aus dem Stifterwillen, der mutmaßlich primär auf eine optimale Verwirklichung des Stiftungszwecks gerichtet ist. Davon gehen auch § 85 Abs. 1 bis Abs. 3 BGB aus. Sollte allerdings der wirkliche Stifterwille entgegenstehen, ist zu bedenken, dass die Alternative zur Veräußerung der Vermögensgegenstände die Auflösung der Stiftung ist, in deren Rahmen die Vermögensgegenstände ohnehin veräußert werden müssen (s. § 87c Rn. 1) oder zumindest von dem Anfallberechtigten veräußert werden dürfen. Eine Veräußerung kann der Stifter daher nicht verhindern, wenn die dauernde und nachhaltige Verfolgung des Stiftungszwecks unmöglich wird. So gesehen steht der Stifter daher vor der Alternative Ermöglichung der Fortdauer der Stiftung durch Veräußerung der Vermögensgegenstände oder Auflösung der Stiftung mit anschließender Veräußerung der Vermögensgegenstände. Im Zweifel bevorzugt er ersteres.

27 Im Einzelnen soll Vorstehendes an einem **Beispiel** von *Hüttemann* illustriert werden,[21] das *Reuter*[22] weitergesponnen hat.[23] Gründet ein Stifter eine Armenstiftung, der er als Vermögen

---

16 MüKoBGB/*Weitemeyer*, § 85 Rn. 25; Staudinger/*Hüttemann*/*Rawert*, BGB, § 86 Rn. 29; vgl. auch Richter/*Godron*, Stiftungsrecht, § 7, Rn. 51; vgl. hierzu MHdb. GesR V/*Helios*/*Friedrich*, § 96 Rn. 15 ff.

17 MüKoBGB/*Weitemeyer*, § 85 Rn. 26; MHdb. GesR V/*Schwake*, § 79 Rn. 286; MHdb. GesR V/*Helios*/*Friedrich*, § 96 Rn. 3.

18 *Mehren* in Schauhoff/Mehren, Stiftungsrecht 2022, Kap. 7 Rn. 57, geht davon aus, dass die Veräußerung von außergewöhnlichen Vermögensgegenständen (wie z.B. einer besonderen Immobilie oder wertvoller Kunst) vom Stifter im Zweifel nicht gewollt ist.

19 Vgl. MüKoBGB/*Weitemeyer*, § 85 Rn. 24; BeckOK BGB/*Backert*, § 81 Rn. 11; vgl. auch MHdb. GesR V/*Helios*/*Friedrich*, § 96 Rn. 4 f.

20 Im Ergebnis ähnlich *Hüttemann*, ZHR 167 (2003), 35, 62; Staudinger/*Hüttemann*/*Rawert*, BGB, Vorbemerkungen zu §§ 80–88 Rn. 242, § 81 Rn. 25. *Mehren* in Schauhoff/Mehren, Stiftungsrecht 2022, Kap. 7 Rn. 64, 96 ff.

21 *Hüttemann*, in: FS Flume 90, 59, 68 ff. m.w.N.; insb. *Hüttemann*, WM 2016, 625 ff. sowie 673 ff.

22 *Reuter*, in: NPLYB 2002, 157, 161.

23 Die nachfolgenden Ausführungen entsprechen im wesentlichen *Burgard*, Gestaltungsfreiheit, 485 ff.

ein gering rentierendes Landgut überträgt, dann ist es zunächst eine Frage der Auslegung des Stifterwillens, wie die Stiftungsorgane mit dem Landgut verfahren dürfen und müssen:

- Ist das Landgut ein bloßes **austauschbares Investment**, dann haben die Stiftungsorgane das Landgut alsbald zu veräußern und den Erlös besser rentierlich anzulegen; um den Stiftungszweck besser fördern zu können. Das kann auch ein Gebot ordnungsgemäßer Vermögensverwaltung sein, nämlich um die Vermögensanlage breiter zu diversifizieren und ein Klumpenrisiko zu vermeiden (s.o. § 83b Rn. 56).
- Ferner kann der Stifter vorsehen, dass das Landgut – wiewohl bloße Dotationsquelle – grundsätzlich nicht veräußert werden darf. Hierdurch wird die Erhaltung und Verwaltung des Landguts noch nicht zum Neben- oder Hauptzweck der Stiftung. Vielmehr handelt es sich – ebenso wie etwa eine Satzungsbestimmung, wonach das Stiftungsvermögen mündelsicher anzulegen ist – um eine bloße **Anordnung über die Vermögensverwaltung.** Ist der Stifter nämlich der Überzeugung, dass allein „die Scholle“ Frucht und Segen bringt und den Fortbestand der Stiftung über Jahrhunderte hinweg gewährleistet, dann ist nicht einzusehen, warum der Stifter die Stiftungsorgane nicht auf diese Anlageform beschränken können soll. Dabei mag das Landgut zwar keine besonders ertragreiche Anlageform sein. Wenn sich der Stifter hierüber aber bewusst war, dann hat es dabei sein Bewenden, solange sich die Sachlage nicht ändert. Das ist im positiven, wie im negativen Sinne möglich. Wird das Land zum Bauland, so dass das Gut gewinnbringend veräußert werden kann, so wäre eine unveränderte Befolgung der Anordnungen des Stifters gemessen an seinem mutmaßlichen Willen insbesondere im Blick auf die Verfolgung des Stiftungszwecks nicht (mehr) interessengerecht, mit der Folge, dass die zuständigen Stiftungsorgane gemäß §§ 83 Abs. 2, 85 Abs. 2 BGB berechtigt und verpflichtet wären (§ 84a Abs. 1 S. 1 BGB i.V.m. § 665 BGB), die Satzung so anzupassen, dass eine Veräußerung des Landguts und eine Neuanlage des Veräußerungserlöses zulässig ist. Dabei wären sie allerdings weiterhin an den Stifterwillen insoweit gebunden als sie für den Erlös ein vergleichbares Landgut erwerben müssten und allenfalls den überschießenden Betrag anderweitig investieren dürften. Ähnliches gilt, wenn die Rendite des Landguts dauerhaft unter den vom Stifter erwarteten Ertrag absinkt oder gar negativ wird. Auch dies wäre eine Änderung der Sachlage, die zur Veräußerung mit einer entsprechenden Satzungsänderung zwingt. Beruht der Rückgang der Erträge allerdings auf Strukturproblemen der Landwirtschaft, wäre eine Wiederanlage des Erlöses in diesem Sektor sinnlos. Die Sachlage hat sich dann insofern noch mehr entgegen den Vorstellungen des Stifters verändert. Den Anordnungen des Stifters ist dann aber immerhin noch zu entnehmen, dass eine Direktanlage in Immobilien zu bevorzugen ist. Und daran sind die Stiftungsorgane bei der Investition des Verkaufserlöses (sowie der entsprechenden Satzungsänderung) gebunden.
- Darüber hinaus kann die Verwaltung und Erhaltung des Landgutes **Nebenzweck** der Stiftung sein.[24] Das ist dann anzunehmen, wenn die Auslegung des Stiftungsgeschäfts und der Stiftungssatzung ergibt, dass die Festlegung der Stiftungsorgane auf die Verwaltung und Erhaltung des Landgutes ein derart wesentlicher Bestandteil der Stiftungsverfassung sein soll, dass eine Veräußerung nur statthaft ist, wenn ohnedies der Hauptzwecks nicht mehr dauernd und nachhaltig verfolgt werden kann. Tritt dieser Fall ein, ist eine Veräußerung (und eine dementsprechende Satzungsänderung gemäß § 85 Abs. 2) freilich nicht nur gerechtfertigt, sondern sogar geboten (§ 84a Abs. 1 S. 1 BGB i.V.m. § 665, § 85 Abs. 1 S. 1 Nr. 1 BGB). Ein dauerhaftes Absinken der Erlöse nahe Null ist dabei nicht erforderlich, aber stets ausreichend. Bei der Veräußerung ist nach Möglichkeit darauf zu achten, dass der Erwerber das Landgut fortführt. Und auch bei der Wiederanlage des Veräußerungserlöses ist der Stifterwille ebenfalls wie stets zu beachten (Rn. 31 a.E.).

24 Das dürfte bei Unternehmensstiftungen der praktische Regelfall sein, *Schwarz*, ZSt 2004, 101, 102.

- Sodann kann die Verwaltung und Erhaltung des Landgutes neben der Armenfürsorge gleichberechtigter **Hauptzweck** der Stiftung sein, weil beispielsweise es sich – zumindest in den Augen des Stifters – um ein erhaltenswertes Baudenkmal handelt. In diesem Fall würde der eine Hauptzweck durch eine Veräußerung unmöglich, so dass sie nur statthaft, dann aber auch geboten ist, wenn andernfalls mangels Erlösen auch die Verfolgung des zweiten Hauptzweckes unmöglich würde. Die erforderliche Satzungsänderung richtet sich dann nach § 85 Abs. 1 S. 1 Nr. 1, S. 2 und 3 BGB.
- Weiterhin kann die Verwaltung und Erhaltung des Landgutes **unmittelbar selbst** der Armenfürsorge dienen, z.B. als Unterkunfts- und Arbeitsstätte für Bedürftige oder, indem seine Erzeugnisse an Bedürftige verteilt werden. In diesem Fall ist wiederum zu unterscheiden. Soll der Stiftungszweck gerade durch Einsatz *dieses* Landguts verfolgt werden (worauf der mutmaßliche Stifterwille oft gerichtet sein dürfte), so ist dessen Erhaltung neben der Armenfürsorge weiterer Nebenzweck der Stiftung. Es ist dann wie oben gezeigt zu verfahren. Ist es dem Stifter hingegen einerlei, wo die Bedürftigen wohnen und arbeiten und wo die Lebensmittel, die an sie verteilt werden, herkommen, dann wäre das Landgut wiederum ein bloßes austauschbares Investment.

28 **Ergebnis**: Aus den in Rn. 26 f. genannten Gründen setzt sich ein Veräußerungsverbot grundsätzlich nicht gegen das Gebot der dauernden und nachhaltigen Zweckverfolgung durch. Allenfalls kann der Stifter das Schicksal der Stiftung von der Einhaltung des Veräußerungsverbots abhängig machen, indem er z.B. bestimmt: „Muss das Landgut veräußert werden, ist die Stiftung aufzulösen."

III. Einfluss des Stifters auf das Erhaltungsgebot

29 Dürfen bestimmte Vermögensgegenstände nicht ohne Weiteres veräußert werden (Rn. 25 ff.), so verlangt das Gebot der Erhaltung des Grundstockvermögens von den Stiftungsorganen, dass sie diese Gegenstände in einem guten Zustand und nach Möglichkeit auf dem (nicht unbedingt allerneuesten) Stand der Technik erhalten (Begr. RegE Rn. 11). Beständig erforderlich sind also **Erhaltungs- und Erneuerungsinvestitionen**, die einer dementsprechenden, vor allem finanziellen Planung (Bildung von Rücklagen) bedürfen.[25] In geeigneten Fällen haben sich die Stiftungsorgane zu diesem Behufe um öffentliche Zuschüsse und/oder private Zuwendungen zu bemühen.[26] Kann die Stiftung den Vermögensgegenstand nicht mehr adäquat unterhalten oder fehlen ihr dadurch die für eine nachhaltige Zweckverfolgung erforderlichen Mittel, ist wie in Rn. 40 beschrieben zu verfahren, s. aber auch Rn. 57. Die **Entwicklung des Verkehrswerts** des Vermögensgegenstandes ist demgegenüber von untergeordneter Bedeutung, darf allerdings auch nicht völlig außer Acht gelassen werden.[27] Steigt im vorangegangenen Beispielsfall (Rn. 27) der Preis von landwirtschaftlichen Grundstücken seit Jahren kontinuierlich, so kann mit dem Verkauf länger zugewartet werden als im umgekehrten Fall.

30 Abseits von expliziten oder impliziten Veräußerungsverboten kann der Stifter vor allem dadurch auf den Erhaltungsgrundsatz einwirken, indem er den zuständigen Stiftungsorganen **Vorgaben hinsichtlich der Vermögensanlage** macht: Explizit kann dies erstens durch Anlage-

---

25 Vgl. MHdb. GesR V/*Helios*/*Friedrich*, § 96 Rn. 10; Richter/*Godron*, Stiftungsrecht, § 7 Rn. 44.

26 Kritisch hierzu: Richter/*Godron*, Stiftungsrecht, § 7 Rn. 43 m.w.N., mit dem deutlichen Hinweis, dass der Vorstand hierzu in der Satzung ausdrücklich berechtigt sein sollte; vgl. *Burgard*, Gestaltungsfreiheit, 511. Nach § 13 Abs. 1, Nr. 1 BWStiftG sind Darlehensaufnahmen der Stiftungsaufsichtsbehörde zuvor anzuzeigen.

27 Richter/*Godron*, Stiftungsrecht, § 7 Rn. 21, vgl. *Reuter*, NZG 2005, 649, 650, kritisch hierzu MHdb. GesR V/*Helios*/*Friedrich*, § 96 Rn. 17.

richtlinien[28] und zweitens durch ein Vermögenserhaltungskonzept[29] geschehen, implizit durch die Art der Zusammensetzung des gewidmeten Vermögens.[30]

Besteht das **gewidmete Vermögen** ausschließlich aus Aktien oder ausschließlich aus fest- **31** verzinslichen Wertpapieren, dann kann dies einen Hinweis darauf geben, welche Anlageform der Stifter bevorzugt.[31] Mangels ausdrücklicher Anordnungen des Stifters dürfen die zuständigen Stiftungsorgane in einem solchen Fall die Anlageprodukte zwar umschichten und auch ihre Zusammensetzung im Blick auf eine breitere Streuung diversifizieren.[32] Aktien bzw. Festverzinsliche haben sie aber in Beachtung des Stifterwillens überzugewichten.

Schreibt der Stifter eine besondere Zusammensetzung des Grundstockvermögens vor (**Anla- 32** **gerichtlinien**, z.B. 50 % Immobilien, 25 % Festverzinsliche, 25 % Aktien), so sind die Stiftungsorgane daran gebunden. Sind Anlagevorschriften Teil der Stiftungssatzung, so sind sie nur unter den Voraussetzungen des § 85 Abs. 2 BGB änderbar. Sind sie in einer Nebenordnung (§ 83 Rn. 13) gefasst, sind sie abseits anderweitiger Vorgaben in der Satzung unter den Voraussetzungen der §§ 83 Abs. 2, 84a Abs. 1 BGB i.V.m. § 665 BGB (§ 84a Rn. 62 ff.) durch einfachen Beschluss des Vorstands abänderbar. Einer Genehmigung seitens der Aufsichtsbehörde bedarf es dann nicht.

Sieht das Anlagekonzept des Stifters bspw. eine 100 %ige Anlage in Aktien vor, so sind die **33** Stiftungsorgane auch an diese Vorgabe grundsätzlich gebunden. Das bedeutet freilich, dass der Verkehrswert des Grundstockvermögens erheblichen Schwankungen unterliegt. Diese **Schwankungen sind hinzunehmen**, zumal sie – solange Wertverluste nicht realisiert werden – für die Leistungskraft der Stiftung unerheblich sind. Bei der Auswahl der Aktien sollte der Vorstand dann allerdings zuverlässige Dividenzahler bevorzugen.

Als **Vermögenserhaltungskonzept** kann der Stifter beispielsweise vorsehen, dass perio- **34** disch eine gewisse Thesaurierung (§ 83b Abs. 2 Nr. 3 BGB) zu erfolgen hat. Zulässig ist das freilich nur in den Grenzen der stiftungs- und steuerrechtlichen Admassierungsverbote (§ 83b Rn. 37). Ist die Thesaurierung anfänglich zulässig, lässt sie aber infolge einer negativen Ertragsentwicklung später keine dauernde und nachhaltige Zweckverfolgung mehr zu, so ist die Thesaurierung auszusetzen, bis sie wieder zulässig wird. Einer Satzungsänderung bedarf es hierfür nicht. Vielmehr steht die entsprechende Satzungsbestimmung implizit unter dem Vorbehalt einer solchen geltungserhaltenden Reduktion.

Schließlich kann der Stifter die **Anforderungen** an die Erhaltung des Grundstockvermö- **35** gens **näher bestimmen**, indem er z.B. bei einer Kapitalstiftung vorsieht, dass das Grundstockvermögen (nur) nominal zu erhalten ist. Das läuft zwar langfristig der Sache nach auf den Verbrauch des Stiftungsvermögens hinaus (bei einer Inflation von 2 % beträgt der Kaufkraftverlust nach 100 Jahren 86 %, bei einer Inflation von 8 % sind nach 10 Jahren bereits 54 % verloren) und geht daher mittel- und langfristig auch zulasten der Leistungskraft der Stiftung. Das ist jedoch hinzunehmen, da es allein Sache des Stifters ist, die kurz- und mittelfristige Intensität der Zweckverfolgung gegenüber ihrer langfristigen Dauer zu bevorzugen. Der Stifter kann den Stiftungsorganen daher auch eine Umwidmung i.S.d. § 83b Abs. 2 Nr. 3 BGB untersagen. Schreibt die Satzung eine Rücklagenbildung nach § 62 Abs. 1 Nr. 3 AO vor, so kann das als Indiz dafür verstanden werden, dass der Stifter eine reale Vermögenserhaltung anstrebt.[33]

Derartige Anlagerichtlinien und Vermögenserhaltungskonzepte des Stifters sind bei der **36** **Anerkennungsentscheidung** ebenso zu berücksichtigen wie Veräußerungsverbote (i.S.d.

28 MHdb. GesR V/*Helios/Friedrich*, § 96 Rn. 18; kritisch etwa Richter/*Godron*, Stiftungsrecht, § 7 Rn. 30 ff., 37.
29 BeckOK BGB/*Backert*, § 81 Rn. 11; *Schauhoff/Mehren*, NJW 2021, 2993, 2997; *Ponath/Tolksdorf*, ZEV 2021, 605, 608.
30 BeckOK BGB/*Backert*, § 81 Rn. 11.
31 MHdb. GesR V/*Helios/Friedrich*, § 96 Rn. 16.
32 *Schauhoff/Mehren*, NJW 2021, 2993, 2997; MHdb. GesR V/*Helios/Friedrich*, § 96 Rn. 18 ff.; vgl. auch Richter/*Godron*, Stiftungsrecht, § 7 Rn. 41.
33 *Mehren* in Schauhoff/Mehren, Stiftungsrecht 2022, Kap. 7 Rn. 73, 116.

Rn. 25 ff.) und die Zusammensetzung des gewidmeten Vermögens oder eine Satzungsbestimmung i.S.d. Absatz 2. Dabei ist die Gefahr von Verkehrswertverlusten für die Frage der Gewährleistung einer dauerhaften und nachhaltigen Zweckverfolgung zweitrangig oder gar unerheblich, solange sie die Leistungskraft der Stiftung nicht beeinträchtigen.

IV. Nicht Werterhaltung, sondern Erhaltung der Leistungskraft

37 Das Gebot der (ungeschmälerten) Erhaltung des Grundstockvermögens verlangt grundsätzlich nicht die Erhaltung eines bestimmten Werts des Grundstockvermögens (Begr. RegE Rn. 11), sondern seiner **Leistungskraft für die Verfolgung des Stiftungszwecks**; denn die Erhaltung des Grundstockvermögens ist bloßes „*Mittel zur dauernden und nachhaltigen Erfüllung des Stiftungszwecks*“ (Begr. RegE Rn. 6). Erzielt ein Mietshaus dauerhaft 100.000 Euro p.a. Nettorendite, ist es völlig unerheblich, wenn die Grundstückspreise um 50 % fallen (vgl. Begr. RegE Rn. 10). Deswegen muss der Vorstand den Verkehrswert des Grundstücks grundsätzlich nicht einmal ermitteln. Dient das Mietshaus unmittelbar selbst der Zweckverwirklichung, z.B. zur Unterbringung von Flüchtlingen, dann ist darüber hinaus sogar der Mietertrag unerheblich, solange er für die ordnungsgemäße Unterhaltung und fortlaufende Renovierung des Gebäudes ausreicht; denn darauf beschränkt sich dann die Erhaltungspflicht. Wird der Stiftungszweck dagegen mit den Mieteinnahmen verfolgt, so ist die Leistungskraft der Stiftung zum Inflationsausgleich durch regelmäßige Mieterhöhungen im Rahmen des rechtlich Zulässigen zu erhalten (Vereinbarung einer Indexmiete). Zu Recht betont daher die Begr. RegE die Individualität der gebotenen Vermögenserhaltung (Rn. 13).

38 Bei **Kapitalstiftungen** kommt es dementsprechend ebenfalls grundsätzlich nicht auf den Verkehrswert der Anlagen, sondern auf die Höhe der aus der Anlage des Grundstockvermögens erwirtschafteten Mittel an, die zur Verfolgung des Stiftungszwecks zur Verfügung stehen. M.a.W. verlangt die (ungeschmälerte) Erhaltung des Grundstockvermögens bei Kapitalstiftungen, dass sie jedes Jahr (inflationsbereinigt) genauso viel Mittel aus der Anlage des Grundstockvermögens erwirtschaften wie im ersten Jahr. Betrug die Höhe dieser Mittel im ersten Jahr 50.000 Euro, muss sie im zweiten Jahr bei 2 % Kaufkraftverlust also 51.000 Euro betragen. Das ist freilich eine nicht immer realisierbare Benchmark.

39 Das gilt umso mehr, als sich die Stiftung gezwungen sehen kann, **Kursverluste** zu realisieren, weil beispielsweise ein Unternehmen in eine Dauerkrise gefallen ist. Bei gleichbleibendem Risiko bedeutet dies, dass die Stiftung aus der Wiederanlage eine geringere Rendite erzielt. Dadurch kann der Wert des Grundstockvermögens doch Einfluss auf die Leistungskraft der Stiftung gewinnen, was bei der Realisierung von Kursgewinnen ja ebenfalls offensichtlich ist. Zu erinnern ist ferner an den Zusammenhang zwischen Risiko und Rendite: Geringes Risiko – geringe, gar keine oder sogar negative Rendite; höheres Risiko – mehr Rendite. Aber Achtung: Selbst „langweilige“ Staatsanleihen mit nur einem kleinen Zinscoupon können erhebliche Kursrisiken und -chancen beinhalten, und zwar mit der Duration (bis zu 100 Jahre!) wachsend. Größere Kapitalstiftungen kommen daher um eine professionell gemangte Kapitalanlage nicht herum (§ 83b Rn. 57), ebenso wenig wie eine Krankenhausstiftung um ein professionelles Krankenhausmanagement. Kleine Kapitalstiftungen sollten unter Inanspruchnahme professioneller Beratung nach Möglichkeit Wohnimmobilien übergewichten und im Übrigen breit gestreut in breit angelegte ausschüttende ETFs verschiedener Anlageklassen investieren.

V. Vorrang des Erhaltungs- vor dem Zweckverfolgungsgebot

40 Versteht man das Gebot der Erhaltung des Grundstockvermögens als Gebot der **Erhaltung der Leistungskraft** der Stiftung, scheint der Gegensatz zwischen Vermögenserhaltung und einer dauernden und nachhaltigen Zweckerfüllung aufgehoben zu sein. Eine Kapitalstiftung bspw. muss

danach „nur“ ihre Ertragskraft erhalten. In Zeiten von niedrigen, ja sogar negativen Zinsen oder hoher Inflation bedeutet das freilich, dass eine Kapitalstiftung entweder das Grundstockvermögen oder das Anlagerisiko erheblich erhöhen muss, um ebenso hohe Erträge zu erzielen wie zuvor in einer Hochzinsphase. Einer Erhöhung des Grundstockvermögens (§ 83b Abs. 2 Nr. 3 BGB) setzt jedoch nicht nur das stiftungs- und das steuerliche Admassierungsverbot Grenzen, sondern vor allem die ohnehin bereits beeinträchtigte Ertragskraft der Stiftung. Und auch das Risikoprofil der Finanzanlagen kann nicht beliebig erhöht werden, sondern muss in einem angemessenen Verhältnis zu dem Vermögen der Stiftung und dem Erhaltungsgebot stehen (Rn. 24, Begr. RegE Rn. 12). Tatsächlich kommt es daher häufig zu einem **Konflikt zwischen dem Erhaltungsgebot und dem Gebot dauernder und nachhaltiger Zweckverfolgung** (Begr. RegE Rn. 17). Die zuständigen Stiftungsorgane haben diesen Konflikt Jahr für Jahr aufs Neue nach **pflichtgemäßem Ermessen** zu lösen (Begr. RegE Rn. 10).[34] Das gilt auch bei **Anstaltsstiftungen**: Erwirtschaftet bspw. eine Krankenhausstiftung nicht mehr genügend Erträge, um die erforderlichen Erhaltungs- und Erneuerungsinvestitionen durchzuführen, steht der Vorstand vor der Wahl, entweder die Zweckverfolgung einzuschränken (z.B. durch die Schließung unrentabler Abteilungen) oder sie auf Kosten der Substanz weiter zu betreiben. Das führt freilich auch irgendwann dazu, dass die Zweckverfolgung eingeschränkt werden muss. Das Beispiel zeigt, das Erhaltungsgebot gegenüber dem Zweckverfolgungsgebot hintanzustellen, kann bei einer vorübergehenden Ertragsschwäche sinnvoll sein. Mittel- und langfristig gebührt jedoch dem Erhaltungsgebot – unter Beachtung der Admassierungsverbote (§ 83b Rn. 37 ff.) – Vorrang[35] (vgl. Begr. RegE Rn. 9), solange nicht die Voraussetzungen des § 85 Abs. 1 BGB gegeben sind. Und genau diese Wertung kommt auch in Satz 3 (Vorrang der Erhaltung des Grundstockvermögens bei der Verwendung von Umschichtungsgewinnen, s. Rn. 9) sowie in Abs. 2 und 3 (nur zeitlich begrenzte Ausnahmen von dem Erhaltungs- zugunsten des Zweckverfolgungsgebots) zum Ausdruck. Dem haben die Stiftungsorgane bei der pflichtgemäßen Ausübung ihres Ermessens Rechnung zu tragen, wobei Ihnen allerdings ein weiter Spielraum zukommt, den die Stiftungsaufsichtsbehörde unangetastet lassen muss (bloße Rechtsaufsicht!).

VI. Ungeschmälert?

Das Wort „ungeschmälert“ ist – offenbar unreflektiert – aus dem Landesrecht übernommen wor- 41
den. Sein Wortsinn erweckt den Eindruck, als dürfe das Grundstockvermögen in seinem Wert bzw. seiner Leistungskraft niemals abnehmen. Das ist jedoch eine unerfüllbare Forderung, wie gerade gezeigt wurde (Rn. 37 ff.). Vielmehr „oszilliert“ in der Praxis das Grundstockvermögen um den *„Idealpfad der realen Kapitalerhaltung“*.[36] Das Wort *„ungeschmälert“* formuliert daher allenfalls eine Idealvorstellung. Es wäre vorzugswürdig, es bei der nächsten Reform zu streichen.[37] Besser sollte die Vorschrift lauten: „Das Grundstockvermögen ist in seiner Leistungskraft für die Verfolgung des Stiftungszwecks möglichst zu erhalten.“

34 Staudinger/*Hüttemann/Rawert*, BGB, § 86 Rn. 40; vgl. ebenso MüKoBGB/*Weitemeyer*, § 85 Rn. 26.

35 Im Ergebnis ebenso: MüKoBGB/*Weitemeyer*, § 85 Rn. 25; siehe zum Admassierungsverbot: MHdb. GesR V/*Helios/Friedrich*, § 96 Rn. 9; **a.A.** Staudinger/*Hüttemann/Rawert*, BGB, § 86 Rn. 41.

36 So schon *Carstensen*, WPg 1996, 781, 793.

37 **A.A.** *Schiffer/Pruns*, AnwZert ErbR 19/2021, D. VI.

C. Verfolgung des Stiftungszwecks mit den Nutzungen des Grundstockvermögens, Abs. 1 S. 2

42 In der Begr. RegE heißt es: *„Nach § 83 Absatz 1 Satz 2 BGB-neu ist der Stiftungszweck mit den Nutzungen des Grundstockvermögens zu erfüllen, das heißt nach § 100 BGB entweder durch die Früchte, insbesondere Erträge, die aus den Vermögensgegenständen gezogen sind und die Gebrauchsvorteile, die die Vermögensgegenstände gewähren“* (Rn. 9). Danach liegt die Lesart nahe, der Stiftungszweck sei „nur“ mit den Nutzungen des Grundstockvermögens zu erfüllen. Das ist natürlich nicht der Fall, wie schon Satz 3 zeigt.[38] Vielmehr steht das gesamte sonstige Vermögen der Stiftung (§ 83b Rn. 14) zur Verfolgung des Stiftungszwecks zur Verfügung. So gesehen müsste Satz 2 lauten: „Der Stiftungszweck ist insbesondere mit den Nutzungen des Grundstockvermögens zu erfüllen.“

43 Ferner ist in der Begr. RegE zu lesen: *„Aus der Regelung ergibt sich insbesondere, dass das Grundstockvermögen aus Vermögensgegenständen zusammengesetzt sein muss, die entweder unmittelbar zur Erfüllung des Stiftungszwecks gebraucht werden können oder die Erträge erbringen können, mit denen der Stiftungszweck erfüllt werden kann“* (Rn. 14). Auch das ist offensichtlich falsch, weil zu dem Grundstockvermögen selbstverständlich auch Nullcoupon-Anleihen oder Rohstoffe wie Edelmetalle gehören können.[39] Vielmehr folgt das Stiftungsrecht dem **erbrechtlichen Vermögensbegriff**, weil §§ 80 Abs. 2 S. 2, 81 Abs. 3, 4 BGB, § 356 Abs. 3 FamFG (bisher §§ 83, 84 BGB) ersichtlich davon ausgehen, dass eine Stiftung zum (Allein-)Erben eingesetzt werden kann. Da das gewidmete Vermögen wichtigster Teil des Grundstockvermögens ist (§ 83b Abs. 2 Nr. 1 BGB), können alle vererbbaren Rechtsverhältnisse Teil des Grundstockvermögens sein, und zwar unabhängig davon, ob sie Geldwert haben oder Nutzungen erbringen (§ 80 Rn. 24).

44 Ebenso wie § 83b Abs. 4 S. 2 BGB zu weit geraten ist auch der Satz: *„Alle Nutzungen des Stiftungsvermögens müssen unmittelbar oder mittelbar zur Erfüllung des Stiftungszwecks verwendet werden“* (Begr. RegE Rn. 14); denn selbstverständlich dürfen Nutzungen des Stiftungsvermögens weiterhin zum Beispiel i.S.d. **§ 58 Nr. 6 und 7 AO** verwendet werden.

45 Aus der Begründung bleibt damit allein der Satz übrig: *„Durch die Regelung ... wird nicht nur der Grundsatz der Erhaltung des Grundstockvermögens konkretisiert, sondern auch geregelt, wie das Grundstockvermögen der Zweckerfüllung dient“* (Begr. RegE Rn. 14). Letzteres ist freilich nicht regelungsbedürftig. Und ersteres wird durch den Wortlaut mehr verdunkelt als erhellt. Gemeint ist, dass das Grundstockvermögen zur Zweckerfüllung zwar gebraucht, aber **nicht verbraucht** werden darf, sondern eben zu erhalten ist. **Beispiel:** Gehört ein Auto zum Grundstockvermögen darf es zwar bis zu seiner völligen Abnutzung gebraucht und damit sein wirtschaftlicher Wert auch verbraucht werden. Zugleich müssen aber Rücklagen gebildet werden, um das Auto ersetzen zu können.

D. Umschichtungsgewinne, Satz 3

46 Satz 3 stellt auf **Anregung des Rechtsausschusses** die Behandlung von Zuwächsen aus der Umschichtung von Bestandteilen des Grundstockvermögens entsprechend der bisherigen

---

38 Entgegen *Hüttemann/Rawert*, Beilage zu ZIP 33/2021, 1, 18, gehören Umschichtungsgewinne nicht zu den Nutzungen i.S.d. § 100 BGB, und zwar auch dann nicht, wenn das Investment auf die Erzielung solcher Gewinne gerichtet ist, so aber *Schauhoff* in Schauhoff/Mehren, Stiftungsrecht 2022, Kap. 1 Rn. 20; *Mehren*, ebd. Kap. 7 Rn. 30, 94. Mit Absatz 1 Satz 2 ist diese Ansicht kaum vereinbar. Das Gegenteil lässt sich auch nicht mit der Entscheidung, BGHZ 168, 220, 241, belegen, die lediglich *Unternehmens*gewinne betrifft und nicht Gewinne aus Wertsteigerungen von Unternehmensanteilen.

39 Ebs. *Roth*, npoR 2021, 80, 82 f.

Rechtslage klar, was aufgrund des verfehlten § 83b Abs. 2 S. 2 BGB-RefE und des misslungen § 83c Abs. 3 BGB- RegE notwendig geworden war. Danach „können" „Zuwächse" aus der Umschichtung des Grundstockvermögens zur Zweckverfolgung verwendet werden, wenn die Satzung dies nicht ausschließt und die Erhaltung des Grundstockvermögens gewährleistet ist. Im Einzelnen:

I. Zuwächse

Das Gesetz spricht nur von Zuwächsen, obwohl Umschichtungen ja auch zu „Abwächsen", also nicht nur zu Gewinnen, sondern auch zu Verlusten führen können. Entstehen derartige Umschichtungsverluste, dürfen sie grundsätzlich nicht mit Nutzungen des Grundstockvermögens ausgeglichen werden, weil diese nach Satz 2 vorrangig zur Verfolgung des Stiftungszecks einzusetzen sind.[40] Umschichtungsgewinne sind daher zwingend zuvörderst zum Ausgleich von Umschichtungsverlusten einzusetzen. Dazu sind Umschichtungsgewinne wie -verluste in eine **Umschichtungsrücklage** einzustellen (weiter Rn. 52). Diese sollte nicht negativ werden, andernfalls sie wieder aufgefüllt werden muss.[41] 47

II. Umschichtung des Grundstockvermögens

Satz 3 betrifft nur Umschichtungsgewinne aus dem Grundstockvermögen. Über **Umschichtungsgewinne aus dem sonstigen Vermögen** entscheiden die zuständigen Stiftungsorgane nach pflichtgemäßem Ermessen. Das gilt nur nicht bei Verbrauchsstiftungen, bei denen eine Umwandlung in Grundstockvermögen nicht in Betracht kommt (§ 83b Rn. 25). Dagegen können (und müssen ggf.) **Hybridstiftungen** sehr wohl Umschichtungsgewinne aus ihrem sonstigen Vermögen, und zwar auch aus ihrem zum Verbrauch gewidmeten sonstigen Vermögen, in Grundstockvermögen umwandeln. Nur ihr zum Verbrauch gewidmetes sonstiges Vermögen selbst dürfen sie grundsätzlich nicht in Grundstockvermögen umwandeln, § 83b BGB Rn. 48. 48

Wegen dieser unterschiedlichen Behandlung der verschiedenen Vermögensmassen wurde bereits oben (§ 83b Rn. 46) betont, dass sie voneinander zu trennen sind und diese **Trennung** auch **zu dokumentieren** ist. Das zeigt sich besonders eindrücklich beim Entstehen von **Umschichtungsverlusten, Beispiel:** Eine Hybridstiftung hat ein Gesamtvermögen von 1 Mio. Euro, davon 500T Grundstockvermögen und 500T gewidmetes sonstiges Vermögen. Von diesem Gesamtvermögen sind 50T in W-Aktien angelegt, die aufgrund betrügerischer Machenschaften des Vorstands von W nichts mehr wert sind. Nun macht es rechtlich natürlich einen großen Unterschied, ob die 50T Verlust dem Grundstockvermögen mit Wiederauffüllungsgebot (Rn. 52) zuzurechnen sind oder dem gewidmeten sonstigen Vermögen, wo sie einfach ausgebucht werden dürfen. Deswegen muss schon bei der Anlage klar sein, welcher Vermögensmasse welcher Vermögensgegenstand zuzurechnen ist. Und diese Zuordnung darf der Vorstand dann auch nur noch unter den Voraussetzungen der Umwidmung von sonstigem Vermögen in Grundstockvermögen (bzw. umgekehrt) verändern, was im Beispielsfall unzulässig wäre, weil Hybridstiftungen ihr zum Verbrauch gewidmetes sonstiges Vermögen eben grundsätzlich nicht in Grundstockvermögen umwidmen dürfen (§ 83b Rn. 48). 49

40 Ebenso *Hüttemann/Rawert*, Beilage zu ZIP 33/2021, 1, 18.

41 *Hüttemann/Rawert*, Beilage zu ZIP 33/2021, 1, 18; *Schiffer/Pruns/Schürmann*, Die Reform des Stiftungsrechts, § 7 Rn. 26; *Mehren* in Schauhoff/Mehren, Stiftungsrecht 2022, Kap. 7 Rn. 86 ff.

III. Erfüllung des Stiftungszwecks

50 **Umschichtungsgewinne gehören zum sonstigen Vermögen** (§ 83b Rn. 24) und können daher, wenn nicht Satz 3 Hs. 2 eingreift, wie dieses verwendet werden, also nicht nur zur Verfolgung des Stiftungszwecks (wozu auch die Deckung des Verwaltungsaufwands gehört) und zur Erhöhung des Grundstockvermögens, sondern beispielsweise auch für § 58 Nr. 6 und 7 AO (s. ferner § 83b Rn. 51).

IV. Vorrang des Stifterwillens

51 Der Stifter kann in der Satzung bestimmen, dass Umschichtungsgewinne dem Grundstockvermögen zuzuführen sind. Auch in diesem Fall muss der Vorstand **zuvörderst Gewinne mit Verlusten saldieren** (Rn. 47). Umgekehrt kann der Stifter freilich auch bestimmen, dass Umschichtungsgewinne immer für den Stiftungszweck verbraucht werden sollen.

V. Vorrang der Erhaltung des Grundstockvermögens

52 Da die Erhaltung des Grundstockvermögens mittelfristig Vorrang vor dem Zweckverfolgungsgebot genießt (Rn. 28), ist die Umschichtungsrücklage (Rn. 47) zunächst mit einem **Verlustpuffer** zu füllen, bevor Umschichtungszuwächse für die Verfolgung des Stiftungszwecks eingesetzt werden dürfen. Wird diese Rücklage gleichwohl negativ, führt dies noch nicht zu einem Verstoß gegen Satz 1, sondern begründet nur die Pflicht der Stiftungsorgane, sich um eine Wiederauffüllung zu bemühen,[42] und zwar in erster Linie wiederum mit Umschichtungsgewinnen. Erst, wenn eine Wiederaufstockung endgültig unmöglich ist, wird sie nicht mehr geschuldet, § 275 Abs. 1 BGB.

53 Ferner sollten Umschichtungsgewinne niemals verausgabt werden, bevor der Erlös wieder erfolgreich angelegt ist, weil der Gewinn möglicherweise benötigt wird, um eine Reinvestition zu erwerben, mit der die Leistungskraft der Stiftung aufrechterhalten werden kann. **Beispiel:** Zum Grundstockvermögen gehört ein Einfamilienhaus, das aufwendig saniert werden müsste bevor es weiterhin vermietet werden kann. Der Vorstand entschließt sich deshalb zum Verkauf und will (oder muss) mit dem Erlös eine andere Immobilie erwerben, die mindestens ebenso rentierlich ist wie das zu verkaufende Haus. Das Haus hat einen Buchwert von 500T und einen Verkehrswert von 1 Mio., der bei dem Verkauf auch erzielt werden konnte, weil die Immobilienpreise dementsprechend gestiegen sind. Vermietet war das Haus für 24T Euro p.a. Um diesen Mietertrag zu erzielen, müssen derzeit aber wenigstens 800T aufgewendet werden. Eine attraktive Immobilie in diesem Preisrahmen ist aber nicht zu finden, weswegen der Vorstand sich zum Kauf einer neuwertigen ETW in bester Lage zum Preis von 950T entschließt, die für 27T vermietet ist.

54 Schließlich ist zu prüfen, ob die Umschichtungsgewinne aus sonstigen Gründen zum **Erhalt der Leistungskraft der Stiftung** benötigt werden, z.B. um eine Immobilie der Stiftung zu sanieren. Nur, wenn die Umschichtungsgewinne nicht zum Erhalt des Grundstockvermögens benötigt werden, dürfen sie für den Stiftungszweck verausgabt werden (Begr. RegE Rn. 8).

VI. Umwidmung

55 Die Umwidmung von Umschichtungsgewinnen als sonstigem Vermögen in Grundstockvermögen erfolgt gemäß § 83b Abs. 2 Nr. 3 BGB durch Beschluss der zuständigen Stiftungsorgane. Sie

42 *Hüttemann/Rawert*, Beilage zu ZIP 33/2021, 1, 18.

bewirkt, dass das (ehemals) sonstige Vermögen nunmehr dem Erhaltungsgebot des § 83c Abs. 1 S. 1 BGB unterliegt (Begr. RegE § 83b Rn. 9). Deswegen muss die Umwidmung dokumentiert werden, um die verschiedenen Vermögensmassen voneinander zu trennen (§ 83b Rn. 26 und o. Rn. 24). Einer Satzungsänderung bedarf es für diese „Kapitalerhöhung aus Stiftungsmitteln" nach § 83b Abs. 2 Nr. 3 BGB nicht. Das ist zutreffend, weil das Grundstockvermögen kein Bestandteil der Stiftungsverfassung ist.

Solange die Umwidmung nach § 83b Abs. 2 Nr. 3 BGB noch nicht erfolgt ist, können die zuständigen Stiftungsorgane entscheiden, wie sie mit Umschichtungsgewinnen verfahren. Das gilt auch für länger zurückliegende Umschichtungsgewinne.[43] Bis zum Inkrafttreten des Gesetzes muss allerdings die (auch gegenständliche) Trennung zwischen Grundstockvermögen und sonstigem Vermögen durchgeführt und durch entsprechende Beschlüsse dokumentiert sein. 56

E. Vorübergehende Verbrauchsgestattung aufgrund der Satzung, Absatz 2

Nach Absatz 2 kann der Stifter den Stiftungsorganen in der Satzung gestatten, das grundsätzlich zu erhaltende Grundstockvermögen ausnahmsweise teilweise anzugreifen, d.h. für den Stiftungszweck zu verausgaben. Eine solche Bestimmung kann auch noch später – z.B. jetzt aus Anlass der Gesetzesänderung – in die Satzung aufgenommen, muss aber nach Absatz 2 Satz 2 mit der Verpflichtung verbunden werden, das Grundstockvermögen in absehbarer Zeit wieder um den verbrauchten Teil aufzustocken. Eine dementsprechende Satzungsänderung fällt deswegen unter **§ 85 Abs. 3 BGB.** 57

Allerdings ist Absatz 2 Satz 2 – entgegen dem Anschein seines Wortlauts – **nicht zwingend.** Zum einen kann der Stifter gemäß § 83b Abs. 3 BGB einer „Ewigkeitsstiftung" sonstiges, d.h. zum Verbrauch bestimmtes Vermögen widmen. Zum anderen kann er aber auch Umstände definieren, unter denen die Stiftungsorgane einen Teil des Grundstockvermögens in sonstiges Vermögen umwidmen dürfen. Das folgt – abseits der generellen Gestaltungsfreiheit des Stifters – daraus, dass der Stifter gemäß § 85 Abs. 4 S. 2 und 3 BGB auch Umstände in der Satzung definieren kann, bei deren Vorliegen die Stiftungsorgane eine „Ewigkeitsstiftung" sogar in eine Verbrauchsstiftung umwandeln dürfen, sollen oder müssen (argumentum a maiore ad minus). Anders gewendet dient Absatz 2 Satz 2 nur der Abgrenzung gegenüber § 83b Abs. 3 BGB, soll aber nicht die Gestaltungsfreiheit des Stifters beschränken. Die diesbezüglich rigiden Vorstellungen der Verfasser des RefE wurden bereits im RegE aufgegeben (s. nur § 81 Rn. 50 ff.). Enthält die Satzung vorstehende Klauseln, ist das bei der Lebensfähigkeitsprognose nach § 82 S. 1 BGB zu berücksichtigen, wobei allerdings zu beachten ist, dass „dauernd" nicht „ewig", sondern nur „ungefähr 10 Jahre" bedeutet (s. § 82 Rn. 30). 58

Absatz 2 Satz 2 gibt den Stiftungen „Steine statt Brot"; weil gerade in Zeiten niedriger Zinsen es für Stiftungen nur schwer möglich ist, dem Wiederaufstockungsgebot Genüge zu tun. Erforderlich, aber auch ausreichend, ist eine **Finanzplanung**, die die Wiederaufstockung als gesichert erscheinen lässt,[44] und zwar unter Zugrundelegung der Verhältnisse zur Zeit der Finanzplanung. Dabei kommt den zuständigen Stiftungsorganen die Einschätzungsprärogative zu. Die Stiftungsaufsicht ist wie stets auf eine bloße Rechtsaufsicht beschränkt. Die Finanzplanung bedarf nicht ihrer Genehmigung. Stellt sich die Finanzplanung hinterher als unzutreffend heraus, so war sie nur pflichtwidrig, wenn sie unter Missachtung der Maßstäbe des § 84a Abs. 2 BGB erstellt wurde. Ist die Finanzplanung verfehlt, ist sie durch eine neue bzw. verbesserte zu ersetzen. In jedem Fall zu beachten sind das stiftungsrechtliche und das steuerliche Admassierungsverbot (§ 83b Rn. 37). Ist eine Wiederaufstockung endgültig unmöglich, wird sie auch nicht mehr geschuldet, § 275 Abs. 1 BGB. 59

---

43 *Hüttemann/Rawert*, Beilage zu ZIP 33/2021, 1, 19.

44 *Hüttemann/Rawert*, Beilage zu ZIP 33/2021, 1, 19.

60 Fraglich ist allerdings erstens, auf welchen Zeitpunkt es für die Höhe des Grundstockvermögens ankommt: auf den Zeitpunkt der Errichtung der Stiftung oder den Zeitpunkt der Entnahme. Richtigerweise wird man auf den **Zeitpunkt der Entnahme** abstellen müssen, andernfalls gar keine Wiederaufstockung geschuldet würde, wenn das Grundstockvermögen zwischenzeitlich etwa durch Zustiftungen erhöht wurde. Im Blick auf die Möglichkeit der Zu- und Abnahme des Werts des Grundstockvermögens sollte die Satzungsbestimmung nicht einen festen Betrag, sondern einen **Prozentsatz** vom nominalen Wert des Grundstockvermögens angeben.

61 Fraglich ist weiterhin, ob für die Wiederaufstockung der nominale oder der reale Wert des Grundstockvermögens oder seine Leistungskraft maßgeblich ist (Rn. 37 ff.). Letzteres würde, so könnte man meinen, dazu führen, dass eine unverzinste Barreserve ohne Weiteres verbraucht werden dürfte, weil sie keine Erträge bringt und ihr Verbrauch daher die Leistungskraft der Stiftung nicht beeinträchtigt. Das ist aber natürlich nicht richtig, weil verausgabtes Geld nicht mehr zur Verfügung steht. Deswegen ist auch eine bloße nominelle Wiederaufstockung nicht ausreichend. Vielmehr wird eine **reale Wiederaufstockung** geschuldet. Die Finanzplanung (Rn. 59) hat also die fortschreitende Inflation zu berücksichtigen. In der Stiftungssatzung kann der Stifter allerdings bestimmen, dass eine nominelle Wiederaufstockung genügt (vgl. o. Rn. 60).

62 Die Wiederaufstockung hat im Wege des § 83b Abs. 2 Nr. 3 BGB zu erfolgen. Dabei kann die **Wiederaufstockung aus dem gesamten sonstigen Vermögen** der Stiftung erfolgen, also insbes. auch aus Nutzungen des Grundstockvermögens. Das ist hier – anders als bei Umschichtungsverlusten (o. Rn. 49) – unproblematisch, weil das wiederaufzufüllende Grundstockvermögen ja für den Stiftungszweck verwendet wurde. Eine Vollthesaurierung ist aber für höchstens drei Jahre zulässig (§ 83b Rn. 39 a.E.). Ob auch Zustiftungen für eine Wiederauffüllung verwendet werden dürfen, bleibt zu klären.

63 Fraglich ist schließlich, was „absehbare Zeit" bedeutet. Man wird hier eine Grenze bei **10 Jahren** ziehen müssen. M.a.W.: Zwar reicht es aus, wenn in der Satzungsbestimmung die Formel „absehbare Zeit" wiederholt wird. Die Finanzplanung muss aber eine Wiederaufstockung innerhalb von längstens 10 Jahren vorsehen. Dabei ist zwar zuzugeben, dass die 10-Jahresfrist gerade nicht im Gesetz steht. Ein Zeitraum von länger als 10 Jahren ist jedoch nicht mehr „absehbar". Dagegen belastet ein geringerer Zeitraum die Leistungskraft der Stiftung unter Umständen zu stark.

64 Vom **Umfang** her darf die Satzungsbestimmung *„nicht dazu führen, dass die dauerhafte und nachhaltige Erfüllung des Stiftungszwecks nicht mehr gesichert erscheint. Es kann jeweils nur mit Blick auf die einzelne Stiftung bestimmt werden, wieviel Grundstockvermögen nach § 83c Absatz 2 Satz 1 BGB-neu zum Verbrauch bestimmt werden kann"* (Begr. RegE Rn. 17). Dies hat die Behörde im Anerkennungsverfahren im Rahmen des § 82 S. 1 BGB zu prüfen. Im Einzelnen bedeutet das: Hat eine Stiftung ohnehin nur ein Grundstockvermögen von 100.000 Euro, so ist jede Regelung i.S.d. Absatz 2 problematisch, weil jede wiederaufzustockende Verringerung des Grundstockvermögens die ohnehin geringe Leistungskraft der Stiftung beeinträchtigt. Hat eine Stiftung dagegen ein Grundstockvermögen von 100 Mio. Euro, so wäre die dauerhafte und nachhaltige Erfüllung des Stiftungszwecks wohl auch dann noch gesichert, wenn 50 % davon vorübergehend verbraucht werden dürften. Allerdings geht jede verhältnismäßig erhebliche Wiederaufstockung des Grundstockvermögens auch für sehr vermögende Stiftungen mit einer mehr oder weniger langen und starken Beeinträchtigung ihrer Leistungskraft einher. Zudem soll die Klausel der Stiftung lediglich eine etwas größere Flexibilität, z.B. im Blick auf die Finanzierung größerer Projekte oder zur Weiterfinanzierung von Projekten in besonders ertragsschwachen Jahren gewähren. Nach allem ist bei Kapitalstiftungen eine statutarische Verbrauchsgestattung von **bis zu 10 %** des Grundstockvermögens im Allgemeinen anerkennungsfähig.

65 Für **Anstaltsstiftungen**, deren Grundstockvermögen in der Hauptsache aus einem Krankenhaus, einem Altenstift oder dergleichen besteht, ist Absatz 2 insgesamt wenig passend. Größere Investitionen, für deren Bezahlung ihr sonstiges Vermögen nicht ausreicht, können (und dürfen) nicht durch eine Teilveräußerung der „Anstalt", sondern nur durch die **Aufnahme von**

Darlehen finanziert werden, wobei der Darlehnsgeber regelmäßig als Sicherheit die Bestellung einer Grundschuld auf das „Anstaltsgrundstück" verlangen wird. Für dergleichen Geschäfte bedarf es jedoch keiner satzungsmäßigen Ermächtigung. Sie sind mangels abweichender Vorgaben des Stifters grundsätzlich von der Geschäftsführungsbefugnis und Vertretungsmacht des Vorstands gedeckt. Und das gilt natürlich auch für Kapitalstiftungen: Anstatt den Weg über Absatz 2 oder 4 zu gehen, können sie zur Finanzierung von Projekten grundsätzlich auch ein Darlehn aufnehmen. Allerdings sind Darlehn wegen der geschuldeten Zinsen für gewöhnlich teurer als eine Entnahme aus dem Grundstockvermögen. Es kann jedoch sein, dass eine Entnahme zum Zeitpunkt des akuten Finanzbedarfs nicht möglich oder nicht opportun ist, weil beispielsweise dafür ein Grundstück veräußert oder Wertverluste einer Anlage realisiert werden müssten.

F. Vorübergehende Verbrauchsgestattung aufgrund landesrechtlicher Genehmigung, Absatz 3

Landesrechtliche Regelungen müssen, um Absatz 4 zu entsprechen, folgende **Vorgaben** erfüllen: **66**
- Ausnahme von dem Gebot der Erhaltung des Grundstockvermögens,
- für einen bestimmten Teil des Grundstockvermögens,
- zeitliche Begrenzung der Ausnahme,
- Antrag der Stiftung,
- Genehmigung der nach Landesrecht zuständigen Behörde unter der Voraussetzung, dass
- die dauernde und nachhaltige Erfüllung des Stiftungszwecks nicht beeinträchtigt wird.

Diese Vorgaben erfüllt derzeit keine einzige Bestimmung des Landesrechts. 67

§§ 7 Abs. 1 BremStiftG, 6 Abs. 1 HeStiftG und 6 Abs. 1 SaarStitfG lauten fast wortgleich: **68** *„Das Stiftungsvermögen ist in seinem Bestand ungeschmälert zu erhalten. Die Stiftungsbehörde kann Ausnahmen zulassen, wenn der Stifterwille anders nicht zu verwirklichen und der Bestand der Stiftung für angemessene Zeit gewährleistet ist."* Diese Bestimmungen sind in mehrfacher Hinsicht nicht mit Absatz 3 vereinbar. Das beginnt schon damit, dass sie nicht zwischen dem Stiftungsvermögen und dem Grundstockvermögen differenzieren. Diesem Problem könnte man allerdings noch durch Auslegung beikommen. Dass der Stifterwille nicht anders zu verwirklichen ist, ist dagegen eine Voraussetzung, die Absatz 3 nicht enthält und daher gegen Bundesrecht verstößt. Außerdem können aufgrund dieser Vorschriften auch zeitlich unbegrenzte Ausnahmen von dem Vermögenserhaltungsgebot zugelassen werden, was einer Umwandlung des betreffenden Teils des Grundstockvermögens in sonstiges Vermögen gleichkommt. Zeitlich begrenzt meint nämlich in diesem Zusammenhang, dass die Genehmigung nur unter der Auflage erteilt werden darf, dass das Grundstockvermögen ebenso wie nach Absatz 2 zu einem späteren Zeitpunkt (aber nicht unbedingt „in absehbarer Zeit") wieder aufgestockt wird. Dass die landesrechtlichen Vorschriften keine Wiederaufstockung verlangen, kommt auch deutlich in der Voraussetzung zu Ausdruck, dass lediglich der Bestand der Stiftung für eine angemessene Zeit gewährleistet sein muss. Das ist ein erhebliches Minus gegenüber einer fehlenden Beeinträchtigung der dauernden und nachhaltigen Erfüllung des Stiftungszwecks, ja würde geradezu die Umwandlung in eine Verbrauchsstiftung erlauben; denn die genannten landesrechtlichen Vorschriften sehen auch keine Begrenzung auf einen Teil des Grundstockvermögens vor. Mit Inkrafttreten von § 83c BGB-neu sind sie daher nichtig und müssen, will der Landesgesetzgeber der Sache nach an ihnen festhalten, nach den Vorgaben des Abs. 3 neu gefasst werden.

Das gilt aus den genannten Gründen auch für **§ 4 Abs. 3 S. 1 SächsStiftG**, der derzeit lautet: **69** *„Das Stiftungsvermögen ist wertmäßig in seinem Bestand und seiner Ertragskraft zu erhalten, es sei denn, dass die Satzung oder die Stiftungsbehörde eine Ausnahme zulässt und der Stiftungszweck nicht anders zu verwirklichen ist."* **§ 8 Abs. 2 S. 1 ThStitfG** entspricht dagegen eher § 83c Abs. 2 BGB, ist aber auch mit diesem nicht vereinbar: *„Das Stiftungsvermögen ist in seinem Bestand zu erhalten, es* *sei denn, dass die Satzung eine Ausnahme zulässt, der Stiftungszweck anders nicht zu verwirklichen ist und die Dauerhaftigkeit der Stiftung gewährleistet bleibt.*" Das Gleiche gilt für **§ 4 Abs. 2 S. 2 HamStiftG:** *„Soweit nicht in der Satzung etwas anderes bestimmt ist, ist das Stiftungsvermögen möglichst ungeschmälert zu erhalten, es sei denn, der Stifterwille kann auf diese Weise nicht verwirklicht werden."*

70 Prinzipiell ist gegen Absatz 4 einzuwenden, dass die Vorschrift dem **Ziel einer Vereinheitlichung des Stiftungsrechts entgegensteht.**[45] Besser wäre es daher, die Vorschrift zu streichen und stattdessen Absatz 2 folgenden Satz 3 anzufügen: *„Enthält die Satzung keine entsprechende Bestimmung, hat*[46] *die nach Landesrecht zuständige Behörde auf Antrag der Stiftung den Verbrauch eines Teils des Grundstockvermögens unter der Auflage zuzulassen, dass das Grundstockvermögen in absehbarer Zeit um den verbrauchten Teil wieder aufgestockt wird."*

45 Ebenso *Roth*, npoR 2021, 80, 83; *Hüttemann/Rawert*, Beilage zu ZIP 33/2021, 1, 19.
46 Der Behörde ist bei dieser Entscheidung kein Ermessen einzuräumen. Auch sonst besteht im Stiftungsrecht bei Erfüllung der gesetzlichen Voraussetzungen stets ein Anspruch auf Genehmigung. Das folgt schon aus der Beschränkung der Stiftungsaufsicht auf eine bloße Rechtsaufsicht sowie aus der Grundrechtsposition der Stiftung.

§ 84 Stiftungsorgane

(1) Die Stiftung muss einen Vorstand haben. Der Vorstand führt die Geschäfte der Stiftung.

(2) [1]Der Vorstand vertritt die Stiftung gerichtlich und außergerichtlich; er hat die Stellung eines gesetzlichen Vertreters. Besteht der Vorstand aus mehreren Personen, so wird die Stiftung durch die Mehrheit der Vorstandsmitglieder vertreten. [2]Ist eine Willenserklärung gegenüber der Stiftung abzugeben, so genügt die Abgabe gegenüber einem Mitglied des Vorstands.

(3) Durch die Satzung kann von Absatz 1 Satz 2 und Absatz 2 Satz 2 abgewichen und der Umfang der Vertretungsmacht des Vorstands mit Wirkung gegen Dritte beschränkt werden.

(4) [1]In der Satzung können neben dem Vorstand weitere Organe vorgesehen werden. [2]In der Satzung sollen für ein weiteres Organ auch die Bestimmungen über die Bildung, die Aufgaben und die Befugnisse enthalten sein.

(5) Die §§ 30, 31 und 42 Absatz 2 sind entsprechend anzuwenden.

Schrifttum

Arnold, Auf dem Weg zu einer besseren Foundation Governance – Organstruktur, Vergütung, Destinatärsrechte, in: Hüttemann/Rawert/u.a. (Hrsg.), Non Profit Law Yearbook 2012/2013, S. 63; *Arps-Aubert*, Stiftungsrechtliche Vertretungsbescheinigungen bei Streit oder Ungewissheit über den Funktionsstatus einer Person, ZStV 2014, S. 72; Bundesverband Deutscher Stiftungen (Hrsg.), Die Grundsätze guter Stiftungspraxis – Erläuterungen, Hinweise und Anwendungsbeispiele aus dem Stiftungsalltag, 2014; *Burgard*, Der Aufsichtsrat bei Verein und Stiftung, in: Kohl/Kübler/u.a. (Hrsg.), GS Walz, 2007, S. 71; *ders.*, Corporate Governance bei Kulturstiftungen, in: Nietsch/Weller/u.a. (Hrsg.), Kulturstiftungen, Gründung – Führung – Kontrolle, 2013, S. 87; *ders.*, Foundation Governance, ZStV 2015, S. 1; *ders.*, Beschränkung der Vertretungsmacht bei Verein und Stiftung – Zugleich Bespr. von BGH, Urt. v. 15.4.2021 – III ZR 139/20 (NZG 2021, 877) – „Schlaganfall-Hilfe", NZG 2022, S. 18; *Dörnbrand/Fiala*, Rechtswirkungen und Rechtsfolgen von Vertretungsbescheinigungen rechtsfähiger Stiftungen, DStR 2009, S. 2490; *Fleisch/Küstermann*, Die Richtlinien des Bundesverbandes Deutscher Stiftungen, in: Andrick/Gantenbrink/u.a. (Hrsg.), Die Stiftung – Jahreshefte zum Stiftungswesen 2015, S. 57; *Fritsche*, Das Wissen der Stiftung, ZSt 2004, S. 209; *Geibel*, Die Beschränkung der Vertretungsmacht mit Wirkung gegenüber Dritten bei Stiftung und GbR, ZJS 2009, S. 339; *Hartmann/Atzpodien*, Zu den Auswirkungen stiftungsrechtlicher Genehmigungserfordernisse bei Rechtsgeschäften, in: Löwisch/Schmidt/Leithoff/u.a. (Hrsg.), FS Rittner, 1991, S. 147; *Hopt*, Corporate Governance in Nonprofit-Organisationen, in: Hopt/v. Hippel/Walz, Nonprofit-Organisationen in Recht, Wirtschaft und Gesellschaft, 2005, S. 243; *Hopt/v. Hippel* (Hrsg.), Comparative Corporate Governance for Nonprofit Organisations, 2010; *Hüttemann/Rawert*, Rechtsgeschäftliche Stellvertretung im Stiftungsrecht, in: Boele-Woelki/Faust/u.a. (Hrsg.), FS K. Schmidt, 2019, S. 537; *Jakob/Uhl*, Der Swiss Foundation Code und seine bisherige Rezeption im Stiftungswesen, AJP 2015, S. 279; *Kalss*, Der österreichische Corporate Governance-Kodex für NPO, in: Hüttemann/Rawert/u.a. (Hrsg.), Non Profit Law Yearbook 2013/2014, 2014, S. 125; *Kamp*, § 181 BGB und die Organvertretung am Beispiel des Stiftungsvorstands – Vorschlag eines Dogmenwechsels, ZfPW 2019, S. 408; *Kilian*, Die Stellung des Beirates in der Stiftung, 2002; *Kohl*, Ein „Foundation Governance Kodex" – ein Gebot unserer Zeit?, in: Kohl/Kübler/u.a. (Hrsg.), GS Walz, 2008, S. 339; *Kohnke*, Die Pflichten des Stiftungsvorstands aus Bundes- und Landesrecht, 2009; *Koschmieder/Seidemann*, Strategisches Management in Stiftungen, ZStV 2015, S. 126; *Koss*, Prinzipal-Agent-Konflikte in Nonprofit-Organisationen, in: Hopt/v. Hippel/u.a. (Hrsg.), Nonprofit-Organisationen in Recht, Wirtschaft und Gesellschaft, 2005, S. 197; *ders.*, Das interne Kontrollsystem der Stiftung – zugleich Anmerkungen zu OLG Oldenburg, Urteil vom 8. November 2013 – 6 U 50/13, ZStV 2014, S. 171; *Krause/Graewe*, Die Übertragung von Corporate-Governance-Modellen auf NPO, ZGC 2011, S. 172; *Kronke*, Organkompetenzen in Stiftung, Kapital- und Personengesellschaft – Gestaltungsprobleme bei mittelbaren Unternehmensträgerstiftungen, ZGR 1996, S. 18; *Lange*, Die Bedeutung institutionenökonomischer Erkenntnisse für das Verständnis von Herrschaft und Kontrolle in der Stiftung, AcP 2014, S. 511; *ders.*, Anmerkung zu BGH, Urteil v. 20.11.2014 – III ZR 509/13 (OLG Oldenburg), JZ 2015, S. 630; *Longrée*, Compliance – (K)ein Thema für Stiftungen?, in: Andrick/Gantenbrink/u.a. (Hrsg.), Die Stiftung – Jahreshefte zum Stiftungswesen 2015, S. 27; *Longrée/Loos*, (Tax) Compliance – Ein zunehmend aktuelles Thema für Stiftungen und Vereine, ZStV 2016, S. 34; *Lück*, Die Anwendbarkeit des Corporate Governance Kodex auf Stiftungen, 2008; *Luth*, Die Vertretungsmacht des Vorstands in rechtsfähigen Stiftungen des Privatrechts, 2005; *Ott*, Kontrolle und Transparenz von Nonprofit-Organisationen, in: Kohl/Kübler/u.a. (Hrsg.), GS Walz, 2008, S. 505; *Rawert*, Die juristische Person des Privatrechts als Stiftungsvorstand, in: Saenger/Bayer/u.a. (Hrsg.),

https://doi.org/10.1515/9783110251524-019

FS O. Werner, 2009, S. 119; *ders.*, Der Nachweis organschaftlicher Vertretung im Stiftungsrecht – Zu den Rechtswirkungen von Stiftungsverzeichnissen und aufsichtsbehördlichen Vertretungsbescheinigungen, in: Hönn/Oetker/u.a. (Hrsg.), FS Kreutz, 2010, S. 825; *Rösner*, Die Konzernierung der Stiftung und ihr Einfluss auf die Pflichten des Stiftungsvorstands, 2012; *Roth*, Vertretungsbescheinigungen für Stiftungsorgane und Verkehrsschutz, in: Hüttemann/Rawert/u.a. (Hrsg.), Non Profit Law Yearbook 2009, 2010, S. 65; *ders.*, Vertretungsbescheinigungen für Stiftungsorgane: Grundlage und Reichweite ihres Verkehrsschutzes, NotBZ 2011, S. 244; *Saenger/Veltmann*, Corporate Governance in Stiftungen, ZSt 2005, S. 67; *Sandberg*, Ehrenamt zum Nulltarif – Stiftungen zwischen Dilettantismus und Monetarisierung, in: Weitemeyer/Hüttemann/u.a. (Hrsg.), Non Profit Law Yearbook 2014/2015, 2015, S. 31; *Sandberg/Strachwitz*, Was ist Ehrenamt – Ein Problemaufriss anhand einer empirischen Studie, ZStV 2015, S. 210; *Schmidt-Schmiedebach*, Stiftung und Corporate Governance-Kodex, 2015; *Schwintek*, Die Business Judgement Rule bürgerlichen Rechts: eine Untersuchung zu Pflichten und Kontrolle von Leistungsorganen im *Stiftungsrecht* – insbesondere in Unternehmensträgerstiftungen, 2001; *Seifert*, Zur Verschwiegenheitspflicht von Organmitgliedern in Stiftungen – eine Skizze, ZStV 2014, S. 41; *Sprecher/Egger/Janssen*, Swiss Foundation Code, 2009; *Steuber*, Corporate Governance bei Stiftungen – eine Frage der Kontrolle oder der Moral, DStR 2006, S. 1182; *Stürner*, Geschäftsleitung in fremdnützigen Organisationen, 2014; *Then*, Non-profit Corporate Governance in Europa – Regulierung oder Selbstregulierung, in: Walz/Hüttemann/u.a. (Hrsg.), Non Profit Law Yearbook 2006, S. 123; *Thomsen*, Comparative Corporate Governance of Non-Profit Organizations, ECFR 2014, S. 15; *Thymm*, Das Kontrollproblem der Stiftung und die Rechtsstellung der Destinatäre, 2006; *Trappe*, Compliance – alter Wein in neuen Schläuchen?, in: Andrick/Gantenbrink/u.a. (Hrsg.), Die Stiftung – Jahreshefte zum Stiftungswesen 2015, S. 117; *v. Schnurbein*, Governance und Management von Förderstiftungen in Deutschland und in der Schweiz, in: Hüttemann/Rawert/u.a. (Hrsg.), Non Profit Law Yearbook 2012/2013, 2013, S. 1; *v. Schönfeld*, Leitungs- und Kontrollstrukturen in gemeinnützigen Organisationen, Eine Untersuchung zu der Effektivität im Dritten Sektor und deren Verbesserung durch einen Kodex, 2017; *Vogelbusch*, Verschärfte Anforderungen an Mitglieder von Aufsichtsgremien in NPO, npoR 2013, S. 130; *Walz*, Lücken der Foundation Governance und ihre Ausfüllung, in: Arkan/Yongalik (Hrsg.), FS Ansay, 2006, S. 497; *Wanka*, Juristische Personen und ihre Organe als Vorstand der Stiftung, Modelle zur Anbindung einer Stiftung an ein Unternehmen, 2018; *ders.*, Juristische Personen als Vorstand der Stiftung – Die Anbindung einer Stiftung aus organisationsrechtlicher Sicht, npoR 2019, S. 117; *Weitemeyer/Vogt*, Verbesserte Transparenz und Non-Profit Governance Kodex für NPOs, NZG 2014, S. 12.

Übersicht

A. Grundlagen

I. Norminhalt und -zweck, Verhältnis zum alten Recht — 1

II. Begründung
1. Regierungsentwurf — 4
2. Stellungnahme des Bundesrates — 19a
3. Gegenäußerung der Bundesregierung — 19l

III. Bewertung — 20

B. Der Vorstand — 21

I. Der Vorstand als Geschäftsführungsorgan
1. Grundsatz der Allzuständigkeit — 23
2. Pflicht zur Geschäftsführung — 24
3. Grenzen der Geschäftsführungsbefugnis — 30

II. Der Vorstand als Vertretungsorgan
1. Der Grundsatz der Unbeschränktheit der Vertretungsmacht — 36
2. Gesetzliche Grenzen der Vertretungsmacht — 38
3. Landesrecht — 40
4. Gewillkürte Grenzen der Vertretungsmacht — 41
5. Die Vertretung durch mehrere Personen — 48
6. Unübertragbarkeit der organschaftlichen Vertretungsmacht — 55
7. Rechtsgeschäftliche Vertretungsmacht Dritter — 56
8. Passivvertretung — 57

C. Weitere Stiftungsorgane

I. Allgemeines — 58

II. Überwachungsorgan (Aufsichtsrat) — 59

III. Gruppenorgan — 62

IV. Willensbildungsorgan — 66

V. Beratungsorgan — 70

VI. Repräsentationsgremien und Ehrenämter — 73

VII. Einrichtung sonstiger Organe — 74

VIII. Gestaltungsgrenzen — 76

D. Foundation Governance — 78

E. Anwendung von § 30 BGB — 82

F. § 31 BGB

I. Normzweck — 91

II. Voraussetzungen
1. Verfassungsmäßig berufener Vertreter — 92
2. Zum Schadensersatz verpflichtende Handlung — 93
3. In Ausführung der ihm zustehenden Verrichtung — 96
4. Schädigung eines Dritten — 97

III. Abdingbarkeit — 98

IV. Analoge Anwendung des § 31 BGB (Repräsentantenhaftung) — 99

G. § 42 Abs. 2 BGB — 100

I. Insolvenzantrag — 101

II. Haftung wegen Insolvenzverschleppung — 102

III. Keine Haftung gegenüber der Stiftung wegen masseschmälernden Zahlungen — 104

IV. Weitere Anspruchsgrundlagen — 105

H. Verwaltung der Stiftung durch eine öffentliche Behörde — 106

A. Grundlagen

I. Norminhalt und -zweck, Verhältnis zum alten Recht

Absatz 1 Satz 1 bestimmt, dass die Stiftung als einzig zwingendes Organ einen Vorstand haben muss (Begr. RegE Rn. 6). Satz 2 sieht sodann als Regelfall vor, dass der Vorstand die Geschäfte führt. Das ist **systematisch falsch** (richtig dagegen § 26 BGB), weil zwingendes Kennzeichen des Vorstands nicht seine Geschäftsführungsbefugnis, sondern seine Vertretungsmacht ist. Anders gewendet: Unabhängig von der Bezeichnung ist dasjenige Organ der Stiftung ihr Vorstand im Sinne des Gesetzes, welches die Stellung ihres gesetzlichen Vertreters hat, Absatz 2 Satz 1 Halbsatz 2 (näher u. Rn. 21). Mit der Geschäftsführung oder bestimmten Geschäftsführungsaufgaben kann dagegen auch ein anderes Organ betraut werden, Absatz 3 (Begr. RegE Rn. 8, 16). Absatz 2 Satz 2 ordnet bei mehreren Vorstandsmitgliedern als gesetzliche Regel Mehrheitsvertretung an, was nach Absatz 3 ebenfalls dispositiv ist (Begr. RegE Rn. 12), dort allerdings nicht richtig zum Ausdruck kommt. Grundsätzlich hat der Vorstand unbeschränkte Vertretungsmacht, sie kann nach Absatz 3 aber auch mit Wirkung gegen Dritte beschränkt werden. 1

Absatz 4 stellt klar, dass die Stiftung neben dem Vorstand auch weitere Organe haben kann, deren Bildung, Aufgaben und Befugnisse dann aber in der Satzung geregelt werden sollen. Absatz 5 enthält drei Verweisungen in das Vereinsrecht (besondere Vertreter, Haftung für Organe, Insolvenzantragspflicht). 2

Die Vorschrift hat die **Funktion des bisherigen § 86 S. 1 Hs. 1 BGB.** Ein Äquivalent zu § 86 S. 1 Hs. 2, S. 2 BGB fehlt dagegen. Die Verwaltung einer Stiftung durch eine öffentliche Behörde ist damit im neuen Recht nicht besonders geregelt. Vielmehr sollen allgemeine Regeln gelten (vgl. Begr. RegE Rn. 13). Das ist die einzige inhaltliche Änderung gegenüber der bisherigen Rechtslage. 3

II. Begründung

1. Regierungsentwurf

„Die Rechtsstellung der Stiftungsorgane wird bisher in § 86 BGB durch zahlreiche Verweisungen ins Vereinsrecht geregelt, die teilweise zu nicht einfach verständlichen Verweisungsketten führen. 4

Die Organverfassung der Stiftung soll künftig umfassender eigenständig im Stiftungsrecht geregelt werden und auf die Verweisungen auf das Vereinsrecht beschränkt werden, damit das Recht besser auf die Stiftung und ihre Besonderheiten abgestimmt werden kann und für den Rechtsanwender einfacher zugänglich und verständlich wird. Die neuen Regelungen tragen auch dem Umstand Rechnung, dass Stiftungen nicht selten neben dem Vorstand weitere Organe haben, die neben oder zusammen mit dem Vorstand auch Geschäftsführungsaufgaben wahrnehmen. Deshalb werden zahlreiche Regelungen nicht nur für Vorstandsmitglieder, sondern allgemein für Organmitglieder formuliert.[1]

5 ***Zu Absatz 1:*** *§ 84 Absatz 1 BGB-neu enthält die grundlegenden Regelungen zum Vorstand der Stiftung und zu seinen Aufgaben sowie Regelungen zur Schaffung weiterer Organe.*

6 ***Zu Satz 1:*** *§ 84 Absatz 1 Satz 1 BGB-neu ist § 26 Absatz 1 Satz 1 BGB nachgebildet. Er bestimmt, dass jede Stiftung einen Vorstand haben muss. § 84 Absatz 1 Satz 1 BGB-neu ist wie § 26 Absatz 1 Satz 1 BGB zwingend. Dasselbe ergab sich bisher aus der Verweisung in § 86 Satz 1 BGB auf § 26 BGB. Der Vorstand ist auch weiterhin das einzige Pflichtorgan der Stiftung. Durch die Satzung können nach § 84 Absatz 4 und Absatz 5 BGB-neu neben dem Vorstand weitere Organe vorgesehen werden.*

7 ***Zu Satz 2:*** *§ 84 Absatz 1 Satz 2 BGB-neu stellt ausdrücklich klar, dass der Vorstand grundsätzlich das Geschäftsführungsorgan der Stiftung ist. Die Geschäftsführung umfasst alle Tätigkeiten zur Verfolgung des Stiftungszwecks einschließlich der Vertretung der Stiftung, die in § 84 Absatz 2 BGB-neu als wichtiger Teil der Geschäftsführung speziell geregelt ist.*

8 *Die Vorschrift ist nach § 84 Absatz 3 BGB-neu teilweise dispositiv. Geschäftsführungsaufgaben können durch die Satzung bei Stiftungen ebenso wie bei Vereinen auch anderen Organen zugewiesen werden. Deshalb regelt § 84a BGB-neu die Rechte und Pflichten bei der Geschäftsführung in Bezug auf alle Organmitglieder, nicht nur für Vorstandsmitglieder. Eine Ausnahme gilt allerdings für die aktive und passive Vertretung der Stiftung nach § 84 Absatz 2 Satz 1 und 3 BGB-neu. Diese ist zwingend dem Vorstand vorbehalten. Die Vertretungsmacht des Vorstands kann nach § 84 Absatz 3 BGB-neu wie bisher mit Außenwirkung nur beschränkt, aber nicht ausgeschlossen werden.*

9 ***Zu Absatz 2:*** *§ 84 Absatz 2 BGB-neu ist § 26 Absatz 1 Satz 2 und Absatz 2 BGB nachgebildet. Die Vorschrift regelt die Vertretung der Stiftung durch den Vorstand.*

10 ***Zu Satz 1:*** *§ 84 Absatz 2 Satz 1 BGB-neu ist § 26 Absatz 1 Satz 2 BGB nachgebildet. Der Vorstand ist das zwingende Vertretungsorgan der Stiftung. Die Vorstandsfähigkeit ist bei Stiftungen gesetzlich nicht beschränkt. Ebenso wie bei Vereinen können Vorstandsmitglieder nicht nur natürliche Personen, sondern auch juristische Personen des privaten und öffentlichen Rechts, zum Beispiel auch Gemeinden, und sonstige rechtsfähige Personenvereinigungen sein. Diese selbst nicht handlungsfähigen Vorstandsmitglieder handeln durch ihre zuständigen Organe. Das zuständige Organ wird durch Gesetz oder Satzung bestimmt. Bei kommunalen Stiftungen können die Gemeinden, Kreise oder Bezirke zu Vorständen bestellt werden und durch Landesrecht geregelt werden, welches Organ der Körperschaft die Vorstandsaufgaben wahrnimmt.*

11 *Die Vertretungsmacht des Stiftungsvorstands ist nach § 84 Absatz 2 Satz 1 BGB-neu wie beim Vereinsvorstand nach § 26 Absatz 1 Satz 2 BGB umfassend und unbeschränkt. Sie kann allerdings durch die Satzung beschränkt werden, insbesondere können auch Mitwirkungsrechte anderer Organe bei Vertretung der Stiftung vorgesehen werden.*

12 ***Zu Satz 2:*** *§ 84 Absatz 2 Satz 2 BGB-neu entspricht § 26 Absatz 2 Satz 1 BGB. Bei einem mehrköpfigen Vorstand wird die Stiftung durch die Mehrheit der Vorstandsmitglieder vertreten. Nach § 84 Absatz 3 BGB-neu kann die Vertretungsmacht der Vorstandsmitglieder durch die Satzung auch abweichend geregelt werden, insbesondere kann den Vorstandsmitgliedern auch Einzelvertretungsmacht oder nur Gesamtvertretungsmacht eingeräumt werden.*

13 *Abweichend vom bisherigen § 86 Satz 1 BGB soll diese Regelung auch gelten, wenn eine juristische Person des öffentlichen Rechts Mitglied des Vorstands ist. Sind mit Blick auf ein solches Vorstandsmitglied abweichende Regelungen erforderlich, können sie durch die Satzung getroffen wer-*

1 BT-Ds. 19/28173, 58.

den. Dies ist auch durch Satzungsänderung möglich, falls dies bei einer schon bestehenden Stiftung aufgrund der Gesetzesänderung erforderlich sein sollte.[2]

14 ***Zu Satz 3:*** *§ 84 Absatz 2 Satz 3 BGB-neu entspricht § 26 Absatz 2 Satz 2 BGB und regelt die passive Vertretungsmacht der Mitglieder des Stiftungsvorstands. Ebenso wie beim Verein ist jedes Vorstandsmitglied allein zur Empfangsvertretung für die Stiftung berechtigt, das heißt eine Erklärung, die der Stiftung gegenüber abzugeben ist, ist der Stiftung zugegangen, wenn Zugang bei einem Vorstandsmitglied bewirkt wurde. Die passive Vertretungsmacht des jeweiligen Vorstandsmitglieds kann wie bisher nicht ausgeschlossen werden.*

15 *Ist ein Vorstandsmitglied eine juristische Person oder rechtsfähige Personenvereinigung, so ist der Zugang einer Erklärung bei diesem Vorstandsmitglied bewirkt, wenn die Erklärung einer Person zugeht, die für das Vorstandsmitglied empfangsberechtigt ist. Dies gilt auch für juristische Personen des öffentlichen Rechts. Es besteht deshalb kein Bedürfnis für Vorstandsmitglieder, die juristische Personen des öffentlichen Rechts sind, eine von § 84 Absatz 2 Satz 3 BGB-neu abweichende Regelung vorzusehen. Deshalb wurde die Ausnahmeregelung im bisherigen § 86 Satz 2 BGB nicht übernommen.*

16 ***Zu Absatz 3:*** *§ 84 Absatz 3 BGB-neu bestimmt, inwieweit von § 84 Absatz 1 und 2 BGB-neu durch die Satzung abgewichen werden kann. Der Vorstand ist nach § 84 Absatz 1 Satz 2 BGB-neu das Geschäftsführungsorgan der Stiftung. Diese Vorschrift ist allerdings nicht zwingend, so dass durch die Satzung Geschäftsführungsaufgaben mit Ausnahme der Vertretung der Stiftung auch auf andere Stiftungsorgane übertragen werden können.*

17 *Durch die Satzung kann von der Vorschrift des § 84 Absatz 2 Satz 2 BGB-neu abgewichen werden, die regelt, dass die Stiftung, die einen mehrköpfigen Vorstand hat, durch die Mehrheit der Vorstandmitglieder vertreten wird. Die Vertretungsmacht des Vorstands kann wie bisher durch die Satzung mit Wirkung auch gegen Dritte beschränkt werden. Die Vertretungsmacht des Vorstands kann insbesondere dadurch beschränkt werden, dass sie an die Zustimmung eines anderen Organs gebunden wird.*

18 ***Zu Absatz 4:*** *§ 84 Absatz 4 BGB-neu stellt klar, dass durch die Satzung neben dem Vorstand weitere Organe vorgesehen werden können. Da es keine gesetzlichen Regelungen zu der Tätigkeit dieser Organe gibt, muss die Satzung Regelungen zur Bildung der Organe und zu ihren Aufgaben und Befugnissen treffen.*

19 ***Zu Absatz 5:*** *Mit § 84 Absatz 5 BGB-neu werden die vereinsrechtlichen Regelungen in den §§ 30, 31 und 42 Absatz 2 BGB für entsprechend anwendbar erklärt. Dies entspricht weitgehend dem bisherigen § 86 Satz 1 BGB. Eine Verweisung auf § 29 BGB ist nicht mehr vorgesehen, weil für die Notbestellung von Vorstandsmitgliedern und anderen Organmitgliedern eine eigenständige Regelung in § 84c BGB-neu getroffen wird.“*[3]

2. Stellungnahme des Bundesrates

19a *Nach § 84 Absatz 3 ist folgender Absatz einzufügen: „(3a) Durch Landesrecht kann für kommunalverwaltete Stiftungen von den Absätzen 1 und 2 abgewichen werden.“*

19b *Begründung: Die Regelungen des § 84 Absatz 1, 2 BGB zum Vorstand und der aktiven und passiven Vertretung der Stiftung lassen unberücksichtigt, dass kommunale, kommunalverwaltete Stiftungen einem Sonderrecht unterliegen, das durch ihre Einbindung in die landesrechtlich geregelte kommunale Verwaltung bestimmt ist.*

19c *Die Regelungen des § 84 Absatz 1, 2 BGB könnten einer landesrechtlichen Vorschrift – wie sie beispielsweise in Artikel 20 Absatz 2 des Bayerischen Stiftungsgesetzes enthalten ist – entgegenstehen, wonach die Vertretung und Verwaltung einer Stiftung durch die jeweils zuständigen kommunalen Organe erfolgt, wenn in der Satzung hierzu keine anderweitige Vorgabe enthalten ist.*

---

2 BT-Ds. 19/28173, 59.
3 BT-Ds. 19/28173, 60.

19d *Zwar könnte die Auslegung einer derartigen landesrechtlichen Regelung zu dem Ergebnis führen, dass die jeweils zuständigen Organe Vorstand der Stiftung im Sinn des § 84 Absatz 1 Satz 1 BGB sein können. Dennoch könnten Rechtsunsicherheiten hinsichtlich der richtigen Interpretation der gesetzlichen Bestimmungen*[4] *Drucksache 19/28173 – 114 – Deutscher Bundestag – 19. Wahlperiode verbleiben. Zudem wäre § 84 Absatz 2 BGB nicht kompatibel mit einer derartigen landesrechtlichen Regelung, da in jedem Fall – auch wenn das Kollegialorgan für die Verwaltung der Stiftung zuständig und daher Stiftungsvorstand wäre – der jeweilige erste Bürgermeister, Landrat oder Bezirkstagspräsident seine Gebietskörperschaft und damit auch die Stiftung nach außen vertritt. Insbesondere ist es nicht mit den kommunalrechtlichen Vorschriften vereinbar, wenn das kommunale Kollegialorgan Stiftungsvorstand ist und – wie § 84 Absatz 2 Satz 3 BGB neu regeln soll – Willenserklärungen gegenüber der Stiftung wirksam gegenüber einem (einzigen) Mitglied eines (mehrköpfigen) Vorstands abgegeben werden können.*

19e *Die auf Satzungen beschränkten Abweichungsmöglichkeiten in § 84 BGB auf landesrechtliche Regelungen zu erstrecken, reicht nicht aus, um das Problem zu lösen, da zum Beispiel § 84 Absatz 2 Satz 1 und 3 BGB überhaupt nicht abbedungen werden können.*

19f *Auch die Klarstellung in der Gesetzesbegründung zu § 84 Absatz 2 Satz 1 BGB, wonach auch juristische Personen des öffentlichen Rechts, wie Gemeinden, Vorstandsmitglieder sein können und bei kommunalen Stiftungen die Gemeinden, Kreise oder Bezirke zu Vorständen bestellt werden und durch Landesrecht geregelt werden kann, welches Organ der Körperschaft die Vorstandsaufgaben wahrnimmt, hilft nicht weiter. Sie bezieht sich nur auf den Fall, dass die Gebietskörperschaft selbst Vorstand der Stiftung sein kann, nicht jedoch das jeweils zuständige Organ (Kollegialorgan beziehungsweise erster Bürgermeister, Landrat oder Bezirkstagspräsident). Dasselbe gilt für den Hinweis in § 84 Absatz 2 Satz 3 BGB zur passiven Vertretungsmacht bei einer juristischen Person des öffentlichen Rechts als Vorstandsmitglied.*

19g *Vor diesem Hintergrund ist die Schaffung einer Öffnungsklausel erforderlich, die den Ländern die Möglichkeit zu abweichenden Regelungen für kommunalverwaltete Stiftungen gibt, um deren besonderen Charakter Rechnung zu tragen und Rechtssicherheit zu schaffen.*

19h [Ferner ist in] *§ 84 Absatz 4 Satz 2 ist das Wort „sollen" durch das Wort „müssen" zu ersetzen.*

19i *Begründungen: Sobald sich der Stifter für die Bildung mehrerer Organe entschieden hat, soll er auch verpflichtend die dazugehörigen Vorkehrungen in der Satzung regeln. Dies wird als wesentlicher Bestandteil des Stifterwillens angesehen.*

19j *Es ist bei der im BGB getroffenen Regelung insofern auch nicht ersichtlich, worin der atypische Ausnahmefall zu sehen ist, der ein Abweichen von der Satzungsregelung rechtfertigt. Ein nicht vom Stifterwillen nicht gedeckt. Rechtssystematisch ist die Ergänzung daher erforderlich. Zudem geht die Einzelbegründung zu § 84 Absatz 4 BGB (siehe Seite 67 oben) ausdrücklich von einer „Muss-Regelung" aus.*

19k *Weiterhin ist anzumerken, dass eine Ausgliederung der Regelungen zu weiteren Organen in Nebenordnungen (zum Beispiel Geschäftsordnung) bereits aus aufsichtlicher Position nicht vertretbar ist und auch nicht dem Schutz des Stifterwillens unterläge, da Nebenordnungen keiner Genehmigungspflicht unterliegen.*[5]

3. Gegenäußerung der Bundesregierung

19l *Die Bundesregierung stimmt dem Vorschlag des Bundesrates* [zur Einführung eines § 84 Absatz 3a] *nicht zu.*

19m *Für kommunale Stiftungen, das heißt Stiftungen, die von einer kommunalen Körperschaft verwaltet werden, ist die Öffnungsklausel für das Landesrecht nicht erforderlich. Damit eine Stiftung als kommunale Stiftung anzusehen ist, muss in der Satzung geregelt sein, dass die Gemeinde oder*

4 BT-Ds. 19/28173, 113.
5 BT-Ds. 19/28173, 114.

ein Gemeindeorgan die Aufgaben des Stiftungsvorstandes wahrnimmt, das heißt, dass sie Vorstandsmitglied ist. Wenn in der Satzung einer Stiftung bestimmt ist, dass das Vorstandsmitglied der Stiftung eine Körperschaft des öffentlichen Rechts ist, zum Beispiel eine Gemeinde, dann richtet es sich nach den für die Körperschaft geltenden Vorschriften, durch welche Organe die öffentlich-rechtliche Körperschaft diese Aufgaben wahrnimmt. Das kann durch Landesrecht geregelt werden, ohne dass es hierzu der vorgeschlagenen Ausnahmeregelung zu § 84 BGB-neu bedarf.

Die Bundesregierung stimmt dem Vorschlag des Bundesrates [zur Ersetzung des Wortes „sollen" duch „müssen" in § 84 Absatz 4 Satz 2] *nicht zu.* **19n**

Die Sollregelung gewährleistet, dass in allen Fällen, in denen ergänzende Regelungen zu besonderen Organen erforderlich sind, solche durch Satzungsbestimmungen auch zu treffen sind. Die zuständigen Behörden haben das bei der Anerkennung zu prüfen. Sie zwingt aber insbesondere Altstiftungen, bei denen solche Bestimmungen in der Satzung fehlen, nicht diese Bestimmungen zu ergänzen, wenn die Rechte und Pflichten der Organe und Organmitglieder unter Rückgriff auf die gesetzlichen Vorschriften über den Vorstand ausreichend geregelt sind. Die Sollregelung in § 84 Absatz 4 Satz 2 des Bürgerlichen Gesetzbuches (BGB) ermöglicht es auch weiterhin für die fakultativen Stiftungsorgane ergänzend auf die Vorschriften für den Vorstand zurückzugreifen, soweit in der Satzung nichts Abweichendes bestimmt ist.[6] **19o**

III. Bewertung

Die Vorschrift ist **misslungen**. Absatz 1 ist unsystematisch (Rn. 1). Unsystematisch ist auch die teilweise Aufgabe der Verweisungen auf das Vereinsrecht. Die Begründung hierfür, diese Verweisungen seien *„nicht einfach verständlich"*, lässt auf den Verständnishorizont der Verfasser schließen und die Frage aufkommen, was das Differenzierungskriterium war, an anderen Verweisen festzuhalten.[7] Durch eine *„umfassende eigenständige"* Regelung des Stiftungsrechts steht nämlich zu befürchten, dass sich Vereins- und Stiftungsrecht auseinanderentwickeln und das Stiftungsrecht nicht mehr von der viel umfangreicheren vereinsrechtlichen Rechtsprechung (600.000 Vereine vs. 23.000 Stiftungen) profitieren kann. Wichtig wäre es dagegen gewesen, wenigstens im Stiftungsrecht die Möglichkeit einer statutarischen Beschränkung der Vertretungsmacht auszuschließen (näher Rn. 47). **20**

B. Der Vorstand

Der Vorstand ist nach Abs. 1 S. 1 („muss") **das einzig** (s. Abs. 4: „können") **notwendige Organ der Stiftung**. Ohne Vorstand ist die Stiftung nicht anerkennungsfähig, s. § 82 BGB i.V.m. § 81 Abs. 1 Nr. 1 lit. b BGB. Wie der Vorstand in der Satzung bezeichnet wird, ist unerheblich. Wird er anders bezeichnet (z.B. Direktorium, Präsidium oder Verwaltungsrat) empfiehlt sich eine statutarische Klarstellung (z.B.: „Das Präsidium ist Vorstand im Sinne des Gesetzes"). Das gilt auch, wenn der Vorstand nur aus einzelnen Mitgliedern eines Organs bestehen soll (z.B.: „Das Präsidium hat sieben Mitglieder. Vorstand im Sinne des Gesetzes sind der Präsident, der Schatzmeister und der Schriftführer").[8] Diese sind dann die gesetzlichen Vertreter der Stiftung i.S.d. Absatz 2 Satz 1. Welches Gremium Vorstand im Sinne des Gesetzes ist, bestimmt sich danach, wer die **21**

6 BT-Ds. 19/28173, 119.

7 So wird z.B. auf § 42 Abs. 2 BGB verwiesen, § 42 Abs. 1 BGB dagegen wird eigenständig geregelt.

8 In diesem Fall ist das Präsidium das Geschäftsführungsorgan, wohingegen der Vorstand als Vertretungsorgan nur aus den drei genannten Präsidiumsmitgliedern besteht.

Stiftung in erster Linie[9] nach außen vertreten soll (Rn. 1). Zur Bestellung von Organmitgliedern s. § 81 BGB Rn. 71 ff.; zur Abberufung § 81 BGB Rn. 86 ff.; zum Anstellungsvertrag § 84a Rn. 13.

22 **Mitglied** des Vorstands können **auch juristische Personen** und rechtsfähige Personenvereinigungen sein (Begr. RegE Rn. 10), und zwar nicht nur juristische Personen des Privatrechts, sondern auch juristische Personen des öffentlichen Rechts, insb. Gebietskörperschaften wie Gemeinden (s. Rn. 191 ff.). Diese handeln durch ihre Organe, wobei das jeweilige Vertretungsorgan die juristische Person im Vorstand der Stiftung vertritt, wenn in deren Satzung oder gesetzlich nichts anderes bestimmt ist.[10]

I. Der Vorstand als Geschäftsführungsorgan

1. Grundsatz der Allzuständigkeit

23 Geschäftsführung ist jede Tätigkeit tatsächlicher oder rechtsgeschäftlicher Art zur Verfolgung des Stiftungszwecks.[11] Zur Geschäftsführung gehören daher auch alle Vertretungshandlungen namens der Stiftung. Nicht zur Geschäftsführung gehören dagegen sog. Grundlagengeschäfte, durch die die Verfassung der Stiftung geändert wird. Nach der gesetzlichen Regel- und zugleich Minimalverfassung ist der Vorstand allerdings das einzige Organ der Stiftung (Rn. 1). Insbesondere verfügt die Stiftung im Gegensatz zu Verbänden aufgrund ihrer Mitgliederlosigkeit nicht notwendigerweise über ein eigenständiges, für Grundlagengeschäfte zuständiges Willensbildungsorgan. Sofern die Satzung kein weiteres Organ vorsieht (s. Rn. 58), ist der Stiftungsvorstand daher allzuständig, ist also nicht nur zur Geschäftsführung und Vertretung berufen, sondern auch für Grundlagengeschäfte wie Satzungsänderungen zuständig, s. § 85a Abs. 1 S. 1 BGB. Da auch kein stiftungsinternes Kontrollgremium gesetzlich zwingend vorgesehen ist, verfügt der Stiftungsvorstand nach der gesetzlichen Regelverfassung über eine „Machtfülle", wie sie *„bei anderen juristischen Personen des Privatrechts unbekannt ist"*.[12] Zudem muss der Vorstand nicht aus mehreren Personen, sondern kann auch aus nur einer Person bestehen, vgl. Abs. 2 S. 2.

2. Pflicht zur Geschäftsführung[13]

24 Nach §§ 84 Abs. 1, 84a Abs. 1 BGB i.V.m. § 664 BGB. sind die Mitglieder des Vorstands zur Geschäftsführung nicht nur berechtigt, sondern auch verpflichtet, und zwar nach auftragsrechtlichen Grundsätzen. Der Geschäftsführungsauftrag besteht für Stiftungsvorstände in der dauernden und nachhaltigen Erfüllung des Stiftungszwecks.[14] Dabei haben sie nicht nur die Interessen

---

9 Jedes Organ hat die organschaftliche Vertretungsmacht, die es zu seiner Aufgabenwahrnehmung bedarf (s.u. Rn. 55). Unbeschränkte Vertretungsmacht kann jedoch nur dasjenige Organ haben, dass nach dem Gesetz bzw. der Satzung gesetzlicher Vertreter ist. Allein dieser – bei Verein und Stiftung also der Vorstand i.S.d Gesetzes – ist Adressat der gesetzlichen Amtspflichten wie z.B. § 42 Abs. 2 BGB.

10 Zur Frage, ob die Organpersonen, die die juristische Person im Stiftungsvorstand vertreten, in einem doppelten Pflichtenverhältnis stehen Staudinger/*Hüttemann*/*Rawert*, BGB, § 86 Rn. 6; *Rawert*, in: FS Werner, 119, 122 ff.; s. ferner Rn. 63 (zur Lockerung der Pflichtbindung in sog. Gruppenorganen).

11 MüKoBGB/*Leuschner*, § 27 Rn. 35; BeckOK BGB/*Schöpflin*, § 27 Rn. 17; BeckOK BGB/*Backert*, § 81 Rn. 11.

12 So Seifart/v. Campenhausen/*Hof*, Stiftungsrechts-Handbuch, 2. Aufl., München 1999, § 4 Rn. 113.

13 Die folgenden Ausführungen basieren auf *Burgard*, ZStV 2015, 1, 6 f.

14 Staudinger/*Hüttemann*/*Rawert*, BGB, § 86 Rn. 27; MüKoBGB/*Weitemeyer*, § 86 Rn. 33 m.w.N. Die landesrechtlichen Vorschriften des § 7 BWStiftG; Art. 6 Abs. 2 BayStiftG; § 6 Abs. 1 BremStiftG; § 4 Abs. 1 HamStiftG; § 5 HeStiftG; § 4 Abs. 1 NRWStiftG; § 7 Abs. 1 RPStiftG; § 5 Abs. 1 SaarStiftG; § 4 Abs. 1 SächsStiftG; § 7 Abs. 1 S. 2 SAStiftG; § 8 Abs. 1 S. 2 ThStiftG haben nur klarstellende Bedeutung.

der Stiftung zu wahren, sondern müssen **nach besten Kräften**[15] **den größtmöglichen Nutzen**[16] für die Stiftung anstreben. Zwar hat der Vorstand einen Gestaltungs-, Beurteilungs- und Ermessenspielraum, soweit weder das Gesetz noch die Stiftungssatzung oder Nebenordnungen genauere Vorgaben enthalten. Die Pflicht zur Interessenwahrung und zur Interessenförderung erfordert aber *„eine gleichsam empathische Identifikation"*.[17] Der Vorstand darf sich nicht auf eine sorgfältige und sachgerechte Geschäftsführung beschränken, sondern muss die Stiftung so leiten, wie *„wenn sie eine natürliche Person wäre und ihre Interessen selbst wahrnehmen könnte"*.[18] Da die Stiftungsorgane den Stifterwillen zu verwirklichen haben (§ 83 Rn. 34), fungieren sie gleichsam als *„loyales alter ego"*[19] des Stifters. Die Vorstandsmitglieder dürfen sich daher keinesfalls auf diejenigen Geschäftsführungsmaßnahmen beschränken, die unabdingbar notwendig sind, um die ausdrücklichen gesetzlichen und statutarischen Anforderungen zu erfüllen und die Stiftung „irgendwie am Laufen zu halten", sondern sie müssen nach besten Kräften alle Anstrengungen unternehmen, um die dauernde und nachhaltige Erfüllung des Stiftungszwecks im Sinne des Stifters bestmöglich zu fördern.

Damit sind viele der bekannten Governance-Mängel (Rn. 81) nicht vereinbar. **Beispielsweise** muss der Vorstand aus Präventionsgründen auch dann für die Einhaltung des **Vier-Augen-Prinzips** und für einen Stimmrechtsausschluss befangener Organmitglieder Sorge tragen, wenn dies in der Satzung nicht vorgesehen ist. Dergleichen kann er auch ohne Satzungsänderung in einer Nebenordnung (Geschäftsordnung des Vorstands) verankern, s. § 83 Rn. 13 f. Der Vorstand ist außerdem verpflichtet, **Kriterien für die Vergabe von Stiftungsleistungen** zu entwickeln und anschließend den Mitteleinsatz zu kontrollieren und zu bewerten. Er muss – wenn der Stifterwille nicht entgegensteht – **Transparenz nach innen und außen** schaffen; denn heute ist ganz und gar unstreitig, dass Gutes Öffentlichkeit braucht, um zu gedeihen. Auch ein Verzicht auf Öffentlichkeitsarbeit und Marketing ist daher für gewöhnlich pflichtwidrig. Der Vorstand muss zumindest bei einer Ewigkeitsstiftung nachhaltige Anstrengungen unternehmen, um der Stiftung **weitere Einkommensquellen** zu erschließen. Steht der Stifterwille nicht entgegen, ist Fundraising daher nicht nur Kür, sondern Pflicht! 25

Allerdings sind Organmitglieder von Stiftungen regelmäßig unentgeltlich tätig (§ 84a Abs. 1 S. 2 BGB) und daher auf einen „Broterwerb" angewiesen, wenn sie nicht schon das Rentenalter erreicht haben oder anderweitig finanziell unabhängig sind. So gesehen könnte man meinen, Ehrenamt sei Nebenamt mit der Folge, dass **Ehrenamtliche nicht ihre volle Arbeitskraft** schulden. Das ist in dieser Allgemeinheit jedoch **nicht richtig** und wird, soweit ersichtlich, auch von niemandem vertreten. 26

Im Auftragsrecht hängt das Maß des geschuldeten Zeit- und Arbeitsaufwands allein von dem Inhalt des Auftrags ab. Der Auftrag kann dem Beauftragten daher eine bloß punktuelle Einzelaktion, ebenso wie komplexe und dauerhafte Verwaltungsanstrengungen abverlangen.[20] Gegenstand kann etwa die (unentgeltliche)[21] Verwaltung eines ganzen Vermögens sein.[22] Ein Auftrag kann daher auch die ganze Arbeitskraft des Beauftragten beanspruchen. Ist der Beauftragte nicht in der Lage, den erforderlichen Zeit- und Arbeitsaufwand zu erbringen, muss er den Auftrag ablehnen oder, wenn er dies erst später erkennt, nach Maßgabe des § 671 BGB kündigen. 27

15 RGZ 90, 129; 130, 29; 145, 35.

16 Staudinger/*Martinek/Omlor*, BGB, § 662 Rn. 26.

17 So Staudinger/*Martinek/Omlor*, BGB, § 662 Rn. 29; Palandt/*Sprau*, BGB, § 662 Rn. 9.

18 *Reuter*, NPLYB 2002, 157; Staudinger/*Martinek/Omlor*, BGB, § 662 Rn. 29.

19 Staudinger/*Martinek/Omlor*, BGB, § 662 Rn. 33; MüKoBGB/*Weitemeyer*, § 86 Rn. 32 m.w.N.

20 Staudinger/*Martinek/Omlor*, BGB, § 662 Rn. 20; MüKoBGB/*Schäfer*, § 662 Rn. 53; BeckOK BGB/*Fischer*, § 662 Rn. 11.

21 Bei Entgeltlichkeit liegt ein Geschäftsbesorgungsvertrag vor.

22 RGZ 139, 41; RGZ 90, 129; Staudinger/*Martinek/Omlor*, BGB, § 662 Rn. 22; MüKoBGB/*Schäfer*, § 662 Rn. 53.

Nichts anderes gilt für die Mitglieder des Stiftungsvorstands.[23] **Zeitmangel rechtfertigt** daher **keine unzureichende Geschäftsführung.**[24]

28 Das bedeutet freilich nicht, dass jedes Vorstandsmitglied jeder Stiftung jeden Tag und jede Stunde für die Stiftung tätig sein müsste. Vielmehr hängt der gebotene Zeit- und Arbeitsaufwand ganz von den **Umständen des Einzelfalls** ab. Insbesondere kann der Vorstand eine Geschäftsverteilung (Anh. 1 zu § 84a Rn.6 ff.) vornehmen und sich durch den Einsatz von Erfüllungsgehilfen (§ 84a Rn. 57, 61), durch eine ordnungsgemäße Delegation (Anh. 1 zu § 84a Rn. 9) sowie eine sachgerechte Organisation von der Wahrnehmung vielerlei Aufgaben entlasten.[25] Tut er dies, muss er freilich dafür Sorge tragen, dass die übertragenen Aufgaben bestmöglich erfüllt werden; denn seine Pflicht, nach besten Kräften den größtmöglichen Nutzen für die Stiftung anzustreben, bleibt hiervon unberührt. Sieht sich **beispielsweise** der Vorstand nicht zu einer zeitgemäßen und wirkungsvollen Öffentlichkeitsarbeit in der Lage, dann muss er eine qualifizierte Person suchen, die diese Aufgabe für ihn (vielleicht soger unentgeltlich) übernimmt, den Betreffenden einweisen und seine Arbeit überwachen. Selbst Kleinstorganisationen sind auf diese Weise zu einer förderlichen Öffentlichkeitsarbeit in der Lage, wie der Verfasser aus eigener Erfahrung weiß. Für bloßes Nichtstun gibt es daher keine Entschuldigung.

29 Weitere Ausführung zu der Anwendbarkeit und der Bedeutung der §§ 664 ff. BGB im Stiftungsrecht s. § 84a Rn. 55 ff.

3. Grenzen der Geschäftsführungsbefugnis

30 Die Geschäftsführungsbefugnis des Vorstandes ist nach der gesetzlichen Normalverfassung der Stiftung in zweierlei Hinsicht beschränkt. Die erste Grenze bildet die **Stiftungsverfassung**, insbesondere der Stiftungszweck und die Art und Weise seiner Verwirklichung (Gegenstand der Stiftungstätigkeit, s. § 80 Rn. 33 ff.), die zu verfolgen der Stiftungsvorstand verpflichtet ist. Ergreift der Vorstand Maßnahmen, die nicht von dem Stiftungszweck und dem Gegenstand der Stiftungstätigkeit gedeckt sind, so handelt er pflichtwidrig und ist bei schuldhaftem Handeln der Stiftung zum Ersatz der hieraus entstehenden Schäden aus § 280 Abs. 1 BGB verpflichtet (näher zur Haftung § 84a Rn. 9). Das gilt auch für Maßnahmen, die dem Stifterwillen i.S.d § 83 Abs. 2 BGB (dort Rn. 18) zuwiderlaufen, denen also gleichsam der Stifter, wenn er könnte, widersprechen würde.[26] Und das gilt schließlich für Maßnahmen, die dem Gebot der Erhaltung des Grundstockvermögens widersprechen (näher § 84a Anh. 1 Rn. 1 ff.). Die zweite Grenze bilden die **Stiftungsgesetze der Länder**, in denen teilweise noch immer Zustimmungsvorbehalte zugunsten der Stiftungsaufsichtsbehörde normiert sind (näher Rn. 40). Innerhalb dieses Rahmens ist der Vorstand auch berechtigt, außergewöhnliche Maßnahmen zu ergreifen.

31 Aus der Stiftungssatzung können sich allerdings **weitere Grenzen** der Geschäftsführungsbefugnis ergeben. Möglich ist zum einen, bestimmte Maßnahmen an die Zustimmung eines anderen, gewillkürten Stiftungsorgans zu binden (näher § 84a Rn. 59 u. § 83 Rn. 18). Zum anderen können bestimmte Geschäftsführungsbefugnisse einem anderen Organ zugewiesen oder diesem ein Weisungsrecht eingeräumt werden. Schließlich kann der Stifter auch Anordnungen hinsicht-

---

23 Anstelle der Kündigung tritt die Amtsniederlegung, die grundsätzlich jederzeit möglich ist, allerdings nicht zur Unzeit erfolgen darf, siehe *Burgard*, Gestaltungsfreiheit, 406 f. m.w.N.; *Werner*, S & S (3/200) 15, 16; Palandt/*Sprau*, BGB, § 671 Rn. 3; MüKoBGB/*Weitemeyer*, § 86 Rn. 14; MüKoBGB/*Schäfer*, § 671 Rn. 20 m.w.N.

24 Daran ändert auch § 84a Abs. 3 S. 1 BGB i.V.m. § 31a BGB nichts. § 31a BGB senkt lediglich den haftungsrechtlich relevanten Verschuldensgrad ab, nicht aber den anzulegenden Sorgfaltsmaßstab. Dieser wird vielmehr durch § 84a Abs. 2 S. 1 BGB gegenüber der bisherigen Rechtslage (§ 276 Abs. 2 BGB) angehoben, siehe § 84a Rn. 118.

25 MüKoBGB/*Weitemeyer*, § 86 Rn. 15 m.w.N.; Krieger/Schneider/*Burgard*, § 6 Rn. 6.18 m.w.N.

26 *Sanders*/*Berisha*, ZStV 2021, 50, 55; Staudinger/*Hüttemann*/*Rawert*, BGB, § 86 Rn. 25; BeckOK BGB/*Backert*, § 86 Rn. 7; MüKoBGB/*Weitemeyer*, § 86 Rn. 22 a.E.

lich der Geschäftsführung treffen, indem er etwa Regelungen über die Verwaltung des Stiftungsvermögens oder über die Verwendung der Stiftungserträge vorsieht (s. § 83 Rn. 13 f.).

Fraglich ist, ob es einen **unentziehbaren Kern der Geschäftsführungsbefugnis** des Vorstandes gibt. Hier sind drei Fragen zu unterscheiden, nämlich *erstens*, ob die Geschäftsführungsbefugnis dem Vorstand oder einzelnen seiner Mitglieder vollkommen entzogen werden kann, *zweitens*, ob die Geschäftsführungsbefugnis im Ganzen anderen Stiftungsorganen zugewiesen werden kann, und *drittens*, ob der Vorstand, durch die Einräumung von Weisungsbefugnissen zugunsten anderer Organe, auf ein bloßes Exekutivorgan reduziert werden kann. 32

Nicht möglich ist es, dem Vorstand die Geschäftsführungsbefugnis **ersatzlos** zu entziehen; denn hierdurch würde die Stiftung handlungsunfähig.[27] Zulässig ist es hingegen, einzelne von mehreren Vorstandsmitgliedern von der Geschäftsführung auszuschließen (sog. **Zölibatsklausel**).[28] Dies lässt jedoch zum einen die öffentlich-rechtlichen Pflichten des betreffenden Vorstandsmitglieds unberührt. Und zum anderen kann das jeweilige Vorstandsmitglied auch nicht aus seiner Verantwortung für das rechtmäßige Verhalten der Stiftung und damit aus seiner Überwachungspflicht entlassen werden. Aus diesem Grund **unentziehbar** sind daher sein **Einsichtsrecht**, sein **Auskunftsrecht**, sein **Teilnahmerecht** an Vorstandssitzungen und sein **(Abwehr-)Recht**, sich bei Bedenken hinsichtlich der Rechtmäßigkeit der Stiftungsverwaltung ggf. an andere Stiftungsorgane, die Stiftungsaufsichtsbehörde und erforderlichenfalls an die Gerichte zu wenden.[29] 33

Zulässig ist es dagegen, die Geschäftsführung ganz oder teilweise auf ein **anderes Organ** zu übertragen.[30] Dies lässt freilich ebenfalls die öffentlich-rechtlichen Pflichten des Vorstands[31] sowie seine Überwachungspflicht unberührt. Auch in diesem Fall müssen daher die vorgenannten Rechte gewährleistet und der Vorstand insbesondere berechtigt sein, an den Sitzungen des Geschäftsführungsorgans teilzunehmen.[32] 34

Schließlich ist es zulässig, dem Vorstand zwar die Geschäftsführung zu überlassen, ihn aber auf ein reines Exekutivorgan zu reduzieren.[33] Insbesondere gibt es **keinen Bereich, der nicht Weisungen** durch ein anderes Organ unterstellt werden könnte, und zwar auch Einzelweisungen.[34] Dabei darf der Vorstand allerdings solchen Weisungen nicht Folge leisten, die gegen zwingende gesetzliche Vorschriften, öffentlich-rechtliche Pflichten der Stiftung bzw. der Vorstandsmitglieder oder die Stiftungsverfassung verstoßen oder absolute Rechte Dritter verletzen.[35] Freilich dürfen rechtswidrige Weisungen schon gar nicht erteilt werden. 35

---

27 Zum Vereinsrecht Krieger/Schneider/*Burgard*, § 6 Rn. 6.10; Reichert/*Wagner*, Kap. 2 Rn. 2009.

28 Siehe zur GmbH OLG Hamm ZIP 1986, 1188, 1193 m. Anm. *Lutter*; Scholz/*Schneider*/*Schneider*, GmbHG, § 37 Rn. 85 m.w.N.; vgl. MüKoBGB/*Weitemeyer*, § 81 Rn. 45.

29 Vgl. *Lutter*, ZIP 1986, 1195, 1196; Lutter/Hommelhoff/*Kleindiek*, GmbHG, § 37 Rn. 39; Scholz/*Uwe H. Schneider*/*Sven H. Schneider*, GmbHG, § 37 Rn. 85.

30 BGH StiftRspr. III, 57, 58; zum Vereinsrecht Krieger/Schneider/*Burgard*, § 6 Rn. 6.18; Reichert/*Wagner*, Kap. 2 Rn. 2573; **a.A.** *Blydt-Hansen*, Destinatäre, 128 ff., indes ohne Begründung.

31 Reichert/*Wagner*, Kap. 2 Rn. 2580; Scholz/*Uwe H. Schneider*/*Sven H. Schneider*, GmbHG, § 37 Rn. 85; *Peters*, GmbHR 2008, 682, 684; *Ulmer*, FS Schwark, 2009, 271, 273 f.

32 Dies war in dem Fall BGH StiftRspr. III, 57 dadurch gewährleistet, dass die beiden Vorstandsmitglieder zugleich Mitglieder des Geschäftsführungsorgans waren.

33 OLG Düsseldorf, ZIP 1984, 1476; OLG Nürnberg NZG 2000, 154; Habersack/Casper/Löbbe/*Paefgen*, GmbHG, § 37 Rn. 29; Scholz/*Schneider*/*Schneider*, GmbHG, § 37 Rn. 86, m.w.N.

34 Wie hier zur GmbH OLG Düsseldorf ZIP 1984, 1476, 1478; Scholz/*Uwe H. Schneider*/*Sven H. Schneider*, GmbHG, § 37 Rn. 86.

35 Vgl. zur GmbH BGHZ 31, 258, 278; BGHZ 125, 366, 372; Scholz/*Uwe H. Schneider*/*Sven H. Schneider*, GmbHG, § 37 Rn. 99; ebenso MüKoBGB/*Weitemeyer*, § 86 Rn. 31.

II. Der Vorstand als Vertretungsorgan

1. Der Grundsatz der Unbeschränktheit der Vertretungsmacht

36 Die Vertretungsmacht des Vorstands ist grundsätzlich unbeschränkt. Das ergibt sich aus Absatz 3 Hs. 2, wonach *„der Umfang der Vertretungsmacht des Vorstands mit Wirkung gegen Dritte beschränkt werden"* kann.[36] Die Unbeschränktheit der Vertretungsmacht bedeutet, dass der Vorstand gegenüber Dritten grundsätzlich **jede Rechtshandlung im Namen und mit Wirkung für und gegen die Stiftung** vornehmen kann. Einige wenige Grenzen ergeben sich lediglich aus allgemeinen Regeln und Gesetzen (Rn. 38 f.). Im Übrigen ist die Vertretungsmacht jedoch weder gegenständlich noch inhaltlich oder der Höhe nach begrenzt. Der Vorstand kann daher **auch ungewöhnliche oder riskante Rechtsgeschäfte** vornehmen, und zwar auch dann, wenn er hiermit seine Befugnisse im Innenverhältnis überschreitet, sie insbesondere außerhalb des Stiftungszwecks liegen.[37]

37 Letzteres wird allerdings zum Teil bestritten. Zum Schutz der Stiftung (bzw. des Vereins) sei die Vertretungsmacht des Vorstands durch den (Vereins- bzw.) Stiftungszweck begrenzt.[38] Diese Ansicht ist falsch.[39] Bereits an anderer Stelle wurde dargelegt, dass die **ultra-vires-Lehre dem deutschen Recht** – und zwar nicht nur dem Privatrecht, sondern auch dem öffentlichen Recht – **fremd** ist.[40] Eine derartige Bestimmung belastet den Verkehr mit unerträglicher Rechtsunsicherheit und kann daher – richtigerweise – selbst durch die Satzung nicht eingeführt werden (s. aber Rn. 42 ff.). Der Schutz der Stiftung wird hierdurch nicht unzuträglich verkürzt; denn erstens begrenzt der Stiftungszweck die Geschäftsführungsbefugnis des Vorstands (Rn. 30). Seine Nichtbeachtung ist pflichtwidrig und verpflichtet den Vorstand ggf. zum Schadensersatz. Zweitens gelten die Regeln über den Missbrauch der Vertretungsmacht. Im Ergebnis liegen die verschiedenen Ansichten daher nicht allzu weit auseinander.[41] Und drittens kann die Satzung zum Beispiel durch Anordnung von Gesamtvertretung die Richtigkeitsgewähr erhöhen. Unlängst hat nunmehr der III. Senat des Bundesgerichtshofs in seinem Urteil vom 15. April 2021 die frühere Rechtsprechung aufgegeben und sich ausdrücklich der vorliegenden Ansicht angeschlossen, wonach der Stiftungszweck keine Schranke der organschaftlichen Vertretungsmacht bildet (s. aber u. Rn. 46 f.).[42]

2. Gesetzliche Grenzen der Vertretungsmacht

38 Gesetzliche Grenzen der organschaftlichen Vertretungsmacht ergeben sich in erster Linie aus **§ 181 BGB**. Insoweit gelten im Stiftungsrecht keine Besonderheiten. In der Satzung kann ein

36 So zu § 26 Abs. 1 S. 3 nun auch BGH – III ZR 139/20, NJW 2021, 2036 ff.

37 Zur Frage des Missbrauchs der Vertretungsmacht s. Rn. 39.

38 So zum Vereinsrecht BGH JZ 1953, 474; RGRK/*Steffen*, BGB, § 26 Rn. 5; Palandt/*Ellenberger*, BGB, § 26 Rn. 6; *Stöber*, Vereinsrecht, Rn. 286; *Larenz/Wolf*, AT, § 10 Rn. 75 m.w.N.; zum Stiftungsrecht BGH, LM § 85 Rn. 1; Palandt/*Ellenberger*, BGB, § 86 Rn. 1; RGRK/*Steffen*, BGB, § 86 Rn. 3; *Stengel*, HeStiftG, § 5 Anm. 3; *Ebersbach*, Handbuch des Deutschen Stiftungsrechts, 73, 108; vgl. ferner RGZ 145, 311, 314.

39 Im Ergebnis ebenso im Vereinsrecht *Flume*, jP, 370; Soergel/*Hadding*, BGB, § 26 Rn. 20; zum Stiftungsrecht MüKoBGB/*Weitemeyer*, § 86 Rn. 16; Staudinger/*Hüttemann/Rawert*, BGB, § 86 Rn. 18; Bamberger/Roth/*Schwarz*, BGB, § 85 Rn. 3; Erman/*Werner*, BGB, § 86 Rn. 2; *Kronke*, Stiftungstypus, 111; *Muscheler*, ZSt 2003, 67, 76; *Schwintek*, Vorstandskontrolle, 182; *K. Schmidt*, Gesellschaftsrecht, 259 ff.; *ders.*, AcP 184 (1984), 529 ff.

40 *U.H. Schneider/Burgard*, FS Claussen, 499 ff. (zum Vereins- und Stiftungsrecht, 511 f.).

41 Darauf hat schon *K. Schmidt*, in: AcP 184 (1984), 529 ff., zutreffend aufmerksam gemacht, siehe die Formulierungen von *Larenz/Wolf*, AT, § 10 Rn. 75; Palandt/*Ellenberger*, BGB, § 26 Rn. 6; s. ferner § 87c Rn. 16.

42 BGH – III ZR 139/20, GmbHR 2021, 813, 817 f. m. Anm. *Wachter*; ausführlich zu dieser Entscheidung *Burgard*, NZG 2022, 18; *Strobel*, ZEV 2022, 57; *Udwari*, GWR 2022, 19; *Uffmann*, NJW 2021, 3085; *Uhl*, ZStV 2021, 201; *Scholz*, npoR 2021, 289.

Vorstandsmitglied (z.B. der Stifter) oder können mehrere oder alle Vorstandsmitglieder von der Beschränkung des § 181 BGB allgemein oder für bestimmte Einzelfälle befreit werden.[43] Möglich ist jedoch auch, eine Befreiung von § 181 BGB selbst im Einzelfall auszuschließen, was Interessenkonflikten vorbeugt. Ohne dies ist eine Befreiung im Einzelfall möglich. Hat die Stiftung ein Organ, dessen Aufgabe die Kontrolle des Vorstands ist, so fällt die Befreiung im Zweifel in die Zuständigkeit dieses Organs.[44] Hat die Stiftung kein solches Organ und ist in der Satzung auch sonst nichts geregelt, gilt Folgendes: Besteht der Vorstand nur aus einer Person oder ist Gesamtvertretung angeordnet, ist nach § 84c BGB vorzugehen,[45] wobei die Behörde vorzugsweise für das nach § 181 BGB von der Vertretung ausgeschlossene Vorstandsmitglied ein anderes befristet zu bestellen hat. Das Gleiche gilt, wenn, wie im gesetzlichen Regelfall, Mehrheitsvertretung angeordnet ist und der Vorstand nur aus zwei Personen besteht. Besteht der Vorstand bei Mehrheitsvertretung dagegen aus drei oder mehr Personen, kann die Mehrheit das Rechtsgeschäft vornehmen; einer Mitwirkung des nach § 181 BGB von der Vertretung Ausgeschlossenen bedarf es dann nicht und daher auch nicht seiner Befreiung. Ebenso liegt der Fall, wenn der Vorstand aus zwei oder mehr Personen besteht und wenigstens ein Vorstandsmitglied, das nicht nach § 181 BGB in seiner Vertretungsmacht beschränkt ist, Alleinvertretungsmacht hat. Zu beachten ist schließlich § 84b Satz 2 BGB. Die Vorschrift ist unabdingbar (dort Rn. 134).

Eine weitere Grenze bilden die Grundsätze über den **Missbrauch der Vertretungsmacht.** 39
Auch insoweit gelten im Stiftungsrecht keine Besonderheiten. Die Voraussetzungen dieser Rechtsfigur sind allerdings umstritten.[46] Richtigerweise ist zweierlei vorauszusetzen, nämlich erstens eine Überschreitung der Geschäftsführungsbefugnis im Innenverhältnis und zweitens die Evidenz dieser Überschreitung für den Geschäftsgegner.[47] Ist der Geschäftsgegner allerdings ein anderes Organmitglied, so genügt statt Evidenz bereits ein Kennenmüssen. Denn Organmitglieder sind weniger schutzwürdig als außenstehende Dritte.[48] Das Gleiche gilt für leitende Angestellte der Stiftung wie etwa einen Geschäftsführer. Kennenmüssen ist stets anzunehmen, wenn sich die Beschränkung der Geschäftsführungsbefugnis aus der Verfassung der Stiftung ergibt. Im Falle von Einzelweisungen durch ein anderes Stiftungsorgan u.ä. kommt es hingegen auf den Einzelfall an.

3. Landesrecht

Nach Art. 19 BayStiftG bedürfen bestimmte Rechtsgeschäfte der Genehmigung der Aufsichtsbe- 40
hörde. § 9 SHStiftG verlangt die Anzeige bestimmter Rechtsgeschäfte, die als genehmigt gelten, wenn die Behörde nicht binnen vier Wochen widerspricht. Die rechtliche Qualifikation dieser

43 Siehe nur Art. 14 Abs. 2 BayStiftG; Richter/*Godron*, Stiftungsrecht, § 6 Rn. 30.

44 Siehe MüKoBGB/*Weitemeyer* § 86 Rn. 16 a.E.; Staudinger/*Hüttemann*/*Rawert* § 86 Rn. 20, jew. m.w.N.

45 Art. 14 Abs. 1 S. 2 BayStiftG verstößt gegen Bundesrecht und ist daher nichtig, Staudinger/*Hüttemann*/*Rawert* BGB § 86 Rn. 20.

46 S. zum Meinungsstand BGH – II ZR 371/12, ZIP 2014, 615, 616; BGH – VI ZR 229/09, ZIP 2011, 2005, 2006 m.w.N.; BGH NJW 1999, 2883; OLG Düsseldorf – I-7 U 23/17, FamRZ 2018, 1865, 1867; OLG Karlsruhe – 9 U 29/19, ZIP 2021, 571, 572. Aus der Lit. etwa *Bayer*, FS Vetter, 2019, 51, 53 ff.; *Lieder*, JuS 2014, 681, 682 ff.; *Mock*, JuS 2008, 486 ff.; MüKoBGB/*Schubert*, § 164 Rn. 229 ff.; Soergel/*Leptien*, BGB, § 177 Rn. 15 ff.; Staudinger/*Schilken*, BGB, § 167 Rn. 91 ff.; Baumbach/Hueck/*Beurskens*, HGB, § 37 Rn. 70 ff.; Scholz/*Uwe H. Schneider*/*Sven H. Schneider*, GmbHG, § 35 Rn. 187 ff.; Koch/*Koch*, AktG, § 82 Rn. 6 f.

47 BGHZ 220, 354 = NJW 2019, 1512 Rn. 40; BGH BKR 2016, 383; BGH NJW-RR 2016, 1138; BGH NJW 2014, 2790; BGH NJW 1999, 2883; BGH ZIP 1997, 1419; BGH WM 1988, 704; Staudinger/*Schilken*, BGB, § 167 Rn. 95, 97; BeckOK BGB/*Schäfer*, § 167 Rn. 52; Lutter/Hommelhoff/*Kleindiek*, GmbHG, § 35 Rn. 23; Altmeppen/*Altmeppen*, GmbHG, § 37 Rn. 38 ff., jew. m.w.N.

48 BGHZ 38, 32 ff.; BGH, WM 1997, 1570, 1571; Baumbach/Hueck/*Beurskens*, GmbHG, § 37 Rn. 74; Altmeppen/*Altmeppen*, GmbHG, § 37 Rn. 43; wohl auch Scholz/*Schneider*/*Schneider*, GmbHG, § 35 Rn. 198, jew. m.w.N.; **a.A.** Lutter/Hommelhoff/*Kleindiek*, GmbHG, § 35 Rn. 25.

Genehmigungserfordernisse ist umstritten. Verbreitet wird angenommen, die Rechtsgeschäfte seien bis zu ihrer Genehmigung schwebend unwirksam.[49] Dem ist aus verfassungsrechtlichen Gründen zu widersprechen. Vielmehr handelt es sich – wie bei der Anzeigepflicht nach § 13 BWStiftG[50] und § 7 Abs. 2 NRWStiftG – um bloße Beschränkungen der Geschäftsführungsbefugnis bzw. um Geschäftsführungspflichten.[51] Ohne diese Genehmigungen bzw. Anzeigen vorgenommene Rechtsgeschäfte sind daher grundsätzlich (Ausnahme: Missbrauch der Vertretungsmacht, Rn. 39) wirksam, verpflichten aber u.U. zum Schadensersatz. Ob die Landesgesetzgeber anlässlich der fälligen Revision der Landesstiftungsgesetze an diesen Regelungen festhalten werden, bleibt abzuwarten.[52]

4. Gewillkürte Grenzen der Vertretungsmacht

41 Die Vertretungsmacht des Vorstandes kann zum einen sachlich für bestimmte Geschäfte (z.B. hinsichtlich eines Grundstücks)[53] oder nach Arten von Geschäften (z.B. keine Termingeschäfte) oder der Höhe nach (Wertgrenzen) beschränkt werden. Zum anderen können Vertretungshandlungen an die Zustimmung anderer Organe gebunden werden. Möglich ist auch eine Bindung an die Zustimmung des Stifters, der dadurch zum Organ der Stiftung wird.[54] Schließlich kann die Einhaltung bestimmter Formvorschriften zur Voraussetzung wirksamer Stellvertretung gemacht werden.[55] Zur Wirksamkeit derartiger Beschränkungen ist jedoch **stets viererlei erforderlich:**[56]

42 **Erstens** muss sich aus der betreffenden Bestimmung **unzweideutig** ergeben, dass eine **Beschränkung der organschaftlichen Vertretungsmacht gewollt** ist.[57] Dafür reicht es insbesondere nicht aus, dass die Satzung von den Stiftungsorganen ein bestimmtes Tun oder Unterlassen fordert. Vielmehr haben derartige Anordnungen im Zweifel nur für die Geschäftsführung Bedeutung. Wird beispielsweise die Vornahme bestimmter Rechtsgeschäfte an die Zustimmung eines anderen Stiftungsorgans gebunden, so ist darin regelmäßig nur eine Beschränkung der Geschäftsführungsbefugnis zu sehen. Der Grund hierfür ist, dass durch Beschränkungen der organschaftlichen Vertretungsmacht die Handlungsfähigkeit einer juristischen Person nach außen erheblich eingeschränkt wird. Bei der Stiftung ist dies zudem deswegen besonders gravierend, weil deren Satzung nicht in demselben Maße zur Disposition ihrer Organe steht wie die Satzung eines Verbandes. Der Wille des Stifters zu einer derart einschneidenden Rechtsfolge muss daher unzweideutig erklärt sein. Dies ist nicht zuletzt ein Gebot der Rechtssicherheit und des Verkehrsschutzes.

---

49 Staudinger/*Hüttemann/Rawert*, BGB, § 86 Rn. 21; Werner/Saenger/*Backert*, Die Stiftung, Rn. 13.10; v. Campenhausen/Richter/*Hof*, Stiftungsrechts-Handbuch, § 10 Rn. 260; *Andrick/Suerbaum*, Stiftung und Aufsicht, § 7 Rn. 80.

50 Staudinger/*Hüttemann/Rawert*, BGB, § 86 Rn. 21.

51 Eingehend *Burgard*, Gestaltungsfreiheit, 241 ff.; MünchHdb GesR V/*Schwarz van Berk/Fischer*, § 99 Rn. 41; Werner/Saenger/Fischer/*Hörmann*, Die Stiftung, § 21 Rn. 7.

52 Für einen Modellentwurf siehe *Hüttemann/Rawert*, Beilage zu ZIP 33/2021, 1, 41.

53 *Stengel*, HeStiftG, § 4 Anm. 10.4; Staudinger/*Hüttemann/Rawert*, BGB, § 86 Rn. 18.

54 *Muscheler*, ZSt 2003, 67, 77; Richter/*Godron*, Stiftungsrecht, § 6 Rn. 104 ff.; *Dütz*, FS Herschel 1981, 55, 67; Münchhdb GesR V/*Schwarz van Berk/Fischer*, § 99 Rn. 37.

55 Soergel/*Hadding*, BGB, § 26 Rn. 21a; vgl. Staudinger/*Schwennicke*, BGB, § 26 Rn. 91.

56 BGH – III ZR 139/20, NJW 2021, 2036, 2040, siehe hierzu *Burgard*, NZG 2022, 18; *Strobel*, ZEV 2022, 57; *Udwari*, GWR 2022, 19; *Uffmann*, NJW 2021, 3085; *Uhl*, ZStV 2021, 201; *Scholz*, npoR 2021, 289; BGHZ 202, 202, 207; BGH NJW-RR 1996, 866, jew. m.w.N.; MünchHdb. GesR V/*Schwarz van Berk/Fischer*, § 99 Rn. 38, wonach bei Zweifeln die Vertretungsmacht als nicht beschränkt anzusehen ist; MüKoBGB/*Leuschner*, § 26 Rn. 32 ff.; Richter/*Godron*, Stiftungsrecht, § 6 Rn. 31 f.; Staudinger/*Schwennicke*, BGB, § 26 Rn. 56; Erman/*Westermann*, BGB, § 26 Rn. 4.

57 BGH – III ZR 139/20, GmbHR 2021, 813, 818; BGHZ 202, 202 Rn. 15; BGH NJW-RR 1996, 866; BGH NJW 1980, 2799.

Zweitens muss aus diesen Gründen der **Umfang der Beschränkung der Vertretungsmacht unzweideutig** festgelegt werden.[58] Dabei sind die Anforderungen an die Bestimmtheit von Beschränkungen der Vertretungsmacht des Vorstandes, wegen der hiermit verbundenen gravierenden Folgen für die rechtsgeschäftliche Handlungsfähigkeit der Stiftung und den daraus resultierenden Gefahren für die Sicherheit des Rechtsverkehrs, erheblich höher anzusetzen als etwa für Bestimmungen hinsichtlich der Vertretungsmacht anderer Organe.[59] 43

Drittens muss sich sowohl die Frage, ob eine Beschränkung der Vertretungsmacht gewollt ist, als auch die Frage, welchen Umfang sie hat, **unmittelbar aus dem Wortlaut der Satzung** beantworten lassen. Insbesondere reicht es nicht aus, wenn sie sich nur im Wege der Auslegung aus dem Stiftungsgeschäft ergeben. In diesem Falle ist vielmehr eine – klarstellende – Satzungsänderung erforderlich. Dies ergibt sich bereits aus dem Wortlaut des § 84 Abs. 2 BGB und ist überdies ebenfalls ein Gebot der Rechtssicherheit und des Verkehrsschutzes. M.a.W. müssen sich Beschränkungen der Vertretungsmacht gleichsam „auf einen Blick" aus der Satzung entnehmen lassen. 44

Viertens darf die Einschränkung der Vertretungsmacht **nicht** so weit gehen, dass die Stiftungsorgane an einer dauernden und nachhaltigen **Erfüllung des Stiftungszwecks gehindert** werden (§ 82 BGB). Die Beschränkung der Vertretungsmacht darf daher nicht solche Geschäfte umfassen, die angesichts des Stiftungszwecks und des Stiftungsvermögens unerlässlich sind.[60] 45

An diesen Grundsätzen hält die **Entscheidung des III. Senats des Bundesgerichtshofs vom 15.4.2021** (III ZR 139/20 – „Schlaganfall-Hilfe") zwar fest,[61] weicht sie aber zugleich an entscheidender Stelle unerträglich auf. Danach soll es zulässig sein, die Vertretungsmacht des Vorstands statutarisch auf den gemeinnützigen Stiftungszweck und die Art und Weise seiner Erfüllung zu beschränken. Wörtlich heißt es: *„Die Beschränkung* [der Vertretungsmacht] *auf den ‚Zweck der Stiftung' ist auch ihrem Inhalt und Umfang nach hinreichend klar und eindeutig. Sie umfasst die Zweckbeschreibung in § 2 II* [der Satzung der beklagten Stiftung] *unter Mitberücksichtigung der Bestimmungen zur Zweckverwirklichung in § 2 III bis VIII und unter Einschluss der in § 2 I der Satzung ebenfalls als Zweck bezeichneten steuerrechtlichen Gemeinnützigkeit."*[62] Danach handelt der Vorstand also nicht nur dann ohne Vertretungsmacht, wenn ein Rechtsgeschäft nicht mit dem Stiftungszweck vereinbar ist oder jenseits der statutarisch vorgesehenen Art und Weise der Zweckerfüllung liegt, sondern auch dann, wenn es gegen das Gemeinnützigkeitsrecht verstößt. Dabei erkennt der Senat zwar, dass es *„mit erheblichen Schwierigkeiten verbunden sein kann, zu beurteilen, ob ein Vertrag mit den Erfordernissen der steuerrechtlichen Gemeinnützigkeit konform ist oder nicht. Eine genauere Regelung als die vorliegende ist gemeinnützigen Stiftungen aber angesichts der unübersehbaren Vielfalt denkbarer rechtsgeschäftlicher Konstellationen regelmäßig nicht möglich."*[63]... Derjenige, der mit einer als gemeinnützig anerkannten Stiftung einen Vertrag schließen will, muss [aber] *„allgemein damit rechnen, dass gemeinnützigkeitsschädliche Rechtsgeschäfte nicht von der Vertretungsmacht des Vorstands mit umfasst sind. Sein Vertrauen und der Schutz des Rechtsverkehrs rechtfertigen es daher nicht, die Wirksamkeit einer satzungsmäßigen Beschränkung der Vertretungsmacht des Stiftungsvorstands deswegen abzulehnen, weil die Beantwortung der Frage der Gemeinnützigkeitskonformität eines Vertrags im Einzelfall mit Schwierigkeiten verbunden sein kann. Die Regelungen des § 179 BGB bieten für Fälle, in denen ein Vertrag* 46

58 BGH – III ZR 139/20, GmbHR 2021, 813, 818; BayObLG NJW-RR 2000, 41; OLG Nürnberg – 12 W 882/15, DStR 2015, 1698; BAG – 5 AZR 684/05, NZA 2007, 526, 527; *Scholz*, npoR 2021, 289.

59 Vgl. § 30 S. 2 BGB und dazu u. Rn. 82 ff.

60 *Muscheler*, ZSt 2003, 67, 76 f.; Richter/*Godron*, Stiftungsrecht, § 6 Rn. 30 f.; zum Vereinsrecht MüKoBGB/*Leuschner*, § 26 Rn. 36.

61 BGH – III ZR 139/20, GmbHR 2021, 813, 818.

62 BGH – III ZR 139/20, GmbHR 2021, 813, 818.

63 BGH – III ZR 139/20, GmbHR 2021, 813, 818.

an der mangelnden Vertretungsmacht des Stiftungsvorstands scheitert, einen angemessenen Schutz.“[64]

47 *„Die Entscheidung ist ein völlig unnötiges Desaster.“*[65] Sie führt für jeden, der mit Vereinen und Stiftungen in rechtsgeschäftlichen Kontakt tritt, also z.B. auch für Destinatäre, zu **unerträglicher Rechtsunsicherheit** und wird sich deswegen auf Stiftungen und Vereine mit entsprechender Vertretungsbeschränkung negativ auswirken, ohne dass damit ein Gewinn an Schutz verbunden wäre. Zudem werden die Vorstandsmitglieder mit **erheblichen Haftungsrisiken** belastet. Eine Prozessflut könnte die weitere Folge sein.[66] Einmal mehr zeigt sich, dass es ein schwerer rechtspolitischer Fehler war, bei der Stiftungsrechtsreform an der Beschränkbarkeit der Vertretungsmacht des Stiftungsvorstands festzuhalten. Erstens sieht das MoPeG[67] jetzt **sogar** für die **GbR** unbeschränkte und **unbeschränkbare Vertretungsmacht** vor (§ 720 Abs. 3 BGB n.F.). Zweitens kann im Stiftungsrecht durch eine Beschränkung der Vertretungsmacht ein dem deutschen Recht fremdes und für die Verkehrsfähigkeit problematisches **„res extra commercium“** geschaffen werden. Wenn es zum Beispiel in der Satzung heißt: „Zur Veräußerung und Belastung von Grundstücken ist der Vorstand nicht bevollmächtigt. Diese Bestimmung darf unter keinen Umständen durch Satzungsänderung aufgehoben oder geändert werden (§ 84 Abs. 4 S. 1 BGB)“, käme dies einem – bis zur Auflösung bzw. Aufhebung der Stiftung wirksamen (s. § 87c Rn. 1) – Veräußerungsverbot gleich.[68] Und drittens kann durch die Satzung die dem deutschen Recht fremde **ultra-vires-Lehre**[69] eingeführt werden; denn auf nichts anderes läuft die Beschränkung der Vertretungsmacht des Vorstands auf den Zweck der Stiftung hinaus. § 84 Abs. 3 Hs. 2 BGB ist daher bei nächster Gelegenheit ersatzlos zu streichen und § 26 Abs. 1 S. 3 BGB am besten gleich mit ihm.[70] Dabei kann dem Schutzbedürfnis der Stiftung (und des Vereins) durch Anordnung von Gesamtvertretung sowie von (die Geschäftsführungsbefugnis beschränkenden) Zustimmungsvorbehalten zugunsten eines anderen (Stiftungs-)Organs ausreichend Rechnung getragen werden.

5. Die Vertretung durch mehrere Personen

48 Als gesetzlichen Regelfall ordnet Abs. 2 S. 2 (wie zuvor § 86 S. 1 BGB i.V.m. § 26 Abs. 2 S. 1 BGB) **Mehrheitsvertretung** an. Bei einer Vertretungshandlung muss danach also die Mehrheit der Vorstandsmitglieder zusammenwirken, um die Stiftung wirksam zu vertreten. Wie dieses Zusammenwirken geschieht, ist unerheblich. Die Mehrheit kann physisch zusammenwirken (z.B. Unterschriften der Mehrheit der Vorstandsmitglieder) oder ein einzelnes Vorstandsmitglied zur Vertretung ermächtigen.[71] Geschieht letzteres in einer Vorstandssitzung nur mündlich, hat der Vertragspartner freilich ein Beweisproblem. Handelt nur ein Vorstandsmitglied, sollte es sich daher eine von der Mehrheit unterschriebene Vollmachtsurkunde vorlegen lassen. Solange das Stiftungsregister seine Arbeit noch nicht aufgenommen hat, ist das freilich das geringste Problem, dem sich der Rechtsverkehr bei der Vertretung einer Stiftung gegenübersieht, näher Rn. 41 ff.

---

64 BGH – III ZR 139/20, GmbHR 2021, 813, 818.
65 *Burgard*, NZG 2022, 18, 20.
66 Ausf. *Burgard*, NZG 2022, 18, 20 ff.
67 BGBl. 2021, Teil 1 Nr. 53, 3442.
68 Im Vereinsrecht ist das schon deswegen anders, weil die Mitglieder die Satzung jederzeit ändern können.
69 *Uwe H. Schneider/Burgard*, FS Claussen, 499.
70 S. dazu gleichfalls *Burgard*, NZG 2022, 18, 22.
71 Richter/*Godron*, Stiftungsrecht, § 6 Rn. 29; Werner/Saenger/Fischer/*Hörmann*, Die Stiftung, § 21 Rn. 14; MünchHdb GesR V/*Berk van Schwarz/Fischer*, § 99 Rn. 37.

Bei der Mehrheitsvertretung hängt die Wirksamkeit der Vertretung **nicht** davon ab, ob das Handeln von einem **wirksamen Beschluss** gedeckt ist. Das war früher streitig,[72] ist aber heute ganz herrschende Meinung.[73] Ebenso wenig müssen diejenigen Vorstandsmitglieder handeln, die den Beschluss gefasst haben.[74] Diese Abstraktion ist nicht nur aus Gründen des Verkehrsschutzes geboten, sondern wird auch durch den Wortlaut des § 84 Abs. 2 S. 2 BGB nahegelegt. Das Fehlen eines wirksamen Beschlusses kann allerdings im Innenverhältnis relevant sein und eine Pflichtverletzung des oder der Handelnden begründen. 49

Als **abweichende dispositive Regelungen** kommen insbesondere in Betracht: Einzelvertretung für ein einzelnes, mehrere oder alle Vorstandsmitglieder, Gesamtvertretung durch alle Vorstandsmitglieder gemeinsam oder „Mehrvertretung"[75] durch zwei oder mehrere, bestimmte oder unbestimmte Vorstandsmitglieder.[76] 50

Außerdem können auch **einzelne** von mehreren „Vorstandsmitgliedern" (nicht aber alle Vorstandsmitglieder) von der Vertretungsmacht ganz **ausgeschlossen** werden. Sie sind dann auf die Geschäftsführung oder – bei entsprechender Satzungsgestaltung – auf bloße Kontroll- oder Beratungsfunktionen beschränkt. Bei diesen „Vorstandsmitgliedern" handelt es sich jedoch nicht um Mitglieder des Vorstands i.S.d. § 84 BGB; denn der Vorstand ist gesetzlich als Vertretungsorgan definiert (o. Rn. 1). Alle seine Mitglieder müssen daher organschaftliche Vertretungsmacht haben.[77] 51

Bei **Gesamtvertretung** hängt die Wirksamkeit rechtsgeschäftlichen Handelns von der Zustimmung aller Gesamtvertreter ab. Ebenso wenig wie bei der gesetzlichen Mehrheitsvertretung ist es dabei erforderlich, dass die Vorstandsmitglieder ihre Willenserklärungen gleichzeitig abgeben. Eine sukzessive Abgabe genügt. Alle Erklärungen müssen aber wirksam sein. Solange auch nur eine Erklärung fehlt oder unwirksam ist, ist die Stiftung nicht wirksam vertreten. Das Rechtsgeschäft wird wirksam, wenn die letzte Erklärung vorliegt und zu diesem Zeitpunkt die Erklärungen der anderen Gesamtvertreter noch wirksam sind.[78] 52

Unwirksam ist die Generalermächtigung eines einzigen Gesamtvertreters durch die übrigen Gesamtvertreter[79] sowie die Ermächtigung eines Gesamtvertreters durch den anderen zur Einzelvertretung;[80] denn beides widerspricht dem Sinn und Zweck der Gesamtvertretung. Zudem fehlt eine §§ 125 Abs. 2 S. 2 HGB, 78 Abs. 4 S. 1 AktG entsprechende Regelung. Anders als im GmbH-Recht sind diese Regeln im Stiftungs- und Vereinsrecht auch nicht analog anwendbar, können aber in der Satzung enthalten sein. Abseits dessen unzulässig ist daher auch die organschaftliche Ermächtigung eines Gesamtvertreters durch die Übrigen zur Vornahme bestimmter Geschäfte oder bestimmter Arten von Rechtsgeschäften. **Zulässig** ist nur die vorherige Zustimmung oder die nachträgliche Genehmigung (§ 177 BGB) durch alle Gesamtvertreter zu einem bestimmten Rechtsgeschäft, das ein einzelner Gesamtvertreter vornehmen soll oder vorgenommen hat. Dabei muss die Gesamtvertretung gegenüber dem Geschäftspartner nicht angezeigt werden (arg. e § 167 Abs. 1, § 182 Abs. 1 BGB).[81] 53

---

72 Ausf. *Burgard*, Gestaltungsfreiheit, 250 ff. m.w.N.

73 MüKoBGB/*Leuschner*, § 26 Rn. 20; Sauter/Schweyer/Waldner/*Neudert*/*Waldner*, Rn. 232; *Schwarz*, Rpfleger 2003, 1, 5; Soergel/*Hadding*, BGB, § 26 Rn. 16; *Burgard*, Gestaltungsfreiheit, 250 ff.; nicht eindeutig ist die Entscheidung BGH NJW 1977, 2310, 2311.

74 MüKoBGB/*Leuschner*, § 26 Rn. 20; Soergel/*Hadding*, BGB, § 26 Rn. 16.

75 Für gewöhnlich wird auch diese Variante als Gesamtvertretung bezeichnet. Das ist jedoch unpräzise.

76 Richter/*Godron*, Stiftungsrecht, § 6 Rn. 29 m.w.N.

77 Staudinger/*Hüttemann*/*Rawert*, BGB, § 86 Rn. 3; Soergel/*Hadding*, BGB, § 26 Rn. 7; MüKoBGB/*Weitemeyer*, § 81 Rn. 45; Richter/*Godron*, Stiftungsrecht, § 6 Rn. 20.

78 BGH NJW 1959, 1183; MüKoBGB/*Schubert*, § 164 Rn. 212; vgl. zum Recht der GmbH BGH NJW 1970, 806, 808.

79 OLG München NJW-RR 1991, 893; Staudinger/*Schwennicke*, BGB, § 26 Rn. 79; MüKoBGB/*Leuschner*, § 26 Rn. 22; Reichert/*Wagner*, Kap. 2 Rn. 2400, jew. m.w.N.

80 **A.A.** BGH NJW 1975, 1117, 1118; MHdb. GesR V/*Schwarz van Berk*/*Fischer*, § 99 Rn. 29; vgl. Palandt/*Ellenberger*, BGB, § 26 Rn. 9; Richter/*Godron*, Stiftungsrecht, § 6 Rn. 29 m.w.N.; wie hier MüKoBGB/*Leuschner*, § 26 Rn. 22.

81 LG München NJW-RR 1991, 893; Flume BGB AT I 2 § 10 II 2, 362 ff. mit einer überzeugenden Kritik zur Entscheidung BGHZ 64, 72 = NJW 1975, 1117, 1118.

54 **§ 15 InsO** verdrängt die sonst gültigen Vertretungsregelungen, sodass jedes Vorstandsmitglied zur Insolvenzantragstellung berechtigt und verpflichtet (§ 84 Abs. 5 BGB i.V.m. § 42 Abs. 2 BGB) ist. Stellen alle Vorstandsmitglieder den Antrag gemeinsam, ist er ohne weiteres zulässig, ansonsten nur, wenn der Insolvenzgrund – Zahlungsunfähigkeit, drohende Zahlungsunfähigkeit oder Überschuldung – glaubhaft gemacht wird (§ 15 Abs. 2 InsO).

6. Unübertragbarkeit der organschaftlichen Vertretungsmacht

55 Im Gegensatz zur Geschäftsführungsbefugnis (Abs. 3 Fall 1) kann die organschaftliche Vertretungsmacht nicht einem anderen Organ übertragen werden. Zwar ist es ohne weiteres zulässig, den Vorstand i.S.d. § 84 BGB anders zu bezeichnen (Rn. 21), wie dies tatsächlich in der Praxis vielfach geschieht. Überdies kann auch anderen Organen – wie § 30 BGB zeigt – in einem gewissen Umfang organschaftliche Vertretungsmacht eingeräumt werden. Dem Vorstand kann die Vertretungsmacht jedoch weder vollkommen entzogen werden, noch die ihm zustehende Vertretungsmacht über einen begrenzten Geschäftskreis hinaus (vgl. § 30 BGB) anderen Organen zugewiesen werden. Vielmehr ist als **Vorstand dasjenige Organ** anzusehen, **dessen Vertretungsmacht nicht auf einen bestimmten Geschäftskreis beschränkt** ist. Welches Organ Vorstand ist, definiert sich also gerade über den Umfang der organschaftlichen Vertretungsmacht.

7. Rechtsgeschäftliche Vertretungsmacht Dritter

56 Hiervon zu unterscheiden ist die Frage, ob und inwieweit Dritten[82] rechtsgeschäftliche Vertretungsmacht eingeräumt werden kann. Es gilt die **Regel:** Soweit der Umfang der organschaftlichen Vertretungsmacht des Vorstandes reicht, soweit kann er auch einen Dritten rechtsgeschäftlich bevollmächtigen. Ist die Vertretungsmacht des Vorstandes zum Beispiel auf einen bestimmten Betrag beschränkt, kann der Vorstand eine rechtsgeschäftliche Vollmacht daher auch nur im Rahmen dieser Beschränkungen erteilen.[83] Hat der Vorstand unbeschränkte Vertretungsmacht und ist Gesamt-, Mehrheits- oder Mehrvertretung angeordnet, so ist allerdings streitig, ob der Vorstand einem Dritten **Generalvollmacht** erteilen kann[84] oder das einer unzulässigen Übertragung organschaftlicher Aufgaben gleichkommt.[85] Für letztere Auffassung könnte sprechen, dass selbst nach §§ 125 Abs. 2 HGB, 78 Abs. 4 AktG nur eine inhaltlich beschränkte Ermächtigung zulässig ist und die Erteilung einer Generalvollmacht dem Sinn und Zweck des für den Vorstand geltenden Mehraugenprinzips widerspricht. Andererseits beschränken Gesamt-, Mehrheits- und Mehrvertretung nicht den Umfang der Vertretungsmacht, sondern betreffen nur die Form ihrer Ausübung.[86] Außerdem unterliegt der rechtsgeschäftliche Vertreter der Überwachung durch den gesamten Vorstand und seine Vertretungsmacht ist jederzeit widerruflich. Schließlich ist auch die Prokura eine sehr weitreichende Vollmacht, die unzweifelhaft vom Vorstand ereilt werden kann, wenn die Stiftung Kaufmann ist. Nach allem ist die Erteilung einer Generalvollmacht (z.B. an einen angestellten Geschäftsführer) durch einen Vorstand mit unbeschränkter Vertretungsmacht wohl zulässig. Im Innenverhältnis muss die Vollmacht aber auf den gewöhnlichen Geschäftsbetrieb beschränkt werden, da Entscheidungen über Leitungsauf-

82 Einem gesetzlichen Vertreter kann ohnehin keine rechtsgeschäftliche Vertretungsmacht eingeräumt werden, statt aller MüKoBGB/*Schubert*, § 164 Rn. 26 f.

83 Soergel/*Hadding*, BGB, § 26 Rn. 9.

84 Dafür BGHZ 36, 293, 295; Frels ZHR 122 (1959), 173, 187 f.; KölnerKomm AktG/*Mertens*/*Cahn*, § 78 Rn. 78; Spindler/Stilz/*Fleischer*, § 78 Rn. 52; *Richter*, in: Semler/Peltzer/Kubis, Vorstands-HdB, § 4 Rn. 161; MüKoAkt/*Spindler*, § 78 Rn. 119; MünchHdB AG/*Wiesner*, § 23 Rn. 28; *Hübner* ZHR 143 (1979), 1, 8 ff.

85 So für das Recht der GmbH: BGHZ 34, 27, 31; BGH NJW 1977, 199, 200; RGZ 86, 262.

86 *Flume*, jP, 367, m.w.N.

gaben und über außergewöhnliche Maßnahmen vom Vorstand selbst getroffen werden müssen und nicht delegationsfähig sind (s. Rn. 55). Zudem ist der **Stifterwille** zu beachten. Ist dem Stifter ersichtlich an einer erhöhten Richtigkeitsgewähr gelegen (z.B. vielköpfig und divers besetzter Vorstand mit Anordnung von Gesamtgeschäftsführung und -vertretung), dann ist die Erteilung einer dies konterkarierenden Vollmacht pflichtwidrig. Abseits davon bedarf der Vorstand für die Erteilung von rechtsgeschäftlichen Vollmachten jedoch keiner besonderen Ermächtigung. Der Stifter kann aber in der Satzung die Erteilung von rechtsgeschäftlichen Vollmachten beschränken und sie z.B. an die Zustimmung eines anderen Organs binden.[87] Allerdings ist in einer solchen Bestimmung regelmäßig nur eine Beschränkung der Geschäftsführungsbefugnis, nicht der Vertretungsmacht des Vorstandes zu sehen. Ist letzteres gewollt, muss dies aus der Satzung klar hervorgehen (s.o. Rn. 44).

8. Passivvertretung

Unabhängig von der Regelung der aktiven Vertretungsmacht gewährt § 84 Abs. 2 S. 3 BGB jedem 57
Vorstandsmitglied passive **Einzelvertretungsmacht**. Die Regelung ist **zwingend** (vgl. Abs. 3) und wird analog auch auf Wissenszustände aller Art ausgedehnt.[88] § 181 BGB findet – soweit nicht abbedungen (s.o. Rn. 38) – Anwendung.[89] Ist ein Vorstandsmitglied eine juristische Person (des privaten oder des öffentlichen Rechts) oder rechtsfähige Personenvereinigung, so ist nach der Begr. RegE der Zugang einer Erklärung bei diesem Vorstandsmitglied bewirkt, wenn die Erklärung einer Person zugeht, die für das Vorstandsmitglied empfangsberechtigt ist (Rn. 15).

C. Weitere Stiftungsorgane

I. Allgemeines

Absatz 4 Satz 1 stellt klar, dass in der Satzung außer dem Vorstand noch weitere Organe vorge- 58
sehen werden können. Sodann heißt es in Satz 2, dass in der Satzung für jedes weitere Organ Bestimmungen über die Bildung, die Aufgaben und Befugnisse enthalten sein ***„sollen“***. Letzteres halten *Hüttemann/Rawert*[90] für ein Redaktionsversehen, zumal die Begr. RegE ***„muss“*** schreibt (Rn. 18). Um ein Redaktionsversehen handelt es sich trotzdem nicht, sondern um eine bewusste Entscheidung, s. Rn. 19h–19k und Rn. 19n f. Allerdings ist die Begründung der Bundesregierung wenig überzeugend. Zutreffend ist Folgendes: Selbstverständlich muss in der Satzung geregelt sein, wenn die Stiftung ein oder mehrere weitere Organe haben (können) soll. Bei Organen, die der Unterstützung des Vorstands dienen sollen – wie z.B. besondere Vertreter i.S.d. § 30 BGB (u. Rn. 87, 90) oder ein reines Beratungsorgan (u. Rn. 70) – kann die Satzung sich jedoch darauf beschränken, den Aufgabenkreis (z.B. Geschäftsführer oder wissenschaftlicher Beirat) zu beschreiben und den Vorstand zur Einrichtung des Organs zu ermächtigen (§ 84a Rn. 59). Ob, wann und wie der Vorstand dieses Organ tatsächlich einrichtet, bleibt dann ihm überlassen. Bei Organen, die unabhängig vom Vorstand sein sollen, muss die Satzung dagegen auch grundlegende Regeln über deren Bildung, Aufgaben und Befugnisse enthalten. Alles Weitere „kann“ sie aber Nebenordnungen überlassen.[91] Die Möglichkeit des Erlasses von Nebenord-

87 Vgl. §§ 46 Nr. 7 GmbHG, 111 Abs. 4 AktG.
88 *Fritsche*, ZSt 2004, 209 ff.; MüKoBGB/*Leuschner*, § 31 Rn. 25, jew. m.w.N.
89 Soergel/*Hadding*, BGB, § 28 Rn. 11; Richter/*Godron*, Stiftungsrecht, § 6 Rn. 30; Staudinger/*Hüttemann/Rawert*, BGB § 86 Rn. 20 m.w.N.; siehe auch KG StiftRspr III, 35, 36.
90 *Hüttemann/Rawert*, Beilage zu ZIP 33/2021, 1, 21.
91 Ebs. *Orth*, in: Orth/Uhl, Stiftungsrechtsreform 2021, Rn. 462.

nungen sollte vorsorglich in der Satzung klargestellt werden (§ 83 Rn. 13 ff.), zumal die Behörden offenbar verfehlte Vorstellungen über deren Zulässigkeit haben, s.o. Rn. 19k.[92]

II. Überwachungsorgan (Aufsichtsrat)

59 Soll die Stiftung ein Überwachungsorgan (Aufsichtsrat) haben, so ist **zumindest festzulegen** wie viele Mitglieder (wenigstens Höchst- und Mindestzahl) das Organ haben und wie die Erstbesetzung erfolgen soll. Ist die Zweitbesetzung nicht geregelt, gilt Kooptation (s. auch Rn. 60). Hinsichtlich des Aufgabenkreises muss dem Organ – soll es sich um einen Aufsichtsrat i.S.d. §§ 95 ff. AktG, 36 ff. GenG, 52 GmbHG handeln – zumindest die Überwachung der Geschäftsführung des Vorstands einschließlich der Kontrolle der Rechnungslegung (§ 84a Abs. 1 S. 1 BGB i.V.m. §§ 666, 259 f. BGB) übertragen sein. Um klarzustellen,[93] dass es sich um ein echtes Aufsichts- und nicht nur um ein Beratungsorgan handelt und um diesbezüglichen Streit zu vermeiden, **sollte ausdrücklich geregelt sein, dass das Organ Geschäftsführungsmaßnahmen des Vorstands seiner Zustimmung unterwerfen und in Nebenordnungen nicht nur seine eigene,**[94] **sondern auch die Arbeitsweise des Vorstands regeln kann.** Eine solche Ermächtigung entlastet die Satzung von vielerlei Regelungen, **z.B.** zur **Informationsordnung** (vgl. § 90 AktG), die der Aufsichtsrat dann ganz nach seinen Bedürfnissen erlassen und anpassen kann. Ferner sollten dem Aufsichtsrat sinnvollerweise die Bestellung, Abberufung (aber Achtung: kein freies Abberufungsrecht, s. § 81 Rn. 91) und Entlastung der Vorstandsmitglieder und die gerichtliche und außergerichtliche Vertretung der Stiftung gegenüber den Mitgliedern des Vorstands übertragen sein. Zwingend ist das freilich nicht. Diese Befugnisse können auch einem dritten Organ zugewiesen werden. Sie sollten nur nicht beim Vorstand verbleiben. Außerdem ist zu empfehlen, dem Aufsichtsrat ein Mitentscheidungsrecht bei Grundlagenentscheidungen (d.s. Satzungs- und Zweckänderungen, Zu- und Zusammenlegung sowie die Auflösung) einzuräumen (näher dazu § 85a Rn. 19), wenn hierfür kein drittes Organ zuständig ist.

60 Schließlich ist besonders auf die **Unabhängigkeit und Unbefangenheit des Überwachungsorgans** zu achten. Vorgesehen werden sollten daher zum einen Inkompatibilitätsregeln, wonach ein Mitglied des Überwachungsorgans weder ein Vorstandsmitglied der Stiftung[95] noch gesetzlicher Vertreter eines von der Stiftung abhängigen Unternehmens sein darf. Zum anderen ist die Zweitbestellung der Mitglieder des Überwachungsorgans entweder in die Hände eines dritten Organs zu legen oder Kooptation vorzusehen, so dass nicht etwa der Vorstand über die Bestellung entscheidet. Endlich sollte davon abgesehen werden, dem Überwachungsorgan Weisungsrechte hinsichtlich der Geschäftsführung des Vorstands einzuräumen, da hierdurch die Unbefangenheit der Überwachung beeinträchtigt werden kann.[96]

61 Dieses Regelungsmodell kann natürlich beliebig ausgebaut und verfeinert werden. Dazu kann auch auf aktienrechtliche Regelungen (z.B. auf § 110 AktG) verwiesen werden. Der **Kreativität sind kaum Grenzen gesetzt** (u. Rn. 63, 65, 74, 76). Näher zu den Rechten und Pflichten eines Aufsichtsrat Anh. 1 zu § 84a Rn. 69 ff.

---

92 *Schiffer/Pruns/Schürmann*, § 8 Rn. 15 a.E.

93 *Burgard*, in: FS Walz, 71, 72.

94 Das kann jedes Organ auch ohne Satzungsermächtigung.

95 In der Literatur wird sogar die Ansicht vertreten, dass die Unvereinbarkeit von Geschäftsführung und Geschäftsführungskontrolle eine ungeschriebene (ausdr. nur in § 105 AktG) zwingende Schranke der Gestaltungsfreiheit sei, weil sich niemand selbst kontrollieren könne, *Brouwer*, NZG 2017, 471, 484; MüKoBGB/*Leuschner*, § 30 Rn. 6 m.w.N. Das geht in dieser Allgemeinheit zu weit. Richtig ist, dass eine vollständige Personenidentität zwischen Vorstand und Überwachungsorgan keinen Sinn macht. Sind aber nur einzelne Mitglieder des Überwachungsorgans zugleich Mitglieder des Vorstandes, so ist dies von Rechts wegen lediglich eine unproblematische Annäherung an das monistische System.

96 Vgl. hierzu Richter/*Römer*, Stiftungsrecht, § 21 Rn. 48 ff.

III. Gruppenorgan

Regelmäßig sind Stiftungsorgane sog. **Gesamtorgane.** Ihre Mitglieder werden ausschließlich im Interesse der Stiftung bestellt und haben sich allein von deren Interessen (und natürlich dem Stifterwillen i.S.d. § 83 Abs. 2 BGB) leiten zu lassen. Das schließt zwar nicht aus, dass sie auch andere Interessen (z.B. Gläubiger-, Arbeitnehmer- oder Destinatärsinteressen oder öffentliche Interessen) im Rahmen der Ausübung ihres pflichtgemäßen Ermessens berücksichtigen dürfen und u.U. müssen. Die Verfolgung von Sonder- oder gar Eigeninteressen ist ihnen indes nicht gestattet. 62

Von dieser gesetzlichen Ausgangslage kann die **Stiftungssatzung** aber abweichen und ein sog. **Gruppenorgan** einrichten.[97] Zumeist werden als Gruppenorgane allerdings nur solche Organe bezeichnet, deren Mitglieder allein auf das Interesse der jeweiligen Gruppe verpflichtet sind.[98] Derartige Organe kann es grundsätzlich nur als Gremien von Verbandsmitgliedern (also von Mitgliedern von Gesellschaften und Vereinen) oder deren Vertretern zur Wahrnehmung von eigennützigen Mitgliedschaftsrechten geben; denn grundsätzlich dürfen nur Verbandsmitglieder eigennützig handeln, und das auch nur bei der Wahrnehmung solcher mitgliedschaftlicher Befugnisse, die ihnen in ihrem eigenen Interesse (und nicht etwa im Verbandsinteresse) zustehen.[99] Als Gruppenorgane sind jedoch auch solche Gremien anzusehen, deren Mitglieder zwar einerseits besondere Interessen (z.B. von Arbeitnehmern, Stiftern, Destinatären oder sonstigen Dritten wie etwa einer Religionsgemeinschaft) vertreten sollen, hierbei aber andererseits an das Interesse der juristischen Person, hier also das Stiftungsinteresse, gebunden bleiben. Im Unterschied zu den Mitgliedern eines Gesamtorgans werden die Mitglieder eines solchen Gruppenorgans also nicht ausschließlich im Interesse der Stiftung, sondern auch im Interesse von bestimmten Personen, Personengruppen oder Institutionen mit der Folge bestellt, dass sie die von ihnen repräsentierten **Sonderinteressen** im Rahmen der Wahrnehmung ihrer organschaftlichen Rechte und Pflichten **Geltung verschaffen dürfen** und sollen. Ein Interessenumbruch findet jedoch nicht statt. **Im Konfliktfall bleiben die Interessen der Stiftung vorrangig** und dürfen nicht hintangestellt werden. **Beispiel**: Stehen bei einer Berufungsentscheidung mehrere Kandidaten zur Wahl, darf kein ungeeigneter, unter den geeigneten aber von den Vertretern eines bestimmten Sonderinteresses der Kandidat gewählt werden, der diesem Sonderinteresse am besten frommt (und zwar selbst dann, wenn ein anderer Kandidat objektiv noch besser geeignet wäre). 63

Typisch für Gruppenorgane ist, dass die Personen, Personengruppen oder Institutionen, deren Interessen vertreten werden sollen, Einfluss auf die Bestellung der betreffenden Organmitglieder haben. Sind bestimmten Personen, Personengruppen oder Institutionen Entsendungs-, Benennungs- oder Bestellungsrechte in der Satzung eingeräumt, so ist dies freilich allenfalls ein Indiz dafür, dass die betreffenden Organmitglieder Interessen des bzw. der Be- 64

---

97 Gesetzlich als Gruppenorgan konzipiert ist der mitbestimmte Aufsichtsrat; denn es liegt auf der Hand, dass die Arbeitnehmervertreter Arbeitnehmer- und die Anteilseignervertreter Anteilseignerinteressen vertreten und miteinander zum Ausgleich bringen sollen. Begrenzt wird dabei die Verfolgung der jeweiligen Partikularinteressen durch das Unternehmensinteresse (h.M., siehe nur BVerfGE 34, 103, 112; 50, 290, 374), verstanden als das Gesamtinteresse der im Unternehmen zusammenlaufenden Partikularinteressen der Mitglieder, Arbeitnehmer, Gläubiger sowie der Öffentlichkeit (öffentliches Interesse), **str.**, wie hier etwa Hanau/*Ulmer*, MitbestG, § 25 Rn. 94 m.w.N.; für eine vermittelnde Ansicht im Kontext zum Recht der GmbH etwa Scholz/*Verse*, GmbHG, § 43 Rn. 54. Dass der mitbestimmte Aufsichtsrat zumeist nicht als Gruppenorgan eingeordnet wird (siehe nur BGHZ 83, 106, 113), beruht teils auf einem zu engen Verständnis dieses Begriffs (siehe dazu im Text), teils auf einer allzu schlichten Übertragung der für den mitbestimmungsfreien Aufsichtsrat geltenden Regeln und teils auf generellen Vorbehalten gegen eine Vertretung von Arbeitnehmerinteressen. Im Ergebnis liegen die herrschende und die hier vertretene Auffassung freilich nicht sehr weit auseinander. Vgl. zum Meinungsstand etwa Scholz/*Verse*, GmbHG, § 43 Rn. 51.

98 So etwa *Wiedemann*, in: FS Schilling, 105, 109; *U.H. Schneider*, DB 1973, 953, 955; *Voormann*, Beirat, 148.

99 Ebenso Hachenburg/*Raiser*, GmbHG, § 52 Rn. 362.

rechtigten vertreten sollen.[100] Will der Stifter die Vertretung von Sonderinteressen gewährleisten, sollte er das **klar regeln**. Möglich sind auch Mischformen von Gesamt- und Gruppenorganen, in welchem Fall nicht alle, sondern nur einzelne von mehreren Organmitgliedern (z.B. Destinatärsvertreter) Sonderinteressen zu vertreten berechtigt und verpflichtet sind. Typischerweise sind Gruppenorgane Stifter- und Destinatärversammlungen.

65 Welche Aufgaben und Befugnisse ein Gruppenorgan haben soll, ist dem Stifter überlassen. Insbesondere kann es sich um ein Aufsichts- oder ein Willensbildungsorgan handeln.

IV. Willensbildungsorgan

66 Kennzeichnende Aufgabe eines Willensbildungsorgans ist, dass ihm – zumindest – die **Zuständigkeit für** sog. **Grundlagenentscheidungen** i.S.d. §§ 85 ff. BGB (Satzungs- und Zweckänderungen, Zu- und Zusammenlegung sowie Auflösung der Stiftung) zugewiesen ist. Die Einrichtung eines Willensbildungsorgans bietet sich vor allem in zwei Fällen an: Zum einen für Sammelstiftungen wie insbesondere Bürgerstiftungen, bei denen die Stifter und Zustifter im Gegenzug zu ihrem finanziellen Engagement an der Willensbildung der Stiftung beteiligt und dadurch zugleich an die Stiftung gebunden werden sowie zur Mitarbeit angespornt werden sollen. Zu denken ist zum anderen an Familienstiftungen, bei denen der Stifter den Destinatären Einfluss auf die Stiftung einräumen will.

67 In beiden Fällen dient das Willensbildungsorgan der **Wahrung der Interessen seiner Mitglieder**, wobei einzelne oder alle Mitglieder wiederum Vertreter der Interessen einer bestimmten Personengruppe (z.B. Familienstamm oder Stadtteil) sein können. Auch die Mitglieder eines solchen Willensbildungsorgans sind und bleiben freilich pflichtgebunden. Ein Interessenumbruch findet nicht statt. Lediglich im Rahmen dieser Pflichtbindung dürfen die Organmitglieder Eigeninteressen wahrnehmen. Es handelt sich also um Gruppenorgane (o. Rn. 62 f.). **Beispiel:** Bei einer Bürgerstiftung wird auf der Stifterversammlung über die Förderung von fünf Projekten diskutiert. Alle fünf sind gleich geeignet, zwei davon liegen jedoch im gleichen Stadtteil. Und das Geld reicht nur für drei Projekte. Dann dürfen die Stifter nach ihrem persönlichen Gusto abstimmen. Der Vorstand hingegen wäre streng pflichtgebunden und müsste auf eine örtlich gleichmäßige Verteilung der Mittel achten.

68 Die **nähere Ausgestaltung** eines für Grundlagengeschäfte zuständigen Willensbildungsorgans kann ganz unterschiedlich sein. Ihm kann ähnlich der Hauptversammlung einer AG eher die Rolle eines „watchdog of the last resort" oder wie der Mitgliederversammlung eines Vereins eher die Rolle eines „obersten Stiftungsorgans" zugewiesen werden, was insbesondere davon abhängt, wie stark der Einfluss des Organs auf die Zusammensetzung und Geschäftsführung des Vorstands ausgeprägt wird. Soll das Willensbildungsorgan eine starke, der Mitgliederversammlung eines Vereins vergleichbare Stellung erhalten, so können ihm neben der Zuständigkeit für Grundlagengeschäfte insbesondere folgende Kompetenzen eingeräumt werden:

- Bestellung, Abberufung und Entlastung des Vorstands (aber Achtung: kein freies Abberufungsrecht, s. § 81 Rn. 91, Entlastung pflichtgebunden, Anh. 1 zu § 84a Rn. 26),
- gerichtliche und außergerichtliche Vertretung der Stiftung gegenüber den Mitgliedern des Vorstands,

100 Bei Entsendungsrechten im Gesellschaftsrecht wird freilich allgemein angenommen, die Entsandten hätten – ebenso wie Arbeitnehmervertreter im Aufsichtsrat – die gleichen Rechte und Pflichten wie die übrigen Organmitglieder, siehe nur RGZ 165, 68, 79; BGHZ 36, 296, 306. Das verbietet es ihnen freilich auch nach herrschender Meinung nicht, die Interessen des Entsendungsberechtigten – bzw. der Arbeitnehmer – im Rahmen ihres Ermessens zu berücksichtigen, statt anderer Scholz/*Schneider*/*Seyfarth*, GmbHG, § 52 Rn. 179 ff.; *Hanau*/*Ulmer*, MitbestG, § 25 Rn. 93 m.w.N. Der Unterschied zwischen der hier vertretenen und der herrschenden Meinung ist mithin nicht sehr groß.

- Weisungsrecht gegenüber dem Vorstand,
- Entscheidungsrecht über die Mittelverwendung.[101]

Zur Frage der „Mitgliederlosigkeit" der Stiftung gemäß § 80 Abs. 1 S. 1 BGB s. dort Rn. 56 ff. 69

V. Beratungsorgan

70 Verfügt der Vorstand hinsichtlich einzelner Fragen der Geschäftsführung nicht über den erforderlichen Sachverstand, ist er verpflichtet, sich von Sachkundigen beraten zu lassen.[102] Berechtigt ist er hierzu jedenfalls dann, wenn er eine sachkundige Beratung für erforderlich halten darf. Dabei kann sich die Beratung auf die Beurteilung einzelner Sachverhalte beschränken, sie kann aber auch laufend erfolgen. In diesem Rahmen kann der Vorstand nicht nur befugt sein, externe Gutachter zu bestellen, sondern **auch ohne eine besondere Satzungsbestimmung** ein **Beratungsgremium** einzusetzen.[103] Mangels satzungsmäßig verbriefter Rechte kommt einem solchen Gremium jedoch keine Organstellung zu. Ihre Mitglieder sind vielmehr bloße Vertragspartner (Auftrag oder Dienstvertrag) der Stiftung.[104]

71 Der Stifter kann jedoch **in der Satzung** auch ein **Beratungsorgan** vorsehen bzw. auch den Vorstand oder ein anderes Stiftungsorgan ermächtigen, ein Beratungsorgan einzurichten.[105] **Typische Aufgabe** eines solchen Beratungsorgans ist es, Sachverhalte und Maßnahmen im Hinblick auf die Verwirklichung des Stiftungszwecks zu prüfen. Dies kann sich insbesondere bei großen Stiftungen empfehlen, deren Zweckverfolgung einen besonderen (z.B. wissenschaftlichen oder künstlerischen) Sachverstand erfordert, wenn dieser Sachverstand nicht in ausreichendem Maß in anderen Stiftungsorganen vertreten ist. Dabei sollte die personelle Zusammensetzung der Aufgabenstellung entsprechen und (z.B. im Blick auf Wissenschaft und Praxis) ausgewogen sein.

72 Auch bei satzungsmäßiger Grundlage handelt es sich freilich bei einem Beratungsgremium nur dann um ein Organ, wenn es dazu berufen ist, **an der Willensbildung der Stiftung mitzuwirken** (§ 81 Rn. 65). Zumindest müssen ihm daher hinsichtlich bestimmter Fragen ein Anhörungsrecht sowie dementsprechende Informationsrechte zustehen, da andernfalls dem Gremium bloße Repräsentationsfunktion zukommt (dazu sogleich Rn. 73 f.). Darüber hinaus können einem Beratungsorgan freilich auch Vorschlags-, Überwachungs- und Entscheidungsrechte eingeräumt werden. Je größer seine Entscheidungsverantwortlichkeit ist, desto größer ist allerdings auch die Gefahr, dass es seine Unbefangenheit verliert. Schließlich ist zu bedenken, dass ein Beratungsorgan nur dann seine volle Wirkung entfaltet, wenn es zu einem frühen Zeitpunkt in die Entscheidungsfindung einbezogen wird. Das sollte durch die Satzung abgesichert werden.[106]

VI. Repräsentationsgremien und Ehrenämter

73 Ohne weiteres zulässig ist ferner die Schaffung von Repräsentationsgremien und Ehrenämtern (z.B. Konsilium, Schirmherr, Ehrenvorsitzender), d.h. von Positionen, denen keine satzungsmäßigen Rechte zur Mitwirkung an der Willensbildung oder dem Handeln der Stiftung zukommen und die daher keine Organe sind, sondern die nur dazu dienen, bestimmte Personen an die Stiftung zu binden und sie ggf. nach außen zu repräsentieren. **Einer satzungsmäßigen Grund-**

101 Vgl. zu einer derartigen Gestaltung MünchVertrHdb/*Hof*, GR, VII. 3a.
102 *Karoff/Breiteneicher*, Bertelsmann Handbuch, 709 ff.
103 MünchHdb. GesR V/*Gummert*, § 91 Rn. 34; Richter/*Godron*, Stiftungsrecht, § 6 Rn. 90 ff.
104 *Burgard*, Gestaltungsfreiheit, 271.
105 Bamberger/Roth/*Schwarz*, BGB, § 81 Rn. 12; *Muscheler*, ZSt 2003, 67, 99, 104.
106 *Burgard*, Gestaltungsfreiheit, 271.

lage bedarf es hierfür nicht.[107] Abseits entgegenstehender Satzungsbestimmungen ist die Schaffung und Besetzung derartiger Ämter grundsätzlich von der Geschäftsführungsbefugnis des Vorstands gedeckt. Verfügt die Stiftung neben dem Vorstand über weitere Organe, kann allerdings eine differenzierte Beurteilung – je nach Organkompetenz und Art des zu schaffenden bzw. zu besetzenden Amtes – geboten sein. Dabei kann auch ein Zusammenwirken mehrerer Organe tunlich sein.[108]

VII. Einrichtung sonstiger Organe

74 Über die bisher genannten Möglichkeiten hinaus kann die Organisationsverfassung der Stiftung weiter differenziert werden. Insbesondere können **einzelnen Personen oder Institutionen satzungsmäßige Mitwirkungs- oder Entscheidungsrechte** zugestanden werden. Zu denken ist etwa an Bestellungs-, Weisungs-, Zustimmungs- oder Vetorechte, die der Stifter sich oder einer Person oder Institution seines Vertrauens in der Satzung vorbehält.[109] Da der Berechtigte infolge derartiger Befugnisse satzungsgemäß an der Willensbildung der Stiftung unmittelbar oder mittelbar mitzuwirken berufen ist, wird er nach der hier vertretenen Definition des Organbegriffs zum Organ(walter) der Stiftung.[110] Dies hat u.a. zur Folge, dass er pflichtgebunden, d.h. zur Beachtung der Interessen der Stiftung und des Stifterwillens (i.S. des § 83 Abs. 2 BGB) verpflichtet ist. Das gilt auch für den Stifter, wenn er sich in der Satzung zum Organwalter der Stiftung bestellt. Allerdings kann die Zuweisung derartiger Befugnisse bedeuten, dass der Berechtigte seine Partikularinteressen im Rahmen pflichtgemäßen Ermessens berücksichtigen darf (s.o. Rn. 63).

75 Gegen die Einräumung organschaftlicher Befugnisse zugunsten bestimmter Personen wird freilich eingewandt, es müsse „eine Fremdbestimmung der Stiftung ausgeschlossen sein, die diese lediglich als ‚verlängerten Arm des Stifters oder gar Dritter erscheinen lässt".[111] Dahinter steht der Gedanke, es gäbe eine der Verbandsautonomie entsprechende Stiftungsautonomie. Das ist unrichtig.[112]

VIII. Gestaltungsgrenzen

76 Gestaltungsgrenzen gibt es **nur wenige**. Zwingend ist, dass der Vorstand gesetzlicher Vertreter der Stiftung ist, s.o. Rn. 1, 21. Außerdem muss die Organisationsverfassung widerspruchsfrei und vollziehbar sein, da andernfalls die Lebensfähigkeitsprognose (§ 82 S. 1 BGB) in Frage steht. Das schließt beispielsweise eine Organisationsverfassung aus, die zu einer Selbstblockade der Stiftung oder zu einer derartigen Minderung der Stiftungserträge führen würde, dass eine dauernde und nachhaltige Verfolgung des Stiftungszwecks gefährdet erscheint.

77 Außerdem wird man jedem Organ und jedem Organwalter ein unabdingbares Recht auf Erhalt derjenigen Informationen zugestehen müssen, die zur Wahrnehmung seiner Aufgaben erforderlich ist. Dementsprechend sind mit der Mitgliedschaft in einem Kollegialorgan bis zu einem gewissen Grad **unabdingbare funktionsbezogene Teilhaberechte** geknüpft, nämlich das Recht auf Teilnahme an den Sitzungen des Organs, das Recht auf funktionsgerechte und in diesem Rahmen gleichberechtigte Information sowie grds. das Stimmrecht. Das schließt Diffe-

107 Richter/*Godron*, Stiftungsrecht, § 6 Rn. 93; *Siebel*, in: FS Peltzer, 519, 527; MHdb.GesR V/ *Gummert*, § 92 Rn. 35 f.

108 Am Beispiel von Ehrenämtern zur AG und zur GmbH vgl. etwa *Lutter*, ZIP 1984, 645, 654; *Siebel*, FS Peltzer, 519 ff. m.w.N.

109 Siehe § 7 Abs. 3 S. 2 NdsStiftG; § 7 Abs. 3 S. 2 SaarStiftG; ferner etwa BVerfGE StiftRspr III, 58, 70; BGH StiftRspr. III, 5, 7; BGH StiftRspr. IV, 58 ff.; BGH StiftRspr. IV 108 ff.; Soergel/*Neuhoff*, BGB, § 85 Rn. 22.

110 I. E. ebenso *Lunk*/*Rawert*, NPLYB 2001, 91, 96; *Flume*, jP, 340 f.; *Beuthien*/*Gätsch*, ZHR 157 (1993), 483, 486 f.

111 *Burgard*, Gestaltungsfreiheit, 276 m.w.N.; vgl. Staudinger/*Hüttemann*/*Rawert*, BGB, § 86 Rn. 8.

112 Eingehend *Burgard*, Gestaltungsfreiheit, 360 ff.

renzierungen nicht aus. Das Stimmrecht (vgl. § 84b BGB), aber auch das Teilnahmerecht können in bestimmten Fällen ausgeschlossen sein. Einzelne von mehreren Organmitgliedern können als bloß beratende Mitglieder kein Stimmrecht haben. Schließlich können bestimmte Informationsrechte nur einzelnen von mehreren Organmitgliedern eingeräumt oder der Zugang zu bestimmter Information auf einige Organmitglieder beschränkt werden. Geht die Satzung über diese Grenzen hinaus, so wird hierdurch freilich die **Wirksamkeit der Bestimmungen grundsätzlich nicht berührt**. In Frage gestellt wird lediglich, ob das Gremium noch als Organ bzw. alle ihm angehörenden Personen noch als Organmitglieder anzusehen sind. Außerdem ist zu betonen, dass die Satzung keineswegs die vorstehenden Rechte explizit regeln muss. Vielmehr geht es nur um die Frage des statutarischen Ausschlusses dieser Rechte.

D. Foundation Governance

Untersuchungen haben gezeigt, dass die Foundation Governance vieler Stiftungen[113] **sehr zu wünschen übrig** lässt.[114] Die **Gründe** hierfür sind vielfältig:[115] 78

Infolge ihrer **Mitgliederlosigkeit** fehlen der Stiftung prinzipiell Personen, in deren Interesse sie verwaltet wird und die über die für ihre Interessenwahrnehmung erforderlichen Informations-, Kontroll- und Einflussmöglichkeiten verfügen. Die Stiftungsaufsicht, die dieses Manko beheben soll, ist hierzu schon deswegen nicht in der Lage, weil sie auf eine bloße Rechtsaufsicht beschränkt ist. Gegensteuern kann der Stifter zu Lebzeiten dadurch, dass er sich selbst in ein Organ der Stiftung mit entsprechenden Befugnissen beruft. Das schiebt das Problem jedoch nur auf. Gegensteuern kann er ferner dadurch, dass er Destinatären Rechte einräumt. Das will jedoch gut überlegt sein, um keinen Streit in die Stiftung zu tragen. Vielfach bietet sich die Statuierung eines den Vorstand kontrollierenden und beratenen Aufsichtsrats an (Rn. 59 ff.). Allerdings leiden Stiftungen ohnehin unter Personalproblemen, weil die Neigung, sich ehrenamtlich zu engagieren, beständig abnimmt. 79

Tatsächlich ist die **Ehrenamtlichkeit** der allermeisten Organmitglieder (gesetzliche Regel: § 84a Abs. 1 S. 2 BGB) ein weiteres Hauptproblem der Foundation Governance; denn das Engagement vieler Ehrenamtlicher lässt sehr zu wünschen übrig. Die Mehrzahl verwendet durchschnittlich nur eine bis vier Stunden pro Monat (!) auf ihr Amt.[116] Das gilt selbst für 37 % der Mitglieder von Leitungsorganen von Stiftungen mit einem Vermögen von mehr als 100 Millionen Euro. Folge dieses pflichtwidrig (Rn. 93) unzureichenden Engagements ist beispielsweise, dass kein Fundraising betrieben und nicht selten die immer gleichen Projekte und Institutionen gefördert werden, weil die einmal getroffene Förderentscheidung niemals hinterfragt wird.[117] Aus Bankenkreisen ist sogar zu hören, dass die Bankmitarbeiter manche Stiftungsvorstände gar nicht kennen, weil sie sich keinen Deut um die Vermögensverwaltung kümmern. Viele ehrenamtlich geführte Stiftungen bleiben daher – um es vorsichtig auszudrücken – hinter ihren Möglichkeiten zurück. Das muss dem Stifter klar sein, wenn er eine Stiftung, insbesondere eine „Ewigkeitsstiftung“ gründet, die nicht genügend Vermögen hat, um wenigstens einen halben hauptamtlichen Geschäftsführer zu bezahlen. Ansonsten kann er nur dadurch gegensteuern, dass er den Organmitgliedern ein klares Pflichtenprogramm vorgibt, dessen Einhaltung von der Stiftungsaufsicht überprüft werden kann. 80

113 Betroffen sind vor allem sog. „Ewigkeitsstiftungen“, nicht so sehr Verbrauchsstiftungen.

114 Insbesondere *Falk/Kramer/Zeidler*, in: Bundesverband Deutscher Stiftungen e. V. (Hrsg.), StiftungsStudie Führung, Steuerung und Kontrolle in der Stiftungspraxis, Bestandsaufnahme zur Anwendung der Grundsätze Guter Stiftungspraxis, Ergebnisse einer repräsentativen Befragung vom Frühjahr 2010, gefördert durch KPMG; ausf. zu dieser und weiteren Studien *Burgard*, ZStV 2015, 1 ff.

115 Siehe zum Folgenden bereits *Burgard*, ZStV 2015, 1 ff.

116 Gemäß StiftungsStudie, zitiert in Fn. 97, 6, 18 ff.

117 *Sandberg*, Stand und Perspektiven des Stiftungsmanagements in Deutschland, 2005, 2, 10.

81 Im Blick hierauf sollten **Governance-Regeln** versuchen, die bekannten Governance-Mängel zu beheben. An folgende Problemfelder ist zu denken:[118] Wenigstens Dreipersonen-Vorstand, Einführung eines bzw. Stärkung des Aufsichtsorgans (Rn. 59 ff.), interner Informationsfluss und Berichtswesen (§ 84a Rn. 74 ff., 113; Anh. 1 zu § 84a Rn. 71 f.), Inkompatibilität (Rn. 60), Stimmrechtsausschluss bei Interessenkonflikten (näher § 84b Rn. 118 ff., 134 ff.), Vier-Augen-Prinzip (keine Einzelvertretungsmacht), Personalmanagement (hier zumindest Qualifikation, Durchmischung, Amtsdauer der Organmitglieder, § 81 Rn. 78, 82 ff.), Kompetenz- und Ressortverteilung (Anh. 1 zu § 84a Rn. 6 ff.), Einberufung und Sitzungshäufigkeit von Geschäftsleitungs- und Aufsichtsorgan, Vermögensverwaltung (Anlagerichtlinien, § 83b Rn. 63, § 83c Rn. 30 ff.), Risikomanagement (§ 83b Rn. 59 f.), Compliance (Anh. 1 zu § 84a Rn. 10 f.), Versicherung von Risiken (§ 83b Rn. 61), Rechnungslegung (§ 84a Rn. 74 ff.), Transparenz und Öffentlichkeitsarbeit (beginnend mit einer Homepage, die viele Stiftungen nicht haben) sowie Fundraising (vgl. Rn. 25), Umgang mit Zustiftern und Spendern (Einführung eines Anreizsystems), Vergabe von Leistungen (Vergaberichtlinien, Anh. 2 zu § 84a Rn. 13), Monitoring (Projektbegleitung) und Evaluation (Bewertung des Zielerreichungsgrads) sowie Benchmarking (insbesondere hinsichtlich Vermögensverwaltung, Verwaltungskosten, Öffentlichkeitsarbeit und Fundraising). Bei alledem ist stets auf die Besonderheiten der jeweiligen Stiftung Rücksicht zu nehmen, was auch ein Mehr oder Weniger an Regelungen erforderlich machen kann. Pauschale Lösungen verbieten sich.

E. Anwendung von § 30 BGB

82 Gemäß §§ 84 Abs. 5 BGB i.V.m. 30 S. 1 BGB kann die Satzung bestimmen, dass für gewisse Geschäfte besondere Vertreter zu bestellen sind. Werden besondere Vertreter bestellt, so sind hieran **zwei Rechtsfolgen** geknüpft: Erstens erstreckt sich gemäß § 30 S. 2 BGB die – organschaftliche – Vertretungsmacht solcher Vertreter im Zweifel, d.h. vorbehaltlich anderweitiger Satzungsbestimmungen, auf alle Rechtsgeschäfte, die der ihnen zugewiesene Geschäftskreis gewöhnlich mit sich bringt. Und zweitens wird das „amtliche" Verhalten solcher Vertreter der Stiftung gemäß Abs. 5 i.V.m. § 31 BGB zugerechnet (dazu Rn. 96).

83 § 30 BGB wird **teils zu eng, teils zu weit** ausgelegt. Der **historische Gesetzgeber** dachte an die Bestellung von Kassierern oder örtlichen Delegierten bei weiträumig tätigen Vereinen,[119] also an die gewillkürte Einrichtung von weiteren, den Verein nach außen repräsentierenden Organen durch die Satzung. Dementsprechend wird der Sinn und Zweck des § 30 BGB darin gesehen, dem Verein die Möglichkeit zu eröffnen, durch die Satzung eine differenzierte externe Handlungsorganisation einzurichten und dabei die Auswahl der Funktionsträger nicht dem Vorstand zu überlassen, sondern sie je nach der Bedeutung und Selbständigkeit ihrer Tätigkeit an ein unmittelbares Mandat der Mitglieder zu binden.[120]

84 Demgegenüber interpretiert die **Rechtsprechung** § 30 BGB unter dem Blickwinkel der Zurechnungs- bzw. Haftungsfolge gemäß § 31 BGB. In dem berechtigten Bemühen, die bei großen Organisationen unzureichende gesetzliche Haftung für Verrichtungsgehilfen nach § 831 BGB zu korrigieren, weicht sie in dreierlei Hinsicht von den gesetzgeberischen Vorstellungen ab: Erstens wird eine satzungsmäßige Basis für die Position des besonderen Vertreters für entbehrlich gehalten; eine allgemeine Betriebsregelung und Handhabung soll genügen.[121] Zweitens sei der Verein u.U. verpflich-

118 Siehe auch *Schöbel*, Corporate Governance (Fn. 3), 91 f., 145 ff.; MünchHdb. GesR V/*Schwake* § 79 Rn. 368 ff.; MüKoBGB/*Weitemeyer*, § 86 Rn. 56; Richter/*Godron*, Stiftungsrecht, § 6 Rn. 162 ff., jew. m.w.N.

119 *Mugdan*, Materialien I, 618; Staudinger/*Schwennicke*, BGB, § 30 Rn. 1.

120 MüKoBGB/*Leuschner*, § 30 Rn. 2; Staudinger/*Schwennicke*, BGB, § 30 Rn. 2; BeckOK BGB/*Schöpflin*, § 30 Rn. 1; Palandt/*Ellenberger*, BGB, § 30, Rn. 1.

121 Etwa RGZ 94, 318; BGHZ 49, 19, 21; BGH NJW 1977, 2259, 2260; BGH NJW 1998, 1854, 1856; BGH WM 2005, 701, 704; BGHZ 196, 340 = ZIP 2013, 729 Rn. 12; Palandt/*Ellenberger*, BGB, § 30, Rn. 4.

tet, besondere Vertreter zu bestellen, da er widrigenfalls wegen Organisationsverschuldens hafte.[122] Und drittens könnten besondere Vertreter auch bloße Innenorgane sein.[123]

Zutreffend an dieser Rechtsprechung ist, dass die Haftung einer Organisation nicht zu deren Disposition gestellt werden darf. Es kann daher nicht von ihrer Satzung abhängen, ob sie nach § 31 BGB oder nach § 831 BGB haftet. Handelt es sich jedoch nicht um ein verfassungsmäßiges Organ bzw. Organmitglied, ist § 31 BGB nicht direkt, sondern methodisch korrekt analog anzuwenden (u. Rn. 99).[124] Dies ermöglicht eine Rückführung des § 30 BGB auf seinen unmittelbaren Anwendungsbereich und befreit den Organbegriff (dazu § 81 Rn. 65) von haftungsrechtlichen Erwägungen.[125] 85

Zutreffend ist ferner, dass **§ 30 BGB nicht nur auf Außen-,**[126] **sondern auch auf Innenorgane anwendbar** ist,[127] also auf Organe, die nichts mit der externen Handlungsorganisation der juristischen Person zu tun haben. Das ergibt sich schon daraus, dass dem besonderen Vertreter keine Vertretungsmacht eingeräumt sein muss;[128] denn es gilt Gestaltungsfreiheit und § 30 S. 2 BGB ist nur eine Zweifelsregel. Allerdings verfügt auch ein Innenorgan (wie z.B. ein Aufsichtsrat) im Zweifel über Vertretungsmacht für *„alle Rechtsgeschäfte, die der ihm zugewiesene Geschäftskreis für gewöhnlich mit sich bringt“*. Ist ein Aufsichtsrat zum Beispiel für die Bestellung der Vorstandsmitglieder zuständig, verfügt er im Zweifel – d.h. abseits entgegenstehender Satzungsbestimmungen – auch über die zum Abschluss ihrer Anstellungsverträge erforderliche Vertretungsmacht.[129] Und obliegt ihm die Überwachung des Vorstands, dann ist er im Zweifel auch für die gerichtliche und außergerichtliche Vertretung der Stiftung gegenüber den Vorstandsmitgliedern zuständig.[130] Und benötigt er externe Hilfe zur Wahrnehmung seiner Aufgaben, kann er im Zweifel namens der Stiftung externe Dritte (z.B. Rechtsanwälte, Wirtschaftsprüfer) beauftragen.[131] 86

Nach allem setzt § 30 BGB dreierlei voraus: Erstens muss die Satzung einen Geschäftskreis definieren, der einer Person oder einem Gremium zur selbständigen Erledigung übertragen werden kann. In der Satzung vorgeschrieben sein muss dabei nur der Geschäftskreis sowie für den Fall seiner Einrichtung die Bestellung einer Person(enmehrheit). Dagegen kann die Frage, ob die Einrichtung des Geschäftskreises – und damit die Einrichtung eines weiteren Organs – überhaupt erforderlich ist, dem Ermessen eines anderen Organs überlassen werden (s.o. Rn. 58 sowie § 84a Rn. 59).[132] Zweitens muss der Geschäftskreis begrenzt 87

---

122 Etwa RGZ 157, 228, 335; BGHZ 39, 124, 129; Palandt/*Ellenberger*, BGB, § 30, Rn. 5.

123 RGZ 163, 21; BGH, VersR 1962, 664; Reichert/*Achenbach*, Kap. 2 Rn. 3434 m.w.N. aus der Rspr.; MüKoBGB/*Leuschner*, § 30 Rn. 5.

124 Dies ist herrschende Lehre Soergel/*Hadding*, BGB, § 31 Rn. 1; Palandt/*Ellenberger*, BGB, § 31 Rn. 5; MüKoBGB/*Leuschner* § 31 Rn. 14 ff.

125 Näher zum Organbegriff o. 72, 74.

126 MüKoBGB/*Leuschner*, BGB, § 30 Rn. 5; Staudinger/*Schwennicke*, BGB, § 30 Rn. 24; Reichert/*Wagner*, Kap. 2 Rn. 2792.

127 Wie hier RGZ 163, 21; BGH VersR 1962, 664; Richter/*Godron*, Stiftungsrecht, § 6 Rn. 116; Reichert/*Wagner*, Kap. 2 Rn. 2789; BeckOK BGB/*Schöpflin*, § 30 Rn. 7; **a.A.** MüKoBGB/*Leuschner*, § 30 Rn. 5; Staudinger/*Schwennicke*, BGB, § 30 Rn. 24.

128 Siehe zum Meinungsstand MüKoBGB/*Leuschner*, § 30 Rn. 5; Jauernig/*Mansel*, BGB, § 30 Rn. 4; Palandt/*Ellenberger*, BGB, § 30 Rn. 3; MünchHdb. GesR V/*Gummert*, § 91, Rn. 25, jew. m.w.N.; vgl. BGH NJW 1968, 391, 392.

129 Siehe § 84 Abs. 1 AktG; vgl. zur AG etwa OLG Nürnberg AG 1991, 446, 447; Koch/*Koch*, AktG, § 84 Rn. 5; MüKo-AktG/*Spindler*, § 84 Rn. 12, beide m.w.N.; zur GmbH MüKoGmbHG/*Spindler*, § 52 Rn. 13 u. Rn. 34.

130 Siehe § 112 AktG; vgl. zur AG etwa Koch/*Koch*, AktG, § 112 Rn. 1; zur GmbH etwa MüKoGmbHG/*Spindler*, § 52 Rn. 424, beide m.w.N.; *Werner*, ZGR 1989, 369, 380 f.

131 Siehe § 111 Abs. 2 AktG; vgl. zur AG etwa BGH NJW 1983, 991, 992; Koch/*Koch*, AktG, § 111 Rn. 38; zur GmbH etwa MüKoGmbHG/*Spindler*, § 52 Rn. 295; BeckOK/*Deussen*, GmbHG § 42a Rn. 28.

132 Wie hier h.M., RGZ 91, 1, 3; BGH, WuW 1989, 242; Soergel/*Hadding*, BGB, § 30 Rn. 5; BeckOK/*Schöpflin*, BGB, § 30 Rn. 4. Es genügt also beispielsweise, wenn die Satzung bestimmt, dass im Falle der Einrichtung einer für das Tagesgeschäft zuständigen Geschäftsstelle ein Geschäftsführer zu bestellen ist. **A.A.** MüKoBGB/*Leuschner*, § 30 Rn. 4.

sein.[133] Überdies hängt es von der Gestaltung im Einzelfall ab, ob und inwieweit der besondere Vertreter für den Geschäftskreis ausschließlich zuständig ist oder Weisungen des Vorstands oder eines anderen Organs unterliegt. Zulässig ist auch, dass der besondere Vertreter hauptamtlich tätig[134] und zugleich ehrenamtliches Mitglied in einem anderen Organ (insb. Vorstand) ist.[135] Dem besonderen Vertreter muss jedoch keine (organschaftliche) Vertretungsmacht eingeräumt sein.[136] Und drittens muss der Geschäftskreis tatsächlich einer Person(enmehrheit) zur selbständigen Erledigung durch einen Bestellungsakt übertragen worden sein.

88 **Im Stiftungsrecht** ist hinsichtlich der Bestellung besonderer Vertreter **zu bedenken**, dass die Stiftung regelmäßig über kein eigenständiges Willensbildungsorgan verfügt, der Vorstand daher allzuständig ist und mithin auch für die Bestellung besonderer Vertreter zuständig wäre. Der Sinn und Zweck des § 30 BGB, nämlich die Personalkompetenz für Funktionsträger unterhalb der Vorstandsebene von dem Vorstand auf die Mitgliederversammlung zu verlagern, wird dadurch vereitelt.

89 **Bei größeren Stiftungen kann folgende Gestaltung sinnvoll sein:** Die Satzung ermächtigt den (ehrenamtlichen) Vorstand zur Bestellung eines hauptamtlichen Geschäftsführers, dessen Geschäftskreis das Tagesgeschäft ist, der den Weisungen des Vorstands unterliegt und dessen Vertretungsmacht genau (u.a. betragsmäßig) definiert ist. Dadurch kann der Nachteil der Ehrenamtlichkeit des Vorstands ohne allzu großen Aufwand ausgeglichen werden. Der Vorstand kann sich auf seine originären Leitungsaufgaben und die Überwachung des Geschäftsführers konzentrieren. Ein Aufsichtsrat ist dann regelmäßig entbehrlich. Zwar kann der Vorstand auch ohne Satzungsgrundlage einem Angestellten der Stiftung die Aufgaben eines solchen Geschäftsführers übertragen und ihn mit einer entsprechenden rechtsgeschäftlichen Vollmacht ausstatten. Diesem „Nenn-Geschäftsführer" kommt dann aber keine Organstellung mit der Folge zu, dass er anders als ein besonderer Vertreter[137] Arbeitnehmer ist und daher Kündigungsschutz genießt. Das kann bei dieser Position im Konfliktfall ausgesprochen lästig sein.

90 Die Bestellung eines besonderen Vertreters durch den Vorstand in dessen Aufgabenbereich ist ein **Fall zulässiger Substitution** (s. § 84a Rn. 59) mit der Folge, dass der Vorstand gemäß § 84a Abs. 1 S. 1 BGB i.V.m. § 664 Abs. 1 S. 2 BGB für die ordnungsgemäße Auswahl, Einweisung und – bei bestehendem Weisungsrecht – Überwachung des besonderen Vertreters der Stiftung gegenüber haftet.

---

133 Die Begrenztheit des Geschäftskreises ist unabdingbares Unterscheidungsmerkmal gegenüber dem Vorstand, MüKoBGB/*Leuschner*, § 30 Rn. 6; BeckOGK BGB/*Kling*, § 30 Rn. 1. Der Geschäftskreis kann aber weit gefasst sein, OLG Zweibrücken – 3 W 93/12, NZG 2013, 907, 908; OLG München – 31 Wx 429/12, NZG 2013, 32, 33; dagegen *Gräwe*, ZStV 2013, 60. Die Grenzen zulässiger Delegation gelten nicht, weil der Geschäftskreis ja durch die Satzung bestimmt wird. Beim Vorstand müssen aber dessen öffentlich-rechtliche Amtspflichten verbleiben, s.o. Fn. 55 f.

134 Da § 84a Abs. 1 S. 2 BGB (anders als § 27 Abs. 3 S. 2 BGB) auf Organmitglieder im Allgemeinen abstellt, bedarf es hierfür allerdings einer Satzungsermächtigung.

135 Richter/*Godron*, Stiftungsrecht, § 6 Rn. 114; *Schauhoff*, Handbuch der Gemeinnützigkeit, § 3 Rn. 73; vgl. MüKoBGB/*Leuschner*, § 30 Rn. 6.

136 Statt anderer Soergel/*Hadding*, BGB, § 30 Rn. 9; Reichert/*Wagner*, Kap. 2 Rn. 2789; **a.A.** MüKoBGB/*Leuschner*, § 30 Rn. 5.

137 Zur Arbeitnehmereigenschaft des besonderen Vertreters: BGH – II ZR 225/08, NJW-RR 2012, 106, wonach im Rahmen seines Aufgabenkreises der besondere Vertreter Organqualität besitzt; BAG NJW 1997, 3261, 3262; BAG – 6 AZR 720/15, ZWH 2018, 153, 158; LAG Hessen – 18 Ta 593/06, NZA-RR 2007, 262; siehe zum GmbH-Geschäftsführer: BGH – II ZR 70/09, NZA 2010, 889, 890; LAG Köln – 11 Ta 331/12; ausführlich zum Kündigungsschutz des besonderen Vertreters etwa *Kelber*, NZA 2013, 988 ff. m.w.N.; *Lochelfeldt*, Der Kündigungsschutz des besonderen Vertreters eines Vereins, 66 ff., 110 ff.; MüKoBGB/*Leuschner*, § 30 Rn. 14 m.w.N.; Staudinger/*Schwennicke*, BGB, § 30 Rn. 28 f.; BeckOGK BGB/*Kling*, § 30 Rn. 66 ff.; vgl. zum sog. „Nenn-Geschäftsführer": LG Mannheim – 14 O 83/21, BeckRS 2021, 17046, Rn. 50; KBLW/*Bachmann* DCGK A.1 Rn. 11.

F. § 31 BGB

I. Normzweck

Da die Stiftung ebenso wenig wie alle anderen juristischen Personen und rechtlich verselbständigten Vermögensmassen selbst im natürlichen Sinne handlungsfähig ist, bedarf sie hierfür ihrer Organe. Dementsprechend muss das Verhalten ihrer Organe der juristischen Person zugerechnet werden. Das stellt § 31 BGB klar, auf den Absatz 5 – seinerseits nur klarstellend – verweist.[138] 91

II. Voraussetzungen

1. Verfassungsmäßig berufener Vertreter

Der Stiftung ist nicht nur das Handeln ihres Vorstands und dessen Mitgliedern, sondern auch das Handeln jedweder verfassungsmäßig berufener Vertreter zuzurechnen. Dazu zählen nicht nur besondere Vertreter i.S.d. § 30 BGB,[139] sondern auch die Mitglieder aller anderen Organe, **auch** reiner **Innenorgan**e (wie z.B. Aufsichtsrat, Beirat),[140] ohne dass es auf das Bestehen von Vertretungsmacht ankommt (s. aber o. Rn. 86); denn es geht hier nicht nur um die Zurechnung von Vertretungshandlungen, sondern nach Sinn und Zweck der Norm (Rn. 91, 93) um die Zurechnung allen Organhandelns. Der Stiftung wird also das Handeln jeden Organs und jedes Organwalters (Organmitglied) zugerechnet. Für die Zurechnung des Handelns von sog. **Repräsentanten** gilt hingegen **§ 31 BGB analog** (Rn. 99). 92

2. Zum Schadensersatz verpflichtende Handlung

§ 31 BGB ist eine **Zurechnungs-, keine Haftungsnorm.** Für eine Haftung der Stiftung bedarf es also einer Anspruchsgrundlage, deren Tatbestandsvoraussetzungen durch das Handeln oder ein pflichtwidriges Unterlassen eines Organs oder eines Organwalters der Stiftung verwirklicht wird. Dabei setzt § 31 BGB jedoch kein Eigendelikt des Organwalters voraus,[141] verlangt also nicht, dass der Organwalter selbst aus Delikt haftet. Vielmehr kommen nicht nur deliktische, sondern auch rechtsgeschäftliche Anspruchsgrundlagen in Betracht.[142] § 31 BGB ist gegenüber § 278 BGB vorrangig;[143] § 278 S. 2 BGB findet daher keine Anwendung[144] (s. auch Rn. 98). 93

Bei der Ausgestaltung der Organisationsverfassung ist der Stifter in den wenigen vorgenannten (Rn. 76) Grenzen frei. Entgegen manchen haftungsrechtlichen Entscheidung- 94

---

138 Zum Anwendungsbereich des § 31 BGB auch weit jenseits ausdrücklicher gesetzlicher Anordnungen statt anderer MüKoBGB/*Leuschner*, § 31 Rn. 3 ff.

139 So aber wohl MüKoBGB/*Leuschner*, § 31 Rn. 13; Staudinger/*Schwennicke*, *BGB*, § 31 Rn. 40.

140 Zum Aufsichtsrat KG, BB 1996, 2426, 2427; *Soergel/Hadding*, BGB, § 31 Rn. 11; Staudinger/*Weick*, BGB, Rn. 38; *Schürnbrand*, Organschaft im Recht der privaten Verbände, 105 ff.; dagegen *Landwehr*, AcP 164 (1964) 482 Fn. 1; *Küpperfahrenberg*, Haftungsbeschränkungen für Verein und Vorstand unter besonderer Berücksichtigung von Sportvereinen (2005) 31 ff., 36; offen gelassen für Aufsichtsratsmitglieder in der Entscheidung BGH NJW 1962, 864, 867.

141 **A.A.** *Altmeppen*, ZIP 1995, 881, 887; *ders.*, Hdb Managerhaftung, Rn. 7.45.

142 Statt vieler MüKoBGB/*Leuschner*, § 31 Rn. 20; MHdb. GesR V/*Schwarz van Berk*/*Fischer*, § 99 Rn. 46; *Schürnbrand*, Organschaft im Recht der privaten Verbände, 99 m.w.N.; BeckOK BGB/*Schöpflin*, § 31 Rn. 10.

143 BGH – VIII ZR 141/06, NJW 2007, 3774, 3775; MüKoBGB/*Leuschner*, § 31 Rn. 28 m.w.N.

144 MüKoBGB/*Leuschner*, § 31 Rn. 29; Jauernig/*Mansel*, BGB, § 31 Rn. 1; Erman/*Westermann*, BGB, § 31 Rn. 1 a.E.; Staudinger/*Schwennicke*, BGB, § 31 Rn. 97, wonach ein Haftungsausschluss nach § 278 S. 2 BGB für nicht organschaftliche Repräsentanten zulässig sei, da hier von einem Eigenhandeln des Vereins keine Rede sein kann.

en[145] trifft eine juristische Person **gegenüber Dritten keine Organisationspflichten.**[146] Vielmehr ist es Aufgabe des Vorstandes, die Stiftung so zu organisieren, dass sie ihre Rechtspflichten erfüllt und eine Verletzung von Rechten Dritter (möglichst) ausgeschlossen ist (s. § 84a Rn. 40). Diese Organisationspflicht obliegt dem Vorstand allerdings grundsätzlich nicht gegenüber Dritten, sondern nur gegenüber der Stiftung (zu Ausn. Anh. 1 zu § 84a Rn. 44 f.).[147]

95 Auch **Verkehrssicherungspflichten** treffen regelmäßig allein die juristische Person und nicht auch deren Organwalter.[148] Verletzt ein Vorstandsmitglied also Verkehrssicherungspflichten der Stiftung, so haftet es grundsätzlich auch bei der Verletzung seiner gegenüber der Stiftung bestehenden Organisationspflichten gegenüber dem verletzten Dritten nicht persönlich.[149] Vielmehr haftet gemäß §§ 823, 31 BGB nur die Stiftung.[150] Näher zum Problem und zu Ausnahmen § 84a Rn. 79.

3. In Ausführung der ihm zustehenden Verrichtung

96 Sinn und Zweck dieses Tatbestandsmerkmals ist es, die Stiftung **nicht** für **rein private Handlungen** des verfassungsmäßig berufenen Vertreters haften zu lassen. Erforderlich und ausreichend ist daher ein sachlicher (nicht bloß zeitlicher und örtlicher) Zusammenhang zwischen dem schädigenden Verhalten und dem organschaftlichen Aufgabenkreis des verfassungsmäßig berufenen Vertreters.[151] Dabei kommt es nicht darauf an, dass der verfassungsmäßig berufene Vertreter sich im Rahmen seiner Geschäftsführungsbefugnis oder Vertretungsmacht hält. Erfasst werden vielmehr auch Handlungen, die gegenüber der Stiftung pflichtwidrig sind.[152] Entscheidend ist, ob sich das Verhalten des verfassungsmäßig berufenen Vertreters aus Sicht eines Dritten als Handeln in „amtlicher“ Funktion darstellt.[153]

4. Schädigung eines Dritten

97 Aus diesem Tatbestandsmerkmal folgt keine Einschränkung. **Dritter ist jeder** andere, auch ein anderes Organmitglied der Stiftung, und zwar selbst dann, wenn dieses für das schädigende

---

145 RGZ 157, 228, 335; BGHZ 39, 124, 129; BGH NJW 1957, 1315; BGH NJW 1963, 902; BGH NJW 1980, 2810, 2811; BGH NJW 1996, 1339, 1341; aus der obergerichtlichen Rspr. OLG Köln – 5 U 135/11, BeckRS 2012, 3716; OLG Hamm – I – 6 U 80/13, NJW-RR 2014, 804; Palandt/*Ellenberger*, BGB, § 31 Rn. 7; **wie hier** MüKoBGB/*Leuschner*, § 31 Rn. 33 f.

146 Zur Lehre vom Organisationsmangel siehe BGHZ 24, 200, 213; vgl. Jauernig/*Mansel* BGB § 31 Rn. 4 m.w.N. aus der Rspr.; wohl zustimmend MHdb. GesR V/*Gummert*, § 93 Rn. 15; **wie hier** MüKoBGB/*Leuschner*, § 31 Rn. 34; Richter/*Godron*, Stiftungsrecht, § 6 Rn. 181; Soergel/*Hadding*, § 31 Rn. 28; *Schürnbrand*, Organschaft im Recht der privaten Verbände, 114 f. m.w.N.

147 OLG Schleswig – 3 U 89/10, NZG 2012, 104, 105; MüKoBGB/*Leuschner*, § 31 Rn. 34; Staudinger/*Schwennicke*, BGB, § 31 Rn. 82; BeckOK BGB/*Schöpflin*, § 31 Rn. 27.

148 Reichert/*Achenbach*, Kap. 2, Rn. 3517; MüKoBGB/*Leuschner*, § 31 Rn. 34; Staudinger/*Schwennicke*, BGB, § 31 Rn. 83.

149 Staudinger/*Schwennicke*, BGB, § 31 Rn. 83; MüKoBGB/*Leuschner*, § 31 Rn. 21; BeckOK BGB/*Schöpflin*, § 31 Rn. 27; Erman/*Westermann*, BGB, § 31 Rn. 8; **a.A.** BGHZ 109, 297 = NJW 1990, 976, 978 (sog. Baustoffurteil); zust. *Brüggemeier*, AcP 191 (1991), 33; *Altmeppen*, ZIP 1995, 881; *Gross*, ZGR 1998, 551, 564 ff.; Krieger/Schneider/*Altmeppen*, § 7 Rn. 7.45 ff.

150 Staudinger/*Schwennicke*, BGB, § 31 Rn. 83; MüKoBGB/*Leuschner*, § 31 Rn. 21; BeckOK BGB/*Schöpflin*, § 31 Rn. 27; Erman/*Westermann*, BGB, § 31 Rn. 8; ausführlich zur persönlichen Haftung Krieger/Schneider/*Altmeppen*, § 7 Rn. 7.38 ff.; beispielhaft zur Verkehrssicherungspflicht von Sportvereinen Reichert/*Achenbach*, Kap. 2, Rn. 5733 ff.

151 Staudinger/*Schwennicke*, BGB, § 31 R. 49, 51; BeckOK BGB/*Schöpflin*, § 31 Rn. 10; MüKoBGB/*Leuschner*, § 31 Rn. 22.

152 BGHZ 49, 19, 21 f. = NJW 1968, 391, 392; BGH NJW 1977, 2259, 2260; BGHZ 98, 148, 151 f. = NJW 1986, 2941 f.; Staudinger/*Schwennicke*, BGB, § 31 R. 51 f.; MüKoBGB/*Leuschner*, § 31 Rn. 22.

153 MüKoBGB/*Leuschner*, § 31 Rn. 2; BeckOK BGB/*Schöpflin*, § 31 Rn. 17; Soergel/*Hadding*, BGB, § 31 Rn. 21.

Ereignis mitverantwortlich war.[154] Dies ist lediglich im Rahmen des § 254 BGB zu berücksichtigen.[155]

III. Abdingbarkeit

Durch die Satzung kann § 31 BGB nicht abbedungen werden, einzelvertraglich nur in den Grenzen der §§ 276 Abs. 3, 309 Nr. 7 BGB.[156] **98**

IV. Analoge Anwendung des § 31 BGB (Repräsentantenhaftung)

Der unmittelbare Anwendungsbereich des § 31 BGB ist auf Organmitglieder beschränkt (Rn. 92). **99** Es kann jedoch nicht von der Satzung abhängen, ob eine Stiftung nach § 31 BGB oder nach § 831 BGB haftet, zumal § 831 BGB aufgrund seiner Exkulpationsmöglichkeit Haftungslücken lässt. Die Abgrenzung muss daher objektiv getroffen und dafür § 31 BGB analog angewendet werden, um dadurch den Organbegriff von haftungsrechtlichen Erwägungen frei zu halten (o. Rn. 93). Nach der Rechtsprechung des BGH ist entscheidend, dass dem Repräsentanten *„durch die allgemeine Betriebsregelung und Handhabung bedeutsame, wesensgemäße Funktionen der juristischen Person zur selbstständigen, eigenverantwortlichen Erfüllung zugewiesen sind"*.[157] Darunter fallen bspw. Chefärzte von Krankenhäusern,[158] Filialleiter von Banken[159] und Warenhäusern[160] sowie Leiter von Abteilungen mit weitgehend selbständigen Funktionen wie einer Rechtsabteilung.[161] Für solche Repräsentanten gilt anders als für Organmitglieder (Rn. 98) § 276 Abs. 3 BGB nicht.[162]

G. § 42 Abs. 2 BGB

Anders als § 86 S. 1 BGB a.F. verweist Absatz 5 nur auf Absatz 2 des § 42 BGB und nicht auf die **100** ganze Vorschrift. Die inhaltliche Entsprechung zu § 42 Abs. 1 S. 1 BGB – der seinerseits §§ 262 Abs. 1 Nr. 3 und 4 AktG, 101 GenG und § 60 Abs. 1 Nr. 4 und 5 GmbHG entspricht – findet sich nun in § 87b BGB. Das hat laut Regierungsbegründung gesetzessystematische Gründe (§ 87b Rn. 2). Eine entsprechende Anwendung von § 42 Abs. 1 S. 2 und 3 BGB ist dagegen nicht mehr angeordnet. Das ist kein Schaden. Zwar ist eine Fortsetzung der Stiftung denkbar.[163] Sie hat aber keinerlei praktische Bedeutung.

---

154 MüKoBGB/*Leuschner*, § 31 Rn. 23; BeckOGK BGB/*Offenloch*, § 31 Rn. 95; *K. Schmidt*, GesR, § 10 IV 4; **a.A.** [Anspruch nur, wenn Vorstandsmitglied schadensverursachende Handlung nicht (mit-)zuverantworten hat] BGH NJW 1984, 1884, 1885; BGH NJW 1978, 2390; OLG Celle, VersR 1977, 39, 40; Staudinger/*Schwennicke*, § 31 Rn. 71; Soergel/*Hadding*, BGB, § 31 Rn. 26.

155 MüKoBGB/*Leuschner*, § 31 Rn. 23; BeckOGK BGB/*Offenloch*, § 31 Rn. 95.

156 MüKoBGB/*Leuschner*, § 31 Rn. 37; Erman/*Westermann*, BGB, § 31 Rn. 1; BeckOK BGB/*Schöpflin*, § 31 Rn. 26.

157 St. Rspr., RGZ 91, 1, 3; RGZ 94, 318, 320; RGZ 117, 61, 64; BGHZ 49, 19, 21 f. = NJW 1968, 391, 392; BGH NJW 1984, 921, 922; BGH NJW-RR 1986, 281, 282; BGHZ 99, 298, 300 = NJW 1987, 1193; BGH NJW 1998, 1854, 1856; BGHZ 196, 340, 343 f. = NJW 2013, 3366, 3367.

158 BGH LM § 31, Nr. 17; OLG München NJW 1977, 2123; LG Köln VersR 1975, 458.

159 RGZ 94, 318; 117, 61; 126, 50, 52; 157, 228, 232; 162, 202; RG JW 1930, 2927; BGH NJW 1954, 1193, 1194; BB 1956, 770, 771.

160 RG JW 1936, 915; BGH BB 1956, 941.

161 OLG Köln BeckRS 2015, 08749.

162 MüKoBGB/*Leuschner*, § 31 Rn. 14 f., 29; siehe zur Repräsentantenhaftung ausführlich Staudinger/*Schwennicke*, BGB, § 31 Rn. 21 ff. m.w.N.

163 *Burgard*, Gestaltungsfreiheit, 648 ff.

I. Insolvenzantrag

101 Liegt ein Insolvenzeröffnungsgrund vor (§ 87b Rn. 3), *„hat"* der Vorstand gemäß Absatz 5 i.V.m. § 42 Abs. 2 S. 1 BGB die Eröffnung des Insolvenzverfahrens zu beantragen.[164] Ein Ermessen steht ihm also nicht zu. Zur Antragstellung berechtigt und verpflichtet ist darüber hinaus jedes Vorstandsmitglied (auch ein von der Behörde nach § 84c BGB bestellter Notvorstand) sowie jeder Liquidator, § 15 Abs. 1 S. 1 InsO, § 42 Abs. 2 S. 2 BGB. Die Vorschrift verdrängt – anders als § 18 Abs. 3 InsO – die stiftungsrechtlichen Vertretungsregelungen. Antragsberechtigt sind schließlich die Gläubiger der Stiftung, §§ 13 Abs. 1 S. 2, 15 Abs. 1 S. 1 InsO. Wird der Antrag nicht von allen Vorstandsmitgliedern oder Liquidatoren gestellt, muss der Eröffnungsgrund glaubhaft gemacht werden, § 15 Abs. 2 S. 1 InsO. Die Eröffnung des Insolvenzverfahrens bleibt auch nach Auflösung bzw. Aufhebung der Stiftung zulässig, solange die Verteilung des Vermögens noch nicht vollzogen ist, § 11 Abs. 3 InsO. Solange ist dementsprechend auch eine Antragstellung verpflichtend. Die Stiftungsaufsichtsbehörde ist entgegen *Fritsche*[165] nicht antragsberechtigt und schon gar nicht zum Antrag auf Eröffnung des Insolvenzverfahrens verpflichtet; denn das Gesetz regelt die Antragsberechtigung abschließend. Die Behörde kann und muss aber ggf. auf eine Antragstellung hinwirken.[166]

II. Haftung wegen Insolvenzverschleppung

102 Bei Zahlungsunfähigkeit oder Überschuldung (nicht aber bei drohender Zahlungsunfähigkeit) ist jedes Vorstandsmitglied unabhängig von einer etwaigen Ressortverteilung zur Stellung des Insolvenzantrags verpflichtet. Die **Dreiwochenfrist** des § 15a Abs. 1 InsO gilt für Vereine und Stiftungen nach Absatz 7 der Vorschrift nicht. Der Grund hierfür wird in der normtypischen Ehrenamtlichkeit der Vorstandsmitglieder (§ 27Abs. 3 S. 2 BGB; § 84a Abs. 1 S. 2 BGB) gesehen, weswegen ihnen ein größerer zeitlicher Spielraum zur Prüfung der Handlungsalternativen eingeräumt ist.[167] Nicht einmal das Wort „unverzüglich" ist in Satz 1 enthalten. Indes ist Satz 1 im Zusammenhang mit Satz 2 zu lesen, der eine verzögerte Antragstellung voraussetzt, so dass man ein „unverzüglich" in Satz 1 hineinlesen darf. Danach liegt ein schuldhaftes Zögern (§ 121 Abs. 1 S. 1 BGB) vor, wenn das Unterlassen der Antragstellung nicht mehr der „Sorgfalt eines ordentlichen Geschäftsmannes" (§ 84a Abs. 2 S. 1 BGB) entspricht. Da dieser Sorgfaltsmaßstab § 43 Abs. 1 GmbHG entnommen ist, wird man die Dreiwochenfrist als Orientierung heranziehen können.[168] Jedenfalls ist der Antrag zu stellen, sobald eine Sanierung aussichtslos ist.[169]

103 Wird die Antragstellung **schuldhaft verzögert** (sog. Insolvenzverschleppung), so sind die Vorstandsmitglieder als Gesamtschuldner den Gläubigern für den daraus entstehenden Schaden verantwortlich. Unkenntnis vom Vorliegen eines Insolvenzgrundes wegen fehlender Informationen zur wirtschaftlichen Lage der Stiftung entlastet nicht.[170] Jedes Vorstandsmitglied muss sich laufend über die wirtschaftliche Lage der Stiftung unterrichten und bei Anzeichen einer Krise für die Erstellung einer Überschuldungsbilanz sorgen.[171] Ggf. lebt die Gesamtverantwortung des

---

164 Näher dazu *Roth/Knof*, KTS 2009, 163, 168 ff.; *dies.*, InsVZ 2010, 191 f.; *Hirte*, in: FS O. Werner, 2009, 222, 224 ff.

165 *Fritsche*, ZSt 2003, 211, 219; offen gelassen von *Schulz*, ZSt 2005, 137, 138; dagegen u.a. *Burgard*, Gestaltungsfreiheit, 622; *Hirte*, in: FS O. Werner, 2009, 222, 227; MüKoBGB/*Weitemeyer*, § 86 Rn. 61.

166 Staudinger/*Hüttemann*/*Rawert*, BGB, § 86 Rn. 90.

167 MüKoBGB/*Leuschner*, § 42 Rn. 27.

168 Schon zum alten Recht für eine entsprechende Anwendung Staudinger/*Hüttemann*/*Rawert*, BGB, § 86 Rn. 90; *Roth/Knof*, KTS 2009, 163, 177 f.; *Lenger/Finsterer, NZI 2016, 571; Ehlers*, NJW 2011, 2689, 2693; Krieger/Schneider/*Burgard*, § 6 Rn. 6.79.

169 MüKoBGB/*Leuschner*, § 42 Rn. 27; Staudinger/*Schwennicke*, BGB, § 42 Rn. 35; Uhlenbruck/*Hirte*, InsO, § 11 Rn. 220; *Lengerer/Finsterer*, NZI 2016, 571, 572; *Poertzgen*, ZInsO 2012, 1697, 1707; *Roth/Knof*, KTS 2009, 163, 177 f.

170 Stöber/*Otto*, Rn. 1041; Richter/*Godron*, Stiftungsrecht, § 6 Rn. 233; *Müller*, ZIP 2010, 153, 156.

171 NK-BGB/*D. Eckardt*, § 42 Rn. 45; Richter/*Godron*, Stiftungsrecht, § 6 Rn. 233; *Müller*, ZIP 2010, 153, 156.

Vorstands (Anh. 1 zu § 84a Rn. 20) wieder auf.[172] Anspruchsberechtigt sind sowohl die sog. **Altgläubiger**, die ihre Forderung vor Insolvenzreife, als auch die sog. **Neugläubiger**, die ihre Forderung erst nach Insolvenzreife erworben haben. Dagegen sind die Gläubiger, die ihre Forderung erst nach Eröffnung des Insolvenzverfahrens erworben haben, vom Schutzbereich des § 42 Abs. 2 BGB ausgenommen.[173] Während die Altgläubiger[174] und die gesetzlichen Neugläubiger[175] nur den sog. **Quotenschaden**[176] ersetzt verlangen können, umfasst der Anspruch der vertraglichen Neugläubiger den gesamten Forderungsausfall, weil sie bei Kenntnis der Insolvenz nicht mehr mit der Stiftung kontrahiert hätten (**Vertrauensschaden**).[177, 178] Das kann zu sehr erheblichen Ersatzansprüchen führen.[179] Da die Insolvenzverschleppungshaftung eine Außenhaftung ist, greift § 31a Abs. 1 BGB nicht ein. Und ein Regress nach Abs. 2 der Vorschrift ist praktisch wertlos, da die Haftung nach § 42 Abs. 2 S. 2 BGB ja voraussetzt, dass von der Stiftung kein Ersatz zu erlangen ist.

III. Keine Haftung gegenüber der Stiftung wegen masseschmälernden Zahlungen

Gemäß § 15b Abs. 1 S. 1 InsO dürfen die nach § 15a Absatz 1 S. 1 InsO antragspflichtigen Mitglieder des Vertretungsorgans und Abwickler einer juristischen Person nach dem Eintritt der Zahlungsunfähigkeit oder der Überschuldung der juristischen Person grundsätzlich keine Zahlungen mehr für diese vornehmen, andernfalls sind sie der juristischen Person nach Abs. 4 der Vorschrift zur Erstattung verpflichtet. Auf Vereins- und Stiftungsvorstände findet diese Regelung wegen **§ 15a Abs. 7 InsO** jedoch keine Anwendung. Zur vormaligen Rechtslage war die Frage umstritten,[180] allerdings vom BGH bereits im vorgenannten Sinne entschieden.[181] **Rechtspolitisch** ist das **verfehlt**, weil die jetzige Rechtslage zur Folge hat, dass Vereins- und Stiftungsvorstände nach Eintritt der Insolvenzreife einzelne Gläubiger bevorzugen können und dabei – wenn sie keine neuen Verbindlichkeiten eingehen (und auch keine der in Rn. 103 genannten Anspruchsgrundlagen eingreift) – nicht viel mehr zu befürchten haben als den Ersatz des Quotenschadens der Altgläubiger, der zudem wegen der Schwierigkeiten seiner Berechnung oft nicht geltend gemacht wird. 104

IV. Weitere Anspruchsgrundlagen

Die Insolvenzantragspflicht besteht **auch gegenüber der Stiftung**.[182] Wird sie verletzt und entsteht der Stiftung dadurch ein Schaden (z.B. Unmöglichkeit einer Sanierung), haften die verantwortlichen Vorstandsmitglieder nach **§ 280 Abs. 1 BGB**. Für ausstehende Steuern gelten die §§ 34, 69 AO (Anh. 1 zu § 84a Rn. 58) und für nicht abgeführte Sozialabgaben von Arbeitnehmern § 823 Abs. 2 BGB i.V.m. § 266a StGB (Anh. 1 zu § 84a Rn. 53 ff.). 105

---

172 NK-BGB/*D. Eckardt*, § 42 Rn. 44; MünchHdb. GesR V/*Gummert*, § 94 Rn. 48.
173 BGH NJW 1990, 1725, 1730; MüKoBGB/*Leuschner*, § 42 Rn. 29.
174 BGHZ 29, 100, 104 ff. sowie aus der Literatur statt vieler BeckOK BGB/*Schöpflin*, § 42 Rn. 10.
175 BGHZ 164, 50; BGH NJW 1999, 2182, 2183; BGH NZG 2003, 923, 924; aus der Literatur etwa MüKoBGB/*Leuschner*, § 42 Rn. 30; **a.A.** *Reiff/Arnold*, ZIP 1998, 1893, 1895 ff.
176 Das ist der Betrag, der durch die Minderung der Quote infolge der Insolvenzverschleppung entgeht.
177 Für die GmbH BGHZ 126, 181; Soergel/*Hadding*, BGB, § 42 Rn. 12.
178 MüKoBGB/*Weitemeyer*, § 86 Rn. 59 und Staudinger/*Hüttemann/Rawert*, BGB, § 86 Rn. 90 greifen diese Differenzierung indes nicht auf.
179 Im Falle der Entscheidung des OLG Köln NJW-RR 1998, 686 z.B. rund 57.000,00 DM nebst Zinsen (zum Verein).
180 MüKoBGB/*Leuschner*, § 42 Rn. 32; MünchHdb. GesR V/*Gummert*, § 94 Rn. 46; *Müller*, ZIP 2010, 153, 154 m.w.N.
181 BGH – II ZR 54/09, NJW-RR, 2010, 1047; siehe hierzu die Entscheidungsbesprechungen etwa bei *Commandeur/Schmitz*, NZG 2010, 742; *Umbeck*, GWR 2010, 268 f.
182 Richter/*Godron*, Stiftungsrecht, § 6 Rn. 232; *Müller*, ZIP 2010, 153, 154 f.

H. Verwaltung der Stiftung durch eine öffentliche Behörde

106 Bisher war die Verwaltung der Stiftung durch eine öffentliche Behörde in § 86 S. 1 Hs. 2 S. 2 BGB geregelt. Eine entsprechende Neuregelung wurde unterlassen. Zur Begründung s. Rn. 13, 19m.

§ 84a Rechte und Pflichten der Organmitglieder

(1) [1]Auf die Tätigkeit eines Organmitglieds für die Stiftung sind die §§ 664 bis 670 entsprechend anzuwenden. [2]Organmitglieder sind unentgeltlich tätig. [3]Durch die Satzung kann von den Sätzen 1 und 2 abgewichen werden, insbesondere auch die Haftung für Pflichtverletzungen von Organmitgliedern beschränkt werden.

(2) [1]Das Mitglied eines Organs hat bei der Führung der Geschäfte der Stiftung die Sorgfalt eines ordentlichen Geschäftsführers anzuwenden. [2]Eine Pflichtverletzung liegt nicht vor, wenn das Mitglied des Organs bei der Geschäftsführung unter Beachtung der gesetzlichen und satzungsgemäßen Vorgaben vernünftigerweise annehmen durfte, auf der Grundlage angemessener Informationen zum Wohle der Stiftung zu handeln.

(3) [1]§ 31a ist entsprechend anzuwenden. [2]Durch die Satzung kann die Anwendbarkeit des § 31a beschränkt oder ausgeschlossen werden.

Schrifttum

Aigner, Der Schutz der Stiftung vor Einflussnahme Dritter, 2000; *Arndt*, Rechnungslegung durch Stiftungen und deren Prüfung durch die Stiftungsaufsicht, npoR 2010, S. 93; *Arnold*, Satzungsvorbehalt für die Vorstandsvergütung bei Vereinen und Stiftungen, in: Martinek/Rawert/u.a. (Hrsg.), FS Reuter, 2010, S. 3; *ders.*, Die Organhaftung in Verein und Stiftung (unter besonderer Berücksichtigung des neuen § 31a BGB), in: Hüttemann/Rawert/u.a. (Hrsg.), Non Profit Law Yearbook 2009, 2010, S. 89; *ders.*, Die zivil- und steuerrechtlichen Vorgaben für die Angemessenheit der Organvergütung bei Stiftungen, FS Smid, 2022, 3; *Berndt*, Modernisierung der Rechnungslegung von Stiftungen – ausgewählte Themen der überarbeiteten Stellungnahme des Instituts der Wirtschaftsprüfer (IDW ERS HFA 5 nF), ZStV 2013, S. 201; *Berndt/Schumacher/Hechenblaikner*, Die Stellungnahme des IDW zur Bilanzierung bei Spenden sammelnden Organisationen, DB 2012, S. 1217; *Burgard*, Das Gesetz zur Begrenzung der Haftung von ehrenamtlich tätigen Vereinsvorständen, ZIP 2010, S. 358; *ders.*, Ist § 31a BGB im Stiftungsrecht zwingend oder dispositiv?, Zur Auslegung von § 86 S. 1 Hs. 2 BGB, in: Martinek/Rawert/u.a. (Hrsg.), FS Reuter, 2010, S. 43; *Doll*, Grundsätze der Rechnungslegung von Spenden sammelnden Organisationen – Zielsetzung, Abgrenzung und Anwendungsfragen, npoR 2011, S. 118; *ders.*, Die Rechnungslegung gemeinnütziger Stiftungen in Deutschland vor dem Hintergrund einer verbesserten Transparenz, in: Weitemeyer/Hüttemann/u.a. (Hrsg.), Non Profit Law Yearbook 2014/2015, 2015, S. 89; *Doll/Koss*, Rechnungslegung von Stiftungen: Eine Einführung in IDW ERS HFA 5 nF, WPg 2013, S. 805; *Graewe/vHarder*, Die Exkulpation von Vorstandsmitgliedern bei Einholung von Rechtsrat – Zur Übertragbarkeit der aktuellen BGH-Rechtsprechung auf Stiftung und Verein, npoR 2016, S. 148; *Herrmann*, Unternehmenskontrolle durch Stiftungen: Untersuchung der Performancewirkungen, S. 1996; *ders.*, Funktioniert die Unternehmenskontrolle durch Stiftungen? Eine empirische Untersuchung der Performance stiftungsgetragener Unternehmen, ZfbF 1997, S. 499; *Hippeli*, Weitreichende Haftungsbeschränkung von Stiftungsvorständen gegenüber der Stiftung qua Stiftungssatzung?, ZStV 2016, S. 161; *Hüttemann*, Ehrenamt, Organvergütung und Gemeinnützigkeit, DB 2009, S. 1205; *ders.*, Transparenz und Rechnungslegung bei Stiftungen – Brauchen wir mehr Publizität und ein Bilanzrecht für Stiftungen?, in: Hüttemann/Rawert/u.a. (Hrsg.), Non Profit Law Yearbook 2012/2013, 2013, S. 81; *ders.*, Zur Rechnungslegung von Stiftungen – Anmerkungen zum IDW ERS HFA 5, DB 2013, S. 1561; *Kampermann*, Organvergütungen bei Non Profit Organisationen, 2017; *ders.*, Organvergütungen in gemeinnützigen Körperschaften, 2018; *Klinger*, Das Klagerecht der Stiftungsinteressenten, Diss. 1914; *Kohnke*, Die Pflichten des Stiftungsvorstands aus Bundes- und Landesrecht, 2008; *Kussmaul/Meyering/Richter*, Rechnungslegung der Stiftung, DStR 2015, S. 1328; *Küstermann*, Die Sozialversicherungspflicht von Stiftungsvorständen, npoR 2011, S. 37; *Leuschner*, Das Haftungsprivileg der §§ 31a, 31b BGB, NZG 2014, S. 281; *Longrée*, Compliance – (K)ein Thema für Stiftungen?, in: Andrick/Gantenbrink/u.a. (Hrsg.), Die Stiftung – Jahreshefte zum Stiftungswesen 2015, S. 27; *Longrée/Loos*, (Tax) Compliance – Ein zunehmend aktuelles Thema für Stiftungen und Vereine, ZStV 2016, S. 34; *Markworth*, Zur rechtlichen Qualifikation der Beziehung von Stiftungsvorstand und Stiftung, ZGR 2020, S. 832; *Mattheus*, Eckfeiler einer stiftungsrechtlichen Publizität, DStR 2003, S. 254; *Orth*, Zur Rechnungslegung von Stiftungen, DB 1997, S. 1341; *Runte*, Atypische Organisationsstrukturen bei Stiftung, Fondation und Fondazione, S. 2011; *Sassen/Führer/Behrmann*, Entwicklungen zur Rechnungslegung von Stiftungen, BB 2014, S. 619; *Schütz/v. Zydowitz*, Voraussetzungen für die Vergütung von Organen gemeinnütziger Körperschaften, npoR 2010, S. 37; *Spiegel/Römer*, Die Realisierung von Spendenerträgen in der Rechnungslegung von Spenden sammelnden Organisationen, npoR 2010, S. 100; *St. Fischer*, Die Business Judgement Rule als typübergreifendes Institut, 2018; *Walz (Hrsg.)*, Rechnungslegung und Transparenz im Dritten Sektor, 2004; *ders.*, Rechnungslegung

https://doi.org/10.1515/9783110251524-020

für Non Profit Organisationen, in: Hippel/Hopt/Walz (Hrsg), Non Profit Organisationen in Recht, Wirtschaft und Gesellschaft, 2005, S. 259; *Wanka*, Juristische Personen und ihre Organe als Vorstand der Stiftung, Modelle zur Anbindung einer Stiftung an ein Unternehmen, 2018; *ders.*, Juristische Personen als Vorstand der Stiftung – Die Anbindung einer Stiftung aus organisationsrechtlicher Sicht, npoR 2019, S. 117.

Übersicht

A. Grundlagen

I. Norminhalt und Verhältnis zum alten Recht — 1

II. Begründung
1. Regierungsentwurf — 2
2. Rechtsausschuss — 14

III. Bewertung — 15

B. Organschaftliche Rechte — 17

I. Mitverwaltungsrechte
1. Teilnahmerecht — 18
2. Informationsrecht — 21
3. Stimmrecht — 28
4. Besondere Mitverwaltungsrechte — 30

II. Vermögensrechte — 31
1. Aufwendungsersatz — 32
2. Vergütung — 33

III. Statutarische Vorzugsrechte — 35

IV. Rechtsnatur und Durchsetzung organschaftlicher Rechte — 36

C. Organschaftliche Pflichten — 39

I. Organschaftliche Dienstpflicht — 40

II. Organschaftliche Treupflicht — 41

III. Durchsetzbarkeit — 43

D. Schuldrechtliche Rechte und Pflichten — 44

I. Anstellungsvertrag — 45

II. Sonstige Schuldverhältnisse — 53

E. Entsprechende Anwendung der §§ 664 bis 670 — 54

I. § 664: Unübertragbarkeit; Haftung für Gehilfen — 56

II. § 665: Abweichung von Weisungen — 62

III. § 666: Auskunfts- und Rechenschaftspflicht — 74

IV. § 667: Herausgabepflicht — 81

V. § 668: Verzinsungspflicht — 87

VI. § 669: Vorschusspflicht — 88

VII. § 670: Aufwendungsersatz — 89

F. Grundsatz der Unentgeltlichkeit

I. Allgemeines — 96

II. Anstellungsvertrag — 103

G. Haftungsbeschränkung — 104

H. Satzungsvorbehalt — 108

I. Sorgfaltsmaßstab — 118

J. Business Judgement Rule

I. Kritik — 127

II. Voraussetzungen — 131

III. Beweislast — 143

IV. Rechtsfolgen — 144

K. Exkurs: Haftungsbeschränkung wegen einer Risikozurechnung bei Tätigkeit im fremden Interesse — 146

L. Entsprechende Anwendung von § 31a

I. Normzweck — 149

II. Abdingbarkeit — 150

III. Voraussetzungen — 152

IV. Rechtsfolge — 158

A. Grundlagen

I. Norminhalt und Verhältnis zum alten Recht

Die Vorschrift beinhaltet **grundlegende Regeln über die Rechte und Pflichten von Organmitgliedern** und ihre Innenhaftung. Sie ist ein weiteres „Glanzstück" des Gesetzgebers. Absatz 1 entspricht § 86 S. 1 BGB i.V.m. § 27 Abs. 3 BGB, mit dem einzigen Unterschied, klarzustellen, dass diese Regeln für die Mitglieder aller Organe gelten. Absatz 2 Satz 1 ist neu, geht auf einen Vorschlag des Bundesverbandes Deutscher Stiftungen zurück und erhöht den Sorgfaltsmaßstab für Organmitglieder von Stiftungen sachwidrig generell auf das Niveau von Vorstandsmitgliedern einer AG (§ 93 Abs. 1 S. 1 AktG) und Geschäftsführern einer GmbH (vgl. § 43 Abs. 1 GmbHG). Satz 2 beinhaltet die sog. Business Judgement Rule (BJR), formuliert sie aber unzureichend. Außerdem hätte die Regelung im Vereinsrecht getroffen und hier darauf nur verwiesen werden sollen,[1] zumal die analoge Anwendung von § 93 Abs. 1 S. 2 AktG in beiden Rechtsgebieten schon zuvor ganz herrschende Meinung war.[2] Abs. 3 Satz 1 entspricht ebenfalls der bisherigen Rechtslage. Satz 2 ist dagegen neu und zu begrüßen, denn entgegen der Meinung des Verfassers[3] hielt die bisher herrschende Meinung § 31a BGB auch im Stiftungsrecht für nicht abdingbar. 1

II. Begründung

1. Regierungsentwurf

„§ 84a BGB-neu regelt das Innenverhältnis zwischen der Stiftung und dem Mitglied eines Stiftungsorgans. Die Vorschrift ersetzt hinsichtlich der Mitglieder des Vorstands den bisherigen § 86 Satz 1 BGB, der die vereinsrechtliche Vorschrift des § 27 Absatz 3 BGB für anwendbar erklärt hat. 2

Zu Absatz 1: *§ 84a Absatz 1 BGB-neu regelt das Bestellungsverhältnis zwischen der Stiftung und ihrem Organmitglied. Die Vorschrift ist der Regelung für die Vorstandsmitglieder von Vereinen in § 27 Absatz 3 BGB nachgebildet.* 3

Zu Satz 1: *§ 84a Absatz 1 Satz 1 BGB-neu bestimmt, dass sich die jeweilige Tätigkeit des Organmitglieds aufgrund des durch die Bestellung begründeten Rechtsverhältnis zwischen diesem und der Stiftung nach den Vorschriften des Auftragsrechts richtet. Das soll sowohl für die Mitglieder des Vorstandes als auch für die Mitglieder weiterer Organe der Stiftung gelten.*[4] 4

Zu Satz 2: *Ein Organmitglied wird nach § 84a Absatz 1 Satz 2 BGB-neu unentgeltlich für die Stiftung tätig, wenn die Satzung nichts Abweichendes regelt. Der Zeitaufwand für die Tätigkeit als Organmitglied darf von der Stiftung deshalb nur vergütet werden, wenn die Satzung eine solche Vergütung zulässt oder eine Vergütung nach § 84c Absatz 2 Satz 1 BGB-neu bewilligt wurde.* 5

---

1 *Arnold/Burgard/Droegel/Hüttemann/Jakob/Leuschner/Rawert/Roth/Schauhoff/Segna/Weitemeyer*, ZIP 2020, Beilage zu Heft 10, 1, 4.

2 MüKoBGB/*Leuschner*, § 27 Rn. 70; MüKoBGB/*Weitemeyer*, § 86 Rn. 49; BeckOK BGB/*Schöpflin*, § 27 Rn. 21; BeckOK BGB/*Backert*, § 86 Rn. 7; *Sander/Berisha*, ZStV 2021, 50, 56; *Burgard/Heimann*, ZStV 2019, 161, 164; Richter/*Godron*, Stiftungsrecht, § 6 Rn. 186, 195 ff.; *St. Fischer*, Die Business Judgement Rule als typübergreifendes Institut, 2018; Krieger/Schneider/*Burgard*, § 6 Rn. 6.28; Staudinger/*Hüttemann/Rawert*, BGB, § 86 Rn. 26, 44, 68; *Heermann*, NJW 2016, 1687, 1689; *Werner*, ZEV 2009, 366, 368; *Orth*, DStR 2009, 1397, 1402; *Arnold*, NPLYB 2009, 89, 95 f.; *Gollan*, Vorstandshaftung in der Stiftung, 2009, 270 ff.; *Segna*, GS Walz, 2008, 705, 710; *Lutter*, ZIP 2007, 841, 848; *Kiethe*, NZG 2007, 810, 812; *Hüttemann/Herzog*, NPLYB 2006, 2007, 33, 37 ff.; *Reuter*, NPLYB 2002, 157, 164; *Schwintek*, Vorstandskontrolle in rechtsfähigen Stiftungen bürgerlichen Rechts, 2001, 118 f., 130 f.; **a.A.** *Holtwiesche*, Der Stiftungsvorstand bei der Vermögensverwaltung, 2017, 179 ff.; *Stürner*, Geschäftsleitung in fremdnützigen Organisationen, 2014, 379 ff.; *Jungmann*, FS K. Schmidt, 2009, 831 ff.

3 *Burgard*, FS Reuter, 43 ff.; **a.A.** MüKoBGB/*Weitemeyer*, § 86 Rn. 48; vgl. *Weitemeyer*, ZGR 2019, 238, 260; siehe zur h.M. etwa MüKoBGB/*Leuschner*, § 31a Rn. 20 m.w.N.

4 BT-Ds. 19/28173, 60.

6 *Zu Satz 3: § 84a Absatz 1 Satz 3 BGB-neu bestimmt, dass § 84a Absatz 1 Satz 1 und 2 BGB-neu ebenso wie die bisher entsprechend anwendbaren vereinsrechtlichen Regelungen für Vorstandsmitglieder in § 27 Absatz 3 BGB dispositiv sind, so dass die Rechte und Pflichten von Organmitgliedern durch die Satzung auch weiterhin abweichend ausgestaltet werden können. Die Haftung der Organmitglieder gegenüber der Stiftung aus dem Bestellungsverhältnis kann nur durch den Stifter in der Errichtungssatzung beschränkt werden* **[Anm.: Diese Ausführung ist überholt; das Konzept der Errichtungssatzung wurde durch den Rechtsausschuss aufgegeben, s.u. Rn. 14.].** *Nach dem anwendbaren Auftragsrecht haften die Organmitglieder für jede schuldhafte Pflichtverletzung.*

7 ***Zu Absatz 2:*** *§ 84a Absatz 2 BGB-neu enthält besondere Reglungen für Organmitglieder, die Geschäftsführungsaufgaben für die Stiftung wahrnehmen. Sie konkretisiert den Sorgfaltsmaßstab für die Wahrnehmung der Geschäftsführungsaufgaben und die Pflichten bei der Wahrnehmung von Geschäftsführungsaufgaben.*

8 ***Zu Satz 1:*** *§ 84a Absatz 2 Satz 1 BGB-neu regelt, welche Sorgfaltsanforderungen an das Führen der Geschäfte der Stiftung zu stellen sind. Die Regelung gilt insbesondere für die Mitglieder des Stiftungsvorstands, kann aber auch bedeutsam werden für Mitglieder anderer Stiftungsorgane, denen Geschäftsführungsaufgaben durch Satzungsreglungen übertragen wurden. Ein Organmitglied, das zur Führung der Geschäfte der Stiftung berufen ist, hat bei seiner Tätigkeit die Sorgfalt eines ordentlichen Geschäftsführers anzuwenden.*

9 *Verletzen Organmitglieder ihre Pflichten bei der Geschäftsführung vorsätzlich oder fahrlässig, sind sie gemäß § 280 Absatz 1 BGB der Stiftung zum Ersatz des daraus resultierenden Schadens verpflichtet, wenn sie sich nicht auf die Haftungserleichterungen nach § 84a Absatz 3 Satz 1 BGB-neu in Verbindung mit § 31a Absatz 1 Satz 1 BGB berufen können.*

10 ***Zu Satz 2:*** *In § 84 Absatz 2 Satz 2 BGB-neu konkretisiert die Pflichten der Stiftungsorgane bei der Wahrnehmung von Geschäftsführungsaufgaben. Zahlreiche Geschäftsführungsaufgaben sind zukunftsgerichtet und erfordern Prognosen hinsichtlich zukünftiger Entwicklungen. Dies gilt vor allem auch für Entscheidungen über die Anlage des Stiftungsvermögens. Deshalb soll eine der sogenannten Business-Judgement-Rule nach § 93 Absatz 1 Satz 2 AktG nachgebildete Regelung in § 84a Absatz 2 Satz 2 BGB-neu eingestellt werden. Beachtet ein Organmitglied bei der Wahrnehmung von Geschäftsführungsaufgaben, zum Beispiel bei Entscheidungen über die Anlage des Stiftungsvermögens, die gesetzlichen und satzungsgemäßen Vorgaben und durfte es vernünftigerweise annehmen, auf der Grundlage angemessener Informationen zum Wohle der Stiftung zu handeln, verletzt das Organmitglied durch eine solche Wahrnehmung der Geschäftsführungsaufgaben nicht seine Geschäftsführungspflichten.*

11 ***Zu Absatz 3:*** *§ 84a Absatz 3 BGB-neu verweist ebenso wie der bisherige § 86 Satz 1 BGB auf § 31a BGB, der Haftungserleichterungen für im Wesentlichen unentgeltlich tätige Vereinsmitglieder vorsieht.*

12 ***Zu Satz 1:*** *Für Mitglieder von Stiftungsorganen, die unentgeltlich für die Stiftung tätig sind oder nur eine Vergütung erhalten, die die Vergütungsgrenze nach § 31a Absatz 1 Satz 1 BGB nicht übersteigt, soll weiterhin die Haftungserleichterungen nach § 31a Absatz 1 Satz 1 BGB entsprechend anwendbar sein und sie sollen einen Freistellungsanspruch gegen die Stiftung nach § 31a Absatz 2 BGB haben.*[5]

13 ***Zu Satz 2:*** *§ 31a BGB soll für Stiftungen nicht mehr zwingend sein. Bei Stiftungen können Haftungsfälle, durch die die Stiftung hohe Verluste erleidet und für die sie wegen der Haftungserleichterungen keinen Schadensersatz verlangen kann, dazu führen, dass die Stiftung ihren Zeck nicht mehr dauernd und nachhaltig verfolgen kann und deshalb aufgelöst werden muss. Anders als Vereine, die sich über Beiträge ihrer Mitglieder finanzieren, haben die meisten Stiftungen nicht die Möglichkeit, solche Verluste wieder ausgleichen zu können. In § 84a Absatz 3 Satz 2 BGB-neu wird deshalb geregelt, dass die Anwendbarkeit des § 31a BGB auf eine Stiftung durch die Satzung ausgeschlossen oder beschränkt werden kann. Dies ist nicht nur durch die Errichtungssatzung möglich,*

5 BT-Ds. 19/28173, 61.

sondern auch noch durch Satzungsänderung. Ein Ausschluss des § 31a BGB kann für Stiftungen insbesondere zweckmäßig sein, wenn für die durch Pflichtverletzungen ihrer Organmitglieder verursachten Schäden Versicherungsschutz besteht."[6]

2. Rechtsausschuss

„*Durch die Änderung soll der Verweis auf die Auftragsvorschriften in § 84a Absatz 1 BGB-neu konkretisiert werden. Von den Regelungen in § 84a Absatz 1 Satz 1 und 2 BGB-neu soll durch Satzung abgewichen werden können. Auch die Haftung für Pflichtverletzungen von Organmitgliedern soll durch die Satzung und nicht nur, wie im Regierungsentwurf vorgesehen, durch die Errichtungssatzung beschränkt werden können. Die Haftungsbeschränkungen werden aber weiterhin ausdrücklich aufgeführt, so dass klargestellt ist, dass sie auch im Wege der Satzungsänderung möglich sind. Auch noch nach der Errichtung der Stiftung können solche Haftungsbeschränkungen erforderlich sein, damit Personen bereit sind, Aufgaben in Stiftungsorganen wahrzunehmen. Bereits bestehende, durch Satzungsänderung eingeführte Haftungsbeschränkungen bei Altstiftungen sollen nicht in Frage gestellt werden.*"[7] **14**

III. Bewertung

Die Vorschrift lässt die bisherige Rechtslage weitgehend unberührt. Neu und verfehlt ist lediglich die Verschärfung des allgemeinen Sorgfaltsmaßstabs nach Absatz 2 Satz 1 (näher Rn. 118 ff.). Sehr zu begrüßen ist dagegen die Klarstellung des Absatz 3 Satz 2. **15**

Die Vorschrift behandelt nur Ausschnitte der aus dem organschaftlichen Rechtsverhältnis folgenden Rechte und Pflichten der Organmitglieder. **16**

B. Organschaftliche Rechte[8]

Die organschaftlichen Rechte lassen sich in Mitverwaltungs- und Vermögensrechte unterteilen.[9] Zudem kann man differenzieren zwischen: **17**

- **allgemeinen organschaftlichen Rechten**, die grundsätzlich, d.h. vorbehaltlich gesetzlicher Differenzierungen und abweichender Satzungsbestimmungen, allen Organmitgliedern gleichermaßen zustehen,
- **besonderen organschaftlichen Rechten**, die sich aus der Mitgliedschaft in einem bestimmten Stiftungsorgan ergeben und
- **satzungsmäßigen Vorzugsrechten**, die einzelnen Organmitgliedern ad personam (d.h. absolut höchstpersönlich)[10] eine herausgehobene Rechtsstellung einräumen.

---

6 BT-Ds. 19/28173, 62.

7 Bericht des Ausschusses für Recht und Verbraucherschutz (6. Ausschuss) zu dem Gesetzentwurf der Bundesregierung – Drucksache 19/28173 – Entwurf eines Gesetzes zur Vereinheitlichung des Stiftungsrechts, BT-Ds. 19/31118, 10.

8 Die folgenden Ausführungen beruhen in aktualisierter Form auf *Burgard*, Gestaltungsfreiheit, 420 ff.

9 Im Gesellschaftsrecht findet sich verbreitet eine dritte Kategorie, nämlich diejenige der Schutz- oder Kontrollrechte, statt anderer *K. Schmidt*, GR, 557 f.; *Wiedemann*, GR, 366; MüKoBGB/*Leuschner*, § 38 Rn. 11; MünchHdb GesR V/*Schöpflin*, § 34 Rn. 1.; *Wiedemann* zählt zu den Schutz- bzw. Kontrollrechten Informationsrechte, *K. Schmidt* dagegen Klagerechte, insbesondere das Anfechtungsrecht. Beide Arten von Rechten stehen auch Organmitgliedern zu. Im Übrigen hat die Frage einer Zwei- oder Dreiteilung weder praktische noch theoretische Bedeutung. Vielmehr geht es lediglich um die Gliederung des Rechtsstoffes.

10 Solche absolut höchstpersönlichen Rechte fallen mit ihrem Inhaber weg; näher hierzu *Burgard*, Gestaltungsfreiheit, 415 f.

Zu den zuerst genannten Rechten gehören insbesondere das Teilnahme-, Informations- und Stimmrecht; zu den zweitgenannten etwa die organschaftliche Vertretungsmacht, die Geschäftsführungsbefugnis oder Kontrollrechte und zu den zuletzt genannten Rechten beispielsweise ein Bestellungsrecht, Mehrstimmrechte oder ein Zustimmungs- oder Vetorecht.

I. Mitverwaltungsrechte

1. Teilnahmerecht

18 Das Teilnahmerecht umfasst das Recht auf Anwesenheit in der Versammlung (Sitzung), das Recht auf Teilhabe an der Beratung (Äußerungs- und Anhörungsrecht) und das Antragsrecht (dazu § 84b Rn. 26 f.).[11] Es ist **in seinem Kern unentziehbar**. Dagegen ist das Stimmrecht (Rn. 28) kein Bestandteil des Teilnahmerechts,[12] sondern ein eigenständiges Mitverwaltungsrecht, das beschränkt (vgl. § 84b S. 2) und durch die Satzung einzelnen Organmitgliedern sogar ganz entzogen werden kann (beratendes Organmitglied). Gerade hieran zeigt sich die Bedeutung des Teilnahmerechts, da es stimmrechtslosen oder vom Stimmrecht ausgeschlossenen (§ 84b Satz 2) Organmitgliedern immerhin ermöglicht, auf die Willensbildung argumentativ Einfluss zu nehmen und unmittelbar zu verfolgen, ob die Beschlussfassung nach Verfahren und Inhalt Gesetz und Satzung entspricht.[13]

19 Das Teilnahmerecht steht allen Mitgliedern des beschlussfassenden Organs zu.[14] Umgekehrt sind **Nichtmitglieder** grundsätzlich zur Teilnahme nicht berechtigt, können aber von dem Organ durch Beschluss oder Geschäftsordnung (etwa eine Sekretärin als Protokollführerin) zu einzelnen oder allen Tagesordnungspunkten zugelassen (und nötigenfalls auch wieder ausgeschlossen) werden. Eine Grenze bildet die Funktionsfähigkeit des Organs, die nicht beeinträchtigt werden darf, vgl. D.7 DCGK.[15] Dabei ist auch eine ausdrückliche oder konkludente Aufspaltung des Teilnahmerechts namentlich in der Weise möglich, dass teilnahmeberechtigten Dritten kein Äußerungs- und/oder Antragsrecht gewährt wird (wie im Fall der protokollführenden Sekretärin). Die Satzung kann Regelungen treffen.

20 Das Teilnahmerecht ist wie alle anderen organschaftlichen Befugnisse zumeist personenbezogen. Es kann daher **grundsätzlich nur von seinem Inhaber** wahrgenommen werden. Die Satzung kann Abweichendes bestimmen. Ist bei der Wahrnehmung des Stimmrechts Stellvertretung oder Botenschaft durch organfremde Dritte zulässig (§ 84b Rn. 39 f.), so sind diese jedenfalls zur Anwesenheit berechtigt, vgl. §§ 108 Abs. 3 S. 3, 109 Abs. 3 AktG. Ein eigenes Äußerungs- und Antragsrecht haben sie dagegen nicht, können sich aber ggf. namens bzw. im Auftrag des Organmitglieds äußern und Anträge stellen.[16]

2. Informationsrecht

21 Eine sinnvolle Beratung und Meinungsbildung über einen Beschlussgegenstand setzt voraus, dass alle Teilnahmeberechtigten über die hierzu erforderliche Information verfügen; nur dann

---

11 MüKoAktG/*Kubis*, § 118 Rn. 69; K. Schmidt/Lutter/*Spindler*, AktG, § 118 Rn. 25; MüKoGmbHG/*Liebscher*, § 48 Rn. 9; Michalski/Heidinger/Leible/J. Schmidt/*Römermann*, GmbHG, § 48 Rn. 31.

12 Scholz/*Seibt*, GmbHG, § 48 Rn. 16; Michalski/Heidinger/Leible/J. Schmidt/*Römermann*, GmbHG, § 48 Rn. 32; Habersack/Casper/Löbbe/*Hüffer*/*Schäfer*, GmbHG, § 48 Rn. 12.

13 BeckOK GmbHG/*Schindler*, § 48 Rn. 17; Scholz/*Seibt*, GmbHG § 48 Rn. 16.

14 K. Schmidt/Lutter/*Spindler*, AktG, § 118 Rn. 29; Scholz/*Seibt*, GmbHG, § 48 Rn. 13; Habersack/Casper/Löbbe/*Hüffer*/*Schäfer*, GmbHG, § 48 Rn. 13; Michalski/Heidinger/Leible/J. Schmidt/*Römermann*, GmbHG, § 48 Rn. 34.

15 In der Fassung vom 16.12.2019: *„Der Aufsichtsrat soll regelmäßig auch ohne den Vorstand tagen."*

16 Vgl. für die AG etwa Koch/*Koch*, AktG, § 109 Rn. 7; für die GmbH Scholz/*Seibt*, GmbHG, § 48 Rn. 24.

können sie ihre Rechte und Pflichten ordnungsgemäß wahrnehmen. Mitglieder pflichtgebundener Organe trifft daher eine **Informationsbeschaffungspflicht:**[17] Sie dürfen keine Entscheidungen auf einer unzureichenden Informationsgrundlage gleichsam „ins Blaue hinein" treffen, sondern haben sich alle für die Entscheidung wesentlichen Informationen zu beschaffen.[18] Das gilt nicht nur für Geschäftsführungs-, sondern auch für Aufsichts-, Beratungs- und Willensbildungsorgane und hat nunmehr auch in Absatz 2 Satz 2 einen gesetzlichen Ausdruck gefunden (Rn. 10).

Absatz 1 Satz 1 i.V.m. **§ 666 BGB beinhaltet eine Auskunfts- und Rechenschaftspflicht** 22
von Organmitgliedern gegenüber der Stiftung, dazu Rn. 74 ff. Da die Stiftung als juristische Person selbst nicht im natürlichen Sinne handlungsfähig ist, muss sie sich zur Entgegennahme dieser Information ihrer Organe bzw. Organwalter als Passivvertreter bedienen. Wem gegenüber die Rechenschaftspflicht zu erfüllen ist, hängt dabei von der Organisationsverfassung ab (u. Rn. 79 f.).[19]

Wichtig ist: Ein Recht der Organe selbst auf Information gibt es allein schon deswegen 23
nicht, weil Organe nicht rechtsfähig sind. Zwar unterscheidet das Gesetz zwischen Rechten, die es Organen und solchen, die es einzelnen Organmitgliedern zuweist.[20] Hieraus kann jedoch nicht gefolgert werden, dass Organe teilrechtsfähig seien.[21] Vielmehr dient diese Unterscheidung – soweit es um Rechte der juristischen Person geht – allein zur Regelung der Frage, auf wessen Willen es zur Geltendmachung der betreffenden Rechte ankommen soll – auf den Willen eines einzelnen Mitglieds oder auf den Willen des Gesamtorgans.

Hinsichtlich der einzelnen Organmitglieder ist dagegen zu Recht anerkannt, dass sie 24
auch im Bereich pflichtgebundener organschaftlicher Befugnisse **gesetzliche**[22] ***„Eigenrechte"***[23] haben, die sie nicht namens der juristischen Person, sondern im eigenen Namen (klageweise) gegen die juristische Person (und nicht etwa gegen das auskunftspflichtige Organ oder gar einzelne seiner Mitglieder) geltend machen können.[24] Und um solche Rechte handelt es sich etwa bei dem Teilnahmerecht und dem Informationsrecht.

Jedes Organmitglied hat als Korrelat seiner organschaftlichen Pflichten grundsätzlich ein 25
klagbares individuelles Informationsrecht, dessen Umfang sich nach seinem Informationsbedürfnis richtet.[25] Das Informationsbedürfnis ergibt sich aus den ihm zugewiesenen Aufgaben und Pflichten. Alles, was es zur Wahrnehmung seiner Aufgaben generell (z.B. als Hintergrund-

---

17 BGH ZIP 2009, 860 Rn. 15; BGH ZIP 2009, 70 Rn. 14; MüKoAktG/*Habersack*, § 111 Rn. 58; K. Schmidt/Lutter/*Drygala*, AktG, § 111 Rn. 7; *Lutter/Krieger/Verse*, Rechte und Pflichten des Aufsichtsrats, § 6 Rn. 191; *Theisen*, Information und Berichterstattung des Aufsichtsrats, 23.

18 BGH NJW 2009, 850 Rn. 21; BGH NJW-RR 2007, 390 Rn. 12 f.; OLG Düsseldorf CCZ 2010, 117, 118 f.; MüKoAktG/*Habersack*, § 111 Rn. 72; K. Schmidt/Lutter/*Drygala*, AktG, § 111 Rn. 7; *Semler*, Überwachung, Rn. 76 f., 183 ff.; *Lutter/Krieger/Verse*, Rechte und Pflichten des Aufsichtsrats, § 6 Rn. 254 f.

19 OLG Hamburg, StiftRspr. III, 106, 107; MüKoBGB/*Weitemeyer*, § 86 Rn. 42 f., 54; Richter/*Spiegel*, Stiftungsrecht, § 19 Rn. 44; Werner/Saenger/Fischer/*Sandberg*, Die Stiftung, § 16 Rn. 6 f.; *Burgard*, Gestaltungsfreiheit, 228, 230 f.

20 Beispielhaft für die AG §§ 110 Abs. 1, 111 Abs. 2, 245 Nr. 4 und 5 AktG.

21 Wie hier BGHZ 122, 342, 345; MüKoAktG/*Spindler*, Vor § 76 Rn. 60; KölnKommAktG/*Mertens/Cahn*, § 90 Rn. 3; Koch/*Koch*, AktG, § 90 Rn. 19; Scholz/*Schneider/Seyfarth*, GmbHG, § 52 Rn. 691; Hdb d. Vorstandsrechts/*Pentz*, § 16 Rn. 172; *Burgard*, Gestaltungsfreiheit, 283; *K. Schmidt*, GR, 422 f.; *Mertens*, ZHR 154 (1990), 24, 37; *Werner*, AG 1990, 1, 6; **a.A.** Spindler/Stilz/*Fleischer*, AktG, § 90 Rn. 70; *Bork*, ZGR 1989, 1, 13; *Hommelhoff*, ZHR 143 (1979), 288, 292 ff.

22 Beispielsweise für die AG § 110 Abs. 1 S. 1 Fall 1, § 125 Abs. 3 u. Abs. 4 AktG.

23 So eine verbreitete Bezeichnung: BGHZ 106, 54, 62; MüKoAktG/*Spindler*, § 90 Rn. 64; Marsch-Barner/Schäfer/*Vetter*, Hdb. börsennotierte AG, § 30 R. 30.82; *Flume*, jP, 406; *Mertens*, ZHR 154 (1990), 24, 33 f.; *Stodolkowitz*, ZHR 154 (1990), 1, 16, mit der eine klare Stellungnahme zur Rechtsnatur organschaftlicher Rechte vermieden wird, dazu u. Rn. 25; Scholz/*Schneider/Seyfarth*, GmbHG, § 52 Rn. 510.

24 BGHZ 85, 293, 295 = NJW 1989, 979, 981; Scholz/*Schneider/Seyfarth*, GmbHG, § 52 Rn. 705; Lutter/Hommelhoff/*Hommelhoff*, GmbHG, § 52 Rn. 99; Koch/*Koch*, AktG, § 90 Rn. 22.

25 Scholz/*Schneider/Seyfarth*, GmbHG, § 52 Rn. 510, 514 ff.; Koch/*Koch*, AktG, § 111 Rn. 35; Noack/Servatius/Haas/*Noack*, GmbHG, § 51a Rn. 15; *Lutter*, Information und Vertraulichkeit, § 6 Rn. 245; *Hüffer*, NZG 2007, 47, 49 f.; *Schmidt*,

information) oder im Einzelfall wissen muss, darf und muss (!) es auch wissen. Bloße Neugier rechtfertigt dagegen kein Informationsverlangen. Die Ausübung des Informationsrechts steht im pflichtgemäßen Ermessen der Organmitglieder. Sie haben daher auch mögliche nachteilige Folgen für die Stiftung (z.B. Störung des Vertrauensverhältnisses, Kosten) in die Abwägung mit einzubeziehen.[26] Die Frage des Bestehens und des Umfangs eines Informationsrechts ist in erster Linie dann bedeutsam, wenn die Stiftung zwei oder mehr Organe hat. Sie kann aber auch zwischen den Mitgliedern eines Organs relevant werden, wenn einzelne Mitglieder einen bevorzugten Zugang zu Information haben. Vorbehaltlich anderweitiger Satzungsregeln kann daher bspw. jedes Mitglied eines Aufsichtsorgans vom Vorstand jedwede Information verlangen, die es zur Wahrnehmung seiner Aufsichts- und Beratungspflichten benötigt. Im Beispielsfall kann das Informationsrecht ein Recht auf die Erteilung von mündlichen und schriftlichen Auskünften und Berichten, ein Recht auf Einsichtnahme in Unterlagen und sogar ein Recht zur Befragung von Mitarbeitern umfassen.[27] Soweit zur Aufgabenwahrnehmung erforderlich, erstreckt sich das Informationsrecht nicht nur auf alles Wissen, das der Stiftung als eigenes zugerechnet wird.[28] Verlangt werden können auch Informationen, die die Stiftung haben müsste. So kann ein Aufsichtsratsmitglied vom Vorstand Auskunft darüber verlangen, ob Destinatäre die ihnen auferlegten Förderbedingungen eingehalten haben. Informationen, die ein einzelnes Organmitglied erhält, muss es aufgrund seiner Treue- und Loyalitätspflicht mit allen anderen Organmitgliedern teilen, für die die Information zur Aufgabenwahrnehmung erforderlich ist.

26 Ein Recht zur **Geheimhaltung** von Informationen, deren Preisgabe für die Stiftung nachteilig sein könnte, besteht gegenüber Organmitgliedern nicht.[29] Diese sind vielmehr aufgrund der organschaftlichen Treupflicht zur Geheimhaltung verpflichtet (Rn. 25) und dürfen Informationen weder zum Nachteil der Stiftung noch zum eigenen Vorteil verwenden. Nur wenn die konkrete, nachweisbare Gefahr besteht, dass einzelne Organmitglieder diese Pflichten verletzen, besteht ihnen gegenüber ein Informationsverweigerungsrecht.[30]

27 Der Stifter kann die vorgenannten Grundregeln **statutarisch präzisieren** und/oder Abweichendes bestimmen, indem er z.B. das Informationsrecht einzelner Organmitglieder entsprechend §§ 90 Abs. 3 S. 2, 111 Abs. 2 S. 1 AktG dadurch eingeschränkt, dass er seine Durchsetzung von dem Zusammenwirken mehrerer Mitglieder oder gar von einem Beschluss des Gesamtorgans abhängig macht. Zu bedenken ist dabei, dass die Informationsordnung Rückwirkungen

---

Informationsrechte, 35 ff. Die Entscheidung des OLG Hamburg, StiftRspr. III, 106 ff. – *unveröffentlicht* – ist auch deswegen so restriktiv ausgefallen, weil den Destinatären in der Satzung offenbar lediglich Informationsrechte, aber sonst keine Überwachungs- oder Kontrollbefugnisse zugewiesen waren.

26 BGHZ 197, 181 = NZG 2013, 665 Rn. 12; BGHZ 152, 339, 344 = NZG 2003, 396, 397; OLG Jena, NZG 2004, 1156 f.; BeckOGK AktG/*Spindler*, § 111 Rn. 49; Habersack/Casper/Löbbe/*Hüffer*/*Schäfer*, GmbHG, § 51a Rn. 60 ff.; MüKoGmbHG/*Hillmann*, § 51a Rn. 80, 85; Noack/Servatius/Haas/*Noack*, GmbHG, § 51a Rn. 27, 29, 31; *Manger*, NZG 2010, 1255, 1257 f.

27 BGHZ 218, 122 = NZG 2018, 629 Rn. 21; MüKoAktG/*Habersack*, § 109 Rn. 19, § 111 Rn. 78, 80; Spindler/Stilz/*Spindler*, AktG, § 111 Rn. 36; Koch/*Koch*, AktG, § 111 Rn. 36; *Hopt*, ZGR 2019, 507, 529 f.; *Manger*, NZG 2010, 1255, 1256 f.; *Hüffer*, NZG 2007, 47, 48 ff.; *Kropff*, NZG 2003, 346, 348 ff.

28 Zur Frage der Wissenszurechnung siehe *Fritsche*, ZSt 2004, 209 ff.; *Grunewald*, FS Beusch, 301 ff.; *Drexel*, ZHR 161 (1997), 491 ff.; *Raiser*, FS Bezzenberger, 561 ff.; Scholz/*Schmidt*, GmbHG, § 51a Rn. 28 ff.; Baumbach/Hueck/*Zöllner*/*Noack*, GmbHG, § 51a Rn. 32 ff.

29 Unstr., s. nur BGHZ 20, 239, 246 = NJW 1956, 906; BGHZ 135, 244 = NJW 1997, 1985 f.; MüKoAktG/*Habersack*, § 111 Rn. 79; GroßKommAktG/*Hopt*/*Roth*, § 111 Rn. 413; KölnKommAktG/*Mertens*, § 111 Rn. 52; Koch/*Koch*, AktG, § 90 Rn. 3; *Seifert* ZStV 2014, 41, 42, wonach die Verschwiegenheitspflicht zum einen bereits aufgrund der Organstellung entsteht sowie zum anderen durch Vertrag entstehen bzw. geregelt werden kann; vgl. für die AG *Burgard*/*Heimann*, AG 2014, 360, 363.

30 OLG Frankfurt a.M., 21 W 90/12, BeckRS 2014, 111113; OLG München FGPrax 2008, 173, 174; OLG München NZG 2008, 199, 200; KG NJW-RR 1989, 230, 233; OLG Karlsruhe, OLGZ 1985, 41, 44; OLG Stuttgart, OLGZ 1983, 184, 186; Spindler/Stilz/*Fleischer*, AktG, § 90 Rn. 47, 56; Koch/*Koch*, AktG, § 90 Rn. 3; näher *Burgard*/*Heimann*, AG 2014, 360, 367; *Sina*, NJW 1990, 1016; für eine Einschränkung nur bei Verstoß gegen gesetzliche Vorschriften und Straftatbestände MüKoAktG/*Spindler*, § 90 Rn. 54; KölnKommAktG/*Mertens*/*Cahn*, § 90 Rn. 18.

auf die organschaftlichen Pflichten hat. So wird zu Recht aus § 90 AktG auf den Inhalt und den Umfang der regelmäßigen Überwachungspflicht des Aufsichtsrats einer AG geschlossen.[31]

3. Stimmrecht

Das Stimmrecht ist die organschaftliche Befugnis, durch Stimmabgabe an einem Beschluss mitzuwirken. Es steht grundsätzlich jedem Organmitglied zu. Gemäß § 84b S. 1 BGB i.V.m. § 32 Abs. 1 S. 3 BGB gilt der **Grundsatz „one man, one vote“**, also Abstimmung nach Köpfen. Die Satzung kann jedoch Abweichendes bestimmen. Einschränkungen der Gestaltungsfreiheit, wie sie im Verbandsrecht gelten (vgl. §§ 12 Abs. 2, 77 Abs. 1 S. 2 Hs. 2, 139 ff. AktG, § 43 Abs. 3 GenG) oder diskutiert werden,[32] sind im Stiftungsrecht nicht am Platz. Wem welche Rechte in welchem Umfang eingeräumt werden, steht vielmehr ganz zur Disposition des Stifters. Selbst eine (Mehrheits-)Herrschaft Einzelner ist, wenn sie denn vom Stifter gewollt ist, nicht zu beanstanden. Dem steht weder ein Grundsatz der Stiftungsautonomie[33] noch das Prinzip der Gesamtverantwortung von Verwaltungsorganen entgegen.[34] Möglich sind demnach insbesondere **folgende Gestaltungen:** 28
- Stimmkraft nach Höhe des Zuwendung,[35]
- Mehrstimmrechte,
- Mehrheitsstimmrechte,
- Recht zum Stichentscheid,
- Vetorechte,
- Stimmrechtsbeschränkungen und Stimmrechtsausschlüsse aller Art, einschließlich von Höchststimmrechten.[36]

Ist ein Organmitglied vom Stimmrecht ausgeschlossen, ist es auf sein Teilnahmerecht beschränkt. Ein gesetzlicher Stimmrechtsausschluss besteht nach § 84b S. 2 BGB. 29

4. Besondere Mitverwaltungsrechte

Von den vorgenannten allgemeinen organschaftlichen Mitverwaltungsrechten, die grundsätzlich jedem Organmitglied zustehen, zu unterscheiden sind diejenigen **Mitverwaltungsrechte, die aufgrund der Mitgliedschaft in einem bestimmten Organ bestehen**. Dazu gehören **bspw.** die Geschäftsführungsbefugnis, die organschaftliche Vertretungsmacht, Zustimmungs-, Weisungs- und Bestellungsrechte. Dem steht nicht entgegen, dass diese Rechte bei Kollegialorganen den Mitgliedern des betreffenden Organs regelmäßig zur Ausübung in Gesamtverantwortung zugewiesen sind; denn dies ändert nichts daran, sondern bedeutet gerade, dass jedes einzelne Organmitglied zur Mitwirkung bei der Wahrnehmung dieser Aufgaben und Befugnisse berechtigt und verpflichtet 30

31 Vgl. etwa *Semler*, Überwachung, Rn. 102 ff. m.w.N.; Koch/*Koch*, AktG § 90 Rn. 1.

32 MüKoBGB/*Leuschner*, § 32 Rn. 33; Staudinger/*Schwennicke*, BGB, § 32 Rn. 81 ff. m.w.N.

33 Näher *Burgard*, Gestaltungsfreiheit, 360 ff.

34 Krieger/Schneider/*Burgard*, Hdb Managerhaftung, § 6 Rn. 6. 18; Krieger/Schneider/*Vetter*, Hdb Managerhaftung, § 22 Rn. 22.4 ff.; MünchHdb GesR V/*Gummert*, § 94 Rn. 10; *Hüttemann*/*Rawert*, NPLYB 2006, 33, 39 f.; zur AG MüKoAktG/*Spindler* § 77 Rn. 58, § 93 Rn. 170; KölnKommAktG/*Mertens*/*Cahn*, AktG, § 77 Rn. 18; zur GmbH Lutter/Hommelhoff/*Kleindiek*, GmbHG, § 37 Rn. 29; Scholz/*Schneider*/*Schneider*, GmbHG, § 37 Rn. 25.

35 So bspw. § 7 Ziff. 1.1 Satz 2 der Satzung der Bürgerstiftung Lörrach: *„Auf jede Stiftung bzw. Zustiftung von 1.000,- € und je weiteren angefangenen 1.000,- € ... entfällt eine Stimme.“* Ähnlich § 7 Abs. 5 S. 2 der Satzung der Bürgerstiftung Bielefeld: *„Je 2000 € gewähren eine Stimme“*.

36 So bspw. § 7 Ziff. 1.1 Satz 3 der Satzung der Bürgerstiftung Lörrach: *„Natürliche und juristische Personen können maximal 50, jedoch nicht mehr als ¼ aller Stimmen auf sich vereinigen.“* Ähnlich § 7 Abs. 5 der Satzung der Bürgerstiftung Bielefeld (maximal 10 % der Stimmen).

(vgl. bspw. Anh. 1 zu § 84a Rn. 2ff., 69ff., 73) ist.[37] Werden Einzelnen solche Befugnisse eingeräumt, so bedeutet dies die Einrichtung eines speziellen (Eine-Person-)Organs (§ 81 Rn. 66).[38] Werden sie ihnen ad personam, d.h. absolut höchstpersönlich[39] vorbehalten, was durch Auslegung zu ermitteln ist, so handelt es sich um Vorzugsrechte (dazu Rn. 35).

II. Vermögensrechte

31 Aufgrund des organschaftlichen Rechtsverhältnisses können auch Vermögensrechte, insbesondere auf **Aufwendungsersatz** (Absatz 1 Satz 1 i.V.m. § 670 BGB) und **Vergütung** (Absatz 1 Satz 3) bestehen. Teilweise wird allerdings die Ansicht vertreten, dass derartige Ansprüche, auch wenn sie sich unmittelbar aus der Verfassung der juristischen Person ergeben, stets schuldrechtlicher Natur seien. Durch die Annahme der Bestellung käme konkludent ein Anstellungsvertrag zustande.[40] Das überzeugt nicht, wie § 113 Abs. 1 AktG zeigt. Die Vorschrift geht ersichtlich davon aus, dass die Vergütung von Aufsichtsratsmitgliedern einseitig durch die Satzung oder die Hauptversammlung festgelegt und geändert werden kann. Bestünde ein Anstellungsvertrag, wäre das nicht möglich. Der Vergütungsanspruch von Aufsichtsratsmitgliedern einer AG ist daher zwingend organschaftlicher Natur.[41] Und es gibt keinen Grund, dies bei anderen Organen anderer Rechtsformen anders zu beurteilen. Soweit sich Rechte und Pflichten von Organmitgliedern unmittelbar aus der Stiftungsverfassung ergeben, sind sie daher organisationsrechtlicher Natur und damit Teil des durch Bestellung begründeten organschaftlichen Rechtsverhältnisses. Davon geht offenbar auch die Begr. RegE (Rn. 3f.) aus. Ob daneben auch der Abschluss eines Anstellungsvertrages zulässig oder geboten ist, ist eine Frage der Gestaltung und Auslegung der Satzung im Einzelfall.

1. Aufwendungsersatz

32 Der Anspruch eines jeden Organmitglieds auf Aufwendungsersatz folgt unmittelbar aus dem Gesetz (Satz 1 i.V.m. § 670 BGB, näher Rn. 89ff.) und ist daher **organschaftlicher Rechtsnatur**. Ist der Anspruch daneben in einem Anstellungsvertrag enthalten, ist er zugleich schuldrechtlicher Natur. Soweit er lediglich organschaftlicher Natur ist, kann der Aufwendungsersatzanspruch einseitig durch Satzungsänderung beschränkt oder ausgeschlossen werden, was – wenn der Stifter dies nicht bedacht hat – typischerweise bei einer Stifter- oder Destinatärsversammlung sinnvoll ist.

---

37 MüKoAktG/*Habersack*, Vor § 95 Rn. 4f.; § 111 Rn. 17; BeckOGK AktG/*Spindler*, § 111 Rn. 36; K. Schmidt/Lutter/*Drygala*, AktG, § 111 Rn. 6, 33; Scholz/*Schneider/Seyfarth*, GmbHG, § 52 Rn. 490f.; *Lutter/Krieger/Verse*, Rechte und Pflichten des Aufsichtsrats, § 12 Rn. 823; OLG Stuttgart, NZG 2007, 549f.; *Deckert*, AG 1994, 457, 461ff.; *Mertens*, ZHR 154 (1990), 24, 33f.; *Raiser*, ZGR 1989, 44, 66f.; *Bork*, ZGR 1989, 1, 33ff.; *Raiser*, AG 1989, 185, 189; *Borgmann*, Organstreit, 19, 218f.

38 Das gilt auch dann, wenn der Betreffende ohnehin Mitglied eines (anderen) Stiftungsorgans ist. Räumt beispielsweise die Stiftungssatzung dem Aufsichtsratsvorsitzenden ein Benennungsrecht ein, so ist dieser genaugenommen Mitglied zweier Organe, nämlich des Aufsichtsrats und – als Alleinmitglied – eines Benennungsorgans.

39 O. Fn. 11.

40 RGZ 123, 351, 354; 146, 145, 152; KölnKomm/*Mertens*, AktG, § 101 Rn. 5; anders die h.M. (organschaftliches Verhältnis) LG München I, NZG 2013, 182; Hüffer/*Koch*, AktG, § 101 Rn. 2; MüKoAktG/*Habersack*, § 101 Rn. 67; GroßKommAktG/*Hopt/Roth*, § 101 Rn. 110f.; BeckOGK AktG/*Spindler*, § 101 Rn. 9; Hölters/Weber/*Simons*, AktG, § 101 Rn. 7.

41 LG München I, NZG 2013, 182; Hüffer/*Koch*, AktG, § 101 Rn. 2; MüKoAktG/*Habersack*, § 101 Rn. 67; GroßKommAktG/*Hopt/Roth*, § 101 Rn. 110f.; BeckOGK AktG/*Spindler*, § 101 Rn. 9; Hölters/Weber/*Simons*, AktG, § 101 Rn. 7; Scholz/*Schneider/Seyfarth*, GmbHG, § 52 Rn. 524; *Vetter*, ZIP 2008, 1, 2.

2. Vergütung

Daneben kann die Satzung auch eine Vergütung von Organmitgliedern vorsehen, Absatz 1 Satz 3 und dazu Rn. 34. Dies kann *zum einen* in der Form einer bloßen **Ermächtigungsnorm** geschehen, sodass das Ob und Wie der Vergütung im pflichtgemäßen Ermessen des zuständigen Stiftungsorgans steht. *Zum anderen* kann aber auch alles, was Inhalt eines Anstellungsvertrages sein kann, **detailliert** in der Satzung festgelegt werden – bspw.: genaue Beträge oder Berechnungsmethoden, eine Gewinnbeteiligung oder andere „incentives", Urlaubs- oder Ruhegeldansprüche, Nebenleistungen wie Dienstwagen oder Ansprüche auf Benutzung von Stiftungseinrichtungen, die Zulässigkeit von Nebentätigkeiten, usw. 33

Die Verwendung solcher Satzungsbestimmungen lässt hinsichtlich des Stifterwillens zwei verschiedene Deutungen zu. *Einerseits* kann der Stifter damit das zuständige Stiftungsorgan berechtigen oder auch verpflichten wollen, mit den betreffenden Organmitgliedern einen Anstellungsvertrag mit dem Inhalt abzuschließen, der in der Satzung vorgegeben wird. Der Vergütungsanspruch folgt dann aus Vertrag, sodass er nach dessen Abschluss nur übereinstimmend geändert werden kann. *Andererseits* kann der Stifter aber auch gewollt haben, dass der Vergütungsanspruch allein organschaftlicher Natur ist, sodass die Höhe der Vergütung auch einseitig geändert werden kann. Dabei hängt es von der konkreten Ausgestaltung ab, ob dies (nur) durch Änderung der Stiftungssatzung oder auch durch bloßen Beschluss des zuständigen Stiftungsorgans geschehen kann. Für eine vertragliche Regelung der Vergütung im Rahmen eines Anstellungsvertrags verbleibt dann kein Raum, andernfalls würde sich die Stiftung die Möglichkeit einer einseitigen Änderung begeben. Fehlt es an einer ausdrücklichen Regelung, ist durch Auslegung zu ermitteln, was der Stifter gewollt hat. Hat der Stifter die Vergütung in der Satzung festgelegt, darf die Vergütung nicht so hoch sein, dass dies die dauernde und nachhaltige Erfüllung des Stiftungszwecks gefährdet, § 82 Satz 1 BGB. Wird die Vergütung durch das zuständige Stiftungsorgan festgelegt, darf sie zudem nicht unangemessen hoch sein, § 83b Rn. 52. Bei gemeinnützigen Stiftungen gilt das auch bei einer Festlegung durch den Stifter.[42] 34

III. Statutarische Vorzugsrechte

Als statutarische Vorzugsrechte werden vorliegend solche Rechte bezeichnet, die **einzelnen Organmitgliedern als materielle Satzungsbestandteile** eingeräumt werden.[43] Dabei kann es sich – muss es sich aber nicht – um absolut höchstpersönliche Rechte („ad personam") handeln, die mit ihrem Inhaber wegfallen.[44] In Betracht kommt zum Beispiel ein satzungsmäßiges Recht auf Mitgliedschaft in einem Stiftungsorgan oder auf bestimmte organschaftliche Befugnisse wie etwa ein Bestellungsrecht, Mehrstimmrechte oder Vetorechte. Gegen eine ihre Rechte beeinträchtigende Satzungsänderung können die Inhaber von Vorzugsrechten im eigenen Namen Nichtigkeitsfeststellungsklage gegen die Stiftung erheben (näher § 84b Rn. 99). Liegt ein wichtiger Grund vor, ist allerdings eine Abberufung aus dem Amt und damit ein Entzug der aus dem Vorzugsrecht folgenden organschaftlichen Befugnisse stets möglich (§ 81 Rn. 89). In diesem Fall bedarf es selbst dann keiner Satzungsänderung, wenn das Vorzugsrecht absolut höchstpersönlicher Natur ist und damit durch die Abberufung in Wegfall gerät. 35

42 Näher BFH – UR 5/17, DStR 2020, 1837, insbes. 1841, Rn. 43, 46; *Arnold*, FS Smid, 2022, 3 ff.

43 Näher zur Rechtsnatur *Burgard*, Gestaltungsfreiheit, 431; siehe zum Vereinsrecht Reichert/*Wagner*, VereinsR Kap. 2, Rn. 795 ff.

44 Näher *Burgard*, Gestaltungsfreiheit, 415; allgemeine Mitgliedschaftsrechts sind hingegen keine Vorzugsrechte, siehe hierzu Reichert/*Wagner*, VereinsR Kap. 2, Rn. 798.

IV. Rechtsnatur und Durchsetzung organschaftlicher Rechte

36 Dogmatisch sind organschaftliche[45] Rechte als sog. **Pflichtrechte** einzuordnen.[46] Solche Pflichtrechte zeichnen sich dadurch aus, dass sie zwar hinsichtlich ihres Bestands und Umfangs – soweit diese nicht gesetzlich zwingend geregelt sind – von dem Willen desjenigen abhängig sind, in dessen Interesse sie bestehen, hier also von der Stiftung. Soweit und solange sie bestehen, können sie jedoch auch der Stiftung gegenüber geltend gemacht und durchgesetzt werden und müssen dies sogar, wenn dies im Interesse der Stiftung geboten ist.

37 Organschaftliche Rechte sind **individuell durchsetzbar**. Im Ergebnis ist das wohl unstreitig.[47] Nicht ganz klar ist jedoch, ob auch eine Leistungsklage, insbesondere auf Einräumung organschaftlicher Rechte bzw. Erfüllung hieraus resultierender Ansprüche zulässig ist. Unzweifelhaft ist dies nur bei organschaftlichen Vermögens-[48] und Vorzugsrechten.[49] Und positiv beantwortet wurde die Frage überdies bereits im Blick auf Informationsverlangen (Rn. 21 ff.). Sie ist ganz allgemein zu bejahen.[50] Allerdings ist eine Leistungsklage auf Erfüllung anderer Mitverwaltungsrechte als dem Informationsrecht, also insbesondere hinsichtlich des Teilnahme- und Stimmrechts, nur ausnahmsweise zulässig, wenn diese Rechte nicht nur in einem Einzelfall, sondern fortgesetzt verletzt werden (z.B. eine tatsächlich wirksame Bestellung als unwirksam behandelt wird), andernfalls das erforderliche Rechtsschutzbedürfnis fehlt. Werden diese Rechte nur im Einzelfall verletzt, so kann das betroffene Organmitglied nämlich Klage auf Feststellung der Beschlussnichtigkeit erheben (§ 84b Rn. 102). Das reicht für gewöhnlich als Rechtsschutzmöglichkeit aus.[51] Leistungs- wie Feststellungsklage sind gegen die Stiftung vertreten durch den Vorstand zu richten.

38 Werden organschaftliche Rechte durch **Maßnahmen der Stiftungsaufsichtsbehörde** beeinträchtigt (z.B. einstweilige Untersagung der Aufgabenwahrnehmung),[52] so können sich die betroffenen Organmitglieder hiergegen mit Widerspruch (§ 68 VwGO) und Anfechtungsklage (§ 42 Abs. 1 VwGO) zu Wehr setzen.[53] Werden ihre Rechte durch eine von der Behörde genehmigte Grundlagenänderung berührt, können sie dagegen nur Feststellungsklage nach § 256 ZPO erheben (näher § 84b Rn. 98). Die Anfechtung der Genehmigung einer nichtigen Grundlagenän-

45 Die Terminologie ist uneinheitlich. Teilweise wird von *„organschaftlichen Kompetenzen"* oder *„organschaftlichen Befugnissen"*, teilweise auch von *„Organmitgliedschaftsrechten"* gesprochen, vgl. *Wolff*, Organschaft, 236 ff.; *Mertens*, ZHR 154 (1990), 24, 33 f.; s. ferner *Häsemeyer*, ZHR 144 (1980), 265 m. w.; MüKoBGB/*Leuschner*, § 38 Rn. 11 spricht von *„Organschaftsrechten"*; ebs. Palandt/*Ellenberger*, BGB, § 38 Rn. 1a. Das ist unschädlich, wenn über die rechtliche Qualifikation Klarheit besteht, dazu *Burgard*, Gestaltungsfreiheit, 432 ff.

46 Zur Begründung näher *Burgard*, Gestaltungsfreiheit, 433; *Schürnbrand*, Organschaft, 360.

47 BGHZ 106, 54, 62; siehe nunmehr OLG Frankfurt a.M. – 5 U 130/18, npoR 2019, 72, 73 m. Anm. Stallmann; MüKoAktG/*Spindler*, § 90 Rn. 63; BeckOGK AktG/*Fleischer*, § 90 Rn. 74; Koch/*Koch*, AktG, § 90 Rn. 22; Richter/*Godron*, Stiftungsrecht, § 6 Rn. 42; MünchHdb GesR VII/*Roth*, § 96 Rn. 18, 23; *Schürnbrand*, Organschaft, 361 f.; *Deckert*, AG 1994, 457, 460.

48 *Burgard*, Gestaltungsfreiheit, 428 f.; Scholz/*Schneider*/*Seyfarth*, GmbHG, § 52 Rn. 705 f.; Lutter/Hommelhoff/*Hommelhoff*, GmbHG, § 52 Rn. 99; MünchHdb GesR IV/*Hoffmann-Becking*, § 33 Rn. 91; Koch/*Koch*, AktG, § 90 Rn. 16.

49 *Burgard*, Gestaltungsfreiheit, 431; MüKoBGB/*Leuschner*, § 35 Rn. 12; BeckOK BGB/*Schöpflin*, § 35 Rn. 10; MünchHdb GesR VII/*Roth*, § 96 Rn. 23.

50 MünchHdb GesR VII/Roth, § 96 Rn. 15; § 98 Rn. 7; Scholz/*Schneider*/*Seyfarth*, GmbHG, § 52 Rn. 707; Lutter/Hommelhoff/*Hommelhoff*, GmbHG, § 52 Rn. 99; Altmeppen/*Altmeppen*, GmbHG, § 52 Rn. 78; Koch/*Koch*, AktG, § 90 Rn. 22; Semler/v. Schenck/*v. Schenck*, ArbeitsHdb AR-Mitglieder, § 7 Rn. 322.

51 OLG Frankfurt a.M. – 5 U 130/18, npoR 2019, 72 Rn. 52 m. zust. Anm. *Stallmann*; *Frese*, EWiR 2019, 39, 40; MHdB GesR VII/*Roth* § 98 Rn. 7; Scholz/Schneider/Seyfarth, GmbHG, § 52 Rn. 708.

52 Siehe § 11 BWStiftG; § 8 NRWStiftG; § 10 SAStiftG; OVG Münster, NVwZ-RR 1995, 628, 629.

53 MünchHdB GesR VII/*Roth* § 96 Rn. 19, 23; *Andrick*, Stiftungen in Deutschland und Europa, 281, 296; VG Sigmaringen – 6 K 300/17, npoR 2021, 208, 210 f., 212 m. krit. Anm. *Weitemeyer; Gollan*, ErbR 2020, 700; zust. Anm. hingegen *Uhl*, EWiR 2020, 683, 684.

derung kommt nicht in Betracht. Da die Genehmigung die Nichtigkeit nicht zu heilen vermag, kann sie niemanden in seinen Rechten verletzen und läuft ins Leere.[54]

C. Organschaftliche Pflichten

Hinsichtlich der organschaftlichen Pflichten kann man zwischen den (hier) sog. Dienstpflichten und der Treupflicht unterscheiden. 39

I. Organschaftliche Dienstpflicht

Vornehmste Pflicht eines jeden Organmitglied ist es, die dem Organ, genauer: den Organmitgliedern in Gesamtverantwortung übertragenen Aufgaben und Befugnisse (z.B. Geschäftsführung, deren Kontrolle und Beratung usw.) sorgfältig, unter Beachtung von Gesetz und Satzung wahrzunehmen. Sie sind daher zuvörderst verpflichtet, an Sitzungen des Organs regelmäßig teilzunehmen, sich hierauf angemessen vorzubereiten und ihre Informationsrechte erforderlichenfalls auszuüben. Alle Organmitglieder sind pflichtgebunden, was in erster Linie bedeutet, dass sie eine – im Einzelnen unterschiedlich ausgeprägte – allgemeine Interessenwahrungs- und -förderpflicht trifft. Dazu gehört, die Stiftung vor Schäden zu bewahren und ihren Interessen stets Vorrang einzuräumen. Diese Verpflichtung auf die Interessen der Stiftung schließt allerdings nicht aus, dass Organwalter bei der Wahrnehmung ihrer organschaftlichen Rechte und Pflichten auch andere Interessen berücksichtigen dürfen (u.U. sogar müssen), wie namentlich die Interessen von Destinatären, Arbeitnehmern, anderen Gläubigern und öffentliche Interessen. Darüber hinaus kann ihnen durch die Stiftungssatzung die Berücksichtigung von Partikularinteressen im Rahmen pflichtgemäßer Ermessensausübung gestatten sein. Freilich bleiben die Organmitglieder eben auch in diesem Fall pflichtgebunden und müssen den Interessen der Stiftung im Konfliktfall daher Vorrang einräumen (§ 84 Rn. 74).[55] 40

II. Organschaftliche Treupflicht

Aus dem organschaftlichen Rechtsverhältnis folgt in Verbindung mit § 242 BGB eine organschaftliche Treupflicht.[56] Dabei ergeben sich Überschneidungen mit der soeben beschriebenen Interessenwahrungs- und Förderpflicht. Fallgruppen sind insbesondere die **Verschwiegenheitspflicht** (Rn. 26) und das **Verbot der Ausnutzung der Organstellung** zum eigenen oder zu einem stiftungsfremden Vorteil (Anh. 1 zu § 84a Rn. 15). Ist die Stiftung unmittelbar oder mittelbar unternehmerisch tätig (z.B. Krankenhausstiftung), so unterliegen die Mitglieder des Geschäftsführungsorgans zudem einem **Wettbewerbsverbot**.[57] Ob dies auch für die Mitglieder 41

---

54 BVerwGE 29, 314; BGH WM 1976, 869, 871; VGH Mannheim, NJW 1985, 1573, 1574.

55 BGH BeckRS 1976, 31114837.

56 BGHZ 214, 220 = GmbHR 2017, 583 Rn. 20; BGHZ 129, 30, 34 = GmbHR 1995, 451; BGH ZIP 1989, 1390, 1394; BGH NJW 1986, 584, 585; Scholz/*Verse*, GmbHG, § 43 Rn. 177 f.; MüKoGmbHG/*Fleischer*, § 43 Rn. 152; Bork/Schäfer/*Klöhn*, GmbHG, § 43 Rn. 42; K. Schmidt/Lutter/*Drygala*, AktG, § 116 Rn. 25; Koch/*Koch*, AktG, § 84 Rn. 10 f.; MüKoAktG/*Spindler*, § 76 Rn. 13; § 93 Rn. 125 f.; *Schwintek*, Vorstandskontrolle, 150 ff.; *Seifert*, ZStV 2014, 41, 42; *Fleischer*, WM 2003, 1045.

57 OLG Köln NZG 2000, 740, 741; OLG Frankfurt GmbHR 1998, 376, 377; MüKoGmbHG/*Jaeger*/*Steinbrück*, § 35 Rn. 360; Scholz/*Verse*, GmbHG, § 43 Rn. 186 ff.; Bork/Schäfer/*Klöhn*, GmbHG, § 43 Rn. 47; BeckOGK AktG/*Fleischer*, § 88 Rn. 1; Gehrlein/Born/Simon/*Buck-Heeb*, GmbHG, Anh. § 6 Rn. 40; Krieger/Schneider/*Burgard*, Hdb Managerhaftung, § 6 Rn. 6.25; ausführlich Krieger/Schneider/*Verse*, Hdb Managerhaftung, § 26 Rn. 26.4 ff.; *Salfeld*, Wettbewerbsverbote, 239 ff.; Reichert/*Wagner*, VereinsR Kap 2 Rn. 891; *Schwintek*, Vorstandskontrolle, 156 ff.

anderer Organe,[58] insbesondere eines Aufsichtsorgans[59] gilt, ist durch Auslegung des organschaftlichen Rechtsverhältnisses im Einzelfall zu ermitteln.

42 Anders als die mitgliedschaftliche Treupflicht besteht die organschaftliche Treupflicht nur gegenüber der Stiftung und nicht auch gegenüber den anderen Organmitgliedern; denn zueinander stehen Organwalter für gewöhnlich in keinerlei Sonderrechtsbeziehung. Allerdings sind sie zu einer **loyalen Zusammenarbeit** verpflichtet (Anh. 1 zu § 84a Rn. 13). Auch diese Pflicht besteht jedoch allein gegenüber der Stiftung und nicht gegenüber den anderen Organmitgliedern.

III. Durchsetzbarkeit

43 Die Durchsetzbarkeit der organschaftlichen Haupt- und Nebenpflichten ist auf **dreifache Weise** gesichert. *Erstens* können Pflichtverletzungen eine Abberufung nach pflichtgemäßem Ermessen oder auch aus wichtigem Grund rechtfertigen. Als milderes Mittel kommt eine Abmahnung in Betracht. *Zweitens* sind Pflichtverletzungen schadensersatzbewehrt. Und *drittens* kann die Stiftung die Befolgung von (manchen) Pflichten durch Leistungs- (z.B. gemäß Absatz 1 Satz 1 i.V.m. § 667 BGB auf Herausgabe, dazu Rn. 81 ff.) und Unterlassungsklage (z.B. Wettbewerbsverbot) durchsetzen.

D. Schuldrechtliche Rechte und Pflichten

44 Neben dem organschaftlichen Rechtsverhältnis können auch schuldrechtliche Rechtsbeziehungen zwischen der Stiftung und ihren Organmitgliedern bestehen.[60] Zu denken ist hier in erster Linie an den Abschluss eines **Anstellungsvertrages.** Daneben kommen aber auch alle möglichen **anderen Schuldverträge** (z.B. Beratungs-, Darlehns-, Lieferverträge, aber auch Treuhandvereinbarungen) in Betracht. Bei Abschluss schuldrechtlicher Verträge mit Organmitgliedern sind insbesondere § 181 BGB (§ 84 Rn. 38, 57) und § 84b Satz 2 BGB (§ 84b Rn. 118 ff.) zu beachten. Nach manchen Landesstiftungsgesetzen bedürfen Rechtsgeschäfte mit Organmitgliedern aufgrund ihrer Missbrauchsgefahr einer Genehmigung der Stiftungsaufsichtsbehörde.[61]

I. Anstellungsvertrag

45 Von der Bestellung zu unterscheiden ist die Anstellung von Organmitgliedern.[62] Während erstere organisationsrechtlicher Natur ist, handelt es sich bei zweiterer um einen Schuldvertrag,

---

58 Überblicksartig *Armbrüster*, ZIP 1997, 1269 ff.; zum Wettbewerbsverbot von Vereinsmitgliedern MünchHdb GesR V/*Schöpflin*, § 35 Rn. 20; von GmbH-Gesellschaftern *Altmeppen*, GmbHG, § 13 Rn. 46 f.; *Weitnauer/Grob*, GWR 2014, 185, 186 f.; *Altmeppen*, ZIP 2008, 437, 439 f.; von Aktionären *Burgard*, FS Lutter, 1033 ff.; von GbR-Gesellschaftern *Becher*, NJW 1961, 1998, 1999.

59 Dafür insbesondere Lutter/Krieger/Verse/*Lutter*, Rechte und Pflichten des Aufsichtsrats, Rn. 21 ff.; *Lutter/Kirschbaum*, ZIP 2005, 103, 104 f.; *Lutter*, ZHR 159 (1995), 287, 303; *Lutter*, FS Beusch, 1993, 509 ff.; **dagegen die h.M.** Krieger/Schneider/*Verse*, Hdb Managerhaftung, § 26 Rn. 26.63 ff.; KölnKommAktG/*Mertens/Cahn*, § 100 Rn. 14; Koch/*Koch*, AktG, § 103 Rn. 13b; MüKoAktG/*Habersack*, § 103 Rn. 42; *Armbrüster*, ZIP 1997, 1269, 1271; *Schneider*, BB 1995, 365, 366 f.; siehe auch Grundsatz 19 S. 3 DCGK.

60 Stiftungsaufsichtsrechtlich zu beachten ist, dass Rechtsgeschäfte mit Organmitgliedern gemäß Art. 19 Nr. 3 BayStiftG, § 13 Abs. 1 S. 1 Nr. 4 BWStiftG anzeigepflichtig sind, näher dazu oben § 84 Rn. 40.

61 Art. 19 Nr. 3 BayStiftG, § 13 Abs. 1 S. 1 Nr. 4, S. 2 BWStiftG.

62 Die Trennungstheorie ist heute h.M.; siehe etwa BGHZ 36, 142, 143; BGHZ 78, 82, 85; BGHZ 79, 38, 41; LG Paderborn – 6 O 29/17, BeckRS 2019, 12845; Gehrlein/Born/Simon/*Buck-Heeb*, GmbHG, Anh. § 6 GmbHG Rn. 1 m.w.N.; Scholz/*Hohenstatt*, GmbHG, § 35 Rn. 251 m.w.N. auch zu den Vertretern der sog. Einheitstheorie; eine abweichende Konzeption vertritt *Reuter*, FS Zöllner, 487 ff.

nämlich bei Entgeltlichkeit um einen Dienstvertrag i.S.d. §§ 611 ff., 675 BGB,[63] andernfalls um einen Auftrag, §§ 662 ff. BGB. Bestellung und Anstellung sind **strikt voneinander zu trennen**, auch wenn Überschneidungen und Wechselwirkungen bestehen.[64]

Nach Absatz 1 Satz 2 sind Organmitglieder von Stiftungen grundsätzlich unentgeltlich tätig. 46
Nach Satz 3 kann die Satzung aber etwas Anderes bestimmen (dazu Rn. 96 ff.). Sind Organmitglieder unentgeltlich tätig, ist der Abschluss eines Anstellungsvertrages unüblich. Auch bei Entgeltlichkeit muss kein Anstellungsvertrag geschlossen werden (Rn. 97). **Grundsätzlich darf** daher **nicht von einem konkludenten Abschluss ausgegangen werden.**[65]

Der **Inhalt** von Anstellungsverträgen kann **höchst vielgestaltig** sein. Die Stiftungssatzung 47
kann hierzu Vorgaben enthalten (Rn. 97). Unterschieden werden können zwei Regelungsbereiche, nämlich erstens amtsbezogene und zweitens individualrechtliche Bestimmungen.

Der Anstellungsvertrag verpflichtet in erster Linie das Organmitglied schuldrechtlich zur 48
Übernahme des Amtes und zur ordnungsgemäßen Wahrnehmung der mit ihm nach der Stiftungsverfassung verbundenen Rechte und Pflichten.[66] Die vertraglichen Regelungen sichern also die Verpflichtungen aus dem organschaftlichen Rechtsverhältnis schuldrechtlich ab. Häufig werden hierzu Bestimmungen der Satzung oder einer Geschäftsordnung ausdrücklich wiederholt. Stimmen die vertraglichen Verpflichtungen mit den organschaftlichen Verpflichtungen überein, kommt ihrer vertraglichen Fixierung allerdings keine eigenständige Bedeutung zu.

Anstellungsverträge enthalten allerdings nicht selten über die Regelungen in der Sat- 49
zung oder Geschäftsordnung **hinausgehende Bestimmungen**, etwa über Zustimmungsvorbehalte zugunsten eines anderen Organs, die Zuweisung eines bestimmten Geschäftsbereichs oder andere Beschränkungen der Geschäftsführungsbefugnis.[67] Derartige Regelungen konkretisieren – ebenso wie eine Geschäftsordnung – die organschaftlichen Rechte und Pflichten des betreffenden Mitglieds, sie haben damit, soweit sie wirksam sind, **nicht nur schuldrechtliche Bedeutung.**[68]

Um wirksam zu sein, müssen die das Amt konkretisierenden Bestimmungen **von der Stif- 50
tungsverfassung gedeckt** sein. Hierzu zählen Regelungen, welche gesetzliche oder satzungsmäßige Bestimmungen lediglich konkretisieren oder auf der Grundlage gesetzlicher oder satzungsmäßiger Ermächtigungen (wie z.B. einem Weisungsrecht) erlassen wurden.[69] Anstellungsvertragliche Regelungen, die im Widerspruch zu zwingendem Gesetzesrecht stehen, sind dagegen nichtig.[70] Schwebend unwirksam sind sie dagegen, wenn sie gegen dispositives Gesetzes- oder Satzungsrecht

63 BGH – II ZR 452/17, DStR 2018, 1929 f.; *Reiserer/Lachmann*, DStR 2021, 235, 238; Scholz/*Schneider/Schneider*, GmbHG, § 35 Rn. 259; *Lunk/Rawert*, NPLYB 2001, 91, 103 ff.; *Stagat*, NZA-RR 2011, 617 ff.; *Altmeppen*, GmbHG, § 35 Rn. 109; Palandt/*Weidenkaff*, BGB, Einf. v. § 611 Rn. 16.

64 Palandt/*Weidenkaff* BGB Einf v § 611 Rn. 23; *Altmeppen*, GmbHG, § 35 Rn. 108 m.w.N.

65 Gehrlein/Born/Simon/*Buck-Heeb*, GmbHG, Anh. § 6 GmbHG Rn. 10; Baumbach/Hueck/*Zöllner/Noak*, GmbHG § 46, 36 ff.; **a.A.** für die GmbH BGH NJW 1997, 2319, 2320 m. Anm. *Goette*, DStR 1997, 932; Scholz/*K. Schmidt*, GmbHG, § 46 Rn. 79; Scholz/*Hohenstatt*, GmbHG, § 35 Rn. 338 m.w.N.

66 Gehrlein/Born/Simon/*Buck-Heeb*, GmbHG, Anh. § 6 GmbHG Rn. 39 m.w.N.; aus dem Anstellungsvertrag folgt kein Anspruch gegenüber der GmbH auf Berufung zum Geschäftsführer (Trennungsprinzip), siehe ebenso Gehrlein/Born/Simon/*Buck-Heeb*, GmbHG, Anh. § 6 GmbHG Rn. 61.

67 BGH NJW 2010, 2342 Rn. 7 f.; Michalski/Heidinger/Leible/J. Schmidt/*Tebben*, GmbHG, § 6 Rn. 106; Scholz/*Hohenstatt*, GmbHG, § 35 Rn. 311; MüKoGmbHG/*Jaeger/Steinbrück*, § 35 Rn. 248; Lutter/Hommelhoff/*Kleindiek*, GmbHG, Anh. § 6 Rn. 1, 10.

68 BGH NJW 2010, 2343, Rn. 9 f.; Scholz/*Hohenstatt*, GmbHG, § 35 Rn. 311; Gehrlein/Born/Simon/*Buck-Heeb*, GmbHG Anh. § 6 Rn. 6; Lutter/Hommelhoff/Kleindiek, GmbHG, Anh. § 6 Rn. 1.

69 Scholz/*Hohenstatt*, GmbHG, § 35 Rn. 322; Gehrlein/Born/Simon/*Buck-Heeb*, GmbHG, § 35 Rn. 48 m.w.N.

70 Scholz/*Hohenstatt*, GmbHG, § 35 Rn. 312; Michalski/Heidinger/Leible/J. Schmidt/*Tebben*, GmbHG, § 6 Rn. 107; Lutter/Hommelhoff/*Kleindiek*, GmbHG, Anh. § 6 Rn. 11; Gehrlein/Born/Simon/*Buck-Heeb*, GmbHG, Anh. § 6 Rn. 6.

verstoßen;[71] denn das für die Anstellung zuständige Organ besitzt für diese Fälle keine Vertretungsmacht.[72, 73] Durch die Anpassung der Satzung können sie Gültigkeit erlangen,[74] sofern nicht bereits zuvor der Schwebezustand mit der Folge endgültiger Unwirksamkeit endet, vgl. §§ 177 f. BGB.[75] Gleiches gilt bei Verstößen gegen die interne Kompetenzordnung der Stiftung. Begründet die Satzung zu Gunsten des für die Anstellung zuständigen Organs kein Weisungsrecht, kann ein solches daher auch nicht durch eine Regelung im Anstellungsvertrag begründet werden. Besteht ein satzungsmäßiges Weisungsrecht, kann es umgekehrt auch nicht durch den Anstellungsvertrag ausgeschlossen werden. Sieht die Satzung die Möglichkeit einer Abberufung nach pflichtgemäßem Ermessen vor, kann dieses Recht nicht durch den Anstellungsvertrag auf das Vorliegen wichtiger Gründe beschränkt werden. Usw.

51 **Das erklärt** zugleich, wie und warum nicht nur das organschaftliche Rechtsverhältnis Einfluss auf die anstellungsvertraglichen Rechte und Pflichten hat, sondern auch umgekehrt – was nicht ohne Weiteres auf der Hand liegt – der Anstellungsvertrag Einfluss auf die organschaftlichen Rechte und Pflichten haben kann. Werden nämlich einem Organmitglied im Anstellungsvertrag von dem zuständigen Stiftungsorgan wirksam amtsbezogene Pflichten auferlegt, so handelt das Organ nicht nur auf schuldrechtlicher Ebene, sondern zugleich auch in Ausübung seiner organisationsrechtlichen Kompetenzen.

52 Auf **individualrechtlicher Ebene** schließlich kann der Anstellungsvertrag neben Vergütungsregelungen z.B. Bestimmungen über ein Ruhegehalt, die Entgeltfortzahlung im Krankheitsfall, Urlaub, ein vertragliches und nachvertragliches Wettbewerbsverbot, die Zulässigkeit von Nebentätigkeiten sowie die Beendigung des Anstellungsverhältnisses enthalten. Auch diese dürfen – selbstverständlich – nicht gegen zwingendes Recht,[76] aber auch nicht gegen die Stiftungsverfassung (z.B. überhöhtes Ruhegehalt, vgl. Rn. 103) verstoßen.

II. Sonstige Schuldverhältnisse

53 Zwischen der Stiftung und Organmitgliedern können alle möglichen Schuldverträge geschlossen werden. Grundsätzlich zuständig ist hierfür der Stiftungsvorstand. Die Stiftungssatzung kann Abweichungen und Modifikationen (z.B. die Zustimmung eines anderen Organs) vorsehen. Zu beachten sind ggf. überdies **stiftungsverfassungsrechtliche Beschränkungen**. Enthält die Satzung keine Vergütungsregelung, so darf diese nicht durch den Abschluss von Beratungsver-

---

71 Wie hier MüKoGmbHG/*Jaeger/Steinbrück*, § 35 Rn. 275; Habersack/Casper/Löbbe/*Paefgen*, GmbHG, § 35 Rn. 240; *Fleck*, ZGR 1988, 104, 136; **a.A.** (schuldrechtlich wirksam) Scholz/*Hohenstatt*, GmbHG, § 35 Rn. 312, 320; Michalski/Heidinger/Leible/J. Schmidt/*Tebben*, GmbHG, § 6 Rn. 115; Lutter/Hommelhoff/*Kleindiek*, GmbHG, Anh. § 6 Rn. 11; Gehrlein/Born/Simon/*Buck-Heeb*, GmbHG, Anh. § 6 Rn. 6.

72 Vgl. MüKoBGB/*Weitemeyer*, § 86 Rn. 7; *Reuter*, FS Zöllner, 487, 491; *Fleck*, ZGR 1988, 104, 135. Das gilt auch dann, wenn die Vertretungsmacht des auf Seiten der Stiftung handelnden Organs im Außenverhältnis unbeschränkt ist, also insbesondere im Falle des Abschlusses eines Anstellungsvertrages durch einen unbeschränkt vertretungsberechtigten Vorstand; denn die Unbeschränktheit der Vertretungsmacht gilt nicht im Verhältnis zu Organmitgliedern, da diese nicht in gleicher Weise wie außenstehende Dritte schutzwürdig sind, vgl. BGHZ 38, 26, 30.

73 Der der anstellungsvertraglichen Regelung ggf. zugrundeliegende Beschluss ist dagegen nichtig, siehe BGHZ 123, 15, 18 ff. m. Anm. *Habersack*, ZGR 1994, 354.

74 Hierin ist dann zugleich die konkludente Genehmigung der betreffenden Bestimmungen des Anstellungsvertrages zu sehen.

75 Scheitert eine angestrebte Satzungsänderung, so liegt hierin zugleich eine konkludente Verweigerung der Genehmigung.

76 Michalski/Heidinger/Leible/J. Schmidt/*Tebben*, GmbHG, § 6 Rn. 107; MüKoGmbHG/*Jaeger/Steinbrück*, § 35 Rn. 276; Lutter/Hommelhoff/*Kleindiek*, GmbHG, Anh. § 6 Rn. 11; Scholz/*Hohenstatt*, GmbHG, § 35 Rn. 312.

trägen umgangen werden, die den Betreffenden lediglich zu einer Leistung verpflichten, die er bereits als Organmitglied schuldet.[77] Zu den Rechtsfolgen Rn. 99.

E. Entsprechende Anwendung der §§ 664 bis 670

Im Stiftungsrecht findet sich vielfach die Behauptung, die Verweisung auf das Auftragsrecht sei *„partiell misslungen, weil die Stiftung im Gegensatz zum Verein von Gesetzes wegen gar kein Organ hat, das dem Vorstand gemäß § 665 im Namen der Stiftung Weisungen erteilen oder nach § 666 im Namen der Stiftung Auskunft und Rechenschaft verlangen kann. Erst soweit die Stiftungssatzung ein zweites Organ schafft, macht die Verweisung wirklich Sinn.“*[78] Das ist ein nicht von der Hand zu weisender Einwand, zumal – wie von fast allen[79] richtig erkannt wird – die Stiftungsaufsicht natürlich nicht die Rechte der Stiftung als Auftraggeberin wahrnimmt.[80] **Übrig bleibt jedoch mehr als nur der Kern des Auftragsrechts**, wonach der Stiftungsvorstand den aus der Satzung und dem Stiftungsgeschäft folgenden Stifterwillen treuhänderisch zu erfüllen hat.[81] Vielmehr haben die **§§ 664 bis 670 BGB**[82] durchaus einen **darüberhinausgehenden Erkenntniswert**, wie die folgenden Überlegungen zeigen. 54

Vorausgeschickt sei schließlich, dass die Verweisung auf das Auftragsrecht nicht etwa bedeutet, dass die Organmitglieder bloße Auftragnehmer der Stiftung seien. Vielmehr ist ihr Rechtsverhältnis zur Stiftung allein organschaftlicher Natur (Rn. 44 f.), wenn nicht ausnahmsweise ein Anstellungsvertrag geschlossen wird (Rn. 103).[83] Die §§ 664 bis 670 BGB sind lediglich entsprechend anzuwenden. 55

I. § 664: Unübertragbarkeit; Haftung für Gehilfen

Sinn und Zweck von § 664 BGB ist der **Schutz des Vertrauensverhältnisses zwischen Auftraggeber und Auftragnehmer** (relative[84] Höchstpersönlichkeit des Auftrags).[85] Deswegen darf der Auftraggeber nach Absatz 2 seinen Anspruch auf Ausführung des Auftrags im Zweifel nicht übertragen (Abtretungsverbot) und der Beauftragte nach Absatz 1 Satz 1 die Ausführung des Auftrages abweichend von § 267 Abs. 1 S. 1 BGB im Zweifel nicht einem **Dritten überlassen (sog. „Substitution“)**. Absatz 2 spielt vorliegend keine erkennbare Rolle. Eines näheren Blickes bedarf nur Absatz 1. 56

77 St. Rspr., BGHZ 230, 190 = AG 2021, 669 Rn. 26 f. m. Anm. *Wilsing/Winkler*, EWiR 2021, 551; bespr. etwa v. *Schilha/Theusinger*, AG 2021, 830; *von der Linden*, DB 2021, 1940; *Wasmann/Gärtner*, DStR 2021, 2246; zuvor bereits BGH DStR 2007, 1046 Rn. 15; BGHZ 170, 60 = ZIP 2007, 22 Rn. 13; BGH ZIP 2006, 1529 Rn. 16; BGHZ 126, 340, 344 f. = ZIP 1994, 1216, 1217 m. Anm. *Bork*, EWiR 1994, 943; BGHZ 114, 127, 129 = NJW 1991, 1830 m. Anm. *Semler*, EWiR 1991, 525; Scholz/*Schneider/Seyfarth*, GmbHG, § 52 Rn. 524; Gehrlein/Born/Simon/*Buck-Heeb*, GmbHG, § 52 Rn. 39.

78 MüKoBGB/*Weitemeyer* § 86 Rn. 22; ebenso Staudinger/*Hüttemann/Rawert*, BGB, § 86 Rn. 24; *Markworth*, ZGR 2020, 832, 835.

79 BVerwG VerwRspr. 1973, 669, 671; MüKoBGB/*Weitemeyer*, § 86 Rn. 22; *Markworth*, ZGR 2020, 832, 840; **a.A.** *Saenger/Veltmann*, ZSt 2005, 67, 70.

80 Es handelt sich allein um eine Rechtsaufsicht, statt aller *Markworth*, ZGR 2020, 832, 840; sowie MüKoBGB/*Weitemeyer*, § 86 Rn. 22.

81 So MüKoBGB/*Weitemeyer*, § 86 Rn. 22; Staudinger/*Hüttemann/Rawert*, BGB, § 86 Rn. 25; **a.A.** *Markworth*, ZGR 2020, 832, 850 f. Ihre Bedeutung speisen die §§ 662 ff. im Wesentlichen aus ihrer Ergänzungsfunktion für andere Rechtsinstitute, so MüKoBGB/*Schäfer*, § 662 Rn. 34.

82 Auf § 671 BGB wird indes nicht verwiesen, was *Markworth*, ZGR 2020, 832, 856 übersieht.

83 Für *Markworth*, ZGR 2020, 832, 847 ff. ist das eine neue Erkenntnis.

84 Da § 664 BGB dispositiv ist, ist die Höchstpersönlichkeit nicht absolut, näher *Burgard*, Gestaltungsfreiheit, 415 f.

85 Mot II, 531; MüKoBGB/*Schäfer*, § 664 Rn. 1; Staudinger/*Martinek/Omlor*, BGB, § 662 Rn. 2.

57 **Abzugrenzen ist die Substitution** erstens von einer **Vertragsübernahme,** bei der der Beauftragte gänzlich aus dem Auftragsvertrag ausscheidet,[86] zweitens von einer **Weiterbeauftragung,** bei der sich der Auftrag darauf beschränkt, einen geeigneten Dritten zu beauftragen, infolgedessen der Auftrag des Erstbeauftragten durch Erfüllung erlischt,[87] und drittens von der nach § 664 Abs. 1 Satz 3 BGB regelmäßig zulässigen **Einschaltung eines Erfüllungsgehilfen** (§ 278 BGB). Anders als in den ersten beiden Fällen endet der Auftrag des Beauftragten durch die Substitution nicht. Die Pflichten des Beauftragten beschränken sich nach Absatz 1 Satz 2 jedoch auf die ordnungsgemäße Auswahl und Unterweisung des Substituten.[88] Schon dessen Überwachung wird nur bei einer dahingehenden Vereinbarung geschuldet.[89] Die Substitution wirkt also – anders als die Einschaltung eines Erfüllungsgehilfen[90] – für den Beauftragten entpflichtend. Und eben diese vollständige oder teilweise[91] Übertragung der Pflicht des Beauftragten zur Geschäftsbesorgung auf den Substituten durch Abschluss eines weiteren Auftragsvertrages[92] ist richtigerweise das für die Substitution entscheidende Merkmal.[93] Dadurch wird der **Substitut aus Sicht des Auftraggebers** zu einer **weiteren „Hauptperson“,**[94] während der Erfüllungsgehilfe eine bloße „Hilfsperson“ des Schuldners ist. Dagegen sind weder der Umfang der übertragenen Tätigkeiten noch das Maß der Selbstständigkeit des Dritten entscheidend.

58 § 664 BGB ist, wie schon der Wortlaut besagt („im Zweifel“) dispositiv. Substitution kann also gestattet sein. Die **Gestattung** kann nach § 83 Abs. 3 S. 3 BGB aber **nur in der Satzung** erfolgen.

59 Was § 664 BGB für das Vereins- (§ 27 Abs. 3 S. 1 BGB) und Stiftungsrecht (bisher § 86 S. 1 BGB) bedeutet, ist **wenig geklärt.** Betont wird zumeist nur und zu Recht, dass der Vorstand zur Geschäftsführung persönlich verpflichtet ist.[95] Aus § 664 Abs. 1 S. 1 BGB folgt zudem, dass ein Organwalter seine Organstellung nicht ohne Weiteres[96] übertragen kann. Zudem kann kraft Satzung mit der Geschäftsführung ganz oder teilweise ein anderes Organ als der Vorstand beauftragt werden, § 84 Abs. 3 BGB (dort Rn. 34). Eine Substitution ist das freilich nicht. Ebenfalls kein Fall der Substitution ist eine Ressortverteilung innerhalb des Vorstandes; denn sie ist – auch wenn sie haftungsentlastend wirken kann (s. Rn. 61) – eine bloße interne Aufgabenverteilung, ohne dass – wie bei der Substitution – durch den Abschluss eines weiteren Auftragsvertra-

---

86 MüKoBGB/*Schäfer*, § 664 Rn. 13 Staudinger/*Martinek/Omlor*, BGB, § 664 Rn. 9; **a.A.** RGZ 78, 310, 312; *Larenz*, SchuldR BT I, § 56 II.

87 MüKoBGB/*Schäfer*, § 664 Rn. 7; Staudinger/*Martinek/Omlor*, BGB, § 664 Rn. 10; BeckOK BGB/*Fischer*, § 664 Rn. 4; *Kümpel*, WM 1996, 1893 ff.; zur Abgrenzung zu entgeltlichen Tätigkeitsverträgen MüKoBGB/*Schäfer*, § 662 Rn. 18 ff.; Staudinger/*Martinek/Omlor*, BGB, § 662 Rn. 2; zu unentgeltlichen Verträgen MüKoBGB/*Schäfer*, § 622 Rn. 21 ff.; Staudinger/*Martinek/Omlor*, BGB, § 662 Rn. 4 f.; zur Gefälligkeit MüKoBGB/*Schäfer*, § 662 Rn. 24 ff.; Staudinger/*Martinek/Omlor*, BGB, § 662 Rn. 6 ff.

88 MüKoBGB/*Schäfer*, § 664 Rn. 1 5 m.w.N.; Jauernig/*Mansel*, BGB, § 664 Rn. 4; Staudinger/*Martinek/Omlor*, BGB, § 664 Rn. 12.

89 Siehe zur Verteilung der Darlegungs- und der Beweislast BGH NJW 1993, 1704, 1706; Staudinger/*Martinek/Omlor*, BGB, § 664 Rn. 12, nehmen lediglich ein Auswahlverschulden an; MüKoBGB/*Schäfer*, § 664 Rn. 15.

90 Siehe hierzu Staudinger/*Martinek/Omlor*, BGB, § 664 Rn. 15 ff.; Erman/*Berger*, BGB, § 664 Rn. 8; MüKoBGB/*Schäfer*, § 664 Rn. 6; Schulze/*Wiese*, BGB, § 664 Rn. 6 f.

91 BGH NJW 1993, 1704, 1705.

92 Näher MüKoBGB/*Schäfer*, § 664 Rn. 11; Erman/*Berger*, BGB, § 664 Rn. 7.

93 Nach BGH NJW 1993, 1704, 1705 liegt eine Gestattung i.S. des § 664 Abs. 1 Satz 2 BGB nur vor, wenn der Beauftragte dem Dritten die Geschäftsbesorgung ganz oder in Teilbereichen in eigener Verantwortung überlassen darf; so auch BeckOK BGB/*Fischer*, § 664 Rn. 3 m.w.N. zum Meinungsstreit; **a.A.** MüKoBGB/*Schäfer*, § 664 Rn. 5.

94 Zutr. MüKoBGB/*Schäfer*, § 664 Rn. 6 m.w.N.

95 BeckOK BGB/*Schöpflin*, § 27 Rn. 20; Reichert/*Wagner*, VereinsR Kap. 2 Rn. 2573; Krieger/Schneider/*Burgard*, Hdb Managerhaftung, § 6 Rn. 6.18; *Grambow*, Organe von Vereinen und Stiftungen, 2011, Rn. 754.

96 Zu derartigen Gestaltungen *Burgard*, Gestaltungsfreiheit, 415 ff.

ges eine weitere „Hauptperson" hinzutritt.[97] Eine Ressortverteilung bedarf daher auch keiner Satzungsermächtigung. Das Gleiche gilt für die Bildung von Ausschüssen bspw. in einem Aufsichtsrat (dazu § 84b Rn. 59 f.). **Beispiel für eine gestattete Substitution ist** aber **die satzungsgemäße Bestellung eines besonderen Vertreters i.S.d. § 30 BGB durch den Vorstand in dessen Aufgabenbereich** (s. § 84 Rn. 82).

Ferner könnte man erwägen, die Aufgabendelegation an nachgeordnete Mitarbeiter oder externe Dritte als Fall der Substitution anzusehen. So meint *Wagner*, die Beauftragung eines Rechtsanwalts mit der Führung eines Vereinsprozesses sei ein Fall der Substitution.[98] Eine solche Einordnung wirft jedoch mehr Fragen auf, als sie Antworten bietet. Und vor allem sind weder nachgeordnete Mitarbeiter noch externe Dritte aus Sicht des Auftraggebers weitere „Hauptpersonen". Freilich sind sie auch keine Erfüllungsgehilfen des Vorstandes, sondern eben schlicht Mitarbeiter bzw. Auftragnehmer der Stiftung, die namens der Stiftung einzustellen bzw. zu beauftragen der Stiftungsvorstand grundsätzlich ohne Weiteres, insbesondere ohne Satzungsermächtigung befugt und u.U. sogar verpflichtet (§ 84 Rn. 28) ist. **60**

Erfüllungsgehilfen sind „Hilfspersonen" des Schuldners (hier: Organmitglied), die nach den tatsächlichen Gegebenheiten mit dessen Willen bei der Erfüllung seiner (hier: organschaftlichen) Pflichten mitwirken. Es muss also irgendeine Beziehung rechtlicher oder tatsächlicher Art zwischen dem Schuldner und dem Erfüllungsgehilfen bestehen.[99] Maßgeblich ist die von dem Schuldner gewollte Arbeitsverlagerung auf die Hilfsperson.[100] Dabei kann der Erfüllungsgehilfe dem Schuldner sogar vom Gläubiger gestellt worden sein.[101] Letzteres betrifft jedoch nur Fälle, in denen Mitarbeiter des Gläubigers kurzfristig dem Schuldner helfen. Mitarbeiter der juristischen Person (= Gläubiger der organschaftlichen Pflichten des Vorstands) sind dagegen keine Erfüllungsgehilfen ihres Vorstands (= Schuldner der organschaftlichen Pflichten). Vielmehr kann sich der Vorstand durch eine ordnungsgemäße Delegation von Aufgaben an nachgeordnete Mitarbeiter der juristischen Person in gewissen Grenzen ähnlich wie bei einer Substitution haftungsmäßig entlasten (Rn. 59). Ist der Mitarbeiter dagegen bei einer anderen juristischen Person beschäftigt (z.B. bei einer GmbH, bei der das Vorstandsmitglied hauptamtlicher Geschäftsführer ist) und hilft er dem Vorstandsmitglied bei seiner (nebenberuflichen) Vorstandstätigkeit (z.B. Vorbereitung von Sitzungen), dann ist dieser Mitarbeiter Erfüllungsgehilfe des Vorstandsmitglieds, für dessen Verschulden das Vorstandsmitglied daher gemäß § 84a Abs. 1 S. 1 BGB i.V.m. §§ 664 Abs. 1 S. 3, 278 BGB wie für eigenes Verschulden einzustehen hat. **61**

II. § 665: Abweichung von Weisungen

§ 665 BGB liegt der Gedanke zugrunde, dass der Wille des Auftraggebers für die Geschäftsbesorgung maßgeblich ist, weil der Beauftragte fremdnützig im Geschäftskreis des Auftraggebers tätig ist.[102] Der Beauftragte ist daher streng an die Weisungen seines Auftraggebers gebunden, wie sich aus § 665 BGB ergibt, der Abweichungen von Weisungen nur unter engen Voraussetzungen zulässt.[103] **62**

97 Völlig daneben ist daher das Beispiel von *Markworth*, ZGR 2020, 832, 852, das die angebliche Notwendigkeit einer nicht zu engen Auslegung des Substitutionsverbots belegen soll. Die Bevollmächtigung von Organmitgliedern untereinander ist keine Substitution.

98 Reichert/*Wagner*, VereinsR Kap. 2 Rn. 2573; **a.A.** MüKoBGB/*Schäfer*, § 664 Rn. 9.

99 BeckOK BGB/*Lorenz*, § 278 Rn. 11; Palandt/*Grüneberg*, BGB, § 278 Rn. 7; MüKoBGB/*Grundmann*, § 278 Rn. 43.

100 MüKoBGB/*Grundmann*, § 278 Rn. 43; Staudinger/*Caspers*, BGB, § 278 Rn. 18; jurisPK-BGB/*Seichter*, § 278 Rn. 17.

101 BGH VersR 1979, 83; BGH DB 1975, 2426; OLG Hamm NJW 1974, 1090, 1091; MüKoBGB/Grundmann, § 278 Rn. 43; BeckOK BGB/*Lorenz* § 278 Rn. 14.

102 Erman/*Berger*, BGB, § 665 Rn. 1; Soergel/*Beuthien*, BGB, § 665 Rn. 1.

103 Hierzu BAG – 9 AZR 305/15, NJW 2017, 426, 428; BGH – III ZR 434/13, NZG 2015, 364, 366; BGH DB 2014, 2399 Rn. 19; BGHZ 98, 24 = NJW 1986, 2428; MüKoBGB/*Schäfer*, § 665 Rn. 17, 20 ff.; BeckOK BGB/*Fischer*, § 665 Rn. 1 f.; jurisPK-BGB/*M. Otto*, § 665 Rn. 7 f.

63 **Im Vereinsrecht** folgt aus § 27 Abs. 3 BGB i.V.m. § 665 BGB, dass der Vorstand – vorbehaltlich abweichender Satzungsbestimmungen, durch die seine Rechtsstellung verstärkt oder das Weisungsrecht einem anderen Organen übertragen wird – an Weisungen der Mitgliederversammlung gebunden ist.[104] Dagegen agiert der Stiftungsvorstand mangels eines der Mitgliederversammlung vergleichbaren Stiftungsorgans (s. aber § 84 Rn. 35) regelmäßig weisungsunabhängig.

64 Insbesondere kommt der **Stiftungsaufsicht** aufgrund §§ 86 i.V.m. 27 Abs. 3, 665 BGB kein Weisungsrecht zu. Zwar ersetzt sie funktional die bei der Stiftung fehlende Mitgliederkontrolle. Ihre Rechtsstellung ist jedoch nicht mit der eines Auftraggebers oder der Mitgliederversammlung eines Vereins vergleichbar.[105] Entgegen einer nur noch vereinzelt vertretenen Meinung[106] kann die Stiftungsaufsicht daher aus § 86 BGB i.V.m. §§ 27 Abs. 3, 664 ff. BGB genauso wenig Rechte herleiten, wie sie hierdurch – etwa zum Aufwendungsersatz, § 670 BGB – verpflichtet wird. § 86 BGB i.V.m. §§ 27 Abs. 3, 664 ff. BGB regelt vielmehr nur die Rechte und Pflichten des Vorstands gegenüber der Stiftung. Die Befugnisse der Stiftungsaufsicht ergeben sich dagegen ebenso wie die Pflichten der Stiftungsorgane ihr gegenüber vorwiegend aus dem Landesrecht.

65 **Nach der gesetzlichen Regelverfassung folgt aus der Verweisung auf § 665 für die Stiftungsorgane die Pflicht, die Stiftungsverfassung und den (insb.) in ihr zum Ausdruck kommenden Stifterwillen zu beachten und zu verwirklichen, namentlich den Stiftungszweck bestmöglich** (s. § 84 Rn. 24, 30) **zu erfüllen. Diese umfassende Pflichtbindung kommt in § 83 BGB nur unzureichend zum Ausdruck** (s. § 83 Rn. 7). Außerdem kann der Stifter in der Satzung ein Organ vorsehen, das befugt ist, dem Vorstand Weisungen zu erteilen (s. dazu § 84 Rn. 59 f.). **Schließlich regelt § 665 BGB vor allem die Frage der Abweichung von Weisungen, d.h. hier in entsprechender Anwendung von der Stiftungsverfassung bzw. dem Stifterwillen.**

66 Nach § 665 BGB ist der Beauftragte unter bestimmten Voraussetzungen berechtigt und verpflichtet, von den Weisungen des Auftraggebers abzuweichen. **Die Vorschrift verlangt** damit von dem Beauftragten keinen blinden, sondern ***„denkenden Gehorsam“***.[107] Die von § 84a Abs. 1 S. 1 BGB vorgeschriebene entsprechende Anwendung des § 665 BGB bedeutet also, dass die Stiftungsorgane unter den Voraussetzungen dieser Vorschrift von den Anordnungen des Stifters abweichen dürfen. § 665 BGB war daher vor der Reform die bundesrechtliche Grundlage für Satzungsänderungen unterhalb der Schwelle des § 87 a.F. BGB.[108] Nunmehr sind alle Arten von Grundlagenänderungen in den **§§ 85 ff. BGB** einer ausdrücklichen Regelung zugeführt worden. Allerdings sind dort nur die Voraussetzungen geregelt, unter denen Grundlagenänderungen statthaft sind. **Ungeregelt** ist hingegen die Frage, **unter welchen Voraussetzungen** die zuständigen Stiftungsorgane eine **Pflicht zu Satzungsänderungen** trifft, obwohl § 85a Abs. 2 BGB eine solche Pflicht offenbar voraussetzt. Ungeregelt ist ferner die Frage sog. **Satzungsdurchbrechungen** (Rn. 71 f.). Und ungeregelt ist die ganz allgemeine Frage, ob bzw. unter welchen Voraussetzungen sich die Stiftungsorgane über den **Stifterwillen hinwegsetzen** dürfen. Die **Antworten gibt § 665 BGB.**

67 § 665 BGB setzt nach Satz 1 **erstens** eine Sachlage voraus, aufgrund deren der Beauftragte annehmen darf, dass der Auftraggeber eine Abweichung von seinen Weisungen billigen würde. Eine solche Sachlage liegt insbesondere dann vor, wenn sich die **Verhältnisse** gegenüber dem Zeitpunkt der Weisungserteilung **geändert** haben, der Auftraggeber zu diesem Zeitpunkt von

---

104 Staudinger/*Weick*, BGB, § 27 Rn. 25; MüKoBGB/*Reuter*, § 27 Rn. 39.

105 Näher MüKoBGB/*Weitemeyer*, § 86 Rn. 22.

106 *Saenger/Veltmann*, ZSt 2005, 67, 70.

107 *Heck*, Grundriss des Schuldrechts, 1929, 355; statt vieler BeckOK BGB/*Fischer*, § 665 Rn. 2.

108 *Burgard*, Gestaltungsfreiheit, 335 ff.; im Ansatz zustimmend *Wiesner*, Korporative Strukturen bei der Stiftung bürgerlichen Rechts, 2012, 51 ff.; symphatisierend MüKoBGB/*Weitemeyer*, § 85 Rn. 12; **a.A.** Staudinger/*Hüttemann/Rawert*, BGB, § 85 Rn. 18 f. mit dem – unzutreffenden – Argument, die Anwendung des § 665 BGB würde die Bindung des Vorstands an das Stiftungsgeschäft vernachlässigen.

falschen Vorstellungen ausgegangen ist oder er nicht alle für den Auftrag bzw. seine Ausführung beachtlichen Fragen bedacht hat.[109] **Zweitens** ist erforderlich, dass der Auftraggeber die Abweichung von seinen Weisungen bei Kenntnis der wahren bzw. geänderten Sachlage **billigen würde.** Das ist regelmäßig dann anzunehmen, wenn eine Weisungsabweichung seinen Interessen besser frommt. Nach Satz 2 ist **drittens** erforderlich, dass der Beauftragte den Auftraggeber von der geänderten bzw. wahren Sachlage sowie seiner beabsichtigen Weisungsabweichung **unterrichtet** und sodann **viertens** den Entschluss des Auftraggebers abwartet.[110] Von dieser vierten Voraussetzung[111] darf der Beauftragte absehen, wenn mit dem hierdurch verbundenen Aufschub **Gefahr für die Interessen des Auftraggebers** verbunden ist. In diesem Fall ist der Beauftragte darüber hinaus regelmäßig **nicht nur berechtigt, sondern auch verpflichtet**, von der Weisung des Auftraggebers abzuweichen.[112] **Anders gewendet** erfordert der von § 665 BGB geforderte *„denkende Gehorsam“* **erstens**, dass der Beauftragte die **Sachlage** beständig daraufhin **überprüft, ob sie mit den Annahmen des Auftraggebers übereinstimmt. Zweitens** muss er überlegen, ob und **wie der Auftraggeber interessenwahrend auf die geänderte Sachlage reagieren** würde. Kommt er zu dem Ergebnis, dass und wie der Auftraggeber seine Weisung modifizieren würde, muss er **drittens** seine Überlegungen dem **Auftraggeber mitteilen.** Schließlich muss er **viertens** prüfen, ob mit dem Warten auf eine Reaktion des Auftraggebers Nachteile von solchem Gewicht für den Auftraggeber verbunden sind, dass der Auftraggeber ein **sofortiges Handeln** bevorzugen würde.

Während **im Vereinsrecht** diese Voraussetzungen auf den Umgang des Vorstands mit Weisungen der Mitgliederversammlung ohne Weiteres übertragen werden können, ist dies im Stiftungsrecht allenfalls möglich, wenn die Satzung ein Organ vorsieht, das dem Vorstand Weisungen zu erteilen befugt ist. Auch im Vereinsrecht stellt sich allerdings die Frage, unter welchen Voraussetzungen der Vereinsvorstand der Mitgliederversammlung aufgrund seiner Pflicht zur Geschäftsführung eine Satzungsänderung vorschlagen muss. Die Antwort ergibt sich aus § 665 Satz 1 BGB: **Wenn sich die Sachlage derart geändert hat, dass eine unveränderte Befolgung der Satzung mit Nachteilen für den Verein verbunden wäre und deswegen damit zu rechnen ist, dass die Mitgliederversammlung der Satzungsänderung zustimmen wird.**[113] 68

Das Gleiche gilt im Stiftungsrecht, wenn für Grundlagenänderungen (auch) ein anderes Organ als der Vorstand zuständig ist (s. § 85a S. 1 BGB und dort Rn. 13, § 87 Abs. 1 S. 3 BGB und dort Rn. 29 sowie § 84 Rn. 66 ff.). Hier muss allerdings **hinzukommen**, dass die **gesetzlichen Voraussetzungen der beabsichtigten Grundlagenänderung gemäß §§ 83 Abs. 2, 85, 86 f., 87 BGB erfüllt** sind; denn ohnedies wäre die Grundlagenänderung ohnehin unzulässig. 69

Ist der **Vorstand** wie nach der gesetzlichen Regelverfassung auch für Grundlagenänderungen **allein zuständig**, ändert sich an dieser Rechtslage nur insofern etwas, als es kein anderes Organ gibt, dem er die erforderliche Satzungsänderung vorschlagen könnte. Er hat sie daher **alleine zu beschließen** und der zuständigen Behörde zur Genehmigung gemäß § 85a Abs. 1 S. 2, Abs. 3, § 86b Abs. 1 S. 2, Abs. 3, § 87 Abs. 3 BGB vorzulegen. 70

---

109 Anstelle anderer Erman/*Berger*, BGB, § 665 Rn. 8; Palandt/*Sprau*, BGB, § 665 Rn. 6; jurisPK-BGB/*M. Otto*, § 665 Rn. 8.

110 Zu den Reaktionsmöglichkeiten des Auftraggebers siehe MüKoBGB/*Schäfer*, § 665 Rn. 18.

111 Erman/*Berger*,BGB, § 665 Rn. 8.

112 **A.A.** MüKoBGB/*Schäfer*, § 665 Rn. 22, wonach die Abweichungspflicht, anders als die Abweichungsbefugnis, zusätzlich eine Gefahr im Verzug voraussetzt, Pflicht und Befugnis sind somit nicht deckungsgleich; ebenso wohl Jauernig/*Mansel*, BGB, § 665 Rn. 6; siehe aus der Rspr. etwa BGH – IX ZR 270/16, NJW 2018, 541, 542; BGH – IX ZR 199/13, NJW 2015, 770, 771.

113 Sind diese Voraussetzungen nicht gegeben, ist ein Vereinsvorstand freilich nicht gehindert, trotzdem eine Satzungsänderung vorzuschlagen. Im Text geht es nur um die Frage, unter welchen Voraussetzungen er dazu verpflichtet ist.

71 Nun ist zwar die Aufsichtsbehörde nicht der Auftraggeber i.S.d. §§ 664 ff. BGB (Rn. 76). Gleichwohl ist die Situation der beantragten Genehmigung mit der Situation des § 665 S. 2 BGB vergleichbar. Das bedeutet: **Ist mit dem Abwarten der Genehmigung einer Satzungsänderung eine erhebliche Gefahr für die Interessen der Stiftung verbunden, muss das nach der Stiftungsverfassung für die Änderung zuständige Organ (i.d.R. also der Vorstand) die Genehmigung nicht abwarten, sondern darf und muss sich über die Satzung hinwegsetzen (sog. Satzungsdurchbrechung).**[114] Anders gewendet: Liegen diese Voraussetzungen einer Satzungsdurchbrechung vor, ist der Verstoß gegen die Satzung nicht pflichtwidrig, wenn ein Anspruch auf Genehmigung der Satzungsänderung besteht (dazu § 85a Rn. 35), weil die Voraussetzungen des § 85 BGB erfüllt sind.[115]

72 **Beispiel:** Auf das Dach des Gebäudes einer Museumsstiftung ist vom Nachbargrundstück ein Baum gefallen. Der Schaden ist erheblich. Wer ihn zu tragen hat, ist streitig. Um weiteren Schaden zu verhüten, muss die Reparatur des Daches unverzüglich beauftragt werden. Dazu fehlen der Stiftung jedoch die liquiden Mittel. Sie muss daher ein Darlehen aufnehmen. Die Bank verlangt als Sicherheit entweder eine Grundschuld auf das Museumsgrundstück oder die Sicherungsübereignung eines wertvollen Gemäldes. Beides ist nach der Stiftungssatzung nicht gestattet. Um Zeit und Kosten zu sparen, entscheidet sich der Stiftungsvorstand für die Sicherungsübereignung des Gemäldes und beantragt zugleich eine Satzungsänderung, wonach die Bestellung von Sicherheiten aus dem unveräußerlichen Vermögen der Stiftung ausnahmsweise zulässig ist, um Schaden von der Stiftung abzuwenden.

73 Nach § 85 Abs. 4 kann der **Stifter Satzungsänderungen ausschließen. Auch dieses Gebot ist**, wie jeder andere Bestandteil des Stifterwillens, **an dem Maßstab des § 665 BGB zu messen.** Ändert sich die Sachlage in einer vom Stifter ganz unvorhergesehenen Art und Weise, kann § 665 BGB Stiftungsorgane berechtigen und verpflichten, sich auch über diesen Stifterwillen hinwegzusetzen.[116] Anders gewendet: **Für jede Anordnung des Stifters gilt § 665 BGB**, so dass Änderungen der Sachlage Abweichungen rechtfertigen bzw. gebieten können. **Zugespitzt formuliert kann daher der mutmaßliche dem historischen Stifterwillen vorgehen.**

III. § 666: Auskunfts- und Rechenschaftspflicht

74 § 666 BGB regelt die Benachrichtigungs-, Auskunfts- und Rechenschaftspflicht des Beauftragten. Es handelt sich um **selbständig einklagbare Nebenpflichten**, die über ihren ausdrücklich geregelten Anwendungsbereich hinaus nach § 242 BGB jedermann, der (auch) fremde Angelegen-

---

114 Dieses Institut ist im Gesellschaftsrecht namentlich von *Priester*, ZHR 151 (1987), 40, 42 ff. entwickelt worden und nach wie vor streitig; siehe etwa Lutter/Hommelhoff/*Bayer*, GmbHG, § 53 Rn. 27 ff. m.w.N.; Gehrlein/Born/Simon/*Leitzen*, GmbHG, § 53 Rn. 16 m.w.N.; siehe zur AG etwa Grigoleit/*Ehmann*, AktG, § 179 Rn. 31 m.w.N. Soweit Satzungsdurchbrechungen für zulässig gehalten werden, geht es um Beschlüsse der Mitgliederversammlung, die lediglich punktuell, d.h. nicht zustandsbegründend, gegen die Satzung verstoßen. Ein Rekurs auf § 665 BGB wird in diesem Zusammenhang, soweit ersichtlich, nicht erörtert, da weder das Aktien- noch das GmbH-Recht auf diese Vorschrift verweisen. § 665 BGB enthält freilich einen allgemeinen Rechtsgedanken mit Blick auf die Besorgung fremder Geschäfte. Zudem stellt sich auch im GmbH- und Aktienrecht die Frage, ob die Verwaltungsorgane eine Satzungsänderung abwarten oder die Satzung punktuell durchbrechen dürfen, wenn mit dem Abwarten Nachteile für die Interessen der Körperschaft verbunden sind und (deswegen) mit einer Zustimmung der Mitglieder zu rechnen wäre. Siehe aus der Rspr. BGH – II ZR 81/92, NJW 1993, 2246, 2247 sowie hierauf bezugnehmend OLG Köln – 4 Wx 4/18, NZG 2019, 306 f.

115 **A.A.** *Muscheler*, GS Walz, 2007, 451, 462 f.

116 *Burgard*, Gestaltungsfreiheit, 338 f.; für ein aktuelles Beispiel aus der Praxis *ders.*, ZIP 2022, 1098, 1101; siehe auch *Hüttemann*/*Rawert*, ZIP 2021, Beilage zu Heft 33, 1, 39 f.; *Schauer*, npoR 2022, 54, 56 f.

heiten besorgt, treffen.[117] Sie **dienen dem Schutz des Auftraggebers** und **ermöglichen** ihm eine **Kontrolle des Beauftragten.**[118]

Im Vereinsrecht sind die in § 666 BGB genannten Pflichten den Mitgliedern in ihrer Gesamtheit gegenüber zu erfüllen. Dabei hat das einzelne Mitglied allerdings nur im Rahmen der Mitgliederversammlung ein Auskunftsrecht als individuelles Informationsrecht analog § 131 AktG.[119] Überdies hat der Vorstand nicht erst – wie es dem Wortlaut des § 666 Fall 3 BGB entsprechen würde – nach Ablauf seiner Tätigkeit (u.U. also erst nach vielen Jahren), sondern periodisch Rechnung zu legen.[120] Darüber hinaus kann nach § 666 Fall 1 BGB eine Benachrichtigung der Mitglieder erforderlich sein, nämlich immer dann und insoweit, als dies erforderlich ist, um sie in den Stand zu versetzen, von den ihnen zugewiesenen Befugnissen sachgerecht Gebrauch zu machen oder wenn und soweit ihre Interessen gefährdet sind (z.B. drohende Zahlungsunfähigkeit).[121] § 666 Fall 1 und § 665 S. 2 BGB ergänzen sich insofern. Zu informieren ist z.B. über mögliche Interessenkonflikte.[122] 75

Im Stiftungsrecht sollen nach einer früher verbreiteten Meinung die aus §§ 86, 27 Abs. 3, 666 BGB folgenden Ansprüche der Stiftungsaufsichtsbehörde zustehen.[123] Dem ist aus den oben (Rn. 64) genannten Gründen zu widersprechen. Nicht die Stiftungsaufsichtsbehörde, sondern die Stiftung ist Auftraggeber des Stiftungsvorstandes i.S.d. § 666 BGB. Die Pflichten der Stiftung und ihrer Organe gegenüber der Stiftungsaufsicht ergeben sich vor allem aus den Stiftungsgesetzen der Länder. Danach sind Stiftungen bzw. ihre Organe zur Auskunft, Vorlage von Unterlagen, zur jährlichen Rechnungslegung und Erstellung eines Berichts über die Erfüllung des Stiftungszwecks[124] sowie zur Anzeige bestimmter Vorhaben und Ereignisse (insbes. Änderungen in der Zusammensetzung der Stiftungsorgane)[125] verpflichtet. Zudem räumen die Landesgesetze der Stiftungsaufsichtsbehörde für gewöhnlich umfassende Unterrichtungsrechte ein und ermächtigen sie auch, die Bücher und Unterlagen der Stiftung auf deren Kosten von sachverständigen Dritten prüfen zu lassen.[126] 76

Zu widersprechen ist auch der Ansicht, wonach die Verweisung auf § 666 BGB nur Sinn macht, wenn die Stiftung neben dem Vorstand über ein weiteres Organ, insbesondere ein Kontrollgremium verfügt, demgegenüber der Vorstand seine Informationspflichten erfüllen kann.[127] **Die Erfüllung der Pflichten ist** vielmehr **auch dann von** nicht zu unterschätzender **Bedeutung, wenn die Stiftung** entsprechend der gesetzlichen Regelverfassung (§ 84 BGB) **nur einen Vorstand** hat, ja sogar, wenn der Vorstand **nur aus einer Person** besteht. Zwar ist ein Allein- 77

117 Siehe nur RGZ 73, 286, 288 sowie MüKoBGB/*Schäfer*, § 666 Rn. 4; MüKoBGB/*Krüger*, § 259 Rn. 6.

118 Nach Staudinger/*Martinek*/*Omlor*, BGB, § 666 Rn. 5 sollen dem Auftraggeber diejenigen Informationen gegeben werden, die für die Herrschaft über die Auftragsausführung notwendig sind; Soergel/*Beuthien*, BGB, § 666 Rn. 1 und Rn. 3; Jauernig/*Stadler*, BGB, § 666 Rn. 1.

119 Wie hier MüKoBGB/*Leuschner*, § 38 Rn. 22; BeckOK BGB/*Schöpflin*, § 38 Rn. 19; Soergel/*Hadding*, BGB, § 38 Rn. 17; **a.A.** (§ 27 Abs. 3 BGB i.V.m. § 666 BGB) Reichert/*Wagner*, VereinsR Kap. 2 Rn. 1405; MünchHdb. GesR/*Schöpflin*, § 34 Rn. 17; BGHZ 152, 339 = NJW-RR 2003, 830, 830 f.; LG Stuttgart NJW-RR 2001, 1478; KG NZG 1999, 779 m. Anm. *Michalski*/*Arends*.

120 Anstelle vieler MüKoBGB/*Leuschner*, § 27 Rn. 51 ff.; *Segna*, DStR 2006, 1568 ff.

121 Vgl. Staudinger/*Martinek*/*Omlor*, BGB, § 666 Rn. 6; Soergel/*Beuthien*, BGB, § 666 Rn. 1.

122 BGHZ 113, 262, 276; MüKoBGB/*Schäfer*, § 666 Rn. 25, auf das subjektive Informationsbedürfnis des Auftragnehmers kommt es hierbei indes nicht an.

123 RGRK/*Steffen*, BGB, § 86 Rn. 5; *Schwintek*, Vorstandskontrolle, 164.

124 Vgl. hierzu grds. zu den einzelnen Vorgaben Hüttemann/Richter/Weitemeyer/*Spiegel* LandesstiftungsR, Kap. 19 Rn. 19.1 ff. sowie Rn. 19.23 ff.; BeckOGK BGB/*Roth*, § 80 Rn. 396 f.

125 § 13 Abs. 1 BWStiftG, Art. 4 Abs. 2 S. 3, 12 Abs. 2 BayStiftG; § 8 Abs. 1 S. 1 Nr. 1 BlnStiftG; § 7 Abs. 1 BbgStiftG; § 12 Abs. 2 S. 1 Nr. 1 BremStiftG; § 5 Abs. 5 HamStiftG; § 7 Nr. 1 HeStiftG; § 4 Abs. 2 Nr. 1 MVStiftG; § 11 Abs. 2 NdsStiftG; § 7 Abs. 2 S. 1, 12 Abs. 2 S. 2 NRWStiftG; § 5 Abs. 3 RPStiftG; § 11 Abs. 2 S. 1 Nr. 1 SaarStiftG; § 8 Abs. 2 SächsStiftG; § 5 Abs. 3 SAStiftG; § 9 Abs. 1 S. 1 SHStiftG; § 5 Abs. 3 ThStiftG.

126 Siehe Art. 16 Abs. 2 BayStiftG; § 12 HeStiftG; § 11 Abs. 3 NdsStiftG; § 20 NRWStiftG; § 7 Abs. 5 SAStiftG.

127 So MüKoBGB/*Weitemeyer*, § 86 Rn. 22; Staudinger/*Hüttemann*/*Rawert*, BGB, § 86 Rn. 24.

vorstand zugleich allein zur Rechnungslegung verpflichtet und zu ihrer Entgegennahme namens der Stiftung berechtigt. Die Rechnungslegung erscheint in diesem Fall gleichsam als Insichgeschäft. Das lässt die Pflicht zur Rechnungslegung indes weder entfallen, noch ist ihre Erfüllung deswegen sinnlos. Neben einer **Selbstinformation und -kontrolle**[128] sowie ihrer **Planungs- und Steuerungsfunktionen** dient sie selbst in dieser Konstellation **auch** der **Fremdinformation** und -kontrolle. Als Dritte kommen dabei insbesondere in Betracht: ein **Amtsnachfolger**,[129] die Stiftungsaufsicht im Rahmen ihrer landesrechtlichen Unterrichtungs- und Prüfungsbefugnisse, Gerichte, Gläubiger sowie schließlich der **Insolvenzverwalter**. Außerdem: Ohne ordentliche Rechnungslegung kann der Vorstand weder dem **Erhaltungsgebot gemäß § 83c Abs. 1 S. 1 BGB**, noch seiner **Insolvenzantragspflicht** gemäß § 84 Abs. 5 BGB i.V.m. § 42 Abs. 2 S. 1 BGB genügen. Schließlich müssen gemeinnützige Stiftungen gemäß § 63 Abs. 3 AO durch ordnungsgemäße Aufzeichnungen über ihre Einnahmen und Ausgaben nachweisen, dass ihre tatsächliche Geschäftsführung auf die ausschließliche und unmittelbare Erfüllung ihrer steuerbegünstigten Zwecke gerichtet ist.[130]

78 Auch ein Alleinvorstand hat daher **laufende Aufzeichnungen zu führen, Belege zu sammeln** (vgl. § 259 BGB) und **periodisch** einen **Rechenschaftsbericht** zu verfassen. Dabei hat er gemäß **§§ 259 f. BGB** die Einnahmen und Ausgaben sowie ein **Bestandsverzeichnis über das Stiftungsvermögen getrennt nach Grundstockvermögen und sonstigem Vermögen**, s. § 83b BGB und dort Rn. 26, 49) zusammenzustellen und über seine Geschäftsführung, insbesondere die Art und Weise der Verfolgung des Stiftungszwecks sowie über sämtliche bedeutsamen Ereignisse zu berichten.[131]

79 Zudem ist **§ 666 BGB** „entsprechend anzuwenden", und zwar nicht nur auf den Vorstand, sondern gemäß § 84a Abs. 1 S. 1 BGB **auch** auf **andere Organe**. Das bedeutet: Besteht der Vorstand aus mehreren Personen, dann hat jedes einzelne Vorstandsmitglied seine Benachrichtigungs- und Auskunftspflicht (§ 666 Fall 1 und 2 BGB) gegenüber dem Gesamtvorstand zu erfüllen und auf diese Weise seine Kollegen z.B. über mögliche Interessenkonflikte zu informieren. Verfügt die Stiftung über mehrere Organe, dann fordert § 666 Fall 1 BGB, dass alle Organe einander stets dann und insoweit zu informieren haben, als dies erforderlich ist, um sie in den Stand zu setzen, ihre ihnen jeweils zugewiesenen Aufgaben und Befugnissen sachgerecht wahrzunehmen (s. auch oben Rn. 22 ff.).[132] Das gleiche gilt für § 666 Fall 2 BGB. Im Rahmen ihrer jeweiligen Kompetenzen können die Stiftungsorgane den hiernach gegebenen Auskunftsanspruch der Stiftung gegen andere Organe sowie gegen einzelne Organmitglieder namens der Stiftung geltend machen. Und im Blick auf § 666 Fall 3 BGB haben auch andere Stiftungsorgane als der Vorstand einen Bericht über ihre jeweilige Tätigkeit zu erstellen.[133]

80 Und all dies kann gemäß § 84a Abs. 1 S. 3 BGB in der **Stiftungssatzung** oder in Nebenordnungen näher geregelt, ausgestaltet und modifiziert werden. Der Frage, inwieweit § 666 BGB abdingbar ist,[134] kommt hingegen aufgrund der aufsichts- und steuerrechtlichen Rechnungslegungspflichten keine praktische Bedeutung zu. Im Gegenteil: Soll die Stiftung breite Unterstüt-

---

128 Diesen Aspekt hebt *Mühlhäuser*, Publizität, 59 ff., hervor.

129 Nach § 667 BGB muss der Beauftragte u.a. alle Geschäftspapiere herausgeben, Rn. 83. Rechtsgrund dafür ist das Interesse des Auftraggebers an einer ordnungsgemäßen Fortführung der Angelegenheit nach dem Ende des Auftrags, siehe BGH – V ZR 206/14, NJW 2016, 317, 320 a.E. m.w.N. aus der Rspr. BayObLGZ 1969, 209, 214; OLG Hamm NJW-RR 1988, 268, 269.

130 Näher dazu Klein/*Gersch*, AO, § 63 Rn. 3.

131 Hüttemann/Richter/Weitemeyer/*Spiegel* LandesstiftungsR, Kap. 19 Rn. 19.3.

132 Staudinger/*Martinek*/*Omlor*, BGB, § 666 Rn. 5; Soergel/*Beuthien*, BGB, § 666 Rn. 1.

133 Vgl. zum Aufsichtsrat einer AG §§ 120 Abs. 3 S. 2 und 3, 171 Abs. 2 und 175 Abs. 2 AktG und dazu statt anderer Koch/*Koch*, AktG, § 171 Rn. 17.

134 Nach MüKoBGB/*Schäfer*, § 666 Rn. 2 kann § 666 BGB bei Vertragsschluss abgeändert, ausgeschlossen oder erweitert werden; ebs. Staudinger/*Martinek*/*Omlor*, BGB, § 666 Rn. 17; Jauernig/*Mansel*, BGB, § 666 Rn. 1; **a.A.** jurisPK-BGB/*Otto*, § 666 Rn. 3; BeckOK BGB/*Fischer*, § 666 Rn. 7; Palandt/*Sprau*, BGB, § 666 Rn. 1; *Horn*, NJW 2018, 2611, 2612; wonach ein vollständiger Ausschluss u.U. gegen § 138 BGB bzw. § 307 BGB verstößt.

zung erfahren, sollte der Stifter statutarisch für eine über die gesetzlichen Mindestanforderungen hinausgehende Rechnungslegung und Publizität Sorge tragen. Das sollte ihm auch im Interesse einer guten Foundation Governance ein Anliegen sein (§ 84 Rn. 81).[135]

IV. § 667: Herausgabepflicht

Die Herausgabepflichten des § 667 BGB sind unmittelbare **Folge der Fremdnützigkeit** der Organtätigkeit und Gegenstück zu dem Aufwendungsersatzanspruch nach § 670 BGB.[136] Die Norm gibt der Stiftung **zwei Ansprüche:** 81

Zum einen haben Organwalter alles herauszugeben, was sie von der Stiftung für die Wahrnehmung ihrer organschaftlichen Rechte und Pflichten erlangt haben (667 Fall 1 BGB). Dazu gehören nicht nur Gegenstände wie Mobiltelefone, Laptops usw. (s. dazu auch § 83b Rn. 52), bei denen von vornherein klar ist, dass sie zurückzugeben sind, sondern auch Geld, das zum Verbrauch bestimmt ist (insb. Vorschuss nach § 669 BGB), soweit sie nicht bestimmungsgemäß verbraucht werden (wodurch der Herausgabeanspruch erlischt[137]).[138] 82

Zum anderen haben die Organwalter alles herauszugeben, was sie in einem inneren Zusammenhang mit ihrer Organtätigkeit erhalten haben (§ 667 Fall 2 BGB).[139] Dazu gehört insbesondere der gesamte **Schriftverkehr** mit Dritten in Stiftungsangelegenheiten sowie alle **Unterlagen**, die zu Geschäften der Stiftung gehören. Erforderlichenfalls sind solche Unterlagen von Dritten zu beschaffen.[140] Herauszugeben sind ferner alle Art von Akten – **auch selbst angelegte** –, Papiere und Belege.[141] Das schließt nicht aus, dass der Verpflichtete vorübergehend **Kopien** behalten darf, um in einem Prozess **nicht in Beweisnot** zu geraten.[142] Herauszugeben sind schließlich **alle Vermögensvorteile**, die einem Organwalter bei Gelegenheit seiner Organtätigkeit zugeflossen und für ihn bestimmt sind, wenn zu besorgen ist, dass der Beauftragte durch die Zuwendung die Interessen seines Auftraggebers, hier also der Stiftung, hintanstellt.[143] Nicht nur Schmiergelder, sondern Sondervorteile aller Art wie z.B. Geschenke, Preisnachlässe, Provisionen, Skonti, Freifahrten und -flüge sind danach entweder in Natur herauszugeben oder – wenn das nicht möglich ist – in ihrem Wert zu ersetzen.[144] Das gilt **auch** für derartige **Leistungen**, die **an Personen** fließen, **die dem Organwalter nahestehen.**[145] 83

---

135 *Burgard*, ZStV 2015, 1; MüKoBGB/*Weitemeyer* § 86 Rn. 42.

136 Palandt/*Sprau*, BGB, § 667 Rn. 1; Staudinger/*Martinek*/*Omlor*, BGB, § 667 Rn. 19 f.; MüKoBGB/*Schäfer*, § 667 Rn. 1 a.E.

137 BGH – IX ZR 229/07, NJW 2009, 840, 841; BGH – III ZR 27/06, NJW-RR 2008, 1373 Rn. 9; BGH – III ZR 344/02, NJW-RR 2004, 121; Palandt/*Sprau*, BGB, § 667 Rn. 4; BeckOK BGB/*Fischer*, § 667 Rn. 14.

138 BGH – III ZR 291/11, NJW 2012, 3366, 3368 m. Anm. *Armgardt;* BGHZ 152, 168, = NVwZ 2005, 484, 486; BGH NJW 1997, 47, 48; BeckOK BGB/*Fischer*, § 667 Rn. 8; Jauernig/*Mansel*, BGB, § 667 Rn. 6; Schulze/*Wiese*, BGB, § 667 Rn. 3.

139 BGH – V ZR 206/14, NJW 2016, 317, 320 a.E. m.w.N.; Palandt/*Sprau*, BGB, § 667 Rn. 3; vgl. zum Vereinsvorstand Staudinger/*Schwennicke*, BGB, § 27 Rn. 93; BGH – V ZR 206/14, NJW 2016, 317, 320.

140 MüKoBGB/*Schäfer*, § 667 Rn. 11; OLG Hamm NJW-RR 1988, 268, 269.

141 Differenzierend jedoch Palandt/*Sprau*, BGB, § 667 Rn. 3, soweit es sich nicht lediglich um reine Arbeitshilfen des Beauftragten handelt; siehe aus der Rspr. etwa BGH – III ZR 105/11, NJW 2012, 58, 60 zum Mietverwalter; BGH NJW-RR 2001, 1667, zur Bauunterlagenherausgabepflicht des Bauträgerverwalters; vgl. zu Ausnahmen im Hinblick auf Geheimhaltungsinteresse und datenschutzrechtlichen Belangen etwa BGH – III ZR 148/06, NJW 2007, 1528 f.

142 Zur Darlegungs- und Beweislast ausführlich Krieger/Schneider/*Born*, Hdb Managerhaftung, § 14 Rn. 14.3 ff.

143 Vgl. BGH NJW-RR 1988, 1104, 1105 zum Architektenvertrag.

144 BAG NJW 2015, 429 Rn. 36; BAG NJW 2006, 3803, 3804 f.; BGH NJW-RR 1992, 560, 561; Staudinger/*Martinek*/*Omlor*, BGB, § 667 Rn. 11; Palandt/*Sprau*, BGB, § 667 Rn. 7; BeckOK BGB/*Fischer*, § 667 Rn. 11; *Gragert*, NJW 2006, 3762.

145 BGH – III ZR 282/14, NJW-RR 2016, 1391, 1393; BAG NJW 2015, 429 Rn. 37; BGH – 3 StR 28/14, NJW 2014, 2299; BGH NJW 1991, 1224; BGH NJW-RR 1987, 1380, 1381; Staudinger/Martinek/Omlor, BGB, § 667 Rn. 11; a.A. MüKoBGB/Schäfer, § 667 Rn. 14.

84 Zwar trifft die Stiftung die **Beweislast** hinsichtlich aller anspruchsbegründenden Tatsachen, also auch hinsichtlich des dienstlich Erlangten (Rn. 82). Sie hat aber auch diesbezüglich den **Auskunftsanspruch aus § 666 BGB.**[146]

85 **Nicht** aus der Geschäftsbesorgung erlangt ist, was der Organwalter zwar für die Stiftung hätte erwerben sollen, tatsächlich aber für eigene Rechnung erworben hat.[147] Darin liegt aber eine Pflichtverletzung, nämlich die Interessen der Stiftung wahrzunehmen, aus der eine entsprechende Ersatzpflicht folgt,[148] die auch den entgangenen Gewinn umfasst (§ 252 BGB). Pflichtwidrig ist insb. die Wahrnehmung von der Stiftung zustehenden Geschäftschancen (Anh. 1 zu § 84a Rn. 15).

86 Allerdings ist nach § 84a Abs. 1 S. 3 BGB auch § 667 BGB **dispositiv.** So ist zum Beispiel denkbar, dass Organwaltern Gegenstände endgültig und zum privaten Gebrauch überlassen werden. Darin ist dann freilich eine **Vergütung** zu sehen, die nach § 84a Abs. 1 S. 2 und S. 3 BGB in der Satzung vorgesehen sein muss und in die Entgeltgrenze des § 31a BGB einzurechnen ist. Ein nachträglicher Verzicht auf Ansprüche aus § 667 BGB begegnet zudem den allgemeinen Grenzen, die für Stiftungen hinsichtlich eines Verzichts gezogen sind (vgl. Rn. 140). Und § 667 BGB statutarisch ganz abzubedingen, würde die Fremdnützigkeit des Organhandelns in Frage stellen.[149] In diesen Grenzen sind jedoch Modifikationen möglich.

V. § 668: Verzinsungspflicht

87 § 668 BGB ist eine Sanktionsnorm für die pflichtwidrige Verwendung von nach § 667 BGB herauszugebenden Geldern zu eigenen Zwecken.[150] Sie enthält die **unwiderlegliche Vermutung,** dass der Organwalter einen Vorteil mindestens in Höhe des gesetzlichen Zinssatzes (§ 256 BGB) erlangt hat.[151] Auf ein Verschulden kommt es nicht an.[152] Die Zinspflicht beginnt und endet mit der pflichtwidrigen Verwendung.[153] Andere Ansprüche aus allgemeinen Vorschriften bleiben unberührt. Der Anspruch ist in den von allgemeinen Grundsätzen gezogenen Grenzen (u. Rn. 115) verzichtbar.

VI. § 669: Vorschusspflicht

88 Die Vorschrift beinhaltet einen vorweggenommenen Aufwendungsersatzanspruch. Ihre Voraussetzungen entsprechen daher denen des § 670 BGB (Rn. 89). Zudem muss der Organwalter den Vorschuss verlangen. Freilich muss er auch den Aufwendungsersatzanspruch geltend machen. Der Anspruch kann statutarisch ausgeschlossen werden. Im Blick auf § 181 BGB ist zu bemerken, dass die Leistung eines Aufwendungsvorschusses bzw. -ersatzes in Erfüllung einer Verbindlichkeit geschieht.

---

146 MüKoBGB/*Schäfer*, § 667 Rn. 42; BeckOK BGB/*Fischer*, § 667 Rn. 22; Jauernig/*Mansel*, BGB, § 667 Rn. 9; BGH NJW-RR 1989, 1206.

147 Staudinger/*Martinek*/*Omlor*, BGB, § 667 Rn. 14 m.w.N.; BeckOK BGB/*Fischer*, § 667 Rn. 12; RGZ 152, 349, 352.

148 Staudinger/*Martinek*/*Omlor*, BGB, Rn. 14; BeckOK BGB/*Fischer*, § 667 Rn. 12.

149 Staudinger/*Hüttemann*/*Rawert*, BGB, § 27 Rn. 25; vgl. auch MüKoBGB/*Weitemeyer*, § 86 Rn. 22 a.E., der Stiftungsvorstand ist eine Art Treuhänder; siehe zum Vereinsrecht MüKoBGB/*Leuschner*, § 27 Rn. 90 f.

150 BGH – V ZR 60/20, BeckRS 2021, 15685; BGH – VI ZR 307/18, NJW 2019, 3003, 3004; Staudinger/*Martinek*/*Omlor*, BGB, § 668 Rn. 1; MüKoBGB/*Schäfer*, § 668 Rn. 1; BeckOK BGB/*Fischer*, § 668 Rn. 1.

151 BeckOK BGB/*Fischer*, § 668 Rn. 2; ebs. MüKoBGB/*Schäfer*, § 668 Rn. 1; Staudinger/*Martinek*/*Omlor*, BGB, § 668 Rn. 9; Palandt/*Sprau*, BGB, § 668 Rn. 1.

152 Jauernig/*Mansel*, BGB, § 668 Rn. 1; vgl. Palandt/*Sprau*, BGB, § 668 Rn. 1 a.E.; Staudinger/*Martinek*/*Omlor*, BGB, § 668 Rn. 2.

153 MüKoBGB/*Schäfer*, § 668 Rn. 7; Erman/*Berger*, BGB, § 668 Rn. 2; vgl. die Beispiele in Staudinger/*Martinek*/*Omlor*, BGB, § 668 Rn. 6.

VII. § 670: Aufwendungsersatz

Voraussetzungen des Anspruchs eines Organwalters gegen die Stiftung aus § 670 BGB sind das (zumindest vermeintliche) Bestehen eines organschaftlichen Rechtsverhältnisses, Aufwendungen seitens des Organwalters und Erforderlichkeit dieser Aufwendungen. 89

Grundsätzlich setzt § 670 BGB das Bestehen eines Vertrags zur Besorgung fremder Geschäfte – hier also das Bestehen eines organschaftlichen Rechtsverhältnisses – voraus. Ist das Rechtsverhältnis aber nicht zustande gekommen bzw. unwirksam, so sind nach ständiger Rechtsprechung die Vorschriften der **Geschäftsführung ohne Auftrag (§§ 683, 670 BGB) entsprechend** anzuwenden.[154] Aufwendungsersatz kann der Organwalter überdies bei gescheiterter,[155] nicht aber bei unterlassener Geschäftsbesorgung verlangen.[156] 90

Aufwendungen sind **freiwillige Vermögensopfer** (zu Schäden Rn. 94) im Interesse eines anderen,[157] hier also der Stiftung, die der Beauftragte, hier also der Organwalter, in Folge oder zur Ausführung des Auftrags, hier seines Amtes, erbracht hat. **Keine** Aufwendungen im Sinne des § 670 BGB sind die **Arbeitszeit**, die Arbeitskraft und **entgangene Verdienstmöglichkeiten.**[158] Ebenfalls keine Aufwendungen sind Kosten des Organwalters, die nicht durch seine Amtsausübung ausgelöst worden sind (sog. **„Sowieso-Aufwand“**).[159] 91

Die **Erforderlichkeit von Aufwendungen** ist nach einem subjektiv-objektiven Maßstab zu beurteilen. Sie ist dann anzunehmen, wenn die Aufwendungen dem Organwalter nach seinem pflichtgemäßen Ermessen zur Wahrnehmung seiner Aufgaben geeignet und erforderlich erscheinen und sie zudem in einem angemessenen Verhältnis zur Bedeutung des konkreten Geschäfts für die Stiftung stehen.[160] Aufwendungen, die bei ordentlicher Prüfung nicht oder nicht in gleicher Höhe entstanden wären, sind nicht erforderlich und also nicht ersatzfähig.[161] 92

Der Aufwendungsersatzanspruch kann ausgeschlossen, der Höhe nach begrenzt oder an den Eintritt eines Erfolges geknüpft werden. Wird er pauschaliert, ist zu beachten, dass die Grenze zur Entgeltlichkeit (näher Rn. 96 ff.) ohne Satzungsgrundlage nicht überschritten werden darf. Das Gleiche gilt, wenn die Anforderungen an die Erforderlichkeit der Aufwendungen abgesenkt werden, die Erforderlichkeit z.B. vermutet wird. In beiden Fällen ist auch die Entgeltgrenze des § 31a BGB zu bedenken. 93

Im Unterschied zu anderen Rechtsordnungen hat das BGB bewusst darauf verzichtet, eine Ersatzpflicht des Auftraggebers für **Schäden** zu normieren, die dem Beauftragten bei der Ausführung des Auftrages entstehen.[162] Inzwischen ist im Grundsatz anerkannt, dass § 670 BGB auf solche Schäden **analog** anwendbar ist, die auf einer mit der Besorgung des Geschäfts verbunde- 94

---

154 St. Rspr., BGH – III ZR 291/11, NJW 2012, 3366, 3368; BGHZ 101, 393, 399; BGHZ 39, 87, 90; BGHZ 37, 258, 263; ebs. BeckOK BGB/*Fischer*, § 670 Rn. 3.

155 Siehe MüKoBGB/*Schäfer*, § 670 Rn. 20; BeckOK BGB/*Fischer*, § 670 Rn. 4; Jauernig/*Mansel*, BGB, § 670 Rn. 2; vgl. BAG – 9 AZR 657/02, NJW 2004, 2036, 2037.

156 Ständige Rspr., etwa BGH – III ZR 399/14, NJW-RR 2016, 1385, 1385 f.; BGHZ 137, 43, 46; OLG Karlsruhe – 17 U 5/14, ZIP 2015, 1918, 1921; ebs. Erman/*Berger*, BGB, § 670 Rn. 6.

157 BGHZ 59, 328, 329; BGH NJW 1989, 2816, 2818; BeckOK BGB/*Fischer*, § 670 Rn. 4; Staudinger/*Martinek*/*Omlor*, BGB, § 670 Rn. 7; Palandt/*Sprau*, BGB, § 670 Rn. 3.

158 BGH – III ZR 78/10, NJW 2011, 1726, 1727 a.E.; BGH NJW-RR 1988, 745, 746; Staudinger/*Martinek*/*Omlor*, BGB, § 670 Rn. 10; Palandt/*Sprau*, BGB, § 670 Rn. 3; Jauernig/*Mansel*, BGB, § 670 Rn. 2.

159 BGH – III ZR 399/14, NJW-RR 2016, 1385, 1385 f.; vgl. BGH NJW 2000, 3712, 3714.

160 BGH – XI ZR 437/11, NJW 2012, 2337 Rn. 20; Staudinger/Martinek/Omlor, BGB, § 670 Rn. 13; MüKoBGB/Schäfer, § 670 Rn. 23; Erman/Berger, BGB, § 670 Rn. 12.

161 BGH NJW 2000, 1563, 1565; OLG Düsseldorf NZM 2004, 832, 833; BayObLG NJW-RR 2001, 158; OLG Köln OLGR 2000, 181, 182; BeckOK BGB/*Fischer*, § 670 Rn. 11; Schulze/*Wiese*, BGB, § 670 Rn. 5.

162 Prot. II 2317–2322 = Mugdan II 951 ff.

nen erhöhten Gefahr beruhen.[163] Erforderlich ist also eine **auftragsbezogene Gefahrenerhöhung**. Dementsprechend sind Schäden, die dem allgemeinen Lebensrisiko des Beauftragten entspringen, selbst dann grundsätzlich nicht zu ersetzen, wenn sie ohne die fremdnützige Tätigkeit nicht entstanden wären.[164] Von diesem Grundsatz gibt es allerdings wichtige **Ausnahmen**. Insbesondere hat der Auftraggeber einem unentgeltlich tätigen Auftragnehmer auch Schäden aus der **Betriebsgefahr** eines vom Beauftragten eingesetzten Fahrzeugs zu ersetzen.[165] Aufgrund des Einwands des **Mitverschuldens** (§ 254 BGB) entfällt ein Ersatzanspruch, wenn der Beauftragte bewusst eine Erhöhung der Gefahr herbeigeführt hat[166] oder die Besorgung für den Auftraggeber mit einem eigenen Geschäft verbunden hat.[167]

95 Der **Beauftragte** hat, wie sonst auch, die anspruchsbegründenden Voraussetzungen **darzulegen und zu beweisen**. Er muss daher die einzelnen Ausgaben substantiiert vortragen, was der Sache nach der Erfüllung seiner Rechnungslegungspflicht gem. § 666 BGB gleichkommt.[168]

F. Grundsatz der Unentgeltlichkeit

I. Allgemeines

96 Bereits aus der Verweisung auf das Auftragsrecht ergibt sich, dass Organmitglieder grundsätzlich unentgeltlich tätig sind.[169] Abs. 1 S. 2 stellt das in Übereinstimmung mit § 27 Abs. 3 S. 2 BGB[170] klar, wobei letztere Vorschrift unmittelbar nur für Vorstandsmitglieder gilt. Die Vorschrift ist nach Satz 3 ebenfalls satzungsdispositiv. **Ohne eine entsprechende Satzungsbestimmung darf Organmitgliedern keine Vergütung gezahlt werden.**[171] Ohne satzungsmäßige Grundlage ist die Auszahlung und die Entgegennahme eines Entgelts eine Pflichtverletzung der handelnden Organmitglieder.[172]

97 Die Satzungsbestimmung kann in einer bloßen **Öffnungsklausel** bestehen, die die Fragen, ob Organmitglieder eine Vergütung erhalten, welche Organmitglieder eine Vergütung erhalten und wie hoch die Vergütung sein soll, dem pflichtgemäßen Ermessen eines Organs überlässt.

163 Die Rechtsprechung wendet § 670 BGB überwiegend direkt an, s. BFH NJW 2018, 1902 Rn. 30; BGH NJW 1993, 2234; BGHZ 92, 270, 271 = NJW 1985, 492; BGHZ 38, 302, 304 = NJW 1963, 390, 392; BGHZ 33, 251, 257 = NJW 1961, 359, 360; OLG Köln BeckRS 2017, 145913 Rn. 12; OLG Stuttgart NJW-RR 2011, 606, 607 f.; instruktiv OLG Celle NJW 1965, 2348, 2349. Für eine analoge Anwendung des § 670 BGB MüKoBGB/*Schäfer*, § 670 Rn. 17; BeckOK BGB/*Fischer*, § 670 Rn. 15; Staudinger/Martinek/Omlor, BGB, § 670 Rn. 17 ff., 23; **krit.** Palandt/*Sprau*, BGB, § 670 Rn. 11 (Ausweitung des Aufwendungsbegriffs methodisch unsauber).

164 BGH NJW 1993, 2235; BGH NJW 1985, 269; BGH NJW 1963, 390, 392; OLG Köln BeckRS 2017, 145913 Rn. 12; BeckOK BGB/*Fischer*, § 670 Rn. 15; Schulze/*Wiese*, BGB, § 670 Rn. 8; MüKoBGB/Schäfer, § 670 Rn. 18.

165 BGH NJW 1963, 251, 252 a.E.; Palandt/*Sprau*, BGB, § 670 Rn. 11 mit Verweis darauf, dass die sich realisierende Gefahr bei einem gewerbsmäßig Beauftragten nicht zu dessen Betriebsrisiko gehören darf.

166 *Genius*, AcP 173 (1973), 513; MüKoBGB/*Schäfer*, § 670 Rn. 18 a.E.; BeckOK BGB/*Fischer* § 670 Rn. 25; Staudinger/*Martinek*/*Omlor*, BGB, § 670 Rn. 27.

167 BGH NJW 1960, 1568, 1569; MüKoBGB/*Schäfer*, § 670 Rn. 18; BeckOK BGB/*Fischer*, § 670 Rn. 25.

168 BGH – III ZR 333/08, NJW-RR 2009, 1666, 1668; MüKoBGB/*Schäfer*, § 670 Rn. 36; BGH – III ZR 333/08, NJW-RR 2009, 1666, 1668; OLG Nürnberg – 12 U 567/13, ZIP 2015, 427, 428, zur Darlegung- und Beweislast der AG für eine Haftungsklage gegen den Vorstand wegen Reisekostenerstattung gem. § 812 Abs. 1, S. 1 Alt. 1 BGB.

169 Werner/Saenger/Fischer/*Werner*, Die Stiftung, § 10 Rn. 90; MüKoBGB/*Weitemeyer*, § 86 Rn. 9; MünchHdb GesR V/*Schwarz van Berk*/*Fischer*, § 100 Rn. 4; Richter/*Godron*, Stiftungsrecht, § 6 Rn. 59 f.; Palandt/Ellenberger, BGB, § 86 Rn. 1; Cranshaw/Hippeli, ZIP 2018, 668, 673; *Hüttemann*, DB 2013, 774, 777; *Reuter*, npoR 2013, 41, 42; *Arnold*, NPLYB 2012/2013, 63, 77.

170 Eingeführt durch Art. 6 Nr. 1 Gesetz zur Stärkung des Ehrenamtes und Art. 12 Abs. 4 Gesetz zur Stärkung des Ehrenamtes vom 21.3.2013, BGBl. I 556.

171 Begr. RegE, BR-Ds. 663/12, 23.

172 BGH NJW-RR 1988 745, 748; Palandt/*Ellenberger*, BGB, § 27 Rn. 5.

Die Satzung kann diese Fragen aber auch im Einzelnen regeln. In diesem Fall bedarf es keines Abschlusses eines Anstellungsvertrags mehr (Rn. 46).[173] Vielmehr ergibt sich der Vergütungsanspruch dann unmittelbar aus der Satzung.[174] Er ist dann organschatflicher und nicht schuldrechtlicher Natur.[175] In der Satzung kann auch festgelegt werden, dass eine Vergütung erst ab einem bestimmten Zeitpunkt (z.B. Tod des Stifters) oder dem Eintritt eines bestimmten Ereignisses (z.B. Verdoppelung des Grundstockvermögens) gezahlt (oder erhöht) wird.

Unter Vergütung werden **sämtliche Geld- und Sachleistungen sowie geldwerte Vorteile** 98
verstanden, die als Gegenleistung für die amtliche Tätigkeit des Organmitglieds anzusehen sind.[176] Dabei ist zu beachten, dass die Höhe der Vergütung weder im Verhältnis zu der vom Vorstand zu leistenden Tätigkeit (Drittvergleich) noch im Verhältnis zu den der Stiftung zur Verfügung stehenden Mitteln unangemessen hoch sein darf.[177] Das gilt nicht nur für gemeinnützige Stiftungen (§ 55 Abs. 1 Nr. 3 AO), sondern auch für privatnützige Stiftungen (§ 83b Abs. 4 S. 2 BGB). Die Zahlung und Entgegennahme einer überhöhten Vergütung ist pflichtwidrig, wenn die Höhe der Vergütung nicht in der Satzung festgelegt ist.

Stets pflichtwidrig ist die **Zahlung und Entgegenahme von verdeckten Vergütungen.**[178] 99
Das gilt auch dann, wenn die Satzung Vergütungen zulässt. Verdeckte Vergütungen sind erstens alle geldwerten Vorteile, auf die das begünstigte Organmitglied keinen Anspruch hat, mit Ausnahme von Anstandsgeschenken bis zu einer Wertgrenze von 35 Euro p.a.[179] Dazu gehört etwa die unentgeltliche Stellung eines Autos zum auch privaten Gebrauch oder die Erstattung von überhöhten (z.B. First-Class-Flug) oder unnötigen (z.B. „Dienstreise" nach Florida) Aufwendungen. Zweitens gehören hierher Gegenleistungen für Güter und Dienstleistungen (z.B. Rechtsgutachten), die einem Drittvergleich nicht standhalten. Beides gilt schließlich auch für Leistungen an Personen, die einem Organmitglied nahestehen. Die Anstellung der Ehefrau eines Organmitglieds als geringfügig beschäftigte „Sekretärin" ist eine verdeckte Vergütung des Organmitglieds, wenn die Gattin für ihr Gehalt keine adäquate Leistung erbringt.

Besonders kritisch sind Aufwandspauschalen. Sie dürfen nur gezahlt werden, wenn die 100
Pauschale nicht überhöht ist. Überhöht ist die Pauschale, wenn sie für nicht tatsächlich entstandenen und belegbaren Aufwand gezahlt wird oder Kosten beinhaltet, die üblicherweise nicht ohne Einzelnachweis ersetzt werden.[180] Ist die Aufwandspauschale zu hoch, handelt es sich um die pflichtwidrige Zahlung und Entgegennahme einer verdeckten Vergütung.

Vereinbarungen über pflichtwidrig überhöhte und verdeckte Vergütungen mit Organmit- 101
gliedern können wegen Missbrauchs der Vertretungsmacht unwirksam sein. Jedenfalls sind sie pflichtwidrig und zwar nicht nur von Seiten desjenigen, zu dessen Gunsten sie geschlossen werden, sondern auch von Seiten des- oder derjenigen, der bzw. die sie namens der Stiftung schließen. Die hieraus folgenden Ersatzansprüche sind grundsätzlich nicht verzichtbar und müssen von dem zuständigen Organ namens der Stiftung geltend gemacht werden, andernfalls dessen Mitglieder gleichfalls pflichtwidrig handeln und ggf. schadensersatzpflichtig sind (Anh. 1 zu § 84a Rn. 22 ff., 35 ff.). Zudem sind solche verbotenen Zahlungen als Untreue i.S.d.

---

173 Richter/*Godron*, Stiftungsrecht, § 10 Rn. 56; Werner/Saenger/Fischer/*Werner*, § 10 Rn. 90; MüKoBGB/*Weitemeyer*, § 86 Rn. 7; *Reuter*, npoR 2013, 41, 42 f. Zur sozialversicherungsrechtlichen und steuerlichen Behandlung der Vergütung *Dehesselles/Katzer/Zayoz*, Die Aufwandsentschädigung des ehrenamtlichen Vereinsvorstands, 2017, 21 ff.

174 BeckOGK AktG/*Spindler*, § 113 Rn. 8; MüKoAktG/*Habersack*, § 113 Rn. 31; Koch/*Koch*, AktG, § 113 Rn. 3; zum Stiftungsrecht bereits *Burgard*, Gestaltungsfreiheit, 428 ff.

175 BeckOGK AktG/*Spindler*, § 113 Rn. 8; MüKoAktG/Habersack, § 113 Rn. 31; Koch/*Koch*, AktG, § 113 Rn. 3; *Vetter*, ZIP 2008, 1, 2.

176 BGH ZIP 1988, 706, 708; siehe für das Vereinsrecht Reichert/*Wagner*, VereinsR Kap 2 Rn. 2068.

177 MünchHdb GesR V/*Gummert*, § 92 Rn. 50; Werner/Saenger/Fischer/*Werner*, Die Stiftung, § 10 Rn. 90; Reichert/*Wagner*, VereinsR Kap 2 Rn. 2068.

178 Vgl. BGH ZIP 1988, 706, 707; MüKoBGB/*Leuschner*, § 27 Rn. 60 a.E.

179 Vgl. Palandt/*Weidenkaff*, BGB, § 534 Rn. 3.

180 BGH ZIP 1988, 706, 707; BeckOK BGB/*Schöpflin*, § 27 Rn. 28; MüKoBGB/*Leuschner*, Rn. 60 m.w.N.

§ 266 StGB einzustufen,[181] wenn die Pflichtwidrigkeit klar (evident) und deutlich (gravierend) ist.[182]

102 **Keine Vergütung**, auch keine verdeckte Vergütung, ist die Zahlung der **Prämien für eine Vermögensschaden-Haftpflicht-Gruppenversicherung** gegen von Organmitgliedern verursachte Schäden; denn der Abschluss einer solchen Versicherung liegt im Interesse der Stiftung (vgl. u. Rn. 105).[183] Außerdem fließen den Organmitgliedern dadurch keine Vorteile zum privaten Nutzen zu.[184] Einer Satzungsermächtigung bedarf es zum Abschluss einer solchen Versicherung nicht. Zum Abschluss einer D&O-Versicherung u. Rn. 105 ff.

II. Anstellungsvertrag

103 Von der Bestellung eines Organwalters (dazu § 81 Rn. 65 f.) ist seine Anstellung zu unterscheiden. Wird ein entgeltlicher Anstellungsvertrag geschlossen, handelt es sich um einen Dienstvertrag.[185] Ein Anstellungsvertrag muss aber nicht notwendigerweise abgeschlossen werden. Vielmehr können alle in einem solchen Vertrag zu regelnden Einzelheiten (wie zum Beispiel Berechnung der Vergütung, Urlaubs- oder Ruhegeldansprüche, Nebenleistungen wie Dienstwagen oder die Zulässigkeit von Nebentätigkeiten) auch in der Satzung festgelegt werden (Rn. 33).[186] Enthält die Satzung – wie regelmäßig – nur eine Ermächtigungsnorm, bedarf es dagegen eines Anstellungsvertrags. Zuständig ist, nach der gesetzlichen Regelverfassung, der Vorstand. Besteht der Vorstand nur aus einer Person, muss dann allerdings für den Abschluss des Anstellungsvertrages ein Notvorstand (§ 84c BGB) bestellt werden.

G. Haftungsbeschränkung

104 Nach Absatz 1 Satz 3 kann die Haftung von Organmitgliedern für Pflichtverletzungen in der Satzung beschränkt werden. Als Haftungsbeschränkung kommt erstens eine **Anhebung des Verschuldensgrads** auf grobe Fahrlässigkeit auch für hauptamtliche Organmitglieder in Betracht. Nur die Haftung wegen Vorsatz kann nicht im Voraus erlassen werden (§ 276 Abs. 3 BGB). Ferner kann die Satzung eine **Milderung des Sorgfaltsmaßstabs** des § 84a Abs. 2 S. 1 BGB auf den allgemeinen Sorgfaltsmaßstab des § 276 Abs. 2 BGB oder auf die Sorgfalt in eigenen Angelegenheiten (§ 277 BGB) vorsehen. Und drittens kann die **Haftung betragsmäßig begrenzt** werden.

105 Schließlich kann der **Abschluss einer Versicherung** zugunsten von Organmitgliedern statutarisch vorgesehen werden. So eine Versicherung hat gleich mehrere Vorteile. Erstens werden Schadensersatzansprüche weder dem Grunde noch der Höhe nach beschränkt. Zweitens erhält die Stiftung einen solventen Schuldner. Und drittens wird die „Beißhemmung" gegenüber Kolle-

---

181 BGH ZIP 2016, 2467 Rn. 27; BGH NJW 2011, 1747, 1749; BGH NJW 2011, 88, 91 f.; BGH wistra 2010, 445 Rn. 10 f. m. Anm. *Büch*, wistra 2011, 20; OLG Köln – Ws 254/13, NZWiSt 2013, 396, 397 m. Anm. *Lindemann/Andreschewski/*; *Linssen/Queling*, NZWiSt 2016, 139, 144; *Werner*, ZWH 2013, 348 ff.; *Gräwe/v. Maltzahn*, BB 2013, 329, 331 f., 334 f.; Werner/Saenger/Fischer/*Lassmann*, Die Stiftung, § 31 Rn. 16; Krieger/Schneider/*Krause*, Hdb Managerhaftung, § 40 Rn. 25 ff.; *Lassmann*, NStZ 2009, 473 ff.

182 BVerfGE 216, 170, 210 f.; BGH ZIP 2002, 346, 350; BGHSt 47, 148 = ZIP 2002, 346 Rn. 55; BGHSt 47, 187 = NJW 2002, 1585 Rn. 33 f.; BGHSt 50, 331 = ZIP 2006, 72 Rn. 33 ff.; näher *Wagner*, ZStW 131 (2019), 319 ff.

183 MüKoAktG/*Habersack*, AktG, § 113 Rn. 16; Koch/*Koch*, AktG, § 113 Rn. 5; BeckOGK AktG/*Spindler*, § 113 Rn. 18 f.; Hölters/Weber/*Groß-Bölting/Rabe*, AktG, § 113 Rn. 23; **a.A.** (Interesse des Organmitgliedes) *Armbrüster*, NJW 2016, 897, 900; *Fassbach/Wettig*, GWR 2016, 199; offen gelassen von BGH ZIP 2009, 860 Rn. 23.

184 Hölters/Weber/*Groß-Bölting/Rabe*, AktG, § 113 Rn. 23; Koch/*Koch*, AktG, § 113 Rn. 5, jew. m.w.N.

185 Palandt/*Weidenkaff*, BGB, Einf. v. § 611 Rn. 23; *Cranshaw/Hippeli*, ZIP 2018, 668, 673, dort auch zu den im Anstellungsvertrag zu treffenden Regelungsgegenständen.

186 Scholz/*Hohenstatt*, GmbHG, § 35 Rn. 371 ff.

gen vermindert. Allerdings sollte ein spürbarer Selbstbehalt vereinbart werden, um die Handlungssteuerungsfunktion von Haftungsnormen nicht auszuhöhlen und die Kosten der Versicherung zu vermindern. Soweit Organmitglieder ehrenamtlich tätig sind und § 31a BGB nicht ausgeschlossen ist (Abs. 3 S. 2) und sie daher nur für grobe Fahrlässigkeit haften, ist darauf zu achten, dass die Versicherung auch leicht fahrlässig verursachte Schäden ersetzt. Derartige Versicherungen sind für Vereine und Stiftungen erschwinglich.

Zumeist, zumal bei älteren Bestandsstiftungen, wird der Stifter die Frage allerdings nicht bedacht haben, sodass eine entsprechende Satzungsermächtigung fehlt. Die zuständigen Stiftungsorgane können die Satzung dann nach § 85 Abs. 3 BGB entsprechend ergänzen. In diesem Fall ist aber zwingend eine signifikante Selbstbeteiligung vorzusehen, um die Handlungssteuerungsfunktion der Haftungsdrohung zu erhalten. Um zu vermeiden, dass die Versicherungsbeiträge als Vergütung bewertet werden, sollte zudem eine Gruppen- und keine Einzelvermögenshaftpflichtversicherung abgeschlossen werden.[187] Zum Abschluss einer Vermögensschadenshaftpflichtversicherung o. Rn. 102. **106**

Eine Satzungsermächtigung zum Abschluss einer D&O-Versicherung lässt die Pflichten der zuständigen Stiftungsorgane bei dem Abschluss selbstverständlich unberührt. Sie müssen daher nicht nur einen Anbieter mit einem aus Sicht der Stiftung angemessenen Preis-/Leistungsverhältnis suchen, sondern auch prüfen, ob das Preis-Risiko-Verhältnis angesichts der Vermögens- und Ertragslage der Stiftung nicht unverhältnismäßig ist. **107**

H. Satzungsvorbehalt

Nach dem Wortlaut von Absatz 1 Satz 3 kann „in der Satzung" von den Sätzen 1 und 2 abgewichen und die Haftung von Organmitgliedern beschränkt werden. Fraglich ist, ob in die Vorschrift ein „nur" hineinzulesen ist. Diese Frage verlangt nach einer differenzierten Antwort. **108**

„Nur" durch die Satzung kann eine **Haftungsbeschränkung** i.S.d. der Rn. 104 eingeführt werden. Das ergibt sich aus der Gesetzgebungshistorie; denn im Regierungsentwurf war noch vorgesehen, dass eine Haftungsbeschränkung nur in der Errichtungssatzung vorgesehen werden kann. **109**

Desgleichen „nur" durch die Satzung kann von **Absatz 1 Satz 2** abgewichen werden. Das ergibt sich gleichfalls aus der Gesetzgebungshistorie, hier nämlich schon aus der Einführung der Vorgängernorm (§ 27 Abs. 3 BGB).[188] **110**

Die Gestattung einer **Substitution** iSd. § 664 S. 2 BGB muss wegen des Hinzutretens einer weiteren „Hauptperson" auch in der Satzung erfolgen; denn darin liegt eine Modifizierung der Organisationsverfassung. **111**

§ 665 BGB ist allenfalls in engen Grenzen dispositiv, da die Bindung der Stiftungsorgane an die Stiftungsverfassung und den Stifterwillen nicht dispositiv sind. Durch die Satzung eingeführt werden kann allerdings ein Organ mit Weisungsbefugnis gegenüber dem Vorstand. **112**

§ 666 BGB ist insofern ebenfalls nur eingeschränkt dispositiv, als die Rechenschaftspflicht schon wegen § 83c Abs. 1 S. 1, § 84 Abs. 5 BGB i.V.m. § 42 Abs. 2 BGB nicht gänzlich ausgeschlossen werden kann. Die nähere Ausgestaltung der Pflichten nach § 666 BGB allein der Satzung vorzubehalten oder auch nur eine Satzungsermächtigung hierfür zu verlangen, ist jedoch nicht sachgerecht. Im Blick auf den Vorstand gehört die Buch- und Rechnungsführung zu seinen zentralen Geschäftsführungspflichten, deren nähere Ausgestaltung der Stifter in der Satzung zwar vornehmen kann, aber nicht vornehmen muss. Und ist in der Satzung ein Aufsichtsorgan vorge- **113**

187 MüKoAktG/*Habersack*, § 113 Rn. 16; Koch/*Koch*, AktG, § 113 Rn. 5; Hölters/Weber/*Groß-Bölting/Rabe*, AktG, § 113 Rn. 23; *Lutter/Krieger/Verse*, Rechte und Pflichten des Aufsichtsrats, Rn. 1038; *Schüppen/Sanna*, ZIP 2002, 550, 552 f.; *Lange*, ZIP 2001, 1524, 1526 ff.; *Vetter*, AG 2000, 456, 457; *Mertens*, AG 2000, 447, 452.
188 Begr. RegE., BR-Ds. 663/12, 23.

sehen, dann gehört die Schaffung einer „Informationsordnung" zu dessen zentralen Aufgaben, die durch die Satzung vorgegeben werden kann, aber nicht muss.

114 **§ 667 BGB** ist wiederum nur in recht engen Grenzen dispositiv (Rn. 86).

115 Der Anspruch aus **§ 668 BGB** ist in den von allgemeinen Grundsätzen gezogenen Grenzen (u. Anh. 1 zu § 84a Rn. 22) verzichtbar. Einer Satzungsermächtigung bedarf es hierfür nicht. Einer Satzungsregelung bedürfte nur ein genereller Ausschluss des Anspruches. Eine Verschärfung (etwa eine Anhebung des Zinssatzes) könnte dagegen auch in einem Anstellungsvertrag geregelt werden.

116 Es spricht ebenfalls nichts dagegen, die Vorschusspflicht (**§ 669 BGB**) in einem Anstellungsvertrag auszuschließen, da der Anspruchsinhaber den Vorschuss ohnehin verlangen muss. Nur ein genereller, für alle Organmitglieder geltender Ausschluss muss in der Satzung geregelt werden.

117 Das Gleiche gilt für den Aufwendungsersatzanspruch (**§ 670 BGB**). Soll er über das gesetzliche Maß ausgedehnt werden, handelt es sich um eine Vergütung, die einer Satzungsgrundlage bedarf (Rn. 33).

I. Sorgfaltsmaßstab

118 Die Vorschrift ist entsprechend einem Vorschlag des *Bundesverbands Deutscher Stiftungen* an § 93 Abs. 1 S. 1 AktG angelehnt. **Sinn** dieses Vorschlags war es, ehrenamtlichen **Organmitgliedern** wenigstens einen **groben Rahmen für ihr Handeln zu gebe**n.[189] Das **überzeugt nicht**. Vielmehr sind **zu unterscheiden**:
- erstens die Pflichten eines Organmitglieds,
- zweitens der Sorgfaltsmaßstab, mit denen er diese Pflichten wahrzunehmen hat und
- drittens die Frage des Verschuldens.

119 Schon wegen des Wortlauts unbestritten und unbestreitbar ist, dass die „Sorgfalt eines ordentlichen Geschäftsleiters" einen **Sorgfaltsmaßstab** normiert.[190] In Rechtsprechung und Literatur werden § 93 Abs. 1 S. 1 AktG und seine Parallelvorschriften im GmbH-Gesetz (§ 43 Abs. 1 BGB) und Genossenschaftsgesetz (§ 34 Abs. 1 BGB) allerdings nicht nur als Sorgfaltsmaßstab, sondern darüber hinaus auch als Pflichtenquelle verwendet.[191] Grund dafür ist, dass die ungezählten Pflichten der Mitglieder von Geschäftsführungsorganen nur vereinzelt kodifiziert sind. Das ist zwar verständlich, rechtfertigt aber kein dogmatisch unsauberes Vorgehen.[192] Vorliegend kann die Frage freilich dahinstehen; denn das neue Recht enthält bereits zahlreiche Pflichtenquellen (z.B. § 83a Abs. 4, § 83c Abs. 1, § 84 Abs. 1 S. 2, Abs. 5 BGB i.V.m. § 42 Abs. 2, § 84a Abs. 1 S. 1 BGB i.V.m. §§ 664 ff., Abs. 2 S. 2 BGB usw.). Wem das nicht genug ist und wer rechtlich nicht bewanderten Organmitgliedern vor Augen führen will, was von ihnen verlangt wird, der hätte § 84a Abs. 2 S. 1 BGB wie folgt fassen sollen: *„Organmitglieder haben alle Anstrengungen zu unternehmen, um das Wohl der Stiftung im Sinne des Stifters, insbesondere die dauernde und nachhaltige Verfolgung des Stiftungszwecks, nach besten Kräften zu fördern und Nachteile von der Stiftung abzuwenden."*[193] Mit solch deutlichen Worten würde es vielleicht gelingen, manche Ehrenamtliche zu vermehrten Anstrengungen anzuhalten. Eine unverständliche Verschärfung des Sorgfaltsmaßstabs wird das nicht erreichen.

---

189 *BVDS*, StiftungsPosition 3-2015, 6; *BVDS*, StiftungsPosition 3-2017, 6.

190 MüKoAktG/*Spindler*, AktG § 93 Rn. 21; BeckOGK AktG/Fleischer, § 93 Rn. 15; Hölters/Weber/*Hölters/Hölters*, AktG, § 93 Rn. 24; Koch/*Koch*, AktG, § 93 Rn. 7 f.; *Scholz*, ZIP 2021, 1937, 1938.

191 BGH ZIP 2016, 2467 Rn. 29; BGHZ 179, 71 = ZIP 2009, 70 Rn. 14; BGHZ 175, 365 = NJW 2008, 785 Rn. 11; Hölters/Weber/*Hölters/Hölters*, AktG § 93 Rn. 3; Koch/*Koch*, AktG, § 93 Rn. 6; MüKoAktG/*Spindler*, § 93 Rn. 21; BeckOGK AktG/*Fleischer*, § 93 Rn. 15; GroßKommAktG/*Hopt/Roth*, § 93 Rn. 52.

192 Ebs. Henssler/Strohn/*Oetker*, § 43 GmbHG Rn. 15; Baumbach/Hueck/*Beurskens*, GmbHG, § 43 Rn. 7; diff. Lutter/Hommelhoff/*Kleindiek*, GmbHG, § 43 Rn. 11.

193 Näher *Burgard*, ZStV 2016, 81, 89 f.; *ders.*, ZStV 2015, 1, 6.

Nach der Begründung des RegE soll die Regelung insbesondere für die Mitglieder des Stiftungsvorstands, aber auch für Mitglieder anderer Stiftungsorgane gelten, denen Geschäftsführungsaufgaben durch Satzungsreglungen übertragen wurden (Rn. 4). Demnach kommt es für die Anwendung von Abs. 2 S. 1 nicht darauf an, welchem Organ ein Organmitglied angehört, sondern dass dieses Organ Geschäftsführungsaufgaben wahrnimmt. Das scheint auf den ersten Blick folgerichtig zu sein, ist aber Unsinn. Denn zur Geschäftsführung gehört alles, was nicht Grundlagengeschäft ist (§ 84 Rn. 23). Konsequenterweise ordnen § 116 S. 1 AktG, § 52 Abs. 1 GmbHG für Aufsichtsratsmitglieder eine entsprechende Anwendung des § 93 Abs. 1 AktG an (ebs. § 41 i.V.m. § 34 GenG). Außerdem sind Grundlagengeschäfte im Stiftungsrecht bekanntlich ebenfalls pflichtgebunden. Es gibt also – anders als im Verbandsrecht – keinen Grund, sie anders als Geschäftsführungsmaßnahmen zu behandeln. Oder soll etwa ein Vorstand oder ein anderes nach der Satzung zuständiges Organ bei dem Beschluss über die Auflösung der Stiftung (§ 87 Abs. 1 BGB) einem geringeren Sorgfaltsmaßstab unterliegen als bei der Entscheidung über einen Aufwendungsersatzanspruch? Wohl kaum! Die Worte „Führung der Geschäfte" ist daher nicht im Sinne von „Geschäftsführung", sondern von „Amtsführung" zu verstehen. Wen das dogmatisch nicht überzeugt, der möge Absatz 2 Satz 1 analog auf alle Geschäfte anwenden, die nicht zur Geschäftsführung gehören. Jedenfalls enthält **das Wort „Geschäfte" keine Einschränkung des Anwendungsbereichs der Vorschrift.** 120

Der von Abs. 2 S. 1 normierte Sorgfaltsmaßstab ist sowohl gegenüber dem allgemeinen Sorgfaltsmaßstab des § 276 Abs. 2 BGB als auch gegenüber dem kaufmännischen Sorgfaltsmaßstab des § 347 Abs. 1 HGB gesteigert. Das kann man nicht gut bestreiten, andernfalls die Gesetzesänderung inhaltsleer wäre. *Uffmann* hält dagegen, dass die Sorgfaltspflichterhöhung der §§ 93 Abs. 1 S. 1 AktG, 34 Abs. 11 GenG, 43 Abs. 1 GmbHG *„auf einer Gegenüberstellung von beruflicher zu nicht beruflicher Tätigkeit"* beruhe.[194] Das ist zwar nicht ganz falsch. Eine § 34 Abs. 2 S. 3 GenG entsprechende Vorschrift fehlt jedoch, weil dieser Aspekt bereits durch § 84a Abs. 3 S. 1 BGB i.V.m. § 31a BGB berücksichtigt wird.[195] *Scholz* beruft sich dagegen auf Art. 241 ADHGB in der Fassung von 1884, der lediglich allgemeine Rechtsgrundsätze kodifizieren wollte.[196] Auch das ist richtig, aber nur die halbe Wahrheit. 121

Nach dem Vorschlag der **1. Kommission** sollte der heutige § 276 Abs. 2 BGB lauten: *„Fahrlässigkeit liegt vor, wenn nicht die **Sorgfalt eines ordentlichen Hausvaters** angewendet wird."*[197] Das sollte ein objektiver Maßstab sein. Indes erregte das Wort „Hausvater" Anstoß, weswegen – ohne damit eine inhaltliche Änderung zu beabsichtigen – aus einem Potpourri verschiedener Vorschläge[198] im 3. Entwurf (§ 270 Abs. 1 S. 2 BGB)[199] die heutige Fassung zusammengesetzt wurde. Zugleich wurde die Vorschrift aus dem Allgemeinen Teil in den Allgemeinen Teil des Schuldrechts versetzt, *„da auf diesem Gebiete, wenn es auch nicht sedes materiae sei, die meisten Anwendungsfälle lägen"*.[200] Die Gesetzesverfasser waren sich also bewusst, dass die Vorschrift auch außerhalb des Schuldrechts, mithin auch im Vereins- und 122

194 ZIP 2021, 2151, 2156.

195 Tatsächlich wurde § 34 Abs. 2 S. 3 GenG erst 2017 als abgemilderte Reaktion auf § 31a BGB eingeführt, s. Henssler/Strohn/*Geibel*, Gesellschaftsrecht, § 34 GenG Rn. 7.

196 ZIP 2021, 1937, 1940. Ähnlich womöglich die Regierungsbegründung (Rn. 7), die von einer Konkretisierung des Sorgfaltsmaßstabs spricht.

197 § 144 abgedr. bei *Mugdan*, Die Gesammelten Materialien zum Bürgerlichen Gesetzbuch für das Deutsche Reich, I. Band, 1899, XCV.

198 Protokolle abgedr. bei *Mugdan*, Die Gesammelten Materialien zum Bürgerlichen Gesetzbuch für das Deutsche Reich, I. Band, 1899, 765 f.

199 Entwurf eines Bürgerlichen Gesetzbuchs und eines zugehörigen Einführungsgesetzes sowie eines Gesetzes, betr. Änderungen d. Gerichtsverfassungsgesetzes, d. Civilprozessordnung, d. Konkursordnung u. der Einführungsgesetze zur Civilprozessordnung u. zur Konkursordnung in d. Fassung d. Bundesrathsvorlagen; Auf amtl. Veranlassung: Bundesrat, Germany Bundesrat, Germany: Free Download, Borrow, and Streaming: Internet Archive.

200 Protokolle abgedr. bei *Mugdan*, Die Gesammelten Materialien zum Bürgerlichen Gesetzbuch für das Deutsche Reich, I. Band, 1899, 766.

Stiftungsrecht, Anwendung finden würde. Als Maßfigur des allgemeinen Sorgfaltsmaßstabs stellten sie sich dabei den „ordentlichen Hausvater" vor. Das war auch im **Gegensatz zum Handelsrecht** gemeint,[201] das ja bekanntlich erhöhte Anforderungen an seine Teilnehmer stellt. Dementsprechend hieß es bereits in Art. 282 AGHB von 1869: *„Wer aus einem Geschäft, welches auf seiner Seite ein Handelsgeschäft ist, einem Anderen zur Sorgfalt verpflichtet ist, muß die* ***Sorgfalt eines ordentlichen Kaufmanns*** *anwenden."* Die Vorschrift ist bis heute fast unverändert. Maßfigur im Handelsverkehr ist also der „ordentliche Kaufmann", d.h. jemand, der in ordentlicher Weise ein Gewerbe betreibt, das nach Art und Umfang einen in kaufmännischer Weise eingerichteten Geschäftsbetrieb erfordert (§ 2 HGB a.F., § 1 Abs. 2 HGB). Von seinem nichtkaufmännischen Geschäftspartner erwartet dagegen das Gesetz bis heute keine derartigen Kenntnisse und Erfahrungen, sondern eben nur die eines „ordentlichen Hausvaters" (bzw. einer ordentlichen „Hausmutter"). Allerdings handelt der Kaufmann typischerweise auf eigene Rechnung, wohingegen Vorstands- und Aufsichtsratsmitglieder von Aktiengesellschaften und Genossenschaften sowie GmbH-Geschäftsführer **typischerweise** nicht nur einem **kaufmännischen Geschäftsbetrieb** (§ 6 Abs. 2 HGB) hauptamtlich leiten, sondern darüber hinaus **professionell fremde Vermögensinteressen** wahrnehmen. Letzteres ist der Grund, weswegen der **objektive Sorgfaltsmaßstab** eines ordentlichen Geschäftsmanns/-leiters/-führers (diese Wortlautunterschiede haben keine sachliche Bedeutung) gegenüber dem des ordentlichen Kaufmanns **nochmals erhöht** ist.[202]

123 Was ist die „Sorgfalt eines ordentlichen Geschäftsführers"? Zu dieser berechtigten Frage enthält die Begr. RegE keine Antwort. *Fleischer* schreibt dazu: ***„Als Maßfigur ist der professionelle und hauptamtliche Geschäftsleiter anzusehen, der die zur Ausübung seines Amtes erforderlichen Fähigkeiten und Kenntnisse besitzt.*** *Weitere Verallgemeinerungen sind nur begrenzt möglich, weil es den ordentlichen Geschäftsleiter für alle Zwecke nicht gibt. Die Sorgfaltsanforderungen sind vielmehr von einer Reihe unterschiedlicher Faktoren abhängig und variieren von Situation zu Situation: Dazu gehören Art und Größe des Unternehmens, seine wirtschaftliche und finanzielle Lage, die Aufgabenverteilung innerhalb eines mehrköpfigen Vorstands, die Bedeutung einer Maßnahme für das Unternehmen und das konjunkturelle Umfeld. Man kann insoweit von einer Volatilität der Verhaltensnormen für den Vorstand sprechen: Entscheidend ist, wie sich ein ordentlicher und gewissenhafter Geschäftsleiter eines Unternehmens vergleichbarer Art und Größe in der konkreten Situation verhalten hätte. Dies ist ein normativer Maßstab; eine abweichende tatsächliche Übung in dem betreffenden Unternehmen oder der gesamten Branche vermag das Vorstandsmitglied grundsätzlich nicht zu entlasten."*[203] Und *Spindler* schreibt: *„Die Aufsichtsratsmitglieder haben entsprechend dem Leitbild des ordentlichen Geschäftsleiters sinngemäß ihre Funktion als ordentliche „Überwacher" einschließlich der Beratung des Vorstandes auszufüllen. Die Pflichten bestimmen sich nach den jeweiligen Aufgaben des Aufsichtsrats und können sich erweitern, wenn ein Aufsichtsratsmitglied besondere Funktionen übernommen hat, etwa im Rahmen eines Ausschusses oder als Aufsichtsratsvorsitzender."*[204]

124 **Übertragen auf die Stiftung** kann man festhalten: Als *„Maßfigur"* für den Vorstand *„ist der professionelle und hauptamtliche Geschäftsleiter anzusehen, der die zur Ausübung seines Amtes erforderlichen Fähigkeiten und Kenntnisse besitzt."* Bei den Mitgliedern anderer Organe ist die „Maßfigur" dementsprechend ein professioneller „Überwacher" und/oder „Berater" je nach den Hauptaufgaben des jeweiligen Organs. **Mit anderen Worten werden nunmehr durchweg von allen Organmitgliedern aller Stiftungen Kenntnisse und Fähigkeiten auf professionellem Niveau und ein dementsprechend professionelles Agieren erwartet.** Das ist zwar im Stiftungsrecht mit seinen meist ehren- und nebenamtlich agierenden Organmitgliedern sehr anspruchsvoll, wie der Autor

201 Motive abgedr. bei *Mugdan*, Die Gesammelten Materialien zum Bürgerlichen Gesetzbuch für das Deutsche Reich, I. Band, 1899, 507.

202 *Altmeppen*, GmbHG, § 43 Rn. 3; MüKoGmbHG/*Fleischer*, § 43 Rn. 10 jew. m.w.N.

203 BeckOGK AktG/*Fleischer*, § 93 Rn. 57.

204 BeckOGK AktG/*Spindler*, § 116 Rn. 9.

stets bemängelt hat, aber als Entscheidung des Gesetzgebers hinzunehmen. Ein überzeugender Grund für diese Professionalisierung des Sorgfaltsmaßstabs ist nicht ersichtlich. Im Gegenteil! Vorzugswürdig wäre es gewesen, an dem allgemeinen Sorgfaltsmaßstab des § 276 Abs. 2 BGB festzuhalten; denn für die Vorstandsmitglieder der vielen kleinen Stiftungen ist eine Verschärfung dieses Maßstabs nicht angebracht und für die Vorstandsmitglieder großer Stiftungen gelten ohnehin erhöhte Ansprüche, weil sich (auch) die im Verkehr erforderliche Sorgfalt nach den Anforderungen richtet, die an die jeweilige Tätigkeit objektiv zu stellen sind.[205]

Zusammengefasst: Der Unterschiede zwischen § 276 BGB, § 347 Abs. 1 HGB und §§ 93 125
Abs. 1 S. 1 AktG, 34 Abs. 11 GenG, 43 Abs. 1 GmbHG ist also allein die Maßfigur: der ordentliche „Hausvater", der ordentliche „Kaufmann", der ordentliche „Geschäftsleiter". Die Gemeinsamkeit zwischen diesen Vorschriften besteht dagegen darin, dass die Anforderungen, die an diese Maßfigur objektiv zu stellen sind, von dem konkreten Amt in der konkreten Situation anhängen. Beispiel Vermögensverwaltung: Ist die Maßfigur für einen Stiftungsvorstand wie bisher der ordentliche „Hausvater", kann und muss von ihm verlangt werden, dass er Grundkenntnisse und -erfahrungen hinsichtlich der gängigen Anlageklassen (Bankguthaben, Anleihen, Aktien und Immobilien) und Anlageformen (insb. Direktanlage oder Investmentfonds) samt deren jeweiligen Risiken hat. Ist Maßfigur der ordentliche „Geschäftsleiter", also jemand, der professionell in kaufmännischer Art und Weise fremde Vermögensinteressen wahrnimmt, sind dagegen deutlich weitergehende Kenntnisse und Erfahrungen vorauszusetzen, also z.B. auch hinsichtlich von Rohstoffen, Fremdwährungen und Derivaten sowie den dazu gehörenden Finanzprodukten und den damit jeweils verbundenen Risiken. Wird dem ordentlichen „Hausvater" von einem Anlageberater die Zeichnung einer Anleihe des Landes NRW mit 100-jähriger Laufzeit als für Stiftungen besonders geeignet angepriesen, muss er angesichts der bloßen Grundkenntnisse, die von ihm zu erwarten sind,[206] nicht sogleich erkennen, dass solchen Anleihen mit überlanger Duration ein erheblich gesteigertes Kursrisiko innewohnt. Ein ordentlicher „Geschäftsleiter" muss das hingegen nicht nur erkennen, sondern darüber hinaus wissen, was Ursache dieses gesteigerten Kursrisikos ist und in welchen Marktphasen daher mit Kurssteigerungen bzw. -verlusten zu rechnen ist, um die Anleihe womöglich in sein Anlageportefeuille zur Risikodiversifizierung einzubauen. Welche Sorgfaltsanforderungen im Einzelnen zu stellen sind, hängt dann von dem konkreten Amt ab. Einerlei, was die Maßfigur ist, sind die Anforderungen an die Diversifikation der Vermögensanlage und das Vermögenscontrolling (§ 83b Rn. 56 ff.) bei einer Stiftung mit einem Grundstockvermögen von 100 Mio. Euro natürlich erheblich höher als bei einer Stiftung mit einem Grundstockvermögen von 1 Mio. Euro. Ebenso offensichtlich ist, dass die konkreten Sorgfaltsanforderungen bei dem Kauf einer Immobilie erheblich höher sind, als wenn es darum geht, ob der Kindergarten A oder B gefördert wird.

Fazit: § 84a Abs. 2 S. 1 BGB verlangt von allen Mitgliedern aller Organe die Kenntnisse 126
und Fähigkeiten, die an einen professionellen Inhaber ihres jeweiligen Amtes zu stellen sind, samt eines dementsprechend professionellen Agierens. Dabei sind die konkreten Sorgfaltsanforderungen umso höher, desto anspruchsvoller das konkrete Amt und desto bedeutender die konkrete Maßnahme ist. Organmitglieder, die nicht über das erforderliche Maß an Kenntnissen und Erfahrungen verfügen, müssen sie sich entweder verschaffen oder zurücktreten oder riskieren, in Anspruch genommen zu werden. Die Zeiten, in denen es reichte, „ordentliche Menschen"[207] in Stiftungsorgane zu berufen, sind damit von Gesetzes wegen vorbei, was deren Nachwuchssorgen weiter vergrößern dürfte. Organmitglieder, die über besondere

---

205 St. Rspr., s. etwa BGHZ 31, 358, 366 = NJW 1960, 669, 671; BGHZ 80, 186, 193 = NJW 1981, 1603; BGHZ 113, 197 = NJW 1991, 1535, 1537; BGH NJW 2000, 2812, 2813; BGHZ 163, 234 = NJW 2005, 2851, 2853; Staudinger/*Caspers*, BGB, § 276 Rn. 29 f.; BeckOK BGB/*Lorenz*, § 276 Rn. 21; Palandt/*Grüneberg*, BGB, § 276 Rn. 15 ff.; MHdb. GesR V/*Gummert*, § 94 Rn. 14.

206 Anders, wenn er tatsächlich darüber hinausgehende Kenntnisse hat.

207 So die Maßfigur eines anderen Formulierungsvorschlags zum heutigen § 276 Abs. 2 BGB, Protokolle abgedr. bei *Mugdan*, Die Gesammelten Materialien zum Bürgerlichen Gesetzbuch für das Deutsche Reich, I. Band, 1899, 765.

Fachkenntnisse verfügen, haben diese einzusetzen, zumal sie zumeist eben wegen dieser in ihr Amt berufen wurden.[208]

J. Business Judgement Rule

I. Kritik

127 Abs. 2 S. 2 führt für Stiftungen die sogenannte Business Judgement Rule (BJR) ein. Dieses Privileg genießen bisher nur die AG (§§ 93 Abs. 1 S. 2, 116 S. 1 AktG) und die eG (§ 34 Abs. 1 S. 2, 41 GenG). Warum die Vorschrift nicht in das Vereinsrecht eingefügt wurde, bleibt unerfindlich.[209] Am besten wäre es freilich gewesen, die BJR gar nicht im BGB zu kodifizieren. Zwar enthält sie einen zutreffenden allgemeinen Rechtsgedanken, der deshalb Ausstrahlungswirkung auf das gesamte Zivilrecht und daher auch auf das Vereins- und Stiftungsrecht hat.[210] Indes ist bisher viel zu wenig geklärt, wie die BJR im Stiftungsrecht wirkt.[211] Einschlägige Entscheidungen gibt es nicht.[212] Die Ausgangslage bei Kapitalgesellschaften ist jedenfalls eine ganz andere, weil sie im Gegensatz zu Stiftungen auf das Eingehen unternehmerischer Risiken zugeschnitten sind. Bei einer Aktiengesellschaft ist daher nach einer Entscheidung des OLG Celle die Vergabe eines ungesicherten Darlehens unter Umständen bereits dann von der BJR gedeckt, wenn das Darlehen der Teilhabe der Gesellschaft an einem Geschäftsmodell dient, von dem Vorstand und Aufsichtsrat überzeugt sind.[213] Auf das Stiftungsrecht ließe sich diese Entscheidung gewiss nicht übertragen; denn im Stiftungsrecht steht die Vergabe ungesicherter Darlehen im Widerspruch zu dem Gebot der Erhaltung des Grundstockvermögens.[214] Eine **Kodifizierung der BJR ändert daher nichts an der entscheidenden Frage, welche Risiken Stiftungsorgane eingehen dürfen und welche Risiken unvertretbar hoch sind; denn unvertretbar hohe Risiken dürfen auch unter Geltung der Business Judgement Rule nicht eingegangen werden.**[215]

128 Und **genauso** sieht es im Ergebnis die **Begr. RegE**: *„Das Gebot, die Ertragskraft des Stiftungsvermögens möglichst gleichbleibend zu erhalten, und das Verbot, Grundstockvermögen zu verbrauchen, stehen dabei in einem Spannungsverhältnis. Eine Anlage von Grundstockvermögen, die hohe Wertzuwächse oder Erträge für die Stiftung verspricht, entspricht zwar dem Gebot, das Grundstockvermögen in seiner Ertragskraft zu erhalten. Wenn eine solche Anlage aber mit einem erheblichen Verlustrisiko verbunden ist, kann eine solche Anlageentscheidung gegen das Verbot verstoßen, Grundstockvermögen zu verbrauchen*[216]*"* (§ 83c Rn. 12), s. dazu allerdings auch Rn. 65 ff.

129 Die Kodifizierung der **BJR löst** daher **nicht das Problem, wegen dessen sie eingeführt wurde**. Zudem **passt** die Business Judgement Rule **schlecht mit § 31a BGB zusammen**; denn ehren-

---

208 BeckOK BGB/*Lorenz*, § 276 Rn. 21; Staudinger/*Caspers*, BGB, § 276 Rn. 30; BGH – II ZR 234/09, AG 2011, 876, Rn. 28; *Koch* AktG, § 116 Rn. 4, alle m.w.N.; *Kraus* in Schauhoff/Mehren, Stiftungsrecht 2022, Kap. 6 Rn. 136.

209 *Arnold*, npoR 2021, 84, 85; *Arnold/Burgard/Jakob/Roth/Weitemeyer*, npoR 2021, 41, 42; *Arnold/Burgard/Droege/Hüttemann/Jakob/Leuschner/Rawert/Roth/Schauhoff/Segna/Weitemeyer*, Professorenentwurf, ZIP 33/2020, Beilage 5; *Burgard*, NPLYB 2020, 71, 80 ff.

210 Begr. RegE UMAG, BT-Ds. 15/5092, 12 sowie anstelle vieler Krieger/Uwe H. Schneider/*Burgard*, § 6 Rn. 28; *Fleischer*, ZIP 2004, 685, 691 f.; *Hüttemann/Herzog*, Non Profit Law Yearbook 2006, 2006, 33, 37 f.; *Lutter*, ZIP 2007, 841, 848; *Segna*, GS Walz, 2007, 705, 710; *v. Hippel*, Grundprobleme von Nonprofit-Organisationen, 2007, 83, 88.

211 Schon *Burgard*, ZStV 2016, 81, 90; *ders.* NPLYB 2020, 71, 80 ff.

212 *Burgard*, ZStV 2016, 81, 90; *Burgard*, NPLYB 2020, 71, 81; MünchHdb. GesR V/*Gummert*, § 94 Rn. 8.

213 OLG Celle – 9 U 184/07, CCZ 2009, 159, 160.

214 FG Münster – 3 K 323/12 Erb, BeckRS 2015, 94520.

215 Begr. RegE BT-Ds. 15/5092, 11 mit Bezugnahme auf BGHZ 135, 244, 253 f. – „ARAG/Garmenbeck"; Hölters/Weber/*Hölters/Hölters*, AktG, § 93 Rn. 154; Koch/*Koch*, AktG, § 93 Rn. 23; *Kiethe*, NZG 2007, 810, 812; MüKoAktG/*Spindler*, § 93 Rn. 63.

216 Hervorhebungen vom Verfasser.

amtlich tätige Organmitglieder kommen dadurch in den Genuss einer doppelten Haftungserleichterung, weil sowohl die Schwelle der Pflichtwidrigkeit als auch der Verschuldensgrad angehoben sind. Dadurch besteht die Gefahr, dass die Handlungssteuerungsfunktion der Organhaftung noch weiter ausgehöhlt würde,[217] weil die Latte für eine erfolgreiche Geltendmachung von Ansprüchen (zumindest in den Augen von Laien)[218] noch etwas höher liegt. Von der durch § 84a Abs. 3 S. 2 BGB nun ausdrücklich[219] geschaffenen Möglichkeit, § 31a BGB abzubedingen, sollte daher Gebrauch gemacht werden. Bei Stiftungen, die vor der Einführung dieser Vorschrift keine entsprechende Haftungsbeschränkung hatten, ist das nach Ansicht des Autors sogar zwingend.[220]

Ferner ist zu monieren, dass Satz 2, ebenso wie Satz 1, auf die „Geschäftsführung" abstellt (s. schon o. Rn. 120), anstatt wie § 93 Abs. 1 S. 2 AktG den Anwendungsbereich auf „unternehmerische Entscheidungen" – oder besser noch – ausdrücklich auf **„Entscheidungen unter Unsicherheit"** einzuschränken. Schließlich hätte konsequenterweise auch eine **§ 93 Abs. 2 S. 2 AktG entsprechend**e Regelung eingeführt werden müssen. Danach tragen Vorstandsmitglieder sowohl die Beweislast für ein fehlendes Verschulden (das gilt zwar auch nach § 280 Abs. 1 S. 2 BGB, nicht aber nach § 31a Abs. 1 S. 3 BGB) als auch für eine fehlende Pflichtwidrigkeit.[221] 130

II. Voraussetzungen

Das Eingreifen der BJR setzt nach dem Wortlaut von Absatz 2 Satz 2 voraus: 131
- Mitglied eines Organs,
- bei der Geschäftsführung,
- unter Beachtung der gesetzlichen und satzungsmäßigen Vorgaben,
- auf der Grundlage angemessener Information,
- Handeln zum Wohle der Stiftung,
- vernünftigerweise,
- annehmen.

Nach Absatz 2 Satz 2 gilt die BJR für die **Mitglieder aller Organe**, also nicht nur für Vorstandsmitglieder. Das ist sachgerecht. Auch § 116 S. 1 AktG verweist auf § 93 Abs. 1 S. 2 AktG. Zudem gibt es bei der Stiftung kein autonom entscheidendes Organ, weswegen alle Organwalter pflichtgebunden sind und daher auch ihre Pflichten verletzen können. **Analog** gilt die Vorschrift **für leitende Angestellte** wie etwa einen Nenn-Geschäftsführer, der kein besonderer Vertreter i.S.d. § 30 BGB ist. 132

Der Anwendungsbereich **„bei der Geschäftsführung"** ist **teleologisch** auf **Entscheidungen unter Unsicherheit**[222] zu reduzieren. Das zeigt auch der Wortlaut, der ausdrücklich die *„Beachtung der gesetzlichen und satzungsmäßigen Vorgaben"* verlangt und damit der Sache nach alle rechtlich gebundenen Entscheidungen ausnimmt.[223] Es muss sich also um Ermessensent- 133

217 Sie ist im Stiftungsrecht aus vielerlei Gründen ohnehin sehr schwach ausgeprägt, näher *Burgard/Heimann*, ZStV 2019, 201, 204; *Burgard*, ZStV 2015, 1, 3.

218 Es sind regelmäßig Laien, die darüber entscheiden, ob eine Inanspruchnahme erfolgt. Deswegen ist es z.B. zweitrangig, ob die Haftungsbegrenzung auf grobe Fahrlässigkeit wirklich hält, was sie versprechen will, *Burgard*, ZIP 2010, 358, 363; siehe auch *Uffmann*, ZIP 2021, 1251, 1255; *Scholz*, ZIP 2021, 1937, 1941 ff.

219 Richtigerweise handelt es sich nur um eine Klarstellung, eingehend *Burgard*, FS Reuter, 43, 50.

220 *Burgard*, ZIP 2010, 358, 364 f.; *ders.*, FS Reuter, 43, 51.

221 Hölters/Weber/*Hölters/Hölters*, AktG, § 93 Rn. 264; Koch/*Koch*, AktG § 93 Rn. 53 f.; MüKoAktG/*Spindler*, § 93 Rn. 203 f.

222 S. hierzu MüKoAktG/*Spindler*, § 93 Rn. 48; BeckOGK AktG/*Fleischer*, § 93 Rn. 89; Scholz/*Verse*, GmbHG, § 43 Rn. 82 f.; *Lieder*, ZGR 2018, 523, 530 f.; *Ott*, ZGR 2017, 149, 161 f.; *Cahn*, WM 2013, 1293, 1294; *Schäfer*, ZIP 2005, 1253, 1256; *Paefgen*, AG 2004, 245, 247 f., 251; *Goette*, FS 50 Jahre BGH, 129, 133 ff.

223 So schon Begr. RegE, BT-Ds. 15/5092, 11; unstr., statt aller *Fuhrmann/Heinen/Schilz*, NZG 2020, 1368, 1376, 1378; *Bayer/Scholz*, NZG 2019, 201, 204; *Bayer*, GmbHR 2014, 897, 900; *Paefgen*, AG 2014, 554, 560; MüKoAktG/*Spindler*, § 93 Rn. 88; MüKoGmbHG/*Fleischer*, § 43 Rn. 81; Koch/*Koch*, AktG, § 93 Rn. 35, jew. m.w.N.

scheidungen handeln, deren Ausgang insb. aufgrund ihres Prognose- (Begr. RegE Rn. 10 sowie Vor § 80 Rn. 41) und Risikocharakters[224] ungewiss ist; denn wäre der Ausgang gewiss, dann wüsste der Entscheider, was zu tun ist und sein Ermessen wäre aufgrund seiner Pflichtbindung regelmäßig auf „Null" reduziert (wüsste der Entscheider bspw., dass eine Investition verlustreich sein wird, dürfte er sie grundsätzlich nicht vornehmen). Entscheidungen unter Unsicherheit sind bei Stiftungen insbesondere Entscheidungen über die Anlage des Stiftungsvermögens (Begr. RegE Rn. 10) und ähnliche wirtschaftliche Entscheidungen.

134 Das Erfordernis der *„Beachtung der gesetzlichen und satzungsmäßigen Vorgaben"* ist in § 93 Abs. 1 S. 2 AktG nicht enthalten und tatsächlich auch redundant, weil es sich bereits aus der Legalitätspflicht (Anh. 1 zu § 84 Rn. 10) aller Organmitglieder ergibt. Es stellt allerdings klar, dass sog. **„Entscheidungen unter Rechtsunsicherheit" nicht** unter die BJR fallen, und zwar selbst dann nicht, wenn dem Entscheider – wie dem Vorstand bei der positiven Fortführungsprognose im Rahmen der Insolvenzantragspflicht[225] – ein „gewisser Beurteilungsspielraum" eingeräumt ist.[226] Ein Recht auf Rechtsirrtum gibt es nicht.[227]

135 Entscheidungen über die Anlage des Stiftungsvermögens sind keine Entscheidungen unter Rechtsunsicherheit; denn der Entscheider kennt natürlich das Vermögenserhaltungsgebot und weiß, was es von ihm verlangt. Vielmehr sind derartige Investitionsentscheidungen das typische Beispiel für die Art von Entscheidungen, die unter die BJR fallen.[228] So gesehen verortet die Begr. RegE (Rn. 10) das Problem nicht richtig.

136 Welche Information angemessen ist, hängt maßgeblich von der Bedeutung der Entscheidung ab: **je bedeutender die Entscheidung ist, desto größere Informationsanstrengungen** muss ein „ordentlicher Geschäftsführer" für eine sorgfältige Ermittlung der Entscheidungsgrundlagen unternehmen.[229] Weitere Einflussfaktoren sind Zeitdruck und die Kosten der Informationsbeschaffung, die mit dem erhofften Informationsnutzen nachvollziehbar („vernünftigerweise") abgewogen werden müssen. Der BGH verlangt, dass der Entscheider alle in der konkreten Situation verfügbaren Informationsquellen tatsächlicher und rechtlicher Art ausschöpft, auf dieser Grundlage die Vor- und Nachteile der bestehenden Handlungsoptionen sorgfältig abschätzt und den erkennbaren Risiken Rechnung trägt.[230] Das wird in der Literatur vielfach als zu streng kritisiert,[231] indes zu Unrecht, denn daraus ist keine Pflicht zur Beschaffung bestmöglicher oder gar aller nur denkbaren Information herauszulesen.[232]

137 **Handeln zum Wohle der Stiftung** setzt richtigerweise **dreierlei** voraus: Erstens muss der Entscheider frei von Sonderinteressen oder sachfremden Einflüssen handeln.[233] Zweitens darf

---

224 MüKoAktG/*Spindler*, § 93 Rn. 48; BeckOGK AktG/*Fleischer*, § 93 Rn. 89; Scholz/*Verse*, GmbHG, § 43 Rn. 82; *Fleischer*, NZG 2011, 521, 522 f.; *Koch/Dinkel*, NZG 2004, 441, 442; *Hoor*, DStR 2004, 2104, 2105; jew. m.w.N.

225 BGHZ 126, 181, 199; BGHZ 119, 201, 214; BeckOGK AktG/*Fleischer*, § 93 Rn. 91.

226 BeckOGK AktG/*Fleischer*, § 93 Rn. 88 m.w.N.

227 *Scholz*, ZIP 2021, 1937, 1941; Scholz/*Verse*, GmbHG, § 43 Rn. 80 f.; 290 ff.; Krieger/Schneider/*Wilsing*, § 31 Rn. 31.26; *Verse*, ZGR 2017, 174; *Weusthoff*, Die Organhaftung der Aktiengesellschaft bei fehlerhafter Rechtseinschätzung, 2016, 67 ff.; *Buck-Heeb*, BB 2013, 2247; es besteht insoweit eine „Rechtsvergewisserungspflicht"; BeckOGK AktG/*Fleischer*, § 93 Rn. 89 m.w.N.; vgl. MüKoAktG/*Spindler*, § 93 AktG Rn. 52.

228 BeckOGK AktG/*Fleischer*, § 93 Rn. 86 m.w.N.

229 BGH – 5 StR 134/15, NJW 2017, 578, 580; BGH – II ZR 202/07, NJW 2008, 3361, 3362; BeckOGK AktG/*Fleischer*, § 93 Rn. 92, 94; MüKoAktG/*Spindler*, § 93 Rn. 59; Scholz/*Verse*, GmbHG, § 43 Rn. 87; *Furmann/Heinen/Schilz*, NZG 2020, 1368, 1372 m.w.N.

230 BGH – II ZR 202/07, NJW 2008, 3361, 3362; BGHZ 197, 304, 314; nicht eindeutig BGH – II ZR 146/09, NZG 2011, 549, 550.

231 *Meckbach*, NZG 2015, 580, 581; *Cahn*, WM 2013, 1293, 1298; *Fleischer*, NJW 2009, 2337, 2339; Koch/*Koch*, AktG, § 93 Rn. 20, die Ausschöpfung aller Quellen geht zu weit, da sie in der gesetzlichen Formulierung einer „angemessenen" Information keine Stütze findet; *Kocher*, CCZ 2009, 215, 220 f.; *Redeke*, ZIP 2011, 59, 60 m.w.N.; siehe für die GmbH Gehrlein/Born/Simon/*Buck-Heeb*, GmbHG, § 43 Rn. 27.

232 BeckOGK AktG/*Fleischer*, § 93 Rn. 92; *Fleischer*, NJW 2009, 2337, 2339.

233 Begr. RegE, BT-Drs. 15/5092, 11.

die Risikobereitschaft nicht in unverantwortlicher Weise überspannt werden.[234] Und drittens darf das Vermögen der Stiftung natürlich auch nicht verschwendet werden. Außerdem ist wie stets der Stifterwille zu beachten.[235]

Schädliche Sonderinteressen bestehen insbesondere, wenn ein Entscheider selbst oder eine Person, mit der er in geschäftlicher, finanzieller oder familiärer Beziehung steht, finanzielle oder sonstige eigennützige Interessen an der Entscheidung hat.[236] Handelt es sich um eine Gremienentscheidung und hat nur ein Mitglied Sonderinteressen, dann kann nur dieses Mitglied sich nicht auf die BJR berufen, wenn die anderen Mitglieder dessen Befangenheit nicht kannten und daher gutgläubig handelten. Kannten die anderen Mitglieder dagegen die Sonderinteressen – z.B. weil das befangene Mitglied sie offengelegt hat – dann müssen auch sie als befangen gelten, weil nicht ausgeschlossen werden kann, dass sie auf die Sonderinteressen des befangenen Mitglieds Rücksicht nehmen.[237] Die Richtigkeit dieser Auffassung wird am Beispiel deutlich: Soll die Tochter eines Vorstandsmitglieds als Praktikantin eingestellt werden, können seine Kollegen selbst dann nicht vollkommen unbefangen entscheiden, wenn der Vater nicht stimmberechtigt ist (§ 84b Rn. 118 ff.) und bei der Beratung den Raum verlässt (§ 84b Rn. 132). Zu empfehlen ist daher folgendes Vorgehen: Derjenige, der Sonderinteressen hat, schweigt bei der Beratung und enthält sich bei der Abstimmung seiner Stimme. Nach der Abstimmung erklärt er zu Protokoll sein Sonderinteresse und sein darauf beruhendes Verhalten. 138

Unvertretbar hohe Risiken dürfen auch unter Geltung der Business Judgement Rule nicht eingegangen werden (§ 83 b Rn. 60). Das hat mit dem Gebot der Erhaltung des Grundstockvermögens richtigerweise nichts zu tun (anders Begr. RegE Rn. 10) und gilt daher auch im Gesellschaftsrecht.[238] Unvertretbar hoch ist ein Risiko insbesondere wenn: 139

- seine Verwirklichung überwiegend wahrscheinlich ist (z.B. Vorleistung an ein insolvenzreifes Unternehmen),[239]
- seine Verwirklichung außer Verhältnis zu der Chance steht (z.B. Verlustrisiko 50 %, Gewinnchance 10 %),[240]
- seine Verwirklichung außer Verhältnis zu der Finanzlage der Stiftung steht (z.B. Investition von 20 % des Stiftungsvermögens in Put-Optionen),[241]
- seine Verwirklichung durch geschäftsübliche Maßnahmen hätte abgewendet oder vermindert werden können (z.B. Vergabe eines ungesicherten Darlehns),[242]
- sein Eingehen oder seine Verwirklichung auf einem anderen unvertretbaren Handeln beruhen (z.B. Eingehen von unverantwortlichen Klumpenrisiken).[243]

234 Begr. RegE, BT-Drs. 15/5092, 11, mit Verweis auf BGHZ 135, 244, 255 f. – „*ARAG/Garmenbeck*".

235 *Kraus* in Schauhoff/Mehren, Stiftungsrecht 2022, Kap. 6 Rn. 83.

236 BeckOGK AktG/*Fleischer*, § 93 Rn. 96; Koch/*Koch*, AktG, § 93 Rn. 55 f.; *Koch*, ZGR 2014, 697, 703 ff.; *Lutter*, ZIP 2007, 841, 844.

237 Wie hier *Lutter*, FS Canaris, 2007, Bd. II, 245, 249 f.; BeckOGK AktG/*Fleischer*, § 93 Rn. 97 m.w.N. zum Streitstand.

238 Hölters/*Hölters*, AktG § 93 Rn. 154; Koch/*Koch*, AktG, § 93 Rn. 23; *Kiethe*, NZG 2007, 810, 812; MüKoAktG/*Spindler*, § 93 Rn. 63; siehe für die GmbH Gehrlein/Born/Simon/*Buck-Heeb*, GmbHG, § 43 Rn. 27.

239 OLG Jena NZG 2001, 86, 87; *Kust*, WM 1980, 758, 760; Koch/*Koch*, AktG, § 93 Rn. 23.

240 BeckOGK AktG/*Fleischer*, § 93 Rn. 102; Scholz/*Verse*, GmbHG, § 43 Rn. 102; OLG Düsseldorf, AG 2016, 410 Rn. 66; Gehrlein/Born/Simon/*Buck-Heeb*, GmbHG, § 43 Rn. 27 m.w.N. aus der Rspr.

241 Siehe die fallgruppenartige Auffächerung etwa bei BeckOGK AktG/*Fleischer*, § 93 Rn. 106 ff.; vgl. *Graewe*, ZStV 2014, 103, 104, Fn. 11.

242 Siehe hierzu MüKoGmbHG/*Fleischer*, § 43 Rn. 97 m. zahlr. w.N.; OLG Düsseldorf, AG 2016, 410, 412 f.; LG Kiel v. 5.2.2016 – 14 HKO 134/12, Rn. 31 f. – juris; zu Spekulationsgeschäften etwa BeckOGK AktG/*Fleischer*, § 93 Rn. 107 ff. m.w.N.; vgl. auch OLG Düsseldorf – 6 W 45/09, NJW 2010, 1537 (Ls.); OLG Celle – 9 U 184/07, CCZ 2009, 159, 160 m. Anm. *Turiaux*.

243 BeckOGK AktG/*Fleischer*, § 93 Rn. 110; MüKoAktG/*Spindler*, § 93 Rn. 64; *Fleischer/Schmolke*, ZHR 173 (2009), 649, 676 ff.; *Lutter*, ZIP 2009, 197, 199; OLG Düsseldorf – 6 W 45/09, CCZ 2010, 117, 118 f. Das Eingehen von

140 Die **Verschwendung von Stiftungsvermögen** kann selbstredend ebenfalls nicht mit der BJR gerechtfertigt werden. Hierher gehört der Abschluss nutzloser Verträge, der Erwerb wertloser Sachen oder Rechte, die Zahlung überhöhter, nicht marktgerechter Vergütungen oder Preise, die Führung eines aussichtslosen Prozesses, der ungerechtfertigte Verzicht auf Ansprüche der Stiftung (dazu Anh. 1 zu § 84a Rn. 22), die ungerechtfertigte Nichtgeltendmachung von Ansprüchen der Stiftung (dazu auch Rn. 85 f.) und zwar all das ganz unabhängig davon, ob dies auf Sonderinteressen oder sachfremden Einflüssen beruht, was freilich oft der Fall sein wird.[244]

141 Das Wort **„vernünftigerweise"** verlangt, was es besagt: ein vernünftiges Handeln. Die Entscheidung darf daher **nicht gegen Denkgesetze, gesicherte Erkenntnisse** (wie etwa eine grobe Missachtung der Portfoliotheorie) **oder Erfahrungen** (Einstellung eines mehrfach wegen Betrugs Vorbestraften als Buchhalter) verstoßen, irrational sein (Anlageentscheidung nach dem sog. Super Bowl-Indikator) **oder von sonstigen sachfremden Erwägungen getragen** sein („der Arnold, der wurd' mir von dem Müller empfohlen, der soll 'nen richtigen Riecher für Aktien hab'n"). Erforderlich ist ein Abwägen des Für und Wider verschiedener Entscheidungsmöglichkeiten.[245] In diesem Tatbestandsmerkmal fließen daher die beiden vorigen zusammen, wie schon der Wortlaut der BJR zeigt. Wer das ganze Vermögen der Stiftung in Subprime-Zertifikaten investiert, der darf vernünftigerweise nicht annehmen, zum Wohle der Stiftung zu handeln. Und wer blindlings einem Anlageberater vertraut und Anlageprodukte kauft, die er nicht versteht, der darf vernünftigerweise nicht annehmen, auf der Grundlage angemessener Information zu entscheiden.

142 Vernünftigerweise **„annehmen"** setzt ein **gutgläubiges Handeln** voraus. Fehlt es hieran, glaubt der Handelnde also selbst nicht daran, auf der Grundlage angemessener Information zum Wohle der Stiftung zu handeln, verdient er keinen Schutz.[246] Das gilt auch dann, wenn es dem Entscheider schlicht gleichgültig ist, ob seine Entscheidungsgrundlage angemessen ist oder die Entscheidung der Stiftung zum Wohle oder zum Schaden gereicht.

III. Beweislast

143 Die Darlegungs- und Beweislast für die Tatbestandsvoraussetzungen des Satz 2 liegt **bei dem Organmitglied**, das sich auf die BJR beruft.[247] Zu empfehlen ist daher eine vollständige und nachvollziehbare **Dokumentation** der betreffenden Entscheidungen.[248] Das gilt besonders für die hierfür unternommenen **Informationsanstrengungen** (s. diesbezüglich zu Anlageentscheidungen § 83b Rn. 58, 62 ff.).

Klumpenrisiken ist zwar nicht schlechthin verboten, aber rechtfertigungsbedürftig. Eine Rechtfertigung kann sich zum Beispiel aus der Vermögenswidmung oder sonstigen Anordnungen des Stifters ergeben. Abseits davon sind die Grenzen im Stiftungsrecht enger zu ziehen als bei Gesellschaften, deren Geschäftstätigkeit in dem Eingehen unternehmerischer Risiken besteht.

244 BeckOGK AktG/*Fleischer*, § 93 Rn. 118.

245 *Kraus* in Schauhoff/Mehren, Stiftungsrecht 2022, Kap. 6 Rn. 92.

246 Begr. RegE, BT-Ds. 15/5092, 12; *Fleischer*, ZIP 2004, 685, 691; Koch/*Koch*, AktG, § 93 Rn. 54; *Hauschka*, ZRP 2004, 65, 66 f.; *Ihrig*, WM 2004, 2098, 2105; Grigoleit/*Grigoleit*/*Tomasic*, AktG, § 93 Rn. 52.

247 Begr. RegE, BT-Ds. 15/5092, 12; BGH – II ZR 146/09, NZG 2011, 549, 550 m.w.N. zur Darlegungs- und Beweislast bei Prognoseentscheidungen; BeckOGK AktG/*Fleischer*, § 93 Rn. 104; Grigoleit/*Grigoleit*/*Tomasic*, AktG, § 93 Rn. 116; *Meckbach*, NZG 2015, 580, 581 f.; *Fest*, NZG 2011, 540, 541 f.; *Paefgen*, NZG 2009, 891, 893.

248 BGH – II ZR 146/09, NZG 2011, 549, 550, Hölters/Weber/*Hölters*/*Hölters*, AktG, § 93 Rn. 36; *Kock*/*Dinkel*, NZG 2004, 2098, 2105; *Lutter*, ZIP 2007, 841, 846.

IV. Rechtsfolgen

Liegen die Tatbestandsvoraussetzungen der BJR vor, so hat das betreffende Organmitglied, wie sich schon aus dem Wortlaut von Satz 2 ergibt, **nicht pflichtwidrig** gehandelt. Eine Haftung kommt dementsprechend nicht mehr in Betracht. 144

Liegen die Tatbestandsvoraussetzungen der BJR nicht vor, rechtfertigt dies allein noch nicht den Umkehrschluss, dass die Entscheidung pflichtwidrig wäre.[249] Vielmehr muss die Pflichtwidrigkeit dann nach allg. Grundsätzen festgestellt werden. Dabei gibt es im Vereins- und Stiftungsrecht zwar keine **§ 93 Abs. 2 AktG** entsprechende Regel. Wie im GmbH-Recht ist sie jedoch **analog** anzuwenden,[250] da sie auf dem Gedanken beruht, *„dass das jeweilige Organmitglied die Umstände seines Verhaltens und damit auch die Gesichtspunkte überschauen kann, die für die Beurteilung der Pflichtmäßigkeit seines Verhaltens sprechen, während die von ihm verwaltete Korporation in diesem Punkt immer in einer Beweisnot wäre.“*[251] Zur Beweisverteilung s. auch unten Rn. 147. Zudem kann man die BJR auch als **Konkretisierung der Organpflichten** lesen.[252] Stellt sich im Rahmen der Prüfung der BJR zum Beispiel heraus, dass das Organmitglied nicht auf Grundlage angemessener Information entschieden hat, dann steht zugleich die Pflichtwidrigkeit fest. So sehen es auch die Gesetzesverfasser: *§ 84 Absatz 2 Satz 2 BGB-neu konkretisiert die Pflichten der Stiftungsorgane“* (Begr. RegE Rn. 10); zur Informationsbeschaffungspflicht Rn. 21. 145

K. Exkurs: Haftungsbeschränkung wegen einer Risikozurechnung bei Tätigkeit im fremden Interesse[253]

Die Grundsätze einer Risikozurechnung bei Tätigkeiten im fremden Interesse entstammen dem Arbeitsrecht. Sie sind nach h.M. **nicht** auf Mitglieder von Vertretungsorganen juristischer Personen anwendbar.[254] Soweit es um die **Wahrnehmung typischer organschaftlicher Rechte und Pflichten** geht, ist das zutreffend. Vorstandsmitglieder werden gerade bestellt, um, *„die Schwierigkeiten und Risiken der Leitung eines Vereins oder Unternehmens einer Person zu übertragen, die diese beherrscht“*.[255] Die Verantwortlichkeit der Organmitglieder ändert aber nichts daran, dass im Grundsatz das allgemeine Betriebs- und Unternehmensrisi- 146

---

249 **Ganz h.M.** BGH – 5 StR 134/15, NZG 2017, 116, 117; OLG München – 23 U 3582/16, GWR 2017, 99; Koch/*Koch*, AktG, § 93 Rn. 21; MüKoAktG/*Spindler*, § 93 Rn. 47; **a.A.** *Scholz*, AG 2015, 222 ff.; *Scholz*, AG 2018, 173 ff.; schief *Kraus* in Schauhoff/Mehren, Stiftungsrecht 2022, Kap. 6 Rn. 81.

250 Ebs. *Scholz*, ZIP 2021, 1937, 1945 f.

251 BGHZ 152, 280, 283.

252 *Scholz*, ZIP 2021, 1939, 1950.

253 S. hierzu bereits Krieger/Schneider/*Burgard*, § 6 Rn. 6.54 ff.

254 BGHZ 89, 153, 157; BGH WM 1975, 469, 476; KG NZG 1999, 400, 402; OLG Koblenz – 12 U 1437/04, NZG 2008, 280 (Ls.). Aus der Literatur Krieger/Schneider/*Burgard*, Hdb Managerhaftung, § 6 Rn. 6.54; *K. Schmidt*, GesR, § 36 II, 4b; *Küpperfahrenberg*, Haftungsbeschränkungen, 211, 218; Werner/Saenger/Fischer/*Fischer*, Die Stiftung, § 20 Rn. 74; MünchHdb GesR V/*Gummert*, § 94 Rn. 20; *Werner*, ZWH 2015, 296, 299; *Stürner*, DStR 2015, 1628, 1632; zum GmbH-Geschäftsführer statt vieler Gehrlein/Born/Simon/*Buck-Heeb*, GmbHG, § 43 Rn. 64 m.w.N.; **a.A.** *Bachmann*, ZIP 2017, 841, 845, 851 m.w.N.; ebs. für ehrenamtlich tätige Vorstandsmitglieder Soergel/*Hadding*, BGB, § 27 Rn. 23; die zum Vereinsrecht ergangene Entscheidung des LG Bonn, NJW-RR 1995, 1435, 1436 dürfte eine absolute Ausnahme darstellen und auch bleiben. Denn zum einen war der verklagte Vorstand hier ein weisungsgebundenes Exekutivorgan und vor seiner Geschäftsführerbestellung „echter Arbeitnehmer“ bei der Klägerin. Zum anderen schlossen die Parteien vor dem Arbeitsgericht einen für das Arbeitsrecht typischen Aufhebungsvertrag mit Abfindung. Insbesondere aber wies das LG Bonn in einem Hinweisbeschluss darauf hin, dass bereits der klägerische Sachvortrag weder substantiiert noch in sich widerspruchsfrei sei.

255 BGHZ 89, 153, 159 = NJW 1984, 789, 790; siehe auch *Canaris*, RdA 1966, 41, 48.

ko bei der juristischen Person verbleiben soll.[256] Das ist einer der Gründe für die Business Judgement Rule. Die arbeitsrechtlichen Grundsätze und die BJR beruhen damit bei Lichte besehen auf demselben Gedanken, der in § 670 BGB nur unzureichend zum Ausdruck kommt: Das wirtschaftliche Risiko einer Tätigkeit im fremden Interesse soll nicht den Agenten treffen, sondern den Prinzipal als denjenigen, dem auch die wirtschaftlichen Vorteile der Tätigkeit des Agenten zugutekommen, vgl. § 667 BGB. Die Business Judgement Rule entlastet damit die Organmitglieder spezifisch auf ihre Tätigkeit zugeschnitten vom allgemeinen Unternehmensrisiko. Die (zusätzliche) Anwendung arbeitsrechtlicher Grundsätze im Bereich der Wahrnehmung typischer organschaftlicher Rechte und Pflichten ist damit nicht erforderlich und wäre auch nicht sachgerecht.

147 Anders liegt der Fall, wenn die Organmitglieder Tätigkeiten ausüben, die zwar im Interesse der juristischen Person liegen, aber **außerhalb der Wahrnehmung ihrer typischen organschaftlichen Rechte und Pflichten**, bei denen sich also nicht die *„Schwierigkeiten und Risiken der Leitung eines Vereins oder Unternehmens“* verwirklichen. Paradigma hierfür ist der Unfall auf einer Dienstfahrt. Hinsichtlich der Frage, wer das Unfallrisiko zu tragen hat, kann es keinen Unterschied machen, ob das Fahrzeug von einem angestellten Fahrer oder von dem Vorstandsmitglied selbst gefahren wurde (was die Stiftung von diesen Kosten entlastet).[257] Hier greifen die im Arbeitsrecht entwickelten Grundsätzen ein, so dass die Stiftung in beiden Fällen bei leichtester Fahrlässigkeit den Schaden allein und bei leichter Fahrlässigkeit teilweise zu tragen hat.[258] Oder gibt es einen Grund, weswegen Vorstandsmitglieder „bessere“ Autofahrer sein müssen als Arbeitnehmer?[259]

148 Die Frage der Schadenstragung stellt sich bei derartigen Sachverhalten allerdings nur dann, wenn kein oder **kein ausreichender Versicherungsschutz** besteht.[260] Das war auch in dem der Entscheidung BGHZ 89, 153 zu Grunde liegenden Sachverhalt der Fall. Und dass ein risikoadäquater Versicherungsschutz besteht, ist eine der zentralen Pflichten der Geschäftsführung (§ 83b Rn. 61). Verletzen die Mitglieder des Geschäftsführungsorgans diese Pflicht, müssen die hierfür Verantwortlichen den Schaden im Innenverhältnis alleine tragen.

L. Entsprechende Anwendung von § 31a

I. Normzweck

149 Zweck von § 31a BGB ist das Haftungsrisiko für ehrenamtliche Vorstandsmitglieder zu senken und dadurch das **ehrenamtliche Engagement zu stärken.**[261] Dieses edle Vorhaben stößt seit jeher auf verbreitete Zustimmung.[262] Indes **zu Unrecht**, wie bereits die **Stellungnahme der Bundesregie-**

256 St. Rspr., s. nur BGH NJW 1974, 1371, 1372; BGH NJW 1990, 976, 977; BGH MDR 2003, 581, 582; BGH NJW 2012, 3439 Rn. 23; BAG NZA 2016, 2204 Rn. 19, jew. m.w.N.; Habersack/Casper/Löbbe/*Paefgen*, GmbHG, § 43 Rn. 43; Michalski/Heidinger/Leible/J. Schmidt/*Ziemons*, GmbHG, § 43 Rn. 120, 363 ff.; Krieger/Uwe H. Schneider/*Kleindiek*, § 11 Rn. 11.4 ff.

257 Siehe etwa zum GmbH-Geschäftsführer OLG Köln, NJW-RR 1999, 991, 992; Scholz/*Verse*, GmbHG, § 43 Rn. 259; vgl. *Reichert/Achenbach*, VereinsR, Kap 2 Rn. 3346.

258 Vgl. BAGE 78, 56, 58 ff.; BAGE 90, 9, 12 ff.

259 So ergeben sich auch aus der Entscheidung BGHZ 89, 153, 159 keine Anhaltspunkte dafür, dass die Entscheidung anders ausgefallen wäre, wenn der Kläger Vorstandsmitglied der Beklagten gewesen wäre; denn die Tätigkeit als „Stammesführer“ einer Pfadfindergruppe liegt außerhalb des Rahmens typischer organschaftlicher Pflichten; ebenso *K. Schmidt*, Gesellschaftsrecht, 692.

260 BGHZ 66, 1, 3; BGHZ 116, 200, 207 ff.; BGH, ZIP 2005, 345, 348; *Dreher/Fritz*, npoR 2020, 171.

261 BR-Ds. 399/08 vom 4.7.2008, 1 = BT-Ds. 16/10120, 1; *Leuschner*, NZG 2014, 281 f.

262 Statt vieler Palandt/*Ellenberger*, BGB, § 31a Rn. 1.

rung[263] zu dem Gesetzentwurf des Bundesrates[264] zutreffend herausgearbeitet hatte: **Erstens** werden ehrenamtliche Organmitglieder von Vereinen und Stiftungen gegenüber anderen ehrenamtlich Tätigen (z.B. Vormünder, Betreuer, Pfleger sowie ehrenamtlich tätige Organmitglieder anderer Rechtsformen) ohne rechtfertigenden Grund privilegiert. **Zweitens** bewirkt § 31a BGB eine Verlagerung des Schadensrisikos auf Vereine und Stiftungen. Das läuft einem Hauptanliegen des Stiftungsrechts, nämlich dem Schutz der Stiftung und ihres Vermögens vor einer fehlerhaften Verwaltung durch den Vorstand, „*diametral zuwider*“[265] und ist für Stiftungen zudem deswegen besonders gefährlich, weil sie mangels Mitgliedern[266] Vermögensverluste noch schlechter ausgleichen können als Vereine. **Drittens** wird die Handlungssteuerungsfunktion der Haftungsdrohung unterhöhlt, die ohnehin gerade bei Stiftungen aufgrund struktureller Durchsetzungsdefizite (zu) schwach ausgeprägt ist.[267] Vorzugswürdig wäre daher der Vorschlag der Bundesregierung gewesen, Vereine und Stiftungen in Anlehnung an § 1835 Abs. 2 S. 1 BGB zum Abschluss einer angemessenen Versicherung auf eigene Kosten zugunsten der unentgeltlich tätigen Organmitglieder zu verpflichten. Doch setzt sich Vernunft ja bekanntlich „nicht immer“ durch.

II. Abdingbarkeit

Umso mehr ist zu begrüßen, dass Abs. 3 S. 2 nunmehr **klarstellt**, dass § 31a BGB abdingbar ist. **150**
Richtigerweise war die Vorschrift zwar im Stiftungsrecht stets dispositiv.[268] Die h.M. hatte das jedoch bestritten.[269] Begründet wird die Abdingbarkeit von der Begr. RegE mit dem eben angesprochenen Problem der Schadensverlagerung auf die Stiftung. Stattdessen empfiehlt sie, wie weiland schon die Bundesregierung, den Abschluss einer Versicherung (Rn. 148).

Tatsächlich ist dieser Weg neu zu gründenden Stiftungen **dringend zu empfehlen**. Bei **151**
Stiftungen, die vor dem 3.10.2009 anerkannt wurden,[270] ist **zu unterscheiden**. Bestand zu diesem Zeitpunkt weder aufgrund der Stiftungssatzung noch aufgrund des anwendbaren Landesrechts eine Haftungsbeschränkung auf grobe Fahrlässigkeit für (ehrenamtliche) Organmitglieder, dann hat das Inkrafttreten von (§ 86 S. 1 BGB i.V.m) § 31a BGB zu einer erheblichen Veränderung der Haftungsverfassung der Stiftung geführt, weil Schadensrisiken auf die Stiftung verlagert und mit der Haftungsdrohung zugleich die Handlungssteuerungsfunktion geschwächt wurde. Diese Veränderung ist weder von dem wirklichen[271] noch von dem mutmaßlichen Stifterwillen i.S.d. § 83 Abs. 2 BGB (dort Rn. 20) gedeckt.[272] Zugleich rechtfertigt sie eine Satzungsänderung nach § 85 BGB, und zwar sowohl nach Abs. 2 als auch nach Abs. 3. Da der Stifterwille richtigerweise nicht nur zu beachten, sondern zu verwirklichen ist (§ 83 Rn. 23), sind die Stiftungsorgane verpflichtet, § 31a BGB durch Satzungsergänzung abzubedingen. Kommen sie dieser Pflicht nicht nach, hat die Behörde die Änderung nach § 85a Abs. 2 BGB vorzunehmen.[273]

---

263 BT-Ds. 16/10120, Anlage 2, 10 f.

264 Entwurf eines Gesetzes zur Begrenzung der Haftung von ehrenamtlich tätigen Vereinsvorständen, BR-Ds. 99/06 vom 3.2.2006.

265 *Reuter*, NZG 2009, 1368, 1369.

266 So gesehen widerspricht § 31a BGB den Anerkennungsvoraussetzungen des § 82 BGB; denn die Lebensfähigkeitsprognose ist als Ausgleich für die Mitgliederlosigkeit der Stiftung zu verstehen, dort Rn. 17 ff.

267 Näher *Reuter*, NZG 2009, 1368, 1369; *Burgard*, ZStV 2015, 1, 3 f. sowie *Burgard*, ZStV 2016, 81, 90 f. m.w.N.; vgl. OLG Frankfurt a.M. – 5 U 130/18, npoR 2019, 72, 73.

268 Eingehend *Burgard*, FS Reuter, 43, 49 f.

269 Statt vieler *Reuter*, NZG 2009, 1368, 1369; *Arnold*, NPLYB 2009, 89, 105 f.; *Roth*, npoR 2010, 1, 5; MüKoBGB/*Leuschner*, § 31a Rn. 20; OLG Nürnberg – 12 W 1845/15, NZG 2016, 112, 113 m.w.N.

270 Das ist der Tag des Inkrafttretens des Gesetzes zur Begrenzung der Haftung von ehrenamtlich tätigen Vereinsvorständen, BGBl. I vom 2.10.2009, 3161.

271 Sonst hätte der Stifter ja eine Haftungsbeschränkung in der Satzung vorgesehen; *Piper*, WM 2011, 2211, 2213.

272 Vgl. *Hüttemann/Rawert*, AcP 222 (2022), 301, 321.

273 So im Ergebnis schon zum alten Recht *Burgard*, ZIP 2010, 358, 364.

Geschieht auch dies nicht, können sich Organmitglieder betreffender Stiftungen im Haftungsprozess nicht auf § 31a BGB berufen. Das wäre rechtsmissbräuchlich.

III. Voraussetzungen

152 § 31a BGB hat folgende Voraussetzungen: Organmitglied, Einhaltung der Vergütungsgrenze, Handeln in Wahrnehmung organschaftlicher Pflichten.

153 Zum **Organbegriff** § 81 Rn. 65. Er umfasst nicht nur Mitglieder von Außenorganen, sondern auch von Innenorganen (z.B. Aufsichtsrat) und natürlich auch besondere Vertreter (§ 30 BGB), die das Gesetz gleichwohl eigens erwähnt. Eine analoge Anwendung der Vorschrift auf **andere Ehrenamtliche** kommt **nicht** in Betracht,[274] erst Recht nicht, nachdem ihr Anwendungsbereich durch das Ehrenamtsstärkungsgesetz[275] ausgedehnt wurde. Auf die Gemeinnützigkeit der Stiftung kommt es nicht an.

154 Die **Vergütungsgrenze** wird laufend erhöht, nämlich von zunächst 500 Euro auf inzwischen 840 Euro jährlich. Sie orientiert sich an § 3 Nr. 26a EStG. Unter Vergütung werden sämtliche Geld- und Sachleistungen sowie geldwerten Vorteile verstanden, die als Gegenleistung für die amtliche Tätigkeit des Organmitglieds anzusehen sind.[276] Hinzuzurechnen sind alle Arten von verdeckten Vergütungen (dazu Rn. 99).

155 Ob die Vergütungsgrenze überschritten wird, ist **grundsätzlich** für das **Kalender- bzw. Wirtschaftsjahr** des pflichtwidrigen Verhaltens zu ermitteln. Zu bedenken sind aber auch mögliche Umgehungsstrategien. Deswegen genügt es, wenn das Organmitglied zum Zeitpunkt seines pflichtwidrigen Verhaltens einen entsprechenden Vergütungsanspruch hatte. Ein nachträglicher Verzicht entlastet nicht. Werden Vergütungen aufgrund einer Satzungsermächtigung freiwillig von Jahr zu Jahr aufgrund eines jeweils neu zu fassenden Beschlusses bezahlt, so kommt es darauf an, ob die tatsächliche Übung in der Vergangenheit eine regelmäßige Vergütung oberhalb der Wertgrenze ergibt. Entsprechendes gilt, wenn Organmitglieder vorübergehend auf ihre Vergütung verzichten, die Entgeltlichkeit ihres Amtes hierdurch aber im Grundsatz unberührt bleibt.[277]

156 Eine besonders umgehungsgeneigte Gestaltung ist die **Aufteilung in eine ehrenamtliche**, die Vergütungsgrenze nicht übersteigende **Organtätigkeit und eine vergütete sonstige Tätigkeit**. Hierfür soll es genügen, dass die Aufteilung objektiven Grundsätzen entspricht.[278] Das allein reicht jedoch nicht oder ist wenigstens zu unpräzise. Das – insoweit beweispflichtige – Organmitglied hat in einem solchen Fall darzulegen und ggf. zu beweisen, dass die sonstige Tätigkeit in keinem inneren Zusammenhang mit seiner Organtätigkeit steht, sie ohne ihn von einem Dritten wahrgenommen werden müsste und die Vergütung einem Drittvergleich standhält. Andernfalls handelt es sich (je nach Fallgestaltung ganz oder teilweise) um eine verdeckte Vergütung, die bei der Berechnung der Vergütungsgrenze einzubeziehen ist.

157 Das schadenstiftende Handeln *„in Wahrnehmung ihrer Pflichten"*, also der organschaftlichen Pflichten, entspricht dem schadenstiftenden Handeln *„in Ausführung der ihm zustehenden Verrichtung"* in § 31 BGB. Auf die dortigen Ausführungen (§ 84 Rn. 91 ff., 99) kann daher verwiesen werden.

---

274 So schon *Burgard*, ZIP 2010, 358, 362; ebenso *Piper*, WM 2011, 2211, 2213; *Leuschner*, NZG 2014, 281, 285; einen konkreten Vorschlag unterbreitet *Pusch*, npoR 2019, 199, 203 ff.; BeckOK BGB/*Schöpflin*, § 31a Rn. 4; MüKoBGB/*Leuschner*, § 31a Rn. 4; Staudinger/*Schwennicke*, BGB, § 31a Rn. 12.

275 Gesetz zur Stärkung des Ehrenamtes (Ehrenamtsstärkungsgesetz) v. 21.3.2013, BGBl. 2013 I, 556.

276 MüKoBGB/*Leuschner*, § 31a Rn. 9; BeckOGK BGB/*Offenloch*, § 31a Rn. 28.

277 *Burgard*, ZIP 2010, 358, 362; Staudinger/*Schwennicke*, BGB, § 31a Rn. 14; NK-BGB/*Heidel/Lochner*, § 31a Rn. 21; jurisPK-BGB/*Otto*, § 31a Rn. 13.

278 LG Osnabrück v. 5.12.2018 – 3 O 1628/18 –, juris; BeckOGK BGB/*Offenloch*, § 31a Rn. 28 ff.; siehe hierzu das Beispiel von *Piper*, WM 2011, 2211, 2212; *Wörle-Himmel/Endres*, DStR 2010, 759, 761.

IV. Rechtsfolge

§ 31a BGB ist **nur** für die **Innenhaftung**, also nur für die Haftung des Organmitglieds gegenüber der Stiftung von Bedeutung. Gegenüber Dritten kann sich das Organmitglied nicht auf § 31a BGB berufen. Bei der Außenhaftung sind ehrenamtliche Organmitglieder also nicht privilegiert. Allerdings haben sie nach § 31a Abs. 2 BGB einen Anspruch gegen die Stiftung auf Freistellung von dem Schadensersatzanspruch des Dritten, sofern sie den Schaden des Dritten nicht vorsätzlich oder grob fahrlässig verursacht haben. Erfüllt das Organmitglied den Schadensersatzanspruch des Dritten, so wandelt sich der Freistellungsanspruch zu einem Aufwendungsersatzanspruch.[279] 158

Im Innenverhältnis haften ehrenamtliche Organmitglieder gemäß § 31a BGB **nur für Vorsatz und grobe Fahrlässigkeit**. Grobe Fahrlässigkeit liegt vor, wenn die erforderliche Sorgfalt in besonders hohem Maße verletzt wurde.[280] **Anschaulich** formuliert liegt **leichte Fahrlässigkeit** vor, wenn sich sagen lässt: **„Das kann vorkommen", grobe Fahrlässigkeit** hingegen, wenn man sagen muss: „Das darf nicht vorkommen".[281] Die **Interpretationsspielräume** sind freilich **weit**. Besonders streng ist die finanzgerichtliche Rechtsprechung (Anh. 1 zu § 84a Rn. 58 ff.). Welche Haltung die Zivilgerichte im Blick auf § 31a BGB einnehmen werden, bleibt noch immer abzuwarten.[282] Es darf indes bezweifelt werden, dass § 31a BGB zu einer erheblichen Verminderung des rechtlichen Haftungsrisikos führt. Denn regelmäßig geht es um grobe, wenn nicht gar vorsätzliche Pflichtverstöße.[283] Die Hauptwirkung von § 31a BGB dürfte psychologischer Natur sein: Haftungsansprüche werden noch seltener geltend gemacht. 159

Erfasst werden **Ansprüche aller Art**, einschließlich von Regressansprüchen, deliktischen und insolvenzrechtlichen Ansprüchen der Stiftung.[284] **Schädigen Mehrere** die Stiftung, von denen nicht alle nach § 31a BGB privilegiert sind, sodass nur die nicht privilegierten Schädiger der Stiftung haften, ist der Anspruch der Stiftung um den Teil zu kürzen, der auf die privilegierten Schädiger entfallen würde, wenn sie nicht privilegiert wären.[285] 160

279 Erman/*Westermann*, BGB, § 31a Rn. 3; Palandt/*Ellenberger*, BGB, § 31a Rn. 5.

280 Vgl. etwa die Legaldefinition in § 45 Abs. 2 S. 3 Nr. 3 SGB X; *Burgard*, ZIP 2010, 358, 363.

281 MüKoBGB/*Grundmann* § 276 BGB Rn. 94; *Burgard*, ZIP 2010, 358, 363.

282 Urteile hierzu sind selten, s. aus jüngerer Zeit LG Bremen, 4 O 2083/16, NZG 2020, 423 (Ls.) = BeckRS 2019, 32799; OLG Koblenz, 10 U 893/16, BeckRS 2018, 11210.

283 *Burgard*, ZIP 2010, 358, 365.

284 MüKoBGB/*Leuschner*, § 31 Rn. 20; BeckOK BGB/*Schöpflin*, § 31a Rn. 7, § 31 Rn. 17 f.; *Roth*, npoR 2010, 1, 3.

285 MüKoBGB/*Leuschner*, § 31a Rn. 14 m.w.N.

Anhang 1 zu § 84a: Haftung von Organmitgliedern und leitenden Mitarbeitern[1]

Übersicht

A. Innenhaftung der Vorstandsmitglieder

I. Anspruchsgrundlagen — 1a

II. Pflichtverletzung
1. Pflicht zur Geschäftsführung — 2
2. Geschäftsverteilung — 6
3. Delegation — 9
4. Legalitätspflicht und Compliance — 10
5. Treupflicht — 12

III. Verschulden, Schaden und Kausalität
1. Verschuldensgrad — 16
2. Sorgfaltsmaßstab — 17
3. Schaden — 18
4. Kausalität — 19

IV. Rechtsfolgen — 20

V. Beweislast — 21

VI. Verzicht — 22

VII. Entlastung
1. Begriff — 25
2. Zulässigkeit — 26
3. Voraussetzungen einer Entlastung — 27
4. Rechtsfolgen einer pflichtwidrigen Entlastung — 28
5. Exkulpation durch die Stiftungsaufsicht? — 34

VIII. Durchsetzung
1. Zuständigkeit — 35
2. Durchsetzungsdefizite — 37
3. Regelungsvorschläge — 38

IX. Verjährung — 41

B. Außenhaftung der Vorstandsmitglieder — 44

I. Rechtsgeschäftliche Haftung — 45

II. Deliktsrechtliche Haftung
1. Deliktische Schädigung Dritter — 47
2. Haftung für die Verletzung von Verkehrssicherungspflichten — 48
3. Haftung aus § 823 Abs. 2 BGB i.V.m. mit Schutzgesetzen
   a) Insolvenzrechtliche Haftung, § 823 Abs. 2 i.V.m. § 42 Abs. 2 BGB — 52
   b) Sozialversicherungsrechtliche Haftung, § 823 Abs. 2 BGB i.V.m. § 266a StGB — 53

III. Steuerrechtliche Haftung
1. § 69 i.V.m. § 34 Abs. 1 AO — 58
2. Spendenhaftung — 64

C. Innenhaftung der Mitglieder eines Kontrollorgans

I. Allgemeines — 67

II. Pflichten eines Aufsichtsrats — 69

III. Verletzung der Überwachungs- und Beratungspflicht — 73

IV. Verschulden, Sorgfaltsmaßstab — 74

V. Ursächlichkeit und Schaden — 75

D. Innenhaftung sonstiger Organe — 78

E. Innenhaftung leitender Mitarbeiter — 79

F. Außenhaftung — 84

1 Bei der Haftung von Organmitgliedern ist zwischen der sog. Innenhaftung, d.h. der Haftung von Organmitgliedern gegenüber der Stiftung, und der Außenhaftung, d.h. der Haftung von Organmitgliedern gegenüber Dritten, zu unterscheiden.

---

1 Die folgenden Ausführungen basieren auf Krieger/Schneider/*Burgard*, Hdb Managerhaftung, 3. Aufl. 2017, § 6.

https://doi.org/10.1515/9783110251524-021

A. Innenhaftung der Vorstandsmitglieder

I. Anspruchsgrundlagen

Während der § 84a Abs. 3 S. 1 BGB-RefE noch einen speziellen Haftungstatbestand vorsah, wurde dieses Vorhaben bereits im RegE wieder aufgegeben, und zwar zu Recht.[2] **Anspruchsgrundlage** für eine Haftung von Organmitgliedern gegenüber der Stiftung ist daher wie bisher **§ 280 Abs. 1 BGB.**[3] Darüber hinaus haften Organmitglieder der Stiftung nach allgemeinen, für jedermann geltenden Vorschriften wie z.B. § 823 Abs. 1 und Abs. 2 oder § 826 BGB. Voraussetzungen einer Haftung nach § 280 Abs. 1 BGB sind: Pflichtverletzung, Verschulden, Schaden und Kausalität. **1a**

II. Pflichtverletzung

1. Pflicht zur Geschäftsführung

Die Mitglieder des Vorstandes sind zur Geschäftsführung nicht nur berechtigt, sondern auch verpflichtet. Geschäftsführung ist jede Tätigkeit tatsächlicher und rechtsgeschäftlicher Art zur Verfolgung des Stiftungszwecks. Die Vorstandsmitglieder dürfen sich dabei nicht auf diejenigen Geschäftsführungsmaßnahmen beschränken, die erforderlich sind, um die ausdrücklichen gesetzlichen und statutarischen Anforderungen zu erfüllen und die Stiftung „irgendwie am Laufen zu halten", sondern sie müssen nach besten Kräften alle Anstrengungen unternehmen, um die dauernde und nachhaltige Erfüllung des **Stiftungszwecks bestmöglich** zu **fördern** (näher § 84 Rn. 24 ff.). Dementsprechend haben sie Schaden von der Stiftung abzuhalten.[4] Führt das schuldhafte Fehlverhalten eines Vorstandsmitgliedes über § 31 BGB (dazu § 84 Rn. 91 ff.) zu einer Haftung des Vereins, ist dies daher zugleich eine schuldhafte Pflichtverletzung gegenüber dem Verein.[5] **2**

Im Einzelnen sind die Geschäftsführungspflichten in (nicht delegierbare) Leitungsaufgaben und (delegierbare) Aufgaben der laufenden Geschäftsführung zu unterteilen.[6] **Leitungsaufgaben** sind die Festlegung von Leitlinien, die Planung, Organisation, Koordination und die Kontrolle der Geschäftstätigkeit insgesamt sowie ggf. die Besetzung von nachgeordneten Führungspositionen.[7] Inwieweit diese Aufgaben tatsächlich anfallen, ist eine Frage des Einzelfalls. Zu der Führung und Überwachung der **laufenden Geschäfte** gehören insbesondere: die Verwaltung und Erhaltung des Stiftungsvermögens einschließlich der Verwendung seiner Erträge und der Ausübung von Beteiligungsrechten (Vermögensfürsorgepflicht), die Sorge für das rechtmäßige Verhalten der Stiftung, insbesondere für die Erfüllung ihrer gesetzlichen und rechtsgeschäftlichen Pflichten, die Wahrung und Durchsetzung von Rechten und Ansprüchen der Stiftung, sämtliche Ein- und Verkäufe, die Einstellung und Kündigung von Arbeitnehmern sowie die Erteilung von Weisungen an Arbeitnehmer, der Abschluss und die Beendigung von Miet- und **3**

---

2 Zur Kritik s. *Burgard*, npoR 2021, 1, 4; *Gollan/Richter*, npoR 2021, 29, 32; *Arnold*, npoR 2021, 84, 86; *Deutscher Anwaltverein (DAV)*, Stellungnahme SN 72/20 zum RefE Vereinheitlichung des Stiftungsrechts, S. 22, abrufbar unter https://anwaltverein.de/de/newsroom/sn-72-20-refe-vereinheitlichung-des-stiftungsrechts.

3 Unstr., BGHZ 119, 379; BGH NJW-RR 1988, 745, 746; Soergel/*Hadding*, BGB, § 27 Rn. 23; MüKoBGB/*Leuschner*, § 27 Rn. 63.

4 Statt anderer MüKoBGB/*Leuschner*, § 27 Rn. 40; Krieger/Schneider/*Burgard*, § 6 Rn. 10, 16 f.

5 Statt anderer Soergel/*Hadding*, BGB, § 31 Rn. 27 f.; MüKoBGB/*Leuschner*, § 31 Rn. 21; Krieger/Schneider/*Burgard*, § 6 Rn. 6.10; *Burgard/Heimann*, ZStV 2019, 161, 162.

6 Näher Krieger/Schneider/*Burgard*, § 6 Rn. 6.11.

7 Näher Krieger/Schneider/*Burgard*, § 6 Rn. 6.11; MüKoAktG/*Spindler*, § 76 Rn. 14 ff.; Hölters/*Weber*, AktG, § 76 Rn. 9 f.; Kubis/Tödtmann/*Kubis*, Arbeitshandbuch für Vorstandsmitglieder, § 1 Rn. 185 ff.

Pachtverträgen sowie von sonstigen Rechtsgeschäften (z.B. über Lieferungen und Leistungen von Steuerberatern, Rechtsanwälten, Telekommunikations-, Energie- und Wartungsunternehmen), die Buchführung und Rechnungslegung, die Außendarstellung der Stiftung sowie (zumindest bei Ewigkeitsstiftungen, wenn der Stifterwille nicht ausnahmsweise entgegensteht) das Fundraising.[8]

4 Unter den Voraussetzungen des Absatz 2 Satz 2 (sog. Business Judgement Rule, § 84a Rn. 127 ff.) liegt keine Pflichtverletzung vor.

5 Die Vorstandsmitglieder haben ihrer Pflicht zur Geschäftsführung gem. § 84a Abs. 1 S. 1 i.V.m. § 664 Abs. 1 Satz 1 BGB im Zweifel persönlich nachzukommen (§ 84a Rn. 56, 59). Das bedeutet freilich nicht, dass sie jede einzelne Geschäftsführungsmaßnahme selbst vornehmen müssen. *Erstens* können sie **Dritte im eigenen Namen als (Erfüllungs-) Gehilfen** beauftragen (Rn. 9), für deren Verschulden sie dann abseits besonderer Vereinbarungen gem. §§ 84a Abs. 1 S. 1, 664 Abs. 1 S. 3, 278 BGB gegenüber der Stiftung haften. *Zweitens* können sie **Aufgaben an Angestellte oder Beauftragte der Stiftung delegieren** (Rn. 9). Und *drittens* kann bei einem mehrköpfigen Vorstand eine **Geschäftsverteilung** (Ressortverteilung) vorgesehen werden (Rn. 6).

2. Geschäftsverteilung

6 Um die Arbeitsbelastung und die Haftungsrisiken in Grenzen zu halten, ist eine Arbeitsteilung **innerhalb eines mehrköpfigen Vorstands** sinnvoll und üblich. Dazu führt der BGH in seinem Urteil vom 6.11.2018[9] aus: *„Eine Geschäftsverteilung oder Ressortaufteilung auf der Ebene der Geschäftsführung setzt eine klare und eindeutige Abgrenzung der Geschäftsführungsaufgaben aufgrund einer von allen Mitgliedern des Organs mitgetragenen*[10] *Aufgabenzuweisung voraus, die die vollständige Wahrnehmung der Geschäftsführungsaufgaben durch hierfür fachlich und persönlich geeignete Personen sicherstellt und ungeachtet der Ressortzuständigkeit eines einzelnen Geschäftsführers die Zuständigkeit des Gesamtorgans insbesondere für nicht delegierbare Angelegenheiten der Geschäftsführung wahrt. Entgegen der Sicht der Revision bedarf eine Geschäfts- oder Ressortverteilung nicht zwingend der Schriftform oder einer ausdrücklichen Absprache, wenngleich die schriftliche Dokumentation regelmäßig das naheliegende und geeignete Mittel für eine klare und eindeutige Aufgabenabgrenzung darstellt. Ob und gegebenenfalls in welchem Umfang eine solche Dokumentation erforderlich ist, muss unter Berücksichtigung der konkreten Verhältnisse im Einzelfall bestimmt werden.“* Dabei ist zu bedenken, dass in der Praxis Aufgaben oft nicht oder nicht richtig wahrgenommen werden, weil einer denkt, ein anderer hätte sich schon darum gekümmert.[11]

7 Sind diese Voraussetzungen gegeben, reduziert sich die Pflicht der einzelnen Vorstandsmitglieder zur Geschäftsführung grundsätzlich auf ihr Ressort, was sich hinsichtlich der übrigen Ressorts **haftungsbegrenzend** auswirkt.[12] Allerdings lässt eine Geschäftsverteilung, wie der BGH (Rn. 6) betont, die **Gesamtverantwortung** des Vorstands unberührt. Das bedeutet zum einen, dass der Vorstand manche Aufgaben zwingend gemeinsam wahrnehmen muss. Das gilt

---

8 Näher Krieger/Schneider/*Burgard*, § 6 Rn. 6.11; Kubis/Tödtmann/*Kubis*, Arbeitshandbuch für Vorstandsmitglieder, § 1 Rn. 238 ff.; speziell zum Fundraising *Burgard*, ZStV 2015, 1, 6.

9 BGH – II 2 R 11/17, NJW 2019, 1067, 1068.

10 Alternativ kommt eine klare und eindeutige Satzungsregelung in Betracht. Die Bestimmung, dass der Vorstand aus einem Vorsitzenden, einem Schatzmeister und einem Schriftführer besteht, genügt dem nicht, zutr. Sauter/Schweyer/Waldner/*Neudert*/*Waldner*, Der eingetragene Verein, 21. Aufl. 2021, Rn. 277a.

11 *Kraus* in Schauhoff/Mehren, Stiftungsrecht 2022, Kap. 6 Rn. 78.

12 Allg. M., statt anderer MüKoBGB/*Leuschner*, § 27 Rn. 74; BeckOK BGB/*Schöpflin*, § 27 Rn. 26; Soergel/*Hadding*, BGB, § 27 Rn. 23; *Burgard*/*Heimann*, ZStV 2019, 161, 163; *Heermann*, NJW 2016, 1687, 1688; *Unger* NJW 2009, 3269, 3271 f.

insbesondere für Leitungsentscheidungen (Rn. 3) und außergewöhnliche Geschäfte.[13] Und das bedeutet zum anderen, dass jedes Vorstandsmitglied eine Informations- und Überwachungspflicht hinsichtlich der Aufgabenwahrnehmung durch seine Vorstandskollegen trifft.[14] Bestehen Anhaltpunkte für eine pflichtwidrige Aufgabenwahrnehmung seitens eines Vorstandsmitglieds, müssen die Übrigen dem nachgehen.[15] Die Rechtsprechung ist insofern zum Teil sehr streng.[16]

Reduziert werden können die Gesamtverantwortung der Vorstandsmitglieder und die aus ihr folgenden Pflichten nur durch die Übertragung einzelner Geschäftsführungsaufgaben auf **besondere Stiftungsorgane** i.S.d. § 84 Abs. 4, 5 und § 30 BGB.[17] Als Instrument der Haftungsbeschränkung der Organmitglieder liegt das jedoch nicht im Interesse der Stiftung, kann aber aus anderen Gründen sinnvoll sein. Ist ein Stiftungsorgan kraft Satzung gegenüber dem Vorstand weisungsbefugt, dann haften dessen Mitglieder nicht für die Befolgung rechtmäßiger Weisungen, wohl aber die Mitglieder des weisungsberechtigten Organs. Die Rechtmäßigkeit hat der Vorstand vor der Befolgung der Weisung zu prüfen.[18] Setzt er Beschlüsse um, die aus inhaltlichen Gründen unwirksam sind, dann handeln die verantwortlichen Vorstandsmitglieder pflichtwidrig[19] und haften als Gesamtschuldner neben den verantwortlichen Mitgliedern des weisungsbefugten Organs. 8

3. Delegation

Auch bei einer Ressortverteilung ist es dem Vorstand oft nicht möglich, jede einzelne Geschäftsführungsmaßnahme selbst vorzunehmen. 9 Der Vorstand kann daher Aufgaben an für die Stiftung tätige Personen delegieren,[20] zum Beispiel das Tagesgeschäft an einen angestellten Geschäftsführer, die Wahrnehmung der steuerlichen Rechte und Pflichten an einen Steuerberater, die Vermögensverwaltung an ein Kreditinstitut usw. Bei einer solchen Delegation haften die Vorstandsmitglieder **„nur" für ihr eigenes Verschulden** im Blick auf eine ordnungsgemäße Auswahl, Ein- und Unterweisung sowie Überwachung der Mitarbeiter und erforderlichenfalls für eine sachgerechte Arbeitsorganisation. Ansonsten haften die Vorstandsmitglieder für Schäden, die durch die beauftragten Mitarbeiter verursacht wurden, nicht.[21] **Nicht delegationsfähig** sind allerdings Aufgaben, die in die Gesamtverantwortung des Vorstands fallen (Rn. 7) oder seinen Mitgliedern persönlich zugewiesen sind, wie insb. die Insolvenzantragspflicht (§ 42 Abs. 2 BGB, § 84 Rn. 101). Außerdem darf einer Delegation natürlich nicht die Satzung entgegenstehen. Einer Satzungsermächtigung bedarf es aber nicht. Vielmehr sind die Beauftragung externer Dritter und die Einstellung von Mitarbeitern sowie die Zuweisung von Aufgaben an diese Personen grundsätzlich von der Geschäftsführungsbefug-

13 *Burgard/Heimann*, ZStV 2019, 161, 163; *Heermann*, NJW 2016, 1687, 1688; Krieger/Schneider/*Burgard*, § 6 Rn. 6.18.

14 Die Einzelheiten sind streitig, s. etwa Krieger/Schneider/*E. Vetter*, § 22 Rn. 4; s. speziell zum Vereinsrecht MüKoBGB/*Leuschner*, § 27 Rn. 74 ff.; BeckOK BGB/*Schöpflin*, § 31 Rn. 28 f.; *Heermann*, NJW 2016, 1687.

15 Das ist unstreitig, MüKoBGB/*Leuschner*, § 27 Rn. 75; BeckOK BGB/*Schöpflin*, § 31 Rn. 29; *Burgard/Heimann*, ZStV 2019, 161, 163; *Heermann*, NJW 2016, 1687, 1688; *Unger*, NJW 2009, 3269, 3271.

16 Dies gilt insbesondere für die steuerrechtliche Haftung, s.u. Rn. 58 ff.; zur Haftung wegen Nichteinschreitens bei Gesamtverantwortung BGHZ 133, 370, 376 ff.; OLG München – 23 U 4861/14 WM 2016, 164 Rn. 91 (zur GmbH).

17 Näher dazu MüKoBGB/*Leuschner*, § 27 Rn. 76.

18 Vgl. zum Vereinsrecht Soergel/*Hadding*, BGB, § 27 BGB Rn. 22a; BeckOK BGB/*Schöpflin*, § 27 Rn. 19; zum GmbH-Recht Scholz/*Verse*, GmbHG, § 43 Rn. 260 ff.; Lutter/Hommelhoff/*Kleindiek*, GmbHG, § 43 Rn. 40 ff.

19 Näher Krieger/Schneider/*Burgard*, § 6 Rn. 20; NomosKommentar-BGB/*Heidel/Lochner*, Bd. 1, § 27 Rn. 16.

20 Statt aller MüKoBGB/*Leuschner*, § 27 Rn. 59; BeckOGK BGB/*Segna*, § 27 Rn. 73; Sauter/Schweyer/Waldner/*Neudert/Waldner*, Rn. 277.

21 Zum Vereinsrecht Stöber/*Otto*, Rn. 465 ff.; *Brouwer*, NZG 2017, 481, 487 ff., jew. m.w.N. Zum Stiftungsrecht *Burgard*, Gestaltungsfreiheit, 225; BeckOGK BGB/*Jakob/Picht*, § 86 Rn. 67, 77.1; zum GmbH-Recht BGHZ 133, 370, 377 ff. = NJW 1997, 130, 132; BFHE 141, 443, 446 ff. = ZIP 1984, 1345.

nis des Vorstands gedeckt. Im Einzelfall (z.B. Prozessführung) kann die Beauftragung eines Dritten sogar geboten sein (s. § 84 Rn. 28).[22]

4. Legalitätspflicht und Compliance

10 Die Vorstandsmitglieder sind bei der Geschäftsführung – wie alle anderen Organmitglieder bei ihrer Amtsführung auch – **an Gesetz und Satzung gebunden.**[23] Verfolgt die Stiftung (wie meistens) gemeinnützige Zwecke i.S.d. §§ 51 ff. AO, bedeutet das beispielsweise, dass der Vorstand nichts unternehmen darf, was die Gemeinnützigkeit der Stiftung gefährdet[24] (z.B. keine unzulässige politische Betätigung),[25] andernfalls haftet er der Stiftung für jeden daraus entstehenden Schaden.

11 Außerdem hat der Vorstand für ein **rechtmäßiges Verhalten der Stiftung** Sorge zu tragen.[26] Die Vorstandsmitglieder haben also nicht nur selbst die für die Stiftung geltenden Normen zu befolgen und die Pflichten der Stiftung zu erfüllen, sondern müssen darüber hinaus sicherstellen, dass aus der Sphäre der Stiftung heraus (etwa durch Mitarbeiter) keine Rechtsverletzungen erfolgen (sog. Compliance-Pflicht).[27] Das gilt auch für Rechtsverletzungen, mit denen ein Vorteil für die Stiftung erstrebt wird[28] (zum Beispiel Bestechung).[29] Schädigen Rechtsverletzungen das Stiftungsvermögen, kann der Straftatbestand der Untreue (§ 266 StGB) erfüllt sein.[30] Jedenfalls hat die Stiftung bei Verletzung der Compliance-Pflicht Anspruch auf Schadensersatz gegen jedes dafür verantwortliche Vorstandsmitglied.[31] Zur Frage der Entschuldbarkeit eines Rechtsirrtums Rn. 34. Dementsprechend ist ein Regress in Betracht zu ziehen, wenn gegen die Stiftung ein Bußgeld gem. §§ 130, 30 OWiG festgesetzt wird.[32] Für erwerbswirtschaftliche Unternehmen ist die Compliance-Pflicht allgemein anerkannt.[33] Für Verein[34] und Stiftung[35] steht die Diskussion trotz gleicher Rechts- und Problemlage[36] noch am Anfang. Zumindest ein **Pflichten-**

22 Zu einem Fall missbräuchlicher Delegation OLG Brandenburg – 10 U 16/21, NZG 2022, 929.

23 Für einen Haftungsfall wegen Verletzung der Vereinssatzung s. BGH – II Z R 245/06, NJW 2008, 1589; s. auch BGH ZIP 2004, 407 (zur eG) m. Anm. *Rottnauer*, EWiR 2004, 975.

24 Dazu etwa FG Hamburg, Urt. v. 19.6.2008, 5 K 165/06, juris; FG Hamburg EFG 2007, 1543.

25 S. jüngst BFH – VR 60/17, NJW 2019, 877 (ATTAC); BFH – XR 13/15, ZStV 2018, 94 (BUND) m. Anm. *Winheller/Vielwerth*, DStR 2017, 2588; *Leisner-Egensperger*, NJW 2019, 964; *Weitemeyer*, npoR 2019, 97.

26 BGHZ 133, 370, 375; MüKoBGB/*Leuschner*, § 27 Rn. 39; Thole, ZHR 173 (2009), 504 ff.; s. hierzu auch Krieger/Schneider/*Gebauer*/*Fett*, § 20 Rn. 1 ff.

27 Statt aller MüKoBGB/*Leuschner*, § 27 Rn. 39.

28 MüKoBGB/*Leuschner*, § 27 Rn. 43; *Thole*, ZHR 173 (2009), 504, 526 ff.; *Bunz*, CCZ 2021, 81, jew. m.w.N.

29 Dazu ausführlich Krieger/Schneider/*Krause*, § 40 Rn. 40.67 ff.; *Bunz*, CCZ 2021, 81 m.w.N.

30 Zur Untreue im Stiftungsrecht *Gräwe/v. Maltzahn*, BB 2013, 329; im Vereinsrecht Krieger/Schneider/*Krause*, § 40 Rn. 25 ff.; aus der Rechtsprechung BGH wistra 2003, 299; OLG Köln – 2 Ws 254/13 wistra 2013, 357; LG Lübeck wistra 2014, 455.

31 Im Fall LG Kaiserslautern VersR 2005, 1090 hafteten die beklagten Vorstandsmitglieder dem Verein wegen einer diesem durch den DFB infolge Verstößen gegen das Lizenzspielerstatut auferlegten Vertragsstrafe in Höhe von insgesamt 521.239 Euro nebst Zinsen!

32 Daneben kann auch gegen das Vorstandsmitglied ein Bußgeld gem. §§ 130, 9 Abs. 1 Nr. 1 Fall 2 OWiG festgesetzt werden. Näher zum Regress Krieger/Schneider/*Wilsing*, § 31 Rn. 18 ff.

33 Grundlegend LG München I – 5 HK O 138716, NZG 2014, 345 (Neubürger); aus der Lit. etwa *Fleischer*, NZG 2014, 321; *Merkt*, ZIP 2014, 1705; *Oppenheim*, DStR 2014, 1063; *Bürkle*, CCZ 2015, 52; *Altmeppen*, ZIP 2016, 97; *Harbarth/Brechtel*, ZIP 2016, 241; *Hauschka*, CCZ 2018, 159.

34 *Larisch/v. Hesberg*, CCZ 2017, 17; *Kubiciel*, SpuRt 2017, 188; *Schockenhoff*, NZG 2019, 281; *Hornik*, npoR 2019, 158; MüKoBGB/*Leuschner*, § 27 Rn. 43 ff.

35 Staudinger/*Hüttemann*/*Rawert*, BGB, § 86 Rn. 58; *Mehren*, npoR 2020, 15; *Piko*, Compliance-Berater 2018, 221, 262; *Longrée*, Die Stiftung, Jahreshefte zum Stiftungswesen, 2015, 27.

36 Zum Beispiel im Blick auf Arbeitnehmer- und Umweltschutzvorschriften oder auch Lizenzgebühren bei Aufführungen, s. *Schockenhoff*, NZG 2019, 281 f.

heft (welche Normen hat die Stiftung besonders zu beachten und bei welchen Pflichten besteht ein besonderes Verletzungsrisiko) dürfte als erster Schritt von allen Stiftungen zu erstellen sein.[37] Dessen Inhalt bestimmt das weitere Vorgehen. Angesichts der Vielfalt der Stiftungslandschaft lassen sich darüber hinaus keine allgemein gültigen Empfehlungen geben.[38]

5. Treupflicht

Die Vorstandsmitglieder unterliegen nicht nur einer aktiven Förderpflicht (Rn. 2), sondern schulden der Stiftung auch ein loyales Verhalten.[39] Diese Treupflicht konkretisiert sich insb. in **drei Ge- bzw. Verbote**: 12

Erstens haben Vorstandsmitglieder untereinander sowie mit Mitgliedern anderer Organe kollegial zusammenzuarbeiten.[40] Diese **Pflicht zur kollegialen Zusammenarbeit** schließt insbesondere die Pflicht ein, einander die für die jeweilige Aufgabenerfüllung erforderliche Information rechtzeitig zu gewähren. Vorabsprachen, die einzelne oder eine bestimmte Gruppe von Organmitgliedern aus einem Entscheidungsprozess ausgrenzen sollen, sind – ebenso wie jedes andere diskriminierende Verhalten – richtigerweise pflichtwidrig.[41] 13

Zweitens sind Vorstandsmitglieder verpflichtet, über alle nicht allgemein bekannten Tatsachen, hinsichtlich der im Stiftungsinteresse ein berechtigtes Geheimhaltungsbedürfnis besteht, **Verschwiegenheit** gegenüber Dritten zu bewahren.[42] Die Einschaltung der Presse ist zwar ein beliebtes, unter dem Gesichtspunkt der Treupflicht aber höchst problematisches Mittel des internen Meinungskampfes. 14

Drittens gilt das **Verbot, die Organstellung im eigenen oder fremden Interesse auszunutzen.**[43] Selbstverständlich ist, dass Vorstandsmitglieder weder sich selbst noch Dritte bereichern (§ 84a Rn. 83),[44] ungerechtfertigte Vermögensvorteile annehmen (§ 84a Rn. 99)[45] oder zu Lasten des Stiftungsvermögens einen unangemessenen Repräsentationsaufwand (§ 83b Rn. 52)[46] betreiben dürfen. Darüber hinaus dürfen sie sich weder Geschäftschancen der Stiftung aneignen,[47] noch Informationen, die sie bei ihrer Amtsführung erlangt haben, ausnutzen[48] oder sich an Aktivitäten der Stiftung anhängen,[49] um daraus für sich oder Dritte Vorteile zu schlagen. Hat die Stiftung bspw. einen reichen „Gönner", der ihr immer wieder bedeutende Beträge spen- 15

---

37 Zum Vereinsrecht *Larisch/v. Hesberg*, CCZ 2017, 17, 20; *Schockenhoff*, NZG 2019, 281, 283 f.; zum Stiftungsrecht *Piko*, Compliance-Berater 2018, 221, 223 ff.; *Mehren*, npoR 2020, 15, 17.
38 *Schockenhoff*, NZG 2019, 281, 283 f.; MüKoBGB/*Leuschner*, § 27 Rn. 43 f.
39 *Stöber/Otto*, Vereinsrecht, Rn. 468; Staudinger/*Hüttemann/Rawert*, BGB, § 86 Rn. 26; MüKoBGB/*Weitemeyer*, § 86 Rn. 32; *Burgard*, Gestaltungsfreiheit, 435 ff., jew. m.w.N.
40 Vgl. BeckOGK BGB/*Jakob/Picht*, § 86 Rn. 66; Krieger/Schneider/*Burgard*, § 6 Rn. 6.23; *Burgard*, Gestaltungsfreiheit, 438.
41 *Burgard/Heimann*, AG 2014, 360, 365 f.; *dies.*, NZG 2014, 1294 f.
42 Statt anderer *Stöber/Otto*, Vereinsrecht, Rn. 469; Sauter/Schweyer/Waldner/*Neudert/Waldner*, Rn. 285; *Burgard/Heimann*, ZStV 2019, 161, 164.
43 Scholz/*Verse*, GmbHG, § 43 Rn. 177; MüKoBGB/*Leuschner*, § 27 BGB Rn. 41; BeckOGK BGB/*Jakob/Picht*, § 86 Rn. 70; Staudinger/*Hüttemann/Rawert*, BGB, § 86 Rn. 26; MüKoBGB/*Weitemeyer*, § 86 Rn. 32.
44 Staudinger/*Hüttemann/Rawert*, BGB, § 86 Rn. 26; Scholz/*Verse*, GmbHG, § 43 Rn. 220; Bork/Schäfer/*Klöhn*, GmbHG, § 43 Rn. 45.
45 MüKoBGB/*Weitemeyer*, § 86 Rn. 32; Scholz/*Verse*, GmbHG, § 43 Rn. 220; BGH – II ZR 161/06, GmbHR 2008, 144 Rn. 3; BGH II ZR 44/13 GmbHR 2014, 817 Rn. 26; OLG München GmbHR 2013, 813, 814; LG Berlin – GmbHR 2000, 234, 235 f.
46 Scholz/*Verse*, GmbHG, § 43 Rn. 220; MüKoGmbHG/*Fleischer*, § 43 Rn. 192.
47 Scholz/*Verse*, GmbHG, § 43 Rn. 207, 211; MüKoGmbHG/*Fleischer*, § 43 Rn. 175; BeckOK GmbHG/*Ziemons*, § 43 Rn. 176.
48 Scholz/*Verse*, GmbHG, § 43 Rn. 216; MüKoGmbHG/*Fleischer*, § 43 Rn. 188.
49 BeckOGK BGB/*Jakob/Picht*, § 86 Rn. 70 f.

det, darf kein Organmitglied der Stiftung diesen Gönner um eine Spende für eine andere Organisation bitten oder einer anderen Organisation den Gönner als möglichen Spender empfehlen; denn auch dessen Mittel sind endlich, so dass jede anderweitige Spende die Chancen der Stiftung hinsichtlich einer erneuten Spende vermindert.

III. Verschulden, Schaden und Kausalität

1. Verschuldensgrad

16 Nach **§ 276 Abs. 1 Satz 1 BGB** haben die Organmitglieder Vorsatz und jede Form der Fahrlässigkeit zu vertreten, sofern keine gesetzliche (§ 84a Rn. 127 ff., 146 ff.) oder satzungsmäßige (§ 84a Rn. 104, 108 ff.) Haftungsmilderung eingreift.

2. Sorgfaltsmaßstab

17 Fahrlässig handelt, wer die im Verkehr erforderliche Sorgfalt außer Acht lässt, § 276 Abs. 2 BGB. Dieser Sorgfaltsmaßstab wurde nun durch **§ 84a Abs. 2 S. 1 BGB** angehoben. Danach handelt ein Organmitglied fahrlässig, das bei der Führung der Geschäfte der Stiftung die Sorgfalt eines ordentlichen Geschäftsführers nicht anwendet, näher § 84a Rn. 118 ff.

3. Schaden

18 Weitere Voraussetzung der Ersatzpflicht ist, dass der Stiftung ein Schaden entstanden ist. Maßgebend ist der Schadensbegriff der §§ 249 ff. BGB, der auf der sog. **Differenzhypothese** beruht. Zu vergleichen ist das vorhandene Vermögen der Stiftung mit demjenigen, das sie bei Hinwegdenken des schädigenden Ereignisses gehabt hätte. Auch für die Art und den Umfang des Schadensersatzes gelten die allgemeinen Regeln.[50]

4. Kausalität

19 Eine Schadensersatzpflicht setzt schließlich voraus, dass das Verhalten des Schädigers für den Schaden kausal geworden ist, der Schaden also ohne das Verhalten des in Anspruch Genommenen nicht eingetreten wäre. Anders gewendet: Das Verhalten des Anspruchsgegners ist für den Schaden kausal geworden, wenn sein Verhalten nicht hinweggedacht werden kann, ohne dass damit der Erfolg entfiele (sog. conditio sine qua non-Formel).[51] Diese sog. Äquivalenztheorie führt allerdings zu weit, weil sie alle Ursachen gleich gewichtet. Sie hat daher lediglich die Funktion eines Negativfilters.[52] Korrigiert wird sie durch die sog. Adäquanztheorie, die die für den Schadenseintritt relevanten Ursachen danach unterscheidet, mit welcher Wahrscheinlichkeit jede von ihnen zu dem eingetretenen Erfolg beigetragen hat. Ein gänzlich unwahrscheinlicher Kausalverlauf wird auf diese Weise ausgeschieden und führt

---

50 S. etwa MüKoBGB/*Weitemeyer*, § 86 Rn. 51 m.w.N.

51 S. etwa BGHZ 189, 299 Rn. 35 = ZIP 2011, 1419; BGHZ 192, 298 Rn. 10 = MDR 2012, 401; BGH NJW 2013, 2345 Rn. 20; BGH NJW 2017, 263 Rn. 14; BGH NJW 2018, 541 Rn. 18; Erman/*Ebert*, BGB, Vorbemerkung vor § 249 Rn. 30; BeckOK BGB/*J. W. Flume*, § 249 Rn. 280.

52 MüKoBGB/*Oetker*, § 249 Rn. 104; Erman/*Ebert*, BGB, Vorbemerkung vor § 249 Rn. 31; Esser/*Schmidt*, Schuldrecht AT II, 224; BGH NJW 2005, 1420, 1421.

daher grundsätzlich zu keiner Haftung des Schädigers.[53] Vorliegend bietet das Kausalitätserfordernis **praktisch keine Schwierigkeiten.** Insbesondere liegt der erforderliche Zurechnungszusammenhang auch vor, wenn der Schaden auf einer Handlung der Stiftung beruht, die keine ungewöhnliche Reaktion auf das Verhalten des in Anspruch Genommenen darstellt und daher durch dieses Verhalten herausgefordert oder wesentlich mitbestimmt wurde (sog. Herausforderungsfall, Bsp. Rechtsverfolgungskosten).[54] Das Vorstandsmitglied kann sich allerdings darauf berufen, dass der Schaden selbst bei rechtmäßigem Alternativverhalten eingetreten wäre.[55] Dies gilt auch, wenn ein Zustimmungsvorbehalt übergangen wurde.[56] Das Vorstandsmitglied trägt dafür jedoch die Darlegungs- und Beweislast. Zu erbringen ist der sichere Nachweis, dass der Schaden auf jeden Fall eingetreten wäre; die bloße Möglichkeit des Schadenseintritts reicht nicht aus.[57]

IV. Rechtsfolgen

Hat ein Vorstandsmitglied durch eine schuldhafte Pflichtverletzung einen Schaden – wozu 20
ggf. auch ein entgangener Gewinn gem. § 252 BGB gehört[58] –, verursacht, so hat die Stiftung gegen das verantwortliche Vorstandsmitglied einen Anspruch auf Ersatz dieses Schadens. Sind mehrere Vorstandsmitglieder für den Schaden verantwortlich, so haften sie als Gesamtschuldner, §§ 421 ff. BGB.[59] Der Ausgleich mehrerer ersatzpflichtiger Vorstandsmitglieder untereinander richtet sich nach § 426 BGB. Dabei ist auch § 254 BGB zu berücksichtigen, so dass dasjenige Vorstandsmitglied, das überwiegend für den Schaden verantwortlich ist, diesen intern auch überwiegend zu tragen hat.[60] Zur Frage einer „gestörten" Gesamtschuld s. § 84a Rn. 160. Jedes Vorstandsmitglied haftet, wenn nichts anderes bestimmt ist, **unbeschränkt mit seinem gesamten Vermögen.**[61]

V. Beweislast

Grundsätzlich trifft die Stiftung die Darlegungs- und Beweislast dafür, dass und inwieweit ihr 21
durch das Verhalten eines Vorstandsmitglieds ein Schaden entstanden ist.[62] Soweit es sich dabei um Umstände aus dem Einflussbereich des Vorstandsmitglieds handelt und die Stiftung deswegen in Beweisnot ist, kann sie ihre Behauptungen allerdings auch auf lediglich vermutete Tatsachen stützen.[63] Es obliegt dann dem **Organmitglied**, darzulegen und zu beweisen, dass er keine ihm obliegende Pflicht verletzt, mit der nach § 84 Abs. 1 S. 1 BGB erforderlichen Sorgfalt (Beweislastumkehr analog § 93 Abs. 2 AktG s. § 84a Rn. 130) und nicht schuldhaft (§ 280 Abs. 1 S. 2

53 MüKoBGB/*Oetker*, § 249 Rn. 109; Staudinger/*Höpfner*, BGB, § 249 Rn. 14; BGH NJW-RR 2021, 201 Rn. 24; BGH NJW 2018, 944 Rn. 16; BGH NJW 2005, 1420, 1421, jew. mwN.

54 Vgl. BGH NZG 2014, 1058 Rn. 18; 2013, 957 Rn. 12, BGH NJW 2005, 1420, 1421; BGH NJW 2002, 2232, 2233.

55 Vgl. BGHZ 219, 193 = NZG 2018, 1189 Rn. 38 ff.; BGH NJW 2017, 1104 Rn. 24; MüKoAktG/*Spindler*, § 93 Rn. 196; Koch/*Koch*, AktG, § 93 Rn. 50; Staudinger/*Höpfner*, BGB, § 249 Rn. 103 f.; MüKoBGB/*Oetker*, § 249 Rn. 207.

56 *Scholz*, ZIP 2021 1937, 1947 f.

57 Vgl. BGHZ 219, 193 Rn. 40; BeckOGK AktG/*Fleischer*, § 93 AktG Rn. 262; MüKoAktG/*Spindler*, § 93 Rn. 196; GroßKommAktG/*Hopt*/*Roth*, § 93 Rn. 413; MüKoBGB/*Oetker*, § 249 Rn. 224.

58 *Schindler*, DB 2003, 297, 299; *Reuter*, NPLYB 2002, 157, 166.

59 NK-BGB/*Heidel*/*Lochner*, § 27 Rn. 20a; BGH NZG 2015, 38; dazu *Burgard*/*Heimann*, NZG 2016, 166; OLG Köln, Urt. v. 13.8.2013 – 9 U 253/12, juris.

60 Soergel/*Hadding*, BGB, § 31 BGB Rn. 28; BeckOK BGB/*Gehrlein*, § 426 BGB Rn. 11.

61 MüKoBGB/*Leuschner*, § 27 Rn. 90; *Küpperfahrenberg*, Haftungsbeschränkungen, 210; *Unger*, NJW 2009, 3269, 3272; *Grunewald*, AG 2013, 813, 815 f.

62 BGHZ 152, 280 = ZIP 2002, 2314 (zur GmbH).

63 BGH DStR 2021, 1959, 1960 (zur GmbH).

BGB) gehandelt hat.[64] Zudem folgt aus der allgemeinen Beweislastregel der sog. Normentheorie, wonach jede Partei die für sie günstigen Voraussetzungen einer Norm zu beweisen hat,[65] dass das Vorstandsmitglied auch das Vorliegen der Voraussetzungen der Business Judgement Rule (§ 84a Rn. 131) sowie ggf. des § 31a BGB zu beweisen hat. Die Beweislast für ein vorsätzliches oder grob fahrlässiges Handeln eines ehrenamtlich oder geringfügig entlohnt tätigen Organmitgliedes trägt hiervon abweichend die Stiftung (gem. § 84a Abs. 3 S. 1 i.V.m. § 31a Abs. 1 S. 3 BGB),[66] wenn § 31a BGB nicht statutarisch abbedungen ist.

VI. Verzicht

22 Zwar kann eine Stiftung grundsätzlich, wie jeder andere Gläubiger auch, auf Ansprüche ganz oder teilweise verzichten. Das gilt jedoch nur mit **drei erheblichen Einschränkungen**: Erstens darf der Anspruch keinen gläubigerschützenden Charakter haben (wie insb. der Anspruch aus § 84 Abs. 5 i.V.m. § 42 Abs. 2 BGB).[67] Zweitens muss das volle Ausmaß des Anspruchs bekannt sein (andernfalls liegt keine informierte Entscheidung i.S.d. Absatz 2 Satz 2 vor, s. § 84a Rn. 136, 141). Erforderlichenfalls ist die Entscheidung über einen Verzicht deswegen zu verschieben. Und drittens muss der Verzicht im Interesse der Stiftung liegen. Deswegen wird ein Verzicht nur ausnahmsweise in Betracht kommen.

23 **Zuständig** für die Beschlussfassung[68] über einen Verzicht ist das für die Geltendmachung berufene Organ, regelmäßig also der Vorstand. Betrifft der Verzicht Ansprüche gegen Organmitglieder, sind die durch den Beschluss begünstigten Vorstandsmitglieder ggf. von der Beschlussfassung ausgeschlossen, § 84b S. 2 BGB. Die übrigen haben nach pflichtgemäßem Ermessen, insbesondere unter Beachtung der ihnen obliegenden Vermögensfürsorgepflicht (Rn. 3) zu entscheiden. Im Einzelnen ist *erstens* eine Feststellung des zum Schadensersatz verpflichtenden Sachverhalts erforderlich. Sodann ist *zweitens* das Prozessrisiko und die Beitreibbarkeit der Forderung zu analysieren. Beides ist gerichtlich voll nachprüfbar. *Drittens* sind die Vor- und Nachteile einer Rechtsdurchsetzung miteinander ins Verhältnis zu setzen.

24 Ein Verzicht (im weitesten Sinne) kommt demnach nur in Betracht, **wenn die Nachteile** der Rechtsdurchsetzung deren Vorteile für die Stiftung voraussichtlich **überwiegen** oder zumindest gleichgewichtig sind,[69] z.B. weil die Rechtsdurchsetzung kostspielig und ungewiss ist, weil es bei dem Schuldner ohnehin „nichts zu holen“ gibt oder – namentlich bei Ansprüchen gegen Organmitglieder – weil der zu befürchtende Ansehensverlust für die Stiftung schwerer wiegt als der zu erlangende Schadensersatz. Andere, nicht an dem Stiftungswohl orientierte Gesichtspunkte, wie insbesondere die Schonung eines verdienten Vorstandsmitglieds, dürfen nur ganz ausnahmsweise bei wenig schwerwiegenden Pflichtverletzungen und verhältnismäßig geringen Schäden berücksichtigt werden, wenn die Rechtsdurchsetzung für das betroffene Vorstandsmitglied unverhältnismäßig schwerwiegende Folgen hätte.[70] All dies ist **voll gerichtlich nachprüfbar**. Allein bei der Abwägung selbst steht den Organmitgliedern ein gewisses Entscheidungsermessen zu, dessen pflichtgemäße Ausübung allerdings ebenfalls gerichtlich nachprüfbar ist.[71]

---

64 BeckOK BGB/*Lorenz*, § 280 BGB Rn. 78, 95 ff.

65 Hüffer/*Koch*, AktG, 15. Aufl. 2021, § 93 Rn. 53 f., § 243 Rn. 59 m.w.N.

66 Hierzu *Reuter*, npoR 2013, 41, 45; MüKoBGB/*Leuschner*, § 31a Rn. 18 f.; *Stöber/Otto*, Rn. 617c; Krieger/Schneider/*Born*, § 14 Rn. 70 ff.; zu §§ 31a, 31b BGB s. auch *Leuschner*, NZG 2014, 281.

67 *Werner*, ZEV 2009, 366, 370.

68 Wollen sich die Organmitglieder nicht dem Vorwurf der Pflichtwidrigkeit aussetzen, bedarf es auch dann, wenn lediglich die Geltendmachung von Ansprüchen unterlassen werden soll, der Fassung eines Beschlusses.

69 Ebenso MüKoBGB/*Weitemeyer*, § 86 Rn. 52; Staudinger/*Hüttemann/Rawert*, BGB, § 86 Rn. 77 m.w.N.

70 BGHZ 135, 244, 255 f.

71 BGHZ 135, 244, 256; *Scholz*, ZIP 2021, 1937, 1946 f.

Die Business Judgement Rule greift nicht ein.[72] Schließlich ist nach manchen Stiftungsgesetzen der Länder die Mitwirkung der Aufsichtsbehörden notwendig.[73]

VII. Entlastung

1. Begriff

Entlastung bedeutet die **Billigung des Organhandels als im Wesentlichen pflichtgemäß.**[74] 25
Diesem Beschlussinhalt entsprechend bezieht sich die Entlastung nur auf solche Sachverhalte, die dem entlastenden Organ bekannt waren oder ihm bei gehöriger Aufmerksamkeit hätten bekannt sein müssen.[75] Nur hinsichtlich dieser Sachverhalte bewirkt die Entlastung eine Präklusion von Ansprüchen,[76] weil es widersprüchlich wäre, Ansprüche aufgrund eines zuvor gebilligten Verhaltens geltend zu machen (Verbot des venire contra factum proprium). Die Entlastung ist also kein Verzicht. Der Unterschied besteht darin, dass das beschlussfassende Organ bei einem Verzicht meint, es bestünden Ansprüche, wohingegen es bei einer Entlastung im Gegenteil regelmäßig davon ausgeht, dass keine Ansprüche bestehen. Wird allerdings Entlastung erteilt, obwohl Ansprüche erkennbar waren, dann kommt eine Entlastung einem Verzicht nahe.

2. Zulässigkeit

Eine Entlastung ist nur möglich, wenn in der Satzung ein **(Kontroll-)Organ** eingerichtet ist, 26
dem das zu entlastende Organ rechenschaftspflichtig ist.[77] Allerdings wird auch in diesem Fall eine Entlastung des Vorstands durch ein Aufsichtsorgan in der Literatur vereinzelt für unzulässig oder wirkungslos gehalten, da die Entlastung in die Kompetenz der Stiftungsaufsichtsbehörden eingriffe, ggf. Schadensersatzansprüche geltend zu machen.[78] Dem kann nicht gefolgt werden. Primär ist die Verfolgung von Ansprüchen nämlich Aufgabe des jeweils zuständigen Stiftungsorgans. Die Stiftungsaufsicht ist hingegen lediglich subsidiär für die Geltendmachung von Schadensersatzansprüchen zuständig.[79] Erst wenn das zuständige Organ der Stiftung die Ansprüche pflichtwidrig nicht verfolgt oder gar pflichtwidrig das zum Schadensersatz verpflichtete Organ entlastet oder einen Verzicht erteilt, kann und sollte die Stiftungsaufsicht tätig werden. In der Praxis geschieht dies freilich zumeist ebenfalls nicht. Teilweise wird gegen die Zulässigkeit einer Entlastung ferner angeführt, dass es der Stiftung mangels Mitgliedern generell an einem Organ mangele, welches autonom über deren Ansprüche verfügen könne.[80] Das trifft zwar zu, spricht aber nicht gegen die Zulässigkeit der Entlastung, denn daraus folgt lediglich, dass die Entlastung ebenso wie jede andere Entscheidung von Stiftungsorganen **pflichtgebunden** ist.[81] Des Weiteren wird für die Zulässigkeit der Entlastung gefordert, dass die Satzung der

---

72 BGHZ 135, 244, 255; *Holle*, AG 2011, 778, 780 f.; *Koch*, AG 2009, 93, 96 ff.; *Lutter*, FS Hoffmann-Becking 2013, 747, 750 ff.; **a.A.** *Paefgen*, AG 2008, 761, 762 ff.; *Mertens*, FS K. Schmidt, 2009, 1183 ff.; *Reichert*, FS Hommelhoff, 2012, 907, 916; *Goette*, ZHR 176 (2012), 588, 594 ff.

73 Vgl. § 13 Abs. 1 Nr. 4 BWStiftG, Art. 19 Nr. 3 BayStiftG.

74 Koch/*Koch*, AktG, § 120 Rn. 2; MüKoAktG/*Kubis*, § 120 Rn. 14; *K. Schmidt*, ZGR 1978, 425, 426; *ders.* Gesellschaftsrecht, 4. Aufl. 2002, 428, 430; Krieger/Schneider/*Burgard*, § 6 Rn. 6.48 m. zahlr. Nachw.

75 BGH NJW 1986, 2250; BGH NJW-RR 1988, 745, 748; BGH WM 1987, 651 f.; OLG Oldenburg – 6 U 50/13, npoR 2014, 134, 140.

76 Zur Präklusionswirkung der Entlastung *Segna*, FS Seibert, 809.

77 Ebs. *Wehnert*, ZSt 2007, 67, 71; *Kiethe*, NZG 2007, 810, 813; *Werner*, ZEV 2009, 366, 370.

78 Dahingehend *Rösing*, Die Entlastung im Stiftungsrecht, 2013, S. 64 ff.; MüKoBGB/*Weitemeyer*, § 86 Rn. 52.

79 Krieger/Schneider/*Burgard*, § 6 Rn. 6.178.

80 *Schwintek*, S. 203; *ders.* ZSt 2005, 108, 115; MüKoBGB/*Weitemeyer*, § 86 Rn. 52.

81 Krieger/Schneider/*Burgard*, § 6 Rn. 6.178.

Stiftung die Befugnis zur Erteilung einer Entlastung in der Satzung vorsieht.[82] Auch das ist nicht zutreffend. Gerade weil es der Stiftung an Mitgliedern mangelt, handelt es sich bei der Befugnis zur Erteilung der Entlastung um eine Annex-Kompetenz, welche mit der Kontrollaufgabe eines Aufsichtsorgans einhergeht.[83] Zutreffend ist deshalb die vierte Ansicht, wonach ein Kontrollorgan auch ohne dahingehende Satzungsbestimmung die Vorstandsmitglieder grundsätzlich entlasten kann.[84]

3. Voraussetzungen einer Entlastung

27 Ein Entlastungsbeschluss darf allerdings nur gefasst werden, wenn **trotz sorgfältiger Prüfung der Rechenschaftsberichte** des Vorstands:

- **erstens** kein eindeutiger und schwerwiegender Pflichtverstoß erkennbar ist; denn dann wäre selbst der Entlastungsbeschluss von Aktionären rechtswidrig und daher anfechtbar. Der Pflichtverstoß ist eindeutig, wenn sich das Verhalten des Vorstands jenseits jeder vertretbaren Auslegung des Gesetzes oder der Satzung bewegt. Er ist schwerwiegend, wenn das Verhalten objektiv betrachtet nicht als im Großen und Ganzen gesetzes- und satzungskonform angesehen werden kann,[85] **und**
- **zweitens** wenn auch sonstige Ansprüche gegen die zu entlastenden Organmitglieder nicht erkennbar sind **oder** das zuständige Organ einen Verzicht auf die Ansprüche erklären dürfte (dazu o. Rn. 24).[86]

4. Rechtsfolgen einer pflichtwidrigen Entlastung

28 Liegen die vorgenannten Voraussetzungen nicht vor, ist die Erteilung der Entlastung pflichtwidrig. Handelt das entlastende Organ dabei **vorsätzlich**, ist der Beschluss wenigstens treu-, wenn nicht gar sittenwidrig. Der fehlerhafte Entlastungsbeschluss ist in diesem Fall nichtig (§ 84b Rn. 82), weshalb die Ansprüche der Stiftung gegenüber dem Vorstand nicht präkludiert sind.

29 Wird die Entlastung nicht vorsätzlich, sondern „nur" **fahrlässig** erteilt, gilt das Gleiche, wenn der Vorstand die Pflichtwidrigkeit seiner Entlastung kannte oder kennen musste; in diesem Fall ist sein Vertrauen auf den Entlastungsbeschluss nämlich nicht schutzwürdig.[87]

30 Ein pflichtwidriger Entlastungsbeschluss ist daher nur **wirksam**, wenn die Mitglieder des beschlussfassenden Organs zum einen nicht vorsätzlich gehandelt haben und die Mitglieder des entlasteten Vorstands die Pflichtwidrigkeit des Entlastungsbeschlusses zum anderen nicht erkennen konnten. Das dürfte **nur ausnahmsweise** einmal der Fall sein.

31 Ist der Entlastungsbeschluss nach dem Vorstehenden unwirksam, stehen der Stiftung, wenn ihr infolge des Beschlusses ein Schaden entstanden ist, Ansprüche gegen diejenigen Mitglieder des Aufsichtsorgans zu, die dem pflichtwidrigen Entlastungsbeschluss schuldhaft zuge-

82 *Schwintek*, S. 203; *ders.*, ZSt 2005, 108, 115; MünchHdb GesR V/*Lüke*, § 94 Rn. 24; *Scholz*, ZIP 2021, 1937, 1947; unklar *Werner*, ZEV 2009, 366, 370; *Weidlich/Foppe*, ZStV 2014, 100, 101.

83 Staudinger/*Hüttemann/Rawert*, BGB, § 86 Rn. 77; MüKoBGB/*Weitemeyer*, § 86 Rn. 52; Krieger/Schneider/*Burgard*, § 6 Rn. 178; *Schindler*, DB 2003, 297, 300.

84 Krieger/Schneider/*Burgard*, § 6 Rn. 6.178; *Burgard*, Gestaltungsfreiheit, 608 f. Davon geht offenbar auch das OLG Oldenburg npoR 2014, 134 aus.

85 St. Rspr., s. BGHZ 153, 47, 51; 160, 385, 388; 182, 272, 281 f.; BGH AG 2010, 79; BGH NZG 2012, 347; BGH NZG 2012, 1064, 1066; BGH NZG 2013, 339 f.; OLG Stuttgart AG 2011, 93, 94, 96; OLG München NZG 2008, 631, 632; bestätigt durch BGH AG 2010, 79. Zu dieser Voraussetzung s. auch *Burgard/Heimann*, AG 2014, 360 m.w.N.

86 Krieger/Schneider/*Burgard*, § 6 Rn. 6.178.

87 Krieger/Schneider/*Burgard*, § 6 Rn. 6.49 f.

stimmt haben[88] bzw. ihm nicht entgegengetreten sind.[89] Der Schaden der Stiftung besteht darin, dass ihre Ansprüche nicht (rechtzeitig) geltend gemacht werden.

Im Stiftungsrecht ist die Entlastung nach allem **nicht geeignet**, um einen **Schlussstrich** unter unliebsame Vorgänge zu ziehen oder dem Vorstand „ins Blaue hinein" eine „Generalabsolution" zu erteilen. Derart motivierte Mitglieder des Aufsichtsorgans laufen vielmehr Gefahr, persönlich zu haften und der Stiftung ggfs. den gesamten entstandenen Schaden ersetzen zu müssen. Diese Konsequenz sollten die Mitglieder des Aufsichtsorgans vor der Fassung eines Entlastungsbeschlusses stets bedenken.[90] 32

Die Billigung des Jahresabschlusses des Vorstands durch die Stiftungsaufsichtsbehörde bewirkt **keine Entlastung**,[91] ebenso wenig die Untätigkeit der Aufsichtsbehörde trotz Kenntnis von schädigenden Pflichtverletzungen durch Organmitglieder.[92] Zwar hat die Behörde das gesetzes- und satzungstreue Verhalten der Stiftungsorgane zu überwachen, sie ist jedoch nicht berechtigt, über Ansprüche der Stiftung zu verfügen.[93] 33

5. Exkulpation durch die Stiftungsaufsicht?

Das Kammergericht hatte in einer (vereinzelt gebliebenen) Entscheidung angenommen, dass der Vorstand für eine satzungswidrige Mittelverwendung dann nicht haftet, wenn die Aufsichtsbehörde den Vorgang in vollumfänglicher Kenntnis des Sachverhalts nicht beanstandet hat.[94] In dieser Allgemeinheit ist das falsch.[95] Genehmigungen und Auskünfte der Behörde können die Stiftungsorgane von ihrer Verantwortlichkeit **grundsätzlich nicht** entlasten. Anders kann dies **ausnahmsweise** nur dann einmal sein, wenn ein **unverschuldeter Rechtsirrtum** der Stiftungsorgane vorlag,[96] welchen die Behörde hervorgerufen, unterhalten oder bestärkt hatte. Die Anforderungen an die Entschuldbarkeit eines Rechtsirrtums sind indes streng.[97] Rechtsauskünfte und Rechtsansichten entlasten Organmitglieder selbst dann nicht, wenn sie von einem 34

88 Krieger/Schneider/*Burgard*, § 6 Rn. 6.178; MüKoAktG/*Habersack*, § 116 Rn. 38; Hölters/Weber/*Groß-Bölting/Rabe*, § 116 Rn. 22, jew. m.w.N.

89 *Kiethe*, WM 2005, 2123, 2126; *Vetter*, DB 2004, 2623; *Lutter/Krieger*, Rechte und Pflichten des Aufsichtsrats, 4. Aufl. 2002, Rn. 835; *Fleischer*, DB 2004, 2645; *Kiethe*, BKR 2005, 177 – beide zum Vorstand; **a.A.** LG Berlin ZIP 2004, 73, welches die Pflichtwidrigkeit des Aufsichtsratsmitglieds auch bei einer Enthaltung verneint.

90 *Burgard/Heimann*, NZG 2016, 166, 170 f.

91 H.M., MüKoBGB/*Weitemeyer*, § 86 Rn. 52; Staudinger/*Hüttemann/Rawert*, BGB, § 86 Rn. 77; *Schindler*, DB 2003, 297, 300; *Schwintek*, ZSt 2005, 108, 111; *Wehnert*, ZSt 2007, 67, 71; *Werner*, ZEV 2009, 366, 370; *Werner*, ZHW 2015, 296, 300; **a.A.** Soergel/*Neuhoff*, § 86 BGB Rn. 13.

92 *Schwintek*, ZSt 2005, 108, 111; *Werner*, ZEV 2009, 366, 370; Krieger/Schneider/*Burgard*, § 6 Rn. 178 f.; **a.A.** KG v. 6.7.1970 – 16 U 1777/69, StiftRspr. III, 35, 37 f.

93 Staudinger/*Hüttemann/Rawert*, BGB, § 86 Rn. 77; MüKoBGB/*Weitemeyer*, § 86 Rn. 52; Werner/Saenger/*Fischer*, Die Stiftung, § 20 Rn. 76; Richter/*Godron*, Stiftungsrecht, § 6 Rz. 222; *Burgard/Heimann*, ZStV 2019, 201, 204; *Kiethe*, NZG 2007, 810, 813; *Wehnert*, ZSt 2007, 67, 71; *Hüttemann/Herzog*, NPLYB 2006, 33, 49.

94 KG v. 6.7.1970 – 16 U 1777/69, StiftRspr. III, 35, 37 f.

95 Ebenso etwa *Schwintek*, ZSt 2005, 108, 111; *Werner*, ZEV 2009, 366, 370; *Werner*, ZHW 2015, 296, 300 f.; *Burgard/Heimann*, ZStV 2019, 201, 204. Im Ergebnis ebs. Werner/Saenger/*Fischer*, Die Stiftung, § 20 Rn. 76; *Segna*, FS Seibert, 2019, 809, 818 f.

96 Vgl. RGZ 156, 113, 120; BGH NJW 1951, 398; BGH NJW 1951, 758; BGH NJW 1972, 1045; BGHZ 201, 91 = NJW 2014, 2720 Rn. 23 m.w.N.; BGH NJW 2018, 2550 Rn. 84 f.; ausführlich zum unverschuldeten Rechtsirrtum bei Organen *Strohn*, CCZ 2013, 177 m.w.N.

97 St. Rspr., BGHZ 89, 296, 303 = NJW 1984, 1028, 1030; BGH NJW 1994, 2754, 2755; BGH NJW 2001, 3114; BGH NJW 2006, 3271; BGH NJW 2007, 428; BGH NZG 2010, 873; BGH NZG 2011, 1271, 1273; s. aber auch OLG Stuttgart v. 28.10.1997 – 12 U 83/97, NZG 1998, 232 f. Die Beweislast hierfür trifft die Organmitglieder. Zur Entschuldbarkeit eines Rechtsirrtums aufgrund v. Auskünften des Finanzamtes BFHE 134, 149; BFHE 235, 215; BFH NV 2013, 698, aufgrund fehlerhafter Anleitungen und Vordrucke der Finanzbehörde BFH NV 2007, 861; BFHE 250, 19 = BStBl. II 2015, 931; BFHE 259, 213 = BStBl. II 2018, 69, jew. m.w.N.

Rechtsanwalt, einer Behörde oder gar einem Gericht geäußert wurden, wenn deren Richtigkeit erkennbar zweifelhaft ist[98] oder mit einer abweichenden Beurteilung durch das zuständige Gericht gerechnet werden musste.[99] *„Ein Organmitglied muss wie jeder Schuldner für einen Rechtsirrtum einstehen, wenn er schuldhaft gehandelt hat. An das Vorliegen eines unverschuldeten Rechtsirrtums sind strenge Maßstäbe anzulegen. Ein Schuldner muss die Rechtslage sorgfältig prüfen, soweit erforderlich Rechtsrat einholen und die höchstrichterliche Rechtsprechung sorgfältig beachten. Dabei trifft grundsätzlich den Schuldner das Risiko, die Rechtslage zu verkennen. [...] Um den strengen Anforderungen an die dem Vorstand obliegende Prüfung der Rechtslage und die Beachtung von Gesetz und Rechtsprechung zu genügen, reicht eine schlichte Anfrage bei einer von dem organschaftlichen Vertreter für fachkundig gehaltenen Person durch die Gesellschaft nicht aus. Erforderlich ist vielmehr, dass sich das Vertretungsorgan, das selbst nicht über die erforderliche Sachkunde verfügt, unter umfassender Darstellung der Verhältnisse der Gesellschaft und Offenlegung der erforderlichen Unterlagen von einem unabhängigen, für die zu klärende Frage fachlich qualifizierten Berufsträger beraten lässt und die erteilte Rechtsauskunft einer sorgfältigen Plausibilitätskontrolle unterzieht.“*[100]

VIII. Durchsetzung

1. Zuständigkeit

35 Ansprüche der Stiftung werden **grundsätzlich** von ihrem **Vorstand** geltend gemacht. Das gilt auch für Ansprüche gegen Organmitglieder. Verfügt die Stiftung über ein **Kontrollorgan**, ist allerdings anzunehmen, dass dieses für die Geltendmachung von Ansprüchen gegen die Mitglieder des Vorstands zuständig ist, § 30 Satz 2 BGB analog (§ 84 Rn. 86).[101] Überdies sehen manche Stiftungsgesetze der Länder eine **subsidiäre Kompetenz der Stiftungsaufsichtsbehörde** vor, Ersatzansprüche der Stiftung gegen die Stiftungsorgane geltend zu machen.[102] Bei Ansprüchen gegen Mitglieder des Stiftungsvorstands kann ferner die Bestellung eines **Notvorstands** (§ 84c BGB) erforderlich (§ 84b S. 2 BGB, näher § 84 Rn. 38) sein.[103]

36 Hat die Stiftung zugunsten ihrer Vorstandsmitglieder eine Vermögensschaden-Haftpflichtversicherung abgeschlossen, ist sie aufgrund der ihr obliegenden Fürsorgepflicht (§ 242 BGB) verpflichtet, diese vorrangig in Anspruch zu nehmen.[104]

---

98 Vgl. BGHZ 74, 281; BGH VersR 1968, 148; BGH VersR 1991, 331, 333; BGH NJW 2012, 2443; BGH NJW 2017, 1112; BGH NJW 2017, 3002. Vor allem gutachterliche Stellungnahmen von Rechtskundigen entlasten den Auftraggeber nicht ohne weiteres, da sie leider allzu oft nach dem Motto geschrieben werden: „Wes' Brot ich ess', des' Lied ich sing.“.

99 BGHZ 89, 296, 303; BGH NJW 1974, 1903, 1904; BGH VersR 1990, 153, 154; BGHZ 201, 91 = NJW 2014, 2720 Rn. 23 m.w.N.; BGH NJW 2018, 2550 Rn. 84 f.

100 BGH MDR 2012, 171 = NZG 2011, 1271 Rn. 16, 18.

101 Mangels Mitgliedern ist bei der Stiftung Anderes kaum vertretbar, ebs. MüKoBGB/*Weitemeyer*, § 85 Rn. 30, § 86 Rn. 54; *Werner*, ZEV 2009, 366, 371; i.E. auch *Wehnert*, ZSt 2007, 66, 73.

102 So Art. 15 BayStiftG, §§ 11 Abs. 3, 20 Abs. 4 BWStiftG, § 16 NdsStiftG. § 11 S. 1 NRWStiftG sieht für solche Fälle die Bestellung eines besonderen Vertreters vor. Die Bestellung von Beauftragten sehen auch andere Stiftungsgesetze vor, bspw. § 6 Abs. 4 HamStiftG, § 16 HeStiftG, § 8 MVStiftG, § 16 SaarStiftG. In Betracht kommt schließlich eine Ersatzvornahme, bspw. nach § 13 Abs. 4 BremStiftG, § 14 Abs. 1 HeStiftG, § 6 Abs. 3 MVStiftG, § 13 Abs. 2 SaarStiftG.

103 MüKoBGB/*Weitemeyer*, § 86 Rn. 54; Krieger/Schneider/*Burgard*, § 6 Rn. 6.180; *Kiethe*, NZG 2007, 810, 813; *Werner*, ZEV 2009, 366, 371. Zur Frage der Verjährung ausführlich *Gollan*, Vorstandshaftung in der Stiftung, 2009, 291 ff.; *Burgard/Heimann*, NZG 2016, 166, 169.

104 LG Bonn NJW-RR 1995, 1435, 1436; Staudinger/*Schwennicke*, BGB, § 31 Rn. 96.

2. Durchsetzungsdefizite

Die Geltendmachung von Schadensersatzansprüchen gegen ein Organmitglied setzt zunächst einmal voraus, dass das hierfür zuständige Organ – regelmäßig also der Vorstand – einen entsprechenden Beschluss fasst. Dabei ist das zuständige Organ zwar grundsätzlich zur Geltendmachung verpflichtet.[105] Insb. darf es regelmäßig weder auf bestehende Ansprüche ausdrücklich verzichten (Rn. 22, 24), noch sie stillschweigend verjähren lassen, was ohnehin nicht ohne Weiteres möglich ist (Rn. 41, 43). Das ist jedoch ein schwacher Trost, wenn die Geltendmachung von Ansprüchen tatsächlich dauerhaft unterbleibt. Das kommt häufig vor, weil die zuständigen Organmitglieder kein Eigeninteresse haben, das sie motivieren könnte, den erhöhten und unangenehmen Aufwand der Durchsetzung von Schadensersatzansprüchen auf sich zu nehmen (**Motto: „Lieber Staub ansetzen, als aufwirbeln"**). Im Gegenteil! Denn zum einen handelt es sich bei den Anspruchsgegnern um mehr oder weniger langjährige und verdienstvolle Kollegen (**Motto: „Eine Krähe …"**). Zum anderen würden die beschließenden Vorstandsmitglieder im umgekehrten Fall ebenfalls auf die „Großzügigkeit" ihrer Kollegen hoffen (**Motto: „Was Du nicht willst …"**). Und zum Dritten sind sie möglicherweise selbst in die Pflichtwidrigkeit verstrickt (**Motto: „Wer selbst im Glashaus sitzt …"**).[106] Willkommene Ausreden, die zur Rechtfertigung der Untätigkeit angeführt werden, sind der Schutz des guten Rufes der Stiftung und die Schwierigkeiten der Anspruchsdurchsetzung – eine Ausrede, die durch § 31a BGB gestützt wird. Ein Eingreifen der Stiftungsaufsichtsbehörde ist dabei schon deswegen kaum zu „befürchten", weil sie erstens von der den Anspruch begründenden Pflichtwidrigkeit meist nicht erfährt und zweitens zur Geltendmachung von Ansprüchen gegen Organmitglieder zugunsten der Stiftung nur selten befugt ist.[107] Abseits von Schadensersatzansprüchen ist hinsichtlich von Durchsetzungsdefiziten auch an – nicht seltene – Fälle rechtswidriger Grundlagenänderungen zu denken, die – warum auch immer – von der Stiftungsaufsichtsbehörde genehmigt werden. 37

3. Regelungsvorschläge

Vor diesem Hintergrund wurden und werden zwei Forderungen erhoben; die Einführung einer Stiftungsaufsichtsbeschwerde[108] – die hier nicht viel weiterhelfen würde – und die Einführung einer **„actio pro fundatione"**.[109] Der Reformgesetzgeber hat keine der beiden Forderungen aufgegriffen. Zwar lässt sich eine solche Hilfs- und Notzuständigkeit womöglich schon nach geltendem Recht aus dem verfassungsrechtlichen Gebot einer effektiven Rechtsschutzgewährung im Sinne des Art. 19 Absatz 4 GG konstruieren. Und in der Tat haben inzwischen einzelne Gerichte die besondere Schutzbedürftigkeit der Stiftung anerkannt.[110] Bis eine „actio pro fundatione" rechtssicher handhabbar ausgeformt ist, wird jedoch noch viel Zeit vergehen, zumal entsprechende Streitigkeiten nicht alle Tage ausgetragen werden. 38

---

105 Grundlegend BGHZ 135, 244 = NJW 1997, 1926; dazu etwa *Götz*, NJW 1997, 3275, 3276; *Henze*, NJW 1998, 3309, 3311; *Heermann*, AG 1998, 201, 206 f.; aus jüngerer Zeit etwa BGHZ 219, 356 = NZG 2018, 1301; dazu etwa *Stöber*, BB 2018, 2769; *Bayer/Scholz*, NZG 2019, 201; *Schockenhoff*, AG 2019, 745; aus dem Stiftungsrecht *Burgard/Heimann*, NZG 2016, 166, 168; *Uffmann*, ZIP 2021, 1251, 1254; *Scholz*, ZIP 2021, 1937, 1946 f.

106 Vgl. nur BGH NZG 2015, 38.

107 Nämlich nur § 11 Abs. 3 BWStiftG, Art. 15 BayStiftG, § 16 NdsStiftG, § 11 NRWStiftG. Nach anderen Landesgesetzen bestünde allerdings auch die Möglichkeit der Bestellung eines Beauftragten (Art. 13 BayStiftG, §§ 9 Abs. 3 BbgStiftG, 6 Abs. 4 HamStiftG, 16 HeStiftG, 8 MVStiftG, 9 Abs. 3 NRWStiftG, 9 Abs. 6 RPStiftG, 16 SaarStiftG, 14 SHStiftG), was in der Praxis freilich ebenfalls so gut wie nicht vorkommt.

108 Zuletzt *Weitemeyer*, ZGR 2019, 238, 262 ff.

109 Zuletzt § 85 Abs. 3 BGB-ProfE, ZIP 2020, Beilage zu Heft 10, 8 f.

110 OVG Berlin DVBl. 2003, 342; zuletzt OLG Frankfurt NZG 2019, 22.

39 Bis dahin könnte der Stifter folgende Bestimmung in der **Satzung**[111] vorsehen: *„Jedes Organmitglied, das von einem Sachverhalt erfährt, der ein pflichtwidriges Verhalten von Organmitgliedern nahelegt, ist zur Aufklärung des Sachverhalts verpflichtet. Liegt ein pflichtwidriges Verhalten vor, so hat jedes Organmitglied alle erforderlichen Maßnahmen zu ergreifen, um weitere Nachteile von der Stiftung abzuwenden. Jedes Organmitglied hat das Recht und die Pflicht, im Namen der Stiftung die Nichtigkeit von Beschlüssen aller Stiftungsorgane sowie Rechte und Ansprüche der Stiftung gerichtlich geltend zu machen, wenn das zuständige Stiftungsorgan nicht binnen angemessener Frist tätig wird. Fällt einem Organmitglied, das seinen Pflichten nach Satz 1 bis 3 nachgekommen ist, hinsichtlich des aufgeklärten Sachverhalts ebenfalls eine schuldhafte Pflichtverletzung zur Last, so ist ein Ersatzanspruch der Stiftung gegen dieses Organmitglied auf 10 % des Schadens beschränkt.“*

40 Die ersten beiden Sätze haben nur klarstellende Bedeutung. Satz 3 gibt allen Organmitgliedern Einzelgeschäftsführungsbefugnis und -vertretungsmacht hinsichtlich der Geltendmachung der Nichtigkeit von Beschlüssen sowie von Rechten und Ansprüchen der Stiftung. Im Innenverhältnis ist die Geltendmachung jedoch nur statthaft, wenn das zuständige Stiftungsorgan nicht binnen angemessener Frist tätig wird. Satz 4 widmet sich dem Problem, dass die Geltendmachung von Ersatzansprüchen häufig schon deswegen unterbleibt, weil die Mitglieder des zur Geltendmachung befugten Organs befürchten müssen, selbst in Anspruch genommen zu werden (s.o. Rn. 32). Werden solche selbstbetroffenen Organmitglieder gleichwohl tätig, stellt ihnen die Regelung eine betragsmäßige Haftungsbeschränkung in Aussicht. Freilich könnte der Stifter Whistleblowern darüber hinaus auch eine Belohnung in Aussicht stellen.

IX. Verjährung

41 Ansprüche aus § 280 Abs. 1 BGB verjähren gem. § 195 BGB in drei Jahren. Die Frist beginnt gem. § 199 Abs. 1 BGB mit Schluss des Jahres, in dem der Anspruch entstanden ist und der Gläubiger von den Anspruch begründenden Umständen und der Person des Schuldners Kenntnis erlangt hat oder ohne grobe Fahrlässigkeit erlangen musste.[112] Bei Ansprüchen von juristischen Personen kommt es grundsätzlich auf die Kenntnis des gesetzlichen Vertreters, hier also auf die Kenntnis eines Vorstandsmitglieds an,[113] s. § 84 Abs. 2 S. 3 BGB.[114] Bei Ansprüchen der Stiftung gegen Vorstandsmitglieder bleibt jedoch **die Kenntnis der Betroffenen außer Betracht.**[115] Und auch die Kenntnis von nicht betroffenen Vorstandsmitgliedern wird man in diesem Fall der Stiftung nicht zurechnen können,[116] da andernfalls die Gefahr besteht, dass Verjährung eintritt, weil sich Vorstandsmitglieder gegenseitig decken. Solange das pflichtvergessene Vorstandsmitglied noch im Amt ist, liegt daher keine Kenntnis der Stiftung im Sinne von § 199 Abs. 1 Nr. 2 BGB vor. Die kenntnisabhängige Frist wird deshalb erst in Lauf gesetzt, wenn das pflichtvergessene Vorstandsmitglied ausscheidet, ein neuer Vorstand berufen wird und dieser Kenntnis erlangt hat.[117]

---

111 Für einen auf die Geltendmachung von Beschlussmängel beschränkten Gestaltungsvorschlag *Rawert*, NPLYB 2019, 97, 117.

112 Unabhängig von der Kenntnis verjähren Schadensersatzansprüche gem. § 199 Abs. 3 Satz 1 Nr. 1 BGB innerhalb von 10 Jahren ab der Entstehung des Anspruchs. Ist aus der Pflichtverletzung (noch) kein Schaden entstanden, verjähren die Ansprüche gem. § 199 Abs. 3 Satz 1 Nr. 2 BGB innerhalb von 30 Jahren nach der Pflichtverletzung (Verjährungshöchstfristen). Maßgeblich für das Ende der Verjährung ist stets diejenige Höchstfrist, die als erste abgelaufen ist, § 199 Abs. 3 Satz 2 BGB.

113 MüKoBGB/*Grothe*, § 199 Rn. 36; Erman/*Schmidt-Räntsch*, BGB, § 199 Rn. 14.

114 Zur Wissenszurechnung näher Staudinger/*Schwennicke*, BGB, § 26 Rn. 26 f.; MüKoBGB/*Leuschner*, § 31 Rn. 25 ff.; BeckOK BGB/*Schöpflin*, § 26 Rn. 21; *Fritzsche*, ZSt 2004, 209.

115 BGH NJW 2014, 1294, 1295; BGH NJW-RR 2011, 832, 833; BGH NJW 2009, 2127 Rn. 34.

116 Insoweit **a.A.** BeckOK BGB/*Spindler*, § 199 BGB Rn. 48.

117 BGH NJW-RR 2011, 832 f.; BGH NJW-RR 2009, 123, 125.

Ist ein **Kontrollorgan** vorhanden, das zur Geltendmachung von Ersatzansprüchen gegen den Vorstand befugt ist,[118] ist auf dessen Kenntnisstand abzustellen. Der Kenntnisstand muss dergestalt sein, dass die Stiftung ihre Ansprüche klageweise geltend machen, d.h. ihrer Darlegungs- und Beweislast (oben Rn. 21) nachkommen kann.[119] 42

Das **Verjährenlassen** von Forderungen ist als Verstoß gegen die Vermögensfürsorgepflicht zumindest dann **pflichtwidrig**, wenn nicht ausnahmsweise ein Verzicht auf die Forderung statthaft gewesen wäre (Rn. 24). Fällt diese Pflichtverletzung einem Kontrollorgan zur Last, müsste der Vorstand entsprechende Ersatzansprüche geltend machen. Der Vorstand befindet sich in diesem Fall jedoch in einem Interessenkonflikt. Schwerpunkt des Verfahrens gegen die Mitglieder des Kontrollorgans wäre nämlich das pflichtwidrige Handeln des Vorstands in Verbindung mit der Feststellung, dass das Kontrollorgan die hierauf beruhenden Schadensersatzansprüche der Stiftung pflichtwidrig verjähren ließ.[120] Der Vorstand müsste also sein eigenes Fehlverhalten zum Gegenstand eines Prozesses machen.[121] Berücksichtigung findet dieser Interessenkonflikt bei der Wissenszurechnung. Er begründet eine tatsächliche Verhinderung des betreffenden Organs zur Geltendmachung der Ansprüche.[122] Kenntnis der Stiftung im Sinne von § 199 I Nr. 2 BGB liegt daher nicht vor, solange der pflichtvergessene Vorstand noch im Amt ist. Die kenntnisabhängige Frist wird deshalb auch in diesem Fall erst in Lauf gesetzt, wenn ein Notvorstand oder ein neuer Vorstand berufen wird und dieser Kenntnis erlangt.[123] 43

B. Außenhaftung der Vorstandsmitglieder

Die oben beschriebenen **organschaftlichen Pflichten** der Vorstandsmitglieder obliegen ihnen **nur gegenüber der Stiftung**, nicht aber gegenüber Dritten wie anderen Organmitgliedern oder Gläubigern der Stiftung (näher dazu § 84a Rn. 40).[124] Eine Außenhaftung kann sich daher nur aus anderen Rechtsgründen ergeben. Grundsätzlich gelten die allgemeinen Regeln. 44

I. Rechtsgeschäftliche Haftung

Schließt ein Vorstandsmitglied ein Rechtsgeschäft für die Stiftung ab, berechtigt und verpflichtet dies allein die Stiftung. Allerdings muss das Vorstandsmitglied bei Abschluss grundsätzlich deutlich machen, dass er für die Stiftung handelt (sog. Offenkundigkeitsprinzip, § 164 Abs. 1 BGB), andernfalls **§ 164 Abs. 2 BGB** eingreift.[125] Und fehlt ihm die erforderliche Vertretungs- 45

118 MüKoBGB/*Grothe*, § 199 Rn. 37 m.w.N.

119 St. Rspr. seit BGHZ 6, 195, 201 = NJW 1952, 1090; sowie etwa BGHZ 97, 97, 111 = NJW 1986, 2309, 2312; BGHZ 122, 317, 325 = NJW 1993, 2303, 2305; BGH NJW 1994, 3092, 3093; BGH NJW 2004, 510; BGH NJW-RR 2010, 1574, 1575; BGH NJW 2017, 949, 950 f.; BGH NJW 2017, 1954, 1956; BGH NJW 2017, 3510, 3513; BeckOK BGB/*Spindler* Rn. 22; MüKoBGB/*Grothe*, § 199 Rn. 28.

120 Das Gleiche würde hinsichtlich der pflichtwidrigen Entlastungsbeschlüsse gelten, würde man diesen entgegen der hier vertretenen Auffassung Rechtswirkung zumessen.

121 Ähnlich für die Anspruchsverfolgung durch den Aufsichtsrat der AG gegenüber deren Vorstand MüKoAktG/*Habersack*, § 111 Rn. 34; *ders.* ZHR 177 (2013), 782, 785 ff., jew. m.w.N.

122 BGH NJW-RR 2011, 832, 833; BGH NJW-RR 2009, 123, 125; BGH NJW-RR 1989, 1255, 1259; MüKoBGB/*Grothe*, § 199 Rn. 37 jew. m.w.N.

123 BGH NJW-RR 2011, 832 f.; BGH NJW-RR 2009, 123, 125.

124 Statt anderer Soergel/*Hadding*, BGB, § 27 Rn. 23.

125 Dazu statt aller MüKoBGB/*Schubert*, § 164 Rn. 176 ff.; juris Praxiskommentar BGB/*Weinland*, 8. Aufl. 2017, § 164 Rn. 92 ff.

macht, kommt eine persönliche Haftung gem. **§ 179 BGB** in Betracht.[126] Die Vorschrift hat letzthin an Bedeutung gewonnen, s. § 84 Rn. 46.

46 Verletzt ein Vorstandsmitglied **Vertragspflichten der Stiftung**, haftet hierfür gegenüber dem Vertragspartner wegen § 31 BGB allein die Stiftung. Allerdings kann die Stiftung das Vorstandsmitglied im Innenverhältnis u.U. in Regress nehmen.[127] Gegebenenfalls findet § 31a Abs. 1 Satz 1 BGB Anwendung.

II. Deliktsrechtliche Haftung

1. Deliktische Schädigung Dritter

47 Schädigt ein Vorstandsmitglied durch eine unerlaubte Handlung einen Dritten, hat der Dritte gegen das Vorstandsmitglied einen Anspruch auf Schadensersatz gem. § 823 Abs. 1 BGB. Das Vorstandsmitglied haftet auch, wenn es ein Schutzgesetz i.S. des § 823 Abs. 2 BGB (z.B. Betrug, § 263 StGB) verletzt.[128] Erfolgt die Schädigung in Ausübung einer dem Handelnden als Vorstandsmitglied zustehenden Verrichtung, haftet daneben gem. § 823 i.V.m. § 31 BGB die Stiftung. Beide haften im Außenverhältnis als Gesamtschuldner, § 840 BGB,[129] im Innenverhältnis – vorbehaltlich von § 31a Abs. 2 BGB – das Vorstandsmitglied.

2. Haftung für die Verletzung von Verkehrssicherungspflichten

48 Der **BGH** formuliert die rechtlichen Voraussetzungen für die Haftung wegen Verletzung von Verkehrssicherungspflichten in ständiger Rechtsprechung wie folgt: *„Derjenige, der eine Gefahrenlage – gleich welcher Art, etwa durch Verkehrseröffnung – schafft, ist grundsätzlich verpflichtet, die notwendigen und zumutbaren Vorkehrungen zu treffen, um eine Schädigung anderer möglichst zu verhindern. Die rechtlich gebotene Verkehrssicherung umfasst diejenigen Maßnahmen, die ein umsichtiger und verständiger, in vernünftigen Grenzen vorsichtiger Mensch für notwendig und ausreichend hält, um andere vor Schäden zu bewahren. Dabei ist jedoch zu berücksichtigen, dass nicht jeder abstrakten Gefahr vorbeugend begegnet werden kann. Ein allgemeines Verbot, andere nicht zu gefährden, wäre utopisch. Eine Verkehrssicherung, die jede Schädigung ausschließt, ist im praktischen Leben nicht erreichbar. Haftungsbegründend wird eine Gefahr erst dann, wenn sich für ein sachkundiges Urteil die nahe liegende Möglichkeit ergibt, dass Rechtsgüter anderer verletzt werden können. Deshalb muss nicht für alle denkbaren Möglichkeiten eines Schadenseintritts Vorsorge getroffen werden. Es sind vielmehr nur die Vorkehrungen zu treffen, die geeignet sind, die Schädigung anderer tunlichst abzuwenden. Der im Verkehr erforderlichen Sorgfalt (§ 276 Abs. 2 BGB) ist genügt, wenn im Ergebnis derjenige Sicherheitsgrad erreicht ist, den die in dem entsprechenden Bereich herrschende Verkehrsauffassung für erforderlich hält. Daher reicht es anerkanntermaßen aus, diejenigen Sicherheitsvorkehrungen zu treffen, die ein verständiger, umsichtiger, vorsichtiger und gewissenhafter Angehöriger dieser (Berufs-)Gruppe für ausreichend halten darf, um andere Personen vor Schäden zu bewahren, und die ihm den Umständen nach zuzumuten sind; Voraussetzung für eine Verkehrssicherungspflicht ist, dass sich vorausschauend für ein sachkundiges Urteil die nahe liegende Gefahr ergibt, dass Rechtsgüter anderer verletzt werden können. Kommt es in Fällen, in denen hiernach keine Schutzmaßnahmen getroffen werden mussten, weil eine Gefährdung anderer zwar nicht völlig ausgeschlossen, aber nur unter besonders eigenartigen und entfernter liegenden Umständen*

126 S. hierzu MüKoBGB/*Schubert*, § 179 Rn. 25 ff., 37 ff.; BeckOK BGB/*Schäfer*, § 179 Rn. 3 ff.; OLG Hamm SpuRt 2003, 77; OLG Hamburg OLGR Hamburg 1998, 121 ff.

127 Für einen Fall aus dem Vereinsrecht LG Kaiserslautern SpuRt 2006, 79.

128 Näher hierzu Krieger/Schneider/*Altmeppen*, § 7 Rn. 47 ff.

129 Zum Innenausgleich s. Stöber/*Otto*, Rn. 613 ff.

zu befürchten war, ausnahmsweise doch einmal zu einem Schaden, so muss der Geschädigte – so hart dies im Einzelfall sein mag – den Schaden selbst tragen. Er hat ein „Unglück" erlitten und kann dem Schädiger kein „Unrecht" vorhalten."[130]

Treffen juristische Personen – hier also die Stiftung – Verkehrssicherungspflichten, so sind es ihre Geschäftsführungsorgane – hier also regelmäßig der Vorstand –, die für die Erfüllung dieser Pflichten Sorge zu tragen haben (s. Rn. 3). Der Vorstand kann diese Aufgabe auch delegieren (Rn. 9). **Wird die Verkehrssicherungspflicht verletzt, haftet grundsätzlich nur die juristische Person.** Das Verhalten ihrer Organwalter wird ihr gemäß § 31 BGB und das Verhalten von sog. Repräsentanten nach § 31 BGB analog (§ 84 Rn. 99) zugerechnet. Für Mitarbeiter gilt § 831 BGB. Das ist insoweit unstreitig. 49

Nach dem sog. **„Baustoff-Urteil"** des BGH[131] sollen allerdings Geschäftsleiter auch persönlich haften, wenn sie eine Garantenstellung hinsichtlich der Erfüllung der Verkehrssicherungspflichten trifft. Die Frage ist außerordentlich umstritten.[132] Allein aus einer Organstellung folgt jedenfalls keine Garantenstellung;[133] denn die Organpflichten, namentlich die Geschäftsführungs- und Organisationspflichten, obliegen den Organwaltern nur gegenüber der juristischen Person.[134] Die gegenteilige Annahme würde zu einer uferlosen Ausweitung der Haftungsrisiken von Organwaltern führen.[135] **Nach hiesiger Ansicht rechtfertigt eine Vernachlässigung von gegenüber der Gesellschaft bestehenden Pflichten nur unter den Voraussetzungen des § 826 BGB eine Haftung gegenüber Dritten.**[136] 50

Voraussetzungen von **§ 826 BGB** sind: (1) Eintritt eines Schadens, (2) Verursachung dieses Schadens durch ein Verhalten des Schädigers, (3) Sittenwidrigkeit des ursächlichen Verhaltens und (4) Vorsatz des Schädigers. Sittenwidrig ist eine Vernachlässigung von (Leitungs- und Organisations-)Pflichten, wenn dadurch eine Gefahr geschaffen wird, die sich bei ungehindertem Geschehensablauf geradezu unausweichlich verwirklicht und nach den Maßstäben allgemeiner Geschäftsmoral angesichts des Rangs des gefährdeten Rechtsguts oder der Schwere der Dritten drohenden Schäden[137] nicht hinnehmbar ist. Subjektiv ist erforderlich, dass der Organwalter die Tatumstände kannte, die sein Verhalten sittenwidrig machen,[138] wobei es ausreicht, dass er sich 51

130 St. Rspr. BGH VersR 1975, 812; BGH VersR 1976, 149; BGHZ 103, 298, 303 = NJW 1988, 1380; BGH VersR 1990, 498, 499; BGH NJW 1996, 3208; BGHZ 136, 69, 77 = MDR 1997, 827; BGH VersR 2002, 247; BGH VersR 2003, 1319; BGH 2006, 233; BGH VersR 2012, 1528; BGHZ 195, 30 = NJW 2013, 48; BGH NJW 2014, 2104; BGH NJW 2021, 1090, jew. m.w.N.

131 BGHZ 109, 297 = NJW 1990, 976.

132 Zum Meinungsstand s. etwa MüKoBGB/*Wagner* § 823 Rn. 130 ff.

133 Noack/Servatius/Haas/*Beurskens*, GmbHG, § 43 Rn. 137; MüKoGmbHG/*Fleischer*, § 43 Rn. 351; Borg/Schäfer/*Klöhn*, GmbHG, § 43 Rn. 97; MüKoAktG/*Spindler*, § 93 Rn. 357, jew. m.w.N.

134 *Kleindiek*, Deliktshaftung und juristische Person, 1997, 191 ff., 368 ff., 393 ff.; *Medicus*, ZGR 1998, 570, 572 ff.; *Mertens/Mertens*, JZ 1990, 488 f.; *Mertens*, FS Sturm, Bd. II, 1999, 1055, 1056 ff.; Lutter/Hommelhoff/*Kleindiek*, GmbHG § 43 Rn. 86; MüKoAktG/*Spindler*, § 93 Rn. 357; Hölters/Weber/*Hölters*, AktG, § 93 Rn. 361 f.; ebs. BGHZ 194, 26 = NJW 2012, 3439 Rn. 2 f.; BGHZ 201, 344 = NJW-RR 2014, 1382 Rn. 23; BGH NJW 2019, 2164 Rn. 10.

135 *Lutter*, ZHR 157 (1993), 464, 470 ff.; *Lutter*, GmbHR 1997, 329, 337; *Medicus*, FS Lorenz, 1991, 155, 163 ff.; *Kleindiek*, Deliktshaftung und juristische Person, 1997, 8; zuletzt *Bachmann*, Gutachten Teil E zum 70. DJT 2014, E 118; *Müller*, GRUR 2016, 570, 571; MüKoAktG/*Spindler*, § 93 Rn. 357; Spindler/Stilz/*Fleischer*, AktG, § 93 Rn. 272 f.

136 Unverständlich BGH NJW 2019, 2164, wonach der Geschäftsführer einer GmbH für Vermögensschäden außenstehender Dritter weder nach § 823 Abs. 2 i.V.m. § 43 Abs. 1 GmbHG noch nach § 826 BGB haften soll, während eine Haftung für Rechtsgutsverletzungen auf der Grundlage von § 823 Abs. 1 BGB nach wie vor in Betracht käme.

137 Nach st. Rspr. setzt Sittenwidrigkeit eine besondere Verwerflichkeit des Verhaltens voraus, dass sich u.a. aus der zutage getretenen Gesinnung des Schädigers oder den eingetretenen Folgen ergeben kann, zuletzt etwa BGHZ 225, 316 = NJW 2020, 1962 Rn. 15; BGH NJW 2019, 2164 Rn. 8; BGH NJW 2017, 250 Rn. 16; BGH NJW 2014, 1380 Rn. 8; BGH NJW 2014, 1098 Rn. 23; BGH NJW 2014, 383 Rn. 9; BGH NJW-RR 2013, 1448 Rn. 14; BGH NJW 2013, 550 Rn. 25.

138 Etwa BGH NJW-RR 2009, 1207 Rn. 20; BGH NJW 2004, 3706, 3710; BGH NJW 1986, 1751, 1754; BGH NJW 1973, 2285, 2286; BGH NJW 1962, 1099, 1100; BGHZ 8, 83, 87 = NJW 1953, 297; MüKoBGB/*Wagner*, § 826 Rn. 34.

diesen Tatsachen bewusst verschlossen hat,[139] was wiederum aus einem leichtfertigen bzw. gewissenlosen[140] Hinwegsetzen über berufliche Pflichten[141] sowie einer besonderen Bedenkenlosigkeit gegenüber fremden Vermögensinteressen[142] geschlossen werden kann.[143] Hinsichtlich des Schadenseintritts reicht bedingter Vorsatz aus.[144] Es genügt, dass der Organwalter wusste, dass die Vernachlässigung seiner Pflichten schadensgeneigt ist und er sich mit einem möglichen Schadenseintritt abfindet.[145] Letzteres ist insbesondere dann anzunehmen, wenn er vor dem möglichen Schadenseintritt einfach „die Augen verschlossen" hat.[146]

3. Haftung aus § 823 Abs. 2 BGB i.V.m. mit Schutzgesetzen

52 **a) Insolvenzrechtliche Haftung, § 823 Abs. 2 i.V.m. § 42 Abs. 2 BGB.** § 84 Abs. 5 i.V.m. § 42 Abs. 2 BGB ist Schutzgesetz i.S.d. § 823 Abs. 2 BGB.[147] Näher zur Insolvenzantragspflicht und zur Haftung wegen Insolvenzverschleppung siehe § 84 Rn. 100 ff.

53 **b) Sozialversicherungsrechtliche Haftung, § 823 Abs. 2 BGB i.V.m. § 266a StGB.** Sofern die Stiftung Arbeitnehmer beschäftigt, sind deren Anteile an den Beiträgen zur Sozialversicherung an die Einzugsstelle (§ 28h SGB IV) zu melden und abzuführen.[148] Verantwortlich dafür ist der Arbeitgeber, bei der Stiftung als juristischer Person obliegt diese Pflicht den Mitgliedern des vertretungsberechtigten Organs, also des Vorstands. Diese machen sich im Fall der **Nichtabführung strafbar**, § 266a Abs. 1 i.V.m. § 14 Abs. 1 Nr. 1 StGB und § 263 StGB.[149] Die Strafbarkeit besteht unabhängig davon, ob Arbeitsentgelt tatsächlich auch gezahlt wurde, § 266a Abs. 1

---

139 BGH NJW-RR 2009, 1207 Rn. 20; BGHZ 129, 136, 175 = NJW 1995, 1739; BGH NJW 1994, 2289, 2291; MüKoBGB/*Wagner*, § 826 Rn. 34.

140 BGH ZIP 2012, 2302 m. Anm. *Kühler*, EWiR 2013, 145; *Juretzek*, DStR 2012, 2500; BGHZ 176, 281 = ZIP 2008, 1222 Rn. 46 m. Anm. *Lange*, EWiR 2008, 577; BGHZ 129, 136, 176 = NJW 1995, 1739 m. Anm. *Rittner*, EWiR 1995, 525, bespr. v. *Müller*, ZIP 1995, 1416; *Flume*, ZIP 1996, 161; *Marsch-Barner*, ZIP 1996, 853; BGH NJW 1991, 3282, 3283.

141 BGHZ 184, 365 Rn. 39 = ZIP 2010, 786 Rn. 26; BGH BKR 2010, 473 Rn. 41; BGHZ 176, 281 Rn. 46 = NJW 2008, 2245; BGH WM 2006, 84, 87; BGH NJW 2004, 3706, 3710; BGH ZIP 1999, 486; BGH NJW 1992, 2821, 2822; BGH NJW 1991, 32, 33.

142 BGH ZIP 2011, 1220; BGH WM 2010, 2025 Rn. 41; BGH BKR 2010, 421 Rn. 37; BGH NJW 1990, 389, 390; BGH NJW 1987, 1758; BGHZ 95, 307, 311 = NJW 1985, 2823; BGH NJW 1973, 2285, 2286.

143 Dagegen muss sich der Täter der Sittenwidrigkeit eines Verhaltens nicht bewusst sein, etwa BGH NJW 1991, 634, 636; BGH NJW 1986, 1751, 1754; BGH NJW 1962, 1099, 1100; BGHZ 8, 83, 87 = NJW 1953, 297; MüKoBGB/*Wagner*, § 826 Rn. 34; BeckOK BGB/*Förster*, § 826 Rn. 30.

144 BGHZ 225, 316 = NJW 2020, 1962 Rn. 61 f.; BGH NJW-RR 2009, 1207 Rn. 24; BGHZ 160, 149, 156 = NJW 2004, 2971; BGHZ 147, 269, 278 = NJW 2001, 2880; BGH NJW 1990, 389, 390; BGH NJW 1987, 3205, 3206; BGH NJW 1963, 148, 150; BGH NJW 1962, 1099, 1100.

145 BGHZ 225, 316 Rn. 61 f. = NJW 2020, 1962; BGH NJW-RR 2009, 1207 Rn. 24; BGHZ 160, 149 = NJW 2004, 2971; BGHZ 147, 269 = NJW 2001, 2880; BGH NJW 1990, 389; BGH NJW 1987, 3205, 3206; BGH NJW 1963, 148, 150; BGH NJW 1962, 1099, 1100; MüKoBGB/*Wagner*, § 826 Rn. 27; BeckOK BGB/*Förster*, § 826 Rn. 33, jew. m.w.N.

146 BGH NJW-RR 2011, 197 Rn. 53; BGH NJW 2011, 551 Rn. 51; BGH NJW 2011, 1193 Rn. 32; BGH BKR 2010, 421 Rn. 53.

147 Str., ebs. Soergel/*Hadding*, BGB, § 42 Rn. 12; Reichert/*Achenbach*, Kap. 2 Rn. 3677; **a.A.** MüKoBGB/*Leuschner*, § 42 Rn. 25; BeckOK BGB/*Schöpflin*, § 42 Rn. 13; Staudinger/*Schwennicke*, BGB, § 42 Rn. 50; Erman/*Westermann*, BGB, § 42 Rn. 6 (eigene Anspruchsgrundlage).

148 Zu beachten ist hierbei, dass nach der Rechtsprechung des BSG auch ein (Fremd)Geschäftsführer trotz seiner Stellung als gesetzliches Vertretungsorgan grundsätzlich immer sozialversicherungspflichtig Beschäftigter ist, BSGE 125, 183 = NJW 2018, 2662, s. dazu *Reiserer/de Groot/Hagen*, DStR 2021, 924; *Reiserer/Skupin*, BB 2019, 505; *Blattner*, DB 2018, 1152; *Peetz*, GmbHR 2018, 905. Anders liegt dies nach dem BSG (nur) dann, wenn der Gesellschafter-Geschäftsführer in einem Ausmaß am Kapital der Gesellschaft beteiligt ist, welches es ihm ermöglicht, durch Einflussnahme auf die Gesellschafterversammlung die Geschicke der Gesellschaft zu bestimmen.

149 S. dazu aus jüngster Zeit etwa BGH GmbHR 2019, 278 m. Anm. *Brand*.

StGB. § 266a StGB ist darüber hinaus Schutzgesetz im Sinne von § 823 Abs. 2 BGB.[150] Die Mitglieder des Vorstands sind deshalb gem. § 823 Abs. 2 BGB i.V.m. § 266a Abs. 1 StGB persönlich für die nicht abgeführten Beiträge gegenüber dem Sozialversicherungsträger haftbar, was **schnell existenzbedrohende Ausmaße** annehmen kann.[151]

§ 31a Abs. 2 BGB hilft in Fällen der vorliegenden Art nicht weiter, da § 266a StGB zumindest 54
bedingten Vorsatz[152] voraussetzt. Wer denkt, dass deswegen keine große Gefahr drohe, verkennt die **außerordentliche Strenge der Gerichte.**[153] Erst in jüngerer Zeit ergangene Urteile des 1. und des 5. Strafsenats des BGH scheinen diese rigiden Anforderungen etwas zu lockern. Wurde bisher der Irrtum über die Eigenschaft als Arbeitgeber stets als unbeachtlicher Verbotsirrtum behandelt, ordnen ihn die Strafsenate nun als den Vorsatz ausschließenden Tatbestandsirrtum ein,[154] erste zivilgerichtliche Entscheidungen haben sich dem angeschlossen.[155] Wie bei allen echten Unterlassungsdelikten setzt die Strafbarkeit zudem voraus, dass dem Handlungspflichtigen die Erfüllung seiner Pflicht zumutbar und möglich war.[156] Tatsächliche oder rechtliche Unmöglichkeit der Zahlung schließen die Strafbarkeit aus.[157] Allerdings verlangt der BGH besondere Anstrengungen zur Vermeidung von Zahlungsausfällen. Ist für den Vorstand erkennbar, dass die liquiden Mittel zum Fälligkeitszeitpunkt nicht ausreichend vorhanden sein werden, hat er Rücklagen zu bilden, ggfs. sogar die Löhne zu kürzen.[158] Zudem räumt die Rechtsprechung den Beiträgen zur Sozialversicherung wegen der Strafdrohung des § 266a StGB einen Vorrang gegenüber den Forderungen aller anderen Gläubiger ein, die ggfs. zurückzustellen sind.[159] Solange noch liquide Mittel vorhanden sind, sind diese zur Begleichung der Arbeitnehmerbeiträge zu nutzen.[160] **M.a.W. sind die Beiträge der Arbeitnehmer zur Sozialversicherung das Letzte, was bei Zahlungsengpässen noch gezahlt werden sollte**. In jedem Fall sollte bei Zahlungen an die Einzugsstelle generell eine **Tilgungsbestimmung** abgegeben werden, alle eingehenden Zahlungen zunächst auf den Arbeitnehmeranteil leisten zu wollen.[161]

Ein weiteres Haftungsrisiko im Zusammenhang mit Sozialversicherungsbeiträgen bilden die 55
sog. **„Scheinselbständigen“**.[162] Dabei handelt es sich um Selbständige, welche wiederholt für die Stiftung tätig werden und dabei derart in den Betrieb eingegliedert sind, dass sie sozialversicherungspflichtig beschäftigt sind. Das kann auch Vorstandsmitglieder treffen, wenn sie, ohne angestellt zu sein, für die Stiftung entgeltlich tätig werden.[163] Die Betreffenden sind dann (längstens für vier Jahre, § 25 Abs. 1 S. 1 SGB IV) durch die Stiftung (§ 28e Abs. 1 S. 1 SGB IV) nachzu-

---

150 St. Rspr., s. nur BGHZ 133, 370 = ZIP 1996, 2017; 134, 304, 313 = GmbHR 1997, 305; BGHZ 144, 311 = NJW 2000, 2993.

151 Statt aller *Schneider/Brouwer*, ZIP 2007, 1033; *Brand*, GmbHR 2010, 237.

152 D.h. der Täter erkennt die Möglichkeit der Tatbestandsverwirklichung (hier der Nichtabführung der fälligen Beiträge von Arbeitnehmern zur Sozialversicherung) und nimmt sie billigend in Kauf, BGHSt 47, 318, 320 = NJW 2002, 2480, 2481; BGH NJW 2002, 1123, 1125; BGH NStZ 2002, 548 f.

153 Ausführlich hierzu Lackner/Kühl/*Heger*, StGB, 29. Aufl. 2018, § 266a Rn. 16 m. zahlr. Beispielen.

154 BGHSt 64, 195 = NJW 2019, 3532 m. Anm. *Brand* sowie Anm. *Hinderer*, NStZ 2020, 89; BGH NStZ-RR 2020, 110; BGH NStZ 2021, 304 m. Anm. *Oesterle*. Zu den Auswirkungen s. etwa BeckOK StGB/*Wittig*, § 266a Rn. 32 f.

155 OLG Frankfurt GmbHR 2020, 594 m. Anm. *Brand*.

156 Krieger/Schneider/*Brand*/*Bentlage*, § 37 Rn. 17 ff.; BeckOK StGB/*Wittig*, § 266a Rn. 19; Lackner/Kühl/*Heger*, StGB, § 266a Rn. 10; BGH wistra 2019, 102; BGHSt 47, 318, 320 = NJW 2002, 2480, 2481, jew. m.w.N.

157 BeckOK StGB/*Wittig*, § 266a Rn. 19; Lackner/Kühl/*Heger*, StGB, § 266a Rn. 10; Schönke/Schröder/*Perron*, StGB, § 266a Rn. 10.

158 BGHZ 134, 304, 307 = NJW 1997, 1237; BGH NJW 2001, 967; BGH NJW 2006, 3573.

159 St. Rspr., s. etwa BGH GmbHR 2001, 147; BGH ZIP 2002, 2143; BGH NJW 2007, 2118.

160 Krieger/Schneider/*Brand*/*Bentlage*, § 37 Rn. 37.22; Reichert/*Achenbach*, Kap. 2 Rn. 3703; *Floeth*, NZS 2015, 855.

161 Ausführlich Krieger/Schneider/*Brand*/*Bentlage*, § 37; speziell zum Vereinsrecht ferner *Zieglmeier*, SpuRt 2012, 134; *Küpperfahrenberg*, Haftungsbeschränkungen, 171 f. m.w.N.

162 S. hierzu etwa BGH NStZ 2016, 348; bespr. v. *Floeth*, NZS 2016, 771.

163 LSG Sachsen npoR 2016, 69; LSG Sachsen, Urt. v. 28.5.2015 – L 1 KR 16/10, juris; *Plagemann*/*Plagemann*/*Hesse*, NJW 2015, 439; *Zieglmeier*, NZS 2015, 1914.

versichern, wofür die verantwortlichen Vorstandsmitglieder gem. § 823 Abs. 2 BGB i.V.m. §§ 266a, 14 Abs. 1 StGB ebenfalls persönlich einstandspflichtig sind. Bestehen Zweifel hinsichtlich der Einstufung als Selbständiger, sollte die Stiftung daher zur Haftungsvermeidung ein **Statusfeststellungsverfahren** gem. § 7a SGB IV durchführen.[164]

56 Als haftungsträchtig hat sich auch das **Mindestlohngesetz (MiLoG)**[165] erwiesen, denn selbst bei vorliegendem Einverständnis der Beschäftigten mit einer den Mindestlohn unterschreitenden Bezahlung kommt es für die Beitragspflicht aufgrund des im Sozialversicherungsrecht geltenden Entstehungsprinzips (§ 22 SGB IV) allein darauf an, dass der gesetzliche (oder tarifvertragliche) Anspruch des Beschäftigten infolge erbrachter Tätigkeit entstanden ist.[166] Das nicht gezahlte Entgelt ist beitragspflichtig, die darauf zu entrichtenden Beiträge nachzuzahlen, und zwar ebenfalls rückwirkend bis zu vier Jahren.[167]

57 Die sozialversicherungsrechtliche Haftung stellt daher nicht nur bei Zahlungsengpässen, die bei Stiftungen eher selten sind, eine erhebliche Gefahr dar, sondern auch für ahnungslose ehrenamtliche Vorstände, deren Engagement sich auf die „gute Sache“ beschränkt.

III. Steuerrechtliche Haftung

1. § 69 i.V.m. § 34 Abs. 1 AO

58 Die Erfüllung der steuerlichen Pflichten der Stiftung ist Aufgabe der Vorstandsmitglieder als gesetzliche Vertreter der Stiftung, § 34 Abs. 1 AO. Besteht der Vorstand aus mehreren zur Vertretung berechtigten Mitgliedern, hat jedes Mitglied die steuerliche Pflicht zu erfüllen, auch wenn keine Einzelvertretungsbefugnis bestehen sollte.[168] Ein nicht alleinvertretungsberechtigtes Mitglied hat auf ein gemeinsames Tätigwerden hinzuwirken.[169] Können Ansprüche aus dem Steuerschuldverhältnis (§ 37 AO) nicht oder nicht rechtzeitig festgesetzt oder erfüllt werden, haften die Vorstandsmitglieder der Stiftung gem. § 69 AO mit ihrem persönlichen Vermögen in unbegrenzter Höhe. Die Haftung hat eine erhebliche praktische Bedeutung, wie die umfangreiche Rechtsprechung hierzu zeigt.[170] Das Risiko einer Inanspruchnahme für Steuerschulden der Stiftung ist hoch. Zwar haften die Vorstandsmitglieder nur für eine vorsätzliche oder grob fahrlässige Verletzung der ihnen nach § 34 AO auferlegten Pflichten.[171] Der BFH geht jedoch davon aus, dass die Verletzung steuerlicher Pflichten als solches, d.h. die bloße Nichtabführung, im Allgemeinen **grobe Fahrlässigkeit indiziert!**[172] Diese Anforderungen gelten auch bei Ehrenamtlichkeit.[173] § 31a Abs. 2 BGB hilft daher auch hier nicht.

---

164 *Küstermann*, npoR 2011, 37, 40; *Zieglmeier*, NZS 2015, 890, 895; *Holthausen*, RdA 2020, 92. Zum Verfahren nach § 7a SGB IV s. BSGE 103, 17 m. Anm. *Plagemann*, EWiR 2009, 689.

165 Gesetz zur Regelung eines allgemeinen Mindestlohns (Mindestlohngesetz – MiLoG) vom 11.8.2014, BGBl. 2014 I, 1348, zuletzt geändert durch Art. 2 Abs. 1 des Gesetzes vom 10.7.2020, BGBl. 2020 I, 1657. Zu den Risikobereichen des MiLoG s. *Rittweger/Zieglmeier*, NZA 2015, 976; *Lembke*, NZA 2016, 1.

166 St. Rspr. vgl. BSG NZA-RR 1997, 152; BSG NZS 2003, 153; BSG NZS 2005, 433.

167 Ausführlich zu diesem Problemkreis *Zieglmeier*, NZS 2015, 890 ff.

168 BFHE 186, 132 = NJW 1998, 3374; BFH NJW-RR 2003, 1117, 1118 f.; BFH/NV 2004, 157.

169 BFH/NV 1992, 785; BFH/NV 1996, 3.

170 S. BFHE 186, 132; BFH BStBl. II 2003, 556; BFH BStBl. II 1998, 71; BFH/NV 2001, 413; FG Münster FGReport 2005, 95 f.; FG Brandenburg SpuRt 2000, 73; FG Brandenburg EFG 1998, 1106. S. auch *Hüttemann/Herzog*, NPLYB 2006, 33, 51 ff.; *Schießl/Küpperfahrenberg*, DStR 2006, 445 ff.; *Möllmann*, DStR 2009, 2125; *Klasen/Schaefer*, GWR 2013, 287, 289 f.; *Schockenhoff*, NZG 2019, 281, 287 f.; *Dreher/Fritz*, npoR 2020, 171.

171 § 31a BGB spielt deswegen hier ebenso wenig eine Rolle wie bei der sozialversicherungsrechtlichen Haftung, s. *Unger*, NJW 2009, 3269, 3271; *Burgard*, ZIP 2010, 358, 360, 363; *Ehlers*, NJW 2011, 2689, 2691 f.

172 BFH NJW-RR 2003, 1117, 1119; BFH/NV 2000, 303. Hierzu *Beermann*, DStR 1994, 805, 810; kritisch *Segna*, GS Walz, 705, 718 ff.

173 BFHE 186, 132; BFH BStBl. II 2003, 556.

Zu den Pflichten des Vorstands zählt es dabei auch, fortlaufend die Voraussetzungen der Gemeinnützigkeit zu überprüfen. Kommt es zum **Verlust der Gemeinnützigkeit** i.S.d. §§ 51 ff. AO, bspw. wegen einer gemeinnützigkeitsschädlichen politischen[174] oder wirtschaftlichen Betätigung[175] oder Mittelverwendung,[176] haftet der Vorstand auch für die nacherhobenen Steuern gem. § 69 i.V.m. § 34 AO persönlich.[177] In Betracht kommt zudem ein Anspruch der Stiftung gegen den Vorstand auf Ersatz der Vermögensschäden aus dem schuldhaft verursachten Verlust der Steuerbefreiung.[178] 59

Haben sich die Mitglieder des Vorstands auf eine **Ressortaufteilung** verständigt, wirkt diese nach der Rechtsprechung des BFH nur dann haftungsbegrenzend, wenn vorab eine klare schriftliche Regelung getroffen wurde, etwa in einer Geschäftsordnung. Daran fehlt es in der Praxis häufig.[179] An dem Erfordernis einer schriftlichen Ressortaufteilung wird sich auch durch die Entscheidung des BGH vom 6.11.2018[180] für die Praxis nichts ändern. Der BGH geht davon aus, dass eine Ressortaufteilung zwar klar und eindeutig erfolgen, aber nicht zwingend schriftlich dokumentiert sein muss.[181] Die schriftliche Dokumentation sei zwar regelmäßig das naheliegende und geeignete Mittel für eine klare Aufgabenabgrenzung.[182] Für Fälle der zivilrechtlichen Haftung der Geschäftsführer ließe sich aber weder dem Gesetz ein Gebot der schriftlichen Fixierung entnehmen, noch sei es im Hinblick darauf erforderlich, dass anderenfalls die Gefahr besteht, jeder Geschäftsführer würde bei der Inanspruchnahme auf die Verantwortlichkeit eines anderen verweisen, denn im Streitfall müssten die Geschäftsführer den Nachweis einer haftungsbegrenzenden Ressortaufteilung führen.[183] Nach Auffassung des BGH liegt darin kein Widerspruch zur Rechtsprechung des BFH. Die steuerrechtliche Verantwortlichkeit der Geschäftsführer aufgrund der ihnen gem. § 34 AO zur persönlichen Erfüllung zugewiesenen Aufgaben folge aus einem öffentlich-rechtlich geprägten Aufgabenkreis,[184] der zudem die gesellschaftsrechtliche Beweislastverteilung gem. § 93 Abs. 2 S. 2 AktG (analog) nicht kenne.[185] 60

Zudem müssen Vorstandsmitglieder beachten, dass sie auch die schriftliche Dokumentation der Ressortverteilung nicht (mehr) entlastet, wenn sie die Pflicht zur Überwachung des Ressortverantwortlichen verletzen, die aus dem **Grundsatz der Gesamtverantwortung** folgt und insbesondere in Zeiten einer wirtschaftlichen Krise virulent wird.[186] 61

Haftungsbefreiend kann allerdings eine **Delegation** der steuerlichen Angelegenheiten **an einen Steuerberater** wirken. Im Falle fehlender eigener Sachkunde muss der Vorstand die Er- 62

---

174 Zur Abgrenzung politischer und gemeinnütziger Tätigkeit etwa *Weitemeyer/Kamp*, ZRP 2015, 75; *Hüttemann*, DB 2015, 821; *Rackow*, npoR 2016, 145; *Weitemeyer/Kamp*, DStR 2016, 2623; *Weitemeyer*, npoR 2019, 97; *Leisner-Egensperger*, NJW 2019, 964.

175 Ausführlich zur wirtschaftlichen Betätigung und ihren Grenzen *Hüttemann*, Gemeinnützigkeits- und Spendenrecht, 5. Aufl. 2021, Rn. 6.1 ff.

176 S. hierzu etwa BFH/NV 2019, 6.

177 BFH/NV 2019, 6; *Zieglmeier*, DStR 2020, 230, 236 f.; *Hüttemann*, Gemeinnützigkeits- und Spendenrecht, Rn. 7.41 f., jew. m.w.N.

178 Beispielhaft OLG Köln, Urt. v. 13.8.2013, 9 U 253/12 – juris, Rn. 39 ff.; LG Köln, Urt. v. 9.11.2012, 32 O 76/12 – juris, Rn. 21, 23 f.

179 S. etwa BFH NJW-RR 2003, 1117, 1119; BFHE 141, 443 = BStBl. II 1884, 776; BFHE 146, 23 = BStBl. II 1986, 384; BFH/NV 1998, 1460; FG Brandenburg SpuRt 2000, 73.

180 BGHZ 220, 162 = NJW 2019, 1067. S. dazu etwa *Buck-Heeb*, BB 2019, 584; *Fleischer*, DB 2019, 472; *Scharf/Bothe*, DB 2019, 599; *Schockenhoff*, GmbHR 2019, 514; *Peitsmeyer/Kleese*, NZG 2019, 501; *Schädlich*, NZI 2019, 229; *Hoffmann-Becking*, NZG 2021, 93.

181 BGHZ 220, 162 Rn. 22.

182 BGHZ 220, 162 Rn. 23.

183 BGHZ 220, 162 Rn. 23 f.

184 BGHZ 220, 162 Rn. 25.

185 Zur Beweislastverteilung im zivilrechtlichen Haftungsprozess etwa BGHZ 152, 280, 284 f. = NJW 2003, 358; BGH NZG 2011, 549 Rn. 17; BGHZ 197, 304 = ZIP 2013, 1712; Scholz/*Verse*, GmbHG, § 43 Rn. 330 ff.; Lutter/Hommelhoff/*Kleindiek*, GmbHG, § 43 Rn. 52; *Altmeppen*, GmbHG, § 43 Rn. 112.

186 S. etwa BFHE 186, 132, 138 ff.; BFH NJW-RR 2003, 1117, 1118 f.

füllung der ihm obliegenden steuerlichen Pflichten sogar an einen Steuerberater übertragen. Er ist dann allerdings verpflichtet, diesem rechtzeitig alle erforderlichen Unterlagen zur Verfügung zu stellen und sämtliche Auskünfte zu erteilen, die der Steuerberater benötigt. Zudem muss er sich laufend und sorgfältig über den Geschäftsgang unterrichten, so dass die pünktliche Erfüllung der steuerlichen Pflichten gewährleistet ist und er Fehlverhalten des beauftragten Steuerberaters rechtzeitig erkennen und gegensteuern kann.[187]

63 Bei einer unterlassenen Berichtigung von Steuererklärungen kommt sogar eine **Haftung wegen Steuerhinterziehung gemäß § 71 AO** in Betracht.[188]

2. Spendenhaftung

64 Die Stiftungsorgane haben bei der Entgegennahme und Verwendung von Spenden die sog. **Aussteller-** und die sog. **Veranlasserhaftung** zu beachten.[189]

65 Der **Aussteller** einer unrichtigen Zuwendungsbestätigung haftet bei vorsätzlicher oder grob fahrlässiger Tatbegehung für die entgangene Steuer. Die Zuwendungsbestätigung ist unrichtig, wenn ihr Inhalt nicht der objektiven Sach- und Rechtslage entspricht, also insbesondere unzutreffende Angaben zur Höhe des zugewendeten Betrages, des beabsichtigten Verwendungszwecks und des steuerbegünstigten Status der empfangenden Körperschaft enthält.[190] Entgangen ist die Einkommenssteuer, die von dem Steuerpflichtigen, welcher die Zuwendung getätigt hat, aufgrund des Vertrauensschutzes gem. § 10b Abs. 4 S. 1 EStG nicht erhoben werden kann.[191] Aussteller der Bestätigung ist die Stiftung, nicht das für sie handelnde Vorstandsmitglied, weshalb auch nur die Stiftung haftet.[192] Die Stiftung hat aber einen Rückgriffsanspruch gegen das ausstellende Vorstandsmitglied. § 31a Abs. 1 BGB hilft wegen der vorsätzlichen oder grob fahrlässigen Tatbegehung nicht.[193]

66 Die **Veranlasserhaftung** setzt an der zweckfremden Verwendung der Spenden an. Eine Fehlverwendung liegt vor, wenn die Spende nicht zu den in der Bestätigung angegebenen steuerbegünstigten Zwecken verwendet wurde.[194] Die Veranlasserhaftung erfordert ebenfalls vorsätzliches oder grob fahrlässiges Handeln des Empfängers. Für die Fehlverwendung haften hier neben der Stiftung auch die für sie handelnden natürlichen Personen, namentlich die Vorstandsmitglieder, wobei die Stiftung vorrangig in Anspruch zu nehmen ist, § 10b Abs. 4 S. 4 Hs. 1 EStG. Die handelnden Personen sollen dagegen nur in Anspruch genommen werden, wenn die entgangene Steuer nicht nach § 47 AO erloschen ist und Vollstreckungsmaßnahmen gegen den Zuwendungsempfänger nicht erfolgreich sind, § 10b Abs. 4 S. 4 Hs. 2 EStG.[195] § 31a BGB hilft auch hier nicht.

---

187 BFHE 175, 509 = DStR 1995, 180; BFH/NV 2004, 1363; BFH/NV 2008, 1983; FG Niedersachsen DStRE 2007, 1051; FG Hamburg EFG 2007, 1654; Tipke/Kruse/*Loose*, AO/FGO, § 69 Rn. 31.

188 Dazu *Pohl*, npoR 2016, 209 ff.; *Günther*, AO-StB 2021, 263; *Gehm*, PStR 2021, 111.

189 Näher zur steuerlichen Spendenhaftung *Hüttemann*, Gemeinnützigkeits- und Spendenrecht, Rn. 8.160 ff.; *Ehlers*, NJW 2011, 2689, 2691 f.; *Gehm*, StBP 2018, 87; *Sterzinger*, EStB 2019, 337, jew. m.w.N.; einen Überblick über den Stand der Rechtsprechung gibt *Lorenz*, ZStV 2013, 222.

190 S. BFHE 190, 144 = DStR 2000, 149; BFH DStR 2006, 1975 ff.; *Thiel*, DB 2000, 392, 393.

191 BFHE 199, 162 = NVwZ 2003, 378 f.

192 BFHE 199, 162 = NVwZ 2003, 378; BFH/NV 2005, 516; FG Niedersachsen EFG 2015, 904 m. Anm. *Kühnen*; *Gehm*, StBp 2018, 87.

193 Krieger/Schneider/*Burgard*, § 6 Rn. 6.82.

194 St. Rspr., zuletzt BFHE 257, 486 Rn. 45; dazu *Wallenhorst/Wallenhorst*, DStR 2018, 851; BFH/NV 2014, 859; *Hüttemann*, Gemeinnützigkeits- und Spendenrecht, Rn. 8.164 ff. m.w.N.

195 Näher Richter/*Godron*, Stiftungsrecht, § 6 Rn. 244; *Gehm*, StBP 2018, 87; *Hennigfeld*, EFG 2016, 541; *Rathke/Ritter*, NWB 2012, 3373 jew. m.w.N.

C. Innenhaftung der Mitglieder eines Kontrollorgans

I. Allgemeines

67 Einerlei wie das Organ bezeichnet wird (etwa auch Beirat, Verwaltungsrat, Haupt- oder Verwaltungsausschuss), handelt es sich der Sache nach um einen Aufsichtsrat, wenn dem Organ zumindest die **Überwachung und Beratung des Vorstands** übertragen ist.[196] Daneben können dem Organ freilich auch viele **weitere Aufgaben** anvertraut sein (s. § 84 Rn. 58 ff.). Dabei gilt: Je vielfältiger die statutarischen Kompetenzen des Kontrollorgans sind, desto vielfältiger sind auch die Pflichten seiner Mitglieder und desto vielfältiger sind auch die Möglichkeiten haftungsbegründender Pflichtverletzungen.

68 Freilich gibt es eine ganze Reihe von **Regeln, die ganz allgemein** – wenngleich zum Teil mit Differenzierungen im Einzelnen – **für Organmitglieder gelten.** Dazu gehören die Anspruchsgrundlagen einer Haftung, die Pflicht zur Einhaltung von Gesetz und Satzung, die Förder- und Treuepflicht, das Prinzip der Gesamtverantwortung, die Business Judgement Rule, der Verschuldensgrad, die Regeln einer Haftungserleichterung und -beschränkung, die Beweislast, ein Verzicht, die Durchsetzbarkeit und die gesamtschuldnerische Haftung. Insofern kann auf obige Ausführungen Bezug genommen werden. Im Folgenden wird daher nur ein Überblick über die aufsichtsratsspezifischen Besonderheiten gegeben.

II. Pflichten eines Aufsichtsrats[197]

69 Ein Blick in das Vereins- und Stiftungsrecht zeigt zunächst, dass es an einer § 52 GmbHG entsprechenden Vorschrift fehlt. Da es sich nach dem soeben Gesagten bei einem ggfs. eingesetzten (Kontroll-)Gremium um einen Aufsichtsrat handelt, wenn dieses über die Kernkompetenzen eines Aufsichtsrats, also hinsichtlich Überwachung und Beratung, verfügt, spricht nichts dagegen, ähnlich der Verweisung des § 52 GmbHG auch hier fallweise die Vorschriften der §§ 36 ff. GenG und vor allem der §§ 95 ff. AktG entsprechend anzuwenden, soweit sich aus der Stiftungssatzung nichts anderes ergibt.[198]

70 Die **Überwachung und Beratung des Vorstands ist Kardinalpflicht des Aufsichtsrats,** vgl. § 38 Abs. 1 Satz 1 GenG, § 52 GmbHG, § 111 Abs. 1 AktG. Dabei besteht die Überwachung **nicht nur** aus der **nachträglichen, rückschauenden Kontrolle, sondern** beinhaltet **auch begleitende und vorausschauende Bestandteile.** Gerade die Vorausschau hat bei der Stiftung erhebliche Bedeutung. Die Überwachungstätigkeit hat dabei die **Rechtmäßigkeit, Ordnungsmäßigkeit, Zweckmäßigkeit und Wirtschaftlichkeit** des Vorstandshandelns in den Blick zu nehmen.[199] Die Tätigkeit lässt sich in **vier Abschnitte** unterteilen. Erstens die **Ermittlung des Sachverhalts,** zweitens die **interne Meinungsbildung** und Entscheidungsfindung, drittens die **Beratung des Vorstands** und viertens – erforderlichenfalls – **Maßnahmen zur Schadensabwehr.**[200]

71 Ist in der Stiftungssatzung oder einer Nebenordnung (§ 84 Rn. 59 f.) nichts über **Berichtspflichten des Vorstands** gegenüber dem Aufsichtsrat und über **Informationsrechte des Aufsichtsrats** im Blick auf die Geschäftsführung des Vorstands geregelt, so gilt Folgendes: Nachdem der Aufsichtsrat seinen Pflichten nur auf Grundlage zureichender Information nachkommen kann

196 Scholz/*Uwe H. Schneider/Seyfarth*, GmbHG, § 52 Rn. 14; MüKoGmbHG/*Spindler*, § 52 Rn. 3.
197 Die folgenden Ausführungen basieren auf *Burgard*, GS Walz, 2007, 71, 73 ff.
198 Ohne Begründung **a.A.** Reichert/*Wagner*, Vereins- und Verbandsrecht, Kap. 2 Rn. 2814.
199 Näher in MüKoAktG/*Habersack*, § 111 Rn. 29 ff.; Scholz/*Uwe H. Schneider/Seyfarth*, GmbHG, § 52 Rn. 274 ff.
200 Näher MüKoAktG/*Habersack*, § 111 Rn. 29 ff.; Scholz/*Uwe H. Schneider/Seyfarth*, GmbHG, § 52 Rn. 288 ff., 304 ff., 310 f.; sowie etwa *Zieglmeier*, ZGR 2007, 144 ff.; *Hüffer*, NZG 2007, 47 ff.; *Knapp*, DStR 2008, 1045 ff.; *Lappe/Hartmann*, BB 2009, 1209 f.; *Hasselbach*, NZG 2012, 41; *Graewe/Annweiler*, NZI 2020, 926.

und seine Funktion gerade darin besteht, den Vorstand zu überwachen, ist davon auszugehen, dass der Vorstand seine Informationspflichten aus § 84a Abs. 1 S. 1 i.V.m. § 666 BGB (§ 84a Rn. 74 ff.) gegenüber dem Aufsichtsrat zu erfüllen hat.[201] Der Vorstand hat dem Aufsichtsrat daher seinen periodischen Rechenschaftsbericht unverzüglich nach seiner Erstellung zur Prüfung vorzulegen (vgl. § 33 Abs. 1 Satz 2 GenG, § 52 Abs. 1 GmbHG, § 170 Abs. 1 AktG). Darüber hinaus kann der Aufsichtsrat und jedes seiner Mitglieder (§ 84a Rn. 79) jederzeit vom Vorstand Auskunft verlangen, und zwar auch in Form von textförmigen Berichten (vgl. § 38 Abs. 1 Satz 2 GenG, § 52 Abs. 1 GmbHG, § 90 Abs. 3 und Abs. 4 AktG). Textförmige Berichte sind, auch wenn sie nur von einem Aufsichtsratsmitglied erbeten wurden, an alle zu versenden (vgl. § 38 Abs. 1 S. 4, § 52 Abs. 1 GmbHG, § 90 Abs. 3 S. 2 AktG). Mündliche Informationen, die ein Aufsichtsratsmitglied erhält, hat es aufgrund seiner Treue- und Loyalitätspflicht mit seinen Kollegen zu teilen, vgl. § 90 Abs. 1 S. 3, Abs. 5 S. 3 AktG. Außerdem hat der Aufsichtsrat und jedes seiner Mitglieder ein Einsichts- und Prüfungsrecht in alle Bücher und Unterlagen der Stiftung (§ 84a Rn. 79, vgl. auch § 38 Abs. 1 Satz 2 GenG, § 52 Abs. 1 GmbHG, § 111 Abs. 2). Auch hieraus gewonnene Erkenntnisse hat jedes Aufsichtsratsmitglied mit den übrigen zu teilen. Grundsätzlich darf der Aufsichtsrat den Informationen des Vorstandes vertrauen.[202] Bei Zweifeln an Darstellungen des Vorstands kann der Aufsichtsrat analog § 109 Abs. 1 Satz 2 AktG auch Mitarbeiter und stiftungsfremde Dritte befragen[203] und nötigenfalls sogar Sachverständige analog § 111 Abs. 2 Satz 2 AktG beauftragen.[204] Die hierfür erforderliche Vertretungsmacht ergibt sich aus § 30 Satz 2 BGB (§ 84 Rn. 82). Bei schwerwiegenden Zweifeln an den Informationen durch den Vorstand kann er überdies zur Information der Aufsichtsbehörde verpflichtet sein.[205] Da die Überwachung der Geschäftsführung Pflichtaufgabe des Aufsichtsrats ist, muss er ihr in zeitnahen periodischen Abständen (vgl. § 110 Abs. 3 AktG) nachkommen. Bei außergewöhnlichen Anlässen sind Sondersitzungen einzuberufen.

72 Die erlangten Informationen bilden die Grundlage der Meinungsbildung im Aufsichtsrat und der Beratung des Vorstands. Wie er die Beratung ausgestaltet, welches Mittel er konkret wählt, entscheidet der Aufsichtsrat nach pflichtgemäßem Ermessen.[206] Dabei hat der Aufsichtsrat den grundsätzlich bestehenden Ermessensspielraum des Vorstands mit der Lage der Stiftung abzuwägen.[207] Die denkbaren Maßnahmen reichen von einer zustimmenden oder beanstandungsfreien Kenntnisnahme der Berichte des Vorstands, über ein Beratungsgespräch, in dem etwa Bedenken und Anregungen geäußert werden, bis hin zu Beanstandungen und der Aufforderung an den Vorstand, etwas Bestimmtes zu unternehmen oder zu unterlassen. Vorbehaltlich anderweitiger Satzungsbestimmungen verfügt der Aufsichtsrat allerdings über kein Weisungs-

---

201 *Küntzel*, DB 2004, 2303, 2306 f. will demgegenüber §§ 90 Abs. 1, 91 Abs. 2 AktG zumindest im Einzelfall analog anwenden.

202 *Kraus* in Schauhoff/Mehren, Stiftungsrecht 2022, Kap. 6 Rn. 90 a.E.

203 **A.A.** Henssler/Strohn/*Geibel*, Gesellschaftsrecht, 5. Aufl. 2021, § 38 GenG Rn. 2; *Lutter*, AG 2006, 517, 520 f.; wie hier *Lutter/Krieger/Verse*, Rechte und Pflichten des Aufsichtsrats, 7. Aufl. 2020, § 6 Rn. 246 ff.; *Hopt*, ZGR 2019, 507, 529 ff.; zum GmbH-Recht Scholz/*Uwe H. Schneider/Seyfarth*, GmbHG, § 52 Rz. 301; zur AG etwa MüKoAktG/*Habersack*, § 111 Rn. 80; K. Schmidt/Lutter/*Drygala*, AktG, § 109 Rn. 10; einschr. (nur ausnahmsweise bei Verdacht erheblicher Pflichtverletzung) Koch/*Koch*, AktG, § 90 AktG Rn. 11, § 111 Rn. 36; Spindler/Stilz/*Spindler*, AktG, § 111 Rn. 36; *Reichert/Ott*, NZG 2014, 241, 249 f., jew. m.w.N.

204 Ebenso *Lutter/Krieger/Verse*, Rechte und Pflichten des Aufsichtsrats, § 6 Rn. 245b; K. Schmidt/Lutter/*Drygala*, AktG, § 109 Rn. 9; *Lieder*, ZGR 2018, 523, 564 ff.; zum Genossenschaftsrecht Henssler/Strohn/*Geibel*, § 38 GenG Rn. 7; zum GmbH-Recht Scholz/*Uwe H. Schneider/Seyfarth*, § 52 GmbHG Rn. 302; BGHZ 218, 122 = AG 2018, 436 Rn. 21 m. zust. Anm. *Falkenhausen*, EWiR 2018, 357; bespr. etwa v. *Menkel*, AG 2019, 330; *Eichner/Leukel*, AG 2020, 513.

205 Zur Informationspflicht ggü. der Gesellschafterversammlung s. Scholz/*Uwe H. Schneider/Seyfarth*, GmbHG, § 52 Rn. 310 f.; Michalski/Heidinger/Leible/J. Schmidt/*Giedinghagen*, GmbHG, § 52 Rn. 241.

206 Scholz/*Uwe H. Schneider/Seyfarth*, GmbHG, § 52 Rn. 305; Michalski/Heidinger/Leible/J. Schmidt/*Giedinghagen*, GmbHG, § 52 Rn. 240.

207 Scholz/*Uwe H. Schneider/Seyfarth*, GmbHG, § 52 Rn. 305; MüKoGmbHG/*Spindler*, § 52 Rn. 293.

recht gegenüber dem Vorstand.[208] Eine geplante Maßnahme des Vorstands kann er aber dadurch verhindern, dass er ad hoc ihre **Zustimmungsbedürftigkeit** beschließt.[209] Dieses Vorgehen wird man dem Aufsichtsrat einer Stiftung auch dann zubilligen müssen, wenn die Satzung im Hinblick auf Zustimmungsvorbehalte keine Bestimmungen enthält, diese aber auch nicht ausschließt und keine anderen Mittel zur Verfügung stehen, um einen drohenden Schaden von der Stiftung abzuwenden. Der Aufsichtsrat ist in diesem Fall sogar verpflichtet, die geplante Maßnahme seiner Zustimmung zu unterwerfen.[210]

III. Verletzung der Überwachungs- und Beratungspflicht

Wirken Aufsichtsratsmitglieder nicht ordnungsgemäß an der Überwachung und Beratung des Vorstands mit, verletzen sie ihre Pflichten.[211] In Betracht kommen **beispielsweise** unentschuldigtes Fernbleiben von Sitzungen des Aufsichtsrats, unterbliebene Vorbereitung auf die Sitzungen, mangelnde Kenntnisnahme von Berichten des Vorstands, unzureichende Informationsanstrengungen, unsorgfältige Prüfung bedeutender Rechtsgeschäfte, fehlende Mitwirkung an wichtigen Entscheidungen, Außerachtlassen von Bedenken oder Verdachtsmomenten, Ignorieren von Missständen, Hinnahme oder gar Zustimmung zu satzungs- oder anderweitig rechtswidrigen Maßnahmen, Unterlassen auf eine ordnungsgemäße Aufgaben- oder eine pflicht- und sachgerechte Kompetenzwahrnehmung durch den Aufsichtsrat hinzuwirken, etc. 73

IV. Verschulden, Sorgfaltsmaßstab

Aufsichtsratsmitglieder haften für Vorsatz und jede Fahrlässigkeit. Zwar nehmen sie ebenso wie Vorstandsmitglieder fremde Vermögensinteressen wahr. Sie sind jedoch nicht als Mitglieder eines Vertretungs- und Geschäftsführungs-, sondern eines Überwachungs- und Beratungsorgans tätig. An die erforderliche Sorgfalt sind daher andere Anforderungen zu stellen. Die Mitglieder des Aufsichtsrats müssen für die **Sorgfalt eines ordentlichen und gewissenhaften Überwachers und Beraters**[212] einstehen,[213] wobei „Maßfigur" ein professioneller Überwacher und Berater ist (§ 84a Rn. 124). Jedes Aufsichtsratmitglied muss daher die Kenntnisse und Fähigkeiten besitzen, die für die Wahrnehmung seines konkreten Amtes erforderlich sind.[214] Tritt ein Aufsichtsratsmitglied das Amt ohne die nötigen Kenntnisse oder Fähigkeiten an, liegt ein Übernahmeverschulden vor.[215] Verfügt ein Aufsichtsratsmitglied über besondere Fähigkeiten oder Spezi- 74

208 Scholz/*Uwe H. Schneider/Seyfarth*, GmbHG, § 52 Rn. 306; Michalski/Heidinger/Leible/J. Schmidt/*Giedinghagen*, GmbHG, § 52 Rn. 232 f.

209 BGHZ 124, 111, 126 = ZIP 1993, 1862 (zur AG); aus der Lit. *Lutter/Krieger/Verse*, Rechte und Pflichten des Aufsichtsrats, § 3 Rn. 115, 117; Scholz/*Uwe H. Schneider/Seyfarth*, GmbHG, § 52 Rn. 330, 337; Koch/*Koch*, AktG, § 111 Rn. 60, jew. m.w.N. *Küntzel*, DB 2004, 2303, 2307 f., denkt darüber hinaus an eine analoge Anwendung des § 111 Abs. 4 Satz 2 AktG.

210 BGHZ 124, 111, 126 = ZIP 1993, 1862 (zur AG).

211 Scholz/*Uwe H. Schneider/Seyfarth*, GmbHG, § 52 Rn. 561 ff.; MüKoGmbHG/*Spindler*, § 52 Rn. 628 ff.; Koch/*Koch*, AktG, § 116 Rn. 15, 17; *Küntzel*, DB 2004, 2303, 2305.

212 Statt aller Koch/*Koch*, AktG, § 116 AktG Rn. 2; Scholz/*Uwe H. Schneider/Seyfarth*, GmbHG, § 52 Rn. 624; *Wagner/Spemann*, NZG 2015, 945, 946 f.

213 Vgl. § 116 S. 1 AktG, § 52 Abs. 1 GmbHG, die auf eine „sinngemäße" Anwendung des § 93 Abs. 1 Satz 1 AktG verweisen. Ähnlich § 41 GenG i.V.m. § 34 Abs. 1 Satz 1 GenG.

214 BGHZ 85, 293, 295 f. = NJW 1983, 991; Scholz/*Uwe H. Schneider/Seyfarth*, GmbHG, § 52 Rn. 637; MüKoAktG/*Habersack*, § 116 Rn. 75; Koch/*Koch*, AktG, § 116 Rn. 3 f.

215 MüKoAktG/*Habersack*, § 116 Rn. 75; Scholz/*Uwe H. Schneider/Seyfarth*, GmbHG, § 52 Rn. 637.

alkenntnisse, schuldet es diese über den objektiven Mindeststandard hinaus gehende Sorgfalt.[216]

V. Ursächlichkeit und Schaden

75 Das konkrete Verhalten des Organmitglieds muss ursächlich für die Entstehung des Schadens gewesen sein. Während dieses Kausalitätserfordernis bei pflichtwidrig handelnden Vorstandsmitgliedern in aller Regel unproblematisch festzustellen ist (Rn. 19), ist bei Aufsichtsratsmitgliedern Folgendes zu beachten:

76 Der Aufsichtsrat kann im Rahmen der **nachträglichen Überwachung** nur einen bereits eingetretenen Schaden feststellen. Eine Schadensersatzpflicht von Aufsichtsratsmitgliedern kommt deshalb nur dann in Betracht, wenn ihr Eingreifen eine Vertiefung des Schadens oder weitere Pflichtverletzungen der Vorstandsmitglieder verhindert hätte oder wenn ihr Unterlassen dazu führt, dass ein Schadensersatzanspruch gegen Vorstandsmitglieder nicht geltend gemacht wird bzw. nicht mehr geltend gemacht werden kann (etwa bei Verjährung) oder wenn sie die Geltendmachung sogar aktiv verhindern.[217]

77 Im Rahmen der **begleitenden Überwachung** ist ein Verhalten nur kausal, wenn der Aufsichtsrat die schädigende Maßnahme hätte verhindern können. In diesem Fall wäre jedes Aufsichtsratsmitglied zur Mitwirkung an der Verhinderung des Schadenseintritts verpflichtet gewesen.[218] Haben einzelne Mitglieder des Aufsichtsrats an der Fassung eines Beschlusses trotz bestehender Möglichkeit nicht mitgewirkt, oder haben sie sich der Stimme enthalten und hat dies dazu geführt, dass ein Schaden von der Gesellschaft nicht abgewendet wurde,[219] so sind sie ersatzpflichtig. Auch diejenigen Aufsichtsratsmitglieder, die gegen die fehlerhafte Mehrheitsentscheidung gestimmt haben, bleiben weiter verpflichtet, ihre Bedenken gegen den Beschluss aktiv vorzutragen, sich ggf. an die Aufsichtsbehörde zu wenden oder gar die Nichtigkeit eines Beschlusses gerichtlich feststellen zu lassen.[220] All das folgt aus dem **Prinzip der Gesamtverantwortung.**[221]

D. Innenhaftung sonstiger Organe

78 Die Satzung einer Stiftung kann sehr unterschiedliche Organe vorsehen, § 84 Abs. 4 BGB (dort Rn. 58 ff.). Wie schon oben (Rn. 68) beschrieben, gelten für sie im Ausgangspunkt entsprechend Abs. 1 die allgemeinen Regeln. Da § 280 Abs. 1 BGB eine Pflichtverletzung voraussetzt, kommt es im Übrigen für die Haftung der Mitglieder sonstiger Organe auf ihren Pflichtenkreis an. Es liegt auf der Hand, dass die Mitglieder eines bloßen Beratungsorgans (§ 84 Rn. 70) andere Pflichten haben als ein besonderer Vertreter, dem als Pflichtenkreis die Leitung des stiftungseigenen Museums obliegt.

---

216 BGH AG 2011, 876, 878; Koch/*Koch*, AktG, § 116 Rn. 4; Scholz/*Uwe H. Schneider/Seyfarth*, GmbHG, § 52 Rn. 638; Lutter/*Hommelhoff*, GmbHG, § 52 Rn. 66; *Selter*, AG 2012, 11.

217 *Burgard/Heimann*, NZG 2016, 166, 167; MüKoAktG/*Habersack*, § 116 Rn. 33, 44; Scholz/*Uwe H. Schneider/Seyfarth*, GmbHG, § 52 Rn. 627, 631 f., 639.

218 Scholz/*Uwe H. Schneider/Seyfarth*, GmbHG, § 52 Rn. 639; LG Bielefeld v. 16.11.1999 – 15 O 91/98, BB 1999, 2630 m. Anm. *Thümmel*.

219 Vgl. BGH ZIP 2005, 72, 78; MüKoAktG/Habersack, § 116 Rn. 38, 74.

220 Zur Frage der Beschlussnichtigkeit BGHZ 122, 342 = NJW 1993, 2307; BGHZ 124, 111 = NJW 1994, 520; BGHZ 135, 244 = NJW 1997, 1926, sowie etwa Scholz/*Uwe H. Schneider/Seyfarth*, GmbHG, § 52 Rn. 619; MüKoAktG/*Habersack*, § 116 AktG Rn. 38 jew. m.w.N. zum Meinungsstand.

221 Zum Vorstehenden Scholz/*Uwe H. Schneider/Seyfarth*, GmbHG, § 52 Rn. 618 ff. m.w.N.

E. Innenhaftung leitender Mitarbeiter[222]

Die Stiftungssatzung kann die Bestellung eines oder mehrerer „Geschäftsführer" durch den Vorstand vorsehen. Dieser Geschäftsführer kann ein besonderer Vertreter i.S.d. § 30 BGB, also ein Stiftungsorgan mit organschaftlicher Vertretungsmacht, sein. Es kann sich aber auch um einen leitenden Mitarbeiter handeln, welcher lediglich über rechtsgeschäftliche Vertretungsmacht verfügt.[223] Leitende Mitarbeiter haften für die ordnungsgemäße Erfüllung ihrer dienstvertraglichen Pflichten gem. **§§ 611 ff. i.V.m. § 280 Abs. 1 BGB.**[224] 79

Im Ergebnis unterscheiden sich die Pflichten von „Geschäftsführern", denen die Leitung der Geschäftsstelle sowie die laufende Verwaltung der Stiftung anvertraut ist, kaum von den organschaftlichen Pflichten besonderer Vertreter mit entsprechender Funktion. Dies gilt sowohl für die **Pflichten** zur Leitung der Geschäftsstelle und zur laufenden Verwaltung als auch für die Pflicht, die Stiftung zu fördern, auf deren Interessen Rücksicht zu nehmen und sich loyal zu verhalten.[225] Letzteres ist eine Selbstverständlichkeit, ebenso wie die Pflicht, die Satzung der Stiftung zu beachten. Beides bedarf weder einer gesonderten dienstvertraglichen Vereinbarung, noch einer gesonderten Weisung des Vorstands. Leitende Angestellte haben ferner Schäden von der Stiftung abzuwenden, über Betriebs- und Geschäftsgeheimnisse Verschwiegenheit zu bewahren[226] und im erforderlichen Umfang mit den Stiftungsorganen und anderen Mitarbeitern kollegial zusammenzuarbeiten. Weiter dürfen sie ihre Stellung nicht zum eigenen Vorteil ausnutzen, etwa durch die Annahme von Schmiergeldern; dies wäre ein Verstoß gegen ihre Loyalitätspflicht.[227] Und sie unterliegen einem Wettbewerbsverbot, § 60 HGB i.V.m. § 242 BGB.[228] 80

Leitende Angestellte haben ihre Pflichten gem. **§ 276 BGB** mit der im Verkehr erforderlichen Sorgfalt zu erbringen. Der Sorgfaltsmaßstab für leitende Angestellte ist dabei gesteigert.[229] Zu beachten ist aber, dass sie bei der Wahrnehmung der fremden Vermögensinteressen nicht bzw. nur im beschränkten Umfang selbständig tätig werden, da sie den Weisungen des Vorstands unterliegen. Der Vorstand ist auch zur Geltendmachung von Schadensersatzansprüchen berufen. Die **Beweislast** trägt der Arbeitgeber, hier also die Stiftung, welche nicht nur die Pflichtverletzung, sondern, abweichend von § 280 Abs. 1 Satz 2 BGB, auch das Verschulden von Arbeitnehmern zu beweisen hat, § 619a BGB. Ob Letzteres für leitende Angestellte immer sachgerecht ist, kann hier nicht vertieft werden.[230] 81

Treffen leitende Angestellte selbständig Entscheidungen unter Unsicherheit, findet die **Business Judgement Rule** (§ 84a Rn. 127) Anwendung. Die Regel schafft einerseits zu Gunsten der leitenden Angestellten einen Haftungsfreiraum, da sie bei Vorliegen ihrer Voraussetzungen eine 82

---

222 Die folgenden Ausführungen basieren auf Krieger/Schneider/*Burgard*, Hdb Managerhaftung, § 6 Rn. 6.115 ff.

223 Zur Abgrenzung s. Krieger/Schneider/*Burgard*, § 6 Rn. 6.115 f.; Schaub ArbRHdb/*Vogelsang*, 19. Aufl. 2021, § 13 Rn. 1 ff.; Staudinger/*Richardi/Fischinger*, BGB, § 611a Rn. 221 ff.; *de Beauregard/Baur*, DB 2016, 1754; *Fritz*, NZA 2017, 673 f.

224 Boecken/Düwell/Diller/Hanau/*Brors*, Gesamtes Arbeitsrecht, 2016, § 611 BGB Rn. 869 ff.; BeckOK ArbR/Joussen, § 611a BGB Rn. 423.

225 SchaubArbRHdb/*Vogelsang*, § 13 Rn. 9 m.w.N.; *Buchner*, ZfA 1979, 335, 351 f.

226 Ausf. dazu SchaubArbRHdb/*Linck*, § 53 Rn. 26, 46 ff.; Staudinger/*Richardi/Fischinger*, BGB, § 611a Rn. 1239, 1296 f.

227 S. etwa SchaubArbRHdb/*Linck*, § 53 Rn. 26, 35 f.; Staudinger/*Richardi/Fischinger*, BGB, § 611a Rn. 1201 ff., 1271 ff.

228 Ausf. SchaubArbRHdb/*Vogelsang*, § 54; Staudinger/*Richardi/Fischinger*, BGB, § 611a Rn. 1204 ff.

229 MünchHdbArbR/*Reichold*, 5. Aufl. 2021, Bd. I § 57 Rn. 64; MüKoBGB/*Henssler*, § 619a Rn. 17; *Fuhlrott*, ArbRAktuell 2011, 55, 57.

230 Bejaht wird dies von der h.M., s. dazu Erfurter Kommentar/*Preis*, 22. Aufl. 2022, § 619a BGB Rn. 19; MünchHdbArbR/*Reichold*, Bd. I § 57 Rn. 64; BeckOK ArbR/*Hesse*, § 619a Rn. 6; *Fritz*, NZA 2017, 673, 679; *de Beauregard/Baur*, DB 2016, 1754; *Bieder*, DB 2008, 638, jew. m. zahlr. N. auch zur Rechtsprechung von BGH und BAG. Die Anwendbarkeit der begrenzten Arbeitnehmerhaftung auf Organmitglieder bejahen *Bachmann*, ZIP 2018, 841; *Fritz*, NZA 2017, 673, jew. m.w.N.

Pflichtverletzung ausschließt. Andererseits stellt sie zu Lasten der leitenden Angestellten höhere Anforderungen an eine ordnungsgemäße Entscheidungsfindung.[231] Hiermit korrespondiert, dass sich leitende Angestellte ähnlich wie Organmitglieder (s. § 84a Rn. 146) **nur eingeschränkt** auf die arbeitsrechtlichen Grundsätze einer **Haftungsbeschränkung wegen** einer Risikozurechnung bei **Tätigkeit im fremden Interesse** berufen können.[232]

83 In Betracht kommt ferner ein **Haftungsausschluss**, wenn der leitende Angestellte Weisungen befolgt hat, oder die Stiftung (in den Grenzen der Rn. 22, 24) auf den Anspruch verzichtet. Nicht möglich ist hingegen ein Haftungsausschluss durch Entlastung, weil es sich hierbei um einen organschaftlichen Akt handelt. Ferner können im Dienstvertrag Haftungsmilderungen oder -beschränkungen vereinbart werden. Nicht anwendbar ist § 31a BGB (§ 84a Rn. 153). Empfehlenswert kann schließlich der Abschluss einer Vermögensschadenshaftpflichtversicherung zu Gunsten von leitenden Mitarbeitern sein.[233] Zuständig für den Abschluss ist der Vorstand.

F. Außenhaftung

84 Eine Außenhaftung der Mitglieder eines Kontrollorgans, sonstiger Organe und von leitenden Mitarbeitern kommt regelmäßig nur auf rechtsgeschäftlicher (z.B. § 179 BGB) oder deliktischer (§ 823 Abs. 1 oder Abs. 2 bzw. § 826 BGB) Grundlage in Betracht, ist aber **praktisch selten.**

---

231 Zur Anwendbarkeit der BJR auf leitende Angestellte s. *Bürkle/Fecker*, NZA 2007, 589; *Fritz*, NZA 2017, 673, 676 f.; *Zenner*, AG 2021, 502.

232 Str., gegen jegliche Haftungsprivilegierung *Kaiser*, AR-Blattei SD 70.2 Rn. 217 f.; differenzierend Erman/*Riesenhuber*, BGB, § 619a Rn. 5; BGH NJW 2001, 3123; BAG NJW 1977, 598; für eine Anwendung die **h.L.**, s. hierzu BeckOK ArbR/*Joussen*, § 611a BGB Rn. 431; Staudinger/*Richardi/Fischinger*, BGB, § 611a Rn. 240; Schaub ArbRHdb/*Linck*, § 59 Rn. 26; *Joussen*, RdA 2006, 129; *Waltermann*, RdA 2005, 98, 100; *Krause*, NZA 2003, 577, 581.

233 Ausführlich hierzu *Scholz*, ZIP 2021, 1937, 1943 ff.

Anhang 2 zu § 84a: Die Rechtsstellung des Stifters und von Destinatären

Schrifttum

Blydt-Hansen, Die Rechtsstellung der Destinatäre der rechtsfähigen Stiftung Bürgerlichen Rechts, 1998; *Burgard*, Mitgliedschaft und Stiftung – Die rechtsfähige Stiftung als Ersatzform des eingetragenen Vereins, in: Walz/Hüttemann/u.a. (Hrsg.), Non Profit Law Yearbook 2005, 2006, S. 95; *Gollan*, Vorstandshaftung in der Stiftung, 2009; *Herchen*, Die Rechtsstellung der Destinatäre bei der rechtsfähigen Stiftung, 1940; *Hinz*, Die Haftung der Stiftung für Verbindlichkeiten des Stifters, 1996; *Jakob*, Stifterrechte zwischen Privatautonomie und Trennungsprinzip, in: Saenger/Bayer/u.a. (Hrsg.), FS O. Werner, 2009, S. 101; *Jess*, Das Verhältnis des lebenden Stifters zur Stiftung, 1991; *Kersting*, Die Kontrolle des Stiftungsvorstands durch Stifter und Destinatär, in: Walz/Hüttemann/u.a. (Hrsg.), Non Profit Law Yearbook 2006, 2007, S. 57; *Klinger*, Das Klagerecht der Stiftungsinteressenten, Diss. 1914; *Mankowski*, Rechtsstellung von Destinatären einer Stiftung und Auslegung eines Alt-Hamburger Testaments – Anmerkung zu OLG Hamburg v 31.8.1994 Az 13 U 33/93 FamRZ 1995, 895, FamRZ 1995, S. 851; *Muscheler*, Stiftungsautonomie und Stiftereinfluss in Stiftungen der öffentlichen Hand, ZSt 2003, S. 67; *ders.*, Die Rechtsstellung der Stiftungsdestinatäre, WM 2003, S. 2213; *ders.*, Der Zuwendungsvertrag zwischen Stiftung und Destinatär, NJW 2010, S. 341; *Rawert*, Anmerkung zu OLG Hamburg, Urteil v. 31.8.1994, Az. 13 U 33/93 (Unwirksamkeit des Ausschlusses der Destinatäre von der Stiftungsverwaltung bei Satzungsänderung gegen den mutmaßlichen Willen des Stifters („Fontenay"), ZIP 1994, S. 1952; *Reuter*, Die Haftung des Stiftungsvorstandes gegenüber der Stiftung, Dritten und dem Fiskus, in: Kötz/Rawert/u.a. (Hrsg.), Non Profit Law Yearbook 2002, 2003, S. 157; *Saenger*, Die Rolle des Stifters in der Binnenverfassungsstruktur von Stiftungen, ZStV 2012, S. 94; *Schulte*, Rechtsbeziehungen zwischen Stifter und Stiftung, 2017; *Schwalm*, Der wirtschaftlich Berechtigte einer Stiftung bürgerlichen Rechts, ZStV 2020, S. 146; *Settels*, Destinatsleistungen und andere satzungsmäßige Zuwendungen als Schenkungen, 2016; *Sieger/Bank*, Erhalt der Einflussmöglichkeiten des Stifters auf die Geschäftstätigkeit einer zivilrechtlichen Stiftung, NZG 2010, S. 641; *Thymm*, Das Kontrollproblem der Stiftung und die Rechtsstellung der Destinatäre, 2007; *Trappe*, Die Zweckverfolgung und unentgeltliche Zuwendung von Stiftungserträgen – Die Stiftungssatzung als causa, in: Andrick/Hellmig/u.a. (Hrsg.), Die Stiftung – Jahreshefte zum Stiftungswesen 2010, S. 69; *Wystrcil*, Die Besteuerung von Destinatärleistungen privatnütziger Stiftungen, 2014.

Übersicht

A. Die Rechtsstellung des Stifters

I. Bundesrecht — 1

II. Landesrecht — 5

III. Gestaltungsmöglichkeiten
1. Mitverwaltungsrechte — 6
2. Vermögensrechte — 8

B. Die Rechtsstellung der Destinatäre

I. Begriff und Auswahl der Destinatäre — 10

II. Rechte der Destinatäre — 17

III. Schutz der Destinatäre
1. Bundesrecht — 25
2. Landesrecht — 32

A. Die Rechtsstellung des Stifters

I. Bundesrecht

Nach der Stiftungserrichtung steht der Stifter „seiner" Stiftung wie ein beliebiger Dritter gegenüber;[1] denn das BGB verpflichtet ihn nur zur Erfüllung des Zuwendungsversprechens (§ 82 BGB), 1

1 *Liermann*, in Dt. Stiftungswesen 1948–1966, 153,171, hat dies in folgendes Bild gefasst: „*Der Stifter bringt ein Kind zur Welt, das sofort volljährig ist, seinen eigenen rechtserheblichen Willen hat und ihn zwingt, sich diesem Willen zu beugen. Wenn man die hier leicht verständliche Terminologie der Hegelschen Philosophie auf diese rechtliche Situation anwenden will, so kann man sagen: In der Stiftung tritt dem subjektiven Geist des Stifters der von ihm selbst geschaffene objektive Geist der Stiftungsverfassung mit zwingender Überlegenheit entgegen.*"

https://doi.org/10.1515/9783110251524-022

räumt ihm aber **keinerlei Rechte** – weder Vermögens- noch Mitverwaltungs-, weder Kontroll- noch Abwehrrechte – ein.[2] Diese vollkommene Loslösung des Stifters von „seiner" Stiftung ist Konsequenz ihrer mitgliederlosen Struktur. Sie entzieht die Stiftung der Disposition des Stifters (und seiner Erben) und trägt dadurch sowohl zur Dauerhaftigkeit der Stiftung als auch zur Perpetuierung des Stifterwillens bei. Zudem ermöglicht sie Stiftungen von Todes wegen.

2 Infolge der völligen Unabhängigkeit der Stiftung wird der **Stifter durch** eine **Verletzung oder Änderung der Stiftungsverfassung nicht in subjektiven Rechten betroffen**, und zwar weder in subjektiv-privaten noch in subjektiv-öffentlichen Rechten. Insbesondere kommt eine Verletzung von Grundrechten des Stifters nicht in Betracht.[3] Art. 14 Abs. 1 GG wird nicht verletzt, weil dem Stifter keine Vermögensrechte hinsichtlich der Stiftung zustehen. Eine Verletzung spezieller Grundrechte wie etwa Art. 5 Abs. 3 GG (Kunst- und Wissenschaftsfreiheit) scheidet aus, weil das grundrechtsrelevante Handeln allein der Stiftung und nicht dem Stifter zuzurechnen ist. Und auch eine Verletzung von Art. 2 Abs. 1 GG kommt nicht in Betracht, weil auch die allgemeine Handlungsfreiheit des Stifters ganz und gar unberührt bleibt.

3 In Anbetracht dieser vollständig fehlenden Selbstbetroffenheit des Stifters stehen ihm **keinerlei zivil- oder öffentlich-rechtliche Rechtsmittel bei** einer **Verletzung oder Änderung der Stiftungsverfassung** zu Gebote.[4] Weder kann er die Stiftung noch ihre Organmitglieder auf ein Tun oder Unterlassen in Anspruch nehmen. Mangels Bestehen eines Rechtsverhältnisses zu der Stiftung scheidet selbst eine Feststellungsklage aus. Ebenso wenig hat der Stifter einen Anspruch auf Einschreiten der Stiftungsaufsicht.[5] Diese besteht allein im Interesse der Stiftung und der Allgemeinheit.[6] Und eine Anfechtung aufsichtsrechtlicher Verwaltungsakte kommt nicht in Betracht, weil der Stifter nicht geltend machen kann, in seinen Rechten verletzt zu sein, § 42 Abs. 2 VwGO. Solche kann er auch nicht aus dem Gebot der Maßgeblichkeit des Stifterwillens herleiten. Wegen fehlender Selbstbetroffenheit in subjektiven Rechten scheidet schließlich auch eine Feststellungsklage gemäß § 43 VwGO aus.[7]

4 Nach der gesetzlichen Regelverfassung ist der Stifter also in jeder Hinsicht „rechtlos". Das ist zwar konsequent, aber **nicht interessengerecht.** Außer Acht gelassen wird das besondere Verhältnis, das der Stifter zu „seiner" Stiftung naturgemäß hat. Ganz zu Recht greift die Praxis daher an dieser Stelle rechtsgestaltend ein (dazu u. III.). Gefordert ist hier aber auch der Gesetzgeber; denn das Gesetzesrecht sollte der gewöhnlichen Interessenlage der Beteiligten entsprechen.[8] Dem Stifter sollte daher erstens die Befugnis eingeräumt werden, im eigenen Namen gegen rechtswidrige Maßnahmen der Stiftungsorgane und der Stiftungsaufsichtsbehörde Klage erheben zu können.[9] Und zweitens sollte ihm das lebzeitige Recht zu voraussetzungslosen Satzungsänderungen eingeräumt werden (sog. Stifterprivileg).[10]

---

2 Richter/*Godron*, Stiftungsrecht, § 6 Rn. 102; MünchHdB GesR VII/*Roth*, § 96 Rn. 22; *Ebersbach*, Handbuch des Deutschen Stiftungsrechts, 67.

3 *Andrick* in Stiftungen in Deutschland und Europa, 281, 293 f.; MünchHdB GesR VII/*Roth*, § 96 Rn. 22, § 102 Rn. 13; Staudinger/*Hüttemann*/*Rawert*, BGB, Vorbemerkungen zu §§ 80-88 Rn. 150; VG Sigmaringen – 6 K 300/17, npoR 2021, 208, 212 m. Anm. *Weitemeyer*; **a.A.** (grundrechtlich geschützte Position vermittelt ihm Klagebefugnis) MüKoBGB/*Weitemeyer*, § 85 Rn. 32; *Jakob*, Schutz der Stiftung, 2006, 110 ff.

4 OLG Hamm, NZG 2022, 676; VG Sigmaringen – 6 K 300/17, npoR 2021, 208, 216; zustimmend *Uhl*, EWiR 2020, 683, 684; *Burgard*, Gestaltungsfreiheit, 205; **a.A.** MüKoBGB/*Weitemeyer*, § 85 Rn. 32.

5 VG Sigmaringen – 6 K 300/17, npoR 2021, 208, 212; MüKoBGB/*Weitemeyer*, § 85 Rn. 35; Staudinger/*Hüttemann*/*Rawert*, BGB, § 85 Rn. 34; Richter/*Fischer*, Stiftungsrecht, § 8 Rn. 159.

6 Grundlegend hierzu BVerwGE 40, 347; Richter/*Fischer*, Stiftungsrecht, § 8 Rn. 47.

7 St. Rspr., BVerwG NJW 1996, 139; BVerwGE 74, 1, 4; BVerwG – 7 C 17/12, NVwZ 2015, 1215. BVerwG – 10 C 18/14, NVwZ-RR 2016, 344 f.

8 Zutreffend *Hommelhoff*, ZGR Sonderheft 13, 36, 55 f.

9 *Burgard*, ZStV 2016, 81, 91.

10 Grundlegend *Burgard*, Gestaltungsfreiheit, 370 ff. sowie 382 f.; auf dogmatisch anderem Wege *Rawert*, NPLYB 2012/2013, 51, 56 ff.; s. ferner *Burgard*, npoR 2019, 106, 111. Inzwischen **h.L.**, *Weitemeyer*, NZG 2020, 269, 578 m.w.N.; MüKoBGB/*Weitemeyer* § 85 Rn. 38 m.w.N.; *Jakob*, npoR 2016, 7, 10; *Jakob*, ZSR 2013, 185, 262 ff.; *Schauhoff*, npoR

II. Landesrecht

5 Das Landesrecht räumt dem lebenden Stifter bei Grundlagenänderungen teils ein **Anhörungsrecht,**[11] teils ein **Zustimmungsrecht**[12] ein.[13] Da das neue Stiftungsrecht Grundlagenänderungen abschließend regelt, **werden** diese Bestimmungen **wohl entfallen müssen**. Ein Anhörungsrecht des Stifters ergibt sich auch nicht aus § 28 VwVfG der Länder;[14] denn diese Vorschrift setzt einen möglichen Eingriff in bestehende subjektiv-öffentliche Rechte eines Beteiligten[15] voraus.[16] Nach der ganz herrschenden sog. Schutznormlehre handelt es sich dabei um Rechte, die sich aus Vorschriften des öffentlichen Rechts ergeben, welche – nach einer vor allem an den Grundrechten des Betroffenen orientierten Auslegung – zumindest auch dazu dienen, den Betroffenen zu begünstigen, und zwar mit der (für die Abgrenzung in Zweifelsfällen entscheidenden) Folge, dass sich der Betroffene auf diese Begünstigung berufen und sie gerichtlich durchsetzen kann.[17] Die Individualbegünstigung muss folglich der Zweck und darf nicht lediglich ein Reflex der Norm sein. Derartige Vorschriften bzw. öffentlich – rechtliche Normen zu Gunsten des Stifters gibt es freilich nicht (Rn. 2 f.). Insbesondere ist der Grundsatz der Maßgeblichkeit des Stifterwillens nicht einschlägig. Er schützt nur die Stiftung, nicht den Stifter.

III. Gestaltungsmöglichkeiten

1. Mitverwaltungsrechte

6 Da der **Stifter** der Stiftung wie ein Dritter gegenübersteht, kann er sich wie einen Dritten auch zum **Organwalter** bestellen, z.B., was häufig vorkommt, zum Vorsitzenden des Vorstands oder eines Aufsichtsorgans. Das ist unstreitig.[18] Soll die Stiftung bloß ein „verlängerter Arm" des Stifters sein, kann er sich auch zum Alleinvorstand bestellen. Er kann sich aber auch darauf beschränken, sich **einzelne Mitverwaltungsrechte** (z.B. Weisungs-, Zustimmungs-, Bestellungs-, Informations-, und/oder Abwehrrechte[19]) vorzubehalten.[20] Auch dadurch wird er (außer bei einem bloßen Informationsrecht) zum Organ der Stiftung (zum Organbegriff § 81 Rn. 65).[21] Hat die Stiftung mehrere Stifter, können sie eine **Stifterversammlung** nach Vorbild der Mitgliederversammlung eines Vereins oder der Gesellschafterversammlung einer GmbH gleichsam als oberstes Stiftungsorgan statuieren (näher § 84 Rn. 68). In allen Fällen handelt es sich im Zweifel um statutarische Vorzugsrechte (§ 84a Rn. 35). Der Gestaltungsfreiheit sind kaum Grenzen gesetzt. Allerdings: Je stärker der Stifter seine Rechtsstellung statutarisch ausgestaltet hat, desto mehr muss er sich Gedanken machen, wie es nach seinem Ableben weitergehen soll. Im Blick

---

2016, 7, 10. Bei der Reform scheiterte dieser Vorschlag lediglich an dem Widerstand einzelner Vertreter in der Bund-Länder-Arbeitsgruppe.

11 § 6 S. 2 BWStiftG, § 7 Abs. 3 S. 2 HamStiftG, § 9 Abs. 2 MVStiftG, § 7 Abs. 2 S. 2 NdsStiftG, § 7 Abs. 2 S. 2 SaarStiftG, § 9 Abs. 2 S. 1 SächsStiftG, § 5 Abs 1 S. 2 SHStiftG, § 9 Abs. 2 S. 1 ThStiftG.

12 Siehe § 6 S. 2 Hs. 2 BWStiftG; § 7 Abs. 2 S. 2 NdsStiftG; § 7 Abs. 2 S. 2 SaarStiftG; § 9 Abs. 2, S. 2 SächsStiftG; § 5 Abs. 1 S. 3 SHStiftG.

13 Näher *Burgard*, Gestaltungsfreiheit, 449 f.

14 So aber Staudinger/*Hüttemann*/*Rawert*, BGB, § 87 Rn. 22 m.w.N.

15 Der Stifter ist allenfalls Beteiligter i.S.d. § 13 Abs. 1 Nr. 4 VwVfG.

16 BeckOK VwVfG/*Herrmann*, § 28 Rn. 5; Schoch/Schneider/*Schneider*, VwVfG, § 28 Rn. 5.

17 Statt vieler Stelkens/Bonk/*Sachs*, VwVfG, § 40 Rn. 133 m.w.N. sowie § 50 Rn. 19 ff. ebenfalls m.w.N.

18 OVG Münster, NVwZ 1996, 425, 426; Richter/*Godron*, Stiftungsrecht, § 6 Rn. 102; Staudinger/*Hüttemann*/*Rawert*, BGB, § 85 Rn. 34; vgl. ferner *Kögel*, FuS 2014, 47, 49 m.w.N.

19 Zum Beispiel die Befugnis namens der Stiftung gegen rechtswidrige Maßnahmen der Stiftungsorgane und der Stiftungsaufsicht klageweise vorzugehen.

20 *Sieger*, NZG 2010, 641, 643; *Burgard*, Gestaltungsfreiheit, 274.

21 Ebs. *Windeknecht* in Schauhoff/Mehren, Stiftungsrecht, 2022, Kap. 6 Rn. 31.

hierauf kann es sich empfehlen, in der Satzung Bestimmungen zu treffen, die auflösend befristet nur bis zum Ableben (bzw. Ausscheiden) des Stifters gelten, und Bestimmungen, die aufschiebend befristet erst nach seinem Tod (bzw. Ausscheiden) in Kraft treten.

6a Die einzig wesentliche **Grenze der Gestaltungsfreiheit** bildet die **Pflichtenbindung aller Organwalter**, über die sich auch der Stifter nicht zu seinen Gunsten hinwegsetzen kann. Die gegenteilige Auffassung des Verfassers[22] ist nach der Reform des Stiftungsrechts nicht mehr vertretbar, weil sich der Gesetzesgeber bedauerlicherweise ausdrücklich gegen das sog. Stifterprivileg (Rn. 4 a.E.) entschieden hat, da autonome Entscheidungsbefugnisse des Stifters nicht mit dem Wesen der Stiftung vereinbar seien, was unzutreffend ist.[23]

7 Teilweise wird darüber hinaus die Ansicht vertreten, eine Fremdbestimmung der Stiftung müsse ausgeschlossen sein. Das wäre mit der Eigenständigkeit der Stiftung als juristischer Person unvereinbar und würde deshalb einer Anerkennung der Stiftung entgegenstehen.[24] Hierher gehören auch Auffassungen über das angebliche Bestehen einer zwingenden Stiftungsautonomie.[25] Diesen **Fehlvorstellungen** wurde bereits an anderer Stelle entgegengetreten.[26]

2. Vermögensrechte

8 Des Weiteren kann sich der Stifter auch jenseits eines Aufwendungsersatz- und Vergütungsanspruchs Vermögensrechte vorbehalten. Es handelt sich dann um **statutarische Vorzugsrechte**. In den Grenzen des § 58 Nr. 5 AO[27] sind solche Vermögensrechte sogar gemeinnützigkeitsunschädlich. Zum angeblichen Verbot einer „Stiftung für den Stifter" § 82 Rn. 40 f.

9 Von statutarischen Vermögensrechten zu unterscheiden sind **schuldrechtliche Verbindlichkeiten oder dingliche Rechte**, mit denen das Grundstockvermögen bereits zum Zeitpunkt seiner Übertragung belastet ist.[28] Das ist bei Verbindlichkeiten und Rechten zugunsten Dritter eine pure Selbstverständlichkeit und gilt daher auch für Verbindlichkeiten und Rechte zugunsten des Stifters und seiner Angehörigen. Der Stifter kann sich daher z.B. an Grundstücken, die er der Stiftung überträgt, einen lebenslangen Nießbrauch vorbehalten. Der Phantasie setzt nur der numerus clausus des Sachenrechts sowie die Anerkennungsfähigkeit der Stiftung (Lebensfähigkeitsprognose, § 82 Rn. 17) Grenzen.

B. Die Rechtsstellung der Destinatäre

I. Begriff und Auswahl der Destinatäre

10 Destinatär der Stiftung ist, **wer nach der Stiftungssatzung**, insbesondere nach dem Stiftungszweck, **Begünstigter von Stiftungsleistungen sein kann.**[29] Es kann sich um namentlich be-

---

22 *Burgard*, Gestaltungsfreiheit, 439 ff.

23 Zuletzt *Burgard*, npoR 2019, 106, 108 f. sowie 111.

24 Vgl. Richter/*Jakob*, Stiftungsrecht, § 30 Rn. 7; *Jeß*, Verhältnis, 76, 132.

25 Siehe hierzu statt aller Staudinger/*Hüttemann*/*Rawert*, BGB, § 85 Rn. 12 ff. m.w.N.

26 *Burgard*, Gestaltungsfreiheit, 360 ff.

27 Dabei sind Zahlungen auf solche Verbindlichkeiten nicht einzurechnen, mit denen das Grundstockvermögen bereits bei seiner Übertragung belastet war, BFHE 185, 54. Tatsächlich können daher noch erheblich mehr Zuflüsse steuerunschädlich an den Stifter oder seine Familie weitergereicht werden; näher zu § 58 Nr. 5 AO etwa *Schauhoff*, DB 1996, 1693 ff.; *Weger*/*Weger*, Bertelsmann Handbuch, 797, 817.

28 Wie vor.

29 Vgl. *Ebersbach*, Handbuch des Deutschen Stiftungsrechts, 111; *Blydt-Hansen*, Destinatäre, 21: *„Personen, denen die Leistungen der Stiftung zugute kommen"*. Siehe ferner mit Unterscheidungen zwischen direkten und indirekten Destinatären, Frucht- und Gebrauchsdestinatären, Primär- und Reflexdestinatären, Individual- und Publikumsdesti-

nannte Personen, fest umrissene Personengruppen oder Institutionen handeln. Meistens ist allerdings der Kreis der Begünstigten schon wegen § 52 Abs. 1 S. 1 AO (dazu Rn. 9) weder derart genau, noch abschließend beschrieben. Festgelegt werden vielmehr nur Zwecke, Ziele oder Vorhaben und dergleichen mehr, für die die Stiftung Leistungen erbringen soll. Innerhalb dieses Rahmens kann dann jedermann oder auch niemand Begünstigter sein. Die Stiftung muss also weder bestimmte noch überhaupt Destinatäre, sondern nur eine Destination (Zweck) haben.[30] Soll die Stiftung Destinatäre haben, wird ihre Auswahl im Rahmen des Stiftungszwecks und sonstiger Vorgaben zumeist dem pflichtgemäßen Ermessen der Stiftungsorgane überlassen.[31]

Grundsätzlich unterliegt der Stifter **bei der Bestimmung der Destinatäre keinerlei Beschränkungen.**[32] Destinatäre können insbesondere auch der Stifter selbst (Rn. 9), seine Angehörigen und deren Nachkommen (§ 82 Rn. 41) sein. In den Grenzen des § 58 Nr. 5 AO[33] ist das, wie gesagt, gemeinnützigkeitsunschädlich. Dabei ist ein privater Stifter[34] **nicht an das Gleichbehandlungsgebot gebunden,**[35] sondern darf Personen wegen allen möglichen Merkmalen nicht nur begünstigen, sondern auch benachteiligen.[36] Grenzen ziehen allein die §§ 138, 826 BGB.[37] 11

Gemeinnützigkeitsrechtlich ist allerdings das sog. **„Freimaurer-Urteil" des BFH** zu beachten. Danach soll das Tatbestandsmerkmal *„Förderung der Allgemeinheit"* (§ 52 Abs. 1 S. 1 AO) wesentlich durch die objektive Werteordnung geprägt sein, die insbesondere in den Art. 1 bis 19 GG zum Ausdruck komme. Eine Körperschaft, die gegen Art. 3 Abs. 3 GG verstoße, indem sie die wesensmäßige Gleichheit aller Menschen in Abrede stellt, sei daher mangels Förderung der Allgemeinheit nicht gemeinnützig. Eine an das Geschlecht anknüpfende Differenzierung sei nur dann mit Art. 3 Abs. 3 GG vereinbar, soweit sie zur Lösung von Problemen, die ihrer Natur nach nur bei Männern oder Frauen auftreten können, zwingend erforderlich sei.[38] 12

---

natären, Zweck- und Vorbehaltsdestinatären, Organ- und Externdestinatären, Aktual- und Potentialdestinatären *Muscheler*, WM 2003, 2213, 2214; *Bieniek*, SB 2021, 76 ff.

30 Vgl. *Ebersbach*, Handbuch des Deutschen Stiftungsrechts, 20 f.; *Kronke*, Stiftungstypus, 139.

31 Missverständlich MüKoBGB/*Weitemeyer*, § 85 Rn. 50: Selbstverständlich können durch die Satzung einer gemeinnützigen Stiftung auch konkrete andere gemeinnützige Institutionen gefördert werden, so dass den Stiftungsorganen kein Auswahlermessen verbleibt.

32 BGH – I ZR 63/15, ZIP 2017, 764, 766 m.w.N.; *Zimmermann/Raddatz*, NJW 2018, 516, 517 f.; Richter/*Godron*, Stiftungsrecht, § 6 Rn. 110; *Bieniek*, SB 2021, 76 ff.; siehe MükoBGB/*Weitemeyer*, § 85 Rn. 50, wonach die Bestimmung der Destinatäre zum Kernbereich der Stifterautonomie gehört.

33 Dabei sind Zahlungen auf solche Verbindlichkeiten nicht einzurechnen, mit denen das Grundstockvermögen bereits bei seiner Übertragung belastet war, BFHE 185, 54. Tatsächlich können daher noch erheblich mehr Zuflüsse steuerunschädlich an den Stifter oder seine Familie weitergereicht werden; näher zu § 58 Nr. 5 AO etwa *Schauhoff*, DB 1996, 1693 ff.; *Weger/Weger*, Bertelsmann Handbuch, 797, 817.

34 Ist der Stifter eine juristische Person des öffentlichen Rechts, so hat er Art. 3 GG zu beachten, Erman/*Wiese*, BGB, § 85 Rn. 7; OVG Münster – 8 A 3587/02, BeckRS 2004, 24108; vgl. SaarVerfGH – Lv 6/13, NVwZ-RR 2014, 865, 867; in der Entscheidung BayVGHE 24,10 wird indes ein Grenzfall behandelt. Das schließt zwar nicht die Errichtung einer Stiftung aus, deren Zweck gerade auf die Förderung einer nach Geschlecht, Abstammung, Rasse usw. bestimmten Personengruppe gerichtet ist, wohl aber eine nach diesen Kriterien differenzierende Benachteiligung, vgl. etwa *Jarass*/Pieroth, GG, Art. 3 GG Rn. 13.

35 BGH – I ZR 272/15, NJW 2020, 852, 853; BGHZ 70, 313 = NJW 1978, 943, 945; *Bieniek*, SB 2021, 76; Staudinger/*Hüttemann/Rawert*, BGB, § 85 Rn. 40; MüKoBGB/*Weitemeyer* § 85 Rn. 50 m.w.N.

36 BGHZ 70, 313, 324 = NJW 1978, 943, 945; BayVGHE 24, 10; statt vieler MüKoBGB/*Weitemeyer*, BGB, § 85 Rn. 50; Palandt/*Ellenberger*, BGB, § 80 Rn. 6; Erman/*Wiese*, BGB, § 85 Rn. 7; *Fritsche*, ZSt 2003, 113, 115; *Jarass*/Pieroth, GG, Art. 3 Rn. 3 a.E.

37 Staudinger/*Hüttemann/Rawert* BGB § 85 Rn. 39; MüKoBGB/*Weitemeyer*, § 85 Rn. 50; *Reuter*, FS Adomeit, 2008, 595, 606.

38 BFH – V R 52/15, npoR 2018, 31, 33; ausf. dazu *Weitemeyer/Wrede*, npoR 2018, 3 ff.; kritisch etwa Klein/*Gersch*, AO, § 52 Rn. 14. Die gegen das Urteil erhobene Verfassungsbeschwerde wurde nicht zur Entscheidung angenommen, BVerfG - 2 BvR 1966/17.

13 Das ist **wenigstens missverständlich** und darf zudem nicht ohne Weiteres auf die anderen in Art. 3 Abs. 3 genannten Merkmale ausgedehnt werden; denn die Gleichbehandlung von Mann und Frau ist nach Art. 3 Abs. 2 GG von Staats wegen besonders zu fördern, wohingegen Art. 3 Abs. 3 GG lediglich ein Differenzierungsverbot hinsichtlich der dort genannten Merkmale enthält.[39] Dabei liegt nicht in jeder Bevorzugung einer Personengruppe eine Benachteiligung aller anderen. Ein Verein zur Förderung jüdischen Lebens benachteiligt nicht Christen und Muslime. Überdies verbietet Art. 3 Abs. 3 GG nicht jede Differenzierung, sondern verlangt nur eine sachliche Rechtfertigung.[40] An diese Rechtfertigung dürfen zudem im vorliegenden Zusammenhang keine übertriebenen Anforderungen gestellt werden. Vielmehr lässt § 52 Abs. 2 Nr. 10 AO erkennen, dass dem Staat an der privaten Förderung von benachteiligten Gruppen gelegen ist und insofern eine „positive Diskriminierung" geradezu erwünscht, jedenfalls grundsätzlich unschädlich ist. Es ist daher nicht ersichtlich, warum ein Frauenverein zur Förderung der Gleichberechtigung von Frauen nicht nach § 52 Abs. 2 Nr. 18 gemeinnützig sein soll, auch wenn er Männer aufnehmen könnte und auch Männer gelegentlich diskriminiert werden. Den Charakter des Vereins würde eine entsprechende Satzungsänderung jedoch völlig verändern. Eine solch weitgehende Beschränkung der Privatautonomie durch das Gemeinnützigkeitsrecht[41] müsste durch den Gesetzgeber erfolgen.[42] Richtigerweise kann es nur darum gehen, dass der Staat selbstverständlich keine Körperschaften steuerlich fördern muss, die seine Werteordnung explizit oder implizit ablehnen. Allein in dem Wunsch der Geschlechter, unter sich zu bleiben, ist eine solche Ablehnung allerdings nicht zu sehen. Zudem bedeutet „*Förderung der Allgemeinheit*" nicht Förderung aller Bürger, sondern schließt lediglich eine Beschränkung auf einen fest abgeschlossenen oder dauerhaft kleinen Personenkreis aus, § 52 Abs. 1 Satz 2 AO. So lag es wohl bei der Freimaurerloge, die zwar satzungsgemäß allen wahrheitsliebenden, ehrhaften und christlichen Männern über 21 Jahren offenstand, aber tatsächlich lediglich der Förderung ihres dauerhaft kleinen Mitgliederkreises diente. Anders läge es daher bei einem Verein, der zwar auch aus einem kleinen exklusiven Männerzirkel besteht, der aber beständig Geld sammelt, um damit Umweltprojekte zu fördern.

14 **Für die Bestimmung der Destinatäre** ergibt sich aus diesen Überlegungen das folgende, sehr **differenzierte Bild**: Eine Förderung von Jungen oder Männern, die auf dem traditionellen Rollenbild beruht, ist gemeinnützigkeitsschädlich, weil Art. 3 Abs. 2 GG sich gegen eben dieses Rollenverständnis wendet. Das gilt auch für die Förderung von Mädchen und Frauen, die auf eine Aufrechterhaltung dieses Rollenbildes zielt (z.B. Förderung des Besuchs von Hauswirtschaftsschulen). Anders, wenn die Förderung zwar ebenfalls auf dem traditionellen Rollenbild beruht, aber ein weiterhin bestehendes frauenspezifisches Problem lindern soll (z.B. Hilfe für „gefallene Mädchen" = junge alleinerziehende Mütter).[43] Hinsichtlich der übrigen Merkmale des Art. 3 Abs. 3 GG enthalten § 52 Abs. 2, 10, 22, 24 AO sowie § 54 AO Fallgruppen gemeinnütziger Fördertätigkeiten, die nicht abschließend sind und zeigen, dass eine Förderung mit Bezug zu diesen Merkmalen grundsätzlich unproblematisch ist. Die einzige Ausnahme ist die Rasse. Zwar ist die Förderung rassisch Verfolgter gemeinnützig, § 52 Abs. 2 Nr. 10 AO. Eine Förderung der „arischen Herrenrasse" wäre dagegen mit Art. 3 Abs. 3 GG natürlich nicht vereinbar, sondern sittenwidrig.

15 Ist der **Destinatärskreis nicht mit Art. 3 Abs. 2 GG vereinbar**, so dass der Stiftung ein Verlust der Gemeinnützigkeit droht, so ist der Destinatärskreis durch **Satzungsänderung** ge-

---

39 BeckOK GG/*Kischel*, Art. 3 Rn. 211 m.w.N.; *Weitemeyer/Wrede*, npoR 2018, 3, 5.

40 BeckOK GG/*Kischel*, Art. 3 Rn. 214.

41 *Weitemeyer/Wrede*, npoR 2018, 3, 5.

42 Zu Recht weist Klein/*Gersch*, AO, § 52 Rn. 14 darauf hin, dass dem Gesetzgeber von 1977 klar war, dass es viele Vereine gab und gibt, die nur einem Geschlecht offenstehen.

43 Zwar gibt und gab es schon immer auch junge alleinerziehende Männer. Bei diesen liegt aber nicht der Problemschwerpunkt, weswegen in deren Nicht-Förderung keine die Geschlechtergleichbehandlung ablehnende Haltung zu erkennen ist.

mäß § 85 Abs. 2 BGB wegen einer wesentlichen Veränderung der (rechtlichen) Verhältnisse auf beide Geschlechter zu erweitern.

Das sog. **„dritte Geschlecht“** wird richtigerweise weder von Abs. 2 noch von Abs. 3, sondern nur von Abs. 1 des Art. 3 GG erfasst.[44] Es ist daher gemeinnützigkeitsunschädlich, wenn sich der Destinatärskreis auf Männer und Frauen beschränkt, vgl. § 52 Abs. 2 Nr. 18 AO. Allerdings kann aufgrund des mutmaßlichen Stifterwillens eine Erweiterung des Destinatärskreises auf Personen „dritten Geschlechts“ geboten sein, z.B. wenn der Stifter jedweder Ungleichbehandlung aufgrund des Geschlechts entgegenwirken wollte. 16

II. Rechte der Destinatäre

Die §§ 80 ff. BGB a.F. enthielten bewusst[45] keine Bestimmungen über die Rechtsstellung der Destinatäre. Daran hat der Gesetzgeber bis heute nichts geändert. Dagegen räumte das preußische Landesrecht den Destinatären von Familienstiftungen Mitverwaltungsrechte ein.[46] Einen dahingehenden „Erinnerungsposten“ enthält heute noch § 10 Abs. 3 S. 2 bis 4 BlnStiftG, wonach die dem zuständigen Stiftungsorgan bekannten Familienmitglieder bei Grundlagenänderungen anzuhören sind, wenn hierfür nicht ohnehin eine Familienversammlung als Stiftungsorgan zuständig ist oder die Aufsichtsbehörde eine Anhörung ausnahmsweise für entbehrlich hält. Dabei handelt es sich jedoch – wie sich aus der zuletzt genannten Einschränkung ergibt – nicht um ein organschaftliches Mitverwaltungsrecht der Familienmitglieder, sondern lediglich um eine öffentlich-rechtliche Genehmigungsvoraussetzung.[47] Und auch sonst stehen den **Destinatären – wenn die Satzung nichts anderes bestimmt – weder Vermögens- noch Mitverwaltungs-, Kontroll- oder Abwehrrechte** zu. 17

Insbesondere haben sie **von Gesetzes wegen keinen Anspruch auf Stiftungsleistungen.** Deren Gewährung steht vielmehr im pflichtgemäßen Ermessen der zuständigen Stiftungsorgane. Ihr **Auswahlermessen** kann sich allerdings auf Null reduzieren, nämlich wenn die Destinatäre in der Stiftungssatzung derart genau bezeichnet sind, dass den Stiftungsorganen keine Wahl bleibt.[48] Das **Handlungsermessen** der zuständigen Stiftungsorgane, vor allem hinsichtlich der Zeit und der Höhe der Leistung, bleibt hiervon freilich unberührt, wenn es nicht aufgrund der Satzung ebenfalls eingeschränkt ist.[49] Die Ermessensentscheidung kann von der Stiftungsaufsicht auf Ermessensfehler, von Destinatären aber nur zivilgerichtlich und nur dann auf ihre Vereinbarkeit mit der Stiftungssatzung überprüft werden, wenn sie einen statutarischen Anspruch auf Stiftungsleistungen haben.[50] Ist das Auswahl- und Handlungsermessen nicht auf Null reduziert, erlangen Destinatäre allenfalls mit der Zusage der Stiftungsleistung durch das zuständige Organ oder durch Abschluss eines Vertra- 18

44 **A.A.** BeckOK GG/*Kischel*, Art. 3 Rn. 219b; wie hier Dürig/Herzog/Scholz/*Langenfeld*, GG, Art. 3 Rn. 23.

45 S. *Mugdan*, Materialien I, 664 f.

46 Vgl. Art. 2 PrAGBGB u. dazu *Burgard*, Gestaltungsfreiheit, 460; *Burgard*, npoR 2019, 106, 111.

47 Seine Verletzung berührt daher die zivilrechtliche Wirksamkeit der Grundlagenänderung nicht, sondern stellt lediglich einen Versagungsgrund dar. Hieraus folgt zugleich, dass es sich – anders als bei dem Zustimmungsrecht des Stifters – auch nicht um ein subjektiv-öffentliches Verfahrensrecht handelt. Die Familienmitglieder können daher aus § 10 Abs. 3 BlnStiftG keinen Anspruch auf Anhörung ableiten.

48 Siehe BGH – I ZR 63/15, npoR 2017, 119, 121; BGH, NJW 1957, 708; BGHZ 99, 344, 352; OLG Frankfurt OLGZ 88, 201; OLG Hamm NJW-RR 1992, 451; Staudinger/*Hüttemann*/*Rawert*, BGB, § 85 Rn. 41; MüKoBGB/*Weitemeyer*, § 85, Rn. 46 ff.; *Ebersbach*, Handbuch des Deutschen Stiftungsrechts, 112; *Blydt-Hansen*, Destinatäre, 93 ff. m.w.N. auch zur älteren Rechtsprechung.

49 Siehe hierzu auch BFH, StiftRspr. II, 142, 144; FG Hamburg, StiftRspr. II, 72, 74 = FG Hamburg, DStZ/B 1978, 31; und dazu *Blydt-Hansen*, Destinatäre, 104 ff.

50 OLG Hamm, NJW-RR 1992, 451, 452; MüKoBGB/*Weitemeyer*, § 85, Rn. 46 ff. m.w.N.

ges einen Rechtsanspruch auf die Leistung. Es kann aber auch das Entstehen eines jeglichen Rechtsanspruchs ausgeschlossen werden.[51]

19 Nach einer Entscheidung des **BGH** aus dem Jahre 2016 sollen Bewerber um ein von einer Stiftung ausgelobtes Stipendium Anspruch darauf haben, *„zumindest nach den aufgestellten Bedingungen des Verteilungsprogramms behandelt zu werden"*; denn durch solche Bedingungen trete eine Selbstbindung ein, aufgrund derer die Bewerber Vertrauensschutz genössen.[52] Zwar habe ein abgelehnter Bewerber keinen Anspruch auf erneute Entscheidung, wenn das Stipendium bereits vergeben sei,[53] wohl aber auf Schadensersatz.[54] Diese Rechtserkenntnis zieht das Gericht aus Parallelen zu Ausschreibungen bei Ämtern, Vergabeverfahren und Bewerbungsverfahren bei Monopolvereinen.[55] Dabei liegt es auf der Hand, dass diese Verfahren überhaupt nicht mit der Bewerbung um ein Stipendium bei einer privatrechtlichen Stiftung vergleichbar sind: Bei der Vergabe von Ämtern und öffentlichen Aufträgen gilt das Rechtsstaatsprinzip (Gesetzmäßigkeit der Verwaltung).[56] Und bei Monopolvereinen ist die Privatautonomie eingeschränkt.[57] Allerdings erkennt das Gericht im Ausgangspunkt zutreffend, dass sich das Verhältnis zwischen Stiftung und Bewerber allein nach der Stiftungssatzung richtet und insbesondere *„kein vorvertragliches Schuldverhältnis eigener Art begründet"* wird.[58] Damit scheiden §§ 311 Abs. 2, 241 Abs. 2, 280 Abs. 1 BGB als Grundlage für irgendwelche Ansprüche aus. Worauf sie ansonsten beruhen sollen, bleibt das Geheimnis des Gerichts. Gerade weil sich das Verhältnis zwischen Stiftung und Destinatär allein nach der Stiftungssatzung richtet, hat ein Destinatär gar keine Ansprüche gegen die Stiftung, wenn sich solche nicht aus der Stiftungssatzung ergeben. Daran ändern auch Vergaberichtlinien oder Ausschreibungen nichts, weil sie nur die Stiftungssatzung vollziehen (s. auch Rn. 21). Sie binden daher die Stiftungsorgane nur intern, nicht aber gegenüber Dritten. Außerdem ist zu bedenken: Würde die Entscheidung Schule machen, könnte man Stiftungen nur raten, entweder keine Vergabekriterien zu veröffentlichen oder sie mit einem Hinweis auf ihre Unverbindlichkeit zu versehen.

20 **Die Leistungspflicht der Stiftung ist in jedem Fall durch die verfügbaren Mittel begrenzt.**[59] Insofern sind Ansprüche von Destinatären gegenüber Ansprüchen von (anderen) Stiftungsgläubigern nachrangig.[60] Das gilt auch bei der Rückständigkeit von Stiftungsleistungen.[61] Da die Leistung der Stiftung unentgeltlich erfolgt, sind sämtliche Vorschriften anwendbar, die Drittinteressen den Vorrang gegenüber unentgeltlichen Leistungsempfängern einräumen (§ 816 Abs. 1 S. 2 BGB, § 4 AnfG, § 134 InsO).[62]

---

51 BGH, NJW 1957, 708; BayVGH, BayVBl 1961, 86.
52 BGH – I ZR 63/15, NZG 2017, 268, 272.
53 BGH – I ZR 63/15, NZG 2017, 268, 272.
54 BGH – I ZR 63/15, NZG 2017, 268, 273 f.
55 BGH – I ZR 63/15, NZG 2017, 268, 272.
56 BVerfGE 128, 226 = NJW 2011, 1201 Rn. 45 ff.; BGHZ 52, 325, 328; BGHZ 65, 284, 287; BGHZ 91, 84, 96 f.; BGHZ 154, 146, 150; Dürig/Herzog/Scholz/*Herdegen*, GG, Art. 1 Abs. 3 Rn. 121 f.; Maurer/*Waldhoff*, Allgemeines Verwaltungsrecht, 20. Aufl. 2020, § 3 Rn. 26, § 17 Rn. 1; Immenga/Mestmäcker/*Dreher*, GWB, Vor §§ 97 ff. GWB Rn. 178 ff.
57 BVerfG NJW 2001, 1709; BVerfGE 128, 226 = NJW 2011, 1201 Rn. 45 ff.; BVerfG NJW 2015, 2485 Rn. 6; BVerfGE 148, 267 = NJW 2018, 1667 Rn. 39 ff.; Dürig/Herzog/Scholz/*di Fabio*, GG, Art. 2 Abs. 1 Rn. 101 ff.; Dürig/Herzog/Scholz/*Herdegen*, GG, Art. 1 Abs. 3 Rn. 64 ff.
58 BGH – I ZR 63/15, NZG 2017, 268, 271.
59 Statt anderer OVG Hamburg, StiftRspr. II, 160, 161; OLG Hamm, FamRZ 1987, 1084; *Fritsche*, ZSt 2003, 113, 114 m.w.N.
60 MüKoBGB/*Weitemeyer*, § 85 Rn. 44; Staudinger/*Hüttemann*/*Rawert*, BGB, § 85 Rn. 43; *Fritsche*, ZSt 2003, 113, 114; *Ebersbach*, Handbuch des Deutschen Stiftungsrechts, 113.
61 MüKoBGB/*Weitemeyer*, § 85 Rn. 44; Staudinger/*Hüttemann*/*Rawert*, BGB, § 85 Rn. 46; *Muscheler*, WM 2003, 2213, 2217; *Fritsche*, ZSt 2003, 211, 218.
62 *Hirte*, FS Werner, 2009, 222, 231 f.; MüKoBGB/*Weitemeyer*, § 85 Rn. 44.

Alleiniger **Rechtsgrund** für Leistungen an Destinatäre **ist die Stiftungssatzung.**[63] Das gilt unabhängig davon, ob den Destinatären aus der Stiftungssatzung unmittelbar selbst Ansprüche zustehen, die Stiftungssatzung ihnen also statutarische Vermögensrechte einräumt, oder die Stiftungsleistung erst aufgrund eines Beschlusses der zuständigen Stiftungsorgane erfolgt. **Zuwendungen an Destinatäre** erfolgen daher **rechtsgrundlos** und sind gemäß §§ 812 ff. BGB zurückzuerstatten, **wenn** und soweit **sie nach der Stiftungsverfassung nicht gewährt werden durften**, sei es, weil der Leistungsempfänger nicht die satzungsmäßigen Voraussetzungen für den Erhalt der Leistung erfüllt, sei es, weil die Stiftung die Leistung nicht in der erbrachten Höhe auskehren durfte.[64] Das gilt selbst dann, wenn die Stiftung mit dem Destinatär zur Erfüllung des Stiftungszwecks einen Vertrag (Rn. 23) über die Stiftungsleistung geschlossen haben sollte;[65] denn dieser Vertrag kann zwar anspruchsbegründend wirken, stellt aber aus Sicht beider Parteien lediglich eine Erfüllungshandlung der Stiftung dar. Ist der Vertrag nichtig, darf der Destinatär daher die Leistung trotzdem behalten, wenn die Leistung der Stiftungsverfassung entspricht (§§ 812 ff. BGB greifen dann also nicht ein).[66] Räumt die Satzung den Destinatären Vermögensrechte ein, so handelt es sich im Zweifel um statutarische Vorzugsrechte (§ 84a Rn. 35), die nicht selten höchstpersönlicher Natur sind. Destinatäre können Stiftungsleistungen entsprechend §§ 333, 2180 BGB zurückweisen.[67] 21

Schenkungsrecht[68] **passt in** gar **keiner Hinsicht** auf die Leistungsbeziehung zwischen Stiftung und Destinatär. Erstens könnte es allenfalls eingreifen, wenn die Leistung der Stiftung in der Übereignung einer Sache oder von Geld besteht. Zweitens müssten die §§ 518, 519, 528, 529 BGB teleologisch reduziert werden.[69] Und drittens muss man sich fragen, warum die §§ 521 ff. BGB einschlägig sein sollten;[70] denn wenn der Destinatär einen statutarischen Anspruch auf die Stiftungsleistung hat, muss die Stiftung ihn auch ordentlich erfüllen. Anders als ein Schenker handelt die Stiftung nicht aus Freigiebigkeit, sondern in und zur Erfüllung ihres Zwecks. Der Gedanke „einem geschenkten Gaul ..." passt hier nicht. 22

Die Stiftung kann (und muss ggf. nach der Stiftungsatzung) mit Destinatären einen **Fördervertrag** (das ist ein Vertrag sui generis) schließen, in welchem sie Förderbedingungen festlegt, zu deren Einhaltung der Destinatär sich verpflichtet und deren Nichteinhaltung mit einem Rückforderungsanspruch der Stiftung sanktioniert ist (ohne dahingehende Vertragsbestimmung greift § 812 Abs. 1 S. 2 Fall 2 BGB ein).[71] 23

---

63 Ständige Rspr., s. BGH NJW 1957, 708; BGH – Xa ZR 8/08, NJW 2010, 234, 235; BGHZ 213, 179 Rn. 23 = NZG 2017, 268, 271; KG – 8 U 116/12, ZStV 2013, 107 mit zust. Anm. *Bergsdorf*, ZStV 2013, 109 ff.; BeckOGK BGB/*Jakob/Picht*, § 85 Rn. 26; BeckOK BGB/*Backert*, § 85 Rn. 6; Stumpf/Suerbaum/Schulte/Pauli/*Stumpf*, StiftR, B § 85 Rn. 27; Palandt/*Ellenberger*, BGB, § 85 Rn. 4; *Burgard*, Gestaltungsfreiheit, 462; *Lange*, ZErb 2010, 137 ff.; *Passarge*, NZG 2009, 1421, 1422; *Jakob*, Schutz der Stiftung, 2006, 171 f.; *Schiffer*, BB 2010, 77, 80; Erman/*Wiese*, BGB, § 85 Rn. 8; MüKoBGB/*Weitemeyer*, § 85 Rn. 43 f. m.w.N.

64 Näher *Burgard*, Gestaltungsfreiheit, 591 f.; Staudinger/*Hüttemann/Rawert*, BGB, § 85 Rn. 45; KG – 8 U 116/12, ZStV 2013, 107 Rn. 30 f.

65 BGH – Xa ZR 8/08, NJW 2010, 234, 235; KG– 8 U 116/12, ZStV 2013, 107 Rn. 37; MüKoBGB/Weitemeyer, § 85 Rn. 43; Staudinger/Hüttemann/Rawert, BGB, § 85 Rn. 45; **a.A.** *Muscheler*, NJW 2010, 341, 342 (Schenkungsvertrag).

66 Ebenso MüKoBGB/*Weitemeyer*, § 85 Rn. 43; Richter/*Dutta*, Stiftungsrecht, § 5 Rn. 54; **a.A.** *Trappe*, Die Stiftung 2010, 69 ff.

67 *Muscheler*, WM 2003, 2213, 2217; MüKoBGB/*Weitemeyer*, § 85 Rn. 44.

68 BGH – Xa ZR 8/08, NJW 2010, 234, 235; zust. MüKoBGB/*Weitemeyer*, § 85 Rn. 43; BeckOK BGB/*Backert*, § 85 Rn. 6; Soergel/*Neuhoff*, BGB, § 85 Rn. 17; **a.A.** Staudinger/*Hüttemann/Rawert*, BGB, § 85 Rn. 43; *Muscheler*, NJW 2010, 341, 342 f.; Werner/Saenger/Fischer/*Hörmann*, Die Stiftung, § 21 Rn. 92.

69 Für eine analoge Anwendung der §§ 516 ff. BGB Staudinger/*Hüttemann/Rawert*, BGB, § 85 Rn. 43; *Muscheler*, NJW 2010, 341, 342 f.; *Muscheler*, WM 2003, 2213, 2216 ff.

70 BeckOGK BGB/*Jakob/Picht*, § 85 Rn. 1.4; *Jakob*, Schutz der Stiftung, 183 f.

71 BGH – Xa ZR 8/08, NJW 2010, 234, 235; KG – 8 U 116/12, ZStV 2013, 107; LG Bielefeld – 6 O 557/09, BeckRS 2010, 12472; MüKoBGB/*Weitemeyer*, § 85 Rn. 45. Wer den Fördervertrag für einen Schenkungsvertrag hält, der kommt über § 527 BGB zum selben Ergebnis, so OLG Düsseldorf – 7 U 162/06, BeckRS 2009, 29794; *Muscheler*, NJW 2010, 341, 343; Staudinger/*Hüttemann/Rawert* BGB, § 85 Rn. 45.

24 Außerhalb der Leistungsbeziehung besteht zwischen der Stiftung und ihren Destinatären **regelmäßig kein Rechtsverhältnis**. Dementsprechend schwach ist ihre Rechtsstellung gegen Beeinträchtigungen geschützt.

III. Schutz der Destinatäre

1. Bundesrecht

25 Haben die Destinatäre keinen statutarischen Anspruch auf Stiftungsleistungen, sind sie nach geltendem Recht **völlig rechtlos** gestellt, weil sie dann in keinerlei Rechtsbeziehung zu der Stiftung stehen.[72] Daran kann **nur der Stifter etwas ändern**, z.B. indem er Destinatären ein Auskunftsrecht und/oder einen Anspruch auf Gleichbehandlung oder eben einen Anspruch auf Stiftungsleistungen einräumt. Außerdem kann er ihnen Mitverwaltungsrechte gewähren und sie damit zu Organwaltern machen.[73]

26 Haben die Destinatäre – was in der Praxis selten vorkommt – einen statutarischen Anspruch auf Stiftungsleistungen, steht ihnen ein Auskunftsanspruch von Gesetzes wegen zu, nämlich aus § 242 i.V.m. §§ 259 f. BGB (nicht etwa aus § 259 Abs. 1 S. 1 i.V.m. § 666 BGB, § 84a Rn. 74).[74] Ferner können sie ggf. Klage auf Leistung der ihnen zustehenden Zuwendungen erheben. Einen **Anspruch auf Einschreiten** der **Stiftungsaufsichtsbehörde** haben sie aber **in keinem Fall**, weil die Stiftungsaufsicht nicht ihre Interessen zu schützen hat.[75]

27 Das Hauptproblem ist eine **Beeinträchtigung von Destinatärsrechten durch Grundlagenänderungen**. Insofern ist zu unterscheiden: Ist der Beschluss über die **Grundlagenänderung** z.B. wegen Verstoßes gegen den Stifterwillen nichtig (materieller Beschlussmangel, s. § 84b Rn. 82), so geht eine etwaige Genehmigung der Grundlagenänderung durch die Aufsichtsbehörde ins Leere.[76] Denn sie vermag die Unwirksamkeit nicht zu heilen.[77] Die Genehmigung kann daher auch nicht mit einer Anfechtungsklage angegriffen werden, weil sie niemanden beschwert.[78] Allerdings kann die Grundlagenänderung trotz ihrer Nichtigkeit tatsächlich vollzogen werden, zumal die Genehmigung bei den Stiftungsorganen regelmäßig den Eindruck bestärken wird, rechtmäßig gehandelt zu haben und daher nunmehr zum Vollzug der Grundlagenänderung nicht nur berechtigt, sondern sogar verpflichtet zu sein.

28 Zivilrechtlich wirkt die Nichtigkeit für und gegen alle. Sie kann daher von jedermann, jederzeit, auf jede Weise geltend gemacht werden und ist im Prozess von Amts wegen zu berücksichtigen.[79] Für die Erhebung einer **Nichtigkeitsfeststellungsklage** müssen allerdings neben den allgemeinen die besonderen Prozessvoraussetzungen des § 256 ZPO vorliegen. Streitgegenstand muss daher das Bestehen oder Nichtbestehen eines Rechtsverhältnisses sein, an dessen Feststel-

---

72 Vgl. BGH – I ZR 63/15, NZG 2017, 268, 270; *Burgard*, Gestaltungsfreiheit, 463; MüKoBGB/*Weitemeyer*, § 85 Rn. 46; Staudinger/*Hüttemann*/*Rawert*, BGB, § 85 Rn. 40 f.

73 Ausführlich zu den Gestaltungsmöglichkeiten des Stifters *Burgard*, Gestaltungsfreiheit, 466 ff.

74 *Burgard*, Gestaltungsfreiheit, 462 m.w.N.; MüKoBGB/*Weitemeyer*, § 85 Rn. 48 m.w.N.; Staudinger/*Hüttemann*/*Rawert* BGB, § 85 Rn. 47 m.w.N.; siehe zum Einsichtsrecht der Destinatäre gegenüber einer Familienstiftung OLG Hamburg, StiftRspr. III, 106, 112; OLG Naumburg – 1 W 28/13, NZG 2014, 470.

75 OVG Lüneburg, NJW 1985, 1572 f.; bestätigt durch BVerwG NJW 1985, 2964; ferner BGH NJW 1987, 2365, 2365; OVGE Berlin, Bd. 16, 100; *Blydt-Hansen*, Destinatäre, 156 ff.; *Andrick*, in Stiftungen in Deutschland und Europa, 281, 292, 298 f.; *Ebersbach*, Handbuch des Deutschen Stiftungsrechts, 95 f.; MüKoBGB/*Weitemeyer*, § 85 Rn. 47; Staudinger/*Hüttemann*/*Rawert*, BGB, § 85 Rn. 48 m.w.N.

76 *Burgard*, Gestaltungsfreiheit, 464 f.; MüKoBGB/*Weitemeyer*, § 85 Rn. 49.

77 Statt vieler BGH WM 1976, 869, 871; aus der Literatur statt vieler *Blydt-Hansen*, Destinatäre, 137 ff., 140; Staudinger/*Hüttemann*/*Rawert*, BGB, § 85 Rn. 49 m.w.N.

78 *Burgard*, Gestaltungsfreiheit, 464; Staudinger/*Hüttemann*/*Rawert*, BGB, § 85 Rn. 49, MüKoBGB/*Weitemeyer*, § 85 Rn. 47.

79 Siehe nur BGHZ 107, 268, 270 m.w.N.; *Burgard*, Gestaltungsfreiheit, 465.

lung der Kläger ein rechtliches Interesse hat. Das ist bei Destinatären (nur) der Fall, wenn ihnen in der Satzung Rechte eingeräumt werden, in die durch die Grundlagenänderung eingegriffen wird.

Hat die **Stiftungsaufsichtsbehörde** eine Grundlagenänderung vorgenommen (§§ 85a Abs. 2, 86b Abs. 2, 87a BGB), durch die Destinatärsrechte rechtswidrig beeinträchtigt werden, dann können die betroffenen Destinatäre Widerspruch (§ 68 VwGO) und Anfechtungsklage gemäß § 42 Abs. 1 VwGO erheben. 29

Ist die **Grundlagenänderung rechtmäßig**, haben die Destinatäre mangels einer rechtswidrigen Beeinträchtigung in ihren Rechten **keine Abwehrmöglichkeiten**, und zwar einerlei ob die Änderung auf einem Beschluss der Stiftungsorgane oder auf einer Entscheidung der Behörde beruht. Eine Feststellungs- (Rn. 28) bzw. Anfechtungsklage (Rn. 29) wäre zwar zulässig, aber unbegründet. 30

Zum **Rechtsschutz von Destinatären** mit statutarischen Ansprüchen **bei einer Zu- und Zusammenlegung**, s. § 86b Rn. 28, § 86c Rn. 24 ff., § 86e Rn. 19, § 86f Rn. 23 ff. 31

2. Landesrecht

Einige Landesgesetze bestimmen (ähnlich wie § 87 Abs. 2 S. 1 Hs. 2 BGB a.F.) noch, dass durch Grundlagenänderungen nicht in die Rechte von Destinatären eingegriffen werden darf.[80] Die Vorschriften hatten schon bisher kaum Bedeutung[81] und werden bei der anstehendenden Remedur der Landesgesetze **entfallen.** 32

80 § 9 Abs. 2 S. 2 SaarStiftG; § 7 Abs. 2 S. 2 SAStiftG; § 9 Abs. 1 S. 2 ThStiftG.
81 *Burgard*, Gestaltungsfreiheit, 463.

§ 84b Beschlussfassung der Organe

[1]Besteht ein Organ aus mehreren Mitgliedern, erfolgt die Beschlussfassung entsprechend § 32, wenn in der Satzung nichts Abweichendes geregelt ist. [2]Ein Organmitglied ist nicht stimmberechtigt, wenn die Beschlussfassung die Vornahme eines Rechtsgeschäfts mit ihm oder die Einleitung oder Erledigung eines Rechtsstreits zwischen ihm und der Stiftung betrifft.

Schrifttum

Hoffmann, Beschlussmängel in der rechtsfähigen Stiftung bürgerlichen Rechts, in: Hönn/Oetker/u.a. (Hrsg.), FS Kreutz, 2009, S. 29; *Hüttemann/Rawert*, Zur Beschlussfähigkeit nicht vollständig besetzter Vereinsvorstände, ZIP 2020, S. 2545; *Stallmann*, Fehlerhafte Beschlüsse in der Stiftung bürgerlichen Rechts, 2014.

Übersicht

A. Grundlagen

I. Norminhalt und -zweck, Verhältnis zum alten Recht — 1

II. Begründung — 3

III. Bewertung — 7

B. Vorbemerkung: Die innere Ordnung von Kollektivorganen — 8

I. Versammlungsleiter — 9

II. Geschäftsverteilung, Bildung von Ausschüssen — 11

C. Die Beschlussfassung von Kollektivorganen — 16

I. Einberufung, Satz 1 i.V.m. § 32 Abs. 1 S. 2 — 17
1. Zuständigkeit — 18
2. Voraussetzungen — 19
3. Inhalt — 20
4. Ort und Zeit — 22
5. Form und Frist — 25

II. Antragstellung und Beratung — 26

III. Beschlussfähigkeit — 30

IV. Stimmabgabe — 37

V. Beschlussquoren — 43
1. Gesetzliche Mehrheitserfordernisse
   a) Einfache Mehrheit — 44
   b) Qualifizierte Mehrheit — 45
2. Statutarische Mehrheitserfordernisse — 51

VI. Weitere Erfordernisse — 58
1. Zustimmungserfordernis — 59
2. Beschlussform — 61

VII. Stimmauswertung, Stimmzählung und Feststellung des Abstimmungsergebnisses — 62

VIII. Feststellung und Verkündung des Beschlussergebnisses — 67

IX. Protokollierung — 69

X. Beschlussfassung ohne Zusammenkunft — 73

D. Beschlussmängel

I. Die Ursachen von Beschlussmängeln (i.w.S.) — 77

II. Mängel der Stimmabgabe — 78

III. Mängel des Beschlusses — 80
1. Formelle Mängel — 81
2. Materielle Mängel — 82

IV. Folgen von Beschlussmängeln — 83

V. Die Geltendmachung von Beschlussmängeln — 98

E. Eine-Person-Organe — 106

I. Innere Ordnung — 107

II. Beschlussfassung — 108

III. Beschlussmängel
1. Ursachen — 115

https://doi.org/10.1515/9783110251524-023

2. Folgen und Geltendmachung von Beschlussmängeln — 117

F. Stimmrechtsausschluss, Satz 2

I. Übersicht, Zweck, personeller Anwendungsbereich — 118

II. Fallgruppen — 122
1. Vornahme eines Rechtsgeschäfts, Satz 2 Fall 1
   a) Drittgläubigergeschäfte — 123
   b) Organschaftliche Akte — 124
2. Einleitung oder Erledigung eines Rechtsstreits, Satz 2 Fall 2 — 126
3. Richten in eigener Sache — 127
4. Sonstige Interessenkollisionen, insb. nahestehende Personen — 128

III. Rechtsfolge — 131

IV. Unabdingbarkeit, Gestaltungsmöglichkeiten — 134

V. Weitere Stimmrechtsschranken, Befangenheit — 136

A. Grundlagen

I. Norminhalt und -zweck, Verhältnis zum alten Recht

Die Vorschrift entspricht der bisherigen Verweisungskette §§ 86 S. 1, 28, 32, 34 BGB, dehnt aber den Anwendungsbereich ausdrücklich auf alle Stiftungsorgane aus, was der bisher schon geltenden Rechtslage entspricht. Die Vorschrift enthält daher vom Wortlaut her nicht viel Neues. Satz 1 beinhaltet i.V.m. § 32 BGB rudimentäre Regeln zur Beschlussfassung von Kollektivorganen, Satz 2 rudimentäre Regeln zum Stimmrechtsausschluss bei Befangenheit. Satz 1 ist satzungsdispositiv. Satz 2 ist dagegen insofern zwingend (Rn. 134), als die Vorschrift nicht abbedungen, wohl aber konkretisiert, erweitert und verschärft werden kann. Der Stifter sollte von dieser Möglichkeit dringend Gebrauch machen (Rn. 135). 1

Keine Regelung enthält die Vorschrift zur Beschlussfassung von Eine-Person-Organen, obwohl solche Organe gerade auch bei Stiftungen nicht selten vorkommen (s. dazu Rn. 106 ff.). 2

II. Begründung

„§ 84b BGB-neu ist den für Vereine geltenden Vorschriften der §§ 28, 32 und 34 nachgebildet, die auch schon bisher nach § 86 Satz 1 entsprechend für den Stiftungsvorstand anwendbar sind. 3

Zu Satz 1: *§ 84b Satz 1 BGB-neu bestimmt, dass Stiftungsorgane, die mehrere Mitglieder haben, ihre Beschlüsse entsprechend § 32 fassen, der die Beschlussfassung durch die Mitgliederversammlung regelt, wenn in der Satzung nichts Anderes geregelt ist. Die Verweisung auf § 32 umfasst auch die derzeit geltenden ergänzenden Vorschriften zu § 32 in § 5 Absatz 2, 3 und 3a des Gesetzes über Maßnahmen im Gesellschafts-, Genossenschafts-, Vereins-, Stiftungs- und Wohnungseigentumsrecht zur Bekämpfung der COVID19-Pandemie. § 32 galt schon bisher nach § 86 Satz 1, § 28 auch für mehrköpfige Stiftungsvorstände. Sie wird analog auch auf andere Organe von Vereinen oder Stiftungen angewandt, wenn Satzungsbestimmungen für die Beschlussfassung dieser Organe fehlen. Deshalb erscheint es zweckmäßig, den Anwendungsbereich der dispositiven Vorschrift auf alle Stiftungsorgane auszudehnen.* 4

Von diesen Regelungen kann wie bisher durch die Satzung abgewichen werden, insbesondere können die erforderlichen Mehrheiten für die Beschlussfassung innerhalb und außerhalb von Versammlungen der Organe abweichend geregelt werden. 5

Zu Satz 2: *§ 84b Satz 2 BGB-neu entspricht § 34, der einen Stimmrechtsausschluss bei Interessenkollisionen vorsieht. Die Vorschrift, die für die Beschlussfassung in der Mitgliederversammlung und im Vorstand des Vereins gilt, soll künftig direkt auch für die Beschlussfassung in allen Stif-* 6 *tungsorganen gelten. Die Vorschrift soll wie die vergleichbaren vereinsrechtlichen Vorschriften in den §§ 28 und 34 zwingend sein.*“[1]

III. Bewertung

7 Unverständlich ist, warum die Verweisung auf § 32 BGB erhalten geblieben ist, obwohl solche Verweise doch angeblich unverständlich sind (Begr. RegE. Vor. 80 Rn. 27, 34) und der Verweis auf § 32 Abs. 1 S. 1 BGB tatsächlich redundant ist. Zudem ist § 32 Abs. 2 BGB veraltet. Ungeregelt geblieben ist das praktisch erhebliche Problem der Vornahme von Rechtsgeschäften mit Personen, die Organmitgliedern nahestehen (Rn. 128 ff.).

B. Vorbemerkung: Die innere Ordnung von Kollektivorganen[2]

8 Die innere Ordnung von Kollektivorganen ist in § 84b BGB nur im Blick auf die Beschlussfassung geregelt. Regelungen wie etwa §§ 77 Abs. 2, 107 AktG fehlen. Soweit auch die Stiftungssatzung keine Regelungen enthält, ist **jedes Organ befugt, seine Arbeitsweise selbst zu bestimmen.**[3] Stiftungsorgane können daher auch ohne besondere Ermächtigung ihre innere Ordnung und Arbeitsweise selbst regeln und jederzeit ändern, z.B. in einer Geschäftsordnung. Nach Satz 1 i.V.m. § 32 Abs. 1 S. 3 BGB ist hierfür lediglich die Mehrheit der erschienenen Mitglieder (näher Rn. 44) erforderlich und ausreichend.

I. Versammlungsleiter

9 Da die Beschlussfassung regelmäßig in Versammlungen erfolgt, empfiehlt es sich in der Regel zuvörderst – nebst Fragen der Einberufung zu regeln (dazu Rn. 17) – einen Versammlungsleiter zu bestimmen. Diese Rolle fällt **normalerweise** dem **Vorsitzenden** oder Sprecher des Organs zu. Enthält die Satzung keine Regelung, kann jedes Organ einen Vorsitzenden aus seiner Mitte seiner Mitglieder wählen. Möglich ist aber zum Beispiel auch ein turnusgemäßer Wechsel. Zudem kann die Satzung vorsehen, dass der Vorsitzende eines anderen Organs die Zusammenkunft leitet. Dabei ist allerdings auf Fragen der Inkompatibilität zu achten.[4]

10 **Aufgabe** des Versammlungsleiters ist es, für die sachgerechte Erledigung der Versammlungsgegenstände sowie für die Recht- und Ordnungsmäßigkeit des Verfahrensablaufs Sorge zu tragen.[5] Soweit sich aus der Satzung, der Geschäftsordnung oder dem Ernennungsbeschluss nichts anderes ergibt, gehören daher zu seinen **Kompetenzen:**[6] die Eröffnung, Unterbrechung (nicht aber ohne weiteres die Vertagung) und die Beendigung der Versammlung ebenso wie die Leitung der Diskussion zu einzelnen Tagesordnungspunkten; die Feststellung der Anwesenheit und – soweit erforderlich – der Teilnahmeberechtigung; die Festlegung der Reihenfolge der Behandlung der Beratungsgegenstände bzw. – wenn diese zuvor förmlich bekannt gemacht wurde – deren Änderung; die Erteilung des Worts und die Festlegung der Reihenfolge der Redner; das Ergreifen von Ordnungsmaßnahmen wie Abmahnungen, Beschränkungen der Redezeit

1 BT-Ds. 19/28173, 62.

2 Die folgenden Ausführungen basieren auf *Burgard*, Gestaltungsfreiheit, 296 ff.

3 Staudinger/*Hüttemann*/*Rawert*, BGB, § 86 Rn. 66; MünchHdb GesR V/*Gummert*, § 91 Rn. 7; Werner/Saenger/Fischer/*O. Werner*, Die Stiftung, § 10 Rn. 4.

4 So ist etwa der Vorstandsvorsitzende nicht geeignet die Sitzungen eines Organs zu leiten, das den Vorstand überwacht oder ihm gegenüber weisungsbefugt ist.

5 KölnKomm/*Mertens*, AktG, § 107 Rn. 37 m.w.N.

6 MüKoBGB/*Leuschner*, § 32 Rn. 25 f.; BeckOK BGB/*Schöpflin*, § 32 Rn. 18 f.; Soergel/*Hadding*, BGB, § 32 Rn. 19.

generell oder im Einzelfall, Wortentzug sowie – als ultima ratio – Saalverweis; die Hinzuziehung weiterer Personen zu der Beratung; Leitung der Abstimmung und Festlegung ihres Verfahrens sowie – soweit erforderlich – Feststellung des Abstimmungsergebnisses und des Beschlussinhalts, die Protokollierung der Versammlung und des Beschlussergebnisses (näher Rn. 62). Dabei können die Entscheidungen des Versammlungsleiters in all diesen Fragen zwar grundsätzlich durch Beschluss des Organs revidiert werden. Gleichwohl ist nicht zu verkennen, dass der Versammlungsleiter infolge seiner Kompetenzen erheblichen Einfluss auf den Ablauf der Versammlung und damit auch auf ihr Ergebnis haben kann.

II. Geschäftsverteilung, Bildung von Ausschüssen

Organe können ihre Arbeit zur Steigerung der Effektivität strukturieren und aufteilen, indem sie z.B. bestimmte Aufgabengebiete oder einzelne Sachfragen abgrenzen und an einzelne oder mehrere ihrer Mitglieder übertragen (Geschäftsverteilung dazu § 84a Anh. 1 Rn. 6, Bildung von Ausschüssen). Die Übertragung kann sich auf die Vorbereitung oder Ausführung von Beschlüssen beschränken, sie kann sich aber auch auf die Entscheidung selbst erstrecken. Die Gesamtverantwortung des Organs bleibt hiervon jedoch unberührt.[7] Entscheidungen über Fragen von grundlegender Bedeutung dürfen daher nicht auf diese Weise delegiert werden.[8] Darüber hinaus kann jedes Organmitglied jede Frage vor das Plenum bringen und einen Beschluss des Gesamtorgans herbeiführen. Durch Beschluss des Gesamtorgans können Entscheidungen zuständiger Organmitglieder/Ausschüsse jederzeit aufgehoben oder abgeändert oder ihnen vorgegriffen werden.[9] 11

Ungeachtet dieser Möglichkeiten des Gesamtorgans **beeinflusst** jede Art von besonderer Aufgabenzuweisung **nicht nur den Entscheidungsprozess, sondern** damit **oft auch den Inhalt der Entscheidung** erheblich. Die Entscheidung der (einzelnen) Organmitglieder kann zwar revidiert werden. Gleichwohl schafft die Entscheidung zunächst „Fakten“, denn ihre Verabschiedung ändert die Beschlusslage innerhalb des Organs.[10] Und auch, wenn bestimmten Organmitgliedern nur die Vorbereitung der Entscheidung des Gesamtorgans übertragen wurde, hat dies oft präjudizierende Wirkung.[11] Die Zuweisung besonderer Aufgaben an einzelne Organmitglieder führt somit zu einer Machtverschiebung innerhalb des Organs und ist geeignet, bereits bestehende Machtungleichgewichte zu vertiefen. Das zeigt sich besonders deutlich an der Position eines Organvorsitzenden. Im Ausgangspunkt ist er zwar nur primus inter pares, er hat aber durch die ihm zugewiesenen besonderen Aufgaben erheblichen Einfluss auf die Arbeit des Gesamtorgans, insbesondere durch die Versammlungsleitung. Die Zuweisung von besonderen Aufgaben an einzelne Organmitglieder oder Ausschüsse ist folglich ein **zweischneidiges Schwert.** Einerseits steigert sie die **Effektivität der Arbeit** des Gesamtorgans, **andererseits stärkt** sie die Position einzelner Organmitglieder, was die Richtigkeitsgewähr u.U. vermindert. Daraus folgt zweierlei: 12

Zum einen sollte der Stifter bei der **Ausarbeitung der Organverfassung** nicht nur Fragen der Kompetenzverteilung zwischen den Organen, sondern auch Fragen der Aufgabenzuweisung innerhalb der Organe bedenken. Als Vorbilder können die §§ 77, 107 Abs. 3 AktG dienen. Ferner 13

---

7 Vgl. BGHZ 89, 48, 55 f.; KölnKomm/*Mertens*, AktG, § 77 Rn. 18. Das folgt bereits daraus, dass sich eine Geschäftsordnung nicht über die verfassungsmäßige Aufgaben- und Kompetenzzuweisung hinwegsetzen kann; vgl. auch Gehrlein/Born/Simon/*Nießen*, GmbHG, § 52 Rn. 132.

8 Vgl. KölnKomm/*Mertens*, AktG, § 77 Rn. 18; § 107 Rn. 129 ff.; vgl. Scholz/*U.H. Schneider/Seyfarth*, GmbHG, § 52 Rn. 325.

9 Vgl. Krieger/Schneider/*Krieger*, Hdb Managerhaftung, § 3 Rn. 3.16 ff.; Staudinger/*Hüttemann/Rawert*, BGB, § 86 Rn. 59 f.

10 Vgl. KölnKomm/*Mertens*, AktG, § 107 Rn. 126.

11 Krieger/Schneider/*Krieger*, Hdb Managerhaftung, § 3 Rn. 3.27.

kann in der Satzung bspw. bestimmt werden, dass für bestimmte Entscheidungen Einstimmigkeit erforderlich ist oder dass bestimmte Aufgaben zwingend durch das Gesamtorgan wahrzunehmen sind. Auch der umgekehrte Weg ist möglich. Weist die Satzung etwa dem Vorsitzenden des Kontrollorgans entsprechende Aufgaben und Kompetenzen zu, kann dieser zum „starken Mann" der Stiftung gemacht werden.

14 Zum anderen ergibt sich aus der Zusammenschau aller einschlägigen Regelungen der Stiftungsverfassung ein Entscheidungs- und **Machtgefüge** zwischen und innerhalb der Organe, welches durch den Erlass oder die Änderung von Nebenordnungen zwar aus-, aber nicht umgestaltet werden darf. Hierzu bedürfte es vielmehr einer Satzungsänderung gemäß § 85 Abs. 2 BGB. So ist die Einführung von Zustimmungsvorbehalten durch ein Kontrollorgan entsprechend § 111 Abs. 4 S. 2 AktG auch ohne diesbezügliche Satzungsermächtigung grundsätzlich zulässig (s. § 83 Rn. 18, § 84 Rn. 59). Dieses Instrument darf aber nicht dazu missbraucht werden, die Geschäftsführung faktisch auf das Kontrollorgan zu verlagern.[12] Oder: Besteht eine Satzungsregelung, nach der ein Organ mit Vertretern von bestimmten Gruppen zu besetzen ist (§ 84 Rn. 73), so muss die Besetzung der Ausschüsse dieses Organs dieser Gruppenzusammensetzung (vorbehaltlich einer anderweitigen Satzungsbestimmung) zwar nicht zwingend entsprechen. Differenzierungen nach sachlichen Kriterien, insbesondere nach der Eignung der einzelnen Organmitglieder, sind erlaubt und geboten. Allerdings darf diese Differenzierung nicht in eine Diskriminierung einzelner Gruppen münden. Insbesondere eine willkürliche Benachteiligung einer Minderheit durch die Mehrheit ist unzulässig.[13,14]

15 Die Regelungen zur Einberufung, Sitzungsleitung, Beratung und Beschlussfassung des Organs gelten grundsätzlich auch für die Ausschüsse, wenn sich nicht aus deren Zusammensetzung, der Geschäftsordnung[15] oder der Satzung etwas anderes ergibt.[16]

C. Die Beschlussfassung von Kollektivorganen

16 Die Organe bilden den Willen der Stiftung. Ihrerseits bilden sie ihren Willen durch Beschlüsse. **Ein Beschluss ist *„die Entscheidung eines Kollektivorgans über einen Antrag"*.**[17] Der Beschluss ist ein **Rechtsgeschäft eigner Art**, die **Abgabe der einzelnen Stimme** durch die Organmitglieder eine **empfangsbedürftige Willenserklärung.**[18] Satz 1 i.V.m. § 32 BGB regelt das Beschlussverfahren lediglich in Ansätzen.

I. Einberufung, Satz 1 i.V.m. § 32 Abs. 1 S. 2

17 Zur Gültigkeit eines Beschlusses ist gemäß Satz 1 i.V.m. § 32 Abs. 1 S. 2 BGB eine ordnungsgemäße Einberufung des beschlussfassenden Organs erforderlich. Dabei ist der **Beschlussgegenstand zu benennen**. Die Regelung trägt damit dem Gedanken Rechnung, dass eine größtmögliche „Richtigkeit" der Entscheidung nur gewährleistet werden kann, wenn alle Mit-

12 Vgl. Krieger/Schneider/*Krieger*, Hdb Managerhaftung, § 3 Rn. 3.24.

13 Vgl. BGHZ 122, 342, 354 ff.; dazu *Zöllner*, FS Zeuner, 161 ff.; MüKoAktG/*Habersack* § 107 Rn. 63; vgl. *Hippeli*, ZStV 2018, 167, 168.

14 Für ein weiteres Beispiel s. KölnKomm/*Mertens*, AktG, § 77 Rn. 12.

15 Koch/*Koch*, AktG, § 107 Rn. 36; vgl. BeckOGK AktG/*Spindler*, § 107 Rn. 97; zu den Grenzen der Befugnis von Ausschüssen sich selbst eine Geschäftsordnung zu geben vgl. KölnKomm/*Mertens*, AktG, § 107 Rn. 136; BeckOK GmbHG/*C. Jaeger* § 52 Rn. 45.

16 Koch/*Koch*, AktG, § 107 Rn. 36; MüKoAktG/*Habersack*, § 107 Rn. 66 ff.; Noack/Servatius/Haas/*Noack* GmbHG § 52 Rn. 84; siehe bereits *Ebersbach*, Handbuch des Deutschen Stiftungsrechts, 103 f.

17 *K. Schmidt*, Gesellschaftsrecht, 434.

18 Das Erste ist heute ganz herrschende, das Zweite allgemeine Meinung, statt anderer *K. Schmidt*, Gesellschaftsrecht, 436 f.; ferner etwa *Lindemann*, Einmann-GmbH, 36 ff.; s. aber auch *Ulmer*, in FS Niederländer, 415 ff. m.w.N.

glieder des Organs Gelegenheit haben, sich auf die anstehende Entscheidung vorzubereiten und an der Beschlussfassung teilzunehmen.[19] Fragen im Zusammenhang mit der Einberufung kommt daher erhebliche Bedeutung zu. Zu beantworten sind sie entsprechend der genannten ratio legis.

1. Zuständigkeit

Fraglich ist zunächst, wer für die Einberufung zuständig ist. Das Gesetz gibt hierauf keine Antwort. Allein schon aus diesem Grund sollte die Frage in der Satzung[20] bzw. der Geschäftsordnung des betreffenden Organs geregelt werden. Ist das nicht der Fall, ist der Vorsitzende zuständig (Rn. 9).[21] Den Vorstand kann allerdings jedes Vorstandsmitglied einberufen.[22] Und Mitgliedern von Kontrollorganen ist zumindest das Recht zuzubilligen, eine Einberufung verlangen zu können, vgl. § 110 Abs. 1 und 2 AktG. Daneben kann einem Organ gestattet werden, ein anderes Organ einzuberufen.[23] Ein Einberufungsrecht kann schließlich auch einzelnen Personen (z.B. dem Stifter) eingeräumt werden. 18

2. Voraussetzungen

Von der Frage der Zuständigkeit zur Einberufung ist die Frage zu unterscheiden, unter welchen Voraussetzungen ein Organ einzuberufen ist. Grundsätzlich steht dies im pflichtgemäßen Ermessen der zuständigen Person bzw. des zuständigen Organs, wobei sich dieses Ermessen bei Vorliegen eines wichtigen Grundes auf Null reduzieren kann. Daneben können konkrete Einberufungspflichten vorgesehen werden, sei es innerhalb eines festgelegten Zeitraums (vgl. etwa § 110 Abs. 3 AktG), sei es bei Eintritt gewisser Umstände (s. etwa § 49 Abs. 2 und 3 GmbHG) und/oder auf Verlangen bestimmter Personen oder Personengruppen (vgl. etwa §§ 37 Abs. 1, 110 Abs. 1, 122 Abs. 1 AktG, 50 Abs. 1 GmbHG). 19

3. Inhalt

Die Einberufung muss gemäß Satz 1 i.V.m. § 32 Abs. 1 S. 2 BGB die Beschlussgegenstände so konkret mitteilen, dass es allen Organmitgliedern möglich ist, sich **sinnvoll vorzubereiten.**[24] Liegen bereits Anträge vor, ist es zwar nicht erforderlich, sie mitzuteilen, für eine geordnete Vorbereitung aber zweckmäßig. § 32 Abs. 1 S. 2 BGB ist dispositiv. Es ist daher möglich, die Vorschrift gänzlich abzubedingen (z.B. bei einem kontinuierlich zusammenarbeitenden Organ), sie einzuschränken (z.B. durch die Zulassung von Dringlichkeits- oder Initiativanträgen), aber auch, sie zu erweitern (z.B. auf Mitteilung einer Tagesordnung).[25] Zu bedenken ist dabei die Bedeutung der Einberufung für die Willensbildung. **Die Organmitglieder sind vor Überrum-** 20

19 BGH NJW 1987, 1811; BGH NJW 2008, 69, 72 f.; OLG Zweibrücken FGPrax 2013, 223, 224; OLG Celle FGPrax 2012, 34; MüKoBGB/*Leuschner*, § 32 Rn. 17; BeckOK BGB/*Schöpflin*, § 32 Rn. 15.

20 *Hippeli*, ZStV 2018, 167, 169; auch BGH NJW-RR 1989, 111, 112; *Stallmann*, Fehlerhafte Beschlüsse in der Stiftung bürgerlichen Rechts, 159; *Burgard*, Gestaltungsfreiheit, 301.

21 MüKoBGB/*Weitemeyer*, § 86 Rn. 23; *Hippeli*, ZStV 2018, 167 ff.; **a.A.** (nur bei Satzungsregelung, sonst Vorstandsmitglieder in vertretungsberechtigter Anzahl) Soergel/*Hadding*, BGB, § 32 Rn. 8; BeckOK BGB/*Schöpflin*, § 32 Rn. 9; (Einzelbefugnis jedes vertretungsberechtigten Vorstandsmitglieds) MüKoBGB/*Leuschner*, § 32 Rn. 11.

22 MüKoBGB/*Weitemeyer*, § 86 Rn. 23; *Rawert*, NPLYB 2019, 97, 100.

23 *Hippeli*, ZStV 2018, 167.

24 BGH WM 1987, 373, 374; BGH NJW-RR 1989, 376, 377; Soergel/*Hadding*, BGB, § 32 Rn. 12.

25 Soergel/*Hadding*, BGB, § 32 Rn. 13; MüKoBGB/*Leuschner*, § 32 Rn. 19; BeckOK BGB/*Schöpflin*, § 32 Rn. 17.

pelung und die Stiftung vor Übereilung zu schützen.[26] Und vor allem ist zu gewährleisten, dass alle relevanten Fragen behandelt werden. Wird auf das Erfordernis der vorherigen Mitteilung der Beschlussgegenstände nicht ausnahmsweise verzichtet, so hat jedes Organmitglied das Recht, Beschlussgegenstände ankündigen zu lassen.[27] Über nicht angekündigte Beschlussgegenstände kann gleichwohl beraten und – wenn alle Organmitglieder anwesend sind und kein Organmitglied widerspricht – abgestimmt werden.[28]

21 Außer den Beschlussgegenständen muss die Einberufung entsprechend ihrem Sinn und Zweck die Identität der Stiftung, die Identität des Organs, die Identität des Einberufenden und natürlich Ort und die Zeit der Zusammenkunft erkennen lassen.

4. Ort und Zeit

22 Über den Ort und die Zeit der Zusammenkunft enthält das Gesetz keine Regelung. Abseits anderweitiger Bestimmungen in der Satzung oder einer Geschäftsordnung und abseits entgegenstehender Umstände ist als Ort der Zusammenkunft der Verwaltungssitz der Stiftung zu bestimmen.

23 Hinsichtlich der Zeit der Zusammenkunft empfehlen sich Regelungen über die Sitzungshäufigkeit (z.B. wenigstens einmal im Kalendervierteljahr). Dabei muss ein Geschäftsführungsorgan natürlich häufiger tagen als ein Kontrollorgan. Abseits solcher Vorgaben ergibt sich der Zeitraum der Zusammenkunft aus den Einberufungsgründen. Den konkreten Zeitpunkt wählt der Einberufende dagegen nach pflichtgemäßen Ermessen.

24 In jedem Fall darf durch die Wahl von Ort und Zeit das **Teilnahmerecht der Organmitglieder nicht beeinträchtigt** werden, indem ihnen dessen Wahrnehmung unzumutbar erschwert wird.[29] Deswegen geht es nicht an, eine Sitzung mit Bedacht so zu terminieren, dass ein bestimmtes, unliebsames Organmitglied „garantiert" nicht teilnehmen kann.

5. Form und Frist

25 Das Gesetz trifft keine Regelung zu Form und Frist der Einberufung. Sind weder in der Stiftungssatzung noch in einer Geschäftsordnung der betreffenden Organe Bestimmungen enthalten, ist die Einberufung in jeder Weise möglich, auch mündlich oder telefonisch. Ist Schriftform angeordnet, so ist damit die gewillkürte Schriftform des § 127 BGB und nicht etwa die gesetzliche Schriftform des § 126 BGB gemeint, sodass auch eine Ladung per E-Mail zulässig ist.[30] Die Frist muss lediglich angemessen sein.[31] **Zwei Wochen sind wünschenswert, eine Woche ist genügend,** bei besonderer Eilbedürftigkeit auch weniger. In jedem Fall sind die Zwecke des Einberufungserfordernisses zu beachten.[32]

---

26 Ständige Rspr., BGH – II ZR 111/05, NJW 2008, 69, 73; OLG München, Urt. v. 19.5.2010 – 20 U 1695/10 –, juris Rn. 20 f.; *Burgard/Heimann*, AG 2014, 360, 366 m.w.N.

27 MüKoBGB/*Leuschner*, § 28 Rn. 6; Werner/Saenger/Fischer/*O. Werner*, Die Stiftung, § 10 Rn. 56.

28 MüKoBGB/*Leuschner*, § 28 Rn. 6; BeckOK BGB/*Schöpflin*, § 28 Rn. 3; Soergel/*Hadding*, BGB, § 28 Rn. 4.

29 Statt anderer Staudinger/*Schwennicke*, BGB, § 32 Rn. 45 sowie Rn. 47 jeweils m.w.N.

30 Zum Verein LG Frankfurt – 5 U 130/18, npoR 2019, 72, 78 m.w.N., m. Anm. *Stallmann*; OLG Hamm – 27 W 104/15, DStR 2016, 487, 488 f.; OLG Hamburg – 2 W 35/13, BeckRS 2013, 08576.

31 MüKoBGB/*Leuschner*, § 28 Rn. 6; MünchHdb GesR V/*Waldner*, § 25 Rn. 67; Werner/Saenger/Fischer/*O. Werner*, Die Stiftung, § 10 Rn. 55; Sauter/Schweyer/Waldner/*Waldner*/*Wörle-Himmel*, Rn. 245b.

32 Näher Soergel/*Hadding*, BGB, § 32 Rn. 9 f.

II. Antragstellung und Beratung

Für eine Beschlussfassung ist stets ein – in der Zusammenkunft zu stellender – Antrag erforderlich. **Der Antrag muss so gefasst sein, dass es möglich ist, über ihn mit „Ja" oder „Nein" zu entschieden.**[33] Zulässig ist die Teilung von Anträgen oder die Stellung von Haupt- und Hilfsanträgen, etwa um Kompromisse erzielen zu können. Wurde über den Antrag durch stattgebenden oder ablehnenden Beschluss entschieden, ist er verbraucht. Wird er zurückgezogen, erledigt er sich. Hierfür genügt ein schlüssiges Verhalten.[34] 26

Jedes Mitglied des beschlussfassenden Organs ist **berechtigt, Anträge zu stellen.**[35] Das 27 Antragsrecht ist **Teil des Teilnahmerechts,**[36] nicht des Stimmrechts. Daraus folgt *erstens*, dass das Antragsrecht **nicht generell entziehbar oder einschränkbar** ist.[37] Antragsberechtigt sind *zweitens* **auch Organmitglieder, die** generell oder im Einzelfall (Satz 2) **nicht stimmberechtigt** sind (näher Rn. 118 ff.).[38] *Drittens* sind **Personen, die nicht teilnahmeberechtigt** sind, auch **nicht antragsberechtigt.**[39] Teilnahmeberechtigt sind grundsätzlich nur die Mitglieder des beschlussfassenden Organs.[40] Die Satzung kann abweichende Regelungen vorsehen, vgl. etwa § 118 Abs. 2 AktG. Wird Mitgliedern anderer Organe ein Teilnahmerecht eingeräumt, ist es eine Frage der Auslegung, ob ihnen auch ein Antragsrecht zukommt. Auch anderen Organen kann ein Antragsrecht eingeräumt werden. Anträge können nicht nur von Anwesenden und zulässigerweise Vertretenen, sondern auch von abwesenden Teilnahmeberechtigen, bspw. durch Boten oder schriftlich, gestellt werden (Rn. 39).

Eine **Beratung** über gestellte Anträge schreibt das Gesetz nicht vor. Sie muss deshalb auch 28 nicht stattfinden, wenn sich kein Teilnahmeberechtigter äußern will. Da eine Beratung wesentliche Grundlage jeder Willensbildung ist, hat jeder Teilnahmeberechtigte grundsätzlich das Recht, sich zu äußern und angehört zu werden. Das gilt auch, wenn er selbst nicht anwesend ist, sondern eine schriftliche Stellungnahme einreicht,[41] sie durch Boten überbringen und verlesen[42] oder sich zulässigerweise vertreten lässt. Die Verletzung dieses Rechts führt zur Fehlerhaftigkeit des anschließenden Beschlusses (näher Rn. 77 ff.).

Über einen ordnungsgemäß gestellten Antrag ist das Organ **verpflichtet zu entscheiden,** 29 soweit er sich nicht (z.B. dadurch, dass er zurückgezogen wird) erledigt hat.[43] Es kann den Antrag ablehnen. Es kann den Antrag bzw. Beschlussgegenstand aber auch vertagen, wenn eine

---

33 Noack/Servatius/Haas/*Noack*, GmbHG, § 47 Rn. 12; MüKoGmbHG/*Drescher*, § 47 Rn. 22; Michalski/Heidinger/Leible/Schmidt/*Römermann*, § 47 Rn. 41.

34 Vgl. Noack/Servatius/Haas/*Noack*, GmbHG, § 47 Rn. 17; MüKoGmbHG/*Drescher*, § 47 Rn. 24.

35 Vgl. etwa zum Aufsichtsrat einer AG KölnKomm/*Mertens*, AktG, § 107 Rn. 17; zum Antragsrecht der Aktionäre § 126 AktG sowie Koch/*Koch*, AktG, § 133 Rn. 9; zur Gesellschafterversammlung einer GmbH vgl. Scholz/*Seibt*, GmbHG, § 48 Rn. 16 f.; Gehrlein/Born/Simon/*Teichmann*, GmbHG § 47 Rn. 7; Noack/Servatius/Haas/*Noack* GmbHG § 47 Rn. 13 a.E.

36 Statt anderer Koch/*Koch*, AktG, § 133 Rn. 9; Beuthien/*Schöpflin*, GenG, § 43 Rn. 20.

37 Scholz/*Seibt*, GmbHG § 48 Rn. 18; Lutter/Hommelhoff/*Bayer*, GmbHG, § 48 Rn. 3; MüKoGmbHG/*Liebscher*, § 48 Rn. 9.

38 Scholz/*Seibt*, GmbHG, § 48 Rn. 18; Michalski/Heidinger/Leible/Schmidt/*Römermann*, GmbHG, § 47 Rn. 25; Habersack/Casper/Löbbe/*Hüffer*/*Schäfer*, GmbHG, § 47 Rn. 9.

39 *Vogel*, Gesellschafterbeschlüsse, 145 f. m.w.N.; Scholz/*Seibt*, GmbHG, § 48 Rn. 46.

40 Vgl. § 109 AktG, K. Schmidt/Lutter/*Drygala*, AktG, § 109 Rn. 7; Michalski/Heidinger/Leible/Schmidt/*Römermann*, GmbHG, § 47 Rn. 28; Lutter/Hommelhoff/*Bayer*, GmbHG, § 48 Rn. 5 f.; näher § 84a Rn. 19.

41 Gehrlein/Born/Simon/*Teichmann*, GmbHG, § 47 Rn. 9 m.w.N.; MüKoGmbHG/*Drescher*, § 47 Rn. 25.

42 Vgl. Koch/*Koch*, AktG, § 109 Rn. 7; KölnKomm/*Mertens*, AktG, § 109 Rn. 29 m.w.N.

43 Ausführlich zum Bescheidungsrecht *C. Schäfer*, ZHR 167 (2003), 66, 74 ff.; ebs. MüKoGmbHG/*Drescher*, § 47 Rn. 24; Noack/Servatius/Haas/*Noack*, GmbHG, § 47 Rn. 17; Habersack/Casper/Löbbe/*Hüffer*/*Schäfer*, GmbHG, § 47 Rn. 8; Gehrlein/Born/Simon/*Teichmann*, GmbHG, § 47 Rn. 8; *Goette*, FS Ulmer 2003, 129, 139; **nach a.A.** besteht ein solches Recht nicht bzw. nur eingeschränkt, Henssler/Strohn/*Hillmann*, Gesellschaftsrecht, § 47 Rn. 12; BeckOK GmbHG/*Schindler*, § 47 Rn. 17; Bork/Schäfer/*Casper*, GmbHG, § 47 Rn. 9; Michalski/Heidinger/Leible/J. Schmidt/*Römermann*, GmbHG, § 50 Rn. 92, 94; jew. m.w.N.

Vertagung nicht ausnahmsweise treuwidrig ist[44] oder wichtige Sachgründe dagegen sprechen.[45,46] Ein Beschluss, über den Beschlussgegenstand (auch künftig) nicht entscheiden zu wollen (sog. Nichtbefassungsbeschluss), ist dagegen rechtswidrig.[47]

III. Beschlussfähigkeit

30 Nach Satz 1 i.V.m. § 32 Abs. 1 S. 3 BGB ist die Versammlung beschlussfähig, selbst wenn auch **nur ein einziges stimmberechtigtes Organmitglied erscheint.**[48] Das ist zumeist nicht sachgerecht (Rn. 34). Eine spätere Versammlung kann allerdings jeden Beschluss revidieren, was freilich, wenn er bereits umgesetzt ist, nicht immer hilft. Ein pflichtwidriges Ausnutzen der Beschlussfähigkeit kann deswegen Schadensersatzansprüche auslösen und den Beschluss fehlerhaft machen.[49]

31 Die **Satzung** kann und sollte in den meisten Fällen die Beschlussfähigkeit abweichend regeln. Da bei der Stiftung Abstimmungen in der Regel nach Köpfen erfolgen, jedes Organmitglied also eine Stimme hat, empfehlen sich Regelungen mit Vorgaben zur Anzahl der Organmitglieder (z.B. mindestens die Hälfte und/oder mindestens drei, vgl. § 108 Abs. 2 AktG). Denkbar ist auch eine Abstufung der Anforderungen je nach Beschlussgegenstand.

32 Abseits abweichender Satzungsregelungen kommt es nicht darauf an, ob die **Beschlussfähigkeit** am Anfang der Versammlung besteht. Vielmehr ist sie erforderlichenfalls **bei jedem Beschlussgegenstand zu prüfen.**[50] Dabei kommt es nicht auf die Zahl der bei der Behandlung des Beschlussgegenstandes, sondern auf die Zahl der **bei der Abstimmung anwesenden** Organmitglieder an. Eine vorübergehende Abwesenheit bei der Beratung schadet also nicht.

33 Fraglich ist, welche **Folgen ein Stimmrechtsausschluss** (Satz 2) für die Beschlussfähigkeit hat. Der **BGH** bietet **zwei Lösungen** an. Nach einer stiftungsrechtlichen Entscheidung aus dem Jahr 1993 zählt ein vom Stimmrecht ausgeschlossenes Mitglied zwar zur Gesamtzahl der Mitglieder, nicht aber zu den Anwesenden.[51] Folge: Verlangt die Satzung für die Beschlussfähigkeit die Anwesenheit aller Mitglieder, führt der Stimmrechtsausschluss eines einzigen Mitglieds zur Beschlussunfähigkeit des Organs. In einer aktienrechtlichen Entscheidung aus dem Jahr 2007 löst der BGH dieses Problem, indem er verlangt, dass das vom Stimmrecht ausgeschlossene Mitglied zwar an der Beschlussfassung teilzunehmen, sich aber seiner Stimme zu enthalten hat.[52] Diese Lösung ist freilich dann nicht sachgerecht, wenn nach der Satzung Enthaltungen und nicht abgegebene Stimmen als Nein-Stimmen zählen (Rn. 44); dann könnte der Stimmrechtsausschluss nämlich entgegen Sinn und Zweck von Satz 2 Einfluss auf das Beschlussergebnis haben. **Nach Sinn und Zweck des Gesetzes darf ein Stimmrechtsausschluss weder Einfluss auf die Beschlussfähigkeit noch auf das Beschlussergebnis haben.** Das lässt sich nur

44 So bei Minderheitsanträgen nach § 50 GmbHG; Noack/Servatius/Haas/*Noack*, GmbHG, § 47 Rn. 18; Henssler/Strohn/*Hillmann*, GesR, § 47 GmbHG Rn. 12.

45 Für ein Bsp. vgl. BGHZ 123, 15, 21 f. = NJW 1993, 2246, 2248.

46 MüKoGmbHG/*Drescher*, § 47 Rn. 24; Bork/Schäfer/*Casper*, GmbHG, § 47 Rn. 9; Noack/Servatius/Haas/*Noack*, GmbHG, § 47 Rn. 18; *C. Schäfer*, ZHR 167 (2003), 66, 80 f.

47 *C. Schäfer*, ZHR 167 (2003), 66, 81; Noack/Servatius/Haas/*Noack*, GmbHG, § 47 Rn. 18; **a.A.** Bork/Schäfer/*Casper*, GmbHG, § 47 Rn. 9; Henssler/Strohn/*Hillmann*, GesR, § 47 GmbHG Rn. 12; BeckOK GmbHG/*Schindler*, § 47 Rn. 17; jew. m.w.N.

48 MüKoBGB/*Weitemeyer*, § 86 Rn. 24; Staudinger/*Hüttemann*/*Rawert*, BGB, § 86 Rn. 59, die allerdings dafür eine ordnungsgemäße Ladung verlangen. Eine ordnungsgemäße Ladung ist jedoch keine Frage der Beschlussfähigkeit. Fehlt es an ihr, ist der Beschluss vielmehr grds. mangelhaft, s.u. Rn. 84 f.

49 *U.H.Schneider*, FS Kellermann, 403, 411 f.

50 Vgl. Noack/Servatius/Haas/*Noack*, GmbHG, § 48 Rn. 3; Reichert/*Wagner*, Vereins- und Verbandsrecht, Kap. 2 Rn. 1582 f.; *Wagner*, GmbHR 2019, 708 ff.

51 BGH, NJW 1994, 184, 185.

52 BGH – II ZR 325/05, NZG 2007, 516, 517 f. (zum Aufsichtsrat einer AG) m.w.N.

erreichen, wenn das vom Stimmrecht ausgeschlossene Mitglied **gar nicht als Mitglied zählt, und zwar weder bei der Berechnung der Gesamtzahl der Mitglieder noch bei der Zahl der anwesenden Mitglieder noch bei der Berechnung der Stimmenmehrheit. Beispiel:** Ein Organ besteht aus fünf Personen. Für ein positives Beschlussergebnis ist laut Satzung „die Mehrheit der anwesenden Mitglieder" erforderlich. Ein Mitglied ist in Urlaub, eines vom Stimmrecht ausgeschlossen. Das Abstimmungsergebnis lautet: zwei Ja-Stimmen und eine Nein-Stimme. Würde das vom Stimmrecht ausgeschlossene Mitglied zu den anwesenden Mitgliedern zählen, wäre bei der Abstimmung die Mehrheit der anwesenden Mitglieder nicht erreicht und der Antrag daher nicht angenommen, sodass das vom Stimmrecht ausgeschlossene Mitglied Einfluss auf das Beschlussergebnis hätte. Zum gleichen Ergebnis käme man, wenn man das vom Stimmrecht ausgeschlossene Mitglied zwar nicht zu den anwesenden Mitgliedern zählt, es aber in der Satzung weiter heißt: „Enthaltungen und nicht abgegebene Stimmen zählen als Nein-Stimmen". Richtigerweise darf das vom Stimmrecht ausgeschlossene Mitglied daher in keiner Weise mitzählen, also weder bei der Berechnung der Gesamtzahl der Mitglieder noch bei der Zahl der anwesenden Mitglieder noch bei der Berechnung der Stimmenmehrheit. Als Alternative zu dieser Lösung kommt nur eine Notmaßnahme nach § 84c BGB in Betracht, was freilich nicht nur umständlich und langwierig ist, sondern regelmäßig der Sache nach auch zum gleichen Ergebnis führt: § 84c Abs. 1 S. 2 Fall 2 BGB. **Die Satzung kann und sollte die Frage regeln** (s. Rn. 34 a.E.).

Fraglich ist weiterhin, ob und wie es sich auf die Beschlussfähigkeit auswirkt, wenn ein 34
Organamt vakant ist. Wie stets kommt es auf den Stifterwillen an. Hat der Stifter bestimmt, dass das Organ aus einer bestimmten Anzahl von Personen bestehen soll, dann besteht Beschlussunfähigkeit, solange ein Organamt unbesetzt ist, und zwar auch dann, wenn die verbleibende Anzahl von Organmitgliedern numerisch betrachtet beschlussfähig wäre.[53] Denn in diesem Fall will der Stifter, dass eine bestimmte Anzahl von Personen an der Willensbildung teilnehmen *können*. Hat der Stifter dagegen vorgesehen, dass ein Organ aus einer bestimmten Mindest- und Höchstzahl von Mitgliedern bestehen soll, dann tritt Beschlussunfähigkeit erst bei Unterschreiten der Mindestzahl ein. **Vorbeugen** kann der Stifter einer vakanzbedingten Beschlussunfähigkeit durch eine Satzungsklausel, wonach sich die Anzahl der Organmitglieder um die Anzahl ausgeschiedener Mitglieder bis zur Bestellung neuer Mitglieder verringert. Eine solche Regelung empfiehlt sich auch für den Fall eines Stimmrechtsausschlusses (s. Rn. 33).

Ein Organmitglied, das durch Verlassen der Versammlung die **Beschlussfähigkeit bewusst** 35
herbeiführt, verstößt gegen die organschaftliche Treupflicht.[54] Eine von diesem Organmitglied erhobene Klage auf Feststellung der Beschlussnichtigkeit wegen Beschlussunfähigkeit ist wegen Rechtsmissbrauchs unzulässig.[55]

Bei Beschlussunfähigkeit ist die Versammlung erneut einzuberufen. Anzuraten ist daher, 36
vorzusehen, dass es für eine ggf. erforderliche zweite Zusammenkunft bei der Regelung von Satz 1 i.V.m. § 32 Abs. 1 S. 3 BGB verbleibt.

IV. Stimmabgabe

Die Stimmabgabe ist eine **einseitige, empfangsbedürftige Willenserklärung**, auf welche die 37
§§ 104 ff., 116 ff. BGB Anwendung finden.[56] Der Abstimmende erklärt hierdurch Zustimmung, Ablehnung oder Enthaltung zu einem Beschlussantrag. Wirksam wird die Stimmabgabe mit Zu-

53 VG Schleswig – 6 B 48/20, BeckRS 2020, 36505 Rn. 13; Staudinger/*Hüttemann/Rawert*, BGB, § 86 Rn. 59; *Rawert*, Non Profit Law Yearbook 2019, 97, 100; *Hüttemann/Rawert*, ZIP 2020, 2545, 2550 f.; MüKoBGB/*Weitemeyer*, § 86 Rn. 24.

54 *Winstel*, GmbHR 2010, 793 ff.

55 Vgl. zur GmbH OLG Hamburg, NJW-RR 1991, 673, 674; BeckOK GmbHG/*Schindler*, § 47 Rn. 16.

56 Koch/*Koch*, AktG, § 133 Rn. 19; Soergel/*Hadding*, BGB, § 32 Rn. 25.

gang (§ 130 Abs. 1 S. 1 BGB),[57] sodass sie grundsätzlich auch nur bis zu diesem Zeitpunkt widerruflich ist, § 130 Abs. 1 S. 2 BGB. Unter den Voraussetzungen des Satz 2 kann das Stimmrecht nicht ausgeübt werden. Wird die Stimme dennoch abgegeben, ist sie nichtig (Rn. 131).

38 Zur **Form der Stimmabgabe** besagt das Gesetz nichts. Die Satzung oder eine Geschäftsordnung können Vorgaben enthalten. Abseits davon kann sie deshalb ausdrücklich, aber auch durch schlüssiges Verhalten erfolgen.

39 Grundsätzlich zulässig ist auch die **Übermittlung einer Stimmbotschaft**,[58] weil ein Bote keine eigene Erklärung abgibt, sondern nur die Erklärung eines anderen übermittelt.[59] Er ist daher nur Vertreter in der Erklärung, nicht im Willen. Mittels Boten können daher auch Anträge gestellt und Stellungnahmen zu den Beratungsgegenständen überbracht werden. Im Zweifel ist anzunehmen, dass alle von dem Boten abgegebenen Erklärungen schriftlich vorliegen müssen. Bote kann nur sein, wer entweder als Organmitglied oder aufgrund der Satzung bzw. einer Geschäftsordnung oder aufgrund eines Organbeschlusses berechtigt ist, an der Sitzung teilzunehmen, vgl. § 84a Rn. 20, §§ 108 Abs. 3, 109 Abs. 3 AktG.[60]

40 Ebenfalls zulässig ist **Stellvertretung bei der Stimmabgabe**,[61] allerdings nur durch ein anderes Mitglied desselben Organs; denn der Stellvertreter ist Willensvertreter. Im Zweifel ist daher davon auszugehen, dass der Stifter mit einer Stellvertretung durch Dritte nicht einverstanden wäre, zumal darin ein Missbrauchspotential liegt. Für eine punktuelle Vertretung (z.B. wegen Krankheit) bedarf es keiner Satzungsermächtigung.[62] Ein entgegenstehender Stifterwille kann sich jedoch daraus ergeben, dass der Stifter das Organ in bestimmter Weise nach Eigenschaften der Organmitglieder zusammengesetzt hat (§ 81 Rn. 78).[63] Allerdings muss man sich auch in diesem Fall fragen, ob es dem Stifter nicht lieber wäre, dass das verhinderte Organmitglied durch ein anderes – mutmaßlich gleichgesinntes – vertreten wird, als dass die Stimme des verhinderten Organmitglieds ganz wegfällt oder gar als Nein-Stimme zählt (s. Rn. 53 f.).

41 Auch über die **Durchführung der Abstimmung** bestimmt das Gesetz nichts. Enthält die Satzung oder eine Geschäftsordnung ebenfalls keine Bestimmungen, so entscheidet der Versammlungsleiter. Dabei muss er insbesondere die Reihenfolge, in der über die Anträge abgestimmt wird, und die Art der Stimmabgabe (z.B. offen durch Handzeichen oder geheim durch Stimmzettel) sachgerecht festlegen.[64]

42 Nach herrschender Meinung gibt es kein Recht auf eine **geheime Abstimmung**.[65] Dem ist zu widersprechen. Grundsätzlich kann jedes Organmitglied vor jeder Abstimmung eine geheime Abstimmung verlangen, es sei denn, dieses Verlangen ist schikanös oder sonst rechtsmissbräuchlich. Der Grund ist einfach: Nur eine geheime Abstimmung gewährleistet eine unbeeinflusste Stimmabgabe. Hat ein Organmitglied zulässigerweise eine geheime Abstimmung verlangt und wird gleichwohl offen abgestimmt, ist der Beschluss fehlerhaft.

---

57 Koch/*Koch*, AktG, § 133 Rn. 19; MüKoAktG/*Arnold*, § 133 Rn. 24; KölnKommAktG/*Tröger*, § 133 Rn. 61.

58 **A.A.** (zulässig nur bei Gestattung in der Satzung oder Einverständnis aller Gesellschafter) Noack/Servatius/Haas/*Noack*, GmbHG, § 47 Rn. 19, 56; MüKoGmbHG/*Drescher*, § 47 Rn. 119; Henssler/Strohn/*Hillmann*, GesR, § 47 GmbHG Rn. 44; BeckOGK AktG/*Rieckers*, § 134 Rn. 49 a.E.

59 Palandt/*Ellenberger*, BGB, Vor § 164 Rn. 11; Scholz/*K. Schmidt*, GmbHG § 47 Rn. 78.

60 Scholz/*K. Schmidt*, GmbHG, § 47 Rn. 78.

61 BVerwG – 6 B 135/18, NZG 2019, 867, 869; OLG Hamm, OLGZ 1978, 26, 29; VG Schleswig-Holstein – 6 A 12/15, npoR 2017, 70, 72; Staudinger/*Hüttemann*/*Rawert*, BGB, § 86 Rn. 61; MüKoBGB/*Weitemeyer*, § 86 Rn. 26; Gehrlein/Born/Simon/*Teichmann*, GmbHG, § 47 Rn. 27.

62 Staudinger/*Hüttemann*/*Rawert*, BGB, § 86 Rn. 61; MüKoBGB/*Weitemeyer* § 86 Rn. 26; **a.A.** MüKoBGB/*Leuschner*, § 28 Rn. 8, alle m.w.N.

63 *Rawert*, NPLYB 2019, 97, 102.

64 Näher etwa *Vogel*, Gesellschafterbeschlüsse, 146 ff., 152 f. m.w.N.; *Fischer*, in Arbeitshandbuch Hauptversammlung, § 11 IV., 205 ff., 408 ff. m.w.N.

65 BGH NJW 1970, 46, 47 (Rechtsanwaltskammer); BeckOK BGB/*Schöpflin*, § 32 Rn. 26; Reichert/*Wagner*, Vereins- und Verbandsrecht, Kap. 2 Rn. 1726 m.w.N.; *Burhoff*, Vereinsrecht, Rn. 393.

V. Beschlussquoren

Ein Antrag ist angenommen, wenn er die für das erforderliche Quorum benötigte **Anzahl von gültigen Ja-Stimmen** erreicht. Ein Antrag ist abgelehnt, wenn er die für das erforderliche Quorum benötigte Anzahl von gültigen Ja-Stimmen nicht erreicht.[66] Gilt das Prinzip der einfachen Mehrheit (Satz 1 i.V.m. § 32 Abs. 1 S. 3 BGB) ist ein Antrag bei Stimmengleichheit daher abgelehnt – es sei denn, die Satzung sieht ein Recht zum Stichentscheid oder andere Bestimmungen zur Auflösung von Pattsituationen vor. 43

1. Gesetzliche Mehrheitserfordernisse

a) Einfache Mehrheit. Gemäß Satz 1 i.V.m. § 32 Abs. 1 S. 3 BGB gilt das Prinzip der einfachen Mehrheit. Es entscheidet *„die Mehrheit der abgegebenen Stimmen"*. Die Mehrheit wird daher nur nach der Anzahl der gültigen Ja- und Nein-Stimmen berechnet. **Stimmenthaltungen und ungültige Stimmen zählen** entsprechend ihrem Erklärungswert **nicht mit.**[67] 44

b) Qualifizierte Mehrheit. Für Satzungsänderungen ist gemäß **§ 33 Abs. 1 BGB** eine ¾-Mehrheit, für Zweckänderungen gar Einstimmigkeit erforderlich. § 85 verweist jedoch nicht auf diese Vorschrift. Das ist insofern konsequent, als sie dem Minderheitenschutz dient,[68] ein Gedanke, der im Stiftungsrecht mangels Mitgliedern keine Rolle spielt. Überdies sind Satzungsänderungen bei der Stiftung keine autonomen, sondern pflichtgebundene Entscheidungen der hierfür zuständigen Stiftungsorgane. Nach bisheriger Meinung können daher auch Grundlagenentscheidungen abseits anderweitiger Satzungsregelungen – die allerdings praktisch häufig sind – mit einfacher Mehrheit gefasst werden.[69] 45

Indes darf nicht übersehen werden, dass sich Richtigkeitsgewähr, Handlungsfähigkeit und Beschlussquoren proportional bzw. umgekehrt proportional zueinander verhalten: Je höher das erforderliche Beschlussquorum ist, desto größer ist zwar die Wahrscheinlichkeit einer „richtigen", d.h. interessengerechten, aber auch die Wahrscheinlichkeit gar keiner Entscheidung – was wiederum „falsch", d.h. nicht interessengerecht, sein kann.[70] Dabei meinte der historische Gesetzgeber, in § 28 Abs. 1 BGB vom kapitalgesellschaftsrechtlichen Prinzip der Gesamtgeschäftsführung und -vertretung abweichen zu können und zu sollen, weil Vereinsvorstände regelmäßig Entscheidungen von wirtschaftlich geringerem Gewicht zu treffen hätten und zugleich meist aus einer größeren Zahl von Personen bestünden.[71] 46

Nun mögen diese Erwägungen für Geschäftsführungs- und Vertretungshandlungen von Vereins- und Stiftungsvorständen zutreffen (wobei sie heutzutage nur noch selten aus einer größeren Zahl von Personen bestehen). Anders als der Vereinsvorstand ist der Stiftungsvorstand nach der gesetzlichen Regelverfassung jedoch auch für Grundlagengeschäfte zuständig (§ 84 Rn. 23). Bei Grundlagengeschäften aber ist die „Richtigkeit" der Entscheidung bedeutsamer als Handlungsfähigkeit, zumal Grundlagengeschäfte weitaus seltener erforderlich sind als Maßnahmen der Geschäftsführung. Bedenkt man ferner, dass die Stiftungsaufsicht auf eine bloße Rechtsauf- 47

---

66 BGH NJW 1989, 1090, 1091; Reichert/*Wagner*, Vereins- und Verbandsrecht, Kap. 2 Rn. 1743; Scholz/*K. Schmidt*, GmbHG, § 47 Rn. 3.

67 BGHZ 83, 35, 36 = ZIP 1982, 693, 694 m. krit. Anm. *Pulte*, Rpfleger 1982, 292; BGH NJW 1987, 2430, 2431 m. Anm. *Oellers*, EWiR 987, 541; KG – 22 W 61/19, NotBZ 2020, 347; jurisPK-BGB/*D.U. Otto*, § 32 Rn. 81; MüKoBGB/*Weitemeyer*, § 86 Rn. 25; MüKoBGB/*Leuschner*, § 32 Rn. 48 a.E.

68 Vgl. BGHZ 76, 191, 196, sowie aus der Literatur etwa *Zöllner*, Schranken, 104 ff.

69 *Rawert*, NPLYB 2019, 97, 100; MüKoBGB/*Weitemeyer*, § 86 Rn. 25.

70 Deswegen lässt § 121 Abs. 2 S. 1 AktG ausnahmsweise eine einfache Mehrheit ausreichen.

71 Vgl. *Mugdan*, Materialien I, 613, 668.

sicht beschränkt ist und auch § 33 Abs. 2 BGB zu Recht nicht von den Mehrheitserfordernissen des Absatzes 1 dispensiert, so wird deutlich, dass die Verweisung des Satz 1 auf § 32 Abs. 1 S. 3 BGB zumindest nicht für alle Arten von Grundlagenänderungen passt.

48 Folgt man dieser Überlegung, so stellt sich die weitere Frage, welches Beschlussquorum denn erforderlich sein soll. Insofern liegt eine **analoge Anwendung von § 33 Abs. 1 BGB und § 163 Abs. 2 UmwG**[72] nahe, zumal sich die Abstufung zwischen einfachen Satzungs- und Zweckänderungen in § 85 BGB wiederfindet. Diese Vorschrift differenziert allerdings noch weiter. So gesehen wäre es sachgerecht, für Grundlagenänderungen nach §§ 85 Abs. 1, 86 f. BGB (vgl. § 86 Rn. 16) und § 87 BGB eine einstimmige Entscheidung aller Mitglieder und für qualifizierte Satzungsänderungen nach § 85 Abs. 2 BGB eine Entscheidung mit qualifizierter Mehrheit (3/4 der abgegebenen Stimmen) zu verlangen, wohingegen es für einfache Satzungsänderungen nach § 85 Abs. 3 BGB bei der einfachen Mehrheit des § 32 Abs. 1 S. 3 BGB verbleiben kann.

49 Diesen Überlegungen könnte man entgegenhalten, dass die Frage der „Richtigkeitsgewähr" bei Mitgliedern von Stiftungsorganen keine Bedeutung habe, weil sie ohnehin stets pflichtgebunden sind und ihnen daher selbst bei Satzungsänderungen nur selten ein uneingeschränktes Ermessen zusteht (§ 85 Rn. 94). Gleichwohl ordnen bspw. §§ 77 Abs. 1 S. 1, 78 Abs. 2 S. 1 AktG Gesamtgeschäftsführung und -vertretung an, obwohl natürlich auch der Vorstand einer Aktiengesellschaft pflichtgebunden ist und Grundlagengeschäfte eben von grundlegenderer Bedeutung sind als Geschäftsführungsmaßnahmen.

50 Bedarf ein Beschluss der **Zustimmung aller Mitglieder** eines Organs, so zählen – anders als bei dem Erfordernis der einfachen Mehrheit – Stimmenthaltungen und ungültige Stimmen im Zweifel, d.h. wenn die Satzung nichts anderes bestimmt, als Nein-Stimmen.[73] Bereits eine ungültige Stimme oder Stimmenthaltung führt also zu einem ablehnenden Beschluss. Ist die Zustimmung aller Mitglieder erforderlich, ist überdies im Zweifel auch ohne dahingehende ausdrückliche Bestimmung eine kombinierte Abstimmung, d.h. eine dem Beschluss nachfolgende schriftliche Stimmabgabe der nicht erschienenen Mitglieder zulässig, andernfalls es für einstimmige Beschlüsse stets einer Vollversammlung des betreffenden Organs bedürfte.[74] Ist ein Organmitglied vom Stimmrecht nach Satz 2 ausgeschlossen, hindert das die positive Beschlussfassung nicht, da andernfalls seine Stimme entgegen dem Sinn und Zweck von Satz 2 Einfluss auf das Beschlussergebnis hätte (vgl. Rn. 33). Zudem können aufgrund der organschaftlichen Treupflicht (§ 84a Rn. 41 f.) Stimmpflichten bestehen, so dass eine treuwidrig abgegebene Nein-Stimme oder Enthaltung ein positives Beschlussergebnis ebenfalls nicht zu hindern in der Lage ist.

2. Statutarische Mehrheitserfordernisse

51 Hinsichtlich der Beschlussquoren besteht nach Satz 1 Gestaltungsfreiheit. Sie können daher einerseits abgesenkt, andererseits erhöht werden. Überdies können zusätzliche Erfordernisse an das Wirksamwerden eines Beschlusses gestellt werden (Rn. 58). Als statutarische Mehrheitserfordernisse kommen in Abweichung von § 32 Abs. 1 S. 3 BGB in Betracht:

52 **Relative Stimmenmehrheit:** Sie besteht bei Beschlüssen über mehr als einen Antrag in der größten Stimmenzahl und kann namentlich bei Wahlen zur Anwendung kommen.

53 **Absolute Stimmenmehrheit:** Der Begriff wird nicht einheitlich verwendet. Zum Teil wird darunter die Mehrheit der erschienenen Mitglieder verstanden, wobei Stimmenthaltungen und ungültige Stimmen anders als bei der einfachen Mehrheit des § 32 Abs. 1 S. 3 BGB als Nein-Stimmen zählen. Damit kann aber auch die Mehrheit aller Mitglieder des beschlussfassenden

72 Ebs. *Orth*, ZStV 2020, 81, 88.

73 BeckOK BGB/*Schöpflin*, § 33 Rn. 11; Soergel/*Hadding*, BGB, § 33 Rn. 11; *Burgard*, Gestaltungsfreiheit, 310; *Keilbach*, DNotZ 1997, 846, 856.

74 BGHZ 16, 143, 150 f. = NJW 1955, 457; BGHZ 23, 122, 129 = NJW 1957, 497; BGHZ 25, 311, 316 = NJW 1957, 1800; BeckOK BGB/*Schöpflin*, § 33 Rn. 11; Soergel/*Hadding*, BGB, § 33 Rn. 11; *Burgard*, Gestaltungsfreiheit, 310.

Organs gemeint sein, wobei ebenfalls Stimmenthaltungen und ungültige Stimmen als Nein-Stimmen zählen. Was gewollt ist, sollte die Satzung klarstellen, wenn sie diesen Begriff verwendet. Fehlt eine dahingehende Bestimmung, ist im Zweifel anzunehmen, dass der Beschluss abgelehnt ist, wenn ihm nicht die Mehrheit der an der Abstimmung teilnehmenden Mitglieder zustimmt.

Qualifizierte Mehrheit: Hiervon spricht man bei Mehrheiten über 50 %. Es kommen insbesondere 2/3-, 3/4- oder etwa auch 4/5-Mehrheiten der abgegebenen Ja-Stimmen, der erschienenen oder auch aller Mitglieder (bzw. Stimmen) des beschlussfassenden Organs in Betracht, wobei in den letzten beiden Fällen vorbehaltlich abweichender Satzungsbestimmungen Stimmenthaltungen und ungültige Stimmen als Nein-Stimmen zählen. Trifft die Satzung keine genauen Aussagen, ist im Zweifel entsprechend der Rechtslage im Körperschaftsrecht eine 3/4-Mehrheit der abgegebenen Ja-Stimmen erforderlich, aber auch ausreichend. 54

Einstimmigkeit: Auch dieses Erfordernis kann sich auf die abgegebenen Ja-Stimmen, die erschienenen oder auf alle Mitglieder des beschlussfassenden Organs beziehen. Enthält die Satzung keine näheren Bestimmungen, ist dies eine Frage der Auslegung.[75] 55

Kommt es für das Beschlussquorum nicht nur auf die Mehrheit der abgegebenen Ja-Stimmen oder die Mehrheit der erschienenen Mitglieder, sondern auf eine Mehrheit aller Mitglieder an, ist im Zweifel eine kombinierte Abstimmung zulässig, sodass nicht erschienene Mitglieder ihre Stimme auch noch nach der Versammlung schriftlich oder in Textform abgeben können.[76] 56

Zählen Stimmenthaltungen und ungültige Stimmen anders als bei der einfachen Mehrheit nach § 32 Abs. 1 S. 3 BGB als Nein-Stimmen, so sind bei der Berechnung der Grundgesamtheit die vom Stimmrecht nach Satz 2 ausgeschlossenen Organmitglieder nicht zu berücksichtigen, andernfalls der Stimmrechtsausschluss entgegen Sinn und Zweck von Satz 2 Einfluss auf das Abstimmungsergebnis haben könnte (schon Rn. 33, 50, auch Rn. 78). 57

VI. Weitere Erfordernisse

Von der Beschlussfähigkeit und dem erforderlichen Beschlussquorum strikt zu unterscheiden sind die weiteren Erfordernisse (vgl. § 133 Abs. 1 AktG) für die Wirksamkeit eines Beschlusses.[77] In diesem Fall liegt ein **rechtsgeschäftlicher Gesamttatbestand** vor.[78] Der Beschluss entfaltet damit die von ihm intendierten Rechtsfolgen nicht wie für gewöhnlich bereits mit Erreichen der erforderlichen Anzahl von Ja-Stimmen, sondern nur bzw. erst dann, wenn der Gesamttatbestand erfüllt ist.[79] Vorliegend betrifft das vor allem statutarische Zustimmungserfordernisse. 58

---

75 Zur Auslegung von Vereinssatzungen BGHZ 106, 67 = NJW 1989, 1212 Rn. 11 f.; BGH NJW 1987, 2430, 2431; BayObLG FGPrax 1996, 74, 75; KG NotBZ 2020, 347 Rn. 9 m. Anm. *Schodder*, EWiR 2021, 41; OLG München NZG 2008, 351 Rn. 24 f.

76 BGHZ 25, 311, 316 = NJW 1957, 1800; BeckOK BGB/*Schöpflin*, § 33 Rn. 11; Soergel/*Hadding*, BGB, § 33 Rn. 11; Reichert/*Wagner*, Vereins- und Verbandsrecht, Kap. 2 Rn. 1750.

77 *Burgard*, Gestaltungsfreiheit, 312; *Stallmann*, Fehlerhafte Beschlüsse in der Stiftung bürgerlichen Rechts, 4; Reichert/*Wagner*, Vereins- und Verbandsrecht, Kap. 2 Rn. 558 ff.; jurisPK-BGB/*D.U. Otto*, § 33 Rn. 17; Bork/Schäfer/*Casper*, GmbHG, § 47 Rn. 14; Noack/Servatius/Haas/*Noack*, GmbHG, § 47 Rn. 29 f.; Ulmer/Habersack/Löbbe/*Hüffer*/*Schürnbrand*, GmbHG, § 47 Rn. 30.

78 *Stallmann*, Fehlerhafte Beschlüsse in der Stiftung bürgerlichen Rechts, 3; zum Vereinsrecht Reichert/*Wagner*, Vereins- und Verbandsrecht, Kap. 2 Rn. 1735.

79 MüKoAktG/*Schäfer*, § 241 Rn. 16; Scholz/*K. Schmidt*/*Bochmann*, GmbHG, § 45 Rn. 21a; Noack/Servatius/Haas/*Noack*, GmbHG, § 47 Rn. 29 f.; *Stallmann*, Fehlerhafte Beschlüsse in der Stiftung bürgerlichen Rechts, 19 ff.

1. Zustimmungserfordernis

59 Derartige Zustimmungserfordernisse finden sich allerdings nicht nur als Wirksamkeitsvoraussetzung für einen anderen Beschluss, sondern auch als Beschränkungen der Vertretungsmacht oder der Geschäftsführungsbefugnis. Wie ein Zustimmungserfordernis zu verstehen ist, muss daher durch Auslegung ermittelt werden. Wäre eine Beschränkung der Vertretungsmacht gewollt, müsste sich das allerdings klar und deutlich aus der Satzung ergeben (§ 84 Rn. 42). Betrifft das Zustimmungserfordernis Rechtsgeschäfte, handelt es sich daher im Zweifel lediglich um eine Beschränkung der Geschäftsführungsbefugnis. Um ein Wirksamkeitserfordernis handelt es sich dagegen bei Grundlagengeschäften wie z.B. einer Satzungsänderung.

60 Das Zustimmungsrecht kann entweder einem Kollektivorgan oder einem Eine-Person-Organ eingeräumt sein. Im ersten Fall kann natürlich auch festgelegt werden, mit welchem Quorum der Zustimmungsbeschluss zu fassen ist. Im zweiten Fall kann das Recht zugunsten jeder beliebigen natürlichen oder juristischen Person (z.B. dem Stifter) statuiert werden.

2. Beschlussform

61 Als weiteres Wirksamkeitserfordernis kommen Vorschriften über die Form der Beschlussfassung in Betracht. Sie dienen der Dokumentation von Beschlüssen und sind von Vorschriften über die Form der Stimmabgabe (mündlich, schriftlich), die Form der Abstimmung (offen z.B. durch Handaufheben oder geheim durch Stimmzettel) und der Protokollierung des Versammlungsablaufs (Rn. 69 ff.) zu unterscheiden. Verlangt werden kann insbesondere eine notarielle Beurkundung des Beschlusses. Gesetzlich ist dies im Stiftungsrecht allerdings nur in § 163 Abs. 3 UmwG vorgesehen. Ein Verstoß führt zur Formunwirksamkeit. Zulässig, wenn auch nicht zu empfehlen, ist eine entsprechende statutarische Regelung.

VII. Stimmauswertung, Stimmzählung und Feststellung des Abstimmungsergebnisses

62 Der Versammlungsleiter hat für eine ordnungsgemäße Zählung und Auswertung der abgegebenen Stimmen sowie die Feststellung des Abstimmungsergebnisses zu sorgen. Existiert kein Versammlungsleiter, kann dies auch einvernehmlich erfolgen.

63 Bei der Auswertung der Stimmen dürfen nur gültige Stimmen berücksichtigt werden. Insbesondere die Stimmen von nicht Stimmberechtigten oder von Teilnehmern, deren Stimmrecht ausgeschlossen ist (Satz 2), oder Stimmen, die nach §§ 104 ff., 116 ff. BGB oder aus anderen Gründen (Treupflicht) unwirksam sind, dürfen nicht gezählt werden. Die hierfür erforderlichen, u.U. umfangreichen, tatsächlichen Feststellungen oder rechtlichen Wertungen können nicht in jedem Fall ad hoc in der Versammlung getroffen werden. **Kommt es für das Beschlussergebnis auf Stimmen an, deren Wirksamkeit zweifelhaft ist**, steht der Versammlungsleiter vor der Wahl, sich entweder nach seiner Überzeugung für oder gegen ihre Wirksamkeit zu entscheiden (womit er zugleich die Klagelast zwischen Befürwortern und Gegnern des Beschlusses verteilt) oder das Beschlussergebnis offenzulassen, sodass es gerichtlich festgestellt werden muss, sofern der Beschluss nicht einwandfrei neu gefasst wird.[80] Gleiches gilt bei Fehlen eines Versammlungsleiters, wenn sich die Organmitglieder nicht über das Abstimmungsergebnis einig sind.

64 Anders als Mitgliederversammlungen von Publikumsgesellschaften weisen die Gremien von Stiftungen in der Regel nur wenige Mitglieder auf, sodass die Auszählung der Stimmen keine Schwierigkeiten bereiten wird. Sie kann deshalb auch formlos erfolgen. Wegen der größeren

---

80 Zutr. *Zöllner*, FS Lutter, 821, 828 ff.

Rechtssicherheit und Rechtsklarheit ist hierbei der sog. **Additionsmethode** der Vorzug vor der sog. Subtraktionsmethode zu geben, auch wenn Letztere grundsätzlich zulässig ist.[81]

Soweit nicht Einstimmigkeit erforderlich ist, ist bei der Stimmzählung ferner zu berücksichtigen, ob einzelne Stimmen **unterschiedliche Stimmkraft** besitzen. Es gilt zwar gemäß Satz 1 i.V.m. § 32 Abs. 1 S. 3 BGB der Grundsatz „one man, one vote", also Abstimmung nach Köpfen. Die Satzung kann aber abweichende Regelungen enthalten (§ 84a Rn. 28). 65

Die Auswertung und Zählung der Stimmen führen zur Feststellung des Abstimmungsergebnisses, d.h. zur Feststellung, wie viele gültige Ja- und Nein-Stimmen abgegeben wurden und ggf., wie viele Stimmenthaltungen und ungültige Stimmen vorliegen. 66

VIII. Feststellung und Verkündung des Beschlussergebnisses

Das festgestellte Abstimmungsergebnis führt unter Berücksichtigung des ggfs. zu erreichenden Beschlussquorums zum **Beschlussergebnis**, der **Annahme oder Ablehnung** des zur Abstimmung gestellten **Antrags**. Die Feststellung und Verkündung obliegt dem Versammlungsleiter. Ist kein Versammlungsleiter bestellt, kann die Feststellung des Beschlussergebnisses auch einvernehmlich erfolgen, indem etwa ein Protokollant das Beschlussergebnis festhält, es den Organmitgliedern bekannt gibt und kein Organmitglied dagegen Widerspruch erhebt.[82] 67

Ebenso wenig wie die Feststellung des Abstimmungsergebnisses ist die Feststellung des Beschlussergebnisses Teil des Beschlusses, sondern „nur" das Ergebnis der tatsächlichen Feststellungen und rechtlichen Würdigungen. Abseits anderslautender Satzungsbestimmungen ist die Feststellung des Beschlussergebnisses deshalb auch **keine Voraussetzung für die Wirksamkeit** des Beschlusses.[83] 68

IX. Protokollierung

Die Anfertigung eines Protokolls ist gesetzlich zumeist ebenso wenig wie im Stiftungsrecht vorgesehen, in der Praxis aber gleichwohl bei allen Arten von Gremiensitzungen **üblich und empfehlenswert**. Wird ein Protokoll angefertigt, werden darin zumindest (näher Rn. 72) die Beschlussergebnisse dokumentiert. Ein Protokoll dient daher der Rechtssicherheit und -klarheit. Das gilt umso mehr, wenn das Protokoll, wie üblich, rechtzeitig vor der nächsten Sitzung an die Organmitglieder versandt wird, die Organmitglieder damit Gelegenheit haben, seinen Inhalt zu prüfen und ihm zu widersprechen. Erforderlichenfalls wird sodann auf der nächsten Sitzung über den Widerspruch beraten und Beschluss gefasst und schließlich das Protokoll durch Beschluss gebilligt. Bei Einhaltung dieses Verfahrens können sich alle Organmitglieder, die für die Billigung gestimmt haben, hernach nicht mehr auf die Unrichtigkeit des Protokolls berufen (Verbot des widersprüchlichen Verhaltens).[84] 69

Die Satzung oder eine Geschäftsordnung kann eine Protokollierung vorschreiben und nähere Regelungen dazu enthalten. Ohne gegenteilige statutarische Anordnung ist darin jedoch kein weiteres Erfordernis (Rn. 58, 61) zu sehen, sodass ein Unterlassen der Protokollierung zwar pflichtwidrig ist, aber nicht zur Unwirksamkeit der Beschlüsse führt.[85] **Die folgenden Ausfüh-** 70

---

81 Koch/*Koch*, AktG, § 133 Rn. 23 f.; MüKoAktG/*Arnold*, § 133 Rn. 32 f.; ausf. *Pickert*, in Arbeitshandbuch Hauptversammlung, § 11 IV.6., 418 ff.

82 Vgl. MüKoGmbHG/*Liebscher*, § 48 Rn. 106 ff.; Gehrlein/Born/Simon/*Teichmann*, GmbHG, § 48 Rn. 17.

83 MüKoGmbHG/*Liebscher*, § 48 Rn. 118; *Zöllner*, FS Lutter, 821, 826 f.

84 Vgl. BGHZ 49, 158, 165; Gehrlein/Born/Simon/*Teichmann*, GmbHG, 48 Rn. 19; Michalski/Heidinger/Leible/Schmidt/*Römermann*, GmbHG, § 48 Rn. 171; Scholz/*Seibt*, GmbHG, § 48 Rn. 39, 51.

85 RGZ 104, 413, 415; Staudinger/*Hüttemann*/*Rawert*, BGB, § 86 Rn. 64; MHLS/*Römermann*, § 48 GmbHG, Rn. 176.

rungen unterstellen das Fehlen anderweitiger Regelungen in der Satzung oder einer Geschäftsordnung.

71 Für die Protokollierung **zuständig** ist grundsätzlich der Versammlungsleiter,[86] der diese Aufgabe freilich zumeist – generell oder im Einzelfall – an ein anderes Organmitglied, das sich dazu bereit erklärt hat, als Protokollführer delegiert. Dabei fragt er regelmäßig die übrigen Organmitglieder nach ihrer Zustimmung, die, wenn sich kein Widerspruch rührt, durch konkludenten Beschluss erteilt ist. Soll das Protokoll durch eine Person geführt werden, die nicht Mitglied des Organs ist (z.B. Sekretärin), dann müssen die Organmitglieder allerdings mit deren Anwesenheit einverstanden sein. Die Zustimmung kann ebenfalls durch (konkludenten) Beschluss erteilt werden. Bleibt der Versammlungsleiter untätig, kann das Organ durch Beschluss eine Protokollierung vorsehen und einen Protokollführer bestimmen. Das einzelne Organmitglied hat grundsätzlich keinen Anspruch auf Protokollierung,[87] kann sich aber natürlich eine private Mitschrift anfertigen. Bild- und Tonaufzeichnungen setzen die Zustimmung aller Teilnehmer voraus (§ 201 StGB).

72 **Regelinhalt** eines Protokolls sind folgende Angaben:[88]

- Bezeichnung der Stiftung und des tagenden Organs;
- Ort und Zeit der Versammlung;
- Verzeichnis der erschienenen, entschuldigt und unentschuldigt fehlenden Teilnehmer;
- Feststellung der Ordnungsmäßigkeit der Einberufung oder Dokumentation von Rügen oder des Verzichts auf Rügen hinsichtlich von Einberufungsmängeln;
- Feststellung der Tagesordnung, ggf. Einverständnis oder Widerspruch zu Änderungen der Tagesordnung;
- wesentliche Gründe für den Beschluss,[89] sofern kein reines Ergebnisprotokoll geführt wird;
- Wortlaut der Beschlussanträge;
- Art der Abstimmung, sofern anders als üblich, insb. geheim abgestimmt wird;
- Feststellung der Ordnungsmäßigkeit von Stimmbotschaften und deren Beifügung zum Protokoll;
- Feststellung des Abstimmungsergebnisses sowie auf Verlangen Angabe des Abstimmungsverhaltens;
- Feststellung des Beschlussergebnisses und ggf. dagegen erhobene Widersprüche;
- verfahrensleitende Anordnungen des Versammlungsleiters oder diesbezügliche Organbeschlüsse einschließlich von Ordnungsmaßnahmen (z.B. Ordnungsruf, Beschränkung der Redezeit, Entziehung des Wortes, Verweisung aus dem Saal, Unterbrechung der Sitzung);
- ggf. Vertagung von Tagesordnungspunkten;
- sonstige relevante Vorkommnisse (z.B. wesentliche Informationen durch einen Ressortverantwortlichen sowie ggf. Rückfragen dazu,[90] Auskunftsverweigerung auf ein Auskunftsverlangen);
- Erklärungen von Teilnehmern, die sie zu Protokoll zu geben wünschen (ein Anspruch darauf besteht allerdings ohne eine entsprechende Bestimmung nur bei einem berechtigten Interesse, insbesondere bei der Rüge von Beschlussmängeln, Rn. 98 f.).

---

86 Scholz/*Seibt*, GmbHG, § 48 Rn. 39; BeckOK GmbHG/*Schindler*, § 48 Rn. 49.

87 Anders bei Vorliegen eines wichtigen Grundes, z.B. wenn die Beschlusslage in der Vergangenheit nicht nur vereinzelt zu Streitigkeiten und Unsicherheit geführt hat, Scholz/*Seibt*, GmbHG, § 48 Rn. 39; zust., aber enger (ausnahmsweise) Lutter/Hommelhoff/*Bayer*, GmbHG, § 48 Rn. 18; *Wicke*, GmbHR 2017, 777, 786; **a.A.** Michalski/Heidinger/Leible/Schmidt/*Römermann*, GmbHG, § 48 Rn. 182; Habersack/Casper/Löbbe/*Hüffer*/*Schürnbrand*, GmbHG, § 48 Rn. 38; MüKoGmbHG/*Liebscher*, § 48 Rn. 131; *Altmeppen*, GmbHG, § 48 Rn. 33; Gehrlein/Born/Simon/*Teichmann*, GmbHG, § 48 Rn. 19.

88 MHLS/*Römermann*, § 48 GmbHG, Rn. 190.

89 Das empfiehlt sich insbes. bei haftungsrelevanten Entscheidungen, *Windeknecht* in Schauhoff/Mehren, Stiftungsrecht 2022, Kap. 6 Rn. 61.

90 *Kraus* in Schauhoff/Mehren, Stiftungsrecht 2022, Kap. 6 Rn. 76 f.

X. Beschlussfassung ohne Zusammenkunft

Gemäß Satz 1 i.V.m. 32 Abs. 2 BGB können Beschlüsse von Stiftungsorganen auch außerhalb von Versammlungen (bzw. ohne ordnungsgemäße Einberufung) gefasst werden. Nach dem Wortlaut des § 32 Abs. 2 BGB ist für die Gültigkeit eines auf diese Weise gefassten Beschlusses allerdings erforderlich, dass **alle Organmitglieder** dem Beschluss (richtiger müsste es heißen: dem Antrag) **schriftlich zustimmen.** Stimmenthaltungen und (form-)ungültige Stimmen führen daher zur Ablehnung des Antrags.[91] Ist ein Organwalter von seinem Stimmrecht ausgeschlossen, bedarf es seiner Zustimmung jedoch nicht (Rn. 119). 73

Sinn und Zweck des Einstimmigkeitserfordernisses ist es, die außerhalb von Versammlungen fehlende – für eine „richtige" Willensbildung aber außerordentlich bedeutsame – Möglichkeit einer gemeinsamen Beratung zu kompensieren. Deswegen kann man erwägen, virtuelle Versammlungen (z.B. via Zoom oder Teams) als Versammlung i.S.d. § 32 Abs. 1 BGB gelten zu lassen,[92] obwohl das Schriftformerfordernis zugleich vor Übereilung schützen[93] und der Rechtssicherheit dienen soll. 74

Zur Erfüllung des Schriftformerfordernisses (§§ 126, 126a BGB) soll ein Telefax genügen.[94] Eine Email genügt nicht. Allerdings ist grundsätzlich nichts dagegen einzuwenden, wenn eine formungültige Stimmabgabe formgültig wiederholt wird (§ 141 Abs. 1 BGB). Gleichwohl ist das Schriftformerfordernis übertrieben streng (vgl. § 108 Abs. 4 AktG). Allerdings ist § 32 Abs. 2 BGB im Gegensatz zu sonstigen gesetzlichen Formerfordernissen dispositives Recht. **In der Satzung** kann daher eine Beschlussfassung ohne Versammlung ganz ausgeschlossen oder – was zu empfehlen ist – **erleichtert werden** (z.B. bloße Textform, Telefon- oder Videokonferenz, keine Einstimmigkeit). 75

Wer den Antrag stellt, über den abgestimmt werden soll, und wer den Antrag den Organmitgliedern wie zur Kenntnis bringt, sagt das Gesetz nicht. Für die Antragsberechtigung gelten keine Besonderheiten (Rn. 27). Dabei kann jeder Antragsteller den Antrag entweder selbst den übrigen Organmitgliedern zur Kenntnis bringen oder den Organvorsitzenden darum bitten. Für den Antrag ist gesetzlich keine Form vorgesehen. Es empfiehlt sich jedoch, ihn allen Organmitgliedern per Post zuzustellen und ihm gleich einen vorgefertigten Stimmzettel mit Rückumschlag beizufügen. Zudem sollte der Antrag mit einer (großzügig bemessenen) **Frist** versehen sein, andernfalls Stimmen auch noch „nach Jahr und Tag" abgegeben werden können. 76

D. Beschlussmängel

I. Die Ursachen von Beschlussmängeln (i.w.S.)

Bei einer Beschlussfassung können vielerlei Fehler auftreten. Da sich Beschlüsse von Kollektivorganen aus einer Mehrzahl von Willenserklärungen zusammensetzen, ist zwischen Mängeln, die den Beschluss selbst, und Mängeln, die die einzelne Stimmabgabe betreffen, zu unterscheiden. 77

---

91 Statt anderer MüKoBGB/*Leuschner*, § 32 Rn. 67 f.; jurisPK-BGB/*D.U. Otto*, § 32 Rn. 13; BeckOK BGB/*Schöpflin*, § 32 Rn. 45.

92 *Windeknecht* in Schauhoff/Mehren, Stiftungsrecht 2022, Kap. 6 Rn. 53.

93 *Mugdan*, Materialien I, 411.

94 MüKoBGB/*Leuschner*, § 32 Rn. 67; Staudinger/*Schwennicke*, BGB, § 32 Rn. 161; jurisPK-BGB/*D.U. Otto*, § 32 Rn. 13; *Fleck*, DNotZ 2008, 245, 256.

II. Mängel der Stimmabgabe

78 Die Mängel der Abgabe der Stimme betreffen die einzelnen, dem Beschluss zugrundeliegende Willenserklärungen. Derartige Mängel lassen dementsprechend die Wirksamkeit des Beschlusses grundsätzlich unberührt und begründen nur die Nichtigkeit der einzelnen Stimme. Die Nichtigkeit einer Stimme kann allerdings das Beschlussergebnis beeinflussen, nämlich wenn sie fälschlicherweise mitgezählt wird und bei ihrem Abzug das erforderliche Beschlussquorum erreicht oder nicht erreicht wird.[95]

79 Die einzelnen Stimmen können aus vielen Gründen fehlerhaft sein. Neben den allgemeinen Gründen, §§ 104 ff., 116 ff., 177 ff. BGB kommt insbesondere eine fehlende Berechtigung zur Stimmabgabe in Betracht (insb. Stimmrechtsausschlusses nach Satz 2).

III. Mängel des Beschlusses

80 Mängel des Beschlusses selbst können entweder auf seinem Zustandekommen (formelle Mängel) oder auf seinem Inhalt (materielle Mängel) beruhen.

1. Formelle Mängel

81 Formelle Mängel sind Verstöße gegen sämtliche Verfahrensvorschriften, insbesondere Mängel der Einberufung, Fehler bei der Versammlungsleitung, Abstimmung und Beschlussfeststellung, Verletzungen von Teilnahme- und Informationsrechten und Formverstöße.

2. Materielle Mängel

82 Materielle Mängel liegen vor, wenn die Beschlüsse inhaltlich gegen das Gesetz oder die Satzung verstoßen. Dies betrifft insbesondere Verstöße gegen die guten Sitten, den Stifterwillen, insb. den Stiftungszweck, gegen Satzungsrechte Einzelner oder die organschaftliche Treupflicht.

IV. Folgen von Beschlussmängeln

83 Die Rechtsfolgen von Beschlussmängeln sind streitig:
– Die herkömmliche, im Vereins-[96] und bisher[97] im Personengesellschaftsrecht[98] sowie bei Beschlüssen pflichtgebundener Organe[99] herrschende Auffassung sieht fehlerhafte Be-

---

95 Im Ergebnis ist das unstreitig, vgl. RGZ 65, 241, 242 f.; BGHZ 12, 327, 331 ff.; 14, 264, 267 f.; 49, 209, 211; 51, 209, 211; 76, 154, 156 f.; 76, 191, 197 f.; 88, 320, 329 ff.; 97, 28, 30 ff.; 104, 66 ff.; 108, 21, 23; aus der Literatur etwa *Flume*, jP, 253 f.; Soergel/*Hadding*, BGB, § 32 Rn. 39; *Stallmann*, Fehlerhafte Beschlüsse in der Stiftung bürgerlichen Rechts, 28 f. m.w.N.

96 Statt anderer BGHZ 59, 369, 371 f.; Soergel/*Hadding*, BGB, § 32 Rn. 14 ff., 35 ff.

97 Demnächst §§ 110 ff. HGB n.F.

98 BGH WM 1983, 1407, 1408; BGH WM 1995, 701, 706; *Schäfer*, ZIP 2021, 1527, 1530 ff.; MüKoBGB/*Schäfer*, § 709 Rn. 109 m.w.N.; BeckOK BGB/*Schöne*, § 709 Rn. 68 ff.

99 Insbesondere BGHZ 122, 342, 346 ff.; 124, 111, 115; 135, 244, 246 (zum Aufsichtsrat einer AG); aus der Lit. bspw. KölnKomm/*Mertens*, AktG, § 77 Rn. 27; vgl. MüKoGmbHG/*Spindler*, § 52 Rn. 575; vgl. MüKoAktG/*Habersack*, § 108 Rn. 80.

schlüsse grundsätzlich als nichtig an. Auch im Stiftungsrecht entspricht das der Rechtsprechung[100] und Literatur.[101]

- Nach anderer, bei GmbH-Gesellschafterbeschlüssen vorherrschender Ansicht, sind dagegen §§ 241 ff. AktG analog anwendbar.[102] Diese Auffassung wird auch bei Mitgliederbeschlüssen im Vereinsrecht[103] vertreten. Noch weiter geht *K. Schmidt,*[104] der die §§ 241 ff. AktG darüber hinaus auf sämtliche Beschlüsse, also auch auf Beschlüsse von pflichtgebundenen Organen juristischer Personen[105] anwenden will. Dem hat sich neuerdings *Rawert* für das Stiftungsrecht angeschlossen.[106]
- Auf die Dissertation von *Noack*[107] geht eine neuere Auffassung zurück,[108] welche für Mitgliederbeschlüsse im Vereins-, GmbH- und Personengesellschaftsrecht einen vermittelnden Weg einschlagen möchte, der teilweise auch bei pflichtgebundenen Organen beschritten wird.[109] Sie wurde von *Stallmann* auch für das Stiftungsrecht fruchtbar gemacht.[110] Danach ist im Ergebnis zwischen nichtigen[111] und anfechtbaren[112] (vernichtbaren) Beschlüssen zu differenzieren. An Stelle einer nicht erforderlichen Anfechtungsklage reicht es hiernach aus, den Beschluss mittels einer „einfachen" Anfechtungserklärung analog § 241 Nr. 5 AktG zu vernichten. Diese Ansicht hat im Stiftungsrecht mittlerweile viel Gefolgschaft gefunden.[113]

Vernichtbar sollen danach Beschlüsse sein, die gegen Vorschriften verstoßen, die lediglich den sog. „Intraorganbereich" betreffen. Das sollen Vorschriften sein, die weder dem Schutz der Stiftung noch dem Schutz des Stifterwillens oder dem Schutz anderer Stiftungsorgane oder Dritter dienen und daher einvernehmlich verzichtbar seien.[114] Deswegen sollen bspw. Einberufungsmängel nicht zur Nichtigkeit, sondern nur zur Vernichtbarkeit von Beschlüssen führen.[115] **84**

Dem ist zu widersprechen. So dient etwa die Einhaltung einer statutarischen Ladungsfrist und die ordnungsgemäße Bezeichnung des Beschlussgegenstandes (§ 84b S. 1 BGB i.V.m. § 32 Abs. 1 S. 2 BGB) dazu, den Organmitgliedern eine ausreichende Vorbereitung zu ermöglichen. Dabei ist eine ausreichende Vorbereitung für sie – anders als für die Mitglieder eines Verbandes – nicht Kür, sondern Pflicht. **Sie dürfen darauf nicht verzichten**. Sie dürfen daher auch nicht auf die Einhaltung der genannten Regeln verzichten. Ladungsmängel führen daher nur **85**

---

100 BGH NJW 1994, 184; OLG Koblenz ZSt 2003, 93; OLG Hamburg ZIP 1994, 1950, 1951 f. m. Anm. *Rawert*; VG Schleswig, BeckRS 2020, 36505 Rn. 13.

101 Etwa *Ebersbach*, Handbuch, 104 f.; *Hoffmann*, FG Kreutz 2009, 29, 33 ff.

102 St. Rspr., z.B. RGZ 166, 129, 131; BGHZ 11, 231, 235; 36, 207, 210 f.; 97, 28, 30 ff.; 104, 66 ff.; aus der Lit. statt anderer Lutter/Hommelhoff/*Bayer*, GmbHG, Anh. § 47 Rn. 1.

103 Z.B. MüKoBGB/*Leuschner*, § 32 Rn. 65 f.

104 *K. Schmidt*, Gesellschaftsrecht, 448; *ders.*, FS Stimpel, 217 ff.; *ders.*, AG 1977, 243, 249, *ders.*, FS Reuter, 345, 348 ff.

105 Ebenso *Baums*, ZGR 1983, 300, 305 ff.; *Axhausen*, Anfechtbarkeit Aufsichtsratsbeschlüsse, 113 ff.; *Lemke*, Fehlerhafter Aufsichtsratsbeschluß, 96 ff., 122 ff., 178 f.; für den fakultativen Aufsichtsrat auch Rowedder/*Koppensteiner*, GmbHG, § 52 Rn. 20.

106 *Beckmann*, Änderung der Stiftungssatzung, 2005, 160 ff.; Werner/Saenger/*O. Werner*, Die Stiftung, 2008, Rn. 426; *Rawert*, NPLYB 2019, 97, 111.

107 *Noack*, Fehlerhafte Beschlüsse, 1989.

108 Vgl. *Zöllner/Noack*, ZGR 1989, 525 ff.; *Raiser*, FS Heinsius, 645 ff.; *ders.*, FS 100 Jahre GmbHG, 587 ff.

109 Vgl. KölnKomm/*Mertens*, AktG, § 108 Rn. 85 ff.; *Lutter/Krieger*, Aufsichtsrat, Rn. 611 ff.

110 *Stallmann*, Fehlerhafte Beschlüsse in der Stiftung Bürgerlichen Rechts, 2014, 157 ff.

111 Die Nichtigkeitsgründe werden mit Modifikationen teils den §§ 241, 250, 253, 256 AktG (vgl. Gehrlein/Born/Simon/*Teichmann*, GmbHG, Anhang zu § 47, Rn. 9) teils den §§ 125, 134, 138, 241 Nr. 1 AktG (so *Noack*, Fehlerhafte Beschlüsse, 15 ff.) entnommen.

112 *Noack*, Fehlerhafte Beschlüsse, 49 ff., nennt sie „intern" nichtige Beschlüsse.

113 MüKoBGB/*Weitemeyer*, § 86 Rn. 28; Staudinger/*Hüttemann*/*Rawert*, BGB, § 86 Rn. 63 f.

114 Näher *Stallmann*, Fehlerhafte Beschlüsse in der Stiftung bürgerlichen Rechts, 150 ff.

115 *Stallmann*, Fehlerhafte Beschlüsse in der Stiftung Bürgerlichen Rechts, 154 ff.; MüKoBGB/*Weitemeyer*, § 86 Rn. 28; zuletzt *Rawert*, NPLYB 2019, 97, 104 f.

dann nicht zur Nichtigkeit des Beschlusses, wenn sie bei wertender Betrachtung ohne Auswirkung auf das Teilnahme- oder Stimmrecht der Organmitglieder geblieben sind (Rn. 91). So liegt es etwa bei der Nichteinhaltung der Ladungsfrist, wenn trotzdem alle Organmitglieder erschienen sind und der Beschlussgegenstand den Organmitgliedern schon seit Monaten hinlänglich bekannt ist.[116] Dagegen erlaubt eine unzutreffende oder fehlende Bezeichnung der Beschlussgegenstandes gar keine Vorbereitung und ist daher zumindest in aller Regel (Ausnahme etwa, wenn allen Organmitgliedern klar war, was der Beschlussgegenstand sein soll) relevant.

86 Relevante (Rn. 91) Beschlussmängel führen also **grundsätzlich zur Nichtigkeit des Beschlusses**, weil die Stiftungsorgane bzw. alle ihre Mitglieder stets **pflichtgebunden** sind.

87 Eine **weitere Ausnahme** soll für Verstöße gegen solche Vorschriften gelten, die zur Disposition des beschlussfassenden Stiftungsorgans stehen. Das sind vor allem Verstöße gegen eine Geschäftsordnung, die das beschlussfassende Organ zu ändern befugt ist (also z.B. nicht Verstöße gegen eine Geschäftsordnung des Vorstands, die der Aufsichtsrat erlassen hat). In diesem Fall soll der Beschluss nicht ipso iure nichtig sein. Vielmehr müsse der Verstoß von einem Organmitglied geltend gemacht werden.[117] Auch diese Art von Beschlussmängeln soll also zur „Vernichtbarkeit" von Beschlüssen führen. **Daran ist richtig**, dass Organmitglieder aufgrund ihrer Treuepflicht (§ 84a Rn. 41ff.) zu einem loyalen Verhalten verpflichtet sind. Haben sie gegen eine Beschlussfassung wegen formeller Mängel Bedenken, müssen sie diese daher zunächst unverzüglich gegenüber dem beschlussfassenden Organ geltend machen. In vielen Fällen wird das genügen, um das Organ zu einer einwandfreien Beschlussfassung anzuhalten oder den Beschlussmangel durch eine ordnungsgemäße Neuvornahme zu heilen (§ 141 BGB) oder den Beschluss zu vertagen. Reagiert das Organ bzw. der Versammlungsleiter auf einen solchen Vorhalt dagegen nicht, dann kann und muss jedes Organmitglied von seinem Antragsrecht Gebrauch machen. Wurde bspw. die in der Geschäftsordnung vorgesehene Ladungsfrist von zwei Wochen ohne triftigen Grund nicht eingehalten und macht ein Organmitglied geltend, es hätte sich nicht genügend vorbereiten können, dann sollte es den Antrag stellen, den Beschlussgegenstand zu vertagen. Stimmt die Mehrheit für diesen Antrag, wird der Beschluss vertagt. Stimmt die Mehrheit gegen diesen Antrag und anschließend für den nicht fristgerecht angekündigten Beschluss, dann ist dieser Beschluss nichtig. Darauf sollte das dissentierende Mitglied seine Kollegen schon vor der Beschlussfassung hinweisen und hernach ggf. ein Kontrollorgan einschalten. Erst nach Ausschöpfung aller internen[118] Konfliktlösungsmöglichkeiten kann ein Organmitglied Klage auf Feststellung der Nichtigkeit des Beschlusses erheben. Tut ein Organmitglied dagegen nichts von alledem, obwohl ihm der Verfahrensmangel bekannt war, dann ist die Klageerhebung ein widersprüchliches (Verbot des venire contra factum proprium) und der organschaftlichen Treuepflicht zuwiderlaufendes Verhalten, sodass eine Feststellungsklage mangels Feststellungsintereses oder sogar wegen Rechtsmissbrauchs unzulässig wäre.[119]

88 Auf diese Weise ist auch mit **Maßnahmen der Versammlungsleitung** (Rn. 10) umzugehen, durch die organschaftliche Rechte von Organmitgliedern (insb. Rederecht, Teilnahmerecht) beeinträchtigt werden; denn einerseits stehen diese Rechte nicht zur Disposition der Organmitglieder, weil sie pflichtgebunden sind. Andererseits wäre es problematisch, wenn bspw. jede Beschränkung der Redezeit ohne Weiteres unter dem „Damoklesschwert" der Nichtigkeit des Beschlusses ipso iure stünde; denn bei einer derart scharfen Rechtsfolge könnten Ordnungsmaßnahmen auch im Interesse der Stiftung kaum mehr ergriffen werden. Allerdings können Ordnungsmaßnahmen auch geradezu manipulativ eingesetzt werden. Einen Ausweg aus dieser Gemengelage bietet das vorstehend (Rn. 87) beschriebene Verfahren. Wer mit einer Ordnungs-

116 OLG Frankfurt – 5 U 130/18, NZG 2019, 22, 28.
117 *Stallmann*, Fehlerhafte Beschlüsse in der Stiftung Bürgerlichen Rechts, 157ff.
118 Die Einschaltung der Stiftungsaufsichtsbehörde gehört u.a. wegen des Subsidiaritätsgrundsatzes nicht hierher (s. Rn. 100). Freilich kann deren Anrufung opportun und – bei Gefahr in Verzug – sogar geboten sein.
119 Siehe weiterhin MünchHdB GesR VII/*Roth*, § 99 Rn. 18 a.E.

maßnahme des Versammlungsleiters nicht einverstanden ist, muss dies zunächst artikulieren. Hilft das nicht, hat das dissentierende Organmitglied ad hoc den Antrag zu stellen, die Maßnahme aufzuheben. Hebt das Organ die Maßnahme daraufhin durch Beschluss auf, so werden die Rechte der Organmitglieder gewahrt. Andernfalls bleibt nur der Weg, die (mögliche) Nichtigkeit des Beschlusses gerichtlich geltend zu machen (Rn. 98 ff.). Ohne dass sich das klagende Organmitglied zuvor gegen die streitige Ordnungsmaßnahme gewandt hat, ist die Klage dagegen unzulässig.

Ist ein Beschluss nichtig, so kann sich nach allgemeinen Regeln grundsätzlich jedermann **89** jederzeit und auf jede Weise, also nicht nur innerhalb, sondern auch außerhalb von Prozessen auf die **Nichtigkeit** berufen. Sie **wirkt für und gegen jedermann** und ist im gerichtlichen Verfahren von Amts wegen zu berücksichtigen.[120] Im Prozess kann sie als Vorfrage zur Begründung bzw. Abwehr[121] anderweitiger Ansprüche oder als Hauptfrage aufgeworfen werden. Im letzten Fall beschränkt allerdings das nach § 256 ZPO erforderliche **Feststellungsinteresse** den Kreis der Klagebefugten (Rn. 98 f.).[122] In der Stiftungssatzung können **Fristen für die Geltendmachung** von Beschlussmängeln – auch differenziert nach deren Art – vorgesehen werden.[123] Nach Ablauf einer solchen Frist **gilt der Mangel als geheilt.**[124] Ferner kann die Nichtigkeit eines Beschlusses durch Bestätigung gemäß **§ 141 BGB**, also durch seine einwandfreie Neufassung,[125] geheilt werden.

Ist nicht der Beschluss, sondern lediglich die Berechnung des Abstimmungsergebnisses **90** (z.B. aufgrund fälschlicher (Nicht-)Mitzählung von Stimmen) fehlerhaft, so kann auf **Feststellung des zutreffenden Beschlussergebnisses geklagt** werden.

Einschränkungen der Nichtigkeitsfolgen ergeben sich bei formellen Mängeln aus der von **91** *Zöllner*[126] entwickelten heute herrschenden **Relevanzlehre.**[127] Sie gilt auch im Stiftungsrecht.[128] Danach bleiben Verfahrensfehler außer Betracht – führen also nicht zur Nichtigkeit –, die bei wertender Betrachtung ohne Auswirkung auf das Teilnahme- oder Stimmrecht der Organmitglieder oder das Beschlussergebnis geblieben sind. Das sind freilich **Ausnahmen.**[129] Zu denken ist an Einberufungsmängel (s.o. Rn. 84), deren Geltendmachung **„sinnlose Förmelei"**[130] ist. Zu denken ist an Ordnungsmaßnahmen wie die Festlegung der Reihenfolge der Beschlussgegenstände (es sei denn, die Festlegung war geeignet, das Beschlussergebnis zu manipulieren). Führt hingegen eine sachgemäße Reihenfolge dazu, dass ein Mitglied über einen Beschlussgegenstand aufgrund anderweitiger Termine nicht mehr abstimmen kann, dann liegt der Pflichtverstoß allenfalls auf dessen Seite. Zu denken ist schließlich an Verstöße gegen bloße Ordnungsvorschriften, wie insbesondere eine Protokollierung, wenn sie nicht ausnahmsweise ein weiteres Beschlusserfordernis darstellt (s.o. Rn. 70).

---

120 BGHZ 107, 268, 270 m.w.N.

121 Vgl. RG, LZ 1913, 683.

122 BGH NZG 2013, 664 Rn. 10; BGH NZG 2012, 625 Rn. 24; (jew. zur Personengesellschaft); BGH NJW 1984, 184 f.; *Stallmann*, Fehlerhafte Beschlüsse in der Stiftung Bürgerlichen Rechts, 179 ff.; MünchHdB GesR VII/*Roth*, § 99 Rn. 13 ff.

123 Vgl. MünchHdB GesR VII/*Roth*, § 99 Rn. 26.

124 Vgl. Noack/Servatius/Haas/*Noack*, GmbHG, Anhang nach § 47 Rn. 7 ff.

125 BGHZ 49, 209, 211.

126 KölnKomm AktG/*Zöllner*, 1. Auf. 1971, § 243 Rn. 81 ff.

127 BGH – II ZR 12/17, NJW 2019, 993, 998 (zur GmbH); ständige Rspr., vgl. BGHZ 149, 158, 163 ff.; 153, 32, 36 f.; 160, 385, 391 f. (alle zur AG); BGH – II ZR 111/05, NJW 2008, 69, 73 (zum Verein); Noack/Servatius/Haas/*Noack*, GmbHG, Anhang nach § 47, 125 ff. m.w.N.; siehe ebenso zur BGH-Rechtsprechung: *Drescher*, FS Krieger 2020, 213 ff.

128 *Burgard*, Gestaltungsfreiheit, 320; im Anschluss *Stallmann*, Fehlerhafte Beschlüsse in der Stiftung Bürgerlichen Recht, 169 f.; jetzt auch OLG Frankfurt – 5 U 130/18, NZG 2019, 22, 28; MüKoBGB/*Weitemeyer*, § 86 Rn. 28.

129 Auch *Rawert*, NPLYB 2019, 97, 106, hält die praktische Bedeutung der Relevanzlehre im Stiftungsrecht für gering.

130 OLG Frankfurt – 5 U 130/18, NZG 2019, 22, 28.

92 Die Nichtigkeit gilt grundsätzlich **ex tunc** (von Anfang an). Das ist nicht immer praktikabel. In manchen Fällen wird die Nichtigkeitsfolge daher zeitlich verlagert und tritt **erst ex nunc**, d.h. mit Feststellung der Nichtigkeit für die Zukunft ein. Das gilt auch für bestimmte Beschlussgegenstände:

93 Erstens sind die **Grundsätze über fehlerhafte Gesellschaften auch auf Satzungsänderungen bei der Stiftung entsprechend anwendbar**, soweit sie organisationsrechtliche Regelungen betreffen (z.B. über die Geschäftsführung, Vertretung, Organstruktur oder -kompetenz, nicht dagegen über den Kreis der Destinatäre) und in Vollzug gesetzt sind.[131] Wird bspw. dem Vorstandsvorsitzenden durch eine rechtswidrige, aber gleichwohl von der Behörde genehmigte Satzungsänderung, Einzelvertretungsmacht eingeräumt, so bleiben dessen Vertretungshandlungen wirksam, bis ihm die Einzelvertretungsmacht wieder entzogen wird, sei es durch Abberufung, durch „Rückänderung“[132] der Satzung oder durch gerichtliche Feststellung der Nichtigkeit der die Einzelvertretungsmacht begründenden Satzungsänderung. Anderes Beispiel: Wird die Zahl der Vorstandsmitglieder durch eine rechtswidrige, aber gleichwohl von der Behörde genehmigte Satzungsänderung reduziert, ist diese Reduktion bis zur Rückänderung der Satzung oder der Feststellung der Nichtigkeit des Beschlusses mit der Folge hinzunehmen, dass alle Rechtshandlungen des reduzierten Vorstands wirksam sind. Das ist ein Gebot der Rechtssicherheit, das höheren Rang als der Schutz des Stifterwillens genießt,[133] eine Wertung, die nun auch in §§ 82d Abs. 1, 86f Abs. 3 BGB zum Ausdruck kommt.

94 Das Gleiche gilt – zweitens – für **fehlerhafte Bestellungsakte.**[134] Sie bleiben wirksam bis zum Widerruf der Bestellung, Amtsniederlegung oder gerichtliche Feststellung der Nichtigkeit der Bestellung. Bis dato ist das Organmitglied mit allen Rechten und Pflichten (auch hinsichtlich der Haftung) wie ein wirksam bestelltes Organmitglied zu behandeln.[135] Wurde ein Anstellungsvertrag geschlossen, gelten konsequenterweise ferner die Grundsätze über fehlerhafte Arbeitsverhältnisse.[136,137]

95 **Macht ein Organmitglied die Fehlerhaftigkeit** einer Satzungsänderung oder einer Bestellung mit nachvollziehbaren Gründen **geltend**, darf das beschlussfassende Organ aufgrund seiner Pflichtbindung nicht so tun, als „sei nichts gewesen“. Das gilt erst Recht, wenn das Organmitglied den Klageweg beschreitet und damit die Ernstlichkeit seiner Ansicht unterstreicht. Dadurch entsteht ein **Schwebezustand**, der u.U. jahrelang bis zur rechtskräftigen Entscheidung der Feststellungsklage bestehen bleiben kann. Das liegt nicht im Interesse der Stiftung. Die Stiftungsorgane haben daher darauf zu sinnen, wie sie den Schwebezustand möglichst schnell beenden können, z.B. durch Neuvornahme des Beschlusses (§ 140 BGB), durch Rückänderung der Satzung oder im Beispiel der Rn. 93 dadurch, dass der Vorstandsvorsitzende von der strittigen Einzelvertretungsmacht keinen Gebrauch macht. Unter den Voraussetzungen des § 85a Absatz 2 BGB kann und muss die Behörde eingreifen.

---

131 So schon *Burgard*, Gestaltungsfreiheit, 324; im Anschluss *Stallmann*, Fehlerhafte Beschlüsse in der Stiftung Bürgerlichen Recht, 170 ff.; MüKoBGB/*Weitemeyer*, § 86 Rn. 28; *Rawert*, NPLYB 2019, 97, 106; MünchHdB GesR VII/*Roth*, § 99 Rn. 9.

132 Da die Satzungsänderung nichtig ist, bedarf es natürlich keiner Rückänderung im Wortsinne. Vielmehr genügt ein Beschluss, der die Unwirksamkeit der Änderung feststellt.

133 Wie hier *Sanders/Berisha*, ZStV 2021, 50, 54 f.; grds. auch *Rawert*, NPLYB 2019, 97, 106, der allerdings hinsichtlich der ex nunc-Wirkung wohl auf die Geltendmachung bzw. Kenntnis abstellen will. Bis zu einem actus contrarius bzw. einer gerichtlichen Feststellung ist jedoch die Wirksamkeit der Satzungsänderung unklar. **A.A.** VG Schleswig – 6 B 48/20, BeckRS 2020, 36505 Rn. 13 f.; MüKoBGB/*Weitemeyer*, § 86 Rn. 28; *Stallmann*; Fehlerhafte Beschlüsse in der Stiftung Bürgerlichen Rechts, 172, im Anschluss an *Hoffmann*, FG Kreutz, 29, 40. S. ferner Rn. 99.

134 *Burgard*, Gestaltungsfreiheit, 324; im Anschluss *Stallmann*, Fehlerhafte Beschlüsse in der Stiftung Bürgerlichen Rechts, 170 f.; *Sanders/Berisha*, ZStV 2021, 50, 53 f.; MüKoBGB/*Weitemeyer*, § 86 Rn. 28; *Rawert*, NPLYB 2019, 97, 106.

135 Ausf. *Sanders/Berisha*, ZStV 2021, 50 ff.

136 Im Gesellschaftsrecht BGH – II ZR 121/16, DStR 2019, 2095, 2097; BGHZ 41, 282, 286 ff.; 65, 190, 194; 113, 237, 247 ff.; *Kruse/Welskop*, DStR 2020, 173 ff. m.w.N.

137 Für das Stiftungsrecht *Burgard*, Gestaltungsfreiheit, 324; *Stallmann*, Fehlerhafte Beschlüsse in der Stiftung Bürgerlichen Rechts, 173 m.w.N.

Schließlich sind bei ins Handelsregister einzutragenden Tatsachen (§ 33 f. HGB) die Vorschriften des § 15 HGB und bei in das Stiftungsregister künftig einzutragenden Tatsachen § 82d BGB zu beachten. Allerdings sind diese Eintragungen nur deklaratorischer Natur. 96

Die etwaige **Genehmigung eines Beschlusses** durch die Stiftungsaufsichtsbehörde **heilt dessen Fehlerhaftigkeit nicht**, sondern geht im Falle seiner Nichtigkeit ins Leere und müsste gemäß § 48 VwVfG zurückgenommen werden. 97

V. Die Geltendmachung von Beschlussmängeln

Die Geltendmachung von Beschlussmängeln muss **vor den ordentlichen Gerichten** erfolgen,[138] 98
und zwar im Wege einer **Feststellungsklage (§ 256 ZPO).** Hierfür erforderlich ist ein Feststellungsinteresse. Ein solches **Feststellungsinteresse** hat **jedenfalls die Stiftung selbst.** Vorstandsmitglieder in vertretungsberechtigter Zahl (also auch jedes alleinvertretungsberechtigte Organmitglied) können daher gegen fehlerhafte Beschlüsse von Stiftungsorganen namens der Stiftung klagen. Zudem kann ein Kontrollorgan gegen fehlerhafte Beschlüsse des Vorstands namens der Stiftung klagen. Die hierfür erforderliche Vertretungsmacht folgt aus § 30 BGB analog (§ 84 Rn. 86). **Allgemein gewendet ist jedes Organ innerhalb des ihm zugewiesenen Geschäftskreises befugt, gegen (seiner Meinung nach) rechtswidriges Handeln oder Unterlassen anderer Organe und Organmitglieder namens der Stiftung gerichtlich vorzugehen.**[139]

Fraglich ist jedoch, ob und unter welchen Voraussetzungen **einzelne Organmitglieder** be- 99
fugt sind, **Klage auf Feststellung der Nichtigkeit eines Beschlusses im eigenen Namen** zu erheben. Unstreitig ist das nur, wenn das klagende Organmitglied durch den Beschluss in seinen organschaftlichen Rechten beeinträchtigt wird.[140] Eine allgemeine Befugnis von Organmitgliedern, Beschlüsse „ihres“ Organs im eigenen Namen einer gerichtlichen Kontrolle zuzuführen, hat der III. Zivilsenat dagegen als stiftungsfremd abgelehnt.[141] Richtig ist das Gegenteil! Der II. Zivilsenat lässt Klagen von Aufsichtsratsmitgliedern einer AG auf Feststellung der Nichtigkeit von Beschlüssen des Aufsichtsrats in ständiger Rechtsprechung ohne Einschränkung zu.[142] Dem tritt die gesellschaftsrechtliche Literatur bei,[143] und zwar wegen der **Verantwortung jedes einzelnen Mitglieds für die Rechtmäßigkeit des Organhandelns.**[144] Das gilt für die Stiftung erst Recht; denn sie ist aufgrund ihrer Mitgliederlosigkeit ganz besonders auf ein rechtmäßiges Verhalten ihrer Organe und deren Mitglieder angewiesen. **Deswegen ist jedes Organmitglied gehalten, dem Stifterwillen zur Durchsetzung zu verhelfen.** Und eben deshalb muss man gerade im Stiftungsrecht eine Befugnis jedes Organmitglieds anerkennen, Beschlüsse des Organs, dem sie angehören, im eigenen Namen einer gerichtlichen Kontrolle zuzuführen.[145]

Dem kann man auch nicht unter Hinweis auf die Stiftungsaufsicht widerspre- 100
chen; denn erstens hat das einzelne Organmitglied keinen Anspruch auf deren Eingrei-

138 OLG Frankfurt, NZG 2019, 22 Rn. 25; OVG Schleswig, npoR 2018, 262 Rn. 73 f. m. Anm. *Kraus*; VGH München, Beschl. v. 19.1.2010 – 5 ZB 09.504, BeckRS 2010, 9882 Rn. 9; OVG Berlin, NVwZ-RR 2003, 323, 324; *Rawert*, NPLYB 2019, 97, 106 f.

139 Grundlegend *Burgard*, Gestaltungsfreiheit, 284 ff.; OLG Frankfurt – 5 U 130/18, NZG 2019, 22, 23 f.

140 BGH NJW 1994, 184, 185.

141 BGH NJW 1994, 184, 185.

142 BGHZ 83, 144, 146; 85, 293, 295; 122, 342, 344; 124, 111; 135, 244, 247 f.

143 Statt vieler MüKoAktG/*Habersack*, § 108 Rn. 85 m.w.N.; BeckOGK AktG/*Spindler*, § 108, Rn. 83 ff.

144 BGHZ 135, 244, 247 f.; OLG Düsseldorf NJW-RR 1995, 1371; *Stodolkowitz*, ZHR 154 (1990), 1, 18; MüKoAktG/*Habersack*, § 108 Rn. 85; BeckOGK AktG/*Spindler*, § 108 Rn. 86 m.w.N.

145 Heute h.M., *Burgard*, Gestaltungsfreiheit, 289 f.; *Hoffmann*, FS Kreutz, 29, 40; *Stallmann*, Fehlerhafte Beschlüsse in der Stiftung Bürgerlichen Rechts, 180 ff.; MünchHdB GesR VII/*Roth*, § 99 Rn. 18; MüKoBGB/*Weitemeyer*, § 86 Rn. 30; Staudinger/*Hüttemann*/*Rawert*, BGB, § 86 Rn. 65; zuletzt *Rawert*, NPLYB 2019, 97, 107. Ebs. OLG Frankfurt – 5 U 130/18, NZG 2019, 22, 24.

fen.[146] Zweitens ist die Stiftungsaufsicht sowieso nur subsidiär einzugreifen befugt, also erst dann, wenn die Stiftungsorgane bzw. deren Mitglieder keine eigenverantwortliche Abhilfe schaffen können.[147] Und drittens kann die Behörde zwar „*Maßnahmen der Stiftungsorgane, die den Gesetzen, dem Stiftungsgeschäft oder der Stiftungssatzung widersprechen, beanstanden und verlangen, daß sie innerhalb einer bestimmten Frist aufgehoben oder rückgängig gemacht werden*" (so etwa § 10 S. 1 BWStiftG). Die Nichtigkeit eines Beschlusses kann sie aber nicht feststellen.[148] Hierzu sind allein die Zivilgerichte befugt.

101 Vor Klageerhebung haben Organmitglieder allerdings zunächst alle internen Konfliktlösungsmöglichkeiten auszuschöpfen, andernfalls das erforderliche Feststellungsinteresse nicht besteht (Rn. 87).

102 Unter diesen Voraussetzungen kann überdies die **Klage eines Organmitglieds im eigenen Namen auf Feststellung der Nichtigkeit des Beschlusses eines anderen Organs** als desjenigen, dem es angehört, zulässig sein. Fraglich ist allerdings, ob daran weitere Voraussetzungen zu knüpfen sind. Das OLG Frankfurt will eine solche Klage (wohl nur) zulassen, wenn das klagende Organmitglied durch den angegriffenen Beschluss in seinen organschaftlichen Rechten verletzt ist.[149] Die Literatur ist großzügiger. Danach soll es ausreichen, wenn das Organ des klagenden Organmitglieds für die Überwachung des fehlerhaft beschließenden Organs zuständig ist[150] oder den fehlerhaften Organbeschluss auszuführen hat.[151] Mit diesen drei Fallgruppen dürften in der Tat die meisten Fälle abgedeckt sein. Gleichwohl wird hier für noch eine Weiterung plädiert: Ist ein Beschluss materiell fehlerhaft und sind alle internen Konfliktmöglichkeiten ausgeschöpft und findet sich sonst niemand, der dem Beschluss entgegentritt, dann ist jedes Organmitglied gleichsam als „watchdog of last resort" im eigenen Namen klagebefugt, um dem Stifterwillen zur Durchsetzung zu verhelfen; denn der Schutz und die Verwirklichung des Stifterwillens ist der höchste stiftungsrechtliche Grundsatz.

103 **Durch die Stiftungssatzung kann die Frage geregelt werden, indem Organmitgliedern zur Geltendmachung von Beschlussmängeln Einzelvertretungsmacht eingeräumt wird.** Für den Vorschlag einer statutarischen „actio pro fundatione" s. Anh. 1 zu § 84a Rn. 38.[152] Auch der Stifter kann sich auf diese Weise statutarisch die Möglichkeit einräumen, gegen rechtswidrige Maßnahmen von Stiftungsorganen gerichtlich vorzugehen.

104 Die Klage auf Feststellung der Beschlussnichtigkeit (§ 256 ZPO) ist **grundsätzlich gegen die Stiftung zu richten.** Klagt ein Vorstandsmitglied im eigenen Namen gegen einen Beschluss des Vorstandes, wird die Stiftung vom Vorstand vertreten (ist Gesamtvertretung angeordnet, ist nach § 84c BGB vorzugehen, s. § 84 Rn. 52). Das gilt nur dann nicht, wenn sich das Vorstandsmitglied gegen seine Abberufung wehrt; dann wird die Stiftung ggf. durch das hierfür zuständige Organ vertreten (§ 30 BGB analog).[153] Andernfalls ist ein Notvorstand zu bestellen (§ 84c BGB). Klagt der Vorstand namens der Stiftung gegen den Beschluss eines Kontrollorgans, ist das

146 Um einen ggf. bestehenden Anspruch der Stiftung auf Einschreiten der Behörde geltend zu machen, fehlt einem einzelnen Organmitglied in der Regel sowohl die erforderliche Vertretungsmacht als auch die Klagebefugnis, VGH Mannheim – 1 S 1865/20, BeckRS, 15469.

147 Dieser Grundsatz kommt im neuen Recht sehr deutlich in den §§ 85a Abs. 2, 86b Abs. 2, 87a Abs. 1 BGB zum Ausdruck.

148 Außerdem ist gerade bei rechtswidrigen Satzungsänderungen ein Einschreiten der Behörde schon deswegen unwahrscheinlich, weil sie diese ja zuvor genehmigt hat.

149 OLG Frankfurt – 5 U 130/18, NZG 2019, 22, 25.

150 *Stallmann*, Fehlerhafte Beschlüsse in der Stiftung Bürgerlichen Rechts, 182; *Rawert*, NPLYB 2019, 97, 107; MünchHdB GesR VII/*Roth*, § 99 Rn. 19; **a.A.** OLG Frankfurt – 5 U 130/18, NZG 2019, 22, 24, Rn. 50 unter Hinweis auf BGHZ 106, 54, offengelassen aber in Rn. 53.

151 *Stallmann*, Fehlerhafte Beschlüsse in der Stiftung Bürgerlichen Rechts, 182; MünchHdB GesR VII/*Roth*, § 99 Rn. 19 m.w.N.

152 Für einen auf die Geltendmachung von Beschlussmängeln beschränkten Vorschlag *Rawert*, NPLYB 2019, 97, 117.

153 *Rawert*, NPLYB 2019, 97, 108.

Kontrollorgan ausnahmsweise Beklagter,[154] obwohl Organe grundsätzlich nicht parteifähig sind.[155] Das gilt auch umgekehrt: Klagt ein Kontrollorgan namens der Stiftung gegen einen Beschluss des Vorstands, ist dieser Beklagter. Klagt das Mitglied eines Kontrollorgans im eigenen Namen gegen einen Beschluss des Kontrollorgans oder des Vorstandes, wird die Stiftung durch diesen vertreten. Klagt ein Organmitglied namens der Stiftung gegen den Beschluss eines Organs, ist dieses Beklagter.

Fraglich ist, ob die Möglichkeit, Beschlussmängel gerichtlich geltend zu machen, einer **zeitlichen Grenze** unterliegt. Gesetzliche Fristen wie im Aktienrecht (§ 246 Abs. 1 AktG) gibt es nicht. Auch § 86f Abs. 3 BGB hat diese Wirkung nicht, sondern hat nur die Bestandskraft der Zu- bzw. Zusammenlegung zur Folge (s. dort Rn. 29 ff.). Eine Verwirkung, wie im Vereinsrecht,[156] kommt nicht in Betracht, da die Ausübung von organschaftlichen Befugnissen im Interesse der Stiftungen erfolgt und stets pflichtgebunden ist.[157] Im Interesse der Rechtssicherheit hatte § 87b Abs. 1 S. 5 BGB und 6 BGB-ProfE daher für Grundlagenänderungen eine gesetzliche Regelung vorgeschlagen,[158] die, weil nicht Gesetz geworden, weiterhin zu den Desiderata gehört. Die Frage ist der **Satzungsgestaltung** zugänglich.[159] 105

E. Eine-Person-Organe

Organe bestehen zwar oft, aber nicht notwendigerweise aus mehreren Personen. Vielmehr sind Eine-Person-Organe nicht nur im Stiftungsrecht, sondern auch im Aktien- und vor allem im GmbH-Recht nicht eben selten (Alleingeschäftsführer/-vorstand, Eine-Person-GmbH/AG). 106

I. Innere Ordnung

Eine-Person-Organe benötigen keine innere Ordnung. Die Stiftungssatzung kann dennoch neben Rechten und Pflichten des Alleinmitglieds auch Vorschriften über die Art und Weise der Beschlussfassung enthalten, z.B. Schriftform vorsehen, vgl. § 48 Abs. 3 GmbHG. 107

II. Beschlussfassung

Bislang ist kaum geklärt, wie die Beschlussfassung von Eine-Person-Organen[160] rechtlich zu behandeln ist.[161] § 84b Satz 1 BGB findet seinem Wortlaut nach keine Anwendung. Nur § 48 108

154 OLG Frankfurt – 5 U 130/18, NZG 2019, 22, 24 (Rn. 44).

155 BGH NJW 1994, 184, 185; OLG Frankfurt, NZG 2019, 22 Rn. 30; OLG Frankfurt, NJW 2018, 1106 Rn. 21; *Rawert*, NPLYB 2019, 97, 108; *Burgard*, Gestaltungsfreiheit, 283 f.

156 S. OLG Hamm, NJW-RR, 1997, 989; Saar OLG, NZG 2008, 677; OLG Schleswig, BeckRS 2022, 15451. Zudem ist die dort genannte Monatsfrist zu kurz, um eine Verwirkung zu begründen.

157 Unklar MünchHdb GesR VII/*Roth*, § 99 Rn. 26. Eine Pflichtsäumnis würde daher zu Lasten der Stiftung gehen. Das übersieht das OLG Hamm, NZG 2022, 676, 678.

158 *Arnold/Burgard/Droege/Hüttemann/Jakob/Leuschner/Rawert/Roth/Schauhoff/Segna/Weitemeyer*, ZIP 2020, Beilage zu Heft 10, S. 11, 14 f.; *Burgard*, ZStV 2021, 45, 48 mit einer (wegen des MoPeG) auf drei Monaten verlängerten Frist.

159 Für einen – allerdings recht rigiden – Vorschlag *Rawert*, NPLYB 2019, 97, 117. Dort (S. 115 f.) auch ein Vorschlag zur Regelung der Einberufung, Beschlussfähigkeit und Beschlussfassung des Vorstands.

160 Nicht hierher gehören Eine-Person-Beschlüsse im weiteren Sinne, wie sie bei Kollektivorganen vorkommen können, wenn auf einer ordnungsgemäß einberufenen Versammlung nur ein Organmitglied erscheint oder nur ein Organmitglied stimmberechtigt oder ein Organmitglied von den übrigen bevollmächtigt ist.

161 S. aber *Lindemann*, Einmann-GmbH, 1996.

Abs. 3 GmbHG enthält eine entsprechende Regelung. Allerdings handelt es sich dabei um einen Ausnahmetatbestand, der nicht analog angewendet werden kann.[162]

109 Im Gegensatz zu Beschlüssen von Kollektivorganen können Beschlüsse von Eine-Person-Organen regelmäßig formlos, ohne Abhaltung einer Versammlung oder der Einhaltung eines Beschlussverfahrens gefasst werden. Eine Einberufung ist ebenso wenig erforderlich wie ein Antrag, eine Beratung oder eine Abstimmung. Auch das Beschlussergebnis muss weder festgestellt noch verkündet werden. Eine konkludente Beschlussfassung, bei Kollektivorganen eine Ausnahme, ist daher bei Eine-Person-Organen die Regel.[163]

110 Diese Besonderheiten haben auf den ersten Blick den Vorteil größtmöglicher Flexibilität. Eine-Person-Organen ist es stets möglich, sofort zu reagieren. Sie sind stets beschlussfähig, sofern das Alleinmitglied nicht gem. § 84b S. 2 BGB gehindert ist, sein Stimmrecht wirksam auszuüben, und können ad hoc Beschlüsse fassen. Der Aufwand sowie die Zahl möglicher Beschlussfehler vermindern sich hierdurch erheblich (Rn. 115). Allerdings stehen diesen Vorteilen auch Nachteile gegenüber. Eine-Person-Beschlüsse sind „einsame Beschlüsse". Fehlende Beratung und Diskussion mindern die Richtigkeitsgewähr. Und es mangelt an Erkennbarkeit nach außen, was das größte Rechtsproblem darstellt, da das Alleinmitglied in der Lage ist, Beschlüsse gleichsam **„in pectore"** zu fassen.

111 Allerdings stellt sich das **Offenkundigkeitsproblem** in all denjenigen Fällen nicht, in denen der Beschluss auf irgendeine Weise Dritten gegenüber verlautbart wurde: Das sind *erstens* alle Fälle, in denen gesetzlich oder kraft Satzung die Mitwirkung Dritter als Wirksamkeitsvoraussetzung der Beschlüsse vorgesehen ist. Zu denken ist hier an die Erforderlichkeit einer notariellen Beurkundung (§ 163 Abs. 3 UmwG) oder der Genehmigungsbedürftigkeit eines Beschlusses durch die Stiftungsaufsichtsbehörde oder die Zustimmung eines anderen Stiftungsorgans. Die Satzung kann „einsame Beschlüsse" von Eine-Person-Organen auch verhindern, indem sie anordnet, dass solche Beschlüsse nur unter Hinzuziehung von Mitgliedern anderer Organe gefasst werden können,[164] um auf diese Weise eine Beratung des Alleinmitglieds zu gewährleisten. *Zweitens* ist es dem Alleinmitglied unbenommen von sich aus, ohne dass die Satzung derartige Bestimmungen enthält, Dritte einzubinden, um von diesen vor allem zu Beweiszwecken Beschlüsse protokollieren zu lassen. Das Offenkundigkeitsproblem stellt sich *drittens* auch dann nicht, wenn die auf die Beschlussfassung folgende Ausführungshandlung gegenüber Dritten vorgenommen und auf diesem Wege dokumentiert wird. Diese Fälle sind mit Abstand die häufigsten, zählen hierzu doch sämtliche Rechtsgeschäfte mit Dritten, aber auch gegenüber anderen Stiftungsorganen abzugebende Erklärungen, die Auszahlung von Stiftungserträgen an Destinatäre etc. Problematisch kann hier allenfalls der Beweis der Ausführungshandlung sein, bspw. bei einem mündlichen Vertragsschluss oder einer mündlichen Weisung.

112 Nach allem stellt sich das Offenkundigkeitsproblem immer dann nicht, wenn der Beschluss Dritten gegenüber irgendwie verlautbart wurde. Deshalb genügt es nicht, wenn das Alleinmitglied den Beschluss selbst dokumentiert. **§ 48 Abs. 3 GmbHG** ist deshalb **verfehlt**, wie auch das OLG Köln in einem Urteil treffend ausführt: *„Da die Mitwirkung einer Urkundsperson in den Fällen des § 48 Abs. 3 GmbHG nicht vorgesehen ist, …* [ist das Alleinmitglied nicht gehindert] *zeitgleich mehrere einander inhaltlich widersprechende Beschlüsse in getrennten Urkunden zu dokumentieren, um sich später nach Belieben auf den einen oder anderen – dann im Rechtsverkehr*

---

162 Statt aller MHLS/*Römermann*, GmbHG, § 48 Rn. 301; vgl. MüKoGmbHG/*Liebscher*, § 48 Rn. 207.

163 Im Vereins- und Stiftungsrecht ergibt sich die (Form- und) Verfahrenslosigkeit von Eine-Person-Beschlüssen aus § 28 Abs. 1 BGB und § 84b S. 1 BGB, die nur für einen mehrgliedrigen Vorstand auf § 32 BGB verweisen. Zur Rechtfertigung der Form- und Verfahrenslosigkeit von Beschlüssen eines Alleingesellschafters bei der GmbH, *Lindemann*, Einmann-GmbH, 74 ff.

164 Hiervon zu unterscheiden ist ein etwaiges Teilnahmerecht der Mitglieder eines anderen Organs. Es schließt – vorbehaltlich abweichender Satzungsregelungen – eine Beschlussfassung ohne bzw. außerhalb von Versammlungen nicht aus, vgl. *Zöllner*, FS Fischer, 905, 915 ff.

vorgelegten – Beschluß zu berufen.“[165] Und selbst dies ist nicht nötig, denn das Alleinmitglied kann im Bedarfsfall jederzeit eine Urkunde passenden Inhalts herstellen.

Im Stiftungsrecht dürften allerdings derartige Manipulationen nur selten praktische Bedeutung erlangen. Das Problem stellt sich vor allem bei Insichgeschäften eines von § 181 BGB befreiten Alleinvorstands. Und eben dies ist der maßgebliche Grund, warum eine Befreiung von § 84b S. 2 Fall 1 BGB nicht zuzulassen ist (Rn. 134); denn ohnedies bedarf es der Bestellung eines Notvorstands nach § 84c BGB, womit sich das Offenkundigkeitsproblem (in diesem Fall) erledigt hat. 113

Schließlich ist daran zu erinnern, dass § 84a Abs. 1 S. 1 BGB i.V.m. § 666 BGB natürlich auch für Eine-Person-Organe gilt, s.o. § 84a Rn. 77 f. 114

III. Beschlussmängel

1. Ursachen

Sowohl Beschlüsse von Eine-Person-Organen als auch Beschlüsse von Kollektivorganen können fehlerhaft sein. Da Eine-Person-Beschlüsse regelmäßig form- und verfahrenslos gefasst werden, scheiden darauf beruhende Fehler allerdings aus, so dass formelle Beschlussmängel dementsprechend selten sind. Sie können auftreten, wenn besondere statutarische Anforderungen (etwa an die Beschlussform) existieren. Materielle Beschlussmängel begründen auch hier stets die Fehlerhaftigkeit eines Beschlusses, sodass insoweit keine Besonderheiten gelten. 115

Tatsächlich liegt die Besonderheit von Eine-Person-Beschlüssen darin, dass sie nicht aus einer Mehrzahl von Willenserklärungen bestehen. Die der einzigen Stimme anhaftenden Mängel sind daher anders als bei Kollektivorganen immer erheblich für das Beschlussergebnis, obwohl auch bei Eine-Person-Organen dogmatisch streng zwischen Stimme und Beschluss zu trennen ist. Mängel der einzigen Stimme schlagen immer auf den Beschluss durch.[166] Neben den allgemeinen Vorschriften der §§ 104 ff., 116 ff., 177 ff. BGB ist hinsichtlich der Gründe besonders auf Satz 2 hinzuweisen. 116

2. Folgen und Geltendmachung von Beschlussmängeln

Hinsichtlich der Folgen von Beschlussmängeln gelten die vorigen Ausführungen entsprechend (Rn. 83 ff.). Das gilt auch für ihre Geltendmachung (Rn. 98 ff.). Die Besonderheit ist nur, dass sich ein Alleinorganmitglied natürlich nicht gerichtlich gegen die Nichtigkeit seiner eigenen Beschlüsse wenden kann und wird, schon, weil es einen unwirksamen Beschluss jederzeit aufheben und durch einen neuen wirksamen Beschluss ersetzen kann. Sollte das wegen § 84b S. 2 BGB nicht möglich sein, ist die Stiftungsaufsicht einzuschalten, die dann nach § 84c BGB vorgeht. Verfügt die Stiftung als einziges Organ über einen Alleinvorstand, ist allerdings zu befürchten, dass er seine Beschlüsse nicht auf ihre Rechtmäßigkeit überprüft. Hier bedarf es ggf. des Einschreitens der Stiftungsaufsichtsbehörde. 117

165 OLG Köln, Urt. v. 28.6.1995 – 2 U 97/94, GmbHR 1996, 290 f. (Ls.), zit. nach *Lindemann*, Einmann-GmbH, 126.

166 S. *Lindemann*, Einmann-GmbH, 204 ff. Das gilt auch für Eine-Person-Beschlüsse im weiteren Sinne (s.o. Fn. 157).

F. Stimmrechtsausschluss, Satz 2

I. Übersicht, Zweck, personeller Anwendungsbereich

118 Satz 2 entspricht dem bisherigen § 86 S. 1 BGB i.V.m. §§ 28, 34 BGB, allerdings mit **zwei Klarstellungen**, nämlich, dass der Stimmrechtsausschluss erstens nicht nur für Vorstandsmitglieder, sondern für alle Organwalter und zweitens auch für Eine-Person-Organe gilt. Zudem ist eine Sonderregelung für das Stiftungsrecht hier insofern sinnvoll, als sie hilft, den Blick dafür frei zu machen, dass die Beschränkungen des Anwendungsbereichs des Stimmrechtsausschlusses bei sog. „körperschaftlichen Sozialakten“ im Stiftungsrecht nicht veranlasst ist (Rn. 124).

119 Satz 2 dient dazu, **Sonderinteressen von Entscheidungen der Stiftungsorganen fernzuhalten**[167] und ergänzt damit – ohne deckungsgleich zu sein – § 181 BGB (dazu § 84 Rn. 38) auf organschaftlicher Ebene. Das ist besonders wichtig, weil Organwalter von Stiftungen nicht selten ihr Amt dazu ausnutzen, Sondervorteile für sich oder ihnen nahestehende Personen zu erlangen und die Stiftungsaufsicht oft nicht in der Lage ist – und zwar meist schon mangels hinreichender Information – dem entgegenzutreten.[168] Im Blick hierauf wurden weitergehende Regulierungsvorschläge gemacht, die allerdings (bisher) nicht Gesetz geworden sind.[169]

120 Satz 2 ist auch bei einer **Stimmrechtsausübung durch einen Vertreter** anwendbar, und zwar sowohl wenn der Tatbestand des Satz 2 in der Person des Vertretenen als auch in der Person des Vertreters erfüllt ist. Ersteres ergibt sich daraus, dass der Vertreter niemanden zur Abgabe einer Willenserklärung bevollmächtigen kann, die er selbst gar nicht abgeben darf.[170] Zweiteres folgt daraus, dass der Vertreter eine eigene Willenserklärung abgibt und nicht nur – wie ein Bote – eine fremde Willenserklärung überbringt.[171]

121 Ist **Organmitglied eine juristische Person**, dann trifft der Stimmrechtsausschluss die juristische Person, wenn der Tatbestand entweder in der juristischen Person selbst oder in einer natürlichen Person verwirklicht ist, die das Abstimmungsverhalten der juristischen Person maßgeblich zu bestimmen vermag.[172]

II. Fallgruppen

122 Satz 2 ist auf insgesamt **fünf Fallgruppen** anwendbar.

1. Vornahme eines Rechtsgeschäfts, Satz 2 Fall 1

123 **a) Drittgläubigergeschäfte.** Bei einem Drittgläubigergeschäft tritt das Organmitglied der Stiftung wie ein Dritter gegenüber (z.B. Abschluss eines Vertrages zwischen Stiftung und Organwalter). Die Vorschrift greift allerdings nicht nur bei zwei- und mehrseitigen, sondern auch bei einseitigen Rechtsgeschäften (z.B. Kündigung) sowie rechtsgeschäftsähnlichen Handlungen

167 Vgl. BeckOK BGB/*Schöpflin*, § 34 Rn. 1; MüKoBGB/*Leuschner*, § 34 Rn. 1; grundlegend *Zöllner*, Die Schranken mitgliedschaftlicher Stimmrechtsmacht bei den Personenverbänden, 1963, 146 ff.

168 *Burgard*, ZStV 2015, 1, 5 m.w.N.

169 *Burgard*, ZStV 2016, 81, 91 f.; *ders.*, NPLYB 2020, 71, 85 f.

170 Vgl. MüKoBGB/*Leuschner*, § 34 Rn. 3 m.w.N.

171 Statt aller MüKoBGB/*Schubert*, § 164 Rn. 116; BeckOK BGB/*Schäfer*, § 164 Rn. 11; Staudinger/*Schilken*, BGB, Vor § 164 Rn. 73; Erman/*Maier-Reimer/Finkenauer*, BGB, Vorbemerkung vor § 164 Rn. 24.

172 Vgl. BGHZ 49, 183,193 f. = NJW 1968, 743; BGH NJW 1968, 743, 745, jeweils zur GmbH; MüKoBGB/*Leuschner* § 34 Rn. 4.

(z.B. Fristsetzung, Mahnung) ein.[173] Unerheblich ist, in welcher Weise die Beschlussfassung das Rechtsgeschäft betrifft (z.B. Zustimmung, Weisung, Ermächtigung).[174]

b) Organschaftliche Akte. Im Gesellschaftsrecht ist das Stimmverbot nach h.M. nicht auf **sog. körperschaftliche Sozialakte** anzuwenden, wie z.B. Bestellung zum Organmitglied,[175] Beschlussfassung über die Anstellungsbedingungen;[176] Abberufung aus der Organstellung[177] und Kündigung des Anstellungsverhältnisses,[178] die nicht auf einen wichtigen Grund gestützt werden (denn dann soll das Verbot des Richtens in eigner Sache einschlägig sein). Im Gesellschaftsrecht kann man das vielleicht damit rechtfertigen, dass Verbandsmitglieder ihr Stimmrecht autonom ausüben dürfen – was allerdings auf die genannten Fälle gerade nicht uneingeschränkt zutrifft (s. § 84a Rn. 28). Für die Mitglieder von Geschäftsführungs- und Kontrollorganen u. dgl. gilt diese Überlegung aber jedenfalls nicht und auch nicht für Mitglieder von Stiftungsorganen: Sie sind, wie schon vielfach betont, stets pflichtgebunden. Freilich muss hier nicht über die Rechtslage im Gesellschaftsrecht entschieden werden.[179] **Im Stiftungsrecht ist eine einschränkende Auslegung von Satz 2 jedenfalls nicht veranlasst.** Vielmehr ist aufgrund der besonderen Schutzbedürftigkeit der Stiftung **das Gegenteil richtig.** 124

Ein Organwalter ist daher auch **vom Stimmrecht ausgeschlossen**, wenn der Beschluss einen organschaftlichen Akt ihm gegenüber betrifft wie insb. Bestellung, Verlängerung der Amtszeit, Entlastung, Abberufung sowie Abschluss, Änderung und Kündigung des Anstellungsvertrages, und zwar (erst Recht), wenn die Abberufung oder Kündigung auf einem wichtigen Grund beruht. 125

2. Einleitung oder Erledigung eines Rechtsstreits, Satz 2 Fall 2

Die Begriffe Rechtsstreit, Einleitung und Erledigung sind **weit auszulegen** und umfassen Verfahren nicht nur im Zivil- und Arbeitsrecht, sondern auch im Verwaltungs- und Strafrecht, und zwar im Erkenntnis- und Vollstreckungsverfahren einschließlich des einstweiligen Rechtsschutzes, das schiedsgerichtliche Verfahren und das Verfahren der freiwilligen Gerichtsbarkeit, alle einen Prozess vorbereitenden Handlungen (z.B. Beschlussfassung über die Geltendmachung eines Anspruchs, die Beschlussfassung über die Auswahl und Bestellung eines Prozessbevollmächtigten oder eines Schiedsrichters) und alle prozessbeendenden Handlungen (z.B. Klagerücknahme, Vergleich) sowie Beschlüsse über die Prozessführung und den Verfahrensfortgang (z.B. Entscheidung über das (Nicht-)Einlegen eines Rechtsmittels).[180] Nach dem Vorgesagten kommt es nicht darauf an, ob der Rechtsstreit ein Drittgläubigergeschäft oder einen organschaftlichen Akt betrifft. Das entspricht auch der – insoweit inkonsequenten – h.M. im Gesellschaftsrecht.[181] 126

173 BeckOK BGB/*Schöpflin* § 34 Rn. 4; MüKoBGB/*Leuschner*, § 34 Rn. 5; Soergel/*Hadding*, BGB, § 34 Rn. 4; Erman/*Westermann*, BGB, § 34 Rn. 3.

174 Vgl. BGHZ 68, 107, 112 (zur GmbH); Staudinger/*Schwennicke*, BGB, § 34 Rn. 13; Erman/*Westermann*, BGB, § 34 Rn. 3.

175 BGHZ 18, 205, 210 = NJW 1955, 1717; BGHZ 51, 209, 215 f. = NJW 1969, 841 betr. GmbH; BGH NJW 1991, 172,173; OLG Hamm OLGZ 1978, 174, 187 betr. Wohnungseigentümergemeinschaft.

176 BGHZ 18, 205, 210 = NJW 1955, 1717; BGHZ 51, 209, 215 = NJW 1969, 841 betr. GmbH; **a.A.** Soergel/*Hadding*, BGB, § 27 Rn. 5, Fn. 24.

177 BGH – II ZR 167/07, DStR 2009, 1442, 1445; Gehrlein/Born/Simon/*Teichmann*, GmbHG, § 47 Rn. 32 ff.; MüKo-AktG/*Habersack* § 108 Rn. 32.

178 OLG Düsseldorf GmbHR 1989, 468, 469.

179 Kritisch auch BeckOK BGB/*Schöpflin*, § 34 Rn. 6 m.w.N.

180 Staudinger/*Schwennicke*, BGB, § 34 Rn. 18 f.; BeckOK BGB/*Schöpflin*, § 34 Rn. 7; MüKoBGB/*Leuschner*, § 34 Rn. 6.

181 BGH NJW 1991, 172, 173 zur GmbH; BeckOK BGB/*Schöpflin*, § 34 Rn. 7; MüKoBGB/*Leuschner*, § 34 Rn. 6.

3. Richten in eigener Sache

127 Aus **§ 47 Abs. 4 S. 1 GmbHG** soll sich der allgemeine Rechtsgedanke eines Stimmverbots wegen Unzulässigkeit des Richtens in eigener Sache ergeben. Damit sind Fallgestaltungen gemeint, in denen die Beschlussfassung eine Billigung oder Missbilligung des individuellen Verhaltens des vom Stimmrecht Ausgeschlossenen betrifft. Bei den einschlägigen Fallgruppen handelt es sich freilich samt und sonders um Sachverhalte, die im Gesellschaftsrecht von der h.M. unter dem Gesichtspunkt des körperschaftlichen Sozialakts von dem Anwendungsbereich des § 34 BGB ausgenommen wurden: insb. Entlastung, Abberufung und Kündigung aus wichtigem Grund.[182] Es ist daher fraglich, ob es dieser – in Satz 2 nicht genannten – Weiterung im Stiftungsrecht bedarf. Das hängt natürlich in erster Linie davon ab, ob man der hier vertretenen Auffassung (Rn. 124 f.) folgt. Doch auch ansonsten mag diese Fallgruppe im Einzelfall hilfreich sein, z.B. wenn es um die Frage geht, ob gegen ein Organmitglied Schadensersatzansprüche geltend gemacht werden[183] und man das nicht schon unter Satz 2 Fall 2 subsumiert.

4. Sonstige Interessenkollisionen, insb. nahestehende Personen

128 Nach h.M. im Gesellschaftsrecht ist § 34 BGB nicht auf sonstige Interessenkollisionen anwendbar.[184] Auch diese Ansicht ist hier wegen der besonderen Schutzbedürftigkeit der Stiftung zu hinterfragen. Das betrifft besonders Fallkonstellationen, in denen kein Organmitglied, sondern eine ihm nahestehende Person von der Beschlussfassung betroffen ist (z.B. Rechtsgeschäft mit Ehefrau, Rechtsstreit mit Ehefrau). Es ist **nicht ersichtlich, warum Satz 2** insofern **keiner Analogie zugänglich** sein soll.

129 Der **Gesetzeszweck,** Sonderinteressen von Entscheidungen der Stiftungsorgane fernzuhalten, ist **einschlägig**. Außerdem besteht eine **Regelungslücke,** weil nicht erkennbar ist, dass der Gesetzgeber diese Konstellationen nicht regeln wollte. Vielmehr hat er sich über den Anwendungsbereich von Satz 2 im Einzelnen offenbar keine Gedanken gemacht, sondern wollte nur die bisherige, aus dem Vereinsrecht übernommene Rechtslage fortschreiben. Dabei hat er nicht erkannt, dass die Rechtslage nicht in jeder Hinsicht, z.B. nicht im Blick auf organschaftliche Akte (Rn. 127), vergleichbar ist. Das gilt besonders für die ungleich größere Schutzbedürftigkeit der Stiftung. Da der Gesetzgeber diese Schutzbedürftigkeit aber grundsätzlich anerkennt, muss man annehmen, dass die Regelungslücke **planwidrig** ist.

130 Damit bleibt zu fragen, was nahestehende Personen sind. Dazu gehören **erstens Angehörige i.S.d. § 20 Abs. 5 VwVfG** des vom Stimmrecht auszuschließenden Organmitglieds, **zweitens Personen, die auf Rechnung** des vom Stimmrecht auszuschließenden Organmitglieds oder eines seiner Angehörigen handeln und **drittens Gesellschaften**, die **im Mehrheitsbesitz** des vom Stimmrecht auszuschließenden Organmitglieds oder eines seiner Angehörigen stehen.

III. Rechtsfolge

131 Rechtsfolge von Satz 2 ist, dass das befangene Organmitglied **nicht an der Abstimmung teilnehmen** darf. Eine gleichwohl abgegebene ist Stimme ist nichtig und darf daher nicht mitgezählt werden.[185] Zu Unrecht mitgezählte Stimmen führen allerdings lediglich dann zur Fehler-

---

182 BeckOK BGB/*Schöpflin*, § 34 Rn. 6; Erman/*Westermann*, BGB, § 34 Rn. 3; MüKoBGB/*Leuschner*, § 34 Rn. 5.
183 BGHZ 97, 28 = NJW 1986, 2051, 2052 f.
184 BGH NJW 1971, 1265, 1267; Jauernig/*Mansel*, BGB § 34 Rn. 2; MükoBGB/*Leuschner*, § 34 Rn. 2; BeckOK BGB/*Schöpflin*, § 34 Rn. 2; Erman/*Westermann*, BGB, § 34 Rn. 2; Palandt/*Ellenberger*, BGB, § 34 Rn. 3 m.w.N.
185 BGHZ 104, 66, 75.

haftigkeit des Beschlusses, wenn sie sich rechnerisch auf das Ergebnis ausgewirkt haben (Rn. 78, 116).[186] Näher zu den Auswirkungen eines Stimmverbots auf die Beschlussfähigkeit Rn. 33.

Eine **Teilnahme des befangenen Organmitglieds an der Versammlung sowie an der Aussprache** zu dem betreffenden Beschlussgegenstand bleibt nach dem Wortlaut von Satz 2 zulässig.[187] Das ist aus zwei Gründen unglücklich. Erstens ist zu befürchten, dass die Beratung über den Beschlussgegenstand mit Rücksicht auf den befangenen Kollegen weniger offen geführt wird. Und zweitens kann das befangene Mitglied durch eigene Redebeiträge auf die Beschlussfassung entgegen dem Sinn und Zweck von Satz 2 Einfluss nehmen. Beides mag bei einer großen Mitgliederversammlung keine erhebliche Rolle spielen. Bei einem Organ mit nur wenigen Mitgliedern kann das dagegen von ausschlaggebender Bedeutung sein. In der Praxis ist es daher vielfach üblich, dass ein befangenes Organmitglied bei Aufruf dieses Beschlussgegenstands gebeten wird, die Versammlung zu verlassen und erst wieder zur Verkündung des Ergebnisses hereingerufen wird. Soll ein befangenes Organmitglied angehört werden, so ist dies nach dem Aufruf dieses Beschlussgegenstands und vor der Aussprache möglich. Erforderlichenfalls kann es auch zwischendurch zur Beantwortung von Fragen wieder hereingerufen werden. Selbst bei Einhaltung solcher Kautelen ist die Möglichkeit einer Beeinflussung des Beschlussergebnisses durch die Befangenheit eines Organmitglieds so groß, dass die Voraussetzungen von § 84a Abs. 2 S. 2 BGB nicht mehr gegeben sind (dort Rn. 138). 132

Die Missachtung eines Stimmverbots stellt eine **Verletzung der organschaftlichen Pflichten** dar und kann bei schuldhaftem Handeln zu einer Schadensersatzpflicht sowohl des befangenen Organmitglieds als auch des Versammlungsleiters führen.[188] 133

IV. Unabdingbarkeit, Gestaltungsmöglichkeiten

Das Stimmverbot ist zwingendes Recht (s. Rn. 1). Im Vereinsrecht folgt das aus § 40 BGB[189] und wird zu Recht auch schon bisher im Stiftungsrecht angenommen.[190] Zwar könnte man das für Satz 2 Fall 1 im Blick auf die unstreitige Abdingbarkeit von § 181 BGB (dazu § 84 Rn. 38) bezweifeln. Die Schutzbedürftigkeit der Stiftung gerade bei Eine-Person-Organen (Rn. 110) erlaubt jedoch keine andere Auslegung. 134

Unbenommen ist dem Stifter, in der Stiftungssatzung klarstellende, erweiternde und strengere Regeln zu treffen. Im Blick auf die nicht gefestigte Rechtslage bezüglich organschaftlicher Akte (Rn. 124) und sonstigen Interessenkonflikte (Rn. 128) ist das zu empfehlen (s. § 84 Rn. 50, 61, 76, 81). Außerdem kann der Stifter weitere Rechtsfolgen vorsehen, insbesondere befangenen Organmitgliedern hinsichtlich des betreffenden Beschlussgegenstandes das Teilnahmerecht entziehen (Rn. 132). 135

V. Weitere Stimmrechtsschranken, Befangenheit

Organmitglieder sind gegenüber der Stiftung zur Loyalität verpflichtet (§ 84a Rn. 42). Aus dieser organschaftlichen Treupflicht können Stimmrechtsge- und -verbote folgen, deren Nichtbeachtung zur Nichtigkeit der Stimmabgabe oder zu Ersatzansprüchen der Stiftung führen können. 136

186 Für die GmbH siehe: BGH NJW 1971, 2225; Staudinger/*Schwennicke*, BGB, § 34 Rn. 28; MüKoBGB/*Leuschner*, § 34 Rn. 9; jurisPK-BGB/*D.U. Otto*, § 34 Rn. 9.
187 Vgl. BGHZ 14, 264, 270 f.; betr. GmbH; BGH NJW 1971, 2225; BGH WM 1985, 567 f.
188 Noack/Servatius/Haas/*Noack*, GmbHG § 47 Rn. 109; Scholz/*K. Schmidt*, § 47 GmbHG Rn. 33.
189 Staudinger/*Schwennicke*, BGB, § 34 Rn. 34; MüKoBGB/*Leuschner*, § 34 Rn. 8; BeckOK BGB/*Schöpflin*, § 34 Rn. 12; Soergel/*Hadding*, BGB, § 34 Rn. 10.
190 MüKoBGB/*Weitemeyer*, § 86 Rn. 25; MünchHdb. GesR VII/*Roth*, § 99 Rn. 2; *Reuter*, NZG 2009, 1368, 1371.

Beispiel: Betrifft ein Beschluss ein Rechtsgeschäft mit einem Dritten, das ein Organmitglied gerne selbst abschließen würde (bspw. Grundstückskauf), dann darf das nicht der Grund sein, gegen das Rechtsgeschäft zu stimmen oder sich der Stimme zu enthalten. Vielmehr kann sich das Organmitglied für befangen erklären (einen Grund dafür sollte er nicht angeben, vgl. § 84a Rn. 138) und sollte die Versammlung für die Zeit der Beratung und Abstimmung verlassen (s.o. Rn. 132) oder zumindest – z.B. wenn dies wegen Zweifeln hinsichtlich der Beschlussfähigkeit untunlich ist – sich bei der Abstimmung enthalten. Tut er nichts dergleichen und war seine Stimme ausschlaggebend für das negative Beschlussergebnis, dann macht er sich schadensersatzpflichtig, wenn er anschließend das Geschäft selbst abschließt (zur Geschäftschancenlehre s. Anh. 1 zu § 84a Rn. 15).

§ 84c Notmaßnahmen bei fehlenden Organmitgliedern

(1) [1]Wenn der Vorstand oder ein anderes Organ der Stiftung seine Aufgaben nicht wahrnehmen kann, weil Mitglieder des Organs fehlen, hat die nach Landesrecht zuständige Behörde in dringenden Fällen auf Antrag eines Beteiligten oder von Amts wegen notwendige Maßnahmen zu treffen, um die Handlungsfähigkeit des Organs zu gewährleisten. [2]Die Behörde ist insbesondere befugt, Organmitglieder befristet zu bestellen oder von der satzungsmäßig vorgesehenen Zahl von Organmitgliedern befristet abzuweichen, insbesondere indem die Behörde einzelne Organmitglieder mit Befugnissen ausstattet, die ihnen nach der Satzung nur gemeinsam mit anderen Organmitgliedern zustehen.

(2) [1]Die Behörde kann einem von ihr bestellten Organmitglied bei oder nach der Bestellung eine angemessene Vergütung auf Kosten der Stiftung bewilligen, wenn das Vermögen der Stiftung sowie der Umfang und die Bedeutung der zu erledigenden Aufgabe dies rechtfertigen. [2]Die Behörde kann die Bewilligung der Vergütung mit Wirkung für die Zukunft ändern oder aufheben.

Schrifttum

Muscheler, Der Notvorstand in Verein und Stiftung, in: Martinek/Rawert/u.a. (Hrsg.), FS Reuter, 2010, S. 225.

Übersicht

A. Grundlagen

I. Norminhalt und -zweck, Verhältnis zum alten Recht — 1

II. Begründung des Regierungsentwurfs — 2

III. Bewertung — 15

B. Voraussetzungen — 16

I. Fehlen von Organmitgliedern — 18

II. Verhinderung der Aufgabenwahrnehmung — 20

III. Dringender Fall — 25

IV. Auf Antrag oder von Amts wegen — 26

C. Rechtsfolgen

I. Notwendige Maßnahmen zur Gewährleistung der Handlungsfähigkeit

1. Kein Handlungs-, sondern nur Auswahlermessen — 30
2. Keine auflösende Befristung, sondern auflösende Bedingung oder Widerrufsvorbehalt — 31
3. Bestellung von Organmitgliedern — 33
4. Verringerung der Zahl statutarisch erforderlicher Organmitglieder — 35
5. Erweiterung der Befugnisse einzelner Organmitglieder — 36
6. Keine abschließende Aufzählung — 37
7. Ermessensleitende Gesichtspunkte — 38

II. Bewilligung einer Vergütung auf Kosten der Stiftung — 39

1. Kumulative Voraussetzungen — 40
   a) Vermögen der Stiftung — 43
   b) Umfang der Aufgabe — 44
   c) Bedeutung der Aufgabe — 45
2. Rechtsfolge — 46

III. Wirksamkeit, Rechtsbehelfe — 49

https://doi.org/10.1515/9783110251524-024

A. Grundlagen

I. Norminhalt und -zweck, Verhältnis zum alten Recht

1 § 84c BGB ist neu und sehr zu begrüßen. Die Vorschrift regelt Notmaßnahmen durch die Stiftungsaufsichtsbehörde bei dem Fehlen von Organmitgliedern zur Sicherung der Handlungsfähigkeit von Stiftungen. Sie ersetzt § 86 S. 1 BGB a.F. i.V.m. § 29 BGB. Die hierfür angeführten Gründe (Rn. 3 f.) sind zutreffend.

II. Begründung des Regierungsentwurfs

2 *„Mit § 84c BGB-neu soll für Stiftungen eine eigenständige Regelung für die Notmaßnahmen bei fehlenden Vorstandsmitgliedern und Mitgliedern anderer Stiftungsorgane getroffen werden. Die Regelung ersetzt in Bezug auf die Notmaßnahmen beim Fehlen von Vorstandsmitgliedern die Verweisung im bisherigen § 86 Satz 1 BGB auf die vereinsrechtliche Vorschrift in § 29 BGB, die die Notbestellung von Vorstandsmitgliedern den Amtsgerichten zuweist.*

3 *Die Verweisung auf § 29 BGB hat sich für Stiftungen als zu eng und wenig praktikabel erwiesen. Bei Stiftungen können auch in Bezug auf andere Organe als den Vorstand Notmaßnahmen erforderlich werden, wenn diese Organe die Vorstandsmitglieder bestellen oder auch Geschäftsführungsaufgaben wahrnehmen, insbesondere an der Vertretung der Stiftung mitwirken müssen. Bei der Stiftung gibt es kein der Mitgliederversammlung des Vereins vergleichbares Organ, das immer beschlussfähig ist und fehlende Mitglieder von anderen Organen als dem Vorstand regelmäßig einfach bestellen kann, wenn der Vorstand die Mitgliederversammlung einberufen kann.*

4 *In zahlreichen Landesstiftungsgesetzen gibt es schon bisher ergänzende Regelungen über die Bestellung oder andere Notmaßnahmen beim Fehlen von Vorstandsmitgliedern oder anderen Organmitgliedern. Das Verhältnis*[1] *dieser landesrechtlichen Vorschriften zu § 29 BGB ist nicht klar. Deshalb sollen für Stiftungen die Notmaßnahmen beim Fehlen von Vorstandsmitgliedern und anderen Organmitgliedern künftig bundesrechtlich eigenständig und abschließend in § 84c BGB-neu geregelt werden.*

5 ***Zu Absatz 1:*** *§ 84c Absatz 1 Satz 1 BGB-neu regelt die Voraussetzungen und die Zuständigkeit für Notmaßnahmen beim Fehlen von Vorstandsmitgliedern und den Mitgliedern anderer Organe der Stiftung, worunter auch Liquidatoren fallen.*

6 ***Zu Satz 1:*** *Nach § 84c Absatz 1 Satz 1 BGB-neu sind für Notmaßnahmen beim Fehlen von Vorstandsmitgliedern oder den Mitgliedern anderer Organe der Stiftung die Stiftungsbehörden zuständig, nicht mehr die Amtsgerichte. Die Stiftungsbehörden kennen die Stiftungen und können besser entscheiden, welche Maßnahmen getroffen werden sollten. Zudem werden sie in der Regel auch schneller als die Amtsgerichte geeignete Personen finden können, die zu Vorstandsmitgliedern oder Mitgliedern anderer Stiftungsorgane bestellt werden können.*

7 *Die Stiftungsbehörden werden auf Antrag eines Beteiligten oder von Amts wegen tätig. Antragsberechtigter Beteiligter ist entsprechend § 29 BGB jedermann, der ein berechtigtes Interesse an der Notmaßnahme hat. Das kann ein Organmitglied der Stiftung, aber auch ein Gläubiger der Stiftung sein.*

8 *Die zuständige Behörde soll anders als das Amtsgericht nach § 29 BGB auch von Amts wegen tätig werden können. Dies ist erforderlich, weil Stiftungen anders als Vereine nicht über Mitglieder verfügen und deshalb bei Stiftungen nicht gewährleistet ist, dass immer ein Antragsteller vorhanden ist, der Notmaßnahmen nach § 84c Absatz 1 BGB-neu beantragen könnte. Insbesondere bei Stiftungen, die als einziges Organ einen Einzelvorstand haben, wird es häufig keinen Antragsteller geben, wenn das einzige Vorstandsmitglied fehlt. In solchen Fällen muss die zuständige Behörde Maßnahmen auch von Amts wegen treffen können.*

1 BT-Ds. 19/28173, 62.

Die zuständige Behörde kann wie das Amtsgericht nach § 29 BGB beim Fehlen von Organmitgliedern Notmaßnahmen nach § 84c Absatz 1 Satz 1 BGB-neu nur in dringenden Fällen treffen, um die Handlungsfähigkeit eines Organs zu gewährleisten. Typischer Fall für Notmaßnahmen wird bei Stiftungen nach § 84c Absatz 1 Satz 1 BGB-neu auch weiterhin das Fehlen notwendiger Vorstandsmitglieder sein. Bei Stiftungen ist es aber auch möglich, dass bei anderen Organen, die an der Geschäftsführung oder Vertretung der Stiftung mitwirken müssen oder die für die Bestellung von Vorstandsmitgliedern zuständig sind, notwendige Mitglieder fehlen. Auch in diesen Fällen soll es möglich sein, dass die zuständige Behörde Notmaßnahmen treffen kann. Sie soll auch fehlende Mitglieder eines solchen Organs für eine Übergangszeit bestellen können, damit das Organ wieder beschlussfähig wird und an der Geschäftsführung mitwirken oder die notwendigen Vorstandsmitglieder bestellen kann. Notbestellungen von Vorstandsmitgliedern für längere Zeit können so vermieden werden. 9

Die zuständige Behörde soll nicht auf die Notbestellung von Organmitgliedern beschränkt sein, sondern auch andere Maßnahmen treffen können, durch die die Entscheidungsfähigkeit von Stiftungsorganen, denen notwendige Mitglieder fehlen, hergestellt werden kann. Die zuständige Behörde hat im jeweiligen Einzelfall zu entscheiden, welche Maßnahmen geeignet und erforderlich sind, um die Entscheidungsfähigkeit des Organs wieder dauerhaft zu gewährleisten und weitere Notmaßnahmen nach § 84c Absatz 1 Satz 1 BGB-neu zu vermeiden. 10

***Zu Satz 2:** In § 84c Absatz 1 Satz 2 BGB-neu werden beispielhaft Maßnahmen genannt, die die Stiftungsbehörden ergreifen können, wenn ein Organ nicht entscheidungsfähig ist, weil erforderliche Organmitglieder fehlen. Neben der Notbestellung von Organmitgliedern kann die Stiftungsbehörde auch zeitweise die Zahl der Organmitglieder beschränken oder die noch vorhandenen Organmitglieder mit zusätzlichen Befugnissen, insbesondere Mehrstimmrechten, ausstatten.* 11

***Zu Absatz 2:** § 84c Absatz 2 BGB-neu trifft eine besondere Vergütungsregelung für Organmitglieder, die von den zuständigen Behörden nach § 84c Absatz 1 Satz 1 BGB-neu bestellt werden.*[2] 12

***Zu Satz 1:** § 84c Absatz 2 Satz 1 BGB-neu soll als lex specialis zu § 84a Absatz 1 Satz 2 BGB-neu ermöglichen, dass die Stiftungsbehörde den von ihr bestellten Organmitgliedern eine Vergütung auf Kosten der Stiftung gewähren kann, auch wenn die Satzung der Stiftung eine Vergütung der Organmitglieder nicht zulässt. Dadurch soll gewährleistet werden, dass geeignete Personen bereit sind, sich zum Mitglied eines Stiftungsorgans bestellen zu lassen.* 13

***Zu Satz 2:** § 84c Absatz 2 Satz 2 BGB-neu schafft eine Rechtsgrundlage für die zuständige Behörde, um eine nach § 84c Absatz 2 Satz 1 bewilligte Vergütung ggf. mit Wirkung für die Zukunft wieder ändern oder aufheben zu können.“*[3] 14

III. Bewertung

Die Vorschrift bringt eine **echte Verbesserung**. Auch § 29 BGB sollte durch eine Absatz 2 entsprechende Regelung ergänzt werden.[4] Allerdings ist bei näherem Hinsehen der Wortlaut nicht an allen Stellen geglückt (Rn. 55). 15

B. Voraussetzungen

Anders als nach § 86 S. 1 BGB i.V.m. § 29 BGB sind nicht mehr die Amtsgerichte, sondern die Stiftungsaufsichtsbehörden für die Notmaßnahmen zuständig. Das ist aus den in Rn. 3 genannten Gründen ein Fortschritt. 16

---

2 BT-Ds. 19/28173, 63.

3 BT-Ds. 19/28173, 64.

4 *Arnold/Burgard/Droege/Hüttemann/Jakob/Leuschner/Rawert/Roth/Schauhoff/Segna/Weitemeyer*, ZIP 2020, Beilage zu Heft 10, 3, 4.

17 Die Voraussetzungen für Notmaßnahmen sind in Absatz 1 Satz 1 Hs. 1 bis 3 geregelt, nämlich (1.) Fehlen von Organmitgliedern, (2.) dadurch Verhinderung der Aufgabenwahrnehmung des betroffenen Organs, (3.) dringender Fall, (4.) Antrag eines Beteiligten oder von Amts wegen. Im Einzelnen:

I. Fehlen von Organmitgliedern

18 Anders als § 29 BGB[5] ist § 84c BGB nicht nur auf das Fehlen von Vorstandsmitgliedern, sondern auch auf das Fehlen von Mitgliedern anderer Organe (zum Organbegriff § 81 Rn. 65) anwendbar, auch auf Liquidatoren (Rn. 5), dort auch zu den Gründen.

19 Ein Organmitglied fehlt, wenn es an der Wahrnehmung seiner Rechte und Pflichten gehindert ist.[6] Die Gründe hierfür sind unerheblich. Sie können tatsächlicher oder rechtlicher Natur und sogar von der Behörde selbst geschaffen worden sein (Untersagung der Amtsführung[7] oder Abberufung[8] durch die Behörde). **Als Gründe kommen insb. in Betracht:** Tod, Geschäftsunfähigkeit,[9] Nichtigkeit[10] oder Widerruf[11] der Bestellung, gerichtlich noch nicht entschiedener Streit über eine Bestellung, Abberufung oder die Zusammensetzung eines Organs,[12] Amtsniederlegung,[13] Ablauf der Amtszeit,[14] Krankheit oder Abwesenheit,[15] Stimmverbot bei einem Beschlussgegenstand.[16] Auf die Dauer der Verhinderung des Organmitglieds kommt es grundsätzlich nicht an. Das ist vielmehr eine Frage der Dringlichkeit. Deswegen kann auch die vorübergehende Verhinderung an der Mitwirkung einer einzelnen Maßnahme genügen.[17] Kein Fehlen ist dagegen anzunehmen, wenn ein Organmittglied lediglich in einer bestimmten Angelegenheit seine Mitwirkung verweigert.[18] Derartige Konflikte muss die Stiftung grundsätzlich selbst lösen, und zwar nötigenfalls auf dem Zivilrechtsweg.

II. Verhinderung der Aufgabenwahrnehmung

20 Das bloße Fehlen eines Organmitglieds genügt nicht. Vielmehr muss das betroffene Organ aufgrund des Fehlens gehindert sein, seine Aufgaben wahrzunehmen. Das ist eine Frage des Einzelfalls und insbesondere **in folgenden Fällen** gegeben:

21 Bei **Eine-Person-Organen** führt das Fehlen des Alleinmitglieds stets zu einer Verhinderung der Aufgabenwahrnehmung. Das Gleiche gilt, wenn ein Organmitglied fehlt und **alle Organmitglieder zusammenwirken** müssen, also bei Gesamtgeschäftsführung und -vertretung oder bei dem Erfordernis einer Vollversammlung für die Beschlussfähigkeit oder der Einstimmigkeit aller Mitglieder des Organs für die Beschlussfassung (§ 84b S. 1 BGB i.V.m. § 32 Abs. 2, § 84b BGB

---

5 Staudinger/*Hüttemann*/*Rawert*, BGB, § 86 Rn. 11 a.E.; MüKoBGB/*Weitemeyer*, § 86 Rn. 19; Soergel/*Hadding*, BGB, § 86 Rn. 10.

6 BeckOK BGB/*Schöpflin*, § 29 Rn. 4; Erman/*Westermann*, BGB, § 29 Rn. 2; MüKoBGB/*Leuschner*, § 29 Rn. 8; Staudinger/*Hüttemann*/*Rawert*, BGB, § 86 Rn. 11.

7 Siehe etwa auch BeckOK BGB/*Schöpflin*, § 29 Rn. 4 m.w.N.; vgl. MüKoBGB/*Leuschner*, § 29 Rn. 8.

8 BGHZ 86, 177, 183; vgl. MüKoBGB/*Leuschner*, § 29 Rn. 8; Palandt/*Ellenberger*, BGB, § 29, Rn. 2.

9 Vgl. MüKoBGB/*Leuschner*, § 29 Rn. 8.

10 Vgl. LG Düsseldorf Rpfleger 1987, 72.

11 Vgl. BGHZ 86, 177, 183; BayObLG NJW-RR 1986, 523.

12 Vgl. OLG Düsseldorf – I-3 Wx 302/15, NZG 2016, 1068, 1069.

13 Vgl. OLG Schleswig – 2 W 49/12, FGPrax 2013, 127, 128.

14 Vgl. OLG Hamm OLGZ 1965, 329, 330; OLG Bremen NJW 1955, 1925.

15 Vgl. Palandt/*Ellenberger*, BGB, § 29, Rn. 2; BeckOK BGB/*Schöpflin*, § 29 Rn. 4; Jauernig/*Mansel*, BGB, § 29 Rn. 1.

16 Vgl. BayObLGZ 1989, 298, 306; OLG Düsseldorf Rpfleger, 1976, 358; OLG Saarbrücken OLGZ 1977, 291, 293.

17 Vgl. BeckOK BGB/*Schöpflin*, § 29 Rn. 4.

18 Vgl. KG JW 1937, 1730; OLG Frankfurt GmbHR 1986, 432; Soergel/*Hadding*, BGB, § 29 Rn. 7.

Rn. 50, 55). Letzteres gilt allerdings nicht bei einem Stimmverbot gemäß § 84b Satz 2 BGB (§ 84b Rn. 118 ff.).

Genügt für das **Zusammenwirken eine Mehrheit** der Mitglieder des Organs, ist **zu unterscheiden:** Bestimmt die Satzung, dass das Organ aus einer bestimmten Anzahl von Personen besteht, dann tritt Beschlussunfähigkeit ein, wenn das Organ nicht vollständig besetzt ist.[19] Ist das Organ dagegen vollständig besetzt und besteht „nur" Streit über seine Zusammensetzung oder ist ein Organmitglied bloß (z.B. wegen Krankheit) vorübergehend verhindert, dann ist das Organ an seiner Aufgabenwahrnehmung erst gehindert, wenn durch das Fehlen von Organmitgliedern die für das Zusammenwirken erforderliche Mehrheit (insb. Beschlussfähigkeit, Beschlussquorum) nicht zustande kommen kann. Kommt es auf die Mehrheit aller Mitglieder an, ist bei der Berechnung der Grundgesamtheit allerdings ein Mitglied, das einem Stimmverbot unterlegt, wiederum nicht mitzuzählen (§ 84b Rn. 57). Legt die Satzung lediglich eine bestimmte Mindest- und Höchstzahl von Mitgliedern für das Organ fest, führt eine Vakanz erst bei Unterschreiten der Mindestzahl zu einer Beschlussunfähigkeit (§ 84b Rn. 34). Bestimmt die Satzung, dass sich die Anzahl der Organmitglieder um die Anzahl ausgeschiedener Mitglieder bis zur Bestellung neuer Mitglieder verringert, tritt eine vakanzbedingte Beschlussunfähigkeit erst ein, wenn alle Mitglieder ausgeschieden sind, das Organ also gar keine Mitglieder mehr hat. Ansonsten kann das Fehlen eines Organmitglieds bei einer solchen Satzungsklausel allerdings auch aus einem anderen der vorgenannten Gründe dazu führen, dass das Organ seine Aufgaben nicht mehr wahrnehmen kann (z.B. Krankheit des derzeit einzigen Vorstandsmitglieds oder eines von zwei Vorstandsmitgliedern bei Gesamtgeschäftsführung/-vertretung). 22

Sind Kompetenzen einem Organmitglied statutarisch **„ad personam"** zugewiesen (z.B. Zustimmungs- oder Vetorecht des Stifters) und keine anderen Regelungen getroffen, so entfällt dieses Vorzugsrecht mit dem dauerhaften Wegfall des Begünstigten (z.B. durch Geschäftsunfähigkeit, Tod oder Amtsniederlegung) ersatzlos (§ 84a Rn. 28 ff.). Ist der Begünstigte nur vorübergehend an der Ausübung seines Vorzugsrechts gehindert, so ruht das Vorzugsrecht mangels anderweitiger Regelungen, bis der Begünstigte es wieder ausüben kann. Wegen seiner absoluten Höchstpersönlichkeit kommt eine Notmaßnahme gemäß § 84c BGB nicht in Betracht. 23

Nach dem Wortlaut von Absatz 1 Satz 1 ist es nicht erforderlich, dass über das betroffene Organ hinaus aufgrund des Fehlens eines Organmitglieds die ganze Stiftung handlungsunfähig ist. So wird es zwar häufig liegen. Es genügt aber bspw., wenn ein Beratungsorgan aufgrund einer Vakanz beschlussunfähig ist, obwohl das Organ turnusgemäß erst wieder in fünf Monaten tagt. Ist die Stiftung selbst (noch) nicht handlungsunfähig, liegt aber (noch) kein dringender Fall vor. 24

III. Dringender Fall

Aufgrund der Subsidiarität der Stiftungsaufsicht kommt eine Notmaßnahme nur in dringenden Fällen in Betracht. Ein dringender Fall liegt vor, **wenn zu besorgen ist, dass die Stiftung ohne die Notmaßnahme einen Nachteil** erleidet. Das wiederum setzt voraus, dass die Stiftung sich entweder gar nicht oder nicht schnell genug selbst helfen kann.[20] Gar nicht helfen kann sich die Stiftung z.B., wenn der Alleinvorstand plötzlich und unerwartet verstirbt und die Stiftung kein Organ hat, das einen Nachfolger bestellen könnte oder dieses Organ wegen einer nicht kurzfristig zu behebenden Vakanz beschlussunfähig ist. Im zuletzt genannten Fall muss sich die Notmaßnahme übrigens wegen des Subsidiaritätsgrundsatzes grundsätzlich auf das Bestel- 25

19 Vgl. VG Schleswig – 6 B 48/20, BeckRS 2020, 36505 Rn. 13 a.E.; Staudinger/*Hüttemann*/*Rawert*, BGB, § 86 Rn. 59; *Rawert*, Non Profit Law Yearbook 2019, 97, 100; *Hüttemann*/*Rawert* ZIP 2020, 2545, 2550 f.; MüKoBGB/*Weitemeyer*, § 86 Rn. 24.

20 Vgl. OLG Saarbrücken – 5 W 6/16, ZStV 2017, 22, 25; OLG Schleswig – 2 W 49/12, FGPrax 2013, 127,128; BeckOK BGB/*Schöpflin*, § 29 Rn. 6.

lungsorgan und nicht den Alleinvorstand richten, es sei denn, dass nur durch die sofortige Bestellung eines Notvorstands Nachteile von der Stiftung abgewendet werden können. Ein dringender Fall liegt bspw. auch vor, wenn eine Rechtsmittelfrist abzulaufen droht und der Vorstand aufgrund des vorübergehenden Fehlens eines Mitglieds keine Entscheidung treffen kann. § 84c BGB geht § 57 ZPO grundsätzlich vor,[21] schließt aber die beantragte Bestellung eines Prozesspflegers nicht aus.[22] Ist ein Prozesspfleger bestellt und reicht dies aus, um die Interessen der Stiftung zu wahren, entfällt die Dringlichkeit einer Notmaßnahme nach § 84c BGB.[23]

IV. Auf Antrag oder von Amts wegen

26 Während § 29 BGB grundsätzlich den Antrag eines Beteiligten voraussetzt,[24] kann die Stiftungsaufsichtsbehörde nach § 84c BGB auch von Amts wegen tätig werden (zu den Gründen Rn. 29). Das ist zu begrüßen.

27 **Beteiligter** ist, wer ein berechtigtes Interesse an einer Notmaßnahme hat (Rn. 7). Das ist jeder, dessen Rechte oder Pflichten durch die Notmaßnahme unmittelbar beeinflusst wird.[25] Dazu gehören insb.: jedes Organmitglied der Stiftung,[26] Gläubiger der Stiftung und von der Stiftung Verklagte,[27] bei einer Stiftung & Co. KG (zur Zulässigkeit § 80 Rn. 27, 52) jeder Kommanditist der KG,[28] bei einer von der Stiftung beherrschten GmbH auch deren Geschäftsführer oder Minderheitsgesellschafter. Destinatäre sind Beteiligte, wenn sie aufgrund der Satzung Mitwirkungs- oder Vermögensrechte haben (Anh. 2 zu § 84a Rn. 18), nicht aber wenn sie, wie für gewöhnlich, rechtlos sind.[29]

28 Der Beteiligte muss das Vorliegen der drei vorgenannten **Voraussetzungen** einer Notmaßnahme **glaubhaft** machen.[30] Er kann seinem Antrag einen Vorschlag für eine Notmaßnahme beifügen, insbesondere auch einen Kandidaten für eine Notbestellung benennen. Die Behörde ist an solche Vorschläge nicht gebunden,[31] muss den Beteiligten auch nur unter den Voraussetzungen des § 28 Abs. 1 VwVfG anhören und kann unter den Voraussetzungen des § 28 Abs. 2 VwVfG von einer Anhörung absehen.

29 **Von Amts wegen muss** die Stiftungsaufsichtsbehörde tätig werden, wenn ihr das Vorliegen der drei Voraussetzungen (fehlendes Organmitglied, dadurch betroffenes Organ an der Aufgabenwahrnehmung gehindert, Dringlichkeit) bekannt ist und die Stiftung entweder keinen Beteiligten aufweist, der einen Antrag stellen könnte, oder ein weiteres Zuwarten mit Nachteilen für die Stiftung verbunden wäre. Anders gewendet ist ein Eingreifen der Behörde, wie stets, subsidiär.

---

21 BayObLGZ 1998, 179, 184; OLG Celle WM 1964, 1335, 1336; Jauernig/*Mansel*, BGB, § 29 Rn. 1; Soergel/*Hadding*, BGB, § 29 Rn. 8; a.A. MüKoBGB/*Leuschner*, § 29 Rn. 10; Staudinger/*Schwennicke*, BGB, § 29 Rn. 15; OLG Dresden GmbHR 2002, 163.

22 Vgl. OLG Zweibrücken – 4 W 6/07, BeckRS 2007, 2022; OLG München – 7 W 1719/07, NZG 2008, 160; BeckOK BGB/*Schöpflin*, § 29 Rn. 6 a.E.

23 LG Zweibrücken ZIP 2001, 973, 974 f.; Soergel/*Hadding*, BGB, § 29 Rn. 8; Staudinger/*Schwennicke*, BGB, § 29, Rn. 15.

24 BeckOK BGB/*Schöpflin*, § 29 Rn. 8.

25 KG StiftRspr. II, 68, 69 f.; BayObLGZ 1971, 178,180; Staudinger/*Schwennicke*, BGB, § 29 Rn. 22; Palandt/*Ellenberger*, BGB, § 29 Rn. 4.

26 Vgl. KG NJW 1967, 933; BeckOK BGB/*Schöpflin*, § 29 Rn. 7.

27 BayObLGZ 1971, 178, 180.

28 BayObLGZ 1976, 126,129 f.

29 Staudinger/*Hüttemann*/*Rawert*, BGB, § 86 Rn. 11; **a.A.** *Jess*, 187.

30 Vgl. RGZ 105, 401; Soergel/*Hadding*, BGB, § 29 Rn. 10.

31 Vgl. BayObLGZ 1978, 248; 1980, 306, 309; BayObLG Rpfleger 1992, 114.

C. Rechtsfolgen

I. Notwendige Maßnahmen zur Gewährleistung der Handlungsfähigkeit

1. Kein Handlungs-, sondern nur Auswahlermessen

Sind die vorstehenden vier Voraussetzungen erfüllt – was von der zuständigen Stiftungsaufsichtsbehörde zu prüfen ist –, „hat“ sie die notwendigen Maßnahmen zu treffen, um die Handlungsfähigkeit des Organs zu gewährleisten. Der Behörde steht also kein Handlungs-, sondern nur ein Auswahlermessen zu. Die Maßnahme ist ein **belastender Verwaltungsakt** i.S.d. § 35 VwVfG. Zwar dient die Maßnahme dem Interesse der Stiftung, sie greift aber gleichwohl in ihre Rechte ein (dazu sogleich Rn. 31, 38). Vor dem Erlass hat die Behörde die Stiftung daher gemäß § 28 Abs. 1 VwVfG **anzuhören**, es sei denn, es liegt eine der Fälle von Absatz 2 der Vorschrift (namentlich Nr. 1) vor. 30

2. Keine auflösende Befristung, sondern auflösende Bedingung oder Widerrufsvorbehalt

Alle Maßnahmen darf die Behörde nur „befristet“ treffen,[32] weil alle Maßnahmen Verstöße gegen die Stiftungssatzung darstellen: Ein Organwalter wird nicht in dem dafür vorgesehenen Verfahren und noch dazu von der Aufsichtsbehörde bestellt, die statutarisch erforderliche Zahl der Organmitglieder wird unterschritten, die Befugnisse einzelner Organmitglieder werden über die Satzung hinaus erweitert. 31

„Befristet“ ist allerdings **nicht im Sinne des § 36 Abs. 2 Nr. 1 VwVfG zu verstehen.** Bei Ergreifen einer Notmaßnahme ist es nämlich regelmäßig nicht absehbar, wann eine satzungsgemäße Wiederbesetzung des Organs gelingt. Eine zeitliche Befristung der Notmaßnahme wäre daher ganz und gar unpraktikabel, weil die Frist zufällig entweder zu kurz oder zu lang wäre. **Vielmehr meint „befristet“ vorübergehend.** Im Blick hierauf hat die Behörde zwei Möglichkeiten: Entweder sie versieht die Notmaßnahme mit einer auflösenden Bedingung i.S.d. § 36 Abs. 2 Nr. 3 VwVfG, z.B. mit der Wiederherstellung der satzungsgemäßen Zusammensetzung des Organs oder mit der Erfüllung der dringend zu erledigenden Aufgabe.[33] In diesem Fall endet die Maßnahme mit dem Eintritt der Bedingung ipso iure, was eine dementsprechende Sorgfalt bei ihrer Formulierung erfordert. Oder die Behörde versieht die Notmaßnahme mit einem **Widerrufsvorbehalt** gemäß § 36 Abs. 2 Nr. 3 VwVfG. Das ist aus Gründen der Rechtssicherheit **vorzugswürdig.** 32

3. Bestellung von Organmitgliedern

Die Bestellung eines Notmitglieds ist die „klassische“ auch von § 29 BGB vorgesehene Maßnahme. Dabei hat die Behörde zunächst zu prüfen, ob die Satzung bestimmte persönliche Eigenschaften (z.B. Alter, Geschlecht) und/oder Qualifikationen (z.B. Befähigung zum Richteramt) für das Organmitglied, das durch die Notbestellung vorübergehend ersetzt werden soll, verlangt.[34] Derartige Bestimmungen können daher ein echtes Bestellungshemmnis sein (s. aber Rn. 35). 33

---

32 Entgegen dem Wortlaut womöglich **a.A.** *Hüttemann/Rawert*, Beilage zu ZIP 33/2021, 3, 23.

33 Vgl. zu § 29 BayObLG – 3 Z BR 012/04, MittBayNot 2005, 56 = NotBZ 2005, 80; BayObLG NZG 2002, 433, 434; BayObLGZ 1988, 170, 171; Soergel/*Hadding*, BGB, § 29 Rn. 15; MüKoBGB/*Leuschner*, § 29 Rn. 19; BeckOK BGB/*Schöpflin*, § 29 Rn. 14.

34 Vgl. KG Rpfleger 2012, 634, 635 f.; BayObLGZ 1980, 306313 = NJW 1981, 995; BayObLG Rpfleger 1992, 114; MüKoBGB/*Leuschner*, § 29 Rn. 15.

Wurde das Verfahren von dem Antrag eines Beteiligten angestoßen, hat die Behörde sodann zu prüfen, ob und ggf. welchen Vorschlag der Beteiligte gemacht hat. Will sie diesem Vorschlag nicht folgen und ist dafür genügend Zeit, hat sie den Beteiligten anzuhören (Rn. 30, 28). Im Ergebnis hat die Behörde einen Kandidaten auszusuchen, der die erforderliche Sachkenntnis und genügend Zeit für die Wahrnehmung des Amtes hat. Besteht in der Stiftung Streit, darf die Behörde niemanden auswählen, der einem der verfeindeten Lager angehört,[35] und darf auch sonst keine Maßnahme ergreifen, die einer Seite das Übergewicht geben würde. Vielmehr hat sie auf die Neutralität des Kandidaten zu achten, wobei ein bloß gesellschaftlicher Kontakt zu einem Beteiligten kein Bestellungshindernis darstellt.[36] Kann die Behörde keine geeignete und für die befristete Übernahme des Amtes bereite Person finden, dann muss sie eine der anderen Notmaßnahmen wählen. Das zählt zu den großen Vorzügen der Neuregelung, weil das Amtsgericht in dieser Situation nach § 29 BGB den Antrag schlicht ablehnen muss.[37]

34 Das Notmitglied rückt grundsätzlich in das Amt des fehlenden Mitglieds ein.[38] Mit der Bestellung kann aber auch eine Erweiterung (Rn. 36) oder eine Beschränkung (Rn. 11) von Befugnissen verbunden werden.[39]

4. Verringerung der Zahl statutarisch erforderlicher Organmitglieder

35 Die einfachste Möglichkeit zur Wiederherstellung der Handlungsfähigkeit eines Organs ist die befristete Verringerung der Zahl seiner statutarisch erforderlichen Mitglieder. Das geht nur dann nicht, wenn alle Mitglieder des Organs fehlen, insbesondere das Organ ohnehin nur ein Mitglied hat. Und auch ansonsten darf die Behörde diese Maßnahme nicht unbesehen ergreifen, z.B. wenn der Vorstand aus zwei Personen besteht, von denen die eine immer wieder krank ist, weswegen die andere ihr Amt niedergelegt hat. Generell ist die Reduzierung der Anzahl der Organmitglieder auf Eines nach Möglichkeit zu vermeiden, auch wenn diese Maßnahme nur vorübergehender Natur ist.

5. Erweiterung der Befugnisse einzelner Organmitglieder

36 Nach dem Wortlaut ist die Behörde „*insbesondere befugt, ... von der satzungsmäßig vorgesehenen Zahl von Organmitgliedern befristet abzuweichen, insbesondere indem die Behörde einzelne Organmitglieder mit Befugnissen ausstattet, die ihnen nach der Satzung nur gemeinsam mit anderen Organmitgliedern zustehen.*“ Danach ist die Erweiterung der Befugnisse einzelner Organmitglieder also nur ein Unterfall der Verringerung der satzungsmäßig vorgesehenen Zahl von Organmitgliedern. Dementsprechend nennt die Begründung als Beispiel lediglich die Einräumung von Mehrstimmrechten (Rn. 11). Nach diesem Verständnis ist freilich nicht ersichtlich, was der Vorteil dieser Maßnahme gegenüber einer Verringerung der satzungsmäßig vorgesehenen Zahl von Organmitgliedern sein soll. Im Gegenteil! Bei einer Vakanz hilft diese Maßnahme oft gar nicht (§ 84b Rn. 34). Außerdem besteht insb. bei Organen mit einer kleinen Anzahl von Mitgliedern die Gefahr, dass durch die Einräumung eines Mehrstimmrechts zugunsten eines Organmitglieds das Machtgefüge innerhalb des Organs durcheinandergebracht wird. Zudem würde es der Wortlaut gestatten, anstelle der für drei Vorstandsmitglieder statutarisch vorgesehenen Gesamtgeschäftsführung und -vertretung, bei Ausscheiden eines Mitglieds die beiden übrigen vorüberge-

35 Vgl. KG Rpfleger 2012, 634, 636 = FGPrax 2012, 207, 208.

36 Vgl. KG Rpfleger 2012, 634, 636 = FGPrax 2012, 207, 208.

37 Vgl. OLG Frankfurt – 20 W 280/05, FGPrax 2006, 81; OLG Hamm NJW-RR 1996, 996.

38 Vgl. BayObLGZ 1980, 306 = NJW 1981, 995; BayObLG NJW-RR 1986, 523.

39 Vgl. BayObLGZ 1976, 126, 130 f.; BayObLG NJW-RR 1986, 523.

hend mit Einzelgeschäftsführung und -vertretungsmacht auszustatten. Auch das wäre wegen der verminderten Richtigkeitsgewähr eine ermessensfehlerhafte Entscheidung.

6. Keine abschließende Aufzählung

Die Aufzählung der möglichen Notmaßnahmen ist nach dem Wortlaut des Gesetzes nicht abschließend („insbesondere"). Denkbar ist zum Beispiel, dass sich die Behörde gezwungen sieht, sich bei einer Notbestellung über statutarisch erforderliche Eigenschaften oder Qualifikationen des Organmitglieds hinwegzusetzen (vgl. Rn. 38). Denkbar ist ferner, dass die Beschlussfähigkeit oder ein Beschlussquorum in der Satzung nach Köpfen formuliert ist (z.B. drei von vier), sodass – wenn kein Notmitglied gefunden werden kann – eine Verringerung der Zahl der statutarisch erforderlichen Mitglieder alleine nicht ausreicht, um die Handlungsfähigkeit wiederherzustellen. Hatte das fehlende Vorstandsmitglied als einziges von mehreren Vorstandsmitgliedern Einzelgeschäftsführungsbefugnis und Einzelvertretungsmacht, wird es regelmäßig geboten sein, die Befugnisse des Notvorstandes den Befugnissen der übrigen Vorstandsmitglieder anzupassen. 37

7. Ermessensleitende Gesichtspunkte

Alle vorgenannten Maßnahmen stellen – vorübergehende – Verstöße gegen die Satzung der Stiftung dar: Bei der Auswahl dieser Maßnahmen ist die Behörde daher strikt an den **Grundsatz der Verhältnismäßigkeit** gebunden. In jedem Einzelfall muss sie sich daher insb. folgende Fragen stellen: 38

- Ist eine der Maßnahmen besser als eine andere geeignet, die Interessen der Stiftung zu wahren? So ist zum Beispiel bei einem Stimmverbot (§ 84b Satz 2 BGB) die Bestellung eines Notvorstandes grundsätzlich vorzuziehen, weil der Notvorstand neutral ist.
- Welche Maßnahme greift weniger stark in die Satzung ein? Besteht z.B. ein Organ aus 5 oder mehr Personen, ist eine befristete Verringerung der Zahl der statutarisch erforderlichen Mitglieder um ein Mitglied der wohl mildeste Eingriff. Ist allerdings im konkreten Fall etwa wegen bekannten Rivalitäten zu befürchten, dass dadurch ein Patt entsteht, ist diese Maßnahme nicht geeignet und eine Notbestellung vorzuziehen. Dagegen kommt in diesem Fall die Einräumung eines Mehrstimmrechts schon gar nicht in Betracht, weil die Behörde damit zugunsten einer Seite in den Streit eingreifen würde.
- Welche Maßnahme führt schneller zur Widerherstellung der Handlungsfähigkeit? Dies Frage ist besonders wichtig, wenn Gefahren für die Interessen der Stiftung unmittelbar bevorstehen. Dann ist womöglich keine Zeit, nach einem Notmitglied zu suchen.
- Und nicht zuletzt: Welche Maßnahme entspricht am ehesten dem mutmaßlichen Stifterwillen?

II. Bewilligung einer Vergütung auf Kosten der Stiftung

Anders als § 29 BGB ermöglicht § 84c Absatz 2 BGB die angemessene Vergütung eines Notmitglieds auf Kosten der Stiftung. Das gilt auch dann, wenn die Satzung (§ 84a Abs. 1 S. 2 und 3 BGB) eine Vergütung nicht vorsieht (Rn. 13). Zweck der Vorschrift ist es, einen Anreiz zur Übernahme des Amtes zu schaffen. 39

1. Kumulative Voraussetzungen

40 Die Gewährung der Vergütung kann mit der Notbestellung verbunden werden oder nachträglich erfolgen. In beiden Fällen handelt es sich um einen an die Stiftung zu richtenden **belastenden Verwaltungsakt**, gegen den die Stiftung Rechtsmittel (Rn. 49 ff.) einlegen kann.

41 Damit die Behörde eine Vergütung gewähren darf, müssen kumulativ **drei Voraussetzungen** gegeben sein: Das Vermögen der Stiftung, der Umfang der Aufgabe und die Bedeutung der Aufgabe müssen die Vergütung rechtfertigen. Nimmt man diese Kriterien ernst, kommen grundsätzlich nur Notvorstände für eine Vergütung in Betracht, weil es andernfalls regelmäßig schon an dem erforderlichen Umfang der Tätigkeit mangelt (denkbare Ausnahme etwa besondere Vertreter i.S.d. § 30 BGB, dazu § 84 Rn. 82). Außerdem muss die Höhe der Vergütung im Verhältnis zum Vermögen der Stiftung, zum Umfang der Aufgabe und zur Bedeutung der Aufgabe angemessen sein. Die Höhe der Vergütung muss daher einem Drittvergleich standhalten. Das dürfte schwer werden, weil die allermeisten Organmitglieder von Stiftungen ehrenamtlich tätig sind. Aber vielleicht gelingt es den Stiftungsbehörden im Laufe der Zeit, in länderübergreifender Zusammenarbeit eine Art Tabelle zu fertigen, mit deren Hilfe sie sich orientieren und eine gleichbehandlungsgerechte Handhabung gewährleisten können.[40]

42 Vergleichsweise einfach ist die Lage nur, wenn dem durch Notbestellung zu ersetzenden Organmitglied schon bisher eine Vergütung bezahlt wurde. Dann spricht eine tatsächliche Vermutung dafür, dass diese Vergütung sowohl dem Grunde nach gerechtfertigt als auch der Höhe nach angemessen ist. Im Folgenden wird daher davon ausgegangen, dass das zu ersetzende Organmitglied ohne Vergütung tätig war.

43 **a) Vermögen der Stiftung.** Reichen die Erträge der Stiftung für eine Vergütung nicht aus, darf sie die Behörde grundsätzlich nicht gewähren. Nur im äußersten Notfall, wenn keine andere Möglichkeit besteht, die Handlungsfähigkeit der Stiftung wiederherzustellen und ihr andernfalls noch größere Nachteile entstünden, darf das Grundstockvermögen zur Vergütung eines Notvorstands angegriffen werden. Ein Grund, die Umwandlung in eine Verbrauchsstiftung in Erwägung zu ziehen,[41] ist das aber nur, wenn beispielsweise nicht einmal 840 Euro p.a. aus den Erträgen gezahlt werden können. Eine derart geringe Vergütung wird indes „niemanden hinter dem Ofen hervorlocken". Übersteigt die Vergütung diesen Betrag, müssen mit ihr freilich auch die (allerdings verhältnismäßig geringen) Haftungsrisiken abgegolten werden. Stellt man ferner den erforderlichen Umfang (Rn. 44) und die erforderliche Bedeutung (Rn. 45) der Tätigkeit in Rechnung, wird sich kaum ein qualifizierter Bewerber finden, der mit weniger als 450 Euro pro Monat zufrieden ist. Zudem muss nach dem Wortlaut von Absatz 2 auch das Vermögen der Stiftung so groß sein, dass es – in der Zusammenschau mit den beiden anderen Voraussetzungen – eine Vergütung rechtfertigt. Vor diesem Hintergrund ist daher wohl an größere Stiftungen mit einem Vermögen von einer Millionen Euro aufwärts gedacht.

44 **b) Umfang der Aufgabe.** Der Umfang der Aufgabe rechtfertigt nur dann eine Vergütung, wenn der mit ihr verbundene Arbeitsaufwand im Durchschnitt nicht viel weniger als 4 Stunden (= halber Arbeitstag) pro Woche verbunden ist. Auch das ist ein wichtiger Filter, wenn man

---

40 Anhaltspunkte bieten die verdienstvollen Untersuchungen von *Sandberg/Mecking*, Vergütung haupt- und ehrenamtlicher Führungskräfte in Stiftungen, Die Ergebnisse der Vergütungsstudie 2007, 2008; *dies.*, Führungskräfte in Stiftungen zwischen Ehrenamt und Spitzengehalt – Die Vergütungsstudie 2014, 2015. Die Spannbreite ist freilich enorm (2014: zwischen 22.000 und 345.000 EUR) und die Datenbasis schmal (2014: 109 hauptamtliche Vorstände). Weiterhelfen könnte auch die Studie zu GmbH-Geschäftsführervergütungen des BBE-Verlages, BFH – VR 5/17, DStR 2020, 1837, 1841 Rn. 46.

41 So *Hüttemann/Rawert*, Beilage zu ZIP 33/2021, 3, 23.

bedenkt, dass die Mehrzahl der ehrenamtlich tätigen Organmitglieder von Stiftungen durchschnittlich nur eine bis vier Stunden pro Monat (!) auf ihr Amt verwenden[42] und das selbst für 37 % der Mitglieder von Leitungsorganen von Stiftungen gilt, die über ein Vermögen von mehr als 100 Mio. Euro verfügen.[43] Eine Vergütung kommt daher in aller Regel allenfalls für Notvorstände in Betracht, da Aufsichtsräte von Stiftungen oft nur einmal pro Jahr, selten mehr als zweimal pro Jahr tagen, s. auch § 110 Abs. 3 AktG.

c) Bedeutung der Aufgabe. Die Bedeutung der Aufgabe bemisst sich nach dem Amt und der Schwierigkeit seiner Ausübung und somit auch nach der Qualifikation, die für die Amtsausübung erforderlich ist. Die für die Amtsausübung erforderliche Qualifikation ergibt sich aus § 84a Abs. 2 Satz 1 BGB. Danach ist für Vorstandsmitglieder als *„Maßfigur ... der professionelle und hauptamtliche Geschäftsleiter anzusehen, der die zur Ausübung seines Amtes die erforderlichen Fähigkeiten und Kenntnisse besitzt"*. Und *„Aufsichtsratsmitglieder haben entsprechend dem Leitbild des ordentlichen Geschäftsleiters sinngemäß ihre Funktion als ordentliche ‚Überwacher' einschließlich der Beratung des Vorstandes auszufüllen"* (§ 84a Rn. 8). Das bedeutet, dass Aufsichtsratsmitglieder nicht weniger qualifiziert sein dürfen als Vorstandsmitglieder, andernfalls sie sie nicht überwachen können. 45

2. Rechtsfolge

Nur wenn diese Voraussetzungen gegeben sind, darf die Behörde eine Vergütung in Erwägung ziehen, eröffnet sich also ihr Handlungs- und Auswahlermessen. Findet sich ein geeigneter Kandidat, der auch ohne Vergütung „einzuspringen" bereit ist, darf die Behörde grundsätzlich keine Vergütung verfügen, es sei denn, dass sie die begründete Sorge hat, dass das Notmitglied ihr andernfalls alsbald wieder „von der Fahne geht". Signalisiert ein Kandidat, dass er abhängig von der Vergütung bereit wäre, eine Notbestellung anzunehmen, wird die Behörde nicht umhinkommen, in Verhandlungen einzutreten. Dabei ist sie gut beraten, die Stiftung einzubeziehen, andernfalls sie Gefahr läuft, dass die Stiftung ihre Entscheidung anficht, was sich nicht zuletzt negativ auf die Zusammenarbeit mit dem Notmitglied und dessen Motivation auswirken dürfte. 46

Das Auswahlermessen der Behörde erstreckt sich nicht auf die Höhe der Vergütung. Sie muss angemessen sein, was einen Drittvergleich erfordert (Rn. 41). Das Auswahlermessen betrifft nur den Beginn und das Ende (s. Abs. 2 S. 2) der Vergütung. Dabei darf als Regelfall gelten, dass die Vergütung über die gesamte Dauer der Notbestellung gezahlt wird, aber natürlich nicht darüber hinaus, weil die Vergütung schon von Gesetzes wegen mit der Notbestellung verknüpft ist. Das gilt mithin auch, wenn sich das Notmitglied bereit erklärt, sich von der Stiftung statutarisch ordnungsgemäß bestellen zu lassen. 47

Nach Absatz 2 Satz 2 kann die Behörde die Bewilligung der Vergütung mit Wirkung für die Zukunft **ändern oder aufheben**. Die Vorschrift dürfte in der Praxis nur **geringe Bedeutung** haben. Eine „Gehaltserhöhung" ist praktisch nur in Ausnahmefällen denkbar, wenn sich die Vergütung als unangemessen niedrig herausstellen sollte. Und eine Herabsetzung oder Streichung der Vergütung kommt noch weniger in Betracht, es sei denn, die Behörde will das notbestellte Mitglied wieder loswerden. Damit könnte sie die Entscheidung freilich nicht rechtferti- 48

42 *Falk/Kramer/Zeidler*, in: Bundesverband Deutscher Stiftungen e. V. (Hrsg.), StiftungsStudie Führung, Steuerung und Kontrolle in der Stiftungspraxis, Bestandsaufnahme zur Anwendung der Grundsätze Guter Stiftungspraxis, Ergebnisse einer repräsentativen Befragung vom Frühjahr 2010, gefördert durch KPMG, 6, 18 ff.

43 Weitere 25 % dieser Kategorie arbeiten nicht mehr als 10 Stunden pro Monat. Und 13 % ist ihr Zeitaufwand nicht bekannt, *Falk/Kramer/Zeidler* in Bundesverband Deutscher Stiftungen e. V. (Hrsg.), StiftungsStudie Führung, Steuerung und Kontrolle in der Stiftungspraxis, Bestandsaufnahme zur Anwendung der Grundsätze Guter Stiftungspraxis, Ergebnisse einer repräsentativen Befragung vom Frühjahr 2010, gefördert durch KPMG, 19.

gen, sondern nur mit ihrer Unangemessenheit bzw. den drei oben genannten Kriterien. Ist die Behörde mit der Leistung des notbestellten Organmitglieds unzufrieden, ist seitens der Behörde allenfalls ein Widerruf der Notbestellung gemäß § 49 VwVfG oder eine Abberufung nach den einschlägigen landesrechtlichen Vorschriften möglich. Einmal mehr gilt also: „Die ich rief, die Geister, ...".

III. Wirksamkeit, Rechtsbehelfe

49 Die Notbestellung ist ein privatrechtsgestaltender belastender Verwaltungsakt i.S.d. § 35 VwVfG mit Doppelwirkung, nämlich für die Stiftung und den Bestellten. Die Notbestellung wird daher mit Bekanntgabe an die Stiftung und den Bestellten wirksam, § 43 Abs. 1 VwVfG. Wie jeder Bestellung muss der Bestellte ihr zustimmen.[44] Erst durch die **Zustimmung** wird er Organwalter der Stiftung. Der Verwaltungsakt ersetzt also nur den Bestellungsbeschluss der Stiftung. Für die Eintragung in das Stiftungsregister gilt § 84d BGB. Weil der Bestellte der Bestellung zustimmen muss, kann er sich gegen die Bestellung nicht mit Rechtsmitteln wehren; denn hierfür fehlt ihm ein Rechtsschutzinteresse.[45] Andere Notmaßnahmen haben dagegen keine Doppelwirkung, müssen also nur der Stiftung bekannt gemacht werden und sind damit wirksam.

50 Die Stiftung kann eine ihr unliebsame Notbestellung nicht dadurch unterlaufen, dass sie das notbestellte Organmitglied abberuft.[46] Vielmehr gilt Folgendes:

51 **Ist die Notmaßnahme rechtswidrig, bleibt sie gleichwohl wirksam bis:**

- die Notmaßnahme von der Behörde gemäß § 48 Abs. 1 VwVfG zurückgenommen wurde,
- ihr aufgrund eines Widerspruchs der Stiftung (§ 68 VwGO) gemäß § 72 VwGO abgeholfen wurde,
- die aufschiebende Bedingung (§ 36 Abs. 2 Nr. 2 VwVfG) eingetreten oder die Notmaßnahme von der Behörde gemäß § 36 Abs. 2 Nr. 3 VwVfG widerrufen wurde (Rn. 32),
- sich die Notbestellung z.B. durch eine Amtsniederlegung des Bestellten, seine Abberufung durch die Behörde nach Landesstiftungsrecht oder seiner statutarisch ordnungsgemäßen Bestellung durch die Stiftung erledigt hat (§ 43 Abs. 2 VwVfG) oder
- das Verwaltungsgericht aufgrund einer Anfechtungsklage (§ 42 VwGO) die Notmaßnahme aufhebt (§ 113 Abs. 1 VwGO).

52 Ob auch die Beantragung einer einstweiligen Anordnung (§ 123 VwGO) zulässig ist, ist eine Frage des Einzelfalls.

53 **Ist die Notmaßnahme rechtmäßig, bleibt sie wirksam bis:**

- die Notmaßnahme von der Behörde gemäß § 49 Abs. 1 VwVfG widerrufen wurde,
- die aufschiebende Bedingung (§ 36 Abs. 2 Nr. 2 VwVfG) eingetreten oder die Notmaßnahme von der Behörde gemäß § 36 Abs. 2 Nr. 3 VwVfG widerrufen wurde (Rn. 32) oder
- sich die Notbestellung z.B. durch eine Amtsniederlegung des Bestellten, seine Abberufung durch die Behörde nach Landesstiftungsrecht oder seiner statutarisch ordnungsgemäßen Bestellung durch die Stiftung erledigt hat (§ 43 Abs. 2 VwVfG).

54 Gegen einen Widerruf nach §§ 36 Abs. 2 Nr. 3, 49 Abs. 1 VwVfG sowie gegen eine Abberufung nach Landesstiftungsrecht können sich die Stiftung und der Notbestellte mit Widerspruch und Anfechtungsklage zur Wehr setzen.

55 Vorstehendes gilt für die Festsetzung einer **Vergütung** nach Absatz 2 entsprechend. Das Gericht kann die Vergütung allerdings nicht nur aufheben, sondern auch herabsetzen, § 113 Abs. 2 VwGO. Selbst, wenn eine Vergütung von der Behörde festgesetzt wird, kommt mit der Zustimmung zu der **Bestellung kein konkludent geschlossener Anstellungsvertrag** (s. § 84a

---

44 KG NJW-RR 2001, 900, 901; OLG Düsseldorf – I-3 Wx 35/16, NZG 2016, 698; BeckOK BGB/*Schöpflin*, § 29 Rn. 11.
45 OLG Düsseldorf – I-3 Wx 35/16, NZG 2016, 698 = Rpfleger 2016, 482; BeckOK BGB/*Schöpflin*, § 29 Rn. 11.
46 BeckOK BGB/*Schöpflin*, § 29 Rn. 14.

Rn. 103). Die gegenteilige Ansicht zu § 29 BGB[47] beruht wohl auf dem Fehlen einer Absatz 2 entsprechenden Regelung und dem Umstand, dass das GmbHG keine § 85 Abs. 3 AktG entsprechende Vorschrift aufweist.

47 OLG Frankfurt a.M. – 20 W 280/05, FGPrax 2006, 81, 82; BayObLGZ 1975, 260, 262 beide zur GmbH; BeckOK BGB/*Schöpflin*, § 29 Rn. 13.

§ 84d Anmeldung von Änderungen beim Vorstand oder bei besonderen Vertretern

[1]Jede Änderung hinsichtlich des Vorstands sowie der besonderen Vertreter, die zur Vertretung der Stiftung berechtigt sind, ist vom Vorstand zur Eintragung in das Stiftungsregister anzumelden. [2]Der Anmeldung sind die Dokumente beizufügen, aus denen sich die Änderungen ergeben.

Begründung

1 *„§ 84d BGB-neu ergänzt die §§ 84 ff. BGB-neu um Registerpflichten bei Änderungen der Zusammensetzung von Stiftungsorganen oder deren Vertretungsmacht.*

2 ***Zu Satz 1:*** *Nach § 84d Satz 1 BGB-neu ist vom Vorstand jede Änderung hinsichtlich des Vorstands oder der besonderen Vertreter, die zur Vertretung der Stiftung befugt sind, zur Eintragung in das Stiftungsregister anzumelden. Dies gilt auch, wenn diese Änderungen auf Notmaßnahmen nach § 84c BGB beruhen, die von den zuständigen Stiftungsbehörden getroffen wurden. § 84d BGB-neu erfasst sowohl die Änderungen bei den Vorstandsmitgliedern oder den Personen, die zu besonderen Vertretern bestellt werden, als auch Änderungen hinsichtlich der Vertretungsmacht der Vorstandsmitglieder oder besonderen Vertreter, die immer mit einer anmeldepflichtigen Satzungsänderung einhergehen. Erfasst werden auch Änderungen hinsichtlich etwaiger Beschränkungen der Vertretungsmacht des Vorstands nach § 84 Absatz 3 BGB-neu.*

3 ***Zu Satz 2:*** *Nach § 84d Satz 2 BGB-neu sind der Anmeldung Abschriften der Dokumente beizufügen, aus denen sich die Änderungen beim Vorstand oder den besonderen Vertretern ergeben. Bei der Anmeldung eines Amtswechsels im Vorstand muss die Registerbehörde aufgrund dieser Dokumente prüfen können, dass das im Register eingetragene Vorstandsmitglied sein Amt verloren hat und das neu einzutragende Vorstandsmitglied wirksam bestellt wurde. Dasselbe gilt, wenn Änderungen bei* der Vertretungsmacht von Vorstandsmitgliedern oder besonderen Vertretern angemeldet werden.“[1]

1 BT-Ds. 19/28173, 84.

https://doi.org/10.1515/9783110251524-025

§ 85 Voraussetzungen für Satzungsänderungen

(1) [1]Durch Satzungsänderung kann der Stiftung ein anderer Zweck gegeben oder der Zweck der Stiftung kann erheblich beschränkt werden, wenn

1. der Stiftungszweck nicht mehr dauernd und nachhaltig erfüllt werden kann oder

2. der Stiftungszweck das Gemeinwohl gefährdet.

[2]Die Voraussetzungen des Satzes 1 Nummer 1 liegen insbesondere vor, wenn eine Stiftung keine ausreichenden Mittel für die nachhaltige Erfüllung des Stiftungszwecks hat und solche Mittel in absehbarer Zeit auch nicht erwerben kann. [3]Der Stiftungszweck kann nach Satz 1 nur geändert werden, wenn gesichert erscheint, dass die Stiftung den beabsichtigten neuen oder beschränkten Stiftungszweck dauernd und nachhaltig erfüllen kann. [4]Liegen die Voraussetzungen nach Satz 1 Nummer 1 und Satz 3 vor, kann eine auf unbestimmte Zeit errichtete Stiftung auch abweichend von § 83c durch Satzungsänderung in eine Verbrauchsstiftung umgestaltet werden, indem die Satzung um Bestimmungen nach § 81 Absatz 2 ergänzt wird.

(2) [1]Durch Satzungsänderung kann der Stiftungszweck in anderer Weise als nach Absatz 1 Satz 1 oder es können andere prägende Bestimmungen der Stiftungsverfassung geändert werden, wenn sich die Verhältnisse nach Errichtung der Stiftung wesentlich verändert haben und eine solche Änderung erforderlich ist, um die Stiftung an die veränderten Verhältnisse anzupassen. [2]Als prägend für eine Stiftung sind regelmäßig die Bestimmungen über den Namen, den Sitz, die Art und Weise der Zweckerfüllung und über die Verwaltung des Grundstockvermögens anzusehen.

(3) Durch Satzungsänderung können Bestimmungen der Satzung, die nicht unter Absatz 1 oder Absatz 2 Satz 1 fallen, geändert werden, wenn dies der Erfüllung des Stiftungszwecks dient.

(4) [1]Im Stiftungsgeschäft kann der Stifter Satzungsänderungen nach den Absätzen 1 bis 3 ausschließen oder beschränken. [2]Satzungsänderungen durch Organe der Stiftung kann der Stifter im Stiftungsgeschäft auch abweichend von den Absätzen 1 bis 3 zulassen. [3]Satzungsbestimmungen nach Satz 2 sind nur wirksam, wenn der Stifter Inhalt und Ausmaß der Änderungsermächtigung hinreichend bestimmt festlegt.

Schrifttum

Arnold, Die Sitzverlegung von Stiftungen, FS Schack, 2022, S. 3; *Beckmann*, Die Änderung der Stiftungssatzung, 2005; *Breuer*, Zweckumwandlung und Aufhebung von Stiftungen nach deutschem Recht – unter vergleichender Heranziehung entsprechender Einrichtungen im anglo-amerikanischen Recht, 1967; *Busch*, Die Cyprés-Doktrin – Änderungen des Stiftungszwecks in den USA und in Deutschland, 2021; *Haefelin*, Die Anpassung der Stiftung an veränderte Verhältnisse, 1946; *Hahn*, Die organschaftliche Änderung der Stiftungssatzung nach der Reform der Landesstiftungsgesetze, 2010; *Happ*, Stifterwille und Zweckänderung: Möglichkeiten und Grenzen einer Änderung des Stiftungszwecks durch Organbeschluss, 2007; *Heimberger*, Die Veränderung des Stiftungszwecks, 1913; *Hüttemann/Rawert*, Die notleidende Stiftung, ZIP 2013, S. 2136; *Kanes/Domcke*, Zweckänderungen bei Familienstiftungen, DNotZ 1965, S. 217; *Kilian*, Voraussetzung einer Zweckänderung – Ein praktisches Beispiel, ZSt 2005, S. 172; *Mirbach*, Stiftungszweck und Gemeinwohlgefährdung, 2011; *Muscheler*, Stiftung und Gemeinwohlgefährdung, NJW 2003, S. 3161; *ders.*, Satzungsdurchbrechung in der Stiftung, in: Kohl/Kübler/u.a. (Hrsg.), GedSchr Walz, 2008, S. 451; *Rawert*, Anmerkung zu OLG Hamburg, Urteil v. 31.8.1994, Az. 13 U 33/93 – Unwirksamkeit des Ausschlusses der Destinatäre von der Stiftungsverwaltung bei Satzungsänderung gegen den mutmaßlichen Willen des Stifters („Fontenay"), ZIP 1994, S. 1952; *Reuter*, Die Änderung der Stiftungssatzung, in: Andrick/Hellmig/u.a. (Hrsg.), Die Stiftung – Jahreshefte zum Stiftungswesen, 4. Jahrgang 2010, S. 49; *Schauer*, Grundlagenänderungen nach der Reform des Stiftungsrechts, npoR 2022, 54; *Suerbaum*, Satzungsänderungen im unechten Dreieck – Anmerkungen zum Beschluss des OVG Berlin vom 1.11.2002 (2 S 19. 02), ZSt 2004, S. 34; *Thiesing*, Zur Aufhebung und Änderung der Verfassung einer Stiftung, DJZ 1913, S. 318; *A. Werner*, Satzungsänderungen durch Stiftungsorgane gemäß den Voraussetzungen der Landesstiftungsgesetze, ZStV 2012, S. 189; *O. Werner*, Grenzen der Gestaltungsfreiheit in Stiftungssatzungen – insbesondere solcher mit dem Ziel der Möglichkeit späterer Änderungen, in: Hager (Hrsg.), Entwicklungstendenzen im Stiftungsrecht, 2008, S. 50; *O. Werner*, Der Wechsel von unselbständigen in selbständige

https://doi.org/10.1515/9783110251524-026

und von privatnützigen in gemeinnützige Stiftungen, in: Andrick/Gantenbrink/u.a. (Hrsg.), Die Stiftung – Jahreshefte zum Stiftungswesen 2011, S. 55; *Wiesner*, Korporative Strukturen bei der Stiftung bürgerlichen Rechts. Zu den Möglichkeiten und Grenzen von Satzungsänderungen durch Organbeschluss, 2012.

Übersicht

A. Grundlagen

I. Bisheriger Rechtszustand — 1

II. Norminhalt, -systematik und -zweck — 2

III. Begründung
1. Regierungsentwurf — 4
2. Rechtsausschuss — 30

IV. Bewertung — 36

B. Austausch oder erhebliche Beschränkung des Stiftungszwecks, Absatz 1 Satz 1 bis 3

I. Stiftungszweck — 37
1. Austausch — 40
2. Erhebliche Beschränkung — 41

II. Stiftungszweck kann nicht mehr dauernd und nachhaltig erfüllt werden — 44
1. Scheitern des Lebensfähigkeitskonzepts — 45
   a) Keine ausreichenden Mittel vorhanden — 47
   b) Keine ausreichenden Mittel zu erwarten — 54
2. Unmöglichkeit — 58

III. Gemeinwohlgefährdung — 59

IV. Dauernde und nachhaltige Erfüllung des neuen Stiftungszwecks gewährleistet — 60

V. Stifterwille — 61

C. Umwandlung einer „Ewigkeitsstiftung“ in eine Verbrauchsstiftung, Absatz 1 Satz 4

I. Voraussetzungen — 65

II. Rechtsfolgen — 69

D. Änderung prägender Satzungsbestandteile, Absatz 2 — 70

I. Regelbeispiele
1. Andere Zweckänderungen als nach Absatz 1 — 78
   a) Unerhebliche Zweckbeschränkungen — 79
   b) Zweckerweiterungen — 81
2. Name — 83
3. Satzungssitz — 85
4. Art und Weise der Zweckerfüllung — 86
5. Bestimmungen über die Verwaltung des Grundstockvermögens — 88
6. Umwandlung in eine Hybridstiftung (§ 83b Abs. 3) — 89
7. Änderung der Bestimmungen nach § 81 Absatz 2 BGB — 90
8. Änderungen der Zusammensetzung und Aufgaben der Organe — 91
9. Änderung der Gemeinnützigkeit oder Kirchlichkeit — 93
10. Ermessen — 94

II. Wesentliche Änderung der Verhältnisse nach Errichtung der Stiftung — 95

III. Erforderlichkeit — 101

IV. Stifterwille — 102

V. Lebensfähigkeit — 104

E. Sonstige Satzungsänderungen, Absatz 3 — 105

F. Gestaltungsmöglichkeiten des Stifters, Absatz 4 — 107

I. Ausschluss oder Beschränkung von Satzungsänderungen, Satz 1 — 110

II. Erleichterung von Satzungsänderungen, Satz 2 und 3 — 113
1. Ausmaß der Änderungsermächtigung — 115
2. Inhalt der Änderungsermächtigung — 116

A. Grundlagen

I. Bisheriger Rechtszustand

Nach bisherigem Recht richteten sich Grundlagenänderungen in erster Linie nach der Stiftungssatzung, vgl. § 85 BGB a.F. Dabei waren die Grenzen der Gestaltungsfreiheit sehr umstritten.[1] Dieser Streit hatte freilich geringe praktische Bedeutung, weil die meisten Stiftungssatzungen ohnehin nur die Zuständigkeit und Quoren für Grundlagenänderungen regeln. Abseits statutarischer Vorgaben normierte § 87 BGB a.F. die Voraussetzungen für eine Zweckänderung oder eine Aufhebung durch die Behörde. Sonstige Satzungsänderungen richteten sich richtigerweise nach § 86 S. 1 i.V.m. § 27 Abs. 3 S. 1 i.V.m. § 665 BGB.[2] Allerdings enthielt auch das Landesrecht zahlreiche Bestimmungen, die zumeist als Genehmigungsvoraussetzungen „getarnt" Grundlagenänderungen aller Art im Einzelnen recht unterschiedlich normierten.[3] Diese Bestimmungen wurden freilich zunehmend – wenngleich zu Unrecht[4] – für verfassungswidrig gehalten.[5] Mit alledem räumen §§ 85 bis 87a BGB nun auf. Das ist allein schon wegen der damit verbundenen Rechtssicherheit ein Fortschritt. 1

II. Norminhalt, -systematik und -zweck

§ 85 BGB regelt **verschiedene Arten von Grundlagenänderungen** und ordnet sie **nach der Schwere des Eingriffs** in die „Identität" (Rn. 42) der Stiftung entsprechend dem **Grundsatz der Verhältnismäßigkeit** mit unterschiedlich strengen Voraussetzungen in drei Gruppen: Die erste Gruppe (Absatz 1) umfasst Zweckauswechselungen, erhebliche Zweckbeschränkungen sowie die Umwandlung einer „Ewigkeitsstiftung" in eine Verbrauchsstiftung. Diese drei Grundlagenänderungen bewertet das Gesetz als die schwersten Eingriffe in die „Identität" der Stiftung und knüpft an sie daher die strengsten Voraussetzungen. Die zweite Gruppe (Absatz 2) betrifft sonstige Zweckänderungen, also auch Zweckerweiterungen (soweit mit ihnen keine erhebliche Zweckbeschränkung einhergeht, Rn. 43), und die Änderung anderer prägender Satzungsbestandteile. Absatz 3 (dritte Gruppe) ist ein Auffangtatbestand für die Änderung aller sonstigen Satzungsbestandteile, die nicht unter Absatz 1 oder 2 fallen. Absatz 4 erlaubt von den Absätzen 1 bis 3 abweichende Satzungsregeln, allerdings nur unter Einhaltung bestimmter Voraussetzungen. Sowohl Zu- und Zusammenlegung (§§ 86 bis 86i BGB) als auch die Auflösung (§ 87 BGB) haben Sonderregelungen erfahren, wobei die Auflösung von Gesetzes wegen ultima ratio ist. Zum Verhältnis von §§ 85, 86 ff. und 87 BGB eingehend § 87 Rn. 21 ff. 2

Sinn und Zweck der §§ 85 bis 87 BGB ist die bundesrechtliche Vereinheitlichung der Voraussetzungen von Grundlagenänderungen und ihrer Genehmigung. Das war aus den vorgenannten Gründen (Rn. 1) ein besonders wichtiger Schritt. Da die Zu-, Zusammenlegungen und die Aufhebung von Stiftungen praktisch selten sind, kann man § 85 BGB geradezu als das **Herzstück der Reform** bezeichnen. Dabei folgt die Vorschrift mehr von der herrschenden Lehre entwickelten Vorstellungen als landesrechtlichen Vorbildern (auch wenn die Begründung des Regierungsentwurfs das Gegenteil behauptet, Rn. 4). 3

---

1 S. insb. *Burgard*, Gestaltungsfreiheit, 335 ff. einerseits und Staudinger/*Hüttemann*/*Rawert*, BGB, § 85 Rn. 9 ff. sowie MüKoBGB/*Weitemeyer*, § 85 Rn. 13 andererseits; vgl. auch MünchHdB GesR VII/*Roth*, § 101 Rn. 1 f.

2 *Burgard*, Gestaltungsfreiheit, 348 und 357; sehr streitig, **a.A.** z.B. MüKoBGB/*Weitemeyer*, § 85 Rn. 12 (Rechtsgedanke des § 313 BGB).

3 So etwa beispielhaft § 14 Abs. 2 S. 2 BWStiftG; Art. 5 Abs. 1 S. 1 BayStiftG; § 10 Abs. 1 S. 2 BbgStiftG; § 5 BlnStiftG; § 8 Abs. 2 S. 1 BremStiftG; § 7 Abs. 3 HamStiftG; § 9 Abs. 1 S. 3 HeStiftG; § 9 Abs. 1 S. 1 MVStiftG; § 7 Abs. 3 S. 3 NdsStiftG; § 5 Abs. 2 S. 2 NRWStiftG.

4 *Burgard*, Gestaltungsfreiheit, 358 f.

5 Statt vieler Staudinger/*Hüttemann*/*Rawert*, BGB, § 85 Rn. 28; MüKoBGB/*Weitemeyer*, § 85 Rn. 7, jew. m.w.N.

III. Begründung

1. Regierungsentwurf

4 *„§ 85 BGB-neu regelt die Voraussetzungen für die Änderungen der Stiftungsverfassung durch Satzungsänderung durch die Stiftungsorgane und die nach Landesrecht zuständigen Behörden bundesrechtlich abschließend. § 85 BGB-neu ersetzt § 87 BGB, soweit dieser die Änderung des Stiftungszwecks regelte, und die landesrechtlichen Vorschriften über Satzungsänderungen durch die Stiftungsorgane und die zuständigen Behörden. Die Vorschrift ist weitgehend § 87 BGB und den landesrechtlichen Vorschriften über Satzungsänderungen nachgebildet. § 85 BGB-neu enthält wie die Vorgängervorschriften gesetzliche Ermächtigungen für Satzungsänderungen durch den Vorstand der Stiftung, ein anderes zuständiges Stiftungsorgan oder die nach Landesrecht zuständigen Behörden.*

5 *Nach § 85 BGB-neu können Satzungsbestimmungen geändert, ergänzt oder aufgehoben werden und dadurch die Stiftungsverfassung, soweit sie durch die Satzung bestimmt werden kann, geändert werden. Die Vorschrift unterscheidet zwischen drei Gruppen von Änderungen der Stiftungsverfassung durch Satzungsänderung, die an unterschiedliche Voraussetzungen gebunden werden. Die Voraussetzungen für Satzungsänderungen sind desto strenger, je stärker die Satzungsänderungen in die Stiftungsverfassung (§ 83 BGB-neu) eingreifen und damit die Stiftung verändern. Nach § 85 Absatz 1 und 2 BGB-neu sind auch Änderungen des in der Satzung festgelegten Zwecks möglich. Als Zweck ist bei der Stiftung wie beim Verein der oberste Leitsatz der Stiftungstätigkeit anzusehen, der das Handeln der Stiftung nach dem Willen des Stifters bestimmen soll.*

6 *Bei jeder Zweckänderung muss die Satzungsbestimmung, in welcher der Zweck festgelegt wurde (sogenannte Zweckbestimmung), geändert werden. Nicht jede Ergänzung, Erweiterung oder Begrenzung der Zweckbestimmung ist aber auch eine Zweckänderung. Häufig enthalten die Zweckbestimmungen in der Satzung zusätzlich auch noch Angaben zur Art und Weise der Zweckerfüllung oder wiederholen die steuerlichen Tatbestände in § 52 Absatz 2, § 53 oder § 54 AO, nach denen der Zweck als ein steuerbegünstigter Zweck anzusehen ist. Eine Änderung der Zweckbestimmung ist nur dann auch eine Zweckänderung, wenn sich dadurch die inhaltliche Ausrichtung der Stiftung in einer für den Stifter zur Zeit der Errichtung der Stiftung unvorhersehbaren Weise wandelt. Eine solche Änderung liegt zum Beispiel vor, wenn das typische Aufgabengebiet der Stiftung geändert werden soll oder das bestehende Aufgabengebiet um ein weiteres Aufgabengebiet ergänzt werden soll. Eine Änderung von Teilen der Zweckbestimmung in der Satzung, die nur die Mittel zur Erreichung des Zwecks aufführen, ist grundsätzlich keine Zweckänderung, es sei denn, dem Stifter kam es gerade auch auf die besondere Art und Weise der Zweckerfüllung an.*

7 *Die Regelungen in § 85 Absatz 1 bis 3 BGB-neu sind für den Stifter dispositiv. Er kann in der Errichtungssatzung nach Maßgabe des § 85 Absatz 4 BGB-neu abweichende Regelungen zur Satzungsänderung treffen.*

8 *Bei jeder Satzungsänderung ist nach § 83 Absatz 2 BGB-neu der Wille des Stifters zu beachten. Gegen den Willen des Stifters kann die Satzung nicht geändert werden. Bei jeder Satzungsänderung ist immer zu fragen, ob es mit dem Stifterwillen vereinbar ist, dass die jeweilige Bestimmung der Stiftungsverfassung überhaupt geändert wird, und inwieweit es gegebenenfalls eine Alternative zu der geplanten Neuregelung gibt, die dem Stifterwillen besser entspräche.*

9 ***Zu Absatz 1:** In § 85 Absatz 1 BGB-neu werden die Voraussetzungen für grundlegende Änderungen des Stiftungszwecks neu geregelt.*[6]

10 ***Zu Satz 1:** § 85 Absatz 1 Satz 1 BGB-neu regelt den gravierendsten Fall des Eingriffs in die Satzung der Stiftung. Er bestimmt die Voraussetzungen für Satzungsänderungen, durch die der Zweck der Stiftung ausgetauscht oder erheblich beschränkt werden soll. Eine Zweckbeschränkung ist als erheblich anzusehen, wenn die Stiftung dadurch ihre Identität ändert. Dies wird regelmäßig anzunehmen sein, wenn eine Stiftung zwei gleichwertige Zwecke hat und einer der Zwecke aufgege-*

6 BT-Ds. 19/28173, 64.

ben werden soll, weil nicht mehr beide dauernd und nachhaltig erfüllt werden können. So dürfte regelmäßig eine erhebliche Zweckbeschränkung vorliegen, wenn eine Stiftung, die den Zweck hat, die Kunst und die Wissenschaft gleichmäßig zu fördern, künftig nur noch den Zweck der Wissenschaftsförderung erfüllen soll. Das Gleiche gilt, wenn ein sehr weitgefasster Zweck erheblich verengt werden soll. Dies wäre zum Beispiel gegeben, wenn der Zweck einer Stiftung, der darauf gerichtet ist, alle bedrohten Tiere zu schützen, auf den Schutz einer bestimmten bedrohten Tierart beschränkt werden soll. Eine erhebliche Zweckbeschränkung kann auch in der Ergänzung eines neuen Zwecks liegen, der die Erfüllung des alten Zwecks erheblich einschränkt.

Auch wenn die Voraussetzungen des § 85 Absatz 1 Satz 1 BGB-neu vorliegen, wird ein Austausch des Stiftungszwecks nur in den sehr seltenen Ausnahmefällen möglich sein, in denen sich ein möglicher neuer Zweck aus dem Stiftungsgeschäft erschließen lässt. Typischer Anwendungsfall des § 85 Absatz 1 Satz 1 BGB-neu werden deshalb Zweckbeschränkungen sein, insbesondere, wenn sich das Vermögen einer Stiftung erheblich verringert hat und nicht die Aussicht besteht, dass die Stiftung in größerem Umfang neues Vermögen erwerben kann, um die eingetretenen Vermögensverluste auszugleichen. 11

***Zu Nummer 1:** Der Zweck einer Stiftung kann durch Satzungsänderung aufgrund des § 85 Absatz 1 Satz 1 Nummer 1 BGB-neu ausgetauscht oder erheblich beschränkt werden, wenn die dauernde und nachhaltige Zweckerfüllung unmöglich ist. Das entspricht den Voraussetzungen für die Auflösung oder Aufhebung der Stiftung nach § 87 Absatz 1 Satz 1 BGB-neu. Für die Auflösung wird allerdings verlangt, dass die dauernde und nachhaltige Zweckerfüllung endgültig unmöglich ist. Damit wird klargestellt, dass die Auflösung gegenüber Satzungsänderungen nach § 85 Absatz 1 BGB-neu nachrangig ist.* 12

Die dauernde und nachhaltige Erfüllung des Stiftungszwecks ist unmöglich, wenn die Stiftung ihren Zweck nicht wirksam erfüllen kann und nicht damit zu rechnen ist, dass dies von der Stiftung in absehbarer Zeit geändert werden kann. Es kann eine anfängliche oder nachträgliche Unmöglichkeit sein: Fälle anfänglicher Unmöglichkeit, bei denen die dauernde und nachhaltige Zweckerfüllung schon bei der Errichtung nicht möglich ist, sind allenfalls seltene Ausnahmen. Regelfall ist, dass die dauernde und nachhaltige Zweckerfüllung erst nach einer gewissen Zeit unmöglich geworden ist. Dies ist insbesondere der Fall, wenn die Stiftung nicht mehr über ausreichendes Vermögen für eine dauernde und insbesondere auch nachhaltige Zweckerfüllung verfügt und auch nicht zu erwarten ist, dass die Stiftung alsbald durch Zuwendungen, insbesondere Zustiftungen, neues Vermögen erlangen kann. Dies kann darin begründet sein, dass die Stiftung Vermögen eingebüßt hat oder mit ihrem Vermögen aufgrund der Entwicklungen am Kapitalmarkt keine Anlagemöglichkeiten mehr hat, um ausreichende Erträge für eine nachhaltige Erfüllung des Stiftungszwecks zu erzielen. 13

***Zu Nummer 2:** Eine Satzungsänderung, mit der der Zweck der Stiftung ausgetauscht oder beschränkt wird, ist nach § 85 Absatz 1 Satz 1 Nummer 2 BGB-neu auch möglich, wenn der bestehende Zweck das Gemeinwohl gefährdet. In diesem Fall ist die Stiftung von der nach Landesrecht zuständigen Behörde nach § 87a Absatz 2 Nummer 2 BGB-neu aufzuheben, wenn die Gefährdung des Gemeinwohls nicht auf andere Weise beseitigt werden kann. Die zuständige Behörde hat im Rahmen des § 87a Absatz 2 Nummer 2 BGB-neu immer auch zu prüfen, ob die Gemeinwohlgefährdung durch eine Zweckänderung auf der Grundlage des § 85 Absatz 1 Satz 1 Nummer 2 BGB-neu beseitigt werden kann. Ist dies der Fall, so wird in der Regel eine mögliche Satzungsänderung das mildere Mittel darstellen, so dass die Stiftung nicht aufzuheben ist.* 14

***Zu Satz 2* [jetzt Satz 3]: *Wenn die Voraussetzungen des § 85 Absatz 1 Satz 1 Nummer 1 oder 2 BGB-neu vorliegen, ist die Zweckänderung nach § 85 Absatz 1 Satz 2 BGB-neu nur zulässig, wenn nach der Zweckänderung die dauernde und nachhaltige Erfüllung des neuen oder eingeschränkten Stiftungszwecks gesichert erscheint. Wenn insbesondere eine*[7] *Zweckänderung nach § 85 Absatz 1 Nummer 1 BGB-neu nicht bewirken kann, dass für die Stiftung wieder eine positive Lebensfähigkeitsprognose besteht, dann ist die Zweckänderung nach § 85 Absatz 1 Satz 2 BGB-neu nicht mög-* 15

7 BT-Ds. 19/28173, 65.

lich. In diesen Fällen bleibt nur die Auflösung oder Aufhebung der Stiftung oder gegebenenfalls eine Zulegung oder Zusammenlegung.

16 ***Zu Satz 3* [jetzt Satz 4]:** *§ 85 Absatz 1 Satz 3 BGB-neu regelt die Voraussetzungen für die Umgestaltung einer auf unbestimmte Zeit errichteten Stiftung in eine Verbrauchsstiftung. Dazu ist die Ergänzung der Satzung um Bestimmungen nach § 81 Absatz 2 BGB-neu erforderlich, durch die die Stiftung befristet und das gesamte Grundstockvermögen abweichend von § 83c BGB-neu nachträglich zu sonstigem Vermögen bestimmt werden kann. Für die Stiftung gilt dann wie für alle anderen Verbrauchsstiftungen auch § 83b Absatz 1 Satz 2 BGB-neu. Nach der Umgestaltung besteht das Stiftungsvermögen nur aus sonstigem Vermögen.*

17 *Die Umgestaltung einer auf unbestimmte Zeit errichteten Stiftung in eine Verbrauchsstiftung durch Satzungsänderung ist nach § 85 Absatz 1 Satz 3 BGB-neu* **[jetzt Satz 4]** *nur möglich, wenn die Voraussetzungen nach § 85 Absatz 1 Satz 1 Nummer 1 und Satz 2 BGB-neu* [jetzt Satz 3] *vorliegen. Nach § 85 Absatz 1 Nummer 1 BGB-neu ist Voraussetzung für die Umgestaltung in eine Verbrauchsstiftung, dass die Stiftung ihren Zweck nicht mehr dauern und nachhaltig erfüllen kann. Eine Stiftung, bei der diese Voraussetzungen vorliegen, kann aber nur dann in eine Verbrauchsstiftung umgestaltet werden, wenn sie entsprechend § 85 Absatz 1 Satz 2 BGB-neu* **[jetzt Satz 3]** *ihren Zweck als Verbrauchsstiftung wieder dauernd und nachhaltig erfüllen kann. Dies setzt voraus, dass die neu entstandene Verbrauchsstiftung die Anerkennungsvoraussetzungen nach § 82 Satz 1 BGB-neu erfüllt. Die Umgestaltung in eine Verbrauchsstiftung ist kein Liquidationsersatz. Deshalb kommt die Umwandlung in eine Verbrauchsstiftung insbesondere in den Fällen in Betracht, in denen die Stiftung zwar noch über einiges Stiftungsvermögen verfügt, aber mit diesem Vermögen keine ausreichenden Erträge mehr erzielen kann, um den Stiftungszweck nachhaltig zu erfüllen und auch keine Zuwendungen Dritter erhält, die die fehlenden Erträge aus dem Stiftungsvermögen ersetzen könnten.*

18 *Liegen die Voraussetzungen des § 85 Absatz 1 Satz 1 Nummer 1 BGB-neu vor, ist es auch denkbar, eine Zweckänderung und die Umgestaltung in eine Verbrauchsstiftung zu kombinieren, wenn dies dazu führt, dass der geänderte Stiftungszweck mit dem vorhandenen Stiftungsvermögen in einer Verbrauchsstiftung wieder dauernd und nachhaltig erfüllt werden kann. Ist auch dies nicht möglich, bleibt nur die Beendigung der Stiftung durch Auflösung oder durch Aufhebung mit sich regelmäßig anschließender Liquidation der Stiftung oder gegebenenfalls eine Zulegung oder Zusammenlegung.*

19 ***Zu Absatz 2:*** *§ 85 Absatz 2 BGB-neu regelt die Voraussetzungen für Zweckänderungen, die nicht unter § 85 Absatz 1 BGB-neu fallen, und für die Änderung von anderen prägenden Bestimmungen der Stiftungsverfassung. § 85 Absatz 2 BGB-neu ermöglicht neben bestimmten Zweckänderungen sowohl die Änderung oder Aufhebung bestehender Satzungsbestimmungen als auch die Ergänzung der Satzung um neue Satzungsbestimmungen.*

20 ***Zu Satz 1:*** *Nach § 85 Absatz 2 Satz 1 BGB-neu sind Zweckänderungen, die nicht unter § 85 Absatz 1 BGB-neu fallen, möglich, wenn sich die Verhältnisse nach Errichtung der Stiftung wesentlich verändert haben und die Änderung des Zwecks erforderlich ist, um die Stiftung an die veränderten Verhältnisse anzupassen. Zweckänderungen, die unter § 85 Absatz 2 Satz 1 BGB-neu fallen, sind insbesondere Zweckerweiterungen sowie Zweckbeschränkungen, die nicht die Identität der Stiftung verändern. Unter denselben Voraussetzungen können auch andere Bestimmungen der Stiftungsverfassung geändert werden, die wie der Stiftungszweck für die Stiftung als prägend anzusehen sind. § 85 Absatz 2 Satz 2 BGB-neu bestimmt, welche Bestimmungen in der Regel als für eine Stiftung prägend anzusehen sind.*

21 *§ 85 Absatz 2 Satz 1 BGB-neu entspricht im Wesentlichen den in zahlreichen Landesstiftungsgesetzen enthaltenen Vorschriften über Satzungsänderungen durch die Stiftungsorgane. Bei der Anwendung der neuen bundesrechtlichen Vorschrift kann deshalb auf die bisherige Praxis bei der Anwendung dieser landesrechtlichen Vorschriften zurückgegriffen werden.*

22 *Eine Satzungsänderung ist aufgrund des § 85 Absatz 2 Satz 1 BGB-neu nur möglich, wenn sich die Verhältnisse für die Stiftung wesentlich verändert haben. Eine Änderung der Verhältnisse kann*

jedermann betreffen, wie zum[8] *Beispiel die Geldentwertungen nach den beiden Weltkriegen. Hierunter können auch Gesetzesänderungen, insbesondere Änderungen des Stiftungsrechts fallen. Die Verhältnisse können sich aber auch nur für die betroffene Stiftung verändert haben, wie zum Beispiel durch einen erheblichen Verlust von Stiftungsvermögen, den die Stiftung nicht ausgleichen kann. Eine Veränderung der Verhältnisse ist für die Stiftung als wesentlich anzusehen, wenn sie erhebliche Auswirkungen auf die Erfüllung des Stiftungszwecks hat. Eine solche wesentliche Veränderung der Verhältnisse muss darüber hinaus dazu führen, dass die der Stiftung vom Stifter gegebene Verfassung den neuen Anforderungen nicht mehr genügt. Ob die Voraussetzungen für eine Satzungsänderung nach § 85 Absatz 2 Satz 1 BGB-neu vorliegen, ist stets eine einzelfallbezogene Entscheidung. Diese Entscheidung kann nur unter Berücksichtigung der gesamten Stiftungsverfassung und der Entwicklung der jeweiligen Stiftung getroffen werden.*

Zu Satz 2: *§ 85 Absatz 2 Satz 2 BGB-neu nennt Bestimmungen der Stiftungsverfassung, die für eine Stiftung regelmäßig als prägend anzusehen sind. Dazu gehören für alle Stiftungen neben dem Stiftungszweck regelmäßig die Bestimmungen über den Namen und den Sitz, die Art und Weise der Zweckerfüllung sowie die Bestimmungen über die Zusammensetzung und Aufgabenverteilung zwischen den Organen* **[Letzteres ist überholt].** *Bei Stiftungen, die auf unbestimmte Zeit errichtet wurden, werden auch die Bestimmungen der Stiftungsverfassung zum Erhalt des Grundstockvermögens regelmäßig als prägend anzusehen sein. Für Verbrauchsstiftungen sind regelmäßig auch die Satzungsbestimmungen nach § 81 Absatz 2 BGB-neu prägend. Als für die Stiftung prägend anzusehen sind auch die Bestimmungen in der Satzung die anordnen, dass die Stiftung eine gemeinnützige oder eine kirchliche Stiftung sein soll.* 23

Zu Absatz 3: *§ 85 Absatz 3 BGB-neu enthält die Ermächtigung zu Satzungsänderungen, die nicht unter § 85 Absatz 1 oder Absatz 2 BGB-neu fallen. Änderungen von Bestimmungen der Stiftungsverfassung, die für die Stiftung nicht prägend sind, sind nach § 85 Absatz 3 BGB-neu zulässig, wenn der Stiftung dadurch die Erfüllung des Stiftungszwecks erleichtert werden kann* **[Auch diese Formulierung ist überholt, s.u. Rn. 105].** 24

Auf der Grundlage des § 85 Absatz 3 BGB-neu können im Einzelfall auch die Zweckbestimmung neu formuliert oder ergänzt werden, soweit dadurch der Zweck oder die Art und Weise der Zweckerfüllung nicht geändert wird, die für die Stiftung als prägend anzusehen sind. Die Zweckbestimmungen können nach § 85 Absatz 3 BGB-neu häufig auch ergänzt werden, um steuerrechtliche Anforderungen an die Zweckbestimmung zu erfüllen. So können beispielsweise in der Zweckbestimmung von gemeinnützigen Stiftungen steuerrechtliche Tatbestände nach § 52 Absatz 2, § 53 oder § 54 AO ergänzt werden, wenn der Stiftungszweck mehreren dieser steuerrechtlichen Tatbestände unterfällt und in der Errichtungssatzung nicht alle nötigen Tatbestände genannt wurden, damit die Stiftung als steuerbegünstigte Stiftung anerkannt werden kann. 25

Zu Absatz 4: *§ 85 Absatz 4 BGB-neu bestimmt, inwieweit von den Regelungen in § 85 Absatz 1 bis 3 BGB-neu abgewichen werden kann. § 85 Absatz 1 bis 3 BGB-neu ist für den Stifter dispositiv. Der Stifter kann in der Errichtungssatzung* **[Diese Formulierung ist ebenfalls überholt, s.u. Rn. 108]** *die Voraussetzungen für die Änderung der Stiftungssatzung auch abweichend von § 85 Absatz 1 bis 3 BGB-neu regeln. Die Stiftungsorgane oder die nach Landesrecht zuständigen Behörden können die Satzung nicht durch Satzungsänderung um Bestimmungen ergänzen, aufgrund derer die Änderung der Satzung abweichend von § 85 Absatz 1 bis 3 BGB-neu möglich ist.* 26

Zu Satz 1: *Der Stifter kann die Änderung der Satzung durch den Stiftungsvorstand oder die nach Landesrecht zuständige Behörde nach § 85 Absatz 1 oder 3 BGB-neu ausschließen oder beschränken, indem er einzelne Änderungstatbestände ausschließt oder die Satzungsänderung in der Satzung an strengere Voraussetzungen bindet.* 27

Zu Satz 2: *Der Stifter kann die Änderung der Satzung durch das zuständige Stiftungsorgan auch gegenüber den § 85 Absatz 1 bis 3 BGB-neu erleichtern. Solche Satzungsbestimmungen sind allerdings nur wirksam, wenn sie den Anforderungen des § 85 Absatz 4 Satz 3 BGB-neu entspre-* 28

8 BT-Ds. 19/28173, 66.

chen. Die Befugnis der Stiftungsbehörden zur Satzungsänderung kann durch die Satzung nicht erweitert werden.[9]

29 ***Zu Satz 3:*** *§ 85 Absatz 4 Satz 3 BGB-neu regelt die inhaltlichen Anforderungen an Satzungsbestimmungen nach § 85 Absatz 4 Satz 2 BGB-neu, mit denen der Stifter Satzungsänderungen durch die Stiftungsorgane gegenüber § 85 Absatz 1 bis 3 BGB-neu erleichtert. Solche satzungsmäßigen Änderungsermächtigungen sind nur wirksam, wenn der Stifter Inhalt und Umfang von möglichen Satzungsänderungen in der Änderungsermächtigung hinreichend bestimmt festlegt. Der Stifter kann den zuständigen Stiftungsorganen keine Blanko- oder Pauschalermächtigung zur Änderung der Satzung erteilen. Er muss die Änderungen, die auf der Grundlage der Satzung möglich sein sollen, in der Satzungsbestimmung, die zu den Änderungen ermächtigt, inhaltlich vorbestimmen, indem er darin Leitlinien und Orientierungspunkte für die Satzungsänderungen vorgibt. An die Bestimmtheit der Ermächtigung in der Satzung sind umso höhere Anforderungen zu stellen, je bedeutsamer die Änderungen sind, zu denen ermächtigt werden soll.“*[10]

2. Rechtsausschuss

30 *„Änderungsbedarf besteht bei den Regelungen zu Satzungsänderungen, insbesondere bei den Voraussetzungen für die Umgestaltung von Ewigkeitsstiftungen in Verbrauchsstiftungen in § 85 Absatz 1 BGB-neu. Im Übrigen gibt es nur Bedarf für redaktionelle Änderungen. § 85 Absatz 2 und 3 BGB-neu regelt andere Satzungsänderungen ausreichend klar und ermöglichen notwendige Anpassungen der Stiftung an veränderte Verhältnisse. Auf § 85 Absatz 2 Satz 2 BGB-neu soll nicht verzichtet werden, da er den § 85 Absatz 1 Satz 1 BGB-neu konkretisiert und Anwendungshinweise gibt. Er zählt beispielhaft einige zentrale Satzungsbestimmungen auf, die grundsätzlich bei allen Stiftungen als prägend angesehen werden können. Auch andere Satzungsbestimmungen können für besondere Stiftungen prägend sein, wie die Satzungsbestimmungen, die die Kirchlichkeit einer Stiftung begründen.*

31 *Die Anhörung zu dem Gesetzentwurf hat gezeigt, dass vor allem der Begriff der Unmöglichkeit in § 85 Absatz 1 Satz 1 Nummer 1 BGB-neu dazu führt, dass die Regelung missverstanden wird. Die Anforderungen an die Zweckänderung und Umgestaltung in eine Verbrauchsstiftung werden als zu streng angesehen, weil Unmöglichkeit in dem Sinn verstanden wird, dass eine Stiftung ihren Zweck gar nicht mehr erfüllen kann. Deshalb sollen die Voraussetzungen für die Zweckänderung und die Umgestaltung in eine Verbrauchsstiftung klarer gefasst werden und dabei auf den Begriff der „Unmöglichkeit“ verzichtet werden.*

32 *In Anlehnung an die Prognose bei der Anerkennung der Stiftung nach § 80 Absatz 2 BGB (§ 82 Satz 1 BGB-neu) sollen gravierende Zweckänderungen und die Umgestaltung einer Ewigkeitsstiftung in eine Verbrauchsstiftung möglich sein, wenn die Stiftung ihren Zweck nicht mehr dauernd und nachhaltig, das heißt wirksam* **[Nachhaltig bedeutet nicht wirksam, sondern beständig, s. § 82 Rn. 20]** *erfüllen kann. Auch hier ist eine Prognoseentscheidung erforderlich. Wenn eine Stiftung zu einem bestimmten Zeitpunkt ihren Zweck nicht oder nicht mehr nachhaltig erfüllen kann, muss geprüft werden, ob diese Voraussetzungen nur vorübergehend gegeben sind oder dauerhaft vorliegen. Es erscheint aber nicht zweckmäßig, eine bestimmte Dauer zu verlangen, während derer der Zweck nicht mehr wirksam erfüllt werden kann.*

33 *Mit Blick auf notleidende Stiftungen soll § 85 Absatz 1 Satz 1 BGB-neu durch einen neuen § 85 Absatz 1 Satz 2 BGB ergänzt werden, der § 85 Absatz 1 Satz 1 Nummer 1 BGB-neu speziell für die notleidenden Stiftungen konkretisiert. Nach* ***§ 85 Absatz 1 Satz 2*** *BGB-neu liegen die Voraussetzungen des § 85 Absatz 1 Satz 1 Nummer 1 BGB-neu insbesondere dann vor, wenn eine Stiftung nicht mehr über ausreichende Mittel verfügt, um ihren Zweck wirksam erfüllen zu können. Bei der Beurteilung, ob eine Ewigkeitsstiftung noch über ausreichende Mittel für die Zweckerfüllung verfügen*

9 BT-Ds. 19/28173, 67.
10 BT-Ds. 19/28173, 68.

kann, ist zunächst auf die Nutzungen aus dem Grundstockvermögen und Zuwächse aus der Umschichtung des Grundstockvermögens abzustellen, die für die Zweckerfüllung verwendet werden können. Zu berücksichtigen sind aber auch mögliche Zuwendungen von Dritten an die Stiftung, mit der die Stiftung fest rechnen kann. Stehen einer Ewigkeitsstiftung Mittel nicht mehr in ausreichenden Umfang zur Verfügung, um eine nachhaltige, das heißt wirksame Zweckerfüllung **[Nachhaltig bedeutet nicht wirksam, sondern beständig, s. § 82 Rn. 20]** *zu gewährleisten, und kann sie solche Mittel auch nicht mehr in absehbarer Zeit erwerben, liegen die Voraussetzungen für eine Umgestaltung der Stiftung in eine Verbrauchsstiftung vor.*[11]

In § 85 Absatz 1 Satz 4 BGB-neu ist die Verweisungen aufgrund der Einfügung des neuen § 85 Absatz 1 Satz 2 BGB anzupassen. 34

In § 85 Absatz 4 Satz 1 und 2 BGB-neu ist jeweils der Begriff „Errichtungssatzung" durch den Begriff „Stiftungsgeschäft" zu ersetzen, da nur der Stifter bei der Errichtung der Stiftung solche Satzungsbestimmungen zu Satzungsänderungen in die Satzung aufnehmen soll, mit denen er seinen Stifterwillen zukunftsoffen formuliert kann."[12] 35

IV. Bewertung

Insgesamt ist die Vorschrift – nicht zuletzt dank der Änderungsvorschläge des Rechtsausschusses – recht gut gelungen. Als wesentlicher Kritikpunkt bleibt, dass Bestimmungen über die Art und Weise der Zweckerfüllung und über die Verwaltung des Grundstockvermögens in die Regelbeispiele des Abs. 3 aufgenommen wurden. Das ist als „Regel" unzutreffend und wird in der Praxis für Verdruss sorgen. Viel wird allerdings von der Handhabung der Vorschrift durch die Behörden abhängen. Selbst, wenn sie sich als großzügig erweisen sollte – was nicht anzunehmen ist –, bleibt das sog. „Stifterprivileg" auf der Reformagenda. § 85 BGB kann ein freies Änderungsrecht des Stifters nicht ersetzen, schon gar nicht dessen Signalwirkung. 36

B. Austausch oder erhebliche Beschränkung des Stiftungszwecks, Absatz 1 Satz 1 bis 3

I. Stiftungszweck

Nach der Begründung des Regierungsentwurfs ist als: *„Zweck ... der Stiftung wie beim Verein der oberste Leitsatz der Stiftungstätigkeit anzusehen, der das Handeln der Stiftung nach dem Willen des Stifters bestimmen soll."* Diese Definition ist weitgehend unbrauchbar; denn der **Stiftungszweck ist kein „mission statement"**. Richtigerweise setzt sich der Zweck aus der angestrebten **Wertschöpfung** (= Gewinnerzielung oder Kosten- bzw. Bedarfsdeckung und/oder geistig-ideelle Werte) und der vorgesehenen **Wertverteilung** (= beschränkter oder unbeschränkter Personenkreis) zusammen (§ 80 Rn. 34). Hiervon zu unterscheiden ist der **Gegenstand der Stiftungstätigkeit**, den das Gesetz in Absatz 2 Satz 2 als „Art und Weise der Zweckerfüllung" bezeichnet. Diese stehen allerdings nicht beziehungslos nebeneinander und ihr Verhältnis zueinander ist auch nicht immer gleich und den Gesetzesverfassern offenbar unklar (Rn. 6). 37

11 Bericht des Ausschusses für Recht und Verbraucherschutz (6. Ausschuss) zu dem Gesetzentwurf der Bundesregierung – Drucksache 19/28173 – Entwurf eines Gesetzes zur Vereinheitlichung des Stiftungsrechts, BT-Ds 19/31118, 10.

12 Bericht des Ausschusses für Recht und Verbraucherschutz (6. Ausschuss) zu dem Gesetzentwurf der Bundesregierung – Drucksache 19/28173 – Entwurf eines Gesetzes zur Vereinheitlichung des Stiftungsrechts, BT-Ds 19/31118, 11.

38 In Betracht kommen folgende **Modelle** (näher zum Ganzen § 80 Rn. 36).

(1) Die Stiftungstätigkeit dient unmittelbar selbst der Zweckverwirklichung (so insbesondere bei Anstaltsstiftungen wie einer Krankenhausstiftung, deren Zweck Bedarfsdeckung hinsichtlich Krankenversorgung zugunsten eines unbeschränkten Personenkreises ist).

(2) Der Gegenstand der Tätigkeit ist Mittel zum Zwecke der Gewinnerzielung (das ist das Modell erwerbswirtschaftlicher Unternehmensträger wie z.B. einer gesetzestypischen GmbH; bei Stiftungen ist dieses Modell selten).

(3) Die Gewinnerzielung ist bloßes Mittel zur Verfolgung anderweitiger Zwecke (Erwerb als Dotationsquelle). In diesem Fall ist die Gewinnerzielung nicht selbst Zweck, sondern ein bloßes Hilfsgeschäft wie etwa die Beschäftigung von Arbeitnehmern. Bei Stiftungen ist das der typische Fall. Dabei sind die anderweitigen Zwecke (genauer: die angestrebte Wertschöpfung) regelmäßig ideeller Natur (z.B. Sport, Kunst, Musik, Forschung etc.) und die Wertverteilung erfolgt zugunsten eines unbestimmten Personenkreises (so bei der typischen gemeinnützigen Kapitalstiftung). Bei Familienstiftungen ist dagegen zu unterscheiden: Sollen die Familienmitglieder voraussetzungslos begünstigt werden, ist die Wertschöpfung auf Gewinnerzielung gerichtet. Ist die Begünstigung dagegen an bestimmte Voraussetzungen (z.B. Bedürftigkeit) geknüpft oder erfolgt sie nur zu bestimmten Zwecken (z.B. Ausbildung), besteht die Wertschöpfung in Bedarfsdeckung. In beiden Fällen erfolgt die Wertverteilung an einen beschränkten Personenkreis.

39 Terminologisch ist zwischen dem Stiftungszweck im vorgenannten engeren Sinne und dem Stiftungszweck im weiteren Sinne, der auch die Art und Weise der Zweckerfüllung umfasst, zu unterscheiden (§ 80 Rn. 41). **In Abs. 1 und Abs. 2 S. 1 ist der Zweck im engeren Sinne gemeint, wie sich aus Abs. 2 S. 2 ergibt.**

1. Austausch

40 Ein Austausch des Stiftungszwecks liegt nach dem zuvor Gesagten vor, wenn entweder die angestrebte **Wertschöpfung**, insbesondere der ideelle Zweck (z.B. Kunst statt Musik), oder die **Wertverteilung** (statt beschränkter unbeschränkter Personenkreis oder Auswechselung des beschränkten Personenkreises) **geändert** werden soll. Das ist in der Tat **selten** (Rn. 11). Denkbar wäre z.B. eine Familienstiftung, die der Ausbildung von Angehörigen einer Familie dient, die keine Nachkommen mehr hat. Dann kommt eine Umwandlung in eine gemeinnützige Ausbildungsstiftung in Betracht, wenn anzunehmen ist, dass der Stifter diese Zweckänderung gegenüber einer Aufhebung und Auskehrung des Liquidationserlöses an den Anfallberechtigten bevorzugen würde. Dagegen wäre es eine bloße, nach Absatz 2 zu beurteilende Zweckerweiterung, wenn infolge des Fehlens männlicher künftig auch weibliche Nachkommen begünstigt werden sollen.

2. Erhebliche Beschränkung

41 Nach denselben Kriterien zu beurteilen ist die Frage der Zweckbeschränkung. Als zutreffende Beispiele führt die Regierungsbegründung die Beschränkung auf einen von zwei Zwecken und die Verengung eines weiten auf einen speziellen Zweck an (Rn. 10). In beiden Fällen wird die angestrebte ideelle Wertschöpfung verringert.

42 Die Frage ist allerdings, unter welchen Voraussetzungen die Beschränkung **„erheblich“** ist. Die Regierungsbegründung definiert „erheblich“ als Identitätsänderung. Unter „Identität“ kann man die Gesamtheit der Eigentümlichkeiten verstehen, die eine Stiftung kennzeichnet und sie von anderen Stiftungen unterscheidet. Das passt jedoch nicht so recht, weil wesentliche Identitätsmerkmale, nämlich Name und Satzungssitz, unter Absatz 2 fallen. Außerdem besteht die Gefahr beliebiger Ergebnisse. Hält man sich die Beispielsfälle vor Augen und bedenkt, dass

infolge der Beschränkung des Zwecks trotz unverändertem Vermögen wieder eine dauernde und nachhaltige Zweckerfüllung gewährleistet sein soll (Absatz 1 Satz 3), ist als „erheblich" eine Zweckbeschränkung (genauer: eine Beschränkung der angestrebten ideellen Wertschöpfung) ab ca. **40 %** zu definieren (für ein Beispiel s. Rn. 79). Eine solche prozentuale Betrachtungsweise scheint auf den ersten Blick ungewöhnlich zu sein, ist es aber nicht, wie §§ 58 Nr. 6 AO, 15 Abs. 2 AStG zeigen (Grenzen von 33,3 % bzw. 50,1 %).

Weiter heißt es in der Regierungsbegründung, dass *„eine erhebliche Zweckbeschränkung ... auch in der Ergänzung eines neuen Zwecks liegen* [kann], *der die Erfüllung des alten Zwecks erheblich einschränkt"*. Auch das ist zutreffend. Verfügt die Familienstiftung in obigem (Rn. 40) **Beispiel** sehr wohl noch über männliche Nachkommen, sehen die Stiftungsorgane diese Beschränkung aber als nicht mehr von dem mutmaßlichen Stifterwillen gedeckt an, dann ist eine Zweckerweiterung auf weibliche Nachkommen zugleich eine erhebliche Beschränkung des ursprünglichen Stiftungszwecks. Ebenso läge es bei einer Stiftung, die der Förderung bayerischen Kunsthandwerks dient und deren Zweck – trotz gleichbleibender Vermögensausstattung – auf die Förderung deutschen Kunsthandwerks erstreckt werden soll. 43

II. Stiftungszweck kann nicht mehr dauernd und nachhaltig erfüllt werden

Ein Austausch oder eine erhebliche Beschränkung des Stiftungszwecks kommen nur in Betracht, wenn der Stiftungszweck entweder nicht mehr dauernd und nachhaltig erfüllt werden kann (Absatz 1 Satz 1 Nr. 1) oder das Gemeinwohl gefährdet (Absatz 1 Satz 1 Nr. 2, dazu Rn. 59). 44

1. Scheitern des Lebensfähigkeitskonzepts

Ebenso wie nach § 80 Abs. 2 S. 1 BGB a.F. ist nach § 82 S. 1 BGB Voraussetzung der Stiftungsanerkennung, dass *„die dauernde und nachhaltige Erfüllung des Stiftungszwecks gesichert erscheint"* (sog. Lebensfähigkeitsprognose). Diese Voraussetzung ist gegeben, wenn der Stiftungszweck während der Dauer der Stiftung **beständig verfolgt** werden kann (§ 82 Rn. 20). Das erfordert in erster Linie eine ausreichende Vermögensausstattung. Reicht hierfür das gewidmete Vermögen (§ 81 Abs. 2 Nr. 2 BGB) nicht aus, muss ein Konzept vorgelegt werden, das einen ausreichendenden Vermögenserwerb alsbald als gesichert erscheinen lässt (§ 82 Rn. 26). Welche Vermögensausstattung ausreicht, hängt dabei nicht nur von der Größe und der Ertragskraft des Vermögens, sondern auch von der Art der Stiftung (Ewigkeitsstiftung, Verbrauchsstiftung, Hybridstiftung) und von den zur Verfolgung des Stiftungszwecks erforderlichen Mitteln ab (§ 82 Rn. 24). All dies zusammen kann man als „Lebensfähigkeitskonzept" des Stifters bezeichnen. 45

Schon nach altem Recht wurde die Ansicht vertreten, dass Unmöglichkeit i.S.d. § 87 Abs. 1 BGB a.F. nicht erst dann vorliegt, wenn die Stiftung vollkommen vermögens- oder ertragslos ist, sondern bereits dann, wenn das Lebensfähigkeitskonzepts des Stifters gescheitert ist.[13] Dieser Gedanke wurde der Sache nach übereinstimmend vom Referenten-,[14] Professoren-[15] und Regierungsentwurf[16] aufgegriffen, aber noch mit dem Begriff der Unmöglichkeit verbunden. Auf Vorschlag des Rechtsausschusses wurde dieser Begriff gestrichen, um Missverständnissen vorzubeugen (Rn. 31). Zudem wurde § 85 Abs. 1 Satz 2 BGB eingefügt, der die Voraussetzungen des 46

13 Grundlegend *Hüttemann/Rawert*, ZIP 2013, 2136 ff.

14 Referentenentwurf des Bundesministeriums der Justiz und für Verbraucherschutz, Entwurf eines Gesetzes zur Vereinheitlichung des Stiftungsrechts, 8 (§ 85 Abs. 1 S. 1 Nr. 1), 64.

15 *Arnold/Burgard/Droege/Hüttemann/Jakob/Leuschner/Rawert/Roth/Schauhoff/Segna/Weitemeyer*, ZIP 2020, Beilage zu Heft 10, 3, 10 (§ 87 Abs. 2), 21.

16 BT-Ds. 19/28173, 11 (§ 85 S. 1 Abs. 1), 65.

Abs. 1 S. 1 Nr. 1 konkretisiert. Danach wird eine der Lebensfähigkeitsprognose des § 82 S. 1 BGB ähnliche **„Lebensunfähigkeitsprognose“** verlangt (Rn. 32). Im Einzelnen:

47 **a) Keine ausreichenden Mittel vorhanden.** Der Stiftungszweck kann nach Absatz 1 Satz 2 nicht mehr dauernd und nachhaltig erfüllt werden, wenn die *„Stiftung **keine ausreichenden Mittel** für die nachhaltige Erfüllung des Stiftungszwecks hat“*. Dieser Mangel kann von Anfang an bestehen. So liegt es etwa, wenn das Stiftungsgeschäft erfolgreich angefochten wird (§ 142 Abs. 1 BGB) oder wenn bei einer Ewigkeitsstiftung das gewidmete Vermögen schon bei der Anerkennung der Stiftung nicht für eine nachhaltige Zweckerfüllung ausgereicht hat, aber ein baldiger ausreichender Vermögenserwerb als überwiegend wahrscheinlich erschien und sich diese Erwartung nicht erfüllt hat. Das dürften freilich Ausnahmen sein (Rn. 57). Häufiger kommt es dagegen vor, dass sich die Ertragskraft von Ewigkeitsstiftungen im Laufe der Zeit gegenüber dem Lebensfähigkeitskonzept des Stifters stark verringert. Auf die Ursachen hierfür kommt es nicht an. Hauptgründe sind erhebliche Vermögensverluste und/oder negative externe Entwicklungen, insb. an den Kapitalmärkten (Rn. 13).

48 Da das Grundstockvermögen gemäß § 83c Abs. 1 S. 1 BGB ungeschmälert zu erhalten ist, insbesondere nicht zur Verfolgung des Stiftungszwecks verbraucht werden darf, umfasst der Begriff **„Mittel“** im Sinne des Satz 2 das gesamte sonstige Vermögen der Stiftung (§ 83b Rn. 22), das zur Erfüllung des Stiftungszwecks eingesetzt werden darf (vgl. Rechtsausschuss Rn. 33).

49 **Verbrauchsstiftungen** können ihren Zweck daher solange verfolgen, wie sie noch verbrauchbares Vermögen haben. Ist ihr Vermögen aufgebraucht und ist in absehbarer Zeit auch kein Erwerb zusätzlicher Mittel zu erwarten (Prognose nach Absatz 1 Satz 2 Hs. 2), kommt wegen Satz 3 allerdings keine Maßnahme nach Absatz 1 in Betracht. Vielmehr ist die Stiftung gemäß § 87 Abs. 1 BGB aufzulösen.

50 Bei **Ewigkeitsstiftungen** ist prioritär zu prüfen, ob ihre **Leistungsunfähigkeit dauerhaft** oder nur vorübergehender Natur ist (Rechtsausschuss Rn. 32). Nur eine dauerhafte Leistungsunfähigkeit berechtigt zu Maßnahmen nach Absatz 1. Dauerhaft ist die Leistungsunfähigkeit, wenn ihr **zeitliches Ende nicht absehbar** ist, vgl. Absatz 1 Satz 2 Hs. 2. Absehbarkeit setzt eine auf Tatsachen gestützte, nachvollziehbare Prognose voraus. Bloße Hoffnungen reichen nicht. Besteht das Grundstockvermögen zum Beispiel aus einer Unternehmensbeteiligung und durchläuft das Unternehmen eine Phase der Ertragsschwäche, dann ist das Lebensfähigkeitskonzept des Stifters noch nicht gescheitert. Ein Scheitern droht erst, wenn die vorübergehende **Ertragsschwäche nach vier Jahren** (s.u. Rn. 55) **noch immer anhält** und damit in eine dauerhafte Ertragsschwäche umschlägt.

51 Sodann ist zu überlegen, ob durch eine **Umschichtung des Grundstockvermögens** Mittel zur Verfolgung des Stiftungszwecks freigesetzt werden können, sei es, weil dadurch für die Zweckverfolgung einsetzbare Umschichtungsgewinne erzielt werden, sei es, weil die neue Vermögensanlage ertragreicher ist. Ggf. besteht ein Veräußerungsgebot (§ 83c Rn. 26). Außerdem ist spätestens in dieser Situation (Fundraising ist, wenn der Stifterwille nicht entgegensteht, eine Pflichtaufgabe des Vorstands, § 84 Rn. 25) auf Möglichkeiten zu sinnen, zusätzliche Mittel zu erwerben, vgl. Satz 2 Hs. 2.

52 Alsdann sind **Satzungsänderungen nach Absatz 2 bis 4** zu prüfen. Sie alle sind – und zwar in umgekehrter Reihenfolge (also erst 4, dann 3, dann 2) – vorrangig gegenüber Maßnahmen nach Absatz 1, da sie weniger stark in die „Identität“ der Stiftung eingreifen und daher auch eher von dem Stifterwillen gedeckt sind. So kann bei Ewigkeitsstiftungen die Frage, ob sie noch über genügend Mittel für eine beständige Verfolgung des Stiftungszwecks verfügen, nicht ohne Rücksicht auf die Art und Weise der Zweckverfolgung beantwortet werden. Ist der Zweck der Stiftung die Förderung junger Violinisten, dann ist der Mittelbedarf natürlich größer, wenn dieser Zweck durch die Vergabe von Stipendien, als wenn er durch die Vergabe eines Ehrenpreises verfolgt werden soll. Reichen die Mittel für eine Vergabe von Stipendien nicht mehr aus, ist

daher zuvörderst auf eine weniger aufwendige Art und Weise der Zweckverfolgung zu sinnen, die am ehesten dem mutmaßlichen Stifterwillen entspricht.

Ergebnis: Die Stiftung hat daher nur bzw. erst dann keine ausreichenden Mittel im Sinne des Satz 2, wenn sie ihre Leistungskraft zu einer beständigen Verfolgung des Stiftungszwecks nicht nur vorübergehend verloren hat und sie weder durch eine Umschichtung des Grundstockvermögens noch durch Satzungsänderungen nach Absatz 2 bis 4 wiederhergestellt werden kann. 53

b) Keine ausreichenden Mittel zu erwarten. Weitere Voraussetzung des Satz 2 ist, dass die Stiftung ihre Leistungskraft auch in absehbarer Zeit nicht durch Erwerb zusätzlicher Mittel wiederherstellen kann. Ebenso wie bei der nach § 82 S. 1 BGB erforderlichen Lebensfähigkeitsprognose sind also bei der Lebensunfähigkeitsprognose spätere Vermögenszuflüsse zu berücksichtigen. Dabei muss der künftige **Vermögenserwerb** ebenso wie dort „gesichert erscheinen", d.h. **überwiegend wahrscheinlich** sein (§ 82 Rn. 22). Das ergibt auch eine Zusammenschau mit Satz 3. Genauso wenig wie dort reicht daher bei einer leistungsunfähigen Stiftung die bloße Ankündigung des Stifters, die Stiftung testamentarisch bedenken zu wollen, aus, denn ohne bindende Verpflichtung kann der Stifter seine Meinung jederzeit wieder ändern (näher § 82 Rn. 26). 54

Nach dem Wortlaut von Hs. 2 muss auch der **Zeitpunkt des Vermögenserwerbs absehbar** sein. Das ist, wie das vorhergehende Beispiel zeigt, problematisch; denn der Tod als solches ist zwar gewiss, der Todeszeitpunkt aber ungewiss („Totgesagte leben länger"). Außerdem fragt sich, wie lange die „absehbare Zeit" dauern darf: sechs Monate oder etwa sechs Jahre? Der Rechtsausschuss wollte das nicht festlegen (Rn. 32 a.E.). Das Merkmal der dauernden und nachhaltigen Zweckerfüllung ist als beständige Zweckverfolgung zu verstehen (§ 82 Rn. 20). Damit sind längere Unterbrechungen der Zweckverfolgung nicht vereinbar. Andererseits sind vorübergehende Unterbrechungen unschädlich (o. Rn. 50). Bei anfänglich leistungsunfähigen Stiftungen sind für die Leistungsfähigkeitsprognose gesicherte Vermögenszuflüsse innerhalb der Frist des § 62 Abs. 4 AO zu berücksichtigen (§ 82 Rn. 26). Das gilt für die Leistungsunfähigkeitsprognose entsprechend. Als „absehbare Zeit" wird man daher einen Zeitraum von **bis zu vier Jahren** definieren können, innerhalb dessen der Vermögenserwerb als gesichert erscheinen muss. 55

Der Vermögenserwerb muss die Stiftung voraussichtlich wieder in die Lage versetzen, ihren Stiftungszweck – in seiner derzeitigen Fassung, aber ggf. unter Berücksichtigung anderweitiger Satzungsänderungen (Rn. 105) – beständig zu verfolgen. 56

Praktisch dürfte dieses Tatbestandsmerkmal nur selten eine Rolle spielen. Da der Stiftungsvorstand namens der Stiftung den Genehmigungsantrag stellt, reicht es aus, wenn er die fehlende Aussicht auf künftigen Mittelerwerb behauptet. Dem wird die Genehmigungsbehörde nur in Ausnahmefällen substantiiert entgegentreten können. 57

2. Unmöglichkeit

Zwar verwendet § 85 Absatz 1 BGB den Begriff der Unmöglichkeit nicht mehr. Der Stiftungszweck kann aber selbstverständlich auch dann nicht mehr erfüllt werden, wenn seine Verfolgung unmöglich (geworden) ist. Die Unmöglichkeit kann auf rechtlichen oder tatsächlichen Gründen beruhen. Rechtliche Unmöglichkeit liegt vor, wenn der Stiftungszweck oder seine Erfüllung gesetz- oder sittenwidrig ist. Bei anfänglicher rechtlicher Unmöglichkeit des Stiftungszwecks ist daher schon das Stiftungsgeschäft nichtig. Außerdem wird meist eine Gemeinwohlgefährdung vorliegen. Nachträgliche Unmöglichkeit des Stiftungszwecks oder seiner Erfüllung kann durch Gesetzesänderungen eintreten, z.B. die Einführung des Geldwäscheverbots. Tatsächliche Unmöglichkeit liegt insbesondere in Fällen der Zweckerreichung (so bei zweckbedingten Stiftungen, § 80 Rn. 81), des Zweckfortfalls (so bei zweckbefristeten Stiftungen, § 80 Rn. 87) 58 und der wirtschaftlichen Unmöglichkeit (z.B. Uneinbringlichkeit des Zuwendungsversprechens, Verlust des gesamten Stiftungsvermögens) vor. Ob der Stifter in Fällen der Zweckerreichung oder des Zweckfortfalls mit einer Zweckänderung einverstanden wäre, um eine Fortsetzung der Stiftung zu erreichen, ist besonders sorgfältig zu prüfen. Insbesondere, wenn dem Stifter bewusst war, dass der Zweck irgendwann fortfallen oder erreicht sein wird, ist regelmäßig davon auszugehen, dass der Stifter eine Auflösung der Stiftung mit Anfall des restlichen Vermögens an den Berechtigten (§ 87c BGB) einer Zweckumwandlung vorziehen würde (§ 87 Rn. 26).

III. Gemeinwohlgefährdung

59 Anders als § 82 S. 1 BGB und § 87a Abs. 2 Nr. 2 BGB stellt § 85 Abs. 1 S. 1 Nr. 2 BGB **allein** auf den **Stiftungszweck** ab. Das ist konsequent, da die Vorschrift lediglich von Zweckänderungen handelt und eine solche daher nichts nutzen würde, wenn der Stiftungszweck rechtmäßig wäre und „nur" von der Stiftungstätigkeit eine Gemeinwohlgefährdung ausginge. Der Stiftungszweck gefährdet das Gemeinwohl, wenn er rechtswidrig (gesetz- oder sittenwidrig) ist und dadurch das Wohl der Allgemeinheit, also zumindest weiter Bevölkerungskreise, gefährdet wird (näher § 82 Rn. 34 ff.).

IV. Dauernde und nachhaltige Erfüllung des neuen Stiftungszwecks gewährleistet

60 Liegen die Voraussetzungen des § 85 Abs. 1 Satz 1 und 2 BGB vor, so darf der Stiftungszweck nach Satz 3 gleichwohl nur ausgetauscht oder erheblich beschränkt werden, wenn gesichert erscheint, dass die Stiftung den beabsichtigten neuen oder beschränkten Stiftungszweck dauernd und nachhaltig erfüllen kann. Dies erfordert dieselbe **Prognoseentscheidung wie nach § 82 S. 1 BGB** (s. dort Rn. 22). Fällt die Lebensfähigkeitsprognose **negativ** aus, bleibt nur die **Auflösung oder Aufhebung** der Stiftung und gegebenenfalls eine **Zulegung oder Zusammenlegung** (Rn. 15).

V. Stifterwille

61 Nach § 83 Abs. 2 BGB haben die Stiftungsorgane und die Stiftungsaufsicht den wirklichen oder mutmaßlichen Stifterwillen zu verwirklichen (dort Rn. 23). Der Stifterwille ist durch individuell-objektive Auslegung zu ermitteln (§ 83 Rn. 29). Die Auslegung des Stifterwillens obliegt den Stiftungsorganen und unterliegt lediglich der Rechtskontrolle durch die Behörde (§ 83 Rn. 30).

62 Vorliegend ist zunächst zu fragen, ob der Stifterwille der in Aussicht genommenen Änderung entgegensteht, der Stifter zum Beispiel die Umwandlung in eine Verbrauchsstiftung **ausdrücklich ausgeschlossen** hat. Dann kommt diese Maßnahme grundsätzlich nicht in Betracht. Allerdings bleibt auch in diesem Fall zu prüfen, ob der Stifter angesichts einer geänderten Sachlage und angesichts der in Betracht kommenden Alternativen auch **aktuell** noch so entscheiden würde; denn ein „weiter so" ist in den Fällen des Absatz 1 ausgeschlossen und nach § 84a i.V.m. § 665 BGB schulden die Stiftungsorgane keinen blinden, sondern **denkenden Gehorsam** (näher § 84a Rn. 66 ff.).[17] Vorsicht ist zudem mit Umkehrschlüssen geboten: Aus einer positiven Festlegung (z.B. im Beispielsfall der Rn. 40 auf die Ausbildung von Familienangehörigen) kann nicht geschlossen werden, dass der Stifter trotz geänderter Sachlage (kein Familiennachwuchs mehr) nicht mit einer Zweckänderung (Umwandlung in eine gemeinnützige Ausbildungsstiftung) einverstanden wäre. Deswegen kann auch nicht allein aus der Bestimmung eines Anfallberechtig-

---

17 Zu pauschal ist daher die Behauptung, dass neben dem *„bestimmbaren Stifterwillen ... kein Raum für den mutmaßlichen Stifterwillen"* bleibe, so aber *Beyer*, ZStV 2021, 161, 164.

ten gefolgert werden, dass die Umwandlung in eine Verbrauchsstiftung nicht in Betracht kommt.[18]

63 Steht der Stifterwille der in Aussicht genommenen Satzungsänderung nicht im Wege, ist sodann zu prüfen, welche **Alternativen** es gibt und ob eine dieser Alternativen als milderes Mittel dem mutmaßlichen Stifterwillen womöglich eher entspricht (Begr. RegE Rn. 8). So ist eine erhebliche Beschränkung des Zwecks gegenüber einer Auflösung oder Aufhebung der Stiftung oder einer Zu- oder Zusammenlegung allemal das mildere und damit mutmaßlich vorzugswürdigere Mittel. Hingegen ist es eine Frage des Einzelfalls, ob der Stifter eine Zweckänderung oder die Umwandlung in eine Verbrauchsstiftung präferieren würde. Lässt sich insofern kein eindeutiges Auslegungsergebnis erzielen, steht die Wahl im pflichtgemäßen Ermessen der zuständigen Stiftungsorgane (§ 83 Rn. 34).

64 Würde der Stifter eine erhebliche Beschränkung des Zwecks einer Umwandlung in eine Verbrauchsstiftung vorziehen, stellt sich die nächste Frage, welche Zweckbeschränkung dem Stifterwillen am ehesten frommt. Sie wird, wie ein Blick auf die Beispiele der Rn. 79 zeigt, besonders schwer zu beantworten sein. Dabei ist in Ermangelung anderer Anhaltspunkte insbesondere die Frage zu berücksichtigen, wie die Mittel der Stiftung möglichst beständig eingesetzt werden können. So bedarf es für Kunstförderung möglicherweise weniger Mittel als für Wissenschaftsförderung. Auch diese Frage steht im pflichtgemäßen Ermessen der zuständigen Stiftungsorgane.

C. Umwandlung einer „Ewigkeitsstiftung" in eine Verbrauchsstiftung, Absatz 1 Satz 4

I. Voraussetzungen

65 Nach Absatz 1 Satz 4 kann eine auf unbestimmte Zeit errichtete Stiftung (sog. Ewigkeitsstiftung) in eine Verbrauchsstiftung umgewandelt werden, wenn die *„Voraussetzungen nach Satz 1 Nummer 1 und Satz 3"* vorliegen. Für die Umwandlung einer Ewigkeits- in eine Verbrauchsstiftung müssen daher folgende **Voraussetzungen** vorliegen:

- Scheitern des Lebensfähigkeitskonzepts (Rn. 45 ff.) oder Unmöglichkeit der Zweckverfolgung (Rn. 58);
- dauernde und nachhaltige Erfüllung des Stiftungszwecks nach Umwandlung in eine Verbrauchsstiftung (Rn. 56). Dafür kann die Umwandlung in eine Verbrauchsstiftung auch mit einer Zweckänderung im Sinne des Satz 1 kombiniert werden (Begr. RegE Rn. 18);
- Umwandlung in Verbrauchsstiftung (und ggf. Zweckänderung) entspricht Stifterwillen (Rn. 62).

66 Dabei betont die Regierungsbegründung zu Recht, dass die Umwandlung in eine Verbrauchsstiftung **kein Liquidationsersatz** ist, sondern vor allem dann in Betracht kommt, wenn die Stiftung zwar noch über Grundstockvermögen verfügt, aber mit diesem Vermögen keine ausreichenden Erträge mehr erzielen kann und auch sonst weder Mittel noch Aussicht auf Zuwendungen hat, um den Stiftungszweck beständig erfüllen zu können (Rn. 17).

67 Daraus ist jedoch entgegen *Hüttemann/Rawert* nicht zu folgern, dass *„die Vermögensstruktur einer ‚notleidenden Stiftung', die in einer Verbrauchsstiftung umgewandelt werden soll, so beschaffen sein muss, dass über einen Zeitraum von mindestens zehn Jahren eine ‚dauernde und nachhaltige Erfüllung des Stiftungszwecks' (§ 82 BGB-neu) gesichert erscheint."* [19] Erstens ist der in § 82 S. 2 BGB genannte Zehnjahreszeitraum ohnehin nur eine Richtgröße (§ 82 Rn. 30). Zweitens verweist auch die Regierungsbegründung nur auf § 82 Satz 1 BGB und nicht auf Satz 2

---

18 So aber *Beyer*, ZStV 2021, 161, 164; näher § 85a Rn. 25.

19 *Hüttemann/Rawert*, Beilage zu ZIP 33/2021, 25; ebs. *Schauhoff* in Schauhoff/Mehren, Stiftungsrecht 2022, Kap. 1 Rn. 25; eher wie hier *Kirchhain* in Schauhoff/Mehren, Stiftungsrecht 2022, Kap. 9 Rn. 32.

(Rn. 17). Und das – drittens – zu Recht; denn Sinn und Zweck von § 82 Satz 2 BGB ist es, solchen Vorhaben die Anerkennung zu versagen, deren Kurzfristigkeit eine rechtliche Verselbständigung nicht erfordert. Hier geht es dagegen um die Umwandlung einer Ewigkeitsstiftung, die womöglich schon viel länger als 10 Jahre besteht.[20] Richtig ist aber, dass die Stiftung nach ihrer Umwandlung signifikant länger fortbestehen muss als wenn sie aufgehoben und liquidiert würde, was allein schon aufgrund der Sperrfrist des § 87c Abs. 2 S. 2 i.V.m. § 55 BGB einige Zeit in Anspruch nimmt. Ein **Zeitraum von ca. vier Jahren** erscheint daher angemessen und ausreichend.[21]

68 Zur Berücksichtigung des Stifterwillens o. Rn. 62. Zur Umwandlung in eine Hybridstiftung Rn. 89.

II. Rechtsfolgen

69 Die Umwandlung in eine Verbrauchsstiftung ist dadurch zu bewirken, dass *„die Satzung um Bestimmungen nach § 81 Absatz 2 ergänzt wird“*. Was das im Einzelnen bedeutet s. § 81 Rn. 106 ff.[22]

D. Änderung prägender Satzungsbestandteile, Absatz 2

70 Absatz 2 betrifft die Änderung anderer prägender Bestimmungen der Stiftungsverfassung. Was das Gesetz darunter versteht, erläutert es anhand von **Regelbeispielen** („regelmäßig“). Das bedeutet erstens, dass diese Beispiele zwar nach Auffassung der Gesetzesverfasser **typischerweise** prägende Bestandteile der Stiftungsverfassung sind, der Gesetzesanwender aber zweitens stets zu prüfen hat, ob nicht Umstände vorliegen, die eine **abweichende Beurteilung** rechtfertigen oder gebieten. Und drittens können **auch andere Bestimmungen** prägende Bestandteile der Stiftungsverfassung sein, worauf die Begr. RegE zu Recht hinweist (Rn. 20). Schließlich kann der Stifter nach Absatz 4 selbst festlegen, welche Satzungsbestimmungen prägend sein sollen.[23]

71 Eine Definition des Wortes „prägend“ findet sich in den Gesetzesmaterialien nicht. Es ist daher im allgemeinsprachlichen Sinn zu verstehen. **Als prägend sind danach individuelle Bestimmungen anzusehen, die die Stiftung kennzeichnen und ihr ihre charakteristische Eigenart verleihen.** Vorschriften des dispositiven Gesetzesrechts (wie z.B. § § 83b Absatz 2 Nr. 3 BGB) oder Satzungsbestimmungen, die solche Vorschriften mehr oder weniger nur wiederholen, sind daher nicht prägend.

72 Welche Bestimmungen prägend sind, ist freilich nicht in erster Linie objektiv, sondern **vorrangig im Blick auf den Stifterwillen** (§ 83 Abs. 2 BGB) zu bestimmen.[24] Zu fragen ist, welche Bestimmungen der Stiftungsverfassung nach dem wirklichen oder mutmaßlichen Stifterwillen die Stiftung kennzeichnen und ihr ihre charakteristische Eigenart verleihen sollen oder sonst für den Stifter von erkennbar wesentlicher Bedeutung sind.

73 Ferner ist zu berücksichtigen, dass der Gesetzgeber als **Regelbeispiele nicht konkrete Änderungen, sondern nur Regelungsmaterien** aufführt, wie z.B. Bestimmungen über die Verwaltung des Grundstockvermögens. Deswegen sind **drei Fragen zu unterscheiden**:

74 **Erstens:** Sind die Bestimmungen der betreffenden Regelungsmaterie in ihrer Gesamtheit für die Stiftung prägend? Diese Frage ist etwa zu verneinen, wenn der Stifter hinsichtlich der

---

20 Ebs. *Schauer*, npoR 2022, 54, 55.

21 *Schauer*, npoR 2022, 54, 55 verlangt einen „relevanten Zeitraum“ – was immer das heißt.

22 Zu dem unwahrscheinlichen Fall, dass sich nach der Umwandlung in eine Verbrauchsstiftung herausstellt, dass das Lebensfähigkeitskonzept doch nicht gescheitert ist *Beyer*, ZStV 2021, 161, 164.

23 *Schauer*, npoR 2022, 54, 55.

24 *Kirchhain* in Schauhoff/Mehren, Stiftungsrecht 2022, Kap. 9 Rn. 36.

Verwaltung des Grundstockvermögens in der Satzung keine von dem Gesetz abweichenden oder ergänzenden Regelungen getroffen hat. In diesem Fall sind die für die Vermögensanlage zuständigen Stiftungsorgane zum Beispiel frei, Anlagerichtlinien in Nebenordnungen ohne Bindung an § 85 Abs. 2 BGB zu erlassen. Das Gleiche gilt, wenn der Stifter selbst Anlagerichtlinien als Nebenordnung verfasst und damit zum Ausdruck gebracht hat, dass die zuständen Stiftungsorgane sie ohne Bindung an § 85 Abs. 2 BGB ändern dürfen sollen.

Zweitens: Ist eine einzelne Bestimmung aus dem Regelungskomplex für die Stiftung prä- 75
gend? Hat der Stifter beispielsweise hinsichtlich der Verwaltung des Grundstockvermögens lediglich bestimmt, dass es nicht in Aktien angelegt werden darf, dann ist diese Bestimmung prägend und darf nur unter den Voraussetzungen des § 85 Abs. 2 BGB geändert werden. Wollen die zuständigen Stiftungsorgane dagegen eine Bestimmung entsprechend § 83c Abs. 2 BGB in die Satzung aufnehmen, richtet sich diese Ergänzung nach § 85 Abs. 3 BGB, obwohl sie die Regelungsmaterie „Verwaltung des Grundstockvermögens" betrifft.

Drittens: Ist die geplante Änderung prägend? Beispiel: Hat der Stifter keine Bestimmungen 76
über die Anlage des Stiftungsvermögens getroffen und wollen die Stiftungsorgane nunmehr individuelle Bestimmungen (z.B. Aktienquote 50 %) in der Satzung verankern, dann ist diese Ergänzung prägend und daher nur unter den Voraussetzungen des § 85 Abs. 2 BGB zulässig, zumal sie anschließend auch nur noch unter diesen Voraussetzungen geändert werden kann.

Planen Stiftungsorgane Satzungsänderungen **außerhalb der Regelbeispiele**, sind diese **drei** 77
Fragen ebenfalls zu stellen. Allerdings könnte man meinen, dass Änderungen außerhalb der Regelbeispiele nach den Wertungen des Gesetzes regelmäßig nicht prägend sind. Dafür spricht, dass der Gesetzgeber Bestimmungen über die Zusammensetzung und Aufgaben der Organe, die im RefE noch im Katalog der Regelbeispiele enthalten waren, nach Kritik[25] herausgenommen hat. Indes weist die Begründung des RegE zu Recht darauf hin, dass Satzungsbestimmungen, die anordnen, dass die Stiftung gemeinnützig oder kirchlich ist, sowie Satzungsbestimmungen nach § 81 Abs. 2 BGB regelmäßig prägend sind (Rn. 23). Umgekehrt darf bezweifelt werden, dass Bestimmungen über die Art und Weise der Zweckerfüllung und über die Verwaltung des Grundstockvermögens „regelmäßig" prägend sind (s.u. Rn. 86, 88). Deswegen hatte sich der Verfasser dafür ausgesprochen, Abs. 2 Satz 2 ersatzlos zu streichen.[26] Auch wenn das nicht geschehen ist, bleibt nichts anderes übrig, als in jedem Fall zu prüfen, ob eine Regelung prägend ist oder nicht.

I. Regelbeispiele

1. Andere Zweckänderungen als nach Absatz 1

Andere Zweckänderungen als nach Absatz 1 sind: 78
- Unerhebliche Zweckbeschränkungen und
- Zweckerweiterungen.

a) Unerhebliche Zweckbeschränkungen. Die Regierungsbegründung definiert „erheblich" 79
als Identitätsänderung. Unerheblich ist demnach eine Zweckänderung, die nicht die Identität der Stiftung ändert. *Hüttemann/Rawert*[27] führen insofern als Beispiel eine Stiftung mit weit gefassten multiplen Zwecken an, die enger gefasst werden sollen. Das trifft das Richtige. Eine Begründung mit der Identität der Stiftung birgt jedoch die Gefahr beliebiger Ergebnisse. Schon oben wurde aufgezeigt, dass richtigerweise an die Wertschöpfung der Stiftung anzuknüpfen und von einer erheblichen Zweckbeschränkung erst ab einer Einschränkung von 40 % auszuge-

25 *Burgard*, npoR 2021, 1, 5 f.; vgl. ebenso *ders*., ZStV 2021, 45, 47.
26 *Burgard*, npoR 2021, 1, 5.
27 *Hüttemann/Rawert*, Beilage zu ZIP 33/2021, 3, 26.

hen ist (Rn. 42). **Beispiel:** Zweck der Stiftung ist die Förderung von jungen Musikern, insbesondere Violinisten. Dementsprechend hatte die Stiftung bisher zu ca. 75 % Violinisten und zu ca. 25 % andere Musiker gefördert. Aufgrund nachhaltig schwacher Ertragslage will sich die Stiftung nun ganz auf die Förderung von Violinisten konzentrieren. Anderes Beispiel: Die Stiftung „Seltenes Handwerk" fördert Handwerksberufe, die auszusterben drohen, durch Ausbildungsbeihilfen. Etliche dieser Handwerksberufe wie Hufschmied, Sattler oder Korbmacher boomen jedoch seit einiger Zeit (= wesentliche Veränderung der Verhältnisse). Die Stiftung will sich daher auf wahrhaft Exotisches fokussieren, wie z.B. Buddelschiffbauer, Blaudrucker und Reifendreher, und daher ihre Förderung auf Handwerksbetriebe beschränken, die in weniger als 10 Betrieben in Deutschland ausgeübt werden. Das soll – auch aus Gründen leichteren Fundraisings – in der Satzung abgebildet werden.

80 Die Beispiele ließen sich vermehren und zeigen, dass unerhebliche Zweckbeschränkungen entgegen *Hüttemann/Rawert*[28] nicht notwendigerweise selten sind. Allerdings dürften Zweckbeschränkungen in aller Regel prägend sein, wenngleich bereits das zuletzt genannte Beispiel ein Grenzfall ist. Nach der Begr. RegE (Rn. 25) **nicht prägend** sind Zweckergänzungen, um steuerrechtlichen Anforderungen zu genügen. Auch Neuformulierungen zum Zwecke der Präzisierung des Stiftungszwecks sind nicht prägend. **Beispiel:** Eine Stiftung widmet sich laut Satzung dem Schutz von Amazonasdelfinen (ein Säugetier aus der Ordnung der Wale und der Gattung der Amazonas-Flussdelfine, von der es auch eine Unterart gibt, die nicht im Amazonas lebt) und Sotalia (eine Delfingattung). Mit letzteren meinte der Stifter allerdings ebenfalls nur die Amazonas-Sotalia, nicht die Guyana-Sotalia (die sich freilich zuweilen auch im Amazonas-Delta finden). Die vom Stifter gewollte Beschränkung auf im Amazonas und seinen Nebenflüssen heimische Amazonasdelfine und Sotalia soll durch deren präzise wissenschaftliche Bezeichnung in der Satzung klargestellt werden.

81 **b) Zweckerweiterungen.** Von erheblich größerer Bedeutung sind Zweckerweiterungen. Zu denken ist hier insbesondere an Fälle, in denen der **bisherige Stiftungszweck unterdimensioniert** ist[29] oder er es aufgrund von Zustiftungen wird. In beiden Fällen ist allerdings besonders auf die Wahrung des Stifterwillens zu achten (Rn. 61 ff.), da durch eine erhebliche Zweckerweiterung die Identität der Stiftung ebenso verändert werden kann wie durch eine erhebliche Zweckbeschränkung (s. auch Rn. 43).

82 Ebenso wie Zweckbeschränkungen sind auch Zweckerweiterungen in aller Regel prägend. Aber auch hier sind **Ausnahmen** denkbar. **Beispiel:** Die Stiftung dient laut Satzung der „Förderung junger Schauspieler und Schauspielerinnen". Der Vorstand will klarstellen, dass der Stifter das sog. „dritte Geschlecht" keineswegs diskriminieren wollte und den Stiftungszweck daher in „Förderung junger Mimen (d/m/w)" umformulieren.

2. Name

83 Der Name einer Stiftung ist **in aller Regel prägend**, da er der wichtigste Bestandteil ihrer Identitätsausstattung ist. Im Gesellschaftsrecht erhalten Gesellschaften allerdings zuweilen bewusst Namen mit nur sehr schwacher Unterscheidungskraft, die dementsprechend wenig prägend im vorliegenden Sinne sind (Regina 1 GmbH, Regina 2 GmbH usw.). Dergleichen ist dem Autor im deutschen Stiftungsrecht jedoch noch nicht begegnet.

84 Umstände, unter denen eine Namensänderung **nach Absatz 2 gerechtfertigt** ist und dem Stifterwillen entspricht, sind kaum denkbar.[30] Ein **Beispiel:** Max Gäfgen gründet im Jahr 2000

28 *Hüttemann/Rawert*, Beilage zu ZIP 33/2021, 3, 26.
29 Für ein Beispiel MüKoBGB/*Weitemeyer*, § 87 Rn. 8.
30 Ebs. *Beyer*, ZStV 2021, 161, 165.

eine Stiftung, die seinen Namen trägt. Im Jahr 2002 ereignet sich ein aufsehenerregender Kindermord. Überführt wird Magnus Gäfgen. Trotz der unterschiedlichen Vornamen assoziieren viele die Stiftung mit dem Kindesmörder. Die Stiftung will und kann daher ihren Namen ändern.[31]

3. Satzungssitz

Mit dem „Sitz" ist der Satzungs-, nicht der Verwaltungssitz gemeint (zum Unterschied § 83a Rn. 2). Der Satzungssitz zählt zwar ebenfalls zur Identitätsausstattung der Stiftung, ist aber oft **viel weniger prägend als der Name**. Auch rechtlich wird der Satzungssitz mit der (hoffentlich) zunehmenden Angleichung der Landesstiftungsgesetze und der Aufsichtspraxis (die örtliche Zuständigkeit der Stiftungsaufsichtsbehörden richtet sich nach dem Satzungssitz) an Bedeutung verlieren, s. aber § 85a Abs. 3 BGB. Nach den vorstehenden Maßstäben (Rn. 70 ff.) **nicht prägend** ist jedenfalls ein Satzungssitz, der allein aufgrund von **§ 81 Abs. 4 Satz 3 BGB** bestimmt wurde. Er kann daher unter den Voraussetzungen des Absatzes 3 geändert werden. Das Gleiche muss gelten, wenn der Stifter den Satzungssitz lediglich wegen seines Wohnsitzes z.B. in Hamburg gewählt, sich zum Alleinvorstand bestellt hat und nun nach München umzieht. In diesem Fall ändert sich zwar kraft Gesetzes der Verwaltungssitz der Stiftung. Ihr Satzungssitz bleibt jedoch ohne Satzungsänderung in Hamburg. Hätte der Stifter das bedacht, hätte er eine Bestimmung gemäß § 85 Abs. 4 Satz 2 und 3 BGB in die Satzung aufgenommen, wonach er befugt ist, den Satzungssitz an eine Änderung des Verwaltungssitzes anzupassen. Für diesen Fall gibt es zwei Möglichkeiten: Entweder man legt die Satzung dementsprechend ergänzend aus oder man sieht in der Verlegung des Verwaltungssitzes eine wesentliche Änderung der Verhältnisse, die nach Absatz 2 ohnehin eine Verlegung des Satzungssitzes erlaubt.[32] Diese Überlegungen gelten selbstverständlich nicht, wenn die Wahl des Satzungssitzes anders begründet ist, z.B. auf der Belegenheit einer Sache beruht. 85

4. Art und Weise der Zweckerfüllung

Die Art und Weise der Zweckerfüllung (zur Bedeutung dieses Merkmals und zu seinem Verhältnis zum Stiftungszweck s.o. Rn. 38) haben die Gesetzesverfasser mit voller Absicht **nicht in den Katalog des § 81 Abs. 1** aufgenommen (dort Rn. 56). Gleichwohl soll die Art und Weise der Zweckerfüllung die Stiftung prägen. Es darf bezweifelt werden, dass das für den Regelfall zutrifft,[33] zumal der Aufzählung in einschlägigen Satzungsbestimmungen üblicherweise das Wort „insbesondere" vorangestellt ist,[34] was bedeutet, dass die Aufzählung nicht abschließend, sondern nur beispielhaft ist.[35] Für gewöhnlich ist deshalb **in jedem Einzelfall** anhand der vorstehenden Kriterien (Rn. 70 ff.) **zu prüfen**. Erstens: Sind die Bestimmungen über die Art und Weise der Zweckerfüllung in ihrer Gesamtheit für die Stiftung prägend? Die Frage wird man oft schon dann verneinen können, wenn die einschlägige Aufzählung nur beispielhaft ist („insbesondere"). Zweitens: Sind einzelne Bestimmungen über die Art und Weise der Zweckerfüllung für die Stiftung prägend? Das ist eine Frage des Einzelfalls und vor allem dann anzunehmen, wenn die Auslegung ergibt, dass der Stifter Schwerpunkte hinsichtlich der Art und Weise der Zweckerfüllung vorgeben wollte. Drittens: Ist die geplante Änderung prägend? Insofern wird man unter- 86

31 Weiteres Beispiel bei *Hüttemann/Rawert*, Beilage zu ZIP 33/2021, 3, 26 Fn. 220. Auch in dem dort geschilderten Fall ist der Name der Stiftung allerdings entgegen der Ansicht der Autoren prägend, seine Änderung aber ebenso wie im obenstehenden Beispiel nach Absatz 2 zulässig.

32 S. zu der Frage auch *Arnold*, FS Schack, 3, 8, 9 f.

33 *Burgard*, npoR 2021, 1, 5 f.; vgl. bereits *ders.* ZStV 2016, 81, 85.

34 So § 1 Abs. 3 der Mustersatzung in Anlage 1 zu § 60 AO.

35 Darauf weist *Schauer*, npoR 2022, 54, 56 zu recht hin.

scheiden müssen, ob die geplante Änderung erheblich ist oder nicht. Insofern kann auf die Überlegungen zur Änderung des Stiftungszwecks zurückgegriffen werden (Rn. 79). Steht nur eine unerhebliche Erweiterung oder Beschränkung der Art und Weise der Zweckerfüllung in Frage, ist dies für die Stiftung nicht prägend, sodass sich die Änderung nach Absatz 3 richtet (so auch Begr. RegE Rn. 24). Erhebliche Erweiterungen oder Beschränkungen sind dagegen an Absatz 2 zu messen.

87 **Beispiel:** Die Stiftung dient der Förderung junger Violinisten. Dieser Zweck ist laut Satzung durch die Vergabe von Stipendien zu verwirklichen. Der Vorstand will mit den Stipendiaten Konzerte veranstalten, um ihnen Aufführungspraxis zu verschaffen und sie bekannt zu machen. Genügend Mittel sind vorhanden. Er will daher die Art und Weise der Zweckverwirklichung entsprechend erweitern. In diesem Fall ist zwar die Vergabe von Stipendien für die Stiftung prägend. Die zusätzliche Veranstaltung von Konzerten führt jedoch zu keiner Umprägung. Sie ist daher nicht nach Absatz 2 zu beurteilen, sondern nach Absatz 3 zulässig, weil diese Ergänzung der Erfüllung des Stiftungszwecks (Förderung junger Violinisten) dient.

5. Bestimmungen über die Verwaltung des Grundstockvermögens

88 Bestimmungen über die Verwaltung des Grundstockvermögens zählen ebenfalls **nicht** zu dem Katalog des **§ 81 Abs. 1** und sollen gleichwohl für die Stiftung prägend sein. Auch das ist **in jedem Einzelfall zu prüfen**, für Beispiele s. bereits oben Rn. 70 bis 79. Greifen wir zudem nochmals[36] folgenden **Beispielsfall** auf: In der Stiftungssatzung ist als einzige Bestimmung über die Verwaltung des Grundstockvermögens zu lesen: „Das Grundstockvermögen ist in Wertpapieren anzulegen.“ Der Vorstand will ein Zinshaus erwerben und deshalb die Bestimmung wie folgt fassen: „Das Vermögen der Stiftung ist in Wertpapieren und Immobilien anzulegen.“ Erstens: Die Bestimmungen der Stiftungsverfassung über die Verwaltung des Grundstockvermögens insgesamt weichen nicht von der gesetzlichen Regel ab und sind daher nicht prägend. Zweitens: Auch die Anlagebestimmung ist keineswegs besonders individuell. Drittens: Die geplante Änderung ist allerdings erheblich und damit prägend. Zwar sind Immobilien keine risikoreichere Anlageform als Wertpapiere. Sie haben aber eine andere Risikostruktur. Ohne Einschränkungen Immobilien als zweite Anlageklasse aufzunehmen, ist daher nur unter den Voraussetzungen des Absatz 2 zuzulassen. Anders, wenn die beantrage Satzungsänderung bspw. lauten würde: „Das Grundstockvermögen ist überwiegend in Wertpapieren anzulegen. 25 % können zur Streuung des Anlagerisikos und zur Verstetigung der Liquidität in Immobilien angelegt werden.“ Diese Ergänzung wäre nach Absatz 3 zu beurteilen und zulässig. Anders ist wiederum der in Rn. 75 geschilderte Fall zu beurteilen, weil die dortige Anlagebestimmung ganz individuell und daher prägend ist.

6. Umwandlung in eine Hybridstiftung (§ 83b Abs. 3)

89 Eine Hybridstiftung zeichnet sich dadurch aus, dass der Stifter einen Teil des gewidmeten Vermögens zu sonstigem Vermögen und dadurch zum Verbrauch bestimmt, § 83b Abs. 3 i.V.m. Abs. 1 S. 2 BGB. Solche Hybridstiftungen sind auf unbestimmte Zeit errichtet und eine gute Möglichkeit, eine kontinuierliche Zweckverfolgung auch in Zeiten schwacher Erträge zu gewährleisten. Durch Umwandlung in eine Hybridstiftung kann daher eine „Ewigkeitsstiftung“, deren Lebensfähigkeitskonzept bedroht ist, über die Zeit schwacher Erträge gerettet werden. Die Umwandlung geschieht durch die Aufnahme einer Satzungsbestimmung i.S.d. § 83b Abs. 3 BGB. Da durch die Umwandlung einer „Ewigkeitsstiftung“ in eine Hybridstiftung die Dauer der Stiftung nicht beschränkt wird, fällt diese Maßnahme nicht unter Absatz 1 und ist **als milderes**

36 *Burgard*, ZStV 2021, 45, 48.

Mittel der Umwandlung in eine Verbrauchsstiftung vorzuziehen. Voraussetzung der Genehmigungsfähigkeit einer solchen Umwandlung ist allerdings, dass das verbleibende Grundstockvermögen nach Verbrauch des sonstigen Vermögens für eine dauernde und nachhaltige Zweckverfolgung ausreicht. Deswegen wird die Umwandlung in eine Hybridstiftung nur dann in Betracht kommen, wenn ein **neues Lebensfähigkeitskonzept** vorgelegt wird, das plausibel eine dauerhafte Überwindung der Ertragsschwäche der Stiftung darlegt und/oder der Stiftungszweck und/oder die Art und Weise seiner Erfüllung weniger aufwendig gestaltet wird. Zu überlegen ist daher, ob die Ergänzung der Satzung um eine Bestimmung i.S.d. § 83c Abs. 2 BGB als milderes Mittel nicht ausreicht. Denkbar ist allerdings auch der umgekehrte Fall: Eine Verbrauchstiftung wird eine derart bedeutende Zustiftung angetragen, dass sie in eine Hybridstiftung umgewandelt werden könnte.

7. Änderung der Bestimmungen nach § 81 Absatz 2 BGB

Nach der Regierungsbegründung sind für Verbrauchsstiftungen Satzungsbestimmungen nach **90** § 81 Absatz 2 BGB regelmäßig prägend (Rn. 23). Dem ist zuzustimmen. Das bedeutet allerdings auch: Sowohl die Dauer der Stiftung (§ 81 Abs. 2 Nr. 1 BGB) als auch die Bestimmungen zum Verbrauch des Stiftungsvermögens (§ 81 Abs. 2 Nr. 2 BGB) können an eine wesentlich geänderte Vermögenslage (z.B. erhebliche Vermögensmehrung durch Zustiftungen oder erhebliche Vermögensverluste) oder an sonstige wesentliche Veränderungen der Verhältnisse (z.B. die Erfüllung des Stiftungszwecks erfordert mehr Mittel in kürzerer Zeit oder weniger Mittel über einen längeren Zeitraum, als der Stifter angenommen hatte) angepasst werden.[37]

8. Änderungen der Zusammensetzung und Aufgaben der Organe

Nach § 85 Abs. 2 S. 2 BGB-RefE gehörten ferner Bestimmungen über die Zusammensetzung und **91** Aufgaben der Organe zu den Regelbeispielen. Im Regierungsentwurf (versehentlich aber nicht in seiner Begründung, s.o. Rn. 23) wurde dieser Vorschlag nach Kritik[38] gestrichen. Dem könnte man die Wertung entnehmen, dass solche Bestimmungen typischerweise nicht prägend sein sollen,[39] was angesichts der in Rn. 86 und 88 besprochenen Regelbeispiele eher überraschend wäre. Richtigerweise ist die Frage **in jedem Einzelfall zu prüfen** (Rn. 86). Erstens: Sind die Bestimmungen über Zusammensetzung und Aufgaben der Organe in ihrer Gesamtheit für die Stiftung prägend? Die Frage ist zu bejahen, wenn sich der Stifter ersichtlich Gedanken über diese Themen gemacht hat, die sich in vom „Standard" abweichenden Regelungen äußern. Hat die Stiftung lediglich einen Vorstand, dann entspricht dies der gesetzlichen Regel und ist nicht prägend. Zweitens: Sind einzelne Bestimmungen über die Zusammensetzung und Aufgaben der Organe für die Stiftung prägend? Auch insofern ist zu prüfen, ob der Stifter besondere Bestimmungen getroffen hat oder nicht. Zielt zum Beispiel die Zusammensetzung eines Organs auf eine bestimmte Machtverteilung innerhalb des Organs (z.B. zwischen Familienangehörigen und Dritten) oder eine besondere Durchmischung, so ist die Bestimmung prägend. Drittens: Ist die geplante Änderung prägend? Sieht die Satzung bspw. einen dreiköpfigen Vorstand vor, so ist die Reduzierung dieser Anzahl auf zwei oder gar einen prägend, nicht aber die Erweiterung auf fünf.

Stets prägend ist die Abschaffung eines Organs oder die Statuierung eines neuen Organs. **92** Stets prägend ist auch die Änderung der Machtverteilung zwischen den Organen, nicht aber die

37 Ebs. *Schauer*, npoR 2022, 54, 55 f.; *Kirchhain* in Schauhoff/Mehren, Stiftungsrecht 2022, Kap. 9 Rn. 78; s. auch § 87 Rn. 32.

38 *Burgard*, npoR 2021, 1, 5 f.

39 So *Schauer*, npoR 2022, 54, 56.

Konkretisierung der in der Satzung bereits angelegten Machtverteilung (soweit dafür überhaupt eine Satzungsänderung notwendig ist). Beispiel: Hat die Stiftung einen Aufsichtsrat, so ist dieser nur dann zur Bestellung und Abberufung der Vorstandsmitglieder befugt, wenn sich das aus der Satzung (erforderlichenfalls durch Auslegung) ergibt (§ 81 Rn. 74). Andernfalls wäre die Einführung einer Bestellungs- und/oder Abberufungskompetenz zugunsten des Aufsichtsrats prägend. Dagegen kann ein Aufsichtsrat Geschäftsführungsmaßnahmen auch ohne dahingehende Satzungsbestimmung ad hoc seiner Zustimmung unterwerfen (§ 84 Rn. 31). Er kann daher auch – ohne Satzungsänderung – einen Katalog zustimmungsbedürftiger Rechtsgeschäfte als Nebenordnung beschließen. Soll durch das Zustimmungserfordernis hingegen die Vertretungsmacht des Vorstands beschränkt werden, bedürfte es hierfür natürlich einer Satzungsänderung, die unter Absatz 2 fiele.

9. Änderung der Gemeinnützigkeit oder Kirchlichkeit

93 **Ebenfalls prägend** sind Satzungsbestimmungen, die anordnen, dass die Stiftung eine gemeinnützige oder eine kirchliche Stiftung ist (Rn. 23). In beiden Fällen würde die Umwandlung des Stiftungszwecks in einen privatnützigen sogar eine nach Absatz 1 zu beurteilende Zweckauswechselung bedeuten (s.o. Rn. 40), die aufgrund der Voraussetzungen der Norm wohl unter keinen Umständen zulässig wäre und zudem dem Stifterwillen widerspräche (Rn. 62)

10. Ermessen

94 Von der Frage, ob eine Satzungsbestimmung prägend ist (Voraussetzung), ist – das sei nur der Klarstellung halber hier erwähnt – die Frage zu unterscheiden, ob und inwiefern den zuständigen Stiftungsorganen bei Satzungsänderung ein Ermessen zusteht (Rechtsfolge). Sie ist – anders als bei dem Erlass oder der Änderung von Nebenordnungen (§ 83 Rn. 13) – regelmäßig zu verneinen (ausf. § 85a Rn. 18 ff.).

II. Wesentliche Änderung der Verhältnisse nach Errichtung der Stiftung

95 Die Änderung prägender Satzungsbestimmungen ist nur bei einer wesentlichen Veränderung der Verhältnisse nach Errichtung der Stiftung zulässig. Diese Formel von einer „wesentlichen Änderung der Verhältnisse“ als Voraussetzung für (bestimmte Arten) von Rechtsgeschäften findet sich schon lange im Stiftungsrecht, nicht nur in den Landesstiftungsgesetzen,[40] sondern auch in der Literatur.[41] Sie geht ursprünglich auf die Lehre von dem Wegfall der Geschäftsgrundlage (heute § 313 BGB) zurück, obwohl diese Lehre auf einseitige Rechtsgeschäfte – wie es das Stiftungsgeschäft ja regelmäßig ist (§ 81 Rn. 44) – nicht passt.[42]

96 Was **„Verhältnisse“** sind, beschreibt die Regierungsbegründung nur beispielhaft: Geldentwertung, Gesetzesänderungen, Vermögensverluste. Auch Vermögenszuwächse können dazu gehören. Die Verhältnisse können also allgemeiner Natur sein und jedermann betreffen oder individuell sein und nur die konkrete Stiftung berühren (Rn. 22). Verhältnisse sind alle Arten von Umständen, die auf die Stiftung einwirken, auch allgemeine gesellschaftliche Anschauungen (z.B. hinsichtlich der Geschlechterrollen, s.o. Rn. 82 sowie Anh. 2 zu § 84a Rn. 12 ff.). Da es stets

40 § 6 S. 2 BWStiftG; § 5 Abs. 2 BlnStiftG; § 8 Abs. 1 S. 1 BremStiftG; § 9 Abs. 2 S. 1 HeStiftG; § 9 Abs. 1 MVStiftG; § 7 Abs. 1 NdsStiftG; § 5 Abs. 1 S. 1 NRWStiftG; § 7 Abs. 1 SaarStiftG; § 9 Abs. 1 S. 1 Nr. 2 SächsStiftG; § 5 Abs. 1 S. 1 Nr. 2 SHStiftG; § 9 Abs. 1 S. 1 ThStiftG.

41 MüKoBGB/*Weitemeyer*, § 87 Rn. 6 f.; BeckOK BGB/*Backert*, § 87 Rn. 2.

42 MüKoBGB/*Finkenauer*, § 313 Rn. 50; vgl. LG Berlin NJW 1991, 1238, 1241.

darum geht, den Stifterwillen zu verwirklichen (§ 83 Rn. 23), können auch subjektive Vorstellungen des Stifters (vgl. § 313 Abs. 2 BGB) Verhältnisse i.S.d. Gesetzes sein, sei es, dass er wesentliche falsche Vorstellungen hatte oder er wesentliche Fragen bei der Stiftungserrichtung nicht bedacht hat, § 84a i.V.m. § 665 BGB (§ 84a Rn. 68).

Die Verhältnisse müssen sich **geändert** haben. Insofern stellt der Gesetzestext auf einen 97
Vergleich zwischen den Verhältnissen zum Zeitpunkt der Stiftungserrichtung und den Verhältnissen zum Zeitpunkt der Satzungsänderung ab. Die zuständigen Stiftungsorgane müssen daher prüfen, ob sich die Verhältnisse gegenüber dem Zeitpunkt der Stiftungserrichtung geändert haben. Dem steht es gleich, wenn der Stifter zum Zeitpunkt der Stiftungserrichtung falsche Vorstellungen von den – für die Satzungsänderung maßgeblichen – Verhältnissen hatte oder er, wie gesagt, wesentliche Fragen nicht bedacht hat oder er sich in einem erheblichen Irrtum befand. Die Pflicht zur Prüfung, ob sich Verhältnisse aus Sicht des Stifters und gemessen an der Verwirklichung seines Willens geändert haben, ergibt sich bereits aus §§ 83 Abs. 2, 84a Abs. 1 S. 1 i.V.m. § 665 BGB (s. § 84a Rn. 68).

Die Änderung der Verhältnisse muss **wesentlich** sein. Nach der Regierungsbegründung ist 98
eine *„Veränderung der Verhältnisse ... für die Stiftung als wesentlich anzusehen, wenn sie erhebliche Auswirkungen auf die Erfüllung des Stiftungszwecks hat"* (Rn. 22). Das entspricht auch manchen Stimmen in der Literatur zum bisherigen Recht,[43] greift aber zu kurz. Vielmehr ist die Wesentlichkeit wiederum am Maßstab der Verwirklichung des Stifterwillens zu messen,[44] für den der Stiftungszweck lediglich der wichtigste Ausdruck ist. Der Unterschied zeigt sich am Beispiel der Zweckerweiterung wegen eines dauernden Mittelüberschusses (s.o. Rn. 81). Auf die Erfüllung des vom Stifter vorgesehenen Stiftungszwecks hat das nämlich keinen Einfluss. Vielmehr kann der ursprüngliche Stiftungszweck aufgrund des Mittelüberflusses optimal erfüllt werden. Allein der Stifterwille wird nicht optimal verwirklicht. Hätte der Stifter nämlich die Vermögenslage der Stiftung vorhergesehen, hätte er ihren Zweck weiter gefasst. Und genauso ist stets vorzugehen, da die Stiftungsorgane als „loyales alter ego"[45] des Stifters zu agieren haben (§ 84 Rn. 24).

Wie schon anderwärts ausgeführt (§ 84a Rn. 67), geben §§ 83 Abs. 2, 84a Abs. 1 S. 1 i.V.m. 99
§ 665 BGB die Handlungspflichten der Stiftungsorgane vor: Stellen sie eine Veränderung der Verhältnisse im vorgenannten Sinne (Rn. 98) fest, müssen sie überlegen, wie der Stifter interessenwahrend auf diese Veränderung reagieren würde. Würde der Stifter angesichts der geänderten Verhältnisse die Satzung ändern, um seinen Willen, insb. den Stiftungszweck optimal zu verwirklichen, müssen sie als nächstes überlegen, wie er die Satzung ändern würde. Da der Stifter als Stifter keine organschaftlichen Rechte hinsichtlich der Stiftung hat, können die Stiftungsorgane (anders als etwa der Vereinsvorstand hinsichtlich der Mitgliederversammlung) dessen Entschließung nicht abwarten, sondern müssen selbst handeln, vgl. § 665 S. 2 BGB. Dabei tritt an die Stelle der Billigung des Stifters (als „Auftraggeber", § 665 S. 1 BGB) die Genehmigungsfähigkeit der Satzungsänderung. **Zusammengefasst:** Haben sich die Verhältnisse geändert, sodass eine unveränderte Befolgung der Stiftungssatzung für die Stiftung gemessen an der Verwirklichung des Stifterwillens, insb. der Verfolgung des Stiftungszwecks, nachteilig wäre, so haben die zuständigen Stiftungsorgane eine Satzungsänderung zu beantragen, die genehmigungsfähig und geeignet ist, die Nachteile von der Stiftung abzuwenden bzw. den Stifterwillen besser zu verwirklichen.

Die „Wesentlichkeit" der Veränderung der Verhältnisse spielt bei alledem nur insofern 100
eine – allerdings wichtige – Rolle, als anzunehmen ist, dass der Stifter prägende, d.h. die Stiftung kennzeichnende und sie charakterisierende (Rn. 71) Bestimmungen der Stiftungsverfassung nur ändern würde, wenn sich die Verhältnisse entsprechend wesentlich verändert haben.

43 Z.B. MüKoBGB/*Weitemeyer*, § 85 Rn. 13; Staudinger/*Hüttemann*/*Rawert*, BGB, § 85 Rn. 33.

44 Das betont auch MüKoBGB/*Weitemeyer*, § 85 Rn. 13; *Burgard*, Gestaltungsfreiheit, 388; Staudinger/*Hüttemann*/*Rawert*, BGB, § 85 Rn. 21.

45 Staudinger/*Martinek*/*Omlor*, BGB, § 662 Rn. 33; MüKoBGB/*Weitemeyer*, § 86 Rn. 32 m.w.N.

Die Änderung prägender Satzungsbestimmungen ist daher nur gerechtfertigt, wenn die Stiftung andernfalls dementsprechend erhebliche Nachteile im Blick auf die Verwirklichung des Stifterwillens erleiden würde. Anders gewendet ist das **Erfordernis der Wesentlichkeit Ausdruck des allgemeinen Grundsatzes der Verhältnismäßigkeit**, dessen Wahrung einer der Grundgedanken des § 85 BGB ist (Rn. 2) und in Absatz 2 auch durch die Voraussetzung der Erforderlichkeit betont wird.

III. Erforderlichkeit

101 Die Satzungsänderung muss nach Satz 1 *„erforderlich [sein], um die Stiftung an die veränderten Verhältnisse anzupassen."* Ebenso wie im Merkmal der Wesentlichkeit kommt hierin der **Grundsatz der Verhältnismäßigkeit** zu Ausdruck:[46] Jede Satzungsänderung muss **geeignet und erforderlich** sein, um das angestrebte Ziel (bessere Verwirklichung des Stifterwillens, Abwenden von Nachteilen von der Stiftung) zu erreichen, und darf darüber hinaus **nicht schlechthin unverhältnismäßig** sein (nicht „mit Kanonen auf Spatzen schießen"). Unwesentliche Veränderungen der Verhältnisse rechtfertigen daher nur entsprechend unwesentliche Satzungsänderungen, wohingegen wesentliche Veränderungen der Verhältnisse auch die Änderung prägender Satzungsbestimmungen erlauben bzw. gebieten. Die Änderung nicht prägender Satzungsbestimmungen fällt daher unter Absatz 3. Anders gewendet ist stets zu prüfen, ob das Ziel der Satzungsänderung nicht mit einer **weniger einschneidenden Änderung** erreicht werden kann. Satzungsänderungen nach **Absatz 2** sind daher **subsidiär gegenüber** Änderungen nach **Absatz 3** (und prioritär gegenüber Änderungen nach **Absatz 1**, Rn. 5).

IV. Stifterwille

102 Folgt man diesen Überlegungen (Rn. 101), dann verwirklichen und vollziehen Satzungsänderungen den (wirklichen oder mutmaßlichen) Stifterwillen und können ihm daher nicht widersprechen. Gleichwohl bedarf es einer **Validierung. Beispiel:** Der Stifter hat sein Vermögen mit Immobilien erworben. Dementsprechend legt er die Stiftung statutarisch auf direkte Immobilienanlagen fest. Nach seinem Ableben meint der Stiftungsvorstand, für diese Art der Vermögensanlage nicht über die erforderliche Expertise zu verfügen. Außerdem sei sie zu arbeitsaufwendig. Er möchte lieber mehr Zeit auf die Verfolgung des Stiftungszwecks verwenden. Die Hausbank versichert ihm zudem, dass sich durch die Anlage in Immobilienfonds eine noch höhere und sicherere, weil breiter gestreute und professionell gemanagte Rendite erzielen ließe. Der Stiftungsvorstand möchte daher einzelne, besonders arbeitsintensive und nicht so gut rentierende Immobilien verkaufen, den Erlös in Immobilienfonds anlegen und die Satzung entsprechend ändern. Durch das Ausscheiden des Stifters aus dem Vorstand hätten sich die Verhältnisse wesentlich geändert. Ein Immobilienexperte für die Nachfolge sei nicht zu gewinnen gewesen. Die Aufsichtsbehörde ist geneigt, dieser Argumentation zu folgen, weil sich das unveränderte Festhalten an der statutarisch angeordneten Vermögensanlage für die Stiftung als nachteilig herausstellen könnte. Dies zu beurteilen sei Sache der Stiftungsorgane. Indes: Im Unterschied zu dem in Rn. 88 geschilderten Fall handelt es sich hier bei der Anordnung des Stifters über die Anlage des Stiftungsvermögens um eine ganz individuelle, die Stiftung prägende Bestimmung. Zwar können auch solche Bestimmungen geändert werden, insbesondere, wenn sie dazu führen, dass die Stiftung ihren Zweck nicht oder kaum mehr erfüllen kann (ausf. § 87 Rn. 25). So liegt es hier aber nicht. Allein irgendein wirtschaftlicher Vor- oder Nachteil rechtfertigt nicht die Änderung einer prägenden Satzungsbestimmung.[47] Dem steht vielmehr der

46 Ebs. *Beyer*, ZStV 2021, 161, 165.
47 Vgl. auch *Hüttemann/Rawert*, AcP 222 (2022), 301, 325.

Stifterwille entgegen. Könnte der Stifter gefragt werden, würde er die Satzungsänderung rundheraus ablehnen.

103 Anders als § 87b Abs. 1 S. 3 BGB-ProfE[48] machen §§ 85 f. BGB den **Erhalt der Gemeinnützigkeit** (i.S.d. §§ 51 ff. AO) und den Erhalt der **Kirchlichkeit** nicht ausdrücklich zur Voraussetzung jeder Satzungsänderung. Sollte eine Satzungsänderung aber eines dieser beiden Merkmale nicht unberührt lassen, widerspräche sie dem Stifterwillen und wäre daher nicht genehmigungsfähig.

V. Lebensfähigkeit

104 Anders als Absatz 1 Satz 3 thematisieren Absatz 2 bis 4 die Lebensfähigkeit der Stiftung nicht. Es ist indes eine **bare Selbstverständlichkeit**, dass Satzungsänderungen nicht dazu führen dürfen, dass die dauernde und nachhaltige Zweckerfüllung beeinträchtigt wird. Andernfalls würden sie dem Stifterwillen nicht entsprechen.

E. Sonstige Satzungsänderungen, Absatz 3

105 Satzungsbestimmungen, die nicht unter Absatz 1 oder 2 fallen, können nach Absatz 3 geändert werden, *„wenn dies der Erfüllung des Stiftungszwecks dient."* Im RefE hieß es noch: *„... wenn dadurch die Erfüllung des Stiftungszwecks erleichtert wird."* Diese Formulierung stieß jedoch aus vorgenannten Gründen (Rn. 101) auf Kritik,[49] und wurde deswegen geändert. Trotzdem findet sich die Formulierung aus dem Referentenentwurf noch immer in der Begründung des Regierungsentwurfs (Rn. 24). Allerdings vollzieht die Begründung an zahlreichen Stellen die Änderungen des Regierungsentwurfs gegenüber dem Referentenentwurf nicht nach.[50]

106 Da der Stifterwille zu verwirklichen ist (§ 83 Rn. 23), sind auch Satzungsänderungen nach Absatz 3 nur unter den Voraussetzungen des § 84a Abs. 1 S. 1 i.V.m. § 665 BGB (s. § 84a Rn. 67 und o. Rn. 62) zulässig. Das setzt eine Sachlage voraus, aufgrund derer die Stiftungsorgane annehmen dürfen, dass der Stifter eine Änderung der Satzung billigen würde. Eine solche Sachlage liegt insbesondere dann vor, wenn sich die Verhältnisse gegenüber dem Zeitpunkt der Stiftungsgründung geändert haben, der Stifter zu diesem Zeitpunkt von falschen Vorstellungen ausgegangen ist oder er nicht alle für die Verwaltung der Stiftung und der Verfolgung ihres Zwecks beachtlichen Fragen bedacht hat. Ohne eine solche Sachlage verstößt eine Satzungsänderung regelmäßig gegen den Stifterwillen. Die **Änderung der Verhältnisse** in diesem Sinne muss nur – anders als nach Absatz 2 – nicht wesentlich sein, weil es die Satzungsänderung auch nicht ist. Das ist Folge des Grundsatzes der Verhältnismäßigkeit (Rn. 2). Anders als der Wortlaut den Anschein macht, **rechtfertigt** daher **nicht jeder für die Stiftung mögliche Vor- oder Nachteil eine Satzungsänderung**;[51] denn vielleicht hat der Stifter ja bewusst bestimmte Nachteile in Kauf genommen oder bewusst auf bestimmte Vorteile verzichtet. Vielmehr dienen auch Satzungsänderungen nach Absatz 3 allein einer möglichst optimalen Verwirklichung des Stifterwillens.

---

48 *Arnold/Burgard/Droege/Hüttemann/Jakob/Leuschner/Rawert/Roth/Schauhoff/Segna/Weitemeyer*, Professorenentwurf zur Stiftungsrechtsreform 2020, ZIP 2020, Beilage zu Heft 10, 11, 14.

49 *Burgard*, npoR 2021, 1, 6.

50 Darauf weist auch *Schauer*, npoR 2022, 54, 56 hin.

51 Anders wohl *Beyer*, ZStV 2021, 161, 166.

F. Gestaltungsmöglichkeiten des Stifters, Absatz 4

107 Absatz 4 räumt dem Stifter – beschränkte – Gestaltungsmöglichkeiten ein. Er muss von ihnen im „Stiftungsgeschäft" Gebrauch machen. Im Regierungsentwurf hieß es noch in der „Errichtungssatzung." Auf Empfehlung des Rechtsausschusses wurde das Konzept der Errichtungssatzung jedoch vollständig und zu Recht aus dem Gesetz getilgt (§ 81 Rn. 35, o. Rn. 35). Das hat in anderen Bestimmungen zu wichtigen Änderungen geführt (z.B. § 81 Rn. 36, § 83b Rn. 24). Hier in Absatz 4 hat sich der Sache nach durch die Neuformulierung jedoch nichts geändert: **Nur der Stifter** kann von den Gestaltungsmöglichkeiten Gebrauch machen, und zwar im Stiftungsgeschäft gemäß § 81 Abs. 1 BGB.

108 Das wirft die Frage auf, was **Bestandsstiftungen** tun können, deren **Änderungsermächtigungen nicht den Erfordernissen des Absatz 4 entsprechen**. Die Antwort ist: Sie haben sie gemäß Absatz 2 unter Beachtung des Stifterwillens an die neue Rechtslage anzupassen.[52] Dabei stellt die Gesetzesänderung eine wesentliche Veränderung der Verhältnisse dar (Begr. RegE Rn. 22). Nachforschungen, ob sich in dem Stiftungsgeschäft von „achtzehnhundertdazumal" eine Änderungsermächtigung findet, sind nicht erforderlich. Vielmehr ist die aktuelle Satzung maßgeblich (§ 83 Rn. 9).[53] Jede andere Ansicht würde die betroffenen Stiftungen u.U. rechtlos stellen und dem in der Ist-Satzung zum Ausdruck kommenden (mutmaßlichen) Stifterwillen nicht gerecht werden.

109 **Bestandsstiftungen**, deren Satzungen **keine Änderungsermächtigungen** enthalten, können solche dagegen **nicht nachträglich einführen** (Rechtsausschuss Rn. 35), und zwar auch nicht unter dem Gesichtspunkt der wesentlichen Veränderung der (rechtlichen) Verhältnisse; denn zum einen ändert Absatz 4 nach herrschender Lehre ohnehin nichts an der bisher schon geltenden Rechtslage,[54] und zum anderen gibt es in diesen Fällen keine Anhaltspunkte, inwiefern der Stifter die Stiftungsorgane zu Satzungsänderungen jenseits der gesetzlichen Regeln ermächtigen wollte. Das gilt auch für all die vielen Bestandsstiftungen, deren Satzung lediglich die Zuständigkeit und/oder das erforderliche Quorum für Grundlagenänderungen regeln.

I. Ausschluss oder Beschränkung von Satzungsänderungen, Satz 1

110 Der Stifter kann Satzungsänderungen generell ausschließen, und zwar auch Satzungsänderungen durch die Behörde gemäß § 85 Abs. 2 BGB. Das ist ihm allerdings nicht zu empfehlen! Der Stifter kann aber auch nur einzelne Bestimmungen der Satzung einer Änderung entziehen, und zwar auch einer Änderung durch die Behörde. Auch das ist jedoch problematisch. **Allerdings können auch solche Änderungsverbote nach Absatz 2 geändert werden. Beispiel:** Der Stifter hat im Rahmen des § 58 Nr. 6 AO für seine Gattin eine betragsmäßig bestimmte Apanage festgelegt und diese Satzungsbestimmung änderungsfest ausgestaltet. Infolge sinkender Erträge droht nun die Drittelgrenze des § 58 Nr. 6 AO überschritten zu werden, was sich der Stifter nie hätte vorstellen können. In dieser Situation bleibt gar nichts anderes übrig, um den Interessen der Stiftung, der Gattin und damit dem Stifterwillen zu genügen, als sich über das Änderungsverbot hinwegzusetzen.[55] Die Änderungsbefugnis, genauer: das Änderungsgebot folgt aus **§§ 83 Abs. 2, 84a Abs. 1 S. 1 i.V.m. § 665 BGB**, s. § 84a Rn. 68. S. ferner § 83c Rn. 26.

111 Schließt der Stifter **Maßnahmen nach Absatz 1** aus, dann entscheidet er sich zugleich dafür, dass die Stiftung bei Vorliegen der Voraussetzungen des Absatz 1 S. 1 nach § 87 Abs. 1 BGB aufzulösen bzw. nach § 87a Abs. 1, Abs. 2 Nr. 2 BGB aufzuheben ist. Das übrige Vermögen wird

52 Wie hier *Schuck/Medinger*, npoR 2021, 284, 286; a.A. (Bestandsschutz) *Kirchhain* in Schauhoff/Mehren, Stiftungsrecht 2022, Kap. 9 Rn. 44.

53 *Schauer*, npoR 2022, 54, 56; *Schuck/Medinger*, npoR 2021, 284, 285 ff.

54 Staudinger/*Hüttemann/Rawert*, BGB, § 85 Rn. 32; *Hüttemann/Rawert*, Beilage zu ZIP 33/2021, 3, 27.

55 Für ein aktuelles Beispiel *Burgard/Roth*, npoR 2022, 117; *Burgard*, ZIP 2022, 1098.

dann – ggf. nach Durchführung eines Liquidationsverfahrens – an den Anfallberechtigten ausgekehrt, § 87c BGB. Diese Entscheidung des Stifters ist grundsätzlich – d.h. vorbehaltlich einer Änderung der vom Stifter zugrunde gelegten Verhältnisse – zu respektieren und kann sich bei Bestandsstiftungen auch aus dem in dem Stiftungsgeschäft oder der Stiftungssatzung zum Ausdruck kommenden Stifterwillen ergeben.

Ferner kann der Stifter **Satzungsänderungen beschränken**, indem er sie zum Beispiel nur bei Unmöglichkeit ihres weiteren Vollzugs gestattet. Allerdings muss der Stifter bedenken: Je mehr er die Stiftung zur Erstarrung zwingt, desto schwieriger sind seine Anordnungen auf Dauer zu vollziehen, desto weniger Menschen werden sich dazu auf Dauer bereitfinden und desto früher wird die Stiftung scheitern. Schon *Strickrodt* wusste, *„daß eine Stiftung eine reine Ausformung der Leistungsordnung personaler Willenskräfte zu sein vermag und, wenn sie gedeihen soll, tatsächlich auch sein muß.“*[56] 112

II. Erleichterung von Satzungsänderungen, Satz 2 und 3

Inwiefern der Stifter befugt ist, die Stiftungsorgane zu Änderungen der Satzung zu ermächtigen, 113
gehörte **bisher** zu den großen Streitfragen des Stiftungsrechts.[57] Die praktische Relevanz dieser Fragestellung war indes überschaubar, weil nur wenige Stiftungssatzungen wesentlich mehr regeln als die Zuständigkeit und das erforderliche Quorum für Satzungsänderungen. Das ist nicht nur ein weit verbreiteter, sondern war auch ein schwerwiegender Beratungsfehler, zumal die gesetzliche Rechtslage sehr umstritten war,[58] insbesondere die landesrechtlichen Vorschriften verbreitet für unwirksam gehalten wurden.[59] Das hielt die Aufsichtsbehörden allerdings nicht von der Vollziehung der landesgesetzlichen Bestimmungen ab, da sie sich bisher ohnehin wenig um literarische Erkenntnisse scheren (was zum Teil auch daran liegt, dass die handelnden Beamten gar keine Juristen sind!). Die jeweiligen landesgesetzlichen Vorgaben waren im Hinblick auf statutarische Änderungsbestimmungen weitestgehend liberal,[60] dies bedeutet jedoch nicht, dass Satzungsänderungen in das freie Ermessen von Stiftungsorganen gestellt werden konnten.[61] Dem Stifter ist es verwehrt, sich über die Pflichtenbindung der Stiftungsorgane hinwegzusetzen.

Absatz 4 Satz 3 hat kein Vorbild im Landesrecht, sondern eher in der Literatur.[62] Danach 114
muss *„der Stifter Inhalt und Ausmaß der Änderungsermächtigung hinreichend bestimmt“* festlegen. Dafür kann er als **Vorbild auf die Regelungen des Absatz 1 bis 3 zurückgreifen**; denn man darf davon ausgehen, dass der Gesetzgeber seine eigenen Regelungen als **hinreichend bestimmt** und nicht als *„Blanko- oder Pauschalermächtigung“* (Begr. RegE Rn. 29) ansieht.

---

56 *Strickrodt*, Stiftungsrecht, 309.

57 S. nur MüKoBGB/*Weitemeyer*, § 85 Rn. 4 ff.; Staudinger/*Hüttemann*/*Rawert*, BGB, § 85 Rn. 9 ff.; *Burgard*, Gestaltungsfreiheit, 332 ff.

58 So MüKoBGB/*Weitemeyer*, § 85 Rn. 7 ff.; Staudinger/*Hüttemann*/*Rawert*, BGB, § 85 Rn. 27 ff.; **a.A.** BeckOK BGB/*Backert*, § 85 Rn. 4; *Burgard*, Gestaltungsfreiheit, 358 f., alle m.w.N.

59 Statt vieler Staudinger/*Hüttemann*/*Rawert*, BGB, § 85 Rn. 28; MüKoBGB/*Weitemeyer*, § 85 Rn. 7.

60 Vgl. etwa § 6 BWStiftG; § 10 Abs. 1 S. 1 BbgStiftG; § 5 Abs. 1 BlnStiftG; § 8 Abs. 1 S. 1 BremStiftG; § 7 Abs. 1. S. 1 Nr. 1 HamStiftG; § 9 Abs. 1 HeStiftG; § 9 Abs. 1 MVStiftG; § 7 Abs. 1 und Abs. 3 NdsStiftG; § 5 Abs. 1 S. 1 NRWStiftG.

61 Anders war dies nach Ansicht des Verfassers nur für Änderungskompetenzen zugunsten des Stifters und von Destinatären, *Burgard*, Gestaltungsfreiheit, 381 ff. Diese Meinung stieß zwar verbreitet auf Ablehnung (z.B. *Reuter*, AcP 207 (2007) 1, 6 ff.; *Rawert*, ZHR 171 (2007), 105, 106), mündete aber in der Forderung eines gesetzlichen Änderungsrechts des Stifters (sog. Stifterprivileg), vgl. *Rawert*, NPLYB 2012/2013, 51, 56 ff.; *Burgard*, ZStV 2016, 81, 87.

62 Vgl. Staudinger/*Hüttemann*/*Rawert*, BGB, § 85 Rn. 32.

1. Ausmaß der Änderungsermächtigung

115 „Ausmaß" meint, dass der Stifter hinreichend bestimmt festlegen muss, **welche Satzungsbestimmungen** abweichend von den gesetzlichen Erfordernissen durch die zuständigen Stiftungsorgane geändert werden können. Hierfür **reicht die Bezeichnung des Regelungsbereichs wie in Absatz 2 aus**, also z.B.: „Die Bestimmungen über die Art und Weise der Zweckerfüllung, die Verwaltung des Grundstockvermögens und über die Zusammensetzung und Aufgaben der Organe können durch den Stiftungsvorstand mit Zustimmung des Kuratoriums geändert werden." Selbstverständlich geht es auch konkreter: „§ 6 (Anlagerichtlinie) kann ... geändert werden." Etabliert der Stifter ein abgestuftes System nach Vorbild von Absatz 1 und 2, kann er auch eine Auffangregelung à la Absatz 3 schaffen: „Alle übrigen Satzungsbestimmungen ...."

2. Inhalt der Änderungsermächtigung

116 „Inhalt" meint, dass der Stifter hinreichend bestimmt festlegen muss, **unter welchen Voraussetzungen** die zuständigen Stiftungsorgane die jeweiligen Satzungsbestimmungen ändern dürfen. Zulässig wäre bspw. folgende Regelung: „Die Bestimmungen dieser Satzung über die Art und Weise der Zweckerfüllung, die Verwaltung des Grundstockvermögens und über die Zusammensetzung und Aufgaben der Organe sind nicht prägend im Sinne des § 85 Absatz 2 BGB. Sie können daher **unter den Voraussetzungen des § 85 Absatz 3** BGB geändert werden."[63] Oder: „Der Stiftungszweck kann unter den Voraussetzungen des § 85 Absatz 2 Satz 1 BGB geändert oder erheblich beschränkt werden. Unter diesen Voraussetzungen kann die Stiftung auch in eine Verbrauchsstiftung umgewandelt werden."[64]

117 Das wirft die Frage auf, ob der Stifter Satzungsänderungen noch weiter erleichtern kann. Sie ist zu verneinen. **§§ 85 Abs. 3 i.V.m. § 84a Abs. 1 S. 1 i.V.m. § 665 BGB sowie § 83 Abs. 2 BGB markieren die allgemeine Untergrenze** für Satzungsänderungen, da der Stifter die Pflichtbindung der Organmitglieder nicht aufheben kann. Das gilt auch für ihn selbst,[65] da ein freies Änderungsrecht des Stifters von der Bund-Länder-Arbeitsgruppe diskutiert, aber letztlich verworfen wurde. Und hinsichtlich der Regelungsgegenstände des Absatz 1 dürften die Voraussetzungen des Absatz 2 die Untergrenze bilden, weil den Wertungen des Gesetzes zu entnehmen ist, dass diese Satzungsänderungen einer besonderen Begründung bedürfen, vgl. Begr. RegE Rn. 5, 10 f., 20. Strengere Voraussetzungen als eine „wesentliche Veränderung der Verhältnisse" können von der Anerkennungsbehörde jedoch **nicht** verlangt werden, da diese Voraussetzung nach dem bisherigen Landesrecht[66] und allgemeiner Meinung[67] jede Art von Grundlagenänderung rechtfertigt.

118 Anstelle des unbestimmten Rechtsbegriffs „wesentliche Veränderung der Verhältnisse" kann der Stifter auch **konkrete Voraussetzungen** nach Vorbild des Absatz 1 S. 1 und 2 formulieren, unter denen ein Zweckaustausch, eine erhebliche Zweckbeschränkung oder die Umwandlung in eine Verbrauchsstiftung erfolgen kann, soll oder muss, z.B.: „Sinkt der Wert des Grundstockvermögens unter 100.000 Euro ab, kann die Stiftung in eine Verbrauchsstiftung umgewandelt werden." Oder: „Wird die Kirche Christkönig in Falkenstein profanisiert, ist der Zweck der Stiftung gemäß § 2 der Satzung (Wissenschaftsförderung) aufzugeben, das Kirchengrundstück zu erwerben und die Kirche

63 Ebs. *Schauer*, npoR 2022, 54, 55.

64 Auch *Hüttemann/Rawert*, Beilage zu ZIP 33/2021, 1, 27, sowie *Schauer*, npoR 2022, 54, 57 m.w.N., halten Formulierungen wie „eine wesentliche Änderung der Verhältnisse" für hinreichend bestimmt.

65 Zum alten Recht **a.A.** *Burgard*, Gestaltungsfreiheit, 382 f.

66 § 6 S. 2 BWStiftG; § 5 Abs. 2 BlnStiftG; § 8 Abs. 1 S. 1 BremStiftG; § 9 Abs. 2 S. 1 HeStiftG; § 9 Abs. 1 MVStiftG; § 7 Abs. 1 NdsStiftG; § 5 Abs. 1 S. 1 NRWStiftG; § 7 Abs. 1 SaarStiftG; § 9 Abs. 1 S. 1 Nr. 2 SächsStiftG; § 5 Abs. 1 S. 1 Nr. 2 SHStiftG; § 9 Abs. 1 S. 1 ThStiftG.

67 Etwa Staudinger/*Hüttemann/Rawert*, BGB, § 85 Rn. 32.

für religiöse Zwecke zu erhalten." Selbstverständlich kann der Stifter auch bei anderen Regelungsgegenständen als denen des Absatz 1 konkrete Voraussetzungen formulieren, unter denen sie geändert werden können, sollen oder müssen.

Welchen konkreten Inhalt eine Änderung haben soll (z.B.: „Nach meinem Tod soll der Vorstand aus 5 Personen bestehen."), **kann, muss der Stifter aber nicht vorschreiben**, obwohl man sowohl den Wortlaut des Satzes 3 als auch die Regierungsbegründung dahin missverstehen könnte. Er muss grundsätzlich auch keine *„Leitlinien und Orientierungspunkte"* (Begr. RegE Rn. 29) geben; denn die Pflicht zur Verwirklichung des Stifterwillens (§ 83 Abs. 2 BGB) reicht als „Leitlinie" aus, und zwar auch dem Gesetz, und zwar selbst bei Maßnahmen nach Absatz 1 (Rn. 8). Jede andere Auffassung würde dem Stifter prophetische Gaben abverlangen.[68] **Nur wenn der Zweck ausgetauscht oder umgestaltet** werden soll, muss der Stifter inhaltliche Vorgaben machen (z.B.: „Nach meinem Ausscheiden aus den Stiftungsorganen ist der Stiftungszweck ‚Förderung straffälliger Jugendlicher' in den Zweck ‚Förderung behinderter Jugendlicher' zu ändern." Oder: „Wird die Erfüllung des Stiftungszwecks – ‚Schutz der Berggorillas' – unmöglich, weil die Tiere als ausgestorben gelten, ist der Zweck in den Schutz einer anderen bedrohten Säugetierart umzuwandeln.") 119

Schließlich sei folgender **Hinweis** erlaubt: Oftmals will sich der Stifter berechtigterweise Einfluss auf die Stiftung vorbehalten und misst sich die dafür erforderlichen organschaftlichen Rechte zu. Das funktioniert wunderbar, solange er aktiv in der Stiftung mitarbeitet. Umso größer ist die Lücke danach. Viele Stiftungssatzungen sind darauf nur unzureichend vorbereitet. Oft versuchen sie einen Kompromiss, der sowohl für die Zeit davor als auch danach passen soll. Das misslingt geradezu unausweichlich. Deswegen ist zu empfehlen, der Stiftung im Stiftungsgeschäft zwei Satzungen zu geben: Eine durch das Ausscheiden des Stifters auflösend befristete Satzung, die ihm alle Rechte einräumt und auch hinsichtlich von Satzungsänderungen so liberal wie möglich gestaltet ist. Und eine durch sein Ausscheiden aufschiebend befristete Satzung mit einem strikten Foundation Government-Konzept.[69] 120

68 Zu eng deswegen *Schienke-Ohletz* in Schauhoff/Mehren, Stiftungsrecht 2022, Kap. 3 Rn. 10.
69 Näher dazu *Burgard*, ZStV 2016, 1, 8.

§ 85a Verfahren bei Satzungsänderungen

(1) Die Satzung kann durch den Vorstand oder ein anderes durch die Satzung dazu bestimmtes Stiftungsorgan geändert werden. Die Satzungsänderung bedarf der Genehmigung der nach Landesrecht zuständigen Behörde.

(2) Die Behörde kann die Satzung nach § 85 ändern, wenn die Satzungsänderung notwendig ist und das zuständige Stiftungsorgan sie nicht rechtzeitig beschließt.

(3) Wenn durch die Satzungsänderung der Sitz der Stiftung in den Zuständigkeitsbereich einer anderen Behörde verlegt werden soll, bedarf die nach Absatz 1 Satz 2 erforderliche Genehmigung der Satzungsänderung der Zustimmung der Behörde, in deren Zuständigkeitsbereich der neue Sitz begründet werden soll.

Schrifttum

S. § 85.

Übersicht

A. Grundlagen

I. Norminhalt und -zweck, Vergleich zum bisherigen Recht — 1

II. Begründung des Regierungsentwurfs — 2

III. Bewertung — 12

B. Zuständigkeit für Satzungsänderungen, Absatz 1 Satz 1 — 13

C. Prärogative der Stiftungsorgane hinsichtlich der Auslegung des Stifterwillens und hinsichtlich der Einschätzung der Lebensfähigkeit — 15

D. Ermessen der Stiftungsorgane — 18

I. § 85 Abs. 1 S. 1 Nr. 2 BGB — 19

II. § 85 Abs. 1 S. 1 Nr. 1 BGB — 20

III. § 85 Absatz 2 BGB — 26

IV. § 85 Absatz 3 BGB — 28

V. § 85 Absatz 4 BGB — 29

VI. Ergebnis — 31

E. Genehmigung von Satzungsänderungen, Absatz 1 Satz 2 — 34

F. Änderungsbefugnis der Behörde, Absatz 2 — 37

I. Voraussetzungen
1. Notwendigkeit der Satzungsänderung — 38
2. Gefahr in Verzug — 39

II. Rechtsfolge — 40

G. Verfahren bei Verlegung des Satzungssitzes, Absatz 3 — 41

H. Rechtsbehelfe — 45

A. Grundlagen

I. Norminhalt und -zweck, Vergleich zum bisherigen Recht

1 Die Vorschrift regelt das Verfahren bei Satzungsänderungen, und zwar sowohl auf Seiten der Stiftung (Abs. 1 S. 1) als auch und vor allem auf Seiten der Behörde (Abs. 1 S. 2, Abs. 2 und 3). Letzteres ist erforderlich, damit die von § 85 BGB erzielte Rechtsvereinheitlichung nicht durch landesrechtliche Genehmigungsvoraussetzungen konterkariert wird. Absatz 1 entspricht weitgehend dem bisher schon geltenden Recht, Absatz 2 und 3 haben Vorbilder im Landesrecht. Zur

https://doi.org/10.1515/9783110251524-027

Frage der Gesetzgebungskompetenz siehe die Vorbem. zu § 80 Rn. 12 sowie die Vorbem. 3 zu § 82b Rn. 8 ff.

II. Begründung des Regierungsentwurfs

„§ 85a BGB-neu regelt das Verfahren für Satzungsänderungen durch die zuständigen Stiftungsorgane oder die nach Landesrecht zuständigen Behörden. 2

Zu Absatz 1: *§ 85a Absatz 1 BGB-neu regelt das Verfahren für Satzungsänderungen durch die Stiftungsorgane. Hier ist ein zweistufiges Verfahren vorgesehen. Für die Satzungsänderung bedarf es zunächst einer Entscheidung über die Satzungsänderung durch das zuständige Stiftungsorgan. Diese muss sodann von der nach Landesrecht zuständigen Behörde genehmigt werden. Das entspricht den meisten der derzeit geltenden landesrechtlichen Regelungen zu Satzungsänderungen.* 3

Zu Satz 1: *Das zuständige Organ für die Satzungsänderungen ist nach § 85a Absatz 1 Satz 1 BGB-neu der Stiftungsvorstand. Durch die Satzung kann die Zuständigkeit eines anderen Organs für die Satzungsänderungen begründet werden. Das entspricht den bisher geltenden landesrechtlichen Vorschriften.* 4

Zu Satz 2: *Nach § 85a Absatz 1 Satz 2 bedarf jede Satzungsänderung durch die Stiftungsorgane der Genehmigung durch die nach Landesrecht zuständigen Behörde. Das können nach Landesrecht auch kirchliche Behörden sein. Die Änderung der Stiftungssatzung ist eine Entscheidung, die anders als die Änderung der Satzung einer Körperschaft durch ihre Mitglieder nicht im Belieben der Stiftungsorgane oder Behörden steht. Sie ist nur unter den in den § 85 BGB-neu oder den in der Satzung geregelten Voraussetzungen zulässig. Der Genehmigungsvorbehalt ermöglicht den zuständigen Behörden, im Genehmigungsverfahren zu überprüfen, ob die gesetzlichen oder satzungsmäßigen Voraussetzungen für die jeweilige Satzungsänderung vorliegen. Erst mit Erteilung der Genehmigung wird die Satzungsänderung wirksam.* 5

Zu Absatz 2: *§ 85a Absatz 2 BGB-neu regelt, unter welchen Voraussetzungen die nach Landesrecht zuständigen Behörden Stiftungssatzungen nach § 85 BGB-neu ändern können. Regelungen zum Verfahren der zuständigen Behörden werden nicht getroffen. Das Verfahren soll wie bisher von den Ländern geregelt werden.* 6

Liegen die Voraussetzungen für eine Satzungsänderung vor, dürfen die zuständigen Behörden die Satzung nur ändern, soweit die Satzungsänderung für die Stiftung notwendig ist und wenn das zuständige Stiftungsorgan die Satzungsänderung nicht rechtzeitig beschließt. 7

Über Satzungsänderungen sollen in erster Linie die zuständigen Stiftungsorgane entscheiden, die die Verhältnisse und Entwicklungsmöglichkeiten der Stiftung besser kennen als die zuständigen Behörden. Für die zuständigen Behörden wird deshalb nur eine subsidiäre Zuständigkeit für notwendige Satzungsänderungen begründet, wenn die zuständigen Stiftungsorgane nicht oder nicht rechtzeitig handeln können oder wollen.[1] 8

Zu Absatz 3: *§ 85a Absatz 3 BGB-neu enthält eine Sonderregelung für das Verfahren bei Satzungsänderungen, durch die der Satzungssitz einer Stiftung in den Zuständigkeitsbereich einer anderen Behörde verlegt werden soll. Für die Genehmigung solcher Satzungsänderungen ist noch die Behörde zuständig, in deren Bezirk die Stiftung ihren bisherigen Sitz hat. Die zuständige Behörde darf die Satzungsänderung aber nur genehmigen, wenn die Behörde, in deren Zuständigkeitsbereich der neue Satzungssitz begründet werden soll, ihre Zustimmung zu der Genehmigung erteilt hat.* 9

Mit dem Zustimmungserfordernis soll ein Dissens zwischen den beteiligten Stiftungsbehörden über die Wirksamkeit der Sitzverlegung zu Lasten der Stiftung vermieden werden. Bei einer Genehmigung einer Satzungsänderung betreffend den Sitz der Stiftung ohne Zustimmung der Behörde, in deren Zuständigkeitsbereich der neue Sitz begründet werden soll, besteht die Gefahr, dass die genehmigende Stiftungsbehörde den Beschluss der Stiftungsorgane über die Änderung der Sitzre- 10

1 BT-Ds. 19/28173, 68.

gelung in der Satzung als wirksam ansieht, aber die Stiftungsbehörde, in deren Zuständigkeitsbereich der Sitz neu begründet werden soll, diese Satzungsänderung über die Sitzverlegung als unwirksam ansieht. Dann unterliegt die Stiftung faktisch keiner Aufsicht mehr.

11 *Wird die Zustimmung verweigert, darf die Genehmigung nicht erteilt werden. Eine Stiftung kann die Entscheidungen beider beteiligter Behörden überprüfen lassen, indem sie die noch zuständige Stiftungsbehörde auf Erteilung der Genehmigung verklagt.*"[2]

III. Bewertung

12 Die Formulierung von Satz 1 ist misslungen. Absatz 2 wird kaum jemals praktisch werden. Und Absatz 3 ist „so unnötig wie ein Kropf".

B. Zuständigkeit für Satzungsänderungen, Absatz 1 Satz 1

13 Dass nach der gesetzlichen Regelverfassung der Vorstand für Satzungsänderungen zuständig ist, ist eine bare Selbstverständlichkeit, da die Stiftung normalerweise gar kein zweites Organ hat. Und wenn sie ein zweites Organ hat, obliegt es dem Stifter, dessen Zuständigkeit zu regeln, § 84 Abs. 4 S. 2 BGB. Absatz 1 Satz 1 ist daher vollkommen überflüssig. Gerade überflüssige Ausführungen enthalten freilich oftmals Fehler. Und so ist es auch hier. Das Problem ist das Wort „oder". Hat die Stiftung ein zweites Organ, sind in der Praxis nämlich Regelungen häufig, die vorsehen, dass der Vorstand für Satzungsänderungen der Zustimmung des zweiten Organs bedarf. Solche Regelungen will Satz 1 gewiss nicht ausschließen. Anhaltspunkte dafür sind nicht ersichtlich. Das „oder" ist daher nicht exklusiv im Sinne von „entweder ... oder", sondern inklusiv im Sinne von **„und/oder"** zu verstehen.[3]

14 Gesetzlich nicht geregelt ist die Frage des erforderlichen **Beschlussquorums**. S. hierzu § 84b Rn. 43 ff.

C. Prärogative der Stiftungsorgane hinsichtlich der Auslegung des Stifterwillens und hinsichtlich der Einschätzung der Lebensfähigkeit

15 § 85 BGB enthält zahlreiche unbestimmte Rechtsbegriffe. Deren Auslegung durch die Stiftungsorgane unterliegt der vollen Nachprüfung durch die Aufsichtsbehörde (Rechtsaufsicht) und die Gerichte. Ein Beurteilungsspielraum besteht dabei auf keiner Seite.

16 Satzungsänderungen dienen grundsätzlich der Verwirklichung des wirklichen oder mutmaßlichen Stifterwillens i.S.d. § 83 Abs. 2 BGB (s. § 85 Rn. 61 ff., 102). Zur Auslegung des Stifterwillens sind in erster Linie die Stiftungsorgane berufen. Ihre Auslegung unterliegt ebenfalls (lediglich) der Rechtskontrolle. Ist die Auslegung des Stifterwillens rechtlich vertretbar, dürfen weder die Aufsicht noch die Gerichte ihre Auslegung an deren Stelle setzen (§ 83 Rn. 32). Hinsichtlich der Fragen, ob und welche Satzungsänderungen der Stifterwille erheischt, steht den Stiftungsorganen daher eine **Auslegungsprärogative** zu. Das gilt daher auch für die Frage, ob eine Satzungsbestimmung gemessen an dem Stifterwillen „prägend" i.S.d. § 85 Abs. 2 BGB ist und ob sich die Verhältnisse gemessen an den subjektiven Vorstellungen des Stifters geändert haben.

2 BT-Ds. 19/28173, 69.

3 Im Ergebnis ebs. *Uhl*, in Orth/Uhl, Stiftungsrechtsreform 2021, Rn. 601; *Kirchhain* in Schauhoff/Mehren, Stiftungsrecht 2022, Kap. 9 Rn. 45.

Hinsichtlich der Lebensfähigkeitsprognose kommt dem Stifter bei der Anerkennung der Stiftung eine **Einschätzungsprärogative** zu (§ 82 Rn. 22). Das gleiche gilt hinsichtlich des Scheiterns der Lebensfähigkeitsprognose zugunsten der Stiftungsorgane. Die Rechtsaufsicht ist daher darauf beschränkt, die Vertretbarkeit dieser Einschätzung zu prüfen. 17

D. Ermessen der Stiftungsorgane

In Absatz 1 heißt es in Übereinstimmung mit § 85 Abs. 1 S. 1 und S. 4, Abs. 2 S. 1, Abs. 3 BGB „*kann*". Das legt den Schluss nahe, dass Satzungsänderungen im Ermessen des zuständigen Stiftungsorgans bzw. der zuständigen Stiftungsorgane stehen.[4] Andererseits zeigt ein Blick auf Absatz 2, dass dieses Ermessen offenbar Schranken hat. Zu unterscheiden ist zwischen dem Handlungs- und dem Auswahlermessen. 18

I. § 85 Abs. 1 S. 1 Nr. 2 BGB

In den Fällen des § 85 Abs. 1 S. 1 Nr. 2 BGB ist das **Handlungsermessen** regelmäßig auf **Null** reduziert. Gefährdet die Stiftung das Gemeinwohl, ist der Zweck zu beschränken, falls das ausnahmsweise zur Beseitigung der Gemeinwohlgefährdung ausreicht, andernfalls ist der Zweck umzuwandeln. Auch das **Auswahlermessen ist reduziert.** Wie die Beschränkung zu erfolgen hat, wird von der Gemeinwohlgefährdung vorgegeben (der gemeinwohlgefährdende Teil ist zu streichen), wie der Zweck umzuwandeln ist, von dem mutmaßlichen Stifterwillen. Insofern steht den Stiftungsorganen allerdings eine Auslegungsprärogative zu. Nur, wenn danach mehrere Möglichkeiten einer Zweckänderung vertretbar sind, haben die Stiftungsorgane ein Auswahlermessen, welche dieser Möglichkeiten dem Stifterwillen am ehesten entspricht. Steht der Stifterwille einer Zweckänderung entgegen, so ist die Stiftung aufzulösen (§ 87 Rn. 26), hilfsweise aufzuheben (§ 87a Abs. 2 Nr. 2 BGB). Andernfalls hat die Zweckänderung zum Schutz des Gemeinwohls unverzüglich zu erfolgen. 19

II. § 85 Abs. 1 S. 1 Nr. 1 BGB

Ist das Vermögen einer **Verbrauchsstiftung** aufgebraucht und ist in absehbarer Zeit auch kein Erwerb zusätzlicher Mittel zu erwarten (Prognose nach § 85 Abs. 1 S. 2 Hs. 2 BGB, dort Rn. 54) ist die Stiftung aufzulösen (§ 85 Rn. 49, Begr. RegE Rn. 17). Hinsichtlich der Wahrscheinlichkeit des Erwerbs zusätzlicher Mittel haben die Stiftungsorgane zwar eine Einschätzungsprärogative, aber **weder** ein **Handlungs- noch** ein **Auswahlermessen.** 20

Bei **„Ewigkeitsstiftungen"** ist in den Fällen des § 85 Abs. 1 S. 1 Nr. 1 BGB **zu prüfen:** 21
- erstens, ob die Leistungsunfähigkeit vorübergehender Natur ist (§ 85 Rn. 50),
- zweitens, ob in absehbarer Zeit der Erwerb zusätzlicher Mittel zu erwarten ist, durch die die Leistungsfähigkeit wiederhergestellt wird (Prognose nach § 85 Abs. 1 S. 2 Hs. 2 BGB, dort Rn. 54),
- drittens, ob durch eine Umschichtung des Grundstockvermögens Mittel zur Verfolgung des Stiftungszwecks freigesetzt werden können (§ 85 Rn. 51) und
- viertens, ob durch Satzungsänderungen nach § 85 Abs. 2 bis 4 BGB (in umgekehrter Reihenfolge!) die Leistungsfähigkeit der Stiftung unter Beachtung des Stifterwillens wiederhergestellt werden kann (§ 85 Rn. 52).

4 *Mehren/Lorenz*, DStR 2020, 2547, meinen den zuständigen Stiftungsorganen stünde eine Einschätzungsprärogative zu, ob die gesetzlichen Voraussetzungen für eine Satzungsänderung vorliegen.

22 Insofern besteht wiederum eine Einschätzungsprärogative der Stiftungsorgane, aber kein Handlungsermessen und wohl auch kaum jemals ein Auswahlermessen, weil stets sowohl der Grundsatz der Verhältnismäßigkeit (§ 85 Rn. 100) als auch der Stifterwille (§ 83 Abs. 2 BGB, § 85 Rn. 62) zu beachten sind. Letzteres ist im Blick auf den Vorrang von Satzungsänderungen nach § 85 Abs. 2 BGB besonders wichtig. Durch **„downsizing" der Art und Weise der Zweckerfüllung** lässt sich nämlich die Leistungskraft fast jeder Stiftung wiederherstellen. **Beispiel**: Verliert eine Stiftung, die der Kunstförderung durch Vergabe von Stipendien dient, den Großteil ihres Vermögens, kann ihre Leistungskraft einfach dadurch wiederhergestellt werden, dass die Art und Weise der Zweckerfüllung geändert wird – statt Vergabe von Stipendien nur noch die Vergabe eines (womöglich sogar undotierten) Preises. Nach der Gesetzessystematik würde eine solche Veränderung zwar dem Grundsatz der Verhältnismäßigkeit besser entsprechen als eine Maßnahme nach Absatz 1. Indes ist fraglich, ob der **Stifter** nicht eine Maßnahme nach Absatz 1 (insb. Umwandlung in eine Verbrauchsstiftung) einer solchen „Schmalspurstiftung" vorziehen würde.

23 Sind **alle vier Fragen zu verneinen**, ist **weiter zu prüfen**, ob
- fünftens durch Satzungsänderungen nach § 85 Abs. 1 Satz 1 BGB (insb. erhebliche Beschränkung des Zwecks, § 85 Rn. 41 ff.) die Leistungsfähigkeit wiederhergestellt werden kann,
- sechstens die Ewigkeitsstiftung gemäß § 85 Abs. 1 S. 4 BGB (ggf. in Verbindung mit einer Zweckänderung nach § 85 Abs. 1 S. 1 BGB) in eine leistungsfähige Verbrauchsstiftung umgewandelt werden kann (§ 85 Rn. 65),
- siebtens eine Zu- oder Zusammenlegung gemäß §§ 86, 86a BGB in Betracht kommt; erforderlich dafür ist nicht nur, dass die Voraussetzungen dieser Vorschriften erfüllt sind, sondern auch, dass sich Partnerstiftungen für eine Zu- oder Zusammenlegung finden.

24 Ist **eine der Fragen** fünf bis sieben – auch unter Beachtung des Stifterwillens (§ 83 Abs. 2 BGB, § 85 Rn. 62, 102) – **zu bejahen**, ist diese Maßnahme zu ergreifen. Sind **zwei oder alle drei Fragen zu bejahen**, ist weiter zu überlegen, welche dieser Maßnahmen am ehesten dem mutmaßlichen Stifterwillen entspricht (s. dazu auch § 87 Rn. 26). Ein **Auswahlermessen** haben die zuständigen Stiftungsorgane **nur ausnahmsweise**, nämlich wenn alle Maßnahmen gleich geeignet sind (Grundsatz der Verhältnismäßigkeit, § 85 Rn. 100) und auch der Stifterwille (§ 83 Abs. 2 BGB, § 85 Rn. 62, 102) keine Präferenz erkennen lässt.

25 Kommt **keine der drei Maßnahmen** in Betracht, ist die Stiftung nach § 87 Abs. 1 BGB **aufzuheben**. Dabei ist zu beachten, dass der **Stifterwille** keineswegs immer auf einen Erhalt der Stiftung „um jeden Preis" gerichtet ist (dahingehend aber Begr. RegE § 87 Rn. 13). Das gilt besonders dann, wenn sich der Stifter ersichtlich Gedanken über die Anfallberechtigung gemacht hat; denn gerade in diesem Fall kann es sein, dass es dem Stifter mutmaßlich lieber ist, dass das verbleibende Vermögen dem Anfallberechtigten zukommt, als dass die Stiftung irgendwie „weiterwurschtelt".[5] Nicht nur tatsächliche Umstände, wie insb. ein zu geringes Vermögen, sondern auch der Stifterwille können daher Maßnahmen nach § 85 Abs. 1 S. 1, S. 4 oder §§ 86 ff. BGB entgegenstehen. Und hinsichtlich des Stifterwillens haben die Stiftungsorgane – wie stets – eine Auslegungsprärogative.

III. § 85 Absatz 2 BGB

26 Haben sich die Verhältnisse wesentlich verändert, können die Stiftungsorgane nach § 84 Abs. 1 S. 1 i.V.m. § 665 BGB ebenfalls nicht untätig bleiben (§ 84a Rn. 68). Ein **Handlungsermessen** haben sie daher **regelmäßig nicht**. Und ihr **Auswahlermessen** wird einerseits durch den Stifterwillen und andererseits dadurch beschränkt, dass die Satzungsänderung nach § 85 Abs. 2 S. 1 BGB erforderlich sein muss, um die Stiftung an die geänderten Verhältnisse anzupassen. Ein Auswahlermessen besteht daher nur dann, wenn zwei genehmigungsfähige Satzungsänderun-

5 Ähnlich, aber zu pauschal *Beyer*, ZStV 2021, 161, 164.

gen hinsichtlich ihrer Geeignetheit, Erforderlichkeit und ihrer Übereinstimmung mit dem Stifterwillen gleich zu beurteilen wären, was wohl eher **selten** ist (s. auch Rn. 24).

Da **Zu- und Zusammenlegung** (ZuZ) ebenfalls eine wesentliche Veränderung der Verhältnisse voraussetzen (s. § 86 Nr. 1 und § 86a Nr. 1 BGB), könnte man meinen, es handele sich um Alternativmaßnahmen zu Satzungsänderungen nach § 85 Abs. 2 BGB. Das ist indes nicht der Fall, wie ein zweiter Blick auf § 86 Nr. 1 und § 86a Nr. 1 BGB erweist, wonach **Satzungsänderungen Vorrang** haben. Vielmehr stehen ZuZ auf derselben **Verhältnismäßigkeitsstufe wie die Grundlagenänderungen nach § 85 Abs. 1 BGB.** 27

IV. § 85 Absatz 3 BGB

Auch bei Satzungsänderungen nach § 85 Abs. 3 BGB besteht **regelmäßig kein Handlungsermessen**, weil sie richtigerweise ebenfalls eine Veränderung der Verhältnisse voraussetzen (§ 85 Rn. 106) und die zuständigen Stiftungsorgane daher gemäß § 84a Abs. 1 S. 1 i.V.m. § 665 BGB nicht untätig bleiben dürfen (§ 84a Rn. 68). Ein **Auswahlermessen** wäre auch hier nur anzunehmen, wenn **zwei genehmigungsfähige Satzungsänderungen** hinsichtlich ihrer Geeignetheit, Erforderlichkeit und ihrer Übereinstimmung mit dem Stifterwillen **gleich zu beurteilen** wären. 28

V. § 85 Absatz 4 BGB

Bei Satzungsänderungen nach § 85 Absatz 4 BGB besteht jedenfalls dann **weder ein Handlungs- noch ein Auswahlermessen**, wenn der Stifter die Satzungsänderung nach Voraussetzungen und Rechtsfolgen **genau vorherbestimmt** hat. Umgekehrt kann der Stifter den Stiftungsorganen aber sowohl ein **Handlungs-** als auch ein **Auswahlermessen** und sogar beides **einräumen**. Ihr Ermessen haben die Organe allerdings stets pflichtgebunden entsprechend dem mutmaßlichen Stifterwillen auszuüben. In vielen Fällen wird das daher zu einer Ermessensreduzierung führen. 29

Beispiel: In der Satzung heißt es: „Sinkt das Vermögen der Stiftung unter 100.000 Euro, können die Stiftungsorgane die Stiftung in eine Verbrauchsstiftung umwandeln oder sie auflösen.“ In diesem Fall haben die Stiftungsorgane trotz des Wortes „können“ kein Handlungsermessen, wenn der Stiftungszweck mit den Erträgen aus einem so geringen Vermögen nicht mehr beständig verfolgt werden kann. Zudem hat der Stifter zum Ausdruck gebracht hat, dass er unter diesen Voraussetzungen die Umwandlung in eine Verbrauchsstiftung oder eine Aufhebung der Stiftung gegenüber anderen denkbaren Maßnahmen (wie z.B. einer Änderung der Art und Weise der Zweckerfüllung) bevorzugen würde. Zwischen diesen beiden Möglichkeiten haben die Stiftungsorgane wiederum nach dem mutmaßlichen Stifterwillen zu entscheiden. Ist Anfallberechtigter der Fiskus, so ist anzunehmen, dass der Stifter die Umwandlung in eine Verbrauchsstiftung bevorzugen würde. Dasselbe gilt, wenn andere Gründe eine Präferenz des Stifters für die eine oder andere Möglichkeit erkennen lassen. Ist keine Präferenz erkennbar, ist die Stiftung in eine Verbrauchsstiftung umzuwandeln, weil das gegenüber der Auflösung der Stiftung die weniger einschneidende Maßnahme ist. 30

VI. Ergebnis

Nach allem haben die Stiftungsorgane für gewöhnlich kein Handlungs- und nur selten ein uneingeschränktes Auswahlermessen. Im Grunde ergibt sich das bereits aus § 84a i.V.m. § 665 BGB (vgl. § 84a Rn. 68). Richtigerweise müsste es daher in § 85 Abs. 1 S. 1 und S. 4, Abs. 2 S. 1, Abs. 3 31

BGB **„soll" bzw. „sollen"** heißen. Auch § 85a Abs. 1 S. 1 BGB sollte entsprechend umformuliert werden.

32 Soweit den Stiftungsorganen ein **Ermessen** zusteht, ist dessen Ausübung **pflichtgebunden.** Die Ausübung des Ermessens darf von der **Behörde und den Gerichten nur auf Ermessensfehler überprüft** werden (Ermessensnichtgebrauch, Ermessensfehlgebrauch und Ermessensüberschreitung), da sie auf eine bloße Rechtsaufsicht beschränkt sind und in die Ermessensausübung auch Zweckmäßigkeitserwägungen einfließen (§ 83 Rn. 34).

33 Da alle Arten von Satzungsänderungen der Verfolgung des Stiftungszwecks und der Verwirklichung des Stifterwillens dienen, haben sie grundsätzlich **unverzüglich**, d.h. ohne schuldhaftes Zögern (§ 121 Abs. 1 S. 1) zu erfolgen, um Nachteile von diesen rechtlich geschützten Interessen abzuwenden.

E. Genehmigung von Satzungsänderungen, Absatz 1 Satz 2

34 **Schon bisher** bedürfen Satzungsänderungen in aller Regel der Genehmigung der Aufsichtsbehörde. Das war allerdings bisher im Landesrecht geregelt. Überdies enthielten die Genehmigungsvorschriften der Länder zahlreiche Voraussetzungen. Dem schiebt Satz 2 im Interesse der erstrebten Rechtsvereinheitlichung einen Riegel vor. Geschichte sind damit auch die im Landesrecht vorgesehenen Zustimmungs- bzw. Anhörungsrechte des Stifters.[6] Entgegen verbreiteter Meinung[7] steht dem **Stifter** auch **kein Anhörungsrecht** nach § 28 Abs. 1 VwVfG zu,[8] und zwar auch nicht bei Maßnahmen nach § 85 Abs. 1 BGB.

35 Die Genehmigung steht nicht im Ermessen der Behörde. Sie ist ein **gebundener Verwaltungsakt.** Die Genehmigung ist daher zu erteilen, wenn die gesetzlichen (§ 85 Abs. 1 bis 3 BGB) oder statutarischen (§ 85 Abs. 4 BGB) Voraussetzungen – einschließlich der Beachtung des Stifterwillens und des Grundsatzes der Verhältnismäßigkeit – für die beantragte Satzungsänderung vorliegen.[9] Das hätte der Gesetzgeber klarstellen sollen. Dies wäre z.B. ganz einfach dadurch möglich gewesen, die Genehmigung wie in §§ 80 Abs. 2, 81a, 82, 82a BGB in *„Anerkennung"* umzutaufen. Das Verfahren im Einzelnen richtet sich nach Landesrecht.

36 **Liegen** die gesetzlichen (§ 85 Abs. 1 bis 3 BGB) oder statutarischen (§ 85 Abs. 4 BGB) **Voraussetzungen** – einschließlich der Beachtung des Stifterwillens und des Grundsatzes der Verhältnismäßigkeit – für die beantragte Satzungsänderung **nicht vor**, leidet der zugrundliegende **Organbeschluss** unter einem materiellen **Mangel** und ist daher **nichtig** (§ 84b Rn. 86). Das Gleiche gilt für formelle Beschlussmängel (§ 84b Rn. 87). Ist der Beschluss wegen formeller oder materieller Gründe nichtig, wird die Nichtigkeit **nicht durch die Genehmigung geheilt**. Vielmehr läuft sie ins Leere (§ 84b Rn. 97). Zu den Folgen, wenn die Satzungsänderung gleichwohl durchgeführt wird, § 84b Rn. 93. Eine § 87b Abs. 1 S. 5 und S. 6 BGB-ProfE[10] entsprechende Regelung ist leider nicht Gesetz geworden, s. § 84b Rn. 105.

---

6 Dazu *Burgard*, Gestaltungsfreiheit, 452 ff.

7 *Hüttemann/Rawert*, Beilage zu ZIP 33/2021, 3, 27; *Andrick*, Die Stiftung – Jahreshefte zum Stiftungswesen, 2015, 85, 106 ff.

8 *Burgard*, Gestaltungsfreiheit, 450 f. m.w.N.

9 *Hüttemann/Rawert*, Beilage zu ZIP 33/2021, 3, 27; Richter/*Fischer*, Stiftungsrecht, § 8 Rn. 97.

10 *Arnold/Burgard/Droege/Hüttemann/Jakob/Leuschner/Rawert/Roth/Schauhoff/Segna/Weitemeyer*, ZIP 2020, Beilage zu Heft 10, 11, 14 f.; *Burgard*, ZStV 2021, 45, 48 mit einer (wegen des MoPeG) auf drei Monaten verlängerten Frist.

F. Änderungsbefugnis der Behörde, Absatz 2

Nach Absatz 2 kann die zuständige Behörde die Satzung ändern, wenn die Satzungsänderung notwendig ist und das zuständige Stiftungsorgan sie nicht rechtzeitig beschließt. Die Befugnis der Behörde ist also **subsidiär** (Begr. RegE Rn. 8). Das Verfahren im Einzelnen richtet sich nach Landesrecht. Jedenfalls ist die **Stiftung zuvor anzuhören**, § 28 VwVfG der Länder. Ihr ist daher **Gelegenheit** zu geben, zu der von der Behörde geplanten Satzungsänderung **Stellung zu nehmen** und sie selbst vorzunehmen oder eine andere rechtmäßige **Maßnahme zu ergreifen.** 37

I. Voraussetzungen

1. Notwendigkeit der Satzungsänderung

Die Notwendigkeit einer Satzungsänderung richtet sich nach den in Rn. 20 ff. genannten Kriterien. Steht den Stiftungsorganen ausnahmsweise ein Handlungsermessen zu, ist die Satzungsänderung nicht notwendig. Haben sie, wie regelmäßig, kein Handlungs-, aber ausnahmsweise ein Auswahlermessen, so hat die Behörde dieses Ermessen (nach Anhörung der Stiftung, Rn. 37) anstelle der Organe sachgerecht auszuüben. 38

2. Gefahr in Verzug

Eine Änderungsbefugnis der Behörde besteht nur, wenn die Stiftungsorgane „nicht rechtzeitig" tätig werden. Die **Gründe** hierfür sind **unerheblich.** Denkbar ist außer Pflichtsäumnis eine nicht ordnungsgemäße Organbesetzung (Begr. RegE zu § 87a Rn. 7 – allerdings ist eine Notmaßnahme nach § 84c BGB wegen des Grundsatzes der Verhältnismäßigkeit ggü. einer behördlichen Satzungsänderung vorrangig) oder ein Rechtsstreit über die Wirksamkeit des Änderungsbeschlusses. Mangelnde Rechtzeitigkeit ist anzunehmen, wenn für die Interessen der Stiftung gemessen an der Verfolgung des Stiftungszwecks und der Verwirklichung des Stifterwillens ein Schaden einzutreten droht, wenn die Behörde die erforderliche Satzungsänderung nicht vornimmt (Gefahr in Verzug).[11] 39

II. Rechtsfolge

Sind diese Voraussetzungen gegeben, *„kann"* die Behörde die notwendige Satzungsänderung vornehmen. Auch diese Formulierung ist **missverständlich.** Ein Handlungsermessen steht der Behörde jedenfalls nicht zu, andernfalls die Satzungsänderung nicht notwendig wäre (Rn. 19 f., 26, 28). Und ein Auswahlermessen hat sie für gewöhnlich aus den vorgenannten Gründen ebenfalls nicht. Äußern sich die zuständigen Stiftungsorgane im Rahmen ihrer Anhörung (Rn. 37) zum mutmaßlichen Stifterwillen, ist die Behörde an deren Einschätzung – soweit sie nicht unvertretbar ist – gebunden (§ 83 Rn. 32). 40

G. Verfahren bei Verlegung des Satzungssitzes, Absatz 3

Absatz 3 regelt den Sonderfall einer Verlegung des Sitzes durch Satzungsänderung (also einer Änderung des Satzungssitzes; zur Unterscheidung gegenüber dem Verwaltungssitz § 83a Rn. 2), 41

11 Vgl. Richter/*Fischer*, Stiftungsrecht, § 8 Rn. 126.

wenn hierdurch die Zuständigkeit einer anderen Behörde begründet wird; denn die örtliche Zuständigkeit der Stiftungsaufsicht bestimmt sich nach dem Satzungssitz (s. § 83a Rn. 1). In diesem Fall bedarf es für die Satzungsänderung nicht nur der Genehmigung der bisher zuständigen Behörde, sondern auch der Zustimmung der künftig zuständigen Behörde. Ohne deren Zustimmung darf die Genehmigung nicht erteilt werden (Begr. RegE Rn. 9).

42 Die Regelung hat Vorbilder im Landesrecht und war früher insofern gerechtfertigt, als sich nach bisherigem Recht die Voraussetzungen für eine Verlegung des Satzungssitzes von Bundesland zu Bundesland unterscheiden konnten. Das ist nunmehr aufgrund von § 85 BGB ausgeschlossen. Dementsprechend redundant ist Absatz 3. Die Vorschrift führt lediglich zu einer unnötigen Verlängerung des Verfahrens und ist bei nächster Gelegenheit zu streichen.

43 Es fragt sich zudem, was die Zustimmungsbehörde überhaupt prüfen soll. Begründet wird die Regelung wie folgt: *„Mit dem Zustimmungserfordernis soll ein Dissens zwischen den beteiligten Stiftungsbehörden über die Wirksamkeit der Sitzverlegung zu Lasten der Stiftung vermieden werden. Bei einer Genehmigung einer Satzungsänderung betreffend den Sitz der Stiftung ohne Zustimmung der Behörde, in deren Zuständigkeitsbereich der neue Sitz begründet werden soll, besteht die Gefahr, dass die genehmigende Stiftungsbehörde den Beschluss der Stiftungsorgane über die Änderung der Sitzregelung in der Satzung als wirksam ansieht, aber die Stiftungsbehörde, in deren Zuständigkeitsbereich der Sitz neu begründet werden soll, diese Satzungsänderung über die Sitzverlegung als unwirksam ansieht. Dann unterliegt die Stiftung faktisch keiner Aufsicht mehr.“* (Rn. 10).

44 Diese Begründung offenbart ein bemerkenswertes Misstrauen der Gesetzesverfasser in die Fähigkeit der Stiftungsaufsichtsbehörden, dem Rechtsstaatsprinzip Folge zu leisten; denn die Genehmigung ist ein gebundener Verwaltungsakt (Rn. 35), sodass nur eine rechtmäßige Entscheidung getroffen werden kann und daher kein Dissens zwischen verschiedenen Behörden bestehen sollte. Der Zustimmung sollte es nicht bedürfen. Gleichwohl muss die Vorschrift, solange sie noch im Gesetz steht, respektiert werden.

H. Rechtsbehelfe

45 Ist der Satzungsänderungsbeschluss wegen formeller oder materieller Mängel nichtig, kann die Beschlussnichtigkeit nach den in § 84b Rn. 98 ff. dargelegten Regeln geltend gemacht werden.

46 Wird die Genehmigung verweigert, kann (und muss!, vgl. Rn. 19, 22, 26) die Stiftung, vertreten durch den Vorstand, gemäß § 68 VwGO Widerspruch und erforderlichenfalls gemäß § 42 VwGO Verpflichtungsklage erheben. Das gilt auch in Fällen des Abs. 3 (Begr. RegE Rn. 11). Die Zustimmung muss also nicht eigens erstritten werden, sondern hat wohl lediglich verwaltungsinternen Charakter.[12]

47 Wird die Genehmigung erteilt, obwohl der zugrundeliegende Beschluss nichtig ist, geht sie ins Leere. Einer Anfechtung bedarf es nicht, § 84b Rn. 97.

48 Wird die Satzungsänderung vollzogen, obwohl der zugrundeliegende Beschluss nichtig ist, dann gilt das in § 84b Rn. 93 ff. Gesagte.

12 *Arnold*, FS Schack, 3, 9.

§ 85b Anmeldung von Satzungsänderungen

Eine Satzungsänderung ist vom Vorstand zur Eintragung in das Stiftungsregister anzumelden. Der Anmeldung sind beizufügen:

1. **die Entscheidung der zuständigen Stiftungsorgane über die Satzungsänderung und die Genehmigung der zuständigen Behörde oder die Entscheidung der zuständigen Behörde über die Satzungsänderung und**
2. **ein vollständiger Wortlaut der geänderten Satzung.**

Begründung des Regierungsentwurfs

„§ 85b BGB-neu ergänzt die §§ 85 und 85a BGB-neu um die Pflicht, Satzungsänderungen zur Eintragung in das Stiftungsregister anzumelden. Dies soll gewährleisten, dass die Registerbehörde für ihre Tätigkeit immer auch auf die aktuelle Stiftungssatzung zurückgreifen kann und Dritte die aktuelle Stiftungssatzung beim Stiftungsregister einsehen können. Wie im Vereinsregister sollen nach § 2 Nummer 8 StiftRG-neu auch im Stiftungsregister Satzungsänderungen verzeichnet werden, auch wenn die Eintragung keine konstitutive Wirkung hat. 1

***Zu Satz 1:** Gemäß § 85c Satz 1 BGB-neu sind Satzungsänderungen vom Vorstand zur Eintragung in das Stiftungsregister anzumelden. Dies gilt für sämtliche Satzungsänderungen, sowohl für Satzungsänderungen durch die zuständigen Stiftungsorgane als auch für Satzungsänderungen durch die nach Landesrecht zuständigen Behörden.* 2

***Zu Satz 2:** § 85b Absatz Satz 2 BGB-neu regelt, welche Unterlagen der Anmeldung einer Satzungsänderung beizufügen sind.* 3

***Zu Nummer 1:** Der Anmeldung einer Satzungsänderung durch die zuständigen Stiftungsorgane sind nach § 85b Satz 2 Nummer 1 BGB-neu die Entscheidung der zuständigen Stiftungsorgane über die Satzungsänderung und die Genehmigung der Satzungsänderung durch die zuständige Behörde beizufügen. Wurde die Satzung nach § 85a Absatz 2 BGB durch die zuständige Behörde geändert, ist die Entscheidung der Behörde beizufügen.* 4

***Zu Nummer 2:** Damit die Registerbehörde immer auf einen aktuellen vollständigen Satzungswortlaut zurückgreifen kann, ist mit jeder Satzungsänderung auch immer der vollständige Wortlaut der geänderten Satzung beizufügen.“*[1] 5

1 BT-Ds. 19/28173, 84.

https://doi.org/10.1515/9783110251524-028

Vorbemerkung zu den §§ 86 bis 86i

Schrifttum zum bisherigen Recht

Baus, Zusammenführungen von Stiftungen – auch aus wirtschaftlichen Motiven?, npoR 2010, S. 5; *Denecke*, Zur Rechtsnachfolge bei Stiftungsvereinigungen, ZSt 2004, S. 278; *Gantenbrink/Plottek*, Zusammenlegung/Zulegung vs. Anfallberechtigter: Weiter konfliktreich, ZStV 2017, S. 211; *Hoffmann*, Zusammenlegung und Zulegung rechtsfähiger Stiftungen des bürgerlichen Rechts, 2011; *Karper*, Die staatliche Zusammenlegung von rechtsfähigen privatrechtlichen Stiftungen, BWVPr 1994, S. 275; *ders.*, Die Zusammenlegung von privatrechtlichen Stiftungen, 1995; *Oetker*, Zusammenführung von Stiftungen und Gesamtrechtsnachfolge – eine Herausforderung an Gesetzgeber und Rechtswissenschaft, in: Saenger/Bayer/u.a. (Hrsg.), FS O. Werner, 2009, S. 207; *Orth*, Umstrukturierung gemeinnütziger Einrichtungen, in: Hüttemann/Rawert/u.a. (Hrsg.), Non Profit Law Yearbook 2007, 2008, S. 251; *ders.*, Zur Neuregelung der Zulegung und Zusammenlegung von Stiftungen, ZStV 2020, S. 81; *Peters/Herms*, Die Fusion bürgerlichrechtlicher Stiftungen, ZSt 2004, S. 323; *Saenger*, Zusammenlegung von Stiftungen, ZSt 2007, S. 81; *Schauer*, Die Zusammenführung rechtsfähiger Stiftungen, 2017; *ders.*, Zum Bericht der Bund-Länder-Arbeitsgruppe „Stiftungsrecht" betreffend die Zulegung und Zusammenlegung von rechtsfähigen Stiftungen, in: Weitemeyer/Hüttemann/u.a. (Hrsg.), Non Profit Law Yearbook 2016/2017, S. 25; *Voll/Voll*, Aufhebung und Umwandlung von Stiftungen, BayVBl. 1962, S. 80.

Schrifttum zum neuen Recht

Hüttemann/Rawert, Das neue Bundesstiftungsrecht – Darstellung und Analyse sowie Vorschläge für notwendige Reformen der Landesstiftungsgesetze, ZIP 2021, Beilage zu Heft 33; *Orth*, Zur Neuregelung der Zulegung und Zusammenlegung von Stiftungen, ZStV 2020, S. 81; *Schauer*, Stellungnahme zu den Regelungen des Referentenentwurfs zur Zu- und Zusammenlegung, npoR 2021, S. 35; *ders.*, Grundlagenänderungen nach der Reform des Stiftungsrechts, npoR 2022, S. 54; *Schuck/Medinger*, Stiftungsrechtsreform und Bestandsstiftungen – Konkreter Handlungsbedarf vor dem 1.7.2023 zur Änderung der Satzung in Bezug auf Strukturmaßnahmen, npoR 2021, S. 284.

Übersicht

I. Norminhalt — 1

II. Verhältnis zum bisherigen Recht — 2

III. Normzweck — 5

IV. Begründung des Regierungsentwurfs — 6

V. Bewertung — 9

VI. Anwendungsbereich: Keine Verbrauchsstiftungen — 10

I. Norminhalt

1 Die §§ 86 bis 86i BGB regeln die **Zulegung und die Zusammenlegung (ZuZ)** von Stiftungen. **Zulegung bedeutet**, dass das Vermögen einer Stiftung (sog. **„übertragende Stiftung"**) auf eine andere, bereits bestehende Stiftung (sog. **„übernehmende Stiftung"**) übertragen wird, und zwar **„als Ganzes"**, d.h. ohne Auflösung und Liquidation der übertragenden Stiftung im Wege der **Gesamtrechtsnachfolge** (wodurch die übertragende Stiftung vollbeendet wird, § 86f Abs. 1 BGB). Bei einer **Zusammenlegung** werden dagegen die Vermögen von mindestens zwei übertragenden Stiftungen auf eine neu gegründete Stiftung im Wege der Gesamtrechtsnachfolge übertragen, wodurch wiederum **Vollbeendigung der übertragenden Stiftungen** eintritt (§ 86f Abs. 2 BGB). Die Zulegung ähnelt daher einer Verschmelzung durch Aufnahme (§ 2 Nr. 1 UmwG) und die Zusammenlegung einer Verschmelzung durch Neugründung (§ 2 Nr. 2 UmwG). Trotzdem

https://doi.org/10.1515/9783110251524-029

hat sich der Gesetzgeber gegen eine Regelung im Umwandlungsgesetz entschieden (Rn. 7).[1] Zu- und Zusammenlegung können nicht nur freiwillig durch die beteiligten Stiftungen, sondern auch zwangsweise (§ 86b Abs. 2 BGB) durch die zuständige Behörde erfolgen. Die §§ 86 ff. BGB regeln die Voraussetzungen, das Verfahren, die Wirkungen und die Publizität beider Arten der ZuZ.

II. Verhältnis zum bisherigen Recht

Bisher waren Zu- und Zusammenlegung allenfalls landesrechtlich geregelt.[2] Bis 2002 sahen etliche Bundesländer (Brandenburg, Hessen, Nordrhein-Westfalen, Rheinland-Pfalz, Sachsen und Sachsen-Anhalt) übereinstimmende Regeln für eine behördliche Zu- und Zusammenlegungen vor. Derzeit finden sich vorwiegend Regelungen zur stiftungsseitigen ZuZ.[3] Beide Arten von Regeln sahen sich Kritik ausgesetzt: Die behördliche ZuZ wurde des Verstoßes gegen den angeblichen abschließenden Charakter des § 87 BGB a.F. geziehen, die stiftungsseitige ZuZ des Verstoßes gegen das sog. Erstarrungsprinzip, wonach derartige Entscheidungen von dem Stifter in der Art des § 85 Abs. 4 S. 3 BGB (n.F.) vorgeprägt sein müssen.[4] Dieser Streit hat sich nunmehr erledigt. Die landesrechtlichen Regelungen müssen bis zum Inkrafttreten der §§ 86 ff. BGB aufgehoben werden, andernfalls verlieren sie dann ihre Wirksamkeit (Art. 31 GG). 2

Die Zulegung vollzog sich bisher – recht umständlich – durch Auflösung bzw. Aufhebung der übertragenden Stiftung, deren Liquidation sowie (nach Ablauf des Sperrjahrs, § 53 BGB) der Einzelübertragung des Liquidationsüberschusses auf die übernehmende Stiftung. Letzteres setzt auf Seiten der übertragenden Stiftung eine Änderung des Anfallberechtigten voraus. Überdies musste die übernehmende Stiftung erforderlichenfalls ihren Zweck erweitern.[5] Dagegen sah das Landesrecht bei der Zusammenlegung bereits die Gesamtrechtsnachfolge der übernehmenden neuen Stiftung und das Erlöschen der übertragenden alten Stiftungen vor,[6] was freilich im Blick auf die Gesetzgebungskompetenz der Länder als problematisch galt.[7] Auch diesen Schwierigkeiten bereiten die §§ 86 ff. BGB ein Ende. 3

Sollten die Satzungen von **Bestandsstiftungen** Regelungen über die ZuZ enthalten, so sind diese am neuen Recht zu messen. Allerdings sind die **§§ 86 bis 86i BGB nur im Verhältnis zum Landesrecht**, nicht aber im Verhältnis zu statutarischen Regeln ***„abschließend und zwingend"***. Unzutreffend ist, dass durch *„die Satzung … die Zulegung oder Zusammenlegung von Stiftungen, die zum Erlöschen der übertragenden Stiftungen führen, ebenso wie die Auflösung und Aufhebung von Stiftungen nicht erleichtert werden"* kann (Begr. RegE Rn. 8). Dieser Satz ist ein überholtes Überbleibsel aus dem Referentenentwurf, der in § 83 Abs. 2 BGB noch den Grundsatz der Satzungsstrenge vorsah und nunmehr keine Rechtsgrundlage 4

1 Dieser Entscheidung zustimmend *Hüttemann/Rawert*, Beilage zu ZIP 33/2021, 1, 29; für eine (teilweise) Regelung im UmwG *Orth*, ZStV 2020, 81 ff.; *Schauer*, npoR 2021, 35, 37.

2 Ausführlich zur ZuZ nach bisherigem Recht *Gantenbrink*, Die hoheitliche Beendigung der Stiftung durch die Stiftungsbehörde, 2010; *Hoffmann*, Zusammenlegung und Zulegung rechtsfähiger Stiftungen bürgerlichen Rechts, 2011; *Schauer*, Die Zusammenführung rechtsfähiger Stiftungen, 2017.

3 § 14 Abs. 2 BWStiftG; Art. 8 Abs. 3, 4 BayStiftG; § 10 Abs. 1 BbgStiftG; § 5 Abs. 2 BlnStiftG; § 8 Abs. 1 BremStiftG; § 7 HamStiftG; § 7 Abs. 1 NdsStiftG; § 8 Abs. 2 RPStiftG; § 7 Abs. 1 SaarStiftG; § 5 SHStiftG; § 11 Abs. 2, 3 ThStiftG.

4 MüKoBGB/*Weitemeyer*, § 87 Rn. 21 f., 24; Hüttemann/Richter/Weitemeyer/*Arnold*, Rn. 27.11 ff.; Staudinger/*Hüttemann/Rawert*, BGB, § 87 Rn. 3 f.; BeckOK BGB/*Backert*, § 87 Rn. 2, alle m.w.N.

5 Staudinger/*Hüttemann/Rawert*, BGB, § 87 Rn. 17; *Burgard*, Gestaltungsfreiheit, S. 629 f.

6 § 14 Abs. 2 S. 4 BWStiftG; § 5 Abs. 3 BlnStiftG; § 12 S. 4 MVStiftG; § 7 Abs. 4 S. 2 SaarStiftG; § 5 Abs. 3 S. 2, § 6 Abs. 1 S. 4 SHStiftG.

7 Anstelle anderer MüKoBGB/*Weitemeyer*, § 87 Rn. 25 m.w.N.

mehr hat.[8] Durch die Stiftungssatzung können Zu- und Zusammenlegung daher sehr wohl in dem Sinne erleichtert werden, als die **Voraussetzungen (§§ 86, 86a BGB) statutarisch variiert** werden können (näher § 86 Rn. 37, § 86a Rn. 17).[9] **§ 85 Abs. 4 BGB** gilt **analog.** Auch das Verfahren der ZuZ ist, soweit es in den §§ 86b bis 86i BGB nicht geregelt ist, satzungsdispositiv (dazu § 86b Rn. 8).

III. Normzweck

5 Sinn und Zweck der §§ 86 ff. BGB ist die **bundeseinheitliche Regelung** der ZuZ und damit die **Beseitigung** der bisherigen **Rechtsunsicherheit.** Außerdem wird die **Vermögensübertragung vereinfacht** und beschleunigt. Dagegen kann man nicht behaupten, dass die neuen Vorschriften auf eine Erleichterung der ZuZ zielten; im Gegenteil: Gegenüber dem bisherigen Landesrecht sind die Voraussetzungen einer ZuZ im Ergebnis strenger. Die Zu- und Zusammenlegung als solche ist für notleidende Stiftungen als **Alternative zu einer Maßnahme nach § 85 Abs. 1 BGB** konzipiert.

IV. Begründung des Regierungsentwurfs

6 *„Mit den §§ 86 bis 86h BGB-neu sollen Zulegung und Zusammenlegung von rechtsfähigen Stiftungen des bürgerlichen Rechts abschließend bundeseinheitlich geregelt werden. Die Zulegung und die Zusammenlegung werden nicht mehr als besondere Formen der Auflösung oder Aufhebung von Stiftungen ausgestaltet, sondern als besondere stiftungsrechtliche Verfahren der Vermögensübertragung zwischen rechtsfähigen Stiftungen des bürgerlichen Rechts, durch welche die von den Stiftern der übertragenden Stiftungen geschaffene Verbindung von Zweck und Vermögen soweit als möglich erhalten bleiben soll.*

7 *Auch nach den neuen Regelungen sollen Stiftungen nicht frei zugelegt oder zusammengelegt werden können. Eine Zulegung oder eine Zusammenlegung von Stiftungen ist anders als eine Verschmelzung von Gesellschaften oder Vereinen nach dem Umwandlungsgesetz nur bei Vorliegen bestimmter Voraussetzungen bei der übertragenden Stiftung und der übernehmenden Stiftung möglich, die in den §§ 86 und 86a BGB-neu geregelt sind. Zulegungen und Zusammenlegungen werden deshalb als besondere stiftungsrechtliche Verfahren ausgestaltet und nicht als eine Art der Umwandlung im Umwandlungsgesetz geregelt.*

8 *Die Vorschriften über die Zulegung und Zusammenlegung sind abschließend und zwingend. Durch die Satzung kann die Zulegung oder Zusammenlegung von Stiftungen, die zum Erlöschen der übertragenden Stiftungen führen, ebenso wie die Auflösung und Aufhebung von Stiftungen nicht erleichtert werden* **[Anm.: Nach Aufgabe des Grundsatzes der Satzungsstrenge (§ 83 Abs. 2 RefE) sind diese Ausführungen überholt, s. § 86 Rn. 37.].** *Stifter können die Zulegung oder Zusammenlegung der Stiftung durch die Satzung ausschließen. Auch bei Zulegungen und Zusammenlegungen ist nach § 83 Absatz 2 BGB-neu der Wille des Stifters zu beachten. Gegen den Willen des Stifters kann sich eine Stiftung nicht an einer Zulegung oder Zusammenlegung als übertragende oder übernehmende Stiftung beteiligen.“*[10]

---

8 Ebs. *Hüttemann/Rawert*, Beilage zu ZIP 33/2021, 1, 31; *Schauer*, npoR 2022, 54, 57 f.; *Lorenz/Mehren*, DStR 2021, 1774, 1778; *Kirchhain* in Schauhoff/Mehren, Stiftungsrecht 2022, Kap. 9 Rn. 71, 91.; a.A. *Schiffer/Pruns/Schürmann*, Reform des Stiftungsrechts, 2022, § 10 Rn. 30; *Orth* in Orth/Uhl, Stiftungsrechtsreform, Rn. 653; *Schuck/Medinger*, npoR 2021, 284, 287.

9 Das räumen auch *Schiffer/Pruns/Schürmann*, Reform des Stiftungsrechts, 2022, § 10 Rn. 31 ein.

10 Begr. RegE, BT-Ds. 19/28173, 69.

V. Bewertung

Die Bewertung fällt zwiespältig aus. Einerseits ist es gewiss zu begrüßen, dass die ZuZ nunmehr bundeseinheitlich unter Anordnung von Gesamtrechtsnachfolge geregelt wird. Andererseits wird das Ziel einer Beseitigung der bisherigen Rechtsunsicherheit nur eingeschränkt erreicht. Das liegt zum einen daran, dass die gesetzliche Regelung an vielen Stellen lückenhaft, unklar und/oder misslungen ist (z.B. keine Regelung der stiftungsinternen Zuständigkeit, keine Regelung des Erfordernisses eines Beschlusses der zuständigen Stiftungsorgane, keine Regelung des Genehmigungsanspruchs, keine Regelung des Rechtsschutzes gegen eine ZuZ, völlig unklare und unzureichende Regelung der Voraussetzungen einer behördlichen ZuZ, schlechte Gesetzessystematik). Zum anderen ist zu befürchten, dass die Regeln der ZuZ totes Recht bleiben, weil die Voraussetzungen der §§ 86 ff. BGB viel zu eng geraten sind.[11] Das wird zum dritten den Streit befeuern, ob und inwieweit die Voraussetzungen der ZuZ satzungsdispositiv sind (Rn. 4). Und schließlich steht der Regelungsaufwand in keinem Verhältnis zur praktischen Bedeutung der Materie.[12] Die §§ 86 bis 86f BGB sind viel zu umständlich und umfangreich geraten[13] und die §§ 86g, 86h BGB sind selbst aus der Sicht der Gesetzesverfasser überflüssig (§ 86h Rn. 5). Das hätte man, wie §§ 87a f. BGB-ProfE zeigen,[14] besser machen können. 9

VI. Anwendungsbereich: Keine Verbrauchsstiftungen

§§ 86 ff. BGB verwenden stets nur den Begriff „Stiftung“, der nach § 80 Abs. 1 BGB auch Verbrauchsstiftungen umfasst. Gleichwohl kommen nach Sinn und Zweck und den Voraussetzungen dieser Vorschriften nur „Ewigkeitsstiftungen“, nicht aber Verbrauchsstiftungen als Beteiligte an einer ZuZ in Betracht. Das zeigt sich am praktischen Regelfall, bei dem die „wesentliche Veränderung der Verhältnisse“ i.S.d. §§ 86 Nr. 1, 86a Nr. 1 BGB in einer wesentlichen Verminderung des Stiftungsvermögens bzw. seiner Erträge besteht; denn eine Verbrauchsstiftung ist schlicht auf den Verbrauch ihres Vermögens mit anschließender Auflösung gerichtet, vgl. § 80 Abs. 1 S. 2 BGB. Deswegen ist sie auch als aufnehmende Stiftung ungeeignet, weswegen die Begr. RegE zu § 86c Abs. 2 BGB auch nur auf § 81 Abs. 1 BGB und nicht auf § 81 Abs. 2 BGB verweist. Allerdings kann anstelle einer ZuZ die Umwandlung der notleidenden Stiftung(en) in eine Verbrauchsstiftung nach § 85 Abs. 1 S. 4 BGB in Betracht kommen. 10

---

11 *Burgard*, ZStV 2021, 45, 48; *ders.*, npoR 2021, 1, 6 f., 10 (Fall 9); ähnlich *Schauer*, npoR 2021, 35, 36; a.A. *Schiffer/Pruns/Schürmann*, Reform des Stiftungsrechts, 2022, § 10 Rn. 32 f.

12 Zu den Rechtstatsachen *Schauer*, Die Zusammenführung rechtsfähiger Stiftungen, 2017, S. 208 ff.

13 Anstelle vieler *Arnold/Burgard/Jakob/Roth/Weitemeyer*, npoR 2020, 294 f.; *Hüttemann/Rawert*, Beilage zu ZIP 33/2021, 1, 29; *Schauer*, npoR 2021, 35, 37.

14 *Arnold/Burgard/Droege/Hüttemann/Jakob/Leuschner/Rawert/Roth/Schauhoff/Segna/Weitemeyer*, Professorenentwurf zur Stiftungsrechtsreform, Beilage zu ZIP 10/2020, S. 1, 11 f., 14 f.; zustimmend *Schauer*, npoR 2021, 35, 37.

§ 86 Voraussetzungen für die Zulegung

Durch Übertragung ihres Stiftungsvermögens als Ganzes kann die übertragende Stiftung einer übernehmenden Stiftung zugelegt werden, wenn

1. **sich die Verhältnisse nach Errichtung der übertragenden Stiftung wesentlich verändert haben und eine Satzungsänderung nach § 85 Absatz 2 bis 4 nicht ausreicht, um die übertragende Stiftung an die veränderten Verhältnisse anzupassen, oder wenn schon seit Errichtung der Stiftung die Voraussetzungen für eine Auflösung nach § 87 Absatz 1 Satz 1 vorlagen,**
2. **der Zweck der übertragenden Stiftung im Wesentlichen mit einem Zweck der übernehmenden Stiftung übereinstimmt,**
3. **gesichert erscheint, dass die übernehmende Stiftung ihren Zweck auch nach der Zulegung im Wesentlichen in gleicher Weise dauernd und nachhaltig erfüllen kann, und**
4. **die Rechte von Personen gewahrt werden, für die in der Satzung der übertragenden Stiftung Ansprüche auf Stiftungsleistungen begründet sind.**

Schrifttum

Siehe Vorbemerkung zu den §§ 86 bis 86i

Übersicht

A. Grundlagen

I. Norminhalt — 1

II. Verhältnis zum bisherigen Recht — 2

III. Normzweck — 3

IV. Begründung
1. Regierungsentwurf — 4
2. Rechtsausschuss — 11

V. Bewertung — 12

B. Voraussetzungen einer Zulegung — 13

I. Nr. 1
1. Fall 1 — 14
   a) Wesentliche Änderung der Verhältnisse — 15
   b) Satzungsänderung nicht ausreichend — 16
2. Fall 2 — 21

II. Nr. 2 — 22

III. Nr. 3 — 26

IV. Nr. 4 — 28

V. Abweichende Satzungsregelungen — 37

VI. Stifterwille — 39

C. Rechtsfolgen — 40

A. Grundlagen

I. Norminhalt

1 § 86 BGB definiert die Zulegung als Verfahren der Übertragung des Vermögens einer Stiftung (der sog. übertragenden Stiftung) auf eine andere Stiftung (der sog. übernehmenden Stiftung) „als Ganzes“, d.h. ohne Auflösung und Liquidation der übertragenden Stiftung im Wege der Gesamtrechtsnachfolge (§ 86f Abs. 1 BGB) und normiert die Voraussetzungen hierfür.

https://doi.org/10.1515/9783110251524-030

II. Verhältnis zum bisherigen Recht

Die Vorschrift hat keine Vorgängernorm im Bundesrecht. § 87 BGB a.F. regelte nur die Zweckänderung und Aufhebung der Stiftung bei Unmöglichkeit der Erfüllung des Stiftungszwecks oder Gemeinwohlgefährdung. Die Zulegung als Sonderfall der in § 87 BGB a.F. geregelten Varianten fand sich lediglich in einigen Landesstiftungsgesetzen.[1] Nach diesen landesrechtlichen Vorschriften konnten teilweise die Stiftungsorgane die Zulegung beschließen, teilweise konnten die Behörden eine solche anordnen.[2] Wegen des abschließenden Charakters des § 87 BGB a.F. wurden die Länderregelungen von Teilen der Literatur als verfassungswidrig angesehen, die mangels Normverwerfungskompetenz der Stiftungsbehörden aber gleichwohl anzuwenden seien.[3] Mit Ablauf des 30.6.2023 hat diese Diskussion ein Ende (Vor §§ 86 ff. Rn. 2). 2

III. Normzweck

§ 86 BGB dient der Schaffung von Rechtssicherheit sowie der Vereinfachung und Beschleunigung der Vermögensübertragung (Rn. 4). Eine Zulegung als solche dient insb. der Hebung von Synergieeffekten, die es ermöglichen sollen, den Stiftungszweck einer wirtschaftlich notleidenden Stiftung (der übertragenden Stiftung) unter dem Dach einer wirtschaftlich gesunden Stiftung (der übernehmenden Stiftung) fortzuführen. 3

IV. Begründung

1. Regierungsentwurf

§ 86 BGB-neu umschreibt die Zulegung als Verfahren der Vermögensübertragung zwischen Stiftungen. Nach § 86 BGB ist die Zulegung ein Verfahren, durch das eine übertragende Stiftung ihr gesamtes Stiftungsvermögen auf eine bestehende, übernehmende Stiftung als Ganzes übertragen kann, das heißt im Wege der Gesamtrechtsnachfolge, ohne dass es der Auflösung und Liquidation der übertragenden Stiftung bedarf. Nach den meisten Landesstiftungsgesetzen konnte eine übertragende Stiftung einer anderen übernehmenden Stiftung nur zugelegt werden, indem die übertragende Stiftung zunächst aufgelöst oder aufgehoben und liquidiert wurde und der Liquidationserlös dann an die aufnehmende Stiftung ausgeschüttet wurde. Die Neuregelung der Zulegung soll die Vermögensübertragung zwischen Stiftungen erleichtern und vor allem auch beschleunigen, da nicht mehr das Sperrjahr nach § 87c Satz 5 in Verbindung mit § 51 BGB abzuwarten ist, und das Vermögen der übertragenden Stiftung im Wege der Gesamtrechtsnachfolge auf die übernehmende Stiftung übergeht und nicht die Vermögensgegenstände einzeln nach den sachenrechtlichen Regelungen auf diese Stiftung übertragen werden müssen. 4

Die Zulegung ist nur möglich, wenn die beteiligten Stiftungen die Voraussetzungen nach § 86 Nummer 1 bis 4 BGB-neu erfüllen. § 86 BGB-neu ist zwingend. Durch die Satzung können die Voraussetzungen für die Zulegung nicht erleichtert werden. **[Nach Aufgabe des im RefE enthalte-** 5

1 § 14 Abs. 2 u. 3 BWStiftG; Art. 8 Abs. 3 u. 4 BayStiftG; § 10 Abs. 1 BbgStiftG; § 5 BlnStiftG; §§ 8, 9 BremStiftG; § 7 Abs. 1 u. 3 HamStiftG; § 9 HeStiftG; § 7 Abs. 1-3 NdsStiftG; § 5 Abs. 2 NRWStiftG; § 8 Abs. 2 u. 3 RPStiftG; § § 7 u. 8 SaarStiftG; § 10 SächsStiftG; § 9 Abs. 1-4 SAStiftG; § 6 SHStiftG.

2 Für einen Überblick MüKoBGB/*Weitemeyer*, § 87 Rn. 21 f.; ausführlich zu Zu- und Zusammenlegung *Gantenbrink*, Die hoheitliche Beendigung der Stiftung durch die Stiftungsbehörde, 2010; *Hoffmann*, Zusammenlegung und Zulegung rechtsfähiger Stiftungen bürgerlichen Rechts, 2011; *Schauer*, Die Zusammenführung rechtsfähiger Stiftungen, 2017.

3 Dazu Hüttemann/Richter/Weitemeyer/*Arnold*, Rn. 27.11 ff.; Staudinger/*Hüttemann*/*Rawert*, BGB, § 87 Rn. 3 f.; MüKoBGB/*Weitemeyer*, § 87 Rn. 21 f.; BeckOK BGB/*Backert*, § 87 Rn. 2, jew. m.w.N.

nen Grundsatzes der Satzungsstrenge sind diese Ausführungen überholt.] *Nach § 83 Absatz 2 BGB-neu ist auch bei jeder Zulegung der Wille der Stifter der beteiligten Stiftungen zu berücksichtigen. Gegen den Willen des Stifters der übertragenden Stiftung oder des Stifters der übernehmenden Stiftung darf eine Zulegung nicht von den Stiftungsvorständen vereinbart oder von der zuständigen Behörde angeordnet werden.*

6 ***Zu Nummer 1:*** *Nach zahlreichen Landesstiftungsgesetzen ist die Zulegung möglich, wenn sich für die übertragende Stiftung die Verhältnisse wesentlich verändert haben. Einige Länder sehen die Zulegung nur vor, wenn bei der übertragenden Stiftung die Auflösungsvoraussetzungen nach dem bisherigen § 87 Absatz 1 BGB vorliegen. Mit § 86 Nummer 1 BGB-neu wird ein Mittelweg zwischen den unterschiedlich strengen landesrechtlichen und den bundesrechtlichen Voraussetzungen für die Zulegung gewählt.*

7 *Eine übertragende Stiftung kann einer übernehmenden Stiftung nur zugelegt werden, wenn sich nach der Errichtung der übertragenden Stiftung die Verhältnisse wesentlich verändert haben und eine Anpassung der Stiftung an die geänderten Verhältnisse durch Satzungsänderung nach § 85 Absatz 2 bis 3 BGB-neu oder aufgrund einer Satzungsbestimmung nach § 85 Absatz 4 BGB-neu nicht möglich ist. Damit wird an die Regelungen in vielen Landesstiftungsgesetzen angeknüpft, die die Zulegung bei einer wesentlichen Veränderung der Verhältnisse zulassen. (S. 76) Zusätzlich soll die Zulegung aber auch möglich sein, wenn die Voraussetzungen für die Auflösung nach § 87 Absatz 1 Satz 1 BGB-neu vorliegen. Damit werden Zulegungen auch in den seltenen Fällen ermöglicht, in denen die Auflösungsvoraussetzungen schon bei Anerkennung der Stiftung nicht vorlagen, aber fälschlicherweise ihr Vorliegen angenommen wurde.*

8 ***Zu Nummer 2:*** *§ 86 Nummer 2 BGB-neu regelt als weitere Voraussetzung für die Zulegung, dass der Zweck der übertragenden Stiftung im Wesentlichen dem Zweck der übernehmenden Stiftung entsprechen muss* **[überholt, s. Rn. 11, 22].** *Die Zwecke der übertragenden Stiftungen und der übernehmenden Stiftung müssen nicht identisch sein. Erforderlich ist aber, dass eine weitgehende Übereinstimmung der Zwecke der Stiftungen gegeben ist, so dass die vom Stifter der übertragenden Stiftung begründete Verbindung zwischen Zweck und Vermögen auch nach der Zulegung weitgehend erhalten bleibt. Es ist unschädlich, wenn die übernehmende Stiftung neben dem Zweck, der im Wesentlichen dem Zweck der übertragenden Stiftung entspricht, weitere Zwecke verfolgt, die nicht Zwecke der übertragenden Stiftung sind. In diesen Fällen kann durch den Zulegungsvertrag zwischen den Stiftungen oder in der Zulegungsentscheidung der zuständigen Behörde bestimmt werden, dass das Vermögen der übertragenden Stiftung, welches durch die Zulegung auf die übernehmende Stiftung übergeht, nur zur Erfüllung des Zwecks verwendet werden darf, der im Wesentlichen dem Zweck der übertragenden Stiftung entspricht.“*[4]

9 ***Zu Nummer 3:*** *Nach § 86 Nummer 3 BGB-neu muss gesichert erscheinen, dass die übernehmende Stiftung ihre Zwecke auch nach der Zulegung der übertragenden Stiftung im Wesentlichen in gleicher Weise dauernd und nachhaltig erfüllen kann. Das wird in der Regel gegeben sein, wenn die Zulegung für die übernehmende Stiftung zu einem Vermögenszuwachs führt und nicht mit übermäßigen Belastungen verbunden ist.*

10 ***Zu Nummer 4:*** *Wenn in der Satzung der übertragenden Stiftung für bestimmte Personen Ansprüche auf Stiftungsleistungen begründet sind, müssen nach § 86 Nummer 4 BGB-neu die Rechte dieser Personen bei der Zulegung gewahrt werden. Die Rechte dieser Personen können zum Beispiel gewahrt werden, indem für sie vergleichbare Ansprüche gegen die übernehmende Stiftung begründet werden oder ihre Rechte abgelöst werden. Wenn Ansprüche wertlos geworden sind, müssen neue Ansprüche gegen die übernehmende Stiftung nicht begründet werden und die Anspruchsinhaber können auch keine Ausgleichsleistungen verlangen.“*[5]

4 Begr. RegE, BT-Ds. 19/28173, 69 f.
5 Begr. RegE, BT-Ds. 19/28173, 70.

2. Rechtsausschuss

„Durch die Änderung in § 86 Nummer 2 BGB-neu wird klargestellt, dass für eine Zulegung nicht erforderlich ist, dass der Zweck der übertragenden Stiftung im Wesentlichen identisch ist mit dem Zweck der übernehmenden Stiftung. Hat die übernehmende Stiftung verschiedene Zwecke, ist für die Zulegung ausreichend, dass einer ihrer Zwecke den Zweck der übertragenden Stiftung umfasst. Die Zwecke müssen nicht identisch sein. Die übernehmende Stiftung kann auch einen weiteren Zweck als die übertragende Stiftung verfolgen, der den Zweck der übernehmenden Stiftung umfasst, sich aber nicht darauf beschränkt.“[6] 11

V. Bewertung

Die Bewertung der Neuregelung fällt zwiespältig aus (s. Vor §§ 86 ff. Rn. 9).[7] **Viel wird von der künftigen Verwaltungspraxis abhängen.** Legt man die Voraussetzungen ihrem Wortlaut entsprechend eng aus, wird es einer „notleidenden Stiftung“[8] kaum einmal gelingen, ihren Zweck durch eine Zulegung von einer anderen Stiftung fortführen zu lassen. 12

B. Voraussetzungen einer Zulegung

Die Voraussetzungen der Nr. 1 bis 4 müssen **kumulativ** vorliegen, andernfalls eine Zulegung grundsätzlich (Ausnahme: abweichende Satzungsregelungen, Rn. 37) nicht statthaft ist. **Zudem** ist wie stets der Stifterwille zu beachten, § 83 Abs. 2 BGB. Gegen den erklärten Willen des Stifters darf eine Beteiligung an einer Zulegung weder von den Stiftungsvorständen beschlossen noch von der Stiftungsaufsichtsbehörde genehmigt oder gar angeordnet werden, auch wenn die Voraussetzungen gem. § 86 BGB vorliegen (Begr. RegE Rn. 5). 13

I. Nr. 1

1. Fall 1

Nach Nr. 1 Fall 1 setzt eine Zulegung voraus, dass sich die Verhältnisse nach Errichtung der übertragenden Stiftung wesentlich verändert haben und eine Satzungsänderung nach § 85 Abs. 2 bis 4 BGB nicht ausreicht, um die übertragende Stiftung an die veränderten Verhältnisse anzupassen. 14

a) Wesentliche Änderung der Verhältnisse. Was das Gesetz unter einer „wesentlichen Veränderung der Verhältnisse“ versteht, definiert es nicht. Auch die Regierungsbegründung sagt dazu hier (s. aber § 85 Rn. 22) nichts. Schon bisher war allerdings eine wesentliche Veränderung der Verhältnisse nach zahlreichen landesrechtlichen Regelungen Voraussetzung für eine Zulegung. An diese Regelungen knüpft das Gesetz an (Begr. Rn. 7). Darüber hinaus verweist die Vorschrift (u.a.) auf § 85 Abs. 2 BGB, der ebenfalls eine wesentliche Veränderung der Verhältnisse voraussetzt. Dabei ist davon auszugehen, dass der Begriff in beiden Tatbeständen gleich 15

6 Bericht des Ausschusses für Recht und Verbraucherschutz, BT-Ds. 19/31118, 11.

7 Ebs. bereits *Gantenbrink/Plottek*, ZStV 2017, 211; *Burgard*, NPLYB 2019, 71, 94 f.; *Arnold/Burgard/Jakob/Roth/Weitemeyer*, npoR 2020, 294 f.; *Orth*, ZStV 2020, 81; *Burgard*, npoR 2021, 1, 6; *Hüttemann/Rawert*, Beilage zu ZIP 33/2021, 29; *Schauer*, npoR 2021, 35, 36 f.

8 *Hüttemann/Rawert*, ZIP 2013, 2136.

auszulegen ist. Daher wird hier auf die **Ausführungen in § 85 Rn. 95 ff.** verwiesen. Der praktisch wichtigste und häufigste Fall einer wesentlichen Veränderung der Verhältnisse ist die wesentliche Verminderung des Vermögens der übertragenden Stiftung bzw. ihrer Erträge.

16 **b) Satzungsänderung nicht ausreichend.** Weitere Voraussetzung ist, dass eine Satzungsänderung nach § 85 Abs. 2 bis 4 BGB nicht ausreicht, um die Stiftung an die wesentlich geänderten Verhältnisse anzupassen. Danach gebührt also einer **Satzungsänderung nach § 85 Abs. 2 bis 4 BGB Vorrang** vor einer Zulegung. Das ist insofern konsequent, als die Vorschriften über Grundlagenänderungen (§§ 85, 86 f., 87 ff. BGB) eine strenge Ausformung des Grundsatzes der Verhältnismäßigkeit sind (vgl. § 85 Rn. 100). Da infolge einer Zulegung die übertragende Stiftung zwar erlischt (§ 86 f. Abs. 1 BGB), ihre Zweckverfolgung aber „im Wesentlichen" (Nr. 2 und 3) andauert, ordnet das Gesetz eine Zulegung zwar nicht als eine so schwerwiegende Maßnahme wie eine Auflösung oder Aufhebung (§§ 87 ff. BGB), aber als ebenso schwerwiegend wie eine Maßnahme nach § 85 Abs. 1 BGB ein. Anders gewendet ist die ZuZ von Gesetzes wegen als **Alternative zu einer Grundlagenänderung nach § 85 Abs. 1 BGB konzipiert** (vgl. § 85a Rn. 27, § 87 Rn. 25).[9]

17 Vor diesem Hintergrund wäre es **konsequent** gewesen, wenn die §§ 86 Nr. 1, 86a Nr. 1 BGB verlangen würden, dass die übertragende Stiftung ihren Zweck nicht mehr i.S.d. § 85 Abs. 1 S. 1 Nr. 1 S. 2 BGB erfüllen kann, also insofern ein **Gleichlauf der Voraussetzungen zwischen den §§ 86 Nr. 1, 86a Nr. 1 und dem § 85 Abs. 1 S. 1 Nr. 1, S. 2 BGB** hergestellt worden wäre. Stattdessen haben die Gesetzesverfasser einen *„Mittelweg zwischen den unterschiedlich strengen landesrechtlichen und den bundesrechtlichen Voraussetzungen für die Zulegung gewählt"* (Rn. 6). Das ist **misslungen.**

18 Der praktisch wichtigste und häufigste Fall einer wesentlichen Veränderung der Verhältnisse, ist, wie gesagt, die wesentliche Verminderung des Vermögens der Stiftung bzw. ihrer Erträge. An diese Veränderung kann die Stiftung jedoch meist durch ein **„downsizing" der Art und Weise ihrer Zweckerfüllung** gemäß § 85 Abs. 2 BGB angepasst werden. **Beispiel:** Verliert eine Stiftung, die der Kunstförderung durch die Vergabe von Stipendien dient, den Großteil ihres Vermögens, kann ihre Leistungskraft einfach dadurch wiederhergestellt werden, dass die Art und Weise der Zweckerfüllung geändert wird, nämlich statt Vergabe von Stipendien nur noch die Vergabe eines (womöglich sogar undotierten) Preises.[10] Ein solches „downsizing" funktioniert erst dann nicht mehr, wenn die Einnahmen derart geschrumpft sind, dass sie nicht einmal die Verwaltungskosten einer solchen „Schmalspurstiftung" decken. Dann aber wird sich keine Stiftung mehr finden, die sich zur Aufnahme der notleidenden Stiftung bereit erklärt.[11]

19 Zu lösen ist dieses Problem nur über den **Stifterwillen.** Zwar entspricht der Vorrang von Satzungsänderungen i.S.d. § 85 Abs. 2 bis 4 BGB dem Gesetzeswortlaut und dem Grundsatz der Verhältnismäßigkeit. Indes ist fraglich, ob der Stifter nicht eine Zulegung oder eine Maßnahme nach § 85 Abs. 1 BGB (z.B. Umwandlung in eine Verbrauchsstiftung) oder gar eine Auflösung (s. § 87 Rn. 26) einem „downsizing" der beschriebenen Art vorziehen würde.[12]

20 Im **Ergebnis** ist damit festzuhalten: **Eine Satzungsänderung nach § 85 Abs. 2 bis 4 BGB ist einer Zulegung gegenüber nur vorrangig, wenn die Satzungsänderung dem Stifterwillen entspricht.** Ist das nicht der Fall, haben die zuständigen Stiftungsorgane zu prüfen, ob auch die Voraussetzungen einer Maßnahme nach § 85 Abs. 1 BGB erfüllt sind. Ist das zu bejahen, ist weiter zu fragen, welche der in Betracht kommenden Maßnahmen der Stifter mutmaßlich bevorzugen würde. Würde er keine der Maßnahmen wollen, ist die Stiftung aufzulösen. **Eine Zulegung ist mithin nur zulässig, wenn der Stifter sich unter allen in Betracht kommen-**

---

9 **A.A.** *Schiffer/Pruns/Schürmann*, Reform des Stiftungsrechts, 2022, § 10 Rn. 25 (milderes Mittel).

10 *Burgard*, npoR 2021, 1, 6 f., 10 (Fall 9); *Schauer*, npoR 2021, 35, 37.

11 *Burgard*, ZStV 2021, 45, 48.

12 I.E. ebs. *Kirchhain* in Schauhoff/Mehren, Stiftungsrecht 2022, Kap. 9 Rn. 77.

den Grundlagenänderungen für die Zulegung entscheiden würde. Zur Auslegung des Stifterwillens s. § 83 Rn. 26, zur Auslegungsprärogative der Stiftungsorgane § 83 Rn. 32.

2. Fall 2

Eine Zulegung ist auch möglich, *„wenn schon seit Errichtung der Stiftung die Voraussetzungen für eine Auflösung nach § 87 Abs. 1 Satz 1 vorlagen."* In einem solchen Fall liegt keine „wesentliche Veränderung der Verhältnisse" nach Nr. 1 vor, weil die Stiftung von Anfang an notleidend war. Sie hätte daher gar nicht anerkannt werden dürfen. Solche Fälle sind selten (Begr. Rn. 7), können aber vorkommen, zumal wenn die Anerkennungsbehörde der Einschätzungsprärogative des Stifters hinsichtlich der Lebensfähigkeitsprognose (§ 82 Rn. 22) richtigerweise Raum gibt. Zu den Voraussetzungen für eine Auflösung nach § 87 Abs. 1 S. 1 BGB dort Rn. 22. 21

II. Nr. 2

Voraussetzung der Nr. 2 ist, dass *„der Zweck der übertragenden Stiftung im Wesentlichen mit einem Zweck der übernehmenden Stiftung übereinstimmt"*. Mit dem Zweck ist hier der Zweck im engeren Sinne, nicht der Zweck im weiteren Sinne gemeint (zu dieser Unterscheidung und der Frage, was genau der Stiftungszweck ist, s. § 80 Rn. 32 ff., 43 f., § 81 Rn. 54, § 85 Rn. 38). Die Art und Weise der Zweckerfüllung muss also nicht im Wesentlichen übereinstimmen. Das ergibt sich aus dem Wortlaut von § 86 BGB, der in seiner Nr. 1 auf § 85 Abs. 2 BGB verweist, aus der Systematik von §§ 85, 86 BGB und aus dem Sinn und Zweck der Vorschrift, weil andernfalls eine Zulegung noch schwieriger wäre, als sie ohnehin ist. Das kann allerdings zu der Notwendigkeit führen, dass die übertragende Stiftung die Art und Weise ihrer Zweckverfolgung im Rahmen der Zulegung (s. Rn. 27) an die übernehmende Stiftung im Wege des § 85 Abs. 2 BGB anpasst. 22

Die Fassung der Nr. 2 geht auf eine Änderung der Formulierung des Regierungsentwurfs durch den Rechtsausschuss des Deutschen Bundestages zurück (Rn. 11). Der Regierungsentwurf hatte zuvor noch zur Voraussetzung gemacht, dass der Zweck der übertragenden Stiftung *„im Wesentlichen dem Zweck der übernehmenden Stiftung entspricht"* (Rn. 8). Der Rechtsausschuss wollte mit dieser Änderung klarstellen, dass die übernehmende Stiftung mehrere Zwecke haben kann und es für eine Zulegung **genügt**, wenn einer der Zwecke der übernehmenden Stiftung den **Zweck der zu übertragenden Stiftung mitumfasst**, ohne mit ihm identisch zu sein. Die Änderung trägt im Gesetzgebungsverfahren geäußerter Kritik Rechnung, wonach das Tatbestandsmerkmal der „wesentlichen Identität" zu eng sei und damit den Anwendungsbereich der Zulegung unnötig einschränken würde.[13] 23

Die Bemühungen des Rechtsausschusses sind zu begrüßen, **reichen** aber **nicht** hin. **Beispiel:** Sparkassenstiftung A (übertragende Stiftung) bezweckt Kultur- und Jugendförderung in der Region A, Sparkassenstiftung B (übernehmende Stiftung) Kultur- und Sportförderung in der Region B. In einem solchen Fall ließe sich schon wegen der ausdrücklichen Beschränkung auf bestimmte Regionen nur mit Mühe behaupten, dass *der Zweck der übertragenden Stiftung im Wesentlichen mit einem Zweck der übernehmenden Stiftung übereinstimmt.*" Gleichwohl lässt sich nicht von der Hand weisen, dass die Zwecke beider Stiftungen große Überschneidungen aufweisen (zumal Sportförderung Jugendförderung umfasst und umgekehrt), was die Hebung von Synergieeffekten ermöglichen würde, die eine Zulegung bezweckt (Rn. 3). Klar ist auch, dass es im Ergebnis allein darauf ankommen darf, dass die Zwecke der übertragenden Stiftung unter 24

13 *Orth*, ZStV 2020, 81, 85; *Burgard*, npoR 2021, 1, 6; *Schauer*, npoR 2021, 35, 36; a.A. noch der Professorenentwurf, ZIP 2020, Beilage zu Heft 10, 14.

dem Dach der übernehmenden Stiftung fortgeführt werden.[14] **Rechnung getragen werden kann dem wie folgt:**

25 Zu der Frage, zu welchem Zeitpunkt die Voraussetzungen der Nr. 2 gegeben sein müssen, äußert sich das Gesetz nicht explizit. Nach allgemeinen Grundsätzen wird man auf den Zeitpunkt der Genehmigung des Zulegungsvertrages (§§ 86b Abs. 1 S. 2, 86c BGB) abzustellen haben. Dafür spricht auch, dass erst zu diesem Zeitpunkt die Erfüllung der Voraussetzungen der §§ 86 Nr. 4, 86a Nr. 2 und 3 BGB geprüft werden kann. Das eröffnet folgende Möglichkeit: Erfüllt die **aufnehmende Stiftung** nicht die Voraussetzung der Nr. 2, kann sie unter den Voraussetzungen des **§ 85 Abs. 2 BGB** eine **Zweckerweiterung** beschließen. Dabei stellt die angebotene Zulegung (gleich einer erheblichen Zustiftung) eine wesentliche Veränderung der Verhältnisse dar. Dieser Beschluss kann durch die Genehmigung des Zulegungsvertrages aufschiebend bedingt in den Zulegungsvertrag aufgenommen und mit diesem von der (für die übernehmende Stiftung) zuständigen Behörde (§ 86b Abs. 1 S. 2 BGB) genehmigt werden.[15] Im Beispielsfall der Rn. 24 würde der Zweck der übernehmenden Stiftung dann lauten: „Kultur-, Sport- und Jugendförderung in den Regionen A und B." Des Weiteren müsste allerdings noch den Anforderungen der Nr. 3 Rechnung getragen werden.

III. Nr. 3

26 Nach § 86 Nr. 3 BGB muss gesichert erscheinen, *„dass die übernehmende Stiftung ihren Zweck auch nach der Zulegung im Wesentlichen in gleicher Weise dauernd und nachhaltig erfüllen kann."* Diese Voraussetzung knüpft, ohne dass der Gesetzgeber dies erwähnt, an die Voraussetzungen der Anerkennung der Stiftung nach § 82 Abs. 1 BGB an. Erforderlich ist mithin, dass die **Zulegung die Lebensfähigkeit der aufnehmenden Stiftung nicht gefährdet**, was eine Prognose der Auswirkungen der Zulegung auf die übernehmende Stiftung, insbesondere auf ihre Vermögenslage, erfordert (zur Prognose im Rahmen von § 82 Abs. 1 BGB s. dort Rn. 17 ff.).[16] Nach der Begründung des Regierungsentwurfs soll die Voraussetzung in der Regel erfüllt sein, wenn die Zulegung bei der übernehmenden Stiftung zu einem Vermögenszuwachs führt und nicht mit übermäßigen Belastungen verbunden ist.[17] Dem ist zuzustimmen, sofern die Zulegung nicht mit einer Zweckerweiterung bei der übernehmenden Stiftung einhergeht (Rn. 25). Dann muss in dem **Erweiterungsbeschluss bestimmt werden, in welchem Umfang der erweiterte Zweck verfolgt wird.** Dieser Umfang wird in der Regel dem des zulegungsbedingten Vermögenszuwachses entsprechen. Verfügte im Bsp. der Rn. 24 die Sparkassenstiftung A über ein Vermögen i.H.v. 300.000 Euro und die Sparkassenstiftung B i.H.v. 700.000 Euro, müsste es daher in der neuen Zweckbestimmung (Rn. 25) ergänzend heißen: „Auf die Förderung der Region A entfallen 30 % der zur Verfügung stehenden Fördergelder."[18]

27 Seltsamerweise verlangt das Gesetz nicht, dass nach der Zulegung auch der Zweck der übertragenden Stiftung im Wesentlichen in gleicher Weiser dauernd und nachhaltig erfüllt werden kann. Das mag daran liegen, dass die Gesetzesverfasser meinten, die übertragende Stiftung sei regelmäßig notleidend und daher schon vor der Zulegung nicht mehr entsprechend leistungsfähig. Allerdings sieht das Gesetz dies in § 86a Nr. 2 BGB auffällig anders. Und in der Tat würde eine ZuZ keinen Sinn machen, wenn dadurch nicht die Leistungskraft zur Erfüllung des Zwecks der übertragenden Stiftungen verbessert würde. Ohnedies würde eine ZuZ daher nicht dem mut-

---

14 *Orth*, ZStV 2020, 81, 85 und *Schauer*, NPLYB 2016/2017, 25, 39 ff.

15 Im Ergebnis ebs. *Hüttemann/Rawert*, Beilage zu ZIP 33/2021, 30; *Schauer*, npoR 2022, 54,57.

16 Zur Prognose der Behörde im Anerkennungsverfahren etwa BeckOK BGB/*Backert*, § 80 Rn. 50 f.; MüKoBGB/*Weitemeyer*, § 80 Rn. 130 ff.

17 Begr. RegE, BT-Ds. 19/28173, 70.

18 Eine weitere Ausdifferenzierung zwischen Sport- und Jugendförderung erscheint wegen der sachlichen Nähe beider Zwecke nicht erforderlich.

maßlichen Willen des Stifters der übertragenden Stiftung entsprechen.[19] **Bewirkt** also die **Zulegung nicht, dass der Zweck der übertragenden Stiftung (wieder) dauernd und nachhaltig erfüllt werden kann, so scheitert sie an § 83 Abs. 2 BGB.** Allerdings kann man hier ggf. damit helfen, die Zulegung mit einer **erheblichen Zweckbeschränkung gemäß § 85 Abs. 1 S. 1 BGB** oder einer **Änderung der Art und Weise der Zweckerfüllung gemäß § 85 Abs. 2 auf Seiten der übertragenden Stiftung** im Wege der Rn. 25[20] zu kombinieren. In dem Beispielsfall der Rn. 24 würde das etwa bedeuten, den Zweck der Sparkassenstiftung A auf Kulturförderung der Region A zu reduzieren. Um dem Willen des Stifters der übertragenden Stiftung Genüge zu tun, müsste überdies im Zulegungsvertrag erforderlichenfalls[21] festgehalten werden, dass die übernehmende Stiftung sich verpflichtet, den Zweck der übertragenden Stiftung entsprechend ihrem zulegungsbedingten Vermögenszuwachs dauernd und nachhaltig zu erfüllen (s. Rn. 26).[22]

IV. Nr. 4

Nach Nr. 4 müssen *„die Rechte von Personen gewahrt werden, für die in der Satzung der übertragenden Stiftung Ansprüche auf Stiftungsleistungen begründet sind."* Das soll nach der Regierungsbegründung allerdings nicht gelten, wenn *„Ansprüche wertlos geworden sind, [dann] müssen neue Ansprüche gegen die übernehmende Stiftung nicht begründet werden und die Anspruchsinhaber können auch keine Ausgleichsleistungen verlangen"* (Rn. 10). Fraglich ist, wem statutarische Ansprüche auf Stiftungsleistungen zustehen. In Betracht kommen insb.[23] Destinatäre und Anfallberechtigte. **28**

Destinatäre haben Ansprüche auf Stiftungsleistungen, wenn diese entweder in der Art statutarischer Sonderrechte ausdrücklich in der Satzung begründet werden (z.B. „Meine Gattin Christine Musterfrau hat lebenslang Anspruch auf Zahlung einer Apanage i.H.v. 5.000 Euro im Monat.") oder das Ermessen der Stiftungsorgane bei der Auswahl der Destinatäre infolge der Vorgaben der Satzung auf Null reduziert ist (z.B. „Die Stiftung fördert blinde Musikern im Alter bis 25 Jahren, die einen 1. oder 2. Preis in einem der folgenden Wettbewerbe erzielt haben: ..."),[24] näher Anh. 2 zu § 84a Rn. 18. Abseits solch klar umrissener Regelungen erwerben Destinatär keine klagbaren Ansprüche, sondern lediglich eine Chance auf den Erhalt einer Leistung,[25] welche nicht unter § 86 Nr. 4 BGB fällt. **29**

Die allermeisten Stiftungen in Deutschland sind gemeinnützig. Bei ihnen werden schon wegen § 52 Abs. 1 S. 2 AO in der Regel keine klagbaren Ansprüche von Destinatären statutarisch begründet (Ausn. etwa nach § 58 Nr. 6 AO denkbar).[26] Und auch bei privatnützigen Stiftungen **30**

---

19 *Schauer* spricht davon, dass die übertragende Stiftung zum Bittsteller würde, npoR 2021, 35, 36; *ders.*, NPLYB 2016/2017, 25, 39 f.

20 Ist für die Sparkassenstiftung A eine andere Behörde zuständig, müsste allerdings § 86b Abs. 3 BGB beachtet werden. Die Zustimmung dieser Behörde müsste daher mit deren Genehmigung der Zweckbeschränkung verknüpft werden.

21 Nicht bei Zweckidentität.

22 *Schauer*, npoR 2022, 54, 57.

23 In der Stiftungssatzung können zugunsten von Organmitgliedern auch Entgeltansprüche begründet werden, s. § 84a Rn. 34. Solche Ansprüche sind hier jedoch nach Sinn und Zweck der Vorschrift nicht gemeint, zumal sie bei notleidenden Stiftungen in aller Regel ohnehin durch Satzungsänderung in Wegfall gebracht werden müssten, um Mittel für die Zweckverfolgung zu gewinnen.

24 St. Rspr., BGH NJW 1957, 708; BGH NJW 1987, 2364, 2366; BGH – Xa ZR 8/08, NJW 2010, 234 Rn. 12; BGH – I ZR 63/15, NZG 2017, 268 Rn. 26; Staudinger/*Hüttemann*/*Rawert*, BGB, § 85 Rn. 41; BeckOK BGB/*Backert*, § 85 Rn. 5.

25 BGH NJW 1957, 708; BGH NJW 1987, 2364, 2366; BGH – Xa ZR 8/08, NJW 2010, 234 Rn. 12; BGH – I ZR 63715, NZG 2017, 268 Rn. 26; Staudinger/*Hüttemann*/*Rawert*, BGB, § 85 Rn. 41; BeckOK BGB/*Backert*, § 85 Rn. 5.

26 BeckOGK BGB/*Jakob*/*Picht*, § 85 Rn. 29; Staudinger/*Hüttemann*/*Rawert*, BGB, § 85 Rn. 41.

(insb. Familienstiftungen) wird in der Praxis auf die Statuierung klagbarer Ansprüche von Destinatären meistens verzichtet.[27]

31 Selbst wenn ausnahmsweise Destinatäre statutarische Ansprüche eingeräumt sind, werden diese in Fällen der vorliegenden Art meistens ganz oder teilweise entwertet sein, weil die übertragende Stiftung in Vermögensverfall geraten ist. In diesem Fall sind sie entsprechend weniger oder gar nichts mehr wert, weil Ansprüche auf Stiftungsleistungen stets durch die Leistungsfähigkeit der Stiftung begrenzt sind. Das erkennt die Begr. RegE (Rn. 10) zutreffend.

32 Im Blick auf die **Anfallberechtigung** gibt es **drei Möglichkeiten.** Falls eins: In der Stiftungssatzung fehlt eine Bestimmung über die Anfallberechtigung. Dann ist nach § 87c Abs. 1 S. 3 und 4 BGB der Fiskus oder eine andere juristische Person des öffentlichen Rechts anfallberechtigt. Diese Anfallberechtigung beruht aber gerade nicht auf der Satzung, sondern eben auf dem Gesetz. Nr. 4 ist daher nicht einschlägig. Das gilt auch für den zweiten Fall der Bestimmung des Anfallberechtigten durch die Stiftungsorgane gemäß § 87c Abs. 1 S. 2 BGB. Einschlägig ist daher allenfalls der dritte Fall, nämlich die Bestimmung des Anfallberechtigten in der Satzung, § 87c Abs. 1 S. 1 BGB.

33 Nun könnte man zunächst die Auffassung vertreten, die Anfallberechtigung sei keine Stiftungsleistung i.S.d. Nr. 4.[28] Das würde nicht überzeugen, weil es Fälle gibt, in denen der Stifterwille explizit darauf gerichtet ist, dem Anfallberechtigten den Liquidationsüberschuss zukommen zu lassen. Ferner ließe sich argumentieren, dass bei einer Zulegung gar kein Liquidationsüberschuss entstünde; denn infolge der Gesamtrechtsnachfolge finde keine Liquidation statt.[29] Das erscheint den Verfassern freilich eine allzu formale Betrachtung, die dem Stifterwillen nicht gerecht wird. Nach Sinn und Zweck von Nr. 4 darf die Zulegung kein Mittel sein, um Anfallberechtigte auszubooten,[30] zumal man die Anfallberechtigung als Anwartschaftsrecht beschreiben kann.[31] Zu weit geht hingegen die Auffassung, dass eine Zulegung immer schon dann gegen den Willen des Stifters der übertragenden Stiftung verstoße, wenn dessen Auslegung ergebe, dass er die Rechte des Anfallberechtigten gewahrt wissen wolle.[32] Das wäre allenfalls dann richtig, wenn die Satzung der übernehmenden Stiftung im Rahmen des Zulegungsverfahrens nicht auch hinsichtlich der Anfallberechtigung wie oben beschrieben (Rn. 24, 25) geändert werden könnte.[33] Und genau so wird ja bisher verfahren (s. Vor §§ 86 ff. BGB Rn. 48). Dabei ist allerdings in der vorbeschriebenen Weise (Rn. 32) darauf zu achten, dass der **Anfallberechtigte der übertragenden Stiftung bei Liquidation der übernehmenden Stiftung nur den übrigbleibenden Vermögensanteil der ersteren erhält**. Eine Separierung dieses Vermögensanteils ist dafür aber wohl nicht erforderlich;[34] eine prozentuale Aufteilung reicht regelmäßig aus (vgl. o. Rn. 26). Ergibt die Auslegung des Stifterwillens allerdings, dass die Bestimmung des Anfallberechtigten nur pro forma zur Erfüllung der steuerlichen Anforderungen erfolgte,[35] so ist eine Änderung der Satzung der übernehmenden Stiftung nicht notwendig.[36] Das gilt selbstredend auch dann, wenn der Anfallbe-

---

27 *Hüttemann/Rawert*, Beilage zu ZIP 33/2021, 30; Staudinger/*Hüttemann/Rawert*, BGB, § 85 Rn. 41; *Orth*, ZStV 2020, 81, 91; *Schiffer/Pruns/Schürmann*, Reform des Stiftungsrechts, 2022, § 10 Rn. 39.

28 So *Schiffer/Pruns/Schürmann*, Reform des Stiftungsrechts, 2022, § 10 Rn. 39.

29 Noch anders *Orth*, ZStV 2020, 81, 91.

30 Ebs. *Kirchhain* in Schauhoff/Mehren, Stiftungsrecht 2022, Kap. 9 Rn. 96.

31 So Soergel/*Hadding*, BGB, § 45 Rn. 10; *Gantenbrink/Plottek*, ZStV 2017, 211, 213; a.A. BeckOK BGB/*Klönen*, § 45 Rn. 24.

32 So *Hüttemann/Rawert*, Beilage zu ZIP 33/2021, 30; *Schiffer/Pruns/Schürmann*, Reform des Stiftungsrechts, 2022, § 10 Rn. 39.

33 Diese Möglichkeit sehen auch *Hüttemann/Rawert*, Beilage zu ZIP 33/2021, 31, sowie *Orth*, ZStV 2020, 81, 91.

34 So aber *Hüttemann/Rawert*, Beilage zu ZIP 33/2021, 31.

35 Nach *Hüttemann/Rawert*, Beilage zu ZIP 33/2021, 30, soll das zumeist so sein; anders wohl *Orth*, ZStV 2020, 81, 91.

36 Vgl. OLG Düsseldorf ZIP 2020, 27; *Hüttemann/Rawert*, Beilage zu ZIP 33/2021, 30 f.; a.A. *Orth*, ZStV 2020, 81, 91.

rechtigte der übertragenden und der übernehmenden Stiftung[37] identisch sind;[38] denn dann sind die Voraussetzungen der Nr. 3 erfüllt.

Resümee: Sieht die Satzung einen Anfallberechtigten vor, ist zu unterscheiden: Ergibt die Auslegung des Stifterwillens, dass er (zur Wahrung der Rechte des Anfallberechtigten) eine Auflösung gemäß § 87 Abs. 1 BGB Maßnahmen nach §§ 85 ff. BGB vorzieht, so ist dieser Wille zu respektieren (§ 87 Rn. 26). Ergibt die Auslegung des Stifterwillens, dass die Bestimmung des Anfallberechtigten nur pro forma aus steuerlichen Gründen erfolgte, steht Nr. 4 einer Zulegung nicht entgegen, weil der Stifter dann keine Ansprüche des Anfallberechtigten auf Stiftungsleistungen begründen wollte. Ergibt die Auslegung des Stifterwillens hingegen, dass der Stifter zwar Ansprüche des Anfallberechtigten auf Stiftungsleistungen begründen wollte, er aber eine Zulegung anderen Grundlagenänderungen vorzieht, so haben die Stiftungsorgane der übertragenden Stiftung im Zulegungsverfahren auf eine entsprechende Satzungsänderung der übernehmenden Stiftung zu bestehen (vgl. Rn. 33), andernfalls sie den Zulegungsvertrag nicht schließen dürfen. Ein Zustimmungsbeschluss (§ 86b Rn. 17) wäre wegen Verstoßes gegen den Stifterwillen materiell fehlerhaft und damit nichtig, der Vertrag auch wegen Verstoßes gegen Nr. 4 nicht genehmigungsfähig. Das gilt in gleicher Weise, wenn die Stiftungssatzung (ausnahmsweise) klagbare Ansprüche von Destinatären vorsieht (Rn. 31). 34

Die Rechte von Anspruchsinhabern können allerdings nicht nur durch die Begründung vergleichbarer statutarischer Ansprüche gegen die übernehmende Stiftung gewahrt werden, sondern auch durch Ablösung, also **Abfindung der Ansprüche** (Begr. RegE Rn. 10). Das erfordert eine entsprechende Vereinbarung mit den Anspruchsinhabern, die auch von der übertragenden Stiftung allein geschlossen werden kann und dann im Wege der Gesamtrechtsnachfolge auf die übernehmende Stiftung übergeht. Die Vereinbarung muss in dem Zu- bzw. Zusammenlegungsvertrag angegeben werden, § 86c Abs. 1 S. 2 BGB. Denkbar ist auch ein **Verzicht auf die Ansprüche**.[39] 35

Zum **Rechtsschutz** der Destinatäre s. Anhang II zu § 84a Rn. 25 ff. Die dortigen Ausführungen gelten für Anfallberechtigte entsprechend, aber nur, wenn die Auslegung ergibt, dass der Stifter ihnen klagbare Ansprüche einräumen wollte. S. ferner §§ 86c Abs. 1 S. 2, Abs. 3, 86e Abs. 2 BGB. 36

V. Abweichende Satzungsregelungen

Entgegen der überholten Begründung des Regierungsentwurfs (Rn. 5 sowie Vor §§ 86 ff. Rn. 8) kann die Stiftungssatzung eine Zulegung nicht nur ausschließen und das stiftungsinterne Verfahren normieren (dazu § 86b Rn. 17), sondern ihre Voraussetzungen auch abweichend von § 86 BGB regeln (näher Vor § 86 ff. Rn. 4). **§ 85 Abs. 4 gilt analog.** Insbesondere kann in der Satzung: 37
- definiert werden, was als eine „wesentliche Änderung der Verhältnisse" nach Nr. 1 anzusehen ist;[40]
- der Vorrang der Satzungsänderung nach Nr. 1 abbedungen werden, und zwar nicht nur explizit, sondern auch implizit, s. Rn. 19 f.;
- das Erfordernis einer wesentlichen Übereinstimmung i.S.d. Nr. 2 abgeschwächt werden (z.B. ähnliche Zwecksetzung);
- Nr. 4 abbedungen werden.

---

37 Nach *Hüttemann/Rawert*, Beilage zu ZIP 33/2021, 30, soll das zumeist so sein; anders wohl *Orth*, ZStV 2020, 81, 91.

38 Vgl. *Hüttemann/Rawert*, Beilage zu ZIP 33/2021, 30.

39 *Orth*, ZStV 2020,81, 92; *ders.* in Orth/Uhl, Stiftungsrechtsreform, Rn. 653.

40 Für ein Bsp. *Hüttemann/Rawert*, Beilage zu ZIP 33/2021, 1, 31, Fn. 252.

Außerdem kann das Erfordernis einer „wesentlichen Veränderung der Verhältnisse" auf die Voraussetzungen einer sonstigen Satzungsänderung gemäß § 85 Abs. 3 BGB (dort Rn. 105) abgesenkt werden (vgl. zu § 85 Abs. 4 dort Rn. 115).

38 Vorstehendes gilt auch für **Bestandsstiftungen** (näher dazu § 85 Rn. 108 f.). **Beispiel:** In der Satzung heißt es, dass die Stiftung zu- oder zusammengelegt werden kann, wenn sich die Verhältnisse wesentlich geändert haben und die übernehmende Stiftung einen ähnlichen Zweck verfolgt. Eine solche Bestimmung würde die Voraussetzungen des § 86 Nr. 1 bis 3 BGB sowie des § 86a Nr. 1 und 2 BGB absenken. Die zuständigen Behörden (§ 86b Abs. 1 S. 2, Abs. 3 BGB) haben danach (lediglich) zu prüfen, ob (1.) diese Voraussetzungen vorliegen, (2.) die Voraussetzungen des § 86 Nr. 3 bzw. des § 86a Nr. 2 BGB (wobei eine Zweckerfüllung in ähnlicher Weise ausreicht) gegeben sind, (3.) der Vertrag zwischen den beteiligten Stiftungen den Erfordernissen der §§ 86c f. BGB entspricht und (4.) der Stifterwille der beteiligten Stiftungen nicht entgegensteht. Ob auch § 86 Nr. 4 bzw. § 86a Nr. 3 BGB zu prüfen ist, hängt – falls überhaupt solche Rechte bestehen (dazu Rn. 30) – im Beispiel davon ab, ob der Stifter eine ZuZ ungeachtet solcher Rechte bei einer wesentlichen Veränderung der Verhältnisse zulassen oder solche Rechte auch bei einer ZuZ gewahrt sehen wollte.

VI. Stifterwille

39 Wie immer ist der Stifterwille (§ 83 Abs. 2 BGB) zu beachten und zu verwirklichen. Was dieser im Einzelnen im Blick auf eine in Aussicht genommene Zulegung erheischt, ist durch Auslegung zu ermitteln (näher § 83 Rn. 25). Einige Hinweise wurden bereits gegeben (Rn. 27, 33).

C. Rechtsfolgen

40 Liegen die Voraussetzungen der Nr. 1–4 bzw. abweichender Satzungsregeln kumulativ vor und steht der Stifterwille nicht entgegen, so können die beteiligten Stiftungen in das Zulegungsverfahren einsteigen, d.h. die Zulegung beschließen (§ 86b Rn. 17), alsdann den Zulegungsvertrag schließen, ggf. erforderliche Satzungsänderungen beschließen (Rn. 25) und schließlich die Genehmigung des Zulegungsvertrages und (ggf.) der Satzungsänderungen beantragen.

§ 86a Voraussetzungen für die Zusammenlegung

Mindestens zwei übertragende Stiftungen können durch Errichtung einer neuen Stiftung und Übertragung ihres jeweiligen Stiftungsvermögens als Ganzes auf die neue übernehmende Stiftung zusammengelegt werden, wenn

1. **sich die Verhältnisse nach Errichtung der übertragenden Stiftungen wesentlich verändert haben und eine Satzungsänderung nach § 85 Absatz 2 bis 4 nicht ausreicht, um die übertragenden Stiftungen an die veränderten Verhältnisse anzupassen, oder wenn schon seit Errichtung der Stiftung die Voraussetzungen für eine Auflösung nach § 87 Absatz 1 Satz 1 vorlagen,**
2. **gesichert erscheint, dass die neue übernehmende Stiftung die Zwecke der übertragenden Stiftungen im Wesentlichen in gleicher Weise dauernd und nachhaltig erfüllen kann, und**
3. **die Rechte von Personen gewahrt werden, für die in den Satzungen der übertragenden Stiftungen Ansprüche auf Stiftungsleistungen begründet sind.**

Schrifttum

S. Vorbemerkung zu den §§ 86 bis 86i

Übersicht

A. Grundlagen

I. Norminhalt —— 1

II. Verhältnis zum bisherigen Recht —— 2

III. Normzweck —— 3

IV. Begründung des Regierungsentwurfs —— 4

V. Bewertung —— 10

B. Voraussetzungen einer Zusammenlegung —— 11

I. Nr. 1
1. Fall 1 —— 12
2. Fall 2 —— 13

II. Nr. 2 —— 14

III. Nr. 3 —— 16

IV. Abweichende Satzungsregelungen —— 17

V. Stifterwille —— 19

C. Rechtsfolgen —— 20

A. Grundlagen

I. Norminhalt

§ 86a BGB ist die Parallelnorm zu § 86 BGB und mit ihr teilidentisch. Die Vorschrift definiert die Zusammenlegung als Verfahren der Übertragung des Vermögens von zwei oder mehreren Stiftungen („übertragende Stiftungen") auf eine neue Stiftung („übernehmende Stiftung") als Ganzes", d.h. ohne Auflösung und Liquidation der übertragenden Stiftungen im Wege der Gesamtrechtsnachfolge. Ferner regelt § 86a BGB die Voraussetzungen einer solchen Zusammenlegung. **1**

https://doi.org/10.1515/9783110251524-031

II. Verhältnis zum bisherigen Recht

2 Ebenso wie § 86 BGB hat § 86a BGB keine Vorgängernorm im BGB. § 87 BGB a.F. regelte nur die Zweckänderung und Aufhebung der Stiftung bei Unmöglichkeit der Erfüllung des Stiftungszwecks oder Gemeinwohlgefährdung. Die Zusammenlegung fand sich lediglich in einigen Landesstiftungsgesetzen.[1] Danach konnten teilweise die Stiftungsorgane die Zusammenlegung beschließen, teilweise die Behörde eine solche anordnen.[2] Zudem sah das Landesrecht bei der Zusammenlegung bereits die Gesamtrechtsnachfolge der übernehmenden neuen Stiftung und das Erlöschen der übertragenden alten Stiftungen vor,[3] was freilich im Blick auf die Gesetzgebungskompetenz der Länder als problematisch galt.[4] Auch der abschließenden Charakter des § 87 BGB a.F. wurde, wenngleich zu Unrecht, gegen die Länderregelungen eingewandt. Allerdings wurde konzidiert, dass die Stiftungsaufsichtsbehörden wegen mangelnder Normverwerfungskompetenz das Landesrecht anzuwenden hatten.[5] Mit Ablauf des 30.6.2023 hat diese Diskussion ein Ende (Vor §§ 86 ff. Rn. 2). Bis dahin müssen die Landesgesetze angepasst werden. Zu abweichenden Satzungsbestimmungen s. § 86 Rn. 37 f.

III. Normzweck

3 § 86a BGB dient der Schaffung von Rechtssicherheit sowie der Vereinfachung und Beschleunigung der Vermögensübertragung (§ 86 Rn. 4). Eine Zusammenlegung als solche dient der Hebung von Synergieeffekten, die es ermöglichen sollen, den Stiftungszweck von wirtschaftlich notleidenden Stiftungen (den übertragenden Stiftungen) unter dem Dach einer neuen Stiftung (der übernehmenden Stiftung) fortzuführen.

IV. Begründung des Regierungsentwurfs

4 *§ 86a BGB-neu umschreibt die Zusammenlegung als Verfahren der Vermögensübertragung von zwei oder mehreren Stiftungen auf eine zu diesem Zweck neu zu errichtende Stiftung und regelt die inhaltlichen Voraussetzungen für die Zusammenlegung. Bei der Zusammenlegung entsteht die aufnehmende Stiftung abweichend von § 80 Absatz BGB-neu nicht durch Stiftungsgeschäft und Anerkennung durch die zuständige Behörde, sondern durch den Zusammenlegungsvertrag und dessen Genehmigung durch die zuständige Behörde oder die behördliche Zusammenlegung gemäß § 86b Absatz 2 BGB-neu. Der Zusammenlegungsvertrag oder die behördliche Zusammenlegungsentscheidung muss das Stiftungsgeschäft zur Errichtung der neuen Stiftung enthalten, das den Anforderungen des § 81 Absatz 1 BGB-neu entsprechen muss. Die Stifter der übernehmenden Stiftung sind die übertragenden Stiftungen.*

5 *§ 86a BGB-neu ist zwingend. Durch die Satzung können die Voraussetzungen für die Zusammenlegung nicht erleichtert werden.* **[Das ist überholt, s. Vor §§ 86 ff. Rn. 4.]**. *Bei einer organ-*

1 § 14 Abs. 2 u. 3 BWStiftG; Art. 8 Abs. 3 u. 4 BayStiftG; § 10 Abs. 1 BbgStiftG; § 5 BlnStiftG; §§ 8, 9 BremStiftG; § 7 Abs. 1 u. 3 HamStiftG; § 9 HeStiftG; § 7 Abs. 1-3 NdsStiftG; § 5 Abs. 2 NRWStiftG; § 8 Abs. 2 u. 3 RPStiftG; § § 7, 8 SaarStiftG; § 10 SächsStiftG; § 9 Abs. 1-4 SAStiftG; § 6 SHStiftG.

2 Für einen Überblick MüKoBGB/*Weitemeyer*, § 87 Rn. 21 f.; ausführlich zu Zu- und Zusammenlegung *Gantenbrink*, Die hoheitliche Beendigung der Stiftung durch die Stiftungsbehörde, 2010; *Hoffmann*, Zusammenlegung und Zulegung rechtsfähiger Stiftungen bürgerlichen Rechts, 2011; *Schauer*, Die Zusammenführung rechtsfähiger Stiftungen, 2017.

3 § 14 Abs. 2 S. 4 BWStiftG; § 5 Abs. 3 BlnStiftG; § 12 S. 4 MVStiftG; § 7 Abs. 4 S. 2 SaarStiftG; § 5 Abs. 3 S. 2, § 6 Abs. 1 S. 4 SHStiftG.

4 Anstelle anderer MüKoBGB/*Weitemeyer*, § 87 Rn. 25 m.w.N.

5 Dazu Hüttemann/Richter/Weitemeyer/*Arnold*, Rn. 27.11 ff.; Staudinger/*Hüttemann*/*Rawert*, BGB, § 87 Rn. 3 f.; MüKoBGB/*Weitemeyer*, § 87 Rn. 21 f.; BeckOK BGB/*Backert*, § 87 Rn. 2, jew. m.w.N.

schaftlichen oder behördlichen Zusammenlegung ist nach § 83 Absatz 2 BGB-neu der Wille der Stifter der übertragenden Stiftungen zu beachten. Gegen den Willen der Stifter dürfen Stiftungen nicht zusammengelegt werden.

Zu Nummer 1: *Nach § 86a Nummer 1 BGB-neu können Stiftungen zusammengelegt werden, wenn sich die Verhältnisse nach der Errichtung der übertragenden Stiftungen wesentlich verändert haben und eine Anpassung der Stiftungen durch eine Satzungsänderung nach § 85 Absatz 2 oder 3 BGB-neu oder aufgrund einer Satzungsbestimmung nach § 85 Absatz 4 BGB-neu nicht möglich ist. § 86a Nummer 1 BGB-neu regelt insoweit für die Zusammenlegung hinsichtlich der übertragenden Stiftungen dieselben Voraussetzungen, die für eine Zulegung nach § 86 Nummer 1 BGB-neu bei einer übertragenden Stiftung vorliegen müssen.* 6

Zusätzlich soll die Zusammenlegung wie die Zulegung aber auch möglich sein, wenn die Voraussetzung für die Auflösung nach § 87 Absatz 1 Satz 1 BGB-neu vorliegen. Damit werden Zusammenlegungen auch in den seltenen Fällen ermöglicht, in denen die Auflösungsvoraussetzungen schon bei Anerkennung der Stiftung vorlagen. 7

Zu Nummer 2: *Nach § 86a Nummer 2 BGB-neu muss bei der neu zu errichtenden übernehmenden Stiftung, die durch die Zusammenlegung entstehen soll, gesichert erscheinen, dass sie die Zwecke der übertragenden Stiftungen im Wesentlichen in gleicher Weise dauernd und nachhaltig erfüllen kann. Bei einer Zusammenlegung müssen nicht alle Zwecke der übertragenden Stiftungen in gleicher Weise von der übernehmenden Stiftung erfüllt werden, aber zumindest deren jeweilige Hauptzwecke. Diese Voraussetzung lässt sich bei der Zusammenlegung regelmäßig durch die Gestaltung der Satzung für die aufnehmende Stiftung erfüllen. Die übernehmende Stiftung muss ihre Zwecke dauernd und nachhaltig erfüllen können. Dies setzt voraus, dass die übertragenden Stiftungen ein dafür ausreichendes Vermögen auf die übernehmende Stiftung übertragen können.* 8

Zu Nummer 3: *§ 86a Nummer 3 BGB-neu regelt, dass auch bei der Zusammenlegung die Rechte der Personen zu wahren sind, für die in der Satzung einer der übertragenden Stiftungen Ansprüche auf Stiftungsleistungen begründet wurden. Diese Vorschrift entspricht § 86 Nummer 4 BGB-neu.“*[6] 9

V. Bewertung

Die Bewertung der Neuregelung fällt zwiespältig aus (s. Vor §§ 86 ff. Rn. 9).[7] Viel wird von der künftigen Verwaltungspraxis abhängen. Auch wenn die gesetzlichen Voraussetzungen großzügig ausgelegt würden, werden Zusammenlegungen allerdings seltene Erscheinungen bleiben; denn wie soll aus zwei armen „Bettlern“ ein wohlhabender „Gönner“ werden? Einen Weg dazu zeigt allerdings Rn. 15 auf. 10

B. Voraussetzungen einer Zusammenlegung

Die Voraussetzungen der Nr. 1 bis 3 müssen **kumulativ** vorliegen, andernfalls ist eine Zusammenlegung grundsätzlich (Ausnahme: abweichende Satzungsregelungen, Rn. 17) nicht statthaft. Darüber hinaus ist wie stets der **Stifterwille** zu beachten, § 83 Abs. 2 BGB. Gegen den wirklichen oder mutmaßlichen Willen eines Stifters darf eine Zusammenlegung weder von den Stiftungsvorständen beschlossen noch von der Stiftungsaufsichtsbehörde genehmigt oder gar angeordnet werden, auch wenn die Voraussetzungen gem. § 86a BGB vorliegen (Begr. Rn. 5). 11

---

6 Begr. RegE, BT-Drs. 19/28173, 71.

7 Ebs. bereits *Gantenbrink/Plottek*, ZStV 2017, 211; *Burgard*, NPLYB 2019, 71, 94 f.; *Arnold/Burgard/Jakob/Roth/Weitemeyer*, npoR 2020, 294 f; *Orth*, ZStV 2020, 81; *Burgard*, npoR 2021, 1, 6; *Hüttemann/Rawert*, Beilage zu ZIP 33/2021, 29; *Schauer*, npoR 2021, 35, 36 f.

I. Nr. 1

1. Fall 1

12 Nach Nr. 1 Fall 1 setzt eine Zulegung voraus, dass sich die Verhältnisse nach Errichtung der übertragenden Stiftungen wesentlich verändert haben und eine Satzungsänderung nach § 85 Abs. 2 bis 4 BGB nicht ausreicht, um die übertragenden Stiftungen an die veränderten Verhältnisse anzupassen. Beide Voraussetzungen entsprechen denen des § 86 Nr. 1 Fall 1 BGB. Auf die dortige Kommentierung wird daher hier verwiesen (§ 86 Rn. 14 ff.).

2. Fall 2

13 Fall 2 entspricht § 86 Nr. 1 Fall 2 BGB, s. dort Rn. 21.

II. Nr. 2

14 Nr. 2 stellt, wenn man so will, eine Kombination aus § 86 Nr. 2 und 3 BGB dar. Dementsprechend kann man Nr. 2 in **drei Voraussetzungen** aufgliedern. Erstens muss der Zweck der neuen übernehmenden Stiftung so formuliert werden, dass sich darin zumindest die Zwecke der übertragenden Stiftungen *„im Wesentlichen"*, d.h. zumindest deren **„Hauptzwecke"** (Begr. RegE Rn. 8), **wiederfinden.** Anders als bei § 86 Nr. 2 BGB hat der Rechtsausschuss diese Voraussetzung nicht abgeschwächt. Zweitens muss die neue Stiftung in der Lage sein, diesen „gemeinsamen" Zweck dauernd und nachhaltig zu erfüllen, was also eine **positive Lebensfähigkeitsprognose** (dazu § 82 Rn. 17) voraussetzt. Da die übertragenden Stiftungen gleichsam die Stifter der neuen übernehmenden Stiftung sind, kommt ihnen insofern die Einschätzungsprärogative zu (§ 82 Rn. 22). Und drittens verlangen die Worte „in gleicher Weise", dass die Zusammenlegung **nicht** dazu führen darf, dass der Zweck einer der übertragenden Stiftungen **überproportional** gefördert wird. Vielmehr müssen die Zwecke der übertragenden Stiftungen entsprechend dem Verhältnis ihres jeweiligen Vermögensbeitrags von der neuen übernehmenden Stiftung gleichermaßen verfolgt werden. Das sollte im Zusammenlegungsvertrag geregelt werden.

15 Hält man an den Voraussetzungen der Nr. 2 fest, werden meist nicht genug Synergieeffekte entstehen, um aus zwei armen „Bettlern" einen wohlhabenden „Gönner" zu machen. Das gilt nicht nur, wenn die beteiligten Stiftungen unterschiedliche Zwecke haben,[8] sondern auch wenn sie sich überschneiden. Ein Ausweg könnte darin liegen, die **Zusammenlegung mit** einer **erheblichen Zweckbeschränkung** zu **kombinieren. Beispiel:** Stiftung A bezweckt Kultur- und Jugendförderung, Stiftung B Kultur- und Sportförderung. Legt man diese beiden Stiftungen zu einer neuen AB Stiftung mit dem Zweck Kulturförderung zusammen, käme es auf den Einzelfall an, ob sich sagen ließe, dass Kulturförderung der Hauptzweck beider Stiftungen ist. Vor allem aber ist zweifelhaft, ob diese Zweckbeschränkung auf Kulturförderung ausreicht, um eine dauernde und nachhaltige Erfüllung dieses Zwecks zu erreichen. Anders wäre das möglicherweise, wenn sich die beiden Stiftungen auf ein Spezialgebiet aus dem weiten Feld der Kultur einigen können, z.B. Unterstützung freier Kinder- und Jugendtheater. Das hätte den zusätzlichen „Charme", dass die beiden Nebenzwecke ebenfalls nicht ganz verloren gehen, da Sportförderung der Sache nach auch Jugendförderung umfasst. Allerdings ermöglicht § 86b Nr. 2 BGB eine Zweckanpassung,[9] aber wohl keine solche Zweckkonzentration. Die beiden Stiftungen müssten daher ihre Zusammenlegung mit einer erheblichen Zweckbeschränkung nach § 85 Abs. 1 BGB kombi-

8 Darauf weisen *Schiffer/Pruns/Schürmann*, Reform des Stiftungsrechts, 2022, § 10 Rn. 37 zu Recht hin.
9 *Schiffer/Pruns/Schürmann*, Reform des Stiftungsrechts, 2022, § 10 Rn. 37.

nieren. Das ist zulässig, weil § 85 Abs. 1 BGB die Kombination von Grundlagenänderungen zulässt (s. dort Rn. 43).

III. Nr. 3

Nr. 3 entspricht § 86 Nr. 4 BGB, s. dort. Bestehen ausnahmsweise klagbare Ansprüche von Desti- 16
natären, müssen diese in die Satzung der neuen übernehmenden Stiftung aufgenommen werden, wenn sie nicht ohnehin wertlos sind (§ 86 Rn. 10, 31). Dasselbe gilt für Anfallberechtigte, wenn die Auslegung ergibt, dass sie nach dem Willen des Stifters einen Anspruch auf den Liquidationserlös haben sollten (s. § 86 Rn. 34). Erforderlichenfalls sind in der Satzung Quoten für verschiedene Anspruchsberechtigte festzulegen.

IV. Abweichende Satzungsregelungen

Entgegen der überholten Begründung des Regierungsentwurfs (Rn. 5 sowie Vor §§ 86 ff. Rn. 4, 17
8) kann die Stiftungssatzung eine Zusammenlegung nicht nur ausschließen und das stiftungsinterne Verfahren normieren (dazu § 86b Rn. 17), sondern ihre Voraussetzungen auch abweichend von § 86a BGB regeln (näher Vor § 86 ff. Rn. 4). Das gilt auch für Bestandsstiftungen (§ 86 Rn. 37). § 85 Abs. 4 BGB gilt analog. Insbesondere kann in der Satzung:

- näher definiert werden, was als eine *„wesentliche Änderung der Verhältnisse"* nach Nr. 1 anzusehen ist;[10]
- der Vorrang der Satzungsänderung nach Nr. 1 abbedungen werden, und zwar nicht nur explizit, sondern auch implizit, § 86 Rn. 19 f.;
- das Wesentlichkeitserfordernis der Nr. 2 abgeschwächt werden (z.B. einen Zweck in verminderter Form);
- Nr. 3 abbedungen werden.

Außerdem kann das Erfordernis einer *„wesentlichen Veränderung der Verhältnisse"* auf die Vo- 18
raussetzungen einer sonstigen Satzungsänderung gemäß § 85 Abs. 3 BGB (dort Rn. 105) abgesenkt werden (vgl. zu § 85 Abs. 4 dort Rn. 115).

V. Stifterwille

Wie immer ist der Stifterwille (§ 83 Abs. 2 BGB) zu beachten und zu verwirklichen. Was dieser 19
im Einzelnen im Blick auf eine in Aussicht genommene Zusammenlegung erheischt, ist durch Auslegung zu ermitteln (näher § 83 Rn. 26). S. auch § 86 Rn. 19 f.

C. Rechtsfolgen

Liegen die Voraussetzungen der Nr. 1-3 bzw. abweichender Satzungsregeln kumulativ vor und 20
steht der Stifterwille nicht entgegen, so können die beteiligten Stiftungen in das Zusammenlegungsverfahren einsteigen, d.h. die Zusammenlegung beschließen (§ 86b Rn. 17), alsdann den Zusammenlegungsvertrag schließen, ggf. erforderliche Satzungsänderungen beschließen (Rn. 15) und schließlich die Genehmigung des Zusammenlegungsvertrages und (ggf.) der Satzungsänderungen beantragen.

10 Für ein Bsp. *Hüttemann/Rawert*, Beilage zu ZIP 33/2021, 1, 31 Fn. 252.

§ 86b Verfahren der Zulegung und der Zusammenlegung

(1) Stiftungen können durch Vertrag zugelegt oder zusammengelegt werden. Der Zulegungsvertrag oder der Zusammenlegungsvertrag bedarf der Genehmigung durch die für die übernehmende Stiftung nach Landesrecht zuständige Behörde.

(2) [1]Die Behörde nach Absatz 1 Satz 2 kann Stiftungen zulegen oder zusammenlegen, wenn die Stiftungen die Zulegung oder Zusammenlegung nicht vereinbaren können. [2]Die übernehmende Stiftung muss einer Zulegung durch die Behörde zustimmen.

(3) Ist nach Landesrecht für eine übertragende Stiftung eine andere Behörde zuständig als die Behörde nach Absatz 1 Satz 2, bedürfen die Genehmigung eines Zulegungsvertrags oder eines Zusammenlegungsvertrags und die behördliche Zulegung oder Zusammenlegung der Zustimmung der für die übertragenden Stiftungen nach dem jeweiligen Landesrecht zuständigen Behörden.

Schrifttum

S. Vorbemerkung zu den §§ 86 bis 86i

Übersicht

A. Grundlagen

I. Norminhalt und -zweck —— 1

II. Begründung —— 7

III. Bewertung —— 15

B. Stiftungsinternes Verfahren

I. Auf Seiten der übertragenden Stiftung —— 16
1. Beschlusserfordernis —— 17
2. Ermessensentscheidung? —— 18

II. Auf Seiten der übernehmenden Stiftung —— 19

III. Vertrag —— 21

C. Genehmigung —— 22

I. Antrag, einzureichende Unterlagen —— 23

II. Erteilung der Genehmigung —— 25

D. Rechtsschutz —— 27

E. Zulegung und Zusammenlegung durch die Stiftungsbehörde, Abs. 2 —— 29

I. Grundvoraussetzungen —— 30

II. Stiftungen können die Zulegung oder Zusammenlegung nicht vereinbaren —— 31

III. Zuständigkeit —— 34

IV. Zustimmung der übernehmenden Stiftung —— 35

V. Anhörung der übertragenden Stiftungen —— 39

VI. Rechtsschutz —— 45

F. Mitwirkung mehrerer Behörden, Abs. 3 —— 46

A. Grundlagen

I. Norminhalt und -zweck

1 Nach dem Wortlaut der amtlichen Überschrift und der Begründung des Regierungsentwurfs regelt § 86b BGB das Verfahren der Zulegung und Zusammenlegung von Stiftungen. Das ist gleichzeitig unter- und übertrieben, kurz: **irreführend**. Die Vorschrift ist § 85a BGB nachgebildet, bleibt aber einerseits hinter dessen Inhalt zurück und geht andererseits darüber hinaus.

https://doi.org/10.1515/9783110251524-032

Absatz 1 Satz 1 besagt, dass eine ZuZ grundsätzlich durch **Vertrag** erfolgt. Dessen Mindestinhalt wird in § 86c BGB, seine Form in 86d BGB geregelt. **Keine Regelung** enthalten die §§ 86 ff. BGB über die **stiftungsinterne Zuständigkeit** (vgl. § 85a Abs. 1 S. 1 BGB) und über das **Erfordernis eines Beschlusses** der zuständigen Organe. Das ist angesichts der ansonsten überbordenden Regelungsfreude der Gesetzesverfasser befremdlich. 2

Absatz 1 Satz 2 enthält sodann das Genehmigungserfordernis, wobei hier ebenso wenig wie bei § 85a BGB (dort Rn. 5) klargestellt wird, dass bei Erfüllung der gesetzlichen oder statutarischen (Vor § 86 Rn. 4, § 86 Rn. 40, § 86a Rn. 20) Voraussetzungen ein **Genehmigungsanspruch** besteht. Zudem regelt die Vorschrift, welche Behörde für die Genehmigung zuständig ist. 3

Absatz 2 Satz 1 ermächtigt zu einer **behördenseitigen ZuZ, ohne** aber die **Voraussetzungen** für diesen massiven Eingriff in die Stiftungsautonomie **zu regeln.** Bei einer behördlichen Zulegung gewährt Satz 2 der übernehmenden Stiftung allerdings ein Zustimmungsrecht. 4

Absatz 3 schließlich ist eine **§ 85a Abs. 3 BGB** entsprechende Regelung zur Klärung der interlokalen Zuständigkeit. 5

Entsprechend diesem heterogenen Norminhalt differieren die Normzwecke, wobei der „Oberzweck“ natürlich die Rechtsvereinheitlichung ist. Zum bisherigen Recht s. Vor §§ 86 ff. Rn. 2 f. 6

II. Begründung

„§ 86b BGB-neu regelt das Verfahren der Zulegung und Zusammenlegung von Stiftungen. 7

Zu Absatz 1: *§ 86b Absatz 1 Satz 1 BGB-neu regelt, dass die beteiligten Stiftungen Zulegungen und Zusammenlegungen durch Vertrag vereinbaren können. Der Inhalt eines solchen Vertrags wird in § 86c BGB-neu näher geregelt. Ein Zulegungsvertrag ist zwischen der übertragenden und der übernehmenden Stiftung zu schließen, ein Zusammenlegungsvertrag zwischen den übertragenden Stiftungen. Zuständig für den Vertragsschluss sind die Vorstände der Stiftungen als Vertretungsorgane der Stiftungen. Die Satzung kann die Mitwirkung weiterer Stiftungsorgane vorsehen.* 8

Da die Zulegung und die Zusammenlegung zum Erlöschen der übertragenden Stiftungen führen, wird auch bei dieser neuen stiftungsrechtlichen Maßnahme die Mitwirkung der nach Landesrecht zuständigen Behörde vorgesehen. Ein Zulegungsvertrag und ein Zusammenlegungsvertrag bedürfen der Genehmigung der Behörde, die nach Landesrecht für die übernehmende Stiftung zuständig ist. Das Genehmigungserfordernis gewährleistet, dass alle zuständigen Behörden stets überprüfen können, ob bei den beteiligten Stiftungen die gesetzlichen Voraussetzungen für die Zulegung nach § 86 BGB-neu oder die Zusammenlegung nach § 86a BGB-neu vorliegen. 9

Die Entscheidung über die Genehmigung wird der Behörde zugewiesen, die nach der Zulegung und Zusammenlegung weiterhin für die verbleibende Stiftung zuständig ist oder für die neu zu errichtende Stiftung zuständig wäre. Diese Zuständigkeitsregelung führt dazu, dass sowohl für Zulegungen als auch für Zusammenlegungen immer nur eine Behörde zuständig sein kann, da es bei jeder Zulegung oder Zusammenlegung immer nur eine übernehmende Stiftung gibt. 10

Zu Absatz 2: *Stiftungen können nach § 86b Absatz 2 BGB-neu auch durch Verwaltungsakt von der zuständigen Behörde nach § 86b Absatz 1 BGB-neu zugelegt oder zusammengelegt werden. § 86b Absatz 2 BGB-neu regelt, unter welchen Voraussetzungen die zuständigen Behörden, über eine Zulegung oder Zusammenlegung entscheiden.* 11

Zu Satz 1: *Nach § 86b Absatz 2 Satz 1 BGB-neu soll die behördliche Zulegung oder Zusammenlegung von Stiftungen nur nachrangig möglich sein. Regelmäßig sollen Zulegungen und Zusammenlegung von den beteiligten Stiftungen vereinbart werden, da diese die Zulegung oder Zusammenlegung durch Vertrag besser gestalten können als die Behörde durch Verwaltungsakt. Die nach Landesrecht zuständigen Behörden sollen nur tätig werden können, wenn die beteiligten Stiftungen die Zulegung oder Zusammenlegung nicht vereinbaren können. Das wird in der Regel nur der Fall sein, wenn die übertragenden Stiftungen nicht mehr handlungsfähig sind, weil notwendige Organ-* 12 *mitglieder fehlen und die Bestellung neuer Mitglieder nicht oder nicht innerhalb angemessener Zeit möglich ist.*

13 ***Zu Satz 2:*** *§ 86b Absatz 2 Satz 2 BGB-neu bestimmt, dass eine Zulegung durch die zuständige Behörde der Zustimmung durch die aufnehmende Stiftung bedarf. Keiner Stiftung soll gegen ihren Willen eine andere übertragende Stiftung zugelegt werden.*

14 ***Zu Absatz 3:*** *§ 86b Absatz 3 BGB-neu enthält eine Sonderregelung für den Fall, dass für die an einer Zulegung oder Zusammenlegung beteiligten Stiftungen nicht die gleiche Stiftungsbehörde zuständig ist. Nach § 86b Absatz 1 BGB-neu entscheidet über die Genehmigung des Zulegungsvertrags oder Zusammenlegungsvertrags die Behörde, die für die übernehmende Stiftung zuständig ist. Dasselbe gilt nach § 86b Absatz 2 BGB-neu auch für die behördliche Zulegungs- oder Zusammenlegungsentscheidung. Ist für eine übertragende Stiftung eine andere Behörde zuständig, muss diese einer Genehmigung nach § 86b Absatz 1 BGB-neu oder der behördlichen Zulegung oder Zusammenlegung nach § 86b Absatz 2 BGB-neu zustimmen. Das Zustimmungserfordernis stellt sicher, dass auch die für die übertragende Stiftung zuständige Behörde, die besser mit dieser Stiftung vertraut ist, die Voraussetzungen der Zulegung und Zusammenlegung mitprüfen kann.“*[1]

III. Bewertung

15 Die Vorschrift ist **gründlich misslungen**. Systematisch sollte § 86c BGB mit § 86b Abs. 1 Satz 1 BGB beginnen. § 86b Abs. 2 BGB müsste in § 86b BGB eingestellt werden und der restliche § 86b BGB (also Abs. 1 S. 2 und Abs. 3) zu § 86d BGB werden (§ 86c BGB würde dann zu § 86b BGB und § 86d BGB zu 86c BGB). Zudem müssten die Voraussetzungen des Abs. 2 S. 1 präzisiert und die Zuständigkeit anders geregelt werden.[2] Außerdem sollte das Bestehen eines Genehmigungsanspruchs (z.B. durch Verwendung des Worts „Anerkennung“) klargestellt und eine § 85 Abs. 1 S. 1 BGB entsprechende Vorschrift aufgenommen werden, die nebst der Zuständigkeit das Beschlusserfordernis und das Beschlussquorum regelt. Im gesetzgeberischen Mariannengraben ist § 86b die zweittiefste Stelle.

B. Stiftungsinternes Verfahren

I. Auf Seiten der übertragenden Stiftung

16 Das **stiftungsinterne Verfahren** einer Zu- oder Zusammenlegung muss man sich auf Seiten der übertragenden Stiftung **in groben Zügen wie folgt** vorstellen. Am Anfang steht die Erkenntnis, dass in Anbetracht der wirtschaftlichen Situation der Stiftung eine ZuZ möglicherweise zielführend wäre, um die Stiftung vor einem weiteren „dahindümpeln“ zu bewahren. Sodann geht es auf Partnersuche. Wird man fündig, muss geprüft werden, ob die Parteien die gesetzlichen und ggf. statutarischen Voraussetzungen erfüllen, u.U. Satzungsänderungen erforderlich und genehmigungsfähig sind und ob der Stifterwille dem Vorhaben nicht entgegensteht. Fällt diese Prüfung positiv aus, stehen Verhandlungen über den Zu- bzw. Zusammenlegungsvertrag an. In diesem Stadium ist zu empfehlen, mit der Genehmigungsbehörde Kontakt aufzunehmen und deren Vorstellungen in Erfahrung zu bringen. Ist der Vertrag ausverhandelt, muss er von den Vorstandsmitgliedern der beteiligten Stiftungen in vertretungsberechtigter Zahl (§ 84 Rn. 48) unterschrieben (§ 86d BGB) werden. Damit ist der Vertrag jedoch noch nicht wirksam. Außer der behördlichen Genehmigung (§ 86b Abs. 1 S. 2 BGB) bedarf er eines Zustimmungsbeschlusses der zuständigen Stiftungsorgane (näher Rn. 17). Sodann ist der Vertrag zusammen mit dem Beschluss der Behörde zur Genehmigung vorzulegen. Äußert die Behörde Bedenken, die nicht

1 Begr. RegE, BT-Ds. 19/28173, 71 f.

2 Kritisch auch *Schauer*, npoR 2021, 35, 36; *ders.*, NPLYB 2016/2017, 25, 38 f.; *Burgard*, NPLYB 2019, 71, 95.

ausgeräumt werden können, muss der Vertrag ggf. solange angepasst und erneut über ihn beschlossen werden, bis alle behördlichen Bedenken erledigt oder die Stiftungen bereit sind, ihre abweichende Ansicht klageweise durchzusetzen. Die Rechtswirkungen der ZuZ treten erst mit der Unanfechtbarkeit der Genehmigung ein, § 86f BGB.

1. Beschlusserfordernis

Zu dem stiftungsinternen Verfahren steht im Gesetz nichts und in der Regierungsbegründung heißt es lediglich lapidar: *„Zuständig für den Vertragsschluss sind die Vorstände der Stiftungen als Vertretungsorgane der Stiftungen. Die Satzung kann die Mitwirkung weiterer Stiftungsorgane vorsehen“* (Rn. 8). Das kann freilich nicht bedeuten, dass ein alleinvertretungsberechtigtes Vorstandsmitglied an seinen KollegInnen vorbei einen ZuZ-Vertrag schließen könnte. Denn eine ZuZ ist ein Grundlagengeschäft, für dessen Wirksamkeit nach allgemeinen Regeln die Vertretungsmacht des Vertretungsorgans nicht ausreicht,[3] sondern das einen (wirksamen) Beschluss (§ 84b BGB) des für Grundlagenänderungen zuständigen Organs voraussetzt.[4] Das ist bei der Stiftung zwar grundsätzlich ebenfalls der Vorstand, aber nur, wenn die Stiftungssatzung nichts anderes bestimmt (vgl. §§ 85a Abs. 1, 87 Abs. 1 S. 1 und S. 3 BGB, § 163 Abs. 1 und 2 UmwG), worauf ja auch die zitierte Regierungsbegründung hinweist. Außerdem kann die Satzung für alle oder einzelne Vorstandsmitglieder Alleinvertretungsmacht vorsehen (§ 84 Rn. 50), wohingegen ein Beschluss zumindest der Mehrheit der abgegebenen Stimmen bedarf (§ 84b S. 1 i.V.m. § 32 Abs. 1 S. 3 BGB), vorliegend nach hier vertretener Ansicht (§ 84b Rn. 45) sogar **Einstimmigkeit** verlangt, § 33 Abs. 1 BGB und § 163 Abs. 2 UmwG analog.[5] Eine notarielle Beurkundung des Beschlusses analog § 163 Abs. 3 UmwG[6] ist dagegen wegen § 86d BGB nicht erforderlich. 17

2. Ermessensentscheidung?

Ebenso wie der Wortlaut der §§ 85 f. BGB erweckt der Wortlaut der §§ 86 bis 86b BGB den Eindruck, als würden die genannten Grundlagenänderungen im Ermessen der zuständigen Stiftungsorgane stehen (*„kann“*, *„können“*). Bei § 85 Rn. 94 wurde gezeigt, dass das nur eingeschränkt richtig ist. Nichts anderes gilt hier, wie schon die Erläuterungen zu § 86 (Rn. 15) erwiesen haben. Das bedeutet **im Einzelnen**: Haben sich die Verhältnisse wesentlich verändert, können die Stiftungsorgane nach § 84a Abs. 1 S. 1 i.V.m. § 665 BGB nicht untätig bleiben (§ 84a Rn. 67). Ein Handlungsermessen haben sie daher nicht. Ihr Auswahlermessen wird durch den Vorrang von Satzungsänderungen gemäß §§ 86 Nr. 1, 86a Nr. 1 BGB (dazu § 86 Rn. 16), den Grundsatz der Verhältnismäßigkeit und den Stifterwillen (§ 83 Abs. 2 BGB) begrenzt. Insbesondere ist zu fragen, ob der Stifter mutmaßlich – obwohl der schwerwiegendere Eingriff – eine Grundlagenänderung nach §§ 85 Abs. 1, 87 BGB vorziehen würde. Ein Auswahlermessen haben die zuständigen Stiftungsorgane daher nur, wenn die Voraussetzungen von wenigstens zwei Grundlagenänderungen erfüllt sind, der Stifterwille (§ 83 Abs. 2 BGB, § 85a Rn. 19) keine Präferenz erkennen lässt und alle in Betracht kommenden Maßnahmen gleich geeignet und erforderlich sind. Das dürften Ausnahmen sein. Bei einer ZuZ muss zudem ein geeigneter und geneigter Partner gefunden werden. 18

3 Vgl. etwa Hüffer/*Koch*, AktG, 15. Aufl. 2021, § 293 Rn. 24.
4 I.E. ebs *Orth*, ZStV 2020, 81, 88, der dies aus §§ 13 Abs. 1, 163 UmwG folgert.
5 Ebs. *Orth*, ZStV 2020, 81, 88.
6 Dafür *Orth*, ZStV 2020, 81, 88.

II. Auf Seiten der übernehmenden Stiftung

19 Ein Zulegungsvertrag muss auch auf Seiten der übernehmenden Stiftung von den Vorstandsmitgliedern in vertretungsberechtigter Zahl unterzeichnet werden. Fraglich ist allerdings, ob die Zulegung auch auf Seiten der übernehmenden Stiftung ein **Grundlagengeschäft** ist. Aus ihrer Sicht könnte man sie auch für eine Art Zustiftung halten. Anders als eine Zustiftung bedarf eine Zulegung aber der Genehmigung, und zwar der für die übernehmende Stiftung zuständigen Behörde, Abs. 1 S. 2. Auch die Systematik der §§ 85 ff. BGB spricht für die Qualifikation als Grundlagengeschäft. Auch auf Seiten der übernehmenden Stiftung bedarf der Vertrag für seine Wirksamkeit daher des **Beschlusses** der zuständigen Stiftungsorgane. Von Gesetzes wegen reicht die Mehrheit der abgegebenen Stimmen (§ 84b S. 1 i.V.m. § 32 Abs. 1 S. 3 BGB); dabei bleibt es nach hier vertretener Ansicht, solange die Wirkungen der Zulegung nicht wesentlich über die einer Zustiftung hinausgehen. Ist dagegen für die Zulegung eine Zweckerweiterung gemäß § 85 Abs. 2 BGB erforderlich, bedarf diese Satzungsänderung einer qualifizierten Mehrheit, § 84b Rn. 51.

20 Anders als auf Seiten der übertragenden Stiftung setzt eine Zulegung auf Seiten der übernehmenden Stiftung **keine wesentliche Veränderung der Verhältnisse** voraus. Eine Pflicht zum Tätigwerden besteht daher grundsätzlich nicht. Und auch das Auswahlermessen der zuständigen Stiftungsorgane ist nur eingeschränkt, wenn der Stifterwille eine Präferenz erkennen lässt oder sonstige Umstände für oder gegen die Zulegung sprechen. Ist in der Stiftungssatzung die Annahme von Zustiftungen ausgeschlossen, ist es eine Zulegung erst recht.

III. Vertrag

21 Der Zulegungsvertrag muss inhaltlich mindestens den Vorgaben des § 86c Abs. 1 BGB entsprechen, der Zusammenlegungsvertrag denen des § 86c Abs. 2 i.V.m. Abs. 1. Wegen der Einzelheiten hierzu wird auf die Kommentierung zu § 86c BGB verwiesen.

C. Genehmigung

22 Der Zu- und der Zusammenlegungsvertrag bedürfen der Genehmigung durch die für die übernehmende Stiftung nach Landesrecht zuständigen Behörde. **Grund für die Genehmigungsbedürftigkeit** ist laut Gesetzesbegründung (Rn. 9) das Erlöschen der übertragenden Stiftungen. Hinzukommt, dass durch eine Zusammenlegung eine neue Stiftung entsteht. Deswegen ist es auch konsequent, dass sich die **Behördenzuständigkeit** nach der übernehmenden Stiftung richtet, zumal es immer nur eine übernehmende Stiftung gibt (s. Begr. Rn. 10). Welche Behörde konkret zuständig ist, richtet sich nach Landesrecht.[7] Ziel der Genehmigung ist es sicherzustellen, dass die Voraussetzungen für eine Zu- bzw. Zusammenlegung nach § 86 BGB bzw. § 86a

7 § 3 BWStiftG (RP bzw. Ministerium); Art. 3 Abs. 3, 8 Abs. 5, 10 Abs. 1 S. 2 BayStiftG (Bezirksregierung); § 4 Abs. 1 BgbStiftG (Ministerium des Innern); § 2 Abs. 1 BlnStiftG (Senatsverwaltung für Justiz); § 2 BremStiftG (Senator für Inneres); § 11 Abs. 1 HeStiftG (RP); § 2 MVStiftG (Justizministerium); § 3 NdsStiftG (Ämter für regionale Landesentwicklung); § 15 Abs. 2 S. 1 NRWStiftG (Bezirksregierung); § 4 Abs. 1 RPStiftG (Aufsichts- und Dienstleistungsdirektion); § 2 SaarStiftG (Ministerium für Inneres, Familie, Frauen und Sport); § 3 Abs. 1 SächsStiftG (Landesdirektion); § 4 Abs. 1 SAStiftG (Landesverwaltungsamt); § 2 S. 1, § 6 Abs. 1 S. 1 SHStiftG (Ministerium für Inneres und Bundesangelegenheiten); § 4 Abs. 1 S. 1 ThStiftG (Innenministerium). In der Freien und Hansestadt Hamburg folgt die Zuständigkeit der Behörde für Justiz und Verbraucherschutz aus der Ressortzuweisung innerhalb der Senatsverwaltung, § 4 Abs. 2 S. 2 des Gesetzes über Verwaltungsbehörden vom 30.7.1952, zuletzt geändert durch Art. 2 des Gesetzes vom 3.11.2020 (HambGVBl. 2020, 559).

BGB vorliegen (Begr. Rn. 10) und der Vertrag den von § 86c BGB vorgesehenen Mindestinhalt hat.

I. Antrag, einzureichende Unterlagen

Bisher nicht geregelt, aber gleichwohl erforderlich ist ein Antrag auf Erteilung der Genehmigung, und zwar seitens aller beteiligten Stiftungen.[8] Mangels besonderer Vorgaben kann der Antrag **formlos** gestellt werden, § 10 VwVfG.[9] Die Behörde kann allerdings im Rahmen des ihr zustehenden Verfahrensermessens gewisse Anforderungen stellen (z.B. Antragsformulare, Einreichung von Unterlagen, Schriftform).[10] Zu den einzureichenden Unterlagen wird hier der Zu- bzw. Zusammenlegungsvertrag gehören, da er der Gegenstand der Genehmigung ist. Außerdem wird der erforderliche **Zustimmungsbeschluss** (o. Rn. 17) **nachzuweisen** sein. Im Rahmen der notwendigen Revision der Landesstiftungsgesetze werden wohl Einzelheiten geregelt werden.[11] **23**

Der Antrag kann nach allgemeinen Grundsätzen bis zur Rechtskraft der Genehmigung von **24**
jeder beteiligten Stiftung **zurückgenommen** werden. Ob dadurch **Schadensersatzansprüche** ausgelöst werden, hängt – falls durch das Scheitern der ZuZ überhaupt ein Schaden entsteht – davon ab, ob der Zu- und Zusammenlegungsvertrag eine Verpflichtung zu der avisierten ZuZ beinhaltet und ob die Rücknahme des Antrags willkürlich erfolgte.

II. Erteilung der Genehmigung

Sind die gesetzlichen (§§ 86, 86a, 86c, 83 Abs. 2 BGB) und/oder statutarischen (Vor. § 86 Rn. 4, **25**
§ 86 Rn. 37, § 86a Rn. 17) Voraussetzungen erfüllt, besteht ein **Anspruch auf Genehmigung**.[12] Die Genehmigung ist also ein gebundener Verwaltungsakt. Dies ergibt sich bereits aus der verfassungsrechtlich geschützten allgemeinen Handlungsfreiheit der Stiftung gem. Art. 2 Abs. 1 GG.[13] Der Anspruch der Stiftung auf Genehmigung sollte vom Gesetzgeber künftig klargestellt werden[14] (z.B. durch die Verwendung des Wortes „Anerkennung" statt Genehmigung).

Die Genehmigung ist nicht nur den Antragstellern, also den beteiligten Stiftungen (Rn. 8), **26**
sondern auch den Anspruchsinhabern i.S.d. §§ 86 Nr. 4, 86a Nr. 3 BGB **bekanntzumachen**, § 43 Abs. 1 VwGO. Geschieht dies nicht, wird der Verwaltungsakt gegenüber denjenigen, denen er hätte bekannt gegeben werden müssen, nicht wirksam,[15] kann daher ihnen gegenüber auch nicht bestandskräftig werden, so dass die Wirkungen des § 86f BGB nicht eintreten können.[16] Das gilt allerdings nur bis zur Verwirkungsgrenze. Dazu führt das **BVerwG** aus: Hat der Betroffene *„sichere Kenntnis von ...* [dem Verwaltungsakt] *erlangt oder hätte er sie erlangen müssen, so kann ihm nach Treu und Glauben die Berufung darauf versagt sein, daß sie ihm nicht amtlich mitgeteilt wurde. Dann läuft für ihn die Widerspruchsfrist nach § 70 i. Verb. m. § 58 Abs. 2 VwGO*

8 Ebs. *Orth*, ZStV 2020,81, 89; *ders.* in Orth/Uhl, Stiftungsrechtsreform, Rn. 686.

9 Zum Antragserfordernis im Rahmen des Anerkennungsverfahrens BeckOGK BGB/*Roth*, § 80 Rn. 216 ff.; *Burgard*, Gestaltungsfreiheit, 157 ff.

10 Allg. M., statt aller BeckOK VwVfG/*Gerstner-Heck*, 52. Edition, Stand 1.7.2021, § 10 Rn. 2, 11 f.; jurisPK-ERV/*Stein*, Band 3, Stand 2.3.2021, § 10 VwVfG Rn. 8.

11 Ohne solche meint der Modellentwurf von *Hüttemann/Rawert*, Beilage zu ZIP 33/2021, 41 ff. auszukommen.

12 *Schauer*, npoR 2021, 35, 37; *Burgard*, ZStV 2021, 45, 49; *Orth*, ZStV 2020, 81, 85; *ders.* in Orth/Uhl, Stiftungsrechtsreform, Rn. 687.

13 Zur Stiftung als Grundrechtssubjekt BeckOGK BGB/*Jakob/M. Uhl*, § 80 Rn. 83 ff.; Staudinger/*Hüttemann/Rawert*, BGB, Vorbemerkungen zu §§ 80-88 Rn. 48 ff.; Richter/*Fischer*, Stiftungsrecht, § 8 Rn. 40 f.

14 *Schauer*, npoR 2021, 35, 37; *Burgard*, ZStV 2021, 45, 49; *Orth*, ZStV 2020, 81, 85.

15 Schoch/Schneider/*Goldhammer*, Verwaltungsrecht, 1. EL 8/2021, § 43 Rn. 56.

16 Darauf macht *Schauer*, npoR 2021, 35, 37 zutreffend aufmerksam.

so, als sei ihm die Baugenehmigung in dem Zeitpunkt amtlich bekanntgegeben worden, in dem er von ihr sichere Kenntnis erlangt hat oder hätte erlangen müssen.“[17]

D. Rechtsschutz

27 Die Genehmigung ist wie jede regelnde Maßnahme der Stiftungsaufsichtsbehörde ein sog. privatrechtsgestaltender Verwaltungsakt im Sinne des § 35 S. 1 VwVfG.[18] Der Rechtsschutz richtet sich damit nach den Vorschriften des allgemeinen Verwaltungsrechts.[19] Danach kann die Stiftung gegen eine nicht antragsgemäße Erteilung der Genehmigung (Untätigkeit, Versagung oder Erteilung unter belastenden Auflagen und Nebenbestimmungen) Widerspruch einlegen, § 68 VwGO und im Fall der Erfolglosigkeit des Widerspruchsverfahrens **Verpflichtungsklage** gem. § 42 Abs. 1 Fall 2 VwGO erheben.[20] Da es sich um einen gebundenen Anspruch handelt (s.o. Rn. 3), kann gegenüber der Stiftungsbehörde beim Vorliegen der Voraussetzungen ein sog. Verbescheidungsurteil ergehen, so dass die Behörde zum Erlass des begehrten Verwaltungsaktes verurteil wird, § 113 Abs. 5 S. 1 VwGO.[21]

28 Hinsichtlich von **formellen oder materiellen Mängeln** des Zustimmungsbeschlusses (Rn. 17) gelten allgemeine Regeln (§ 84b Rn. 80 ff.). Das für eine Nichtigkeitsfeststellungsklage erforderliche Rechtsschutzbedürfnis (§ 256 ZPO) haben alle Mitglieder aller Stiftungsorgane der übertragenden Stiftung, weil sie infolge der ZuZ ihr Amt verlieren, alle Inhaber von Ansprüchen i.S.d. §§ 86 Nr. 4, 86a Nr. 3 BGB sowie auf Seiten der übertragenden Stiftung alle Mitglieder von Organen, die an dem Zustimmungsbeschluss mitgewirkt haben.[22] Näher **zum Rechtsschutz von Anspruchsinhabern** i.S.d. §§ 86 Nr. 4, 86 Nr. 3 BGB s. § 86c Rn. 24 ff.

E. Zulegung und Zusammenlegung durch die Stiftungsbehörde, Abs. 2

29 Absatz 2 knüpft an das bisherige Landesrecht und vor allem an die ähnlichen Ermächtigungsnormen der §§ 85a Abs. 2 und 87a BGB an: Die Behörde soll hilfsweise tätig werden können, wenn die Stiftungsorgane untätig bleiben. Systematisch mag das folgerichtig sein. Das Gesetz unterlässt es jedoch, die hierfür erforderlichen Voraussetzungen hinreichend zu regeln, obwohl dies wegen des Eingriffscharakters der Norm geboten wäre.[23]

I. Grundvoraussetzungen

30 Damit ein Eingreifen der Behörde überhaupt denkbar ist, müssen die **Voraussetzungen der §§ 86, 86a, 83 Abs. 2 BGB gegeben** sein.[24] Das bedeutet im Einzelnen: Da die Behörde bekanntlich auf eine bloße Rechtsaufsicht beschränkt ist, darf sie weder Zweckmäßigkeitserwägungen

---

17 BVerwG NJW 1974, 1260 f.

18 Allg. M., Hüttemann/Richter/Weitemeyer/*Schulte*, Rn. 29.19, 29.48; Staudinger/*Hüttemann*/*Rawert*, BGB, Vorbemerkungen zu §§ 80-88 Rn. 149; BeckOK BGB/*Backert*, § 80 Rn. 45; jew. m.w.N.

19 BeckOGK BGB/*Roth*, § 80 Rn. 236; Staudinger/*Hüttemann*/*Rawert*, BGB, Vorbemerkungen zu §§ 80-88 Rn. 149; Hüttemann/Richter/Weitemeyer/*Schulte*, Rn. 29.48.

20 BeckOGK BGB/*Roth*, § 80 Rn. 236; Staudinger/*Hüttemann*/*Rawert*, BGB, Vorbemerkungen zu §§ 80-88 Rn. 149; Hüttemann/Richter/Weitemeyer/*Schulte*, Rn. 29.48.

21 Hüttemann/Richter/Weitemeyer/*Schulte*, Rn. 29.49; Richter/*Fischer*, Stiftungsrecht, § 8 Rn. 153; zur Verurteilung der Behörde im Rahmen von § 113 Abs. 5 VwGO s. BeckOK VwGO/*Decker*, 58. Edition, Stand 1.7.2021, § 113 Rn. 71; Sodan/Ziekow/*Wolf*, VwGO, 5. Aufl. 2018, § 113 Rn. 422 ff., 433 ff.

22 Ähnlich *Orth*, ZStV 2020, 81, 92.

23 Kritisch auch *Schauer*, npoR 2021, 35, 36.

24 Ebs. *Orth*, ZStV 2020, 81, 93; vgl. *Schauer*, npoR 2021, 35, 36.

anstellen noch ihr Ermessen anstelle des Ermessens der Stiftungsorgane setzen. Ein behördliches Eingreifen kommt daher nur in Betracht, wenn die zuständigen Stiftungsorgane der übertragenen Stiftungen einer **Handlungspflicht nicht nachkommen.** Zwar dürfen die Stiftungsorgane bei einer wesentlichen Veränderung der Verhältnisse nicht untätig bleiben (§ 84 Abs. 1 S. 1 i.V.m. § 665 BGB). Das weitere Vorgehen richtet sich aber in erster Linie nach dem Stifterwillen (§ 86 Rn. 19), zu dessen Auslegung zuvörderst die Stiftungsorgane berufen sind. Sie genießen daher eine Auslegungsprärogative (§ 83 Rn. 32). Kommen die Stiftungsorgane rechtsfehlerfrei zu dem Auslegungsergebnis, dass eine ZuZ dem Stifterwillen widerspricht oder der Stifter eine andere Maßnahme (z.B. Umwandlung in eine Verbrauchsstiftung) bevorzugen würde, hat die Behörde dies hinzunehmen.

II. Stiftungen können die Zulegung oder Zusammenlegung nicht vereinbaren

Nach Satz 1 kann die Behörde die Stiftungen (nur) zu- oder zusammenlegen, wenn die Stiftungen die ZuZ *„nicht vereinbaren können"*. Daraus folgt – so viel ist sicher –, dass das behördliche **Eingreifen** wie stets (s. auch §§ 85a Abs. 2, 87a Abs. 1 BGB) **subsidiär** ist (Begr. Rn. 12). 31

Abseits davon ist **völlig unklar**, unter welchen Voraussetzungen *„Stiftungen die Zulegung oder Zusammenlegung nicht vereinbaren können."*[25] Nach Ansicht der Gesetzesverfasser wird das *„in der Regel nur der Fall sein, wenn die übertragenden Stiftungen nicht mehr handlungsfähig sind, weil notwendige Organmitglieder fehlen und die Bestellung neuer Mitglieder nicht oder nicht innerhalb angemessener Zeit möglich ist."* Das überzeugt nicht; denn eine **Notmaßnahme nach § 84c BGB** wäre allemal einer „Not-ZuZ" nach Abs. 2 **vorrangig (Grundsatz der Verhältnismäßigkeit und der Subsidiarität).** Zudem widerspricht das dem Regierungsentwurf vorschwebende Verfahren gegenüber der handlungsunfähigen Stiftung den Grundsätzen eines rechtsstaatlichen Verfahrens. **Die Stiftung würde zum bloßen Objekt hoheitlichen Handelns**, da ihr mangels eines gesetzlichen Vertreters die Möglichkeit verwehrt ist, ihre Rechte, Belange und Interessen wahrzunehmen.[26] Ist die Stiftung als juristische Person nicht ordnungsgemäß vertreten, ist sie nicht handlungs- (§ 12 Abs. 1 Nr. 3 VwVfG) und nicht prozessfähig (§ 62 Abs. 1 Nr. 2 VwGO), sie kann weder Anträge stellen noch Erklärungen abgeben oder empfangen.[27] Anhörungen können nicht durchgeführt, Verwaltungsakte nicht erlassen, nicht zugestellt (vgl. § 6 Abs. 2 VwZG) und nicht bestandskräftig werden.[28] Im gerichtlichen Verfahren müsste ein Prozesspfleger (§ 57 ZPO) bestellt werden.[29] Die Behörde hat hier deshalb nach § 84c BGB die Handlungsfähigkeit der Stiftung wiederherzustellen. Eine Zu- oder Zusammenlegung einer handlungsunfähigen Stiftung darf sie hingegen nicht veranlassen. § 86b Abs. 2 S. 1 BGB wird daher niemals zur Anwendung kommen können, es handelt sich um von Anfang an **totes Recht.** Sollte trotz dieser Einwände eine behördliche ZuZ in Aussicht genommen werden, müssten die weiteren Voraussetzungen hierfür vorliegen (Rn. 34 ff.). 32

Nicht hierher gehören jedenfalls Fälle, in denen die beteiligten Stiftungen sich nicht einigen können oder **Streit** über die Wirksamkeit des ZuZ-Vertrages bzw. eines Zustimmungsbeschlusses besteht (dazu § 86f Rn. 23, 25). 33

---

25 Das moniert auch *Schauer*, npoR 2021, 35, 36.

26 Statt aller Stelkens/Bonk/Sachs/*Schmitz*, VwVfG, § 12 Rn. 1; Pautsch/*Hoffmann*, VwVfG, § 12 Rn. 1.

27 Stelkens/Bonk/Sachs/*Schmitz*, VwVfG, § 12 Rn. 4; Pautsch/*Hoffmann*, VwVfG, § 12 Rn. 1.

28 Stelkens/Bonk/Sachs/*Schmitz*, VwVfG, § 12 Rn. 4; BVerwG NJW 1985, 576; VGH München NJW 1984, 2845; VGH Mannheim, VBlBW 1992, 474.

29 BVerwGE 23, 15 = NJW 1966, 1883.

III. Zuständigkeit

34 Zuständig für die Entscheidung über eine behördliche ZuZ ist die *„nach Absatz 1 Satz 2“*, also die für die übernehmende Stiftung zuständige Behörde. Das macht zwar systematisch, sonst aber **wenig Sinn**; denn wie soll die für die übernehmende Stiftung zuständige Behörde davon erfahren, dass bei der übertragenden Stiftung die Voraussetzungen der §§ 86 Nr. 1, 86a Nr. 1 BGB vorliegen. Das ist von Ausnahmen abgesehen nur denkbar, wenn beide Stiftungen denselben Sachbearbeiter haben. Sind unterschiedliche Behörden zuständig (vgl. Abs. 3), ist das nahezu ausgeschlossen. In diesem Fall ist es zudem nicht gerade zielführend, dass die Zuständigkeit für eine (vorrangige) behördliche Satzungsänderung nach § 85a Abs. 2 BGB bei der übertragenden Stiftung liegt und damit von Abs. 2 S. 1 abweicht. Diese **sachwidrige Zuständigkeitsregel** sollte der Gesetzgeber daher alsbald überdenken.

IV. Zustimmung der übernehmenden Stiftung

35 Nach Absatz 2 Satz 2 muss die übernehmende Stiftung einer Zulegung durch die Behörde zustimmen. Dieses Zustimmungserfordernis soll sicherstellen, dass keiner übernehmenden Stiftung eine andere Stiftung gegen ihren Willen zugelegt werden kann (Begr. RegE Rn. 13). Im Einzelnen muss man sich das mangels näherer gesetzlicher Bestimmungen so vorstellen, dass die Behörde der übernehmenden Stiftung ihre Entscheidung nach § 86e BGB vor deren Bekanntgabe an die übernehmende Stiftung (vgl. § 43 Abs. 1 VwVfG) mitteilt und sie unter Hinweis auf Absatz 2 Satz 2 um Zustimmung bittet. Eine Frist für die Zustimmung ist nicht vorgesehen. Erklärt sich die übernehmende Stiftung nicht, entsteht daher ein **Schwebezustand**. Den kann die Behörde nur dadurch vermeiden bzw. beenden, indem sie der übernehmenden Stiftung mitteilt, dass sie die Zustimmung als verweigert ansieht, wenn sich die übernehmende Stiftung nicht binnen (z.B.) eines Monats (vgl. § 86e Abs. 2 BGB) erklärt. Im Übrigen gelten die Ausführungen der Rn. 19 ff. entsprechend.

36 Erlässt die Behörde den Verwaltungsakt nach Abs. 2 S. 2, obwohl die **Zustimmung** der übernehmenden Stiftung gem. Abs. 2 S. 2 **fehlt**, stellt sich die Frage, ob der **Verwaltungsakt** deshalb **„nur“ rechtswidrig**, aber bis zu seiner Aufhebung wirksam, **oder nichtig** und damit unwirksam ist, vgl. § 43 Abs. 2 und 3 VwVfG. Das Gesetz schweigt dazu, ebenso die Begründung des Regierungsentwurfs. Nach allgemeinem Verwaltungsrecht richtet sich die Nichtigkeit eines Verwaltungsakts nach § 44 VwVfG. Nach Absatz 3 Nr. 4 dieser Vorschrift ist ein Verwaltungsakt nicht schon deshalb nichtig, weil die nach einer Rechtsvorschrift erforderliche Mitwirkung einer anderen Behörde unterblieben ist. Indes ist die übernehmende Stiftung keine Behörde im Sinne des § 1 Abs. 4 VwVfG ist.[30] Auch die in § 44 Abs. 2 VwVfG geregelten Fälle sind hier sämtlich nicht einschlägig. Zu prüfen bleibt somit allein § 44 Abs. 1 VwVfG. Danach ist ein Verwaltungsakt nichtig, wenn er an einem besonders schwerwiegenden Fehler leidet. Der Fehler kann sich sowohl aus formellem als auch aus materiellem Recht ergeben.[31] Besonders schwerwiegend ist ein Fehler, wenn er *„mit der Rechtsordnung unter keinen Umständen vereinbar ist“*.[32] Die gesetzlich geforderte, aber unterbliebene Mitwirkung eines Betroffenen kann so bedeutsam sein, dass sein Ergehen ein besonders schwerwiegender Fehler im vorstehenden Sinne ist.[33] Ob dies tatsächlich der Fall ist, beurteilt sich hier nach dem zugrundeliegenden materiellen Recht.

---

30 Zum Behördenbegriff etwa Schoch/Schneider/*Schoch*, VwVfG, § 1 Rn. 133 ff.; BeckOK VwVfG/*Ronellenfitsch*, § 1 Rn. 65 ff.; Stelkens/Bonk/Sachs/*Schmitz*, VwVfG, § 1 Rn. 226 ff. Zur Einbeziehung Privater ausführlich Schoch/Schneider/*Ehlers/Schneider*, VwGO, § 40 Rn. 275 ff.

31 Schoch/Schneider/*Goldhammer*, VwVfG, § 44 Rn. 42 f.

32 BVerwGE 23, 237, 238 = DÖV 1966, 351.

33 BVerwGE 23, 237, 238 = DÖV 1966, 351.

Der Gesetzgeber hat das Zustimmungserfordernis seitens der aufnehmenden Stiftung durch § 86b Abs. 2 S. 2 BGB eingeführt, um zu verhindern, dass eine übertragende Stiftung der aufnehmenden Stiftung gegen ihren Willen zugelegt werden kann.[34] Damit ist der Wille der aufnehmenden Stiftung konstitutiv für den Vollzug der Zulegung. Es handelt sich nicht um eine bloße Beteiligung oder Mitwirkung. Wenn man deren Fehlen dennoch als verzichtbar für den Bestand der Zulegungsentscheidung ansähe, wäre die aufnehmende Stiftung beim Erlass der Entscheidung ohne ihre Zustimmung gezwungen, gegen den Verwaltungsakt Widerspruch und ggfs. Anfechtungsklage zu erheben. Damit überwälzte man das Prozessrisiko und damit das Risiko des Eintretens der Bestandskraft des Verwaltungsaktes auf diejenige, die der Gesetzgeber durch das Zustimmungserfordernis gerade schützen will. Wäre die Zulegungsentscheidung ohne die Zustimmung der Stiftung „nur" rechtswidrig, entstünde für die „zwangsverpflichtete" Stiftung erhebliche Unsicherheit. Das kann unter Berücksichtigung des gesetzgeberischen Ziels nicht richtig sein, so dass die Zustimmung zwingende Wirksamkeitsvoraussetzung der Zulegungsentscheidung ist. Der Verwaltungsakt leidet daher, wenn er ohne die Zustimmung der aufnehmenden Stiftung erlassen wird, an einem besonders schwerwiegenden Fehler.[35] Dies ist für einen verständigen Betrachter auch offensichtlich. Es ist für jeden Laien auch ohne besondere Rechts- und Sachkenntnis erkennbar, dass die Stiftung hier übergangen würde, obwohl die gesetzliche Anordnung der Zustimmung sie gerade davor schützen soll.[36] Der Verwaltungsakt ist somit, auch unter Berücksichtigung des Regel-Ausnahme-Verhältnisses von Rechtswidrigkeit und Nichtigkeit,[37] im vorliegenden Fall **nichtig.** 37

Ist ein Verwaltungsakt nichtig, hat der Betroffene gegenüber der ausstellenden Behörde einen **Anspruch auf Feststellung der Nichtigkeit**, § 44 Abs. 5 S. 2 VwVfG.[38] Das hierfür notwendige berechtigte Interesse ergibt sich bereits aus der Adressatenstellung der Stiftung, denn bei ihr ergäben sich aus dem Verwaltungsakt unmittelbar Rechtswirkungen, s. § 86f Abs. 1 BGB.[39] Denkbar ist auch ein Vorgehen gegen den nichtigen Verwaltungsakt im Wege der **Feststellungsklage** (§ 43 VwGO) oder im Wege des **Widerspruchs** und der nachfolgenden Anfechtungsklage.[40] Die Feststellung der Nichtigkeit kann in den Grenzen der Verwirkung jederzeit beantragt werden.[41] Auch eine Feststellungsklage kann jederzeit erhoben werden, ohne dass es eines vorhergehenden Antrages bei der Behörde oder des Durchlaufens eines Widerspruchsverfahrens bedarf.[42] 38

V. Anhörung der übertragenden Stiftungen

Im Einzelnen richtet sich das Verfahren zum Erlass einer behördlichen ZuZ nach Landesrecht. Danach sind die Stiftungen jedenfalls zuvor anzuhören, **§ 28 VwVfG der Länder**. Entscheidend ist dabei, dass den betroffenen Stiftungen die Möglichkeit gegeben wird, sich zu den für die Entscheidung erheblichen Tatsachen vor Ergehen der Entscheidung zu äußern.[43] Das setzt voraus, dass die Behörde vor ihrer Entscheidung den beabsichtigten Verwaltungsakt sowie die aus 39

34 Begr. RegE, BT-Drs. 19/28173, 72.

35 Ähnlich BVerwG NVwZ-RR 2003, 370, 371 in einem Fall des fehlenden Einverständnisses des aufnehmenden Dienstherrn; OVG Lüneburg – 7 LB 84/11, NVwZ-RR 2013, 129, 130 in einem Fall der bewusst ohne Zustimmung des Eigentümers vorgenommenen Widmung.

36 Hierzu Schoch/Schneider/*Goldhammer*, VwVfG, § 44 Rn. 64.

37 S. dazu Schoch/Schneider/*Goldhammer*, VwVfG, § 44 Rn. 13 ff. m. zahlr. w.N.

38 BeckOK VwVfG/*Schemmer*, § 44 Rn. 78, 81; Stelkens/Bonk/Sachs/*Sachs*, VwVfG, § 44 Rn. 199.

39 Schoch/Schneider/*Goldhammer*, VwVfG, § 44 Rn. 109; BeckOK VwVfG/*Schemmer*, VwVfG, § 44 Rn. 199.

40 BeckOK VwVfG/*Schemmer*, § 44 Rn. 78; Stelkens/Bonk/Sachs/*Sachs*, VwVfG, § 44 Rn. 199.

41 BeckOK VwVfG/*Schemmer*, § 44 Rn. 80; Stelkens/Bonk/Sachs/*Sachs*, VwVfG, § 44 Rn. 202.

42 Schoch/Schneider/*Goldhammer*, VwVfG, § 44 Rn. 110; Stelkens/Bonk/Sachs/*Sachs*, VwVfG, § 44 Rn. 199.

43 BeckOK VwVfG /*Herrmann*, § 28 Rn. 15; Stelkens/Bonk/Sachs/*Kallerhoff*/*Mayen*, VwVfG, § 28 Rn. 37.

ihrer Sicht für dessen Erlass erheblichen Tatsachen mitteilt und die eingehende Stellungnahme zur Kenntnis nimmt und sie bei ihrer Entscheidung berücksichtigt.[44]

40 In Vorbereitung einer behördlichen Zu- oder Zusammenlegung ist daher mitzuteilen, dass die Behörde eine Zu- oder Zusammenlegung beabsichtigt, welche Stiftungen daran beteiligt sind und welche Tatsachen die Behörde zu dem Schluss kommen lassen, dass sie dazu befugt ist. Die Behörde muss daher:

- die Voraussetzungen einer Zu- oder Zusammenlegung (§§ 86, 86a BGB) und
- die Notwendigkeit und die Gründe ihres Eingreifens (Rn. 31) darlegen.

41 Ferner muss sie den betroffenen Stiftungen den beabsichtigten Verwaltungsakt mit dem Mindestinhalt nach § 86e Abs. 1 i.V.m. 86c Abs. 1 bzw. Abs. 2 BGB zur Kenntnis bringen und dabei insbesondere die Angaben und Maßnahmen nach § 86c Abs. 1 S. 2 BGB und bei einer Zusammenlegung die beabsichtigte Ausgestaltung der neuen Stiftung erläutern.

42 Eine Anhörung setzt in aller Regel die Entscheidungsreife der Angelegenheit voraussetzt;[45] denn wenn sie früher erfolgt und sich neue wesentliche Gesichtspunkte ergeben, muss den Beteiligten nochmals Gelegenheit zur Stellungnahme gegeben werden.[46] Deswegen muss bei einer Zulegung vor Anhörung der übertragenden Stiftung die Zustimmung der übernehmenden Stiftung (Abs. 2 S. 2, Rn. 35) eingeholt werden. Diese ist daher zuvörderst anzuhören.

43 Zu beachten ist ferner, dass die Anzuhörenden ausreichend Zeit haben müssen, sich mit der Angelegenheit vertraut zu machen und die Stellungnahme – auch unter Einholung von Rechtsberatung – vorzubereiten.[47] Die Setzung einer Äußerungsfrist ist zweckmäßig. Sie sollte angesichts der regelmäßig fehlenden Eilbedürftigkeit und der Komplexität des Verfahrensgegenstandes wenigstens einen Monat betragen, vgl. § 86c Abs. 3, 86e Abs. 2 BGB.[48] Freilich ist die Behörde nicht gezwungen, den Verwaltungsakt nach Ablauf dieser Frist zu erlassen. Das ist nur der früheste Zeitpunkt.[49] Sofern die von der Behörde gesetzte Frist für eine substantiierte Stellungnahme nicht ausreicht, kann der Anzuhörende zudem bei der Behörde deren Verlängerung beantragen.[50] Über den Antrag ist vor der eigentlichen Entscheidung zu befinden.[51]

44 Bei alledem dient die Anhörung auch dazu, den beteiligten Stiftungen Gelegenheit zu geben, die von der Behörde geplante ZuZ selbst vorzunehmen. Dabei könnten die übertragenden Stiftungen anstelle der ZuZ auch eine andere rechtmäßige und zielführende Maßnahme ergreifen. Nur wenn übertragende Stiftungen weiterhin untätig bleiben, obwohl die Voraussetzungen der §§ 86, 86a, 83 Abs. 2 BGB wie vorstehend ausgeführt (Rn. 16 ff.) erfüllt sind, und die übernehmende Stiftung einer Zulegung zustimmt (Abs. 2 S. 1), ist an ein behördliches Eingreifen zu denken.

VI. Rechtsschutz

45 Gegen die Entscheidung nach Abs. 2 S. 1 können übertragende Stiftungen als Adressatinnen eines rechtswidrigen, belastenden Verwaltungsaktes (Begr. RegE Rn. 12) sowie Anspruchsinhaber i.S.d. §§ 86 Nr. 4, 86a Nr. 4 BGB (s. Anh. 2 zu § 84a Rn. 25) Widerspruch (§ 68 VwGO) und

---

44 BeckOK VwVfG /*Herrmann*, § 28 Rn. 15; Stelkens/Bonk/Sachs/*Kallerhoff*/*Mayen*, VwVfG, § 28 Rn. 38.

45 Stelkens/Bonk/Sachs/*Kallerhoff*/*Mayen*, VwVfG, § 28 Rn. 42; Schoch/Schneider/*Schneider*, VwVfG, § 28 Rn. 47.

46 BeckOK VwVfG /*Herrmann*, § 28 Rn. 18; Schoch/Schneider/*Schneider*, VwVfG, § 28 Rn. 47.

47 Schoch/Schneider/*Schneider*, VwVfG, § 28 Rn. 48; Stelkens/Bonk/Sachs/*Kallerhoff*/*Mayen*, VwVfG, § 28 Rn. 43.

48 Schoch/Schneider/*Schneider*, VwVfG, § 28 Rn. 47; Stelkens/Bonk/Sachs/*Kallerhoff*/*Mayen*, VwVfG, § 28 Rn. 43.

49 Schoch/Schneider/*Schneider*, VwVfG, § 28 Rn. 48; Stelkens/Bonk/Sachs/*Kallerhoff*/*Mayen*, VwVfG, § 28 Rn. 43. Zu Ausnahmen von diesem Grundsatz Schoch/Schneider/*Schneider*, VwVfG, § 28 Rn. 48.

50 Stelkens/Bonk/Sachs/*Kallerhoff*/*Mayen*, VwVfG, § 28 Rn. 43.

51 Stelkens/Bonk/Sachs/*Kallerhoff*/*Mayen*, VwVfG, § 28 Rn. 43; BVerwG DVBl. 1999, 97.

hernach Anfechtungsklage gem. § 42 Abs. 1 Fall 1 VwGO erheben.[52] Widerspruch und Anfechtungsklage haben aufschiebende Wirkung, § 80 Abs. 1 S. 1 VwGO.

F. Mitwirkung mehrerer Behörden, Abs. 3

Der Gesetzgeber geht in Absatz 1 und 2 davon aus, dass die zuständige Behörde der übernehmenden und der übertragenden Stiftungen identisch sind. Das muss aber nicht so sein. Für den Fall differierender Zuständigkeiten bestimmt Abs. 3, dass die für die übertragende Stiftung zuständige Behörde sowohl der Genehmigung des Zulegungs- oder Zusammenlegungsvertrages als auch der behördlichen Zusammenführungsentscheidung zustimmen muss. Der Gesetzgeber möchte dadurch sicherstellen, dass die für Genehmigung und Zusammenführungsentscheidung notwendige Prüfung der Voraussetzungen unter Nutzung der Kenntnisse der anderen Behörde erfolgt, da diese die bislang von ihr beaufsichtigte Stiftung besser kennt als die für die aufnehmende Stiftung zuständige Behörde (Begr. Rn. 14). S. zu diesem Problem bereits Rn. 34. **46**

Unterbleibt die Mitwirkung der anderen Behörde, sind sowohl die Genehmigung des Zulegungs- oder Zusammenlegungsvertrages nach § 86b Abs. 1 S. 2 BGB als auch die behördliche Zu- oder Zusammenlegung nach § 86b Abs. 2 S. 2 BGB wirksam.[53] Es liegt zwar ein Verfahrensfehler vor, dieser hat nach § 44 Abs. 3 Nr. 4 VwVfG aber **keine Auswirkung auf die Wirksamkeit der Genehmigung.**[54] Die unterbliebene Mitwirkung ist nach § 45 Abs. 1 Nr. 5 VwVfG heilbar, eine allein auf die unterbliebene Mitwirkung gestützte Anfechtung ist nur im Rahmen des § 46 VwVfG möglich.[55] Die Rechtslage ist damit anders als im Fall der fehlenden Zustimmung der aufnehmenden Stiftung nach § 86b Abs. 2 S. 2 BGB (s.o. Rn. 36 f.). Der Unterschied rechtfertigt sich dadurch, dass Absatz 2 Satz 2 dem Schutz der übernehmenden Stiftung dient, wohingegen Absatz 3 bloß eine zutreffende Sachverhaltsermittlung gewährleisten will (s.o. Rn. 46). **47**

---

52 Vgl. BVerwG NVwZ 1993, 884, 885 ff.; BVerwG NJW 1998, 2752, 2753; BeckOK VwGO/*Schmidt-Kötters*, § 42 Rn. 173 f.

53 *Orth*, ZStV 2020, 81, 94; BeckOK VwVfG/*Schemmer*, § 44 Rn. 70; Stelkens/Bonk/Sachs/*Sachs*, VwVfG, § 44 Rn. 188.

54 BeckOK VwVfG/*Schemmer*, § 44 Rn. 70; Stelkens/Bonk/Sachs/*Sachs*, VwVfG, § 44 Rn. 188.

55 Stelkens/Bonk/Sachs/*Sachs*, VwVfG, § 44 Rn. 188; Schoch/Schneider/*Goldhammer*, VwVfG, § 44 Rn. 101; BVerwG NJW 1974, 1961, 1964.

§ 86c Zulegungsvertrag und Zusammenlegungsvertrag

(1) [1]Ein Zulegungsvertrag muss mindestens enthalten:

1. die Angabe des jeweiligen Namens und des jeweiligen Sitzes der beteiligten Stiftungen und

2. die Vereinbarung, dass das Stiftungsvermögen der übertragenden Stiftung als Ganzes auf die übernehmende Stiftung übertragen werden soll und mit der Vermögensübertragung das Grundstockvermögen der übertragenden Stiftung Teil des Grundstockvermögens der übernehmenden Stiftung wird.

[2]Wenn durch die Satzung der übertragenden Stiftung für Personen Ansprüche auf Stiftungsleistungen begründet sind, muss der Zulegungsvertrag Angaben zu den Auswirkungen der Zulegung auf diese Ansprüche und zu den Maßnahmen enthalten, die vorgesehen sind, um die Rechte dieser Personen zu wahren.

(2) Ein Zusammenlegungsvertrag muss mindestens die Angaben nach Absatz 1 enthalten sowie das Stiftungsgeschäft zur Errichtung der neuen übernehmenden Stiftung.

(3) Der Zulegungsvertrag oder der Zusammenlegungsvertrag ist Personen nach Absatz 1 Satz 2 spätestens einen Monat vor der Beantragung der Genehmigung nach § 86b Absatz 1 Satz 2 von derjenigen Stiftung zuzuleiten, in deren Satzung die Ansprüche begründet sind.

Schrifttum

S. Vorbemerkung zu den §§ 86 bis 86i.

Übersicht

A. Grundlagen

I. Norminhalt — 1

II. Normzweck — 2

III. Begründung des Regierungsentwurfs — 3

IV. Bewertung — 12

B. Inhalt des Zulegungsvertrags, Abs. 1

I. Mindestinhalt, weitere Regelungen — 13

II. Name und Sitz der beteiligten Stiftungen, Satz 1 Nr. 1 — 15

III. Vereinbarung zum Vermögensübergang, Satz 1 Nr. 2 — 16

IV. Weitere Angaben, Satz 2 — 17

C. Inhalt des Zusammenlegungsvertrages, Abs. 2 — 18

D. Information der Destinatäre, Abs. 3

I. Informationspflicht — 19

II. Rechtzeitigkeit — 21

III. Unterbliebene Information — 23

IV. Reaktions- und Rechtsschutzmöglichkeiten der Anspruchsinhaber

1. Unzureichende Kompensationsmaßnahmen — 24

2. Unterlassene Information — 25

https://doi.org/10.1515/9783110251524-033

A. Grundlagen

I. Norminhalt

1 § 86c BGB bestimmt, welchen Mindestinhalt Zu- und Zusammenlegungsverträge sowie (i.V.m. § 86e Abs. 1 BGB) die behördlichen Zu- oder Zusammenlegungsentscheidungen aufweisen müssen.[1] Zudem wird eine Informationspflicht zu Gunsten von Personen eingeführte, die statutarische Ansprüche auf Leistungen der übertragenden Stiftung haben.[2]

II. Normzweck

2 Die Vorgabe der Mindestinhalte gem. Abs. 1 und 2 soll den Stiftungen die Abfassung der Zulegungs- und Zusammenlegungsverträge erleichtern. Zugleich schafft sie Rechtssicherheit, da es bisher weder im Bundes- noch im Landesrecht vergleichbare Regelungen gab. Die Information der begünstigten Personen nach Absatz 3 soll diesen durch die Kenntnis von dem Vorhaben die Wahrung ihrer Rechte ermöglichen (Begr. RegE Rn. 11).

III. Begründung des Regierungsentwurfs

3 *§ 86c BGB-neu regelt den Mindestinhalt von Zulegungsverträgen und Zusammenlegungsverträgen. Einen vergleichbaren Inhalt müssen nach § 86e BGB-neu auch behördliche Zulegungsentscheidungen oder Zusammenlegungsentscheidungen haben.*

4 ***Zu Absatz 1:*** *§ 86c Absatz 1 BGB-neu legt den Mindestinhalt des Zulegungsvertrags fest. Die Stiftungen können daneben zusätzliche Vereinbarungen treffen, um die Zulegung und Zusammenlegung nach ihren Bedürfnissen auszugestalten.*

5 ***Zu Satz 1*** *Jeder Zulegungsvertrag muss die in § 86c Absatz 1 Satz 1 Nummer 1 und 2 BGB-neu aufgeführten Angaben und Vereinbarungen enthalten, die für die Durchführung der Zulegung erforderlich sind.*

6 ***Zu Nummer 1*** *Ein Zulegungsvertrag muss Angaben zum Namen und zum Sitz der an der Zulegung beteiligten Stiftungen enthalten, so dass die vertragsschließenden Stiftungen feststehen und die für die Genehmigung zuständige Behörde und die Behörden, deren Zustimmung zur Genehmigung erforderlich ist, einfach ermittelt werden können.*

7 ***Zu Nummer 2*** *Nach § 86c Absatz 1 Satz 1 Nummer 2 BGB-neu muss ein Zulegungsvertrag die Vereinbarung enthalten, dass das Vermögen der übertragenden Stiftung als Ganzes auf die übernehmende Stiftung übertragen werden soll. Dabei ist auch zu vereinbaren, dass das Grundstockvermögen der übertragenden Stiftung zu Grundstockvermögen der übernehmenden Stiftung wird. Nur wenn das Grundstockvermögen der übertragenden Stiftung auch bei der übernehmenden Stiftung zu Grundstockvermögen wird, ist der Erhalt der vom Stifter der übertragenden Stiftung geschaffenen Zweck-Vermögen-Bindung sichergestellt.*

8 *Solche Vereinbarungen sind auch bei Zulegungen und Zusammenlegungen von steuerbegünstigten Stiftungen möglich. Grundsätzlich sind zwar gemäß § 55 Absatz 1 Nummer 5 AO sämtliche Mittel zeitnah zu verwenden. Dies gilt allerdings nur vorbehaltlich der in § 62 AO geregelten Ausnahmetatbestände. Danach unterliegen Zuwendungen, bei denen der Zuwendende ausdrücklich erklärt, dass diese zur Ausstattung der Körperschaft mit Vermögen oder zur Erhöhung des Vermögens bestimmt sind, nicht der Pflicht zur zeitnahen Mittelverwendung (§ 62 Absatz 3 Nummer 2 AO). Bei dem Grundstockvermögen der übertragenden Stiftungen handelt es sich stets um sogenanntes zulässiges Vermögen, das dauerhaft erhalten werden darf. Dass sich an dieser „Qualität“*

1 Begr. RegE, BT-Ds. 19/28173, 72.
2 Begr. RegE, BT-Ds. 19/28173, 73.

auch im Zuge eines Rechtsträgerwechsels nichts ändert, ergibt sich aus den Festlegungen in Anwendungserlass zur Abgabenordnung zu § 58 Nummer 2 AO, wonach nicht zeitnah zu verwendende Mittel einer Geberkörperschaft auch bei der Empfängerkörperschaft nicht dem Gebot der zeitnahen Mittelverwendung unterliegen.

9 ***Zu Satz 2*** *Nach § 86c Absatz 1 Satz 2 BGB-neu muss ein Zulegungsvertrag weitere Angaben enthalten, wenn Personen durch die Satzung der übertragenden Stiftung Ansprüche gewährt werden. Die praktische Bedeutung dieser Vorschriften dürfte bei Zulegungen allerdings nur gering sein, weil nur wenige Stiftungssatzungen solche Ansprüche vorsehen. Werden Personen in der Satzung der übertragenden Stiftung Ansprüche gewährt, werden die beteiligten Stiftungen, um die Zulegung zu ermöglichen, Vereinbarungen mit den Personen treffen müssen, durch die deren Rechte gewahrt werden. Durch § 86c Absatz 3 BGB-neu wird sichergestellt, dass die betroffenen Personen frühzeitig von der beabsichtigten Zulegung und dem Inhalt des Zulegungsvertrags unterrichtet werden.*

10 ***Zu Absatz 2*** *§ 86c Absatz 2 BGB-neu regelt den Inhalt des Zusammenlegungsvertrags. Ein Zusammenlegungsvertrag muss dieselben Mindestangaben wie ein Zulegungsvertrag enthalten und zusätzlich noch das Stiftungsgeschäft zur Errichtung der übernehmenden Stiftung. Der Inhalt des Stiftungsgeschäfts bestimmt sich auch hier nach § 81 Absatz 1 BGB-neu. Als Vermögen wird der neuen Stiftung das Stiftungsvermögen der übertragenden Stiftungen gewidmet. Entspricht das im Zusammenlegungsvertrag enthaltene Stiftungsgeschäft nicht den Anforderungen des § 81 Absatz 1 BGB-neu, darf der Zusammenlegungsvertrag nicht genehmigt werden.*

11 ***Zu Absatz 3*** *Nach § 86 Absatz 3 BGB-neu ist ein Zulegungsvertrag oder Zusammenlegungsvertrag den Personen, denen durch die Satzung einer übertragenden Stiftung Ansprüche gewährt werden, spätestens einen Monat vor Beantragung der Genehmigung nach § 86b Absatz 1 BGB-neu zuzuleiten. Diese Informationspflicht soll gewährleisten, dass diese Personen rechtzeitig von der beabsichtigten Zulegung oder Zusammenlegung erfahren, so dass sie ihre Rechte wahren können. Die Informationspflicht trifft die Stiftung, deren Satzung die Ansprüche begründet.“*[3]

IV. Bewertung

12 Zu bemängeln ist vor allem die Rechtsschutzlücke, die sich auftut, wenn eine ZuZ unter Missachtung der Rechte von Anspruchsinhabern i.S.d. Absatz 1 Satz 2 genehmigt wird (u. Rn. 26).

B. Inhalt des Zulegungsvertrags, Abs. 1

I. Mindestinhalt, weitere Regelungen

13 § 86c Abs. 1 BGB gibt nur den Inhalt vor, welchen ein Zulegungsvertrag mindestens enthalten muss. Dabei sind die Angaben nach Satz 1 die **essentialia negotii**, ohne die kein wirksamer Zu- oder Zusammenlegungsvertrag vorliegt. Sie orientieren sich an § 5 Abs. 1 Nr. 1 und 2 UmwG über den Mindestinhalt eines Verschmelzungsvertrages (Begr. Rn. 5).[4] Fehlen die Angaben nach Satz 2, ist der Vertrag dagegen „lediglich“ nicht genehmigungsfähig.

14 **Zusätzliche Angaben und Regelungen** seitens der beteiligten Stiftungen sind zulässig, ja geradezu **erwünscht**. Die Stiftungen sollen eine ZuZ nach ihren Bedürfnissen ausgestalten können (Begr. Rn. 4). Denkbare weitere Angaben sind etwa Vereinbarungen zu der **Besetzung der**

3 Begr. RegE, BT-Ds. 19/28173, 72 f.

4 Zu § 5 Abs. 1 Nr. 1 und 2 UmwG s. etwa Semler/Stengel/Leonard/*Schröer/Greitemann*, Umwandlungsgesetz, § 5 Rn. 5, 6 ff.; Henssler/Strohn/*Heidinger*, § 5 UmwG Rn. 3, 4 ff. Die weiteren nach § 5 Abs. 1 Nr. 3 bis 9 UmwG erforderlichen Angaben sind vorliegend nicht einschlägig.

Organe, Vereinbarungen zur **Mittelverwendung**, Vereinbarungen zu einer **Zweckerweiterung der übernehmenden Stiftung** (§ 86 Rn. 25) usw.[5]

II. Name und Sitz der beteiligten Stiftungen, Satz 1 Nr. 1

Der Zulegungsvertrag muss die jeweiligen Namen (§ 81 Abs. 1 Nr. 1 b BGB) und die jeweiligen Sitze (§ 81 Abs. 1 Nr. 1 c BGB) der an der Zulegung beteiligten Stiftungen enthalten. Mit dem Sitz ist der Satzungssitz gemeint. Die Angaben dienen der eindeutigen Identifizierung der Stiftungen sowie der Bestimmung der zuständigen Behörden i.S.d. § 86b BGB (Begr. Rn. 6).[6] **15**

III. Vereinbarung zum Vermögensübergang, Satz 1 Nr. 2

Nach § 86c Abs. 1 S. 1 Nr. 2 BGB muss der Zulegungsvertrag die Vereinbarung enthalten, dass **16**

- das Stiftungsvermögen der übertragenden Stiftung als Ganzes, d.h. im Wege der Gesamtrechtsnachfolge (Begr. Rn. 7),[7] auf die übernehmende Stiftung übertragen werden soll. Die Gesamtrechtsnachfolge ermöglicht die Vermögensübertragung ohne Abwicklung der übertragenden Stiftung und führt zu deren Vollbeendigung, § 86f BGB. Deswegen muss die Übertragung das gesamte Vermögen umfassen: Ein Zurückbehalten einzelner Vermögensbestandteile kommt nicht in Betracht.[8]
- mit der Vermögensübertragung das Grundstockvermögen der übertragenden Stiftung Teil des Grundstockvermögens der übernehmenden Stiftung werden soll. Dadurch wird sichergestellt, dass die vom Stifter der übertragenden Stiftung geschaffene Zweck-Vermögen-Bindung erhalten bleibt (Begr. Rn. 7).[9] Außerdem wird damit § 62 Abs. 3 Nr. 2 AO genügt und gewährleistet, dass das Grundstockvermögen der übertragenden Stiftung auch künftig nicht dem Gebot der zeitnahen Mittelverwendung (§ 55 Abs. 1 Nr. 5 AO) unterliegt (Begr. Rn. 8).[10]

IV. Weitere Angaben, Satz 2

Wenn durch die Satzung der übertragenden Stiftung für Personen Ansprüche auf Stiftungsleistungen begründet sind, muss der Zulegungsvertrag über Satz 1 hinaus Angaben zu den Auswirkungen der Zulegung auf diese Ansprüche und zu den Maßnahmen enthalten, die vorgesehen sind, um die Rechte dieser Personen zu wahren. Solche Personen können Destinatäre und Anfallberechtigte sein (näher § 86 Rn. 28 ff.). Als Maßnahmen kommen zum einen Vereinbarungen mit den Betreffenden in Betracht. Zum anderen ist es aber auch möglich, in einen Zulegungsvertrag eine Änderung der Satzung der übernehmenden Stiftung aufzunehmen, durch die die Rechte der Anspruchsinhaber gewahrt werden und die dann zusammen mit dem Vertrag genehmigt **17**

---

5 Zum möglichen Inhalt eines Zulegungsvertrags bereits *Schauer*, Zusammenführung, 281 f., 296 f.; *Orth*, ZStV 2020, 81, 86 f.

6 Begr. RegE, BT-Ds. 19/28173, 73.

7 Zur bisherigen Rechtslage Vor §§ 86 ff. Rn. 2 f.; Begr. RegE Rn. 6; Hüttemann/Richter/Weitemeyer/*Arnold*, Rn. 27.36 ff.; *Schauer*, Zusammenführung, 56 ff.; 150 ff.

8 Semler/Stengel/Leonard/*Schröer/Greitemann*, UmwG, § 5 Rn. 7; Schmitt/Hörtnagl/*Winter*, UmwG, § 5 Rn. 4.

9 Begr. RegE, BT-Ds. 19/28173, 73.

10 Zu den Ausnahmen vom Grundsatz der zeitnahen Mittelverwendung bei einer Vermögensaufstockung s. etwa Klein/*Gersch*, AO, § 62 Rn. 1 f., 15; Koenig/*Koenig*, AO, § 62 Rn. 17. Zu jüngsten diesbezüglichen Änderungen im Gemeinnützigkeitsrecht *Hüttemann*, DB 2021, 72; *Kirchhain*, DStR 2021, 129; *Seer/Unger*, FR 2021, 564.

wird (§ 86 Rn. 35). Dementsprechend können bei einer Zusammenlegung die Rechte der Anspruchsinhaber durch die Satzung der neuen Stiftung gewahrt werden.

C. Inhalt des Zusammenlegungsvertrages, Abs. 2

18 Ein Zusammenlegungsvertrag muss denselben Mindestinhalt aufweisen wie ein Zulegungsvertrag nach Absatz 1. Darüber hinaus hat der Zusammenlegungsvertrag das Stiftungsgeschäft zur Errichtung der neu zu gründenden, übernehmenden Stiftung zu enthalten. Der Mindestinhalt dieses Stiftungsgeschäfts bestimmt sich – wie sonst auch – nach § 81 Abs. 1 BGB. Als Vermögen wird der neuen Stiftung das Stiftungsvermögen der übertragenden Stiftungen gewidmet (Begr. Rn. 7). Entspricht das Stiftungsgeschäft nicht den Voraussetzungen des § 81 Abs. 1 BGB (dort Rn. 49 ff.), darf die Stiftungsbehörde den Zusammenlegungsvertrag nicht genehmigen. Die nach § 82 S. 1 BGB erforderliche positive Lebensfähigkeitsprognose ist schon nach § 86a Nr. 2 BGB Genehmigungsvoraussetzung. Und eine Gemeinwohlgefährdung durch die übernehmende Stiftung kommt in Anbetracht ihres Entstehungsprozesses wohl nicht in Betracht, andernfalls § 82 S. 1 BGB analog gälte.

D. Information der Destinatäre, Abs. 3

I. Informationspflicht

19 Begründet die Satzung von übertragenden Stiftungen Ansprüche auf Stiftungsleistungen, so gehen diese durch den Vollzug einer Zu- oder Zusammenlegung unter, weil übertragende Stiftungen dadurch erlöschen, § 86f. Deswegen müssen Zu- und Zusammenlegungsverträge Angaben zu den Auswirkungen der ZuZ auf diese Ansprüche und zu den Maßnahmen enthalten, die vorgesehen sind, um die Rechte der Anspruchsinhaber zu wahren. Vor diesem Hintergrund verlangt Absatz 3, dass die Begünstigten rechtzeitig von dem Zu- bzw. Zusammenlegungsvertrag in Kenntnis gesetzt werden. Dadurch werden die Anspruchsinhaber in die Lage versetzt, den Vertrag und insbesondere die darin vorgesehenen Maßnahmen zu prüfen und erforderlichenfalls Schritte zur Wahrung ihrer Rechte einzuleiten (Rn. 24 ff.).

20 Die Informationspflicht trifft nur die übertragende Stiftung, deren Satzung die Ansprüche gewährt. „Zuzuleiten" ist der gesamte Vertrag, nicht nur der die Anspruchsinhaber betreffende Teil, in Fällen des Absatz 2 also auch das Stiftungsgeschäft. Persönliche Daten anderer Personen, die in dem Vertrag erwähnt sind, können geschwärzt werden. „Zuleiten" ist ein untechnischer Begriff. Der Vertrag muss den Anspruchsinhabern zugehen (§ 130 BGB). Die bloße Mitteilung, dass eine Zu- oder Zusammenlegung geplant sei und die Begünstigten den Vertrag einsehen können ist nicht ausreichend.

II. Rechtzeitigkeit

21 Die Zuleitung muss spätestens einen Monat vor der Beantragung der Genehmigung nach § 86b Absatz 1 Satz 2 BGB erfolgen. Für den **Beginn der Monatsfrist** ist nach Sinn und Zweck der Informationspflicht der **Zugang des Vertrages** bei den Anspruchsinhabern maßgeblich. Käme es nur auf das Absenden der Informationen an, würden die Begünstigten das Risiko von Verzögerungen bei der Übermittlung tragen, was zu Lasten ihrer Zeit zur Prüfung und Reaktion ginge. Das Ende der Monatsfrist berechnet sich nach § 188 BGB. Erfolgte der Zugang des Vertrages bspw. am 26.10., dann beginnt die Monatsfrist am 27.10. und endet am 26.11.[11]

11 BeckOK BGB/*Henrich*, § 188 Rn. 3; Erman/*Maier-Reimer/Finkenauer*, BGB, § 188 Rn. 2.

Die rechtzeitige Information gemäß Abs. 3 ist **Antragsvoraussetzung** (Rn. 23). Sie muss der zuständigen Behörde daher bei der Stellung des Genehmigungsantrags nachgewiesen werden. Das kann insbesondere dadurch geschehen, dass eine „Zuleitungsform“ mit Zugangsnachweis gewählt und dieser Nachweis dem Genehmigungsantrag (§ 86b Rn. 23) beigefügt wird. 22

III. Unterbliebene Information

Die rechtzeitige Information gemäß Abs. 3 ist **Antragsvoraussetzung.** Das ergibt sich zwar nicht mit aller Deutlichkeit aus dem Wortlaut des Gesetzes („*vor der Beantragung der Genehmigung*“), wohl aber aus dem Sinn und Zweck von Absatz 3. Mängel des ZuZ-Vertrages lassen nämlich die Wirkungen der Genehmigung unberührt, § 86f Abs. 3 BGB. Folge ist, dass sich die Rechtsposition der Anspruchsberechtigten erheblich verschlechtert, wenn ein ZuZ-Vertrag genehmigt wird, der keine (ausreichenden) Kompensationsmaßnahmen enthält (Rn. 24). Deswegen sollen die Begünstigten den Vertrag vor der Genehmigung prüfen können und deswegen muss die Genehmigungsbehörde ihrerseits prüfen, ob die Anspruchsberechtigten rechtzeitig und richtig informiert wurden. Stellt sie fest, dass das nicht der Fall ist, muss sie die zur Information verpflichtete Stiftung auffordern, die Information nachzuholen und nachzuweisen. Alsdann stellt die Behörde den Genehmigungsantrag bis zum Ablauf der Monatsfrist zurück. 23

IV. Reaktions- und Rechtsschutzmöglichkeiten der Anspruchsinhaber

1. Unzureichende Kompensationsmaßnahmen

Stellen die Anspruchsinhaber fest, dass die Kompensationsmaßnahmen aus ihrer Sicht unzureichend sind, so sollten sie sich zunächst an die übertragende Stiftung und deren Aufsichtsbehörde wenden.[12] Diese ist zwar nicht notwendigerweise mit der Genehmigungsbehörde identisch, muss dann aber der Genehmigung zustimmen, § 86b Abs. 3 BGB. Einen Anspruch auf deren Einschreiten haben sie allerdings nicht (Anh. II zu § 84a Rn. 26). Führen Verhandlungen mit der Stiftung nicht weiter, können Anspruchsinhaber die übertragende Stiftung zivilrechtlich im Wege des einstweiligen Rechtsschutzes auf Unterlassen der Zu- oder Zusammenlegung in Anspruch nehmen.[13] 24

2. Unterlassene Information

Werden Anspruchsinhaber nicht von dem ZuZ-Vertrag unterrichtet, z.B. weil ihnen nach Ansicht der übertragenden Stiftung gar keine Ansprüche zustehen und in dem Vertrag daher auch keine Kompensationsmaßnahmen vorgesehen sind, und erfahren die Anspruchsinhaber anderwärts von dem Vorhaben, so haben sie – wenn ihnen tatsächlich Ansprüche zustehen – einen klagbaren Anspruch auf Auskunft über das Vorhaben.[14] Die übertragende Stiftung hat ihnen den Stand des Verfahrens mitzuteilen und den Vertrag zugänglich zu machen. Aus Sicht der Anspruchsinhaber geht es dann erforderlichenfalls wie in Rn. 24 beschrieben weiter. 25

---

12 Ebs. *Schiffer/Pruns/Schürmann*, Reform des Stiftungsrechts, 2022, § 10 Rn. 43.

13 Staudinger/*Hüttemann/Rawert*, BGB, § 85 Rn. 49; OLG Koblenz NZG 2002, 135 m. zust. Anm. *Muscheler*, JR 2003, 23; OLG Stuttgart ZSt 2003, 203 m. Anm. *Werner*, ZSt 2003, 237.

14 MüKoBGB/*Weitemeyer*, § 85 Rn. 48; Staudinger/*Hüttemann/Rawert*, BGB, § 85 Rn. 47; BeckOGK/*Jakob/Picht*, BGB, § 85 Rn. 31; BGH NJW 1986, 1244; BGH NJW 2010, 234.

26 Erfahren die **Anspruchsinhaber nicht** von dem Vorhaben und **genehmigt** die **Behörde** den Vertrag, ist die **Rechtslage kompliziert**:

- Werden durch einen ZuZ-Vertrag die Rechte von Anspruchsinhabern i.S.d. §§ 86 Nr. 4, 86a Nr. 3 BGB nicht gewahrt, so ist der erforderliche Zustimmungsbeschluss (§ 86b Rn. 17, 19) nichtig und damit auch der Vertrag unwirksam.
- Die Genehmigung der Behörde geht daher ins Leere. Gleichwohl entfaltet die Genehmigung die Wirkungen des § 86f Abs. 1 und 2 BGB, sobald die Genehmigung unanfechtbar ist; denn Mängel des ZuZ-Vertrages lassen diese Wirkungen unberührt, § 86f Abs. 3 BGB.
- Rechtsfolgen des § 86f Abs. 1 und 2 BGB sind, dass die übernehmende Stiftung Gesamtrechtsnachfolgerin der übertragenden Stiftung(en) wird, diese erlischt bzw. erlöschen und mit ihr bzw. ihnen auch etwaige statutarische Ansprüche, soweit sie nicht schon vor der Genehmigung fällig geworden sind.
- Die Mängel des ZuZ-Vertrages bzw. des Zustimmungsbeschlusses werden allerdings weder durch die Genehmigung noch durch § 86f Abs. 3 BGB geheilt, so dass deren Nichtigkeit weiterhin klageweise geltend gemacht werden kann (§ 256 ZPO),[15] s. auch Anh. II zu § 84a Rn. 28. Außerdem können Schadensersatzansprüche gegen die für die Mängel Verantwortlichen[16] und damit i.d.R. gegen die übernehmende Stiftung erhoben werden, näher § 86f Rn. 33.
- Hinzukommt: Hat die Behörde die Genehmigung den Anspruchsinhabern entgegen § 43 Abs. 1 VwVfG nicht bekannt gemacht, wird sie ihnen gegenüber bis zur Verwirkungsgrenze nicht wirksam (§ 86b Rn. 26) und kann daher auch nicht die Wirkungen des § 86f Abs. 1 und Abs. 2 BGB entfalten. In diesem Fall wird die ZuZ daher bis zur Verwirkungsgrenze nicht wirksam, so dass bis dahin die Rechte der Anspruchsinhaber auch nicht untergehen.[17]
- Verwirkung kann allerdings nur eintreten, wenn ein Recht besteht, das verwirken kann. Dieses Recht ist hier das Recht, Widerspruch (§ 68 VwGO) und Anfechtungsklage (§ 42 Abs. 1 VwGO) erheben zu können.[18] Nun gibt es zwei Möglichkeiten:
- Entweder man versagt den Anspruchsinhabern diese Rechtsschutzmöglichkeit, wie es der in Anh. II zu § 84a Rn. 27 erläuterten allgemeinen Meinung entspricht. Dann würden die Rechtsfolgen der ZuZ erst eintreten, wenn die Behörde den Anspruchsinhabern die Genehmigung bekannt gemacht hat und diese unanfechtbar geworden ist.
- Oder man gesteht den Anspruchsinhabern die Möglichkeit zu, Widerspruch (§ 68 VwGO) und Anfechtungsklage (§ 42 Abs. 1 VwGO) zu erheben. Für diese Möglichkeit plädieren die Autoren; denn erstens entfaltet die Genehmigung eines nichtigen ZuZ-Vertrages wegen § 86f Abs. 3 BGB die Wirkungen des § 86f Abs. 1 und Abs. 2 BGB. Die Rechtslage ist insofern anders als bei nichtigen Satzungsänderungen. Und zweitens muss man die Vorschriften der §§ 86 Nr. 4, 86a Nr. 3, 86c Abs. 1 S. 2 und § 86e Abs. 2 BGB als drittschützende Normen ansehen, deren Verletzung den Anspruchsinhabern das Recht gibt, sich nicht nur gegen die Behördenentscheidung nach § 86b Abs. 2 S. 1 BGB zu wenden (das ist unstreitig, s. dort Rn. 27), sondern auch gegen die Genehmigung (§ 86b Abs. 1 S. 2 BGB) einer stiftungsseitigen ZuZ.

27 Folgt man diesen Gedankengängen, besteht zwar keine gravierende Rechtsschutzlücke. Eine klarere Regelung des Rechtsschutzes Betroffener wäre gleichwohl wünschenswert.[19]

---

15 OLG München – 31 Wx 14/10, Der Konzern 2010, 319, 320; OLG Stuttgart NZG 2004, 463; Henssler/Strohn/*Heidinger*, Gesellschaftsrecht, § 20 UmwG Rn. 64.

16 Lutter/*Grunewald*, UmwG, § 20 Rn. 79; Henssler/Strohn/*Heidinger*, Gesellschaftsrecht, § 20 UmwG Rn. 64.

17 Vgl. *Schwalm*, ZEV 2021, 68, 73; *Schauer*, npoR 2021, 35, 36 f.

18 S. BVerwG 1974, 1260 f.

19 So aber *Schwalm*, ZEV 2021, 68, 73; *Schauer*, npoR 2021, 35, 36 f.; *Burgard*, NPLYB 2019, 71, 95.

§ 86d Form des Zulegungsvertrags und des Zusammenlegungsvertrags

Zulegungsverträge und Zusammenlegungsverträge bedürfen nur der schriftlichen Form, insbesondere § 311b Absatz 1 bis 3 ist nicht anzuwenden.

Schrifttum

S. Vorbemerkung zu den §§ 86 bis 86i

Übersicht

A. Grundlagen

I. Norminhalt und -zweck — 1

II. Begründung

1. Regierungsentwurf — 2
2. Rechtsausschuss — 5

III. Bewertung — 6

B. Schriftliche Form — 7

A. Grundlagen

I. Norminhalt und -zweck

1 Die Vorschrift ordnet für Zulegungs- und Zusammenlegungsverträge Schriftform an. Zugleich schließt sie die Anwendung strengerer Formerfordernisse wie die notarielle Beurkundung aus. Systematisch ist die Vorschrift als Parallelvorschrift zu § 81 Abs. 3 BGB anzusehen.

II. Begründung

1. Regierungsentwurf

2 *§ 86d BGB-neu regelt die Form von Zulegungsverträgen und Zusammenlegungsverträgen.*

3 ***Zu Satz 1*** *§ 86d Satz 1 BGB-neu bestimmt, dass der Zulegungsvertrag und der Zusammenlegungsvertrag der schriftlichen Form nach § 126 BGB bedürfen. Mit Blick auf die behördlichen Genehmigungserfordernisse wird für diese Verträge anders als für Verschmelzungsverträge nach § 6 des Umwandlungsgesetzes (UmwG) keine notarielle Beurkundung vorgesehen. Die behördlichen Genehmigungserfordernisse gewährleisten bei Zulegungsverträgen und Zusammenlegungsverträgen ebenso wie das Anerkennungserfordernis für das Stiftungsgeschäft die Beurkundungsfunktionen, so dass für die Verträge daneben kein Beurkundungserfordernis geregelt werden muss.*

4 ***Zu Satz 2*** *§ 86d Satz 2 BGB-neu stellt ausdrücklich klar, dass § 86d Satz 1 BGB-neu im Verhältnis zu § 311b Absatz 1 bis 3 BGB die speziellere Vorschrift ist. Ein Zulegungsvertrag oder der Zusammenlegungsvertrag, der die Verpflichtung begründet, das Eigentum an einem Grundstück zu übertragen und zu erwerben, bedarf nicht der notariellen Beurkundung nach § 311b Absatz 1 BGB. Solche Verträge, mit dem sich die übertragenden Stiftungen immer verpflichten, ihr gesamtes Vermögen auf die übernehmende Stiftung zu übertragen, unterfallen auch nicht § 311b Absatz 3 BGB. Ebenso wie § 4 Absatz 1 Satz 2 UmwG für Verschmelzungsverträge schließt § 86d Satz 2 BGB-neu auch die Anwendbarkeit des § 311b Absatz 2 BGB auf Zulegungsverträge und Zusammenlegungsverträge ausdrücklich aus.“*[1]

1 Begr. RegE, BT-Ds. 19/28173, 74.

https://doi.org/10.1515/9783110251524-034

2. Rechtsausschuss

5 *„Durch die Änderung des Formerfordernisses soll klargestellt werden, dass nicht nur § 311 Absatz 1 bis 3 BGB auf Zulegungs- und Zusammenlegungsverträge nicht anzuwenden sind, sondern auch andere vergleichbare Beurkundungserfordernisse. Im Übrigen kann auf die Begründung zur Änderung des § 81 Absatz 3 BGB-neu und die Gesetzesbegründung zu dem Schriftformerfordernis verwiesen werden.“*[2]

III. Bewertung

6 Die Entscheidung des Gesetzgebers, die schriftliche Form für alle Fälle der Zu- und Zusammenlegungsverträge ausreichen zu lassen, ist **zu begrüßen**. Zum einen wird Rechtssicherheit geschaffen, indem die in Praxis und Literatur streitige Rechtsfrage entschieden wird, ob auf Zu- und Zusammenlegungsverträge ggfs. besondere beurkundungsrechtliche Vorschriften analog anzuwenden sind.[3] Zum anderen ist es positiv, dass auf eine notarielle Beurkundung für alle Sachverhalte vermögensartunabhängig verzichtet wird.[4] Im Blick hierauf ist auch die Einfügung des Wortes „insbesondere“ zu begrüßen, wodurch klargestellt wird, dass auch andere, mit § 311b vergleichbare Beurkundungserfordernisse wie § 15 Abs. 4 GmbHG nicht anwendbar sind (Rn. 5).

B. Schriftliche Form

7 Schriftliche Form heißt Schriftform i.S.d. **§ 126 BGB**. Zulegungs- und Zusammenlegungsverträge müssen daher in einer Urkunde[5] niedergelegt und vom Aussteller eigenhändig[6] unterzeichnet werden. Aussteller der Urkunde ist derjenige, der die Erklärung in eigener Verantwortung abgibt, bei Vertretung ist dies der Vertreter und nicht der Vertretene.[7] Bei Stiftungen ist Aussteller damit je nach Ausgestaltung der Vertretungsverhältnisse der Alleinvorstand, das zur Einzelvertretung berechtigte Vorstandsmitglied und bei Mehr- bzw. Gesamtvertretung die Vorstandsmitglieder in vertretungsberechtigter Zahl.[8]

8 Die Schriftform kann durch die elektronische Form ersetzt werden, **§ 126a BGB**.

---

2 Bericht des BT-Ausschusses für Recht und Verbraucherschutz, BT-Ds. 19/31118, 11.

3 Eine analoge Anwendung befürworteten MüKoBGB/*Ruhwinkel*, § 311b Rn. 32; BeckOK BGB/*Gehrlein*, § 311b Rn. 9; Palandt/*Grüneberg*, BGB, § 311b Rn. 16; MünchHdb GesR V/*Schwake*, § 79 Rn. 146; OLG Köln RNotZ 2019, 539; **a.A.** die im Stiftungsrecht **h.M.**, s. Richter/*Stumpf*, Stiftungsrecht, § 4 Rn. 14; Staudinger/*Hüttemann*/*Rawert*, BGB, § 81 Rn. 16; MüKoBGB/*Weitemeyer*, § 81 Rn. 8; BeckOK BGB/*Backert*, § 81 Rn. 2; *Schwalm*/*Thiele*, ZEV 2020, 523; *Lange*, ZStV 2020, 96, 100; OLG Schleswig-Holstein DNotZ 1996, 770 m. abl. Anm. *Wochner*, DNotZ 1996, 773.

4 Ebs. *Schwalm*, ZEV 2021, 68, 74; zuvor bereits *Schwalm*/*Thiele*, ZEV 2020, 523, entgegen *Dahlmanns*, RNotZ 2020, 417, 420. Zweifelnd *Gollan*, npoR 2021, 277 f.

5 Zum Urkundenbegriff statt aller MüKoBGB/*Einsele*, § 126 Rn. 7; Erman/*Arnold*, BGB, § 126 Rn. 3.

6 Zur Eigenhändigkeit MüKoBGB/*Einsele*, § 126 Rn. 13; Erman/*Arnold*, BGB, § 126 Rn. 12; BeckOK BGB/*Wendtland*, § 126 Rn. 8.

7 MüKoBGB/*Einsele*, § 126 Rn. 13; Erman/*Arnold*, BGB, § 126 Rn. 13; BeckOK BGB/*Wendtland*, § 126 Rn. 9.

8 Zur Unterzeichnung beim mehrköpfigen Vorstand BGH – XII ZR 51/19, NJW 2020, 1507 Rn. 23 f.; BGH – XII 55/14, NJW 2015, 2034 Rn. 22; BGH – XII ZR 86/07, NJW 2010, 1453 Rn. 18 ff. m.w.N.

§ 86e Behördliche Zulegungsentscheidung und Zusammenlegungsentscheidung

(1) Auf den Inhalt der Entscheidungen über die Zulegung oder Zusammenlegung von Stiftungen durch die nach Landesrecht zuständige Behörde ist § 86c Absatz 1 und 2 entsprechend anzuwenden.

(2) Die Behörde hat Personen nach § 86c Absatz 1 Satz 2 mindestens einen Monat vor der Entscheidung über die Zulegung oder Zusammenlegung anzuhören und auf die möglichen Folgen der Zulegung oder Zusammenlegung für deren Ansprüche gegen eine übertragende Stiftung hinzuweisen.

Schrifttum

S. Vorbemerkung zu den §§ 86 bis 86i

Übersicht

A. **Grundlagen**

I. Norminhalt und -zweck —— 1

II. Begründung des Regierungsentwurfs —— 2

III. Bewertung —— 5

B. **Entsprechende Anwendbarkeit von § 86c Abs. 1 und 2** —— 6

C. **Anhörung und Information der Anspruchsinhaber**

I. Anhörung —— 10

II. Anhörungsmängel —— 16

D. **Rechtsschutz** —— 19

A. Grundlagen

I. Norminhalt und -zweck

§ 86e Abs. 1 BGB bestimmt, dass die behördliche Zu- und Zusammenlegung gemäß § 86b Abs. 2 S. 1 BGB inhaltlich § 86c Abs. 1 und Abs. 2 BGB entsprechen muss. § 86e Abs. 2 BGB verpflichtet die Behörde zur Anhörung und Information von Anspruchsinhabern i.S.d. § 86c Abs. 1 S. 2 BGB und korrespondiert mit § 86c Abs. 3 BGB. § 86e BGB schafft damit einen Gleichlauf von behördlicher und vertraglicher Zulegung und Zusammenlegung. Die Anhörung und Information der Anspruchsinhaber sollen diese am Verfahren beteiligen und ihnen die Sicherung ihrer Rechte ermöglichen. 1

II. Begründung des Regierungsentwurfs

„§ 86e BGB-neu regelt den Inhalt der behördlichen Entscheidung über eine Zulegung oder Zusammenlegung. 2

Zu Absatz 1 *§ 86e Absatz 1 BGB-neu bestimmt, dass auf die behördliche Entscheidung zur Zulegung und Zusammenlegung § 86c Absatz 1 und 2 BGB-neu entsprechend anzuwenden ist. Die behördliche Entscheidung über eine Zulegung oder Zusammenlegung muss denselben Mindestinhalt haben wie ein Zulegungsvertrag oder Zusammenlegungsvertrag. Auch bei behördlichen Ent-* 3

https://doi.org/10.1515/9783110251524-035

scheidungen über Zulegungen und Zusammenlegungen müssen die Rechte von Personen gewahrt werden, denen die Satzung der übertragenden Stiftung Ansprüche gewährt.

4 ***Zu Absatz 2*** *§ 86e Absatz 2 BGB-neu regelt, dass die Personen, für die in der Satzung der übertragenden Stiftung Ansprüche begründet werden, mindestens einen Monat vor der Entscheidung über die Zulegung oder Zusammenlegung anzuhören sind und auf die Folgen der Zulegung oder Zusammenlegung für ihre Ansprüche hinzuweisen sind, so dass sie ihre Rechte im Verfahren wirksam geltend machen können.“*[1]

III. Bewertung

5 Wie schon erläutert (§ 86b Rn. 15), sollte § 86b Abs. 2 BGB an den Beginn von § 86e BGB gestellt werden. Viel problematischer ist freilich, dass die Behörde über alle nach § 86c Abs. 1 S. 2, Abs. 2 Hs. 2 BGB erforderlichen Inhalte entscheiden muss und dies sogar nur der Mindestinhalt ihrer Entscheidung sein soll. **Das überschreitet ihre Kompetenz als Rechtsaufsichtsbehörde** deutlich (Rn. 8). Zudem ist nicht absehbar, dass eine behördliche ZuZ überhaupt jemals durchgeführt werden könnte (s. § 86b Rn. 32).

B. Entsprechende Anwendbarkeit von § 86c Abs. 1 und 2

6 Zu den Voraussetzungen einer behördlichen ZuZ s. § 86b Rn. 30. Zu dem Erfordernis, bei einer Zulegung die übernehmende Stiftung anzuhören s. § 86b Rn. 35. Hinzukommt, dass eine behördliche ZuZ die Handlungsunfähigkeit der übertragenden Stiftungen voraussetzt. In diesem Fall hat die Behörde aber gem. § 84c BGB die Handlungsfähigkeit der Stiftungen wiederherzustellen. Die Durchführung einer ZuZ ist ihr hingegen verwehrt (näher § 86b Rn. 32).

7 Inhaltlich müssen behördliche Zulegungsentscheidungen mindestens den Inhalt des Zulegungsvertrages nach § 86c Abs. 1 BGB (dort Rn. 13 ff.), behördliche Zusammenlegungsentscheidungen mindestens den Inhalt des Zusammenlegungsvertrages nach § 86c Abs. 2 BGB (dort Rn. 18) haben. Das bedeutet zugleich, dass die Behörde über alle nach § 86c Abs. 1 S. 2, Abs. 2 Hs. 2 BGB erforderlichen Inhalte entscheiden muss. Dazu gehört also die Kompensation von Anspruchsberechtigten der übertragenden Stiftung, bei einer Zusammenlegung der Zweck, der Name, der Sitz, die Vorstandsmitglieder und die ganze übrige Satzung der neuen Stiftung. Das geht weit darüber hinaus, was einer Rechtsaufsichtsbehörde gestattet ist. Dabei verbietet sich auch ein Vergleich mit § 81 Abs. 4 BGB; denn zum einen sind hier die Stifter – nämlich die übertragenden Stiftungen – noch am Leben; ihr „Tod“ befindet sich ja erst „in Vorbereitung“. Und zum anderen gilt es vielerlei Kompromisse (z.B. hinsichtlich des Namens) zwischen den beteiligten Stiftungen unter Beachtung des Willens verschiedener Stifter zu finden. Derartige Kompromisse zu finden ist nicht Aufgabe einer Rechtsaufsichtsbehörde.

8 Nach dem Wortlaut des Gesetzes besteht darüber hinaus für die Behörde die Möglichkeit, über den vorgegebenen Mindestinhalt hinaus weitere Festlegungen zu treffen, wenn sie dies zur Ausgestaltung der konkreten ZuZ für erforderlich erachtet. Das ist zwar **kein „Blankoscheck“**, weil die Behörde an den Willen der Stifter der beteiligten Stiftungen (§ 83 Abs. 2 BGB) und den Grundsatz der Verhältnismäßigkeit gebunden ist. Ungeachtet dessen erscheint diese Ermächtigung von **allzu unbestimmter** Weite.

9 Kein Ausweg ist es, dass die Entscheidung der Behörde hinter dem Mindestinhalt nach § 86c Abs. 1 bzw. Abs. 2 BGB zurückbleibt; denn dann entspricht sie nicht den gesetzlichen Anforderungen und ist damit (ebenfalls) rechtswidrig (s.o. § 86b Rn. 36).[2]

---

1 Begr. RegE, BT-Ds. 19/28173, 74.

2 BVerwG NVwZ 1998, 1061, 1062; BVerwG NJW 1985, 2658.

C. Anhörung und Information der Anspruchsinhaber

I. Anhörung

Die Behörde hat Personen, zu deren Gunsten sich aus der Satzung der übertragenden Stiftung(en) Ansprüche auf Stiftungsleistungen ergeben, mindestens einen Monat vor der Entscheidung über die Zulegung oder Zusammenlegung anzuhören. Dabei sind die Anspruchsinhaber auf die Folgen der Zulegung oder Zusammenlegung für ihre Ansprüche hinzuweisen. Diese Anhörungspflicht verfolgt dasselbe Ziel wie die Informationspflicht im Rahmen von § 86c Abs. 3 BGB, nämlich den Anspruchsinhabern vor einer ZuZ ein Aktivwerden zu ermöglichen, um ihre Ansprüche zu wahren. 10

Die Anhörung selbst richtet sich mangels besonderer gesetzlicher Vorgaben nach allgemeinem Verwaltungsverfahrensrecht, vgl. **§ 28 VwVfG.** Die Gestaltung der Anhörung liegt damit grundsätzlich im Ermessen der Behörde.[3] Sie ist formfrei und kann schriftlich (auch in elektronischer Form), mündlich oder fernmündlich durchgeführt werden, da die Vorschriften über das förmliche Verwaltungsverfahren (§§ 63 ff. VwVfG) oder das Planfeststellungsverfahren (§§ 72 ff. VwVfG) hier nicht greifen.[4] Entscheidend ist, dass dem Betroffenen die Möglichkeit gegeben wird, sich zu den für die Entscheidung erheblichen Tatsachen vor Ergehen der Entscheidung zu äußern.[5] Das setzt voraus, dass die Behörde vor einer Entscheidung den beabsichtigten Verwaltungsakt sowie die aus ihrer Sicht für dessen Erlass erheblichen Tatsachen mitteilt und die eingehende Stellungnahme zur Kenntnis nimmt und sie bei ihrer Entscheidung berücksichtigt.[6] 11

In Vorbereitung einer Zu- oder Zusammenlegungsentscheidung ist damit mitzuteilen, dass die Behörde eine Zu- oder Zusammenlegung beabsichtigt und welche Tatsachen die Behörde zu dem Schluss hat kommen lassen, dass sie zu dem beabsichtigten Verwaltungsakt befugt ist. Sie muss daher: 12

- die **Voraussetzungen einer Zu- oder Zusammenlegung** (§§ 86, 86a BGB) und
- die **Notwendigkeit und die Gründe ihres Eingreifens** (§ 86b Rn. 39 f.) **darlegen.**

Ferner muss sie dem Anspruchsinhaber **den beabsichtigten Verwaltungsakt** mit dem Mindestinhalt nach § 86c Abs. 1 bzw. Abs. 2 BGB zur Kenntnis bringen und insbesondere die Angaben und Maßnahmen nach § 86c Abs. 1 S. 2 BGB erläutern. **Ferner** ist bei einer Zulegung anzugeben, welche Stiftungen als übertragende und übernehmende ausersehen sind, bei einer Zusammenlegung, welche übertragenden Stiftungen beteiligt sein sollen und wie die neu entstehende Stiftung ausgestaltet sein soll. Das ist ebenfalls zu erläutern. 13

Besonders ist nach der ausdrücklichen Anordnung des Satzes 2 auf die **Folgen der Zu- oder Zusammenlegung** für die Ansprüche auf Stiftungsleistungen hinzuweisen. Den Anspruchsinhabern muss also mitgeteilt werden, dass ihre Ansprüche untergehen, wenn keine Maßnahmen nach § 86c Abs. 1 S. 2 BGB ergriffen werden oder diese unzureichend sind. 14

Zeitlich hat die Behörde zu beachten, dass eine Anhörung in aller Regel die **Entscheidungsreife** der Angelegenheit voraussetzt.[7] Erfolgt sie früher, und ergeben sich im Nachgang neue wesentliche Gesichtspunkte, muss den Beteiligten nochmals Gelegenheit zur Stellungnahme gegeben werden.[8] Außerdem ist zu beachten, dass die Behörde die Anspruchsinhaber *„mindestens einen Monat vor der Entscheidung über die Zulegung oder Zusammenlegung"* anhören muss. Mit „Entscheidung" kann hier nur der Erlass des Verwaltungsaktes gemeint sein. **Fraglich** ist aber, ob die Anhörung damit spätestens einen Monat vor dem beabsichtigten Erlass des 15

3 BeckOK VwVfG /*Herrmann*, § 28 Rn. 17; Schoch/Schneider/*Schneider*, VwVfG, § 28 Rn. 39; Stelkens/Bonk/Sachs/*Kallerhoff/Mayen*, VwVfG, § 28 Rn. 34.

4 BeckOK VwVfG /*Herrmann*, § 28 Rn. 17; Schoch/Schneider/*Schneider*, VwVfG, § 29 Rn. 87 ff.

5 BeckOK VwVfG /*Herrmann*, § 28 Rn. 15; Stelkens/Bonk/Sachs/*Kallerhoff/Mayen*, VwVfG, § 28 Rn. 37.

6 BeckOK VwVfG /*Herrmann*, § 28 Rn. 15; Stelkens/Bonk/Sachs/*Kallerhoff/Mayen*, VwVfG, § 28 Rn. 38.

7 Stelkens/Bonk/Sachs/*Kallerhoff/Mayen*, VwVfG, § 28 Rn. 42; Schoch/Schneider/*Schneider*, VwVfG, § 28 Rn. 47.

8 BeckOK VwVfG /*Herrmann*, § 28 Rn. 18; Schoch/Schneider/*Schneider*, VwVfG, § 28 Rn. 47.

Verwaltungsaktes beginnen oder dann bereits beendet sein muss. Die Gesetzesbegründung ist hierzu unergiebig. Für ersteres Verständnis spricht der systematische Zusammenhang mit § 86c Abs. 3 BGB (zur Berechnung der Frist s. dort Rn. 21) und das Problem, dass die Frist andernfalls schlecht zu berechnen wäre. Freilich ist die Behörde nicht gezwungen, den Verwaltungsakt einen Monat nach Beginn der Anhörung zu erlassen. Vielmehr ist das nur der früheste Zeitpunkt.[9] So gesehen ist die Monatsfrist auch als Äußerungsfrist anzusehen, zumal eine kürzere Frist angesichts der regelmäßig fehlenden Eilbedürftigkeit und der Komplexität des Verfahrensgegenstandes unangemessen wäre.[10] Der Anzuhörende muss ausreichend Zeit haben, sich mit der Angelegenheit vertraut zu machen und die Stellungnahme – auch unter Einholung von Rechtsberatung – vorzubereiten.[11] Sofern die von der Behörde gesetzte Frist für eine substantiierte Stellungnahme nicht ausreicht, kann der Anzuhörende zudem bei der Behörde deren **Verlängerung beantragen.**[12] Über den Antrag ist vor der eigentlichen Entscheidung zu befinden.[13]

II. Anhörungsmängel

16 Anhörungsmängel sind Verfahrensfehler. Hierzu zählt neben einer unzureichenden Information des Anzuhörenden oder einer zu kurzen Frist zur Stellungnahme auch die rechtswidrig unterlassene Anhörung.[14] Angesichts der weitreichenden Möglichkeiten der **Heilung** von Verfahrensmängel gem. § 45 VwVfG haben aber selbst vorsätzliche Anhörungsmängel, von extremen Ausnahmefällen wie grober Willkür abgesehen, **nicht die Nichtigkeit**, sondern nur die Anfechtbarkeit des Verwaltungsaktes zur Folge.[15]

17 Der Verfahrensmangel kann zudem nach § 46 VwVfG **unbeachtlich** sein, wenn ausnahmsweise offensichtlich ist, dass die unterbliebene Anhörung die Entscheidung in der Sache nicht beeinflusst hat.[16] Das ist insbesondere der Fall, wenn die Zulegungs- bzw. Zusammenlegungsentscheidung hinsichtlich der Maßnahmen zur Sicherung der Ansprüche auf Stiftungsleistungen rechtmäßig ist und eine vollständige Kompensation vorsieht; denn dann ist der Begünstigte trotz unterbliebener Anhörung materiell nicht beschwert.[17] Werden die Rechte der Anspruchsinhaber dagegen nicht ausreichend gewahrt, dürfte diese Ausnahme hier kaum einmal vorliegen, denn dazu wäre Voraussetzung, dass die Behörde ohne den Anhörungsmangel ohne jeden Zweifel genauso entschieden hätte.[18] Im Rahmen der Anhörung können Anspruchsinhaber wesentliche Informationen beitragen, zumal sie der übertragenden Stiftung näher stehen als die Behörde. Für die Behörde ist die Anhörung deshalb eine wichtige Erkenntnisquelle, die ihr hilft, der Pflicht zur vollständigen Ermittlung des Sachverhalts von Amts wegen nachzukommen und den Sachverhalt unter allen in Betracht kommenden Gesichtspunkten zu würdigen. Die Rechtswidrigkeit des Verwaltungsaktes wegen eines Verfahrensmangels kann nur im Rahmen eines Rechtsbehelfsverfahrens gerügt werden, § 44a VwGO.[19]

18 Hat die Behörde einen Anspruchsberechtigten gar **nicht angehört**, wird es oft so liegen, dass sie davon ausgeht, dass keine Ansprüche bestehen. Sie wird deshalb dem Anspruchsbe-

9 Schoch/Schneider/*Schneider*, VwVfG, § 28 Rn. 48; Stelkens/Bonk/Sachs/*Kallerhoff*/*Mayen*, VwVfG, § 28 Rn. 43. Zu Ausnahmen von diesem Grundsatz Schoch/Schneider/*Schneider*, VwVfG, § 28 Rn. 48.

10 Schoch/Schneider/*Schneider*, VwVfG, § 28 Rn. 47; Stelkens/Bonk/Sachs/*Kallerhoff*/*Mayen*, VwVfG, § 28 Rn. 43.

11 Schoch/Schneider/*Schneider*, VwVfG, § 28 Rn. 48; Stelkens/Bonk/Sachs/*Kallerhoff*/*Mayen*, VwVfG, § 28 Rn. 43.

12 Stelkens/Bonk/Sachs/*Kallerhoff*/*Mayen*, VwVfG, § 28 Rn. 43.

13 Stelkens/Bonk/Sachs/*Kallerhoff*/*Mayen*, VwVfG, § 28 Rn. 43; BVerwG DVBl. 1999, 97.

14 Schoch/Schneider/*Schneider*, VwVfG, § 28 Rn. 80; OVG NRW DVBl. 2010, 1243.

15 Schoch/Schneider/*Schneider*, VwVfG, § 28 Rn. 80; BeckOK VwVfG /*Herrmann*, § 28 Rn. 46; OVG Münster BeckRS 2011, 55218; BVerwG – 3 C 16/11, NJW 2012, 2823, 2325; Hess. VGH NVwZ-RR 2012, 163.

16 Schoch/Schneider/*Schneider*, VwVfG, § 28 Rn. 80; BVerwG – 3 C 16/11, NJW 2012, 2823, 2825.

17 Schoch/Schneider/*Schneider*, VwVfG, § 28 Rn. 86.

18 BVerwG – 3 C 16/11, NJW 2012, 2823, 2825.

19 Schoch/Schneider/*Schneider*, VwVfG, § 28 Rn. 80; BeckOK VwVfG /*Herrmann*, § 28 Rn. 46.

rechtigten ihre Entscheidung auch **nicht bekanntgeben**. Dann wird der Verwaltungsakt allerdings gegenüber den Anspruchsinhabern auch **nicht wirksam** (§ 43 Abs. 1 VwVfG), wenn sich die Auffassung der Behörde als falsch erweist, näher § 86b Rn. 26.

D. Rechtsschutz

Gegen die Entscheidung nach § 86b Abs. 2 S. 1 BGB können übertragende Stiftungen als Adressatinnen eines belastenden Verwaltungsaktes (Begr. § 86b Rn. 12) sowie Anspruchsinhaber i.S.d. §§ 86 Nr. 4, 86a Nr. 4, 86e Abs. 2 BGB nach erfolglosem Widerspruch (§ 68 VwGO) Anfechtungsklage gem. § 42 Abs. 1 Fall 1 VwGO erheben.[20] Widerspruch und Anfechtungsklage haben aufschiebende Wirkung, § 80 Abs. 1 S. 1 VwGO. Auch hier zeigt sich die Undurchführbarkeit einer behördlichen ZuZ, denn wie sollen handlungsunfähige Stiftungen Rechtsmittel einlegen (näher § 86b Rn. 32)? **19**

20 Vgl. BVerwG NVwZ 1993, 884, 885 ff.; BVerwG NJW 1998, 2752, 2753; BeckOK VwGO/*Schmidt-Kötters*, § 42 Rn. 173 f.

§ 86f Wirkungen der Zulegung und der Zusammenlegung

(1) Mit der Unanfechtbarkeit der Genehmigung des Zulegungsvertrags oder der Unanfechtbarkeit der Entscheidung über die Zulegung durch die nach Landesrecht zuständige Behörde geht das Stiftungsvermögen der übertragenden Stiftung auf die übernehmende Stiftung über und erlischt die übertragende Stiftung.
(2) Mit der Unanfechtbarkeit der Genehmigung des Zusammenlegungsvertrags oder der Unanfechtbarkeit der Entscheidung über die Zusammenlegung durch die Behörde entsteht die neue Stiftung, geht das Stiftungsvermögen der übertragenden Stiftungen auf die neue übernehmende Stiftung über und erlöschen die übertragenden Stiftungen.
(3) Mängel des Zulegungsvertrags oder des Zusammenlegungsvertrags lassen die Wirkungen der behördlichen Genehmigung unberührt.

Schrifttum

S. Vorbemerkung zu den §§ 86 bis 86i

Übersicht

A. Grundlagen

I. Norminhalt und -zweck — 1

II. Begründung des Regierungsentwurfs — 2

III. Bewertung — 7

B. Rechtswirkungen der Zulegung, Absatz 1

I. Voraussetzung und maßgeblicher Zeitpunkt: Unanfechtbarkeit — 8

II. Rechtsfolge — 13
1. Gesamtrechtsnachfolge — 15
2. Erlöschen der übertragenden Stiftung — 19

C. Rechtswirkungen der Zusammenlegung, Absatz 2 — 21

D. Bestandsschutz nach Absatz 3

I. Vorbemerkung
1. Fehlerhafter Verwaltungsakt — 23
2. Fehlerhafter Zu- oder Zusammenlegungsvertrag — 24
3. Fehlerhafter Zustimmungsbeschluss — 26
4. Auswirkungen auf die Genehmigungsfähigkeit — 27

II. Keine Auswirkungen vertraglicher Mängel — 29

A. Grundlagen

I. Norminhalt und -zweck

1 Die Norm regelt in den Absätzen 1 und 2 die Rechtswirkungen von Zulegungen und Zusammenlegungen. In beiden Fällen geht das Stiftungsvermögens im Wege der **Gesamtrechtsnachfolge** an die übernehmende Stiftung über, wodurch die übertragenden Stiftungen liquidationslos erlöschen (**Vollbeendigung**). Zugleich entsteht im Fall der Zusammenlegung die **neue Stiftung**. Maßgeblicher Zeitpunkt für die eintretenden Rechtsänderungen ist die **Unanfechtbarkeit der Genehmigung** des Zulegungsvertrages bzw. der behördlichen Entscheidung über die Zu- bzw. Zusammenlegung.[1] Absatz 3 bestimmt, dass Mängel des Zu- oder Zusammenlegungsvertrages

[1] Begr. RegE, BT-Ds. 19/28173, 74.

https://doi.org/10.1515/9783110251524-036

die zuvor beschriebenen Rechtswirkung der behördlichen Genehmigung unberührt lassen. Die Vorschrift dient dem **Bestandsschutz** von Zu- und Zusammenlegungen (Rn. 5).

II. Begründung des Regierungsentwurfs

§ 86f BGB-neu regelt die Rechtswirkungen von Zulegungen und der Zusammenlegungen. 2

Zu Absatz 1 *Nach § 86f Absatz 1 BGB-neu geht mit der Unanfechtbarkeit der Genehmigung des Zulegungsvertrags oder der behördlichen Zulegungsentscheidung das Vermögen der übertragenden Stiftung im Wege der Gesamtrechtsnachfolge auf die übernehmende Stiftung über und die übertragende Stiftung erlischt. Das übergegangene Grundstockvermögen der übertragenden Stiftung wird aufgrund der Vereinbarungen im Zulegungsvertrag nach § 86c Absatz 1 Nummer 2 BGB-neu oder der Regelung in der behördlichen Zulegungsentscheidung nach § 86e Absatz 1 BGB-neu zu Grundstockvermögen der übernehmenden Stiftung. Eine Beendigung der übertragenden Stiftung nach den §§ 87 ff. BGB-neu findet nicht statt.* 3

Zu Absatz 2 *Nach § 86f Absatz 2 BGB-neu entsteht mit der Unanfechtbarkeit der Genehmigung des Zusammenlegungsvertrags oder der Unanfechtbarkeit der behördlichen Zusammenlegungsentscheidung die neue Stiftung, geht das Vermögen der übertragenden Stiftungen im Wege der Gesamtrechtsnachfolge auf die neue Stiftung über und erlöschen die übertragenden Stiftungen.* 4

Zu Absatz 3 *§ 86f Absatz 3 BGB-neu regelt, dass Mängel des Zulegungsvertrags oder des Zusammenlegungsvertrags die Wirkungen der behördlichen Entscheidungen nach § 86f Absatz 1 und 2 BGB-neu unberührt lassen. Die Vorschrift soll den Bestandschutz von Zulegungen und Zusammenlegungen gewährleisten, die auf Zulegungsverträgen oder Zusammenlegungsverträgen beruhen. Wenn die Genehmigung des Zulegungsvertrags oder des Zusammenlegungsvertrags unanfechtbar geworden ist, treten die Wirkungen der Zulegung nach § 86f Absatz 1 BGB-neu oder der Zusammenlegung nach § 86f Absatz 2 BGB-neu ein und bleiben auch für die Zukunft wirksam. Das Vermögen der übertragenden Stiftungen geht (S. 82) endgültig auf die übernehmende Stiftung über und die übertragenden Stiftungen erlöschen. Es kann nicht verlangt werden, dass die Wirkungen der Zulegung oder Zusammenlegung mit Wirkung ex tunc oder ex nunc aufgehoben werden, weil der Zulegungsvertrag oder der Zusammenlegungsvertrag Mängel aufweist, insbesondere die Voraussetzungen des § 86 BGB-neu oder des § 86a BGB-neu nicht vorlagen.* 5

Für die behördliche Zulegung oder Zusammenlegung einer Stiftung richtet sich die Wirksamkeit nach dem Verwaltungsverfahrensrecht, das für die entscheidende Behörde gilt. Wenn eine Behörde Stiftungen durch Verwaltungsakt zulegt oder zusammenlegt, treten die Rechtswirkungen nach § 86f Absatz 1 und 2 BGB-neu ein, wenn der Verwaltungsakt unanfechtbar geworden ist.“[2] 6

III. Bewertung

Wie schon verschiedentlich betont, ist die Anordnung der Gesamtrechtsnachfolge mit liquidationslosem Erlöschen der übertragenden Stiftungen zu begrüßen, weil sie Rechtssicherheit herstellt und die Durchführung von Zulegung und Zusammenlegung erleichtert und beschleunigt.[3] **Problematisch** ist aber zum Einen der Eintritt der Unanfechtbarkeit der behördlichen Entscheidung zur Durchführung einer ZuZ (s.u. Rn. 11), zum Anderen die Regelung des Abs. 3, bei deren Erlass sich der Gesetzgeber offenbar an § 20 Abs. 2 UmwG orientiert hat.[4] Im Gegensatz zum 7

2 Begr. RegE, BT-Ds. 19/28173, 74 f.

3 Ebs. *Lorenz/Mehren*, DStR 2021, 1774, 1778.

4 Ausdrücklich sagt er das freilich nicht, die Begründung zu § 86f BGB schweigt hierzu, Begr. RegE, BT-Ds. 19/28173, 75.

Umwandlungsrecht fehlt hier aber eine den §§ 14, 16 UmwG vergleichbare Regelung. Dadurch entsteht eine gravierende Rechtsschutzlücke (s. bereits § 86c Rn. 26 sowie u. Rn. 31).[5]

B. Rechtswirkungen der Zulegung, Absatz 1

I. Voraussetzung und maßgeblicher Zeitpunkt: Unanfechtbarkeit

8 Voraussetzung des Eintritts der Rechtswirkungen der Zulegung ist die Unanfechtbarkeit der Genehmigung (§ 86b Abs. 1 S. 2 BGB) des Zulegungsvertrages (§§ 86b Abs. 1 S. 1, 83c BGB) bzw. der behördlichen Entscheidung über die Zulegung nach §§ 86b Abs. 2 S. 1, 86e BGB.

9 Sowohl die Genehmigung des Zulegungsvertrages als auch die Zulegungsentscheidung der Stiftungsbehörde sind Verwaltungsakte im Sinne des § 35 S. 1 VwVfG (s. § 86b Rn. 25, 45). Ein Verwaltungsakt wird unanfechtbar, wenn er nicht mehr mit den formellen Rechtsbehelfen des Widerspruchs und der (Anfechtungs- bzw. der Verpflichtungs-) Klage angefochten werden kann (sog. formelle Bestandskraft).[6] Als Folge der Bestandskraft sind die Rücknahme und der Widerruf des Verwaltungsaktes unter den Voraussetzungen des § 50 VwVfG sowie dessen Aufhebung nach §§ 72, 73 und 113 VwGO unzulässig.[7] Die **Bestandskraft** schafft somit Gewissheit hinsichtlich des Bestehens und der Verbindlichkeit des Verwaltungsakts, **vergleichbar der formellen Rechtskraft eines Urteils.**[8]

10 Die **Voraussetzungen der Bestandskraft** ergeben sich hier – mangels anderweitiger Regelungen wie etwa § 14 Abs. 1 UmwG[9] – aus den einschlägigen Vorschriften des Verwaltungsrechts. Bestandskraft tritt damit vor allem ein aufgrund der Versäumung der Fristen nach §§ 70, 74 VwGO, ggfs. auch der Jahresfrist gem. § 58 Abs. 2 VwGO, durch die rechtskräftige Abweisung der Klage, durch den Verzicht auf Rechtsmittel oder durch Verwirkung.[10] Eine Ausnahme bilden lediglich nichtige Verwaltungsakte (§ 44 VwVfG); sie sind nicht der Bestandskraft fähig.[11]

11 In Bestandskraft kann ein Verwaltungsakt wegen des notwendigen Ablaufs der o.g. Fristen nur erwachsen, wenn er gegenüber demjenigen, für den er bestimmt ist, oder der von ihm betroffen ist, ordnungsgemäß bekanntgegeben wurde, §§ 41 Abs. 1, 43 Abs. 1 VwVfG. Bestimmt ist der Verwaltungsakt für den bzw. die Adressaten (hier die beteiligten Stiftungen), betroffen sind diejenigen, denen gegenüber der Verwaltungsakt ebenfalls rechtliche Wirkung entfaltet, ohne dass er an sie gerichtet ist (sog. Drittbetroffene, hier die Personen, für welche die Satzung der übertragenden Stiftung Ansprüche begründet).[12] Weicht die Bekanntgabe bei mehreren Beteiligten voneinander ab, tritt die Wirksamkeit damit **zu unterschiedlichen Zeitpunkten** ein, so dass auch die Fristen zu unterschiedlichen Zeiten beginnen und ablaufen.[13] Erlangt ein Betroffener trotz unterbliebener Bekanntgabe Kenntnis vom Verwaltungsakt, kann er gleichwohl gegen diesen vorgehen, ohne die Bekanntgabe ihm gegenüber abwarten zu müssen.[14] Ist die übertragende Stiftung handlungsunfähig (§ 86b Abs. 2 S. 1 BGB), scheidet eine ordnungsgemäße Be-

---

5 *Schwalm*, ZEV 2021, 68, 73; *Schauer*, npoR 2021, 35, 37.

6 Allg. M., s. BeckOK VwVfG/*Schemmer*, § 43 Rn. 20; Stelkens/Bonk/Sachs/*Sachs*, VwVfG, § 43 Rn. 20; BVerwG NVwZ 1983, 285; Wolff/Bachof/Stober/Kluth/*Korte*, Verwaltungsrecht I, 13. Aufl. 2017, 629; *Merten*, NJW 1983, 1993, 1995; *Kopp*, DVBl. 1983, 293, 295; *Erichsen*/*Knoke*, NVwZ, 1983, 185, 186.

7 Statt aller Stelkens/Bonk/Sachs/*Sachs*, VwVfG, § 43 Rn. 20, 22.

8 Statt aller BeckOK VwVfG/*Schemmer*, § 43 Rn. 20; BVerfG NJW 1982, 2425, 2426.

9 Hierzu Semler/Stengel/Leonard/*Gehling*, UmwG, § 14 Rn. 22, 26 ff.; Schmitt/Hörtnagl/*Winter*, UmwG, § 14 Rn. 1 f., 5 ff.

10 Stelkens/Bonk/Sachs/*Sachs*, VwVfG, § 43 Rn. 23.

11 BeckOK VwVfG/*Schemmer*, § 43 Rn. 57, 59 f.; Stelkens/Bonk/Sachs/*Sachs*, VwVfG, § 43 Rn. 222, jew. m.w.N.

12 Statt aller BeckOK VwVfG/*Tiedemann*, § 41 Rn. 36.

13 Stelkens/Bonk/Sachs/*Sachs*, VwVfG, § 43 Rn. 165; BeckOK VwVfG/*Tiedemann*, § 41 Rn. 36.

14 Stelkens/Bonk/Sachs/*Sachs*, VwVfG, § 43 Rn. 165; BVerwG NJW 1974, 1260; BVerwG NVwZ 1994, 896; OVG Magdeburg NVwZ 2000, 208, 209; OVG Magdeburg – 2 M 72/08, NVwZ-RR 2008, 747.

kanntgabe aus (näher § 86b Rn. 32), so dass die behördliche Entscheidung nicht bestandskräftig werden kann.

Ordnungsgemäße Bekanntgabe erfordert auf Seiten des Empfängers den Zugang des Verwaltungsaktes (§ 41 Abs. 2 S. 3 VwVfG i.V.m. § 130 BGB analog).[15] **Zugang** ist nach ganz herrschender Meinung gegeben, wenn der Verwaltungsakt so in den Machtbereich des Empfängers gelangt ist, dass dieser bei gewöhnlichem Verlauf und unter normalen Umständen unter Berücksichtigung der Verkehrsauffassung die Möglichkeit hat, von ihm Kenntnis zu nehmen.[16] Auf die tatsächliche Kenntnisnahme kommt es nicht an. 12

II. Rechtsfolge

Rechtsfolge der Unanfechtbarkeit der Genehmigung (§ 86b Abs. 1 S. 2 BGB) des Zulegungsvertrages (§§ 86b Abs. 1 S. 1, 83c BGB) bzw. der behördlichen Entscheidung über die Zulegung nach §§ 86b Abs. 2 S. 1, 86e BGB ist, dass das Stiftungsvermögen der übertragenden Stiftung auf die übernehmende Stiftung übergeht und die übertragende Stiftung erlischt. 13

Die „Wirkungen" nach Absatz 1 treten **kraft Gesetzes** ein, ohne dass es hierfür weiterer Handlungen bedürfte.[17] Sie sind darüber hinaus **zwingend.** Die beteiligten Stiftungen können sie nicht durch abweichende vertragliche Regelungen ändern oder abbedingen.[18] Sofern **einzelne Vermögensgegenstände** von der Gesamtrechtsnachfolge **ausgenommen** werden sollen, müssen sie vor dem Wirksamwerden der Zulegung in der dafür jeweils gesetzlich vorgegebenen Art und Weise auf einen Dritten übertragen werden.[19] 14

1. Gesamtrechtsnachfolge

Der Übergang des Vermögens vollzieht sich im Wege der Gesamtrechtsnachfolge wie in §§ 86, 86a, 86c Abs. 1 S. 1 Nr. 2 BGB durch die – hier seltsamerweise fehlenden – Worte *„als Ganzes"* klargestellt wird (Begr. Rn. 3). Besser noch hätte man die Formulierung an § 20 Abs. 1 Nr. 1 UmwG anlehnen können: *„... geht einschließlich der Verbindlichkeiten* [...] *über"*. 15

Gesamtrechtsnachfolge **bedeutet** Übergang des gesamten vorhandenen Vermögens der übertragenden Stiftung, also aller Vermögenspositionen, aller Aktiva und Passiva, unabhängig davon, ob sie im Einzelnen bekannt oder bilanziell erfasst sind.[20] Die übernehmende Stiftung tritt automatisch in die bestehenden Rechte und Pflichten der übertragenden Stiftung ein.[21] **Ausgeschlossen** ist allerdings ein **gutgläubiger Erwerb**, da mittels Gesamtrechtsnachfolge nicht mehr erworben werden kann, als das Vermögen umfasst.[22] Gläubiger der übertragenden oder übernehmenden Stiftung können den Vermögensübergang **nicht verhindern**, ihre Zustim- 16

---

15 Allg. zur Bekanntgabe *Schoch*, Jura 2011, 23.

16 BeckOK VwVfG/*Tiedemann*, § 41 Rn. 8, 13; Stelkens/Bonk/Sachs/*Sachs*, VwVfG, § 41 Rn. 62, jew. m.w.N.; Abw. *Burgard*, AcP 195 (1995), 74 ff. (Möglichkeit der Speicherung); ähnlich jüngst *Bachmann*, FS Singer, 2021, 45 (gelangen in den Machtbereich, ohne dass es auf Kenntnismöglichkeit ankommt).

17 Semler/Stengel/Leonard/*Leonard/Simon*, UmwG, 5. Aufl. 2021, § 20 Rn. 8; Henssler/Strohn/*Heidinger*, Gesellschaftsrecht, 5. Aufl. 2021, § 20 UmwG Rn. 4.

18 Schmitt/Hörtnagl/*Winter*, UmwG, 9. Aufl. 2020, § 20 Rn. 3; Henssler/Strohn/*Heidinger*, Gesellschaftsrecht, § 20 UmwG Rn. 2.

19 Semler/Stengel/Leonard/*Leonard/Simon*, UmwG, § 20 Rn. 8; Schmitt/Hörtnagl/*Winter*, UmwG, § 20 Rn. 3.

20 Semler/Stengel/Leonard/*Leonard/Simon*, UmwG, § 20 Rn. 8; Henssler/Strohn/*Heidinger*, Gesellschaftsrecht, § 20 UmwG Rn. 4; Schmitt/Hörtnagl/*Winter*, UmwG, § 20 Rn. 27.

21 Schmitt/Hörtnagl/*Winter*, UmwG, § 20 Rn. 30; Lutter/*Grunewald*, UmwG, 6. Aufl. 2019, § 20 Rn. 9.

22 Lutter/*Grunewald*, UmwG, § 20 Rn. 9; Kallmeyer/*Marsch-Barner/Oppenhoff*, UmwG, § 20 Rn. 4; Schmitt/Hörtnagl/*Winter*, UmwG, § 20 Rn. 25.

mung dazu ist ebenso wenig erforderlich wie bei einer Einzelrechtsnachfolge eventuell erforderliche öffentlich-rechtlichen Genehmigungen.[23]

17 Damit entfallen die aufwändigen und fehlerbehafteten Einzelübertragungen der Vermögensgegenstände der übertragenden Stiftung auf die übernehmende Stiftung ebenso wie die bislang erforderliche Liquidation der übertragenden Stiftung und das anschließende Sperrjahr (§ 51 BGB).

18 Als „Ausgleich" des vollständigen Vermögensübergangs führt die Gesamtrechtsnachfolge zur **unbeschränkten Haftung der übernehmenden Stiftung** für sämtliche Verbindlichkeiten der übertragenden Stiftung.[24] Eine Möglichkeit der Beschränkung der Haftung wie etwa nach § 25 Abs. 2 HGB ist gesetzlich nicht vorgesehen.

2. Erlöschen der übertragenden Stiftung

19 Infolge der Gesamtrechtsnachfolge wird die übertragende Stiftung vermögenslos. Der Durchführung eines Liquidationsverfahrens bedarf es daher nicht. Vielmehr tritt mit der Vermögenslosigkeit **ipso iure** zugleich **Vollbeendigung** ein (Rn. 3, 13).[25] Diese Rechtswirkungen bezeichnet das Gesetz mit dem schlichten Wort „erlischt" (ebs. § 20 Abs. 1 Nr. 2 UmwG.).

20 Mit der Vollbeendigung der übertragenden Stiftung **endet** die **Organstellung** aller Mitglieder ihrer Organe.[26] Außerdem **erlöschen** alle aufgrund der Stiftungsverfassung, insb. der Satzung, bestehenden **Ansprüche**, soweit sie nicht bereits entstanden sind. **Beispiele**: Ein bereits entstandener Aufwendungsersatzanspruch (§ 84a Abs. 1 S. 1 i.V.m. § 670 BGB) gegen die übertragende Stiftung ist von der übernehmenden Stiftung als deren Gesamtrechtsnachfolgerin zu erfüllen. Noch nicht entstandene, auf der Satzung beruhende Entgeltansprüche (§ 84a Abs. 1 S. 2 und Abs. 3 BGB – dort Rn. 97) gehen dagegen unter. Anstellungsverträge bleiben hingegen abseits möglicher, abweichender vertraglicher Vereinbarungen zwischen der Stiftung und dem Organmitglied grundsätzlich bestehen.[27] Dessen Ansprüche richten sich in diesem Fall gegen die übernehmende Stiftung.[28]

C. Rechtswirkungen der Zusammenlegung, Absatz 2

21 Voraussetzungen und Rechtsfolgen einer Zusammenlegung sind mit denen einer Zulegung identisch (Rn. 8 ff., 13 ff.) mit der Ausnahme, dass die übernehmende Stiftung nicht bereits besteht, sondern als weitere Rechtsfolge der Unanfechtbarkeit der Genehmigung bzw. der behördlichen Zusammenlegungsentscheidung erst entsteht.

22 Die **Voraussetzungen für das Entstehen der neuen Stiftung** weichen dabei materiell nicht von den Voraussetzungen für das Entstehen einer Stiftung nach § 80 Abs. 2 S. 1 BGB ab. Nach § 80 Abs. 2 S. 1 BGB sind das Stiftungsgeschäft und die Anerkennung der Stiftung durch

---

23 Schmitt/Hörtnagl/*Winter*, UmwG, § 20 Rn. 28; Henssler/Strohn/*Heidinger*, Gesellschaftsrecht, § 20 UmwG Rn. 5; Schmitt/Hörtnagl/*Winter*, UmwG, § 20 Rn. 23; Lutter/*Grunewald*, UmwG, § 20 Rn. 12.

24 Semler/Stengel/Leonard/*Leonard*/*Simon*, UmwG, § 20 Rn. 11b; ausführlich *Heckschen*, GmbHR 2017, 953.

25 Kallmeyer/*Marsch-Barner*/*Oppenhoff*, UmwG, § 20 Rn. 28; Schmidt/Hörtnagl/*Winter*, UmwG, § 20 Rn. 7; Henssler/Strohn/*Heidinger*, Gesellschaftsrecht, § 20 UmwG Rn. 46.

26 Kallmeyer/*Marsch-Barner*/*Oppenhoff*, UmwG, § 20 Rn. 28; Schmitt/Hörtnagl/*Winter*, UmwG, § 20 Rn. 8; Henssler/Strohn/*Heidinger*, Gesellschaftsrecht, § 20 UmwG Rn. 47.

27 Kallmeyer/*Marsch-Barner*/*Oppenhoff*, UmwG, § 20 Rn. 13, 15; Lutter/*Grunewald*, UmwG, § 20 Rn. 27; Schmitt/Hörtnagl/*Winter*, UmwG, § 20 Rn. 45; BAG GmbHR 2003, 765, 767; BGH NJW 1988, 1928; OLG Hamm NJW-RR 1995, 1317, 1318. Ausführlich zu den Auswirkungen der Umwandlung auf die Rechtsstellung der Organe *Buchner*/*Schlobach*, GmbHR 2004, 1.

28 Kallmeyer/*Marsch-Barner*/*Oppenhoff*, UmwG, § 20 Rn. 13; Semler/Stengel/Leonard/*Leonard*/*Simon*, UmwG, § 20 Rn. 56; Lutter/*Grunewald*, UmwG, § 20 Rn. 28.

die zuständige Behörde erforderlich. Das Stiftungsgeschäft ist vorliegend im Zusammenlegungsvertrag (§ 86c Abs. 2 Hs. 2 BGB) bzw. der Behördenentscheidung (§ 86e Abs. 1 i.V.m. § 86c Abs. 2 Hs. 2 BGB) enthalten. Und die Anerkennung erfolgt durch die Genehmigung gemäß § 86b Abs. 1 S. 2 BGB bzw. die Behördenentscheidung gemäß § 86b Abs. 2 S. 1 BGB.

D. Bestandsschutz nach Absatz 3

I. Vorbemerkung

1. Fehlerhafter Verwaltungsakt

23 Sind die Genehmigung der ZuZ gemäß § 86b Abs. 1 S. 2 BGB oder die Behördenentscheidung nach § 86b Abs. 2 S. 1 BGB fehlerhaft, können diese Verwaltungsakte von den beteiligten Stiftungen und Anspruchsinhabern (i.S.d. §§ 86 Nr. 4, 86a Nr. 3, 86c Abs. 1 und 3, 86e Abs. 2 BGB) mit Widerspruch (§ 68 VwGO) und Anfechtungsklage (§ 42 Abs. 1 VwGO) angegangen und auf diese Weise das Eintreten der Rechtsfolgen des § 86f Abs. 1 und 2 BGB verhindert werden. Die behördliche Entscheidung nach § 86b Abs. 2 S. 1 BGB ist dabei stets fehlerhaft, da sie aufgrund der Handlungsunfähigkeit der Stiftungen nicht ordnungsgemäß zustanden gekommen ist (näher § 86b Rn. 32).

2. Fehlerhafter Zu- oder Zusammenlegungsvertrag

24 Leidet der Zu- oder Zusammenlegungsvertrag an Mängeln, ist **zu unterscheiden**: Manche Mängel können durch den anschließenden Zustimmungsbeschluss geheilt werden. Dazu gehört zum Beispiel ein Mangel an Vertretungsmacht der unterzeichnenden Vorstandsmitglieder, weil der Zustimmungsbeschluss eine konkludente Genehmigung i.S.d. § 179 Abs. 1 BGB enthält. Zudem kann man in dem Beschluss in einschlägigen Fällen eine Bestätigung i.S.d. § 141 BGB sehen. Fehlt ein wirksamer Zustimmungsbeschluss, was die Unwirksamkeit des Vertrages zur Folge hat, kann dieser bis zur Erteilung der Genehmigung nachgeholt werden. Geschieht dies nicht, geht die Genehmigung ins Leere und muss neu beantragt werden, nachdem der Zustimmungsbeschluss wirksam gefasst wurde. Andere Mängel sind dagegen durch den Beschluss nicht heilbar, z.B. ein Verstoß gegen §§ 134, 138 BGB oder das Fehlen der essentialia negotii des Vertrages (§ 86c Rn. 13) oder die Beteiligung eines anderen Rechtsträgers als einer rechtsfähigen Stiftung bürgerlichen Rechts an einer Zu- oder Zusammenlegung. In diesen Fällen ist der Vertrag nichtig. Und diese Nichtigkeit kann grundsätzlich von jedermann zu jeder Zeit bis zur Verwirkungsgrenze geltend gemacht werden.

25 Für die Zulässigkeit einer Nichtigkeitsfeststellungklage bedarf es allerdings eines Rechtsschutzbedürfnisses (§ 256 Abs. 1 ZPO). Ein **Rechtsschutzbedürfnis** haben vorliegend zumindest alle beteiligten Stiftungen, alle Anspruchsinhaber i.S.d. §§ 86 Nr. 4, 86a Nr. 3, 86c Abs. 1 Satz 2 BGB und alle Mitglieder aller Organe der übertragenden Stiftungen (weil sie durch eine ZuZ ihr Amt verlieren). S. ferner § 84b Rn. 98.

3. Fehlerhafter Zustimmungsbeschluss

26 Oben (§ 86b Rn. 17, 19) wurde aufgezeigt, dass Zu- und Zusammenlegungsverträge eines wirksamen Zustimmungsbeschlusses der beteiligten Stiftungen bedürfen. Ohnedies ist der Vertrag unwirksam. Das gilt also nicht nur für den Fall, dass gar kein Zustimmungsbeschluss gefasst wird, sondern auch, wenn der Beschluss aus formellen oder materiellen Gründen nichtig ist, näher dazu § 84b Rn. 80 bis 97.

4. Auswirkungen auf die Genehmigungsfähigkeit

27 Ist ein **Zu- oder Zusammenlegungsvertrag unwirksam**, sei es, weil es an einem wirksamen Zustimmungsbeschluss fehlt, sei es aus anderen Gründen, darf die Behörde die Genehmigung nicht erteilen. Tut sie das trotzdem, entfaltet die Genehmigung grundsätzlich (Ausnahme Absatz 3, s. Rn. 24) keine Wirkung, sondern geht ins Leere (§ 84b Rn. 97, § 85a Rn. 36). Trotzdem kann und muss die Genehmigung angefochten bzw. ihre Nichtigkeit festgestellt werden, und zwar wegen Absatz 3, damit die Rechtswirkungen der Absätze 1 und 2 nicht eintreten.

28 Besteht **Streit über die Wirksamkeit des ZuZ-Vertrages** ist zu unterscheiden. Zweifelt die Behörde selbst an der Wirksamkeit, darf sie ihn nicht genehmigen, solange ihre Zweifel nicht ausgeräumt sind. Das folgt schon aus der Gesetzesbindung der Verwaltung. Oft wird sie freilich weder über die erforderliche Tatsachenkenntnis noch über die fachliche Kompetenz verfügen, um z.B. die Wirksamkeit des Zustimmungsbeschlusses qualifiziert beurteilen zu können. Dann hat sie sich ebenfalls einer Entscheidung zu enthalten und alle Personen, die über ein Feststellungsinteresse verfügen (Rn. 25), nach § 28 VwVfG anzuhören. Diese Anhörung hat sie mit einer Äußerungsfrist von einem Monat (§§ 86c Abs. 3, 86e Abs. 2 BGB analog) und der Ankündigung zu verbinden, dass sie den ZuZ-Vertrag genehmigen werde, wenn sie nach der Anhörung von der Wirksamkeit des Vertrages überzeugt und keine Nichtigkeitsfeststellungsklage erhoben sei. Hat die Behörde nach der Anhörung Zweifel an der Wirksamkeit, muss sie diese kundtun und auf deren Beseitigung hinwirken. Bis dahin kommt, wie gesagt, eine Genehmigung nicht in Betracht. Letzteres gilt auch, wenn eine Nichtigkeitsfeststellungsklage erhoben wird. Auch dann hat die Behörde die Genehmigung bis zur rechtskräftigen Entscheidung oder Rücknahme der Klage zurückzustellen. Das kann man sowohl mit § 16 Abs. 2 UmwG analog als auch mit der Gesetzesbindung der Verwaltung als auch und vor allem mit der Subsidiarität der Stiftungsaufsicht[29] begründen. Die Behörde darf nicht eine genuin zivilrechtliche Entscheidung durch eine vorgreifliche Genehmigung auf den Verwaltungsrechtsweg „umleiten", andernfalls ist die Genehmigung ihrerseits fehlerhaft, rechtswidrig und deshalb anfechtbar. Eine „Streitentscheidung" durch die behördliche Vornahme der ZuZ gemäß § 86b Abs. 2 S. 1 BGB kommt daher in solchen Fällen erst recht nicht in Betracht (s. auch § 84b Rn. 100).

II. Keine Auswirkungen vertraglicher Mängel

29 Nach Absatz 3 lassen Mängel des Zulegungs- oder des Zusammenlegungsvertrages die Wirkungen der behördlichen Genehmigung unberührt.

30 Die Regelung orientiert sich an **§ 20 Abs. 2 UmwG**. Unabhängig von Art und Schwere einzelner Fehler im Umwandlungsverfahren sollen das Erlöschen des übertragenden Rechtsträgers und der Übergang des Vermögens auf den übernehmenden Rechtsträger mit Eintragung Bestandskraft erlangen.[30] Die Bestandskraft gilt bei Mängeln des Verschmelzungsvertrages, der Verschmelzungsbeschlüsse und des Verschmelzungsverfahrens gleichermaßen. Als Mängel des Verschmelzungsvertrages kommen dabei insbesondere die Nichtigkeit wegen der fehlenden notariellen Beurkundung, aber auch eine Nichtigkeit nach §§ 119 ff. oder § 134 bzw. § 138 BGB in Betracht.[31] Ist der Verschmelzungsvertrag aus einem der vorgenannten Gründe teilnichtig oder unvollständig, sind die Lücken im Wege der ergänzenden Vertragsauslegung zu schließen.[32] Bei

29 So schon *Burgard*, Gestaltungsfreiheit, 280.
30 Kallmeyer/*Marsch-Barner/Oppenhoff*, UmwG, § 20 Rn. 33; Lutter/*Grunewald*, UmwG, § 20 Rn. 78 f.; Semler/Stengel/Leonard/*Leonard/Simon*, UmwG, § 20 Rn. 84, 86.
31 Henssler/Strohn/*Heidinger*, UmwG, § 20 Rn. 66; Kallmeyer/*Marsch-Barner/Oppenhoff*, UmwG, § 20 Rn. 39; vgl. OLG Hamburg – 11 U 277/05, DNotZ 2009, 227; BayObLG AG 2000, 130, 131.
32 Kallmeyer/*Marsch-Barner/Oppenhoff*, UmwG, § 20 Rn. 40; Lutter/*Grunewald*, UmwG, § 20 Rn. 90; Semler/Stengel/Leonard/*Leonard/Simon*, UmwG, § 20 Rn. 99, jew. m.w.N.

einem gesamtnichtigen Vertrag gilt unter Berücksichtigung der gesetzlichen Vorschriften und des zum Ausdruck gekommenen Parteiwillens ein angemessener Vertragsinhalt.[33] Keiner dieser Mängel führt aber bei seinem Vorliegen zu einer Unwirksamkeit der Verschmelzung, wenn diese eingetragen wurde.[34] Dieses Ergebnis wollte der Gesetzgeber auch für die Zulegung und Zusammenlegung erreichen, freilich ohne dass er auf § 20 Abs. 2 UmwG ausdrücklich Bezug genommen hätte.[35] Die Vergleichbarkeit ergibt sich allerdings aus den ähnlichen verfolgten Regelungszielen und der ähnlichen Regelungstechnik.

Die Gesamtrechtsnachfolge und das Erlöschen der übertragenden Stiftungen sind für den Gesetzgeber auch bei der Zulegung und Zusammenlegung einer der wesentlichen Gründe für die Normierung in §§ 86 ff. BGB.[36] Absatz 3 soll für diese Vorgänge wie im Umwandlungsrecht Bestandsschutz gewährleisten, so dass Zu- und Zusammenlegung weder ex nunc noch ex tunc wegen Mängeln des Zulegungs- oder Zusammenlegungsvertrages oder der Zustimmungsbeschlüsse aufgehoben werden können. Es kommt für den Bestandsschutz nicht darauf an, welche Rechtshandlung im Zusammenhang mit der Zu- oder Zusammenlegung mit Mängeln behaftet ist und wie schwerwiegend dieser Mangel ist.[37] **Selbst gravierende Mängel** des Zulegungs- bzw. Zusammenlegungsvertrags wie ein dem Vollzug der Zulegung oder Zusammenlegung entgegenstehender Stifterwille, das Fehlen essentieller Vertragsbestandteile nach § 86c Abs. 1 und Abs. 2 BGB einschließlich des Fehlens eines Stiftungsgeschäfts für die neu entstehende Stiftung, eine unvollständige Vermögensübertragung, der Entzug statutarischer Rechte auf Ebene der übertragenden Stiftung oder die Sittenwidrigkeit des Zu- oder Zusammenlegungsvertrages sind mit Eintritt der Bestandskraft nicht mehr reversibel.[38] 31

Allerdings ist bei der Verschmelzung anerkannt, dass diese trotz der Regelung in § 20 Abs. 2 UmwG in gravierenden **Ausnahmefällen nichtig** sein kann. Dies ist der Fall, wenn der beteiligte Rechtsträger nicht zu den gem. § 3 UmwG verschmelzungsfähigen Rechtsträgern gehört oder die gewählte Umwandlungsform nicht § 1 UmwG unterfällt, es sich also um eine „Nicht"-Umwandlung handelt.[39] Die Nichtigkeit kann in diesen Fällen auch durch die Eintragung des Vorgangs in das Handelsregister nicht geheilt werden.[40] Für derartige Mängel eines Zu- oder Zusammenlegungsvertrages von Stiftungen kann nichts anderes gelten. Sollte eine Zu- oder Zusammenlegung unter Beteiligung eines Rechtsträgers in einer anderen Rechtsform als der Stiftung bürgerlichen Rechts vollzogen werden, etwa einer unselbständigen Stiftung oder einer „Stiftung"-GmbH, vermag auch die Bestandskraft der Genehmigung diese Mängel nicht zu heilen. 32

Von der Folge der Bestandskraft **unberührt** bleiben jedoch die **Mängel des Zu- oder Zusammenlegungsvertrags und** von **Zustimmungsbeschlüssen als solche**. Die **Mängel werden** also **nicht** etwa **geheilt**. Sie berühren bloß die Wirksamkeit der ZuZ nicht. Daher kann auch nach Eintritt der Bestandskraft noch Klage auf Feststellung der Nichtigkeit des der Zu- oder Zusammenlegung zu Grunde liegenden Beschlusses erhoben werden. Ein Rechtsschutzbe- 33

33 Kallmeyer/*Marsch-Barner/Oppenhoff*, UmwG, § 20 Rn. 40 m.w.N.

34 Kallmeyer/*Marsch-Barner/Oppenhoff*, UmwG, § 20 Rn. 40; BGH ZIP 2001, 2006 f.; OLG Hamburg – 11 U 277/05, DNotZ 2009, 227; BayObLG AG 2000, 130.

35 Begr. RegE, BT-Ds. 19/28173, 75.

36 Begr. RegE, BT-Ds. 19/28173, 75.

37 Henssler/Strohn/*Heidinger*, Gesellschaftsrecht, § 20 UmwG Rn. 63; Kallmeyer/*Marsch-Barner/Oppenhoff*, UmwG, § 20 Rn. 33; Schmitt/Hörtnagl/*Winter*, UmwG, § 20 Rn. 109; OLG Frankfurt AG 2012, 461; OLG Hamburg – 11 U 277/05, DNotZ 2009, 227, 228.

38 *Schauer*, npoR 2021, 35, 36 f.; *Schwalm*, ZEV 2021, 68, 73.

39 Kallmeyer/*Marsch-Barner/Oppenhoff*, UmwG, § 20 Rn. 33; Henssler/Strohn/*Heidinger*, Gesellschaftsrecht, § 20 UmwG Rn. 65; *Kort*, AG 2010, 230, 231 ff.; BGH ZIP 2001, 2006 m. Anm. *Pluskat*, EWiR 2002, 265; BGH ZIP 1999, 1126; BGH ZIP 1999, 840; BGH NJW 1998, 229; BGH ZIP 1996, 1146; OLG Frankfurt – 20 W 504/10, AG 2012, 461, 463; vgl. OLG Hamburg – 11 U 277/05, DNotZ 2009, 227.

40 Semler/Stengel/Leonard/*Schröer/Greitemann*, UmwG, § 5 Rn. 127; Lutter/*Drygala*, UmwG, § 5 Rn. 155; Kallmeyer/*Marsch-Barner/Oppenhoff*, UmwG, § 5 Rn. 63; Henssler/Strohn/*Heidinger*, UmwG, § 20 Rn. 65.

dürfnis hierfür fehlt trotz der Bestandskraft der ZuZ nicht.[41] Vielmehr kann eine erfolgreiche Nichtigkeitsfeststellungklage Grundlage für weitergehende Ansprüche, insb. auf **Schadensersatz** gegen Personen sein, welche für die Mängel des Beschlusses oder des Zu- oder Zusammenlegungsvertrages verantwortlich sind.[42] Sind diese Personen Organmitglieder der übertragenden Stiftung (gewesen), wird deren Verhalten dieser zugerechnet (§ 31 BGB), so dass neben den verantwortlichen Personen auch die übernehmende Stiftung als Gesamtrechtsnachfolgerin der übertragenden Stiftung als Anspruchsgegner in Betracht kommt. Die Rückabwicklung der ZuZ kann aber auch im Wege der Naturalrestitution (§ 249 Abs. 1 BGB) nicht verlangt werde.[43] Das widerspräche dem Sinn und Zweck von Absatz 3.

34 Für die **behördliche** Entscheidung über eine **Zu- oder Zusammenlegung** gilt Absatz 3 (natürlich) **nicht.** Die Wirksamkeit dieser Entscheidung richtet sich nach dem für die zuständige Behörde geltenden Verwaltungsverfahrensrecht (Begr. Rn. 6). Da sie wie beschrieben gegenüber den Stiftungen nicht in Bestandskraft erwachsen kann (Rn. 11), bleibt sie auch durch diese anfechtbar.

41 OLG München – 31 Wx 14/10, Der Konzern 2010, 319, 320; OLG Stuttgart NZG 2004, 463; Henssler/Strohn/*Heidinger*, Gesellschaftsrecht, § 20 UmwG Rn. 64.

42 Lutter/*Grunewald*, UmwG, § 20 Rn. 79; Henssler/Strohn/*Heidinger*, Gesellschaftsrecht, § 20 UmwG Rn. 64; s. auch *Orth*, ZStV 2020, 81, 93, der § 25 UmwG analog anwenden will.

43 Offengelassen OLG München – 31 Wx 14/10, Der Konzern 2010, 319, 320.

§ 86g Bekanntmachung der Zulegung und der Zusammenlegung

[1]Die übernehmende Stiftung hat die Zulegung oder die Zusammenlegung innerhalb eines Monats nach dem Zeitpunkt, zu dem die Wirkungen der Zulegung oder Zusammenlegung nach § 86f Absatz 1 oder Absatz 2 eingetreten sind, durch Veröffentlichung im Bundesanzeiger bekanntzumachen. [2]In der Bekanntmachung sind die Gläubiger der an der Zulegung oder Zusammenlegung beteiligten Stiftungen auf ihr Recht nach § 86h hinzuweisen. [3]Die Bekanntmachung gilt mit dem Ablauf des zweiten Tages nach der Veröffentlichung im Bundesanzeiger als bewirkt.

Schrifttum

S. Vorbemerkung zu den §§ 86 bis 86i.

Übersicht

A. Grundlagen

I. Norminhalt — 1

II. Normzweck — 2

III. Begründung des Regierungsentwurfs — 3

IV. Bewertung — 7

B. Bekanntmachung im Bundesanzeiger, Satz 1 — 8

C. Hinweis an die Gläubiger, Satz 2 — 15

D. Bewirken der Bekanntmachung, Satz 3 — 16

A. Grundlagen

I. Norminhalt

1 Die Vorschrift regelt die Pflicht der übernehmenden Stiftung zur Bekanntmachung der Zulegung und Zusammenlegung im Bundesanzeiger. Dabei sind die Gläubiger der beteiligten Stiftungen auf ihr Recht nach § 86h BGB sowie Sicherheit verlangen zu können, hinzuweisen. Nach Satz 3 beginnt die Frist des § 86h BGB mit dem Ablauf des zweiten Tages nach der Veröffentlichung.

II. Normzweck

2 § 86g BGB dient dem Gläubigerschutz. Die Bekanntmachung setzt die an dem Vorgang unbeteiligten Gläubiger von der Zu- oder Zusammenlegung in Kenntnis und macht sie auf ihr Recht nach § 86h BGB aufmerksam.

III. Begründung des Regierungsentwurfs

3 *Nach § 86g BGB-neu ist eine Zulegung und Zusammenlegung zum Schutz der Gläubiger der beteiligten Stiftungen bekanntzumachen. Die Gläubiger sind in der Bekanntmachung auf die Zulegung oder Zusammenlegung und ihr Recht nach § 86h BGB-neu hinzuweisen.*

4 ***Zu Satz 1*** *§ 86g Satz 1 BGB-neu bestimmt, dass die übernehmende Stiftung verpflichtet ist, die Zulegung oder Zusammenlegung innerhalb eines Monats nach ihrem Wirksamwerden im Bundes-*

https://doi.org/10.1515/9783110251524-037

anzeiger bekanntzumachen. Eine zügige Bekanntmachung ist im Interesse der Stiftung, weil das Recht der Gläubiger nach § 86h BGB-neu, Sicherheiten für ihre noch nicht fälligen Ansprüche zu verlangen, durch die Bekanntmachung befristet werden kann.

5 ***Zu Satz 2*** *Nach § 86g Satz 2 BGB-neu sind die Gläubiger in der Bekanntmachung darauf hinzuweisen, dass sie für ihre noch nicht fälligen Forderungen nach § 86h BGB-neu von der übernehmenden Stiftung Sicherheiten verlangen können.*

6 ***Zu Satz 3*** *§ 86g Satz 3 BGB-neu bestimmt, dass die Bekanntmachung der Zulegung oder Zusammenlegung mit dem Ablauf des zweiten Tages nach der Veröffentlichung als bewirkt gilt. Ab diesem Zeitpunkt beginnt die Sechsmonatsfrist nach § 86h Nummer 1 BGB-neu, wenn die Veröffentlichung den Anforderungen des § 86g BGB-neu entspricht.*“[1]

IV. Bewertung

7 Der von §§ 86g f. BGB intendierte Gläubigerschutz ist zwar gut gemeint, dürfte aber praktisch in den allermeisten Fällen ohne Bedeutung sein. Das erkennen die Gesetzesverfasser selbst (s. § 86h Rn. 5). Was bleibt sind dementsprechend unnötige, von der übernehmenden Stiftung zu tragende Veröffentlichungskosten. Weniger Regulierung wäre mehr gewesen. Abgesehen davon hätte es nähergelegen, die zuständige Behörde mit der Veröffentlichung zu belasten (Rn. 14).

B. Bekanntmachung im Bundesanzeiger, Satz 1

8 Das Erlöschen der übertragenden Stiftungen und die Rechtsnachfolge der übernehmenden Stiftungen als Rechtswirkungen der Zu- und Zusammenlegung sollen im Interesse der Gläubiger der beteiligten Stiftungen und des Rechtsverkehrs allgemein nachvollziehbar sein. § 86g BGB ordnet deshalb die Bekanntmachung der Zulegung und der Zusammenlegung an (Begr. Rn. 3).

9 Die Regelung orientiert sich inhaltlich an **§ 104 UmwG**, allerdings ohne dass die Gesetzesverfasser auf diese Vorschrift Bezug nehmen.[2] Nach § 104 Abs. 1 S. 1 UmwG ist bei einem nicht in das Handelsregister eingetragenen, wirtschaftlichen Verein die bevorstehende Verschmelzung durch den Vorstand des Vereins im Bundesanzeiger bekanntzumachen. Die Bekanntmachung im Bundesanzeiger tritt an die Stelle der im Allgemeinen bei Verschmelzungen üblichen Eintragung (vgl. §§ 17–19 UmwG) des Vorgangs in das Handelsregister, § 104 Abs. 1 S. 2 UmwG. Zudem ist die Bekanntmachung mit einem Hinweis zu versehen, dass die Verschmelzung erst mit der Eintragung im Register des Sitzes des übernehmenden Rechtsträgers wirksam wird, § 104 Abs. 1 S. 3 UmwG.

10 Bei der Zulegung und Zusammenlegung kommt eine Eintragung in das Stiftungsregister aufgrund des späteren Inkrafttretens der stiftungsregisterrechtlichen Vorschriften (noch) nicht in Betracht. Die Publizität des Vorgangs wird deshalb wie bei § 104 UmwG durch die Bekanntmachung im Bundesanzeiger hergestellt.

11 Anders als bei § 104 Abs. 1 UmwG hat die Bekanntmachung hier innerhalb eines Monats nach Eintritt der Wirkungen der Zulegung oder Zusammenlegung nach § 86f Abs. 1 und Abs. 2 BGB, d.h. innerhalb eines Monats nach Eintritt der Bestandskraft der behördlichen Genehmigung bzw. Entscheidung zu erfolgen. Nach Möglichkeit sollte die Stiftung diese Frist allerdings nicht vollends ausschöpfen, denn mit der Bekanntgabe kann die Stiftung die Frist nach § 86h Nr. 1 BGB in Gang setzen, innerhalb derer Gläubiger der Stiftung Sicherheit für ihre noch nicht fälligen Ansprüche verlangen können (Begr. Rn. 4).

---

1 Begr. RegE, BT-Ds. 19/28173, 75.
2 Vgl. Begr. RegE, BT-Ds. 19/28173, 75.

Inhaltlich ist die Zulegung oder Zusammenlegung bekannt zu machen. **Bekanntzumachen sind** daher (vgl. §§ 86c Abs. 1 S. 1, 86f Abs. 1 und Abs. 2 BGB) 12
- Name und Sitz der übertragenden Stiftung(en),
- Name und Sitz der übernehmenden Stiftung,
- die Gesamtrechtsnachfolge der übernehmenden Stiftung
- das Erlöschen der übertragenden Stiftung(en) und
- der Zeitpunkt des Eintritts dieser Rechtsfolgen, d.h. der Zeitpunkt der Unanfechtbarkeit der Behördenentscheidung.

Außerdem hat die Bekanntmachung den Hinweis auf das Gläubigerrecht nach § 86h BGB zu enthalten (dazu Rn. 15).

Zu veröffentlichen ist die Bekanntmachung im Bundesanzeiger. Eine ergänzende Mitteilung 13
in einem anderen, bspw. satzungsmäßig vorgesehenen Veröffentlichungsblatt ist nicht ausgeschlossen, erfüllt allein aber nicht die Bekanntmachungspflicht.[3]

In diesem Zusammenhang stellt sich die Frage, weshalb der Gesetzgeber die Bekanntma- 14
chungspflicht der übernehmenden Stiftung übertragen hat. In einer vergleichbaren Situation bestimmen die **§§ 186 S. 2, 187, 188 Abs. 3 UmwG**, dass an Stelle des übernehmenden Rechtsträgers die zuständige Aufsichtsbehörde die Vermögensübertragung und ihre Genehmigung im Bundesanzeiger bekannt zu machen hat. Wenn der Gesetzgeber schon die Bestandskraft der Behördenentscheidung als den maßgeblichen Zeitpunkt des Eintritts der Rechtswirkungen nach § 86f Abs. 1 oder Abs. 2 BGB bestimmt, dann hätte es nahegelegen, die entscheidende Behörde auch mit der Bekanntgabe zu betrauen.[4] Denn sie erlässt den Verwaltungsakt und kann daher sowohl den Beginn als auch den ereignislosen Ablauf der Frist am besten nachvollziehen, mit deren Ende Bestandskraft eintritt.

C. Hinweis an die Gläubiger, Satz 2

In der Bekanntmachung der Zulegung und Zusammenlegung durch die übernehmende Stiftung 15
sind die Gläubiger der an Zu- und Zusammenlegung beteiligten Stiftungen auf ihr Recht nach § 86h BGB hinzuweisen, Satz 2. Das Recht nach § 86h BGB betrifft das Recht der Gläubiger, für ihre Forderungen nach Maßgabe des § 86h BGB Sicherheitsleistung zu verlangen. Der Anspruch besteht sowohl zu Gunsten von Gläubigern der bzw. den übertragenden Stiftung(en) als auch zu Gunsten der Gläubiger der übernehmenden neuen bzw. bereits existierenden Stiftung, vgl. § 86g S. 2 BGB.

D. Bewirken der Bekanntmachung, Satz 3

Die Bekanntmachung der Zulegung oder Zusammenlegung im Bundesanzeiger gilt mit dem Ab- 16
lauf des zweiten Tages nach der Veröffentlichung als bewirkt, Satz 3. **Ab diesem Zeitpunkt beginnt die sechsmonatige Frist nach § 86h BGB**, innerhalb derer Gläubiger Sicherheitsleistung verlangen können.[5] Erfolgte die Bekanntmachung im Bundesanzeiger also am 1. März, beginnt die Frist mit Ablauf des 3. März. Erster Tag der Frist ist damit der 4. März, sechs Monate später, also am 3. September, endet dann die Frist nach § 86h BGB.

3 Lutter/*Hennrichs*, UmwG, § 104 Rn. 3; Widmann/Meyer/*Vossius*, Umwandlungsrecht, § 104 Rn. 12.
4 **A.A.** insoweit *Orth*, ZStV 2020, 81, 89 (Vorstand der Stiftung).
5 Begr. RegE, BT-Ds. 19/28173, 75.

§ 86h Gläubigerschutz

Die übernehmende Stiftung hat einem Gläubiger nach § 86g Satz 2 für einen Anspruch, der vor dem Zeitpunkt entstanden ist, zu dem die Wirkungen der Zulegung oder Zusammenlegung nach § 86f Absatz 1 oder Absatz 2 eingetreten sind, und dessen Erfüllung noch nicht verlangt werden kann, Sicherheit zu leisten, wenn der Gläubiger
1. **den Anspruch nach Grund und Höhe binnen sechs Monaten nach dem Tag, an dem die Zulegung oder Zusammenlegung bekanntgemacht wurde, bei der Stiftung schriftlich anmeldet und**
2. **mit der Anmeldung glaubhaft macht, dass die Erfüllung des Anspruchs aufgrund der Zulegung oder Zusammenlegung gefährdet ist.**

Schrifttum

S. Vorbemerkung zu den §§ 86 bis 86i.

Übersicht

A. **Grundlagen**
I. Norminhalt — 1
II. Normzweck — 2
III. Begründung des Regierungsentwurfs — 3
IV. Bewertung — 6
B. **Gläubiger — 7**
C. **Schuldner — 10**
D. **Anspruch**
I. Inhalt — 11
II. Entstehung und Fälligkeit — 14
E. **Anmeldung des Anspruchs, Nr. 1**
I. Anmeldung — 15
II. Anmeldefrist — 17
F. **Glaubhaftmachen der Gefährdung des Anspruchs, Nr. 2 — 19**
I. Gefährdung — 20
II. Glaubhaftmachung — 23
III. Ausschluss des Anspruchs — 24

A. Grundlagen

I. Norminhalt

1 § 86h BGB gewährt Gläubigern der an einer Zu- oder Zusammenlegung beteiligten Stiftungen einen Anspruch auf Stellung einer Sicherheit gegenüber der übernehmenden Stiftung für ihre noch nicht fälligen Ansprüche, wenn sie den Anspruch rechtzeitig anmelden und eine Gefährdung der Erfüllung ihres Anspruchs glaubhaft machen.

II. Normzweck

2 Die Zu- oder Zusammenlegung kann (mehr theoretisch, denn praktisch, s. Rn. 5) für die Gläubiger der daran beteiligten, bereits bestehenden Stiftungen durch die Zusammenführung der Ver-

https://doi.org/10.1515/9783110251524-038

mögensmassen zu einer Gefährdung ihrer Rechte führen. § 86h BGB gewährt den Gläubigern zur Absicherung der Ansprüche deshalb einen Anspruch auf Sicherheitsleistung.[1]

III. Begründung des Regierungsentwurfs

Bei einer Zulegung oder Zusammenlegung gewährt § 86h BGB-neu den von der Zulegung oder Zusammenlegung betroffenen Gläubigern einen Anspruch auf Sicherheitsleistung für ihre noch nicht fälligen Ansprüche gegen die übernehmende Stiftung, wenn die Erfüllung dieser Ansprüche durch die Zulegung oder die Zusammenlegung gefährdet ist. 3

Zu Nummer 1 *Nach § 86h Nummer 1 BGB-neu setzt der Anspruch auf Sicherheitsleistung voraus, dass ein Gläubiger seine noch nicht fälligen Ansprüche bei der übernehmenden Stiftung innerhalb von sechs Monaten, nachdem die Bekanntmachung nach § 86g Satz 3 BGB-neu bewirkt wurde, nach Grund und Höhe schriftlich anmeldet. Dieses Recht steht sowohl Gläubigern zu, die einen Anspruch gegen die übertragenden Stiftungen hatten, der auf die übernehmende Stiftung übergegangen ist, als auch anderen Gläubigern der übernehmenden Stiftung.*[2] 4

Zu Nummer 2 *Der Anspruch auf Sicherheitsleistung setzt nach § 86h Nummer 2 BGB-neu zusätzlich voraus, dass mit der Anmeldung des Anspruchs glaubhaft gemacht wird, dass aufgrund der Zulegung oder Zusammenlegung die Erfüllung des Anspruchs gefährdet ist. Die Erfüllung des Anspruchs wird nicht allein durch den mit der Zulegung oder Zusammenlegung verbundenen Schuldnerwechsel gefährdet. Entscheidend ist die Vermögenslage bei der übernehmenden Stiftung. Nur wenn glaubhaft gemacht wird, dass die übernehmende Stiftung längerfristig nicht mehr ihre Verbindlichkeiten erfüllen kann, liegen die Voraussetzungen für einen Anspruch auf Sicherheitsleistung vor. Bei Zulegungen und Zusammenlegungen werden diese Voraussetzungen regelmäßig nicht vorliegen, da Zulegungen nach § 86 Nummer 3 BGB-neu und Zusammenlegungen nach § 86a Nummer 2 BGB-neu nur zulässig sind, wenn gesichert erscheint, dass die übernehmende Stiftung ihre Zwecke auch weiterhin dauernd und nachhaltig erfüllen kann.*[3] 5

IV. Bewertung

Wie die Gesetzesverfasser selbst erkennen (Rn. 5), wird diese Vorschrift wegen § 86 Nr. 3 und § 86a Nr. 2 BGB **totes Recht** bleiben. §§ 86g f. BGB sollten daher bei nächster Gelegenheit ersatzlos gestrichen werden (s. auch § 86g Rn. 7). 6

B. Gläubiger

Anspruchsberechtigt ist jeder Gläubiger, dem gegen eine der an der Zu- oder Zusammenlegung beteiligten Stiftungen ein Anspruch zusteht. Ob sich der Anspruch gegen eine übertragende oder eine übernehmende Stiftung richtet, ist unerheblich. Ebenfalls unerheblich ist der Rechtsgrund des Anspruchs. Er kann auf Vertrag, Satzung oder Gesetz beruhen. 7

Der Anspruch muss vor dem Zeitpunkt **entstanden** sein, nach welchem gem. § 86f Abs. 1 oder Abs. 2 BGB die Wirkungen der Zulegung oder Zusammenlegung eingetreten sind, d.h. **vor dem Eintritt der Bestandskraft** der Genehmigung bzw. Behördenentscheidung über die Zulegung oder Zusammenlegung (näher dazu § 86f Rn. 8 ff.). Entstanden ist der Anspruch, wenn der 8

---

1 Zur vergleichbaren Situation bei der Verschmelzung s. Lutter/*Grunewald*, UmwG, § 22 Rn. 1 ff.; Semler/Stengel/Leonard/*Seulen*, UmwG, § 22 Rn. 1.

2 Begr. RegE, BT-Ds. 19/28173, 75.

3 Begr. RegE, BT-Ds. 19/28173, 76.

Rechtsgrund für die Forderung gelegt ist.[4] Bei vertraglichen Ansprüchen ist das mit Abschluss des Vertrages der Fall.[5] Erfasst sind auch befristete oder auflösend bedingte Ansprüche sowie die künftigen Ansprüche aus Dauerschuldverhältnissen.[6] Bei gesetzlichen Ansprüchen müssen die jeweiligen Tatbestandsvoraussetzungen erfüllt sein.[7]

9 Der Anspruch darf allerdings **noch nicht fällig** sein, andernfalls der Gläubiger Erfüllung verlangen kann und daher auf keine Sicherheitsleistung angewiesen ist.[8] Noch nicht fällige Ansprüche, die auf der Satzung der übertragenden Stiftung beruhen, kommen durch deren Erlöschen in Wegfall. Diese Gläubiger werden über §§ 86 Nr. 4, 86a Nr. 3, 86c Abs. 1 S. 2, Abs. 3, 86e Abs. 2 BGB geschützt.

C. Schuldner

10 Schuldner des Anspruchs auf Sicherheitsleistung ist die **übernehmende Stiftung**, § 86h Halbsatz 1 BGB.

D. Anspruch

I. Inhalt

11 Der Inhalt des Anspruchs des Gläubigers auf Sicherheitsleistung richtet sich nach **§§ 232 ff. BGB**. Sicherheitsleistung erfolgt grundsätzlich durch die Stellung einer Realsicherheit, s. § 232 Abs. 1 BGB. Kann keine Realsicherheit gestellt werden, so ist hilfsweise die Stellung eines tauglichen Bürgen zulässig, § 232 Abs. 2 BGB. Nähere Bestimmungen zu den einzelnen Sicherungsmitteln enthalten die §§ 234 ff. BGB.

12 **Die Wahl der konkreten Sicherheiten trifft der Sicherungspflichtige**,[9] hier also die übernehmende Stiftung. Dabei muss sich die Stiftung nicht auf ein Sicherungsmittel beschränken, sie kann auch mehrere verschiedene kombinieren.[10] Die Bestimmung trifft die Stiftung durch die tatsächliche Stellung der Sicherheit.[11]

13 Die **Höhe** der zu leistenden Sicherheit bestimmt sich nach dem (aufzurundenden) Wert des zu sichernden Rechts unter Berücksichtigung der Interessenlage der Parteien.[12] Bei einer Geldforderung ist Bemessungsgrundlage daher der Betrag der Hauptforderung zuzüglich Zinsen und etwaigen Kosten.[13]

II. Entstehung und Fälligkeit

14 Der Anspruch auf Sicherheitsleistung entsteht mit dem in § 86f Abs. 1 und Abs. 2 BGB genannten Zeitpunkt. Zugleich wird er auch fällig, denn zu diesem Zeitpunkt tritt mit der Gesamtrechts-

4 Lutter/*Grunewald*, UmwG, § 22 Rn. 7; Semler/Stengel/Leonard/*Seulen*, UmwG, § 22 Rn. 10.
5 Kallmeyer/*Marsch-Barner*/*Oppenhoff*, UmwG, § 22 Rn. 3; Schmitt/Hörtnagl/*Winter*, UmwG, § 22 Rn. 6.
6 Kallmeyer/*Marsch-Barner*/*Oppenhoff*, UmwG, § 22 Rn. 3; Lutter/*Grunewald*, UmwG, § 22 Rn. 7. Ausführlich zu Ansprüchen aus Dauerschuldverhältnissen *Schröer*, DB 1999, 317; *Jaeger*, DB 1996, 1069.
7 Schmitt/Hörtnagl/*Winter*, UmwG, § 22 Rn. 6.
8 MüKoBGB/*Krüger*, § 271 Rn. 2; BeckOK BGB/*Lorenz*, § 271 Rn. 2.
9 MüKoBGB/*Grothe*, § 232 Rn. 2; Erman/*Schmidt-Räntsch*, BGB, § 232 Rn. 8.
10 MüKoBGB/*Grothe*, § 232 Rn. 2; Erman/*Schmidt-Räntsch*, BGB, § 232 Rn. 8.
11 MüKoBGB/*Grothe*, § 232 Rn. 2; Erman/*Schmidt-Räntsch*, BGB, § 232 Rn. 8.
12 BeckOK BGB/*Dennhardt*, § 232 Rn. 2; MüKoBGB/*Grothe*, § 232 Rn. 1.
13 BeckOK BGB/*Dennhardt*, § 232 Rn. 2; MüKoBGB/*Grothe*, § 232 Rn. 1.

nachfolge und dem Erlöschen der übertragenden Stiftungen die Gefährdung des Anspruchs des Gläubigers ein.[14]

E. Anmeldung des Anspruchs, Nr. 1

I. Anmeldung

Der Gläubiger muss seinen Anspruch nach Grund und Höhe bei der übernehmenden Stiftung schriftlich (§ 126 BGB) anmelden. Dazu hat er **substantiiert** die Tatsachen darzulegen und ggfs. zu beweisen, die es der übernehmenden Stiftung ohne größere Nachforschungen ermöglichen, den Anspruch eindeutig zu identifizieren.[15] 15

Erfolgt die **Anmeldung** – aus welchem Grund auch immer – bei der, unter Umständen bereits erloschenen, **übertragenden Stiftung**, ist dies wegen der Gesamtrechtsnachfolge **unschädlich.**[16] 16

II. Anmeldefrist

Die Anmeldung muss binnen sechs Monaten nach dem Tag erfolgen, an dem die Zulegung oder Zusammenlegung bekanntgemacht wurde. Die **Anmeldung kann bereits vor Beginn der Frist**, also vor Eintritt der Bestandskraft erfolgen.[17] Zur Fristwahrung ist der rechtzeitige Zugang (§ 130 BGB) der Anmeldeerklärung erforderlich.[18] Die Frist ist eine materiell-rechtliche **Ausschlussfrist.** Mit ihrem Ablauf geht der Anspruch auf Sicherheitsleistung unter.[19] 17

Fraglich ist der **Beginn der sechsmonatigen Frist**, denn nach dem Wortlaut besteht hier eine Diskrepanz zwischen § 86g S. 3 und § 86h Nr. 1 BGB. Während § 86g S. 3 BGB bestimmt, dass die Bekanntmachung des Vorgangs, einschließlich des Hinweises auf den Anspruch aus § 86h BGB, mit Ablauf des zweiten Tages nach der Veröffentlichung im Bundesanzeiger als bewirkt gilt, stellt § 86g Nr. 1 BGB auf den Tag der Bekanntmachung ab. Gleichwohl heißt es in der Begründung zu dieser Vorschrift: „... *innerhalb von sechs Monaten, nachdem die Bekanntmachung nach § 86g Satz 3 BGB-neu bewirkt wurde*" (Rn. 4). Trotz der unterschiedlichen Formulierungen in den beiden Vorschriften meinen die Gesetzesverfasser also denselben Zeitpunkt, zu dem die sechsmonatige Frist zur Anmeldung des Anspruchs beginnen soll, nämlich **am dritten Tag nach der Veröffentlichung der Bekanntmachung** im Bundesanzeiger (zur Berechnung § 86g Rn. 16). 18

F. Glaubhaftmachen der Gefährdung des Anspruchs, Nr. 2

Der Gläubiger muss bei der Anmeldung glaubhaft machen, dass die Erfüllung des Anspruchs aufgrund der Zulegung oder Zusammenlegung gefährdet ist. 19

---

14 Lutter/*Grunewald*, UmwG, § 22 Rn. 22; Semler/Stengel/*Seulen*, UmwG, § 22 Rn. 42.

15 Lutter/*Grunewald*, UmwG, § 22 Rn. 18; Henssler/Strohn/*Ca. Müller*, Gesellschaftsrecht, § 22 UmwG Rn. 11; Semler/Stengel/Leonard/*Seulen*, UmwG, § 22 Rn. 41; Schmitt/Hörtnagl/*Winter*, UmwG, § 22 Rn. 9.

16 Kallmeyer/*Marsch-Barner/Oppenhoff*, UmwG, § 22 Rn. 5; Lutter/*Grunewald*, UmwG, § 22 Rn. 18.

17 Kallmeyer/*Marsch-Barner/Oppenhoff*, UmwG, § 22 Rn. 5; Schmitt/Hörtnagl/*Winter*, UmwG, § 22 Rn. 11.

18 Kallmeyer/*Marsch-Barner/Oppenhoff*, UmwG, § 22 Rn. 5; Lutter/*Grunewald*, UmwG, § 22 Rn. 19.

19 Kallmeyer/*Marsch-Barner/Oppenhoff*, UmwG, § 22 Rn. 5; Semler/Stengel/Leonard/*Seulen*, UmwG, § 22 Rn. 39; Schmitt/Hörtnagl/*Winter*, UmwG, § 22 Rn. 12.

I. Gefährdung

20 Eine Gefährdung erfordert eine **objektive Erhöhung der Gefahr** des Ausfalls der Forderung eines Gläubigers in Folge der Zulegung oder Zusammenlegung im Vergleich zur vorherigen Situation.[20] Allein die dem Vorgang immanente Tatsache, dass ein Gläubiger einer übertragenden Stiftung statt dieser eine andere Stiftung als Schuldner erhält, die er sich nicht ausgesucht hat, genügt hierfür nicht.[21] Entscheidend für eine solche konkrete Gefährdung ist vielmehr, ob die übernehmende Stiftung aufgrund ihrer Vermögens- und Ertragslage künftig in der Lage sein wird, die ausstehenden Verbindlichkeiten zu erfüllen.[22]

21 Dies entspricht der allgemeinen Ansicht zur gleichlautenden Vorschrift des **§ 22 Abs. 1 S. 1 UmwG.**[23] Danach muss zwar keine endgültige Gewissheit des Ausfalls bestehen. Die Verschlechterung der Vermögens-, Ertrags- und Finanzlage muss aber ein solches Ausmaß erreichen, dass das Unternehmen Kredite mit Laufzeiten, welche den Fälligkeitsfristen der angemeldeten Forderungen entsprechen, am Markt nicht mehr erhielte oder Verträge mit Gegenleistungen, die dem abgeschlossenen vergleichbar sind, am Markt nicht mehr ohne Sicherheitsleistung abschließen könnte.[24] Indizien können auch eine wesentliche Verschlechterung der Eigenkapitalquote oder der Liquiditätslage sein.[25]

22 Eine solche Gefährdung wird **bei der Zu- und Zusammenlegung** von Stiftungen **in aller Regel nicht** vorliegen, weil andernfalls die Voraussetzungen der **§§ 86 Nr. 4, 86a Nr. 3 BGB** nicht erfüllt wären (s. auch Rn. 6). Das sehen auch die Gesetzesverfasser so (Rn. 5). § 86g und § 86h BGB sind daher überflüssig.

II. Glaubhaftmachung

23 Der Gläubiger hat die Gefährdung des Anspruchs glaubhaft zu machen. Für die Glaubhaftmachung genügt hinsichtlich der Tatsachen, welche die Gefährdung begründen, ein geringerer Grad von Wahrscheinlichkeit.[26] Die **Tatsachen** müssen, anders als beim Vollbeweis, nicht zweifelsfrei bewiesen werden.[27] Vielmehr genügt es, wenn sie **überwiegend wahrscheinlich** sind.[28]

III. Ausschluss des Anspruchs

24 War bereits vor der Zusammenführung die Vermögenslage des übertragenden Rechtsträgers so schlecht, dass ein Ausfall drohte, ist die Gefährdung nicht durch die Verschmelzung bedingt, so dass auch kein Anspruch auf Sicherheitsleistung besteht.[29] Das minimiert den Anwendungsbereich der Vorschrift zusätzlich.

---

20 Semler/Stengel/Leonard/*Seulen*, UmwG, § 22 Rn. 32; Kallmeyer/*Marsch-Barner/Oppenhoff*, UmwG, § 22 Rn. 7; Henssler/Strohn/*Ca. Müller*, Gesellschaftsrecht, § 22 UmwG Rn. 10.

21 Begr. RegE, BT-Ds. 19/28173, 76.

22 Begr. RegE, BT-Ds. 19/28173, 76.

23 Lutter/*Grunewald*, UmwG, § 22 Rn. 12; BGHZ 150, 365, 370 = NJW 2002, 2168, 2169.

24 Semler/Stengel/Leonard/*Seulen*, UmwG, § 22 Rn. 32.

25 Semler/Stengel/Leonard/*Seulen*, UmwG, § 22 Rn. 32; Lutter/*Grunewald*, UmwG, § 22 Rn. 12; Kallmeyer/*Marsch-Barner/Oppenhoff*, UmwG, § 22 Rn. 7.

26 Henssler/Strohn/*Ca. Müller*, Gesellschaftsrecht, § 22 UmwG Rn. 10; Schmitt/Hörtnagl/*Winter*, UmwG, § 22 Rn. 13; Semler/Stengel/Leonard/*Seulen*, UmwG, § 22 Rn. 35.

27 Henssler/Strohn/*Ca. Müller*, Gesellschaftsrecht, § 22 UmwG Rn. 10; Schmitt/Hörtnagl/*Winter*, UmwG, § 22 Rn. 13; Semler/Stengel/Leonard/*Seulen*, UmwG, § 22 Rn. 35.

28 Henssler/Strohn/*Ca. Müller*, Gesellschaftsrecht, § 22 UmwG Rn. 10; Schmitt/Hörtnagl/*Winter*, UmwG, § 22 Rn. 13; Semler/Stengel/Leonard/*Seulen*, UmwG, § 22 Rn. 35.

29 Semler/Stengel/Leonard/*Seulen*, UmwG, § 22 Rn. 34; Schmitt/Hörtnagl/*Winter*, UmwG, § 22 Rn. 13.

Der Anspruch auf Sicherheitsleistung besteht zudem nicht, wenn die Forderung des Gläubigers bereits anderweitig durch die übernehmende Stiftung im Sinne von § 232 BGB besichert ist.[30] 25

Schließlich besteht kein Anspruch auf Sicherheitsleistung, wenn der Gläubiger bereits Befriedigung verlangen und daher seine Forderung auch auf dem Klageweg durchsetzen kann.[31] 26

---

30 Lutter/*Grunewald*, UmwG, § 22 Rn. 27 m.w.N.
31 Lutter/*Grunewald*, UmwG, § 22 Rn. 11; Kallmeyer/*Marsch-Barner/Oppenhoff*, UmwG, § 22 Rn. 8.

§ 86i Anmeldung von Zulegung und Zusammenlegung

(1) [1]Bei einer Zulegung ist das Erlöschen der übertragenden Stiftung nach § 86f Absatz 1 vom Vorstand der übernehmenden Stiftung zur Eintragung ins Stiftungsregister anzumelden, wenn die behördliche Genehmigung des Zulegungsvertrags nach § 86b Absatz 1 oder die behördliche Entscheidung über die Zulegung nach § 86b Absatz 2 unanfechtbar geworden ist. [2]In der Anmeldung ist anzugeben, wann die behördliche Genehmigung oder die behördliche Entscheidung den beteiligten Stiftungen und sonstigen Verfahrensbeteiligten bekanntgegeben wurde. [3]Der Anmeldung ist der Zulegungsvertrag und die behördliche Genehmigung oder die behördliche Entscheidung beizufügen.

(2) [1]Bei einer Zusammenlegung sind die neue übernehmende Stiftung und das Erlöschen der übertragenden Stiftungen vom Vorstand der neuen übernehmenden Stiftung gemeinsam zur Eintragung ins Stiftungsregister anzumelden, wenn die behördliche Genehmigung des Zusammenlegungsvertrags nach § 86b Absatz 1 oder die behördliche Entscheidung über die Zusammenlegung nach § 86b Absatz 2 unanfechtbar geworden ist. [2]Für die Anmeldung gelten Absatz 1 Satz 2 und 3 und § 82b Absatz 2 entsprechend. An die Stelle der Anerkennungsentscheidung und der Satzung nach § 82b Absatz 2 Satz 3 Nummer 1 tritt bei der Anmeldung der neuen übernehmenden Stiftung der Zusammenlegungsvertrag und die behördliche Genehmigung nach § 86b Absatz 1 oder die behördliche Zusammenlegungsentscheidung nach § 86b Absatz 2.

Begründung des Regierungsentwurfs

1 *§ 86i BGB-neu regelt die Registerpflichten des Vorstands der übernehmenden Stiftung bei Zulegungen und Zusammenlegungen. § 86i BGB-neu gilt sowohl für Zulegungen und Zusammenlegungen durch die Stiftungsorgane nach § 86b Absatz 1 BGB-neu als auch für behördliche Zulegungen oder Zusammenlegungen nach § 86b Absatz 2 BGB-neu. Auch bei den Anmeldungen bei Zulegungen und Zusammenlegungen zeigt sich der Vorteil eines zentralen Stiftungsregisters. Wenn an einer Zulegung mehrere übertragende Stiftungen beteiligt sind, die ihren Sitz im Zuständigkeitsbereich unterschiedlicher Stiftungsbehörden in mehreren Ländern haben, reicht eine einheitliche Anmeldung beim Stiftungsregister, um die notwendigen Eintragungen zu veranlassen. Dasselbe gilt für Zusammenlegungen, an denen übertragende Stiftungen die ihren Sitz im Zuständigkeitsbereich unterschiedlicher Stiftungsbehörden in einem oder mehrere Länder haben oder bei denen eine neue Stiftung mit Sitz in einem anderen Land errichtet wird als dem Land, in dem die übertragenden Stiftungen ihren Sitz hatten.*

2 ***Zu Absatz 1*** *§ 86i Absatz 1 BGB-neu regelt die Anmeldung von Zulegungen beim Stiftungsregister. Bei einer Zulegung ist nach § 2 Nummer 9 StiftRG-neu das Erlöschen der übertragenden Stiftung im Stiftungsregister einzutragen.*

3 ***Zu Satz 1*** *Nach § 86i Absatz 1 Satz 1 BGB-neu ist das Erlöschen, der an der Zulegung beteiligten übertragenden Stiftung zur Eintragung ins Stiftungsregister anzumelden. Anmeldepflichtig ist der Vorstand der übernehmenden Stiftung. Das Erlöschen ist anzumelden, wenn die Genehmigung des Zulegungsvertrags nach § 86b Absatz 1 BGB-neu oder die behördliche Zulegungsentscheidung nach § 86b Absatz 2 BGB-neu unanfechtbar geworden ist. Nach § 86f Absatz 1 BGB-neu erlischt bei einer Zulegung die übertragende Stiftung mit der Unanfechtbarkeit der Genehmigung oder behördlichen Entscheidung.*

4 ***Zu Satz 2*** *Damit die Registerbehörde prüfen kann, ob die Genehmigung des Zulegungsvertrags oder die behördlichen Zulegungsentscheidung unanfechtbar geworden sind, sieht § 86i Absatz 1 Satz 2 BGB-neu vor, dass in der Anmeldung des Erlöschens der übertragenden Stiftung immer auch anzugeben ist, wann die Genehmigung des Zulegungsvertrags oder die behördliche Zulegungsentscheidung den beteiligten Stiftungen und anderen Verfahrensbeteiligten bekannt gegeben wurde.*

https://doi.org/10.1515/9783110251524-039

Diese Angaben benötigt die Registerbehörde für die Prüfung, ob die Voraussetzungen des Erlöschens der übertragenden Stiftung nach § 86f Absatz 1 BGB-neu vorliegen. Falls die Registerbehörde nicht sicher feststellen kann, ob die Genehmigung eines Zulegungsvertrags oder eine behördliche Zulegungsentscheidung unanfechtbar geworden ist, kann sie dazu nach § 10 Absatz 2 StiftRG-neu die für die Stiftung zuständige Behörde anhören.

Zu Satz 3 *§ 86i Absatz 1 Satz 3 BGB-neu regelt, welche Dokumente der Anmeldung nach § 86i Absatz 1 Satz 1 BGB-neu beizufügen sind. Bei einer Zulegung durch die zuständigen Stiftungsorgane sind mit der Anmeldung Abschriften des Zulegungsvertrags und der behördlichen Genehmigung nach § 86b Absatz 1 BGB-neu einzureichen. Bei einer behördlichen Zulegung ist der Anmeldung eine Abschrift der Entscheidung nach § 86b Absatz 2 BGB-neu beizufügen.* 5

Zu Absatz 2 *§ 86i Absatz 2 BGB-neu regelt die Anmeldungen bei Zusammenlegungen. Bei der Zusammenlegung ist die neue Stiftung und das Erlöschen der übertragenden Stiftungen nach § 7 Nummer 9 StiftRG-neu im Stiftungsregister einzutragen.* 6

Zu Satz 1 *§ 86i Absatz 2 Satz 1 BGB-neu regelt, dass bei Zusammenlegungen die neue Stiftung und das Erlöschen der übertragenden Stiftungen gemeinsam zum Stiftungsregister anzumelden sind. Anmeldepflichtig ist der Vorstand der durch die Zusammenlegung entstandenen neuen Stiftung. Die Anmeldepflicht entsteht mit Unanfechtbarkeit der Genehmigung nach § 86b Absatz 1 BGB-neu oder der behördlichen Zusammenlegungsentscheidung nach[1] § 86b Absatz 2 BGB-neu. Erst zu diesem Zeitpunkt entsteht nach § 86f Absatz 2 BGB-neu die neue Stiftung und erlöschen die übertragenden Stiftung, die dann unverzüglich vom Vorstand der neuen Stiftung anzumelden sind.* 7

Zu Satz 2 *Für die Anmeldung nach § 86i Absatz 2 Satz 1 BGB-neu gelten § 86i Absatz 1 Satz 2 und 3 sowie § 82b Absatz 2 BGB-neu entsprechend. Die Anmeldung der neuen Stiftung richtet sich im Wesentlichen nach § 82b Absatz 2 BGB-neu. Für die Anmeldung des Erlöschens der übertragenden Stiftung muss die Anmeldung wie bei einer Zulegung die Angaben zur Bekanntgabe der Genehmigung des Zusammenlegungsvertrags oder der behördlichen Zusammenlegungsentscheidung nach § 86i Absatz 1 Satz 2 BGB-neu enthalten. Entsprechend § 86i Absatz 1 Satz 3 ist der Anmeldung immer auch der Zusammenlegungsvertrag und die Genehmigung nach § 86b Absatz 1 BGB-neu oder die behördliche Zusammenlegungsentscheidung nach § 86b Absatz 2 BGB-neu beizufügen.* 8

Zu Satz 3 *Ergänzend zu § 86i Absatz 2 Satz 2 BGB-neu stellt § 86i Absatz 2 Satz 3 BGB-neu klar, dass bei der Anmeldung der neuen Stiftung entsprechend § 82b Absatz 2 BGB-neu an die Stelle der Anerkennung und des Stiftungsgeschäfts, bei der Anmeldung der neuen Stiftung, die aufgrund der Zusammenlegung entstanden ist, der Zusammenlegungsvertrag und die Genehmigung nach § 86b Absatz 1 BGB-neu oder die behördliche Zusammenlegungsentscheidung treten.“*[2] 9

Begründung des Rechtsausschusses

„Mit den Änderungen soll der Begriff „Errichtungssatzung“ in den §§ 82b und 86i BGB-neu durch den Begriff “Satzung“ ersetzt werden.“[3] 10

1 Begr. RegE, BT-Ds. 19/28173, 85.

2 Begr. RegE, BT-Ds. 19/28173, 86.

3 Bericht des BT-Ausschusses für Recht und Verbraucherschutz zu dem Gesetzentwurf der Bundesregierung – BT-Ds. 19/28173 –, BT-Ds. 19/31118, 11.

§ 87 Auflösung der Stiftung durch die Stiftungsorgane

(1) [1]Der Vorstand soll eine Stiftung auflösen, wenn die Stiftung ihren Zweck endgültig nicht mehr dauernd und nachhaltig erfüllen kann. [2]Die Voraussetzungen des Satzes 1 liegen nicht endgültig vor, wenn die Stiftung durch eine Satzungsänderung so umgestaltet werden kann, dass sie ihren Zweck wieder dauernd und nachhaltig erfüllen kann. [3]In der Satzung kann geregelt werden, dass ein anderes Organ über die Auflösung entscheidet.
(2) Eine Verbrauchsstiftung ist aufzulösen, wenn die Zeit, für die sie errichtet wurde, abgelaufen ist.
(3) Die Auflösung einer Stiftung bedarf der Genehmigung der nach Landesrecht zuständigen Behörde.

Schrifttum

Schauer, Grundlagenänderungen nach der Reform des Stiftungsrechts, npoR 2022, 54.

Übersicht

A. Grundlagen

I. Norminhalt und -zweck —— 1

II. Begründung
1. Regierungsentwurf zu §§ 87 bis 87c —— 2
2. Regierungsentwurf zu § 87 —— 10

III. Rechtsausschuss —— 19

IV. Bewertung —— 20

B. Auflösung bei endgültigem Scheitern des Lebensfähigkeitskonzepts, Absatz 1 —— 21

C. Auflösung einer Verbrauchsstiftung, Absatz 2 —— 31

D. Gewillkürte Auflösungsgründe —— 34

E. Genehmigung der Auflösung, Absatz 3 —— 36

F. Rechtsfolgen der Auflösung —— 37

A. Grundlagen

I. Norminhalt und -zweck

1 § 87 BGB behandelt die Auflösung von Stiftungen durch Beschluss der zuständigen Stiftungsorgane. Sie ist von der Aufhebung durch die Behörde nach § 87a BGB zu unterscheiden. Die Rechtsfolgen von Auflösung und Aufhebung regelt § 87c BGB. Eine Auflösung ipso iure kennt das Stiftungsrecht abseits von § 87b BGB nicht. §§ 87 f. BGB regeln die Auflösung und Aufhebung bundeseinheitlich, bereiten damit seit langem bestehenden Streitfragen (s. Rn. 5) ein Ende und sorgen insofern für Rechtssicherheit. Allerdings leiden die Vorschriften unter einer Reihe handwerklicher Fehler, die durch Auslegung korrigiert werden müssen.

https://doi.org/10.1515/9783110251524-040

II. Begründung

1. Regierungsentwurf zu §§ 87 bis 87c

„Die §§ 87 bis 87c BGB-neu regeln die Beendigung von Stiftungen. Bei Stiftungen muss der Beendigung außer in den Fällen der Zulegung oder Zusammenlegung wie bisher immer eine Auflösung oder Aufhebung vorangehen. In den §§ 87 bis 87b BGB-neu werden die Auflösungs- und Aufhebungsgründe geregelt. § 87c BGB-neu bestimmt, wie eine aufgelöste oder aufgehobene Stiftung beendet wird. 2

Eine Stiftung wird schon nach geltendem Recht ebenso wie ein Verein nach § 86 Satz 1 in Verbindung mit § 42 Absatz 1 Satz 1 BGB aufgelöst durch die Eröffnung des Insolvenzverfahrens oder durch Rechtskraft des Beschlusses, durch den die Eröffnung des Insolvenzverfahrens mangels Masse abgewiesen wurde. 3

Stiftungen können bisher nach § 87 BGB durch die zuständige Landesbehörde aufgehoben werden, wenn die Erfüllung des Stiftungszwecks unmöglich geworden ist oder die Stiftung das Gemeinwohl gefährdet. Daneben enthalten zahlreiche Stiftungsgesetze Vorschriften zur Auflösung der Stiftung durch die Stiftungsorgane mit Genehmigung der zuständigen Behörden. Die landesrechtlichen Regelungen lassen die Auflösung der Stiftung überwiegend bei einer wesentlichen Änderung der Verhältnisse zu. 4

Das Verhältnis zwischen den landesrechtlichen Regelungen über die Auflösung, die es seit Inkrafttreten des Bürgerlichen Gesetzbuchs gab, und § 87 BGB war immer streitig. Das Reichsgericht (RGZ 121, 166, 167) hatte zwar schon früh entschieden, dass § 87 BGB nicht abschließend sei und landesrechtliche Regelungen zur Auflösung der Stiftung durch die Stiftungsorgane nicht sperrt. Gleichwohl verstummten in der Rechtswissenschaft die Stimmen nicht, die die Auffassung vertreten, dass § 87 BGB abschließend sei und deshalb für zusätzliche landesrechtlichen Regelungen über die Auflösung der Stiftung durch die Organe keine Kompetenzgrundlage bestehe. 5

Die Voraussetzungen für die Aufhebung nach dem geltenden § 87 Absatz 1 BGB haben sich als zu eng erwiesen. Stiftungen können nach dem geltenden § 87 Absatz 1 BGB auch dann noch nicht aufgehoben werden, wenn sie schon lange Zeit ihren Zweck nicht mehr wirksam erfüllen können und absehbar ist, dass ihnen eine wirksame Zweckerfüllung auch künftig nicht mehr möglich werden wird. Das führt dazu, dass Stiftungen ohne Zukunftsperspektive weiter verwaltet und beaufsichtigt werden müssen, bei denen dem Aufwand für die Verwaltung und Stiftungsaufsicht kaum noch ein Nutzen gegenübersteht. Solche Stiftungen sollen künftig aufgelöst werden können. 6

Mit den §§ 87 bis 87b BGB-neu sollen die Auflösung der Stiftung durch die Organe und die Aufhebung der Stiftung durch die zuständigen Landesbehörden sowie die Aufhebung der Stiftung durch Insolvenz abschließend bundesrechtlich geregelt werden. Bei der Neuregelung der Auflösung und Aufhebung der Stiftung wird ein Mittelweg zwischen dem bisherigen § 87 BGB und den landesrechtlichen Vorschriften über die Auflösung der Stiftung durch die Organe gewählt. Künftig soll eine Stiftung aufgelöst oder aufhoben werden können, wenn die dauernde und nachhaltige Zweckerfüllung endgültig unmöglich geworden ist. Wenn die dauernde und nachhaltige Zweckerfüllung unmöglich geworden ist, sind nach § 85 BGB-neu auch erhebliche Umgestaltungen der Stiftung durch Satzungsänderung möglich. Eine Stiftung soll allerdings nur aufgelöst oder aufgehoben werden, wenn sie endgültig ihren Zweck nicht mehr dauernd und nachhaltig erfüllen kann, d.h. die dauernde und nachhaltige Zweckerfüllung insbesondere auch nicht mehr durch eine Satzungsänderung gewährleistet werden kann. 7

Die Folgen der Insolvenz der Stiftung sollen eigenständig geregelt werden. Die Verweisung im bisherigen § 86 Satz 1 BGB auf § 42 Absatz 1 Satz 1 BGB soll durch eine Vorschrift zur Auflösung bei Insolvenz der Stiftung in[1] *§ 87b BGB-neu ersetzt werden. Diese neue Aufhebungsvorschrift bei Insolvenz der Stiftung ist dem für Vereine geltenden § 42 Absatz 1 Satz 1 BGB nachgebildet.* 8

1 BT-Ds. 19/28173, 76.

9 *Die Vorschriften zur Beendigung von Stiftungen in den §§ 87 bis 87c BGB-neu sind abschließend und zwingend. Durch die Satzung kann die Auflösung oder Aufhebung einer Stiftung nicht erleichtert oder erschwert werden.* **[Diese Einschränkung der Gestaltungsfreiheit ist überholt, s. Rn. 34 f.]** *Mit Inkrafttreten der §§ 87 bis 87c BGBneu wird den bestehenden landesrechtlichen Vorschriften über die Auflösung von Stiftungen die Kompetenzgrundlage entzogen.“*[2]

2. Regierungsentwurf zu § 87

10 *„§ 87 BGB-neu regelt die Auflösung der Stiftung durch Beschluss der zuständigen Stiftungsorgane. Der organschaftliche Charakter unterscheidet die Auflösung von der behördlichen Aufhebung der Stiftung und der Auflösung der Stiftung infolge der Insolvenz der Stiftung nach den § 87b BGB-neu. Die Organe können die Stiftung nur mit Genehmigung der zuständigen Landesbehörden auflösen. Das Genehmigungserfordernis soll sicherstellen, dass eine Stiftung nur aufgelöst und abgewickelt wird, wenn die gesetzlichen Auflösungsvoraussetzungen vorliegen.*

11 ***Zu Absatz 1:*** *§ 87 Absatz 1 BGB-neu regelt den wichtigsten Auflösungsgrund, der für alle Stiftungen gilt, und bestimmt, welche Stiftungsorgane über die Auflösung zu entscheiden haben.*

12 ***Zu Satz 1:*** *Eine Stiftung soll nach § 87 Absatz 1 Satz 1 BGB-neu durch den Vorstand aufgelöst werden, wenn die dauernde und nachhaltige Erfüllung des Stiftungszwecks endgültig unmöglich ist. § 87 Absatz 1 Satz 1 BGB-neu knüpft damit an die Aufhebungsvoraussetzung im bisherigen § 87 Absatz 1 BGB an, verlangt für die Auflösung der Stiftung aber nicht mehr, dass die Erfüllung des Stiftungszwecks gänzlich unmöglich geworden sein muss. Verlangt wird nur noch, dass sich die Prognose bei der Errichtung der Stiftung nach § 82 BGB-neu, der dem bisherigen § 80 Absatz 2 BGB entspricht, nicht als zutreffend erwiesen hat. Damit knüpft § 87 Absatz 1 BGB-neu an die gleichen Voraussetzungen, die § 85 Absatz 1 Satz 1 Nummer 1 BGB-neu für grundlegende Satzungsänderungen regelt. Um die Subsidiarität der Auflösung gegenüber der Satzungsänderung zum Ausdruck zu bringen, verlangt § 87 Absatz 1 Satz 1 BGB-neu, dass die dauernde und nachhaltige Erfüllung des Stiftungszwecks endgültig unmöglich sein muss* **[Die Formulierung ist überholt].**

13 *Als endgültig ist die Unmöglichkeit* **[Die Formulierung ist überholt]** *dauernden und nachhaltigen Zweckerfüllung anzusehen, wenn sie auf absehbare Zeit nicht mehr beseitigt werden kann. Dies ist insbesondere der Fall, wenn die Stiftung nicht mehr über ein dafür ausreichendes Vermögen verfügt und auch nicht zu erwarten ist, dass die Stiftung durch Zuwendungen neues Vermögen in ausreichender Höhe erlangen wird. Liegt der Auflösungsgrund nach § 87 Absatz 1 Absatz 1 Satz 1 BGB-neu vor, soll die Stiftung aufgelöst werden, das heißt sie ist regelmäßig aufzulösen. Gegebenenfalls kommt anstelle einer Auflösung aber auch eine Zulegung oder Zusammenlegung in Betracht. Bei der Wahl der jeweiligen Maßnahme ist nach § 83 Absatz 3 BGB-neu immer der Stifterwille zu beachten. Regelmäßig wird eine mögliche Zulegung oder Zusammenlegung Vorrang vor einer Auflösung der Stiftung haben, weil dadurch die vom Stifter begründete Zweck-Vermögen-Bindung aufrechterhalten werden kann, was jedenfalls dem mutmaßlichen Stifterwillen eher entspricht als eine Beendigung der Stiftung durch Auflösung oder Aufhebung.*

14 ***Zu Satz 2:*** *§ 87 Absatz 1 Satz 2 BGB-neu konkretisiert den Auflösungsgrund nach § 87 Absatz 1 Satz 1 BGB-neu. Endgültige Unmöglichkeit der dauernden und nachhaltigen Zweckerfüllung liegt insbesondere dann nicht vor, wenn die Stiftung durch Satzungsänderung so umgestaltet werden kann, dass sie ihren Zweck wieder dauernd und nachhaltig erfüllen kann. Damit wird insbesondere die Subsidiarität der Auflösung gegenüber der Satzungsänderung geregelt. Aber auch in anderen Fällen, in denen die dauernde und nachhaltige Zweckerfüllung nur vorübergehend*[3] *nicht möglich ist, liegt ein Auflösungsgrund nicht vor. So darf auch eine Stiftung, die nicht mehr über ein ausreichendes Stiftungsvermögen verfügt, um ihren Zweck dauernd und nachhaltig zu erfüllen, nicht aufgelöst werden, wenn zu erwarten ist, dass ihr zusätzliches Vermögen zugewendet werden wird.*

2 BT-Ds. 19/28173, 77.
3 BT-Ds. 19/28173, 77.

Zu Satz 3: Nach § 87 Absatz 1 Satz 1 BGB-neu ist für die Auflösung der Stiftung der Vorstand zuständig. Nach § 87 Absatz 1 Satz 3 BGB-neu kann durch die Satzung die Entscheidung über die Auflösung auch einem anderen Stiftungsorgan zugewiesen werden. 15

Zu Absatz 2: *§ 87 Absatz 2 BGB-neu enthält eine Sonderregelung für die Auflösung von Verbrauchsstiftungen. Eine Verbrauchsstiftung ist nach § 87 Absatz 2 BGB-neu aufzulösen, wenn die Zeit, für die sie errichtet wurde, abgelaufen ist. Verbrauchsstiftungen werden anders als Vereine, die auf Zeit errichtet wurden, nicht schon durch bloßen Zeitablauf aufgelöst. Sie müssen wie alle anderen Stiftungen durch die Stiftungsorgane aufgelöst oder durch die zuständigen Landesbehörden aufgehoben werden.* 16

Eine Auflösung einer Verbrauchsstiftung ist auch möglich, wenn bei der Stiftung die Voraussetzungen des § 87 Absatz 1 BGB-neu vorliegen. Verbrauchsstiftungen sind wie andere Stiftungen auch aufzuheben, wenn die Aufhebungsgründe nach § 87a Absatz 2 Nummer 2 oder Nummer 3 BGB-neu gegeben sind. 17

Zu Absatz 3: *Nach § 87 Absatz 3 BGB-neu bedarf die Auflösung der Stiftung nach § 87 Absatz 1 oder Absatz 2 BGB-neu der Genehmigung der nach Landesrecht zuständigen Behörde. Das sind in der Regel die Landesstiftungsbehörden. Das Genehmigungserfordernis dient dem Schutz der Stiftung. Stiftungen sind anders als Körperschaften nicht frei auflösbar, sondern nur dann, wenn gesetzliche* **[oder statutarische]** *Auflösungsgründe vorliegen. Deren Vorliegen ist im Genehmigungsverfahren zu überprüfen. Die Auflösungsentscheidung des zuständigen Stiftungsorgans wird erst mit der Genehmigung wirksam.“*[4] 18

III. Rechtsausschuss

„Bei der Änderung in § 87 Absatz 1 BGB-neu handelt es sich um eine Folgeänderung zu Änderung des § 85 Absatz 1 BGB neu, da die Vorschriften aufeinander bezogen sind. Durch die Änderung in § 87 Absatz 4 BGB-neu **[Redaktionsversehen: gemeint ist Absatz 3]** *wird die Formulierung an die in § 87a Absatz 2 BGB angepasst, da die Zuständigkeit für die Genehmigung der Auflösung der Stiftung und für die Aufhebung der Stiftung gleich geregelt sein sollen.“*[5] 19

IV. Bewertung

Missverständlich ist Absatz 1 Satz 3 (Rn. 29). Hauptkritikpunkt ist indes Absatz 2. Die Gesetzesverfasser behandeln Verbrauchsstiftungen als seien sie stets auflösend befristet. Das kann, muss aber nicht so sein, näher Rn. 31. 20

B. Auflösung bei endgültigem Scheitern des Lebensfähigkeitskonzepts, Absatz 1

§ 87 Abs. 1 S. 1 und Abs. 2 BGB sollen nach der Gesetzesbegründung **mit § 85 Abs. 1 Satz 1 Nr. 1, S. 2 BGB korrespondieren** (Rn. 12). Daraus folgt: 21

Ist das Vermögen einer Verbrauchsstiftung aufgebraucht und ist in absehbarer Zeit auch kein Erwerb zusätzlicher Mittel zu erwarten, (Prognose nach § 85 Abs. 1 S. 2 Hs. 2 BGB, dort Rn. 54) ist die Stiftung aufzulösen (§ 85 Rn. 49, Begr. RegE Rn. 12). 22

4 BT-Ds. 19/28173, 78.
5 BT-Ds. 19/31118, 11.

23 Bei einer Ewigkeitsstiftung ist – wenn kein Fall rechtlicher oder tatsächlicher Unmöglichkeit vorliegt (dazu § 85 Rn. 58) – zu prüfen, ob das **Lebensfähigkeitskonzept gescheitert** ist (§ 85 Rn. 45). Zu fragen ist:

- erstens, ob die Leistungsunfähigkeit vorübergehender Natur ist (§ 85 Rn. 50),
- zweitens, ob in absehbarer Zeit der Erwerb zusätzlicher Mittel zu erwarten ist, durch die die Leistungsfähigkeit wiederhergestellt wird (Prognose nach § 85 Abs. 1 S. 2 Hs. 2 BGB, dort Rn. 54),
- drittens, ob durch eine Umschichtung des Grundstockvermögens Mittel zur Verfolgung des Stiftungszwecks freigesetzt werden können (§ 85 Rn. 51) und
- viertens, ob durch Satzungsänderungen nach § 85 Abs. 2 bis Abs. 4 BGB (in umgekehrter Reihenfolge!) die Leistungsfähigkeit der Stiftung unter Beachtung des Stifterwillens wiederhergestellt werden kann (§ 85 Rn. 52).

24 Insofern besteht wiederum eine Einschätzungsprärogative der Stiftungsorgane, aber kein Handlungsermessen und wohl auch kaum jemals ein Auswahlermessen, weil stets sowohl der Grundsatz der Verhältnismäßigkeit (§ 85 Rn. 100) als auch der Stifterwille (§ 83 Abs. 2, § 85 Rn. 61) zu beachten sind. Letzteres ist im Blick auf den Vorrang von Satzungsänderungen nach § 85 Abs. 2 BGB besonders wichtig. Durch **„downsizing" der Art und Weise der Zweckerfüllung** lässt sich nämlich die Leistungskraft fast jeder Stiftung wiederherstellen. **Beispiel:** Verliert eine Stiftung, die der Kunstförderung durch Vergabe von Stipendien dient, den Großteil ihres Vermögens, kann ihre Leistungskraft einfach dadurch wiederhergestellt werden, dass die Art und Weise der Zweckerfüllung geändert wird – statt Vergabe von Stipendien nur noch die Vergabe eines (womöglich sogar undotierten) Preises.

25 Sind **alle vier Fragen zu verneinen**, ist weiter zu prüfen, ob

- fünftens durch Satzungsänderungen nach § 85 Abs. 1 Satz 1 BGB (erhebliche Beschränkung oder Umwandlung des Zwecks, § 85 Rn. 40) die Leistungsfähigkeit wiederhergestellt werden kann,
- sechstens die Ewigkeitsstiftung gemäß § 85 Abs. 1 S. 4 BGB (ggf. in Verbindung mit einer Zweckänderung nach § 85 Abs. 1 S. 1 BGB oder einer anderen Satzungsänderung) in eine leistungsfähige Verbrauchsstiftung umgewandelt werden kann (§ 85 Rn. 65),
- siebtens eine Zu- oder Zusammenlegung gemäß §§ 86 ff. BGB in Betracht kommt.

26 Ist eine der **Fragen fünf bis sieben** – auch unter Beachtung des Stifterwillens (§ 83 Abs. 2 BGB, § 85 Rn. 61) – zu bejahen, ist diese Maßnahme zu ergreifen. Sind zwei oder alle drei Fragen zu bejahen, ist weiter zu überlegen, welche dieser Maßnahmen am ehesten dem mutmaßlichen Stifterwillen entspricht und diese Maßnahme entsprechend umzusetzen. Dabei ist allerdings zu beachten, dass der Stifterwille keineswegs immer auf einen Erhalt der Stiftung „um jeden Preis" gerichtet ist (dahingehend aber Begr. RegE Rn. 13). Das gilt besonders dann, wenn sich der Stifter ersichtlich Gedanken über die Anfallberechtigung gemacht hat; denn gerade in diesem Fall kann es sein, dass es dem Stifter mutmaßlich lieber ist, dass das verbleibende Vermögen dem Anfallberechtigten zukommt, als dass die Stiftung irgendwie „weiterwurstelt". Nicht nur tatsächliche Umstände, wie insb. ein zu geringes Vermögen, sondern auch der Stifterwille können daher Maßnahmen nach § 85 Abs. 1 S. 1, S. 4 oder §§ 86 ff. BGB entgegenstehen. Das gilt auch für Satzungsänderungen nach § 85 Abs. 2 und 3 BGB, vgl. § 85 Abs. 4 S. 1 BGB.

27 Nach allem ist die Stiftung nur aufzulösen, wenn die vier Fragen nach Rn. 23 sowie die drei Fragen der Rn. 25 unter Beachtung des Stifterwillens (Rn. 26) zu verneinen sind. Ein Handlungsermessen steht den zuständigen Stiftungsorganen dabei grundsätzlich nicht zu, vgl. § 85a Rn. 19. Das Wort „soll" drückt lediglich aus, dass die Auflösung keinem Automatismus folgt, sondern die Stiftungsorgane, wie aufgezeigt, mildere Mittel grundsätzlich vorzuziehen und den Stifterwillen stets zu beachten haben.[6] Die Wortbedeutung entspricht insofern der Bedeutung des Wortes *„endgültig"* (Begr. RegE Rn. 12).

6 *Hüttemann/Rawert*, Beilage zu ZIP 33/2021, 3, 33.

28 Eine Stiftung ist ferner aufzulösen, wenn **die Zweckverfolgung aus anderen Gründen unmöglich** wird (§ 85 Rn. 58).[7] Ob der Stiftungszweck nach § 85 Abs. 1 S. 1 BGB geändert werden darf, wenn die Zweckverfolgung wegen Zweckerreichung oder Zweckfortfall unmöglich geworden ist, richtet sich nach dem Stifterwillen und ist bei zweckbefristeten (§ 80 Rn. 87) und zweckbedingten Stiftungen (§ 80 Rn. 80) regelmäßig zu verneinen (§ 85 Rn. 58).

29 Die Auflösung wird durch Beschluss herbeigeführt. Zuständig ist grundsätzlich der Vorstand. Die Satzung kann diese Zuständigkeit einem anderen Organ zuweisen, Abs. 1 S. 3 i.V.m. § 84 Abs. 4 BGB. Hat die Stiftung neben dem Vorstand noch ein anderes Organ, ist in der Praxis häufig in der Satzung vorgesehen, dass der Vorstandsbeschluss der Zustimmung des anderen Organs bedarf. Trotz des missglückten Wortlauts von Absatz 1 Satz 3 ist diese Gestaltung ebenso zulässig wie nach § 85a Abs. 1 BGB (dort Rn. 13).

30 Liegen die Voraussetzungen für eine Auflösung vor, ist der Auflösungsbeschluss zum Schutz des bzw. der Anfallberechtigten und damit zur Verwirklichung des Stifterwillens **unverzüglich**, also ohne schuldhaftes Zögern (§ 121 Abs. 1 S. 1 BGB), zu fassen. Ebenso der ggf. erforderliche Zustimmungsbeschluss eines anderen Organs.

C. Auflösung einer Verbrauchsstiftung, Absatz 2

31 Sind die **Mittel** einer Verbrauchsstiftung **verbraucht**, ist sie nach Absatz 1 aufzulösen (Begr. RegE Rn. 17). Das gilt auch, wenn die Zweckverfolgung **aus anderen Gründen unmöglich** wird (Rn. 28). Ist die Verbrauchsstiftung befristet, ist sie nach Absatz 2 aufzulösen, und zwar „unverzüglich", also ohne schuldhaftes Zögern (§ 121 Abs. 1 S. 1 BGB), wie sich aus § 87a Abs. 2 Nr. 1 BGB ergibt. Allerdings **muss eine Verbrauchsstiftung keineswegs befristet sein**, wie die Gesetzesverfasser zu glauben scheinen. Vielmehr reicht es aus, wenn die Satzung bspw. bestimmt, dass die Stiftung **„wenigstens 10 Jahre"** bestehen soll (näher § 81 Rn. 108, § 82 Rn. 30). Sie ist dann unter den Voraussetzungen des Absatz 1, also wenn ihr Vermögen verbraucht ist, aufzulösen.

32 Ist die Verbrauchsstiftung **befristet**, hat **aber noch Vermögen**, das sie zur Verfolgung des Stiftungszwecks einsetzen könnte, ist sie grundsätzlich gleichwohl aufzulösen. Eine Ausnahme ist allerdings dann zu machen, wenn der **Stifterwille** entgegensteht; denn die Verwirklichung des Stifterwillens ist der höchste stiftungsrechtliche Grundsatz und – wie § 83 Abs. 2 BGB betont – sowohl von den Stiftungsorganen als auch von der Behörde stets zu berücksichtigen. Dem entspricht Absatz 2 insofern, als grundsätzlich eine vom Stifter statuierte Befristung zu respektieren ist. Denkbar sind aber Fälle, in denen der Stifter bei der Befristung von Annahmen ausgegangen ist, die sich später als unzutreffend herausstellen. Dann ist die Satzung gemäß § 85 Abs. 2 BGB (s. dort Rn. 90) entsprechend dem Stifterwillen zu ändern und die Stiftung nicht bzw. erst bei Verbrauch ihres Vermögens aufzulösen. So kann es beispielsweise liegen, wenn die stiftenden Ehegatten im „zarten" Alter von 50 Jahren die Stiftung durch den Tod des Letztversterbenden auflösend befristet haben und beide bald nach der Stiftungserrichtung bei einem Unfall versterben. Auch bei Absatz 2 gibt es also **keinen „Auflösungsautomatismus"**.

33 **Zuständig** für die Fassung des Auflösungsbeschlusses ist nach Abs. 1 S. 1 der Vorstand. In der Satzung kann aber auch das Zusammenwirken mehrere Organe vorgesehen werden, s. § 85a Rn. 13.[8] Auch der Auflösungsbeschluss nach Absatz 2 steht nicht im Ermessen der Stiftungsorgane („*ist*") und muss unverzüglich gefasst werden (Rn. 30).

---

7 Nach *Kirchhain* in Schauhoff/Mehren, Stiftungsrecht 2022, Kap. 9 Rn. 75 gehört hierher auch der Fall, dass sich dauerhaft keine Organmitglieder finden lassen.

8 Ebs. *Kirchhain* in Schauhoff/Mehren, Stiftungsrecht 2022, Kap. 9 Rn. 79.

D. Gewillkürte Auflösungsgründe

34 Nach der Regierungsbegründung kann der Stifter keine weiteren Auflösungsgründe vorsehen (Rn. 18). Das ist falsch und eines der vielen Überbleibsel aus der Begründung des Referentenentwurfes, die nicht dem nach dem Regierungsentwurf erreichten Sachstand[9] entsprechen (s. auch § 81 Rn. 35, § 83b Rn. 24, § 85 Rn. 107, um nur einige Beispiele zu nennen). Dem Referentenentwurf lag noch der Grundsatz der Satzungsstrenge zugrunde (§ 83 Abs. 2 BGB-RefE), der im Regierungsentwurf nach allseitigen Protesten gestrichen wurde. Allerdings war die Annahme, der Stifter könne keine weiteren Auflösungsgründe vorsehen, selbst unter Zugrundelegung des Grundsatzes der Satzungsstrenge falsch; denn dass zweckbefristete und zweckbedingte Stiftungen zulässig sind, stand immer außer Streit. Außerdem konnte der Stifter schon nach § 85 Abs. 4 S. 1 BGB-RefE jede Satzungsänderung ausschließen, wodurch jede Änderung der Verhältnisse, durch die eine dauernde und nachhaltige Verfolgung des Stiftungszwecks ohne Satzungsänderung unmöglich wird, einen Auflösungsgrund darstellt.

35 Der Stifter kann daher sehr wohl in der Satzung weitere Auflösungsgründe vorsehen.[10] Sie müssen nur **entsprechend § 85 Abs. 4 S. 3 BGB** hinsichtlich ihrer Voraussetzungen hinreichend bestimmt sein, dürfen nicht die Dauerhaftigkeit der Stiftung (§ 82 Rn. 30) in Frage stellen und nicht gegen das Verbot von Zeitstiftungen (§ 80 Rn. 86) verstoßen.[11] Als gewillkürte Auflösungsgründe kommen insbesondere alle möglichen (auflösenden) Bedingungen in Betracht, z.B. das Absinken des Vermögens auf einen bestimmten Betrag. Auch eine wesentliche Veränderung der Verhältnisse kann, wie es verbreitet dem bisherigen Landesrecht entspricht, als Auflösungsgrund statuiert werden, s. § 85 Rn. 118.

E. Genehmigung der Auflösung, Absatz 3

36 Als Grundlagenentscheidung bedarf die Auflösung ebenso wie Satzungsänderungen und Zu- und Zusammenlegung, wie schon bisher, der Genehmigung der zuständigen Behörde. Das Genehmigungserfordernis dient, wie die gesamte Stiftungsaufsicht, dem Schutz der Stiftung. Die Auflösungsentscheidung wird erst mit der Genehmigung wirksam. Die Genehmigung ist ein **gebundener Verwaltungsakt**, auf dessen Erlass die Stiftung einen Anspruch hat, wenn die gesetzlichen oder statutarischen Auflösungsgründe vorliegen (ebs. § 85a Rn. 35). Ist das nicht der Fall, so ist der **Auflösungsbeschluss** wegen eines materiellen Mangels **unwirksam** (§ 84b Rn. 83, zur Geltendmachung der Nichtigkeit § 84b Rn. 98), so dass eine Genehmigung ins Leere geht (§ 84b Rn. 97). Problematisch ist, wenn ein nichtiger Auflösungsbeschluss **gleichwohl vollzogen** wird. Die Nichtigkeit wirkt ex tunc. Die in § 84b Rn. 93 f. dargelegten Grundsätze sind zum Schutz der Stiftung nicht anwendbar. Wohl aber ist § 84b Rn. 95 zu beachten. Wird das Vermögen an den Anfallberechtigten ausgeschüttet, hat die Stiftung einen Rückforderungsanspruch aus § 812 Abs. 1 Satz 1 Fall 1 BGB.

F. Rechtsfolgen der Auflösung

37 Die Rechtsfolgen der Auflösung bestimmen sich nach **§ 87c BGB.**

---

9 Für eine Synopse *Burgard*, npoR 2021, 1 ff.

10 Ebenso *Gollan*, npoR 2021, 277, 283; *Hüttemann/Rawert*, Beilage zu ZIP 33/2021, 3, 33; *Schauer*, npoR 2022, 54, 58; *Kirchhain* in Schauhoff/Mehren, Stiftungsrecht 2022, Kap. 9 Rn. 71; **a.A.** *Lorenz/Mehren*, DStR 2021, 1774, 1779; *Schienke-Ohletz* in Schauhoff/Mehren, Stiftungsrecht 2022, Kap. 3 Rn. 27; *Schiffer/Pruns/Schürmann*, Reform des Stiftungsrechts, 2022 § 11 Rn. 15; *Orth* in Orth/Uhl, Stiftungsrechtsreform 2021, Kap. 9 Rn. 763.

11 Ebenso *Hüttemann/Rawert*, Beilage zu ZIP 33/2021, 3, 33.

§ 87a Aufhebung der Stiftung

(1) Die nach Landesrecht zuständige Behörde soll eine Stiftung aufheben, wenn die Voraussetzungen des § 87 Absatz 1 Satz 1 vorliegen und ein Tätigwerden der Behörde erforderlich ist, weil das zuständige Organ über die Auflösung nicht rechtzeitig entscheidet.

(2) Die nach Landesrecht zuständige Behörde hat die Stiftung aufzuheben, wenn

1. **die Voraussetzungen des § 87 Absatz 2 vorliegen und ein Tätigwerden der Behörde erforderlich ist, weil das zuständige Organ über die Auflösung nicht unverzüglich entscheidet,**
2. **die Stiftung das Gemeinwohl gefährdet und die Gefährdung des Gemeinwohls nicht auf andere Weise beseitigt werden kann oder**
3. **der Verwaltungssitz der Stiftung im Ausland begründet wurde und die Behörde die Verlegung des Verwaltungssitzes ins Inland nicht innerhalb angemessener Zeit erreichen kann.**

Schrifttum

Breuer, Zweckumwandlung und Aufhebung von Stiftungen nach deutschem Recht – unter vergleichender Heranziehung entsprechender Einrichtungen im anglo-amerikanischen Recht, 1967; *Gantenbrink*, Die hoheitliche Beendigung der Stiftung durch die Stiftungsbehörde, 2010; *Gutzschebauch*, Umwandlung und Aufhebung von Stiftungen infolge der Geldumstellung, BB 1949, S. 119. S. ferner das Schrifttum zu § 87.

Übersicht

A. Grundlagen

I. Norminhalt, Verhältnis zum alten Recht, Systematik — 1

II. Begründung des Regierungsentwurfs — 4

III. Bewertung — 14

B. Aufhebung nach Absatz 1 — 15

C. Aufhebung nach Absatz 2

I. Aufhebung einer Verbrauchsstiftung, Nr. 1 — 18

II. Aufhebung wegen Gemeinwohlgefährdung, Nr. 2 — 21

III. Aufhebung wegen Verlegung des Verwaltungssitzes ins Ausland, Nr. 3 — 23

D. Weitere Aufhebungsgründe? — 27

A. Grundlagen

I. Norminhalt, Verhältnis zum alten Recht, Systematik

1 Während § 87 BGB die Auflösung der Stiftung durch Organbeschluss regelt, normiert § 87a BGB die Aufhebung der Stiftung durch Verwaltungsakt seitens der zuständigen Behörde. Die Rechtsfolgen richten sich in beiden Fällen nach § 87c BGB. § 87a BGB tritt an die Stelle von § 87 Abs. 1 BGB a.F., hat mit dieser Vorschrift aber nur noch wenig gemein.

2 § 87a Abs. 1 BGB **korrespondiert** mit § 87 Abs. 1 BGB, § 87a Abs. 2 Nr. 1 BGB mit § 87 Abs. 2 BGB. Dabei betonen beide Vorschriften zu Recht die Subsidiarität der Aufhebung gegenüber der Auflösung. Der Wortlautunterschied zwischen ihnen („*soll*“ und „*hat*“) spielt keine Rolle. Auch die Aufhebung nach Absatz 1 ist eine gebundene Entscheidung (Rn. 17). Auch sonst ist die getrennte Behandlung von Absatz 1 und Absatz 2 Nr. 1 und Nr. 2 eher unglücklich. Da Verbrauchs-

https://doi.org/10.1515/9783110251524-041

stiftungen auch nach § 87 Abs. 1 BGB aufgelöst werden können bzw. müssen, kann für sie § 87a Abs. 1 BGB ebenfalls einschlägig sein. Und § 87a Abs. 2 Nr. 2 BGB hat zwar in § 87 BGB kein ausdrückliches Pendant. Gefährdet der Stiftungszweck jedoch das Gemeinwohl, so liegen – ebenso wie in anderen Fällen der rechtlichen oder tatsächlichen Unmöglichkeit – gleichfalls die Voraussetzungen des § 87 Abs. 1 BGB vor (§ 87 Rn. 21 ff.). Das übersieht die Begr. RegE (Rn. 10). Auch § 87a Abs. 2 Nr. 2 BGB ist daher subsidiär gegenüber § 87 Abs. 1 BGB.

3 **§ 87 Abs. 2 Nr. 3 BGB** schließlich gebietet die Aufhebung der Stiftung bei Verlegung ihres Verwaltungssitzes ins Ausland, wenn die Behörde die Rückverlegung des Verwaltungssitzes ins Inland nicht innerhalb angemessener Zeit erreichen kann. Damit dient die Vorschrift der Durchsetzung von § 83a BGB. Diese Sanktion ist freilich **unverhältnismäßig** (s. § 83a Rn. 17) und kann überdies von dem Stiftungsvorstand dazu **missbraucht** werden, einer unliebsamen Stiftung den Garaus zu machen.[1]

II. Begründung des Regierungsentwurfs

4 *„§ 87a BGB-neu regelt die Aufhebung von Stiftungen durch die nach Landesrecht zuständigen Behörden.*

5 *Die zuständigen Behörden sollen nach § 87a Absatz 1 BGB-neu die Stiftung durch Verwaltungsakt aufheben, wenn ein Auflösungsgrund nach § 87 Absatz 1 Satz 1 BGB-neu vorliegt. Sie haben eine Verbrauchsstiftung nach § 87a Absatz 2 Nummer 1 BGB-neu aufzuheben, wenn der Auflösungsgrund nach § 87 Absatz 2 BGB-neu gegeben ist. Auflösung und Aufhebung sind wirkungsgleich. Allerdings soll die Auflösung durch die Stiftungsorgane bei den Auflösungsgründen nach § 87 Absatz 1 Satz 1 und Absatz 2 BGB-neu, grundsätzlich Vorrang vor der hoheitlichen Aufhebung durch die zuständigen Behörden haben.*

6 *Daneben werden in § 87a Absatz 2 Nummer 2 und 3 BGB-neu weitere zwingende Aufhebungsgründe geregelt, bei deren Vorliegen keine Auflösung, sondern nur die Aufhebung vorgesehen ist.*

7 ***Zu Absatz 1:** Nach § 87a Absatz 1 BGB-neu soll eine Stiftung durch die zuständige Behörde aufgehoben werden, wenn ein Auflösungsgrund nach § 87 Absatz 1 Satz 1 BGB-neu vorliegt und ein Tätigwerden der Behörde erforderlich ist, weil das zuständige Stiftungsorgan nicht rechtzeitig die Auflösungsentscheidung trifft. Dies erfasst sowohl den Fall, dass das zuständige Stiftungsorgan die Auflösung nicht rechtzeitig beschließen kann, weil es nicht ordnungsgemäß besetzt ist, als auch den Fall, dass das Stiftungsorgan die Stiftung pflichtwidrig nicht auflöst, obwohl sie nach § 87 Absatz 1 BGB-neu aufzulösen ist.*

8 ***Zu Absatz 2:** In § 87a Absatz 2 BGB-neu werden weitere Aufhebungsgründe geregelt, bei deren Vorliegen die Stiftung von der Stiftungsbehörde aufzuheben ist.*[2]

9 ***Zu Nummer 1:** Nach § 87a Absatz 2 Nummer 1 BGB-neu hat die nach Landesrecht zuständige Behörde eine Verbrauchsstiftung aufzuheben, wenn die Zeit, für die die Stiftung errichtet wurde, abgelaufen ist und die Stiftung von den zuständigen Organen nicht rechtzeitig aufgelöst wird.*

10 ***Zu Nummer 2:** Eine Stiftung ist von der zuständigen Behörde nach § 87a Absatz 2 Nummer 2 BGB-neu aufzuheben, wenn sie das Gemeinwohl gefährdet und die Gefährdung des Gemeinwohls durch die Stiftung nicht auf andere Weise beseitigt werden kann. Der Begriff der Gemeinwohlgefährdung in § 87a Absatz 2 Nummer 2 BGB-neu entspricht dem in § 82 Satz 1 BGB-neu. Vor der Aufhebung einer Stiftung nach § 87a Absatz 2 Nummer 2 BGB-neu hat die zuständige Behörde des Landes immer zu prüfen, ob die Gemeinwohlgefährdung durch die Stiftung nicht auf andere Weise beseitigt werden kann.*

11 *Gefährdet der Zweck der Stiftung das Gemeinwohl, ist vor einer Aufhebung zu prüfen, ob die Gemeinwohlgefährdung durch eine Zweckänderung ausgeräumt werden kann. Wird das Gemeinwohl durch die Tätigkeit der Stiftung gefährdet, kommt die Aufhebung nur in Betracht, wenn die*

1 *Burgard*, npoR 2021, 1, 3 (Fall 5).
2 BT-Ds. 19/28173, 78.

gemeinwohlgefährdende Tätigkeit der Stiftung nicht durch aufsichtsrechtliche Maßnahmen unterbunden werden kann, insbesondere auch durch eine Abberufung der Organmitglieder, die die gemeinwohlgefährdende Betätigung der Stiftung zu verantworten haben.

__Zu Nummer 3:__ § 87a Absatz 2 Nummer 3 BGB-neu enthält einen neuen Aufhebungsgrund, der § 83a BGB-neu ergänzt. Durch den Aufhebungsgrund wird klargestellt, dass ein Verstoß gegen § 83a BGB-neu durch Begründung des Verwaltungssitzes der Stiftung im Ausland nicht zur automatischen Auflösung der Stiftung führt. In einem solchen Fall bedarf es auch der Aufhebung, um die Stiftung beenden zu können. 12

Ebenso wie im Fall der Gemeinwohlgefährdung soll auch bei einem Verstoß gegen § 83a BGB-neu die Aufhebung nach § 87a Absatz 2 Nummer 3 BGB-neu nur möglich sein, wenn die zuständige Behörde nicht mit aufsichtsrechtlichen Mitteln innerhalb angemessener Zeit erreichen kann, dass die Verwaltung der Stiftung wieder im Inland geführt wird. Deshalb dürfte eine Aufhebung wegen Verstoßes gegen § 83a BGB-neu nur selten vorkommen."[3] 13

III. Bewertung

Die Vorschrift ist angesichts der **misslungenen Systematik** (Rn. 2) kein gesetzgeberisches Glanzstück, aber handhabbar. Die Hauptkritik richtet sich gegen § 83a BGB und § 87a Abs. 2 Nr. 3 BGB. Zu den daraus folgenden rechtspolitischen Forderungen s. § 83a Rn. 19. 14

B. Aufhebung nach Absatz 1

Eine Aufhebung nach Absatz 1 setzt **zweierlei** voraus, nämlich erstens, dass die Voraussetzungen des § 87 Abs. 1 BGB vorliegen (dazu § 87 Rn. 21 bis 30), und zweitens, dass das zuständige Organ (oder die zuständigen Organe, § 87 Rn. 29) über die Auflösung nicht rechtzeitig entscheidet (bzw. entscheiden). 15

Warum eine rechtzeitige Entscheidung unterbleibt ist unerheblich. Die Regierungsbegründung nennt als Gründe unzureichende Organbesetzung oder Pflichtwidrigkeit. Ersteres überzeugt nicht, da eine Notmaßnahme nach § 84c BGB allemal ggü. einer Aufhebung vorrangig wäre (Grundsatz der Verhältnismäßigkeit). Mangelnde Rechtzeitigkeit ist bei einer **schuldhaften Verzögerung** des Auflösungsbeschlusses (vgl. § 87 Rn. 30) gegeben. 16

Nach dem Wortlaut von Absatz 1 „*soll*" die Behörde die Stiftung aufheben. Dieser Wortlaut deutet zwar auf ein eingeschränktes Ermessen der Behörde hin, soll aber nur verdeutlichen, dass die Behörde die Voraussetzungen des § 87 Abs. 1 BGB daraufhin zu prüfen hat, ob die Auflösung bzw. Aufhebung im konkreten Fall tatsächlich alternativlos ist; denn **Auflösung und Aufhebung sind ultima ratio**. Liegen aber die Voraussetzungen des § 87a Abs. 1 BGB vor, so hat die Behörde unverzüglich zu handeln. Sie hat dann **weder ein Handlungs- noch ein Auswahlermessen.** 17

C. Aufhebung nach Absatz 2

I. Aufhebung einer Verbrauchsstiftung, Nr. 1

Verbrauchsstiftungen sind nach § 87 Abs. 1 BGB aufzulösen, wenn ihr Vermögen aufgebraucht und in absehbarer Zeit auch kein Erwerb zusätzlicher Mittel zu erwarten (Prognose nach § 85 Abs. 1 S. 2 Hs. 2 BGB, dort Rn. 54) ist (§ 85 Rn. 49, Begr. RegE § 87 Rn. 17). Das gilt auch, wenn 18

3 BT-Ds. 19/28173, 79.

die Zweckverfolgung aus anderen Gründen (§ 87 Rn. 28) unmöglich wird. In diesen Fällen richtet sich die Aufhebung von Verbrauchsstiftungen nach § 87a Abs. 1 BGB.

19 Absatz 2 betrifft also nur den Fall einer befristeten Verbrauchsstiftung. Allerdings gibt es selbst in Fällen des § 87 Abs. 2 BGB keinen „Auflösungsautomatismus" (§ 87 Rn. 32). Zudem müssen Verbrauchsstiftungen keineswegs befristet sein (näher § 81 Rn. 108, § 82 Rn. 30).

20 Ist eine Verbrauchsstiftung aufgrund ihrer Befristung aufzulösen, so haben die zuständigen Stiftungsorgane den Beschluss nach § 87 Abs. 2 BGB *„unverzüglich"*, also ohne schuldhaftes Zögern (§ 121 Abs. 1 S. 1 BGB), zu fassen, wie sich auch aus § 87a Abs. 2 Nr. 1 BGB ergibt. Andernfalls hat die zuständige Behörde die Stiftung nach Anhörung unverzüglich aufzuheben. Grund dafür ist der Schutz der Interessen des bzw. der Anfallberechtigten und damit die Verwirklichung des Stifterwillens (§ 83 Abs. 2 BGB).

II. Aufhebung wegen Gemeinwohlgefährdung, Nr. 2

21 Auch bei der Gemeinwohlgefährdung sind **zwei Fälle zu unterscheiden**. Gefährdet der **Stiftungszweck** das Gemeinwohl, ist der Zweck gemäß § 85 Abs. 1 S. 2, § 85a Abs. 2 BGB nach Möglichkeit zu ändern (Begr. RegE Rn. 10 f.). Ist das wegen des entgegenstehenden Stifterwillens nicht möglich, ist die Stiftung wegen rechtlicher Unmöglichkeit gemäß § 87 Abs. 1 BGB aufzulösen. Dementsprechend richtet sich die Aufhebung nach § 87a Abs. 1 BGB. Zum Schutz des Gemeinwohls sind Maßnahmen nach §§ 85 Abs. 1 S. 2, 85a Abs. 2, 87 Abs. 1, 87a Abs. 1 BGB unverzüglich zu ergreifen.

22 § 87a Abs. 2 Nr. 2 BGB betrifft dagegen den Fall, dass das Gemeinwohl durch die **Tätigkeit der Stiftung** gefährdet wird. In diesem Fall hat die Behörde zuvörderst zu versuchen, die gemeinwohlgefährdende Tätigkeit der Stiftung durch aufsichtsrechtliche Maßnahmen zu unterbinden (Begr. RegE Rn. 11). Mittel der Wahl ist eine Abberufung der Organmitglieder, die die gemeinwohlgefährdende Betätigung der Stiftung zu verantworten haben. Erst wenn das nicht fruchtet, etwa weil die betreffenden Organmitglieder im Hintergrund weiterhin die „Strippen ziehen", ist die Stiftung unverzüglich aufzuheben.

III. Aufhebung wegen Verlegung des Verwaltungssitzes ins Ausland, Nr. 3

23 Absatz 2 Nr. 3 fußt auf § 83a BGB. Nach der Begr. RegE (Rn. 12) soll die Vorschrift klarstellen, dass ein Verstoß gegen § 83a BGB nicht zur automatischen Auflösung der Stiftung führt. Das ist in den praktisch relevanten Fällen jedoch ohnehin nicht der Fall: Bei Verlegung des Verwaltungssitzes nach Großbritannien und in die Schweiz gilt die Gründungstheorie, ebenso im Ergebnis bei einer Sitzverlegung innerhalb der EU und in die USA (s. § 83a Rn. 3). Eine Verlegung des Verwaltungssitzes der Stiftung in all diese Länder hat daher keinerlei Auswirkungen auf die Rechtspersönlichkeit der Stiftung. Und die regelmäßig geringfügigen Erschwernisse der Ausübung der Stiftungsaufsicht bei einer Verlegung des Verwaltungssitzes einer Stiftung in diese Länder rechtfertigt weder das Gebot des § 83a BGB in seiner kategorischen Allgemeinheit noch eine Aufhebung nach Absatz 2 Nr. 3. Beide Vorschriften verstoßen daher gegen das **Übermaßverbot** und sind deswegen im Wege verfassungskonformer Auslegung **geltungserhaltend zu reduzieren** (§ 83a Rn. 17). Eine Verlegung des Verwaltungssitzes (zum Begriff § 83a Rn. 21) ins Ausland, d.h. außerhalb des Geltungsbereichs des Gesetzes, ist nur unzulässig und pflichtwidrig, wenn sie dem wirklichen oder mutmaßlichen Stifterwillen widerspricht. Das ist – abseits ausdrücklicher Anordnungen des Stifters – insbesondere anzunehmen, wenn zu besorgen ist, dass:
- die Stiftung im Zuzugsstaat aufgrund der Anwendung der Sitztheorie ihre Rechtsfähigkeit verliert (s.o. § 83a Rn. 4),
- die Stiftung im Zuzugsstaat (zusätzlich) der dort geltenden Aufsicht unterworfen wird,

– der Wegzug darauf gerichtet ist, die Stiftungsaufsicht unverhältnismäßig zu erschweren (z.B. Wegzug nach Nigeria), um pflichtwidrigem Verhalten der Stiftungsorgane Vorschub zu leisten (§ 83a Rn. 18).

Ist die Verlegung des Verwaltungssitzes ins Ausland pflichtwidrig, hat die zuständige Aufsichtsbehörde unverzüglich einzuschreiten, und zwar indem sie den betreffenden Vorstandsmitgliedern mit Abberufung droht, wenn sie den Verwaltungssitz nicht unverzüglich, spätestens innerhalb von zwei Wochen, zurückverlegen. Droht der Stiftung Schaden, ist eine sofortige Abberufung geboten. 24

Allerdings steht der Behörde die Befugnis zur Abberufung von Organmitgliedern nicht in allen Ländern gegenüber allen Stiftungen zu Gebote. Nach sechs Landesstiftungsgesetzen[4] kann die Behörde eine Abberufung nur verlangen, aber nicht selbst aussprechen. Und nach sieben Landesstiftungsgesetzen[5] ist die Aufsicht gegenüber privatnützigen Stiftungen, insb. Familienstiftungen, insgesamt stark eingeschränkt. In all diesen Fällen kann der Stiftungsvorstand durch eine Sitzverlegung ins Ausland **vorsätzlich auf eine Auflösung der Stiftung hinwirken**,[6] wenn der Stifter nicht durch eine Satzungsklausel vorgesorgt hat, nach der die Mitglieder des Vorstands ihr Amt mit der Verlegung des Verwaltungssitzes der Stiftung ins Ausland verlieren. 25

Ist die Verlegung des Verwaltungssitzes ins Ausland pflichtwidrig (Rn. 23) und erreicht die Stiftungsbehörde keine Zurückverlegung des Verwaltungssitzes ins Inland, hat sie die Stiftung gemäß Abs. 2 Nr. 3 aufzuheben. Ein Ermessen steht ihr insofern nicht zu. Allerdings kann die Vorschrift nur dann zum Zuge kommen, wenn die Stiftungsaufsichtsbehörde keine Befugnis zur Abberufung des Stiftungsvorstands hat (Rn. 25), andernfalls sie die im Ausland weilenden Vorstandsmitglieder abberufen (Rn. 24) und im Inland Ansässige bestellen bzw. nach § 84c vorgehen kann. 26

D. Weitere Aufhebungsgründe?

Im Fall BVerwGE 29, 314 hatte die Behörde versucht, die Genehmigung (heute Anerkennung) einer Stiftung zu widerrufen (**§ 49 VwVfG**). Denkbar ist auch eine Rücknahme der Anerkennung nach **§ 48 VwVfG** oder deren Nichtigkeit (**§ 44 VwVfG**). Alle drei Vorschriften werden jedoch durch **§ 87a BGB** als **lex specialis** verdrängt.[7] Das ist damit zu begründen, dass die Stiftung zwar durch Doppelakt entsteht (§ 80 Rn. 97), ihre einmal begründete Existenz aber nicht von der Wirksamkeit und dem Fortbestand dieser Akte abhängt.[8] Auch wenn das Stiftungsgeschäft nichtig ist, führt das nicht ipso jure zur Auflösung der Stiftung. Erst wenn infolge der Nichtigkeit des Stiftungsgeschäfts die Stiftung vermögenslos wird, ist ein Auflösungsbeschluss nach § 87 Abs. 1 BGB zu fassen. Das Gleiche würde bei der rechtskräftig festgestellten Nichtigkeit, der rechtskräftigen Rücknahme oder dem rechtskräftigen Widerruf der Anerkennung gelten; denn damit wären die Voraussetzungen des § 82a BGB nicht mehr gegeben, so dass der Rechtsgrund für die Übertragung des gewidmeten Vermögens entfiele, welches der Stifter oder seine Erben mithin nach § 812 Abs. 1 S. 1 Fall 1 BGB zurückfordern könnten. Zu dieser Lösung tendiert auch das BVerwG, das zugleich und zu Recht betont, dass die Behörde einen Zivilrechtsstreit über die Wirksamkeit des Stiftungsgeschäfts nicht durch einen Widerruf der Genehmigung bzw. Anerkennung entscheiden dürfe. 27

---

4 Art. 13 S. 1 BayStiftG; § 13 Abs. 3 BremStiftG; § 14 Abs. 1 S. 1 NdsStiftG; § 9 Abs. 1 S. 1 NRWStiftG; § 9 Abs. 5 RPStiftG; § 13 SHStiftG.

5 § 10 BlnStiftG; § 25 Abs. 1 S. 2 HamStiftG; § 21 Abs. 2 HeStiftG; § 6 Abs. 3 NRWStiftG; § 9 Abs. 1 S. 3 RPStiftG; § 10 Abs. 3 SaarStiftG; § 19 SHStiftG.

6 *Burgard*, npoR 2021, 1, 3 (Fall 5).

7 Ebs. MüKo BGB/*Weitemeyer*, § 87 Rn. 9; BeckOK BGB, *Backert*, § 87 Rn. 2; a.A. BayVGH v. 12.10.2005 – 5 BV 03.2841, BayVBl. 2006, 149.

8 Ebs. Staudinger/*Hüttemann*/*Rawert*, BGB, § 87 Rn. 7; Richter/*Fischer*, Stiftungsrecht, § 8 Rn. 39.

§ 87b Auflösung der Stiftung bei Insolvenz

Die Stiftung wird durch die Eröffnung des Insolvenzverfahrens und mit der Rechtskraft des Beschlusses, durch den die Eröffnung des Insolvenzverfahrens mangels Masse abgewiesen worden ist, aufgelöst.

Schrifttum

Bach/Knof, Insolvenzfähigkeit der Stiftung, ZInsO 2005, S. 729; *Fritsche*, Die Stiftung des bürgerlichen Rechts im Regelinsolvenzverfahren, ZSt 2003, S. 211; *Hirte*, Stiftung und Insolvenz, in: Saenger/Bayer/u.a. (Hrsg.), FS O. Werner, 2009, S. 222; *Kahlert/Eversberg*, Insolvenz und Gemeinnützigkeit, ZIP 2010, S. 260; *Koch*, Die Ersatzpflicht des Stiftungsvorstands für Zahlungen nach Eintritt der Zahlungsunfähigkeit oder Feststellung der Überschuldung, ZStV 2010, S. 92; *Müller*, Die Rechtsstellung der Stiftungsorgane in der Insolvenz, ZStV 2010, S. 201; *ders.*, Haftung des Stiftungsvorstands wegen Insolvenzverschleppung, ZIP 2010, S. 153; *Prütting*, Insolvenz von Vereinen und Stiftungen, in: Kötz/Rawert/u.a. (Hrsg.), Non Profit Law Yearbook 2002, 2003, S. 137; *Roth/Knof*, Die Stiftung in Krise und Insolvenz, KTS 2009, S. 163; *dies.*, Verein und Stiftung in Krise und Insolvenz, InsVZ 2010, S. 190; *Schäfer*, Kompetenzen der Organe und Aufsicht in der Insolvenz einer Unternehmensstiftung, 2008.

Übersicht

A. Grundlagen

I. Norminhalt, Verhältnis zum alten Recht —— 1

II. Begründung —— 2

B. Eröffnung des Insolvenzverfahrens

I. Eröffnungsgründe —— 3

II. Eröffnungsbeschluss —— 4

C. Ablehnung mangels Masse —— 8

A. Grundlagen

I. Norminhalt, Verhältnis zum alten Recht

1 Die Vorschrift enthält die einzigen beiden **Auflösungsgründe ipso iure** im Stiftungsrecht: die Eröffnung des Insolvenzverfahrens und dessen Ablehnung mangels Masse. Sie entspricht § 86 S. 1 i.V.m. § 42 Abs. 1 S. 1 BGB a.F. Nur aus systematischen Gründen wurde sie hier eingefügt, anstatt die Verweisung des § 84 Abs. 5 BGB entsprechend auszudehnen (Rn. 2). Weggefallen ist allerdings der Verweis auf § 42 Abs. 1 S. 2 und S. 3 BGB, obwohl eine Fortsetzung der Stiftung durchaus denkbar ist,[1] allerdings keinerlei praktische Bedeutung hat. Zum Insolvenzantrag und zur Haftung wegen Insolvenzverschleppung § 84 Rn. 101, 102 f.

II. Begründung

2 *„Die bisherige Verweisung auf die vereinsrechtliche Regelung in § 42 Absatz 1 Satz 1 BGB wird aufgehoben und durch eine inhaltsgleiche eigenständige Regelung ersetzt, um alle Fälle der Auflösung und Aufhebung von Stiftungen übersichtlich und zusammenhängend zu regeln.“*[2]

1 *Burgard*, Gestaltungsfreiheit, 648 ff.

2 BT-Ds. 19/28173, 79.

https://doi.org/10.1515/9783110251524-042

B. Eröffnung des Insolvenzverfahrens

I. Eröffnungsgründe

Als Gründe für die Beantragung der Eröffnung des Insolvenzverfahrens nennt § 42 Abs. 2 S. 1 BGB Zahlungsunfähigkeit und Überschuldung. Hinzukommt gemäß § 18 Abs. 2 InsO die drohende Zahlungsunfähigkeit. **Zahlungsunfähigkeit** liegt nach § 17 Abs. 2 S. 1 InsO vor, wenn die Stiftung nicht in der Lage ist, ihre fälligen Zahlungsverpflichtungen zu erfüllen. Indiz dafür ist nach § 17 Abs. 2 S. 2 InsO die Zahlungseinstellung. **Zahlungsunfähigkeit droht**, wenn die Stiftung voraussichtlich nicht in der Lage sein wird, fällige Forderungen zu erfüllen. Dabei ist der Prognosezeitraum gesetzlich nicht festgelegt. Er soll zwei bis fünf Jahre betragen.[3] **Überschuldung** ist gegeben, wenn das Vermögen der Stiftung die bestehenden Verbindlichkeiten nicht mehr deckt, es sei denn die Fortführung des Unternehmens (also z.B. des Altenheims einer Anstaltsstiftung) ist nach den Umständen überwiegend wahrscheinlich, § 18 Abs. 2 S. 1 InsO.[4] In der Praxis sind Insolvenzen von Stiftungen außerordentlich selten.[5] Die Insolvenzantragspflicht regelt § 84 Abs. 5 i.V.m. § 42 Abs. 2 BGB, s. dazu § 84 Rn. 101. 3

II. Eröffnungsbeschluss

Das Insolvenzgericht eröffnet das Insolvenzverfahren durch den Eröffnungsbeschluss (§ 27 InsO). Der Beschluss führt **ipso iure** zur **Auflösung** der Stiftung, was gemäß §§ 9, 2 Nr. 14 lit. a StiftRG von Amts wegen in das Stiftungsregister einzutragen ist. Gegen den Eröffnungsbeschluss kann die Stiftung, vertreten durch den Vorstand oder die Liquidatoren, **sofortige Beschwerde** einlegen. Der Antragsteller ebenso gegen die Ablehnung des Antrags, § 34 Abs. 1 und Abs. 2 InsO. Die Aufhebung des Eröffnungsbeschlusses ist ebenfalls in das Stiftungsregister von Amts einzutragen, §§ 9, 2 Nr. 15 lit. a StiftRG. 4

Ist die Stiftung aufgelöst, **gilt** sie gemäß § 87c Abs. 2 S. 2 i.V.m. § 49 Abs. 2 BGB bis zur Beendigung des Insolvenzverfahrens **als fortbestehend**. Die rechtliche Existenz der Stiftung wird also durch die Eröffnung des Insolvenzverfahrens grundsätzlich nicht berührt.[6] **Anders** ist dies nur in den Fällen des § 87c Abs. 2 S. 1 i.V.m. § 46 BGB, also wenn insb. der Fiskus Anfallberechtigter ist, damit Gesamtrechtsnachfolge und Vollbeendigung eintreten und deswegen kein Insolvenzverfahren durchgeführt wird (s. § 87c Rn. 19).[7] Wird ein Insolvenzverfahren durchgeführt, soll nach verbreiteter Meinung der Stiftungszweck durch den insolvenzrechtlichen, auf Gläubigerbefriedigung ausgerichteten Verfahrenszweck verdrängt werden.[8] Deswegen soll auch die Gemeinnützigkeit der Stiftung enden.[9] Diesen beiden Ansichten ist indes nicht zuzustimmen.[10] Vielmehr wird der (gemeinnützige) **Stiftungszweck** durch den hinzutretenden Zweck des Abwicklungsverfahrens lediglich **überlagert**.[11] Steuerrechtlich ist der Stiftung eine **gemein-** 5

3 MüKoBGB/*Leuschner*, § 42 Rn. 3 m.w.N.

4 Näher zu den Eröffnungsgründen *Roth/Knof*, KTS 2009, 163, 166 ff.; *dies.*, InsVZ 2010, 190 f.

5 MüKoBGB/*Weitemeyer*, § 86 Rn. 59 m.w.N.; für ein Beispiel aus der Rspr. siehe VG Berlin – 26 K 453.13, BeckRS 2016, 41079.

6 Anstelle anderer Staudinger/*Hüttemann/Rawert*, BGB, § 86 Rn. 92; *Roth/Knof*, KTS 2009, 163, 170; *dies.*, InsVZ 2010, 190, 192.

7 Anstelle anderer Staudinger/*Hüttemann/Rawert*, BGB, § 86 Rn. 92; *Hirte*, FS O. Werner, 2009, 222, 230.

8 BFH – I R 14/06, DStR 2007, 1438, 1439; Staudinger/*Hüttemann/Rawert*, BGB, § 86 Rn. 92; MüKoBGB/*Leuschner*, § 42 Rn. 7; MünchHdb GesR V/*Gummert*, § 116 Rn. 40.

9 Im Ergebnis *Crezelius*, NZI 2007, 571, 572; MüKoBGB/*Leuschner*, § 42 Rn. 7; BFH – I R 14/06, DStR 2007, 1438, 1439; AEAO zu § 51 Rn. 6; kritisch dazu *Dehesselles*, DStR 2008, 2050, 2051.

10 Ebs. *Roth/Knof*, InsVZ 2010, 190, 193.

11 *Burgard*, Gestaltungsfreiheit, 645 f.; für die GmbH Scholz/*Schmidt/Scheller*, GmbHG, § 69 Rn. 3; für die eG *Beuthien*, GenG, § 87 Rn. 1; für die AG Koch/*Koch*, AktG, § 264 Rn. 8.

nützigkeitsrechtliche „Abwicklungsphase“[12] einzuräumen.[13] All das folgt auch daraus, dass das Insolvenzverfahren nicht nur der Gläubigerbefriedigung dient, sondern auch die Sanierung des insolventen Rechtsträgers im Blick hat, s. § 1 InsO.[14]

6 Auch die Organisationsverfassung wird durch die Eröffnung des Insolvenzverfahrens nicht geändert. Der Insolvenzverwalter ist lediglich **„Amtstreuhänder“**,[15] nicht Stiftungsorgan.[16] Allerdings geht auf ihn das Recht über, das zur Insolvenzmasse gehörende Stiftungsvermögen zu verwalten und über es zu verfügen, § 80 Abs. 1 InsO. Der Unterscheidung zwischen Grundstockvermögen und sonstigem Vermögen (§ 83b BGB) kommt insofern – wie auch bei der Prüfung der Insolvenzgründe[17] – keine Bedeutung zu, da es grundsätzlich kein insolvenzfreies Stiftungsvermögen gibt.[18] Der **Übergang der Verwaltungs- und Verfügungsbefugnis** auf den Insolvenzverwalter nimmt den Stiftungsorganen die entsprechenden Befugnisse (sog. Verdrängungsbereich).[19] Die Stiftungsorgane nehmen nur noch Kompetenzen wahr, die nicht die Insolvenzmasse betreffen (sog. **Schuldnerbereich**, z.B. Satzungsänderungen).[20, 21] Deswegen kann der Insolvenzverwalter zwar Anstellungsverträge kündigen (§ 113 InsO), die Organmitglieder aber nicht abberufen.[22] Problematisch sind vor allem die Kompetenzen im sog. **Überschneidungsbereich.** Hier sollen Insolvenzverwalter und zuständige Stiftungsorgane zusammenwirken.[23] Ein denkbares Beispiel dafür wäre eine Zu- oder Zusammenlegung während des Insolvenzverfahrens. Die Rechte und Pflichten der Stiftungsaufsicht bleiben im Schuldner- und im Überschneidungsbereich unberührt.[24] **§ 31 BGB** gilt für den Insolvenzverwalter im Rahmen seiner Tätigkeit für die Masse **analog.**[25]

7 Durch § 80 Abs. 1 InsO werden die Rechte und Pflichten des Stiftungsvorstands mithin stark eingeschränkt. Vor allem bleibt ihm das Recht und die Pflicht, die Rechte der Stiftung gegenüber dem Insolvenzverwalter zu wahren.[26] Gemäß § 101 Abs. 1 S. 1 InsO gelten für die Vorstandsmitglieder die **§§ 97 bis 99 InsO entsprechend.** Insbesondere haben sie daher die Auskunfts- und Mitteilungspflichten gemäß § 97 InsO zu erfüllen.

---

12 Die Fragestellung, ob einer Körperschaft, spiegelbildlich zur Anlaufphase hinsichtlich einer Steuerbefreiung aufgrund ihrer gemeinnützigen Tätigkeit, ebenso eine Abwicklungsphase zuzubilligen sei, musste in BFH – I R 14/06 wohl nicht entschieden werden; so jedenfalls *Abenheimer*, FD-InsR 2007, 241982 sowie *Dehesselles*, DStR 2008, 2050, 2051; **a.A.** MünchHdb GesR V/*Gummert*, § 116 Rn. 67.

13 MünchHdb GesR V/*Gummert*, § 116 Rn. 67; MüKoBGB/*Weitemeyer*, § 86 Rn. 62, jew. m.w.N.; Staudinger/*Hüttemann/Rawert*, BGB, § 86 Rn. 93.

14 Und dazu etwa BeckOK InsO/*Madaus*, § 1 Rn. 11.

15 MüKoBGB/*Leuschner*, § 42 Rn. 9; BT-Ds. 12/2443, 83; sodann unterliegt die Insolvenzverwaltung auch nicht der Rechtsaufsicht der Stiftungsbehörde, denn die InsO regelt hier die Zuständigkeiten abschließend, vgl. hierzu MüKoBGB/*Weitemeyer*, § 86 Rn. 62 m.w.N.; siehe grundsätzlich zum Meinungsstand MüKoInsO/*Vuia*, § 80 Rn. 34 m.w.N.

16 Vgl. MünchHdb GesR V/*Gummert*, § 116 Rn. 40.

17 *Roth/Knof*, KTS 2009, 163, 166 m.w.N.; Staudinger/*Hüttemann/Rawert*, BGB, § 86 Rn. 89.

18 MüKoBGB/*Leuschner*, § 42 Rn. 11.

19 Vgl. BayObLG KTS 2004, 409, 410; OLG Köln ZIP 2001, 717, 718; grundlegend zu dieser Lehre *Weber*, KTS 1970, 73, 77.

20 Siehe zur AG etwa BGH – II ZB 21/17, NZI 2020, 234, 237 Rn. 26 m. Anm. *Primozic*; zur GmbH BGH – II ZB 20/13, NZI 2015, 135, 136 Rn. 12, m. Anm. *Schuster/Fritz*.

21 BGH – IX ZR 282/03, ZInsO 2006, 260 Rn. 6 m.w.N.

22 Siehe hierzu ausführlich *Müller*, ZStV 2010, 201, 202; BGH – IX ZB 271/04, NZG 2007, 384, 386, wonach die Eröffnung des Insolvenzverfahrens auf die Struktur der Gesellschaft keinen Einfluss hat; vgl. zur GmbH etwa BGH ZIP 1980, 46, 47.

23 Siehe hierzu die ausführliche Darstellung bei *Müller*, ZStV 2010, 201, 202.

24 **A.A.** Staudinger/*Hüttemann/Rawert*, BGB, § 86 Rn. 92; wie hier Soergel/*Neuhoff*, BGB, § 88 Rn. 17.

25 Palandt/*Ellenberger*, BGB, § 31 Rn. 3; MüKoBGB/*Leuschner*, § 31 Rn. 10; *Schmidt*, InsO, § 80 Rn. 32 m.w.N.

26 Siehe auch *Stingl*, 144 f.

C. Ablehnung mangels Masse

Auch die Ablehnung der Eröffnung des Insolvenzverfahrens mangels Masse führt **ipso iure zur Auflösung** der Stiftung und ist gemäß §§ 9, 2 Nr. 14 lit. b StiftRG in das Stiftungsregister einzutragen. Die Liquidation erfolgt dann gemäß § 87c Abs. 2 S. 2 i.V.m. §§ 47 ff. BGB. Der Durchführung eines Liquidationsverfahrens bedarf es nur in den Fällen des § 87c Abs. 2 S. 1 i.V.m. § 46 BGB sowie dann nicht, wenn die Stiftung über keinerlei Aktivvermögen verfügt, mit der Gläubiger befriedigt und/oder das an Anfallberechtigte ausgekehrt werden könnte (§ 87c Rn. 21). Die **Masselosigkeit** ist jedoch **nicht** mit der **vollständigen Vermögenslosigkeit** gleichzusetzen. 8

§ 87c Vermögensanfall und Liquidation

(1) [1]Mit der Auflösung oder Aufhebung der Stiftung fällt das Stiftungsvermögen an die in der Satzung bestimmten Anfallberechtigten. Durch die Satzung kann vorgesehen werden, dass die Anfallberechtigten durch ein Stiftungsorgan bestimmt werden. [2]Fehlt es an der Bestimmung der Anfallberechtigten durch oder aufgrund der Satzung, fällt das Stiftungsvermögen an den Fiskus des Landes, in dem die Stiftung ihren Sitz hatte. [3]Durch landesrechtliche Vorschriften kann als Anfallberechtigte an Stelle des Fiskus eine andere juristische Person des öffentlichen Rechts bestimmt werden.

(2) [1]Auf den Anfall des Stiftungsvermögens beim Fiskus des Landes oder des Bundes oder bei einer anderen juristischen Person des öffentlichen Rechts nach Absatz 1 Satz 4 ist § 46 entsprechend anzuwenden. [2]Fällt das Stiftungsvermögen bei anderen Anfallberechtigten an, sind die §§ 47 bis 53 entsprechend anzuwenden.

Schrifttum

Müller, Die Beendigung einer rechtsfähigen Stiftung des Privatrechts und die Regelung des Anfalls ihres Vermögens nach dem BGB, Diss 1930; *Plottek*, Vermögensanfall bei Verein und Stiftung, 2014; *Schack*, Weiterleben nach dem Tode – juristisch betrachtet, JZ 1989, S. 609; *Schmidt*, Liquidationszweck und Vertretungsmacht der Liquidatoren, AcP 1974, S. 55.

Übersicht

A. Grundlagen

I. Vorbemerkung — 1

II. Norminhalt, Systematik, Sinn und Zweck — 2

III. Begründung des Regierungsentwurfs — 5

IV. Bewertung — 13

B. Anfallberechtigung, Absatz 1

I. Kraft Satzung, Satz 1 — 14

II. Kraft Organbeschluss, Satz 2 — 16

III. Fiskus, Satz 3 — 17

IV. Andere juristische Person des öffentlichen Rechts, Satz 4 — 18

C. Entsprechende Anwendung des § 46 BGB — 19

D. Liquidation analog §§ 47 bis 53 BGB — 20

E. Vollbeendigung — 29

F. Nachtragsliquidation — 31

A. Grundlagen

I. Vorbemerkung

1 Zivilrechtlich wirft das „Sterben" eines Rechtsträgers das prosaische Problem auf, was aus seinem Vermögen wird. Ist der Rechtsträger eine natürliche Person, verliert er mit seinem Tod die Rechtsfähigkeit[1] und seine Erben werden gemäß § 1922 BGB Gesamtrechtsnachfolger. Bei juristischen Personen ist das nicht so einfach. Ihre Rechtsfähigkeit endet nicht mit ihrer Auflö-

1 Dass die Rechtsfähigkeit einer natürlichen Person mit ihrem Tod endet, war den Verfassern des BGB eine Selbstverständlichkeit, ist es aber nicht, wie etwa die Nachwirkungen des allgemeinen Persönlichkeitsrechts über den Tod hinaus zeigen, vgl. BVerfGE 30, 173 „Mephisto"; BGHZ 15, 249, 259; 50, 133.

https://doi.org/10.1515/9783110251524-043

sung bzw. Aufhebung. Vielmehr muss zunächst deren Vermögenslosigkeit herbeigeführt werden, damit sie durch Vollbeendigung „aus dem Leben treten" kann. Die Vermögenslosigkeit kann wiederum durch Gesamtrechtsnachfolge bewirkt werden. Das ist der Weg, den § 87c Abs. 2 S. 1 i.V.m. § 46 BGB beschreitet. Ansonsten ist ein Liquidationsverfahren durchzuführen, und zwar entweder das allgemeine nach § 87c Abs. 2 i.V.m. §§ 47 bis 53 BGB oder das besondere nach der Insolvenzordnung (§ 84 Abs. 5 i.V.m. § 42 Abs. 2, § 87b Fall 1 BGB). Ziel des Verfahrens ist es – wie es in § 49 Abs. 1 Satz 1 BGB heißt – *„die laufenden Geschäfte zu beendigen, ausstehende Forderungen einzuziehen, das übrige Vermögen in Geld umzusetzen, die Gläubiger zu befriedigen und den Überschuss an die Anfallberechtigten auszuantworten"*.[2] Und eben damit, nämlich mit der Auskehrung des Überschusses an die Anfallberechtigten im Wege der Einzelrechtsnachfolge, ist die Stiftung vermögenslos. Und **mit der Vermögenslosigkeit tritt** dann ipso iure **Vollbeendigung ein.**

II. Norminhalt, Systematik, Sinn und Zweck

Vor diesem Hintergrund bezweckt § 87c BGB die Vermögenslosigkeit der Stiftung und damit ihre Vollbeendigung herbeizuführen. Die Vorschrift regelt, wie schon ihre Überschrift besagt, den Vermögensanfall und die Liquidation einer Stiftung, systematisch allerdings verfehlt, weil die Liquidation dem Vermögensanfall – außer in den Fällen des Absatz 2 Satz 1 – vorangeht. Absatz 1 Satz 1 ist daher irreführend. Mit seiner Systematik folgt § 87c BGB allerdings § 88 BGB a.F., dem die Vorschrift inhaltlich entspricht (Begr. RegE Rn. 5). Der Wortlaut des § 88 BGB a.F. wies allerdings einige Probleme auf, die durch die Neufassung beseitigt wurden.[3] 2

Liquidation und Vermögensanfall sind die übereinstimmenden Rechtsfolgen einer Auflösung nach § 87 BGB und einer Aufhebung nach § 87a BGB. Anders gewendet tritt die Stiftung mit ihrer Auflösung bzw. Aufhebung in das Liquidationsstadium. Das gilt auch bei der Auflösung ipso iure gemäß § 87b BGB. Bei Eröffnung des Insolvenzverfahrens tritt allerdings dieses anstelle des allgemeinen Liquidationsverfahrens nach §§ 47 bis 53 BGB. 3

In den Fällen des Absatz 2 Satz 1 ist weder ein Insolvenz- noch das allgemeine Liquidationsverfahren durchzuführen; denn nach § 46 BGB tritt Gesamtrechtsnachfolge ein, womit die Stiftung vermögenslos und ipso iure vollbeendet ist. 4

III. Begründung des Regierungsentwurfs

„§ 87c BGB-neu entspricht im Wesentlichen dem bisherigen § 88 BGB. 5

Zu Absatz 1: *§ 87c Absatz 1 BGB-neu entspricht inhaltlich dem bisherigen § 88 Satz 1 und 2 BGB.* 6

Zu Satz 1: *§ 87c Absatz 1 Satz 1 BGB-neu entspricht dem bisherigen § 88 Satz 1 BGB.* 7

Zu Satz 2: *§ 87c Absatz 1 Satz 2 BGB-neu regelt wie der bisherige § 88 Satz 2 BGB, dass das Stiftungsvermögen an den Fiskus des Landes fällt, in dem die Stiftung ihren Sitz hatte, wenn in der Satzung keine Anfallberechtigten bestimmt wurden.* 8

Zu Satz 3: *§ 87c Absatz 1 Satz 3 BGB-neu ermächtigt die Länder zum Erlass von Vorschriften, mit denen anstelle des Landesfiskus eine andere Person des öffentlichen Rechts als Anfallberechtigte bestimmt werden kann, bei der das[4] Stiftungsvermögen nach der Auflösung oder Aufhebung der Stiftung in gleicher Weise anfällt wie beim Fiskus. Als andere Person des öffentlichen Rechts kann insbesondere auch eine kirchliche Körperschaft anstelle des Landesfiskus bestimmt werden. Die Regelung entspricht inhaltlich dem geltenden § 88 Satz 2 Halbsatz 2 BGB.* 9

---

2 Die Ziele des Insolvenzverfahrens sind etwas anders akzentuiert, s. § 1 InsO.
3 MüKoBGB/*Weitemeyer*, § 88 Rn. 8 f.
4 BT-Ds. 19/28173, 79.

10 *Zu Absatz 2:* § 87c Absatz 2 BGB-neu entspricht im Wesentlichen dem bisherigen § 88 Satz 3 BGB.*

11 ***Zu Satz 1:** § 87c Absatz 2 Satz 1 BGB-neu bestimmt, dass bei einem Vermögensanfall beim Landesfiskus § 46 BGB entsprechend anzuwenden ist, das heißt, dass das Stiftungsvermögen im Wege der Gesamtrechtsnachfolge auf den Fiskus übergeht und die Stiftung ohne Liquidation beendet wird. Dasselbe soll auch gelten, wenn eine juristische Person des öffentlichen Rechts anfallberechtigt ist, die durch Landesrecht anstelle des Fiskus als Anfallberechtigte bestimmt wurde.*

12 ***Zu Satz 2:** § 87c Absatz 2 Satz 2 BGB-neu regelt die Beendigung der Stiftung, wenn das Stiftungsvermögen nach der Auflösung oder Aufhebung nicht beim Landesfiskus oder einer anderen juristischen Person des öffentlichen Rechts nach § 87c Absatz 1 Satz 3 BGB-neu anfällt. Dann sind die §§ 47 bis 53 BGB wie bisher entsprechend anzuwenden, das heißt nach der Auflösung oder Aufhebung der Stiftung muss die Stiftung entsprechend den §§ 47 ff. BGB abgewickelt werden.*“[5]

IV. Bewertung

13 Das Ziel der Reform, nämlich eine für Laien verständlichere Abfassung des Gesetzes, verfehlt § 87c BGB. Ansonsten ist gegen die Vorschrift nichts einzuwenden.

B. Anfallberechtigung, Absatz 1

I. Kraft Satzung, Satz 1

14 „*Mit der Auflösung oder Aufhebung der Stiftung fällt das Stiftungsvermögen an die in der Satzung bestimmten Anfallberechtigten*“, **Absatz 1 Satz 1.** Das ist in dieser Allgemeinheit **falsch**, weil die Stiftung durch Aufhebung und Auflösung grundsätzlich erst in das Liquidationsstadium eintritt. Nur in den Fällen des Absatz 2 Satz 1 ist das anders, so. Rn. 11. Richtig ist aber, dass die Anfallberechtigung in erster Linie durch die Satzung bestimmt wird. Als Anfallberechtigte kommen grundsätzlich **alle Erbfähigen** (§ 1923 BGB), auch ein nasciturus und ein nondum conceptus, in Betracht, letztere allerdings durch ihre Geburt (§ 1 BGB) aufschiebend bedingt. Der **Stifter** kann sich **auch selbst** zum Anfallberechtigten bestimmen.[6] **Gemeinnützige Stiftungen** haben allerdings § 55 Abs. 3 i.V.m. Abs. 1 Nr. 4 AO zu beachten.[7] Das hindert den Stifter aber nicht, sondern gestattet es ihm, sich oder seine Erben zum Anfallberechtigten des von ihm der Stiftung gewidmeten Vermögens, das nicht zum Verbrauch bestimmt ist,[8] zu bestimmen.[9]

15 Bei **Altstiftungen** soll es nach der Begr. RegE (Vor § 80 Rn. 69) nicht nur auf die Satzung, sondern weiterhin wie in § 88 BGB a.F. auf die Stiftungsverfassung als Ganzes ankommen, weil bei Altstiftungen sich Regelungen zu den Anfallberechtigten nicht nur in Stiftungssatzungen, sondern auch in anderen Teilen des Stiftungsgeschäfts oder, wenn die Stiftungen vor dem 1. Januar 1900 errichtet wurden, in anderen Errichtungsakten finden.

---

5 BT-Ds. 19/28173, 80.

6 *Burgard*, Gestaltungsfreiheit, 457; § 25 Abs. 1 RPStiftG a.F. (abgedr. bei *Ebersbach*, Handbuch des Deutschen Stiftungsrechts, 1062) sah das sogar als Regel bei Fehlen anderweitiger Satzungsbestimmungen vor.

7 S. dazu auch § 5 Anlage 1 AO sowie die dort hernach abgedruckten Hinweise.

8 BFH – I B 36/11, BeckRS 2011, 96632.

9 *Koenig*, AO, § 55 Rn. 34.

II. Kraft Organbeschluss, Satz 2

16 Nach Absatz 1 Satz 2 kann in der Satzung auch vorgesehen werden, dass die Anfallberechtigten durch ein Stiftungsorgan bestimmt werden. Das ist insofern missverständlich, als den zuständigen Stiftungsorganen **kein freies Ermessen** eingeräumt werden kann. Vielmehr haben sie wie stets pflichtgemäß zu entscheiden, und zwar entsprechend dem wirklichen oder mutmaßlichen Stifterwillen, § 83 Abs. 2 BGB.[10] Als Anfallberechtigten haben sie daher im Zweifel eine Organisation auszuwählen, deren Zweck bzw. Tätigkeit dem Stiftungszweck möglichst nahekommt, vgl. § 46 S. 2 BGB.

III. Fiskus, Satz 3

17 Fehlt es an der Bestimmung von Anfallberechtigten durch oder aufgrund der Satzung, fällt das Stiftungsvermögen nach Satz 3 an den Fiskus des Landes, in dem die Stiftung ihren Sitz hatte. Mit Sitz ist wiederum der **Satzungssitz** gemeint, an den auch die örtliche Zuständigkeit der Stiftungsaufsicht anknüpft. Der **Fiskus des Bundes** kann durch die Satzung zum Anfallberechtigten bestimmt werden.

IV. Andere juristische Person des öffentlichen Rechts, Satz 4

18 Durch landesrechtliche Vorschriften kann nach Satz 4 als Anfallberechtigter anstelle des Fiskus eine andere juristische Person des öffentlichen Rechts bestimmt werden. Der Vorteil dieser Regelung ist, dass im gewissen Maße eine Berücksichtigung des Stiftungszwecks bei der Bestimmung des Anfallberechtigten ermöglicht wird. So können durch Landesrecht bei kommunalen und kirchlichen Stiftungen anstelle des Landesfiskus die entsprechenden Gebietskörperschaften bzw. Religionsgemeinschaft zum Anfallberechtigten bestimmt werden.[11]

C. Entsprechende Anwendung des § 46 BGB

19 Ist der Fiskus oder eine andere juristische Person des öffentlichen Rechts anfallberechtigt, gilt § 46 BGB entsprechend. Danach finden die Vorschriften über eine dem Fiskus als gesetzlichem Erben anfallende Erbschaft Anwendung. Nach § 1922 BGB wird der **Fiskus** daher **Gesamtrechtsnachfolger** der Stiftung, womit bei dieser **Vollbeendigung** eintritt. Der Fiskus kann den Anfall nicht ausschlagen (§ 1942 Abs. 2 BGB) und haftet nach § 1967 BGB für Verbindlichkeiten der Stiftung. Umstritten ist, wie er die Haftung auf das angefallene Vermögen beschränken kann. Nach einer verbreiteten Ansicht geht dies nur durch Anordnung einer Nachlassverwaltung oder Eröffnung eines Nachlassinsolvenzverfahrens gemäß §§ 1975 ff. BGB.[12] Die Gegenansicht geht aufgrund von §§ 2011, 1994 Abs. 1 Satz 2 BGB, § 780 Abs. 2 ZPO von einer **Haftungsbeschränkung ipso iure** aus.[13] Das ist schlüssiger, weil das Gesetz die Gesamtrechtsnachfolge auch bei einer Auflösung nach § 87b BGB vorsieht und sollte bei nächster Gelegenheit gesetzlich klargestellt werden. Der Nachweis der Gesamtrechtsnachfolge (z.B. gegenüber dem Grundbuch) hat

---

10 *Burgard*, Gestaltungsfreiheit, 650.

11 Vgl. §§ 26 Abs. 2, 31 Abs. 2 Nr. 2 BWStiftG; Art 9 BayStiftG; § 11 BbgStiftG; § 6 BlnStiftG; §§ 10, 16 Abs. 2 Nr. 6 BremStiftG; § 7 Abs. 2 HamStiftG; § 23 HeStiftG; §§ 10 Abs. 4, 11 Abs. 4 MVStiftG; § 9 NdsStiftG; § 10 Abs. 3 RPStiftG; §§ 19 Abs. 5, 20 Abs. 3 SaarStiftG; § 11 SächsStiftG; §§ 11 Abs. 3, 12 Abs. 3 SAStiftG; § 7 SHStiftG; §§ 15 Abs. 3, 16 Abs. 5 ThStiftG.

12 Staudinger/*H. Roth*, BGB, § 46 Rn. 7; Soergel/*Hadding*, BGB, § 46 Rn. 2; BeckOK BGB/*Schöpflin*, § 46 Rn. 3.

13 So BGH WM 1996, 1968, 1970 (obiter dictum); Staudinger/*Hüttemann*/*Rawert*, BGB, § 88 Rn. 9.

der Fiskus durch Erbschein[14] bzw. ein dem Erbschein entsprechendes Zeugnis[15] zu führen. Gemäß § 46 S. 2 BGB hat der Fiskus das angefallene Vermögen tunlichst in einer den Zwecken der Stiftung entsprechenden Weise zu verwenden.

D. Liquidation analog §§ 47 bis 53 BGB

20 Außer in den Fällen des Absatz 2 Satz 1 tritt die Stiftung in das Liquidationsstadium ein. Wurde das Insolvenzverfahren eröffnet, wird dieses durchgeführt. Andernfalls richtet sich die Liquidation nach Absatz 2 Satz 2 i.V.m. §§ 47 bis 53 BGB.

21 Die Durchführung eines Liquidationsverfahrens dient dem **Schutz der Gläubiger** durch deren Befriedigung, dem Schutz der Anfallberechtigten durch Auskehrung des Liquidationsüberschusses und damit auch der Herstellung der Vermögenslosigkeit der Stiftung, um deren Vollbeendigung herbeizuführen. Dementsprechend ist die Durchführung des Liquidationsverfahrens entbehrlich, wenn die Stiftung über **keinerlei Aktivvermögen** (mehr) verfügt, mit dem Forderungen von Gläubigern erfüllt und/oder das an Anfallsberechtigte ausgekehrt werden könnten.[16] Das sind seltene Einzelfälle. Insbesondere ist die **Masselosigkeit nicht mit Vermögenslosigkeit gleichzusetzen.** Zu denken ist etwa an eine Stiftung, bei der sich nach der Anerkennung, aber vor der Vermögensübertragung, herausstellt, dass das Stiftungsgeschäft nichtig ist, oder an den Fall, dass eine Stiftung ihr gesamtes Vermögen ersatzlos verliert.[17] Zwar scheint der imperative Wortlaut des § 47 BGB gleichwohl die Durchführung eines Liquidationsverfahrens zu fordern. Der Wortlaut des § 47 BGB ist jedoch auch in anderer Hinsicht zu weit geraten.[18]

22 Die Entbehrlichkeit eines Liquidationsverfahrens bei Vermögenslosigkeit bedeutet freilich nicht, dass dieser Zustand willentlich herbeigeführt werden dürfte. Eine **Liquidation „auf kaltem Weg"** ist vielmehr **unzulässig**, weil damit die gläubigerschützenden Vorschriften des Liquidations- bzw. Insolvenzverfahrens umgangen würden[19] und ggf. strafbar ist. Auch die Möglichkeit der Umwandlung einer Ewigkeitsstiftung in eine Verbrauchsstiftung (§ 85 Abs. 1 S. 4 BGB) darf daher nicht als Liquidationsersatz missbraucht werden (§ 85 Rn. 66).

23 Heutzutage ist unstreitig, dass ein aufgelöster Rechtsträger bis zu seiner Vollbeendigung fortbesteht.[20] Die früher verbreitete Auffassung, wie sie auch in § 49 Abs. 2 BGB zum Ausdruck kommt, wonach dies eine bloße Fiktion sei, ist überholt.

24 Nach wohl herrschender Auffassung soll allerdings der Liquidationszweck (Rn. 21) anstelle des satzungsmäßigen Zwecks treten.[21] Dem kann nur zugestimmt werden, wenn der satzungsmäßige Zweck gegen ein gesetzliches Verbot oder die guten Sitten verstößt oder das Gemein-

---

14 MüKoBGB/*Leuschner*, § 46 Rn. 4; BayObLG NJW-RR 1994, 914 f.; OLG Hamm OLGZ 1966, 109; OLG Köln MDR 1965, 993.

15 BayObLG NJW-RR 1994, 914.

16 Zutr. *K. Schmidt*, Gesellschaftsrecht, 310, 727; *ders.*, Verbandzweck, 292 ff., 297; *ders.*, Insolvenzrecht, 190 ff.; Soergel/*Hadding*, BGB, Vor §§ 41-53 Rn. 4, § 47 Rn. 1 f., 4; MüKoBGB/*Leuschner*, Vor § 41 Rn. 26 sowie § 47 Rn. 5, wonach es dennoch erforderlich ist, dem Register gegenüber Liquidatoren anzumelden, die Vermögenslosigkeit zu versichern und die Eintragung des Erlöschens zu beantragen; OLG Düsseldorf – I-3 Wx 165/12, NZG 2013, 1185.

17 *Burgard*, Gestaltungsfreiheit, 643.

18 BeckOK BGB/*Schöpflin*, § 47 Rn. 1.

19 S. *M. Winter*, Mitgliedschaftliche Treubindung im GmbH-Recht, 1988, 203 ff.; *ders.*, ZGR 1994, 570, 585 ff.; *Röhricht*, FS 50 Jahre BGH, 2000, 83, 101, 103; siehe zum Ablauf der Liquidation einer GmbH etwa *Schönhaar*, GWR 2020, 1 ff.; BGH – II ZR 339/03, NJW-RR 2006, 253 f.; OLG Rostock – 1 W 6/10, GmbHR 2011, 30 f.; OLG Zweibrücken – 3 W 87/12, GmbHR 2013, 1092; KG Berlin – 25 W 33/11, GmbHR 2011, 1104; OLG München – 31 Wx 188/12, GmbHR 2012, 796; OLG Düsseldorf – 25 Wx 56/10, GWR 2011, 233; siehe auch *Melchior*, GmbHR 2013, 305, 306; *Bauerfeind/Tamcke*, GmbHR 2019, 11 ff.; *Segna*, ZIP 2020, 789.

20 Statt aller BGHZ 1, 325, 329; Soergel/*Hadding*, BGB, § 49 Rn. 1 m.w.N.

21 Soergel/*Hadding*, BGB, § 49 Rn. 1; Staudinger/*Schwennicke*, BGB, § 49 Rn. 26; widersprüchlich BeckOK BGB/*Schöpflin*, § 49 Rn. 3.

wohl gefährdet und daher kein wirksamer Zweck vorhanden ist. In allen anderen Fällen wird der satzungsmäßige Zweck dagegen von dem Liquidationszweck – genauer: von dem Zweck des Liquidationsverfahrens – nicht verdrängt, sondern nur **überlagert.**[22] Dabei wird die Richtigkeit dieser Auffassung im Stiftungsrecht besonders deutlich. Es kann nämlich nicht angenommen werden, dass der Stiftungszweck als wichtigster Ausdruck des Stifterwillens mit der Auflösung der Stiftung seine Verbindlichkeit verliert, andernfalls den Stiftungsorganen und der Stiftungsaufsicht ihr wichtigster Handlungsmaßstab abhandenkäme. Ermächtigt beispielsweise der Stifter die Stiftungsorgane zur Bestimmung der Anfallberechtigten, so bietet der Liquidationszweck hierfür keinen Maßstab. Vielmehr muss sich ihre Auswahl im Rahmen der Stiftungszweckbestimmung halten (Rn. 16). Das Gleiche gilt zum **Beispiel** für die Veräußerung von Gegenständen des Stiftungsvermögens: Haben die Liquidatoren die Wahl, das Elternhaus des Stifters an eine Familie zu verkaufen, die es erhalten will, oder einen Investor, der es abreißen will, dann müssen sie entsprechend dem mutmaßlichen Stifterwillen selbst dann das Angebot der Familie annehmen, wenn es etwas niedriger ist, solange gleichwohl alle Ansprüche der Gläubiger befriedigt werden können. Die damit einhergehende Verkürzung der Ansprüche der Anfallberechtigten ist dagegen entsprechend dem mutmaßlichen Stifterwillen hinzunehmen. Bis zur Vollbeendigung erhalten bleibt – ebenso wie in der Insolvenz (§ 87b Rn. 5) – die steuerliche Gemeinnützigkeit. Selbst Spenden kann die Stiftung unter Offenlegung der Liquidation weiterhin entgegennehmen.[23]

Zudem wird auch heute noch die Auffassung vertreten, die Stiftung bzw. der Verein sei nur noch insoweit rechtsfähig, als dies der Liquidationszweck erfordere.[24] Dem kann – wie bereits früher dargelegt wurde[25] – nicht gefolgt werden.[26] Vielmehr bleibt auch die aufgelöste, im Liquidationsstadium befindliche Stiftung juristische Person und behält ohne Einschränkung alle hiermit verbundenen Qualifikationen, neben ihrer **Rechts- und Parteifähigkeit** also ggf. auch ihre Kaufmannseigenschaft. Das ist nicht nur ein Gebot der Rechtssicherheit und des Verkehrsschutzes (aus welchem Grund sich die ultra-vires-Lehre in Deutschland zu Recht nicht durchgesetzt hat, s. aber § 84 Rn. 47), sondern liegt auch in der Konsequenz des Fortbestehens der juristischen Person bis zu ihrer Vollbeendigung. 25

Ebenfalls nicht durch den Liquidationszweck begrenzt wird die **Vertretungsmacht der Liquidatoren.** Begrenzt wird nur ihre **Geschäftsführungsbefugnis.** Das entspricht der heute herrschenden Lehre.[27] Für evident außerhalb des Liquidationszwecks liegende Geschäfte gelten die Grundsätze des Missbrauchs der Vertretungsmacht. Zu kaum anderen Ergebnissen kommt die traditionelle Rechtsprechung[28] und Lehre,[29] wonach die Vertretungsmacht der Liquidatoren zwar (entgegen allgemeinen Regeln, s. § 84 Rn. 38) durch den Liquidationszweck beschränkt sein soll, aber nur dann überschritten würde, wenn der Geschäftsgegner den liquidationsfremden Charakter des konkreten Geschäfts kannte oder kennen musste. **Statutarische Beschränkungen der Vertretungsmacht** des Vorstands gelten für Liquidatoren allerdings nicht, soweit sie dem Liquidationszweck entgegenstehen (für ein Bsp. § 84 Rn. 41, s. aber auch sogleich 26

22 So zutreffend etwa *K. Schmidt*, Gesellschaftsrecht, 313; *Beuthien*, GenG, § 87 Rn. 1; ausf. *Paura*, Liquidation, 19 ff.
23 MüKoBGB/*Leuschner*, § 49 Rn. 17; Staudinger/*Schwennicke*, BGB, § 49 Rn. 28.
24 So bspw. Palandt/*Ellenberger*, BGB, § 49 Rn. 2; Erman/*Westermann*, BGB, § 49 Rn. 5.
25 *U.H. Schneider*/*Burgard*, FS Claussen, 499 ff.
26 Grundlegend *K. Schmidt*, AcP 174 (1974), 55 ff.; im Anschluss ebenso etwa MüKoBGB/*Leuschner*, § 49 Rn. 15 ff.; Staudinger/*Schwennicke*, BGB, § 49 Rn. 27 f.; Soergel/*Hadding*, BGB, § 47 Rn. 1, 10.
27 *K. Schmidt*, AcP 174 (1974), 55, 76; MüKoBGB/*Leuschner*, § 49 Rn. 12; Soergel/*Hadding*, BGB, § 49 Rn. 13; Staudinger/*Schwennicke*, BGB, § 49 Rn. 30; BeckOK BGB/*Schöpflin*, § 49 Rn. 12; Staudinger/*Hüttemann*/*Rawert*, BGB, § 88 Rn. 11.
28 BGH NJW 1984, 982 (zur KG).
29 Erman/*Westermann*, BGB, § 49 Rn. 2; Palandt/*Ellenberger*, BGB, § 49 Rn. 2.

Rn. 27).[30] Andernfalls sind sie in das Stiftungsregister einzutragen, wenn die Liquidation nicht durch den Vorstand erfolgt, § 87d Abs. 2 S. 2 BGB.

27 Bestimmt die Stiftungssatzung nichts Anderes, so sind die **Mitglieder des Stiftungsvorstands** die Liquidatoren, § 48 Abs. 1 BGB. Die Liquidatoren haben die rechtliche Stellung des Vorstands, § 48 Abs. 2 BGB. Sind mehrere Liquidatoren vorhanden, so sind sie in Abweichung von § 84 Abs. 2 S. 2 BGB nur gemeinschaftlich zur Vertretung befugt und müssen in Abweichung von § 84b i.V.m. § 32 BGB Beschlüsse vorbehaltlich anderweitiger Satzungsbestimmungen einstimmig fassen, § 48 Abs. 3 BGB. Ihre Aufgabe definiert § 49 Abs. 1 Satz 1 BGB. Dabei haben die Liquidatoren satzungsmäßige Beschränkungen, wie insbesondere Veräußerungsverbote hinsichtlich bestimmter Vermögensgegenstände, nach Möglichkeit einzuhalten: Soweit ihre Veräußerung nicht zur Befriedigung der Gläubiger oder zum Zwecke der Auskehrung an die Anfallsberechtigten notwendig ist, hat sie zu unterbleiben, vgl. § 49 Abs. 1 S. 3 BGB. Die betreffenden Vermögensgegenstände sind den Anfallsberechtigten nach Abschluss des Liquidationsverfahren zu übereignen.

28 Gemäß §§ 50, 50a BGB haben die Liquidatoren die Auflösung bzw. die Aufhebung der Stiftung öffentlich bekanntzumachen und die **Gläubiger zur Anmeldung ihrer Ansprüche aufzufordern**. Bekannte Gläubiger sind durch besondere Mitteilung zur Anmeldung anzuhalten, § 50 Abs. 2 BGB. Meldet sich ein bekannter Gläubiger gleichwohl nicht, so ist der geschuldete Betrag zu hinterlegen, § 52 Abs. 1 BGB. Ist aus anderen Gründen eine Berichtigung von Verbindlichkeiten nicht möglich, oder eine Verbindlichkeit streitig, so darf das Vermögen an die Anfallberechtigten nur ausgekehrt werden, wenn dem betreffenden Gläubiger Sicherheit geleistet ist, § 52 Abs. 2 BGB. Schließlich darf das Vermögen den Anfallberechtigten nicht vor Ablauf eines Jahres nach der Bekanntmachung der Auflösung oder Aufhebung der Stiftung ausgekehrt werden, § 51 BGB. Ggf. haben die Liquidatoren gemäß § 42 Abs. 2 BGB die Eröffnung des Insolvenzverfahrens zu beantragen. Die **Liquidatoren haften** den Gläubigern für die schuldhafte Verletzung ihrer Pflichten aus §§ 42 Abs. 2, 50, 51, 52 BGB als Gesamtschuldner, § 53 BGB. Die Anmeldung und Eintragung der Auflösung, Aufhebung und Liquidation bzw. der Liquidatoren zum Stiftungsregister richten sich nach § 87d Abs. 2 BGB i.V.m. § 2 Nr. 10, 11, 19 und § 8 StiftRG.

E. Vollbeendigung

29 Sobald die Stiftung vermögenslos ist, tritt ipso iure Vollbeendigung ein, in den Fällen des Absatz 2 Satz 1 also mit der Rechtskraft der Genehmigung des Auflösungsbeschlusses nach § 87 BGB, der Rechtskraft der Aufhebung nach § 87a BGB sowie der Rechtskraft der in § 87b BGB genannten Entscheidungen. Die Anmeldung und Eintragung zum Stiftungsregister richten sich in diesen Fällen nach § 87d Abs. 1, Abs. 3 BGB, § 2 Nr. 10, 11, 20 und § 8 Abs. 1 und 2 StiftRG. Das gilt auch, wenn ausnahmsweise wegen völliger Vermögenslosigkeit der Stiftung die Durchführung eines Liquidationsverfahrens entbehrlich ist (Rn. 4). Wird ein Insolvenzverfahren durchgeführt, tritt die Vollbeendigung mit der Rechtskraft des Aufhebungsbeschlusses gemäß § 200 InsO ein. Die Eintragung erfolgt nach §§ 9, 2 Nr. 17 und Nr. 20 StiftRG. Wird ein Liquidationsverfahren nach §§ 47 ff. BGB durchgeführt, tritt Vollbeendigung nach „Ausantwortung" des Liquidationsüberschusses an die Anfallberechtigten gemäß §§ 49 Abs. 1 S. 1, 51 BGB ein. Die Vollbeendigung ist gemäß § 87d Abs. 4 BGB, § 8 Abs. 5 und § 2 Nr. 20 StiftRG anzumelden und einzutragen. Mit der Vollbeendigung endet (grundsätzlich, s. Rn. 31) auch die Stiftungsaufsicht.

30 Da mit der Vollbeendigung die Existenz der juristischen Person endet, erlöschen alle nicht angemeldeten Ansprüche unbekannter Gläubiger. Auch Bereicherungsansprüche scheiden aus, weil die ordnungsgemäße Durchführung des Liquidationsverfahrens nach den §§ 50 bis 52 BGB

30 *Ebersbach*, Handbuch des Deutschen Stiftungsrechts, 149.

Rechtsgrund der Übereignung des Liquidationsüberschusses ist.[31] Daraus folgt zugleich, dass die Stiftung Bereicherungsansprüche gegen die Anfallberechtigten hat, wenn diese Leistungen unter Verstoß gegen die §§ 50 bis 52 BGB erhalten haben.[32] Da diese Ansprüche vermögenswert sind, ist eine **Nachtragsliquidation** durchzuführen (Rn. 31).[33] Der Gläubiger kann sodann den Bereicherungsanspruch des Vereins gegen den Anfallberechtigten pfänden und sich zur Einziehung überweisen lassen.[34]

F. Nachtragsliquidation

Während wir Menschen nach dem Tod auf eine Auferstehung nur hoffen können, ist sie juristi- 31
schen Personen sicher, wenn nach ihrer Vollbeendigung noch ihr gehörendes Aktivvermögen aufgefunden wird oder Abwicklungsmaßnahmen erforderlich werden, die die gesetzliche Vertretung der (vermeintlich) vollbeendeten Stiftung verlangen.[35] Wenn kein Fall des § 87c Abs. 2 S. 1 BGB vorliegt, tritt die Stiftung dann in das Stadium einer sog. Nachtragsliquidation ein. Bis zu deren Beendigung wird sie dadurch wieder als juristische Person rechts- und parteifähig.[36] Da infolge der Vollbeendigung das Organamt der Liquidatoren endet, hat die zuständige Stiftungsaufsichtsbehörde gemäß § 87c Abs. 2 S. 2 i.V.m. § 48 Abs. 1 S. 2 und § 84c BGB[37] **Nachtragsliquidatoren** zu bestellen.[38]

---

31 RGZ 124, 210, 213 f.; *K. Schmidt*, ZIP 1981, 1, 6; BeckOK BGB/*Schöpflin*, § 51 Rn. 4; Soergel/*Hadding*, BGB, § 51 Rn. 4; Staudinger/*Schwennicke*, BGB, § 51 Rn. 14.

32 § 814 BGB ist ggf. im Gläubigerinteresse teleologisch zu reduzieren, MüKoBGB/*Leuschner*, § 51 Rn. 4; Soergel/*Hadding*, BGB, § 51 Rn. 3; BeckOK BGB/*Schöpflin*, § 51 Rn. 4.

33 Soergel/*Hadding*, BGB, § 51 Rn. 3; BeckOK BGB/*Schöpflin*, § 51 Rn. 4.

34 BAGE 36, 125, 130 (zur GmbH); BeckOK BGB/*Schöpflin*, § 51 Rn. 4.

35 BeckOK BGB/*Schöpflin*, § 49 Rn. 16 mit Beispielen und m.w.N.

36 BGHZ 53, 264, 266 (zur GmbH).

37 *Hüttemann*/*Rawert*, Beilage zu ZIP 33/2021, 3, 35, halten § 84c BGB für analog anwendbar.

38 Vgl. BGHZ 53, 264, 267 f.; Soergel/*Hadding*, BGB, § 49 Rn. 15; BeckOK BGB/*Schöpflin*, § 49 Rn. 16.

§ 87d Anmeldung von Auflösung, Aufhebung und Liquidation

(1) Die Auflösung der Stiftung nach § 87 oder die Aufhebung der Stiftung nach § 87a und die Beendigung der Stiftung sind vom Vorstand zur Eintragung ins Stiftungsregister anzumelden, wenn keine Liquidation der Stiftung erforderlich ist.

(2) [1]Ist nach der Auflösung oder Aufhebung der Stiftung deren Liquidation erforderlich, haben die Liquidatoren die Auflösung oder Aufhebung anzumelden. [2]Mit der Auflösung oder Aufhebung sind auch die Liquidatoren und ihre Vertretungsmacht sowie Beschränkungen der Vertretungsmacht der Liquidatoren nach § 87c Absatz 2 in Verbindung mit § 48 Absatz 2 und § 84 Absatz 3 anzumelden, wenn die Liquidation nicht durch den Vorstand erfolgt.

(3) Der Anmeldung der Auflösung oder Aufhebung sind beizufügen:

1. die Auflösungsentscheidung des zuständigen Stiftungsorgans und die behördliche Genehmigung nach § 87 Absatz 3 oder die Aufhebungsentscheidung nach § 87a,

2. die Entscheidung nach § 87c Absatz 1 Satz 2, wenn die Anfallberechtigten durch Stiftungsorgane zu bestimmen sind,

3. die Dokumente über die Bestellung der Liquidatoren, wenn andere Personen als die Vorstandsmitglieder zu Liquidatoren bestellt wurden.

(4) Nach Abschluss der Liquidation haben die Liquidatoren die Beendigung der Stiftung anzumelden.

Begründung des Regierungsentwurfs

1 *„§ 87d BGB-neu regelt die Registerpflichten bei Auflösung der Stiftung nach § 87 BGB-neu oder der Aufhebung der Stiftung und der Liquidation der Stiftung. Sie gelten nicht im Fall der Auflösung nach § 87b BGB-neu durch Eröffnung des Insolvenzverfahrens oder durch den rechtskräftigen Beschluss, durch den die Eröffnung des Insolvenzverfahrens mangels Masse abgewiesen worden ist. In diesen Fällen wird die Auflösung der Stiftung aufgrund von Mitteilungen des Insolvenzgerichts nach § 9 StiftRG-neu von Amts wegen eingetragen.*

2 ***Zu Absatz 1:*** *§ 87d Absatz 1 BGB-neu regelt die Anmeldepflichten bei der Auflösung der Stiftung nach § 87 BGB-neu oder der Aufhebung der Stiftung. Für Stiftungen, die nach ihrer Auflösung oder Aufhebung nach § 87c Absatz 2 Satz 2 BGB-neu noch abgewickelt werden müssen, sind umfangreichere Registerpflichten geregelt als für die Stiftungen, die mit der Auflösung oder Aufhebung nach § 87c Absatz 2 Satz 1 BGB-neu in Verbindung mit § 46 BGB beendet werden. In den Fällen, in denen nach der Auflösung der Stiftung nach § 87 BGB-neu oder nach der Aufhebung der Stiftung keine Liquidation der Stiftung erforderlich ist, muss die Auflösung oder Aufhebung und Beendigung der Stiftung nach § 87d Absatz 1 Satz 1 BGB-neu vom früheren Stiftungsvorstand zum Register angemeldet werden. In diesem Fall haben die Mitglieder des Stiftungsvorstandes noch nachwirkende Rechtspflichten gegenüber dem Stiftungsregister.*

3 ***Zu Absatz 2:*** *Absatz 2 enthält grundlegende Regelungen zur Anmeldung der Liquidatoren.*

4 ***Zu Satz 1:*** *Ist nach der Auflösung nach § 87 BGB-neu oder der Aufhebung noch die Liquidation der Stiftung erforderlich, haben die Liquidatoren die Auflösung oder Aufhebung zur Eintragung im Stiftungsregister anzumelden. Dies gilt auch, wenn nach § 87c Absatz 2 Satz 2 BGB neu in Verbindung mit § 48 Absatz 1 Satz 1 BGB der Vorstand für die Liquidation zuständig ist, das heißt die Vorstandsmitglieder zu Liquidatoren werden.*

5 ***Zu Satz 2:*** *Wenn die Auflösung nach § 87 BGB-neu oder Aufhebung der Stiftung von den Liquidatoren anzumelden ist, weil die Stiftung noch nach § 87c Absatz 2 Satz 2 BGB-neu in Verbindung mit den §§ 47 ff. BGB abzuwickeln ist, sind zusätzlich Anmeldungen zu den Liquidatoren erforder-*

https://doi.org/10.1515/9783110251524-044

lich. Dies gilt auch wenn nach § 87c Absatz 2 Satz 2[1] *BGB-neu in Verbindung mit § 48 Absatz 1 Satz 1 BGB der Vorstand für die Liquidation zuständig und die Vorstandsmitglieder mit der Auflösung oder Aufhebung zu den Liquidatoren der Stiftung werden. Da nach § 87c Absatz 2 Satz 2 BGB-neu in Verbindung mit § 48 Absatz 1 Satz 2 BGB auch andere Personen als die Vorstandsmitglieder zu Liquidatoren bestellt werden können, müssen die Liquidatoren nach § 2 Nummer 19 StiftRG-neu ins Stiftungsregister eingetragen werden. Ebenso wie beim Vorstand sind auch bei der Anmeldung der einzelnen Liquidatoren deren Vertretungsmacht und etwaige Beschränkungen der Vertretungsmacht der Liquidatoren § 87c Absatz 2 Satz 2 BGB-neu, § 48 Absatz 2 BGB und § 84 Absatz 3 BGB-neu anzugeben. Ergeben sich während der Liquidation Änderungen bei den Liquidatoren oder deren Vertretungsmacht, zum Beispiel weil einzelne Liquidatoren ihr Amt niederlegen, oder abberufen werden, so sind diese Änderungen entsprechend § 84d BGB-neu zur Eintragung in das Stiftungsregister anzumelden.*

Zu Absatz 3: *§ 87d Absatz 2 BGB-neu regelt, welche Dokumente den Anmeldungen nach § 87d* 6
Absatz 1 BGB-neu beizufügen sind.

Zu Nummer 1: *Bei jeder Anmeldung einer Auflösung nach § 87 BGB-neu sind nach § 87d Ab-* 7
satz 3 Satz 1 BGB-neu Abschriften der Auflösungsentscheidung des zuständigen Stiftungsorgans und der Genehmigung der zuständigen Behörde zu übermittelten. Der Anmeldung der Aufhebung ist eine Abschrift der Aufhebungsentscheidung der zuständigen Behörde beizufügen.

Zu Nummer 2: *Der Anmeldung ist für den Fall, dass die Entscheidung über den Anfallberech-* 8
tigten nach § 87c Absatz 1 Satz 2 BGB-neu durch die Stiftungsorgane zu bestimmen ist, auch diese Entscheidung beizufügen.

Zu Nummer 3: *Ist nach der Auflösung oder Aufhebung der Stiftung eine Liquidation erforder-* 9
lich, sind gegebenenfalls ergänzend auch Unterlagen zur Bestellung der Liquidatoren beizufügen. Das ist nicht erforderlich, wenn nach § 87c Absatz 2 Satz 2 BGB-neu in Verbindung mit § 48 Absatz 1 Satz 1 BGB die Liquidation durch den Vorstand erfolgt, sondern nur, wenn andere Personen als die Vorstandsmitglieder zu Liquidatoren bestellt wurden.

Zu Absatz 4: *Nach § 87d Absatz 4 BGB-neu haben die Liquidatoren nach Abschluss der Liqui-* 10
dation die Beendigung der Stiftung beim Stiftungsregister anzumelden. Denn auch die endgültige Beendigung der Stiftung soll sich aus dem Stiftungsregister ergeben. Die Regelung entspricht der Regelung für eingetragene Vereine in § 76 Absatz 1 Satz 2 BGB. Zu Artikel 4 (Stiftungsregistergesetz) Nach § 82b Absatz 1 Satz 1 BGB-neu soll ein zentrales Stiftungsregister mit Publizitätswirkung geschaffen werden, in das alle rechtsfähigen Stiftungen des bürgerlichen Rechts eingetragen werden sollen. Die näheren Einzelheiten zum Inhalt und der Führung des Registers sollen in einem neuen Stiftungsregistergesetz geregelt werden, dass in Artikel 4 enthalten ist.“[2]

---

1 BT-Ds. 19/28173, 86.
2 BT-Ds. 19/28173, 87.

§ 88 Kirchliche Stiftungen

[1]Die Vorschriften der Landesgesetze über kirchliche Stiftungen bleiben unberührt, insbesondere die Vorschriften zur Beteiligung, Zuständigkeit und Anfallberechtigung der Kirchen. [2]Dasselbe gilt entsprechend für Stiftungen, die nach den Landesgesetzen kirchlichen Stiftungen gleichgestellt sind.

Schrifttum zum kirchlichen Stiftungsrecht (bis 2020)

Wilhelm-Albrecht Achilles, Kapitel 32 Kirchliche Stiftungen, in: Hüttemann/Richter/Weitemeyer (Hrsg.), Landesstiftungsrecht, 2011, S. 929–1040 (= Rn. 32.1–32.198); *ders.*, Kirchliche Stiftungen, in: Pirson/Rüfner/Germann/Muckel (Hrsg.), Handbuch des Staatskirchenrechts (HSKR), 3. Aufl. 2021, § 71, Rn. 1–93; *Aymans/Mörsdorf/Müller*, Kanonisches Recht. Lehrbuch aufgrund des Codex Iuris Canonici, Bd. IV, 2013; *Marcus Baumann-Gretza*, Die Aufsicht über rechtsfähige kirchliche Stiftungen des Bürgerlichen Rechts, in: Kirche und Recht (KuR) 2009, 91–99; *ders.*, Die Kirchliche Stiftung: Eine Rechtsform im Spannungsfeld staatlicher und kirchlicher Rechtsetzungs- und Aufsichtsfunktionen, in: Kämper/Schilberg (Hrsg.), Staat und Religion in Nordrhein-Westfalen, 2020, S. 216–229; *Michael Borgolte*, Stiftung und Memoria. Hrsg. von T. Lohse, 2012; *ders.*, Weltgeschichte als Stiftungsgeschichte. Von 3000 v.u.Z. bis 1500 u.Z., 2017; *Michael Droege*, Vermögensverwaltungsrecht, in: Anke/de Wall/Heinig (Hrsg.), Handbuch des evangelischen Kirchenrechts, 2016, § 27 Rn. 1–51 (= S. 926–961); *ders.*, Die „kirchliche" Stiftung – Verfassungs- und kirchenrechtliche Grundlagen der Stiftungsaufsicht und jüngster Reformen, in: Non Profit Law Yearbook 2018, S. 17–46; Hans Heimerl/Helmuth Pree (Hrsg.), Handbuch des Vermögensrechts der katholischen Kirche, 1993; *Ansgar Hense*, ‚Religiöse Stiftungen' in der multireligiösen Gesellschaft, in: Non Profit-Law Yearbook 2005 (2006), 15–46; *ders.*, Katholische Stiftungen: Überblick, Grundlegung, Geschichte, in: R. Walz (Hrsg.), Religiöse Stiftungen in Deutschland, 2006, 1–40; ders./Martin Schulte (Hrsg.), Kirchliches Stiftungswesen und Stiftungsrecht im Wandel, 2009; ders., Aufsicht und Überwachung im kirchlichen Bereich – vorläufige rechtsdogmatische und verwaltungswissenschaftliche Überlegungen aus katholischer Perspektive, in: Festschrift Heribert Hallermann (2016), S. 665-684; *ders.*, Kirchliche Stiftungen: Katholische Kirche, in: Werner/Saenger/Fischer (Hrsg.), Die Stiftung, 2. Aufl. 2019, § 45 Rn. 1–66; *Christian Hörstrup*, Maßstab kirchlicher Stiftungsaufsicht, in: Kirche und Recht (KuR) 24 (2018), 104–113; *Karl-Hermann Kästner/Daniel Couzinet*, Der Rechtsstatus kirchlicher Stiftungen staatlichen Rechts des 19. Jahrhunderts, 2008; *Hans Liermann*, Geschichte des Stiftungsrechts, 2. Aufl. hrsg. von A. von Campenhausen/C. Mecking, 2002; *Evelyne Dominica Menges*, Die kirchliche Stiftung in der Bundesrepublik Deutschland: Eine Untersuchung zur rechtlichen Identität der kirchlichen Stiftung staatlichen Rechts mit der kanonischen Stiftung, 1995; *Kristin Meyer*, Die Abgrenzung der kirchlichen Stiftung von der weltlichen Stiftung im staatlichen Recht – insbesondere im Hinblick auf ihre Bedeutungen für Altstiftungen, 2012; *Dieter Reuter*, Die privat gegründete kirchliche BGB-Stiftung im Spannungsfeld von staatlicher Verantwortung, Kirchenautonomie und Autonomie von Stifter und Stiftung, in: Gedächtnisschrift Rainer Walz (2008), S. 539–558; *Ben Michael Risch*, Konstanz und Wandel des Rechts der kirchlichen Stiftungen, ZSt 2006, 21–35; *Martin Schulte/Kristin Nettelnbrecher*, Kirchliche Stiftung: Evangelische Kirche, in: Werner/Saenger/Fischer (Hrsg.), Die Stiftung, 2. Aufl. 2019, § 44 Rn. 1–67.

Schrifttum zum neuen Recht bzw. seit 2021

Wilhelm-Albrecht Achilles, Stiftungsrechtsreform und kirchliche Stiftungen (Teil 1), npoR 2021, 161–173; (Teil 2), npoR 2021, 242–246; *ders.*, Kirchliche Stiftungen, in: Pirson/Rüfner/German/Muckel (Hrsg.), Handbuch des Staatskirchenrechts (HSKR), 3. Aufl. 2021, § 71 Rn. 1–93; *Christian Hörstrup*, Ecclesia semper reformanda, in: Kirche und Recht (KuR) 27 (2021), 244–253; *Burkhard Kämper/Markus Schulten*, Die Selbstbestimmung der Kirchen und anderen Religionsgemeinschaftenn über ihr Vermögen, in: Pirson/Rüfner/Germann/Muckel (Hrsg.), Handbuch des Staatskirchenrechts (HSKR), 3. Aufl. 2021, § 70 Rn. 1–131; *Helmuth Pree/Noach Heckel*, Das kirchliche Vermögen und seine Verwaltung und Vertretung. Handreichung für die Praxis, 3. Aufl. 2021; *Christian Staiber*, Die Zulässigkeit der Ausgliederung von Stiftungsbetrieben aus kirchlichen Stiftungen, 2021.

Übersicht

A. Norminhalt, Normzweck, staatskirchenrechtlicher Hintergrund und Hinweise zur Normgenese

I. § 88 als Unberührtheitsklausel —— 1

https://doi.org/10.1515/9783110251524-045

II. Die staatskirchenrechtlichen Rahmenbedingungen des kirchlichen Stiftungswesens
1. Verfassungsrechtliche Grundkoordinaten — 6
2. Paritätsgeforderte Erweiterung allgemein auf alle (korporierten) Religionsgesellschaften und Weltanschauungsgemeinschaften durch § 88 Satz 2 — 12

III. Genese des § 88 im Rahmen der Stiftungsreform und Folgewirkungen — 15

B. Grundlagen und Hintergründe

I. Phänotypen der kirchlich-religiösen Stiftungslandschaft — 17

II. Historisch-genetische Prägung und Pfadabhängigkeiten — 22

III. Rechtsbegriff
1. Rechtsgrundsätzliche Doppelstellung im staatlichen und kirchlichen Recht — 23
2. Der Begriff der „kirchlichen Stiftung" und die Rechtsmaßstäbe zur Qualifikation — 24
3. Kircheneigene Begriffsumschreibungen in Relation zum staatlichen Rechtskreis — 33

C. Kircheneigene Rechtsgrundlagen — 34

I. Evangelischer Rechtskreis
1. Grundstrukturen des evangelischen Stiftungsrechts — 35
2. Tableau des landeskirchlichen Stiftungsrecht im Überblick — 38

II. Katholischer Rechtskreis
1. Rechtsquellen des katholischen Stiftungsrechts — 40
2. Darstellung der einzelnen Rechtsebenen
   a) Universalkirchenrechtliche Ebene — 41
   b) Partikularrechtlich, überdiözesane Regelungseben — 45
   c) Das diözesane Stiftungsrecht — 46

D. Kircheneigene Stiftungsaufsicht im Verhältnis zur staatlichen Stiftungsaufsicht sowie andere Entwicklungen (z.B. Vorhaben Stiftungsregister) — 47

A. Norminhalt, Normzweck, staatskirchenrechtlicher Hintergrund und Hinweise zur Normgenese

I. § 88 als Unberührtheitsklausel

Diese als **Kirchen- oder Kirchlichkeitsklausel** apostrophierte Norm trifft Regelungen für besondere Erscheinungsformen **privatrechtlich verfasster Stiftungen.** Die Geltung des bundeseinheitlichen Stiftungszivilrechts wird hinsichtlich des besonderen Typus der kirchlichen Stiftung spezifiziert. Der Bundesgesetzgeber bedient sich hierzu der Regelungstechnik der Unberührtheitsklausel,[1] die durchaus Verschiedenes bedeuten kann.[2] Es kann sich um einen klarstellenden Hinweis auf andere Rechtsnormen handeln, ohne dass sich deren Geltungsbereich überschneidet. Es kann sich weiterhin um die parallele Geltung zweier Regelungskomplexe handeln oder um die Normierung eines Rangverhältnisses zwischen zwei Normbereichen. 1

§ 88 rekurriert auf die landesgesetzlichen Normen über kirchliche Stiftungen. In den meisten Landesstiftungsgesetze – mit Ausnahme des Berliner Landesrechts – finden sich begriffliche Umschreibungen des **besonderen Stiftungstypus „kirchliche Stiftung".**[3] Die Legaldefinitionen weisen zwar im Detail eine gewisse föderale Vielfalt auf (s.u. Rn. 24ff.), die nicht zuletzt daraus resultiert, dass dem Bundesgesetzgeber eine Zuständigkeit und Befugnis für eine bundeseinheitliche Definition fehlt.[4] Gleichwohl sind aber durch die Rechtsprechung 2

1 Stumpf/Suerbaum/*Schulte*/Pauli, Teil D Rn. 36.

2 Bundesministerium der Justiz (Hrsg.), Handbuch der Rechtsförmlichkeit, 3. Aufl. 2008, Rn. 87. Umfassend *Jan-Erik Fischer*, Zur Auslegung von Unberührtheitsklauseln, 2015.

3 § 22 BWStiftG; Art. 21 BayStiftG; § 2 Abs. 1 BbgStiftG; § 16 Abs. 1 BremStiftG; § 2 Abs. 3 HmbStiftG; § 20 Abs. 1 HessStiftG; § 11 Abs. 1 S. 1 Nr. 1–3 MVStiftG; § 20 Abs. 1 NdsStiftG; § 13 Abs. 1 NRWStiftG; § 3 Abs. 6 RPStiftG; § 19 Abs. 1 SaarlStiftG; § 3 Abs. 2 Nr. 1–3 LSAStiftG; § 18 Abs. 1 SHStiftG; § 3 Abs. 6 ThürStiftG.

4 Vgl. *Risch*, ZSt 2006, 21, 22.

des Bundesverfassungsgerichts seit der Goch-Entscheidung aus dem Jahr 1977 die kategorialen **Anforderungen der Kirchlichkeit** einer juristischen Person im Wesentlichen geklärt (s.u. Rn. 29ff.).[5]

3 Die Norm ist dem erst 2002 eingefügten § 80 Abs. 3 a.F. „nachgebildet".[6] Sie verfügt über eine formelle und eine materielle Komponente: Einerseits wird der weitgehend fehlenden Gesetzgebungskompetenz des Bundes zur Regulation des Verhältnisses von Staat und Kirche Rechnung getragen.[7] Andererseits wird verhindert, dass etwa die bundesrechtlichen Regelungen zur Stiftungserrichtung, Aufsichtsfragen und Anfallberechtigung der Kirche einfachhin auf das kirchliche Stiftungswesen übertragen werden. Insofern wird ein **Vorrang des Landesrechts** normiert.

4 Die Regierungsbegründung zu Satz 1 fällt relativ lakonisch aus: *„Nach § 88 Satz 1 BGB-neu bleiben die Vorschriften der Landesgesetze über kirchliche Stiftungen unberührt. Die Vorschrift ist dem bisherigen § 80 Absatz 3 BGB nachgebildet. Es muss weiterhin dem Landesrecht vorbehalten bleiben, besondere Regelungen für kirchliche Stiftungen vorzusehen. Dies betrifft vor allem die Regelungen über die Mitwirkung der Kirchen bei der Errichtung kirchlicher Stiftungen, die Aufsicht über kirchliche Stiftungen und die Anfallberechtigung der Kirchen bei der Auflösung oder Aufhebung der kirchlichen Stiftungen. Die Vorschrift stellt klar, dass nicht nur die bestehenden landesrechtlichen Vorschriften weiterhin Bestand haben, sondern die Länder auch neue Regelungen zu kirchlichen Stiftungen treffen können."*[8]

5 Durch § 88 wird das **Verhältnis** zwischen **staatlichem** und dem u.U. bestehenden **religionsgesellschaftlichen Stiftungsrecht** nicht völlig klargestellt.[9] Ob dies aber ggf. dadurch kompensiert wird, dass sich der Einfluss der kirchlichen Rechtsordnung aus der Stiftungsverfassung (§ 83 Abs. 1) ergibt, da der Begriff der Stiftungsverfassung weit interpretiert wird und potentiell die „Gesamtheit der Normen, welche insbesondere den Zweck, die Mittel, die Organisation, die Verwendung der Stiftungserträge, Sitz und Namen wie auch sonst den Bestand und das Erlöschen der Stiftung zum Gegenstand haben"[10] umfasst (s. § 83 Rn. 8ff.), erscheint fragwürdig. Würde der Topos Verfassung in einem weiten Sinne aufgefasst, so könnte die „Stiftungsverfassung" möglicherweise (alle allgemeinen) kirchlichen und staatlichen Gesetze umfassen.[11] Implizit könnte dies dann auch zu einem Vorrang des Kirchenrechts führen. Dem widerstreitet aber, dass zur Stiftungsverfassung nach § 83 Abs. 1 nur die zivilrechtlichen Normen (und die Stiftungssatzung) zählen (s. § 83 Rn. 11). Der vielleicht auch nicht völlig eindeutig zu klärende Wirkungszusammenhang des Verhältnisses von staatlichem und kirchlichem Stiftungsrecht wird in der Praxis vor allem dadurch aufzulösen sein, dass die Stiftungssatzungen sich der ausdrückli-

---

5 BVerfGE 46, 73. Aufschlussreich zum – auch stiftungsrechtlichen – Hintergrund dieses Verfahrens *Schlief*, Der Fall Goch, in: FS Willi Geiger (1989), S. 704 ff.

6 § 80 Abs. 3 a.F. lautet: „Vorschriften der Landesgesetze über kirchliche Stiftungen bleiben unberührt. Das gilt entsprechend für Stiftungen, die nach den Landesgesetzen kirchlichen Stiftungen gleichgestellt sind." In der Regierungsbegründung (BT-Drs. 14/8277, S. 6) heißt es hierzu: *„Absatz 3 berücksichtigt, dass die im Bürgerlichen Gesetzbuch bestimmten Voraussetzungen für die Erlangung der Rechtsfähigkeit nicht nur für weltliche, sondern auch für kirchliche Stiftungen gelten. Soll eine kirchliche Stiftung bürgerlichen Rechts als rechtsfähig anerkannt werden, bedarf es jedoch als weiterer Voraussetzung der Einwilligung der zuständigen kirchlichen Behörde. Die Landesgesetze enthalten dafür entsprechende Sondervorschriften, die für die Erlangung der Rechtsfähigkeit ergänzend zu den Vorschriften des Bürgerlichen Gesetzbuchs zu berücksichtigen sind. In Landesgesetzen, in denen entsprechende Vorschriften fehlen, leitet sich das Prinzip der Beteiligung der jeweiligen Kirche unmittelbar aus Artikel 140 Grundgesetz i.V. m. Artikel 137 Abs. 3 Weimarer Reichsverfassung her."*.

7 Dazu mit Blick auf § 80 Abs. 3 a.F. MüKoBGB/*Weitemeyer*, § 80 Rn. 156.

8 Regierungsbegründung BT-Drs. 19/28173, S. 79.

9 Deutlich *Achilles*, npoR 2021, 242, 244.

10 Vgl. BGH NJW 1968, 1268, 1270.

11 So *Achilles*, npoR 2021, 242, 244, der hervorhebt, dass diese Zusammenhänge in den neuen Regelungen (weiterhin) eher „vernebelt" würden.

chen Regelung dieses Punktes annehmen (sollten).[12] Es wird im Übrigen auch einen Unterschied machen, ob die kirchlichen Normen eher ein (formales) Aufsichtsrecht generieren oder darüber hinausgehende materiell-rechtliche Regelungen zum je spezifischen religionseigenen Stiftungswesen treffen. Hier gibt es etwa zwischen dem katholischen und evangelischen Rechtskreis Unterschiede, die sich im „Verfassungsverständnis", d.h. der inhaltlichen, durch kircheneigene Zwecksetzungen dirigierten Programmierung des Stiftungswesens im allgemeinen wie der der jeweiligen Stiftung niederschlagen.

II. Die staatskirchenrechtlichen Rahmenbedingungen des kirchlichen Stiftungswesens

1. Verfassungsrechtliche Grundkoordinaten

6 Die „Zwitterstellung"[13] der kirchlichen Stiftungen ist Resultat der **staatskirchenrechtlichen Rahmenbedingungen**, die die **Konkordanz zwischen weltlicher und kirchlich-religiöser Rechtsordnung in ihrer Wechselbezüglichkeit** herstellen, indem beides normativ ausbalanciert und koordiniert wird. Dies umfasst mehrere Dimensionen und Ebenen sowohl des weltlichen als auch des kirchlichen Rechts, wie auch § 88 zeigt, der wie schon § 80 Abs. 3 a.F. das föderale Verhältnis zwischen Bundes- und Landesrecht austariert und in eine normative Relation bringt. **Eine kirchliche Stiftung lebt sowohl nach weltlichem als auch nach kirchlichem Recht** und wird demnach durch diese beiden Rechtsdimensionen definiert (zum binnenkirchlichen Recht näher unten Rn. 23ff.). Dies bedeutet dann aber auch, dass das staatliche Recht den Kirchen (oder anderen Religionsgesellschaften) keine „fremden" Stiftungen aufdrängen darf. Die Kirche bzw. Religionsgesellschaft disponiert über die kategoriale Zuordnung einer Stiftung.[14]

7 Der staatskirchenrechtliche[15] Rahmen wird durch das **religionsgesellschaftliche Selbstbestimmungsrecht** nach Art. 140 GG i.V.m. Art. 137 Abs. 3 WRV, die Verfassungsgarantie des Religionsguts nach Art. 140 GG i.V.m. Art. 138 Abs. 2 WRV sowie darüber hinaus durch das Staatskirchenvertragsrecht reguliert.[16] Die dem Grundgesetz inkorporierten Verfassungsbestimmung der WRV sind nach der Rspr. des BVerfG funktional auf die Verwirklichung der Religionsfreiheit nach Art. 4 Abs. 1 und 2 GG hin angelegt. Während Art. 140 GG i.V.m. Art. 138 Abs. 2 WRV der **„Finalität der kirchlichen Stiftung"** und der Zweckbindung ihres Vermögens sowohl einen freiheitsbasierten Funktionsschutz nicht zuletzt in der Form eines Säkularisierungsverbots ver-

12 Selbst im binnenkirchenrechtlichen Bereich kann es hier zu Problemen kommen. Aufschlussreich ist auch für das katholische Stiftungswesen die Auseinandersetzung über die Reichweite des bischöflichen Gesetzgebungsrechts im arbeitsrechtlichen Ordnungskontext. Die Entscheidung des Delegationsgerichts der Apostolischen Signatur (Tribunal Delegatum et a supremo Signaturae Apostolicae Tribunali Constitutum) vom 31. März 2010 – 42676/09 VT – (abgedruckt in: GesR 2010, 497 ff.) hat hier weitreichende Diskussionen ausgelöst. Danach hat der Diözesanbischof nur eine unmittelbare Rechtsetzungsbefugnis über öffentliche juristische Personen kanonischen Rechts (c. 116 CIC/1983); bei privaten juristischen Personen kanonischen Rechts bedarf es einer ausdrücklichen statuarischen Übernahme entsprechender Normen (im konkreten Fall der arbeitsrechtlichen Grundordnung). Dies indiziert die besondere Bedeutung der Stiftungssatzung für die Kirchlichkeit einer Stiftung gerade auch im katholischen Rechtskreis.

13 *Achilles*, in: Hüttemann/Richter/Weitemeyer, Landesstiftungsrecht, Rn. 32.1.

14 Über die normativen Essentialia der Qualifikation als Stiftung (vgl. jetzt § 80 Abs. 1) kommt den Kirchen bzw. Religionsgesellschaften aber keine Dispositionsbefugnis zu. S.u. Rn. 23.

15 Auf die Terminologie-Diskussion „Staatskirchenrecht oder Religionsverfassungsrecht" sei hier nur hingewiesen. Deren hermeneutischen Implikationen seien aber nicht dargestellt und auch weitgehend ausgeklammert. Eher pragmatisch werden beide Begriffe weitgehend synonym verwendet.

16 Grundlegend jeweils zu diesen Verfassungsbestimmungen: *Korioth*, Das Selbstbestimmungsrecht der Religionsgemeinschaften, in: HSKR § 16 Rn. 1 ff.; *Kästner*, Der verfassungsrechtliche Schutz des Vermögens von Kirchen und anderen Religionsgemeinschaften, ebda., § 69 Rn. 1 ff.

mittelt,[17] garantiert die Verfassungsbestimmung nach Art. 140 GG i.V.m. Art. 137 Abs. 3 WRV der Kirche (und anderen Religionsgesellschaften und Weltanschauungsgemeinschaften), die ein eigenes Konzept religiös fundierten Stiftungswesens verfolgen, im Rahmen der Schrankenklausel des für alle geltenden Gesetzes Regelungsautonomie und damit grundsätzlich die Möglichkeit **entsprechend der eigenen Rechtsvorstellungen** diesen Regelungsbereich zu verwalten.

8 Selbst wenn es keinen verfassungsverbürgten, grundrechtlich garantierten Anspruch auf die rechtliche Sonderform einer kirchlichen Stiftung geben mag,[18] hat die **Bereitstellungsfunktion der staatlichen Rechtsordnung** doch zur Folge, dass die weltliche Rechtsordnung Organisationsformen zur Verfügung stellen muss, die den religiös-weltanschaulichen Akteuren (Religionsgesellschaften und Weltanschauungsgemeinschaften) und den ihnen zuzurechnenden „Satelliten" ermöglichen, sich als selbständige Rechtspersönlichkeiten zu organisieren und entsprechend des jeweils eigenen **„Sendungsauftrags"**[19] zu handeln. Ggf. indiziert das Verfassungsrecht die korrigierende, verfassungskonforme Auslegung z.B. des einfachgesetzlichen Zivilrechts.[20]

9 Schon der Wortlaut des Art. 140 GG i.V.m. Art. 137 Abs. 3 WRV zeigt die potentiell **große thematische Reichweite der religionsgesellschaftlichen Angelegenheiten**. Die Qualifikation von Stiftungen als kirchlich wird dabei reguliert durch das jeweilige religionsgesellschaftliche **Selbstverständnis**. Dem religiös-weltanschaulichen Staat fehlen nicht nur Maß und Richtschnur dafür, verbindliche Kriterien der Kirchlichkeit vorzugeben, sondern derartige Bewertungen sind ihm wegen des religionsverfassungsrechtlichen Neutralitätsprinzips auch untersagt. Die freiheitsfreundliche Offenheit des Rechtsstaats ist dabei bei aller Rücksichtnahme darauf, dass das religiöse Stiftungswesen speziellen Grundannahmen zu gehorchen hat und somit eine inhaltlich umschreibbare Zweckrichtung (Finalität) aufweist, nicht grenzenlos. Vielmehr liegt bei Religionsgesellschaften die Verpflichtung, die religiösen Grundlagen und die damit verbundenen Reichweiten ihres Stiftungsverständnisses (z.B. hinsichtlich einer organisatorischen Einflussnahme des Muttergemeinwesens auf ihre Stiftungstochter) plausibel darzulegen. Die Nichtplausibilisierung oder Unklarheiten in der Darlegung (argumentative Inkonsistenzen, Widersprüchlichkeiten u.a.) gehen zu Lasten des religionsgesellschaftlichen Selbstverständnisses.[21] Mit dieser Vorgehensweise wird der dynamischen Freiheitlichkeit der grundgesetzlichen Ordnung entsprochen. Fortentwicklungen religiöser Zweckvorstellungen des Stiftungswesens sind damit dem Grunde nach ebenso geschützt wie die Beibehaltung traditioneller Zwecksetzungen. Seit 2014 hat das BVerfG zudem eine bemerkenswerte Einschränkung formuliert, wonach es unabdingbar ist, dass **„die religiöse Zwecksetzung das bestimmende Element"** ist, weshalb etwa **„ganz überwiegend der Gewinnerzielung"** dienende Stiftungen aus dem Regelungsbereich des Selbstbestimmungsrechts nach Art. 140 GG i.V.m. Art. 137 Abs. 3 WRV herausfallen.[22] Die Stiftung einer Religionsgesellschaft, die als Wohnungsanbieter agiert und diese zu marktkonformen Konditionen anbietet, also bspw. keine religiös fundierten sozialen Zwecke verfolgt, könnte möglicherweise nicht mehr am verfassungsrechtlichen Selbstbestimmungsrecht partizipieren und wäre deshalb ggf. keine kirchliche Stiftung im Rechtssinn mehr. Dieser Kontext und dieses Beispiel verdeutlichen, dass verfassungsrechtlich den Religionsgesellschaften **keine carte blanche** zur Qualifikation von Stiftungen als kirchlich ausgestellt ist.

10 Vor diesem verfassungsrechtlichen Hintergrund wird die rechtsdogmatische Herausbildung eines **„religionsverfassungsrechtlichen Begriffs"** von **kirchlicher Stiftung** angenom-

17 Dazu *Droege*, in: NPLY 2018, 17, 29 f.

18 Zu dem Aspekt Anspruch auf eine bestimmte Rechtsform BVerfGE 83, 341, 354 ff.

19 In der Literatur findet nicht selten auch der Topos Verkündigungsauftrag Verwendung. Theologisch ist dieser aber enger als der Begriff Sendungsauftrag.

20 So BVerfGE 83, 341, 356 ff. Zu dieser Entscheidung *Jeand'Heur*, Jus divinum oder BGB: Eintragung von Religionsgemeinschaften in das Vereinsregister?, JuS 1992, 830 ff.

21 Vgl. auch BVerfGE 137, 273, 315 f.

22 BVerfGE 137, 273, 307. Zu Recht bemerkt dies *Droege*, in: NPLY 2018, 17, 34 f.

men.[23] Dieser kann, muss sich aber nicht von einfachgesetzlichen Begriffsverständnissen unterscheiden (näher unten Rn. 33ff.).

Angesichts der durchaus **herausgehobenen Stellung des Staatskirchenvertragsrechts** 11
im Stufenbau der Rechtsordnung,[24] sind die vertraglichen Regelungen zum kirchlichen Stiftungswesen, die nicht selten Freistellungen oder Modifikationen hinsichtlich staatlicher Stiftungsaufsicht verbürgen, von großer Bedeutung.[25]

2. Paritätsgeforderte Erweiterung allgemein auf alle (korporierten) Religionsgesellschaften und Weltanschauungsgemeinschaften durch § 88 Satz 2

§ 88 Satz 2 sieht eine **Gleichstellungsklausel** vor.[26] Diese ist durchaus verfassungsgefordert, da 12
die häufig als „Weimarer Kirchenartikel" apostrophierten Bestimmungen des Art. 140 GG gerade dies nicht sind, sondern die religionsverfassungsrechtlichen Verbürgungen auf sämtliche Religionsgesellschaften erstrecken und von Verfassungs wegen (Art. 137 Abs. 7 WRV) dies auch auf sog. Weltanschauungsgemeinschaften auszudehnen ist. Dies entspricht auch dem religionsverfassungsrechtlichen **Paritätsgrundsatz**, wenngleich dieser **Differenzierungen** (etwa nach dem Rechtsstatus) **nicht ausschließt**.[27]

Satz 2 erstreckt die Besonderheiten der Unberührtheitsklausel auf die den kirchlichen Stif- 13
tungen nach Landesrecht **gleichgestellten Stiftungen**.[28] Diese Norm ist eine Folge der pluralen Offenheit der deutschen Ordnung von Staat und Religion und zeigt, dass die besondere Form kirchliche Stiftung nicht ausschließlich den beiden christlichen Großkirchen vorbehalten ist, sondern **nicht nur andere Religionsgesellschaften**, sondern **auch Weltanschauungsgemeinschaften** daran partizipieren können.[29] Dass die Landesgesetze dies dabei nur für die öffentlich-rechtlichen Religions- und Weltanschauungsgemeinschaften vorsehen, liegt daran, dass der bundesrepublikanische Regelungspfad **keine „schematische Parität"** zwischen sämtlichen Religions- und Weltanschauungsgemeinschaften unabhängig von ihrer jeweiligen Rechtsform fordert, sondern die Verleihung des Körperschaftsstatus an das „Muttergemeinwesen" (nach Art. 140 GG i.V.m. Art. 137 Abs. 5 WRV) als legitimes Differenzierungsmerkmal anerkennt.[30] Die Rechtsformgebundenheit indiziert, dass bei einer körperschaftlich verfassten Religionsgesellschaft bzw. Weltanschauungsgemeinschaft die **organisatorisch-strukturellen Voraussetzungen für Stiftungsaufsicht** u.a.m. präsumiert werden (können). Insgesamt wird durch die in Satz 2 verbürgte Gleichstellung der verfassungsrechtlichen Wertung der Gleichbehandlung von Religion und Weltanschauung (vgl. Art. 140 GG i.V.m. Art. 137 Abs. 7 WRV) Rechnung getragen. Dies hat praktische Konsequenzen etwa hinsichtlich des **Islams**: Dem islamischen Rechtskreis ist die Rechtsfigur der Stiftung nicht fremd,[31] gleichwohl besteht angesichts der momentanen, immer noch unklaren Lage, ob und ggf. welche islamische Akteure als Religionsgesellschaften

---

23 Grundlegend dazu *Kästner/Couzinet*, Rechtsstatus S. 7, 11, 46 f. und passim.

24 Dazu *Muckel*: Friauf/Höfling (Hrsg.), Berliner Kommentar zum Grundgesetz (33. Erg.-Lfg. 2011), Art. 140 Rn. 51 ff. insbes. 59 ff.

25 Vgl. im Einzelnen dazu Stumpf/Suerbaum/*Schulte*/Pauli, Teil D Rn. 33 ff.

26 Zu diesem stiftungsrechtlichen Regelungstypus siehe nur *Achilles*, in: Landesstiftungsrecht, Rn. 32.39.

27 Zur „Janusköpfigkeit" des Paritätsgrundsatzes als Ansatz für Egalisierung und Differenzierung grundlegend *Heckel*, Gleichheit oder Privilegien?, 1993, S. 25 und passim.

28 § 30 BWStiftG; § 2 Abs. 1 Satz 2 BbgStiftG; § 16 Abs. 3 Satz 2 HbgStiftG; § 20 Abs. 6 HessStiftG, § 11 Abs. 5 MVStiftG; § 20 Abs. 5 NdsStiftG; § 13 Abs. 2 NWStiftG; § 3 Abs. 6 Satz 2 RPStiftG; § 19 Abs. 2 SaarlStiftG; § 14 Abs. 5 SächsStiftG; § 3 Abs. 6 LSASTiftG; § 18 Abs. 3 SHStiftG; § 3 Abs. 6 ThürStiftG.

29 Allgemein Stumpf/Suerbaum/Schulte/Pauli/*Schulte*, Teil D Rn. 45.

30 Allgemein *Schrooten*, Gleichheitssatz und Religionsgemeinschaften, 2015, insbes. S. 145 ff., 252 ff.

31 Vgl. Stumpf/Suerbaum/Schulte/Pauli/*Schulte*, Teil D Rn. 220–232; *Kalisch*, Die Stiftung (waqf) im islamischen Recht, in: Walz (Hrsg.), Religiöse Stiftungen, 2006, S. 93–105. Siehe auch *Hense*, in: NPLY 2005, 15, 33 ff. Sowie *Kogelmann*, Artikel „Stiftung – Islamisch", in: LKRR, Bd. 4 (2021), S. 269 f.

iS des deutschen Rechts qualifiziert werden können und der Tatsache, dass bis jetzt keinem dieser Akteure der Körperschaftsstatus verliehen wurde, kaum rechtliche Aussicht darauf, ein islamisches Stiftungswesen zu institutionalisieren, das unter die entsprechenden landesstiftungsgesetzlichen Bestimmungen subsumiert werden könnte.[32] Ob sich dies ändert, wird die Zukunft zeigen; rechtlich ausgeschlossen ist es nicht. Die ehedem reiche jüdische Stiftungslandschaft in Deutschland ist durch das nationalsozialistische Regime vernichtet worden;[33] gegenwärtig wird davon ausgegangen, dass es **keine jüdisch-religionsgesellschaftliche Stiftung** in Deutschland gibt.[34]

14 Vor diesem Hintergrund ist es durchaus verständlich, dass die rechtssprachliche Wendung „kirchliche Stiftung" und die religionsplurale Öffnung lediglich in Form einer Gleichstellungsregelung wie in Satz 2 moniert wird: es hätte nahegelegen, den Topos **religiös-weltanschauliche Stiftung bürgerlichen Rechts** zu verwenden.[35] Insgesamt wird der Gleichstellungsklausel **nur geringe praktische Relevanz** zugesprochen.[36]

III. Genese des § 88 im Rahmen der Stiftungsreform und Folgewirkungen

15 Die Genese vom § 80 Abs. 3 a.F. bis zu § 88 war eine wechselhafte, da sowohl der Diskussionsentwurf von 2018 und der Referentenentwurf von 2020 eine wesentlich restriktivere Berücksichtigung kirchlicher Interessen und demnach eine weitgehende Planierung der landesrechtlichen Spezifika zugunsten bundesrechtlicher Regelungen verfolgten.[37] Ein besonderer Trick der genannten Normentwürfe bestand darin, die landesrechtlichen Regelungen auf den Zeitpunkt des Inkrafttretens der neuen BGB-Regelungen normativ „einzufrieren". Diese regelungstechnische Vorgehensweise hätte nur eine Bestandsgarantie vermittelt. Perspektivisch hätte dies auf ein Obsoletwerden der landesrechtlichen Bestimmungen hinauslaufen können bzw. erforderliche Fortentwicklungen des Landesstiftungsrechts wären zumindest erschwert, wenn nicht sogar unmöglich geworden. Dieser Umstand erklärt auch den letzten Satz der Begründung des Regierungsentwurfs, dass die Länder durch den jetzigen § 88 **nicht gehindert** sind, „neue Regelungen" zu diesem Stiftungsbereich zu treffen (s. Rn. 4).

16 Im Kontext der Stiftungsrechtsreform 2021 stellt sich allgemein die Frage, wie sich **im Rahmen der gesetzgeberischen Beobachtungspflicht** für die Bundesländer möglicherweise Nachbesserungsaufgaben auch **hinsichtlich der Regelungen zum kirchlichen Stiftungswesen** ergeben. Die in der Konzentration des Stiftungszivilrechts auf bundesrechtlicher Ebene liegende rechtliche Vereinheitlichung löst angesichts der rechtsstaatlich fundierten Selbstbeobachtungs- und Nachbesserungspflicht des Gesetzgebers[38] die Notwendigkeit aus, das Landesstiftungsrecht in der Zeit bis zum Inkrafttreten des neuen Bundesstiftungszivilrechts zum

---

32 Staudinger/*Hüttemann*/*Rawert* (2017) Vorbem. zu §§ 80–88 Rn. 296. Eine mittlerweile schon etwas länger zurückliegende optimistische Prognose zur Selbstorganisation islamischer Akteure und der damit verbundenen Option der Verleihung des Körperschaftsstatus bei *Norbert Müller*, Rechtsprobleme muslimischer Stiftungen in Deutschland, in: Walz (Hrsg.), Religiöse Stiftungen, 2006, S. 107 (insbes. S. 113 ff.). Aus den unterschiedlichsten, hier nicht weiter darzustellenden Gründen erweist sich all dies hinsichtlich islamischer Organisationen als schwieriger, so dass staatliche Verwaltungen und Gerichte gegenwärtig durchweg schon die Qualifikation als Religionsgesellschaft/Religionsgemeinschaft nicht bejahen.

33 Zum jüdischen Rechtskreis grundlegend *Berkemann*, Jüdische Stiftungen in vergangener Zeit, in: Walz (Hrsg.), Religiöse Stiftungen, 2006, S. 55–89; ferner Stumpf/Suerbaum/*Schulte*/Pauli, Teil D Rn. 234 ff.

34 Stumpf/Suerbaum/*Schulte*/Pauli, Teil D Rn. 239.

35 Dezidiert *Droege*, NPLY 2018, 17, 44 f. Die Rückbindung an den Körperschaftsstatus der Religionsgesellschaft bzw. Weltanschauungsgemeinschaft hätte dies nicht tangiert bzw. tangieren müssen.

36 Staudinger/*Hüttemann*/*Rawert* (2017) Vorbem. zu §§ 80–88 Rn. 296.

37 Eingehende Darstellung und Würdigung bei *Achilles*, npoR 2021, 161, 164 f.

38 Näher hierzu *Smeddinck*, in: Kluth/Krings (Hrsg.), Gesetzgebung, 2014, § 3 Rn. 36 ff.

1. Juli 2023 ebenfalls einer grundlegenden Überarbeitung zu unterziehen.[39] In diesem **Evaluationskontext** wird dann auch zu überdenken sein, ob und inwieweit landesrechtliche Regelungen, die **kirchliche Stiftungen des Öffentlichen Rechts** betreffen, zu novellieren und möglicherweise sogar zu beseitigen sind.[40]

B. Grundlagen und Hintergründe

I. Phänotypen der kirchlich-religiösen Stiftungslandschaft

Die kirchlich-religiösen Erscheinungsformen von Stiftungen sind von nahezu **unendlicher** 17
Mannigfaltigkeit. Die Regelung des § 88 betrifft dabei nicht alle kirchlichen Stiftungsphänomene, sondern lediglich die, die als bürgerlich-rechtlich qualifiziert und eingeordnet werden können. Wenn für die kirchlich-religiöse Stiftungslandschaft Größenordnungen von mehr als 30.000 angegeben werden, so umfasst dies auch die **öffentlich-rechtlichen Stiftungen der Kirchen**, die sich auf diözesaner bzw. landeskirchlicher Ebene genauso finden wie auf der ortskirchlichen Ebene (Pfarrei, Kirchengemeinde); nicht zu vergessen sind auch andere religiöse Akteure wie Orden (i.w.S.), die ebenfalls die Rechtsform der Stiftung für sich oder ihnen zugeordnete Einrichtungen nutzen können.[41]

Die **Qualifikation** einer religiös-kirchlichen Stiftung, die **vor dem Inkrafttreten des BGB** 18
errichtet worden ist, als öffentlich-rechtlich oder bürgerlich-rechtlich bereitet nicht selten vergleichbare Schwierigkeiten wie die Qualifikation derartiger altrechtlicher Stiftungen als kirchlich oder weltlich.[42] Die Vielfalt regionaler Rechtskreise in Deutschland bedingt unterschiedliche Rechtsregelungen in den Ländern, auch wenn es um Verleihung eines öffentlich-rechtlichen Status geht. Für die neueren kirchlichen Stiftungen ergibt sich die Zuordnung zum öffentlichen oder privaten Recht in der Regel aus dem Errichtungsakt.[43]

Kirchliche Stiftungen verfügen weit überwiegend über **eigene Rechtsfähigkeit**, können 19
aber auch als nicht-rechtfähige Stiftungen in Erscheinung treten (z.B. im Fall sog. Zustiftungen). Die Landesstiftungsgesetze beziehen sich aber nur auf rechtsfähige kirchliche Stiftungen.[44]

Neben der Differenzierung „alte“ bzw. „neue“ Stiftung lässt sich die Stiftungslandschaft 20
danach unterscheiden, ob ein Stifter „von außen“ kommt oder die Kirche selbst als Stifterin bzw. Urheberin der Stiftung auftritt. Dahinter verbirgt sich die Frage, ob der Stifter frei über die Qualifikation der Kirchlichkeit disponieren kann und es gleichsam zu einer aufgedrängten Stiftungserrichtung kommen könnte (s. Rn. 6ff.) oder ob es einer amtskirchlichen Akkreditierung der Stiftung bedarf.[45]

Die **Buntheit der religiös-kirchlichen Stiftungslandschaft** zeigt sich schließlich auch in 21
der Mannigfaltigkeit entsprechender Zwecksetzungen, die weit über den steuerrechtlichen Kontext des § 54 AO hinausreichen.[46] Die kircheneigenen Zwecksetzungen der Stiftungen ergeben

---

39 Vgl. *Hüttemann/Rawert*, Beilage zu ZIP 33/2021, 1 (insbes. 41 ff.).

40 Zu der mangelnden Kompetenz des Landesgesetzgebers zur Regelung der kirchlichen Stiftungen des Öffentlichen Rechts eindrücklich *Achilles*, in: Landesstiftungsrecht, Rn. 32.30 ff., 32.178 ff. Ferner auch dezidiert Staudinger/*Hüttemann/Rawert* (2017) Vorbem. zu §§ 80–88 Rn. 301.

41 In katholischer Perspektive nicht ganz korrekt ist die Redeweise von „den Orden“; rechtssprachlich korrekt lautet sie: Institute geweihten Lebens und Gesellschaften apostolischen Lebens (vgl. cc. 573 ff. CIC/1983). Nähere Untersuchungen zum Stiftungswesen der Orden sind ein Desiderat. Siehe den Hinweis bei Stumpf/Suerbaum/*Schulte*/Pauli, Teil D Rn. 80.

42 Zu letzterem die prägnante Darstellung – auch der Rspr. – bei Stumpf/Suerbaum/*Schulte*/Pauli, Teil D Rn. 70 ff. Grundlegend die Dissertation von *Meyer*, Abgrenzung, passim.

43 *Achilles*, in: HSKR § 71 Rn. 21 u.ö.

44 Staudinger/*Hüttemann/Rawert* (2017) Vorbem. zu §§ 80–88 Rn. 300.

45 Eingehend zu den damit verbundenen Fragen *Reuter*, in: GS Walz, S. 539 ff.

46 *Droege*, NPLY 2018, 17 (21 f.). Vgl. auch Stumpf/Suerbaum/*Schulte*/Pauli, Teil D Rn. 52.

sich aus dem jeweiligen religionsgesellschaftlichen Selbstverständnis und werden darüber hinaus ggf. durch kirchliches Eigenrecht gesteuert. Für den katholischen Rechtskreis spielen die kodikarischen Zweckumschreibungen des Kirchenvermögensrechts eine gewisse Rolle (vgl. c. 1254 § 2 sowie c. 114 § 2 CIC/1983), die Anhaltspunkte für das jeweilige kirchliche Selbstverständnis bieten.[47] Dem katholischen Rechtskreis ist damit sowohl eine weitgehende final-zweckgerichtete, inhaltliche Programmierung des Stiftungswesens als auch des kircheneigenen Vermögensrechts insgesamt eigen.

II. Historisch-genetische Prägung und Pfadabhängigkeiten

22 Das Stiftungswesen allgemein wie das religiös-kirchliche im Besonderen hängen eng mit den entstehungs- und **entwicklungsgeschichtlichen Kontexten** zusammen.[48] Der Berliner Historiker Michael Borgolte konzipiert seinen weltgeschichtlichen Entwurf auf stiftungsgeschichtlicher Grundlage.[49] Dies zeigt sich gerade im kirchlichen Stiftungswesen, in dem entsprechende Stiftungen mitunter seit Jahrhunderten existieren.

III. Rechtsbegriff

1. Rechtsgrundsätzliche Doppelstellung im staatlichen und kirchlichen Recht

23 Es kennzeichnet die Ordnung zwischen Staat und Religion – nicht zuletzt aufgrund der verfassungsrechtlichen Verbürgung des religionsgesellschaftlichen Selbstbestimmungsrechts nach Art. 140 GG i.V.m. Art. 137 Abs. 3 WRV –, dass religiöse Akteure zwar nach eigenen Rechtsvorstellungen leben und diese in Regelungswerken ausprägen können, dass sie aber gleichzeitig auch eingebettet sind in den weltlichen Ordnungsrahmen, der durchaus den religionseigenen Vorstellungen Schranken ziehen kann. Die prinzipiell mögliche normative Pluralität von staatlicher und kirchlicher Rechtsordnung birgt vor allem dann **kein Kollisions- oder Konfliktpotential**, wenn sich eine Religionsgesellschaft eng an staatliche Rechtsvorstellungen anlehnt – möglicherweise sogar ausdrücklich auf diese verweist. Im Übrigen muss zwischen weltlicher und religionseigener Rechtsordnung auch kein „garstig breiter Graben" normativer Unverträglichkeiten auftauchen. Es besteht aber gleichwohl ein **normativer Koordinierungsbedarf**, weil ein und dieselbe Stiftung sowohl im weltlichen als auch kirchlichen Rechtskreis existiert und agiert. Das weltliche Stiftungsrecht verwendet demnach zwar einen eigenständigen Begriff „kirchliche Stiftung", dieser ist aber letztlich nicht losgelöst vom kirchlichen Rechtskreis, sondern beide Rechtsordnungen sind vielmehr in Beziehung zu setzen.[50] Der Landesgesetzgeber kann angesichts des staatskirchenrechtlichen Rahmens **nicht völlig frei** über die Definition des Begriffs kirchlichen Stiftungen disponieren.[51]

2. Der Begriff der „kirchlichen Stiftung" und die Rechtsmaßstäbe zur Qualifikation

24 Wie schon bei der Regelung des § 80 Abs. 3 a.F. **unterlässt** es der **Bundesgesetzgeber** eine **bundeseinheitliche Definition** der kirchlichen Stiftung zu treffen.[52] § 88 rekurriert auf den Be-

47 Vgl. *Achilles*, in: HSKR § 71 Rn. 24.
48 Immer noch von Bedeutung ist das Werk von *Liermann*, Geschichte des Stiftungsrechts.
49 *Borgolte*, Weltgeschichte als Stiftungsgeschichte; *ders.*, Stiftung und Memoria.
50 Zur Problematik etwa Stumpf/Suerbaum/*Schulte*/Pauli, Teil D Rn. 68.
51 Staudinger/*Hüttemann*/*Rawert* (2017) Vorbem. zu §§ 80–88 Rn. 292.
52 MüKoBGB/*Weitemeyer*, § 80 Rn. 157. Vgl. auch die konzise Analyse bei *Risch*, ZStV 2006, 21, 22 ff.

griff der kirchlichen Stiftung nach Landesrecht, was eine gewisse föderale Vielfalt der Begriffsbestimmung zur Folge hat und sich nicht zwangsläufig mit dem religionsverfassungsrechtlichen Stiftungsbegriff decken muss,[53] der vor allem auf die überwiegende **Verfolgung von Kirchenzwecken**, der **organisatorischen Nähe zum „Muttergemeinwesen" (verfasste) Kirche** und die **kirchenbehördliche Anerkennung** als kirchliche Stiftung abstellt.[54] Gleichwohl ist dieser **dreigliederige Begriff** der kirchlichen Stiftung die Leitwährung.[55] Steuerungswirkung entfaltet der religionsverfassungsrechtliche Begriff demnach in der Form, dass er verfassungsrechtliche Standards (Mindestanforderungen) formuliert, die der Landesgesetzgeber zwar konkretisieren kann,[56] ohne dass hierbei das Land aber übermäßige eigene Regelungszwecke verfolgen darf.[57] Dem religionsverfassungsrechtlichen Begriff der kirchlichen Stiftung wird deshalb vorrangig „Hintergrundfunktion" zugemessen.[58] Die gewisse föderale Vielfalt der landesgesetzlichen Definitionen der kirchlichen Stiftung wird grundsätzlich ebenso für zulässig gehalten[59] wie der Berliner Weg, diese Stiftungssonderform gar nicht zu regeln, wobei dann der religionsverfassungsrechtliche Stiftungsbegriff und das religionsgesellschaftliche Selbstbestimmungsrecht nach Art. 140 GG i.V.m. Art. 137 Abs. 3 WRV unmittelbar zum Tragen kommen und insofern das Fehlen einer einfachgesetzlichen Regelung kompensiert wird.[60] Im Wesentlichen wird letztlich aber grosso modo davon ausgegangen, dass die kirchliche Stiftung in den Landesstiftungsgesetzen **einheitlich** definiert wird.[61]

Auch eine kirchliche Stiftung muss zuerst einmal Stiftung nach § 80 Abs. 1 sein. D.h., dass es sich um ein **Organisationseinheit** handelt, die den **Strukturmerkmalen einer Stiftung** (Stiftungsgeschäft, Stifter, Stifterwille, Stiftungszweck) entspricht (s. § 80 Rn. 32ff.). Die Strukturgesetzlichkeiten des Stiftungsrechts stehen **nicht** zur Disposition kircheneigener Ordnungsvorstellungen.[62] Die **Kirchlichkeit der Stiftung** wird durch ihre „Nähebeziehung zur Kirche" als „Muttergemeinwesen" determiniert und dirigiert.[63] 25

Der dreigliederige Begriff der Sonderform der kirchlichen Stiftung umfasst sowohl **materielle** als auch **formal-verfahrensrechtliche** Aspekte. Es sind im Wesentlichen drei Elemente für den Begriff kirchliche Stiftung rechtsmaßstäblich: die **Kirchlichkeit der Zwecksetzung**, die ausdrückliche **kirchliche Anerkennung** sowie die **organisatorische Zuordnung** zum (einschließlich der Beaufsichtigung durch das) „Muttergemeinwesen".[64] Diese Kriterien oder Definitionsmerkmale fließen in eine wertende Gesamtbetrachtung ein. 26

Stifter einer kirchlichen Stiftung kann ebenso eine Privatperson wie die Kirche selbst sein. Die meisten Landesstiftungsgesetze setzen voraus, dass die jeweilige Stiftung überwiegend kircheneigene Zwecksetzungen und Aufgaben zu verfolgen hat.[65] Nicht erforderlich ist demnach, 27

---

53 MüKoBGB/*Weitemeyer*, § 80 Rn. 158.

54 Vgl. *Kästner/Couzinet*, Rechtsstatus, S. 47.

55 Staudinger/*Hüttemann/Rawert* (2017) Vorbem. zu §§ 80–88 Rn. 291.

56 So *Kästner/Couzinet*, Rechtsstatus, S. 46.

57 MüKoBGB/*Weitemeyer*, § 80 Rn. 158. Vgl. auch *Achilles*, in: HSKR § 71 Rn. 48.

58 *Kästner/Couzinet*, Rechtsstatus, S. 58.

59 Zu diesen rechtsformimmanenten Vorgaben, die als für alle geltendes Gesetz von den Kirchen hinzunehmen sind, näher *Achilles*, in: HSKR § 71 Rn. 64 f.

60 Vgl. *Achilles*, in: HSKR § 71 Rn. 51, 66. Siehe auch Staudinger/*Hüttemann/Rawert* (2017), § 80 Rn. 46 a.E. Kritisch zum Berliner Weg aber Stumpf/Suerbaum/*Schulte*/Pauli, Teil D Rn. 51, sowie *Hense*, in: Walz (Hrsg.), Religiöse Stiftungen, 2006, S. 1, 30.

61 Allgemein Stumpf/Suerbaum/*Schulte*/Pauli, Teil D Rn. 50.

62 *Achilles*, in: Landesstiftungsrecht, Rn. 32.186.

63 Vgl. *Achilles*, in: Landesstiftungsrecht, Rn. 32.6.

64 Eingehend zu diesen Merkmalen Stumpf/Suerbaum/*Schulte*/Pauli, Teil D Rn. 52 ff.

65 § 22 Abs. 1 BWStiftG; Art. 21 Abs. 1 BayStiftG; § 2 Abs. 1 BbgStiftG; § 16 Abs. 1 BremStiftG; § 20 Abs. 1 HessStiftG; § 11 Abs. 1 MVStiftG; § 20 Abs. 1 NdsStiftG; § 13 Abs. 1 NWStiftG; § 19 Abs. 1 SaarlStiftG; § 14 Abs. 1 Nr. 1 SächsStiftG; § 13 Abs. 2 Nr. 1 LSAStiftG; § 18 Abs. 1 SHStiftG; § 3 Abs. 6 Nr. 1 ThürStiftG. Vgl. Staudinger/*Hüttemann/Rawert* (2017) Vorbem. zu §§ 80–88 Rn. 294; Stumpf/Suerbaum/*Schulte*/Pauli, Teil D Rn. 55.

dass die Stiftung ausschließlich kirchlichen Zwecksetzungen dient.[66] Lediglich das HmbStiftG verzichtet auf diesen expliziten Maßstab und sieht ihn wohl im Formalakt der kirchenbehördlichen Anerkennung „aufgehoben".[67] Ob die Verfolgung kirchlicher Zwecksetzungen nur **monokonfessionell** und nicht ggf. auch **ökumenisch/"mehrkonfessionell"** oder sogar **religionsübergreifend** erfolgen kann, wird unterschiedlich bewertet und ist noch nicht abschließend geklärt.[68] Mitunter stellt sich die Frage, ob sich die Zweckbindung der kirchlichen Stiftung seitens der Stiftungsorgane umkehren kann,[69] d.h., dass aus der ursprünglichen religiösen Zwecksetzung eine profane wird: Gerade bei altrechtlichen Stiftungen wird eine solche Säkularisation nicht ausgeschlossen.[70] Die **Umkehrbarkeit der Zweckbindung** wird bei der Sonderform der kirchlichen Stiftung aber nicht gegen den Willen der Kirche als maßgeblicher Zurechnungsorganisation für das Kirchlichkeitskriterium erfolgen können.[71] Die Zwecksetzung wird ganz maßgeblich durch das **religionsgesellschaftlichen Selbstverständnis** in dem beschriebenen Sinn reguliert und entzieht sich externer Disposition (oben Rn. 6ff.).[72]

28 Durchgängig setzen die Landesstiftungsgesetze voraus, dass die jeweilige Stiftung **kirchlich anerkannt** wird.[73] Damit ist eine formal-verfahrensrechtliche Komponente angesprochen; eine nähere Umschreibung inhaltlicher Aspekte kann darin nicht liegen, da diese dem Selbstbestimmungsrecht der Kirchen oder Religionsgesellschaften obliegt, die die „Zuordnungskriterien" selbst näher definieren. Bei der staatlichen Stiftungsanerkennung sind die **Kirchen** hinsichtlich der Sonderform der kirchlichen Stiftung **zwingend zu beteiligen.**[74] Ein **Anspruch des Stifters** auf kirchliche Anerkennung besteht aber **nicht.**[75] „Für den privaten Stifter, der eine kirchliche Stiftung errichten will, schlägt damit das kirchenrechtliche Konzessionssystem auf die staatliche Anerkennung durch."[76] Ohne die Anerkennung der zuständigen kirchlichen Behörde, kommt allenfalls die staatliche Anerkennung als weltliche Stiftung in Betracht, wenn dies noch dem Willen des Stifters entspricht.[77]

29 Zwischen der Kirche „als Mutter" und der konkreten Stiftung „als Tochter" muss zudem eine organisatorische Zuordnung bestehen.[78] Diese Anforderung ist durch die Rspr. des BVerfG vorgespurt.[79] Diese Konnexität verlangt einen **prägenden Einfluss** der Kirche auf die Stiftung, um die Identifizierbarkeit als kirchlich sicherzustellen.[80] Dem Kriterium der organisatorischen

---

66 So aber wohl § 3 Abs. 6 S. 1 RPStiftG.

67 Vgl. § 2 Abs. 3 Satz 1 HmbStiftG.

68 Dazu Staudinger/*Hüttemann*/*Rawert* (2017) Vorbem. zu §§ 80–88 Rn. 297 a.E. Ferner MüKoBGB/*Weitemeyer*, § 80 Rn. 159. Sowie *Achilles*, in: Landesstiftungsrecht, Rn. 32.149.

69 Dafür *Reuter*, in: GS Walz, 539, 541 f., 548.

70 Instruktiv *Fiedler*, Kirchliche Stiftungen zwischen Säkularisation und Rekonfessionalisierung, in: Hense/Schulte (Hrsg.), Kirchliches Stiftungswesen, S. 39 ff.

71 Näher *Achilles*, in: Landesstiftungsrecht, Rn. 32.12; *ders.*, npoR 2021, 161, 168. A.A. *Reuter*, in: GS Walz, 539, 541 f., 547 f.

72 Ausführlich *Achilles*, in: Landesstiftungsrecht, Rn. 32.137 f.

73 § 24 BWStiftG; Art. 22 Abs. 2 BayStiftG; § 5 Abs. 2 BbgStiftG; § 16 Abs. 2 Nr. 1 BremStiftG; § 2 Abs. 3 Satz 1 HmbStiftG; § 20 Abs. 2 HessStiftG; § 11 Abs. 1 Satz 2 MVStiftG; § 20 Abs. 1 Satz 2 NdsStiftG; § 13 Abs. 1 NWStiftG; § 3 Abs. 6 S. 1 RPStiftG; § 19 Abs. 3 SaarlStiftG; § 14 Abs. 2 SächsStiftG; § 12 Abs. 1 LSAStiftG; § 18 Abs. 2 SHStiftG; § 16 Abs. 1 ThürStiftG.

74 Zu den verfahrensrechtlichen Modi der Beteiligung (Anerkennungsmodell, Antragsmodell) siehe *Achilles*, in: Landesstiftungsrecht, Rn. 32.158.

75 *Baumann-Gretza*, in: Kämper/Schilberg, S. 216, 220. Die muss die beabsichtigte Stiftungserrichtung nicht unmöglich machen, nur erfolgt sie nicht als kirchliche Stiftung, sondern als ggf. vom Stifterwillen religiös motivierte, aber rechtlich „rein weltliche" Stiftung.

76 Stumpf/Suerbaum/*Schulte*/Pauli, Teil D Rn. 69. Siehe auch *Reuter*, in: GS Walz, S. 539, 540.

77 Staudinger/*Hüttemann*/*Rawert* (2017) Vorbem. zu §§ 80–88 Rn. 297. Siehe auch *Achilles*, in: Landesstiftungsrecht, Rn. 32.141 und 32.159.

78 Vgl. Stumpf/Suerbaum/*Schulte*/Pauli, Teil D Rn. 58 ff.

79 St. Rspr. seit BVerfGE 46, 73, 84 ff. – Goch-Entscheidung. Vgl. *Achilles*, in: HSKR § 71 Rn. 59.

80 MüKoBGB/*Weitemeyer*, § 80 Rn. 159.

Zuordnung kommt regelmäßig entscheidende Bedeutung vor allem dann zu, wenn es um die Abschichtung von bloß religiös motivierten Zwecksetzungen geht.[81] **Liberalisierungstendenzen** staatlicher Stiftungsaufsicht insgesamt können dazu führen, dass auch an den Kausalnexus kirchenbehördliche Stiftungsaufsicht gegenüber kirchlicher Stiftung geringere Anforderungen zu stellen sind.[82] Das durch material-inhaltliche Zweckumschreibungen besonders fundierte kirchliche (bzw. religionsgesellschaftliche) Stiftungswesen, in dem sich eine **besondere Finalstruktur** zeigt, die sie gerade von den weltlichen Stiftungen unterscheidet, kann aber auch ein Indiz dafür sein, dass dieser Stiftungssektor die Liberalisierungstendenzen des weltlichen Stiftungsrechts nicht einfachhin kopieren muss.[83]

Die Landesstiftungsgesetze regeln überblicksartig die Zuordnungsanforderungen auf unterschiedliche Weise:[84] 30

- Die Stiftung wird von der Kirche bzw. einer ihrer Untergliederungen errichtet[85] oder
- ist mit diesen organisatorisch verbunden[86] oder
- untersteht der (satzungsmäßig abgesicherten) kirchlichen Stiftungsaufsicht[87] oder
- die Stiftung kann ihre Zwecksetzung sinnvoll nur in der institutionell-organisatorischen Anbindung an die Kirche bzw. deren Untergliederungen erfüllen.[88]

Für die **Qualifikation historischer Stiftungen** als weltliche oder kirchliche Stiftungen ist im wissenschaftlichen Schrifttum eine **historisch-kasuistische Methodik** entwickelt worden, die die verschiedenen Facetten der Qualifikationsproblematik in eine Gesamtbetrachtung und Gesamtabwägung konzeptionell einfängt und damit den Boden bereitet, die Frage strukturiert zu beantworten.[89] 31

Zur Klärung bspw. der Frage, ob Stiftungen kirchliche Stiftungen sind, sehen die meisten Landesstiftungsgesetze sog. **Statusfeststellungsverfahren** vor.[90] 32

---

81 Näher *Achilles*, in: HSKR § 71 Rn. 57 f.

82 Eingehend hierzu *Achilles*, in: HSKR § 71 Rn. 60.

83 Eine freiwillige Übernahme dieser Tendenzen schließt dies aber nicht aus, zumal derartiges ggf. durchaus mit religionseigenen Ordnungsvorstellungen – z.B. die Adaption des Subsidiaritätsprinzips auch innerkirchliche Organisationszusammenhänge – konvergieren kann. Gleichwohl stellt sich dann immer noch staatskirchenrechtlich die Frage, ob es möglicherweise ein Untermaß kirchenbehördlicher Einwirkungsmöglichkeiten geben könnte, welches nicht unterschritten werden darf. Angesichts der noch nicht hinreichenden rechtsdogmatischen (und auch kirchenrechtlichen) Aufarbeitung der Gesamtproblematik Aufsicht, ist all dies eine offene Frage. Problematisierend hierzu *Hense*, in: FS Heribert Hallermann (2016), S. 665 ff. Die Ausführungen zum Thema Aufsicht, insbesondere Stiftungsaufsicht im Handbuch von *Pree/Heckel*, Vermögen, 2021, bewegen sich in sehr herkömmlichen, binnenkirchlichen Bahnen und registrieren leider nicht eingehenden Diskussionen des Verwaltungsrechts und anderer Rechtsgebiete. Die nähere Grundierung und Entfaltung der Kirchenspezifika von Aufsicht im Kontext des weltlichen Rechtsrahmens bleibt nach wie vor ein dringendes rechtswissenschaftliches Desiderat.

84 Nachfolgendes im Anschluss an *Achilles*, in: HSKR § 71 Rn. 55.

85 § 16 Abs. 1 Nr. 1 BremStiftG; § 20 Abs. 1 S. 1 Nr. 1 NdsStiftG; § 19 Abs. 1 Nr. 1 SaarlStiftG; § 14 Abs. 1 Nr. 2 SächsStiftG; § 3 Abs. 2 Nr. 2 lit. a LSAStiftG; § 3 Abs. 6 Nr. 2 ThürStiftG.

86 § 16 Abs. 1 Nr. 2 BremStiftG; § 20 Abs. 1 HessStiftG; § 11 Abs. 1 S. 1 Nr. 2 MVStiftG; § 20 Abs. 1 S. 1 Nr. 2 NdsStiftG; § 19 Abs. 1 Nr. 2 SaarlStiftG; § 14 Abs. 1 Nr. 2 SächsStiftG; § 3 Abs. 2 Nr. 2 lit. b LSAStiftG; § 18 Abs. 1 S. 1 Nr. 1 SHStiftG; § 3 Abs. 6 Nr. 2 ThürStiftG.

87 § 22 Nr. 1 BWStiftG; Art. 21 Abs. 1 BayStiftG; § 16 Abs. 1 Nr. 3 BremStiftG; § 11 Abs. 1 S. 1 Nr. 1 MVStiftG; § 20 Abs. 1 S. 1 Nr. 3 NdsStiftG; § 13 Abs. 1 NRWStiftG; § 14 Abs. 1 Nr. 3 SächsStiftG; § 3 Abs. 2 Nr. 2 lit. d LSAStiftG; § 18 Abs. 1 S. 1 Nr. 2 SHStiftG; § 3 Abs. 6 Nr. 2 ThürStiftG.

88 § 22 Nr. 2 BWStiftG; § 16 Abs. 1 Nr. 4 BremStiftG; § 20 Abs. 1 HessStiftG; § 11 Abs. 1 S. 1 Nr. 3 MVStiftG; § 20 Abs. 1 S. 1 Nr. 4 NdsStiftG; § 19 Abs. 1 Nr. 2 StiftG Saarl.; § 23 Abs. 2 Nr. 2 lit. c LSAStiftG; § 18 Abs. 1 S. 1 Nr. 3 SHStiftG; § 3 Abs. 6 Nr. 2 ThürStiftG. Zu diesem Aspekt siehe Stumpf/Suerbaum/Schulte/Pauli/*Schulte*, Teil D Rn. 64.

89 Sehr grundlegend dazu *Meyer*, Abgrenzung, insbes. S. 254 ff. Aufgegriffen wird das Konzept bei Stumpf/Suerbaum/*Schulte*/Pauli, Teil D Rn. 79.

90 MüKoBGB/*Weitemeyer*, § 80 Rn. 163. Ausführlich *Achilles*, in: Landesstiftungsrecht, Rn. 32.150 ff.

3. Kircheneigene Begriffsumschreibungen in Relation zum staatlichen Rechtskreis

33 Der Zwitterstellung der rechtlichen Sonderform der kirchlichen Stiftung eigen ist, dass für sie zwei juristische Begriffsreferenzen existieren. **Staatliches und kirchliches Stiftungsrecht sind nicht deckungsgleich.**[91] Plastisch formulieren Hüttemann/Rawert: „So wie nicht jeder rechtsfähigen Stiftung weltlichen Rechts auch nach Kirchenrecht Rechtsfähigkeit zukommt, ist umgekehrt nicht jede rechtsfähige Stiftung kirchlichen Rechts auch nach den Regeln des weltlichen Stiftungsrechts rechtsfähig."[92] Diese weit überwiegende Rechtsauffassung, **lehnt** insofern die Auffassung **ab**, dass bei kirchlichen Stiftungen eine **„obligatorische Doppelexistenz"** vorliege, wonach die kirchliche Stiftung staatlichen Rechts in zwingender Weise die Existenz nach kirchlichem Recht voraussetze.[93]

C. Kircheneigene Rechtsgrundlagen

34 Das autonom gesetzte kirchliche Recht, das die kirchlichen Stiftungen erfasst bzw. erfassen kann, findet sich nicht nur in expliziten Stiftungsgesetzen oder Stiftungsordnungen der beiden christlichen Kirchen. Diese rechtlichen Regelungen beruhen auf dem verfassungsrechtlich gewährleisteten Selbstbestimmungsrecht nach Art. 140 GG i.V.m. Art. 137 Abs. 3 WRV und sind demnach nicht bloß staatlich verliehene oder gewährte Zuständigkeiten und Befugnisse, wenngleich die strukturprägenden Aspekte des Stiftungswesens nicht kirchlicher Disposition unterfallen und für die stiftungsrechtlichen Grundlagengeschäfte i.d.R. staatliche Ingerenzen bestehen.[94] Darüber hinaus ist die Füllung des rechtlichen Kleides der kirchlichen Stiftung durchaus geöffnet für die **Konkretisierung durch kircheneigene Ordnungsvorstellungen.** Dies betrifft dann insbesondere die **laufende Stiftungsverwaltung** und die damit korrespondierende **Stiftungsaufsicht.**[95] Schließlich sind von besonderer Bedeutung die einzelnen Satzungen der kirchlichen Stiftungen, die der kirchenaufsichtlichen Genehmigung unterliegen. Aus diesen **Satzungen ergibt sich das „kleine", konkrete „Stiftungsverfassungsrecht"** (s.o. Rn. 17ff.).

I. Evangelischer Rechtskreis

1. Grundstrukturen des evangelischen Stiftungsrechts

35 Die Rechtsgrundlagen zu den evangelischen kirchlichen Stiftungen finden sich in unterschiedlichen Regelwerken, weit überwiegend aber in eigenen kirchlichen Stiftungsgesetzen.[96] Anders als etwa im katholischen Rechtskreis ließ und lässt sich für den evangelischen Bereich eine **relativ enge Anlehnung** vor allem **an die staatliche Rechtsordnung** und **weltlich-rechtliche Ordnungsmuster** feststellen, so dass die Herausbildung eines eigenen materiellen kirchlichen

---

91 Staudinger/*Hüttemann*/*Rawert* (2017) Vorbem zu §§ 80–88 Rn. 302.

92 Ebda.

93 So – vor dem Hintergrund des katholischen Kirchenrechts – die Grundthese von *Menges*, Die kirchliche Stiftung, S. 248 f. Zur Diskussion dieser These eingehend *Kästner*/*Couzinet*, Rechtsstatus, S. 28 ff., die diesen Ansatz auch hinsichtlich des evangelischen Kirchenrechts behandeln (ebda., S. 30 f.). Pragmatisch schlägt *Baumann-Gretza*, in: Kämper/Schilberg, S. 216, 221, für den katholischen Rechtskreis vor, die im staatlichen Anerkennungsverfahren zu erteilende kirchliche Zustimmung ausdrücklich mit der Gewährung der kirchlichen Rechtspersönlichkeit zu verbinden.

94 Dazu *Achilles*, in: Landesstiftungsrecht, Rn. 32.164 ff.

95 Näher *Achilles*, in: Landesstiftungsrecht, Rn. 32.172 ff., 32.179 ff.; *ders.*, in: HSKR § 71 Rn. 74 ff., 81 ff.

96 Vgl. *Schulte*/*Nettelnbrecher*, in: Werner/Saenger/Fischer (Hrsg.), Die Stiftung, § 44 Rn. 18 f.; *Achilles*, in: HSKR § 71 Rn. 29.

Stiftungsrechts eher zurückhaltend erfolgt,[97] wenn nicht sogar ein eher geringes Interesse an der Rechtsfigur der Stiftung kirchlichen Rechts im evangelischen Rechtskreis zu konstatieren ist.[98] Das Stiftungsrecht der evangelischen Landeskirchen gilt darüber hinaus als durchaus kompliziert.[99]

36 Nicht selten besteht eine enge Wechselbezüglichkeit mit dem **staatlichen Stiftungsrecht als „Korrespondenzordnung"**.[100] Die staatsanaloge Grundstruktur manifestiert sich etwa in Verweisungen auf das staatliche Recht. Anders als das katholische Kirchenrecht weist das evangelische Kirchenrecht kein spezifisch eigenes Personenrecht/Recht der kirchlichen juristischen Personen auf.[101] Gleichwohl wird (zunehmend) auch im evangelischen Rechtskreis „ein Bedürfnis nach einer in der kirchlichen Rechtsordnung angesiedelten kirchlichen Rechtspersönlichkeit" festgestellt.[102]

37 Die neueren Stiftungsgründungen erfolgen in der evangelischen Kirche vielfach als Stiftung des bürgerlichen Rechts.[103] Das Recht der öffentlich-rechtlich verfassten evangelischen Stiftungen bleibt in der Kommentierung ausgeklammert.[104]

2. Tableau des landeskirchlichen Stiftungsrecht im Überblick[105]

38 Evangelische Kirche Anhalts:
Kirchengesetz über kirchliche Stiftungen (Stiftungsgesetz der Evangelischen Landeskirche Anhalts) in der Fassung der Bekanntmachung vom 19. November 2013 (ABl. 2014 Bd. 1, S. 2).

Evangelische Kirche Baden:
Kirchliches Gesetz über die kirchlichen Stiftungen im Bereich der Evangelischen Landeskirche in Baden (Kirchliches Stiftungsgesetz – KStiftG) vom 21. Mai 2021 (GVBl. Teil I, Nr. 36, S. 99).

Evangelisch-lutherische Kirche Bayern:
Kirchengesetz über die kirchlichen Stiftungen (Kirchliches Stiftungsgesetz – KirchlStG) vom 9. Dezember 2002 (KABl. 2003 S. 16, ber. S. 57), zuletzt geändert durch KG vom 30. April 2018 (KABl. S. 157).

Evangelische Kirche Berlin-Brandenburg-schlesische Oberlausitz:
Kirchengesetz über kirchliche Stiftungen in der Evangelischen Kirche Berlin-Brandenburg-schlesische Oberlausitz (Kirchliches Stiftungsgesetz – KiStiftG) vom 5. November 2005 (KABl. S. 196); zuletzt geändert durch Kirchengesetz vom 25. Oktober 2018 (KABl. S. 203).

Bremische evangelische Kirche:
Kirchengesetz über die kirchlichen Stiftungen vom 13. März 1991 (GVM 1991 Nr. 2 Z. 1).

97 *Droege*, in: Anke/de Wall/Heinig (Hrsg.), HevKR, § 27 Rn. 41.

98 Hierzu und auch zu den historischen Gründen näher *Achilles*, in: Landesstiftungsrecht, Rn. 32.21. Siehe auch *Droege*, in: Anke/de Wall/Heinig (Hrsg.), HevKR, § 27 Rn. 49.

99 Etwa *Schulte/Nettelnbrecher*, in: Werner/Saenger/Fischer (Hrsg.), Die Stiftung, § 44 Rn. 18.

100 Topos bei *Droege*, in: Anke/de Wall/Heinig (Hrsg.), HevKR, § 27 Rn. 41 a.E.

101 *Schulte/Nettelnbrecher*, in: Werner/Saenger/Fischer (Hrsg.), Die Stiftung, § 44 Rn. 45. Zur – gleichwohl bestehenden – allgemeinen Bedeutung der Rechtsfigur aber die grundlegende Untersuchung von *Hendrik Munsonius*, Die juristische Person des evangelischen Kirchenrechts, 2009.

102 Zu dieser Tendenz aufschlussreich *Achilles*, in: Landesstiftungsrecht, Rn. 32.23 f.

103 So die Feststellung von *Hübner*, Evangelisches Kirchenrecht in Bayern, 2020, S. 605 ff. (mit Praxisbeispielen).

104 Zu diesem Typus *Schulte/Nettelnbrecher*, in: Werner/Saenger/Fischer (Hrsg.), Die Stiftung, § 44 Rn. 39 ff.

105 Eine bundeslandspezifische, nähere Aufstellung findet sich bei *Achilles*, in: HSKR § 71 Rn. 30 ff.; ausführlicher *ders.*, in: Landesstiftungsrecht, Rn. 32.30 ff.

Evangelische Kirche in Hessen-Nassau:
Kirchengesetz über kirchliche Stiftungen in der Evangelischen Kirche in Hessen und Nassau (Kirchliches Stiftungsgesetz – KStiftG) vom 23. April 2005 (ABl. 2005 S. 162).

Evangelische Kirche von Kurhessen-Waldeck:
Kirchengesetz über kirchliche Stiftungen in der Evangelischen Kirche von Kurhessen-Waldeck (KStiftG) vom 28. April 2007 (KABl. S. 108).

Lippische Landeskirche:
Kirchengesetz über rechtsfähige evangelische Stiftungen des privaten Rechts in der Lippischen Landeskirche (Stiftungsgesetz – StiftG. LK) vom 22. November 1977 (Ges. u. VOBl. Bd. 6 S. 235), zuletzt geändert am 16. Juni 2015 (Ges. u. VOBl. Bd. 16 Nr. 2 S. 11).

Evangelische Kirche in Mitteldeutschland:
Kirchengesetz über kirchliche Stiftungen in der Evangelischen Kirche in Mitteldeutschland (Kirchliches Stiftungsgesetz – KStiftG) vom 20. März 2010 (ABl. S. 88).

Evangelisch-Lutherische Kirche Mecklenburgs:
Kirchengesetz vom 18. November 2006 über kirchliche Stiftungen in der Evangelisch-Lutherischen Landeskirche Mecklenburgs (Kirchliches Stiftungsgesetz – KStiftG) (KABl. S. 83).

Evangelisch-Lutherische Kirche Oldenburg:
Kirchengesetz über Kirchliche Stiftungen in der Evangelisch-Lutherischen Kirche in Oldenburg (OlStiftG) vom 21. November 2009 (GVBl. 27. Band, S. 6), zuletzt geändert durch Kirchengesetz vom 10. Juni 2017 (GVBl. 28 Band, S. 46).

Evangelische Landeskirche Sachsen:
Kirchengesetz über die kirchlichen Stiftungen (Kirchliches Stiftungsgesetz – KirchStiftG) vom 26. April 2010 (ABl. 2010 S. A 130).

Evangelisch-reformierte Kirche in Bayern und Nordwestdeutschland:
Stiftungsgesetz der Evangelisch-reformierten Kirche (Synode evangelisch-reformierter Kirchen in Bayern und Nordwestdeutschland) (RefStiftG) vom 23. April 2009 (GVBl. Bd. 19 S. 104).

Evangelische Kirche von Westfalen:
Kirchengesetz über rechtsfähige Evangelische Stiftungen des bürgerlichen Rechts (Stiftungsgesetz EKvW – StiftG EKvW) vom 15. November 2007 (KABl S. 417), zuletzt geändert am 23. November 2017 (KABl. S. 189).

Evangelisch-lutherische Landeskirche von Hannover:
Kirchengesetz über die kirchliche Stiftungsaufsicht vom 18. Dezember 1973 (KABl. 1974, S. 20), zuletzt geändert durch Artikel 1 des Kirchengesetzes vom 18. Dezember 2002, (KABl. 2003, S. 3).

Pommersche evangelische Kirche:
Kirchengesetz über die kirchliche Stiftungsaufsicht vom 14. November 1993 (KABl. 1994, S. 27), zuletzt geändert am 10. Oktober 2004 (KABl. S. 69).

Evangelische Kirche im Rheinland:
Kirchengesetz über die kirchliche Aufsicht für rechtsfähige kirchliche Stiftungen (Kirchliches Stiftungsaufsichtsgesetz) vom 18. Januar 1979 (KABl. S. 15) geändert durch Kirchengesetze vom 15. Januar 1998 (KABl. S. 58), 14. Januar 2011 (KABl. S. 170), 16. Januar 2015 (KABl. S. 71) und 15. Januar 2016 (KABl. S. 84).

Evangelische Landeskirche Württemberg:
Verordnung des Oberkirchenrats über die Stiftungsaufsicht vom 18. Juli 1979 (Abl. 48 S. 388), geändert durch Verordnung vom 20. November 1990 (Abl. 54 S. 300) und durch Kirchl. Gesetz vom 18. Oktober 2019 (Abl. 68 S. 719, 723).

Evangelisch-lutherische Landeskirche Braunschweig: keine eigene Regelung.

Evangelisch-lutherische Landeskirche Schaumburg-Lippe: keine eigene Regelung.

Nordelbische evangelisch-lutherische Kirche: keine eigene Regelung.

Evangelische Kirche der Pfalz: keine eigene Regelung.

Soweit evangelische Landeskirchen keine eigene Regelung treffen, beschränken sich die kirchli- 39
chen Mitwirkungshandlungen auf das, was in den staatlichen Gesetzen hierzu ausdrücklich vorgesehen ist bzw. wird das staatliche Stiftungsrecht in Verbindung mit dem kirchlichen Verfassungsrecht angewendet.[106]

II. Katholischer Rechtskreis

1. Rechtsquellen des katholischen Stiftungsrechts

Es gehört zu den **Eigenarten des katholischen Rechtskreises**, dass es ein **Mehrebenenrecht** 40
ist, welches universalkirchenrechtliche und diözesanrechtliche Aspekte aufweist, die in Wechselwirkung zueinander stehen.[107] Die universalkirchliche Rechtsebene ist lediglich ein Rahmenrecht, welches bestimmte Aspekte normiert, aber insgesamt auf Konkretisierung hin angelegt und angewiesen ist.[108] Insgesamt weist das katholische Kirchenvermögensrecht und Stiftungsrecht einen vergleichsweise elaborierten Eigenstand auf, in dem sich spezifische kirchliche Ordnungsmuster und Ordnungsvorstellungen manifestieren.[109]

2. Darstellung der einzelnen Rechtsebenen

a) Universalkirchenrechtliche Ebene. Die **universalkirchenrechtlichen** Regelungen zu den 41
katholischen Stiftungen im CIC von 1983 ergeben – trotz gewisser Präzisierungen im Vergleich zu den Regelungen im CIC 1917 – **keine klar abgezirkelte, homogene Rechtsmaterie**. Die stiftungsrelevanten Bestimmungen erstrecken sich über das Recht der juristischen Personen (cc. 113–123 CIC) bis zum kirchlichen Vermögensrecht nach Liber V CIC (cc. 1254–1310).[110] Es kennzeichnet das katholische Kirchenrecht, dass es – anders als die weltliche Rechtsordnung – gesetzgebungstechnisch besonders durch die Vorgabe materieller Regelungsziele **final program-**

106 Vgl. *Schulte/Nettelnbrecher*, in: Werner/Saenger/Fischer (Hrsg.), Die Stiftung, § 44 Rn. 23.

107 Grundlegend zusammenfassend ist die einzelnormbezogene Darstellung bei Stumpf/Suerbaum/Schulte/Pauli/*Schulte*, Teil D Rn. 131 ff.

108 *Hense*, in: Werner/Saenger/Fischer (Hrsg.), Die Stiftung, § 45 Rn. 25 und passim.

109 Ein wichtiger Leitfaden durch dieses Rechtsgebiet ist: Althaus (Hrsg.), 200 Begriffe zum Vermögensrecht der katholischen Kirche, 2020. Siehe auch das Handbuch von *Pree/Heckel*, Vermögen, 2021, die sich aber sehr stark auf die bayerische und die österreichische Perspektive beschränken.

110 Die meisten Normen des Liber V des CIC betreffen aber nicht die selbständige kirchliche Stiftung, sondern sie beziehen sich auf die unselbständige. Vgl. *Aymans/Mörsdorf/Müller*, KanR IV, S. 44.

miert wird. Insofern ist das Rechtsinstitut Stiftung kirchenrechtlich **keine bloße leere Rechtsform-Hülle**, die beliebig ausgefüllt werden könnte. Der Status der Kirchlichkeit wird nur erreicht, wenn bestimmte Voraussetzungen vorliegen und eingehalten werden. Die direktive und determinierende Kraft dieser formellen Aspekte und materiellen Zweckvorgaben sind nicht nur von kirchenrechtlicher Relevanz, sondern Bezugspunkte für die staatskirchenrechtliche und landesstiftungsrechtliche Qualifikation einer Stiftung als kirchliche. Die bereits erwähnte **strukturelle Finalität des katholischen Kirchenrechts** wird kirchenvermögensrechtlich etwa durch die – aber auch nur regelbeispielhaft normierte – Trias gottesdienstliche Zwecke, Besoldungs- und Unterhaltungsaufgaben sowie karitatives Wirken umschrieben (vgl. c. 1254 § 2 CIC/1983).[111] Letzteres erfuhr durch ein Motu Proprio Papst Benedikt XVI. 2012 eine auch stiftungsrechtlich relevante Ergänzung.[112] Im kircheneigenen Personenrecht wird die Zwecktrias etwas anders akzentuiert: Nach c. 114 § 2 CIC/1983 geht es um Werke der Frömmigkeit, des Apostolat oder der Caritas in geistlicher oder zeitlicher Hinsicht.

42 In organisationsrechtlicher Hinsicht normiert c. 1303 CIC die Unterscheidung zwischen **selbständiger** und **unselbständiger Stiftung**. Während die selbständige Stiftung (**fundatio pia autonoma**) rechtsfähig ist,[113] ist es die unselbständige Stiftung, die vielfach auch als Zustiftung oder „angelehnte Stiftung" bezeichnet wird, nicht.[114] Während der Typus der unselbständigen Stiftung (**fundatio pia non autonoma**) über lange Zeit vor allem als sog. **Messstiftung** vorkam und insofern auf gottesdienstliche Zwecke beschränkt war, lässt sich aktuell als **„Fundraising-Trend"** feststellen, dass caritative und andere katholische Stiftungen sich zunehmend um **Zustiftungen** bemühen.

43 Kirchenpersonenrechtlich bedeutsam ist darüber hinaus die **spezifische Unterscheidung von öffentlichen und privaten Stiftungen kanonischen Rechts.**[115] Auch eine kirchliche Stiftung bürgerlichen Rechts kann öffentliche Stiftung (i.S. des c. 116 CIC/1983) sein. Dies hat sowohl kirchenvermögensrechtliche als aufsichtsrechtliche Konsequenzen;[116] nicht zuletzt betrifft sie auch die Reichweite des bischöflichen Gesetzgebungsrechts (s.o. Rn. 24 ff.). Abhängig von der kirchenrechtlichen Qualifikation öffentlich oder privat ist die Intensität kircheneigener Aufsicht. Bei privaten Stiftungen kanonischen Rechts sind die universalkirchenrechtlichen Anforderungen geringer als bei den öffentlichen Stiftungen.[117]

44 Darüber hinaus formuliert das universale Kirchenrecht auch kirchenspezifische Verwaltungsgrundsätze wie die „Sorgfalt des ‚**guten Hausvaters**'" (vgl. c. 1284 § 1 CIC/1983).[118]

45 **b) Partikularrechtlich, überdiözesane Regelungseben.** Zwischen universalkirchlicher und diözesaner Ebene schiebt sich die partikularrechtliche Ebene, d.h. die Rechtsebene, auf der die **Bischofskonferenz** (ausnahmsweise) aufgrund universalkirchengesetzlicher Vorgaben Zuständigkeit und Befugnis zur Rechtssetzung besitzt. Wenngleich es keine genuin stiftungsrechtlichen Partikularnormen gibt, finden sich auf dieser Ebene **Partikularnormen** (Generaldekrete), die auch für kirchliche Stiftungen relevant werden können, weil sie verpflichtende Mitwirkungshandlungen diözesaner Gremien auslösen.[119] Eine öffentliche Stiftung kanonischen Rechts be-

---

111 Vgl. *Hense*, in: Werner/Saenger/Fischer (Hrsg.), Die Stiftung, § 45 Rn. 29 f.

112 Hierzu *Hense*, in: Werner/Saenger/Fischer (Hrsg.), Die Stiftung, § 45 Rn. 31 ff., 55.

113 Stumpf/Suerbaum/*Schulte*/Pauli, Teil D Rn. 189 ff.

114 Näher zu diesem Typus Stumpf/Suerbaum/*Schulte*/Pauli, Teil D Rn. 191.

115 Stumpf/Suerbaum/*Schulte*/Pauli, Teil D Rn. 141 ff.

116 Dazu näher *Hense*, in: Werner/Saenger/Fischer (Hrsg.), Die Stiftung, § 45 Rn. 35 ff.

117 Vgl. *Hense*, in: Werner/Saenger/Fischer (Hrsg.), Die Stiftung, § 45 Rn. 47 ff. insbes. Rn. 53 f.

118 *Hense*, in: Werner/Saenger/Fischer (Hrsg.), Die Stiftung, § 45 Rn. 45. Nähere Umschreibung dieser kirchenrechtlich fundierten Sorgfaltspflicht bei *Althaus*, in: MKCIC (27. Erg.-Lfg. April 1997), c. 1284 Rn. 1 ff. Knapp *Pree/Heckel*, Vermögen, S. 99 f.; *Aymans/Mörsdorf/Müller*, KanR IV, S. 57 f.

119 Zu den Verwaltungs- und Beteiligungsstrukturen in diesem Kontext siehe *Kämper/Schulten*, in: HSKR § 70 Rn. 53 ff.

darf bei Tätigung eines größeren, über einer bestimmten (unteren) Wertgrenze liegenden Geschäfts nicht nur einer kirchenbehördlichen Genehmigung, sondern **vor** dieser Genehmigung sind **darüber hinaus** andere diözesane Kirchengremien (Diözesanvermögensverwaltungsrat [c. 492 CIC/1983] und das Domkapitel als sog. Konsultorenkollegium) zu beteiligen.[120] Die für diesen Sektor bestehenden **Partikularnormen Nr. 18 und Nr. 19** der Deutschen Bischofskonferenz sind nicht nur wegen regelungstechnisch ganz erheblicher Mängel (mangelnde Präzision u.a.) stark novellierungsbedürftig, sondern durch neuere Entscheidungen des Päpstlichen Rats für die Gesetzestexte – insbesondere zur Relevanz des sog. Stammvermögens[121] – wohl schon kirchenrechtswidrig,[122] zumindest aber mehr als rechtlich hochproblematisch. In diesem Regelungskontext geht es auch um das Erfordernis einer **zweiten** kirchenaufsichtlichen Genehmigung durch den Heiligen Stuhl, wenn ein Risikogeschäft eine zweite, obere Wertgrenze überschreitet (sog. **„Romgrenze"**).[123]

c) Das diözesane Stiftungsrecht. Zu den spezifisch stiftungsrechtlichen Grundlagen zählen die diözesanen Stiftungsordnungen: 46

Aachen:
Stiftungsordnung für das Bistum vom 11. Mai 2011 (KA 2011, S. 98–100).

Augsburg:
Ordnung für kirchliche Stiftungen in den bayerischen (Erz-)Diözesen (KiStiftO) i.d.F. v. 1. Januar 2018 (ABl. S. 208-258).

Bamberg:
Ordnung für kirchliche Stiftungen in den bayerischen (Erz-)Diözesen (KiStiftO) i.d.F. v. 1. Januar 2018 (ABl. S. 454-489 ff.).

Berlin: keine StiftO.

Dresden-Meißen: keine StiftO.

Eichstätt:
Ordnung für kirchliche Stiftungen in den bayerischen (Erz-)Diözesen (KiStiftO) i.d.F. v. 1. Januar 2018 (Pastoralblatt Eichstätt 2018, S. 87-128).

Erfurt:
Stiftungsordnung für das Bistum Erfurt vom 30. März 1996 (KABl. 1996, Nr. 5, S. 2–9).

---

120 Vgl. nur *Aymans/Mörsdorf/Müller*, KanR IV, S. 73. Ferner *Pree/Heckel*, Vermögen, S. 163 ff. Dieses Erfordernis kann sich ggf. auch bei der Ausgliederung von Stiftungsbetrieben aus kirchlichen Stiftungen stellen, zu einer solchen Konstellation *Staiber*, Zulässigkeit, S. 151 ff.

121 Der Päpstliche Rat für die Gesetzestexte (das PCLT = Pontificium Consilium de Legum Textibus) hatte 2018 (für den Ordensbereich) und 2020 für den Bereich diözesaner Vermögensverwaltung klargestellt, dass es nicht nur bei Rechtsgeschäften über das sog. Stammvermögen der Zustimmung der diözesanen Konsultationsorgane und ggf. (bei Überschreiten der zweiten Wertgrenze – Romgrenze –) der des Heilige Stuhl bedarf, sondern auch bei Rechtsgeschäften über das sog. „frei verfügbare Vermögen". Eingehende Darstellung des hier nicht weiter zu behandelnden Problemkreises bei *Althaus*, „...nicht nur das Stammvermögen" – die kircheninterne Prüfung besonderer Rechtsgeschäfte als Beitrag zur Absicherung kirchlicher Güter und Ausdruck der Transparenz, KuR 27 (2021), 41-52.

122 AA – mit nicht überzeugender inhaltlicher wie rechtsdogmatischer Begründung – *Pree/Heckel*, Vermögen, S. 77-79, 170, 178 f., 183 f., 187.

123 Momentan liegt diese Grenze bei 5 Mio €.

Essen:
Stiftungsordnung für das Bistum Essen – StiftO – vom 22. August 2011 (KABl. S. 140–142).

Freiburg:
Verordnung über das Recht der Stiftungen (Stiftungsverordnung – StiftVO) vom 24. November 2020 (ABl. S. 473–475).

Fulda: keine eigene StiftO, es finden die Bestimmungen des KVVG (Gesetz über die Verwaltung und Vertretung des Kirchenvermögens in der Diözese Fulda (KVVG – Kirchenvermögensverwaltung) i.d.F. v. 31. Juli 2019 entsprechende Anwendung, soweit das allgemeine kirchliche Recht nichts anderes bestimmt (§ 34 KVVG).

Görlitz: keine eigene StiftO.

Hamburg: keine eigene StiftO.

Hildesheim:
Kirchliche Stiftungsordnung im Bistum Hildesheim – KiStiftO – vom 23. März 2007 (KA S. 96-100).

Köln:
Stiftungsordnung für den nordrhein-westfälischen Teil des Erzbistums Köln (StiftO EBK) vom 5. April 2011 (ABl. S. 181–183).

Limburg:
Stiftungsordnung für das Bistum Limburg vom 14.8.2008 (KABl. S. 89–93).

Magdeburg:
Stiftungsordnung für das Bistum Magdeburg vom 29.8.2001 (KABl. S. 83–90).

Mainz:
Stiftungsordnung für das Bistum Mainz – StiO – vom 19.11.1997 (KABl. 1997, S. 95–98).

München-Freising:
Ordnung für kirchliche Stiftungen in den bayerischen (Erz-)Diözesen (KiStiftO) i.d.F. v. 1. Januar 2018 (ABl. S. 307-340).

Münster:
Stiftungsordnung für den nordrhein-westfälischen Teil des Bistums Münster vom 12. April 2011 (KABl. S. 106–108).[124]

Osnabrück:
Kirchliche Stiftungsordnung im Bistum Osnabrück im Sinne des § 20 Niedersächsisches Stiftungsgesetz – KiStiftO – vom 15. September 2006 (KABl. S. 92–94).

124 Für den Oldenburger Teil des Bistums Münster, in dem es erhebliche Stiftungsaktivitäten gibt, bestehen einige Besonderheiten, die mit der rechtlichen Struktur dieses Bistumsteils verbunden sind. Allgemein dazu *Gerdes*, Der Bischöflich Münstersche Offizial zu Vechta. Ein kirchliches Amt sui generis, 2010. Speziell die Kirchliche Stiftungsordnung für den Oldenburgischen Teil der Diözese Münster i.S. des § 20 NdsStiftG vom 30. Dezember 2014 (ABl. Münster 2015, S. 67-70).

Paderborn:
Stiftungsordnung für den nordrhein-westfälischen Anteil des Erzbistums Paderborn vom 19.4.2010 (KABl., S. 145–147).

Passau:
Ordnung für kirchliche Stiftungen in den bayerischen (Erz-)Diözesen (KiStiftO) i.d.F. v. 1. Januar 2018 (ABl. 2018, S. 55 ff.)

Regensburg:
Ordnung für kirchliche Stiftungen in den bayerischen (Erz-)Diözesen (KiStiftO) i.d.F. v. 1. Januar 2018 (ABl. 2018, S. 55 ff.)

Rottenburg-Stuttgart:
Ordnung für rechtsfähige kirchliche Stiftungen in der Diözese Rottenburg-Stuttgart vom 01. Januar 2012 (KABl. S. 3–9) sowie die Ordnung für nicht rechtsfähige katholisch-kirchliche Stiftungen in Trägerschaft einer katholischen Kirchengemeinde oder Gesamtkirchengemeinde in der Diözese Rottenburg-Stuttgart vom 23. Oktober 2017 (KABl. S. 497 ff.).

Speyer: keine StiftO.

Trier:
Stiftungsordnung für das Bistum Trier vom 19.10.2011 (KABl. S., 547–548).

Würzburg:
Ordnung für kirchliche Stiftungen in den bayerischen (Erz-)Diözesen (KiStiftO) i.d.F. v. 1. Januar 2018 (ABl. S. 194-214 ff.)

D. Kircheneigene Stiftungsaufsicht im Verhältnis zur staatlichen Stiftungsaufsicht sowie andere Entwicklungen (z.B. Vorhaben Stiftungsregister)

Konstitutiv für die Sonderform der kirchlichen Stiftung ist der **lebendige Nexus** zwischen der religiösen Kerninstitution Kirche als „Muttergemeinwesen“ und ihrer Stiftungstochter. Es müssen **adäquate kirchenbehördliche Einwirkungsmöglichkeiten**, die etwa im Wege der Stiftungsaufsicht ausgeübt werden, bestehen. Dies betrifft dann zwei Dimensionen: einerseits die Horizontale (wie verhalten sich staatliche und kirchliche Aufsicht zueinander?) und die Vertikale (wie gestaltet sich die innerkirchliche Aufsichtsführung im Einzelnen?). 47

Während die **staatliche Genehmigung bei der Stiftungserrichtung** und der Auflösung auch einer kirchlichen Stiftung bei der zuständigen Behörde des Landes ressortiert (vgl. §§ 80 Abs. 2, 81a Satz 1, 87 Abs. 3) und die Beteiligung der Kirchen durch entsprechende landesrechtliche Regelungen sicherzustellen ist,[125] soll bei **anderen** stiftungsbehördlichen Maßnahmen (z.B. Genehmigung von Satzungsänderungen [§ 85a Abs. 1]; Zu- und Zusammenlegungen [§ 86b, 86e]) nach den Vorstellungen des Gesetzgebers die Rechtsfigur der **„nach Landesrecht zuständigen Behörden“** ermöglichen, dass dies **auch kirchliche Behörden** sein können.[126] Diese Regelungskonstruktion, dass Länder kirchliche Organisation mit Stiftungsaufgaben betrauen, erfährt in ersten Bewertungen der Neuregelung Kritik.[127] Ungeachtet dieser Kritik obliegen 48

125 BT-Drs. 19/28173, S. 47.
126 Vgl. BT-Drs. 19/28173, S. 68.
127 Deutlich *Achilles*, npoR 2021, 242, 243.

Regelungen zur Stiftungsaufsicht, insbesondere etwa Zuständigkeit, Verfahren und Aufsichtsbefugnisse weiterhin dem Landesstiftungsrecht, was regelbeispielhaft in § 88 durch Benennung der kirchlichen Beteiligung und Zuständigkeit sowie der Anfallsberechtigung der Kirchen hervorgehoben wird,[128] so dass hier in den ausdrücklich genannten Beispielen aber auch darüber hinausgehend ein normativer Vorrang (Rn. 17ff.) gegenüber bundesrechtlichen Regelungen geregelt ist. Insgesamt sind in der Übergangsfrist bis 1. Juli 2023 Novellierungen des Landesstiftungsrechts zu erwarten, die sich dann auch der adäquaten Lösung der Frage kirchlicher Stiftungen des bürgerlichen Rechts zuwenden sollten.

49 Der **Entwurf eines neuen Landesstiftungsrechts von Hüttemann/Rawert** verzichtet explizit auf Sonderregelungen zu kirchlichen Stiftungen und überlässt diesen Sektor weitgehend der religionsgesellschaftlichen Eigenordnung.[129] Zum Ausdruck gebracht wird dies dadurch, dass die Grundnorm zur Stiftungsaufsicht in dem Musterentwurf dann lautet: „Stiftungen unterliegen der Rechtsaufsicht des Staates, soweit sie nicht der Aufsicht einer Kirche oder einer anderen Religionsgemeinschaft, die Körperschaft des Öffentlichen Rechts ist, unterliegen." (§ 3 Abs. 1 Satz 1 Musterentwurf Hüttemann/Rawert).[130] Kircheneigenes Stiftungsrecht und die Existenz einer gleichwertigen kircheneigenen Stiftungsaufsicht[131] sowie die Anerkennung einer konkreten Stiftung als kirchliche haben zur Folge, dass die kirchlichen Regelungen das staatliche Recht verdrängen.[132]

50 **Kircheneigene Stiftungsaufsicht** basiert darauf, dass es eine **eigene, funktionsfähige Aufsichtsnormierung** und **Aufsichtsorganisation** gibt.[133] Die kircheneigene Rechtsetzung zur Stiftungsaufsicht ist eigenes, unabgeleitetes Recht und beruht nicht etwa auf staatlicher „Beleihung";[134] letzteres würde im Übrigen dem verfassungsrechtlich verbürgten Selbstbestimmungsrecht (Rn. 6ff.) zuwiderlaufen.

51 Kircheneigene Stiftungsaufsicht **unterscheidet** sich teilweise von der staatlichen Stiftungsaufsicht. Anders als die staatliche Stiftungsaufsicht, die auf die Ausübung von Rechtsaufsicht beschränkt ist, zeichnet sich kirchliche Stiftungsaufsicht angesichts der Finalität des kircheneigenen Stiftungswesens dadurch aus, dass sie sowohl strengere Anforderungen formulieren[135] als auch über reine rechtsaufsichtliche Befugnisse hinausgehen kann.[136] Kirchliche Stiftungsaufsicht hat der Beachtung und Umsetzung kircheneigener Zwecksetzungen zu dienen (zur **finalen Programmierung des kirchlichen Stiftungsrechts** Rn. 7, 9, 21, 29, 41) und reicht demnach – optional – über rein formalrechtliche Prüfungen hinaus.[137] Im Rahmen von Genehmigungsvorbehalten sind u.U. kirchenspezifische Zweckmäßigkeitserwägungen anstellbar.[138]

52 Die kircheneigenen **Aufsichtsbefugnisse und Maßnahmenarten** sind im Wesentlichen staatlichen Vorbilden **nachgebildet**.[139] Kirchliche Genehmigungsvorbehalte sind für die Stif-

128 Zu dessen klarstellender Funktion nur *Hüttemann/Rawert*, Beilage zu ZIP 33/2021, 1, 6. Vgl. auch *Hörstrup*, in: KuR 27 (2021), 244, 253.

129 Der sehr konzentrierte, gerade zu minimalistische Modellentwurf legt das Maximum des Regelbaren in die Hände der korporierten Religionsgesellschaften und Kirchen, die damit verantwortungsvoll umgehen müssten.

130 *Hüttemann/Rawert*, Beilage zu ZIP 33/2021, 1, 42 f. (Textentwurf und Begründung).

131 Vgl. statt vieler *Achilles*, in: Landesstiftungsrecht, Rn. 32.179, der auch auf föderale Besonderheiten (z.B. Hamburg) eingeht.

132 *Hüttemann/Rawert*, Beilage zu ZIP 33/2021, 1, 43.

133 Vgl. *Achilles*, in: HSKR § 71 Rn. 81 ff., 86 ff.

134 *Achilles*, in: Landesstiftungsrecht, Rn. 32.28 und 32.184.

135 Dazu etwa *Achilles*, in: Landesstiftungsrecht, Rn. 32.173, mit dem Hinweis, dass staatliche Standards ggf. als Referenz eines Mindeststandards fungieren.

136 Hierzu *Achilles*, in: HSKR § 71 Rn. 87 (mit Hinweis auf Unterschiede zwischen evangelischem und katholischem Rechtskreis). Siehe auch *ders.*, in: Landesstiftungsrecht, Rn. 32.185.

137 Vgl. *Baumann-Gretza*, in: Kämper/Schilberg, S. 216, 224, 225; *Achilles*, npoR 2021, 161, 163.

138 Dazu *Achilles*, in: Landesstiftungsrecht, Rn. 32.185 a.E.

139 Umfassend dazu Stumpf/Suerbaum/*Schulte*/Pauli, Teil D Rn. 92 ff.

tungspraxis nicht zuletzt deshalb besonders praktisch bedeutsam, weil sie für die **Außenrechtswirksamkeit** von Geschäften und Handlungen kirchlicher Stiftungen relevant sind.[140]

Große praktische Bedeutung dürfte darüber hinaus dem **Aufsichtsverständnis** zukommen. 53
Aufsicht ist **nicht nur** hoheitlich kontrollierende Aufsicht, sondern ihr kommt vielleicht gerade im kirchlichen Kontext eine vor allem beratende, begleitende Aufgabe und insofern prophylaktische Funktion zu.[141] Dies kommt etwa durch den kircheneigenen Topos der „Advigilanz" zum Ausdruck.[142]

Kirchliche Stiftungsaufsicht ist **nicht losgelöst** von aufsichtspolitischen Diskussionen über 54
Liberalisierung oder den Ausbau binnenaufsichtlicher Stiftungsstrukturen (Rn. 34ff.). So wird immer wieder auch über Umfang und Reichweite kirchlicher Stiftungsaufsicht diskutiert. In diesem Kontext wird das Konzept einer **„gestuften Aufsicht"** verfolgt, bei dem die Eigenständigkeit und die Eigenverantwortlichkeit einzelner Stiftungen dadurch gestärkt werden soll, dass Formen unabhängiger **stiftungsinterner Aufsichts- und Kontrollmechanismen** vorgesehen sind.[143] Diese Diskussionen und organisatorischen Neuansätze konvergieren durchaus auch mit (rechts-) theologischen Konzepten wie etwa dem Subsidiaritätsprinzip, dessen Übertragbarkeit auf innerkirchliche Organisationszusammenhänge zwar wissenschaftlich und kirchenpolitisch kontrovers beurteilt wird, ggf. aber durch Entscheidung des kirchlichen Gesetzgebers normativ verankert werden kann.[144]

Die projektierte Einführung eines Stiftungsregisters für das Jahr 2026 lässt jetzt schon kir- 55
chenstiftungsrechtliche Probleme zu Tage treten, nicht zuletzt deshalb, weil die Kirchlichkeit einer Stiftung nicht als eintragungspflichtige Tatsache erscheint.[145]

140 Zur Konstruktion der Außenrechtswirksamkeit siehe nur *Schulten/Kämper*, in: HSKR § 70 Rn. 124 f.

141 Vgl. Stumpf/Suerbaum/*Schulte*/Pauli, Teil D Rn. 91.

142 Näher *Hense*, in: FS Heribert Hallermann (2016), S. 665, 675 ff.

143 Exemplarisch § 13 StiftO des Bistums Rottenburg-Stuttgart. Dazu sowie zur Gesamtthematik konzise Stumpf/Suerbaum/*Schulte*/Pauli, Teil D Rn. 245.

144 Vgl. etwa in diesem Sinn Diözese Rottenburg-Stuttgart: § 87 Abs. 2 Satz 2 Ordnung für die Kirchengemeinden und die örtlichen kirchlichen Stiftungen i.d.F. vom 1. März 2019.

145 *Hörstrup*, in: KuR 27 (2021), 244, 246, 253.

Sachregister

A

Admassierungsverbot 83b 37 ff.
Amtshaftung der Stiftungsaufsicht Anh 82 39
Anerkennung der Stiftung 82 1 ff.
– Anspruch auf Anerkennung **82** 13 f.
– Gemeinwohlgefährdung **82** 34
– Grundrecht auf Stiftung **82** 12
– Lebensfähigkeitsprognose **82** 17 ff.
– Voraussetzungen **82** 15 ff., 39 ff.
Anerkennung nach dem Tod des Stifters 80 99 ff.
Anerkennungsbehörde Anh 82 11
Anerkennungsverfahren 81 121 ff., **Anh 82** 9 f., 12 ff.
– Antragsbefugnis **Anh 82** 15
– Behörden **Anh 82** 11
– Bekanntgabe **Anh 82** 21
– Beteiligte (geborene und gekorene) **Anh 82** 17 f., 21
– Ergänzungsbefugnis der Behörde **82** 121 ff
– Ermittlungspflichten der Behörde **Anh 82** 18
– Form **Anh 82** 16, 21
– Maßstab **Anh 82** 22
– Nebenbestimmungsfeindlichkeit **Anh 82** 20
– Phasen **Anh 82** 13
– Zuständigkeit **Anh 82** 11
Anfallberechtigung 87c 14 ff.
– andere juristische Person des öffentlichen Rechts **87c** 18
– Fiskus **87c** 17
– kraft Organbeschluss **87c** 16
– kraft Satzung **87c** 14 f.
Anordnung, aufsichtsrechtliche Anh 82 36
Anspruch auf Anerkennung 82 13 f.
Anstellungsvertrag 84a 45 ff., 103
Aufhebung 87a 1 ff.
– Aufhebungsgründe **87a** 27
– Verbrauchsstiftung **87a** 18 ff.
– wegen Gemeinwohlgefährdung **87a** 21 f.
– wegen Verlegung des Verwaltungssitzes ins Ausland **87a** 23 ff.
Auflösend bedingte Stiftung 80 84
Auflösend befristete Stiftung 80 92
Auflösung 87 1 ff.
– Eröffnung des Insolvenzverfahrens **87b** 1 ff.
– Genehmigung **87** 36
– gewillkürte Auflösungsgründe **87** 34 f.
– Rechtsfolgen **87** 37
– Verbrauchsstiftung **87** 31 ff.
Aufsichtsrat 84 59 ff.
– Haftung der Mitglieder eines Kontrollorgans **Anh 1 84a** 67 ff.
– Pflichten **Anh 1 84a** 69 ff.
– Verletzung der Überwachungs- und Beratungspflicht **Anh 1 84a** 73
Auftragsrecht, entsprechende Anwendung 84a 54 ff.
– Abweichung von Weisungen **84a** 62 ff.
– Aufwendungsersatz **84a** 89 ff.
– Auskunfts- und Rechenschaftspflicht **84a** 74 ff.
– Herausgabepflicht **84a** 81 ff.
– Substitution **84a** 57 ff.
– Verzinsungspflicht **84a** 87
– Vorschusspflicht **84a** 88
Aufwendungsersatz 84a 32, 88, 89 ff.
Auslegung des Stiftungsgeschäfts und der Satzung 83 25 ff.
Auslegungsprärogative der Stiftungsorgane 83 31 ff.
Außenhaftung der Vorstandsmitglieder Anh 1 84a 44 ff.
– deliktsrechtliche Haftung **Anh 1 84a** 47 ff.
– rechtsgeschäftliche Haftung **Anh 1 84a** 45 ff.

B

Beanstandung, aufsichtsrechtliche Anh 82 36
Bedeutung von Gesetzesmaterialien Vor 80 20 ff.
Beratungsorgan 84 70 ff.
Beschlussfassung von Kollektivorganen 84b 16 ff.
– Antragstellung und Beratung **84b** 26 ff.
– Beschlussfähigkeit **84b** 30 ff.
– Beschlussmängel **84b** 77 ff.
– Beschlussquoren **84b** 43 ff.
– Einberufung **84b** 17 ff.
– Feststellung des Abstimmungsergebnisses **84b** 66
– Feststellung und Verkündung des Beschlussergebnisses **84b** 67
– innere Ordnung **§ 84b** 8 ff.
– ohne Zusammenkunft **84b** 73 ff.
– Stimmabgabe **84b** 37 ff.
– Stimmauswertung **84b** 62 f.

https://doi.org/10.1515/9783110251524-046

– Stimmzählung **84b** 64 f.
– weitere Erfordernisse **84b** 58
Beschlussmängel 84b 77 ff.
– Folgen **84b** 83 ff.
– formelle Mängel **84b** 81
– Geltendmachung **84b** 98 ff.
– materielle Mängel **84b** 82
– Ursachen **84b** 77 ff.
Beschlussquoren 84b 43 ff.
– gesetzliche Mehrheitserfordernisse **84b** 44 ff.
– statutarische Mehrheitserfordernisse **84b** 51 ff.
Besondere Vertreter 84 82 ff.
Business Judgement Rule 84a 127 ff.
– Beweislast **84a** 143 ff.
– Rechtsfolgen **84a** 144 ff.
– Voraussetzungen **84a** 131 ff.

D

Dauer der Stiftung 80 77 ff.
Definition der Stiftung 80 22 ff.
– juristische Person **80** 63 ff.
– mitgliederlos **80** 56
– Mittel-Zweck-Relation **80** 25 ff.
– Vermögen **80** 24
– vom Stifter vorgegeben **80** 55
– Zweck **80** 32 ff.
Delegation Anh 1 84a 9 ff.
Destinatäre
– Auswahl **Anh 2 84a** 11 ff.
– Begriff **Anh 2 84a** 10
– Rechte **Anh 2 84a** 17 ff.
– Schutz **Anh 2 84a** 25 ff.

E

Ehrenämter 84 73
Einberufung 84b 17
– Form und Frist **84b** 25
– Inhalt **84b** 20
– Ort und Zeit **84b** 22
– Voraussetzungen **84b** 19
– Zuständigkeit **84b** 18
Eineperson-Organe 84b 106 ff.
– Beschlussfassung **84b** 108 ff.
– Beschlussmängel **84b** 115 ff.
– innere Ordnung **84b** 107
Entlastung Anh 1 84a 25 ff.
– Exkulpation durch die Stiftungsaufsicht **Anh 1 84a** 34
– Rechtsfolgen einer pflichtwidrigen Entlastung **Anh 1 84a** 28 ff.
– Voraussetzungen **Anh 1 84a** 27
– Zulässigkeit **Anh 1 84a** 26
Entstehung der Stiftung 80 97 f.
Entstehungsgeschichte des Gesetzes Vor 80 2
Ergänzungsbefugnis der Behörde 81 122 ff.
Ersatzvornahme, aufsichtsrechtliche Anh 82 36
Ewigkeitsstiftungen 80 79

F

Familienstiftung 82 42
Foundation Governance 84 78 ff.
Funktionsstiftungen (Stiftung & Co., Doppelstiftung) 80 27, 52

G

Gemeinwohlgefährdung 82 34 ff., **85** 59
Genehmigungsbedürftigkeit, aufsichtsrechtliche Anh 82 34 f.
Geschäftsführung 84 23 ff.; **Anh 1 84a** 2 ff.
– Delegation **Anh 1 84a** 9
– Geschäftsverteilung **Anh 1 84a** 6 ff.
– Legalitätspflicht und Compliance **Anh 1 84a** 10 ff.
Geschäftsführungsbefugnis des Vorstands 84 23 ff.
Geschäftsverteilung Anh 1 84a 6 ff.
Gesetzesmaterialien, Bedeutung Vor 80 20 ff.
Gestaltungsfreiheit 80 1; **81** 4, 50 ff; **83c** 58
– s. auch Satzungsstrenge **84** 86; **84a** 28; **Anh. 2 84a** 6 ff.; **84b** 51
Grundrecht auf Stiftung 82 12
Grundstockvermögen
– Begriff **83b** 28 f., 43
– Einfluss des Stifters auf das Erhaltungsgebot **83c** 29 ff.
– Erhaltung **83c** 24 ff.
– Erhaltung der Leistungskraft **83c** 37 ff.
– Nutzungen **83c** 42 ff.
– Umschichtungsgewinne **83c** 46 ff.
– ungeschmälert **83c** 41
– Vorrang des Erhaltungs- vor dem Zweckverfolgungsgebot **83c** 40
– Zulässigkeit von Umschichtungen (Veräußerungsver- und -gebote) **83c** 25 ff.
Gruppenorgan 84 62 ff.

H

Haftung der Vorstandsmitglieder Anh 1 84a 1 ff.
– Außenhaftung der Vorstandsmitglieder (s. auch dort) **Anh 1 84a** 44 ff.
– Innenhaftung der Vorstandsmitglieder (s. auch dort) **Anh 1 84a** 1 ff.

Haftungsbeschränkung 84a 104 ff.
- bei Tätigkeit im fremden Interesse **84a** 146 ff.
- Ehrenamtlichkeit **84a** 149 ff.
Hybridstiftungen (Teilverbrauchsstiftung) 80 85, 83b 44 ff.

I

Informationsrecht 84a 21 ff.
Informationsrechte, aufsichtsrechtliche Anh 82 35
Innenhaftung der Vorstandsmitglieder Anh 1 84a 1 ff.
- Anspruchsgrundlagen **Anh 1 84a** 1
- Beweislast **Anh 1 84a** 21
- Durchsetzung **Anh 1 84a** 35 ff.
- Kausalität **Anh 1 84a** 19
- Pflichtverletzung **Anh 1 84a** 2 ff.
- Rechtsfolgen **Anh 1 84a** 20
- Schaden **Anh 1 84a** 18
- Sorgfaltsmaßstab **84a** 17, 118 ff.
- Verjährung **Anh 1 84a** 41 ff.
- Verschuldensgrad **Anh 1 84a** 16
- Verzicht **Anh 1 84a** 22
Insolvenzantrag 84 101
Insolvenzrechtliche Haftung Anh 1 84a 52
Insolvenzverfahren 87b 3 ff.
- Ablehnung mangels Masse **87b** 8
- Antrag **84** 101
- Eröffnungsbeschluss **87b** 4 ff.
- Eröffnungsgründe **87b** 3
- Haftung **Anh 1 84a** 52
- Masseschmälernde Zahlungen **84** 104
Insolvenzverschleppung 84 102 f.

K

Kirchliche Stiftung 88 6 ff., 10, 24 ff., 41 ff.
- altrechtliche **88** 18, 31
- Anerkennung, kirchliche **88** 28
- Begriff **88** 2, 10, 23 ff.
- Genehmigung, staatliche **88** 48
- Gewinnerzielungsabsicht **88** 9
- islamische Stiftung **88** 13
- jüdische Stiftung **88** 13
- Kirchenklausel Landesstiftungsgesetze **88** 15 f., 30
- kirchliche Behörden als nach Landesrecht zuständige Behörden **88** 48
- konfessionsübergreifende/ökumenische **88** 27
- öffentlich-rechtliche **88** 16 f.
- religionsgesellschaftliches Selbstbestimmungsrecht **88** 7, 23
- religiöse (kirchliche) Zwecksetzung **88** 9, 26
- „Romgrenze“ **88** 45
- Selbstverständnis (religiöses, kirchliches) **88** 9
- Staatskirchenvertragsrecht **88** 11
- Stiftung von Weltanschauungsgemeinschaften **88** 12 f.
- Stiftungsaufsicht, kircheneigene **88** 47 ff.
- Stiftungsregister **88** 55
- Stiftungsverfassung **88** 5
Kirchliches (kircheneigenes) Stiftungsrecht
- evangelisches **88** 35 ff.
- finale Programmierung **88** 7, 9, 21, 29, 41, 51
- katholisches **88** 40 ff.
- partikulares katholisches Vermögensrecht **88** 45
- universalkirchliches katholisches Stiftungsrecht **88** 21, 41 ff.
- Verhältnis zu staatlichem Recht **88** 5 f.
Kollektivorgane, innere Ordnung 84b 9 ff.
- Beschlussfassung **84b** 16 ff.
- Geschäftsverteilung, Bildung von Ausschüssen **84b** 11 ff.
- Versammlungsleiter **84b** 9

L

Landesstiftungsgesetze Anh 82 3 ff., 8, 23 f., 40
Lebensfähigkeitsprognose 82 17 ff.
Legalitätspflicht und Compliance Anh 1 84a 10 f.
Leitender Mitarbeiter, Haftung Anh 1 84a 79 ff.
Liquidation 87c 20 ff.

M

Mehrheitserfordernisse
- einfache Mehrheit **84b** 44
- gesetzliche **84b** 43
- qualifizierte Mehrheit **84b** 45
- statutarische **84b** 51 ff.
Mindestinhalt der Stiftungssatzung 81 54 ff.
- Bestimmungen zum Vermögen **81** 95 f.; **83b** 62 ff.
- Name **81** 61
- Sitz **81** 63
- Vorstand **81** 68 ff.
- zusätzlicher Inhalt bei Verbrauchsstiftungen **81** 106 ff.
- Zweck **81** 54 ff.

N

Nachtragsliquidation 87c 31
Nebenordnungen 83 13 ff.

Notmaßnahmen bei fehlenden Organmitgliedern 84c 1 ff.
– Bewilligung einer Vergütung **84c** 39 ff.
– Rechtsfolgen **84c** 30 ff.
– Voraussetzungen **84c** 18 ff.
– Wirksamkeit, Rechtsbehelfe **84c** 49 ff.

O

Organbegriff 81 65 ff.
– s. auch Stiftungsorgane
Organmitglieder (Organwalter) 81 66
– Abberufung und Neubestellung, aufsichtsrechtliche **Anh 82** 36 f.
– Auftragsrecht, entsprechende Anwendung **84a** 54 ff.
– organschaftliche Pflichten **84a** 39 ff.
– organschaftliche Rechte **84a** 17 ff.
– schuldrechtliche Rechte und Pflichten **84a** 44 ff.
– Unentgeltlichkeit **84a** 96 ff.
– Unübertragbarkeit **84a** 56
– Vergütung **84a** 33 f., 96 ff.
Organschaftliche Pflichten 84a 39 ff.
– Abweichung von Weisungen **84a** 62 ff.
– Auftragsrecht, entsprechende Anwendung **84a** 54 ff.
– Auskunfts- und Rechenschaftspflicht **84a** 74 ff.
– Dienstpflicht **84a** 40
– Durchsetzbarkeit **84a** 43
– Herausgabepflicht **84a** 81 ff.
– Treupflicht **84a** 41 ff.
– Verzinsungspflicht **84a** 87
Organschaftliche Rechte 84a 17
– Aufwendungsersatz **84a** 32
– besondere Mitverwaltungsrechte **84a** 30
– Durchsetzung organschaftlicher Rechte **84a** 37 f.
– Informationsrecht **84a** 21 ff.
– Mitverwaltungsrechte **84a** 18 ff.
– Rechtsnatur **84a** 36
– statutarische Vorzugsrechte **84a** 35
– Stimmrecht **84a** 28 ff.
– Vergütung **84a** 33 f., 96 ff.
– Vermögensrechte **84a** 31
– Teilnahmerecht **84a** 18 ff.

P

Prägende Satzungsbestandteile, 85 70 ff.
– andere Zweckänderungen als nach Absatz 1 **85** 78 ff.
– Art und Weise der Zweckerfüllung **85** 86 f.
– Aufgaben der Organe **85** 91
– Dauer der Stiftung **85** 90
– Gemeinnützigkeit **85** 93
– Kirchlichkeit **85** 93
– Name **85** 83 f.
– Satzungssitz **85** 85 ff.
– Umwandlung in eine Hybridstiftung **85** 89
– Verbrauch des Stiftungsvermögens **85** 90
– Verwaltung des Grundstockvermögens **85** 88
– Zusammensetzung der Organe **85** 91
Protokollierung 84b 69 ff.

R

Repräsentantenhaftung 84 99
Repräsentationsgremien 84 73

S

Satzungsänderungen 85 1 ff.
Satzungsdurchbrechung 84a 71 ff.
Satzungssitz 81 63; **83a** 1
– Änderung **85** 85
– Verlegung ins Ausland **83a** 1 ff.
Satzungsstrenge Vor 80 7, 34; **81** 4, 10, 51;
– s. auch Gestaltungsfreiheit **82** 43 ff.; **Vor 86** 4, 8; **86** 5, 7; **86a** 17 f.; **87** 9, 34 f.
Scheinzweckstiftungen 80 53
Selbstzweckstiftung 80 45 f.
– Unternehmensselbstzweckstiftungen **80** 47 ff.
– verdeckte Unternehmensselbstzweckstiftung **80** 50 f.
Sonstiges Vermögen 83b 24 ff.
Sorgfaltsmaßstab 84a 118 ff.; **Anh 1 84a** 17
Sozialversicherungsrechtliche Haftung Anh 1 84a 53 ff.
Spendenhaftung Anh 1 84a 64 ff.
Steuerrechtliche Haftung Anh 1 84a 58 ff.
Stifter
– Gestaltungsmöglichkeiten **Anh 2 84a** 6
– Rechtsstellung **Anh 2 84a** 1 ff.
– Stifterfähigkeit **81** 39
Stifterfreiheit 81 50 ff.
Stifterwille Anh 82 28, 30; **83** 19 ff.
– Auslegungsprärogative der Stiftungsorgane **83** 31 ff.
– bei Grundlagenänderungen **85** 61 ff., 102 f.
– Ermessen der Stiftungsorgane bei der Verwirklichung **83** 34
– historischer und mutmaßlicher **83** 21 ff.
– Maßgeblichkeit **83** 19 ff.
Stiftung & Co. 80 27, 52
Stiftung für den Stifter 82 40 f.
Stiftungen auf bestimmte Zeit 80 86 ff.
Stiftungen auf unbestimmte Zeit 80 77 f.

Stiftungsaufsicht Anh 82 23 ff.
- Aufsichtsmittel, präventive **Anh 82** 34 f.
- Aufsichtsmittel, repressive **Anh 82** 36 f.
- begrenzte Steuerungs- und Kontrollfunktion **Anh 82** 25
- Begriff **Anh 82** 27
- Funktionen **Anh 82** 30
- Garant des Stifterwillens **Anh 82** 7
- Kommunalaufsicht als Vorbild **Anh 82** 25
- Maßstäbe **Anh 82** 27, 31
- Rechtsaufsicht **Anh 82** 24, 27
- Rechtsschutz gegen **Anh 82** 38
- Subsidiarität **Anh 82** 31
- über eine inländische Stiftung mit Verwaltungssitz im Ausland **83a** 7 ff.
- Übermaß/Untermaß **Anh 82** 24

Stiftungsgeschäft unter Lebenden 81 43 ff.
- Form **81** 113

Stiftungsgeschäft von Todes wegen 81 114 ff.

Stiftungsorgane
- Begriff **81** 65
- Gestaltungsgrenzen **84** 76 f.
- s. auch Aufsichtsrat, Beratungsorgan, Ehrenämter, Eineperson-Organe, Gruppenorgan, Kollektivorgan, Überwachungsorgan, Willensbildungsorgan, Repräsentationsgremien

Stiftungsregister Vor 3 zu 82b 1 ff.; **Anh 82b** 1 ff.

Stiftungssatzung 81 49 ff.
- Auslegung **83** 25 ff.
- Auslegungsprärogative der Stiftungsorgane **83** 31 ff.

Stiftungsverfahrensrecht Anh 82 1 ff.
- Abgrenzung Stiftungsaufsicht **Anh 82** 7
- Länderspezifität Verfahrensstrukturen **Anh 82** 11
- Verhältnis von Zivil- und Öffentlichem Recht **Anh 82** 3 ff.

Stiftungsverfassung 83 8 ff.

Stiftungsvermögen 83b 22 f.
- Grundstockvermögen **83b** 28 f.; **83c** 1 ff., 43
- Sonstiges Vermögen **83b** 24 ff.
- Umwidmung von Vermögensbestandteilen **83b** 37 ff.

Stiftungsvertrag 81 47 f.

Stiftungsverzeichnisse Vor 2 zu 82b 1 ff.
- Einsicht **Vor 2 zu 82b** 34 ff.
- erfasste Stiftungen **Vor 2 zu 82b** 5 ff.
- Inhalt der Eintragungen **Vor 2 zu 82b** 9 ff.
- Mitteilungspflichten der Stiftungen **Vor 2 zu 82b** 32
- Regelungsgegenstand **Vor 2 zu 82b** 2 f.
- Wirkung der Eintragung **Vor 2 zu 82b** 33 f.
- zuständige Behörde **Vor 2 zu 82b** 4

Stiftungszweck
- Änderung **85** 38 ff., 79 ff.
- Begriff **80** 32 ff.
- Inhalt **81** 54 ff.
- Unmöglichkeit **85** 58

Stimmabgabe 84b 37 ff.
- Mängel **84b** 78 ff.

Stimmauswertung 84b 62 f.

Stimmrecht 84a 28 ff.

Stimmrechtsausschluss 84b 118 ff.
- Fallgruppen **84b** 122 ff.
- Gestaltungsmöglichkeiten **84b** 135
- Rechtsfolge **84b** 131
- Unabdingbarkeit **84b** 134
- weitere Stimmrechtsschranken (Befangenheit) **84b** 136

Stimmzählung 84b 64 f.

Subsidiarität der Stiftungsaufsicht 83 30

Synopse §§ 80 bis 88 BGB a.F. und n.F. Vor 80 19a

T

Teilnahmerecht 84a 18 ff.

Treupflicht Anh 1 84a 12 ff.

U

Übertragung und Übergang des gewidmeten Vermögens 82a 1 ff.

Überwachungsorgan 84 59 ff.

Umgekehrte Hybridstiftung 80 93

Umschichtungsgewinne 83c 46 ff.

Umwandlung in eine Verbrauchsstiftung 85 65 ff.
- Rechtsfolgen **85** 69
- Voraussetzungen **85** 65 ff.

Umwidmung von Vermögensbestandteilen 83b 37 ff.
- von Grundstockvermögen in sonstiges Vermögen **83b** 42 f.; **83c** 57 ff.
- von sonstigem Vermögen in Grundstockvermögen **83b** 41
- von Umschichtungsgewinnen in Grundstockvermögen **83c** 55 f.

Unentgeltlichkeit 84a 96 ff.

V

Verbrauchsstiftungen 80 89 ff.
- Bestimmungen über die Verwendung des Stiftungsvermögens **81** 109
- Festlegung der Zeit **81** 107 f.; **82** 30 ff.

– vollständiger Verbrauch des Stiftungsvermögens **81** 112
– Zusätzlicher Satzungsinhalt **81** 106 ff.
Verfassungsmäßig berufener Vertreter **84** 92
Vergütung **84a** 33
Verkehrssicherungspflichten, Verletzung **Anh 1 84a** 48 ff.
Vermögensverwaltung **83b** 49 ff.
– allgemeine Grundsätze **83b** 49 ff.
– Vorgaben des Stifters **83b** 62 ff.; **83c** 29 ff.
Vermögenswidmung **81** 97 ff.
– Übertragung und Übergang des gewidmeten Vermögens **82a** 1 ff.
Versammlungsleiter **84b** 9
Vertretungsbescheinigungen **Vor 2 zu 82b** 43 ff.
– Anspruch auf Erteilung **Vor 2 zu 82b** 45 f.
– Inhalt **Vor 2 zu 82b** 47
– Mitteilungspflichten der Stiftungen **Vor 2 zu 82b** 50
– Wirkung **Vor 2 zu 82b** 51 ff.
– zuständige Behörde **Vor 2 zu 82b** 44
Vertretungsmacht des Vorstands **84** 36 ff.
– gesetzliche Grenzen **84** 38 ff.
– gewillkürte Grenzen **84** 41 ff.
– Grundsatz der Unbeschränktheit **84** 36 f.
– Passivvertretung **84** 57
– Unübertragbarkeit **84** 55
– Vertretung durch mehrere Personen **84** 48 ff.
Verwaltung der Stiftung durch eine öffentliche Behörde **84** 106
Verwaltungsakt
– Anerkennung als gebundener **Anh 82** 22
– privatrechtsgestaltender **Anh 82** 1
Verwaltungssitz **83a** 2, 21 f.
– Änderung **83a** 2
– Verlegung ins Ausland **83a** 3 ff., 23 ff.
Vollbeendigung **87c** 19, 29 f.
Vorstand
– Abberufung (Widerruf der Bestellung) **81** 86 ff.
– als Geschäftsführungsorgan **84** 23 ff.; **Anh 1 84a** 2 ff.
– als Vertretungsorgan **84** 36 ff.
– Außenhaftung **Anh 1 84a** 44 ff.
– Beendigung **81** 82 ff.
– Begriff **81** 68
– deliktsrechtliche Haftung **Anh 1 84a** 47 ff.
– Entlastung **Anh 1 84a** 25 ff.
– Erstbestellung **81** 71 ff
– fehlerhafte Bestellung **81** 94
– Haftung **Anh 1 84a** 1 ff.
– Haftungsbeschränkung **Anh 1 84a** 104 ff
– Innenhaftung **Anh 1 84a** 1 ff.
– insolvenzrechtliche Haftung **Anh 1 84a** 52
– rechtsgeschäftliche Haftung **Anh 1 84a** 45 ff.
– sozialversicherungsrechtliche Haftung **Anh 1 84a** 53
– Spendenhaftung **Anh 1 84a** 64
– steuerrechtliche Haftung **Anh 1 84a** 58
– Wiederbestellung **81** 81
– Vergütung **83b** 52; **84a** 33 f., 96 ff.
– Zweitbestellung **81** 74 ff.
Vorstiftung **80** 68 ff.; 81 71
Vorübergehende Verbrauchsgestattung
– aufgrund der Satzung **83c** 57 ff.
– aufgrund landesrechtlicher Genehmigung **83c** 66 ff.

W

Weitere Erfordernisse **84b** 58 ff.
– Beschlussform **84b** 61
– Zustimmungserfordernis **84b** 59
Widerruf des Stiftungsgeschäfts **81a** 1 ff.
– Ausschluss **81a** 12
– nach dem Tod des Stifters **81a** 9
– nach der Stellung des Antrags auf Anerkennung **81a** 6 ff.
– Rechtsfolge **81a** 11
– vor Stellung des Antrags auf Anerkennung **81a** 4 f.
Willensbildungsorgan **84** 66 ff.

Z

Zeitstiftung **80** 86
Zulegung **86** 1 ff.
– abweichende Satzungsregelungen **86** 37 f.
– Rechtswirkungen **86f** 8 ff.
– Stifterwille **86** 39
– Voraussetzungen **86** 13 ff.
Zulegungsvertrag **86c** 13 ff.
– Form **86d** 1 ff.
– Mängel **86f** 29 ff.
Zusammenlegung **86a** 1 ff.
– Stifterwille **86a** 19
– Abweichende Satzungsregelungen **86a** 17 f.
– Rechtswirkungen **86f** 21 ff.
– Voraussetzungen **86a** 11 ff.
Zusammenlegungsvertrag **86c** 18 ff.
– Form **86d** 1 ff.
– Mängel **86f** 29 ff.
Zustiftungen und Spenden (Zuwendungen) **83b** 30 ff.
Zu- und Zusammenlegung **Vor 86** 1 ff.
– Anwendungsbereich **Vor 86** 10 ff.

- Bekanntmachung **86g** 1 ff.
- Bestandsschutz der Genehmigung **86f** 23 ff.
- durch die Stiftungsbehörde **86b** 29 ff.; **86e** 1 ff.
- Genehmigung **86b** 22 ff.
- Gläubigerschutz **86h** 1 ff.
- Information der Destinatäre **86c** 19 ff.
- Mitwirkung mehrerer Behörden **86b** 46 f.
- Reaktions- und Rechtsschutzmöglichkeiten der Anspruchsinhaber **86c** 24 ff.
- Rechtsschutz **86b** 27 f.
- stiftungsinternes Verfahren (übernehmende Stiftung) **86b** 19 ff.
- stiftungsinternes Verfahren (übertragende Stiftung) **86b** 16 ff.
- Vertrag **86b** 21; **86c** 13 ff.

Zweckänderungen **85** 38 ff., 78 ff.
- Austausch **85** 40
- durch die Behörde **85a** 37 ff.
- erhebliche Beschränkung **85** 41 ff.
- Ermessen der Stiftungsorgane **85a** 18 ff.
- Genehmigung **85a** 34 ff.
- Gestaltungsmöglichkeiten **85** 107 ff.
- prägende Satzungsbestandteile **85** 70 ff.
- sonstige Satzungsänderungen **85** 105 f.
- sonstige Zweckänderungen **85** 78 ff.
- s. auch Stiftungszweck

Zweckbedingte Stiftung **80** 80 ff.
Zweckbefristete Stiftung **80** 87 f.
Zwingendes Recht **82** 43 ff.

www.ingramcontent.com/pod-product-compliance
Lightning Source LLC
LaVergne TN
LVHW080851300926
849162LV00003B/396